Herbert Pfeiffer

Das große Schimpfwörterbuch

Über 10000 Schimpf-,
Spott- und Neckwörter
zur Bezeichnung von Personen

Wilhelm Heyne Verlag
München

HEYNE SACHBUCH
19/642

Umwelthinweis:
Dieses Buch wurde auf
chlor- und säurefreiem Papier gedruckt.

Ungekürzte Taschenbuchausgabe
im Wilhelm Heyne Verlag GmbH & Co. KG, München
http://www.heyne.de

Printed in Germany 1999
Umschlaggestaltung: Atelier Bachmann & Seidel, Reischach
Abbildungen: Ambrosius Gabler.
Lektorat: Palma Müller-Scherf.
Druck und Verarbeitung: Presse-Druck, Augsburg

ISBN 3-453-14865-7

Inhalt

Vorwort mit Hinweisen zur Benutzung 7

Die Stichwörter von A bis Z 9

Kurze Liste abwertend verwendeter Adjektive 480

Nachwort von Wilfried Seibicke 494

Bibliographie 502

Personenregister 518

Register zusätzlicher Stichwörter 529

Vorwort mit Hinweisen zur Benutzung

„Raufereien, Mord und Todtschlag etc. etc., alle diese schönen Sachen hätten niemals stattgefunden, wenn sich die Menschen mit Schimpfwörtern begnügt hätten."
(*Erstes deutsches Schimpfwörter-Lexikon*)

Begonnen hatte es mit dem beiläufigen Sammeln von gut zweitausend ausgefallenen Schimpfwörtern und Kraftausdrücken ohne bestimmte Absicht, gewissermaßen bloß für den eigenen Gebrauch. Schließlich aber bemerkte ich, daß dieser Bereich unserer Sprache völlig unzureichend dokumentiert ist, daß in den Nachschlagewerken die gemeinen gegenüber den allgemeinen Wörtern zu kurz kommen, ja oft einer Selbstzensur der Wörterbuchschreiber zum Opfer fallen. Außerdem gibt es zwar viele und teilweise sehr gute Schimpfwörterbücher in deutschen Mundarten, jedoch kein einziges an der Schriftsprache orientiertes, das auch nur halbwegs brauchbar ist. Also machte ich mich an die Arbeit – vernünftigerweise nicht am Computer, sondern mit einer herkömmlichen Zettelkartei.

Entstanden ist ein Schimpfwörterbuch in einem sehr allgemeinen Sinn. Möglichst unterhaltsam, ausführlich und gut lesbar sollte der fragliche Wortschatz zusammengestellt und erklärt werden. Das Ergebnis sollte leicht verständlich und dennoch von wissenschaftlichem Interesse sein. Vollständigkeit war nicht ernsthaft angestrebt. Manche werden das eine oder andere Wort vermissen.

Der Wortbestand des Lexikons beschränkt sich auf Personenbezeichnungen, die geeignet sind, Menschen oder Menschengruppen zu beschimpfen, zu verspotten oder abzuwerten, einschließlich Neckwörtern, ironischen Bezeichnungen („Menschheitsbeglücker"), Berufsschelten (Rechtsverdreher), Wörtern des Tadels, ethnischer Schelten (Piefke), politischer Feindbezeichnungen (Imperialist), sogenannter kosender Schelten (Scheißerle) oder sonstiger Spezialfälle. Berücksichtigt sind auch Mehrwortbenennungen (Graf Rotz von der Popelsburg) und produktive Wortbildungsmittel (Schmalspur-). Durch die Einbeziehung vieler dezenter und gehobener Ausdrücke vermeidet die Sammlung das Niveau einer Sumpfblütenlese, eines bloßen Albums verbaler Derb- und Grobheiten.

Die etwa 6000 wichtigsten Wörter und Wendungen sind mit eigenen Stichwortartikeln vertreten, weitere werden zum Vergleich herangezogen und in einem Register aufgeführt. Alle Beispiele sind mit gleicher Bedeutung in Wörterbüchern und/oder der Presse nachgewiesen. Den Ausschlag gab dabei oft DAS GROSSE WÖRTERBUCH DER DEUTSCHEN SPRACHE von Duden in der achtbändigen Neubearbeitung von 1993-95. Auf Gelegenheits- und Individualbildungen oder eigene Schöpfungen wurde ganz verzichtet, nicht dagegen auf unflätige, blasphemische, frauenfeindliche oder anderweitig heikle Stichwörter, sofern sie zur Sache gehören. Die Aufnahme nicht weniger veralteter Wörter scheint mir durch deren Weiterwirken in literarischen Texten gerechtfertigt und dadurch, daß sie zwar kaum mehr in Gebrauch sind, aber meist noch gekannt werden. Mundartwörter sind nur einbezogen, wenn ihre Bedeutung über eine bestimmte Sprachlandschaft hinausreicht. Daß die südlichen Dialekte häufiger genannt werden, liegt vor allem an der Dominanz des Nordens im Hochdeutschen. Läßt sich das Sprachgebiet nicht genau genug abgrenzen, so wurde die Kennzeichnung „landschaftlich“ verwendet.

Um dem engen Korsett schulmäßiger Lexikographie zu entgehen, mußten Ungenauigkeiten in Kauf genommen werden. So verwendete ich für Dialekte bzw. räumliche Zuordnungen regionale anstelle der korrekten sprachwissenschaftlichen Bezeichnungen. Aber, daß man bei Innsbruck Südbairisch und am Rhein Mittelfränkisch spricht, dürfte die Leser eher verwirren als informieren. Die Kennzeichnung „niederdeutsch“ habe ich meist durch „norddeutsch“ ersetzt, was nicht immer ganz richtig ist, während ich die südliche Entsprechung „oberdeutsch“ oft beibehalten habe. Das ist kaum anders zu benennen und bedeutet: zu den Mundarten gehörend, die in weiten Teilen Süddeutschlands, in Österreich, der Schweiz und dem nördlichen Südtirol gesprochen werden. Die unklare Sammelbezeichnung „mitteldeutsch“ für den dazwischenliegenden Sprachraum von Sachsen bis etwa zur Mosel habe ich nach Möglichkeit vermieden.

Das Wörterbuch besteht in der Hauptsache aus den Stichwörtern und den dazugehörigen Artikeln in streng alphabetischer Reihenfolge. Umlaute ordnen wie ihre Grundbuchstaben. Mehrwortlexeme sind bei ihrem ersten Buchstaben aufgeführt, d.h. „linke Bazille“ steht bei „L“, worauf unter „Bazille“ verwiesen ist.

Die einzelnen Artikel sind folgendermaßen aufgebaut: Stichwort – stilistische Bewertungen, Gebrauchsangaben – Bedeutungserklärung – Belege – Nest. Alle Teile außer dem ersten können fehlen; zumindest aber wird auf einen anderen Eintrag verwiesen, in dem der Begriff erklärt ist. Manche Artikel beziehen sich auf vorhergehende Informationen, sind also in sich nicht vollständig. Beispielsweise sind Bildungen mit „Babbel-“ nur beim ersten Wort dieser Art ausführlich erklärt. Die meisten Artikel schließen mit einem Nest, in dem verwandte und synonyme Wörter sowie Querverweise alphabetisch aufgelistet sind. Um häufige Wiederholungen zu vermeiden, sind Stichwörter, die unmittelbar davor oder danach stehen, in den Nestern nicht genannt.

Schon jetzt möchte ich mich für Anregungen und konstruktive Kritik bedanken!

A

Grambamboli

Aal
(eigentlich ein langer, schlangenförmiger Fisch mit schlüpfriger Haut) *seltene abschätzige Bezeichnung für einen Menschen, der „glatt wie ein Aal" ist, der sich immer wieder geschickt herauswindet.*

Aap
(mundartlich für einen Affen) *ein vorwiegend norddeutsches Schimpfwort für einen äffischen, albernen Menschen oder einen Angeber.*
Vgl.: → Affe.

Aas
(eigentlich eine verwesende Tierleiche, Kadaver; seit dem Spätmittelalter als Schimpfwort) *derbe Schelte für einen gemeinen, hinterhältigen Menschen; oft mit widerstrebender Anerkennung gesagt für eine schlaue, durchtriebene, geschickte Person.* Nicht selten ist das Wort mit einem treffenden Adjektiv verknüpft: ein falsches, selten dummes, blödes, gemeines, kleines Aas. Eine bombastische Steigerung liest man bei Johann Carl Wezel (1747-1819): „Da ist das kreuzhagelsappermentische Donneraas."
Vgl.: dummes Aas, → faules Aas, → feines Aas, freches Aas, Galgenaas, → Gewitteraas, → Lügenaas, Lumpenaas, Mistaas, Nickelaas (selten), → Rabenaas, raffiniertes Aas, → Schindaas, Stinkaas, Sündenaas (veraltet), vornehmes Aas.

Aas-
Bestimmungswort einer Reihe von groben Schimpfwörtern für gemeine, bösartige Menschen. Bismarck nannte einmal einen politischen Gegner „Aaskerl", nämlich den Reichstagsabgeordneten Eduard Lasker. Die Anrede war ja fast korrekt. Er hatte lediglich das „L" von „Lasker" an das Ende des Namens gesetzt. Untypisch für die Zusammensetzungen mit „Aas" ist der seltene spöttische Schülerscherz „Aasesser", eine Verballhornung von „Assessor", der wohl auf den Hungerlohn der Beamtenanwärter anspielt.
Vgl.: Aaskerl, Aaskröte (selten), Aasvogel, Aaszeug.

Aas auf der Baßgeige
(meint eigentlich die Note As auf dem Kontrabaß) *anerkennend oder geringschätzig für einen cleveren Menschen, Anführer.*
Vgl.: Aas auf der Geige, As auf der Baßgeige (beides Varianten).

Aasbande
derb für übles Gesindel, Pack.
Vgl.: → Bande, → -bande.

Aaser
landschaftlich als Tadel oder abschätzig für eine Person, die mit etwas verschwenderisch umgeht, die nicht haushalten kann.

Aasgeier
(eigentlich ein Geier, der sich von Aas ernährt) *grobes Schimpfwort für einen habgierigen Menschen, Ausbeuter, Wucherer.*
Vgl.: → Geier.

Aasjäger
abwertend für einen unweidmännischen, schlechten Jäger.
Vgl.: Afterjäger (veraltet).

Aasknochen
(Erweiterung zu „Aas") *derbes Schimpfwort für einen gemeinen, unsympathischen Menschen.*
Vgl.: → Knochen.

Aasstück
grobes Schimpfwort für einen nichtswürdigen, widerlichen Menschen.
Vgl.: → Stück.

Abdecker
(früher der Beseitiger von Tierkadavern; hier eine volksetymologische Umdeutung von „Apotheker") *alter Berufsspott für den Apotheker.*
Vgl.: → Apotheker.

Abderit
(nach den Bewohnern der altgriechischen Stadt Abdera in Kleinasien, die als „Schildbürger" bekannt waren) *bildungssprachlich veraltet für einen einfältigen, engstirnigen Kleinstädter.* In Deutschland hatte vor allem Christoph Martin Wieland in seinen ABDERITEN, die von 1774 bis 1780 im TEUTSCHEN MERKUR erschienen, für die Verbreitung des Begriffes gesorgt.

Abenteuerin (Abenteurerin)
(weibliche Form zu „Abenteurer" mit etwas anderer Bedeutung) *oft geringschätzig für eine Frau, die Abenteuer, insbesondere Liebesabenteuer sucht.*

Abenteurer
abschätzig für einen unsoliden Menschen, Glücksritter.
Vgl.: politischer Abenteurer.

Abenteurernatur
oft abwertend für einen Menschen, der sich immer wieder in Abenteuer stürzt.

Abführmittel
(eigentlich ein Mittel, das den Stuhlgang fördert; hier ein Wortwitz zu „abführen" im Sinne von „nach einer Verhaftung in polizeilichen Gewahrsam nehmen") *scherzhaft, auch abschätzig für einen Polizisten.* Die Formulierung „in blaues Tuch gehülltes Abführmittel" war 1953 dem Bochumer Schöffengericht als Beamtenbeleidigung 300 DM wert.

abgebrochener Gartenzwerg
spöttisch, auch abfällig für eine kleine, wichtigtuerische Person.
Vgl.: abgebröckelter Gartenzwerg (spielerische Verstärkung), → Gartenzwerg, → Zwerg.

abgebrochener Riese
spöttisch-ironisch für einen kleinen Menschen (der großtut); selten auch übertragen verwendet für jemanden, der hoch hinaus wollte, aber gescheitert ist.
Vgl.: abgehackter Riese, abgesägter Riese.

abgetakelte Fregatte
(zu seemannssprachlich „abtakeln" = ein Schiff durch Entfernen der Takelage außer Dienst stellen) *verächtlich für eine verblühte, verlebt wirkende ältere Frau.*
Vgl.: alte Fregatte, → aufgetakelte Fregatte, → Fregatte.

Abgewöhne
(nach der Redensart „etwas zum Abgewöhnen sein" = sehr schlecht sein) *schroffes jugendsprachliches Schimpfwort (aus männlicher Sicht) für ein häßliches oder unsympathisches Mädchen.*

Abgott
(eigentlich ein heidnischer Gott, Götze) *oft geringschätzig für einen vergötterten Menschen, ein Idol oder ein verhätscheltes, von den Eltern angehimmeltes Kind.*
Vgl.: Abgottel (schlesisch: Hätschelkind), Abgötter (veraltet: Götzendiener).

Abhub
(zu „abheben") *veraltend verächtlich für Abschaum, übles Gesindel: Abhub der menschlichen Gesellschaft.*

Abkassierer
abwertend für jemanden, der auf unredliche oder anrüchige Weise viel Geld einnimmt. „Weg mit diesen Abkassierern!" (SPIEGEL-Leserbrief über geldgierige Politiker, Dezember 1993).

Abklatsch
(als Personenbezeichnung eher selten) *abfällig für einen Menschen, der jemandem ähnlich ist, ihn nachzuahmen versucht, aber nur eine schlechte Kopie darstellt.* „Ich sei ein ziemlicher Abklatsch von meinem Bruder." (Walter Kempowski: TADELLÖSER & WOLF, 1971).

Abkocher
abschätzig für einen Menschen, der andere schröpft, ausnimmt, übervorteilt; gaunersprachlich auch für einen Heiratsschwindler.

Ableger
(eigentlich ein Trieb einer Pflanze, der zur Vermehrung dient) *scherzhaft, oft leicht spöttisch für ein eigenes Kind; Sprößling.*

Abrone
(zu griechisch „habros" = weichlich; nach einem Mann namens Abron aus Argos, der in der Antike als Weichling bekannt war) *bildungssprachlich selten für einen weichlichen, verwöhnten Mann.*

Absahner
(zu „absahnen" = den Rahm von der Milch abschöpfen) *abfällig für eine Person, die (auf unredliche Weise) hohe Gewinne macht, sich große Vorteile verschafft, das Beste nimmt.* „Der Absahner von Altötting", so nannte im März 1994 das ZDF einen Beitrag über den CSU-Politiker Gerold Tandler.
Vgl.: Oberabsahner.

Abschaum (der/des ...)
(eigentlich der Schaum, der sich beim Kochen oben absetzt; hier meist als Verkürzung oder Variante des biblischen „Abschaum der Menschheit" zu verstehen) *verächtlich für 1. einen verkommenen, ehrlosen, durch und durch schlechten Menschen. 2. übles Gesindel, Kriminelle, Asoziale.* „Abschaum von sklavischem Gesindel", formulierte Franz Grillparzer 1809, und bei Lessing ist vom „Abschaum aller Mörder" die Rede.
Vgl.: → Auswurf.

Abschaum der Menschheit
(eine Fügung aus dem Neuen Testament, 1. Korinther 4,13, wo der Apostel Paulus angesichts der Anfeindungen gegen ihn sagt: „Wir sind geworden wie der Abschaum der Welt, jedermanns Kehricht") *sehr verächtlich für kriminelle oder asoziale Elemente der menschlichen Gesellschaft; selten für eine einzelne Person.*
Vgl.: Abschaum der Gesellschaft, Abschaum der menschlichen Gesellschaft, → Auswurf der Menschheit.

Abschleppdienst
(eigentlich ein Unternehmen, das liegengebliebene Fahrzeuge abschleppt) *spöttisch für eine Frau, die ihren (betrunkenen) Mann vom Wirtshaus abholt.*

Abschreiber
seltene abschätzige Bezeichnung für 1. einen Schüler, der unerlaubt abschreibt. 2. einen Schriftsteller oder Wissenschaftler, der durch Abschreiben ein Plagiat begeht.
Vgl.: Abschriftsteller, → Schreiber.

Abseiler
(wohl vom ausbrechenden Gefängnisinsassen übernommen, der sich mit Hilfe eines Seils davonmacht) *vorwiegend soldatensprachlich abwertend für jemanden, der sich vor einer Arbeit, vorm Dienst drückt.*

Absonderling
(zu „absonderlich") *seltene geringschätzige Bezeichnung für einen sehr seltsamen, befremdlichen Menschen.*
Vgl.: → -ling, → Sonderling.

Abstauber
abwertend für 1. jemanden, der etwas mitgehen läßt; einen Schmarotzer, Nutznießer. 2. einen Sportler, vor allem bei Ballspielen, der mühelos, durch glückliche Umstände Treffer erzielt.

Absteiger
oft abschätzig für 1. einen Sportler, der (mit seiner Mannschaft) in eine niedrigere Spielklasse muß. 2. einen Menschen, dessen wirtschaftlicher und sozialer Status sich dramatisch verschlechtern. 3. einen Klassenwiederholer in der Schule.
Vgl.: Abstiegskandidat, → Aufsteiger, sozialer Absteiger.

Abstinenzler
(zu lateinisch „abstinere" = zurückhalten, abhalten; die wertneutrale Bezeichnung ist „Abstinent") *oft geringschätzig für einen Menschen, der enthaltsam lebt, besonders,*

was Alkohol betrifft; Antialkoholiker. Das sind Leute, von denen der Volksmund behauptet, daß sie Alkohol lieber aus Arzneiflaschen trinken.
Vgl.: → -ler.

Abtrünniger
(zu „trennen") *leicht abwertend für jemanden, der einem Glauben, einer Partei o.ä. untreu geworden, davon abgefallen ist.*

Abweichler
meist abfällig für jemanden, der von einer (politischen) Richtung, Lehrmeinung o.ä. abweicht. Die Zeitschrift PROFIL beschrieb im Juni 1984 die Katharer als „die ersten Ketzer und Urväter aller Abweichler".
Vgl.: Fraktionsabweichler, → -ler, linker Abweichler, → Linksabweichler, Parteiabweichler, rechter Abweichler, → Rechtsabweichler.

Abziehbild
(eigentlich ein Bild, das sich durch Anfeuchten, Aufdrücken und Abziehen übertragen läßt) *landschaftliche Schelte für einen Versager, Gernegroß.*
Vgl.: Abziehbildchen (hessisch).

Abzocker
(zu „zocken" = um Geld spielen, Glücksspiele machen) *abfällig für einen Menschen, der andere übervorteilt, ihnen Geld abgaunert.*
Vgl.: → Zocker.

Achselträger
(nach der Redensart „auf beiden Achseln tragen" = es mit beiden Parteien halten) *veraltet, noch landschaftlich für einen Menschen, der jedem nach dem Munde redet; Opportunist.*
Vgl.: Mantelträger (selten).

Achtgroschenjunge
(angeblich nach der Höhe der Entlohnung von Berliner Polizeispitzeln im 18. Jahrhundert) *verächtlich für 1. einen Spitzel, Zuträger; käuflichen Zeugen. 2. einen billigen Strichjungen.* Eike Schönfeld, der in seinem Wörterbuch der Jugend- und Knastsprache einen „Sieben-Groschen-Jungen" nennt, scheint sich wohl verzählt zu haben.
Vgl.: Fünfgroschenjunge, → Junge.

Ackergaul
(eigentlich ein schlechtes Pferd, wie man es früher vor den Pflug gespannt hat) *salopp abwertend für eine unattraktive Straßenprostituierte.*

Ackerknecht
selten gebrauchtes Spottwort für einen kleinen Beamten oder Angestellten, dem die mühsamen und unangenehmen Arbeiten aufgehalst werden.
Vgl.: → Knecht, → -knecht.

Adabei
(zusammengezogen aus mundartlich „a dabei" = auch dabei; wahrscheinlich von dem Wiener Schriftsteller Vinzenz Chiavacci, 1847-1916, kreiert) *beliebtes österreichisches Spott- und Scheltwort für einen neugierigen Wichtigtuer, einen Menschen, der überall auch dabeisein muß.* Aus Darwins „Kampf ums Dasein" ist der „Kampf ums Dabeisein" geworden. Im Mai 1969 sah die Wiener Tageszeitung DIE PRESSE „die Königin eingekeilt in einem Knäuel von Reportern und Adabeis".

Adept
(aus lateinisch „adeptus" = der etwas erreicht hat) *bildungssprachlich oft geringschätzig für einen Schüler, Anhänger einer Lehre oder eines Lehrenden; einen unkritischen Nacheiferer.* In Wolfgang Pohrts Buch ENDSTATION (1982) ist von „Bloch und seinen auf erbauliche Zitate erpichten Adepten" die Rede.

Adolar
(eigentlich ein männlicher Vorname mit der wörtlichen Bedeutung „edler Adler") *selten für einen Gecken, eitlen Burschen.*

Advokat
(eigentlich ein altes Wort für einen Anwalt, Rechtsanwalt; zu lateinisch „advocare" = herbeirufen) *landschaftlich für einen rechthaberischen, großsprecherischen Menschen.*

Äffchen
1. abschätzig für einen kleinen → Affen, insbesondere für einen eitlen, gezierten Men-

schen. 2. in Zocker- und Gaunerkreisen für einen Anfänger, Neuling.

Vgl.: → -chen (-lein), → Klammeraffe (Klammeräffchen), → Spiegeläffchen, Winseläffchen (selten: sentimentaler Dichterling).

Affe

(geprägt durch das Bild vom Affen, das man früher aus dem Zirkus und von Jahrmärkten hatte; selten verwendete weibliche Form: Äffin) *derbes Schimpfwort für 1. einen blöden, dümmlichen Kerl. 2. einen eitlen, gezierten, eingebildeten Menschen.* Oft wird ein Eigenschaftswort dazugestellt: ein blöder, dämlicher, dummer, eingebildeter, gestriegelter, aufgeblasener, eitler Affe. „Immer bleibt der Aff' ein Affe, werd' er König oder Pfaffe", heißt ein alter volkstümlicher Spruch, und von Lichtenberg kennt man: „Der Mensch kommt unter allen Tieren in der Welt dem Affen am nächsten." Der Schriftsteller Paul von Heyse (1830-1914, Nobelpreis 1910) gebrauchte das Schimpfwort folgendermaßen:

„Wie doch diesen gespreizten Affen
Unter den Händen ihr Werk zerrinnt!
Sie meinen, sie könnten ein Kunstwerk schaffen,
Wenn sie recht unnatürlich sind."

Vgl.: → Aap, Affenpeter, → alter Affe, Aprilaffe, Bähaffe (selten: Maulaffe), → Bartaffe, Baumaffe (selten: eingebildet), Beutelaffe (bayrisch), blöder Affe, → Brillenaffe, → Brüllaffe, Drallaffe (hessisch), Dreckaffe, → Dultaffe, Gähnaffe (sächsisch: gähnend), → geleckter Affe, Gieraffe (Wortspiel), → Halbaffe, Hansaff, → Klammeraffe (Klammeräffchen), Laberaffe (Schwätzer), Lausaffe, → Lackaffe, → lackierter Affe, Langhaaraffe (hat lange Haare), → Maulaffe, → Modeaffe, → Oberaffe, Putzaffe, → Rotzaffe, → Schlaraffe, → Teigaffe, → Zieraffe, Zottelaffe.

Affe auf dem Schleifstein

(meist in der Redensart „dasitzen wie ein Affe auf dem Schleifstein" = krumm dasitzen, eine schlechte Figur machen) *seltene Spottbezeichnung für einen Motorrad- oder Fahrradfahrer.*

Affenarsch

ein sehr derbes Schimpfwort allgemeiner Art.

Vgl.: → Arsch, → -arsch.

Affenfratze

Schimpfwort für einen häßlichen, widerlichen Menschen. „Das sind ja überhaupt keine Menschen, sondern Affenfratzen", schimpfte der Fachmann Bernhard Grzimek 1959 in seinem Buch SERENGETI DARF NICHT STERBEN.

Vgl.: → Fratze.

Affengesicht

(eigentlich ein häßliches, affenartiges Gesicht) *verächtlich für einen häßlichen Menschen mit einer vorspringenden Mundpartie wie die eines Menschenaffen.*

Vgl.: Affenarschgesicht (Schülerjargon), → -gesicht.

Affenkopf

selten für einen Menschen, der die Klugheit oder das Aussehen eines Affen hat. Christoph Martin Wieland schrieb von den „verwünschten Affenköpfen, den Mannspersonen".

Vgl.: → -kopf (-kopp).

Affenpinscher

(eigentlich ein Zwerghund mit einem affenähnlichen Kopf; hier als Weiterbildung zu „Affe") *ein derbes Schimpfwort mit recht unterschiedlichen Bedeutungen vor allem für einen dummen oder eitlen Mann.*

Vgl.: → Pinscher.

Affenschwanz

allgemeines derbes Schimpfwort für eine (männliche) Person.

Vgl.: → Schwanz.

Affenstall

abfällig für einen chaotischen, disziplinlosen Haufen von Menschen.

Affenzippel

(eigentlich ein „Affenzipfel" = Affenpenis) *vor allem rheinfränkisch derb für einen eitlen Narren.*

Vgl.: → Zipfel.

Äffer

veraltet für einen Menschen, der andere verulkt, irreführt.

Vgl.: → Nachäffer.

After-
eine früher häufige, jetzt veraltete Vorsilbe, die wertneutrale Wörter verschlechtert im Sinne von „falsch, unzulänglich, übel". Das folgende Anwendungsbeispiel stammt aus Goethes MAXIMEN UND REFLEXIONEN: „Es gibt auch Afterkünstler, Dilettanten und Spekulanten; jene beiden treiben die Kunst um des Vergnügens, diese um des Nutzens willen." Kurt Hiller wetterte gegen „rechte wie linke Schein- und Aftergeister".
Vgl.: Afterdichter (schlecht), Afterkönig (unrechtmäßig), Afterkritiker, Afterkünstler, Afterphilosoph (alle drei schlecht, unfähig).

Afterredner
veraltet für einen böswilligen Verleumder, üblen „Nachredner".

Agent
(zu lateinisch „agens" = der Treibende) *auch abwertend gebraucht für einen Spion.*
Vgl.: Agent provocateur (Lockspitzel, provoziert eine Straftat), Agentenschwein, → Ostagent, Polizeiagent.

Aggressor
(zu lateinisch „aggredi" = herangehen, angreifen; im engeren Sinn ein völkerrechtlicher Terminus) *häufig abwertend, besonders in der DDR, für einen rechtswidrig handelnden Angreifer, einen Angehörigen eines Staates, der fremdes Gebiet überfällt.*
Vgl.: faschistische Aggressoren.

Agitator
(zu lateinisch „agitare" = eifrig betreiben) *meist abwertend für jemanden, der aggressiv (politische) Propaganda betreibt; Hetzer.* Gegen 1870 nannte das sozialdemokratische Arbeiterblatt PROLETARIER Jesus Christus einen „herumziehenden Agitator", wie das LIBERALE SCHIMPFLEXIKON (1870) entrüstet vermerkte. Karl Kraus schrieb: „Das Geheimnis des Agitators ist, sich so dumm zu machen, wie seine Zuhörer sind, damit sie glauben, sie seien so gescheit wie er."
Vgl.: Agitationsredner.

Ahasver
(nach der hebräischen Form „Achaschwerosch" des persischen Königsnamens Xerxes aus dem biblischen Buch Esther, ein fiktiver Name für den unerlösten „ewigen Juden" aus der Sage, der zur Ruhelosigkeit bis zum Jüngsten Tag verdammt ist) *eine seltene bildungssprachliche Bezeichnung für einen rastlosen, umherirrenden Menschen.*
Vgl.: Ahasverus (selten), → ewiger Jude.

ahnungsloser Engel
(falsch zitiert oder abgeleitet aus „Du ahnungsvoller Engel du!" aus Goethes FAUST I, womit Mephisto auf Gretchens Ablehnung reagiert) *spöttisch-ironisch für eine naive, ahnungslose Person; ein treuherziges Mädchen.*
Vgl.: → „Engel".

Ajatollah
(eigentlich ein Ehrentitel für einen hohen Geistlichen der Schiiten; bekannt geworden durch den Ajatollah Chomeini, der nach 1979 im Iran faktisch die Macht innehatte) *veraltend spöttisch oder geringschätzig für einen führenden Provinzpolitiker mit einem gewissen Hang zum Diktator.* So geißelte der FDP-Politiker Rainer Brüderle seine bayrischen Koalitionspartner als „extremistische CSU-Ajatollahs", und der saarländische Ministerpräsident Oskar Lafontaine wurde in der Presse beispielsweise „rotgrüner Ajatollah von der Saar" genannt.

akademisches Proletariat
salopp, auch abschätzig für die Masse der arbeitslosen oder unter Wert beschäftigten Akademiker.
Vgl.: Bildungsproletariat, → Proletarier.

Akten-
(die Akte als typisches Arbeitsmittel für Büroberufe) *eine offene Reihe teils veralteter, spöttischer oder auch verächtlicher Bezeichnungen für Büroangestellte, Beamte.*
Vgl.: Aktengeier, Aktenheini (selten), Aktenkopf (fränkisch), Aktenlöwe, Aktenmensch, Aktenschmierer, Aktenseele, Aktenwurm.

Aktenfuchs
abwertend für jemanden, der penibel die Akten studiert, die Unterlagen prüft.
Vgl.: → Fuchs.

Aktenhengst = Bürohengst

Aktenkacker
derbes, verächtliches Wort für einen Beamten, Juristen o.ä.
Vgl.: → Kacker.

Aktenkrämer
abfällig für einen kleinlichen Bürobediensteten, Beamten.
Vgl.: → Krämer, → -krämer.

Aktentaschenträger
spöttisch, auch geringschätzig für einen untergeordneten Beamten oder Politiker ohne jeden Einfluß.
Vgl.: Aktenkofferträger, → Kofferträger, Taschenträger (selten).

Aktionist
(zu lateinisch „actio" = Tätigkeit, Vorgang) *abschätzig für einen Menschen mit übertriebenem Tätigkeitsdrang, der unüberlegt handelt, „blindem Aktionismus" folgt.*
Vgl.: → -ist.

Al Bundy
(eigentlich der tragikomische „Held" einer amerikanischen derb-witzigen Fernsehserie) *ein seltenes, vorwiegend jugendsprachliches Spottwort für einen tolpatschigen, einfältigen Kerl.* „Endlich kriegen wir auch unseren Al Bundy", jubelte eine SPIEGEL-Leserbriefschreiberin (Dezember 1993) über Steffen Heitmann, den damaligen CDU-Kandidaten für das Amt des Bundespräsidenten, der jedoch schon im Vorfeld der Wahl scheiterte.
Vgl.: Al (selten), Al-Bundy-Typ.

Alberer
(postverbal zu „albern" = Dummheiten machen, sich albern benehmen) *landschaftlich selten für einen albernen, kindischen Menschen.*
Vgl.: Alberhans, Alberich (sächsisch), Alberjan (norddeutsch), Albrian (veraltet).

Alberling
veraltend als Tadel oder leicht abwertend für einen albernen, sich kindisch benehmenden Menschen.
Vgl.: → -ling.

alberner Pinsel
abfällig für eine törichte und selbstgefällige (männliche) Person.
Vgl.: → Pinsel.

albernes Geschöpf
geringschätzig für eine grundlos lustige, mehr oder weniger törichte (weibliche) Person, ein albernes Mädchen.
Vgl.: alberne Pute, albernes Huhn, → ... Geschöpf.

Alfanzer
(zu italienisch „all'avanzo" = zum Vorteil) *landschaftlich für einen Hanswurst, Possenreißer; Schwindler.*

Alibifrau
(wohl vom Begriff der Alibifunktion übertragen) *abwertend für eine Frau, die eine bestimmte Position nur deswegen bekommt, damit der Eindruck erweckt wird, man bemühe sich um Chancengleichheit.* „... die hohen Herren samt ihren Vorzeige- und Alibifrauen ..." (Petra Karin Kelly: UM HOFFNUNG KÄMPFEN, 1983).
Vgl.: Alibi-Ossi, → Quotenfrau.

Alki
(Kurzwort zu „Alkoholiker") *jugendsprachlich abschätzig für einen Trinker.*

Alkoholsünder
auch abwertend für einen Kraftfahrer, der mehr Alkohol als zulässig ist, getrunken hat (und erwischt wird).
Vgl.: → Promillesünder, → Sünder, → -sünder, → Verkehrssünder.

Allerwelts-
leicht abwertend für 1. jemanden, der in einer bestimmten Hinsicht oder als Mensch durchschnittlich ist, nichts Besonderes darstellt. 2. einen → Jedermannsfreund.
Vgl.: Allerweltsfreund, Allerweltsliebchen (leichtes Mädchen), Allerweltsliebling, Allerweltsmann, Allerweltstyp.

Allesbesserwisser = Besserwisser

Allesfresser
(eigentlich ein Tier, das sowohl von pflanzlicher als auch von tierischer Nahrung lebt) *derb-spöttisch für einen Menschen, dem alles zu schmecken scheint, dem jedes Essen recht ist.*
Vgl.: → Fresser, → -fresser.

Alleskönner
ironisch für einen Menschen, der vieles kann, aber glaubt, alles zu können.

Alleswisser
ironisch, auch abschätzig für einen Menschen, der sehr viel weiß oder für einen, der glaubt alles zu wissen; unter Schülern auch für den Klassenbesten.
Vgl.: → Allesbesserwisser, Allwisser, → Besserwisser, → Vielwisser.

Allmoi (Allmei)
(zusammengezogen aus „Alles mein“ bzw. „Alles ist mein“) *landschaftlich abschätzig für einen selbstsüchtigen Menschen, der alles für sich haben will, besonders beim Essen und Trinken.*

Almosenempfänger
(aus griechisch „eleemosyne“ = Mitleid, Erbarmen) *geringschätzig für 1. einen Bedürftigen, der auf öffentliche Unterstützung angewiesen ist. 2. jemanden, der nur einen Hungerlohn erhält.*
Vgl.: Almosenfresser (selten), Almosenjäger, Almosensammler.

A...loch
verhüllende, aber trotzdem derbe Variante von → Arschloch.
Vgl.: → Armloch, → Loch.

Alpenfex
spöttisch für einen leidenschaftlichen Bergsteiger oder Bergwanderer in den Alpen.
Vgl.: → Bergfex, → Fex.

Alt-
wertverschlechternde Vorsilbe zur geringschätzigen Bezeichnung eines älteren Menschen, der etwas (Überkommenes) immer noch verkörpert, der darin unverbesserlich ist. „Ihr blöden Alt-68er!“ schimpfte eine SPIEGEL-Leserbriefschreiberin (Mai 1994). Herbert Wehner wurde in seiner politischen Laufbahn oft als „Altkommunist“ geschmäht, und Günter Grass war 1995 für die TAZ ein „Altsozi“, was wohl kaum abfällig gemeint war.
Vgl.: Altachtundsechziger, Altgammler, Althippie, Altkommunist, Altlinker, Altmaterial (selten: alte Prostituierte), → Altnazi, Altrocker (kaum abwertend), Altsozi, Altstalinist, Uralt- (emotional verstärkend).

Alte
salopp, auch abschätzig für 1. die Ehefrau, Verlobte, Freundin, auch wenn sie nicht alt sind. 2. eine (ältere) Chefin, Vorgesetzte. 3. eine alte Frau. 4. die Mutter im Jargon der Jugendlichen.
Vgl.: → Alter, Antike (jugendsprachliche Steigerung), komische Alte (auch Rollenfach am Theater), → Olle.

alte Eule
abfällig für eine häßliche, mißmutige (weibliche) Person.
Vgl.: → Eule.

alte Hexe
(auch eine Verstärkung von „Hexe“) *verächtlich für eine unangenehme, zänkische (alte) weibliche Person.*
Vgl.: → Hexe.

alte Jungfer
abschätzig für eine ältere, altmodische, zimperliche, prüde (unverheiratet gebliebene) Frau.
Vgl.: abgestandene Jungfer (selten), → Jungfer.

alte Schachtel
(aus der Jägersprache, wo damit eine sehr alte Hirschkuh bezeichnet wird) *abwertend für eine ältere, ältliche, verschrobene Frau.* „Alte Schachtel“ heißt auch die Vereinszeitschrift der Phillumenistischen Gesellschaft, also der Sammler von Zündholzschachteln und zugehörigen Etiketten.
Vgl.: → Schachtel.

alte Scharteke
(eigentlich ein altes Buch; zu lateinisch „charta“ = Papier) *abfällig für eine unsympathische ältere Frau.*
Vgl.: Scharteke.

alte Schese (alte Schäse)
(zu französisch „chaise“ = Kutsche) *vorwiegend bayrisch und österreichisch abfällig für eine alte Frau.*
Vgl.: → Schese.

alte Scheune
(nach der sprichwörtlichen Redensart „Wenn alte Scheunen brennen, hilft kein Löschen!“) *spöttisch für eine in später Liebe entflammte (weibliche) Person.*

alte Schraube
abschätzig für eine „verdrehte“, schrullige ältere Frau. Das Gedicht „Abschiedslied“ von Paul Scheerbart beginnt so:
„Fahr wohl, du alte Schraube!
Mir warst du sehr egal.“
Vgl.: → Schraube.

alte Schrippe
besonders berlinisch abfällig für eine ältere Frau.
Vgl.: olle Schrippe (berlinisch), → Schrippe.

alte Schwarte
landschaftlich derb abwertend für ein (schmutziges, liederliches) altes Weib.
Vgl.: → Schwarte.

alte Sense
seltene Schelte für einen schlappen, unfähigen Menschen; Versager.

alte Unke
abwertend für jemanden, der (ständig) Schlimmes voraussagt, einen notorischen Pessimisten.
Vgl.: → Unke.

alte Vettel
grobes Schimpfwort für eine liederliche, schlampige alte Frau.
Vgl.: → Vettel.

alte Wachtel
salopp abwertend für eine (häßliche, unangenehme) alte Frau.
Vgl.: alte Spinatwachtel, → Spinatwachtel, → Wachtel.

Alteisen = altes Eisen

Alter
salopp, auch abschätzig für 1. den Ehemann, Verlobten, Freund, auch wenn sie nicht alt sind. 2. einen (älteren) Chef, Vorgesetzten. 3. einen alten Mann. 4. den Vater im Jargon der Jugendlichen. „Der dröge Alte aus dem Norden“, schrieb der SPIEGEL im Dezember 1993 und meinte damit den CDU-Politiker Gerhard Stoltenberg aus Kiel.
Vgl.: → Alte, Antiker (jugendsprachliche Steigerung), → Oller.

alter Affe
Schimpfwort für einen dummen, läppischen oder unsympathischen Menschen, der keineswegs alt sein muß.
Vgl.: → Affe.

alter Bock
derber Spott, auch abschätzig für einen 1. alten Mann. 2. älteren Mann, der verliebt oder hinter den Frauen her ist.
Vgl.: alter Gockel, alter Ziegenbock, → Bock, → -bock.

alter Esel
abschätzig, auch spöttisch für einen Mann, der dadurch töricht oder lächerlich erscheint, daß er sich trotz vorgerückten Alters wie ein Junger gebärdet, z.B. jungen Mädchen nachläuft.
Vgl.: alter Narr, → Esel.

alter Gauner
(hat nichts mit dem Alter zu tun) *1. abschätzig für einen gewohnheitsmäßigen, notorischen Gauner. 2. gemütliche Schelte für einen Mann. 3. geringschätzig, auch anerkennend für einen gerissenen, schlauen Kerl.*
Vgl.: → Gauner.

alter Knacker
1. salopp abwertend für einen (gebrechlichen, wunderlichen) älteren Mann. 2. spöttisch

oder abschätzig für einen älteren Mann „im zweiten Frühling", der auf erotische Abenteuer aus ist. 3. landschaftlich selten für einen notorischen Geizhals. In einem SPIEGEL-Interview (Oktober 1996) zur Rechtschreibreform sprach sich Walter Kempowski für die bisherige Schreibweise von Wörtern aus: „Ich nehm' dann immer die antike Version und oute mich als alter Knacker."
Vgl.: → Knacker.

alter Knochen
1. salopp, auch leicht abwertend für einen alten, zähen, sturen Kerl. 2. eine vertrauliche, selten geringschätzige Anrede für einen Mann.
Vgl.: ausgekochter Knochen (eher anerkennend), → Knochen.

alter Nazi
(oft in Entgegensetzung zu „Neonazi" verwendet) *abfällig für einen → Nazi in fortgeschrittenem Lebensalter, insbesondere einen, der schon während der nationalsozialistischen Herrschaft einer war.*
Vgl.: Altnazi, → Nazi.

alter Sack
(auch als burschikose Anrede unter Freunden ohne jede Abwertung) *abfällig für 1. einen alten Mann. 2. einen unsympathischen oder unfähigen, dummen Kerl.*
Vgl.: alter Säckel (oberdeutsch), → Sack, → -sack.

alter Sünder
1. abschätzig, auch anerkennend für einen leichtsinnigen, durchtriebenen Menschen; Schwerenöter. 2. mit leichtem Tadel oder als scherzhaft drohende Anrede unter guten Bekannten.
Vgl.: → Sünder.

Altertümler
(zu „altertümeln") *oft geringschätzig für eine Person, die in übertriebener Weise Altes, längst Vergangenes nachahmt.*
Vgl.: → -ler.

altes Eisen
(eine andere Bezeichnung für „Alteisen" = Schrott; meist in Redensarten wie „zum alten Eisen zählen") *abfällig für alte, schwache, hinfällige, nicht mehr arbeitsfähige Menschen.*
Vgl.: Alteisen.

altes Mädchen = spätes Mädchen

altes Reff
Schimpfwort für ein (böses) altes Weib, eine alte Jungfer.
Vgl.: → Reff.

altes Register
(nach der Redensart „ins alte Register kommen" = zu den Alten gehören, nichts mehr wert sein) *scherzhaft, auch geringschätzig für eine alte (weibliche) Person.*
Vgl.: → langes Register.

Altnazi = alter Nazi

Amateur
(aus französisch „amateur" = Liebhaber, Freund) *oft geringschätzig für einen Nichtfachmann, jemanden, der etwas aus Liebhaberei, nicht professionell (und damit schlecht) betreibt.* „Die Amateure im Arbeitsamt kosten die Schweiz Milliarden." (WELTWOCHE, Dezember 1994).

Amateur-
geringschätzig oder spöttisch für eine Person, die eine Tätigkeit nicht als Beruf, sondern nur hobbymäßig und damit weniger gut ausübt. Für den SPIEGEL war im Juni 1995 der Führer der bosnischen Serben Karadžić ein „Amateurpoet und Amateurpolitiker", und Marcel Reich-Ranicki schrieb im August 1995 in einem als offener Brief an den Autor formulierten Verriß des letzten Romans von Günter Grass EIN WEITES FELD, der Schriftsteller Grass sei ein „leidenschaftlicher Amateurpolitiker" geworden, um dann ein wenig scheinheilig fortzufahren: „Diese Vokabel sollte Sie nicht kränken".
Vgl.: Amateurflittchen, Amateurfotze (vulgär, selten), Amateurganove, Amateurnutte, Amateurpolitiker, Amateurpsychologe (selten), Amateuse (kaum abwertend: Gelegenheits-Prostituierte), → Feierabend-, Freizeit-, → Hobby-, → Sonntags-.

Amazone
(in der griechischen Sage ein kriegerisches, berittenes Frauenvolk) *veraltete Bezeichnung für ein Mannweib, eine betont männlich auftretende, herrische Frau.*

Ameisen s. blaue Ameisen

Amethodist
(zu „Methode") *veraltet abwertend für jemanden, der unsystematisch, planlos vorgeht; Pfuscher.*
Vgl.: → -ist.

Ami
(Kurzwort für „Amerikaner"; die zweite Bedeutung aus französisch „ami" = Freund) *1. salopp, auch geringschätzig für einen US-Amerikaner, besonders einen amerikanischen Besatzungssoldaten. 2. landschaftlich selten für einen unsympathischen Menschen.*
Vgl.: → fieser Ami.

Amiflittchen
veraltend abschätzig für 1. eine jüngere Prostituierte, die amerikanische Soldaten als Kunden hat. 2. (in den ersten Nachkriegsjahrzehnten) ein deutsches Mädchen, das sich mit US-Besatzungssoldaten einläßt.
Vgl.: Amihure, Aminutte, Amischickse (alle veraltend), → -chen (-lein), → Flittchen.

Amigo
(aus spanisch „amigo" = Freund; nach der „Amigo-Affäre" um den früheren bayrischen Ministerpräsidenten Max Streibl und den Flugzeughersteller Burkhard Grob, in der es um die anrüchige Vermischung privater Interessen mit dienstlichen Pflichten ging) *im politischen Jargon spöttisch-abfällig für einen mehr oder weniger korrupten (bayrischen) Politiker oder seinen wohlhabenden „Gönner".* Der griffige Terminus aus der Grauzone zwischen Lobbyismus und Bestechung ist von den Medien begierig aufgegriffen worden und scheint sich vorerst zu halten. In der Presse ist von „CSU-Amigos", „Ober-Amigos", vom „Amigo Stoiber" oder von „Dr. Amigo" (dem „Bäderkönig" Johannes Zwick) die Rede. Die ZEIT (Oktober 1993) schrieb in einer Glosse: „... wenn die Amigos in Waigels Bergheimat ihren Spezln Millionen Steuergelder in die Lederhosen stopfen ..."

Amokfahrer
(analog zu „Amokläufer") *abfällig für einen Kraftfahrer mit einer aggressiven, rücksichtslosen, gefährlichen Fahrweise.*

Amokläufer
(zu „Amok laufen" = blindwütig umherlaufen und töten) *in übertragener Verwendung abwertend für einen unkontrolliert aggressiven, blindwütigen Menschen.* „Er ist ein Amokläufer erster Sorte", notierte Joseph Goebbels am 10.5. 1945 über Churchill in seinem Tagebuch.

Amoralist
(zu griechisch „a-" = un-, nicht- und „Moral") *ein unmoralischer, verwerflicher Mensch.*
Vgl.: → -ist.

Amsel
besonders bayrisch für eine einfältige, dümmliche Frau.
Vgl.: → Dreckamsel, → Mistamsel.

Ämterjäger
abschätzig für einen Menschen, der aus Ehrgeiz oder Eitelkeit nach möglichst vielen Ämtern strebt.
Vgl.: → -jäger, → Postenjäger, Sesseljäger, Stellenjäger.

Amüsiermatratze
derb abwertend für eine Prostituierte oder liederliche Frau.
Vgl.: Amüsierfleisch (selten), Lustmatratze (Wortspiel zu „Luftmatratze"), → Matratze.

Amüsiernudel
salopp abwertend für eine vergnügungssüchtige weibliche Person.
Vgl.: → Nudel, → -nudel.

Analphabet
(aus griechisch „an-" = nicht- und „Alphabet") *1. oft abschätzig für jemanden, der nicht lesen und schreiben kann. 2. in übertra-*

gener Bedeutung abwertend für eine Person, die auf einem bestimmten Gebiet sehr wenig oder gar nichts weiß. Matthias Horx, ein Sammler von „Trendwörtern", gab an: „Medienanalphabeten: Belesene Leute, die nicht mit dem Computer umgehen können, sind die Analphabeten des nächsten Jahrtausends." Amüsanteren Nonsens bietet Ralph Boller. Für ihn sind Analphabeten „Leute, die des Nichtlesens und Nichtschreibens mächtig sind".
Vgl.: Halbalphabet (selten), Halbanalphabet, politischer Analphabet.

Anarchist
(zu griechisch „an-" = nicht- und „archein" = herrschen, führen) *abwertend und als politisches Feindwort für einen Menschen, der jede staatliche Ordnung ablehnt, bekämpft; Umstürzler.* Im September 1973 schrieb der SPIEGEL: „Sie nennen sich Maoisten, Trotzkisten oder Kommunisten. Man nennt sie Chaoten. Sie sind Anarchisten."
Vgl.: Anarch, → -ist.

Anarcho
vorwiegend jugendsprachlich für einen Menschen, der sich (gewaltsam) gegen die bestehende bürgerliche Ordnung auflehnt. Das Wort bietet sich auch für Zusammensetzungen an. In den Printmedien war beispielsweise Fritz Teufel, der renitente Altachtundsechziger, ein „Anarcho-Clown" und der Rocksänger Udo Lindenberg ein „Uralt-Anarcho".

Anbeter
meist abschätzig für einen glühenden Verehrer, bedingungslosen Anhänger: eine Schar von Anbetern, Anbeter des Erfolgs, ein Anbeter Hitlers. Ein Sprichwort sagt: „Es ist nichts so lächerlich, es findet Anbeter." Bereits 1925 war in der österreichischen satirischen Zeitschrift DER GÖTZ VON BERLICHINGEN folgendes zu lesen:

„Ich hatt einen Kameraden,
einen bessern findst du nit,
jedoch ich wurde später
ein Hakenkreuzanbeter,
er aber war Semit."

Vgl.: → Götzenanbeter, → Sonnenanbeter, → Teufelsanbeter.

Anbringer
landschaftlich selten für einen Denunzianten. Bei Lessing finden wir einen „verhaßten Anbringer".

Andenken
(eigentlich ein Erinnerungsstück, Erinnerungsgeschenk) *seltenes Spottwort für ein uneheliches Kind.*
Vgl.: lebendes Andenken.

Anfänger
1. geringschätzig für einen Neuling. 2. Schimpfwort für einen ungeschickten Menschen; Versager.
Vgl.: → blutiger Anfänger.

Angeber
(in der zweiten Bedeutung zu „angeben" = melden, denunzieren) *1. Schimpfwort für einen Menschen, der prahlt, sich wichtig tut. 2. ein Verräter, Denunziant.* 1977 sagte Herbert Wehner (SPD) im Deutschen Bundestag zu Helmut Kohl die schlichten Worte: „Sie sind ein Angeber!"
Vgl.: alter Angeber (gewohnheitsmäßig), kleiner Angeber.

Angriffsfahrer
ein rücksichtsloser, aggressiver Autofahrer, vor allem einer, der unbedingt überholen will.

Angstarsch
derbes Schimpfwort für einen Angsthasen, Feigling.
Vgl.: → Arsch, → -arsch.

Angsthase
(vielleicht aus „Angsthose" entstanden, vielleicht aber auch nach dem Verhalten des Hasen, dessen stärkste Waffe im Überlebenskampf die Flucht darstellt) *abschätzig, auch verächtlich für einen furchtsamen Menschen, Feigling; ein ängstliches Kind.* Deutschlands erfolgsreichste Krimi-Autorin Ingrid Noll bekannte in einem SPIEGEL-Interview (August 1994): „Ich bin ein großer Angsthase."
Vgl.: Angstbüxe, Angstkötel (norddeutsch), Angstlappen (selten), Angstmichel, Angstscheißer, Bammelhase, Banghase, Furchthase, → Hase, Kaninchen, Schißhase.

Ängstling
selten für einen ängstlichen Menschen.
Vgl.: → -ling.

Angstmacher
abwertend für einen Menschen, der Angst schürt oder selbst Angst einflößt.
Vgl.: → Bangemacher, → -macher.

Angstmeier
(„Meier“ als häufiger Familienname) *salopp abwertend für einen ängstlichen Menschen.*
Vgl.: → -meier.

Angstpeter
landschaftlich leicht abwertend für einen furchtsamen Jungen, selten für einen erwachsenen Mann.
Vgl.: Angstmichel, → Peter, → -peter.

Angstschisser
derb abwertend für einen ängstlichen, feigen Menschen.
Vgl.: Angstscheißer, → Hosenscheißer (Hosenschisser), → Schisser.

Anhang
geringschätzig für 1. lästige Verwandte, Begleiter. 2. ein Kind einer ledigen Frau.

Anhängsel
abschätzig für 1. einen (ständigen) eher lästigen Begleiter. 2. die Ehefrau, Partnerin; seltener für den Mann. 3. ein Kind einer ledigen Frau.

Anmacher
abschätzig für eine Person, die 1. sich anderen in aufdringlicher Weise nähert, sie belästigt, behelligt oder ärgert. 2. sexuell zudringlich ist, heftig und einseitig flirtet.
Vgl.: → -macher.

Anöder
selten für einen langweiligen, faden Menschen.

Anpasser
geringschätzig für jemanden, der sich übertrieben anpaßt, ganz nach anderen richtet. Der Berliner Boxprofi Graciano Rocchigiani nannte seinen Gegner Henry Maske einen Anpasser (Oktober 1995).

Anspitzer
selten für einen Antreiber oder Hetzer, Scharfmacher.

Anstandswauwau
(zu kindersprachlich „Wauwau“ = Hund) *scherzhaft-spöttisch für jemanden, der über Sitte und Anstand wachen soll, besonders als Begleitperson für junge Mädchen oder Liebespaare.*
Vgl.: Anstandsonkel (selten), Moral-Wauwau, → Wauwau.

Anstifter
jemand, der andere zu etwas Schlechtem verleitet, der als treibende Kraft dahintersteckt. „Reagan war der Anstifter im Iran-Contra-Skandal“, so überschrieb die FRANKFURTER RUNDSCHAU im Januar 1994 einen Artikel.

Anstreicher
(eigentlich jemand, der Malerarbeiten ausführt) *verächtlich für einen Kunstmaler.*

Anti-
eine negierende Vorsilbe zur geringschätzigen oder auch verächtlichen Bezeichnung von Personen, die ganz anders sind, eher das Gegenteil von dem, was das Grundwort angibt. Bayerns Ministerpräsident Stoiber sah sich nach einigen unvorsichtigen Äußerungen dem Vorwurf „Antieuropäer“ ausgesetzt.
Vgl.: Antifußballer, Antiheld, Anti-Kerl, Anti-Kicker, Anti-Kumpel, Anti-Künstler, Antimoralist, Antimutter (selten), Antisänger, Antischauspieler.

Antichrist
(früher auch eine Bezeichnung für den Teufel) *oft abwertend für einen Gegner des Christentums, seltener für einen „Heiden“ oder Protestanten aus katholischer Sicht.* 1880 wurde Richard Wagner in der WIENER ALLGEMEINEN ZEITUNG als „leibhaftiger Antichrist der Kunst“ attackiert.

Antidemokrat
meist abfällig für einen Gegner der Demokratie. Das Wort ist auch Teil der Tirade in Peter Handkes PUBLIKUMSBESCHIMPFUNG.

Antisemit
(um 1879 von dem deutschen Publizisten W. Marr als politisches Kampfwort geprägt) *ein Judenfeind, Gegner des Judentums.*

Antityp
jugendsprachlich selten für einen äußerst unsympathischen Menschen.
Vgl.: → Typ, → -typ, Untyp.

Antreiber
abschätzig für einen Menschen, der andere (zur Arbeit) antreibt; selten für einen Zuhälter.
Vgl.: → Treiber.

Anzetteler (Anzettler)
(zu „Zettel" = Längsfaden, Kette in der Weberei) *jemand, der etwas Schlechtes im geheimen vorbereitet, dazu anstiftet.*
Vgl.: → -ler.

Apache
(eigentlich ein Angehöriger eines Indianerstammes im Südwesten der USA) *1. ein Verbrecher der Pariser Unterwelt aus der Zeit um das Jahr 1900. 2. ein Großstadtganove, gewalttätiger Verbrecher.*

Apo-Opa
(ein Palindromwort; zu „Apo" = Kurzwort für „Außerparlamentarische Opposition", eine lose linke Gruppierung, die sich während der Zeit der sogenannten Großen Koalition in der Bundesrepublik Deutschland zwischen 1966 und 1969 ausgebildet hatte) *spöttisch, auch geringschätzig für einen Altlinken, der schon in der Apo politisch aktiv war.* Die FRANKFURTER ALLGEMEINE ZEITUNG brachte im März 1993 die Überschrift „Apo-Opas treffen sich im Römer", dazu den Untertitel „Kein Lachs auf Stadtkosten". Gemeint waren Daniel Cohn-Bendit, Peter Schneider, Joschka Fischer und andere.
Vgl.: Apo-Veteran, → Opa.

Apostat
(zu griechisch „apostasia" = das Abfallen vom Herrscher) *bildungssprachlich für einen Abtrünnigen, besonders in bezug auf den christlichen Glauben.*

Apostel
(eigentlich einer der zwölf Jünger Jesu) *spöttisch-ironisch für einen eifrigen Verfechter einer (neuen) Welt- oder Lebensanschauung, einer Heilslehre, moralischer Grundsätze o.ä.: ein Apostel der freien Marktwirtschaft, der Mäßigung, der freien Liebe.*

-apostel
spöttisch-ironisch, auch abschätzig für einen → Apostel einer bestimmten Sorte, eines bestimmten Feldes seines großen Eifers. Das Wortbildungsmuster ist vielseitig verwendbar, und vor allem zum Zwecke politischer Polemik tauchen immer wieder neue „-apostel" auf. In Otto Ladendorfs HISTORISCHEM SCHLAGWÖRTERBUCH von 1906 lesen wir „sozialdemokratische Hetzapostel". 1987 schimpfte der damals noch angriffslustige Edmund Stoiber von der CSU im BAYERNKURIER über die ungeliebten FDP-Politiker „Baum, Hirsch und Co.": „scheinliberale Rechtsstaatsapostel". Der Berliner TAGESSPIEGEL dagegen mokierte sich 1995 über den „TV-Apostel" Ulrich Wickert, den Fernsehstar, der inzwischen auch mit erbaulichen Büchern Kasse macht.
Vgl.: Beschwichtigungsapostel, Bildungsapostel, → Durchhalteapostel, Freiheitsapostel, → Friedensapostel, → Gesundheitsapostel, Heilsapostel (selten), → Humanitätsapostel, → Kohlrabiapostel, Lügenapostel (Lügner, Heuchler), Mäßigkeitsapostel, → Moralapostel, → Naturapostel, Rohkostapostel, Sauberkeitsapostel, → Sittenapostel, Sparapostel (selten).

Apotheker
(wegen der hohen Preise für Arzneimittel) *abfällig für einen teuren Kaufmann, der „Apothekerpreise" nimmt; Wucherer.*
Vgl.: → Abdecker.

Apparat
vorwiegend jugendsprachlich für eine dicke Frau, ein dickes Mädchen.

Apparatschik
(russisch; zu russisch „apparat" = Verwaltungsbehörden) *abschätzig für einen bürokratischen, sturen Funktionär in einem kommunistisch regierten Staat: ein blinder, gewissenloser Apparatschik.* Für die WELTWOCHE, die im Februar 1995 die Sprache von Michail Gorbatschow analysierte, war er ein „sprachlicher Apparatschik, der so sprach, wie er es auf der Parteischule gelernt hatte".

Appelfatzke
ein vorwiegend berlinisches Schimpfwort für einen eitlen, aufgeblasenen Menschen.
Vgl.: → Fatzke.

Aprilgeck (Aprilsgeck) = Aprilnarr (Aprilsnarr)

Aprilnarr (Aprilsnarr)
(nach dem Brauch des In-den-April-Schikkens, bei dem jemand durch einen unmöglichen Auftrag oder eine erfundene Nachricht zum Narren gehalten wird) *spöttisch für eine Person, die sich am 1. April (oder bei anderen Gelegenheiten) verulken läßt.* „Aprilgeck, steck de Nos in den Kaffeedreck", lautet ein Spruch vom Niederrhein. Zumindest in Hessen werden Leute auch in den Mai oder Juni geschickt.
Vgl.: Aprilaffe (oberdeutsch), Aprilgeck (Aprilsgeck), Aprilschöps, Apriltrottel (beides selten), Maikalb (hessisch), → Narr, → -narr.

Aprilochse
derber Spottruf für einen Menschen, der Opfer eines Aprilscherzes geworden ist.
Vgl.: → Ochse (Ochs).

Arbeiterdenkmal
(eigentlich ein Denkmal, das Arbeiter darstellt; wohl ursprünglich dasjenige, das um 1900 auf dem Berliner Andreasplatz errichtet wurde und u.a. einen Eisenarbeiter zeigt, der sich auf seinen Hammer stützt) *scherzhaft-spöttisch für einen Menschen, der sich untätig auf sein Arbeitsgerät stützt.*
Vgl.: Arbeiterstandbild (selten).

Arbeiterverräter
im Jargon der Politik verächtlich für einen Politiker, der die Interessen der Arbeiter schlecht vertritt, verrät.
Vgl.: → Verräter, → -verräter.

Arbeitsbiene
(eigentlich eine unfruchtbare weibliche Biene) *abfällig für eine arbeitswütige weibliche Person.*

Arbeitsmaschine
geringschätzig für einen Menschen, der unentwegt arbeitet, stur und mechanisch seine Arbeit verrichtet.
Vgl.: → Maschine.

Arbeitsscheuer
abwertend für jemanden, der nicht arbeiten will, einen Faulenzer.
Vgl.: Arbeitsmuffel.

Arbeitssklave
emotional abwertend für einen ausgebeuteten Arbeiter. Er sei ja „nur ein deutscher Arbeitssklave", so der deutsche Kanzler Helmut Kohl 1994 überaus jovial zum russischen Präsidenten Boris Jelzin.
Vgl.: → Sklave (...).

Arbeitstier
oft abwertend für einen Menschen, der nur seine Arbeit kennt, der unermüdlich werkelt und schuftet.
Vgl.: Arbeitsbestie (selten), Arbeitspferd (kaum abwertend), Arbeitsvieh, → Tier, → -tier.

Arlotto
(aus gleichbedeutend italienisch „arlotto") *veraltet für 1. einen verfressenen Faulpelz. 2. einen gerissenen, schmutzigen Kerl.*

Arm
(verhüllend für „Arsch") *vorwiegend jugendsprachlich für einen → Arsch.*

arme Sau
oft geringschätzig für einen bedauernswerten, armen oder armseligen Menschen.
Vgl.: → armes Schwein, → Sau.

Armeematratze
vulgäres Schimpfwort für 1. eine Prostituierte oder liederliche Frau. 2. eine Soldatenhure.
Vgl.: Kasernenmatratze, → Matratze, → Offiziersmatratze, Regimentsmatratze.

Armeleutesohn
veraltend abschätzig für einen Sohn armer Leute (der von der Armut geprägt ist).

armer Hund
abschätzig für eine arme, mittellose, bedauernswerte (männliche) Person.
Vgl.: → Hund.

armer Irrer
(eigentlich eine mitleidsvolle Bezeichnung für einen Geisteskranken) *milde Schelte für einen in seiner Einfalt bedauernswerten Menschen.*
Vgl.: → Irrer.

armer Schlucker
(ursprünglich einer, der aus Not alles schlucken, also essen und trinken muß, was man ihm vorsetzt) *meist abschätzig für einen völlig mittellosen, armen Kerl, bedauernswerten Menschen.* Aus dem Mittelfränkischen stammt die folgende Tanzliedstrophe:

„Oh ihr arma Bauramadli,
Oh ihr arma Schluckerli:
Müßt ihr nit Kartoffeln fressen
Wie die junge Suckerli."

Vgl.: Kaldaunenschlucker, → Schlucker.

armer Teufel
(geht auf die Figur des betrogenen Teufels in Schwänken, Erzählungen und den spätmittelalterlichen Fastnachtsspielen zurück) *oft geringschätzig für einen bedauernswerten, glücklosen, armen Menschen.* Ein Sprichwort lautet: „Ein armer Teufel muß das Holz zur Hölle selber tragen."
Vgl.: → Teufel.

armer Tropf
abfällig für einen einfältigen, bedauernswerten Menschen.
Vgl.: armseliger Tropf, → Tropf.

armes Luder
salopp, auch abschätzig für einen bedauernswerten, mittellosen Menschen. Dazu die hessische Version eines altbekannten Verses:

„Wer nix erheirat unn nix ererbt,
Der bleibt e aarm Luder bis er schderbt."

Vgl.: → Luder.

armes Schwein
salopp, oft abfällig für einen völlig mittellosen oder aus anderen Gründen bedauernswerten Menschen, dem „es dreckig geht". „Wienand ist kein Schwein, sondern ein armes Schwein!" sagte der SPD-Politiker Egon Bahr im Januar 1995 der Presse über den früheren Parlamentarischen Geschäftsführer der SPD Karl Wienand, der unter Spionageverdacht steht oder stand.
Vgl.: → arme Sau, → Schwein.

armes Würmchen
emotional abwertend für einen bemitleidenswerten, schwachen, armen und oft auch unbedarften Menschen.
Vgl.: armes Wurm, → -chen (-lein), → Würmchen.

armes Würstchen
salopp abwertend für einen armseligen, unbedeutenden oder mitleiderregenden Menschen.
Vgl.: armseliges Würstchen, → -chen (-lein), → Würstchen.

Armesünder (Armsünder)
(früher der zum Tod Verurteilte) *seltene abschätzige oder spöttische Bezeichnung für einen schuldbewußten, zerknirschten Menschen.*
Vgl.: armer Sünder, → Sünder, → -sünder.

Armleuchter
(eigentlich ein mehrarmiger Leuchter; wegen des Gleichklangs verhüllend für „Arschloch") *derbes Schimpfwort für einen Trottel, Dummkopf.* Von dem evangelischen Theologen und Reichsbischof Ludwig Müller, dem Vertrauensmann und Bevollmächtigten Hitlers für Fragen der Evangelischen Kirche, hieß es in der Nazizeit: „vom Kirchenlicht zum Armleuchter".
Vgl.: akademischer Armleuchter, armer Leuchter, → Arschloch, Kronleuchter (seltene Parallelbildung), → Leuchter.

Armloch
(eigentlich der Ausschnitt für den Arm in einem Kleidungsstück; wegen des Gleichklangs verhüllend für „Arschloch") *derbes Schimpfwort im Sinne von → Arschloch, kaum schwächer.*
Vgl.: → A...loch, → Arm, → Loch.

Armutschkerl, das
(zu „arm"; mit oberdeutscher Verkleinerungsendung) *in Österreich emotional abwertend für einen armen, bedauernswerten, unfähigen Menschen.*

Arrièregarde
(französisch; eigentlich militärsprachlich = Nachhut) *eine selten gebrauchte geringschätzige bildungssprachliche Bezeichnung für Personen, die (verspätet) modische Trends nachäffen.*

Arrivist
(zu „arrivieren" = beruflich, gesellschaftlich aufsteigen) *selten für einen Emporkömmling.*
Vgl.: → -ist.

Arsch
vulgäres Schimpfwort für einen Dummkopf, Trottel; einen unsympathischen, läppischen Menschen. Der äußerst beliebte Kraftausdruck wird gelegentlich auch als harmlose Schelte verwendet und tritt in zahlreichen Wortverbindungen und Variationen auf. Der TV-Entertainer Harald Schmidt gebrauchte in einem Interview der WELTWOCHE (März 1994) beispielsweise die Abwandlung „McArsch vom Dienst".
Vgl.: → Arm, Arsch mit Beinen (selten: dicker Mensch), Arscheimer (Versager, Trottel), Arschgeier (selten), Arschheimer (selten), Arschkanone (jugendsprachlich), Arschknochen, Arschkrücke, Arschkrümel (kleiner, unbedeutender Mensch), Arschtrompeter (laut Furzender), Arschwisch (Feigling), fauler Arsch, → Gefreiter Arsch, Hans Arsch (veraltet), lahmer Arsch, → der letzte Arsch, Matrose Arsch, → Schütze Arsch (im letzten/dritten Glied).

-arsch
derbe Schimpfwörter für einen in einer bestimmten Weise unangenehmen oder unsympathischen Menschen; seltener für eine dicke oder auch dünne Person.
Vgl.: → Affenarsch, → Angstarsch, → Babbelarsch, Bauernarsch, → Bierarsch, Blaßarsch, Blecharsch (selten: Klempner), → Bleiarsch, → Bloßarsch, Brabbelarsch, Bratarsch, → Breitarsch, → Dickarsch, → Dreckarsch, Elefantenarsch, → Entenarsch, Faselarsch, Faularsch, → Fettarsch, → Glanzarsch, Hängearsch, Hennenarsch (Feigling), → Heularsch, Hühnerarsch (Feigling; dürr), → Kackarsch, Klugarsch, → Knackarsch, → Laberarsch, → Lahmarsch, → Lapparsch, → Leckarsch, → Nacktarsch, → Pecharsch, → Quadratarsch, Quälarsch, → Quengelarsch, → Rotarsch, → Saftarsch, → Schlapparsch, Schmarrarsch (fränkisch), Stinkarsch, Tortenarsch (Ruhrgebiet: Trottel), → Wackelarsch, Zappelarsch, Zitterarsch (ängstlich).

Arsch mit Ohren
derb abwertend für 1. einen unsympathischen Menschen. 2. jemanden mit einem feisten, ausdruckslosen Gesicht. 3. einen sehr dummen, einfältigen Menschen.

Arschbackengesicht
(meint eigentlich das Gesicht selbst) *ein vorwiegend süddeutsches derbes Schimpfwort für eine Person mit dicken Backen (und einem dümmlichen Gesichtsausdruck).*
Vgl.: Arschbackentoni (selten), → -gesicht.

Arschficker
vulgäres Schimpfwort für einen Homosexuellen.
Vgl.: Arscheologe (selten: Wortspiel zu „Archeologe"), Arschpuderer, → Ficker.

Arschgeige
derbes Schimpfwort besonders für einen Feigling oder Dummkopf.
Vgl.: → Geige.

Arschgesicht
derb abwertend für 1. einen unsympathischen, widerlichen Menschen. 2. jemanden, der ein Arschgesicht hat, ein breites, pausbäkkiges, ausdrucksloses Gesicht.
Vgl.: Affenarschgesicht, Arschgefrieß (bayrisch), → -gesicht.

Arschi
jugendsprachlich selten für einen unangenehmen, ekelhaften Menschen.
Vgl.: Arschinger (selten).

Arschkaffer
zumindest in der Pfalz und am Mittelrhein ein grobes Schimpfwort für einen dummen oder unzuverlässigen Menschen.
Vgl.: → Kaffer.

Arschkerl
ein landschaftliches derbes Schimpfwort allgemeiner Art für eine männliche Person.
Vgl.: → Kerl.

Arschkipf
(zu „Kipf" = längliches Brot) *süddeutsches Schimpfwort mit der Bedeutung → Arsch.*
Vgl.: → Kipfel.

Arschkratzer
ein oberdeutsches vulgäres Schimpfwort für einen Schmeichler, Kriecher.

Arschkriecher
derb abwertend für jemanden, der sich (bei Vorgesetzten) einschmeichelt, anbiedert.
Vgl.: Hintenreinkriecher, → Kriecher.

Arschkrott
besonders süddeutsch derb für ein kleines, vorlautes Mädchen.
Vgl.: → Krott.

Arschlecker
derb abwertend für einen widerlichen, aufdringlichen Schmeichler, Kriecher.
Vgl.: Armlecker (selten, verhüllend), → Lecker, Lochlecker.

Arschloch
(eigentlich eine Vulgärbezeichnung für den After) *ein sehr häufiges derbes Schimpfwort für einen widerlichen, völlig unfähigen oder gemeinen Menschen.* Eine bemerkenswerte Steigerung des Wortes fand um 1400 in den Luzerner Ratsprotokollen ihren Niederschlag, und zwar wurde eine Frau als „eines pfaffen arsloch" beschimpft. In HANSWURSTS HOCHZEIT von Goethe kommt eine „Jungfer Arschloch" vor, und Kurt Tucholsky zog über Schriftstellerkollegen her: „Es sind Schlöcher, alle miteinander, diese Kerle ..." In Jakob Haringers Gedicht „macht nichts" von 1931 heißt eine Stelle: „Leckt mich am Arsch ihr Arschlöcher, nein, / Er ist für euch zu gut -". Im Januar 1989 berichtete die SÜDDEUTSCHE ZEITUNG über einen denkwürdigen Vorfall auf der Weihnachtsfeier der CSU-Landtagsfraktion aus dem Jahre 1987. Da hatte nämlich Max Streibl seinem Vorgänger im Amt des bayrischen Ministerpräsidenten Franz Josef Strauß an den Kopf geworfen: „Du bist das größte Arschloch, das ich kenne!"
Vgl.: → A...loch, altes Arschloch, → Armleuchter, → Armloch, Arschloch im Quadrat, → Astloch, Entenarschloch, Kanalarschloch, Kubikarschloch, → Loch, Locherl (österreichisch), Oberarschloch.

Arschpauker
(Weiterbildung von „Pauker"; bezieht sich auf das früher weitverbreitete Züchtigen von Schülern durch Schlagen auf das Gesäß) *derb abwertend oder spöttisch für einen (prügelnden) Lehrer.*
Vgl.: Arschpatscher (selten), → Hosenpauker, → Pauker, Prügelpauker, Steißpauker.

Arschtrommler
(Verbildlichung der Vorstellung eines wild prügelnden Lehrers) *derb abwertend für einen Lehrer (der seine Schüler auf das Gesäß schlägt).*
Vgl.: → -ler, → Steißtrommler.

Aschenbrödel = Aschenputtel

Aschenputtel
(seit dem 16. Jahrhundert eine Bezeichnung für den Küchenjungen; eigentlich einer, „der in der Asche wühlt"; geläufig als Hauptperson eines in der ganzen Welt bekannten Volksmärchens, das auch in der Grimmschen Sammlung enthalten ist) *1. emotional abwertend oder mitleidig für eine arme, ständig zurückgesetzte weibliche Person, die niedere Arbeiten verrichten muß. 2. landschaftlich abschätzig für ein unscheinbares, ungepflegtes Mädchen.*
Vgl.: Aschenbrödel.

Aso (Asso)
(Kurzwort zu „Asozialer") *eine vorwiegend jugendsprachliche abschätzige Bezeichnung für einen → Asozialen, Penner, Unterschichtler.*
Vgl.: Asi (selten), → Assi.

asoziale Elemente
(meist in der Mehrzahl gebraucht) *verächtlich für heruntergekommene, arbeitsscheue (kriminelle) Personen am Rande der Gesellschaft.*
Vgl.: asoziales Pack, → Element.

Asozialer
abschätzig für eine heruntergekommene, arbeitsscheue (kriminelle) Person am Rande der Gesellschaft. In der Zeit des Nationalsozialismus diente die oft willkürliche Kennzeichnung als Asozialer nicht selten als Rechtfertigung für die Einweisung solcher „Feinde der Volksgemeinschaft" ins KZ.

Asphalt-
(eigentlich ein Gemisch aus Bitumen und mineralischen Bestandteilen, das vor allem als Straßenbelag verwendet wird; als negative Metapher für die Unnatürlichkeit und Wurzellosigkeit der Großstadt, besonders Berlins, gegen Ende des 19. Jahrhunderts in den Kreisen des Naturalismus aufgekommen) *eine Reihe abschätziger und teilweise veralteter Bezeichnungen für Personen, deren verwerfliches Verhalten als typisch für die Großstadt erachtet wird.* Vor allem die NS-Ideologie hat den Begriff mißbraucht und ihrem Mythos von „Blut und Boden" entgegengesetzt. Dabei ging es in erster Linie darum, die großstädtischen Intellektuellen zu diffamieren.
Vgl.: Asphaltbiene, Asphaltblume (beides leichte Mädchen, Straßenprostituierte), Asphaltblüte (Großstadtmensch), Asphaltdame (ironisch: Straßenprostituierte), Asphalthunne (rücksichtsloser Kraftfahrer), Asphaltmensch, Asphaltschnepfe, Asphaltspucker (Arbeitsscheuer), Asphaltwanze (Straßenprostituierte).

Asphaltcowboy
(seit den 50er Jahren; bekannt geworden durch den Spielfilm MIDNIGHT-COWBOY von John Schlesinger aus dem Jahr 1970, der in der deutschen Fassung ASPHALT-COWBOY heißt) *1. abschätzig für einen jugendlichen Herumtreiber in der Großstadt. 2. salopp, kaum abwertend für einen Fernfahrer, Berufskraftfahrer.* In dem Song von Udo Lindenberg „Du knallst in mein Leben" heißt es: „... wieder raus in den rauhen Wind, wo die Asphaltcowboys zuhause sind".
Vgl.: → Cowboy.

Asphaltliterat
abschätzig für einen Literaten, Schriftsteller, der in der Großstadt lebt und Themen der Großstadt aufgreift. Im Jargon der Nazis bezeichnete das Wort einen intellektuellen oder liberalen Autor. Joseph Goebbels schrieb 1934 in SIGNALE der NEUEN ZEIT: „... jene wurzel- und artlosen Asphaltliteraten, die meistenteils nicht aus unserem eigenen Volkstum hervorgegangen sind, es aber als billigen und bequemen Abladeplatz für die Ausschwitzungen ihres kranken Gehirns benutzen möchten."
Vgl.: Asphaltjournalist, → Literat.

Asphaltpflanze
eine veraltende abschätzige Bezeichnung für 1. eine (junge) Person in oder aus der Großstadt. 2. eine Straßenprostituierte. Die folgende erste Strophe eines Liedes von Hans Brennert entstand vermutlich kurz nach 1900 und besingt eine „Asphaltblume":

„Wer ist erst neunzehn Jahre
und ist schon so verderbt?
Wer trägt die schönen Haare
kastanienrot gefärbt?
Wer schläft und träumt tagsüber
betthimmelüberdacht?
Das ist die Asphaltblume,
der Stern der Mitternacht!"

Vgl.: Asphaltblume, Asphaltblüte, Asphaltlilie (selten), → Pflanze.

Asphaltschwalbe
abschätzig für eine Straßenprostituierte.
Vgl.: → Bordsteinschwalbe, → Schwalbe, → Trottoirschwalbe.

Assassine, der
(eigentlich ein Angehöriger einer mohammedanischen Sekte; zu „Haschisch") *veraltet für einen Meuchelmörder.*

Assel
(eigentlich ein kleiner Krebs) *Schimpfwort für eine schmutzige, schlampige Frau.*
Vgl.: → Kellerassel.

Assi
(Kurzwort zu „Asozialer") *besonders im Sprachgebrauch der DDR und Ex-DDR jugendsprachlich für einen → Asozialen.*
Vgl.: → Aso (Asso).

Ästhet
(aus griechisch „aisthetes" = der Wahrnehmende) *oft geringschätzig für einen Menschen mit (übertriebener) Vorliebe für das Schöne, Kultivierte, Stilisierte.* „Die Frauen-Rächerin in Schwarz unterliegt dem kalten Ästheten", so überschrieb 1994 die SÜDDEUTSCHE ZEITUNG einen Bericht zum Urheberrechtsprozeß des Erotikkitsch-Fotografen Helmut Newton gegen die EMMA-Herausgeberin Alice Schwarzer. Hans Magnus Enzensberger sagte über seinen Schriftstellerkollegen Peter Weiss in einem ZEIT-Interview (Januar 1995): „Ach, der Weiss, der war ja in Wirklichkeit ein Ästhet, ein Künstler, der in diesen politischen Strudel geraten ist und gar nichts verstanden hat ..."

Ästhetizist
bildungssprachlich geringschätzig für einen Menschen, der das Ästhetische überbewertet.
Vgl.: → -ist.

Astloch
(verhüllend für „Arschloch") *derbes Schimpfwort mit der Bedeutung von → Arschloch.*
Vgl.: → Loch.

Astlochgucker
selten für einen Voyeur.
Vgl.: → Gucker, Schlüssellochgucker.

Asylant
(nach Auffassung mancher Sprachwissenschaftler abwertend wie viele andere Wörter auf „-ant" oder gar ein „Feindwort"; neutral ist die Bezeichnung Asylbewerber) *zumindest an Stammtischen oft abfällig für einen Menschen, der sich um Asyl bewirbt.* Ins Fürbittbuch von St. Martin in Bingen hatte ein Kirchenbesucher eingetragen: „Macht kaputt das widerliche Asylantenvieh!" (Gesellschaft für deutsche Sprache).
Vgl.: Asylbetrüger, → Scheinasylant, Wirtschaftsasylant.

Atheist
(zu griechisch „atheos" = gottlos) *oft abwertend für einen Gottesleugner, Ungläubigen.* „Ich danke es dem lieben Gott tausendmal, daß er mich zum Atheisten hat werden lassen", lautet ein Satz des alten Spötters Lichtenberg. Eine kürzere Fassung des Gedankens wird Luis Buñuel zugeschrieben: „Gottseidank bin ich Atheist!"
Vgl.: → -ist.

Atommafia
abfällig für diejenigen Leute, die aus Profit- oder Machtinteresse und mit fragwürdigen Mitteln die Atomwirtschaft vertreten.
Vgl.: → Mafia, → -mafia.

Atzel
(eigentlich ein Mundartwort für eine Elster) *landschaftlich für eine diebische Person.*
Vgl.: → diebische Elster, → Elster.

Ätztyp (Ätztype)
(zu „ätzend" = abscheulich; langweilig; toll) *jugendsprachlich für einen widerlichen oder völlig uninteressanten (jungen) Mann.*
Vgl.: Ätz-Usche (selten: ätzende Frau), → Typ, → -typ, → Type.

Auch-
ironisch oder abschätzig für eine Person, die in der im Grundwort der Zusammensetzung genannten Funktion oder Tätigkeit unbedeutend, unfähig ist. Alexander Mitscherlich, der in den 60er Jahren durch kritische Buchveröffentlichungen am Nationalstolz der Deutschen kratzte, erhielt eine Flut von anonymen Schmäh- und Drohbriefen. In einem der höflicheren heißt es: „Herr Professor, Sie sind ein Repräsentant der Auch-Politiker. Wechseln Sie Ihren Beruf ..."
Vgl.: Auchchrist, Auchdichter, Auchkünstler, Auchmaler.

Aufdringling
seltene abschätzige Bezeichnung für einen aufdringlichen, lästigen Menschen.
Vgl.: Andringling (veraltet: zudringlich), → -ling.

Auffahrsünder

ein Kraftfahrer, der zu dicht auffährt, zu geringen Abstand hält und dadurch einen Unfall herbeizuführen droht.

Vgl.: Abstandsünder (selten), → Sünder, → -sünder, → Verkehrssünder.

aufgeblasener Frosch

(nach der Redensart „sich aufblasen wie ein Frosch", die auf eine Fabel des Phaedrus, ca. 15 v.Chr. – 50 n.Chr., zurückgeht, in der von einem Frosch erzählt wird, der groß wie ein Ochse sein wollte, sich mächtig aufblies und zerplatzte) *ein eingebildeter, prahlerischer Mensch.*

Vgl.: aufgeblasener Affe (selten), → Frosch.

aufgeblasener Kerl

abfällig für einen eingebildeten, prahlenden Kerl.

Vgl.: aufgeblasenes Nachthemd (spöttisch), → Kerl.

aufgestellter Mausdreck

(eigentlich ein Häufchen Mäusekot als Inbegriff des Wertlosen und Banalen) *vorwiegend bayrisch und österreichisch für eine kleine, schwächliche, unbedeutende Person (die sich aufspielt).*

Vgl.: aufgerichteter Mausdreck, aufgestellter Mauseknittel (hessisch), → Dreck, → Mäusedreck (Mausdreck).

aufgetakelte Fregatte

(zu „auftakeln" = ein Schiff mit Takelwerk versehen, Segel setzen) *spöttisch-abschätzig für eine ältere, auffällig herausgeputzte Frau.*

Vgl.: → abgetakelte Fregatte, → Fregatte.

Aufhetzer

abwertend für jemanden, der andere aufwiegelt, aufstachelt.

Vgl.: → Hetzer.

Aufhusser

(zu „hussa", einem Ruf zum Antreiben von Pferden oder Hunden) *vorwiegend österreichisch für einen Aufwiegler.*

Aufmucker

(von „aufmucken" = aufbegehren, sich auflehnen) *landschaftlich abwertend für einen rebellischen, sich widersetzenden Menschen.*

Vgl.: → Mucker.

Aufpasser

oft abwertend für jemanden, der 1. andere überwacht, kontrolliert. 2. bei einer Straftat Schmiere steht, aufpaßt, um zu warnen.

Aufreißer

eine vorwiegend jugendsprachliche, oft abschätzig, oft bewundernd gebrauchte Bezeichnung für einen Verführer, Frauenhelden.

Vgl.: Aufreißertyp, Mädchenaufreißer.

Aufrührer

jemand, der Aufruhr stiftet, sich (gegen die Staatsgewalt) auflehnt; ein Meuterer.

Vgl.: Aufruhrstifter.

Aufschneider

(vom überreichlichen Aufschneiden der Speisen bei Tisch) *ein Prahler, Großsprecher; seltener scherzhaft-spöttisch für einen Chirurgen.* „Der Auf-Schneider", so lautete ein Titel in der FRANKFURTER ALLGEMEINEN ZEITUNG (April 1994) über den betrügerischen Groß-Pleitier Jürgen Schneider.

Aufsteiger

(vom Aufsteigen beim Sport in die nächsthöhere Spielklasse übertragen) *oft abschätzig für eine Person, die beruflich und gesellschaftlich einen höheren Rang erreicht hat: ein karrieregeiler Aufsteiger.* „Dieser wild gewordene Aufsteiger!" bemerkte im Dezember 1993 der deutsche Altbundeskanzler Helmut Schmidt über Bundesaußenminister Kinkel.

Vgl.: → Absteiger, Aufsteigertyp, sozialer Aufsteiger (kaum abwertend).

Aufwiegler

jemand, der andere aufhetzt, zum Aufstand anstiftet. „Wer mit Liebe und Sanftmuth, mit gutmüthigem Witz die Wahrheit zu Fürsten bringen will, wird nicht gehört, wer sie bitter sagt, den nennt man einen

Aufwiegler." (Georg Friedrich Rebmann, 1768 – 1824).

Vgl.: Abwiegler, → -ler, Volksaufwiegler.

-auge

(eigentlich eine Körperteilschelte, die auf den ganzen Menschen übertragen wird) *salopp abwertend oder spöttisch für eine Person mit abnormen, unschönen Augen (die als Mangel der Persönlichkeit verstanden werden).*

Vgl.: Blödauge, Froschauge, → Glotzauge, → Glupschauge, Kuhauge, → Matschauge, Scheelauge (mundartlich: → Schielauge), → Schielauge, → Schlitzauge, Stielauge (selten), → Triefauge.

Augendiener

(nach der Bibel, Epheser 6,6, wo der Apostel Paulus die Sklaven auffordert, ihren Herren zu gehorchen: „nicht mit Dienst allein vor Augen, als müßten sie Menschen gefallen") *veraltet für einen Schmeichler, Kriecher.* „... wo mir sonst ein ganzes Heer geschäftiger Augendiener entgegenstürzte", heißt es in Lessings EMILIA GALOTTI.

Vgl.: → -diener.

Augenwischer

(nach der veralteten Redensart „jemandem die Augen auswischen" = jemanden täuschen, betrügen) *landschaftlich selten für einen Blender, Sprücheklopfer.*

August

(nach dem „dummen August", dem Spaßmacher im Zirkus) *Schimpfname für einen wunderlichen, läppischen, unfähigen Mann.*

Vgl.: Begrüßaugust, → dummer August, Fratzenaugust (selten), → Grüßaugust, Klassenaugust, → Nickaugust, → Pflaumenaugust.

Ausbeuter

abfällig für jemanden, der andere ausbeutet, vor allem ihre Arbeitskraft gegen ihren Willen für sich nutzt. Thaddäus Troll, ein schwäbischer Heimatdichter, erhielt 1971 nach der Veröffentlichung seines Schimpfkalenders eine Postkarte mit dem Text: „Gott strafe den Schmäher und Ausbeuter unseres Schwabenlandes! Pfui!"

Ausbund

(ursprünglich in der Sprache der Kaufleute ein besonders gutes Muster der Ware, das als Schaustück außen auf die Packung gebunden wurde; hier gekürzt aus negativen Wendungen wie „Ausbund an Bosheit") *landschaftlich für einen Taugenichts, ein freches Kind.*

Ausbund an/von ...

1. in Verbindung mit negativen Kennzeichnungen eine Verstärkung im Sinne von „Inbegriff, Muster": ein Ausbund an/von Schlechtigkeit, Bosheit, Gemeinheit, Liederlichkeit, Frechheit, Häßlichkeit, ein Ausbund von einem Spitzbuben. 2. in Wendungen mit an sich positiver Bedeutung oft ironisch für einen Menschen, der dies ganz und gar nicht oder nur scheinbar ist: ein Ausbund an Temperament, von Güte, von Klugheit, an Männlichkeit, von Gelehrsamkeit.

Vgl.: → Muster an ...

Ausbund an/von Tugend

ironisch für einen Tugendheuchler; einen wenig tugendhaften Menschen.

Vgl.: Ausbund der Tugend (Variante), Muster an Tugend.

Ausfall

besonders im Sportjargon eine Bezeichnung für eine Niete, einen Versager.

Vgl.: glatter Ausfall, Totalausfall.

Ausgebuffter

(verwandt mit „puffen"; also eigentlich jemand, der durch Püffe, Schläge erfahren ist) *meist geringschätzig für einen raffinierten, cleveren, „verschlagenen" Menschen.*

Ausgeburt an/von ...

verächtlich für eine Person, die etwas Negatives, eine schlechte Eigenschaft in höchstem Maße verkörpert. In Hans Hellmut Kirsts Roman 08/15 aus dem Jahr 1954/55 ist Lore eine „Ausgeburt von Faulheit und Borniertheit".

Vgl.: Ausgeburt von Dummheit.

Ausgeburt der Hölle

(nach der Zeile „O, du Ausgeburt der Hölle“ aus Goethes Ballade „Der Zauberlehrling“ von 1797) *eine veraltete pathetische Wendung zur Bezeichnung eines bösartigen, verächtlichen Menschen.*

Ausgeflippter

(aus englisch „to flip out“ = verrückt werden) *vorwiegend jugendsprachlich für einen durchgedrehten, sich verrückt gebärdenden Menschen.*

Vgl.: ausgeflipptes Huhn, → Flippi (Flippie).

Auslaufmodell

(eigentlich in der Kaufmannssprache ein Modell, das nicht mehr hergestellt wird) *spöttisch oder abwertend für eine Person (des öffentlichen Lebens), deren Zeit vorüber ist, die keine Zukunft hat.* „Das Auslaufmodell Karadžić“, schrieb der Berliner TAGESSPIEGEL (November 1995) über den Kriegsführer der bosnischen Serben.

Auspuffzahn

(jugendsprachlich veraltend „Zahn“ = Mädchen) *veraltende saloppe, oft geringschätzige jugendsprachliche Bezeichnung für eine junge Beifahrerin auf einem Motorrad oder Moped.*

Ausputzer

landschaftlich für jemanden, der andere ausnutzt; Schmarotzer.

Außenseiter

(ursprünglich ein Rennpferd, auf das nicht gewettet wird; Lehnübersetzung von englisch „outsider“) *oft abschätzig für einen Außenstehenden, Eigenbrötler.* 1987 wurde der FDP-Politiker Otto Graf Lambsdorff in der CSU-Zeitung BAYERNKURIER als „querulatorischer Außenseiter“ bezeichnet. In der NS-Zeit verstanden die Machthaber unter einem „destruktiven Außenseiter“ einen Kriminellen, einen „Volksschädling“, der beispielsweise ausländische Rundfunksender hörte.

Vgl.: → Outsider.

Aussteiger

oft abschätzig für einen Menschen, der sich (unvermittelt) seinen gesellschaftlichen Bindungen entzieht, seine Arbeit aufgibt. „Viele etablierte Politiker behaupten, die Grünen sind Aussteiger“ (Petra Karin Kelly: UM HOFFNUNG KÄMPFEN, 1983).

Austräger

besonders bayrisch für eine geschwätzige, klatschsüchtige Person.

Auswurf

(kurz für Wendungen wie „Auswurf der Menschheit“) *verächtlich für einen schlechten, ehrlosen Menschen oder für übles Gesindel, Abschaum.*

Auswurf der Gesellschaft = Auswurf der Menschheit

Auswurf der Menschheit

eine sehr verächtliche Bezeichnung für kriminelle oder asoziale Elemente der menschlichen Gesellschaft; selten für eine einzelne Person verwendet. In Stefan Zweigs JOSEPH FOUCHÉ (1929) ist vom „letzten schmierigsten Auswurf der Revolution“ die Rede, und in Peter Handkes Bühnenwerk PUBLIKUMSBESCHIMPFUNG (1966) kriegt man für sein Eintrittsgeld „ihr Auswürfe der Gesellschaft“ an den Kopf geworfen.

Vgl.: → Abschaum der Menschheit, Auswurf der Gesellschaft.

Auswürfling

veraltet, noch landschaftlich für einen schlechten, minderwertigen oder kränklichen Menschen.

Vgl.: → -ling.

Autogrammjäger

oft leicht abwertend für einen begeisterten (aufdringlichen) Sammler von Autogrammen.

Vgl.: Autogrammhyäne (selten), → -jäger.

Autokrat

(aus griechisch „autos“ = selbst und „kratein“ = herrschen) *abwertend für einen 1.*

diktatorischen Herrscher. 2. selbstherrlichen, rechthaberischen Menschen.
Vgl.: → -krat.

Automatenschreck
selten abschätzig, häufig anerkennend für einen Menschen, der an Spielautomaten sehr oft gewinnt.
Vgl.: → -schreck.

Autonarr
selten gebrauchte abschätzige Bezeichnung für einen leidenschaftlichen Liebhaber von Autos.
Vgl.: → Narr, → -narr.

Aventurier
(aus gleichbedeutend französisch „aventurier"; zu „aventure" = unerwartetes Ereignis) *veraltet für einen Abenteurer, Glücksritter.*

Ayatollah = Ajatollah

Azubi
(Kurzwort für „Auszubildender"; seit 1969 die offizielle Bezeichnung, weil „Lehrling" angeblich abwertend ist) *selten scherzhaft-spöttisch für eine noch lernende, unzureichend ausgebildete Person.*
Vgl.: Polit-Azubi (selten).

B

Hadltruth

B.v.K.
(Abkürzung von „Brett vorm Kopf", nach der Redensart „ein Brett vor dem Kopf haben") *vorwiegend jugendsprachlich für einen begriffsstutzigen, dummen Menschen.* In Frankfurt heißt doppelsinnigerweise ein Schachverein „B.v.K.".

Baalspfaffe
(nach „Baal", einem semitischen Wetter- und Himmelsgott, der über das Alte Testament zum Inbegriff heidnischer Götzen wurde) *veraltet für einen falschen, abergläubischen Priester.*
Vgl.: Baalsdiener, Baalspriester, → Pfaffe.

Babbel, der (die)
(schallnachahmend; zu „babbeln" = schwatzen, plappern) *landschaftliches mildes Schimpfwort für einen Schwätzer, eine Schwätzerin.*

Babbelarsch
derbes Schimpfwort für einen lästigen Schwätzer.
Vgl.: → Arsch, → -arsch.

Babbelgosche
vorwiegend südwestdeutsch für eine geschwätzige (weibliche) Person.
Vgl.: → Gosche.

Babbelliese
landschaftlich für eine geschwätzige weibliche Person.
Vgl.: Babbelgrete (selten), Babbelsuse, → Liese, → -liese.

Babbelmaul
grobe Schelte für einen Schwätzer.
Vgl.: Babbelfotze (Schwätzerin), Babbelfritze, Babbelhans, Babbelheini, Babbelmaschine (beides selten), Babbelmeier, → -maul.

Babbelschnute
(zu „Schnute" = Mund) *eine vorwiegend norddeutsche Schelte für einen geschwätzigen, plappernden Menschen.*

Babbitt
(nach dem Titelhelden eines Romans von Sinclair Lewis aus dem Jahr 1922, der den amerikanischen Kleinbürger schildert) *abfällig für einen geschäftstüchtigen, selbstgefälligen Spießbürger.* 1968 urteilte der SPIEGEL: „Der ‚Sexual-Papst Kolle' ist weder Bohemien noch Rebell – eher schon ein Babbitt."

Babbler (Babbeler)
landschaftlich für einen Schwätzer, oberflächlichen Plauderer.
Vgl.: Blechbabbler, → Dummbabbler, → -ler.

Baby
geringschätzig für einen unselbständigen, hilflos erscheinenden Menschen; jugendsprachlich auch für Schulneulinge oder jüngere Geschwister. In einem Songtext von Udo Lindenberg: „Willst du was hinter die Ohren, Baby?"
Vgl.: → Elefantenbaby, Embryo (schülersprachlich: Steigerung), Milchbaby, → Riesenbaby, → Säugling.

Babyface
(englisch; eigentlich ein rundliches, glattes, wenig ausdrucksvolles Gesicht) *spöttisch-abschätzig für einen weichlich wirkenden erwachsenen Menschen mit einem „Babyface".* Nach dem SPIEGEL (1984) mußte der CDU-Politiker Gerhard Stoltenberg schon früh mit Spitznamen wie „Schnullermund" oder „Babyface" leben lernen.
Vgl.: Babygesicht (selten).

Bacchant
(nach dem griechisch-römischen Gott des Weins Bacchus) *in gehobener Sprache oft abschätzig für einen weinseligen Trinker.*
Vgl.: Bacchusbruder, Bacchusdiener, Bacchusfreund, Bacchusknecht (alle drei veraltet).

Bacchantin
(nach den ausschweifenden Festen zu Ehren des Bacchus, den Bacchanalen) *bildungssprachlich für ein sich wild gebärdendes, rasendes Weib.*

Bacchusbruder = Bacchant

Bachel
(vermutlich von „Bacchus", der bei Umzügen und auf Bildern auf einem Faß sitzend als dicker Knabe dargestellt wurde) *besonders schwäbisch für einen dummen, tolpatschigen Menschen.*
Vgl.: Allmachtsbachel (Steigerung).

Bachratz
ein oberdeutsches Schimpfwort für eine schlampige, schmutzige, unansehnliche Person.
Vgl.: → Ratz.

Bachsimpel
oberdeutsch abfällig für einen Tölpel, Taugenichts.
Vgl.: → Simpel.

Backfisch
(eigentlich der junge, nur zum Backen geeignete Fisch) *veraltendes mildes Spottwort für ein junges (unreifes, schwärmerisches) Mädchen.* Mit sehr unterschiedlichen Zahlenangaben ist das folgende Gedicht bekannt:

„Mit dreizehn Jahren und zwei Wochen,
Da ist der Backfisch ausgekrochen.
Mit siebzehn Jahren, zehn Sekunden,
Da ist der Backfisch schon verschwunden."

Backpfeifengesicht (Ohrfeigengesicht)
(zu landschaftlich „Backpfeife" = Ohrfeige; eigentlich ein Gesicht, das man ohrfeigen, schlagen möchte) *abfällig für eine Person mit einem unsympathischen, dümmlichen oder feisten Gesicht.*
Vgl.: → -gesicht, Watschengesicht (bayrisch und österreichisch).

Bad Boy (Bad Guy)
(englisch; wörtlich: böser Junge) *oft leicht abwertend für einen jungen Mann, besonders einen aus Kunst oder Showbusiness, der die Öffentlichkeit schockiert, indem er gegen Moral und Konventionen verstößt.* „Bad Guy aus Berlin", so heißt ein TV-Film (Mai 1995) über den Berliner Box-Profi Graciano Rocchigiani.

Bader
(ursprünglich ein Barbier oder Heilgehilfe) *landschaftlich veraltend für einen schlechten Arzt, Quacksalber.*

Baderwaschel (Badwaschel)
(ursprünglich ein Mensch, der ein öffentliches Bad betrieb) *besonders in Bayern eine Berufsschelte für den Friseur; seltener für einen Bademeister oder übertragen für einen groben Kerl.*
Vgl.: Baderzipfel (fränkisch), → Waschel.

Badhur
(nach den Huren in den Badehäusern des Mittelalters) *in Bayern und Österreich ein derbes Schimpfwort für eine Prostituierte oder liederliche Frau.* Ödön von Horvath schrieb in seinen GESCHICHTEN AUS DEM WIENERWALD (1931): „Zieh dich an, aber marschmarsch! Du Badhur!"
Vgl.: → Hure.

Bagage
(französisch; wörtlich: Reisegepäck; ursprünglich eine Bezeichnung für den Troß früherer Heere, der neben dem Gepäck auch Huren, Marketender u.ä. mitführte und daher einen schlechten Ruf bekam) *starkes Schimpfwort für Gesindel oder Leute, über die man sich ärgert; seltener für die Verwandtschaft (anderer).* In Volker Elis Pilgrims DER SELBSTBEFRIEDIGTE MENSCH (1979) wird „die Bagage der Aktionäre, Couponschneider und Rentiers" vorgeführt.

Vgl.: Bettelbagage, bucklige Bagage (fränkisch: Verwandtschaft), Hundsbagage, Hurenbagage, → Lumpenbagage, → Mordsbagage, Saubagage.

Bählamm
(ein kindersprachliches Wort für das Lamm, zu „bähen" = blöken) *abschätzig für einen dummen, gutmütigen Menschen; Tölpel.* In der gleichnamigen Bildergeschichte von Wilhelm Busch ist „Balduin Bählamm" (1883) ein verhinderter Dichter und eine lächerliche Figur.
Vgl.: Bähschaf, → Lamm.

Bahnhofspenner
(eigentlich ein Obdachloser oder Stadtstreicher, der sich überwiegend im Bahnhof aufhält) *verächtlich für 1. einen begriffsstutzigen, verschlafenen Menschen. 2. einen heruntergekommenen, widerlichen Kerl.*
Vgl.: → Penner.

Bähschaf = Bählamm

Baias (Peias)
(leitet sich her vom italienischen Spaßmacher „Bajazzo") *landschaftlich für einen närrischen, albernen Menschen, Hanswurst.*
Vgl.: → Pojatz, → Zappelbaias.

Bajazzo
(eigentlich ein Spaßmacher des italienischen Theaters; aus gleichbedeutend venezianisch „pajazzo", zu „paja" = Stroh, wegen seiner Bekleidung, die einem Strohsack ähnelte) *bildungssprachlich selten für einen Possenreißer, albernen Menschen.* Marcel Reich-Ranicki nannte den Schriftsteller Martin Walser einmal einen „geistreichen Bajazzo der revolutionären Linken in der Bundesrepublik Deutschland".

Baldower
(eigentlich gaunersprachlich für einen Auskundschafter, der Gelegenheiten für Einbrüche o.ä. „ausbaldowert") *landschaftlich für einen Gauner; Faulenzer; Bettler.*
Vgl.: Baldowerer (Variante).

Balg, der (das)
(eigentlich die Haut, das Fell; im 16. Jahrhundert ein Schmähwort für Prostituierte und Kupplerinnen) *meist abschätzig für ein (ungezogenes) Kind; seltener für ein uneheliches Kind.*
Vgl.: → Dickbalg, Dreckbalg, → Freßbalg, → Hurenbalg, Lasterbalg, → Lausebalg (Lausbalg), Lügenbalg, → Saubalg, Schandbalg, Teufelsbalg, → Wechselbalg.

Bälgetreter
(eigentlich jemand, der den Blasebalg einer Orgel tritt) *eine veraltete abfällige Bezeichnung für einen Menschen, der anspruchslose Hilfsdienste verrichten muß.*

Balkewatz
(wörtlich: Balken-Schwein) *vorwiegend hessisch für einen robusten Mann mit einem dikken Kopf; seltener als Spottname für den Zimmermann.*
Vgl.: → Wutz (Watz).

Balla
(vielleicht aus französisch „baladin" = Gaukler, Komödiant) *vorwiegend schwäbisch für einen dummen, ungeschickten Menschen.*

Ballawatsch = Pallawatsch (Ballawatsch)

Ballerkopp
(zu lautmalend „ballern" = knallen; schimpfen) *norddeutsches Schimpfwort für eine laut schimpfende, jähzornige Person.*
Vgl.: Ballerjan, → -kopf (-kopp).

Ballesterer
(zu „Ball") *österreichisch scherzhaft-spöttisch für einen Fußballspieler.* „Wieder einmal hatten nämlich unsere Ballesterer das übliche Pech." (KRONEN-ZEITUNG, Oktober 1968).
Vgl.: Balltreter.

Ballettomane
spöttisch oder geringschätzig für einen Menschen, der Ballett liebt, davon besessen ist.
Vgl.: → -omane.

Ballettratte
(übersetzt aus dem gleichbedeutenden französischen „rat de ballet") *scherzhaft, kaum abwertend für eine junge Ballettänzerin, Ballettschülerin.*
Vgl.: → Ratte.

Bamperletsch (Pamperletsch), der
(aus italienisch „bamboleggio" = Kindchen) *österreichisch für 1. ein kleines (unangenehmes oder unerwünschtes) Kind. 2. einen unbeholfenen Menschen.*
Vgl.: Bamberl (bayrisch), Pamper.

Bams
(eigentlich = Bauch, verwandt mit „Panzen, Pansen") *in Bayern und Österreich salopp, auch abschätzig für ein (freches, dickes) kleines Kind.*
Vgl.: → Panze.

Bananenbieger
(eine erfundene, unsinnige Berufsbezeichnung) *schülersprachlich für einen dummen, unfähigen Menschen.*
Vgl.: Bananengradebieger.

Banause
(aus griechisch „banausos" = Handwerker; Spießbürger) *verächtlich für einen ungebildeten Menschen ohne Stil und Geist, ohne Sinn für die Kunst.* Die oft polemisch verwendete Vokabel ist ein beliebtes „Schlagwort bildungsstolzer Kreise" (Otto Ladendorf 1906).
Vgl.: Erzbanause, → Kulturbanause, → Kunstbanause, Musikbanause (selten).

Bande
(eigentlich ein organisierter Zusammenschluß von Verbrechern) *meist abfällig für eine Gruppe von Personen; Gesindel; ausgelassene Kinderschar: eine üble, freche, ausgelassene Bande, eine Bande von Ganoven, Verbrechern, Herumtreibern.* „... die Berufszyniker und die Bande von Heuchlern und Schwindlern der Literaturszene" (Martin Gregor-Dellin: ITALIENISCHES TRAUMBUCH, 1986).

-bande
meist abfällig oder verächtlich für eine → Bande oder kriminelle Bande von einer bestimmten Sorte. Ein Aphorismus von Karl Kraus lautet: „Das Wort Familienbande hat einen Beigeschmack von Wahrheit."
Vgl.: → Aasbande, → Diebesbande, → Drecksbande (Dreckbande), → Gangsterbande, Ganovenbande, → Gaunerbande, Hammelbande (selten), Kinderbande, Lausbande (Lausebande), Lügenbande, → Lumpenbande, Mafia-Bande, Mordbande, → Mörderbande, → Rasselbande, → Räuberbande, → Rockerbande, → Saubande, Schieberbande, → Schlägerbande, → Schmugglerbande, → Schwefelbande, → Schweinebande, Schwindlerbande, → Terrorbande (Terroristenbande), → Verbrecherbande, → Viererbande.

Bandit
(aus gleichbedeutend italienisch „bandito", eigentlich ein Verbannter, zu „bandire" = verbannen) *Räuber, Berufsverbrecher; Gauner; Herumtreiber; selten auch für einen frechen Jungen.* Wohl inspiriert von Goethes „Mignon-Lied" dichtete ein Volksschullehrer namens Zerndt den folgenden Bänkelsang (DVA, Bl. 7500):

„Im Süden, wo Citronen blühen,
Wo lau und lind ist jede Nacht,
Wo zart die Goldorangen blühen
Und ewig blau der Himmel lacht. –
Dort geht mit einem lust'gen Lied,
Zum blut'gen Morde der Bandit."

Vgl.: Banditenführer, Banditenhäuptling.

Bangbüx (Bangbüxe), die
(zu „bang" = furchtsam und „Büx, Buxe" = Hose; wohl eine Anspielung auf das In-die-Hose-Machen bei ängstlichen Menschen) *norddeutsch für einen besonders furchtsamen Menschen, Angsthasen; oft zu Kindern gesagt.*
Vgl.: Angstbüxe, Banghase, Bangschieter, Jan Bangbüx (beides selten).

Bangemacher
(zu „bange machen" = einschüchtern) *abschätzig für einen Menschen, der anderen Angst macht.*
Vgl.: → Angstmacher, → -macher.

Bankert
(ursprünglich das uneheliche Kind, das nicht im Ehebett, sondern auf der Schlaf-

bank der Magd gezeugt wurde) *1. veraltend abfällig für ein uneheliches Kind. 2. als Tadel oder abwertend für ein freches Kind, einen Lausbuben.* Schon bei Hans Sachs heißt es in einem Fastenspiel: „mein Vater macht mich auf eine Penk". In einigen Mundarten ist der Spruch bekannt: „Wenn euer Bankert zu unserem Bankert noch einmal Bankert sagt, sagt unser Bankert zu euerem Bankert so lange Bankert, bis euer Bankert zu unserem Bankert nicht mehr Bankert sagt."

Vgl.: Bänkelkind, Bänkeltochter (veraltet), Dreckbankert, → Heckenbankert, → Hurenbankert, Malefizbankert (selten), Mistbankert, Pfaffenbankert, → Rotzbankert, → Saubankert.

Bankrotteur

(aus italienisch „banco rotto", eigentlich = zerbrochener Tisch des Geldwechslers) *oft abwertend für jemanden, der bankrott, zahlungsunfähig, hoch verschuldet ist.*

Vgl.: Bankrottier (veraltet), Bankrottierer (veraltet), Bankrottskerl (selten), Bankrottskrämer.

Bär

abschätzig für eine große, tolpatschige, gutmütige (männliche) Person; landschaftlich auch Bedeutungen wie ungepflegt oder verkommen.

Vgl.: Bär auf Socken (plump), Bratbär (Ruhrgebiet: trottelig), → Brummbär, → Dreckbär, Eisbär (gefühllos; mürrisch), → Nasenbär, → Saubär, Schweinebär, → Tanzbär, Tatzbär (bayrisch), → ungeleckter Bär, → Zottelbär.

Baraber

(Herkunft unklar; vielleicht zu italienisch „parlare" = sprechen, da das Wort ursprünglich nur für italienische Arbeiter gebraucht wurde) *oberdeutsch, besonders in Österreich und Bayern abwertend für 1. einen Schwerarbeiter, Bauarbeiter. 2. einen Taugenichts, Vagabunden.*

Barackler

(zu „Baracke" = einfacher Holzbau als Notunterkunft) *oft abschätzig für einen Bewohner einer Baracke.* „Ein Siedlungsjunge, ein typischer Barackler, nicht mal eine Hose hat er über dem Hintern!" (Leonie Ossowski: DIE GROSSE FLATTER, 1977).

Vgl.: → -ler.

Barbar

(aus griechisch „barbaros" = Fremder, Nichtgrieche; eigentlich = stammelnd, die Sprache nicht beherrschend) *Schimpfwort für einen völlig ungebildeten, rohen, kulturlosen Menschen.* „Zola! – : das ist der stumpfe, grobe Barbar!" schalt Gerhart Hauptmann den französischen Kollegen, und aus Goethes TASSO kennen wir:

„Und wer der Dichtkunst Stimme
nicht vernimmt, ist ein Barbar,
er sei auch wer er sei."

Vgl.: Barbarenhorde, → Kulturbarbar, Kunstbarbar.

Bärbeißer

(früher ein zur Bärenjagd verwendeter angriffslustiger Hund) *ein mürrischer, verdrießlicher, grimmiger Mensch.*

Vgl.: → Beißer.

Bärenführer

(ursprünglich ein Schausteller, der Tanzbären vorführt) *scherzhaft-spöttisch für einen Fremdenführer; seltener für einen Schlepper von Nachtbars und Bordellen.* In einem berlinischen Wörterbuch steht als Erklärung: „Fremdenführer, insbesondere durch ‚Bärlin'."

Bärenhäuter

(nach der Redensart „auf der Bärenhaut liegen" = faulenzen; auf Grund der frei erfundenen Schilderungen von zechenden, auf Bärenhäuten lümmelnden alten Germanen bei den Humanisten des 16. Jahrhunderts, die auf Tacitus' GERMANIA zurückgehen und später in Studentenliedern kolportiert wurden. Eingewirkt hat wohl auch das volkstümliche Märchen vom Bärenhäuter, der sich in einem Teufelspakt verpflichtet, sieben Jahre lang ungewaschen und ungekämmt zu bleiben und weder Haare noch Bart zu scheren) *veraltet für 1. einen Faulpelz, Nichtstuer. 2. einen ungepflegten Menschen.*

Bärentreiber

(ursprünglich wie → Bärenführer für einen Schausteller mit dressierten Bären) *vorwie-*

gend süddeutsch für einen Zuhälter, Kuppler, Schlepper von „Etablissements".
Vgl.: → Hurentreiber, → Schnallentreiber, → Treiber.

barmherzige Schwester
(eigentlich eine katholische Ordensschwester, die sich der Armen- und Krankenpflege widmet) *spöttisch-ironisch für eine Prostituierte (die einen Kunden gratis bedient).*
Vgl.: barmherzige Sau.

Baron
(eigentlich ein französischer Adelstitel, der dem deutschen „Freiherr" entspricht) *1. landschaftlich für einen Angeber, Prahlhans. 2. abwertend für einen Nichtstuer, Arbeitslosen. 3. oft abschätzig für einen Großunternehmer, meist in Wortverbindungen wie „Kohlenbaron".*

-baron
meist abschätzig oder spöttisch für einen führenden Großunternehmer eines bestimmten Wirtschaftszweiges. Zu den Gelegenheitsbildungen zu rechnen sind beispielsweise: „Fleischbaron" (ZEIT), „Milchbaron" (WELTWOCHE), „Hühnerbaron" (TAZ: Betreiber von Legebatterien).
Vgl.: Bankbaron, Drogenbaron, Industriebaron, → Kohlenbaron, Krautbaron, → Lügenbaron, Manschettenbaron (Modegeck), → Mistgabelbaron, Ölbaron, Rübenbaron (selten), Ruhrbaron, → Schlotbaron, Schrottbaron, Stahlbaron, Zechenbaron.

Baron Koks (von der Gasanstalt) = Graf Koks (von der Gasanstalt)

Baron Rotz = Graf Rotz

Baron von Habenichts
spöttisch-abschätzig für einen Mittellosen mit großspurigem, herrschaftlichem Auftreten.
Vgl.: → Habenichts, Herr von Habenichts.

Bartaffe
(eigentlich ein Schmalnasenaffe mit einem mähnenartigen Vollbart) *spöttisch, auch abfällig für einen Mann mit Bart.*
Vgl.: → Affe.

Bartel (Barthel)
(kurz für den männlichen Vornamen Bartholomäus, nach einem der zwölf Apostel Jesu) *1. ein schmutziger, verwahrloster Mensch; wohl gekürzt aus „Dreckbartel". 2. seltener scherzhaft-spöttisch für einen Bartträger.*

-bartel (-barthel)
landschaftliche Schimpfwörter, vorwiegend für schmutzige Personen.
Vgl.: → Dösbattel (Dösbartel), → Dreckbartel, → Dummbartel, Klönbartel (nord- und westdeutsch: Schwätzer), Mistbartel (süddeutsch), → Saubartel, Schmutzbartel, → Schußbartel, Schweinebartel.

Bartkratzer
alter Berufsspott für den Herrenfrisör, Barbier.
Vgl.: Bartkräusler (selten), Bartputzer, Bartschaber, Bartscherer, Bartschinder, Bartschrapper (besonders norddeutsch).

Bartscherer = Bartkratzer

Bassermannsche Gestalten
(nach einer Bemerkung des Reichskommissars in Berlin Friedrich Daniel Bassermann, der 1848 vor der Frankfurter Nationalversammlung in einer Rede seine Eindrücke von den Berliner Zuständen wiedergab und dabei zu der Formulierung griff: „Ich sah hier Gestalten die Straßen bevölkern, die ich nicht schildern will.") *veraltet für Gesindel, zwielichtige Leute, Prostituierte.*
Vgl.: → Gestalt.

Bastard
(aus altfranzösisch „bastard" = unehelicher Sohn eines Adligen) *1. veraltet für ein uneheliches Kind (von Eltern aus unterschiedlichen Gesellschaftsschichten). 2. Schimpfwort für einen höchst unsympathischen, geringgeachteten Menschen: du räudiger, elender, verdammter Bastard.*

Batailleur
(aus gleichbedeutend französisch „batailleur", zu lateinisch „battuere" = schlagen, klopfen) *veraltet für einen Raufbold, Streithammel.*

Batschel
(wohl zu mundartlich „batschen" = tratschen) *landschaftlich für 1. eine geschwätzige, klatschsüchtige (weibliche) Person. 2. einen tolpatschigen Menschen.*
Vgl.: → Patsche.

Batschmaul
(zu „batschen") *süddeutsches Schimpfwort für jemanden, der etwas ausplaudert, verrät.*
Vgl.: → -maul, → Patsche.

Batzenlippel
(wohl zu „Batzen" = weicher Klumpen und „Lippel" = mundartliche Kurzform von „Philipp") *bayrisch und österreichisch für einen ungeschickten, tölpelhaften Menschen.* Dazu ein oberbayrisches Schnaderhüpfel:

„Wer en Apfl schält,
Und er ißt ihn nit,
Wer e Dirndl liebt,
Und er küßt es nit,
Wer ins Wirtshaus geht,
Und er trinkt kei'n Wein
Muß e rechter Batzenlippel sein."

Vgl.: → Lippel (Lipperl).

Bauchdiener
veraltet für einen Menschen, der nur sein leibliches Wohl im Sinn hat.
Vgl.: Bauchknecht, → -diener.

Bauchpinseler (Bauchpinsler)
(vielleicht zu „Pinsel" = Penis) *selten für eine Person, die sich einschmeichelt, sich beliebt machen möchte.*
Vgl.: → -ler, → Pinseler (Pinsler).

Bauchschwester
(der Bauch als intime Region des Körpers) *scherzhaft-spöttisch für die Geliebte, Freundin eines Mannes (die er für seine Schwester ausgibt).*

Bauer
abwertend für eine grobe, ungebildete, unhöfliche, sture (männliche) Person; seltener für einen Betrogenen, das Opfer einer Bauernfängerei. Die Geringschätzung und Verspottung der Bauern, die nach Wladimir Senakowsky „Ackerbau und Unzucht" betreiben, besteht seit dem Mittelalter und wird durch den Hochmut der Stadtbevölkerung bis heute gepflegt, während auf dem Land „Bauer" und „Bäuerin" ehrenvolle Bezeichnungen für nicht selten wohlhabende Unternehmer sind. Sogar Martin Luther war offenbar der Meinung: „Bauern sind wie das liebe Vieh!"
Vgl.: Bauer vom Land (selten), → Dreckbauer, dummer Bauer, → Kuhbauer, → Mistbauer, → Saubauer.

Bauern-
vorwiegend oberdeutsche, teils grobe Schimpfwörter für einen Bauern, Dorfbewohner oder einen bäurischen, ungehobelten Menschen. Fast immer stellt das Grundwort der Verbindung bereits ein Schimpfwort dar. In einem Frankfurter Gedicht von 1905 schreit ein Richter:

„Was soll denn das
Sie rüder Bauernrüpel
Was wollen Sie denn vor Gericht
Mit diesem dicken Knüppel?"

Vgl.: Bauerjan (norddeutsch), Bauernarsch, Bauernbub, Bauernbüffel, Bauernbummerl (stur), Bauerndirne, Bauerngans, Bauernkaffer (dumm), Bauernkloben, Bauernlackel, Bauernluder (selten), Bauernmensch (Mädchen vom Land), Bauernpack, Bauernrüpel, Bauernschwengel (selten), Bauernsiach (grob, dumm), Bauernspitz (Bauernbursche), Bauernstier (stur), Bauerntrine, Bauerntrottel, Bauernzipfel, → Dorf-.

Bauernbursche
geringschätzig für einen jungen Landbewohner oder einen groben Burschen ohne Manieren.
Vgl.: → Bursche.

Bauerndada
(wohl zu kindersprachlich „Dada" = Vater) *bayrisch für einen Trottel vom Land.*

Bauernfänger
(in der Berliner Gaunersprache ursprünglich jemand, der naive Landbewohner betrügt) *Schimpfwort für einen plumpen Betrüger, der „auf Bauernfang ausgeht".*

Bauernflegel
(nach seinem Arbeitsgerät) *Schimpfwort für einen flegelhaften Bauern oder Landmenschen.*
Vgl.: → Flegel.

Bauernfünfer
(bezieht sich wohl auf die früheren Schrannengerichte, bei denen auf dem Land fünf Bauern als geschworene Rechtsprecher wirkten; vielleicht auch für die römische Fünf, die nach Einführung der arabischen Ziffern im 16. und 17. Jahrhundert altmodisch und somit typisch für die rückständige Landbevölkerung geworden war) *Schimpfwort für einen Bauern oder einen unhöflichen, grobschlächtigen Mann.*

Bauernlümmel
Schimpfwort für einen (plumpen, rüpelhaften) jungen Mann vom Land.
Vgl.: Dorflümmel, → Lümmel.

Bauernrammel
grobes oberdeutsches Schimpfwort für einen (plumpen, rüpelhaften) Mann vom Land.
Vgl.: → Rammel.

Bauernsau
ein grobes, vorwiegend oberdeutsches Schimpfwort für einen Bauern oder Landbewohner.
Vgl.: → Sau, → -sau, → Saubauer.

Bauernschädel
abfällig für einen eigensinnigen, sturen Landmenschen.
Vgl.: → -schädel.

Bauerntölpel
Schimpfwort für einen Bauern oder einen dummen, ungeschickten Menschen (vom Land). „Geh vor die Raben, dummer Bauerntölpel!" heißt es bei Christoph Martin Wieland.
Vgl.: Dorftölpel, → Tölpel.

Bauerntrampel, der (das),
Schimpfwort für eine plumpe, ungebildete, einfältige Frau (vom Land).
Vgl.: → Trampel.

Baulöwe
meist abwertend für einen Großunternehmer im Baugewerbe (der fragwürdige oder illegale Mittel anwendet). „Großwildjagd auf Baulöwen", so betitelte die SÜDDEUTSCHE ZEITUNG (April 1994) einen Artikel über den Super-Bankrotteur Jürgen Schneider.
Vgl.: Bau-Hai, Bauhyäne, Baumogul (selten), → -löwe.

Baumafia
seltene abfällige Bezeichnung für eine Gruppierung einflußreicher Personen aus dem Baugewerbe, die ihre Interessen mit kriminellen oder fragwürdigen Mitteln durchsetzen.
Vgl.: → Mafia (Maffia), → -mafia.

Baumfrevler
auch abwertend verwendet für einen Menschen, der Bäume beschädigt oder unnötig fällt.
Vgl.: → Frevler, → -ler, Waldfrevler.

Baumschüler
(zu „Baumschule" = Gärtnerei für Bäume; hier wohl als fiktive Steigerung von „Hilfsschule") *dummer Schüler, dummer Mensch.*
Vgl.: → Hilfsschüler.

Bauxerl, das
(eigentlich ein mundartliches Kosewort für ein niedliches kleines Kind) *vorwiegend österreichisch spöttisch-abschätzig für einen kleinen, rundlichen Menschen.*

Bazi
(gekürzt aus „Lumpazius") *1. in Österreich und Süddeutschland scherzhaft und meist abwertend für einen durchtriebenen Kerl, Schlingel; Gauner. 2. im nichtbayrischen Deutschland spöttisch-abschätzig für einen Bayern.* „Wienerbazi" ist ein Spottwort für den Wiener.
Vgl.: Hundsbazi (selten), → Lumpazius (Lumpazi), Saubazi (verstärkt).

Bazille = linke Bazille

Beamtenheer
geringschätzig für die oder eine übergroße Anzahl von Beamten.
Vgl.: → Heer ... (-heer), Heer von Beamten.

Beamtenschreck
abschätzig für eine Person, die für diensttuende Beamte lästig, unangenehm ist, gewissermaßen einen Schrecken für sie darstellt.
Vgl.: Behördenschreck, → -schreck.

Beamtenseele
abwertend für einen kleinlichen, engstirnigen Beamten; seltener für jemanden, der so kleinlich und engstirnig ist, wie man sich einen Beamten vorstellt.
Vgl.: Buchhalterseele, Bürokratenseele, → Schreiberseele.

Beanus, der
(Kurzwort aus dem mittellateinischen Satz „beanus est animal nesciens vitiam studiosorum" = Beanus ist ein Wesen, das das Studentenleben nicht kennt) *veraltete abschätzige Bezeichnung für einen Grünschnabel, Studienanfänger, Erstsemester.*

Beatle
(nach dem Namen der „Beatles", einer legendären englischen Popgruppe der 60er Jahre, die durch eine charakteristische Langhaarfrisur der Musiker manche Gemüter erregte) *veraltend und häufig abschätzig für einen jungen Mann mit langen Haaren.*

Beau
(französisch, eigentlich = der Schöne) *meist spöttisch oder abschätzig für einen schönen (selbstgefälligen, stutzerhaften) Mann.*

beautiful people
(englisch-amerikanisch; wörtlich: schöne Leute) *eine meist leicht spöttisch oder geringschätzig verwendete Zeitgeistvokabel für modische, wohlhabende, smarte, in Cliquen auftretende Pseudointellektuelle; Kulturschickeria.*

Beckmesser
(nach der Gestalt des reaktionären, pseudokünstlerischen Stadtschreibers Sixtus Beckmesser aus Richard Wagners Musikdrama DIE MEISTERSINGER VON NÜRNBERG von 1862, mit der der Komponist einen seiner Kritiker verspotten wollte) *abfällig für einen kleinlichen Kritiker, Nörgler.*

Beelzebub
(eigentlich = „Herr der Fliegen", Herr der bösen Geister, Obergott; eine Gottheit der Philister aus der Bibel) *selten für einen bösen, teuflischen Menschen.*

Beeri
(von der unreifen Frucht übertragen) *schweizerisch für eine langweilige, einfältige Frau.*
Vgl.: Verschüttbeeri (seltene Steigerung).

Befehlsempfänger
geringschätzig für jemanden, der nur Befehle auszuführen hat, nichts selbst entscheiden kann: ein bloßer, stummer, kleiner Befehlsempfänger.

Begatterich
(Weiterbildung von „Gatterich", einer Scherzbildung zu „Gatte"; zu „begatten" = sich paaren, geschlechtlich vereinigen) *scherzhaft-spöttisch für einen Ehemann im Hinblick auf seine geschlechtliche Funktion.*
Vgl.: → -erich (-rich), Gatterich (kaum abwertend).

Beglücker
ironisch für eine Person, die glaubt, andere beglücken, glücklich machen zu müssen: ein Beglücker des Volkes, der Menschheit.
Vgl.: → Menschheitsbeglücker.

begossener Pudel
(nach der Wendung „wie ein begossener Pudel") *spöttisch-abschätzig für einen beschämten, kleinlauten, enttäuschten Menschen.*
Vgl.: → Pudel.

Behle (Bihle)
(ursprünglich ein jüdischer weiblicher Vorname) *besonders in Hessen und der Pfalz abschätzig für eine schlampige alte Frau.* Noch bekannt ist das Gedicht:

„Ich will der was verzehle
von de ahle Behle,
wannse kaa Kadoffele hat,
kann se aach kaa schäle."

Vgl.: Dreckbehle (schmutzig oder Steigerung), Saubehle (Steigerung).

Beißer

oberdeutsch für einen ungehobelten, gewalttätigen Menschen.

Vgl.: → Bärbeißer, → Bullenbeißer, → Eisenbeißer, → Krippenbeißer, → Wadenbeißer (Wadlbeißer).

Beißzange

(eigentlich eine Zange, deren Schneideflächen wie die Zahnreihen eines Gebisses funktionieren) *Schimpfwort für eine zänkische, keifende Frau.* „Halten Sie die Schnauze, Sie ekelhafte Beißzange!" (Erich Maria Remarque: DER SCHWARZE OBELISK, 1956).

Vgl.: Kneifzange, → Zange.

Bekloppter

(von „bekloppt", eigentlich = von einem Schlag an den Kopf getroffen) *salopp abfällig für einen begriffsstutzigen, blöden, nicht zurechnungsfähigen Menschen.* Dazu kursiert der Spruch: „Selig sind die Bekloppten, denn sie brauchen keinen Hammer mehr!"

Vgl.: Behämmerter (selten, vorwiegend jugendsprachlich).

beknackter Typ

(gehört zu der Wendung „einen Knacks haben" = krank, geisteskrank sein) *besonders jugendsprachlich abfällig für einen beschränkten, arg dummen oder unangenehmen (jungen) Mann.*

Vgl.: Beknackter (dümmlich), → Typ.

Belami

(geht zurück auf die Titelgestalt des Romans BEL AMI von Guy de Maupassant aus dem Jahr 1885 und wurde allgemein bekannt durch den gleichnamigen Film von Willi Forst, 1939, und vor allem durch Theo Mackebens Schlager aus diesem Film „Du hast Glück bei den Frau'n, Bel ami") *leicht spöttisch, auch geringschätzig für einen Frauenliebling.*

beleidigte Leberwurst

(nach der Redensart „die beleidigte/gekränkte Leberwurst spielen"; bezieht sich auf die alte Auffassung, die Leber sei der Sitz des Gemüts, volksetymologisch verknüpft mit der Geschichte von der Leberwurst, die vor Zorn zerplatzt ist, als die Blutwurst vor ihr aus dem Wurstkessel genommen wurde) *spöttisch oder leicht abwertend für eine Person, die (bei geringfügigem Anlaß) beleidigt ist, schmollt.*

Vgl.: gekränkte Leberwurst.

Belesprit

(aus französisch „bel esprit" = schöner Geist) *bildungssprachliches mildes Spottwort für einen Schöngeist.*

Vgl.: → Schöngeist.

Bellizist

(zu lateinisch „bellum" = Krieg) *ein Befürworter des Krieges, Kriegstreiber.*

Vgl.: → -ist.

bemoostes Haupt

(vielleicht vom bemoosten Karpfen übertragen; zu „bemoost" = mit Moos bewachsen, daher alt) *geringschätzig für 1. einen älteren, verbummelten Studenten. 2. einen alten Mann, alten Herrn; Veteran.*

Vgl.: Bemooster (Soldatenjargon), bemooster Bursche, Mooshaupt (alle veraltend).

Bengel

(aus mittelhochdeutsch „bengel" = Stock, Knüppel) *leicht abwertend für einen ungezogenen Jungen, frechen Burschen; auch als Kosewort.* In Richard Dehmels (1863 – 1920) WIEGENLIED FÜR MEINEN JUNGEN heißt es:

> „Bengel, Bengel, brülle nicht,
> du verdammter Strampelwicht!"

Vgl.: Bengelchen, Bengelschaft (Bande Jugendlicher), → Engel mit einem B davor, Hausbengel (nur zu Hause frech), → Lausebengel, → Rotzbengel, → Saubengel, → Zierbengel.

Benzer (Benze)

(aus mundartlich „benzen"; fußt vielleicht auf lateinisch „benedicere" = lobpreisen, segnen) *in Österreich und Bayern für einen Menschen, der benzt, der aufdringlich bettelt, nörgelt, drängt.*

Benzinkutscher
(nach dem Muster von „Pferdekutscher" gebildet) *scherzhaft-spöttisch, auch als Berufsschelte für einen Autofahrer.*
Vgl.: Benzinhengst, Benzinkuli (selten: auch für einen Tankwart), Benzinritter (selten), Benzinstinker, → Luftkutscher.

Berber
(nach dem nordwestafrikanischen Volk, das teilweise ein Nomadenleben führte) *meist abschätzig für einen Nichtseßhaften, Obdachlosen, Landstreicher.*

-berger
(gedacht als Einwohner fiktiver Ortsnamen auf „-berg") *salopp abwertend für Menschen mit einer bestimmten negativen Eigenschaft.*
Vgl.: → Drückeberger, → Freiberger, Geschaftelberger (geschäftig, vorwitzig), Greifenberger (Taschendieb), Ölberger (schläfrig), Plattenberger (glatzköpfig), → Schlauberger, Süßenberger.

Bergfex
ein vorwiegend oberdeutsches Spottwort für einen leidenschaftlichen Bergsteiger oder Bergwanderer.
Vgl.: → Alpenfex, → Fex.

Berliner Pflanze
halb abschätzig, halb anerkennend für einen waschechten, schlagfertigen (vorlauten) Berliner; oft zu Mädchen und jungen Frauen gesagt. Dem „Preußischen Armeemarsch 113" war als Text unterlegt:

„Denkste denn, du Berliner Pflanze,
denkste denn, ick liebe dir,
weil ick mit dir tanze."

Vgl.: → Pflanze.

Berolina
(eigentlich eine Frauengestalt als Sinnbild Berlins; nach dem neulateinischen Namen der Stadt) *ein vorwiegend berlinisches mildes Spottwort für eine sehr stattliche, beleibte Frau.*
Vgl.: Bärenlina (Verballhornung).

Berserker
(ursprünglich ein „berserkerhafter" Krieger in altnordischen Sagen; wörtlich: Bärenfell, Krieger im Bärenfell) *meist abfällig für einen tobenden, äußerst wütenden, sich wild gebärdenden Mann.*

Berufs-
(eigentlich jemand, der eine bestimmte Tätigkeit als Beruf ausübt, zum Beruf gemacht hat) *abwertend für eine Person, die das im Grundwort genannte Tadelnswerte oder Verwerfliche fortwährend oder gegen Bezahlung tut.* Für den SPIEGEL (Januar 1994) war der Literaturkritiker Marcel Reich-Ranicki ein „Berufsprovokateur", und die CDU/CSU im Deutschen Bundestag bestand für Herbert Wehner (SPD) aus „Berufsrandalierern". Weitere Blüten aus den Protokollen des Bundestages sind: Berufsdenunziant, Berufssozialist, Berufsvertuscher. Interessant und spannungsgeladen ist die Gelegenheitsbildung „Berufsarbeitsloser".
Vgl.: Berufscasanova (Heiratsschwindler), Berufsflittchen (Prostituierte), Berufsgammler (Arbeitsscheuer), Berufsintrigant, Berufskiller, Berufsnörgler, Berufspessimist, Berufsschnorrer, Berufssohn (fauler Sohn reicher Eltern), Berufsspieler, Berufszigeuner (beruflich viel unterwegs), Berufszocker, gewerbsmäßiger ...

Berufsjugendlicher
1. scherzhaft-spöttisch für einen Funktionär in der Jugendarbeit, insbesondere in der FDJ (Freie Deutsche Jugend) der DDR. 2. spöttisch-ironisch für einen Mann, der, wie viele bekannte Popsänger oder Filmschauspieler, trotz fortgeschrittenen Alters an einem jugendlichen Image festhält. Die Filmschauspielerin und TV-Serienheldin Uschi Glas wurde im SPIEGEL (Februar 1995) als „Ewigjugendliche" bezeichnet.

Berufsrevolutionär
oft abschätzig für jemanden, der seine revolutionäre Tätigkeit fast wie einen Beruf betreibt.

Berufsverbrecher
jemand, der fortgesetzt Verbrechen begeht, seinen Lebensunterhalt damit bestreitet; auch als eine Art Steigerung von „Verbrecher" verwendet. Einen Richter als „Berufsverbrecher" zu beschimpfen, brachte einen

temperamentvollen Zeitgenossen für fünf Monate hinter Gitter (ZEIT, Dezember 1993).
Vgl.: → Verbrecher, → -verbrecher.

Besatzer
abwertend für einen Angehörigen einer Besatzungsmacht.

Beschäler
(eigentlich ein Zuchthengst; zu „beschälen" = decken, begatten bei Pferden und Eseln) *vulgär für einen Beischläfer, Sexualpartner.*
Vgl.: Bezirksbeschäler (Hurenbock, Casanova), Hilfsbeschäler (selten: Hausfreund).

Bescheißer
derbes Schimpfwort für jemanden, der betrügt, andere übervorteilt, besonders beim Spiel.
Vgl.: Beschisser (Variante), Leutebescheißer.

Beschöniger
seltene Bezeichnung für einen Menschen, der etwas beschönigt, schönfärbt, Dinge günstiger darstellt, als sie sind.

Beschwichtiger
oft abwertend für jemanden, der abwiegelt, andere beruhigt, berechtigte Bedenken zerstreut oder Beschwichtigungspolitik betreibt.
Vgl.: Beschwichtigungsapostel.

Besen
(vom Werkzeug der Hausfrau auf die Person übertragen; wohl unter Einwirkung der Vorstellung einer auf dem Besen reitenden Hexe; bereits im 16. Jahrhundert in der Form „Hausbäsem" als Scheltwort gebraucht) *1. Schimpfwort für eine zänkische, kratzbürstige Frau. 2. abfällig für eine Prostituierte, liederliche Frau, ein leichtes Mädchen.* Im alten deutschen Recht war das sogenannte Besentragen eine Strafe für zänkische, schimpfende Weiber. Die Gleichsetzung von Frau und Besen ist übrigens nicht auf unsere Kultur beschränkt. Im Japanischen wird das traditionelle Wort für Frau, „Fujin", mit demselben Schriftzeichen geschrieben wie „Besen".
Vgl.: Beserl (österreichisch: leichtes Mädchen), Dienstbesen (Hausangestellte), → Donnerbesen, → Dorfbesen, Drahtbesen (zänkisch), Fegbesen (wildes Mädchen), Gassenbesen (hessisch: Herumtreiberin), Hausbesen (Ehefrau), Hexenbesen (selten: böse), Höllenbesen (böse), Saubesen, Schandbesen (selten: böse), Scheißbesen, Zottelbesen (mit wirrem Haar).

Besenbinder
(eigentlich eine Berufsbezeichnung für einen Hersteller von Besen) *landschaftliches Schimpfwort für einen (unverschämten) Mann.*

Besenstiel
abschätzig für eine große, hagere Person.
Vgl.: Besenstange (selten).

Besitzbürger
geringschätzig für einen wohlhabenden Bürger (der aus seinem Besitz besondere Rechte für sich ableitet).
Vgl.: → Bürger.

Besoffener
(zu „sich besaufen" = sich betrinken) *salopp abwertend für einen total Betrunkenen.*
Vgl.: besoffenes Schwein, Stinkbesoffener, Stockbesoffener.

Besoffski
(mit russischer Endung, wohl im Hinblick auf die sprichwörtliche Trinkfreudigkeit der Russen) *abfällig für einen Betrunkenen, Trunksüchtigen.*
Vgl.: Besuffski (Variante), → -inski, Volljesoffski (selten).

Besserwessi
(aus „Besserwisser" und „Wessi" gebildet, mit jugendsprachlicher i-Endung) *abschätzig für einen in bezug auf die Ostdeutschen (vermeintlich) arroganten, besserwisserischen Westdeutschen.* Die geglückte Wortbildung wurde 1991 zum „Wort des Jahres" gekürt. Wenig Chancen sich zu behaupten, hat dagegen die Revanche-Bildung „Besser-Ossi", die der SPRACHDIENST 1994 vorstellte. Der SPIEGEL (Mai 1995) hat unter den Exilkubanern in Miami gar „karibische Besserwessis" ausgemacht.
Vgl.: → Wessi.

Besserwisser
abfällig für einen Menschen, der glaubt, alles besser zu wissen und uns aufdringlich belehrt. Im August 1995 outete sich Marcel Reich-Ranicki endlich als „professionellen Besserwisser".
Vgl.: Allesbesserwisser, → Alleswisser.

Besteck
Schimpfwort für eine (weibliche) Person: ein faules, langes, dämliches Besteck; seltener als kollektive Schelte.

Bestie
(aus lateinisch „bestia" = wildes Tier) *roher, grausamer Mensch, Unmensch.* „... man wird dich schon kriegen, du vermaledeite Bestie!" (Johann Martin Miller 1776 in SIEGWART).
Vgl.: Arbeitsbestie (arbeitswütig), → Biest, → blonde Bestie, → Intelligenzbestie, Mordbestie, Sexbestie (Lieblingswort der Boulevardpresse).

Bestie in Menschengestalt
verächtliche pathetische Bezeichnung für einen rohen, äußerst grausamen Menschen. Die Fügung ist auch Bestandteil von Peter Handkes PUBLIKUMSBESCHIMPFUNG und Titel einer CD der deutschen Popgruppe „Die Ärzte".

Betbruder
abfällig für einen scheinheiligen, frömmelnden Mann.
Vgl.: → Betschwester, → Bruder, → -bruder.

Betonfraktion
abfällig für eine dogmatische Fraktion in einer politischen Gruppierung.
Vgl.: Betonriege (besonders DDR).

Betonkopf
abfällig für einen starrsinnigen, vor allem in politischer Hinsicht völlig unbeweglichen, unbelehrbaren Menschen. Für den streitbaren Würzburger Wirtschaftsprofessor Wenger ist der Aufsichtsrat von Veba ein „Kartell der Betonköpfe".
Vgl.: Betonschädel (selten), → -kopf (-kopp), Zementkopf.

Betriebsnudel
spöttisch-abschätzig für eine umtriebige, in aufdringlicher Weise aktive und unterhaltsame (weibliche) Person.
Vgl.: → Nudel, → -nudel.

Betriebsunfall
(eigentlich ein Arbeitsunfall) *spöttisch-abschätzig für ein ungewolltes Kind.*

betrogener Betrüger
(geht auf die sogenannte Ringparabel in Lessings NATHAN DER WEISE von 1779 zurück, wo es am Ende heißt: „Oh, so seid ihr alle drei / Betrogene Betrüger!") *bildungssprachlich abwertend für einen Menschen, der bei dem Versuch, andere zu betrügen, selbst das Betrugsopfer wird.* „Heute ein Betrüger, morgen ein Betrogener", lautet ein Sprichwort.

Betrüger
Schimpfwort für einen Menschen, der andere täuscht, hintergeht, vor allem um sich zu bereichern. Die sehr allgemeine Bezeichnung wird meistens in entsprechenden Wortverbindungen verdeutlicht. „Bauern, Bonzen und Betrüger", so überschrieb die FRANKFURTER ALLGEMEINE ZEITUNG (Januar 1995) mit Anspielung auf Hans Falladas berühmten Romantitel BAUERN, BONZEN UND BOMBEN (1931) einen Bericht über die neuen Zustände in der ostdeutschen Landwirtschaft.
Vgl.: Asylbetrüger, Erzbetrüger, → Leutebetrüger, Sozialbetrüger (bezieht zu Unrecht Sozialleistungen), Steuerbetrüger, Volksbetrüger (selten), Wahlbetrüger.

Betschwester
abfällig für eine frömmelnde, scheinheilige Frau. Ein Sprichwort prophezeit: „Junge Hure, alte Betschwester!"
Vgl.: → Betbruder, Bettschwester (Anspielung auf das Bett der Prostituierten).

Bettbrunzer
(zu landschaftlich derb „brunzen" = urinieren) *verächtlich für 1. einen Bettnässer. 2. einen unreifen, läppischen oder feigen Kerl.*
Vgl.: → Brunzer.

Bettel-
(zu „betteln", einer Iterativbildung zu „bitten", also eigentlich = wiederholt bitten) *geringschätzige oder verächtliche Bezeichnungen für Bettler, aufdringlich bittende Menschen oder arme, armselige Leute.* Die Bettler waren in früherer Zeit ein äußerst beliebtes Ziel verbaler Attacken. Das DEUTSCHE SCHIMPFWÖRTERBUCH von 1839 nennt allein 22 Schimpfwörter mit „Bettel-". Im folgenden volkstümlichen Vierzeiler aus Bayern ist eine junge Bettlerin angesprochen. Die ersten beiden Zeilen reimen sich im Dialekt:

„Du Lumpenmensch, du Bettelfotz,
du hast ein' Rock, der ist zu kurz,
und auf die Stiefel hast ka Sohl'n,
der Teufel soll di hol'n."

Vgl.: Bettelchores (Bettlergesindel), Bettelfechter (selten), Betteljunge, Bettelkind, Bettelkönig, Bettelliese, Bettelloch (selten), Bettelmusikant, Bettelpfaffe, Betteltrine, Bettler-.

Bettelbruder
abschätzig für einen (aufdringlich) bettelnden Mann, Bettler.
Vgl.: → Bruder, → -bruder.

Bettelbube
veraltet, noch landschaftlich für einen bettelnden Jungen oder einen, der schäbig gekleidet ist und armselig wie ein Bettler aussieht.
Vgl.: Betteljunge, → Bube (Bub).

Bettelfürst
veraltete abschätzige Bezeichnung für einen armen, verarmten, heruntergekommenen Fürsten.
Vgl.: Bettelkönig, → -fürst.

Bettelgesindel = Bettlergesindel

Bettelleute
(auch Mehrzahl von „Bettelmann") *veraltet für Bettler, bettelnde oder armselige, mittellose Leute.*

Bettelmann
veraltet für einen Bettler oder einen armen, verarmten, armseligen Mann. „Wer zuviel kann, wird Bettelmann", behauptet ein Sprichwort.
Vgl.: → -mann.

Bettelmensch, das
vor allem süddeutsch für eine (aufdringliche) Bettlerin oder eine Frau, die so schäbig aussieht wie eine Bettlerin.
Vgl.: Bettelliese, Bettelsara (fränkisch), Betteltrine (selten), → Bettelweib, → Mensch.

Bettelpack
verächtlich für Bettler, bettelnde Leute oder armselige, schäbig gekleidete Menschen.
Vgl.: Bettelbagage, Bettelchores (Bettlergesindel), Bettelgesindel, → Bettlergesindel, Bettlerpack (Variante), → Pack, → -pack.

Bettelsack
(eigentich ein Sack als Behälter für Erbetteltes) *abwertend für 1. einen Bettler oder bettelnden Menschen. 2. ein aufdringlich um etwas bittendes Kind.* Der Schwabe sagt dazu: „Dr Bettelsack secht nia: I han gnuag."
Vgl.: → Sack, → -sack.

Bettelvogt
(früher ein niederer Polizeibeamter, der unbefugtes Betteln zu unterbinden hatte) *ein aufdringlich bittender, bettelnder Mensch.*

Bettelvolk
abschätzig für Bettler, bettelnde Leute.
Vgl.: → Bettelleute, → Bettelpack, → Bettlergesindel, Bettlervolk (seltene Variante), → Volk, → -volk.

Bettelweib
veraltet abschätzig für 1. eine Bettlerin. 2. eine ständig bettelnde, bittende oder sich etwas borgende Frau.
Vgl.: → Weib, → -weib.

Betthäschen (Betthase)
(der Hase als Kuscheltier) *salopp, auch abschätzig für eine beischlafwillige, reizvolle, angenehm unkomplizierte junge Frau, an der der Partner ansonsten kein Interesse hat.*
Vgl.: Bettblümchen (selten), Bettmäuschen, Bettmieze, Bettschwester, Bettwärmer mit Ohren, Häschen, → Hase.

Betthupferl
(eigentlich Süßigkeiten o.ä., die man Kindern beim Zubettgehen gibt, damit sie ger-

ne ins Bett „hüpfen") *salopp, auch abschätzig für eine reizvolle junge Frau, die nur als kurzfristige Sexualpartnerin von Interesse ist.*
Vgl.: Betthupfer (auch männlich).

Bettler
1. oft abwertend für einen Menschen, der um Almosen bittet. 2. verächtlich für jemanden, der unterwürfig, fortwährend um etwas bittet. 3. seltener abfällig für eine ärmliche, armselige, schäbig gekleidete Person. Nach Ambrose Bierce ist ein Bettler „jemand, der sich auf die Hilfe seiner Freunde verlassen hat".
Vgl.: → Bettel-, → -ler.

Bettlergesindel
verächtlich für die Gesamtheit der → Bettler oder eine Gruppe von Bettlern.
Vgl.: Bettelbagage, Bettelchores, Bettelgesindel (Variante), → Bettelpack, Bettlerpack, → Gesindel, → -gesindel.

Bettnässer
(eigentlich jemand, der im Schlaf ungewollt uriniert) *seltene abfällige Bezeichnung für einen Neuling, Grünschnabel, unreifen Mann.*

Bettpisser
abfällig für 1. einen Bettnässer. 2. eine unreife, unsympathische, gemeine (männliche) Person. 3. einen Feigling.
Vgl.: → Pisser.

Bettscheißer
1. Scheltwort für ein kleines Kind, das ins Bett macht. 2. derb abwertend für einen Feigling.
Vgl.: Bettschisser (Variante), → Scheißer.

Bettschoner
(der Betreffende schont auf diese Weise sein Bett) *scherzhaft-spöttisch, selten abwertend für einen Nachtschwärmer.*

Bettseicher
(zu mundartlich derb „seichen" = urinieren) *landschaftliches Schimpfwort für 1. einen Bettnässer. 2. eine unreife, unsympathische, gemeine (männliche) Person. 3. einen Feigling.*
Vgl.: → Seicher.

Bettwanze
(eigentlich die bekannte blutsaugende Hauswanze) *abschätzig für einen Menschen, der nicht aus dem Bett kommt, Langschläfer.*
Vgl.: → Wanze.

Beutedeutscher
abwertend für Angehörige anderer, vor allem osteuropäischer Staaten, die während der nationalsozialistischen Herrschaft als Deutsche anerkannt bzw. umdefiniert wurden und ab 1938 „heim ins Reich" sollten. Nach 1945 wurde die Bezeichnung auch für Heimatvertriebene und für jene Ingenieure und Wissenschaftler, die ins Ausland geholt, also „erbeutet" wurden, verwendet.

Beutegermane
scherzhaft-spöttisch, auch abschätzig für einen → Beutedeutschen.

Beutel
(eigentlich eine Bezeichnung für den Hodensack und von daher auf den Mann übertragen) *oberdeutsches derbes Schimpfwort für einen dummen, läppischen Kerl; meist in Zusammensetzungen verwendet.* „A so a Beidl!" heißt es in DIE LETZTEN TAGE DER MENSCHHEIT (1922) von Karl Kraus.
Vgl.: alter Beutel (alter Mann), Beuteltier (selten: Mann).

-beutel
teils derbe Schimpfwörter, vorwiegend für Männer.
Vgl.: -büdel (norddeutsch), → Dummbeutel (Dummbüdel), Dumpfbeutel, Fegbeutel (schwäbisch), Hundsbeutel, → Hurenbeutel, Kamillebeutel (hessisch: einfältig), → Lügenbeutel, Renommierbeutel, Rindsbeutel (dumm), → Saubeutel, → Schafbeutel, Schmarrbeutel (fränkisch: geschwätzig), Schmusbeutel (Schmeichler), → Seichbeutel, → Spruchbeutel, → Stierbeutel, → Windbeutel, Zornbeutel.

Beutelschneider
(ursprünglich ein Dieb, der seinen Opfern den Geldbeutel vom Gürtel abschneidet) *Schimpfwort für einen 1. Wucherer, betrügerischen Geschäftsmann. 2. Dieb, Taschendieb.*
Vgl.: Beutelfeger, Beutelmarder (beides veraltet).

Bewegungsmuffel
leicht abwertend für einen Menschen, der sich zuwenig bewegt und dadurch ungesund lebt. „Bewegungsmuffeln droht Infarkt", warnte die FRANKFURTER RUNDSCHAU (Dezember 1993) ihre Leser.
Vgl.: → Muffel, → -muffel, → Sportmuffel.

Bezirkstrottel
(eine Art Steigerung: der offizielle oder oberste Trottel des Bezirks) *Schimpfwort für einen ganz besonders trotteligen Menschen.*
Vgl.: → Dorftrottel, → Trottel, → -trottel.

Bibelhengst
spöttisch-abschätzig für einen Geistlichen.
Vgl.: Bibelhusar (auch Frömmler), → Hengst, → -hengst.

Bibliomane
(zu griechisch „biblion" = Buch, Schrift) *ein krankhafter Büchersammler, Büchernarr.*
Vgl.: → -omane.

Bibliophobe
(zu griechisch „phobos" = Furcht; weiblich: die Bibliophobe) *bildungssprachlich selten für jemanden, der Bücher mißachtet, einen Bücherfeind.*

Biederfrau
ironisch oder abschätzig für eine hausbackene, brave, treuherzige Frau.

Biedermann
(auch bekannt in bezug auf den Titel BIEDERMANN UND DIE BRANDSTIFTER eines Theaterstücks von Max Frisch, das 1958 uraufgeführt wurde und das konformistische, feige Verhalten des satten Bürgers und Geschäftemachers aufzeigt) *abschätzig, auch ironisch für einen rechtschaffenen, treuherzigen und andererseits spießigen, kleinbürgerlichen Menschen.* Als im Juli 1995 Umweltminister Schäfer von der SPD in Baden-Württemberg seinen Chef und Partner in der großen Koalition, den Ministerpräsidenten Erwin Teufel (CDU) öffentlich einen „machtorientierten Biedermann" nannte, hatte man ihm die Hölle heißgemacht.
Vgl.: Biederleute (seltene Mehrzahl), → -mann.

Biedermeier
(zuerst 1846 in einem Gedicht von Ludwig Pfau mit dem Titel „Herr Biedermeier. Mitglied der besitzenden und gebildeten Klasse") *veraltet für einen biederen, kleinbürgerlichen, einfältigen Menschen.*
Vgl.: → -meier.

Bierarsch
derb abwertend für einen Menschen mit einem feisten, breiten Gesäß (das er vom reichlichen Biertrinken hat).
Vgl.: → Arsch, → -arsch.

Bierbankpolitiker = Stammtischpolitiker

Bierbauch
seltene spöttisch-abschätzige Bezeichnung für einen Mann mit einem Bierbauch, einem dicken Bauch (der durch fleißiges Biertrinken erworben ist).

Bierbruder
oft abwertend für einen Mann, der (im Wirtshaus) oft und viel Bier trinkt; Biersäufer.
Vgl.: → Bruder, → -bruder, Hopfenbruder.

Bierdimpfel (Bierdümpfel)
(zu „Dimpfel" = Blutwurst, dicker Mensch; vielleicht von mittelhochdeutsch „dimpfen" = dampfen, dämpfen) *vorwiegend bayrisch abwertend für 1. einen gewohnheitsmäßigen Biertrinker. 2. einen (biertrinkenden) Spießer, Stammtischbruder.*
Vgl.: Dimpfel (bayrisch: Trottel).

Bierfaß
spöttisch-abschätzig für einen dicken Mann, dicken Biertrinker. Dazu ein Schnaderhüpfel:

„Der Michel sitzt meistens
im Wirtshaus beim Bier
und ist ein lebendiges
Bierfäßle schier."

Vgl.: → Faß, wandelndes Bierfaß, → Weinfaß.

Bierleiche
scherzhaft-abwertend für einen durch Biergenuß sinnlos Betrunkenen.
Vgl.: Alkoholleiche, → Leiche, → Schnapsleiche.

Bierpanscher
1. Berufsschelte für Brauer und Gastwirte. 2. abfällig für einen Wirt, der das Bier panscht, verwässert.
Vgl.: → Milchpanscher, → Panscher, → Weinpanscher.

Biersäufer
abfällig für jemanden, der sich (oft) mit Bier betrinkt.
Vgl.: Schnapssäufer, → Säufer, Weinsäufer.

Biertippler
österreichisch abfällig für 1. einen notorischen Biertrinker (auf einer Sauftour durch einschlägige Lokale). 2. einen Trinker von Bierresten in Wirtshäusern. Von Josef Weinheber gibt es ein Gedicht mit dem langen Titel „Waast? Net? Verstehst? (Selbstgespräch eines Biertipplers)".
Vgl.: → -ler, → Tippler.

Biertischpolitiker = Stammtischpolitiker

Biertischstratege
spöttisch-abschätzig für einen Mann, der (am Biertisch) mit Vorliebe Kriegsereignisse und Fußballspiele besserwisserisch beredet und bekrittelt.
Vgl.: Bierbankstratege, Bierheld, Bierkrieger (selten), Bierphilister (veraltet), Bierstratege, Biertischpolitiker, Biertischschwätzer, Biertischsieger, → Stammtisch-stratege.

Biest
(aus lateinisch „bestia" = wildes Tier) *Schimpfwort für einen gemeinen, niederträchtigen, intriganten Menschen; meist zu Frauen gesagt: ein gemeines, raffiniertes, elendes, eiskaltes, herrliches Biest.* Das Wort kann ambivalent oder sogar lobend verwendet werden. So sei Vanessa Paradis, eine kleine, magere 22jährige französische Sängerin und Schauspielerin, die zur Zeit von den Medien gehätschelt wird, laut STERN (November 1995) „vom Püppchen zum Biest" avanciert.
Vgl.: → Bestie, freches Biest, → kleines Biest, süßes Biest (widerwillig anerkennend).

Bigamist
(zu lateinisch „bi-" = zwei und griechisch „gamein" = heiraten) *jemand, der eine Doppelehe führt; übertragen auch abwertend für einen Menschen, der neben seiner Ehe ein festes, andauerndes Verhältnis hat; aus der Sicht strenggläubiger Katholiken auch eine wiederverheiratete geschiedene Person.*
Vgl.: → -ist.

Bilderstürmer
(ursprünglich ein Gegner und Vernichter kirchlicher Kunstwerke, besonders während der Reformation) *oft abschätzig für einen (über)eifrigen Bekämpfer von Traditionen, besonders im Bereich von Kunst und Geistesleben.* Die WELTWOCHE (Februar 1994) machte dem Philosophen und Wissenschaftskritiker Paul Feyerabend ein zweischneidiges Kompliment. Er sei ein „brillanter Bilderstürmer".
Vgl.: → Stürmer.

Bildungsbürger
meist geringschätzig für einen Bürger, der sein gesellschaftliches Prestige aus seiner (aufgesetzten, altbackenen, ungenügenden) klassischen Bildung herleitet. Thomas Manns vierbändiges Werk JOSEPH UND SEINE BRÜDER (1926 – 1942) sei die „Enzyklopädie des Bildungsspießers", merkte Bert Brecht an.
Vgl.: → Bürger.

Bildungsphilister
(seit Mitte des 19. Jahrhundert, nach 1873 durch Friedrich Nietzsche bekannt geworden) *abfällig für einen selbstgefälligen, spießbürgerlichen Menschen, der auf sein angelesenes Bildungsgut außerordentlich stolz ist.* Nietzsche, der zuvor schon von „Bildungskosak" und „Bildungskamel" gesprochen hatte, schrieb 1873: „Der Bildungsphilister aber unterscheidet sich von der allgemeinen Idee der Gattung ‚Philister' durch einen Aberglauben: er wähnt selber Musensohn und Kulturmensch zu sein." In MICHAEL. EIN DEUTSCHES SCHICKSAL (1929) vertrat Joseph Goebbels bereits die ver-

hängnisvolle Ansicht: „Wir Deutschen denken zu viel. Der Typ des deutschen Bildungsphilisters hat uns den Instinkt für die Politik genommen."

Vgl.: Bildungsapostel, Bildungsfex, Bildungshamster (beides selten), Bildungshuber, Kulturphilister, → Philister.

Bildungsprotz

abfällig für einen Menschen, der mit seiner Bildung oder Halbbildung prahlt.

Vgl.: Kulturprotz, → Protz (Protzer), → -protz.

Bildungsschuster

salopp abwertend für einen (schlechten) Lehrer, Dozenten o.ä.

Vgl.: → Schuster.

Bildzeitungs-Leser

(nach dem Massenblatt „BILD", das für Revolverjournalismus und sensationsgeile Aufmachung bekannt ist) *spöttisch-abschätzig für einen Menschen, der seine Informationen und Meinungen aus der „Bildzeitung" bezieht oder jedenfalls diesen Eindruck macht.*

Vgl.: Bild-Leser (Variante), Reader's-Digest-Leser (selten).

billiger Jakob

(eigentlich ein Verkäufer von Billigwaren auf Jahrmärkten o.ä., der seine Waren lautstark anpreist) *seltene abschätzige Bezeichnung für einen marktschreierischen Menschen (der aber nur Minderwertiges zu bieten hat).*

billiges Flittchen

verächtlich für eine vulgär aussehende, nuttige, leichtlebige junge Frau; auch als Verstärkung von „Flittchen".

Vgl.: → Flittchen.

Billigheimer

(scherzhafte Bildung nach der Bezeichnung für Einwohner eines Ortes auf „-heim") *spöttisch-abschätzig für eine Person, die gerne Billigprodukte kauft; Billiganbieter.* Das Wort wird in Hessen oft verwendet, wo es sehr viele Ortsnamen auf „-heim" gibt.

Bimbo

(Herkunft unbekannt; vielleicht aus dem amerikanischen Slang übernommen, wo es die Bedeutungen „Nuttchen" und „Niete" hat) *vorwiegend jugendsprachlich für 1. einen Farbigen, Schwarzen. 2. jemanden, der minderwertige Hilfsdienste leisten muß.* In der ersten Bedeutung ist das Wort typisch für den Jargon der Neonazis.

Vgl.: Sozialbimbo (Szenesprache: Sozialarbeiter).

Bindestrich-Frau

seltene, dezent spöttische Bezeichnung für jene Doppelnamen-Damen, denen man dies leicht als alberne emanzipatorische Geste auslegt.

Binkel (Binkerl), der (das)

(eigentlich = Bündel) *in Österreich und Bayern ein mildes Schimpfwort für eine unangenehme (männliche) Person.* „A so a Binkel, wüll sich da aufbrausnen – was hom denn Sö fürs Votterland geleistet?" (Karl Kraus: DIE LETZTEN TAGE DER MENSCHHEIT, 1918/19). Anders in einem steirischen Kindervers:

„I bin a kloans Binkerl
und stell mi ins Winkerl.
Und weil i nix kann,
so fang i nix an."

Vgl.: Mistbinkel (österreichisch: freches Kind), → Nervenbinkerl, → Pinkel, Rotzbinkel, → Zornbinkel.

Biofuzzi

(zu griechisch „bios" = Leben; „Bio-" als Vorsilbe im Sinne von „naturgemäß") *jugendsprachlich spöttisch und meist geringschätzig für einen Ökofreak, Naturapostel.*

Vgl.: → Fuzzi, Ökofuzzi.

Birne

(die Birne als weiche, im überreifen Zustand „matschige" Frucht in Form eines Kopfes) *Schimpfwort für einen blöden, läppischen Menschen.* „Birne" ist auch ein Spitzname des deutschen Bundeskanzlers Helmut Kohl (in erster Linie wegen der Kopfform).

Vgl.: Birnemann (Ruhrgebiet), Matschbirne.

Bißgurn
(wohl zu mundartlich „Gurre" = Stute, schlechte Stute; demnach eigentlich = bissige Stute) *in Bayern und Österreich ein Schimpfwort für ein zänkisches, streitsüchtiges Weib.*
Vgl.: → Gurre.

Bitze (Bisse)
(zu „beißen") *norddeutsch für eine zänkische, „bissige" Frau.*
Vgl.: olle Bisse (berlinisch).

Blackscheißer (Blackschieter)
(analog zu „Tintenscheißer") *vorwiegend norddeutsch abfällig für einen Vertreter eines schreibenden Berufs wie Schriftsteller, Gelehrter, Schreiber.*
Vgl.: → Scheißer, → Schieter, Tintenscheißer.

Blader
(eigentlich = Aufgeblähter; weibliche Form: Blade) *österreichisch abschätzig für einen dickleibigen Menschen.*

Blaffer (Bläffer)
(von „blaffen" = kläffen, bellen) *abschätzig für einen wütend schreienden, schimpfenden Menschen; ein Großmaul.*

Blag, das
(wohl umgestellt aus „Balg"; vielleicht beeinflußt von „plagen"; weibliche Form: die Blage) *abwertend für ein kleines, wildes, unartiges Kind.* „Alle Macht den Blagen!" ist ein jugendsprachlicher Slogan.
Vgl.: → Balg, Blagenzucht (Kinderhorde).

Blagueur
(von französisch „blague" = Prahlerei, Schwindel) *veraltet für einen Prahlhans, Aufschneider.*

Bläker (Blöker)
(von „bläken", einer Nebenform von „blöken" = Lautäußerung des Schafes; weibliche Form: Bläke, fränkisch auch: Bläkerin) *landschaftlich für 1. einen Schreihals, Krakeeler. 2. ein heulendes, schreiendes Kleinkind.*
Vgl.: Bläkhals, Bläksau (beides selten).

Blandine
(aus lateinisch „blandiri" = schmeicheln) *veraltet für eine Schmeichlerin.*

Blase
(ursprünglich studentensprachlich für eine nichtschlagende Verbindung) *Kollektivschelte für eine unangenehme Gruppe von Menschen, Gesindel, Bande; oft in der Wendung „die ganze Blase".*

Blasengel
(eigentlich ein Posaunenengel, eine Darstellung eines posauneblasenden Engels mit dicken Backen) *landschaftlich spöttisch für einen Menschen mit pausbäckigem Gesicht.*
Vgl.: Blasengelgesicht (selten), → Posaunenengel, Pusteengel.

Blasi
(verkürzt aus dem Heiligennamen „Blasius") *oberdeutsches seltenes Schimpfwort für einen Gecken, Gauner oder Angeber.*

Blasphemist
(aus griechisch „blasphemia" = Lästerung) *eine seltene abfällige Bezeichnung für jemanden, der etwas Heiliges verhöhnt; Gotteslästerer; in übertragener Verwendung ironisch für eine Person, die sich respektlos gegenüber einer Autorität verhalten hat.*
Vgl.: → -ist.

Blaßgesicht
oft abschätzig für einen Menschen mit blassem Gesicht.
Vgl.: Blaßarsch (hessisch, derb), Blaßschnabel (blasses Kind), → Bleichgesicht, → -gesicht.

Bläßling
1. veraltet abschätzig für einen blassen, bleichen Menschen. 2. geringschätzig für einen bläßlichen, farblosen, unscheinbaren Menschen. „Blender oder Bläßling", so sah die ZEIT im Juni 1995 das Kandidatenduell um den Parteivorsitz der FDP zwischen Möllemann und Gerhard. Der Bläßling hat sich übrigens durchgesetzt.
Vgl.: → -ling.

Blaubart (Ritter Blaubart)
(nach einem französischen Märchen aus dem 17. Jahrhundert vom Ritter Barbe-Bleue, der seine Frauen umbrachte, weil sie ihm nicht gehorchten) *ein Frauenmörder.*

blaue Ameisen
(wohl von der blauen Arbeitskleidung genommen, mit Anspielung auf die große Anzahl der Chinesen) *ein veralteter geringschätziger Ausdruck für (große Gruppen von) Chinesen.*

blauer Engel
(zu „blau" = betrunken; nach einem der ersten deutschen Tonfilme, einer Verfilmung aus dem Jahr 1929 von Heinrich Manns Roman PROFESSOR UNRAT unter dem Titel DER BLAUE ENGEL mit Marlene Dietrich und Emil Jannings) *veraltet spöttisch für eine betrunkene junge Frau.*
Vgl.: → „Engel".

Blaumacher
(aus „blaumachen" = kurz für: einen blauen Montag machen) *oft abwertend für einen Menschen, der ohne triftigen Grund zeitweise der Arbeit fernbleibt.*
Vgl.: Krankmacher (selten), → -macher.

Blaustrumpf
(Lehnübersetzung von englisch „bluestokking", dem Spottnamen für die gebildeten Teilnehmerinnen eines schöngeistigen Zirkels in London um 1750, bei dem die Damen schließlich in blauen Wollstrümpfen anstatt der üblichen schwarzseidenen erschienen) *veraltend für eine unweiblich wirkende, intellektuelle Frau.* Im folgenden Gedicht von Emanuel Geibel aus dem Jahr 1838 glänzt der Blaustrumpf gleich im doppelten Sinn:

„In der Gesellschaft, wo am blanken Teetisch
Das Wasser brodelt und der Blaustrumpf glänzt,
Und wo prosaisch bald und bald poetisch
Des Geists Rakete durch die Luft sich schwänzt, ..."

Vgl.: Bas-bleu, Blaustrümpflerin (beides veraltet).

Blechbuckel
(stabreimend zum Arbeitsmaterial) *ein vorwiegend hessischer alter Spottname für den Klempner.*
Vgl.: Blecharsch (selten), Blechschuster.

Blechkopp (Blechkopf)
(zu „Blech" = Unsinn, dummes Gerede) *Schimpfwort für einen sehr dummen Menschen.*
Vgl.: Blechschädel (selten), → -kopf (-kopp).

Blechschwätzer
abfällig für jemanden, der dummes Zeug redet.
Vgl.: Blechbabbler (hessisch), Blecher, Blechredner, → Schwätzer.

Bleiarsch
(nach der Redensart „Blei im Arsch haben") *landschaftlich abschätzig für 1. einen schwerfälligen, phlegmatischen Menschen. 2. einen allzu ausdauernden Gast, Hocker.*
Vgl.: → Arsch, → -arsch, Bleihintern (selten).

Bleichgesicht
(aus den Abenteuergeschichten bekannt als Bezeichnung der nordamerikanischen Indianer für Weiße) *scherzhaft-spöttisch für einen blassen, ungebräunten Menschen.*
Vgl.: → Blaßgesicht, Bleichling, Bleichschnabel (schweizerisch), → -gesicht.

Bleiente (bleierne Ente)
(nach der Redensart „schwimmen wie eine Bleiente/bleierne Ente") *Spottbezeichnung für einen Menschen, der nur sehr langsam, schlecht oder gar nicht schwimmen kann.*
Vgl.: → Ente.

Bleifuß
(meist in der Wendung „mit Bleifuß fahren" = immerzu Vollgas geben) *spöttischabschätzig für einen Menschen, der viel zu schnell fährt; Autoraser.*

Blender
(ursprünglich ein Rennpferd, das besser aussieht als es läuft) *abfällig für eine Person, die durch Schein und äußere Vorzüge über eigene Mängel und Fehler hinwegtäuscht.* „Ein intellektueller Blender" sei August Strind-

berg, behauptete Gerhart Hauptmann einmal.

Blendling
veraltet für einen → Blender. 1783 reimte Karl Leberecht Immermann: „Auch unter Menschen wird der Blendling hochgeschätzt, / Der Würdige zurückgesetzt."
Vgl.: → -ling.

Bleo = Blöo (Bleo)

Blinder
(zu „blind" im Sinne von „dumm, uneinsichtig, einfältig") *abwertend für einen Menschen, der etwas aus Dummheit oder Sturheit nicht erkennt; Dummkopf.*

blinder Hesse
(Herkunft dunkel; ursprünglich wohl ein Stammesneckname) *altes Scheltwort für 1. einen geistig kurzsichtigen, beschränkten, einfältigen Menschen. 2. jemanden, der unaufmerksam ist, viel übersieht. 3. einen Hessen.*

Blindfisch
vorwiegend jugendsprachlich für einen Blindgänger, Versager.
Vgl.: → Fisch.

Blindgänger
(eigentlich ein fehlerhaftes, nicht explodierendes Geschoß) *Schimpfwort für einen Versager, untauglichen Menschen; auch für einen impotenten oder zeugungsunfähigen Mann: ein totaler, völliger, absoluter, geistiger Blindgänger.*
Vgl.: bevölkerungspolitischer Blindgänger (scherzhaft: Junggeselle), pädagogischer Blindgänger (unfähiger Lehrer), sozialpolitischer Blindgänger (scherzhaft: Junggeselle).

Blindschleiche
(eigentlich ein nicht giftiges, schlangenförmiges Kriechtier, das wegen seiner sehr kleinen Augen für blind gehalten wurde) *1. spöttisch für einen Menschen, der sehr schlecht sieht; Brillenträger. 2. abfällig für einen hinterlistigen Schmeichler. 3. seltener für einen Dummkopf; Versager.* Bismarck nannte Friedrich August von Holstein, die „graue Eminenz" der deutschen Außenpolitik seiner Zeit, eine „Blindschleiche", wohl wegen seiner schlechten Augen.
Vgl.: → Schleiche.

Blitzmerker
(zu „blitzschnell, blitzartig"; eigentlich ein Mensch, der sehr schnell begreift) *ironisch für einen begriffsstutzigen, langsam denkenden Menschen.*
Vgl.: Altmerker, Blitzspanner, Merker, → Schnellmerker, Spätmerker.

Blockflöte
salopp abwertend für ein (führendes) Mitglied einer der Blockparteien der DDR. Im Bundestagswahlkampf 1994 machte die SPD die Information, 203 „CDU-Blockflöten" säßen in deutschen Parlamenten, zum Thema von Wahlplakaten. „Blockflötist" (SPIEGEL) ist eine Gelegenheitsbildung.
Vgl.: → Flöte.

Blockierer
oft abwertend für jemanden, der (im Bereich der Politik) etwas be- oder verhindert, ins Stocken bringt. „Bremser und Blockierer" seien sie, die ungeliebten Koalitionspartner von der FDP, stand 1986 im CSU-Blatt BAYERNKURIER.
Vgl.: linke Blockierer (selten).

blöde Gans
(Gänse gelten als dumm, vgl.: englisch „a silly goose") *Schimpfwort für eine (in ärgerlicher Weise) dumme junge weibliche Person.*
Vgl.: dämliche Gans, doofe Gans, → dumme Gans, → Gans.

blöde Kuh
(Kühe gelten als dumm und störrisch) *Schimpfwort für 1. eine dümmliche weibliche Person. 2. eine weibliche Person, über die man sich geärgert hat.* Nach einer Veröffentlichung der Zeitschrift ADAC MOTORWELT (Oktober 1994) kostete die Beleidigung einer Autofahrerin als „blöde Kuh" vor Gericht lediglich 150 DM und lag damit preislich sehr günstig, während dieselbe Verbalattacke gegenüber einer Hilfs-

polizistin mit 600 DM wesentlich teurer kam.
Vgl.: → dumme Kuh, → Kuh, selten blöde Kuh.

Blödel
ein oberdeutsches eher mildes Schimpfwort für einen Dummkopf, Trottel.

blöder Hammel = Blödhammel

blöder Hund
grobe Schelte für einen dummen, unsympathischen oder ungeschickten Menschen.
Vgl.: blöder Affe, Blöhu (jugendsprachliche Abkürzung, wohl veraltet), damischer Hund (bayrisch), dummer Hund, → Hund.

blöder Kerl
abfällig für einen dummen oder unangenehmen oder ungeschickten, zu seinem eigenen Schaden dummen Mann.
Vgl.: blöder Heini, dummer Kerl, → Kerl.

blöder Sack
derb abwertend für eine auf ärgerliche Weise dumme oder unsympathische (männliche) Person.
Vgl.: doofer Sack, dummer Sack, → Sack.

blödes Volk
emotional abwertend für eine Gruppe (begriffsstutziger, dummer Menschen), über die man sich geärgert hat. Große Aufregung gab es im Mai 1994 im Hessischen Landtag. „Dummes Volk“ soll Ministerpräsident Hans Eichel (SPD) dazwischengerufen haben. Er stritt es zwar ab, jedoch zwei Damen der Opposition haben es ganz genau gehört.
Vgl.: dummes Volk, → Volk.

Blödhammel
(zusammengezogen aus „blöder Hammel“) *Schimpfwort für eine blöde (männliche) Person.*
Vgl.: blöder Hammel, → Hammel, → -hammel.

Blödheini
(zusammengezogen aus „blöder Heini“) *Schimpfwort für einen dummen, einfältigen Mann.*
Vgl.: blöder Heini, → Heini, → -heini.

Blödian
(mit lateinischer Endung oder zu „Jan“ = Johann) *ein blöder Kerl, Dummkopf.*
Vgl.: Blödianski (slawische Endung, selten), Blödist, Blödrian (Variante), → -ian (-jan).

Blödkopf
ein dümmlicher, blöder Mensch.
Vgl.: → Dummkopf, → -kopf (-kopp).

Blödling
ein blöder, einfältiger Kerl, Dummkopf.
Vgl.: → Dümmling, → -ling.

Blödmann
ein blöder Kerl, begriffsstutziger Mensch. Über den Hollywoodstar Tom Hanks gab die Frauenzeitschrift PETRA 1994 den Kommentar ab: „Ein Blödmann zum Verlieben“.
Vgl.: Blödmanns Egon (berlinisch), Blödmeier, → -mann.

Blödrian = Blödian

Blöker = Bläker (Blöker)

blonde Bestie
(nach Friedrich Nietzsche, der 1887 in seiner Streitschrift ZUR GENEALOGIE DER MORAL von einer „nach Beute und Sieg lüstern schweifenden blonden Bestie“ sprach, ohne damit allerdings die Deutschen zu meinen) *eine seltene emphatische Bezeichnung für einen raubtierhaft grausamen, blonden Menschen.*
Vgl.: → Bestie, → Bestie in Menschengestalt.

blondes Gift
(Gift als etwas Gefährliches) *scherzhaft, auch geringschätzig für eine verführerische junge Frau mit auffallend blonden, „giftblonden“ Haaren.*

Blöo (Bleo)
(aus rumänisch „bleot“ = albern, tölpelhaft; beeinflußt von „blöde“) *Schimpfwort für einen einfältigen Kerl; Idiot.*

Bloßarsch
(vielleicht mundartlich für „Blasarsch“, zu „blasen“ = furzen oder im Sinne von „bloß“

= nackt, blank) *besonders fränkisch und hessisch für einen armen Schlucker; ungeschickten Menschen.* Das Wort wird auch als Abweisung auf neugierige Fragen verwendet. So heißt es etwa auf die Frage „Wer war denn das?“: „Ei, der (Hans) Bloßarsch!“
Vgl.: → Arsch, → -arsch, → Nacktarsch.

Blötschkopp
an Rhein und Ruhr für einen Dummkopf, Trottel.
Vgl.: → -kopf (-kopp).

Blubberkopf (Blubberkopp)
(zu schallnachahmend „blubbern“ = undeutlich sprechen; nörgeln) *Schimpfwort für einen leicht erregbaren, aufbrausenden Menschen; seltener für einen Schwätzer.*
Vgl.: → -kopf (-kopp).

Bluffer
(nach englisch „to bluff“ = prahlen, großtun) *oft abschätzig für jemanden, der andere bewußt irreführt, durch Täuschen überrumpelt.*

Blumennarr
(im Gegensatz zur wertneutralen Bezeichnung Blumenfreund) *meist abschätzig für eine Person, die eine übertriebene Vorliebe für Blumen hat.*
Vgl.: → Narr, → -narr.

Blunze (Blunzen), die
(eigentlich eine Blutwurst) *oberdeutsches Schimpfwort für eine dicke, plumpe Frau; selten für einen Mann.*
Vgl.: → Blutwurst.

Blutaussauger = Blutsauger

Blüte
1. ein mehr oder weniger unfähiger Mensch, Versager. 2. eine zwielichtige, liederliche Person; verkürzt aus Wörtern wie Sumpfblüte.
Vgl.: Asphaltblüte, → Sumpfblüte, ulkige Blüte (Sonderling).

Blutegel
(eigentlich ein blutsaugender Ringelwurm) *selten für einen Blutsauger, Schmarotzer.*

Bluthund
(eigentlich ein englischer Jagdhund) *ein starkes Schimpfwort für einen 1. grausamen, gewissenlosen, niederträchtigen Menschen. 2. überstrengen, sadistischen Ausbilder, Vorgesetzten o.ä. 3. Wucherer, Ausbeuter.* In der Bibel (Buch Jesus Sirach) heißt es: „Wer dem Arbeiter seinen Lohn nicht gibt, ist ein Bluthund.“ Der Satz spielte in der marxistischen Propaganda eine große Rolle. Man nannte die Kapitalisten „Bluthunde“ oder „Bluthunde der Reaktion“. In einem anonymen Flugblatt-Gedicht aus dem Jahr 1830 stehen die Zeilen:

„Auch habt mit den Gendarmen,
Mit dem Bluthund kein Erbarmen.“

Vgl.: → Hund, → -hund.

blutiger Anfänger
(Steigerung von „Anfänger“) *abfällige Bezeichnung für einen völlig unerfahrenen Menschen, der von einer Sache (noch) nicht das geringste versteht.*
Vgl.: → Anfänger, blutiger Laie.

blutiger Laie = blutiger Anfänger

Blutsauger
(meint eigentlich den Vampir) *ein skrupelloser Ausbeuter, Wucherer.*
Vgl.: Aussauger, Blutaussauger, Blutsäufer.

Blutschänder
verächtlich für eine Person, die Blutschande begangen hat, d.h. Geschlechtsverkehr mit einem der engsten Blutsverwandten hatte.
Vgl.: → Schänder, → -schänder.

Blut-und-Boden-Dichter
seltene abschätzige Bezeichnung für einen Vertreter der Blut-und-Boden-Dichtung, einer oft kitschigen, mythologisierenden Ausprägung der Heimat- und Bauerndichtung, die von heiliger Scholle und reiner Rasse schwärmte und vor allem unter dem Nationalsozialismus gedieh.

Blutwurst
abfällig für eine unförmig dicke (weibliche) Person.
Vgl.: → Blunze (Blunzen).

Blutzer = Plutzer

Boche
(aus gleichbedeutend französisch „boche"; weitere Herkunft unklar) *Schimpf- und Spottwort der Franzosen für die Deutschen.*

Bock
(übertragen vom Schaf- oder Ziegenbock) *Schimpfwort für einen Mann, vor allem für einen sturen oder lüsternen.* Wegen seiner Affären mit Filmschauspielerinnen und wegen seines Klumpfußes wurde Joseph Goebbels als „Bock von Babelsberg" verspottet. Babelsberg war Sitz der Ufa.
Vgl.: → alter Bock, → geiler Bock, → lascher Bock, → steifer Bock, → sturer Bock.

-bock
Schimpfwörter für eine meist männliche Person.
Vgl.: → Geißbock, → Holzbock, Hornbock, → Hurenbock, Klaubock (Ruhrgebiet: kleiner Dieb), Rammelbock, → Rasselbock, Schneiderbock, Schusselbock (schusselig), → Seichbock, → Stänkerbock, → Stinkbock, Stumpfbock, Trutzbock (trotzig), → Ziegenbock, → Zottelbock.

Bodensatz
(eigentlich die festen Teilchen einer Flüssigkeit, die sich auf dem Boden des Gefäßes abgesetzt haben) *abschätzig für kriminelle, asoziale Elemente einer Gesellschaft, Stadt o.ä.* Die Zeitschrift TIP gebrauchte 1983 das Wort so: „Herren im kriminellen Bodensatz der Metropole".

Bohemien
(französisch; zu mittellateinisch „bohemus" = Böhme; Zigeuner) *oft geringschätzig für einen leichtlebigen, ungebundenen jungen Menschen aus dem antibürgerlichen Studenten- und Künstlermilieu.*

Böhmak
(„Böhme" mit tschechischer Endung) *in Österreich, weniger in Bayern, geringschätzig für einen Menschen, der „böhmakelt", der schlechtes Deutsch mit böhmischem Akzent spricht.*

Böhme (Behm)
(eigentlich ein Einwohner aus dem westlichen Tschechien, vor allem ein früherer Gastarbeiter aus Böhmen oder Mähren, der in Österreich auf dem Bau oder etwa in den Ziegelfabriken sein Auskommen hatte) *österreichisch oft abschätzig für einen Böhmen, Tschechen oder überhaupt einen radebrechenden Osteuropäer.*

Bohnenstange
scherzhaft, auch abschätzig für einen langen, dünnen Menschen.
Vgl.: Bohnenstecken (selten), → Hopfenstange, lange Bohnenstange, → Stange.

Böhnhase = Bönhase

-bold
(Männervornamen wie Willibald oder Theobald nachgebildet; von althochdeutsch „bald" = stolz, kühn) *abschätzig für jemanden, der etwas Negatives häufig macht, dafür bekannt ist. „Bold" alleine kommt kaum vor.* In der witzigen Anmerkung „Bolde unter sich" über die wenig witzige und wenig erfolgreiche Kabarettsendung der ARD „Dieter und Hendrike" meinte die FRANKFURTER ALLGEMEINE ZEITUNG (Oktober 1995) wohl eher eine Art Inbegriff von Kennzeichnungen wie „Scherzbold", „Jux-" oder „Witzbold". Neu- und Gelegenheitsbildungen dieser Machart sind nicht selten. So war Thomas Mann für den SPIEGEL (April 1995) ein „literarischer Fleißbold". Hierzu gehören „Streichbold" für einen Zensor (Küpper) oder auch das Pseudonym, unter dem Friedrich Theodor von Vischer 1862 die Parodie FAUST. DER TRAGÖDIE 3. TEIL veröffentlicht hat. Da ist es: „Deutobold Symbolizetti Allegoriowitsch Mystifizinsky".
Vgl.: Jammerbold (veraltet), → Juxbold, Klagebold (veraltet: Querulant), → Kobold, Kurzbold (veraltet: kurzer Mann), → Lügenbold, Neidbold (Nietzsche), → Raufbold, → Reimbold, → Saufbold, Scheltebold, → Scherzbold, → Schimpfbold, Schmähbold, → Schmückebold, Schmusebold (selten), Spielbold, → Streitbold, Stumpfbold (selten), Traumbold (verträumt), → Trunkenbold, → Tückebold, → Tugendbold, → Witzbold, Zierbold.

Bölker

(aus nord- und westdeutsch „bölken“ = brüllen; rülpsen; eigentlich das Blöken und Brüllen von Rindern und Schafen) *vorwiegend norddeutsch für einen Schreihals, Brüller.*

Vgl.: Bölkhals.

Bolle

(eigentlich eine Knolle, Zwiebel) *abschätzig für einen dicklichen oder schmutzigen Menschen.*

Vgl.: Dreckbolle, Mistbolle, → Krampfbolle.

Bollerkopp

(zu landschaftlich „bollern“ = knallen, poltern; schimpfen) *nord- und mitteldeutsch für einen polternden, jähzornigen Menschen.*

Vgl.: → -kopf (-kopp).

Bolschewist (Bolschewik)

(zu russisch „bolschinstwo“ = Mehrheit; früher ein Angehöriger der Kommunistischen Partei der Sowjetunion) *abfällig für einen Kommunisten.* Das Wort war in der NS-Zeit ein Schimpfwort für fast alle Arten politischer Gegner des Regimes und wird oder wurde gelegentlich auch jenseits aller Politik für einen irgendwie unliebsamen Menschen verwendet.

Vgl.: → -ist, → Kulturbolschewist, → Salonbolschewist.

Bolzen

abschätzig für eine derbe, unhöfliche Person.

-bolzen

spöttisch oder abschätzig, meist für Menschen, die etwas Negatives in hohem Maße haben, davor geradezu strotzen. Für den streitbaren Spitzenpolitiker der Grünen Joschka Fischer fand der SPIEGEL (März 1994) die Bezeichnung „Raufbolzen“.

Vgl.: → Dienstbolzen, Dummbolzen, → Charmebolzen, Ehebolzen (Ehefrau), Energiebolzen, Fettbolzen, Gefühlsbolzen, → Intelligenzbolzen, Kochbolzen (selten: Köchin), Kraftbolzen, Machtbolzen (selten), Mistbolzen (gerissen, übel), Raufbolzen, → Temperamentsbolzen.

Bolzer

abschätzig für einen Fußballspieler, der planlos, schlecht, unfair spielt; vereinzelt auch auf andere Ballspiele übertragen.

Bombe

seltene abfällige Bezeichnung für einen unförmig dicken plumpen Menschen; eine üppige, vollbusige Frau.

Vgl.: Sexbombe (kaum abwertend), → Wasserstoffbombe.

Bomber

selten für eine fette, wuchtige Person.

Vgl.: dicker Bomber.

Bönhase

(ursprünglich spöttisch für einen Handwerker, vor allem einen Schneider, der ohne Genehmigung der Zunft heimlich auf dem Dachboden und mehr schlecht als recht sein Gewerbe ausübte; zu „Böhn“ = Dachboden, Bühne) *ein norddeutsches Scheltwort für einen schlechten Handwerker, Pfuscher.*

Vgl.: → Hase.

Bonhomme

(aus gleichbedeutend französisch „bonhomme“, wortlich: guter Mensch) *bildungssprachlich veraltet, meist abschätzig für einen gutmütigen, etwas einfältigen Menschen; Biedermann.*

Bonsai

(eigentlich ein künstlich wie kunstvoll klein gehaltener japanischer Zwergbaum) *vorwiegend jugendsprachlich spöttisch-abschätzig für einen kleingewachsenen Menschen.* Das Wort ist in dieser Bedeutung recht neu und bezieht sich wohl auf den unter jüngeren Leuten geläufigen kalauernden Spruch: „Ein Kerl wie ein Baum – sie nannten ihn Bonsai!“ Das kannte offensichtlich auch der SPD-Abgeordnete Horst Ehmke, als er sich 1989 im Deutschen Bundestag über den ausgesprochen kleinen Bundesarbeitsminister Norbert Blüm lustig machte: „Ein Mann wie ein Baum – sie nannten ihn Bonsai!“

Bonvivant

(aus französisch „bon vivant", wörtlich: gut lebend) *veraltend geringschätzig für einen Lebemann, flotten Genießer.* Ein „käsesatter Bonvivant" sei der TV-Moderator und Bestsellerschreiber Ulrich Wickert, stand 1994 im SPIEGEL.

Bonze

(eigentlich ein lamaistischer Mönch, Prieser; aus japanisch „bozu" = Priester) *1. Schimpfwort für einen engstirnigen, arroganten hohen Funktionär von Parteien, Gewerkschaften o.ä. 2. eine häufige, eher diffuse Schelte des kleinen Mannes für eine wohlhabende, einflußreiche Person.* „Bonze" war ein Kampfwort der Arbeiterbewegung, erfuhr dann eine gewisse Belebung durch den Titel des bekannten satirischen Romans BAUERN, BONZEN UND BOMBEN (1931) von Hans Fallada und wurde schließlich vom Nationalsozialismus als Fahnenwort gegen die politische Linke aufgegriffen: „rote Bonzen", „Bonzenkaste", „Bonzokratie" usf. Der Volksmund merkt dazu lakonisch an: „Bonzen gingen, Bonzen kamen – Amen!" Ein inzwischen veraltendes „Bonnmot" zur ehemaligen deutschen Bundeshauptstadt ist das Wortspiel „Bonnze".

Vgl.: Bonzenheer (selten), Bonzenpack, Bonzenschwein, Bonzokrat.

-bonze

ein → Bonze einer größeren Organisation, Partei, Gewerkschaft, Firma oder einer Branche. Besonders in Zusammensetzungen mit Eigennamen können leicht neue „-bonzen" geschaffen werden: ARD-Bonze, CSU-Bonze, Shell-Bonze, Opel-Bonze usw.

Vgl.: Filmbonze, → Gewerkschaftsbonze, Industriebonze, → Nazibonze, → Oberbonze, → Parteibonze, Verlagsbonze.

Boofke

(von preußisch „Bowke" = Herumtreiber, weitere Herkunft unklar) *besonders berlinisch für einen Dummkopf, Tölpel.*

Böotier

(nach der altgriechischen Landschaft Böotien, deren Einwohner vor allem im alten Athen als plump und ungebildet galten) *veraltete Schelte für einen denkfaulen, schwerfälligen Menschen.*

Bordsteinschwalbe

(eine Vogelmetapher, wie oft für leichte, „flatterhafte" Mädchen) *abschätzig für eine Prostituierte auf dem Straßenstrich.*

Vgl.: → Asphaltschwalbe, Bordschwalbe (gekürzt), Bordsteinbiene, Gehsteigschwalbe, → Schwalbe, → Trottoirschwalbe.

Börsenhai

abfällig für eine Person, die sich durch zwielichtige Börsengeschäfte bereichert; auch salopp abwertend für einen Börsenmakler.

Vgl.: Börsengeier, → Hai (Haifisch), → -hai.

Börsenjobber = Börsenspekulant

Börsenschwindler

abwertend für eine Person, die unlautere, betrügerische Geschäfte an der Börse betreibt.

Vgl.: Börsenschieber, → -ler, → Schwindler.

Börsenspekulant

1. oft geringschätzig für einen Menschen, der Kursschwankungen an der Börse (auf riskante Art und Weise) nutzt oder zu nutzen versucht. 2. seltene scherzhafte, auch abschätzige Bezeichnung für einen Taschendieb. Er spekuliert auf die Geldbörse.

Vgl.: Aktienspekulant, Börsenjobber, Börsenritter, Börsenspieler, Börsenzocker (selten), Börsewicht (selten: Wortspiel zu „Bösewicht"), → Spekulant, → -spekulant.

Borstentier

(eigentlich das Schwein) *seltene abschätzige Bezeichnung für einen „borstigen", d.h. mürrischen, unverträglichen Menschen.*

Vgl.: → Tier, → -tier.

böse Sieben

(nach der Sieben, der höchsten Karte im Karnöffelspiel, auf der zu Anfang der Teufel, später ein böses Weib dargestellt war) *veraltend für ein böses Weib, eine zänkische, streitsüchtige Ehefrau.* Eine Schrift von Cyriacus Spangenberg aus dem Jahr 1562, in der er Papst Pius IV. und sechs andere katholische Männer bekämpfte, hieß ganz in diesem Sinne: „Wider die Bösen Siben ins Teuffels Kanöffelspiel". In einem Bilderbogen aus Neuruppin beschreibt die letzte Strophe eines Gedichts die Segnungen der sogenannten Altweibermühle, in der alte Frauen wieder jung gemahlen wurden, sofern man den alten Fastnachtsscherzen glauben darf:

„Zank und Hader wird vertrieben,
Und aus jeder bösen Sieben
Wird ein sanfter Engel gleich.
Liebevoll und tugendreich."

böse Zungen
boshafte Menschen, Lästerer.
Vgl.: böse Mäuler.

Böser
abfällig für einen bösen, gemeinen Menschen; auch scherzhaft-schelmisch als gutmütige Schelte unter Bekannten für einen Schlingel oder Schwerenöter. „Wenn der Böse schläft, wiegt ihn der Teufel", besagt ein Sprichwort, und eine Strophe aus LENCHEN KOMMT AUFS LAND von Wilhelm Busch lautet:

„Schweigen will ich von Lokalen,
Wo der Böse nächtlich praßt,
Wo im Kreis der Liberalen
Man den Heilgen Vater haßt."

böser Bube
1. abschätzig oder ironisch für denjenigen, der an allem schuld ist, an allem schuld sein soll; Buhmann. 2. veraltet oder scherzhaft-ironisch für einen schlimmen Kerl, Bösewicht. Allgemein bekannt sind die „bösen Buben" aus der Bildergeschichte DIOGENES UND DIE BÖSEN BUBEN VON KORINTH (1865) von Wilhelm Busch, die so endet, wie sie eben enden mußte:

„Die bösen Buben von Korinth
Sind platt gewalzt, wie Kuchen sind."

Oft zitiert wird auch der biblische Lehrsatz (Sprüche Salomos 1,10): „Mein Kind, wenn dich die bösen Buben locken, so folge nicht", wovon es zahlreiche parodistische Abwandlungen gibt, beispielsweise: „Mein Kind, wenn dich die bösen Buben locken, so folge ihnen auf den Socken!" Über den kroatischen Tenniscrack Goran Ivanesevic, der manchmal erstaunlich schwach spielt, schrieb der TAGESSPIEGEL (Februar 1995): „Mal Musterknabe, mal böser Bube".
Vgl.: → Bube (Bub).

böser Onkel
abfällig, oft kindersprachlich, für einen Mann, der sich Kindern unsittlich nähert oder sich an ihnen vergeht. Eine deutsche Rockband hat sich den Namen „Böhse Onkelz" zugelegt.
Vgl.: Bonbononkel (selten), falscher Onkel, → „guter Onkel", → Onkel, süßer Onkel (selten).

bösere Hälfte
(scherzhaft entstellt aus „bessere Hälfte") *spöttisch, auch geringschätzig für die (eigene) Ehefrau; selten aus der Sicht der Frau für den Ehemann.*

böses Maul
(oft im Plural) *abfällig für einen Menschen, der über andere gehässig redet, sie verleumdet.*
Vgl.: freches Maul, → Maul, ungewaschenes Maul (selten für eine Person).

Bösewicht
(zusammengerückt aus mittelhochdeutsch „boese wiht") *1. veraltend für einen schlechten, bösen Menschen; Verbrecher; Sünder. 2. scherzhaft-spöttisch für einen Schlingel, Schelm, ein unartiges Kind: kleiner Bösewicht.* Die weibliche Form „Bösewichtin" (TAZ) kommt allenfalls gelegentlich vor. In Carl Maria von Webers Oper DER FREISCHÜTZ (1821, Text: Johann Friedrich Kind) heißt es, als der Teufelsbündner Kaspar tödlich getroffen darniedersinkt, recht lapidar:

„Er war von je ein Bösewicht;
Ihn traf des Himmels Strafgericht!"

Ein ähnlich grausames Schicksal hatte Wilhelm Busch seinen Helden MAX UND MORITZ zugedacht:

„‚Her damit!' Und in den Trichter
Schüttet er die Bösewichter."

Heute ist das Wort Bösewicht kaum mehr ernsthaft gemeint. So zeigt die Bezeichnung „greiser Bösewicht", die der SPIEGEL (Oktober 1993) für den ehemaligen Stasi-Chef Erich Mielke wählte, schon die Distanzierung.

Vgl.: böser Finger, böser Wicht, Bösian, → Erzbösewicht, Gutewicht (selten, scherzhaft-ironisch), → Wicht.

Bosnickel (Bosnigl)

(aus bayrisch „bos" = böse und „Nickel") *in Bayern und Österreich ein Schimpfwort für einen boshaften Menschen.*

Vgl.: Bostnickel (schlesisch: jähzornig), → Nickel, → -nickel.

Bosseler (Boßler)

besonders hessisch für jemanden, der ausdauernd und detailversessen an etwas herumbastelt (und dabei recht sonderlich wirkt).

Vgl.: → -ler.

Botokude

(eigentlich ein Angehöriger eines südostbrasilianischen Indianerstammes) *bildungssprachlich abwertend für einen Menschen mit schlechtem Benehmen.*

Bourgeois

(französisch: Bürger) *1. bildungssprachlich abschätzig für einen wohlhabenden, konservativen, zufriedenen Bürger. 2. ein veraltendes politisches Schlagwort zur abfälligen Bezeichnung eines kleingeistigen, selbstzufriedenen, reaktionären Menschen.* Für Friedrich Engels war klar: „Der Bourgeois nimmt dem Proletarier sein Geld."

Vgl.: → Bürger, Großbourgeois (selten).

Bowel = Pofel

Boykotteur

(nach dem englischen Hauptmann und Gutsverwalter Ch. C. Boycott, über den 1880 die irische Landliga einen Bann verhängte, so daß niemand mehr für ihn arbeitete oder mit ihm verkehrte) *oft geringschätzig für einen Menschen, der etwas oder jemanden boykottiert, also verhindert, behindert oder meidet.*

Brabbeler

(zu lautmalend „brabbeln" = undeutlich vor sich hin reden) *landschaftlich für einen Schwätzer.*

Vgl.: Brabbelarsch. Brabbelkopp, → -ler.

Bramarbas

(der Name eines Großsprechers in dem anonymen satirischen Gedicht CARTELL DES BRAMARBAS AN DON QUIXOTE aus dem Jahr 1710; vielleicht zu spanisch „bramar" = schreien, heulen) *bildungssprachlich für einen Prahlhans, Aufscheider.* So klagt bei August von Kotzebue (1804) ein Mädchen: „Ach, da ist ein Bramarbas gekommen, der soll mein Mann werden."

Brandleger

österreichisch für einen → Brandstifter.

Brandstifter

(eigentlich eine Person, die einen Brand legt oder fahrlässig verursacht) *abfällig für eine Person, die als Anstifter, durch Hetze etwas Schlimmes herbeiführt.* Ignaz Bubis, der Vorsitzende des Zentralrats der Juden in Deutschland, bezeichnete 1994 Leute wie den rechtsextremen Politiker Franz Schönhuber als „geistige Brandstifter".

Vgl.: geistiger Brandstifter, Kriegsbrandstifter.

Bratkartoffelverhältnis

(meint meistens die Beziehung, nicht die Person) *abschätzig für die Freundin, Geliebte eines Mannes, der das Verhältnis vor allem der guten Verpflegung wegen eingeht.*

Vgl.: Stullenverhältnis (ältere Bezeichnung).

Braunhemden

(meist in der Mehrzahl; nach den braunen Uniformhemden) *oft abwertend für (uniformierte) Angehörige einer nationalsozialistischen Organisation, besonders der SA.*

Vgl.: braune Kameraden (selten), Schwarzhemden (Faschisten, besonders in Italien).

Brausekopf

Schimpfwort für einen aufbrausenden, hitzigen Menschen.

Vgl.: → -kopf (-kopp).

Bräuterich
(Wörtern wie Enterich nachgebildet) *seltene scherzhaft-spöttische Bezeichnung für einen Bräutigam.*
Vgl.: → -erich (-rich).

Brechmittel
(eigentlich ein Arzneimittel, das Erbrechen herbeiführt) *verächtlich für einen als widerlich empfundenen, äußerst unsympathischen Menschen.*

Breimaul
landschaftliches Schimpfwort für 1. einen breit und undeutlich sprechenden Menschen. 2. einen dummen Schwätzer.
Vgl.: → -maul.

Breitarsch
derb abwertend für einen sehr dicken Menschen (mit einem besonders breiten Gesäß); gelegentlich übertragen verwendet für einen anmaßenden Menschen, der „sich breit macht".
Vgl.: → Arsch, → -arsch.

breite Masse
meist geringschätzig für einen großen Teil der Bevölkerung, vor allem der unteren Schichten; eine namenlose, anonyme Masse von Menschen.
Vgl.: graue Masse, → Masse, Masse Mensch.

Breitmaul
grobes Schimpfwort für 1. eine Person mit einem breiten Mund. 2. einen Schreihals, Prahler.
Vgl.: → Großmaul, → -maul.

Bremser
abschätzig für einen Menschen, der etwas behindert, stört, verzögert.
Vgl.: → Hilfsbremser, → Leichenwagenbremser, Reitschulbremser (selten: Gelegenheitsarbeiter), → Schiffschaukelbremser, Schlußbremser (Schlechtester, Klassenschlechtester).

Bremsklotz
abfällig für eine Person, die etwas behindert, stört, verhindert.
Vgl.: → Klotz.

Brett
spöttisch, auch abschätzig für eine magere, flachbrüstige Frau, ein dünnes Mädchen.
Vgl.: Brett mit Warzen (jugendsprachlich), → Bügelbrett, → Plättbrett (mit zwei Erbsen).

Brettldiva
(zu „Brettl" = Kleinkunstbühne, Kabarett) *spöttisch, auch geringschätzig für eine Varietésängerin, eine wenig erfolgreiche Bühnenkünstlerin.*
Vgl.: → Diva.

Breze (Brezel)
landschaftlich selten für eine aufgetakelte, altjüngferliche Frau oder einen Fiesling.
Vgl.: fieser Brezel (rheinisch).

Brillenaffe
abfällig für einen (eitlen, „affigen") Brillenträger.
Vgl.: → Affe, Brillaffe (Wortspiel zu „Brüllaffe"), Brillenhannes (hessisch), Brillenhengst.

Brillenglotzer
abfällig für einen Brillenträger, besonders für einen mit einer starken oder ansonsten auffälligen Brille.
Vgl.: → Glotzer.

Brillenschlange
(eigentlich eine in Afrika und Asien heimische Giftschlange, die bei Erregung im Nacken eine brillenförmige Zeichnung erkennen läßt) *scherz- und boshaft für eine (weibliche) Person, die eine Brille trägt.* Das Wort wurde schon von Jean Paul in dieser Bedeutung verwendet.
Vgl.: Brillenmensch, → Schlange.

Brocken
meist abschätzig für einen dicken, massigen, schwerfälligen Menschen: ein harter, fetter, feister, großer, gesunder Brocken.
Vgl.: Brocken Mannsbild (oft auch anerkennend), → dicker Brocken, → Kotzbrocken, schwerer Brocken, zäher Brocken (kaum abwertend).

Brodler
(zu oberdeutsch „brodeln" = trödeln, Zeit verschwenden) *in Österreich für jemanden,*

der langsam, unbeholfen ist, viel Zeit vertut; seltener für einen Schwätzer.
Vgl.: → -ler.

Brötchengeber
(Verniedlichung von „Brotgeber" = Arbeitgeber) *scherzhaft-spöttisch für einen Arbeitgeber, anspielend auf die geringe Entlohnung.*

Brotfresser
(Verballhornung durch scherzhafte Umbildung von „Professor") *Berufsspott oder saloper Schülerscherz für einen Gymnasiallehrer, Professor.* Schon bei Grimmelshausen steht „Brodfression" für „Profession".
Vgl.: → Fresser, → -fresser.

Bruchpilot
(bekannt geworden durch den Spielfilm von 1941 QUAX, DER BRUCHPILOT) *1. abwertend für einen Piloten, der mit seinem Flugzeug eine Bruchlandung hatte. 2. spöttisch-abschätzig für einen Menschen, der gescheitert ist, einen Unfall hatte.* Der FDP-Abgeordnete Rainer Brüderle sprach 1988 über Franz Josef Strauß, der eine Bruchlandung mit einem Sportflugzeug hinter sich hatte, in zweifachem Sinne als einem „Bruchpiloten", der „mit dem Dolch in der Lederhose im Rücken des Kanzlers steht".

Bruddler
(zu „bruddeln", einer Nebenform von „brodeln") *landschaftliches Scheltwort für einen murrenden, nörgelnden, leise vor sich hinschimpfenden Menschen.*
Vgl.: alter Bruddler, → -ler.

Bruder
abschätzig für einen Mann, von dem man nicht viel hält; Kerl. Das Wort wird fast immer mit einem abwertenden Adjektiv zusammen verwendet. Viele der Fügungen sind veraltend oder veraltet.
Vgl.: Bruder Habenichts, Bruder Hallodri (selten), Bruder Leichtsinn, Brüder der Landstraße (Landstreicher), → falscher Bruder, feuchter Bruder (Trinker), finsterer Bruder (unheimlicher Kerl), langweiliger Bruder, linker Bruder (Sozialist; Gauner), lockerer Bruder, → nasser Bruder, sauberer Bruder (ironisch), → schwuler Bruder, → staubiger Bruder, süßer Bruder (Homosexueller), → warmer Bruder, windiger Bruder (zwielichtig, unzuverlässig).

-bruder
alte und teilweise veraltende Schimpfwörter für Männer mit bestimmten Fehlern, Mängeln, Unsitten o.ä. Einen deutlichen Schwerpunkt bilden die Säufer.
Vgl.: → Bacchusbruder, → Betbruder, → Bettelbruder, → Bierbruder, Branntweinbruder, → Dallesbruder, → Fechtbruder, Freßbruder, Galgenbruder, → Gammelbruder, → Häfenbruder, → Hallelujabruder, Haschbruder, Heulbruder, Hopfenbruder (Biersäufer), → Jabruder, Juxbruder, Kittchenbruder (selten), Klamaukbruder, Klatschbruder, → Klaubruder, → Knastbruder, → Kneipbruder, → Krampfbruder, → Krawallbruder, → Marmeladebruder, Marodebruder (veraltet: Plünderer), → Pennbruder, → Pichelbruder, → Plattenbruder, → Radaubruder, → Saufbruder, → Schluckbruder, Schmalzbruder (rührselig; Schmeichler), → Schnapsbruder, Schnorrbruder, → Sektenbruder, → Sonnenbruder, → Spinnbruder, → Stammtischbruder, → Stempelbruder, Strampelbruder (Radfahrer), Susannenbruder (veraltet: alter Lüstling), → Tippelbruder, → Trinkbruder, → Uzbruder, → Walzbruder, → Wermutbruder, Wichsbruder, Wirtshausbruder, → Zechbruder, Zuchthausbruder.

Bruder Hitzig
veraltend abwertend für einen hitzigen, jähzornigen Kerl.
Vgl.: → Hitzkopf.

Bruder Leichtfuß = Leichtfuß

Bruder Liederlich
veraltende scherzhafte oder abschätzige Bezeichnung für einen liederlichen, leichtfertigen, lockeren, lebenslustigen Burschen.
Vgl.: → Hans Liederlich, → Liederjan, liederlicher Strick, Liederling (selten).

Bruder Lustig
(geht auf ein Märchen aus der Sammlung der Gebrüder Grimm zurück, in dem der Held so heißt) *veraltend leicht abwertend für eine lebenslustige, etwas leichtfertige und sorglose (männliche) Person.*
Vgl.: lustiger Bruder (selten).

Bruder Saufaus = Saufaus

Bruder Straubinger
(meint die bayrische Stadt Straubing, nach einem sehr bekannten Trinklied, das um 1820 entstanden ist) *eine veraltende abschätzige Scherzbezeichnung für einen Landstreicher.*
Vgl.: Straubinger.

Brüder
(fußt vielleicht auf dem biblischen „falsche Brüder", 2. Korintherbrief 11,26) *abfällige Bezeichnung für unangenehme Leute.*

Brudermörder
(eigentlich jemand, der seinen Bruder ermordet hat) *verächtlich für einen Menschen, der seine eigenen Leute, Familienmitglieder, Angehörige seines eigenen Volkes umbringt oder ans Messer liefert.*
Vgl.: → Mörder.

Brüllaffe
(eigentlich ein Breitnasenaffe mit Greifwickelschwanz und starker Stimme) *grobes Schimpfwort für einen laut schreienden, schimpfenden Menschen.* Im November 1995 schrieb die FAZ, die jungen Leute heutzutage würden nicht verstehen, wie ihre Großeltern diesem „Brüllaffen" Hitler erliegen konnten.
Vgl.: → Affe, Brillaffe (Wortspiel: Brillenträger).

Brüller
abfällig für jemanden, der oft und laut brüllt, überlaut spricht; auch für ein häufig schreiendes Kleinkind.
Vgl.: Brüllhans.

Brüllochse
starkes Schimpfwort für einen brüllenden, schreienden, polternden Menschen.
Vgl.: → Ochse (Ochs).

Brummbär
(vom Brummen der Bären) *abschätzig für einen unfreundliche, mürrischen, „brummigen" Menschen.* „Also, halts Maul, Brummbär!" heißt es bei Gottfried August Bürger.
Vgl.: alter Brummbär, → Bär, Brummbart, Brummbaß (alt, mürrisch), Brummelbär (Variante), Brummkater (männlich).

Brummbart = Brummbär

Brumme
ein seltenes landschaftliches Schimpfwort für eine (dicke) weibliche Person: eine alte, dicke, dumme Brumme.
Vgl.: → Wuchtbrumme.

Brummeisen
(eigentlich eine Maultrommel) *landschaftlich selten für eine mürrische, zänkische (weibliche) Person.*

Brummer
abwertend für 1. einen dicken, stämmigen, plumpen Menschen; ein dickliches Kind. 2. einen schlechter Sänger. 3. einen dummen oder komischen Kerl. 4. einen mürrischen, nörgelnden Menschen.

Brummkopf
Schimpfwort für einen mürrischen, brummigen Menschen.
Vgl.: → -kopf (-kopp).

Brummler
(zu „brummeln", einer Iterativbildung zu „brummen") *abschätzig für einen mürrischen, vor sich hin brummenden Menschen.*
Vgl.: → -ler.

Brummochse
(meint eigentlich den Stier) *kräftiges Schimpfwort für einen dummen, eigensinnigen, mürrischen Mann.*
Vgl.: → Ochse (Ochs).

Brummsuse
Scheltwort für ein übellauniges, nörgelndes kleines Mädchen.
Vgl.: Brummliese (selten), → Suse, → -suse.

Brunnenvergifter
(eigentlich jemand, der vorsätzlich das Trinkwasser vergiftet) *verächtlich für einen böswilligen Verleumder, der Zwietracht stiftet.*

Brunzer
(von landschaftlich derb „brunzen" = urinieren; verwandt mit dem Wort Brunnen)

oberdeutsches derbes Schimpfwort für 1. einen mißliebigen Mann. 2. einen Bettnässer. 3. einen Mann, der am falschen Platz oder störend oft uriniert. In seinem bayrisch-österreichischen Schimpfwörterbuch bringt Reinhold Aman eine Art Typologie, die für unseren Schimpfwortschatz von zentraler Bedeutung ist. Er erklärt: Ein Pferd, eine Kuh, eine Frau und ein kräftiger Mann „brunzen"; ein Mann, ein Bursche, ein Hund „seichen"; ein Kind „bieselt", und ein Preuße (Preiß) „pißt" oder „pinkelt".

Vgl.: → Bettbrunzer, Eckenbrunzer (uriniert an Hausecken o.ä.), → Hosenbrunzer, → Kuttenbrunzer, → Pisser, → Schneebrunzer, → Seicher, Teigbrunzer, Tintenbrunzer (Beamter, Bürokrat), Wonnebrunzer (Pfalz und Nürnberg).

Brunzkachel

(eigentlich ein Nachttopf; zu oberdeutsch „Kachel" = Schüssel, Topf aus Steingut) *besonders in Süddeutschland derb abwertend für 1. eine Person, die sehr oft uriniert. 2. eine Frau.*

Vgl.: Brunzkathl (fränkisch: volksetymologische Umdeutung), Brunzkunnel (fränkisch), Brunzliesel (selten), → Kachel, Pißkachel (selten), Seichkachel (schwäbisch: alte Schlampe).

Brut

(eigentlich die Nachkommenschaft brutpflegender Tiere; zu „brühen" in der alten Bedeutung „erwärmen") *salopp abwertend für Gesindel; seltener für unangenehme Verwandtschaft oder lästige, freche Kinder: eine gefährliche, böse, schlimme, elende, üble Brut.* Der Stabreim „braune Brut" taucht gelegentlich auf und meint die Nazis.

-brut

Zusammensetzungen dieser Art stehen für übles, gefährliches Gesindel, das von etwas an sich schon Schlechtem hervorgebracht wurde. In Friedrich Schillers DIE RÄUBER heißt es: „Menschen – Menschen! falsche, heuchlerische Krokodilbrut!"

Vgl.: → Drachenbrut, → Höllenbrut, Kainsbrut, → Lügenbrut, Menschenbrut, → Natternbrut, → Otternbrut, Rabenbrut, → Räuberbrut, → Satansbrut, → Schlangenbrut, → Teufelsbrut.

Brutalo (Brutalinski)

(zu lateinisch „brutus" = roh, schwerfällig) *vorwiegend jugendsprachlich abfällig für einen gewalttätigen Mann, Schläger.* „Die Brutalinskis des Herrn Mielke" (Theo Sommer in der ZEIT, 1988). Der SPIEGEL (Juni 1986) sprach von „jungdeutschen Brutalos" aus der Neonaziszene.

Vgl.: → -inski.

„Brutus"

(der Name von Marcus Iunius Brutus, dem Haupt der republikanischen Verschwörung gegen Cäsar und einem seiner Mörder, als Appellativum) *bildungssprachlich verächtlich für einen Verschwörer, Verräter in den eigenen Reihen.*

Vgl.: → „Goebbels", → „Hitler", → „Nero".

Bübchen (Büblein)

(eigentlich ein kleiner Junge) *spöttisch oder abschätzig für einen jungen Mann, Burschen; auch als drohende Anrede.*

Vgl.: → -chen (-lein), Mamabübchen, → Mutterbübchen.

Bube (Bub)

(aus mittelhochdeutsch „buobe" = Knabe; Diener; zuchtloser Mensch; oberdeutsch: Bub; seltene weibliche Form von „Bube": Bübin) *1. veraltetes verächtliches Schimpfwort für einen Schurken, einen niederträchtigen, gemeinen Kerl: ein feiger, hinterlistiger, böser, schändlicher Bube. 2. seltener spöttisch oder abschätzig für einen unreifen, (zu) jungen Mann.* Bei Schiller ist ein „ruchloser Bube" am bzw. im Werk. Die FAZ schrieb 1994 über Leander Haußmann, den erst 36jährigen Shooting-Star unter den hiesigen Theaterregisseuren, er sei eine „fröhliche Null" und ein „Shooting-Bub"; letzteres wohl im Hinblick auf seinen Vater, der ein bekannter Schauspieler ist. Schön zog auch Arno Schmidt über den Kollegen Goethe her: „Pfui Deubel, der Bube!"

Vgl.: Bauernbub, → Bettelbube, → böser Bube, Erzbube (veraltet), → Erzspitzbube, → Gassenbube (Gassenbub), Hudelbube, → Hundsbube, Hurenbube (schwäbisch), → Lausbub (Lausbube), → Lotterbube, → Malefizbube, → Mistbube (Mistbub), → Mordbube, → Nachtbube, nasser Bube (unreif, „nicht trocken hinter den Ohren"), → Rotzbube (Rotzbub), → Saubub, → Schandbube, → Schnuderbube, → Spitzbube.

Bubi

(eigentlich ein Kosewort für einen kleinen Jungen) *1. spöttisch, salopp abwertend für einen unreifen oder unreif wirkenden jüngeren Mann. 2. spöttisch für ein Muttersöhnchen, einen unselbständigen kleinen Jungen.*

Vgl.: Haschbubi, → Himbeerbubi, Jazzbubi (veraltet), → Milchbubi, → Milchreisbubi, Portokassenbubi (→ Portokassenjüngling), Samtbubi, Tangobubi, Zuckerbubi (verwöhnt).

Büchernarr

(seltene weibliche Form: Büchernärrin) *oft abschätzig für einen leidenschaftlichen Liebhaber von Büchern.*

Vgl.: → Narr, → -narr.

Bücherwurm

(eigentlich ein kleiner Käfer, der auch Bücher befällt und anbohrt) *spöttisch, auch abschätzig für einen leidenschaftlichen Leser (und Sammler) von Büchern, der dabei anderes vernachlässigt.*

Vgl.: Bücherhengst, Büchermensch, Bücherratte, → Wurm.

Buchgelehrter

geringschätzig für einen wirklichkeitsfremden Gelehrten, der nur über angelesenes Wissen verfügt. Von Franz Grillparzer (1791 – 1872) stammt das folgende Epigramm mit dem Titel „Literatoren":

„Ein Buch ist ein gar schönes Ding,
Ein Gelehrter ist noch viel werter,
Doch beide vereinigt wiegen gering,
Das Ganze heißt: Buchgelehrter."

Vgl.: Büchergelehrter (Variante), Schreibtischgelehrter, Schulgelehrter (selten), → Stubengelehrter.

Büchse

(ursprünglich eine Vulgärbezeichnung für die Vagina als Behältnis für die Aufnahme des Penis; von daher auf die Frau übertragen) *oberdeutsches Schimpfwort für 1. eine weibliche Person. 2. eine leichtlebige, liederliche Frau.*

Vgl.: → Dose, → Knotterbüchse, Quasselbüchse, rote Büchse (selten: rothaariges Mädchen), → Schnatterbüchse, → Spritzbüchse, Zappelbüchse.

Büchsenmacher

(eigentlich ein Handwerker, der Gewehre herstellt) *scherzhaft-spöttisch für einen Vater vieler Töchter.*

Vgl.: Büchsenschmied.

Büchsenspanner

(eigentlich eine alte Bezeichnung für einen Jagdhelfer, der das Gewehr schußbereit macht) *spöttisch oder abschätzig für einen untergeordneten, dienstbeflissenen Helfer.* Im SPIEGEL (April 1994) wurde der Fraktionsvorsitzende der CDU/CSU Wolfgang Schäuble als „Büchsenspanner Helmut Kohls" dargestellt, und die SONNTAG AKTUELL (März 1992) wußte über den deutschen Kanzler noch viel mehr: „Gerade auf Wahlkampfreisen peinigt den Pfälzer unaufhörlicher Appetit. Dann schickt er seine Büchsenspanner los mit den Worten: ‚Kauft mal eine schöne Brotzeit.'"

Buchstabenkrämer

eine seltene abfällige Bezeichnung für einen Wortklauber, Haarspalter.

Vgl.: Buchstäbler (selten), → Krämer, → -krämer, Wortkrämer.

Buchstabenmensch

veraltet abschätzig für einen weltfremden Bücherwurm, Buchgelehrten.

Vgl.: Buchstabengelehrter (selten).

Bucht

(eigentlich ein kleiner Stall, Verschlag für Haustiere) *vorwiegend sächsisch für Gesindel, liederliche Gesellschaft; unangenehme Verwandtschaft.*

Buckelinski

(scherzhafte Bildung mit slawischer Endung) *spöttisch-verächtlich für jemanden, der „buckelt", kriecht, sich einschmeichelt.*

Vgl.: Buckelorum (selten), → -inski.

Buckerlmacher

(zu österreichisch „Buckerl" = Verbeugung als unterwürfige Geste) *österreichisch selten für einen unterwürfigen, katzbuckelnden Menschen.*

Vgl.: Buckerlreißer, Buckler, → -macher.

bucklige Verwandtschaft

(vielleicht zu rotwelsch „bockelig" = gierig; vielleicht aber auch die unansehnliche und arme Verwandtschaft, deren man sich schämt) *abfällige Bezeichnung für die (entfernte) Verwandtschaft.*

Vgl.: bucklige Bagage, krummbucklige Verwandtschaft.

Büffel

vom massigen Rind auf den Menschen übertragen für ein grobes, stures oder ungestümes Mannsbild mit schlichtem Gemüt. Abraham a Sancta Clara kanzelte die Protestanten als „Luthersbüffel" ab. In der folgenden Strophe aus einer Flugblatt-Dichtung des 19. Jahrhunderts mit dem Titel „Weiberzank" schilt sie ihn:

„O du Bengel, o du Büffel!
o du Schnaufer, o du Schliffel!
o du Flegel, o du Zoll,
o du Rüpel, o du Knoll."

Vgl.: Bauernbüffel.

Büffler

(wohl beeinflußt von der Vorstellung des Büffels als Zugtier) *geringschätzig für einen eifrigen, angestrengt lernenden Schüler, Studenten u.dergl.*

Vgl.: Büffelochse, → -ler, Ochser (selten).

Bügelbrett

abschätzig für eine flachbrüstige weibliche Person. Die Berliner sagen: „Büjelbrett! Vorne nischt und hinten nischt und in de Mitte jerafft!"

Vgl.: → Brett, Bügelbrett mit Zöpfen, → Plättbrett (mit zwei Erbsen).

Buhldirne

(zu „buhlen" in der alten Bedeutung „mit jemandem kosen, eine Liebschaft haben") *veraltet poetisch für eine Prostituierte, liederliche Frau.*

Vgl.: Buhlerin, Buhlschwester (beides veraltet), → Dirne.

Buhler

in gehobener Sprache eine seltene leicht abwertende Bezeichnung für eine Person, die um etwas buhlt, sich heftig darum bemüht.

Buhmann

(eigentlich ein Schreckgespenst, Kinderschreck; zu „buh", einem Ausruf des Mißfallens) *jemand, dem man öffentlich die Schuld an etwas zuschiebt.*

Vgl.: Buhfrau (selten), → -mann.

Bulldogge

(eigentlich eine stämmige englische Hunderasse, die zur Stierhetze verwendet wurde; zu englisch „bull" = Stier und „dog" = Hund) *abfällig für einen barschen, vierschrötigen Menschen, der einer Bulldogge ähnelt.*

Bulle

(nach dem geschlechtsreifen männlichen Rind, Zuchtstier) *1. salopp, meist abwertend für einen stämmigen, ungeschlachten, „bulligen" (grimmig dreinblickenden) Mann. 2. geringschätzig für einen Polizisten, Kriminalbeamten. 3. soldatensprachlich salopp, auch geringschätzig für den Kompaniefeldwebel, den „Spieß".* Von großem, auch praktischem Interesse ist die Frage, ob denn nun die Bezeichnung Bulle für einen Polizisten eine Beleidigung darstellt. 1965 wurde der Ausdruck von einem Bonner Gericht als beleidigend aufgefaßt und mit 50 DM Strafe belegt; in Nürnberg entschied 1970 ein Amtsgericht das Gegenteil: nicht beleidigend. Anders wieder, also doch beleidigend, sah 1980 das Landgericht Essen den Fall. 1994 schließlich kam die Frankfurter Staatsanwaltschaft zu der abwegigen Auffassung, die Bezeichnung Bulle für Polizeibeamte werde mittlerweile „ohne jede abwertende Bedeutung" verwendet und wies die Klage eines Polizisten zurück. Beleidigend seien nur erweiterte Gebilde wie „Saubulle", „Bullensau", „Scheißbulle", „Drecksbulle" oder „Bullenschwein" (FRANKFURTER RUNDSCHAU, Dezember 1994). Freilich kann das Wort auch wertfrei gemeint sein. So nennt sich eine Tanzgruppe von Polizeibeamten in Bonn „Bullenballett". 1972 suchte, gemeinsam mit dem ADAC, einer Fernsehzeitschrift und zwei Innenministern, Radio Luxemburg in einem Wettbewerb unter seinen Hörern einen neuen und freundlich klingenden Spitznamen für Polizisten. Das böse Wort Bulle sollte zurückgedrängt werden. Allerdings belegte unter den etwa 10000 Einsendungen das kaum erfreulichere „Bulli“ hinter „Polli“ den zweiten Platz. Im Nachwort seines „tierfreundlichen“ Schimpfwörterbuches schrieb Alfred Härtling 1994: „Wäre ich Richter, würde ich bei jedem „Bullen“-Schimpfer auf Freiheitsstrafe ohne Bewährung erkennen, und zwar wegen schwerer Beleidigung eines nützlich-wertvollen Tieres ...“

Vgl.: Bullenpack, Bullensau, Bullenweib, Dorfbulle (Dorf-Casanova; Dorfbürgermeister o.ä.), Drecksbulle, Geheimbulle, Grenzbulle, → Kammerbulle, → Küchenbulle, Polizeibulle, Saubulle (selten), → Scheißbulle, Sexbulle (hat nur Sex im Sinn), Sittenbulle (Polizist im Sittendezernat).

Bulle von Kerl

oft geringschätzig für einen stämmigen, vierschrötigen Mann. „Ich bin nicht stark genug, diesen Bullen von Kerl hinauszuschmeißen“ (Hans Helmut Kirst: 08/15, 1954/55).

Vgl.: → Kerl.

Bullenbeißer

(ursprünglich die ausgestorbene Stammform der doggenartigen Hunde) *abfällig für einen derben, unfreundlichen, bissigen Menschen.*

Vgl.: → Beißer.

Bullenschwein

derb abwertend für einen Polizisten, Kriminalbeamten.

Vgl.: Bullensau, → Schwein, → -schwein.

Bullerballer = Bullerjan

Bullerjan

(zu „bullern“, einer Nebenform zu „bollern“) *norddeutsches Schimpfwort für einen Polterer, Hitzkopf.*

Vgl.: Bullerballer, Bullerbux (selten), → -ian (-jan).

Bullerkopf

besonders norddeutsch abfällig für einen leicht aufbrausenden Menschen.

Vgl.: → Bollerkopp, → -kopf (-kopp).

Bummelant

(zu „bummeln“ = schlendern; faulenzen; leichtsinnig leben) *ein meist mildes Schimpfwort für 1. einen langsamen, trägen Menschen. 2. einen Faulpelz, Nichtstuer.*

Bummelfritze

ein Scheltwort für eine männliche Person, die trödelt, sich allzuviel Zeit läßt.

Vgl.: Bummeljan (norddeutsch), → Fritze, → -fritze.

Bummelliese

ein Scheltwort für eine weibliche Person, die trödelt, sich allzuviel Zeit läßt.

Vgl.: → Liese, → -liese.

Bummelstudent

abschätzig für einen faulen, nachlässigen Studenten.

Vgl.: → ewiger Student, Gammelstudent (veraltend), Verbummelter (selten), → verbummelter Student.

Bummerl

(mit oberdeutscher Verkleinerungsendung; auch Bezeichnung für einen jungen Stier) *in Bayern und Österreich für 1. eine dicke oder mollige Person. 2. einen Tolpatsch. 3. einen sturen, starrsinnigen Menschen.*

Vgl.: Bauernbummerl (bayrisch: stur), Klassenbummerl (österreichisch: Klassenschlechtester).

Bummler

1. abschätzig für einen trägen, langsamen Menschen; Arbeitsscheuer. 2. oft leicht abwertend für einen Nachtschwärmer, späten Zecher. „Bummler“ war im Revolutionsjahr 1848 ein abfälliges Schlagwort für einen umherschlendernden Müßiggänger. Anders ist das Wort in einem Mannheimer Kindervers verwendet: „Mir sin die Mannemer Bummler / un kaafe englisch oi ...“

Vgl.: → -ler.

Bumser

(zu „bumsen“ in der Bedeutung „knallen, dröhnen“ und andererseits „koitieren“) *1. derb, oft abschätzig für einen Menschen, der soeben oder häufig Geschlechtsverkehr hat. 2. eine veraltete, meist abfällige österreichische*

Bezeichnung für einen (bombenlegenden) politischen Extremisten in Südtirol.
Vgl.: Rudelbumser (selten: Gruppensexliebhaber), Sesselbumser (Beamter, im Büro Tätiger), Südtirol-Bumser.

Bumskapelle
(zu „bumsen" = knallen, dröhnen, bzw. „Bums" = minderwertiges, zwielichtiges Lokal) *veraltete Bezeichnung für eine schlechte Tanzkapelle (die in einem „Bums" auftritt).*

Bumskopp
ein landschaftliches, besonders rheinisches Schimpfwort für einen dickköpfigen, sturen Menschen.
Vgl.: → -kopf (-kopp).

Bunke
(geht zurück auf niederländisch „bonk" = Lümmel) *besonders im Ruhrgebiet für einen Gauner, Rabauken.*

bunte Kuh
(wohl von der gefleckten oder der festlich geschmückten Kuh übertragen) *abschätzig für eine geschmacklos, auffällig und bunt gekleidete Frau.*
Vgl.: → Kuh.

Bünzli
(nach der Figur des Züs Bünzli aus Gottfried Kellers Novelle DIE DREI GERECHTEN KAMMACHER) *ein schweizerisches Spott- und Scheltwort für einen kleinkarierten Spießbürger.*

Bürger
oft geringschätzig für einen konservativen, behäbigen Angehörigen des Mittelstandes: ein angepaßter, biederer, satter Bürger. „Stiller war im Grunde immer ein Bürger." (Max Frisch: STILLER, 1954).
Vgl.: → Besitzbürger, → Bildungsbürger, → Bourgeois, braver Bürger, Bürgerpack, → Kleinbürger, → Pfahlbürger, → Schildbürger, → Spießbürger, → Wohlstandsbürger.

Bürgerschreck
spöttisch-ironisch für jemanden, der durch sein unkonventionelles Auftreten den Normalbürger verschreckt, provoziert. Die ZEIT (November 1995) betitelte den ungestümen amerikanischen Indianerführer Russell Means mit „Häuptling Bürgerschreck".
Vgl.: → -schreck, Spießerschreck.

Bürgersöhnchen
spöttisch-ironisch für einen wohlbehüteten, gut versorgten jüngeren Sohn einer Bürgerfamilie: ein feines Bürgersöhnchen.
Vgl.: Bürgersohn (auch wertfrei), → -chen (-lein).

Büro-
abschätzig für jemanden, der einen Büroberuf ausübt.
Vgl.: Bürofritze, Büroheini, Büroschickse, Büroschwengel, Bürotrottel (untergeordnet, unfähig), Bürowanze.

Bürohengst
spöttisch-abschätzig für einen (bürokratischen, weltfremden) Büroangestellten.
Vgl.: Aktenhengst, Bürostute (ungebräuchlich), → Hengst, → -hengst, → Schreibstubenhengst, Schreibtischhengst.

Bürokrat
abwertend für jemanden, der (als Beamter) pedantisch und vermeintlich übergenau vorgeht, sich kleinlich an Vorschriften klammert. Heutzutage ist oft von „UNO-Bürokraten" oder den „Brüsseler Bürokraten" die Rede. In der Operette DER OBERSTEIGER von Carl Zeller (1842 – 1898) hat das Couplet des Bergdirektors Zwack den Kehrreim:

„Der Bürokrat tut seine Pflicht
von neun bis eins! Mehr tut er nicht!"

Vgl.: Bureaukrat (alte Schreibweise), Bürokratenseele, → Eurokrat, → -krat.

Büromensch
meist abwertend für einen (pedantischen, weltfremden) Menschen, der in einem Büro angestellt ist. Der SPIEGEL sprach von „hohlwangigen Büromenschen".

Bürschchen (Bürschlein)
abschätzig für einen unreifen, vorlauten jungen Burschen; auch mit drohend-warnendem Unterton oder ironisch: ein „sauberes, nettes Bürschchen".
Vgl.: ausgekochtes Bürschchen (selten), Bürschelchen, → -chen (-lein), → Zigarettenbürschchen.

Bursche

meist abschätzig für eine unsolide, zwielichtige (jüngere) männliche Person; oft mit einem Adjektiv verbunden: ein ausgekochter, gewissenloser, durchtriebener, leichtsinniger, ungehobelter, schräger, netter, leichter, finsterer, unverschämter Bursche. „Der alte Bursche hat Hummeln im Arse", heißt es bei Gottfried August Bürger.

Vgl.: → Bauernbursche, bemooster Bursche (alter Mann; ewiger Student), → Laufbursche, → Naturbursche, „sauberer Bursche" (ironisch), übler Bursche, → windiger Bursche.

Bürscherl (Bürschl)

(oberdeutsche Verkleinerungsform) *in Österreich und Bayern für ein → Bürschchen (Bürschlein).* Franz Josef Strauß hat einmal über seinen kleingewachsenen Freundfeind Kurt Biedenkopf von der CDU gesagt: „Dem Bürschel hätte man rechtzeitig Kunstdünger in die Schuhe schütten müssen." Womöglich hat er ihm auch noch das folgende alpenländische Schnaderhüpfel gesungen und gejodelt:

Du liederlichs Bürschl,
du mußt dich bekehr'n,
mußt's Häuserl verkaufen
und Einsiedler werd'n."

Bürste

landschaftliches Schimpfwort für ein böses Weib, freches Mädchen.

Vgl.: → Kratzbürste, → Wurzelbürste.

Büstenbinder

(früher ein Hersteller von Bürsten und Besen, der wie andere Wandergewerbetreibende einen schlechten Ruf hatte; dazu die Redensart „saufen/trinken wie ein Bürstenbinder") *abfällig für 1. einen Trinker. 2. einen zwielichtigen, unzuverlässigen Kerl.*

Buschklepper

(früher ein Wegelagerer, der hinter dem Busch seinen Opfern auflauerte) *veraltetes Schimpfwort für einen Strauchdieb.*

Vgl.: Buschreiter (veraltet), → Klepper.

Busengrapscher (Busengrabscher)

abfällig für einen Mann, der eine Frau durch Begrapschen, Befummeln (des Busens) sexuell belästigt. 1983, nachdem der Bundestagsabgeordnete Klaus Hecker von den Grünen als „Busengrapscher" in die Schlagzeilen kam, wurde „Busengrapschen" zum „Wort des Jahres" gewählt. Nach einem Bericht der FRANKFURTER RUNDSCHAU hat 1995 der Bundesgerichtshof einem Hersteller untersagt, seine Liköre unter den Namen „Busengrapscher" und „Schlüpferstürmer" zu verkaufen.

Vgl.: Duttenpatscher (süddeutsch und österreichisch), → Grapscher (Grabscher).

Buserant

(geht wohl zurück auf das italienische „buzzerone" = Strichjunge) *österreichisch abschätzig für einen Homosexuellen.*

Businessman

(aus englisch „businessman" = Geschäftsmann) *seltene geringschätzige Bezeichnung für einen allzu profitorientierten Geschäftsmann; im Jargon der Drogenszene auch für einen Großdealer.*

Büttel

(ein altes Wort für den Gerichtsboten oder Henkersknecht) *1. veraltend abschätzig für einen Polizisten, Ordnungshüter. 2. verächtlich für einen Menschen, der dienstfertig Weisungen, Wünsche von Obrigkeit und Vorgesetzten ausführt. 3. zumindest in Rheinhessen ein Schimpfwort für einen Gassenjungen, frechen Kerl.* Gutmütig ist dagegen der traditionelle Ortsneckname „Määnzer Biddel" für die Einwohner von Mainz.

Vgl.: Dreckbüttel (selten), Polizeibüttel.

Buttje (Buttjer)

(zu „butt" = plump, grob; frech) *norddeutsches Schimpfwort für 1. einen kleinen Jungen, Straßenjungen. 2. einen Herumtreiber, Stromer.*

Vgl.: Butscher (orthographische Variante).

Butz (Butze), der
(ursprünglich ein Poltergeist, Kobold; Kinderschreck) *abschätzig für 1. ein kleines Kind, einen Knirps. 2. einen Polizeibeamten, Wachmann, Aufseher.*
Vgl.: Butzemann, → Putzemännchen.

Butzemann = Butz (Butze)

Byzantiner
(eigentlich ein Einwohner von Byzanz, dem heutigen Istanbul) *ein veraltetes Schimpfwort für einen Schmeichler, Kriecher.* Gegen Ende des 19. Jahrhunderts war „liberaler Byzantiner" ein geläufiges politisches Schlagwort.

C

Langs
Gschpenst

Caliban = Kaliban

Canaille = Kanaille

Casanova
(nach dem italienischen Abenteurer und Schriftsteller Giovanni Giacomo Casanova, 1725 – 1798) *spöttisch-abschätzig, auch anerkennend für einen Frauenhelden, Verführer.* Der deutschen Lyrikerin Julie Schrader („der welfische Schwan", 1881 – 1939) wird, wie vieles andere, das Theaterstück CASSERNOWER zugeschrieben.
Vgl.: Berufscasanova (Heiratsschwindler), Casanova im Taschenformat, Casanoverer (bayrisch-österreichische Variante), Dorf-Casanova, Hinterhof-Casanova, Kleinstadt-Casanova, Möchtegerncasanova, Schmalspur-Casanova, Vorstadt-Casanova.

Caudillo
(aus spanisch „caudillo" = Heerführer, Häuptling; zu lateinisch „caput" = Haupt) *oft abschätzig für einen politischen Machthaber, Diktator; Anführer.* „Adios, roter Caudillo!" schrieb der SPIEGEL 1994 etwas voreilig über Fidel Castro.

Causeur
(aus französisch „causer" = sich unterhalten, plaudern; weibliche Form: Causeuse) *eine veraltete und oft geringschätzig verwendete Bezeichnung für einen unterhaltsamen, oberflächlichen Plauderer oder einen Schwätzer.*

Cerberus = Zerberus

Chamäleon
(eigentlich eine auf Bäumen lebende kleine Echse, die bei Gefahr rasch ihre Farbe ändern kann) *abfällig für einen opportunistischen, seine Meinung schnell ändernden Menschen.* Im Mai 1995, nach der Wahl von Jacques Chirac zum französischen Präsidenten, stand in der WELTWOCHE die Schlagzeile: „Im Elysée regiert jetzt ein Chamäleon".

Chammer
(geht zurück auf jiddisch „chamor" = Esel) *seltenes Schimpfwort für einen Dummkopf.*

Chaot (Chaote)
(Neuprägung zu „Chaos" = völliges Durcheinander, Wirrwarr) *1. meist abfällig für einen gewalttätigen, radikalen Anarchisten. 2. abschätzig für einen hektischen, unberechenbaren Menschen.* Der konservative Kölner Soziologe Erwin K. Scheuch räumte 1993 den Grünen ein, aus einem „Chaotenhaufen" sei eine Partei geworden.
Vgl.: Chaotenhaufen, Chaotenvolk, Maot (zu „Mao").

Charakterkrüppel
verächtlich für einen Menschen mit einem schlechten Charakter, mit schweren charakterlichen Defiziten.
Vgl.: → Krüppel.

Charakterlump
verächtlich für einen ehr- und gesinnungslosen Menschen. Im Januar 1995 berichtete der SPIEGEL, der frühere Parlamentarische Geschäftsführer der SPD Karl Wienand, der der Spionage verdächtig ist, räsoniere im Krankenhaus mit schwacher Stimme von „Charakterlumpen und Hurenbökken".
Vgl.: → Gesinnungslump, → Lump.

Charaktersau
derb abwertend für einen niederträchtigen, charakterlosen Menschen.
Vgl.: Charakterschwein, → Sau, → -sau.

Charmebolzen
spöttisch-abschätzig für einen aufdringlich charmanten, schmeichlerischen Mann.

Vgl.: → Bolzen, → -bolzen.

Chausseegrabentapezierer
(eigentlich jemand, der den Straßengraben tapeziert – was freilich niemand tut) *seltene scherzhaft-spöttische Bezeichnung für einen Mann, der (betrunken) im Straßengraben liegt.*

Chauvi
(Kurzwort aus „Chauvinist") *eine vorwiegend von Frauen gebrauchte abschätzige Bezeichnung für einen Mann, der sich betont männlich oder als Gegner der Frauenbewegung zu erkennen gibt.* Der feministische Verlag „Virago Press" hatte dem englischen Schriftsteller Anthony Burgess den zweifelhaften Ehrentitel „Chauvi-Schwein" verliehen. In seinem „Gorleben-Lied" singt der gute Mensch Wolf Biermann:

„Auf! Chauvies und Emanzen
kommt mit uns paar Bäume pflanzen!"

Vgl.: Chauvischwein (selten), Erzchauvi, Klemmchauvi (Softie), Schowi (seltene eingedeutschte Form).

Chauvinist
(Herkunft unklar. Die übliche etymologische Herleitung des Wortes aus dem Namen Nicolas Chauvin des nationalistischen Rekruten aus einem Lustspiel der Gebrüder Cogniard von 1831 scheint verkehrt zu sein) *abfällig für 1. einen Menschen mit nationalistischer Gesinnung, übersteigerter Vaterlandsliebe. 2. einen Mann mit betontem Männlichkeitsgehabe; Anhänger der traditionellen männlichen Rolle in der Gesellschaft. 3. einen Mann, der aus der Sicht von Feministinnen ihrer Sache schadet oder sie nicht mitträgt.* Der volkstümliche Heidedichter Hermann Löns („Rose Marie, Rose Marie, sieben Jahre mein Herz nach dir schrie") sei als „Wüstling und Chauvinist" entzaubert, meldete der SPIEGEL im November 1994.

Vgl.: Erzchauvinist, → -ist.

Chef-
(neuerdings eine Steigerungsvorsilbe ähnlich wie „Ober-" oder „Super-") *vorwiegend im Politjargon emotional abwertend für eine Person, die das im Grundwort genannte Schlechte sozusagen als Chef leitet und organisiert.* Hier einige Belege aus dem Deutschen Bundestag: „Chefagitator" (Franz Josef Strauß über den damaligen hessischen Ministerpräsidenten Holger Börner von der SPD, 1978), „Chefdemagoge" (Roth von der SPD über Heiner Geißler von der CDU, 1986), „Cheflügner" (Schreiner von der SPD über Volker Rühe von der CDU, 1990); weiterhin: „Chefschmuggler", „Chefinflationist" usf. Für Rudolf Augstein ist der Ministerpräsident von Niedersachsen Gerhard Schröder der „Chef-Opportunist der SPD" (SPIEGEL, 1994).

Cheib = Keib

-chen (-lein)
(die üblichen Verkleinerungsendungen für Substantive) *vorwiegend spöttisch-abschätzige Bezeichnungen für Personen, die nicht ernst genommen werden, die belanglos, unwichtig oder niedlich erscheinen.* So spottete Goethe über Hölderlin: „Hölterlein", und in einem SPIEGEL-Leserbrief (August 1995) ist die Tennis-Größe Steffi Graf ein „heulsusiges Blondchen". Als Jürgen Möllemann von der FDP seine Parteifreundin und langjährige scharfe Konkurrentin Irmgard Schwaetzer mit „Irmchen aus Düren" verniedlichte, dachte er vielleicht an Christian Morgensterns „Klein Irmchen".

Vgl.: Abziehbildchen, → Äffchen, Allerweltsliebchen, → altes Mädchen, Amateurflittchen, → Amiflittchen, → armes Würmchen, → armes Würstchen, Backenbirnenmännchen (sächsisch: klein, schwach), Bengelchen, Berufsflittchen, Bettblümchen (selten), → Betthäschen (Betthase), Bettmäuschen, → billiges Flittchen, Blondchen, Blümchen-rühr-mich-nicht-an, → Bübchen (Büblein), bucklig Männlein, → Bürgersöhnchen, → Bürschchen (Bürschlein), Bürschelchen, → Christkindchen (Christkind), → Cleverle, → Dämchen, → Dickerchen, → Dingelchen, Dirnchen, → Doofchen, Dooferlein, Donnerlittchen (als Schimpfwort selten), → Dr. Lieschen Müller, → Dummchen (Dummerchen), Dunselchen,

Dusselchen, Eselchen, → Etepetetchen, Fäßchen, „feines Früchtchen“ (ironisch), Filmhäschen, → Filmsternchen, → Flittchen, → Frätzchen, → freches Kerlchen, → Frettchen, → Freundchen, → Früchtchen (Früchtlein), Fummelchen (salopp: Mädchen), Gangsterliebchen, → Gänschen (Gänslein), Gaunerpärchen, → Geilchen, Hackklötzchen, Hänschen, Häschen, → häßliches Entlein, → Hausmütterchen, Hauspusselchen, → Hefekloß (Hefeklößchen), → Heimchen, → Heimchen am Herd, → Herzchen, → Hudelvolk (Hudelvölkchen), → Hürchen, → Hutzelmännchen, → Hutzelweib (Hutzelweiblein), Jesusmännchen (klein, naiv), → Jüngelchen, Kaninchen (ängstlich), → Karbolmäuschen (Karbolmaus), Karlchen Miesnik (mißmutig), → Kerlchen, → Kindchen, → Klammeraffe (Klammeräffchen), kleines Würstchen, Knäblein, → Kräutchen, → Kräutchen Rührmichnichtan, Krautmannl (österreichisch: häßlich), → Lämmchen, → Lärvchen, → Lausemädchen, Lebedämchen, Lebefräulein, → Leckermäulchen, → Liebchen, → Lieschen, → Lieschen Müller, → Luderchen, Luxusdämchen, → Luxuspuppe (Luxuspüppchen), → Luxusweibchen, Mamabübchen, → Mamakindchen (Mamakind), → Mamasöhnchen, → Männchen (Männlein), Marzipanschwein (Marzipanschweinchen), Matrosenliebchen, → Mauerblümchen, → Mäuschen, Mickermännchen, → Modedämchen, Modeherrchen (selten), → Modepüppchen, Mongölchen (mongoloides Kind), Moppelchen, → Möpschen, Mückenfürzchen, Muttchen, → Mutterbübchen, → Muttersöhnchen, Muttertöchterchen (selten), → Naivchen, → Närrchen (Närrlein), Naschkätzchen, → Nesthäkchen, „nettes Früchtchen“ (ironisch), Nickmännchen (Jasager), Nullmännchen, Nußtörtchen (hessisch: gezierte Frau), → Nuttchen (Nüttchen), → Nymphchen, Paradiesvögelchen (selten), → Pfäfflein (Pfäffchen), → Pferdchen, → Pflänzchen, Pimpelchen, → Pimperl (Pimperlein), Pimperlieschen, → Pimpernellchen (Pimpernelle), → Plappermäulchen, Pöstchenjäger, → Prise (Prislein), Profitchen (hessisch: Geschäftemacher), → Pummel (Pummelchen), → Püppchen, → Puttchen, → Putzemännchen, → Räbchen, → Rädchen im Getriebe, → Radieschen, → Rumpelstilzchen, „sauberes Bürschchen“, → „sauberes Früchtchen“, → Schäfchen (Schäflein), Schlaule (schwäbisch: Schlaumeier), Schleckermäulchen, → Schmeichelkätzchen (Schmeichelkatze), → Schneeflittchen, → Schneewittchen, Schönchen, Schulmeisterlein, → Schweinchen, Schweinchen Dick, → Schweinchen Schlau, → Seelchen, → seltsames Völkchen, → Sensibelchen, → Sparbrötchen (Sparbrot), → spätes Mädchen, → Spiegeläffchen, Stehaufchen (kurz für Stehaufmännchen), → Stehaufmännchen, → Sternchen, Tagkätzchen, → Teufelchen, → Tönnchen, → Törtchen, Trotzköpfchen, → Trudchen, → Turteltäubchen (Turteltauben), unschuldiges Lämmchen, Verbrecherliebchen, → Versuchskaninchen (Versuchskarnickel), Vielliebchen, → Vögelchen, → Weibchen, → Wichtelmännchen (Wichtelmann), → Würmchen, Würmlein, → Würstchen, Wurzelmännchen (Körnerfresser, Öko), Zeitungsblättchen (tratscht), Zierpüppchen, → Zigarettenbürschchen, Zimperlieschen, → Zuckerpuppe (Zuckerpüppchen), Zwerglein, → Zwetschgenmännchen.

Chineser = Kineser (Chineser)

Chlaus = Klaus

Choleriker
(nach der Typenlehre des altgriechischen Arztes Hippokrates; zu griechisch „chole“ = Galle; Zorn) *meist abschätzig für einen reizbaren, aufbrausenden, jähzornigen Menschen.* Einer alten Volksweisheit zufolge ist der Choleriker „ein Mensch, der um so roher wird, je mehr er kocht.“

Chor, das
(früher wertfrei für eine Gruppe von Menschen, dann Bedeutungsverschlechterung und Genuswechsel) *landschaftlich abwertend für Gesindel; auch für freche Kinder.*
Vgl.: Bettelchores, liederliches Chor, Lumpenkores.

Christkindchen (Christkind)
(eigentlich eine an Darstellungen des Jesuskindes orientierte Kindergestalt, die nach weitverbreitetem Kinderglauben die vielen Geschenke herbeischafft) *vorwiegend süddeutsch spöttisch-abschätzig für einen unbeholfenen, einfältigen, empfindlichen (jungen) Menschen; oft zu kleinen Mädchen gesagt.* Im Frankfurterischen macht man aus dem „Christkindche“ gern ein „Grindkistche“.
Vgl.: → -chen (-lein), Christkindl gschlamperts (bayrisch: unordentlich, weiblich), Christkindlein (schwäbische und fränkische Variante), → Kind, → Kindchen.

Cicisbeo
(aus italienisch „cicisbeo“ = Galan) *eine bildungssprachliche, auch spöttisch-abschätzig gebrauchte Bezeichnung für einen Hausfreund, (vom Ehemann akzeptierten) Liebhaber der Frau.* Bekannt dafür waren früher

Leipziger Studenten, die sich von Frauen aushalten ließen und für ihre Liebesdienste mit „Schwanzdukaten“ oder einem „Schürzenstipendium“ belohnt wurden.

Circe
(nach der griechischen Zauberin Kirke, die in Homers ODYSSEE die Gefährten des Odysseus in Schweine verwandelt) *abschätzig für eine verführerische, Männer betörende Frau.*

Clan
(aus gleichbedeutend englisch „clan“) *1. meist ironisch oder abschätzig für eine Gruppe, die durch Verwandtschaft oder gemeinsame Interessen verbunden ist. 2. oft leicht spöttisch oder geringschätzig für den Anhang, das Team eines Prominenten.*

Vgl.: → Familienclan, Klan (eingedeutschte Schreibweise).

Claque
(zu französisch „claquer“ = klatschen) *abfällig für eine Gruppe von Beifallklatschern, die bestellt und mit Freikarten oder Geld entlohnt wird.* Franz Grillparzer schrieb 1857 mit konkretem politischen Bezug ein kleines Gedicht mit dem Titel „Einem Minister“:

„Du dirigierst unsre Bretterwelt
Und hast den Erfolg im Sack.
Wo irgend auftritt dein erster Held
Sorgst du für eine Claque.“

Das sarkastische Wort „Klatschvieh“ ist dagegen ein Branchenausdruck für das Studiopublikum bei Fernsehshows.

Claqueur
abfällig für einen bestellten Beifallklatscher. Im Oktober 1979 fragte die SAARBRÜCKER ZEITUNG: „Sind die Parteitagsdelegierten nur noch Statisten und Claqueure?“

Vgl.: → Klatscher, Rieurs (veraltet: bezahlte Lacher für Komödien).

Cleverle
(aus englisch „clever“ = geschickt, schlau) *eine vorwiegend schwäbische spöttisch-geringschätzige Bezeichnung für einen geschickten, raffinierten Menschen, der stets seinen Vorteil sucht.* Die Deutschen seien eine „Nation von Schlaumeiers und lauter Cleverles“, schrieb der SPIEGEL im Juli 1995.

Vgl.: Schlaule (schwäbisch: Schlaumeier).

Clique
(aus gleichbedeutend französisch „clique“) *meist abschätzig für eine Personengruppe, die durch Vetternwirtschaft und hemmungslosen Gruppenegoismus gekennzeichnet ist: eine verbrecherische Clique, die herrschende Clique.* Ein Schriftsteller, der Anerkennung fände, „ohne von einer Clique zu seyn, wäre eine noch viel größere Seltenheit.“ Das hatte schon 1782 Christoph Martin Wieland erkannt. Die „Gruppe 47“, ein außerordentlich einflußreicher Kreis von Schriftstellern und Kritikern, der 1947 von Hans Werner Richter begründet worden war und bis heute weiterwirkt, wurde oft als „Clique 47“ bezeichnet.

Vgl.: Führungsclique, → Gaunerclique, → Militärclique.

Clochard
(Herkunft umstritten, vielleicht zu französisch „clocher“ = hinken) *oft abschätzig für einen Stadtstreicher (in französischen Großstädten) oder bildungssprachlich allgemein für einen sichtbar heruntergekommenen Menschen.*

Clown
(englisch; eigentlich der Spaßmacher im Zirkus und Varieté) *geringschätzig für eine Person, die von anderen nicht ernst genommen wird, sich albern aufführt; Hanswurst.* 1986 berichtete der SPIEGEL wieder einmal vom „Anarcho-Clown Fritz Teufel“. Der deutsche Bundesarbeitsminister Norbert Blüm, der sich gerne volkstümlich-lustig in Szene setzt, wurde 1981 von Herbert Wehner (SPD) als „Clown vom Dienst“ bezeichnet, und 1983 bekam er von Wehners Parteifreund Amling zu hören: „Dieser Clown! Der soll ernst bleiben, keine Späße machen!“

Vgl.: → Klassenclown, → Pausenclown, → Politclown.

... & Co.
(nach dem veralteten Muster von Firmennamen, z.B. „Müller & Co."; zu „Co.", der Abkürzung von „Kompanie") *abfällig für Personen, die als typisch angesehen und stellvertretend genannt werden im Sinne von Gesindel, zwielichtige Leute.* „Thälmann, Ulbricht & Co." seien Stalins Kreaturen, so Wolf Biermann Dezember 1993 im SPIEGEL.
Vgl.: → Konsorten, → ... und Konsorten.

Cochon
(aus gleichbedeutend französisch „cochon", eigentlich = Schwein) *veraltet für einen unanständigen Menschen.*

Cockney
(englisch; eigentlich die Mundart der alteingesessenen Londoner Bevölkerung, die als Zeichen mangelhafter Bildung gilt; aus mittelenglisch „cockeney" = verweichlichter Mensch) *veraltet geringschätzig für 1. jemanden, der Cockney spricht. 2. ein Muttersöhnchen.* „Cockney" war früher auch der Spottname für die Londoner Spießbürger.

Corona = Korona

Couchpotato
(englisch-amerikanisch; wörtlich: Sofa-Kartoffel; nach einer amerikanischen Spottfigur der späten 80er Jahre in Gestalt einer Kartoffel) *spöttisch-abschätziges Neuwort für einen passiven, fernsehsüchtigen Menschen.* Die Berliner TAZ hat eine TV-Kolumne mit den Titel „Couchpotato's Chips & Tips".
Vgl.: → Kartoffel.

Couponschneider = Kuponschneider

Courmacher
(zu französisch „cour" = fürstlicher Hof; dazu die Redensart „jemandem die Cour machen/schneiden" = jemandem den Hof machen) *oft abschätzig für einen (schmeichlerischen, aufdringlichen) Verehrer, Liebhaber einer Frau.*
Vgl.: Courschneider, Hofmacher, → -macher.

Courschneider = Courmacher

Cowboy
(aus gleichbedeutend englisch-amerikanisch „cowboy", wörtlich: Kuh-Junge; vor allem früher ein berittener amerikanischer Rinderhirte und zugleich ein verklärter männlicher Idealtypus, der durch unzählige Wildwestfilme geprägt wurde) *meist spöttisch-ironisch für einen rüpelhaften, provozierenden, aggressiven Angeber.* Ein „schießwütiger Zelluloid-Cowboy", so Joschka Fischer von den Grünen 1983 über den damaligen US-Präsidenten Ronald Reagan, der in seiner Zeit als Filmschauspieler auch in Western mitgewirkt hatte.
Vgl.: → Asphaltcowboy.

Crème (der/des ...)
(meint eigentlich das Feinste, Erlesenste von etwas) *meist ironisch für die gesellschaftliche Oberschicht bzw. einen bestimmten Teil davon: die Crème der Gesellschaft, die Crème von Lichtenfels, die Crème der unterfränkischen SonderschullehrerInnen.*

Crème de la Crème
(eine französierende Bildung; wörtlich: Sahne von der Sahne) *meist spöttisch-ironisch für die höchsten Vertreter der gesellschaftlichen Oberschicht bzw. das, was dafür gehalten wird.*

D

Lappl

Dabbes = Taps

Dachs

(eigentlich ein Säugetier mit Rüsselschnauze und Grabkrallen) *ein mildes Schimpfwort für einen (jungen, unerfahrenen) Burschen; Kerl.*

Vgl.: → Frechdachs, → frecher Dachs, → junger Dachs.

Dackel

ein besonders in Schwaben sehr beliebtes Schimpfwort für 1. einen blöden, unbeholfenen Kerl. 2. einen krumm- und kurzbeinigen Mann. In einem Leserbrief an den STERN (Dezember 1995) stand, daß die Schwäbinnen ihren Dackel „Männle" rufen und zu ihrem Mann „du Dackel!" sagen.

Vgl.: Allmachtsdackel, Grasdackel, Halbdackel (Vollidiot), krummbeiniger Dackel, Mordsdackel, → Quadratdackel, → Saudackel, Volldackel (alles Verstärkungen und vorwiegend schwäbisch).

Dädl = Thaddädl

Dahergelaufener = Hergelaufener

Dalf

norddeutsches (jugendsprachliches ?) Schimpfwort für einen ungeschickten, lächerlichen Kerl.

Dalk (Dalken)

(eigentlich eine teigige Masse) *in Österreich und Süddeutschland abfällig für einen einfältigen und ungeschickten Menschen.*

Dallesbruder

(zu „Dalles" = Geldmangel, Armut) *landschaftlich abschätzig für einen armen Schlukker.*

Vgl.: → Bruder, → -bruder.

Dämchen

abschätzig, auch ironisch für 1. ein junges, unreifes Mädchen, das als Dame Eindruck machen möchte. 2. eine junge Prostituierte, Kokotte.

Vgl.: → -chen (-lein), Lebedämchen, Luxusdämchen, → Modedämchen.

„Dame"

spöttisch-ironisch, auch abschätzig für eine Frau, die ganz und gar keine Dame ist (aber gerne eine wäre); eine Prostituierte.

Vgl.: Asphaltdame, Dame auf Abruf, Dame fürs Geld (selten), Dame vom ambulanten Gewerbe, Gänsefüßchendame, → Halbweltdame, horizontale Dame, → Lebedame, leichte Dame.

Dämel

(zu niederdeutsch „dämelen" = nicht recht bei Verstand sein) *Schimpfwort für einen einfältigen, verschlafenen Menschen; Dummkopf.*

Vgl.: Dämeljochen (selten), Dämelskopp.

Dämelsack

ein landschaftliches grobes Schimpfwort für einen Einfaltspinsel, Dummkopf.

Vgl.: → Sack, → -sack.

Damian

(zu oberdeutsch „damisch" = närrisch, dumm, läppisch; in Anlehnung an den männlichen Vornamen Damian bzw. den Heiligennamen Damianus) *ein vorwiegend süddeutsches Schimpfwort für einen törichten, einfältigen Menschen.*

Vgl.: → -ian (-jan).

Dämlack (Dämelack)
(zu „Dämel“, mit slawischer Endung) *Schimpfwort für einen dümmlichen, einfältigen Menschen.*

Dämlichkeiten
(mit scherzhafter Anlehnung an „dämlich“) *spöttisch-abschätzig für (anwesende oder bestimmte) Damen.*

Dämling
(aus „dämlich“ gebildet) *Schimpfwort für einen dämlichen Menschen, Dummkopf; Tölpel.*
Vgl.: → -ling.

Dämon
(eigentlich ein meist böser Geist; aus griechisch „daimon“ = göttliches Wesen; Schicksal) *selten für einen unheimlichen, bedrohlich erscheinenden Menschen.* Der österreichische Kaiser Franz Joseph I. sei ein „Dämon der Mittelmäßigkeit“, erklärte Karl Kraus in seiner FACKEL.

Dampfer = Schraubendampfer

Dampfnudel
(eigentlich eine süße Mehlspeise aus Hefeteig; dazu die Redensart „aufgehen wie eine Dampfnudel“ = dick werden) *besonders süddeutsch für eine dicke Person, vor allem für ein dralles, dickliches Mädchen.*
Vgl.: → Nudel, → -nudel.

Dampfplauderer (Dampfplaudrer)
(Dampf als Sinnbild des Substanzlosen, Flüchtigen; weibliche Form: Dampfplauderin) *oberdeutsche Schelte für eine Person, die viel Unsinn redet, übertreibt, lügt.* Vor allem Politiker scheinen das Wort gerne zu verwenden. So bekam beispielsweise der deutsche Bundesarbeitsminister Norbert Blüm (CDU) 1986 von der Opposition das Kompliment: „Da kommt der fähigste Dampfplauderer des Jahrhunderts!“ (Lutz von der SPD).
Vgl.: Dampfredner, → Plauderer (Plaudrer).

Dampfwalze
(eigentlich eine Straßenwalze mit Dampfantrieb) *spöttisch-abschätzig für eine sehr dicke (weibliche) Person.*
Vgl.: Walze.

Dandy
(aus gleichbedeutend englisch „dandy“; vielleicht als Koseform zu „Andrew“ = Andreas) *bildungssprachlich abschätzig für einen übertrieben modisch gekleideten, selbstgefälligen, oft snobistischen (jüngeren) Mann.*

-Darsteller
spöttisch oder geringschätzig für eine Person, die etwas Bestimmtes zu sein vorgibt. Die CDU-Sozialausschüsse seien von „Arbeiter-Darstellern“ durchsetzt, sagte Wulf Schönbohm von der CDU 1994 gegenüber der Presse. In der Zeitschrift der IG Medien schrieb der Schriftsteller Wolfgang Bittner 1994: „Die deutsche Literaturszene ist zu einem Tummelplatz für egozentrische, gewinn- und profilierungssüchtige Medienleute, Dilettanten und Schriftsteller-Darsteller degeneriert.“
Vgl.: → Selbstdarsteller.

Datterich = Tatterich

Dauerglotzer
abfällig für einen unermüdlichen Fernsehzuschauer.
Vgl.: → Glotzer.

Dauerredner
geringschätzig für einen Redner, der kein Ende findet, zu lange spricht.
Vgl.: Dauerschwätzer, Dauersprecher.

Däumchendreher
(nach der Redensart „Däumchen drehen“ = untätig, gelangweilt sein) *seltene Schelte für einen Müßiggänger oder langsamen, faulen Arbeiter.*
Vgl.: Daumendreher (selten).

Daumenlutscher
(über Heinrich Hoffmanns Kinderbuch STRUWWELPETER bekannt geworden) *1.*

Scheltwort für ein Kind, das (häufig) am Daumen lutscht. 2. seltener abschätzig für einen Arbeitsscheuen, Nichtstuer.
Vgl.: → Lutscher.

Debattierklub
(zu „debattieren" = erörtern, lebhaft diskutieren) *abschätzig für eine Gruppe von Personen, meist Politikern, die ausgiebig debattiert, ohne zu Ergebnissen oder Entscheidungen zu gelangen, wobei der Eindruck entsteht, das Debattieren sei der eigentliche Zweck des Ganzen: ein bloßer, ein politischer Debattierklub.*

Debaucheur
(zu französisch „debaucher" = ausschweifend leben) *eine seltene veraltete Bezeichnung für einen Verführer.*

Defätist
(zu französisch „défaite" = Niederlage, also eigentlich jemand, der von der eigenen Niederlage überzeugt ist) *bildungssprachlich abschätzig für einen Schwarzseher, Miesmacher, vor allem in militärischer Hinsicht.* Im Nationalsozialismus hatten gegen Ende des Krieges „defätistische Meckerer" die Todesstrafe zu erwarten.
Vgl.: Defaitist (schweizerische Form), → -ist.

Defraudant
(aus lateinisch „defraudare" = betrügen, unterschlagen) *veraltend abwertend für jemanden, der betrogen, etwas unterschlagen oder hinterzogen hat.*

Deibel
mundartliche Entstellung aus → Teufel, bekannt vom Ausruf „Pfui Deibel!"

Deiwel
eine insbesondere norddeutsche Entstellung aus → Teufel.

Deixel
eine besonders mittel- und oberdeutsche Entstellung aus → Teufel.

Demagoge
(zu griechisch „demos" = Volk und „agein" = führen) *abfällig für einen Volksverführer, Volksaufwiegler.* Heinrich Heine nannte man einen „Salondemagogen". Über den Rechtsaußen der österreichischen Politik Jörg Haider schrieb die TAZ (Oktober 1995), er sei ein „Demagoge mit Solarienbräune". In einem später veröffentlichten Antwortschreiben auf einen nicht minder polemischen Leserbrief des Frankfurter Philosophen Jürgen Habermas spottete der ebenfalls in Frankfurt lebende Schriftsteller Eckhard Henscheid: „Sie sind ja ein richtiger kleiner Demagoge."
Vgl.: Demagogerich (Scherzbildung), Hofdemagoge (veraltet).

Demimonde
(aus französisch „demi" = halb und „monde" = Welt. Der Ausdruck stammt aus dem französischen Lustspiel LE DEMI-MONDE von Alexandre Dumas dem Jüngeren aus dem Jahr 1855. In der Vorrede des Stücks definierte der Autor den Begriff: „Wir werden ein für allemal für die Lexikographen der Zukunft feststellen, daß die Demimonde keineswegs, wie man es glaubt und druckt, den großen Haufen der Kurtisanen, sondern nur diejenigen Frauen bezeichnen soll, die aus der guten Gesellschaft in die schlechte gesunken sind." Trotzdem versteht man heute das Wort etwas anders) *bildungssprachlich geringschätzig für die zwielichtige, sich elegant gebende Halbwelt.* 1977 sprach der SPIEGEL von der „Münchner Demimonde mit der Grünwalder Flimmerkulisse".

Denunziant
(aus lateinisch „denunziare" = ankündigen, anzeigen) *Schimpfwort für jemanden, der andere aus niedrigen Beweggründen anzeigt, anschwärzt: ein mieser, kleiner Denunziant.* Der Schriftsteller August Heinrich Hoffmann von Fallersleben, der Dichter des „Deutschlandliedes", der wegen seiner nationalliberalen Einstellung ein Jahr zuvor des Landes verwiesen worden war, schrieb 1843 die bekannten Zeilen:

„Der größte Lump im ganzen Land,
das ist und bleibt der Denunziant."

Depp
ein häufiges, vorwiegend oberdeutsches Schimpfwort für einen einfältigen, dummen Menschen; Trottel; auch abschätzig für einen Schwachsinnigen. Am Tag vor der bayrischen Landtagswahl des Jahres 1966 schlug Franz Josef Strauß dümmlich-nationalistische Töne an, um auf diese Weise Wähler der NPD für seine CSU zurückzugewinnen. Über die Deutschen sagte er: „Wir sind die Deppen der Welt. Zwischen uns und dem berühmten Kompanie-Depp besteht nur ein Unterschied. Der Kompanie-Depp holt das Bier und bekommt dafür eine Brotzeit. Wir holen das Bier und zahlen die Brotzeit."

Vgl.: → Dorfdepp, → Erzdepp, → Gemeindedepp, → Halbdepp, Hausdepp (Pantoffelheld), → Klassendepp, → Knalldepp, Kordeldepp (hessisch: Hampelmann), der letzte Depp, Oberdepp (selten), Regimentsdepp, → Volldepp.

Depperl
(oberdeutsche Verkleinerungsform) *vor allem in Bayern eine milde Schelte für einen einfältigen, dummen, ungeschickten Menschen.*

Dergel
(wohl zu „torkeln" = schwanken, taumeln) *besonders schwäbisch abschätzig für ein kleines Kind oder einen kleinen, unscheinbaren Menschen.*

Vgl.: Derglich (schlesisch), Schnapsdergel (schwäbisch: mickriges, im Rausch gezeugtes Kind), → Torkel.

Derwisch = heulender Derwisch

Deserteur
(zu französisch „déserter" = verlassen, im Stich lassen) *oft abfällig für einen Fahnenflüchtigen, Überläufer.*

Desperado
(aus amerikanisch „desperado" = Verzweifelter) *abschätzig für einen politischen Abenteurer, dem jede Verzeiflungstat zuzutrauen ist; selten für einen Banditen (im Wilden Westen).*

Despot
(aus griechisch „despotes" = Herr, Herrscher; früher wertneutral, dann Bedeutungsverschlechterung im Zuge der französischen Revolution) *abfällig für 1. einen Gewaltherrscher, Tyrannen. 2. jemanden, der herrisch, tyrannisch auftritt.* Im „Gedicht eines Lebendigen" von Georg Herwegh aus dem Jahr 1841 heißt es:

„Frühling sei es keinem Würger,
Der sein Volk zum Staube zieht;
Frühling jedem bis zum Tod,
Frühling nie für den Despot."

Detlev
(oft mit langen, hellen e's gesprochen, die vermeintlich weiche, weibische Aussprache von Homosexuellen nachahmend) *spöttisch-abschätzig für einen Homosexuellen.* Jugendsprachlich kommt gelegentlich auch die Bezeichnung „Erich" vor, wobei als Gag erklärt wird: „vorne er und hinten ich". Seltener ist das spöttische „Herbert", mit entsprechend weicher, gedehnter Aussprache.

Deubel
vorwiegend norddeutsch für → Teufel.

Deutler
geringschätzig für einen Menschen, der etwas kleinlich, spitzfindig auslegt; Krittler. Das Wort ist von Martin Luther oft verwendet worden.

Vgl.: → -ler.

Deutschenfresser
abschätzig für einen Feind oder Hasser der Deutschen.

Vgl.: → Fresser, → -fresser.

deutscher Michel
(„Michel" ist die oberdeutsche Kurzform von „Michael". Die Fügung „deutscher Michel" ist schon im 16. Jahrhundert belegt, geht wohl auf den heiligen Michael, den Schutzpatron der Deutschen, zurück und meinte ursprünglich den gutmütigen, tüchtigen deutschen Bauern. Erst nach 1848 entwickelte sich die heutige, abwertende Bedeutung. In Karikaturen wird diese

Sinnbildgestalt des Deutschen regelmäßig in Kniehosen und Zipfelmütze dargestellt) *spöttisch-abschätzig für 1. einen Deutschen. 2. einen schwerfälligen, schlafmützigen, biederen und etwas einfältigen Deutschen.* Eine Berliner satirische Zeitschrift mit dem Titel DEUTSCHER MICHEL hatte sich als Motto den Vers gewählt:

„Verschlaf die Zeit, vergiß das Denken,
veränd're nie Dein Schafsgesicht,
Laß Dich von jedem Ochsen lenken,
und wenn er stößt, so muckse nicht!"

Die Zeitschrift erhielt jedoch keine Konzession; bereits die Probenummer der ersten Ausgabe von 1850 wurde verboten.
Vgl.: → Michel, → -michel, teutscher Michel (alte oder altertümelnde bzw. satirische Version).

Deutschtümler
abschätzig für jemanden, der in übertriebener, aufdringlicher Weise seine deutsche Wesensart hervorhebt.
Vgl.: → -ler.

Devisenschieber
(zu „Devisen" = Zahlungsmittel in fremder Währung) *abfällig für eine Person, die betrügerische Devisengeschäfte betreibt, Devisen verschiebt.*
Vgl.: Devisenjongleur (selten), Devisenschmuggler, → Schieber.

Diabolus (Diabolos)
(aus griechisch „diabolos" = Verleumder; Teufel) *1. veraltet für einen bösartigen, teuflischen Menschen. 2. bildungssprachlich scherzhaft-spöttisch für einen Schlingel, raffinierten Menschen.*
Vgl.: Diable (französisch, veraltet), → Teufel.

Dibbegucker
(zu mundartlich „Dibben" = Topf, irdener Topf) *besonders in Hessen und der Pfalz für einen → Topfgucker.*
Vgl.: → Gucker.

Dichter
spöttisch-abschätzig für einen Schwindler, Lügner oder einen Phantasten. „Du Dichter!" heißt es in einem Stück von Günter Grass. Als Ende der 60er Jahre zur Zeit des Vietnamkrieges Schriftsteller der Gruppe 47, u. a. Enzensberger und Johnson, von einer Amerikareise zurückkamen, wurden sie mit Hohn und Spott empfangen. „Dichter! Dichter!" rief man ihnen zu.

Dichterling
geringschätzig, auch verächtlich für einen schlechten, unbegabten Dichter. „Dichterling" war auch eines der Schimpfwörter, die der österreichische Bildhauer Alfred Hrdlicka 1994 gegen den Büchner-Preisträger Wolf Biermann ausstieß. In dem Gedicht „Der Rattenfänger von Hameln" (1921) von Walter Mehring stehen die Zeilen:

„Einst hat man Euch Dichterlinge
Aufgespießt wie Schmetterlinge."

Vgl.: Herrgottsdichter (selten), → -ling.

Dick und Doof
(nach den amerikanischen Filmen mit dem Komikerpaar Stan Laurel und Oliver Hardy aus den Jahren 1927 – 1940, die seit 1949 unter dem Titel DICK UND DOOF in Deutschland liefen) *abfällige Spottbezeichnung für zwei männliche Personen, von denen der eine dick und der andere mehr oder weniger doof ist.* 1986 erheiterte der Frankfurter SPD-Abgeordnete Voigt im Deutschen Bundestag die gelangweilten Kolleginnen und Kollegen, indem er dem körperlich schwergewichtigen Bundeswirtschaftsminister Martin Bangemann von der FDP an den Kopf warf: „Sie verkörpern Dick und Doof in einer Person! Das ist ihre einzige Leistung!"

Dickarsch
derb abwertend für eine dicke Person (mit einem besonders dicken Gesäß).
Vgl.: → Arsch, → -arsch.

Dickbalg
abfällig für einen dicken Menschen.
Vgl.: → Balg.

Dickbauch
meist abschätzig für eine (männliche) Person mit einem dicken Bauch.

dicke Nudel
abschätzig für eine dicke, kleine (weibliche) Person.
Vgl.: → Nudel, → -nudel.

Dicker
(weibliche Form: Dicke) *salopp, auch abfällig für einen dicken Menschen.* „Tschüß, Dicker! Es ist Zeit für einen Wechsel", stand im deutschen Bundestagswahlkampf 1994 in Potsdam auf Plakaten zu lesen. Gemeint war der Kanzler Helmut Kohl.

dicker Brocken
abschätzig für einen dicken, massigen Menschen.
Vgl.: → Brocken, feister Brocken (selten), fetter Brocken, schwerer Brocken.

Dickerchen
oft spöttisch oder geringschätzig für einen kleinen, dicken Menschen, ein dickliches Kind.
Vgl.: → -chen (-lein), Dickerl, Dickerlein (beides mundartliche Varianten).

Dickhäuter
(eigentlich ein veralteter Begriff für große, plumpe Säugetiere mit dicker, lederartiger Haut, beispielsweise Elefanten oder Nashörner) *oft abschätzig für einen unempfindlichen, phlegmatischen, gefühllos erscheinenden, „dickfelligen" Menschen.*

Dickkopf
Schimpfwort für einen rechthaberischen, eigensinnigen Menschen; in manchen Mundarten auch für einen prahlenden Reichen.
Vgl.: → -kopf (-kopp).

Dickmadam
spöttisch-abschätzig für eine dicke, schwerfällige Frau. Bekannt ist das Kindergedicht:

„Eine kleine Dickmadam
Reiste in der Eisenbahn;
Eisenbahn krachte,
Dickmadam lachte,
Lachte, bis der Schutzmann kam
Und sie mit zur Wache nahm.
Abends kam ihr Mann nach Haus,
Klopfte ihr die Hosen aus."

Vgl.: dicke Madam, Dickmamsell, → Madam.

Dickmops
abschätzig für ein rundliches Kind, ein dickes Mädchen.
Vgl.: dicker Mops, Dickmoppel, → Fettmops, → Mops.

Dicknischel
(zu landschaftlich „Nischel" = Kopf) *ein ostmitteldeutsches Schimpfwort für einen eigensinnigen Menschen, Dickkopf.*

Dicksack
salopp abwertend für einen dicken Menschen.
Vgl.: dicker Sack, → Fettsack, → Sack, → -sack.

Dickschädel
leicht abwertend für einen eigensinnigen, sturen Menschen. Ein „alter Dickschädel" sei der Schriftsteller und spätberufene PDS-Bundestagsabgeordnete Stefan Heym (PDS), bemerkte der SPIEGEL (Februar 1994) nicht ohne ein gewisses Wohlwollen.
Vgl.: → -schädel.

Dicktuer (Dicketuer)
abfällig für einen Wichtigtuer, Prahler.
Vgl.: Dicktuender (selten), → -tuer.

Dickwanst
abfällig für einen dicken, fetten Menschen.
Vgl.: Dickwams (selten), → Fettwanst, → Wanst.

„die da oben"
geringschätzige Bezeichnung für die Herrschenden, Regierenden, die führende Schicht. „Haß auf die da oben", lautete eine Schlagzeile der ZEIT (April 1994) über britische Rechtsextremisten.

Dieb
meist abfällig für jemanden, der stiehlt oder gestohlen hat: ein raffinierter, kleiner, gemeiner, gerissener Dieb. „Der Dieb läßt das Stehlen nicht", sagt ein Sprichwort.
Vgl.: Diebesvogel (selten), → Ehrendieb, → Eierdieb, Fotzendieb (hessisch: Casanova), → Gaudieb, Gewohnheitsdieb, → Herzensdieb, → Hühnerdieb, Karnickeldieb (kleiner Dieb), Roßdieb (bayrisch: Gauner), Straßendieb (selten: Straßenräuber), → Strauchdieb, → Tagedieb (Tagdieb).

Diebesbande
abfällig für eine Bande von Dieben.
Vgl.: → Bande, → -bande, Diebespaar (kaum abwertend), Diebesquartett.

Diebespack
verächtlich für Diebe, diebisches Gesindel.
Vgl.: → Pack, → -pack.

diebische Elster
(nach der Gewohnheit der Elstern, u.a. glitzernde Gegenstände in ihr Nest zu tragen) *abfällig für eine (weibliche) Person, die stiehlt, zum Diebstahl neigt.*
Vgl.: → Atzel, → Elster.

Diebsgelichter = Diebsgesindel

Diebsgesindel
verächtlich für Diebe, diebisches Gesindel; unehrliche Leute.
Vgl.: Diebsgelichter, Diebsvolk (Diebesvolk), Diebszeug (veraltet), Diebszunft, → Gesindel, → -gesindel.

Diebsvolk (Diebesvolk) = Diebsgesindel

-diener
abschätzig für jemanden, der anderen, einer Institution oder Sache unterwürfig dient.
Vgl.: → Augendiener, Baalsdiener, Bacchusdiener (veraltet: Trinker), → Bauchdiener, Fetischdiener, → Fürstendiener, → Götzendiener, → Liebediener, → Mammonsdiener, Pfaffendiener, Teufelsdiener.

Dienstbolzen
spöttisch-abschätzig für ein Dienstmädchen, eine Köchin; seltener für einen Diener.
Vgl.: → Bolzen, → -bolzen, Dienstbesen, Dienstling, Kochbolzen (Köchin).

Dienstbotennatur
verächtlich für einen diensteifrigen, unterwürfigen Menschen.

Dienstspritze
abfällig für ein Dienstmädchen, einen Diener, eine Hausangestellte.

Diktator
(ursprünglich ein römischer Staatsbeamter, dem in Notzeiten vorübergehend die volle Staatsgewalt übertragen wurde, wie es beispielsweise bei Cäsar der Fall war) *abwertend für 1. einen unumschränkten Machthaber an der Spitze eines Staates; einen Gewaltherrscher. 2. einen herrischen, despotischen Menschen.*

Dilettant
(aus italienisch „dilettarsi" = sich ergötzen) *verächtlich für einen Nichtfachmann, einen allzu engagierten Laien; Pfuscher.* „Verfluchte Dilettanten!" läßt Goethe im ersten Teil des FAUST den Kapellmeister schimpfen. In ZWEI JAHRE IN PARIS (1846) schrieb Arnold Ruge über den Philosophen Friedrich Wilhelm Joseph Schelling: „Er ist und bleibt Dilettant und Gast an fremden Tischen, Diener vergangener Götter." Paul Heyse (1830 – 1914) dagegen formulierte eine vereinfachte Definition:

„Dilettant heißt der kuriose Mann,
der findet sein Vergnügen dran,
etwas zu machen, was er nicht kann."

Dilldapp
landschaftliches weitverbreitetes Schimpfwort für einen einfältigen, ungeschickten Menschen. Von Tankred Dorst gibt es ein Märchenstück mit dem Titel WIE DILLDAPP NACH DEM RIESEN GING.
Vgl.: → Taps.

DiMiDo
(Kurzwort aus den Anfangsbuchstaben der Wörter Dienstag, Mittwoch und Donnerstag) *spöttisch und geringschätzig für jemanden, der nur dienstags, mittwochs und donnerstags arbeitet, zur Verfügung steht; meist in Verbindung mit einer Amts- oder Tätigkeitsbezeichnung.* Oft sind Parlamentarier oder Professoren damit gemeint.
Vgl.: DiMiDo-Beamter, DiMiDo-Professor, DiMiDo-Student.

Ding
oft abschätzig für ein Mädchen, eine junge Frau; meist mit einem Adjektiv verbunden verwendet: ein albernes, wüstes, armes, freches Ding. Ein alter „Schmachtfetzen" von Albert Sergel bringt die Zeilen:

„Ich bin ein unscheinbares Ding

und habe dich lieb ohne Kranz und Ring."
Vgl.: → dummes Ding, freches Ding, → junges Ding.

Dingelchen
oft geringschätzig für ein kleines, unscheinbares Mädchen. „Er hatte ein flachbrüstiges ... Dingelchen geheiratet." (Elula Perrin: NUR FRAUEN KÖNNEN FRAUEN LIEBEN, 1977).
Vgl.: → -chen (-lein).

Dingerich (Dingrich)
eine vorwiegend ostmitteldeutsche abschätzige Bezeichnung für einen unsympathischen Kerl; auch respektlos für einen Mann, dessen Namen man nicht weiß.
Vgl.: Dingerts (sächsisch).

Dingsbums, der, die
salopp, auch abwertend für eine Person, deren Name einem unbekannt ist oder unwichtig erscheint. In Peter Handkes PUBLIKUMSBESCHIMPFUNG kommt das etwas weniger respektlose „Dingsda" vor.
Vgl.: Dingsda, Frau Dingsbums, Frau Dingsda, Fräulein Dingsbums, Herr Dingsbums, Herr Dingsda, Herr von Dingsbums (selten).

Dinosaurier
(eigentlich ein ausgestorbenes riesiges Reptil. Seit die „Dinos" zu modischen Kuscheltieren der Konsum-Kinder geworden sind, ist die metaphorische Verwendung des Wortes sehr verbreitet) *spöttisch-abschätzig für einen alten oder uralten Menschen, der schon (allzu) lange eine bestimmte Funktion innehat.* „Hardrock-Dinosaurier von Led Zeppelin" (SPIEGEL, März 1995). Die SÜDDEUTSCHE ZEITUNG (Juni 1994) bezeichnete sogar Boris Becker, der zwar noch jung ist, aber als Tennisprofi viele „Dienstjahre" auf dem Buckel hat, als „Dino". Wenn der altgediente CDU-Rechte Alfred Dregger in seiner Fraktion als „Saurier" gilt, so auch wegen seiner erzkonservativen und damit oft unbeweglichen politischen Haltung. Zum Anlaß des 50. Filmfestivals von Venedig schrieb Andreas Kilb in der ZEIT (September 1993): „Bei Steven Spielberg rasen die Dinosaurier über die Leinwand, im europäischen Kino stehen sie hinter der Kamera."
Vgl.: Dino (kaum abwertend, eher kosewörtlich), Saurier.

Dippel
(ein süddeutsches Wort für einen Dübel, Zapfen) *besonders schwäbisch für einen Dummkopf.*
Vgl.: → Dubel (Dubbel), Oberdippel.

Dirne
(früher und noch mundartlich für ein Mädchen, eine Magd) *1. abschätzig für eine Prostituierte. 2. besonders bayrisch geringschätzig für eine einfache, derbe, einfältige Frau.*
Vgl.: Bauerndirne (bayrisch), → Buhldirne, Dirnchen, → Edeldirne, Lustdirne (veraltet), → Straßendirne.

„dirty old man"
(amerikanisch; wörtlich: schmutziger alter Mann; bekannt geworden durch das Buch NOTES OF A DIRTY OLD MAN von Charles Bukowski aus dem Jahr 1968) *eine seltene abschätzige Bezeichnung für einen Mann, der Anstoß erregt, Konventionen verletzt, „schmutzige Tricks" anwendet.*

Disko-Mieze
(zu „Disko" = kurz für „Diskothek") *meist spöttisch-abschätzig für eine junge Diskothekenbesucherin (die entsprechend aufgeputzt ist und typisch erscheint).*
Vgl.: → Mieze.

Disko-Torte
jugendsprachlich abschätzig für eine junge (gestylte, affige) Diskothekenbesucherin.
Vgl.: Disko-Häschen, Disko-Tussi, → Törtchen, → Torte.

Disputierer
(zu lateinisch „disputare" = nach allen Seiten erwägen) *landschaftlich für einen Rechthaber, Streithammel.*
Vgl.: Disputierhansel (oberdeutsch).

Diva
(eigentlich eine vom Erfolg verwöhnte Film- oder Bühnenkünstlerin; aus latei-

nisch „diva" = die Göttliche) *spöttisch-abschätzig für jemanden, der durch exzentrisches Gebaren und mimosenhafte Empfindlichkeit auffällt.* Für den Schriftsteller Paul Wühr ist der russische Lyriker Jewgenij Jewtuschenko „eine Operndiva, ein Torero ohne Stier". Der Fußball-Recke Mario Basler wurde im STERN (Dezember 1995) als „Werder-Bremen-Diva" kritisiert.

Vgl.: Atomdiva (selten: Diva mit „Atombusen"), → Brettldiva, → Filmdiva, Kurvendiva.

Diversant

(aus gleichbedeutend russisch „diversant"; zu lateinisch „diversus" = entgegengesetzt) *besonders im Sprachgebrauch der DDR eine meist abfällige Bezeichnung für einen Saboteur, Störer.* „SED-Genossinnen erblicken in Nagellack und Lippenstift nicht länger die Werkzeuge imperialistischer Diversanten" (ZEIT, Mai 1964).

Django

(nach dem von Franco Nero verkörperten erbarmungslosen, wortkargen Helden gleichen Namens aus dem Italo-Western DJANGO von Sergio Corbucci aus dem Jahr 1966 sowie zahlreichen Folge-Titeln) *Spottname für einen markig, cool und aggressiv auftretenen Mann, der dabei prahlerisch und lächerlich wirkt.* Der langjährige CDU/CSU-Fraktionsvorsitzende Alfred Dregger, der als Hardliner und Mann starker Worte bekannt war, wurde in der Presse des öfteren als „Django" tituliert.

Vgl.: Vorstadt-Django.

Docke

(zu landschaftlich „Docke" = Puppe) *oberdeutsches Schimpfwort für eine eitle, putz- und gefallsüchtige weibliche Person.* Schon Abraham a Sancta Clara wetterte gegen die „aufgeblasenen Modedocken".

Vgl.: Modedocke, Putzdocke.

Dodel

(eine oberdeutsche Nebenform von „Dödel") *vorwiegend österreichisch und süddeutsch für einen dummen, trotteligen Menschen.* In dem Schlager „Macho-Macho" sang Rainhard Fendrich: „Du bleibst dein Leben lang ein Dodel, hat ihn sein Lehrer oft geneckt, heut is' er Unterhosenmodel, ein Macho und ein Lustobjekt."

Dödel

(eigentlich ein Pflock, Zapfen; Penis) *vorwiegend norddeutsch für einen Trottel, dummen Kerl.*

Vgl.: → Thaddädl, → Zonendödel.

Dogmatiker

(von „Dogma" = Meinung, Lehrsatz) *abschätzig für einen starren, unkritischen Verfechter bestimmter Dogmen.*

Dohle

(eigentlich ein schwarzer Rabenvogel) *ein landschaftliches Schimpfwort für eine Prostituierte, liederliche Frau.*

Vgl.: → Hupfdohle.

Doktor Eisenbart (Doktor Eisenbarth)

(nach dem deutschen Augen- und Wundarzt Johann A. Eisenbarth oder Eysenbarth, 1663 – 1727, der zwar geschäftstüchtig, aber auch angesehen und fachkundig war und zu Unrecht als Kurpfuscher hingestellt wurde) *scherzhaft-spöttisch, mitunter auch abschätzig für einen groben, wenig zimperlichen Arzt.* Bekannt ist der Anfang eines Studentenliedes aus dem NEUEN KOMMERSBUCH von 1818:

„Ich bin der Doktor Eisenbarth,
Kurier die Leut' auf meine Art ..."

Doktor Seltsam

(Übersetzung des englischen „Dr. Strangelove"; nach dem deutschen Titel des Spielfilms DR. SELTSAM ODER WIE ICH LERNTE, DIE BOMBE ZU LIEBEN von Stanley Kubrick aus dem Jahr 1963) *eine seltene Spottbezeichnung für einen seltsam anmutenden Doktor.*

Doktrinär

(zu lateinisch „doctrina" = Lehre) *bildungssprachlich abwertend für jemanden, der starr und einseitig eine Lehre verficht.*

Doldi
(vielleicht zu „toll" = verrückt) *fränkisch und bayrisch abfällig für einen närrischen, ungeschickten Menschen.*
Vgl.: Dolack.

Dollbohrer
(ursprünglich ein Lehrling, der Löcher für Dollen, für Holzdübel, zu bohren hatte) *Schimpfwort für einen dummen, ungeschickten Menschen.*
Vgl.: Dollmann, Dollo (selten).

Dollbrägen (Dollbregen)
(eigentlich = Tollkopf; zu „Bregen" = Schädel) *norddeutsch für einen Hitzkopf; Draufgänger.*

Döllmer
ein norddeutsches mildes Schimpfwort für einen Dummkopf, Trottel.

Dolm
österreichisch für einen Idioten, Dummkopf.

Domestik (Domestike)
(aus lateinisch „domesticus" = zum Haus gehörend) *geringschätzig für einen Dienstboten, Diener.* „Araminte ist Witwe und schön, Dubois nichts weniger als ein freßgieriger, rüpelhafter Domestik ..." (Rolf Schneider: NOVEMBER, 1979). Der Berliner TAGESSPIEGEL (Juli 1996) schrieb „Im Laufe seiner bald 14jährigen Kanzlerschaft ist Helmut Kohls Regierungsweise immer ‚präsidentieller' geworden: Er kümmert sich ums große Ganze, überläßt die Details den Domestiken."

Dompteur
(eigentlich ein Tierbändiger, der wilde Tiere dressiert; weibliche Form: Dompteurin, seltener Dompteuse) *spöttisch-ironisch für einen Menschen, der andere zähmt, „dressiert" und vorführt, so wie es ein Zirkusdompteur mit seinen Tieren tut; im Jargon der Schüler auch für einen Lehrer.* Die FRANKFURTER RUNDSCHAU (Januar 1994) gebrauchte für den früheren Fraktionsvorsitzenden der SPD, Herbert Wehner, den Ausdruck „Fraktionsdompteur", und zwei Monate später bezeichnete der SPIEGEL Rudolf Scharping als „Dompteur der SPD".

Don Juan
(nach der gleichnamigen Sagengestalt der spanischen Literatur, einem Frauenverführer, der schließlich in die Hölle kommt) *spöttisch-abschätzig für einen Frauenhelden, unermüdlichen Verführer.*

Don Quichotte
(französische Schreibweise; nach dem gleichnamigen Helden des Romans DON QUIJOTE DE LA MANCHA von Miguel de Cervantes Saavedra, 1547 – 1616) *spöttisch oder abfällig für einen Schwärmer, der in lächerlicher Weise an der Realität scheitert.* Hervé Guibert ließ sich über Thomas Bernhard aus: „... ein armseliger, selbstverliebter Don Quichotte, dieser elende, alles verratende Wiener."

Donja
(eigentlich eine spanische Anrede für eine Frau) *meist leicht abwertend für die Freundin, Geliebte eines Mannes.*

Donna
(eigentlich eine italienische Anrede für Frauen aus bestimmten Adelsfamilien) *eine veraltende abschätzige Bezeichnung für eine Hausangestellte, ein Dienstmädchen.*
Vgl.: Donna Luzia (rheinisch: hochnäsige Frau), → Primadonna.

Donnerbesen
1. abschätzig für eine Frau mit wirren, ungepflegten Haaren. 2. allgemeines Schimpfwort für eine Frau.
Vgl.: → Besen.

Donnerkeil
(eigentlich ein Ausruf oder Fluch) *landschaftliches Scheltwort für 1. einen frechen Jungen, Taugenichts. 2. einen bösartigen, streitsüchtigen Menschen. 3. einen Teufelskerl, auch mit Anerkennung.*
Vgl.: Donnerkiel (Variante), Donnerlittchen, Donnerwetter (selten).

Doofchen
selten für ein einfältiges Mädchen, eine dümmliche kleine Person.
Vgl.: → -chen (-lein).

doofe Nuß = dumme Nuß

Doofer
abfällig für einen doofen Menschen. Eine Initiative des Berliner Ausländerbeauftragten zum Thema Fremdenhaß unter Jugendlichen läuft unter dem Motto: „Keine Macht den Doofen!"
Vgl.: Dooferlein (zumindest in Mittelfranken), → Oberdoofer.

doofes Ei
abfällig für 1. einen sehr einfältigen Menschen. 2. jemanden, über den man sich geärgert hat.
Vgl.: dummes Ei, → Ei.

Doofi
ein mildes Schimpfwort für einen naiven, einfältigen jungen Menschen.
Vgl.: Bundesdoofi (seltener Steigerungsversuch), Doofian, Doofiline (ungebräuchliche weibliche Form), → klein Doofi (mit Plüschohren).

Doofkopp (Doofkopf)
vorwiegend norddeutsch für einen beschränkten oder unsympathischen Menschen.
Vgl.: → -kopf (-kopp).

Doofmann
abfällig für einen sehr dummen Menschen.
Vgl.: → -mann.

Dopingsünder
oft abschätzig für jemanden, der im Sport unerlaubte leistungssteigernde Mittel anwendet.
Vgl.: → Sünder, → -sünder.

Doppeldecker
(eigentlich ein Flugzeug mit zwei übereinander angeordneten Tragflächen; andererseits zu „decken" = begatten bei Haustieren) *spöttisch für einen untreuen Mann, der zwei Frauen oder Freundinnen hat.*

Doppelzüngler
abfällig für einen Menschen, der doppelzüngig ist, der sich je nach Bedarf mal so und mal so äußert. „Doppelzüngler" war auch der Titel der Stasi-Akte über die DDR-Schriftstellerin Christa Wolf.
Vgl.: → -ler, Spaltzüngler.

Dorf-
Zusammensetzungen abschätzigen, auch spöttischen Charakters für provinzielle und damit unbedeutende Menschen oder für Personen, die sozusagen die offiziellen, obersten Trottel usf. des Dorfes sind. Eine Gelegenheitsbildung aus dem Fernsehen ist „Dorf-Schimanski", nach dem Namen eines populären Film-Kommissars.
Vgl.: → Bauern-, Dorfbulle (Dorf-Casanova; Dorfbürgermeister o.ä.), Dorf-Casanova, Dörfler, Dörfling, Dorfpomeranze, Dorfschulmeister, Dorfschulmeisterlein, Dorftölpel, → Provinz-.

Dorfbesen
landschaftlich abfällig für 1. eine schwatzhafte, tratschende Dorfbewohnerin. 2. eine Herumtreiberin, ein liederliches Mädchen eines Dorfes.
Vgl.: → Besen.

Dorfdepp
grobes Schimpfwort für 1. einen dorfbekannten Schwachsinnigen, Dorftrottel. 2. einen besonders dummen Menschen.
Vgl.: → Depp, → Gemeindedepp.

Dorflümmel = Bauernlümmel

Dorfschöne (Dorfschönheit)
spöttisch für ein hübsches Mädchen vom Dorf (mit schlichtem Gemüt).
Vgl.: → „Schöne".

Dorftrottel
ein grobes Schimpfwort für 1. einen im Dorf bekannten Schwachsinnigen. 2. einen besonders trottelhaften Menschen.
Vgl.: → Bezirkstrottel, → Trottel, → -trottel.

Dorfzeitung
seltene abfällige Bezeichnung für eine geschwätzige, tratschsüchtige Dorfbewohnerin.
Vgl.: Dorfblättchen.

Dormel, der
(wohl zu mittelhochdeutsch „turmeln“ = schwindeln, taumeln) *landschaftliches Schimpfwort für eine schwächliche, einfältige Person.*
Vgl.: Dormeltier (hessisch).

Dösbattel (Dösbartel)
(wörtlich eigentlich: dösender Bartholomäus) *ein vorwiegend norddeutsches Schimpfwort für einen unaufmerksamen, dummen, langweiligen Menschen.* Der FDP-Abgeordnete Kleinert gab 1985 im Deutschen Bundestag folgendes von sich: „Dat ick en Dösbüddel bin, dat ärgert mi nich. Dat'n Dösbüddel mi dat secht, dat ärgert mi.“
Vgl.: → Bartel (Barthel), → -bartel (-barthel).

Dose
vorwiegend jugendsprachlich abschätzig für eine Frau, ein Mädchen.
Vgl.: → Büchse.

Dösel
(zu „dösen“) *abschätzig für einen dummen, langweiligen Menschen.*

Döskopp (Döskopf)
ein beliebtes Schimpfwort für einen Dummkopf, Trottel, langweiligen Menschen. In einem bekannten Kindergedicht:

„Meine Oma fährt Motorrad
Ohne Bremse ohne Licht
Und der Schutzmann an der Ecke
Dieser Döskopp sieht es nicht.“

Vgl.: Dösknochen (selten), → -kopf (-kopp).

Dotsch = Totsch

Dotz
(meint eigentlich eine Beule; zu „dotzen“ = stoßen) *westdeutsch spöttisch oder geringschätzig für einen kleinen Menschen, Knirps.*
Vgl.: Dötzchen.

Dr. Lieschen Müller
(weiterentwickelt aus „Lieschen Müller“) *spöttisch-ironisch für eine Akademikerin mit Halbbildung und Allerweltsgeschmack.*
Vgl.: → -chen (-lein), → Lieschen, → Lieschen Müller.

Drachen (Drache)
(eigentlich ein furchterregendes, großes, echsenartiges, feuerspeiendes Fabeltier) *abfällig für ein böses, zänkisches Weib; auch für eine strenge Frau in einer Aufpasserfunktion, etwa eine Zimmerwirtin, Haushälterin, Chefin.* „Wie konnte Frau Tobler ihr zartes Töchterchen diesem Drachen von Dienstmagd ausliefern?“ (Robert Walser: DER GEHÜLFE, 1908). 1938 stand in der Zeitschrift BRENNESSEL: „Die Helden der Vorzeit zogen aus, um gegen den Drachen zu kämpfen; die Pantoffelhelden der Gegenwart verlassen ihr trautes Heim, um dem Drachen aus dem Wege zu gehen.“ Aus dem Gedicht „Künstler“ von Johannes Trojan ist die folgende Strophe:

„Mal uns, was wir gerne schaun,
Lust'ge, frische Sachen,
Hübsche Mädel, junge Fraun,
Keine alten Drachen.“

Vgl.: alter Drachen, Drachenzahn (jugendsprachlich veraltet: häßliches Mädchen), Drachscheit (selten), → Ehedrachen, → Hausdrachen (Hausdrache), Putzdrachen, Tugenddrache, → Vorzimmerdrache.

Drachenbrut
eine veraltende verächtliche Bezeichnung für übles Gesindel, Mordgesindel.
Vgl.: → Brut, → -brut.

Dragoner
(früher ein leichter Reiter beim Militär; zu französisch „dragon“ = feuerspeiender Drache. Das war auch der Name einer Feuerwaffe, mit der die leichten Reiter im 16. Jahrhundert ausgerüstet wurden) *salopp abwertend für eine energische, derbe, herrschsüchtige, männlich wirkende Frau.* Den schlechten Ruf, in dem die Truppen der Dragoner standen, belegt der folgende Vers:

„Dragoner sind halb Mensch, halb Vieh,
Aufs Pferd gesetzte Infanterie.“

Vgl.: Dragonerweib, → Küchendragoner.

Drahdiwaberl
(wörtlich: Drehdichweibchen; eigentlich ein Kinderspielzeug aus einer sich drehenden Puppe) *ein österreichisches Spottwort für eine unbeholfene, schwerfällige (weibliche)*

Person; auch andere Bedeutungen. „Wann S'ihn heut net wolln, kummen S'muring, da kost er vierzehne, habdjehre, Sö Drahdiwaberl Sö ..." (Karl Kraus: DIE LETZTEN TAGE DER MENSCHHEIT, 1918/19).

Drahrer
(zu „drahn", eigentlich = drehen) *österreichisch abschätzig für einen Nachtschwärmer, unsoliden Menschen.*

Drahtpuppe = Marionette

Drahtzieher
(wohl vom Puppenspieler übertragen; auch Berufsbezeichnung für einen Drahthersteller) *1. abwertend für jemanden, der aus dem Hintergrund agiert, andere für sich handeln läßt. 2. Berufsspott für den Elektriker.*
Vgl.: Drähtleinszieher (Nürnberg: Elektriker), geistiger Drahtzieher, → Strippenzieher.

Drämel
(zu „drömeln" = langsam und unaufmerksam handeln; verwandt mit „träumen") *vorwiegend ostdeutsch für einen großen, dummen, ungeschickten Kerl.*

Drängler
(von „drängeln", einer Iterativbildung zu „drängen") *abschätzig für 1. jemanden, der sich in einer Menschenmenge ungeduldig nach vorne schiebt. 2. eine Person, die hartnäckig auf etwas dringt; ungeduldig ist. 3. einen Autofahrer, der zu dicht auffährt und unbedingt überholen will.*
Vgl.: → -ler.

Drangsalierer
seltene abschätzige Bezeichnung für jemanden, der anderen zusetzt, sie plagt, quält.

Draufgänger
(zu „Gänger" in der alten Bedeutung „Gehender") *oft auch abschätzig für einen furchtlosen, forschen, waghalsigen Menschen.*

Dreck
ein grobes Schimpfwort für einen höchst unsympathischen, verächtlichen Menschen.
Vgl.: → aufgestellter Mausdreck, Haufen Dreck, → der letzte Dreck, → Mäusedreck (Mausdreck), → Stück Dreck.

Dreck- (Drecks-)
derb emotional abwertend für 1. schmutzige Personen. 2. verabscheuungswerte, niederträchtige Menschen. 3. Personen, die man als widerwärtig empfindet, nicht ausstehen kann. Solche Wortverbindungen wirken oft als Steigerungen.
Vgl.: Dreckaffe, Dreckammer (oberdeutsch), Dreckbalg, Dreckbankert, Dreckbehle (alte Schlampe), Dreckbolle (südwestdeutsch), Dreckfotze (selten: liederliche Frau), Dreckigel, Dreckloch (schmutziges Weib), Dreckluder, Dreckmolch, Dreckpippe (oberdeutsch: frech), Dreckrammel (Bayern und Österreich), Drecksbulle (Polizist), Dreckschnabel (dreckig; vorwitzig), Drecksgesindel, Dreckstößel (oberdeutsch: schmutziger Kerl), Drecktier, Dreckurschel (selten), Dreckvogel, Dreckwatz, Dreckwutz.

Dreckamsel
landschaftliches Schimpfwort für einen schmutzigen Menschen oder eine unangenehme, streitsüchtige Frau.
Vgl.: → Amsel.

Dreckarsch
derb abwertend für einen widerlichen, niederträchtigen Menschen.
Vgl.: → Arsch, → -arsch.

Dreckbär
abfällig für eine schmutzige, schlampige (männliche) Person.
Vgl.: → Bär.

Dreckbartel
ein oberdeutsches Schimpfwort für einen schmutzigen, ungepflegten Kerl.
Vgl.: → Bartel (Barthel), → -bartel (-barthel).

Dreckbauer
1. verächtlich für einen Bauern. 2. seltener Spott für den Mann von der Müllabfuhr.
Vgl.: → Bauer.

Dreckferkel
landschaftlich abfällig für ein schmutziges Kind, eine schmutzige oder unsittliche Person.
Vgl.: → Ferkel.

Dreckfink
abfällig für 1. eine unsaubere Person, ein schmutziges Kind. 2. einen Zotenreißer, Pornographen o.ä.
Vgl.: → Fink (Finke), → Schmutzfink.

Dreckfresser
1. verächtlich für einen Geizhals. 2. abschätzig für einen armen, völlig mittellosen Menschen.
Vgl.: → Fresser, → -fresser.

Dreckhammel
(meint eigentlich den mit Köteln behafteten Hammel) *grobes Schimpfwort für 1. einen schmutzigen Kerl. 2. einen gemeinen, verkommenen Mann.*
Vgl.: → Hammel, → -hammel, → Misthammel.

Dreckhaufen
seltene verächtliche Bezeichnung für einen widerlichen, gemeinen oder schmutzigen Menschen.
Vgl.: → Haufen, → -haufen, Haufen Dreck, → Misthaufen.

Dreckkäfer
(analog zu → Mistkäfer) *vorwiegend oberdeutsch für einen schmutzigen Menschen.*

Dreckliese
als Tadel oder abschätzig für ein Mädchen, das schmutzig ist oder sich schmutzig gemacht hat.
Vgl.: → Liese → -liese, → Schmutzliese.

Dreckmatz
grobes Schimpfwort für eine schmutzige oder üble, niederträchtige Frau.
Vgl.: → Matz.

Dreckmaul
grobes Schimpfwort für einen böswilligen Schwätzer, Verleumder.
Vgl.: → -maul.

Dreckmensch, das
Schimpfwort für eine schmutzige, schlampige oder eine niederträchtige Frau.
Vgl.: → Mensch.

Dreckpeter
landschaftliche Schelte für einen schmutzigen oder sich beschmutzenden Jungen.
Vgl.: → Peter, → -peter, Schmutzpeter.

Drecksack
derb emotional abwertend für einen gemeinen, widerlichen Kerl; seltener für einen Schmutzfink. „Sie sind ein ausgesprochener Drecksack!" sprach Hermsdorf von der SPD zu Memmel von der CDU/CSU (Deutscher Bundestag, 1966). Nicht selten ist die kräftige Bekräftigung „Drecksack, dreckiger!"
Vgl.: Drecksäckel (selten), → Sack, → -sack.

Drecksau
derbes Schimpfwort für einen 1. sehr unreinlichen, verwahrlosten Menschen. 2. unanständigen, obszönen Menschen. 3. widerlichen, gemeinen, hinterhältigen Menschen. Max Strauß, der Sohn des früheren Ministerpräsidenten von Bayern, beschimpfte den Redakteur Michael Stiller von der SÜDDEUTSCHEN ZEITUNG, der es wagte, ihn zu kritisieren, als „ausgemachte Drecksau". Ein anonymer Brief an den Schriftsteller und Publizisten Alfred Kantorowicz (1899 – 1979) aus den 60er Jahren begann mit den Worten: „Sie alte Drecksau! Ich schikke Ihnen hiermit Ihren Dreck zurück ..."
Vgl.: → Sau, → -sau.

Drecksbande (Dreckbande)
derb emotional abwertend für übles, gemeines Gesindel.
Vgl.: → Bande, → -bande.

Dreckschlampe
eine Steigerung von → Schlampe mit Betonung des Schmutzigen.

Dreckschleuder
(eigentlich eine Körperteilschelte für den Mund eines solchen Menschen; ursprünglich eine Vorrichtung, die bei Belagerungen dazu diente, Fäkalien gegen den Feind zu schleudern) *verächtlich für eine Person, die ein freches Mundwerk hat, unflätig redet, tratscht, schmäht, verleumdet.* „Professor Dreckschleuder!" titulierte 1982 der CDU/

CSU-Politiker Hauser den Prof. Dr. Horst Ehmke von der SPD.

Dreckschwalbe
(auf die Maurer bezogen, weil diese viel Dreck machen und früher wie die Zugvögel nur in den wärmeren Zeiten des Jahres auftauchten) *1. abfällig für eine unsaubere, schlampige (weibliche) Person. 2. eine alte Handwerkerschelte für den Maurer, seltener für Maler, Töpfer u.dergl.*
Vgl.: → Schwalbe.

Dreckschwein
eine Steigerung von → Schwein mit Betonung des Schmutzigen.
Vgl.: dreckiges Schwein, → -schwein.

Dreckseele
ein veraltetes starkes Schimpfwort für einen gemeinen, charakterlosen Menschen. „So wollt' ich doch, daß du im Kloak erstickest, Dreckseele du", heißt es in Friedrich Schillers DIE RÄUBER.

Dreckskerl (Dreckkerl)
verächtlich für einen widerlichen, gemeinen Kerl.
Vgl.: → Kerl.

Dreckspatz
milde Schelte für eine schmutzige, sich oder etwas beschmutzende Person; meist zu einem Kind gesagt.
Vgl.: → Spatz.

Dreckstück
derb emotional abwertend für 1. eine niederträchtige, charakterlose Person. 2. einen Menschen, auf den man sehr wütend ist.
Vgl.: → Stück, → Stück Dreck.

Drehpeter
vorwiegend hessisch für einen umständlichen, langsamen und lustlosen Kerl.
Vgl.: → Peter, → -peter.

„drei Grazien"
(im Altertum die drei Göttinnen der Anmut) *scherzhaft, oft spöttisch-ironisch für eine Gruppe von drei (alles andere als anmutige) Frauen.*

Dreikäsehoch
(scherzhafter Vergleich und Übertreibung) *1. scherzhaft und neckend, kaum abwertend für einen kleinen Jungen, vor allem im Hinblick darauf, daß er etwas noch nicht kann. 2. spöttisch und abschätzig für einen kleingewachsenen Menschen, dem man nichts rechtes zutraut.*
Vgl.: Dreihandkäsehoch (hessisch).

Drescher
(zu „dreschen" = prügeln) *abschätzig für 1. einen prügelnden Lehrer. 2. einen schlechten, bolzenden Fußballspieler.*
Vgl.: Dreschflegel, → Phrasendrescher, Skatdrescher (Skatspieler; schlechter Skatspieler), → Zungendrescher.

Dressman
(eigentlich ein Mann, der Mode vorführt; zu englisch „dress" = Kleidung) *eine seltene spöttisch-abschätzige Bezeichnung für einen übertrieben modebewußten, geckenhaften jüngeren Mann.*

Drögeler (Drögler)
schweizerisch oft abwertend für einen Drogensüchtigen.
Vgl.: Drogen-Freak, → -ler.

Drogenmafia
auch abwertend für eine kriminelle Organisation, die im Drogenhandel eine beherrschende Stellung innehat.
Vgl.: → Mafia (Maffia), → -mafia, Rauschgiftmafia.

Drogi
jugendsprachlich salopp, auch abschätzig für einen Drogensüchtigen.

Drohne
(eigentlich das Männchen der Honigbiene, das nur der Fortpflanzung dient und meistens von den Arbeitsbienen gefüttert wird) *abfällig für einen Schmarotzer, einen faulen Nutznießer der Arbeit anderer.* Das Wort ist oft in der politischen Polemik verwendet worden, vor allem für Adlige und Kapitali-

sten. So gibt es von Walter Mehring das Gedicht „Arbeitsdrohnen", und Hoffmann von Fallersleben bedichtete 1842 die „adelichen Drohnen", die schließlich in der großen Drohnenschlacht den rebellischen Bienen unterliegen müssen.

Drop-out
(zu englisch „drop out" = herausfallen, ausscheiden) *oft abwertend für einen jungen Menschen, der als sozialer Aussteiger seine Ausbildung oder Arbeit aufgibt, aus dem Elternhaus flüchtet.*

Drops, der
(eigentlich ein flacher, runder Fruchtbonbon) *oft leicht abwertend für einen eigenartigen, auffälligen Menschen.*
Vgl.: saurer Drops (mürrisch), ulkiger Drops.

Drückeberger
abfällig für 1. einen Menschen, der sich vor etwas drückt: vor der Arbeit, einer Pflicht, der Verantwortung. 2. einen Wehrdienstverweigerer.
Vgl.: → -berger, Drückeberger mit Genehmigung (selten: Wehrdienstverweigerer).

Drücker
1. geringschätzig für einen (aufdringlichen) Handelsvertreter, Tür-zu-Tür-Verkäufer. 2. eine seltene verächtliche Bezeichnung für einen Feigling; Deserteur.

Druckser
abschätzig für eine zaghafte, unentschlossene Person oder jemanden, der nicht recht mit der Sprache herauswill, „herumdruckst".

Drummel
(gehört zu „Trumm") *norddeutsch abschätzig für einen kleinen, dicken Menschen.*

Dubel (Dubbel)
(meint eigentlich die Drehkrankheit bei Schafen) *ein südwestdeutsches und schweizerisches Schimpfwort für einen dummen, naiven, läppischen Menschen.* „Denn der Allmacht Deiner Rubel / Unterwirft sich jeder Dubel", stand 1948 in der Schweizer Tageszeitung DIE TAT.
Vgl.: Döbel (Nebenform), Doppeldubel (seltene spielerische, stabreimende Steigerung), Dubbeler (schwäbische Nebenform), Dubeli (schweizerisch), Halbdubel.

Duckmäuser
(ursprünglich einer, der wie die Katze beim Mäusefangen schleicht; angelehnt an „dukken") *abfällig für jemanden, der seine Meinung nicht zu sagen wagt, sich stets fügt; ein Leisetreter.* „Man braucht Jasager, Strammsteher, Heilrufer, Mitmacher, Duckmäuser." (Alfred Kantorowicz: DEUTSCHES TAGEBUCH, 1959).
Vgl.: Ducker.

Dudeler (Dudler)
abschätzig für 1. jemanden, der, vor allem auf einem Blasinstrument, eintönige, klägliche Klänge hervorbringt. 2. einen Säufer.
Vgl.: Dudelmann, → -ler.

Dukatenscheißer
(nach dem „Dukatenesel" aus dem Grimmschen Märchen „Tischchen, deck dich!") *salopp abwertend für einen Geldprotz, Verschwender.*
Vgl.: Dukatenesel, Dukatenkacker (beides selten), Dukatenschieter (norddeutsche Variante), → Scheißer.

Dullkopp = Tollkopf

Dultaffe
(zu mundartlich „Dult" = Jahrmarkt; eigentlich ein Affe eines Schaustellers auf Jahrmärkten) *in Bayern und Österreich spöttisch oder verächtlich für einen einfältigen, lächerlichen Menschen.*
Vgl.: → Affe.

Dulzinea
(entlehnt aus spanisch „Dulcinea del Toboso", dem Namen der Angebeteten des Titelhelden aus dem DON QUICHOTTE von Cervantes; zu spanisch „dulce" = süß, lieblich) *scherzhaft abwertend für eine Geliebte, Freundin (in bezug auf den Mann).*

Dumm-
mehr oder minder abfällige Wortzusammensetzungen zur Bezeichnung eines dummen oder dumm daherredenden Menschen.
Vgl.: Dummbatz (selten), Dummbolzen, Dummhans, Dummlaberer, Dummlack (ostdeutsch), Dummpeter, Dummschnute (norddeutsch), Dummvolk.

Dummbabbler
besonders hessisch und pfälzisch abschätzig für einen dumm, unüberlegt redenden Menschen.
Vgl.: → Babbler (Babbeler), Blechbabbler, Dummlaberer, → -ler.

Dummbach
(nach der Figur des „Dummbach" als Typus des Spießers in Ernst Elias Niebergalls Lokalposse DATTERICH von 1841; auch ein fiktiver Ortsname) *landschaftlich abfällig für einen dummen Menschen.*

Dummbart
ein häufiges Schimpfwort für einen Dummkopf.

Dummbartel
Schimpfwort für einen Dummkopf.
Vgl.: → Bartel (Barthel), → -bartel (-barthel).

Dummbeutel (Dummbüdel)
(„Dummbüdel" ist norddeutsch) *ein grobes Schimpfwort für einen Dummkopf.*
Vgl.: → Beutel, → -beutel.

Dummchen (Dummerchen)
eine milde Schelte, auch herablassend-gutmütig für 1. ein kleines, noch unwissendes und ungeschicktes Kind. 2. eine törichte (weibliche) Person: Du kleines Dummerchen! „Proust konnte seine Homosexualität spielend vor Celeste verheimlichen, sie war ja ein Dummerchen vom Lande" (Joachim S. Hohmann: ENTSTELLTE ENGEL, 1983). Einen Artikel zum heutigen Autoritätsverlust der Väter überschrieb der SPIEGEL 1995 mit „Abstieg zum Dummerchen".
Vgl.: → -chen (-lein).

dumme Gans
abfällig für 1. ein dummes, dummstolzes Mädchen. 2. eine unerfahrene, ungeschickte, junge weibliche Person.
Vgl.: → blöde Gans, dumme Pute, → Gans.

dumme Kuh
abfällig für eine dumme oder ungeschickte Frau (über die man sich geärgert hat). „Freu Dich endlich, dumme Kuh", sollen deutsche Fotografen zu der Skiläuferin Katja Seizinger nach ihrem Olympiasieg gesagt haben (FRANKFURTER RUNDSCHAU, Dezember 1994).
Vgl.: → blöde Kuh, dusselige Kuh, → Kuh.

dumme Nuß
abfällig für einen einfältigen, langweiligen Menschen.
Vgl.: blöde Nuß, → doofe Nuß, → Nuß.

dumme Sau
derb emotional abwertend für einen dummen, törichten Menschen oder einen, über dessen Verhalten man sich sehr geärgert hat.
Vgl.: blöde Sau, dummes Schwein, → Sau.

dummer August
(eigentlich ein Zirkusclown, Spaßmacher) *abfällig für 1. einen Possenreißer, Witzbold, Faxenmacher. 2. eine Person, die sich blamiert, zum Gespött macht.*
Vgl.: → August.

dummer Junge
1. leicht abwertend für einen unerfahrenen und daher ungeschickten, töricht erscheinenden Jungen; auch wohlwollend. 2. abschätzig oder verächtlich für einen unreifen jungen Mann, den man nicht ernst nimmt. Die Anrede „dummer Junge" war unter den bierseligen Verbindungsstudenten früherer Tage eine typische grobe Beleidigungformel, die fast zwangsläufig zu einem Fechtduell führte.
Vgl.: → Junge.

Dummerjan (Dummerian, Dummrian)
(eigentlich = dummer Jan, dummer Johann) *ein altes Schimpfwort für einen Dummkopf, dummen Kerl.*
Vgl.: dummer Jan, Dummerheinz (selten),

Dummhans, Dummheinrich (selten), Dummian (Dummjan), Jan Dumm (norddeutsch, selten), Stockdummrian (Steigerung).

Dummerl (Dummerle)
(oberdeutsche Verkleinerungsformen) *süddeutsch und österreichisch leicht abwertend, oft mit einem gewissen Wohlwollen, für eine naive, etwas einfältige Person; meist ist ein Kind gemeint.*

Dummerling
leicht abwertend für einen dummen oder dümmlichen Menschen.
Vgl.: → -ling.

dummes Ding
als Tadel oder abschätzig für ein unerfahrenes, töricht handelndes junges Mädchen.
Vgl.: → Ding, grünes Ding (selten), → junges Ding.

dummes Huhn
abschätzig für eine junge (weibliche) Person, die entweder dumm, einfältig oder naiv, unerfahren ist. In Ludwig Thomas Gedicht „Lilly" lautet eine Strophe:

„In München ist es nicht dasselbe,
Hier kann man vieles eher tun
Als wie in Hamburg an der Elbe
Als unerfahr'nes dummes Huhn."

Vgl.: blödes Huhn, → Huhn.

dummes Luder
abfällig für eine dumme oder töricht handelnde (weibliche) Person.
Vgl.: blödes Luder, dämliches Luder, dummes Aas, → Luder.

dummes Stück
derb emotional abwertend für eine dumme (weibliche) Person oder eine, die vom Sprecher abgelehnt wird, über die er sich geärgert hat.
Vgl.: blödes Stück, → Stück.

Dummfick
(der oder die Betreffende wird für zu dumm gehalten, den Geschlechtsverkehr auszuüben) *ein vulgäres Schimpfwort für einen schrecklich dummen, tolpatschigen Menschen.*

Dummi
jugendsprachlich leicht abwertend für einen dummen (aber lieben) Menschen.

Dummian (Dummjan) = Dummerjan (Dummerian, Dummrian)

Dummkopf
ein sehr häufiges grobes Schimpfwort für einen einfältigen, dummen Menschen. Im Sprichwort heißt es: „Ein Dummkopf findet immer einen noch Dümmeren, der ihn bewundert", und in Friedrich Schillers FIESCO: „Herr, einen Schurken könnt Ihr mich schimpfen, aber den Dummkopf verbitt ich." Und Karl Kraus, dem großen Spötter, fiel der folgende Vers dazu ein:

„Die Fülle meines Werks ist ungemein:
Mir fällt zu jedem Dummkopf etwas
ein."

Vgl.: → Blödkopf, Erzdummkopf, → -kopf (-kopp).

Dümmling
abfällig für einen dümmlichen Menschen.
Vgl.: → -ling.

Dummschwätzer
emotional abwertend für einen Menschen, der Unsinn, dummes Zeug redet.
Vgl.: Dummlaberer, Dummlaller (selten), → Schwätzer.

Dummsülzer
jugendsprachlich abfällig für eine Person, die Unsinn redet, die arrogant, unverständlich und viel zu viel spricht.
Vgl.: → Sülzer.

Dumpfbacke
(zu „dumpf" = stumpfsinnig, geistig unbeweglich) *salopp abwertend für einen törichten, einfältigen, begriffsstutzigen Menschen.* Das Wort hat seit etwa 1985 eine gewisse Popularität erreicht, weil „Al Bundy", der Fernsehheld einer amerikanischen Unterhaltungsserie seine Tochter, ein hübsches, blödes Blondchen, anstatt mit ihrem Namen meistens mit „Dumpfbacke" anredet.
Vgl.: Dumpfbeutel (selten), Dumpfheini.

Dunkelmann
(Lehnübersetzung des lateinischen „vir obscurus"; nach den sogenannten DUNKELMÄNNERBRIEFEN, einer satirischen Streitschrift des 16. Jahrhunderts gegen die Anmaßung und das Unwissen der damaligen „Wissenschaften") *abschätzig für eine zwielichtige Person im Hintergrund, einen Drahtzieher; früher auch für einen Bildungsfeind.*
Vgl.: → -mann.

dunkler Ehrenmann
(geht auf eine Stelle in Goethes FAUST zurück, wo Faust über seinen Vater sagt: „Mein Vater war ein dunkler Ehrenmann", was aber gar nicht negativ gemeint war) *eine seltene bildungssprachliche und abschätzige Bezeichnung für einen zwielichtigen Mann, der sich den Anschein eines Ehrenmannes gibt.*
Vgl.: „Ehrenmann", → -mann, „sauberer Ehrenmann" (Gauner, Betrüger).

Dünkling
veraltet abschätzig für einen dünkelhaften, eingebildeten, hochmütigen Menschen.
Vgl.: Dünkler, → -ling.

Dünnbrettbohrer
(nach der Redensart „das Brett bohren, wo es am dünnsten ist" = sich eine Sache leichtmachen) *abschätzig für 1. jemanden, der den Weg des geringsten Widerstandes wählt. 2. einen dümmlichen, trägen Menschen.*

Dünnmann
verächtlich für einen Versager, Schwächling, Unbegabten.
Vgl.: → -mann.

Dunsel
(in der ersten Bedeutung aus französisch „donzelle" = Fräulein, launisches Mädchen; die zweite Bedeutung vielleicht aus „dunseln" = dösen) *1. westdeutsch spöttisch-abschätzig für eine dummstolze, unangenehme weibliche Person. 2. ostmitteldeutsch abfällig für einen dummen, tolpatschigen Menschen.*
Vgl.: Dunselchen (Bedeutung = 1).

Duodezfürst
(nach der geringen Größe der Duodezausgaben bei Büchern) *meist spöttisch-ironisch für den Herrscher eines winzigen Fürstentums.*
Vgl.: → -fürst.

Durak, der
(aus russisch „durak polosaty" = Dummkopf) *ein veraltetes Schimpfwort für einen Narren.*

Durchgänger
veraltend für einen Ausreißer.

Durchhalteapostel
oft abschätzig für jemanden, der (eine militärische Auseinandersetzung) trotz offensichtlicher Aussichtslosigkeit nicht aufgeben will, sondern auf Durchhalten beharrt.
Vgl.: → Apostel, → -apostel.

Durchschnittsmensch
(eigentlich eine wertfreie Bezeichnung für einen Menschen ohne hervorstechende Eigenschaften, der den Durchschnitt der Bevölkerung repräsentiert) *nicht selten geringschätzig für einen Menschen, der „nur" Durchschnitt ist, der all die Unzulänglichkeit und Gemeinheit eines im Grunde für schlecht gehaltenen, als schlecht erlebten Menschen aufweist.* Der österreichische Schriftsteller Robert Musil, der Autor des großen Romanfragments DER MANN OHNE EIGENSCHAFTEN (1930ff.) beklagte: „Nicht das Genie ist hundert Jahre seiner Zeit voraus, sondern der Durchschnittsmensch ist um hundert Jahre hinter ihm zurück." Mit ironischem Unterton dagegen der Publizist und Friedensnobelpreisträger Carl von Ossietzky (1898 – 1938): „Und neben diesem großen Kessel, in dem es brodelt und nach Form ringt, da wandelt noch immer einer, den man nicht übersehen darf, so nichtig er ist – Herr Durchschnittsmensch."
Vgl.: der kleine Mann, der Mann auf/von der Straße (beides kaum abwertend), Mann von der Stange (selten), → Massenmensch.

dürre Geiß
(Ziegen sind sehr knochig und mager) *besonders süddeutsch abschätzig für eine dünne Frau, ein hageres Mädchen.* Dazu ein traditioneller Vierzeiler aus den Alpen in hochdeutscher Übertragung:

„Mein Schatz ist 'ne Köchin,
eine zaundürre Geiß,
sie tut alleweil fressen,
wird dennoch nicht feist."

Vgl.: → Geiß.

dürres Gestell
geringschätzig für eine hagere, dürre Person.
Vgl.: dürres Gerippe, klappriges Gestell, → Knochengestell, langes Gestell, Lattengestell (selten).

durstige Kehle
spöttisch, auch abschätzig für einen Zecher, Trunkenbold.

durstige Seele
(nach einem Bibelzitat aus Psalm 107,9, in dem gefordert wird, Gott dafür zu danken, „daß er sättigt die durstige Seele und die Hungrigen füllt mit Gutem") *scherzhaft-spöttisch für einen Durstigen, vor allem für einen Trinker, Zecher.*

Dussel
(Nebenform von „Dusel", eigentlich = Benommenheit, Schwindel; unverhofftes Glück) *Schimpfwort für einen dummen, trägen, begriffsstutzigen Menschen.*
Vgl.: Dusel (oberdeutsche Entsprechung), Dusselchen, Dusselpeter, Schafsdussel.

Dusselkopf
abfällig für einen einfältigen, verschlafenen Menschen.
Vgl.: → -kopf (-kopp).

Dusseltier
Schimpfwort für einen Trottel, eine Schlafmütze.
Vgl.: → Tier, → -tier.

Düsterling = Finsterling

Dutterer (Dutter) = Tutterer

Dutzendmensch
abschätzig für einen mittelmäßigen Menschen mit schwach entwickelter Individualität. „Der Mörder trägt sein kariertes Sakko wie ein biederer Bankangestellter – ein Dutzendmensch" (Paul Noack und Bernd Naumann: WER WAREN SIE WIRKLICH? EIN BLICK HINTER DIE KULISSEN DER ELF INTERESSANTESTEN PROZESSE DER NACHKRIEGSZEIT, 1961). Peter Handke dagegen verfiel in seiner PUBLIKUMSBESCHIMPFUNG von 1966 auf: „Ihr Dutzendwaren!"
Vgl.: → Durchschnittsmensch, Dutzenderscheinung, Dutzendgesicht (als Personenbezeichnung selten), Dutzendtyp, → Massenmensch.

Dutzendtyp = Dutzendmensch

Düwel
norddeutsch für einen → Teufel.

E

Lausin

Eckenpisser
derb abwertend für einen Mann, der ungeniert auf der Straße uriniert, etwa in Hausecken.
Vgl.: Eckenbrunzer, → Pisser.

Eckensteher
(bekannt geworden durch die Figur des Eckenstehers Nante in dem Schwank EIN TRAUERSPIEL IN BERLIN von Karl von Holtei aus dem Jahr 1832) *veraltend abfällig für einen Müßiggänger, Tagedieb (der beispielsweise an Straßenecken herumlungert).* „Ein Eckensteher sind Sie!" (Joschka Fischer von den Grünen zu Heiner Geißler von der CDU, Deutscher Bundestag, 1983).

Edel-
(zu „Adel") *spöttisch-ironisch für Personen, die als etwas Besseres, Besonderes gelten, die sozusagen die „Luxusausgabe" von etwas darstellen.*
Vgl.: Edelanarchist, Edelfreier (lohnender Kunde im Milieu, bei Zockern), Edelgammler, Edelgangster, Edelkokotte, Edelmarke (Gauner, zwielichtig), Edelnymphe (gehoben: Edelnutte), Edelschickse, Edelschnorrer.

Edeldirne = Edelnutte

Edelganove
abwertend für einen Ganoven mit Bildung, guten Manieren und elegantem Äußeren.
Vgl.: Edelgangster, → Ganove.

Edelhure = Edelnutte

Edelkommunist
spöttisch-ironisch für einen Intellektuellen, der sich aus rein ideologischen Gründen oder wegen der „Revolutions-Romantik" zum Kommunismus bekennt, ohne eine Revolution wirklich zu wollen.
Vgl.: Edelanarchist, → -ist, → Kommunist, → Salonkommunist.

Edelnutte
1. meist abschätzig für eine attraktive, junge, kostspielige Prostituierte mit Kundschaft aus gehobenen Kreisen. 2. seltener abfällig für eine junge Ehefrau, die Luxus erheiratet hat.
Vgl.: Edeldirne, Edelhure, Edelkokotte, Edelnymphe, Edelschickse, Feudalnutte, → Luxusnutte, → Nutte.

Effekthascher
jemand, der übermäßig darauf bedacht ist, Wirkung zu erzielen, Eindruck zu machen.
Vgl.: → Hascher.

Egghead, der
(amerikanisch; wörtlich: Eierkopf) *bildungssprachlich spöttisch oder geringschätzig für einen Intellektuellen, weltfremden Theoretiker.*
Vgl.: → Eierkopf (Eierkopp).

Egoist
(zu lateinisch „ego" = ich) *abfällig für einen selbstsüchtigen, übertrieben eigennützigen Menschen: ein rücksichtsloser Egoist.* Nach einer volkstümlichen Definition von heute ist ein Egoist „ein Mensch, der im Kino beide Armlehnen belegt". Ambrose Bierce (1842 – 1914), der mitunter sarkastische amerikanische Journalist und Schriftsteller, umschrieb den Begriff anders: „Ein Mensch von schlechtem Geschmack, mehr an sich als an mir interessiert." Goethe dagegen wiegelte seinerzeit ab. In den ZAHMEN XENIEN heißt es:

„Sie schelten einander Egoisten;
Will jeder doch nur sein Leben fristen.
Wenn der und der ein Egoist,
So denke, daß du es selber bist."

Vgl.: Ego (Kurzwort), Egoistenschwein, Fachegoist, → -ist.

Egomane
bildungssprachlich abschätzig für einen krankhaft selbstbezogenen Menschen. „Hans Henny Jahnn war ein Egomane", schrieb die FRANKFURTER ALLGEMEINE ZEITUNG 1994 zum Anlaß des 100. Geburtstages des Schriftstellers. In der FRANKFURTER RUNDSCHAU (Juli 1995) war über den umstrittenen CSU-Politiker Peter Gauweiler zu lesen, er sei ein „begnadeter Egomane".
Vgl.: → -omane.

Egozentriker
(zu lateinisch „ego" = ich und „centrum" = Mittelpunkt) *abschätzig für einen ichbezogenen Menschen, der sich als den Mittelpunkt der Welt ansieht.*

Ehebrecher
oft abwertend für eine Person, die die eheliche Treue verletzt, die fremdgeht.

Ehedrachen
abfällig für eine zänkische, herrschsüchtige Ehefrau.
Vgl.: → Drachen (Drache), Ehebolzen.

Eheknochen
(vielleicht Anspielung auf den Penis) *abschätzig für einen (vom Ehealltag gezeichneten) Ehemann.*
Vgl.: Ehegockel, Eheschwanz, → Knochen.

Ehekreuz
(gemeint ist das Kreuz Christi als Symbol für Mühsal, Leid und Qual) *scherzhaft oder abwertend für eine (streitsüchtige, böse) Ehefrau.*
Vgl.: → Hauskreuz.

Ehekrüppel
salopp abwertend, auch scherzhaft für einen Ehemann, besonders einen, der von der Frau unterdrückt wird.
Vgl.: Eheknecht, Ehestandskrüppel, Ehetrottel, → Krüppel.

Ehemuffel
(im Gefolge des „Krawattenmuffels" aufgekommen) *abschätzig für 1. einen Mann, der partout nicht heiraten will. 2. einen unfreundlichen, dem Eheleben abgeneigten Ehemann.*
Vgl.: → Heiratsmuffel, → Muffel, → -muffel.

Eheteufel
abschätzig für einen unverträglichen Ehepartner, meist eine zänkische Ehefrau.
Vgl.: → Teufel, → -teufel.

Ehetyrann
abfällig für einen tyrannischen Ehemann.
Vgl.: → Haustyrann, → Tyrann.

Ehrabschneider
meist emotional abwertend für jemanden, der andere verunglimpft, in ehrenrühriger Weise verleumdet. In seinen SINNGEDICHTEN (1791) warnte Friedrich Haug:
„Nie hat Ehre noch erstritten,
Der sie andern abgeschnitten."

Ehrendieb
veraltet für jemanden, der andere entehrt.
Vgl.: → Dieb, Ehrenräuber (veraltet).

Ehrenrundendreher
im Jargon der Schüler spöttisch-abschätzig für jemanden, der „eine Ehrenrunde dreht", d.h. eine Klasse wiederholen muß.

Ehrenschänder
abfällig für eine Person, die andere entehrt, ihnen Schande bereitet.
Vgl.: → Schänder, → -schänder.

Ehrgeizler = Ehrgeizling

Ehrgeizling
abschätzig für einen übertrieben ehrgeizigen Menschen, Streber. „Die Ehrgeizlinge, Feiglinge und Arschkriecher, die, die sich zielbewußt von Stufe zu Stufe hochgedient haben", hätten den Untergang der DDR zu verantworten, meinte 1994 die ostdeutsche Schriftstellerin Christa Wolf.
Vgl.: Ehrgeizler, → -ling.

Ei
salopp abwertend für eine Person, die einem unsympathisch ist, von der man nicht viel hält.
Vgl.: → doofes Ei, dummes Ei (selten), → Gackei,

→ Landei, Provinzei, rohes Ei (empfindlich), taubes Ei (Versager), → Weichei, weiches Ei, → Windei.

Eierdieb
abschätzig für einen ganz kleinen Gauner, vor allem einen, der kleine Diebereien begeht, etwas von sehr geringem Wert gestohlen hat.
Vgl.: → Dieb, → Hühnerdieb, Karnickeldieb.

Eierkopf (Eierkopp)
(in der ersten Bedeutung dem amerikanischen „egghead" entlehnt; die anderen Bedeutungen sind älter) *1. spöttisch, meist auch abschätzig, für einen Intellektuellen, Gebildeten, weltfremden Intelligenzler. 2. ein landschaftliches Schimpfwort für einen dummen, ungeschickten Menschen. 3. spöttisch für einen Menschen mit einem irgendwie eiähnlichen Kopf.* Für den Verlagslektor Martin Hielscher bilden die deutschen Literaturkritiker ein „Konzil der Eierköpfe" (Oktober 1995).
Vgl.: → Egghead, → -kopf (-kopp).

Eiertänzer
(nach der Redensart „einen Eiertanz aufführen/vollführen" = sich winden, vorsichtig taktieren) *seltene spöttisch-abschätzige Bezeichnung für eine Person, die einen Eiertanz aufführt, sich ziert, windet, langwierig herumtut.* Anfang 1995 bezeichnete der Suhrkamp-Chef Siegfried Unseld den Dramatiker Franz Xaver Kroetz als „Eiertänzer", nachdem es zu einem offen ausgetragenen Streit zwischen den beiden gekommen war. Der Verleger hatte nämlich dummerweise ein Manuskript des berühmten Autors abgelehnt.

Eiferer
(weibliche Form: Eiferin) *abschätzig für eine Person, die, vor allem in politischen oder religiösen Dingen, fanatisch ist: ein realitätsfremder, rechter, linker, religiöser Eiferer.*
Vgl.: → Glaubenseiferer, → Gotteseiferer, Kircheneiferer (selten), Religionseiferer.

Eifersüchtler
eine seltene abschätzige Bezeichnung für einen eifersüchtigen Menschen.
Vgl.: Eifersüchtling (selten), → -ler.

Eigenbrötler
(ursprünglich ein südwestdeutsches Dialektwort für einen Junggesellen, der sein eigenes Brot backt) *abschätzig für einen Einzelgänger, Sonderling.*
Vgl.: Einzelbrötler (scherzhafte Mischung aus „Einzelgänger" und „Eigenbrötler"), → -ler.

Eimer
(vielleicht aus Wörtern wie Ascheneimer oder Mülleimer gekürzt) *Schimpfwort für einen dummen, unfähigen, lächerlichen Menschen.* „War nett, mit Euch geplaudert zu haben, Ihr Eimer. Tschau dann!" steht im Editorial von Heft 1 des „Girlie"-Comics TANK GIRL.
Vgl.: Ascheimer (Versager), Arscheimer, Gesichtseimer (jugendsprachlich: unschönes Mädchen), Kalkeimer, leerer Eimer (dumm), Nachteimer (widerlich), trüber Eimer (dumm).

Einbläser
abfällig für eine Person, die anderen etwas heimlich einredet, sie aufhetzt.

Eindringling
oft abschätzig für eine Person, die sich unbefugt, unerwünscht (und gewaltsam) Zutritt verschafft: ein lästiger, heimlicher Eindringling.
Vgl.: → -ling.

einer von der siebten Bitte
(bezieht sich auf die siebte Bitte des Vaterunsers: „Und erlöse uns von dem Übel!" Damit ist der Satan gemeint) *eine landschaftliche Bezeichnung für einen schlechten Menschen; einen lästigen, üblen Kerl.* Im Alemannischen etwa heißt es kurz: „sibti Bitt". Mit der weiblichen Version „eine von der siebten Bitte" kann auch eine Prostituierte gemeint sein.

Einfalt
abfällig für eine einfältige Person.

Einfalt vom Lande
(auch eine Standardrolle in den Boulevardstücken des 19. und 20. Jahrhunderts) *abschätzig für eine naive, einfältig wirkende (weibliche) Person, die aus einem Dorf, aus der Provinz stammt.*

Einfaltspinsel
Schimpfwort für einen törichten, leichtgläubigen Menschen.
Vgl.: Einfältiger (selten), einfältiger Pinsel, → Pinsel.

eingebildeter Kranker
(nach dem Titel DER EINGEBILDETE KRANKE eines Lustspiels von Molière aus dem Jahr 1673. Die Formulierung ist eigentlich falsch; gemeint ist: der eingebildet Kranke) *spöttisch, meist leicht abwertend für einen Menschen, der sich (des öfteren) einbildet, krank zu sein.*

Einpauker
abfällig für einen Lehrer, der Unterrichtsstoff durch mechanisches, stumpfsinnigen Auswendiglernen (und Prügel) beizubringen versucht.
Vgl.: → Pauker.

Einpeitscher
1. abfällig für einen politischen Hetzer, Propagandaredner. 2. spöttisch-abschätzig für einen Nachhilfelehrer, Repetitor o.ä.

einsamer Wolf
spöttisch-ironisch für einen jungen Mann, der sich betont cool und unnahbar gibt und dabei versucht, recht gefährlich zu erscheinen. Eduard Neumaier hatte es 1973 in der ZEIT wohl nicht spöttisch gemeint, als er Herbert Wehner den „einsamen Wolf der SPD" nannte.
Vgl.: → Wolf.

Einschmeichler
geringschätzig für eine Person, die sich einschmeichelt, sich durch Schmeicheln beliebt macht.
Vgl.: → -ler, → Schmeichler.

Einsiedler
selten als abschätzige Bezeichnung für einen unsozialen, kontaktscheuen, weltabgewandten Menschen. Ein Tiroler Schnaderhüpfel stellt den „Zweisiedler" dagegen:
„Das Einsiedlerleben
Das geht mir nit ein,
I wollt' schon viel lieber
A Zweisiedler sein."
Vgl.: Einsiedlernatur (kaum abwertend), → -ler.

Einspänner
(eigentlich ein Wagen, der von einem einzigen Pferd gezogen wird) *scherzhaft-spöttisch, auch geringschätzig für 1. einen verschlossenen, eigenbrötlerischen Menschen. 2. einen eingefleischten Junggesellen, Hagestolz.*

„Einstein"
(nach dem Physiker Albert Einstein, 1879–1955, Nobelpreisträger und Schöpfer der Relativitätstheorie, der als Urbild eines Genies gilt) *spöttisch-ironisch für einen dummen, begriffsstutzigen Menschen.*

Eintagsfliege
(meint eigentlich die Gewöhnliche Eintagsfliege, die als vollentwickeltes Insekt meist nur einige Stunden lebt; übertragen auch für eine sehr kurzlebige Sache oder Erscheinung) *geringschätzig für einen Menschen, der nur für sehr kurze Zeit Erfolg hat.*
Vgl.: → Fliege.

Einzelgänger
oft geringschätzig für einen ungeselligen Menschen, der den Kontakt mit anderen scheut.
Vgl.: Einzelbrötler (scherzhafte Mischung aus „Einzelgänger" und „Eigenbrötler").

Eisberg
abschätzig für einen kalten, gefühllosen, unnahbaren Menschen.

Eisblock
abfällig für 1. einen kalten, gefühllosen, unnahbaren Menschen. 2. eine gefühlskalte, abweisende Frau. Dazu gibt es auch das Wortspiel: „Meine Scheißolle ist eine Eisscholle." In einem SPIEGEL-Leserbrief war von einem „Eisblock mit Krawatte" die Rede.
Vgl.: Eisbär (mürrischer, abweisender Mann), Eisklotz, Eisschrank (selten).

Eisen s. altes Eisen

Eisenbart = Doktor Eisenbart (Doktor Eisenbarth)

Eisenbeißer
(ursprünglich ein Scheltwort auf einen Landsknecht) *abwertend für einen Raufbold, Draufgänger; Prahlhans.* Der satirische Schriftsteller und Moralist Thomas Murner (1475 – 1537) ließ in seiner SCHELMENZUNFT von 1512 einen Eisenbeißer auftreten:

„Ich byn der eyssen beysser knecht,
Der weyt vnd breyt groß lob erfecht.
Landt vnd leut hab ich bezwungen;
Doch thun ichs fast nur mit der zungen."

Vgl.: → Beißer.

Eisenfresser
abfällig für jemanden, der sich besonders kämpferisch und draufgängerisch gibt; Prahlhans. In Friedrich Schillers WALLENSTEIN heißt es: „So ein Bramarbas und Eisenfresser". Die ZEIT (Mai 1994) schrieb über die südafrikanische Politik: „Staatschef de Klerk und die Eisenfresser seiner Nationalen Partei ..."
Vgl.: Feuerfresser (selten), → Fresser, → -fresser.

eiserne Jungfrau
(im Mittelalter ein Folterwerkzeug in Form einer Art Rüstung, die innen mit Eisenspitzen versehen war) *scherzhaft, auch abfällig für eine unnahbare, abweisende junge Frau.*

eiskalter Rechner
verächtlich für einen berechnenden, skrupellos seinen Vorteil suchenden Menschen.
Vgl.: kalter Rechner, kühler Rechner (kaum abwertend).

Eisklotz = Eisblock

Eiszapfen
salopp abwertend für eine gefühlskalte, unnahbare, frostige (weibliche) Person.

Ekel, das
Schimpfwort für einen unangenehmen, widerwärtigen, unfreundlichen Menschen.
Vgl.: altes Ekel, Betriebsekel, Ekelmensch, Ekelwessi, Halbekel (selten), → Patentekel, Pottekel.

Ekelpaket
(eine Art Steigerung: ein ganzes Paket davon) *abfällig für einen widerlichen, unausstehlichen Menschen.*

Eklektiker
(zu griechisch „eklektikos", eigentlich = auswählend, auslesend) *bildungssprachlich abwertend für eine unschöpferische Person, die nur nachahmt, Ideen anderer für sich nutzt.*

Elefant
eine abschätzige Bezeichnung für eine plumpe, schwere Person, ein großes, dickes Mädchen.

Elefant im Porzellanladen
(nach der Redensart „sich benehmen wie ein/der Elefant im Prozellanladen") *abschätzig für jemanden, der sich ungeschickt, tölpelhaft, taktlos verhält.*
Vgl.: Ochse im Porzellanladen (selten).

Elefantenbaby
spöttisch-abschätzig für einen plumpen, massigen jungen Menschen.
Vgl.: → Baby, Elefantenkalb (selten), → Riesenbaby.

Elefantenküken
scherzhaft-spöttisch, auch abfällig für ein → Elefantenbaby.
Vgl.: → Küken.

Elegant
meist abschätzig für einen auffällig modisch gekleideten Mann.

Element
(meist im Plural) *abwertend für eine Person, die gemeinsam mit anderen als gesellschaftlich minderwertig oder politisch bedrohlich angesehen wird: schlechte, dunkle, gefährliche, reaktionäre, arbeitsscheue Elemente.* „Ihr indiskutablen Elemente!" heißt es in Peter Handkes PUBLIKUMSBESCHIMPFUNG.
Vgl.: → asoziale Elemente, → kriminelle Elemente, reaktionäre Elemente, staatsfeindliche Elemente, → subversive Elemente, üble Elemente.

Elend s. Häufchen Elend, s. langes Elend

Elender
emotional abwertend für einen verächtlichen, gemeinen Menschen, einen erbärmlichen Kerl.
Vgl.: elender Knochen, elender Krüppel, elender Tropf.

Elendsgestalt
mitleidig, auch verächtlich für eine erbärmliche, jämmerliche Gestalt, einen armseligen Menschen.
Vgl.: armselige Gestalt, → Gestalt, → Jammergestalt.

Ellbogenmensch (Ellenbogenmensch)
abschätzig für eine Person, die sich rücksichtslos durchzusetzen versucht.
Vgl.: Ellbögler (schweizerisch).

Else
(nach dem weiblichen Vornamen) *vorwiegend jugendsprachlich abwertend für eine dumme, häßliche, unsympathische weibliche Person; oft zu Mädchen gesagt: eine blöde, fiese, närrische Else.* Das Wort war allerdings bereits im Altfrankfurterischen als Schimpfwort geläufig.
Vgl.: dumme Else, Flennelse (hessisch), Greinelse (selten: heulendes Mädchen), Rauchelse (hessisch).

Elster
(eigentlich ein schwarzweißer Rabenvogel, der die Nester kleiner Vögel plündert oder auch glitzernde Gegenstände stiehlt) *abfällig für 1. eine diebische Person. 2. einen geschwätzigen, prahlerischen Menschen.*
Vgl.: → Atzel, → diebische Elster, → Dohle.

Emanze
(Kurzbildung zu „emanzipiert"; dies aus lateinisch „emancipare" = einen Sohn oder Sklaven in die Unabhängigkeit entlassen) *spöttisch-abschätzig für eine Frau, die sich betont emanzipiert gibt, sich aktiv für die Emanzipation von Frauen einsetzt (und dabei vor allem auf viele Männer unweiblich und aggressiv wirkt).* Der Schriftsteller Max Goldt gebrauchte den Ausdruck „Frauen-Frauen" für „Emanzen". Bekannt ist der Spruch: „Emanzen sind Schranzen." In einem SPIEGEL-Leserbrief (Juli 1994) war von „fanatischen Emmas" die Rede.
Vgl.: Emanzipationstante, Emma (Kurzform).

Emmes
(fußt auf jiddisch „emez" = jemand) *eine seltene abschätzige Bezeichnung für einen Spießgesellen, Kumpan oder Geliebten.*

Empörer
in gehobener Sprache selten für einen Aufrührer, Aufwiegler, Meuterer.

Emporkömmling
abfällig für jemanden, der sich aus kleinen Verhältnissen rasch hochgearbeitet hat. Bei Heinrich Heine: „geldstolze Emporkömmlinge".
Vgl.: → -ling.

-ender
(in Verbindung mit einer Zahl wie acht oder zwölf; eigentlich in der Jägersprache ein Hirsch, dessen Geweih an beiden Stangen zusammen die genannte Anzahl von Enden hat) *soldatensprachlich meist abschätzig oder spöttisch für einen Soldaten, der die genannte Anzahl von Jahren Wehrdienst zu leisten oder geleistet hat.*
Vgl.: Dreiender (selten), Zehnender, Zwölfender.

Enfant terrible
(französisch; wörtlich: schreckliches Kind) *bildungssprachlich geringschätzig für einen Menschen, der gegen gesellschaftliche Regeln verstößt, durch unangebrachte Offenheit andere in Verlegenheit bringt.* Schon Goethe hatte in seiner Leipziger Studentenzeit zwei Schwestern so bezeichnet. Der umstrittene Chirurg und Medizinkritiker Julius Hackethal sei ein „eitles, maßloses Enfant terrible der deutschen Medizin" (FRANKFURTER RUNDSCHAU, Juli 1995), und der afroamerikanische Jazz-Trompeter Miles Davis (1926 – 1991) wurde im SPIEGEL (Juni 1995) als „Enfant terrible des Jazz" bezeichnet.

„Engel"
ironisch für einen Menschen, der so tut, als ob er unschuldig sei.
Vgl.: → ahnungsloser Engel, → blauer Engel, → gefallener Engel.

Engel mit einem B davor
(meint einen Bengel, scherzhaft gebildet aus einem B und dem Wort Engel) *als Tadel für ein freches Kind, einen ungezogenen Jungen.*
Vgl.: → Bengel, Engel in F-Dur (nach dem vorstehenden Erniedrigungszeichen b der F-Dur-Tonleiter).

Engelmacherin
(früher eine Frau, die kleine, insbesondere uneheliche Kinder in Pflege nahm, um sie dann verhungern zu lassen; ein Euphemismus: Angeblich wurden tote Ungeborene sofort zu Engeln) *verhüllend, auch abwertend für eine Frau, meist eine Hebamme, die illegal Abtreibungen vornimmt.*
Vgl.: Engelmacher (seltene männliche Form), → -macher.

Ente
(nach dem bekannten Schwimmvogel, der einen wackelnden, schwerfälligen Gang hat) *spöttisch-abschätzig für eine watschelnde, plump gehende (weibliche) Person.*
Vgl.: → Bleiente (bleierne Ente), Enterich → lahme Ente, → Wackelente, → Watschelente.

Entenarsch
(vom After der Ente, der sehr häufig kleine Mengen ausscheidet) *landschaftlich derb abwertend für eine schwatzhafte Person, deren Mundwerk nicht stillsteht.*
Vgl.: → Arsch, → -arsch, Entenarschloch.

Entenklemmer
(ursprünglich ein Bauer, der Enten hinten abtastet, um zu spüren, ob sie Eier tragen) *vorwiegend schwäbisch für einen Geizhals.* Von Thaddäus Troll gibt es ein Lustspiel nach Molières DER GEIZIGE mit dem Titel DER ENTAKLEMMER (1976).

Entenmelker
(meint etwas besonders Unsinniges) *vor allem rheinisch für einen Phantasten, Spinner, dummen Menschen.*
Vgl.: → -melker.

Enthusiast
(zu griechisch „entheos" = voll von Gott, gottbegeistert) *oft geringschätzig für jemanden, der sich leidenschaftlich für etwas begeistert; Schwärmer.*
Vgl.: Fußballenthusiast (kaum abwertend).

Entlein s. häßliches Entlein

Epigone, der
(aus griechisch „epigonos" = Nachgeborener; weibliche Form: Epigonin) *bildungssprachlich abschätzig für einen unschöpferischen Nachahmer ohne eigene Ideen.* Der Begriff ist 1836 durch Karl Leberecht Immermanns zeitkritischen Roman DIE EPIGONEN weithin bekannt geworden. Im Juni 1994 hatte die ZEIT in einer Glosse über die FDP deren Spitzenpolitiker Klaus Kinkel und Irmgard Schwaetzer als „sprach- und charakterlose Epigonen" abqualifiziert.

Epikureer
(eigentlich ein Vertreter der Lehre des altgriechischen Philosophen Epikur, 341 – 270 v.Chr.) *bildungssprachlich oft geringschätzig für einen sinnenfrohen Genußmenschen.*

Erben s. die lachenden Erben

Erbschleicher
abfällig für eine heuchlerische oder betrügerische Person, die sich eine Erbschaft zu erschleichen oder ergaunern sucht. „Adolf Hitler ist kein legitimer Erbe Caspar David Friedrichs, sondern nur ein Erbschleicher", erklärte der Kunstmanager Christoph Vitali aus der Schweiz in einem SPIEGEL-Interview (Januar 1995).
Vgl.: Erbgewinnler (selten), Erbschleiche (seltene weibliche Form, an „Blindschleiche" angelehnt), → Schleicher.

Erbse
landschaftlich abschätzig für eine alberne, dümmliche Person.
Vgl.: → Kichererbse, Knallerbse.

Erbsenprinzessin = Prinzessin auf der Erbse

Erbsenzähler
Schimpfwort für einen kleinlichen, geizigen Menschen. Das Wort kommt in dieser Verwendung schon in Grimmelshausens SIMPLICISSIMUS von 1669 vor.
Vgl.: Graupenzähler (veraltet), Linsenzähler.

Erdenkloß
(geht wohl auf die Bibel zurück, 1. Moses 2,7, in der alten Fassung) *pathetisch oder spöttisch-ironisch für einen Menschen als unbedeutendes, ohnmächtiges Wesen: ein armer Erdenkloß.*
Vgl.: → Kloß.

Erdenwurm
1. → Erdenkloß. 2. norddeutsch abfällig für einen geldgierigen, geizigen Menschen.
Vgl.: → Wurm.

Erfüllungsgehilfe
(eigentlich ein juristischer Terminus für eine Person, die für eine andere eine Leistung erbringt, zu der diese verpflichtet ist) *abfällig für einen Handlanger; oft in politischer Polemik.* Dazu im Jahre 1990 der deutsche Bundesminister für Arbeit und Sozialordnung Norbert Blüm (CDU) in einer seiner rhetorischen Glanzleistungen: „Oskar Lafontaine ist der Erfüllungsgehilfe der SED!"

Erfüllungspolitiker
besonders im nationalsozialistischen Sprachgebrauch abfällig für einen Politiker (der Weimarer Republik), dem man vorwirft, die Forderungen der Alliierten, des Auslands zu erfüllen. „Rathenau ... wurde von nationalistischen Wirrköpfen exekutiert, die ihn als ‚Erfüllungspolitiker' diffamierten" (Willy Brandt: BEGEGNUNGEN UND EINSICHTEN, 1976).
Vgl.: Erfüllungsjournaille, → -politiker.

-erich (-rich)
(nach dem Muster von „Enterich", „Gänserich" gebildet) *ein sehr produktives Wortbildungsmittel zur spöttisch-abschätzigen Bezeichnung von Männern mit bestimmten Fehlern, Eigenarten u.dergl.* Gelegenheitsbildungen sind nicht selten. Die erste Strophe des Gedichts „Der Anarchisterich" von Erich Mühsam geht so:

„War 'mal ein Anarchisterich,
der hatt' den Attentatterich.
Er schmiß mit Bomben um sich 'rum,
es knallte nur so: bum bum bum!"

Als 1995 die Gesellschaft für deutsche Sprache einen Wettbewerb ausschrieb, in dem eine Bezeichnung für den männlichen Kollegen der Politesse gefunden werden sollte, wurde u.a. „Knöllerich" vorgeschlagen.
Vgl.: Alberich (selten), → Begatterich, → Bräuterich, → Datterich, Demagogerich, → Dingerich (Dingrich), Dünkerich, Emmerich (berlinisch: Kerl), Enterich (polygamer Mann), → Fickerich, Fisimatenterich, Flatterich (unstet), Foserich (selten: Bordellkunde), Gatterich (kaum abwertend), Hexerich, Knausrich, Knotterich (mürrisch), Kröterich, Lehnerich (früher: Faulpelz), Reimerich, Scheißerich (ängstlich), → Schlenkerich (Schlenkrich), Schnatterich (Schwätzer), → Schnulzerich, → Stänkerich, → Tatterich, Wamprich (dickbäuchig), → Wüterich, Zitaterich, Zoterich.

Erotomane
(zu griechisch „erotomania" = rasende Liebe) *bildungssprachlich selten für einen sexbesessenen Menschen.*
Vgl.: → -omane.

Erpresser
meist abfällig für jemanden, der andere bedroht, unter Druck setzt, nötigt, um etwas zu bekommen: ein kaltblütiger Erpresser.

Erster von hinten
scherzhaft-spöttisch für den Letzten, Schlechtesten, vor allem bei Sportwettbewerben oder in der Schule.
Vgl.: Bester von hinten, letzter Sieger (im Sport), Primus von hinten, → zweiter Sieger.

Erz-
(aus griechisch „archi-" = der erste, oberste; nach dem Vorbild von „Erzbischof", „Erzherzog") *eine Vorsilbe zur emotionalen Verstärkung abschätziger Personenbezeichnungen; selten zur Abwertung neutraler Wörter; oft im Sinne von „unverbesserlicher".* Schon Martin Luther hatte solche Wörter häufig verwendet. In Thomas Manns JOSEPH begegnet uns eine „Erzvettel" und in Robert Musils TAGEBÜCHERN ein „Erzphilister".

Eine ungewöhnliche Wortbildung dieser Machart stand im SPIEGEL (April 1994), und zwar sei der eigenwillige CDU-Politiker Heiner Geißler der „Erzfreund" von Bundeskanzler Helmut Kohl.

Vgl.: Erzbanause, Erzbetrüger, Erzbube (veraltet), Erzchauvi, Erzchauvinist, Erzdummkopf, Erzfaulenzer, Erzgeizhals, Erzknauser, Erzknicker, Erzkonservativer, Erznazi, Erzossi (selten), Erzpedant, Erzphilister (veraltet), Erzprotestant (selten), Erzrebell, Erzsäufer, Erzschlampe, Erzschlamper, Erzsozialist, Erzspießer, Erzteufel, Erztyrann, Erzverschwender, Erzvettel (selten), Erzviech.

Erzbösewicht
(nach der alttestamentlichen Spruchweisheit „Wer sich vornimmt, Böses zu tun, den heißt man billig einen Erzbösewicht", Sprüche 24,8, in neuerer Übersetzung: „Ränkeschmied") *veraltend emotional abwertend für einen durch und durch bösen Menschen.*
Vgl.: → Bösewicht, → Wicht.

Erzdepp
abfällig für einen sehr dummen Menschen.
Vgl.: → Depp.

Erzfaschist
abfällig für einen überzeugten, unverbesserlichen Faschisten.
Vgl.: → Faschist, → -ist.

Erzflegel
Schimpfwort für einen besonders flegelhaften Kerl.
Vgl.: → Flegel.

Erzgauner
1. Schimpfwort für einen besonders gerissenen, üblen Gauner. 2. scherzhaft, leicht abwertend für einen raffinierten Kerl, Schlingel.
Vgl.: → Gauner, → Obergauner.

Erzgrobian
emotional abwertend für einen schlimmen Grobian.
Vgl.: → Grobian.

Erzhalunke
(weibliche Form: Erzhalunkin) *verächtlich für einen besonders üblen Halunken.*
Vgl.: → Halunke.

Erzheuchler
emotional abwertend für einen besonders heuchlerischen, verlogenen Menschen.
Vgl.: → Heuchler, → -ler, Oberheuchler (selten).

Erzkatholik
meist emotional abwertend für einen überzeugten Katholiken, einen strengkatholischen Menschen.
Vgl.: Erzprotestant (seltener), Stockkatholik.

Erzkommunist
meist emotional abwertend für einen überzeugten, kämpferischen Kommunisten.
Vgl.: → -ist, → Kommunist.

Erzlügner
abfällig für einen notorischen, dreisten Lügner.
Vgl.: → Lügner, → notorischer Lügner.

Erzlump
emotional abwertend für einen besonders niederträchtigen, gemeinen Menschen.
Vgl.: → Lump.

Erznarr
(weibliche Form: Erznärrin) *abfällig für einen ganz und gar närrischen, dummen, törichten Menschen.*
Vgl.: → Narr, → -narr.

Erzreaktionär
abfällig für einen durch und durch reaktionären, fortschrittsfeindlichen Menschen.
Vgl.: → Reaktionär, Stockreaktionär, Ultrareaktionär.

Erzschalk
1. veraltet für einen Gauner, Spitzbuben. 2. scherzhaft, auch leicht abwertend für einen besonders schalkhaften, schelmischen Menschen.
Vgl.: → Schalk.

Erzschelm
1. veraltet für einen Gauner, Betrüger. 2. scherzhaft, leicht abwertend für einen Spaßvogel, Schlingel.
Vgl.: → Schelm.

Erzschurke
(weibliche Form: Erzschurkin) *verächtlich für einen besonders schlimmen Schurken.* Bei

Johann Carl Wezel (1747 – 1819) heißt es: „Schreiben Sie ihm, daß er ein Erzschurke ist, der nicht verdient, daß ihn die Sonne bescheint."

Vgl.: → Schurke.

Erzspitzbube

emotional abwertend für jemanden, der durch und durch ein Spitzbube ist.

Vgl.: → Bube (Bub), Erzbube (veraltet), → Spitzbube.

Esau s. haariger Esau

Esel

(schon bei den alten Römern als Schimpfwort. Der langohrige, grauhaarige Verwandte des Pferdes gilt als störrisch und dumm, ist aber in Wirklichkeit wohl klüger als das Pferd) *Schimpfwort für einen Dummkopf, Tölpel: ein ausgemachter, alter, eingebildeter, ausgewachsener Esel.* Von Gottlieb Conrad Pfeffel (1736 – 1809) stammt das folgende Gedicht mit dem Titel „Gruß und Gegengruß":

„Zu einem Bauernweib, das eine Fahrt mit Futter
Auf ihren Langohr lud, sprach in vertrautem Ton
Der junge Schloßkaplan: wie gehts, Frau Eselsmutter?
Ganz wohl, versetzte sie, mein Sohn."

Vgl.: → alter Esel, Bieresel, Bücheresel (selten: Antiquar), Dukatenesel (reich; Verschwender), Eselchen, Eselsfurz (unbedeutend; dumm), → Goldesel, Hans Langohr (veraltet), Kubikesel (Steigerung), → Langohr, → Maulesel, Nickesel, → Packesel, → Palmesel, → Quadratesel, Regimentsesel (Steigerung), Trojanischer Esel (selten: politisch dumm, nach dem „Trojanischen Pferd"), → Waldesel, → zweibeiniger Esel.

Esel in der Löwenhaut

(nach der Fabel Äsops, in der ein Esel sich mit einem zufällig gefundenen Löwenfell verkleidet und Menschen und Tiere erschreckt, bis man ihn durchschaut) *eine seltene bildungssprachliche Bezeichnung für einen wichtigtuerischen Dummkopf.*

Vgl.: Esel im Wolfspelz (selten).

Eselskopf

ein Schimpfwort für einen dummen Menschen.

Vgl.: → -kopf (-kopp).

Establishment

(englisch; zu „to establish" = einrichten, festsetzen; vor allem in den späten 60er Jahren ein politisches Schlagwort der Apo; in der DDR fast unbekannt) *abschätzig für die Gesamtheit der einflußreichen Personen, die die bestehende gesellschaftliche Ordnung aufrechterhalten und direkt von ihr profitieren; es können auch konkrete Personen, etwa in einer bestimmten Stadt, gemeint sein.* Aus der Zeit der Studentenbewegung ist der Slogan bekannt: „Wer zweimal mit derselben pennt, gehört schon zum Establishment."

Etappenhase = Etappenhengst

Etappenhengst

soldatensprachlich abschätzig oder spöttisch für einen Soldaten, der hinter der Front, fern vom Kampfgeschehen, ein ruhiges und sicheres Leben führt. Kurt Tucholsky sprach von „Etappenkriegern".

Vgl.: Etappengockel, Etappenhase, Etappensau (selten), Etappenschwein, → Hengst, → -hengst.

Etappenschwein = Etappenhengst

Etepetetchen

(zu „etepetete" = geziert, zimperlich, eigen) *landschaftlich spöttisch-abschätzig für eine gezierte, überhebliche, pedantische Person.*

Vgl.: → -chen (-lein), Etepinkel.

Eule

Schimpfwort für 1. eine häßliche, ungepflegte, zerzauste weibliche Person. 2. einen Brillenträger. „Als ich dann in den Sack haute, hab' ich noch ein bißchen Schmuck von seiner Eule mitgehen lassen" (Volker W. Degener: HEIMSUCHUNG, 1975).

Vgl.: → alte Eule, Branntweineule (hessisch), → Haareule, → Nachteule, → Saufeule, Schlafeule (weibliche Schlafmütze), → Schleiereule, Schnapseule (hessisch), → Volleule.

Eulenspiegel
(nach dem Schalksnarren und Possenreißer Till Eulenspiegel, dem Helden eines 1515 erschienenen Volksbuches, der aller Wahrscheinlichkeit nach wirklich gelebt hat und 1350 gestorben ist) *oft abschätzig für einen schelmischen, närrischen, stets zu Streichen aufgelegten Menschen.*

Eumel
(Herkunft unklar) *ein mildes jugendsprachliches Schimpfwort für einen dummen oder unsympathischen Menschen.* Das Wort kann aber auch zahlreiche andere Bedeutungen haben. So gibt oder gab es in Beate-Uhse-Läden ein Sexualtonikum namens „Eumel-Bull-Kraft".

Eunuche (Eunuch)
(eigentlich ein Kastrat, früher im Orient oft als Haremswächter) *verächtlich für einen total unfähigen Mann.* Gottfried Benn schimpfte über Schriftstellerkollegen: „Zum Teufel alle diese Eunuchen!" Der Maler Olaf Gulbransson dagegen knöpfte sich die Kritiker vor: „Ein Kritiker ist wie ein Eunuche: er weiß, wie es geht, kann es aber nicht!"

Eurokrat
(Kurzwort aus „Euro-" und „krat" für „Technokrat"; meist im Plural) *oft geringschätzig für einen Europaparlamentarier oder -beamten.* „Die hochbezahlten Eurokraten" (ZEIT, August 1996).
Vgl.: Brüsseler Eurokraten, → -krat.

Eva = Evastochter

Evangele
(zu „evangelisch") *abschätzig für einen Protestanten.*
Vgl.: → Kathole.

Evastochter
(nach der biblischen Eva, der Frau Adams, die diesen, nach volkstümlicher Auffassung, zur Sünde verführte) *oft abschätzig für eine besonders weiblich erscheinende, verführerische Frau; ein kokettes Mädchen.* Der Volksmund warnt:

„Trau' keiner Tochter Evas viel,
sie treiben all ihr arges Spiel."

Vgl.: Eva, Tochter Evas.

Everybody's Darling
(englisch; wörtlich: jedermanns Liebling) *spöttisch-abschätzig für eine Person (des öffentlichen Lebens), die sehr beliebt ist, sich andererseits anbiedert und allen gefallen möchte.* „Everybody's darling is everybody's Depp!" Dieser Ausspruch Rudolf Scharpings aus dem Bundestagswahlkampf 1994 wird auch Franz Josef Strauß zugeschrieben. In einer recht groben Abrechnung mit dem hochgelobten Jungdichter Durs Grünbein (Büchnerpreis) rät Fritz Raddatz in der ZEIT (Oktober 1995): „Durs Grünbein muß sich entscheiden. Will er das sein, was er vermutlich ‚everybody's darling' nennen würde: Dann darf und muß er weiter läppische Moritaten singen ..."
Vgl.: Allermannsfreund, Allerweltsfreund, Allerweltsliebling, jedermanns Liebling, → Jedermannsfreund.

ewiger Jude
(bezieht sich auf die Sage von Ahasver, dem „ewigen Juden", der wegen der Beteiligung an Christi Tod bis zum Jüngsten Tag ruhelos umherziehen muß) *veraltet, noch landschaftlich für einen unruhigen, rastlosen Menschen; ein Kind, das bei Tisch nicht still sitzt.* Von Goethe gibt es ein 1774 entstandenes episches Fragment mit dem Titel DER EWIGE JUDE.
Vgl.: → Ahasver, → Jude (Jud).

ewiger Student
abschätzig für einen Studenten, der nach sehr vielen Semestern immer noch kein Examen gemacht hat.
Vgl.: Ewiger (selten), → verbummelter Student, → verkrachter Student.

ewiger Verlierer
oft abschätzig für eine Person, die immer wieder verliert, versagt (und sich demgemäß verhält).
Vgl.: geborener Verlierer, → Looser (Loser), → Verlierer, Verlierernatur (kaum abwertend), → Verlierertyp.

ewiger Zweiter
oft spöttisch oder leicht abwertend für eine Person, die (im Sport) nie gewinnt, aber meist gut plaziert ist.
Vgl.: ewiges Talent (vielversprechend, aber ohne große Erfolge).

Ewiggestriger
(nach einer Stelle in Friedrich Schillers WALLENSTEINS TOD) *abfällig für eine rückständige, unverbesserlich reaktionäre Person, vor allem in bezug auf nationalsozialistische Überzeugungen.*
Vgl.: ewig Vorgestriger, Gestriger (beides selten).

Exhibitionist
(zu lateinisch „exhibitio" = das Vorzeigen) *bildungssprachlich abschätzig für 1. eine Person, die in anstößiger Weise dazu neigt, sich öffentlich zu entkleiden oder sexuell aufreizend anzuziehen. 2. jemanden, der im übertragenen, geistigen Sinn „ablegt", sich zur Schau stellt, sich produziert.* Nach einer gängigen Scherzwendung ist das „ein Mensch mit Blößenwahn". Gottfried Benn schrieb säuerlich über seinen französischen Schriftstellerkollegen André Gide: „Nehmen Sie den alten Gide: der frühere ist bewundernswert, aber jetzt auf der einen Seite ein calvinistischer Puritaner und auf der anderen ein pedantischer Exhibitionist."
Vgl.: → -ist.

Exi
(wohl ein Kurzwort aus „Existentialist"; oft in der Mehrzahl) *im Jargon jugendlicher Randgruppen eine veraltende abfällige Bezeichnung für einen wohlsituierten, bürgerlichen Jugendlichen.*

Existenz
(zu lateinisch „exsistere" = ins Leben treten; fast immer zusammen mit einem abwertenden Attribut) *abfällig für einen zweifelhaften, heruntergekommenen oder kriminellen Menschen (der durch ein Attribut näher charakterisiert wird): eine fragwürdige, traurige, gestrandete, kaputte, merkwürdige, verdächtige Existenz.*
Vgl.: dunkle Existenzen, → gescheiterte Existenz, gestrandete Existenz, → katalinarische Existenz, → verkrachte Existenz, zweifelhafte Existenz.

Exot
(zu griechisch „exotikos" = ausländisch) *meist geringschätzig für einen fremdartigen, schillernden Außenseiter.* Die FRANKFURTER RUNDSCHAU (Mai 1995) zitierte den syrischen Dichter Adel Karasholi, der seit über 30 Jahren in Deutschland lebt, mit der Bemerkung, die tiefste Kränkung für einen „Ausländerpoeten" sei es, fern aller ästhetischen Kategorien als „interessanter Exote" gelobt zu werden.

„Experte"
spöttisch-ironisch für jemanden, der ganz und gar kein Experte ist, sondern tolpatschig ist, etwas völlig falsch gemacht hat.

Exploiteur
(aus französisch „exploiter") *veraltet für einen Ausbeuter, Ausnutzer der Arbeitskraft anderer.*

Expropriateur
(zu französisch „exproprier" = enteignen) *besonders im marxistischen Sprachgebrauch abwertend für einen Ausbeuter.*

Extremist
abfällig für einen (politisch) extrem radikal eingestellten Menschen; oft als politisches Feindwort; seltener für jemanden, der extreme Dinge tut.
Vgl.: → -ist, → Linksextremist, → Rechtsextremist.

Exzentriker
meist geringschätzig für einen exzentrischen, überspannten, verschrobenen Menschen. Eine negative Definition versuchte der Philosoph Paul Liessmann aus Wien im KURSBUCH (Nr. 118): „Der Exzentriker ist kein Exot und kein Barbar, kein Utopist und kein Nostalgiker."

F

Zwickl

Fabelhans
ein landschaftliches Scheltwort für einen Prahler, Schwätzer, Fabulierer.
Vgl.: → Hans, → -hans.

Fabler (Fabeler)
abschätzig für jemanden, der phantastische, erfundene, unwahre Geschichten erzählt.
Vgl.: → -ler.

Fabrikler
oft geringschätzig für einen Fabrikarbeiter.
Vgl.: Fabriksmensch (hessisch: Fabrikarbeiterin), Fabrikschlitten (Nürnberg, derb: Fabrikarbeiterin), → -ler.

Fabulant
(zu lateinisch „fabulari" = plaudern, schwatzen) *bildungssprachlich für einen Schwätzer, Schwindler.*
Vgl.: Fabulierer.

Fabulierer = Fabulant

Fachidiot
(soll von Karl Marx stammen, ist aber wahrscheinlich erst 1966 von Studenten der Freien Universität Berlin geprägt worden) *verächtlich für einen Menschen, insbesondere einen Wissenschaftler, dessen Kenntnisse und Interessen sich auf sein Fachgebiet beschränken.* Der Begriff ist zu einem feststehenden Schlagwort der politischen Linken geworden.
Vgl.: Fachegoist, → Idiot.

Fachsimpel (Fachsimpler)
(aus „fachsimpeln" gebildet) *abschätzig für einen Menschen, der sich auch privat nur über Belange seines Faches, Berufes unterhält (und andere dadurch anödet).*
Vgl.: → -ler, → Simpel.

fade Nocken (fade Nocke)
in Süddeutschland und Österreich abschätzig für eine langweilige, griesgrämige (weibliche) Person.
Vgl.: fader Zipf (bayrisch-österreichisch: fader Kerl), → Nocken (Nocke).

Fadian
(zu „fade" = reizlos, schal; langweilig) *österreichisch für einen faden, langweiligen Menschen.*
Vgl.: Fadinger, Fadist, → -ian (-jan).

fahrendes Volk
1. eine veraltete geringschätzige Bezeichnung für Schausteller, Wandergewerbetreibende, Landstreicher o.ä. 2. leicht spöttisch für Autofahrer.
Vgl.: Fahrebund (dem „Vagabund" nachgebildet: Landstreicher), → Volk, → -volk.

Faiseur
(eigentlich = Macher, zu französisch „faire" = machen) *veraltet für einen Anstifter oder Missetäter.*

Faktotum
(aus lateinisch „fac totum" = mache alles!) *oft geringschätzig für 1. ein „Mädchen für alles", einen Menschen, der für allerlei untergeordnete Arbeiten zuständig ist. 2. einen älteren, etwas sonderbaren Menschen.*

Fall s. hoffnungsloser Fall

Fallensteller
(eigentlich jemand, der Tiere in Fallen fängt) *eine seltene abschätzige Bezeichnung für eine Person, die anderen Fallen stellt, sie hereinlegen will.*

Fallobst
(eigentlich das Obst, das von selbst vom Baum gefallen ist) *im Jargon des Boxsports*

abfällig für einen Boxer, Boxgegner, der chancenlos ist, schnell zu Boden geht; auch mehrere können damit gemeint sein.

Falott (Fallot)

(zu französisch „falot" = lustiger Mensch) *österreichisch für einen Gauner, Betrüger.* Karl Kraus schrieb in DIE LETZTEN TAGE DER MENSCHHEIT: „Ein verwesender Staat exportiert seine Fäulnisprodukte, Falloten und Diplomaten, Schieber und Schreiber", und in der FACKEL über den Kaiser Franz Joseph: „dieser alte Staatsfallot".

falsche Katze

abschätzig für eine unaufrichtige, schmeichlerische (weibliche) Person).

Vgl.: → Katze.

falsche Schlange

(von der christlichen Symbollehre ausgehend, in der die Schlange als Versucherin und als Verkörperung des Teufels auftritt) *verächtlich für eine verräterische, hinterlistige, verlogene Frau.*

Vgl.: → Schlange.

falscher Bruder

(nach der Bibel, 2. Korintherbrief 11,26, wo der Apostel Paulus von der Gefahr „durch falsche Brüder" spricht) *abfällig für einen hinterhältigen, betrügerischen Mann.*

Vgl.: → Bruder, → -bruder.

falscher Freund

abschätzig für einen Menschen, der „freundlich" ist, sich als Freund ausgibt, aber in Wirklichkeit keiner ist. „Feldpost, Flips & falsche Freunde", so stabreimte DIE WOCHE im Januar 1996 zum Beginn des deutschen Nato-Einsatzes in Bosnien.

Vgl.: → Scheinfreund.

falscher Fuffziger

(ursprünglich ein gefälschtes Fünfzigpfennigstück; wahrscheinlich in Berlin aufgekommen) *abfällig für einen falschen, unaufrichtigen Kerl, einen unehrlichen heuchlerischen Menschen.*

falscher Hund

verächtlich für einen heimtückischen, unehrlichen, unzuverlässigen Mann.

Vgl.: → Hund.

falscher Prophet

(beruht auf einer Bibelstelle aus Matthäus 7,15, in der Jesus spricht: „Sehet euch vor vor den falschen Propheten, die in Schafskleidern zu euch kommen, inwendig aber sind sie reißende Wölfe") *abschätzig für jemanden, der falsche Behauptungen aufstellt, nicht vertrauenswürdig ist.* Das Zeitalter der „falschen Propheten" habe eben erst begonnen, prophezeite der SPIEGEL im Anschluß an eine Besprechung des Buches SCHARLATANE (1994) von Gregor Eisenhauer.

falscher Siebzehner

(nach den früheren Siebzehnkreuzerstükken in Österreich, die oft fälschlich für Zwanzigkreuzermünzen ausgegeben wurden) *österreichisch veraltet für einen falschen, hinterlistigen Menschen.* In einer Frauenarie aus dem romantischen Märchen DER PREIS EINER LEBENSSTUNDE (Musik: Josef Lanner, Text: Karl Meisl), das 1836 uraufgeführt wurde, heißt es:

> „Die flatternden Männer,
> Die falschen Siebzehner,
> Sie wissen zu schwören,
> Um uns zu betören ..."

Fälscher

meist abschätzig für eine Person, die etwas fälscht, täuschend echt nachmacht und für echt ausgibt; selten auch für einen Heiratsschwindler.

Vgl.: → Geschichtsfälscher, Verfälscher, Weinfälscher.

Falschmünzer

(eigentlich jemand, der Falschgeld herstellt) *abwertend für jemanden, der etwas Falsches, Wertloses für echt ausgibt, einen Betrüger, Hochstapler: ein politischer, künstlerischer, literarischer Falschmünzer.*

Falschspieler
abfällig für jemanden, der beim Spiel betrügt; oft übertragen verwendet; auch für einen Musiker, der falsch spielt. Von Gerd Schmalbrock gibt es das Buch DIE POLITISCHEN FALSCHSPIELER (1978). Der damalige SPD-Vorsitzende Rudolf Scharping sei ein „Falschspieler", ließ sich im November 1994 der frischgebackene deutsche „Zukunftsminister" Jürgen Rüttgers von der CDU vernehmen.
Vgl.: Linkspieler, → Spieler.

Falstaff
(nach dem Namen einer komischen Dramenfigur bei Shakespeare; bekannt geworden jedoch vor allem durch Otto Nicolais Oper DIE LUSTIGEN WEIBER VON WINDSOR von 1849) *bildungssprachlich für einen fetten Prahler oder Schemmer.*

Familie Neureich
spöttisch-abschätzig für eine typisch neureiche, primitive, protzige Familie.
Vgl.: die Neureichs, Frau Neureich, Fräulein Neureich, Herr Neureich, → Neureicher.

Familie Raffke
verächtlich für eine raffgierige, ungebildete Familie.
Vgl.: Frau Raffke, Herr Raffke, → Raffke.

Familienclan
oft ironisch oder geringschätzig für eine Familie, die samt entfernter Verwandtschaft als → Clan in Erscheinung tritt.

Fan
(aus gleichbedeutend englisch-amerikanisch „fan", gekürzt aus „fanatic" = Fanatiker) *außerhalb der Bereiche Jugendsprache, Sport und Showbusiness meist spöttisch-ironisch für einen begeisterten Anhänger, Verehrer einer Person oder Personengruppe, seltener einer Sache.* Das Wort wird meistens in Zusammensetzungen verwendet.
Vgl.: Fan-Gemeinde.

-fan
(Zusammensetzungen mit Personennamen werden mit Bindestrich geschrieben) *spöttisch-ironisch für einen → Fan einer bestimmten Person, Gruppe (oder Sache), oft eines Idols.* Wortverbindungen in den typischen Feldern des Fankults, z.B. „Fußballfan", „Madonna-Fan", „HSV-Fan", wirken weitgehend wertneutral. Manchmal wird das Wortbildungsmittel „-fan" anstelle des genaueren „-freak" verwendet, etwa „Waffenfan" anstatt „Waffenfreak". Im SPIEGEL (August 1994) wurde der deutsche Fußballbundestrainer Berti Vogts als „bekennender Kohl-Fan" vorgestellt. Broder Carstensens ANGLIZISMEN-WÖRTERBUCH (1993ff.) nennt an Belegen aus Zeitungen und Zeitschriften u.a.: Adenauer-Fan (1962), Christus-Fan (1962), Küng-Fan (1978), Mao-Fan (1967), Papst-Fan (1970), Shakespeare-Fan (1964), Strauß-Fan (1970), Ulbricht-Fan (1969).
Vgl.: → -freak, Modefan, → -narr.

Fanatiker
(zu lateinisch „fanaticus" = von der Gottheit ergriffen, rasend, begeistert) *abwertend für jemanden, der in blindem Eifer, unduldsam, dogmatisch Ideen, eine Überzeugung verficht: ein politischer, wilder, blinder, religiöser Fanatiker.*

-fanatiker
abfällig oder spöttisch für einen → Fanatiker im Hinblick auf den Gegenstand seines Fanatismus, meist einen Wert oder vermeintlichen Wert.
Vgl.: → -apostel, → -fetischist, → Fortschrittsfanatiker, Frischluftfanatiker, → Fußballfanatiker, → Gerechtigkeitsfanatiker, → Gesundheitsfanatiker, Glaubensfanatiker, Hi-Fi-Fanatiker (selten), Ordnungsfanatiker, Pünktlichkeitsfanatiker, → Rassenfanatiker, Reinlichkeitsfanatiker, Sauberkeitsfanatiker, Sicherheitsfanatiker, Sparsamkeitsfanatiker, → Sportfanatiker, Wachstumsfanatiker, → Wahrheitsfanatiker.

Fanfaron
(aus gleichbedeutend französisch „fanfaron") *veraltet für einen Prahler, Großsprecher.*

Fangzahn
(eigentlich ein Eckzahn bei Haarraubwild und Hund) *jugendsprachlich veraltend für ein unnahbares, arrogantes Mädchen.*

Fant
(aus norddeutsch „Fent“ = Knabe, vermischt mit italienisch „fante“ = Knabe, Knecht) *abschätzig für einen unreifen, jungen Burschen.*
Vgl.: → Fent.

Farbenkleckser
spöttisch-abschätzig für einen Maler, Tüncher, Kunstmaler.
Vgl.: Farbkleckser (Variante), → Kleckser.

Farbkasten
(eigentlich ein Malkasten) *spöttisch, auch abschätzig für eine stark geschminkte weibliche Person.*
Vgl.: Farbkübel, Malkasten, → Tuschkasten.

Farceur
(zu „Farce“ = Posse) *eine veraltete, oft abschätzig verwendete Bezeichnung für einen Possenreißer, Spaßmacher.*

Faschist
(zu italienisch „fascio“ = Rutenbündel, das zusammen mit einem Beil als altes römisches Herrschaftssymbol vom Faschismus übernommen wurde) *meist abfällig für einen Anhänger oder Vertreter des Faschismus, einer rechtsradikalen, antidemokratischen, autoritären politischen Bewegung.* Im Wahljahr 1994 griff die deutsche CDU Kurt Schuhmachers Schmähung der Kommunisten als „rotlackierte Faschisten“ wieder auf. Im selben Jahr versprach der Ministerpräsident Bayerns Edmund Stoiber: „Den Faschisten Schönhuber nagele ich in jeder Veranstaltung immer wieder an die Wand.“ Der Schriftsteller Martin Walser gebrauchte 1993 für rechtsradikale Skinheads den Ausdruck „Kostümfaschisten“.
Vgl.: → Erzfaschist, Faschistensau (derb abwertend, linker Politjargon), Hitlerfaschist (selten), → -ist, → Linksfaschist, → Neofaschist, Ökofaschist.

Fascho
(kurz für „Faschist“) *vorwiegend jugendsprachlich für einen → Faschisten, besonders einen → Neofaschisten.* „Neonazis, die in der DDR Faschos heißen ...“ (FREIE PRESSE, Februar 1990).

Faseler (Fasler)
abfällig für jemanden, der faselt, der wirr, unsinnig, ungenau und weitschweifig daherredet oder schreibt.
Vgl.: Faselarsch, Faselkopp, Faselmeier, Faselstrippe, → -ler.

Faselfritze = Faselhans

Faselhans
abfällig oder als Tadel für eine männliche Person, die (oft) faselt.
Vgl.: Faselfritze, Faselhannes (Variante), → Hans, → -hans.

Faselliese
abfällig oder als Tadel für eine weibliche Person, die (oft) faselt.
Vgl.: → Liese, → -liese.

Faseltante
abfällig für eine Frau, die (oft) faselt, dummes Zeug redet.
Vgl.: → Tante, → -tante.

Faß
spöttisch, auch abschätzig für einen sehr dikken Menschen.
Vgl.: → Bierfaß, Faß ohne Boden (Trinker), Fäßchen, wandelndes Faß, → Weinfaß.

Fasselreiter
(man stellt sich die betreffende Person auf einem Faß reitend vor) *vorwiegend österreichisch für einen Menschen mit O-Beinen.*

Fatalist
(zu lateinisch „fatum“ = Götterspruch; Schicksal; Verhängnis) *oft abschätzig für eine Person, die sich ergeben und passiv in ihr (vermeintliches) Schicksal fügt.*
Vgl.: → -ist.

Fatzke
(zu veraltet „fatzen“ = necken, verspotten; mit der für Berlin typischen Verkleinerungsendung „-ke“) *Schimpfwort für eine dünkelhafte, eitle (männliche) Person: ein arroganter, eitler, eingebildeter, alberner Fatzke.* „Es wäre an der Zeit, diesen spinneten Fatzken mal gründlich zurechtzustauchen ...“

(Wolfdietrich Schnurre: ALS VATERS BART NOCH ROT WAR, 1958).
Vgl.: → Appelfatzke, Gehirnfatzke (eitel; Intelligenzler), Geldfatzke, → Hannefatzke, → Hirnfatzke, Mordsfatzke (Steigerung), → Patentfatzke, Stadtfatzke (Städter).

faule Sau
derb abwertend für 1. eine sehr faule, träge Person. 2. einen unfairen Sportler bei Mannschaftswettbewerben, insbesondere beim Fußball.
Vgl.: faules Schwein, → Sau, stinkfaule Sau (sehr arbeitsträge).

faule Trine
als Tadel oder abwertend für eine träge, faule weibliche Person.
Vgl.: faules Geschöpf, faules Luder, → Trine.

Faulenzer
Schimpfwort für einen faulen Menschen, Müßiggänger. Ein Sprichwort:
„Der Faulenz und der Lüderli
sind zwei gleiche Brüderli."
Vgl.: Erzfaulenzer.

fauler Hund
derb abwertend für einen trägen, arbeitsscheuen Menschen.
Vgl.: → Hund.

fauler Knochen
abfällig für einen faulen, arbeitsscheuen Kerl.
Vgl.: → Knochen.

fauler Kunde
abfällig für 1. einen säumigen Schuldner, schlechten Zahler. 2. einen unzuverlässigen, zwielichtigen Menschen.
Vgl.: → Kunde.

fauler Sack
salopp abwertend oder verächtlich für einen faulen Kerl, trägen Menschen. Im Juni 1995 sagte der niedersächsische Ministerpräsident Gerhard Schröder gegenüber einer Schülerzeitung über die Lehrer: „Ihr wißt doch ganz genau, was das für faule Säcke sind." Aber nach einem Sturm der Entrüstung mußte er sich entschuldigen.
Vgl.: fauler Stinker (fränkisch), Faulsack, → lahmer Sack, müder Sack, → Sack.

fauler Strick
abfällig für einen faulen Menschen.
Vgl.: → Strick.

faules Aas
derb abwertend für einen faulen Menschen, Nichtstuer.
Vgl.: → Aas.

faules Stück
abfällig für eine faule, träge, nachlässige (weibliche) Person.
Vgl.: faules Möbel (träger Mann), → Stück.

Faulpelz
(ursprünglich eine Bezeichnung für die Schimmelschicht, die sich auf verfaulten Stoffen bildet) *ein Schimpfwort für einen sehr faulen, trägen Menschen oder einen Arbeitsscheuen.* „Ein Faulpelz ist des Teufels Kopfkissen", sagt ein Sprichwort.
Vgl.: Faultier.

Faulsack = fauler Sack

Faultier = Faulpelz

Faun
(ursprünglich ein altrömischer Feld- und Waldgott mit Hörnern und Bocksfüßen, später in Kunst und Literatur als lüsterner Waldgeist) *in gehobener Sprache abschätzig für einen Lüstling, triebhaften Menschen.*

Faxenmacher
meist geringschätzig für jemanden, der Unsinn treibt, Grimassen schneidet, Witze reißt. Ein hämischer Kommentar des SPIEGEL zu Rudolf Scharpings politischer Deutschland-Tournee im Sommer 1995: „Scharping diniert mit dem Faxenmacher Ron Williams."
Vgl.: Faxenheini, Faxenheinrich, Faxenheinz (beides selten), → -macher.

Fechtbruder
(nach den früheren wandernden Handwerksburschen, die gegen Bezahlung ihre Fechtkünste vorführten) *abschätzig für einen Bettler, bettelnden Landstreicher.*
Vgl.: → Bruder, → -bruder, Fechter, Fechtmajor (selten), → Klopffechter.

Fechter = Fechtbruder

Fecker
(zu „feken" = klauen, Kleinigkeiten stehlen) *schweizerisch für einen Landstreicher, Vagabunden.*

Federfechter = Federfuchser

Federfuchser
(ursprünglich wohl ein übergenauer Schreiber) *abfällig für 1. einen kleinlichen, pedantischen Menschen. 2. einen schlechten Schriftsteller.*
Vgl.: Federfechter.

Federhalterstemmer
(nach dem früheren Schreibwerkzeug der Büroangestellten) *spöttisch-abschätzig für einen Beamten, Büroangestellten, vor allem im Hinblick auf seine geringen Körperkräfte.*
Vgl.: Bleistiftstemmer, Federhalterakrobat (selten), Handkäsestemmer (hessisch: Gernegroß).

Federheld
eine veraltete spöttische oder abschätzige Bezeichnung für einen Schriftsteller.
Vgl.: → „Held", → -held, „Held der Feder".

Federvieh
(meint eigentlich Geflügel) *spöttisch, auch verächtlich für Schriftsteller, Journalisten u.dergl.* Als Bismarck 1860 die deutsche Presse als „einfältiges Federvieh" kritisierte, gab es einen Skandal.
Vgl.: → Vieh.

Fegefeuer
(nach katholischer Lehre der Ort der Läuterung, in dem die Verstorbenen ihre läßlichen Sünden abbüßen, bevor sie in den Himmel dürfen) *in den Mundarten ein weitverbreitetes Schimpfwort für eine temperamentvolle oder auch bösartige Frau.* In einem alten Sprichwort heißt es dazu: „Der ein böses Weib hat, der hat sein Fegefeuer im Hause."

Fegeisen
(wohl eine Verschmelzung aus „Zankeisen" und „fegen") *ein oberdeutsches Scheltwort für ein böses Weib oder eine liederliche Herumtreiberin.*
Vgl.: → Zankeisen.

Feger
ein sehr vielseitiges und häufiges mildes Schimpf- und Scheltwort für 1. ein wildes, ungestümes Kind. 2. einen frechen Burschen; Schürzenjäger. 3. ein leichtes Mädchen, eine mannstolle Frau. 4. eine herrschsüchtige, zänkische Frau. 5. einen Verschwender. Zu der letztgenannten Bedeutung gibt es die plattdeutsche Weisheit: „Op'n Heger kümmt en Feger!" (Auf einen Sparer kommt ein Verschwender).
Vgl.: Fegbesen (wildes Mädchen), flotter Feger (liederliches Mädchen), geiler Feger (kaum abwertend), Handfeger, heißer Feger (jugendsprachlich: eher anerkennend), wildgewordener Handfeger.

Fegnest
(zu mundartlich „fegen" = reiben; unruhig sein) *ein schweizerisches Scheltwort für einen unruhigen, zappeligen Menschen, besonders ein Kind.*

Feierabend-
spöttisch-ironisch für eine Person, die etwas nicht beruflich, sondern nur nebenher und damit weniger gut betreibt. Seltener, aber mit der gleichen Bedeutung sind Zusammensetzungen mit „Freizeit-". So bekam der Fernsehmoderator Ulrich Wickert wegen seiner erbaulichen Bücher vom SPIEGEL (November 1994) das Etikett „Freizeitphilosoph" umgehängt.
Vgl.: → Amateur-, Feierabenddichter, Feierabendkapitän, Feierabendkicker, Feierabendlyriker, Feierabendpolitiker, Feierabendterrorist, Freizeit-, → Hobby-, → Sonntags-.

Feige
(eigentlich die Frucht des Feigenbaumes; übertragen auch die Vulva und von daher die Frau) *derb abwertend für eine weibliche Person, besonders für eine Hure.*
Vgl.: → Lettfeige.

feiger Hund
1. verächtlich für einen Feigling. 2. seltener im Sprachgebrauch von Kindern und Schü-

lern abfällig für einen unkameradschaftlichen Jungen.
Vgl.: feige Sau, → Hund.

Feigling
1. ein starkes Schimpfwort für einen feigen Menschen: ein erbärmlicher, elender Feigling. 2. vor allem schülersprachlich abfällig für einen Spielverderber, einen unkameradschaftlichen Mitschüler. Nach Ambrose Bierce (1842 – 1914), einem amerikanischen Schriftsteller und Journalisten, ist ein Feigling „jemand, der bei Gefahr mit den Beinen denkt". Gegenüber der Deutschen Presse-Agentur gab im November 1994 der Schriftsteller Wolf Biermann zu Protokoll, sein Kollege Stefan Heym sei „immer ein großer Feigling" gewesen.
Vgl.: Feigherz (selten), → -ling.

Feilscher
oft abschätzig für jemanden, der hartnäckig und kleinlich um den Preis handelt.

-feind
abschätzig für eine Person mit einer feindseligen Einstellung gegenüber zentralen Werten, vor allem auf politischem oder moralischem Gebiet. Von den Konservativen ihrer Zeit wurden die frühen Sozialdemokraten als „Reichsfeinde" beschimpft.
Vgl.: Christenfeind (veraltet), Fortschrittsfeind, → Friedensfeind, Glaubensfeind, → Klassenfeind, Kulturfeind, Kunstfeind, → Menschenfeind, Verfassungsfeind, → Volksfeind, → Weiberfeind.

feiner Hund
oft spöttisch für einen gutgekleideten, sich vornehm gebenden Mann; seltener ironisch für einen niederträchtigen Kerl.
Vgl.: → Hund.

feiner Maxe (feiner Max)
salopp, meist abschätzig für einen geckenhaften Mann, der vornehm tut.

feiner Pinkel
spöttisch-abschätzig für einen Mann, der sich als feiner, vornehmer Herr aufspielt.
Vgl.: feiner Popel (selten), → Pinkel, → vornehmer Pinkel.

feines Aas
meist geringschätzig für einen betuchten, hochnäsigen, vornehmen oder sich vornehm gebenden Menschen; auch anerkennend.
Vgl.: → Aas, feines Luder, vornehmes Aas.

Feistling
abfällig für einen widerlich dicken, fetten Menschen.
Vgl.: → -ling.

(Feld-)Wald-und-Wiesen-
(auch in der Schreibweise „Feld-, Wald- und Wiesen-") *leicht abwertend für jemanden, der in der genannten Funktion nichts besonderes kann oder hat, sondern durchschnittlich ist.*
Vgl.: → Allerwelts-, Feld-Wald-und-Wiesen-Advokat, Feld-Wald-und-Wiesen-Anwalt, Feld-Wald-und-Wiesen-Arzt, Feld-Wald-und-Wiesen-Maler, Feld-Wald-und-Wiesen-Wissenschaftler.

Feld-Wald-und-Wiesen-Dichter
geringschätzig für einen unbedeutenden und nicht charakteristischen Dichter, für einen, der nur Allerweltspoesie verfaßt.
Vgl.: Feld-Wald-und-Wiesen-Schriftsteller, Wald-und-Wiesen-Dichter.

Feld-Wald-und-Wiesen-Doktor
meist geringschätzig für einen praktischen Arzt (der nicht viel kann).
Vgl.: Feld-Wald-und-Wiesen-Arzt, Wald-und-Wiesen-Arzt, Wald-und-Wiesen-Doktor.

Feldwebel
(eigentlich ein militärischer Dienstgrad) *abschätzig für 1. eine energische, herrschsüchtige Frau, Ehefrau. 2. einen groben, barsch erscheinenden Menschen.* „Le Feldwebel" war ein kaum schmeichelhafter Beiname, den Helmut Schmidt während seiner Amtszeit als deutscher Bundeskanzler, wohl wegen seines zackigen Auftretens, in der französischen Presse erhielt.
Vgl.: → Karbolfeldwebel.

Fellow-traveller
(englisch; eigentlich = Reisegefährte, Mitreisender) *selten für einen politischen Mitläufer.*

Femme fatale
(französisch; wörtlich: verhängnisvolle Frau) *eine bildungssprachliche, auch abschätzig gebrauchte Bezeichnung für eine verführerische, extravagante, charmante Frau, die ihren Partnern leicht zum Verhängnis wird; oft auch anerkennend.* Die „Femme fatale" ist ein häufiger Frauentyp in Romanen und Filmen.

Fent
norddeutsch für einen Burschen, Kerl; abschätzig oder auch anerkennend.
Vgl.: → Fant, fiese Fent.

Ferkel
(eigentlich ein junges Hausschwein) *ein derbes Schimpfwort für 1. einen schmutzigen oder etwas beschmutzenden Menschen. 2. jemanden, der sich unanständig benimmt.*
Vgl.: altes Ferkel, → Dreckferkel, Ferkelskerl (widerlich), → Schwein, → Schweinchen.

Ferkelchen
abgemildert aus → Ferkel; auch als kosende Schelte, vor allem Kindern gegenüber.
Vgl.: → -chen (-lein), kleines Ferkel.

Ferkelstecher
landschaftlich selten für einen Winkeladvokaten. Im Altfrankfurterischen sind „Ferkelstecher" auch schmutzige Kinder.

Fernsehmuffel
leicht abwertend für jemanden, der nicht gerne fernsieht, das Fernsehen ablehnt (und andere dadurch ärgert oder stört).
Vgl.: → Muffel, → -muffel, Telemuffel.

Fetischist
(eigentlich ein Terminus aus der Psychopathologie zur Bezeichnung eines Menschen, dessen sexuelles Interesse auf bestimmte Gegenstände fixiert ist) *meist abschätzig für eine Person, die bestimmten Dingen oder Themen eine übertriebene Bedeutung beimißt, sie gewissermaßen verehrt.* Das Wort wird fast immer in Zusammensetzungen verwendet.
Vgl.: Fetischdiener, → -ist.

-fetischist
abschätzig für einen → Fetischisten in bezug auf das Objekt seiner Fixierung.
Vgl.: → -apostel, → -fanatiker, → -freak, Notenfetischist (überbewertet Zeugnisnoten), Quotenfetischist (überbewertet TV-Einschaltquoten), Wachstumsfetischist, Warenfetischist, Zahlenfetischist.

Fett-
verächtlich für einen fetten Menschen, ein dickes Kind.
Vgl.: Fettauge (selten), Fettbacke, Fettbolzen (schlesisch), Fetthammel, Fettmolch, Fettmoppel, Fettwampe, Fettwanze.

Fettarsch
derb abwertend für eine dicke Person, besonders eine mit einem auffallend fetten Gesäß.
Vgl.: → Arsch, → -arsch, → Dickarsch, Fettbacke.

Fettbauch = Fettwanst

fettes Schwein
derb abwertend für einen widerlich fetten und unsympathischen Menschen.
Vgl.: fette Sau, → Fettsau, → Fettschwein, → Schwein.

Fettfleck
eine seltene abschätzige Bezeichnung für einen dicken Menschen.

Fettkloß
abfällig für einen dicken, massigen Menschen.
Vgl.: Fettklumpen, → Fleischkloß, → Kloß.

Fettklumpen = Fettkloß

Fettmops
abfällig für einen dicken, kleinen Menschen.
Vgl.: → Dickmops, fetter Mops, Fettmoppel, → Mops.

Fettsack
derb abwertend für einen unsympathischen, dicken Menschen.
Vgl.: → Dicksack, fetter Sack, → Sack, → -sack.

Fettsau
(eigentlich ein Mastschwein) *verächtlich für einen widerlich dicken, fetten Menschen.*

Vgl.: fette Sau, Fettschwein, Mastsau, → Sau, → -sau.

Fettschwein = Fettsau

Fettwanst
derb abwertend für eine fette, dickbäuchige Person. Der Schriftsteller Reinhard Lettau höhnte 1995 in einem Gespräch mit der Zeitschrift KOMMUNE über etablierte Linke: „die westdeutschen Fettwänste mit ihren dazugehörigen Quotenfrauen".
Vgl.: → Dickwanst, Fettbauch, Fettwampe (selten), Schmerwanst, → Speckwanst, → Wanst.

Fetz
(zu „Fetzen") *ein besonders süddeutsches Schimpfwort für einen gerissenen, gemeinen Menschen, Gauner.* Vor allem im Schwäbischen gibt es eine Reihe von Verstärkungen des „Fetz", beispielsweise „Herrgottsfetz" oder „Malefizfetz".
Vgl.: Granatenfetz (schwäbische Steigerung), Saufetz (Steigerung).

Fetzen
(eigentlich ein Lumpen, ein abgerissenes Stück Stoff, Papier o.ä.) *vor allem süddeutsch und österreichisch abfällig für 1. ein liederliches, schlampiges Weib. 2. einen niederträchtigen, gemeinen Menschen.*
Vgl.: Fetzenkerl, Fetzenlump (beides schwäbisch), Kasernenfetzen (Soldatenhure), → Pestfetzen.

Fetzenschädel
ein grobes österreichisches Schimpfwort für einen Dummkopf.
Vgl.: → -schädel.

Feuerkopf
abschätzig für einen aufbrausenden Menschen; Hitzkopf.
Vgl.: → -kopf (-kopp).

Feuerlöscher
(eigentlich ein tragbares Feuerlöschgerät) *jugendsprachlich veraltend für ein langweiliges, reizloses Mädchen.*

Feuermelder
(eigentlich ein „feuerrot" gefärbtes Feueralarmgerät, das durch Einschlagen einer Glasscheibe und Drücken eines roten Knopfes auszulösen ist) *abfällig für einen rothaarigen und unsympathischen Menschen.*
Vgl.: Feuermeldergesicht (Mensch mit einem Gesicht, in das man hineinschlagen möchte).

Feuerrüpel
eine vorwiegend sächsische Handwerkerschelte für einen Schornsteinfeger.
Vgl.: → Rüpel.

Feuerteufel
1. meist abwertend für einen Brandstifter. 2. landschaftlich abschätzig für eine jähzornige Person oder eine sehr energische, unfreundliche Frau.
Vgl.: → Teufel, → -teufel.

Feuilletonist (Feuilletonschreiber)
(eigentlich weitgehend wertneutral für einen Verfasser von Feuilletons, von kulturellen, literarischen oder unterhaltsamen Beiträgen in Zeitungen) *meist geringschätzig für einen oberflächlich, halbwissenschaftlich schreibenden Autor.* „Schopenhauer und Nietzsche wurden mir angesichts seiner (Kants) erhabenen Größe zu bloßen philosophischen Feuilletonisten" (Ernst Niekisch: GEWAGTES LEBEN, 1958).
Vgl.: Feuilletonschreiberling, → -ist, → Schreiber.

Fex
(gekürzt aus älter „Narrifex", Wörtern wie Pontifex nachgebildet) *süddeutsch und österreichisch abschätzig für einen Narren oder jemanden, der in etwas vernarrt ist.* Mozart schrieb an die Kammerjungfer Rosalie Joly ein Gedicht mit den Schlußzeilen:

> „und auch — auweh, auweh, es schlägt iust sex,
> und wers nit glaubt der ist — der ist — ein fex."

Vgl.: → Alpenfex, → Bergfex, Bildungsfex, Firlefex (selten: Angeber), Modefex, Spontifex (Wortspiel zu „Pontifex": → Sponti), Theaterfex, → Versifex.

Ficker
(zu derb „ficken" = koitieren, einer Intensivbildung zu „fegen" im Sinn von hin und her bewegen) *eine vulgäre verächtliche Be-*

zeichnung für 1. einen Mann, der Geschlechtsverkehr hat. 2. einen Mann, dessen Hauptinteresse dem Geschlechtsverkehr gilt. 3. einen jungen Mann, der für eine Frau nur die Funktion eines Beischläfers hat.

Vgl.: → Arschficker, Faustficker (Onanist), Fickding (selten: intime Freundin), Fickhengst, → Hühnerficker, → Kinderficker, → Nabelficker, Ziegenficker.

Fickerich

(zu mundartlich „fickerig" = unruhig, zappelig) *landschaftlich abschätzig für einen nervösen, zappeligen Kerl.*

Vgl.: → -erich (-rich).

Fickfacker

(zu „fickfacken", einer ablautenden Wiederholung zu „ficken", vergleichbar „Bimbam" oder „Zickzack") *ein Schimpfwort für einen unzuverlässigen Menschen, Aufschneider.*

Fidschi

(eigentlich ein Inselstaat im Südpazifik) *in der DDR und den neuen deutschen Bundesländern verächtlich für einen (in Deutschland lebenden) Vietnamesen.*

Fiedler

(früher ein Musikant in Gaststätten; zu „Fiedel" = scherzhaft oder abwertend für eine Geige) *abschätzig für einen Geiger, schlechten Geiger.*

Vgl.: → -ler.

fiese Möpp

(„Möpp" ist eigentlich ein Mops oder mopsähnlicher kleiner Hund) *westdeutsch für einen widerlichen Menschen, Fiesling.*

Vgl.: fieser Hund, fieser Möpp (Variante), Möpp, → Mops.

Fiesel

(beeinflußt von „fies") *1. Schimpfwort für einen Geizhals. 2. abfällig für einen Zuhälter oder Strichjungen. 3. ein allgemeines Schimpfwort.*

Vgl.: → Kniefiesel, Ochsenfiesel (grober Kerl).

fieser Ami

(aus französisch „ami" = Freund) *vorwiegend westdeutsch abfällig für einen unsympathischen, charakterlosen Mann.*

Fiesling

Schimpfwort für einen widerlichen, abstoßenden Menschen.

Vgl.: fiese Type, fieser Hund, fieser Kerl, fieser Typ, → -ling.

Figaro

(nach der gleichnamigen Bühnenfigur in Beaumarchais' Lustspiel DER BARBIER VON SEVILLA und Mozarts Oper DIE HOCHZEIT DES FIGARO) *eine scherzhafte, oft leicht spöttische Bezeichnung für einen Frisör.*

Figur

salopp-abschätzig für eine (männliche) Person: eine undurchschaubare, merkwürdige, unsympathische, lächerliche, komische, miese, traurige Figur. 1809 beschrieb Joseph von Eichendorff in seinem Tagebuch den Philosophen Johann Gottlieb Fichte als eine „höchst komische, kleine, lahme Figur mit versoffener Nase ... und Gamaschen".

Vgl.: Jammerfigur, Randfigur (kaum abwertend), → Schachfigur, → Schießbudenfigur, schillernde Figur, schräge Figur, Wachsfigur (starr, langweilig), → Witzblattfigur, → Witzfigur, zwielichtige Figur.

Figurant

(zu lateinisch „figurare" = bilden, darstellen) *oft geringschätzig für eine Nebenfigur, einen Lückenbüßer.*

Filmdiva

oft abschätzig für eine vom Erfolg verwöhnte, berühmte, extravagante Filmschauspielerin.

Vgl.: → Diva.

Filmfritze

salopp, meist abschätzig für einen Mann, der beim Film arbeitet.

Vgl.: → Fritze, → -fritze.

Filmheini

salopp-abschätzig für einen Mann, der beim Film arbeitet.

Vgl.: → Heini, → -heini.

Filmsternchen
geringschätzig für eine junge (leichtlebige) Nachwuchsschauspielerin beim Film.
Vgl.: → -chen (-lein), Filmhäschen, → Starlet (Starlett), → Sternchen.

Filou
(französisch; vielleicht aus englisch „fellow" = Bursche) *abschätzig, oft mit widerwilliger Anerkennung, für einen Gauner, Schlaumeier, Schwerenöter.* Wilhelm Busch reimte:

„Trau keinem Filou,
Und hätt er auch beide Augen zu."

Filz
(vom Filz der Lodenkleidung des Bauern) *Schimpfwort für 1. einen geizigen, habgierigen Menschen. 2. einen groben, bäurischen Kerl.*

Filzer
abfällig für 1. einen diebischen Menschen. 2. jemanden, der andere filzt, sie kontrolliert und dabei gründlich durchsucht.

Filzlaus
(eigentlich eine Laus, die sich fast ausschließlich in der Schambehaarung des Menschen aufhält) *ein derbes Schimpfwort für 1. eine lästige, aufdringliche Person. 2. einen Menschen, über den man sich geärgert hat. 3. einen Dieb, Taschendieb.*
Vgl.: → Laus, → Sackratte.

Filzokrat
(zu „Filz" und griechisch „kratein" = herrschen; in Anlehnung an Wörter wie „Demokrat", „Bürokrat") *spöttisch-abschätzig für jemanden, der an einer Filzokratie mitwirkt, nämlich an Vetternwirtschaft, Korruption, Ämterhäufung usf.* Zum skandalträchtigen Thema „Neue Heimat" reimte 1986 im Deutschen Bundestag der konservative Abgeordnete Gerster:

„Der Mieter weint, der Bonze lacht,
Genosse Filz dies möglich macht."

Vgl.: Genosse Filz, → -krat.

Finanzaristokratie = Geldadel

Finanzhai
abfällig für einen Menschen, einen Geschäftsmann, der sich rücksichtslos bereichert.
Vgl.: → Geldhai, → Hai (Haifisch), → -hai.

Finanzhyäne
abfällig für eine Person, die skrupellos Geld und Besitz anhäuft und andere dabei unterdrückt, schädigt.
Vgl.: Geldhyäne, → Hyäne.

Finanzjongleur
geringschätzig für jemanden, der mit großen Summen riskante, fragwürdige Geldgeschäfte betreibt.
Vgl.: Devisenjongleur, Geldjongleur, Millionen-Jongleur (alle selten).

Finger s. schlimmer Finger

Fink (Finke)
1. vor allem schweizerisch für einen Schuft, unzuverlässigen Menschen. 2. kurz für Schimpfwörter wie Dreckfink.
Vgl.: → Dreckfink, → Mistfink, Rotzfink, → Schmierfink, Schmuddelfink, → Schmutzfink.

finsterer Geselle
abwertend für einen mürrischen oder unheimlichen, feindselig wirkenden Mann.
Vgl.: finsterer Bruder, finsterer Bursche, → Geselle.

Finsterling
(1788 vom deutschen Dichter Christoph Martin Wieland geprägt) *1. veraltet für einen Feind von Aufklärung und Fortschritt, einen Dunkelmann. 2. abschätzig für eine mürrische, grimmige, unheimliche (männliche) Person. 3. gaunersprachlich geringschätzig für einen Geistlichen.*
Vgl.: → -ling.

Fips
landschaftlich abschätzig für einen kleinen, unbedeutenden Menschen; selten auch für einen Frauenhelden, Luftikus.

Firlefanz
(früher eine Bezeichnung für einen lustigen Tanz; selten für eine Person) *abschätzig für*

einen unernsten, unzuverlässigen Menschen, Possenreißer.
Vgl.: → Alfanzer, Firl (schlesisch), Firlefex.

Fisch
abschätzig für einen „fischblütigen", kühlen, temperamentlosen Menschen.
Vgl.: → Blindfisch, → kalter Fisch, → kleiner Fisch, → Stockfisch.

Fischkopf
scherzhaft, oft leicht abwertend für einen Norddeutschen, norddeutschen Küstenbewohner.
Vgl.: → -kopf (-kopp).

Fischweib
(eigentlich eine Marktfrau, die Fische verkauft) *abfällig für eine grobe, kräftige oder geschwätzige Frau.* „Die Fische sind stumm, aber die Fischweiber nicht", lautet ein Sprichwort.
Vgl.: → Marktweib, → Weib, → -weib.

Fisimatentenmacher
(zu „Fisimatenten" = Ausflüchte, Umstände; Possen) *abschätzig für einen albernen, umständlichen Menschen.*
Vgl.: Fisimatenterich, → -macher.

Flabbes = Flaps (Flabbes)

Flachkopf
(zu „flach" im Sinne von seicht, banal, oberflächlich) *ein Schimpfwort für einen geistlosen, stumpfsinnigen Menschen.*
Vgl.: → -kopf (-kopp), Plattkopf (selten).

Flachlandtiroler
scherzhaft-spöttisch oder abschätzig für einen Menschen, vor allem einen Touristen in den Alpen, der sich wie ein Gebirgsbewohner kleidet (und zu benehmen versucht), obwohl er in den Bergen fremd ist.
Vgl.: Flachlandindianer (selten: Nichtbergsteiger), → Salontiroler, Taunustiroler (hessisch: wie ein Bergsteiger gekleideter Taunuswanderer).

Flachwichser
ein vulgäres jugendsprachliches Schimpfwort für einen dummen, großmäuligen oder einfach nur unsympathischen Menschen.
Vgl.: → Wichser, → -wichser.

Flaneur
(aus gleichbedeutend französisch „flâneur") *bildungssprachlich oft abschätzig für einen kultivierten Müßiggänger.*

Flapper, der
(aus gleichbedeutend englisch-amerikanisch „flapper", zu „to flap" = flattern) *meist leicht abwertend für ein junges Mädchen, das betont selbstbewußt und burschikos auftritt.*

Flaps (Flabbes)
(wohl zu „Flappe" = Mund, schiefer Mund; Schmollmund) *Schimpfwort für einen unreifen, flegelhaften jungen Menschen, frechen Kerl.*
Vgl.: Flappmann (Ruhrgebiet), Flappohr.

Flasche
ein grobes Schimpfwort für einen unfähigen Menschen, Versager, vor allem beim Sport. „Nur Flaschen müssen immer voll sein!" war 1995 der Slogan einer Plakataktion gegen Alkoholismus.
Vgl.: Flaschenspieler (schlechter Fußballspieler).

Flaschenkopf
abfällig für einen Tölpel, Versager. 1981 sagte Herbert Wehner von der SPD zum CSU-Politiker Riedl aus München: „Sie verwechseln wohl den Bundestag mit der Oktoberwiesn, Sie Flaschenkopf!"
Vgl.: → -kopf (-kopp).

Flattergeist
abschätzig für einen unruhigen, unsteten, unaufmerksamen Menschen.
Vgl.: Flatterich, Flatterwisch (selten).

Flattermann
abfällig für einen nervösen, unsteten Mann. „... ein Flattermann, der plötzlich nicht mehr weiß, wohin mit den Händen" (SPIEGEL, Februar 1976).
Vgl.: Flatterheini (ängstlich), → -mann.

Flatteur
(aus gleichbedeutend französisch „flatteur"; seltene weibliche Form: Flatteuse) *veraltet für einen Schmeichler.*

Flaumacher = Miesmacher

Flausenmacher
(zu „Flause" = närrischer Einfall, Ausrede; eigentlich = Fadenende, Wollflocke, Fluse) *abschätzig für einen Possenreißer, Spaßmacher oder einen unzuverlässigen Menschen.*
Vgl.: → -macher.

Fläz
ein Schimpfwort für einen Lümmel, Flegel, ungehobelten Burschen.

Fledderer
(zu gaunersprachlich „fladern" = waschen; ausplündern; weibliche Form: Fledderin) *eine seltene abfällige Bezeichnung für jemanden, der andere, vor allem Wehrlose, Schlafende, Tote, ausraubt, ausnimmt.*
Vgl.: → Leichenfledderer.

Flederwisch
(eigentlich ein Federbüschel zum Staubfegen) *abfällig für einen unruhigen, oberflächlichen, leichtsinnigen Menschen, besonders ein flatterhaftes Mädchen.* In einem schwäbischen Volkslied heißt es: „Lieber will i gar koi Schätzle, als en sotte Fledrawisch".
Vgl.: Flatterwisch (seltene Nebenform).

Flegel
(ursprünglich kurz für einen Dreschflegel, ein Werkzeug zum Dreschen; dann zunächst für den Bauern nach seinem typischen Arbeitsgerät) *ein weitverbreitetes Schimpfwort für einen groben, ungezogenen Kerl ohne Manieren.* Bei Goethe stehen die Zeilen:

„Da kommt ein Flegel ihm auf den Leib,
Frißt seine Äpfel, beschläft sein Weib."

Vgl.: → Bauernflegel, Dreschflegel, → Erzflegel, Jan-Flegel (norddeutsch), → Siebensortenflegel, Sortenflegel (Variante des vorigen).

Fleischberg
meist abschätzig für einen großen, massigen Menschen.

Fleischbeschauer
(eigentlich eine Person, die amtliche Untersuchungen von Schlachtvieh und Fleisch vornimmt) *spöttisch, auch abschätzig für einen Mann, der spärlich bekleidete Frauen lüstern betrachtet, etwa im Schwimmbad; seltener für einen Musterungsarzt, Frauenarzt u.dergl.*

Fleischhacker
(eigentlich ein österreichisches Wort für den Fleischer) *in Österreich abfällig für einen groben, rohen Menschen; seltener für einen Chirurgen.*
Vgl.: → Hacker, → Metzger.

Fleischklops
meist abschätzig für einen großen, massigen Menschen. Das ZEITMAGAZIN (Mai 1995) bezeichnete Wrestling-Veranstaltungen als „Fleischklops-Marionettentheater".
Vgl.: → Klops.

Fleischkloß = Fleischklumpen

Fleischklumpen
salopp abwertend für einen unförmigen, großen, dicken Menschen.
Vgl.: Fleischkloß, Fleischklotz, Fleischkoloß (sehr groß).

Fleischkoloß = Fleischklumpen

Flenner
(weibliche Formen: Flennerin, Flenne) *geringschätzig für einen heftig weinenden, heulenden Menschen.*

Flennliese
landschaftlich als Tadel oder abschätzig für eine weinerliche weibliche Person, ein heftig weinendes Mädchen.
Vgl.: Flenne, Flennella (hessisch, selten), Flennelse (rheinisch, hessisch), Flennjule (ostdeutsch, selten), Flennsuse, Flenntante, → Liese, → -liese.

Fletsche
(wohl aus „fletschen" = den Mund breit ziehen; weinen) *abfällig für eine weinerliche oder weinende weibliche Person; auch verallgemeinernd für ein Mädchen, eine Frau.*

Flibustier
(ursprünglich ein westindischer Seeräuber in der zweiten Hälfte des 17. Jahrhunderts;

aus dem gleichbedeutenden französischen „flibustier“) *veraltet für einen Seeräuber, gesetzlosen Abenteurer.*

Flickschneider
meist abfällig für einen schlechten Schneider oder einen, der (nur) Änderungen und Reparaturen durchführt.
Vgl.: → Schneider.

Flickschuster
(früher ein Schuster für Ausbesserungsarbeiten) *abfällig für jemanden, der halbe Arbeit macht, Flickwerk liefert; Stümper.*
Vgl.: → Schuster.

Fliege
eine seltene abschätzige Bezeichnung für ein leichtes Mädchen, eine liederliche Frau.
Vgl.: → Eintagsfliege, leichte Fliege.

Fliegenbeinzähler
spöttisch-abschätzig für einen kleinlichen, pedantischen Menschen; seltener für einen Demoskopen oder Statistiker.

Fliegenfänger
spöttisch oder abschätzig für 1. einen Müßiggänger, Nichtstuer, einen Beamten oder Büroangestellten, dem man Faulheit unterstellt. 2. einen schlechten, unsicheren Fußballtorwart, der mit seinen Händen ins Leere greift, als wollte er Fliegen fangen.

Fliegengewicht
(eigentlich ein Sportler in der leichtesten Körpergewichtsklasse der Schwerathletik) *geringschätzig für einen hageren, kleinen oder unbedeutenden Menschen „ohne Gewicht“.*
Vgl.: geistiges Fliegengewicht, → Leichtgewicht.

Flintenweib
(früher eine Bezeichnung für eine Frau, die eine Flinte, eine Feuerwaffe trägt) *abfällig für eine rigorose, kämpferische, aber dabei verbissen und aggressiv wirkende Frau.* „Flintenweiber“ war auch die übliche Bezeichnung für weibliche Angehörige des sowjetischen Heeres und der feindlichen Partisanenverbände im Nationalsozialismus. „... allen voran Margarethe Schreinemakers, das Flintenweib des neudeutschen Triebjournalismus“ (SPIEGEL, Dezember 1993).
Vgl.: → Weib, → -weib.

Flippi (Flippie)
(zu „ausflippen“) *meist leicht abwertend für einen eigenwilligen, spontanen, flotten, leicht verrückten, unberechenbaren (jungen) Menschen.* 1983 machte der SPIEGEL „Psycho-Flippies in rosa Latzhose“ aus.
Vgl.: → Ausgeflippter.

Flitscherl (Flitsche)
österreichisch und bayrisch für ein Flittchen, leichtes Mädchen.

Flittchen
(wohl zu „flittern“ = flimmern, glitzern) *abfällig für eine leichtlebige, untreue junge Frau; ein flatterhaftes Mädchen: ein kleines, verkommenes Flittchen.* „Die Flittchen sehen wie Damen, die Damen wie Flittchen aus“ (Manfred Bieler: DER MÄDCHENKRIEG, 1975).
Vgl.: Amateurflittchen, → Amiflittchen, Berufsflittchen, → billiges Flittchen, → -chen (-lein), → Schneeflittchen.

Floh
geringschätzig für einen sehr kleinen oder lächerlich unbedeutenden Menschen.

Flohner
(eigentlich einer, der Flöhe fängt, also nicht arbeitet) *schweizerisch für einen Faulenzer, Drückeberger, Tagedieb.*

Flohpeter
ein landschaftliches Scheltwort für einen Mann, der entweder ungepflegt, feige oder ein Pantoffelheld ist.
Vgl.: → Peter, → -peter.

Flöte
1. abfällig für einen dummen, langweiligen Menschen. 2. schweizerisch für eine liederliche Frau, Prostituierte.
Vgl.: → Blockflöte, → Radauflöte, Tranflöte.

flotter Hirsch

meist abschätzig, aber auch anerkennend für einen Schürzenjäger, sexuellen Draufgänger.

Vgl.: → Hirsch.

Flunkerer

(von „flunkern", ursprünglich = glänzen, schimmern; weibliche Form: Flunkerin) *leicht abwertend für jemanden, der schwindelt, übertreibt, der nicht ganz bei der Wahrheit bleibt.*

Folterknecht

(früher jemand, der von Amts wegen folterte) *verächtlich für eine Person, die andere peinigt, quält, ihnen übermäßig zusetzt.*

Vgl.: → Knecht, → -knecht.

Fopper

(aus der Gaunersprache) *meist abschätzig für jemanden, der andere neckt, veralbert, zum Narren hält; seltener für einen Simulanten.*

Formalist

(zu lateinisch „forma" = Gestalt, Form) *meist geringschätzig für einen Menschen, für den das Formale im Vordergrund steht, der Äußerlichkeiten und Formfragen überbetont.*

Vgl.: Formenmensch, → -ist.

Förschler

(zu „förscheln", einer Iterativbildung zu „forschen") *schweizerisch leicht abwertend für eine Person, die andere aushorcht, ausfragt.*

Vgl.: → -ler.

Fortschrittler

geringschätzig für einen fortschrittsgläubigen Menschen.

Vgl.: Fortschrittsgläubiger (selten), → -ler, → Progressist (Progressivist).

Fortschrittsfanatiker

abschätzig für einen leidenschaftlichen, unkritischen Verfechter des Fortschritts.

Vgl.: → Fanatiker, → -fanatiker.

Fose

(wohl zu alemannisch „Fotz" = Zotte, Fetzen) *ein derbes Schimpfwort für eine Frau, eine Prostituierte.*

Vgl.: Foserich (Freier, Kunde einer Hure), Offiziersfose.

Fossil

(eigentlich ein versteinerter Rest oder Abdruck eines urweltlichen Lebewesens; aus lateinisch „fossilis" = ausgegraben) *meist abschätzig für einen älteren Menschen mit überlebten Vorstellungen, für jemanden, der aus einer vergangenen Zeit übriggeblieben zu sein scheint.*

Vgl.: Fossi (schülersprachlich: Erwachsener, Lehrer), Fossilien (jugendsprachlich: Eltern), Rockfossil (altgedienter Rockmusiker, kaum abwertend).

Fotze

(eigentlich vulgärsprachlich für die Vulva oder Vagina; Pars pro toto für das Folgende) *ein derbes Schimpfwort für eine Frau, liederliche Frau oder Prostituierte.* Bei Gottfried August Bürger (1747 – 1794) lautet eine Textpassage: „Die beiden Votzen schlafen in dem Bette; und die Schwänze strakeln sich die paar Stunden auf dem Canapee." Eine Savoyardische Volksweisheit lautet: „Das Wetter und die Fotze tun alles dir zum Trotze!" In seinem Roman KRIEG/HIRN beschimpfte Reinald Goetz eine Kollegin als „verhungerte Germanistenfotze".

Vgl.: Amateurfotze, Babbelfotze (Schwätzerin), Dreckfotze (selten), → Hinterfotz, → Hundsfott, Hundsfotze, Luxusfotze, männliche Fotze (Homosexueller, Stricher), → Matzfotz, Negerfotze (selten), verklemmte Fotze (selten: sprödes Mädchen), Votze (orthographische Variante).

Fötzel, der

(wohl zu alemannisch „Fotz" = Zotte, Fetzen; vielleicht auch zu „Hundsfott") *ein derbes schweizerisches Schimpfwort für einen Lump, Taugenichts.* „Lumpenhunde! Ihr alle! Fötzel! Bis zum letzten Mann. Fötzel!" (Max Frisch: ANDORRA, 1961).

Vgl.: → fremder Fötzel.

Fotzenlecker

ein vulgäres Schimpfwort für 1. einen weibstollen Mann. 2. einen Liebediener, Kriecher.

Vgl.: Fotzenschlecker (Variante), Fotzenleckerin (lesbische Frau), → Lecker.

Fragezeichen

(von der Funktion und von der Gestalt des Satzzeichens übertragen) *abschätzig für 1. einen Ausfrager, unablässig fragenden Menschen. 2. einen Menschen mit gekrümmter, schlechter Körperhaltung.*

Vgl.: → geschissenes Fragezeichen, lebendes Fragezeichen (Ausfrager; Ratloser), wandelndes Fragezeichen (Ausfrager).

fragwürdiger Kantonist = unsicherer Kantonist

Frankenstein

(nach der Titelfigur aus Mary W. Shelleys Schauerroman FRANKENSTEIN ODER DER MODERNE PROMETHEUS aus dem Jahr 1818, die ein Monster erschafft) *abfällig für einen Arzt oder Wissenschaftler, der etwas Schauriges tut oder getan hat, etwas Monströses geschaffen hat; gelegentlich auch für einen häßlichen Menschen, der an Frankensteins Monster erinnert.* Als an die Öffentlichkeit kam, daß Crash-Tests mit Leichen durchgeführt werden, sprach die ZEIT (Dezember 1993) von „Prof. Dr. Frankenstein".

Vgl.: Frankensteins Gesellenstück (jugendsprachlich: häßliches Mädchen).

Frankomane = Gallomane

Franzmann

eine veraltende abschätzige Bezeichnung für einen Franzosen, französischen Soldaten. In den Zeiten der „Erbfeindschaft" gegenüber Frankreich war dies ein häufiges Wort. Gehässige nationalistische Töne schlug 1884 auch der Berliner KLADDERADATSCH an:

> „Seinen Haß verbeißt der Franzmann,
> Ihren Neid die stolze Geldmacht,
> Und sie fürchten unsern Landsmann,
> Beugen sich vor unsrer Weltmacht."

Vgl.: → -mann.

Franzosenfresser

(seit etwa 1830 in der Literatur) *eine veraltende, oft abfällig gemeinte Bezeichnung für einen unversöhnlichen Feind und Hasser der Franzosen.*

Vgl.: → Fresser, → -fresser.

Französling

veraltet abfällig für einen Freund, Verehrer und Nachahmer der Franzosen.

Vgl.: Franzosenfreund (früher abwertend), → -ling.

Fratz

(zu „Fratze") *besonders süddeutsch und österreichisch für ein ungezogenes Kind; ein freches, hochmütiges Mädchen; auch als kosende Schelte oder Kosewort: ein kleiner, eitler, verzogener, ein süßer Fratz.*

Vgl.: ungezogener Fratz.

Frätzchen

oft als Tadel oder abschätzig für einen kleinen → Fratz.

Vgl.: → -chen (-lein).

Fratze

(vom widerlichen, häßlichen, verzerrten Gesicht übertragen) *verächtlich für einen sehr unangenehmen, ekelhaften Menschen (mit einem fratzenhaften Gesicht).* „Ihr Fratzen!" ist auch Bestandteil von Peter Handkes PUBLIKUMSBESCHIMPFUNG.

Vgl.: → Affenfratze, Fratzengesicht.

Fratzenmacher

abschätzig für jemanden, der das Gesicht verzieht, Grimassen schneidet.

Vgl.: Fratzenschneider, Grimassenmacher (selten), → -macher.

Frau mit Vergangenheit

ironisch, auch abschätzig für eine Frau, die in ihrem Leben zahlreiche Sexualpartner hatte.

Vgl.: Mädchen mit Vergangenheit.

Frauenhasser

oft geringschätzig für einen Mann, der die Frauen haßt, einen Weiberfeind.

Vgl.: Frauenfresser (selten, auch: Schürzenjäger), Frauenverächter, → Hasser, → -hasser, Weiberhasser.

Frauenheld = Weiberheld

Frauenjäger
eine selten gebrauchte, meist abfällige Bezeichnung für einen Mann, der ständig hinter Frauen her ist, sie mit einer gewissen Besessenheit umwirbt.
Vgl.: → -jäger, Mädchenjäger, → Schürzenjäger.

Frauenknecht = Weiberknecht

Frauenschreck
abfällig für 1. einen Mann, der Frauen erschreckt, belästigt oder überfällt. 2. einen sehr häßlichen, widerlichen Mann.
Vgl.: → -schreck, Weiberschreck (selten).

Frauensperson
oft abschätzig für eine Frau.
Vgl.: → Person, → Weibsperson.

Frauenzimmer
(aus spätmittelhochdeutsch „vrouwenzimmer" = Frauengemach oder die dort lebenden weiblichen Personen; später ohne Wertung für die einzelne Frau) *salopp abwertend für eine Frau, vor allem für eine unangenehme, liederliche, unverschämte Frau.*

Fraulein
(das Wort Fräulein in „amerikanischer" Aussprache ohne die Umlautung) *eine veraltete abschätzige Bezeichnung aus den Nachkriegsjahren nach 1945 für eine deutsche Freundin, Geliebte eines amerikanischen Besatzungssoldaten.*

Fräulein
(eigentlich eine neutrale Bezeichnung für eine ledige, meist junge Frau) *selten als veraltete abschätzige Bezeichnung für ein leichtfertiges oder leichtes Mädchen; eine junge Prostituierte.*
Vgl.: Ami-Fräulein, lebenslängliches Fräulein (selten: alte Jungfer).

„Fräulein Mutter"
ironisch für die Mutter eines unehelichen Kindes.

Fräulein Rührmichnichtan = Kräutchen Rührmichnichtan

Freak
(aus gleichbedeutend englisch „freak"; im Deutschen vermutlich 1966 durch Frank Zappas LP FREAK OUT bekannt geworden) *oft geringschätzig für 1. einen Außenseiter, Aussteiger, einen unkonventionellen, leicht verrückten (jungen) Menschen. 2. jemanden, der sich in übersteigerter Weise für etwas begeistert, etwas fanatisch betreibt. 3. einen Rauschgiftsüchtigen.*

-freak
vorwiegend jugendsprachlich und meist geringschätzig für einen → Freak in bezug auf das Objekt seiner Leidenschaft, Besessenheit. Das Bestimmungswort entstammt in den meisten Fällen dem Konsumbereich.
Vgl.: Alt-Freak, → -apostel, Autofreak, Computerfreak (kaum abwertend), Drogen-Freak, → -fan, → -fanatiker, → -fetischist, Gesundheitsfreak (spöttisch), Horrorfreak, Jesus-Freak, Körner-Freak, Modefreak, Narko-Freak (süchtig nach Narkotika o.ä.), → Ökofreak, Psycho-Freak, Tabletten-Freak, Videofreak (kaum abwertend), Waffenfreak.

Frechdachs
(der Dachs gilt als frech, weil er gelegentlich Fuchsbaue besetzt und gegen den Fuchs verteidigt) *oft leicht abwertend oder als kosende Schelte für ein freches, pfiffiges Kind, eine freche Person.*
Vgl.: → Dachs, frecher Dachs, Frechmops (selten), kleiner Frechdachs.

freche Kröte
emotional abwertend für eine freche (weibliche) Person.
Vgl.: freche Wanze, → Kröte, unverschämte Kröte.

freche Person
(oft gegenüber Unbekannten) *emotional abwertend für eine freche weibliche Person.*
Vgl.: → Person, unverschämte Person.

freche Rübe
leicht abwertend für einen Lausbuben oder frechen Menschen.
Vgl.: → Rübe.

frecher Dachs = Frechdachs

freches Kerlchen
leicht abwertend, auch anerkennend für einen frechen, vorwitzigen, raffinierten kleinen Jungen.
Vgl.: → -chen (-lein), → Kerl, → Kerlchen.

freches Stück
emotional abwertend für einen frechen Menschen, ein unverschämtes Mädchen. „Hier hast du dein freches Stück von Sohn" (Utta Danella: DAS HOTEL IM PARK, 1989).
Vgl.: freches Aas, freches Luder, → Stück, unverschämtes Stück.

Frechling
emotional abwertend für einen unverschämten, dreisten Menschen.
Vgl.: → -ling.

Fregatte
(ursprünglich ein schnelles, dreimastiges Kriegsschiff) *spöttisch-abschätzig für eine ältliche, korpulente, „stattliche" Frau.* „Fregatten lieber nicht begatten!" lautet ein schlichter jugendsprachlicher Slogan.
Vgl.: → abgetakelte Fregatte, alte Fregatte, → aufgetakelte Fregatte, Fregattin (Wortspiel).

Fregger = Verrecker

Freiberger
(stammt aus dem fiktiven Ort Freiberg, wo es alles umsonst gibt) *spöttisch-abschätzig für einen Nassauer, einen Menschen mit Freikarten oder anderen Vergünstigungen.*
Vgl.: → -berger.

Freibeuter
(früher ein Seeräuber) *abfällig für jemanden, der rücksichtslos seinen Vorteil wahrnimmt, Profit macht.* Um 1870 schrieb der liberale NÜRNBERGER ANZEIGER über den verhaßten Jesuitenorden: „Meute jesuitischer Freibeuter". 1984 nannte im Deutschen Bundestag der Abgeordnete Sauermilch von den Grünen den damaligen Bundespostminister Christian Schwarz-Schilling einen „schamlosen Freibeuter im Ministersessel".
Vgl.: Freibeuterin (nicht bei den Behörden gemeldete Prostituierte).

Freibiergesicht
abschätzig für einen Menschen, der immer zur Stelle ist, wenn es etwas umsonst gibt, z.B. Freibier.
Vgl.: → -gesicht.

Freier
(ursprünglich jemand, der um ein Mädchen freit) *1. salopp, oft geringschätzig für einen Kunden bei Prostituierten, Strichjungen, im „Milieu". 2. spöttisch oder verächtlich für einen „Kunden" der Zocker, ein Betrugsopfer oder einen notorischen Verlierer.*
Vgl.: Edelfreier (wohlhabend), gestopfter Freier (solvent), linker Freier (betrügerisch), Sandkastenfreier (selten: Kinderschänder), Schockfreier (unzuverlässig), Seibelfreier (gemeiner Kerl).

fremder Fötzel
in der Schweiz spöttisch-ironisch oder abfällig für einen Fremden. Im Kauderwelsch-Band SCHWIIZERTÜÜTSCH von Isabelle Imhof wird die Fügung so erläutert: „Fremdi Fötzel sind erst mal alle, die nicht aus dem eigenen Dorf stammen. In besonders hinterwäldlerischen Gebieten kommt es sogar drauf an, wie lange die Familie schon im Ort ansässig ist."
Vgl.: → Fötzel.

Fremdgänger
ein Ehebrecher, untreuer Mensch; übertragen auch für einen illoyalen Menschen.
Vgl.: Fremdgeher, Linksgeher.

Fremdkörper
(eigentlich ein Körper, der von außen in einen Organismus eingedrungen ist) *abschätzig für eine Person, die fremd ist, nicht dazugehört; Eindringling.*

Fremdling
(bekannt geworden als Übersetzung des hebräischen Wortes „ger" in der Luther-Bibel: „Die Fremdlinge sollst du nicht bedrücken; denn ihr seid auch Fremdlinge im Ägypterland gewesen"; veraltete, meist poetisch gebrauchte weibliche Form: Fremdlingin) *veraltend, oft geringschätzig verwendet für einen fremden, nicht zugehörigen Menschen; Ausländer.* „Ihr habt mich stets als eine Feindin nur und Fremdlingin

betrachtet“, heißt es in Friedrich Schillers MARIA STUART.
Vgl.: → -ling.

Fremdwörtler
geringschätzig für jemanden, der fremdwörtelt, der zuviele Fremdwörter gebraucht.
Vgl.: → -ler.

Freßbalg
verächtlich für einen unmäßig essenden, gefräßigen Menschen.
Vgl.: → Balg.

Fresser
derb abwertend für einen Menschen, der viel, unmäßig ißt (und andere dadurch finanziell belastet): ein maßloser, großer Fresser. In der Bibel (Matthäus 11,19) wird Jesus von seinen Feinden ein „Fresser und Weinsäufer“ gescholten, weil er die strenge Askese ablehnte. Bei Luther ist von „Freßlingen und Sauferkeln“ die Rede. Der Volksmund sagt: „Nicht alle Fesser sind dick, aber alle Dicken sind Fresser!“
Vgl.: Freßbruder, Freßhals, Freßhansel (oberdeutsch), Freßkopp, Freßling, Freßmaschine, → unnützer Fresser.

-fresser
(hängt zusammen mit der Wendung „etwas gefressen haben“) *1. geringschätzig für jemanden, der Menschen einer bestimmten Nationalität, Religion, politischen Richtung nicht ausstehen kann, haßt. 2. spöttisch oder abfällig für eine Person, die mit einer typischen oder Leibspeise identifiziert wird; oft als Nationenschelte.* „Blöde Knödelfresser!“ war der Kommentar deutscher Zeitungsleser zum unsportlichen Verhalten des einheimischen österreichischen Publikums beim Tennismatch Österreich gegen Deutschland 1994, dem „Haßspiel von Graz“, wie es in der Presse genannt wurde. In einem Bekennerbrief der österreichischen Briefbombenattentäter vom August 1996 heißt es über Bundeskanzler Franz Vranitzky: „Ein ferngesteuerter Politiker, nämlich Slawenhäuptling und Germanenfresser.“
Vgl.: → Allesfresser, → Brotfresser, → Deutschenfresser, → Dreckfresser, → Eisenfresser, Fastfoodfresser (selten), Feuerfresser, → Franzosenfresser, Frauenfresser (auch: Schürzenjäger), Fremdenfresser, → Froschfresser, Gipfelfresser (fanatischer Bergsteiger), Grasfresser (geizig), → -hasser, → Judenfresser, → Kilometerfresser, → Knoblauchfresser, → Kommunistenfresser, → Körnerfresser, → Krautfresser, Leutfresser (veraltet), → Makkaronifresser (Makkaroni), → Menschenfresser, Müsli-Fresser, → Popelfresser, Sauerkrautfresser (Deutscher), Sozialistenfresser, → Spaghettifresser (Spaghetti), Tintenfresser (veraltet: Angehöriger eines schreibenden Berufs), → Vielfresser.

Freßsack
ein derbes Schimpfwort für einen gefräßigen Menschen, ein Vielfraß.
Vgl.: Freßbeutel (selten), → Sack, → -sack.

Freßwanst
derb abwertend für einen gefräßigen, dickbäuchigen Menschen.
Vgl.: → Wanst.

Frettchen
(eigentlich ein gezähmter, zur Kaninchenjagd verwendeter einheimischer Iltis) *abfällig für 1. ein liederliches Mädchen, eine Prostituierte. 2. einen Dieb, Gauner.*
Vgl.: → -chen (-lein).

Fretter
(zu „fretten“, von der Grundbedeutung „reiben, wund reiben“) *süddeutsch und österreichisch für 1. einen armseligen Menschen, Hungerleider. 2. einen Geizhals.*

Freund s. falscher Freund

-freund
als abfällige Bezeichnung für jemanden, der es mit dem Feind oder Gegner hält, der für die andere Seite Partei ergreift; seltener in bestimmten Zusammensetzungen für einen Menschen, der es mit niemandem verderben will und insofern nicht loyal ist.
Vgl.: Allermannsfreund, Allerweltsfreund, Franzosenfreund (veraltet), Judenfreund (veraltend), Kanakenfreund, Kommunistenfreund (veraltend).

Freundchen
(Bedeutungsumkehr) *ironisch, oft als scherzhafte oder drohende Anrede für einen*

Mann, mit dem oder dessen Verhalten man nicht einverstanden ist.
Vgl.: → -chen (-lein), Freunderl (österreichische Form), „sauberes Freundchen".

Frevelzunge
eine seltene abschätzige Bezeichnung für einen frevelhaft redenden Menschen, Lästerer.
Vgl.: → Lästerzunge.

Frevler
in gehobener Sprache abfällig für einen Menschen, der sich gegen die göttliche oder die menschliche Ordnung aufgelehnt, sie mißachtet hat. „Mit dreister Hand hat ein Fremder nach der Krone Frankreichs gegriffen. Der Frevler mußte seine Züchtigung erleiden" (Georg Kaiser: DIE BÜRGER VON CALAIS, 1914).
Vgl.: → Baumfrevler, Freveltäter, Waldfrevler.

Friedensapostel
spöttisch-ironisch für jemanden, der allzu friedfertig und harmoniebedürftig erscheint.
Vgl.: → Apostel, → -apostel, Friedenshetzer (scherzhaft-ironisch), Friedensschwärmer.

Friedensbrecher
meist abschätzig für jemanden, der den (vereinbarten) Frieden bricht.

Friedensfeind
meist abschätzig für einen Feind des Friedens, Kriegshetzer.
Vgl.: → -feind.

Friedensgewinnler
(dem Wort Kriegsgewinnler nachgebildet) *verächtlich für eine Person, die in der Nachkriegszeit durch Schiebereien, Wucher o.ä. hohe Gewinne erzielt.*
Vgl.: → -gewinnler, → -ler.

Friedensstörer (Friedenstörer)
jemand, der den Frieden, die öffentliche Ordnung stört; Störenfried.
Vgl.: → Störer.

Friedhofsgemüse
(seit etwa 1930) *vorwiegend jugendsprachlich salopp abwertend für alte Menschen.* „Aus den Fenstern der Straßenbahn blickte schwarzgekleidetes ‚Friedhofsgemüse'" (Walter Kempowski: TADELLÖSER & WOLF, 1971).
Vgl.: → junges Gemüse, Kirchhofsgemüse.

Friedhofsschänder
jemand, der mutwillig Gräber, Friedhofsanlagen beschädigt oder verunstaltet.
Vgl.: → Schänder, → -schänder.

Friemler
(zu mundartlich „friemeln", einer Nebenform von „pfriemeln" = zwirbeln, hin und her drehen) *landschaftlich für einen Pfuscher, schlechten Handwerker.*
Vgl.: → -ler.

Frischfleisch
(eigentlich eine Bezeichnung für frisches im Gegensatz zu konserviertem Fleisch) *salopp und geringschätzig für Mädchen, junge Frauen, seltener junge Männer, als Sexualobjekte.* Zum Thema „Sex im Fernsehen" beschrieb die HÖRZU 1991 „Männer als platte Lüstlinge, Frauen als Frischfleisch".

Frischling
(eigentlich ein junges Wildschwein im ersten Lebensjahr) *scherzhaft-spöttisch für einen Neuling, Anfänger; ein junges Mädchen.*
Vgl.: → -ling.

Fritz
(nach dem männlichen Vornamen, der als Kurzform von „Friedrich" früher sehr häufig war; auch Spitzname deutscher Kaiser) *im Ausland, vor allem in England, eine veraltende, meist abschätzig verwendete Bezeichnung für den Deutschen, deutschen Soldaten.*
Vgl.: → Schreifritz, → Stinkfritz.

Fritze
(der Vorname Fritz mit typisch berlinischer Erweiterung) *salopp abwertend für eine männliche Person, besonders einen Verkäufer, Händler u.dergl.*
Vgl.: neugieriger Fritze.

-fritze
1. vorwiegend nord- und mitteldeutsch als Tadel oder abwertend für einen Mann, einen Jungen, dessen Verhalten kritisiert wird. 2. salopp, meist geringschätzig für eine männliche Person, die durch eine berufliche Tätigkeit charakterisiert wird.
Vgl.: Antiquitätenfritze, Autofritze, Babbelfritze, → Bummelfritze, Bürofritze, → Faselfritze, → Filmfritze, Fotofritze, Gemüsefritze, Gokelfritze (zündelt), Heulfritze, Immobilienfritze, → Klekkerfritze, Knickerfritze, → Laberfritze, Lotterfritze, Mährfritze (langsam), → Mäkelfritze, → Meckerfritze, Medien-Fritze, Modefritze, → Nörgelfritze, Nuschelfritze, Parteifritze, Plapperfritze, Pusselfritze (pedantisch), → Quackelfritze, → Quasselfritze, → Quengelfritze, Schusselfritze, Schwabbelfritze (geschwätzig), Schwiemelfritze (liederlich), Stadtfritze, Stänkerfritze, → Trödelfritze, Versicherungsfritze, Werbefritze, Zappelfritze, → Zeitungsfritze, Zottelfritze.

Fritzki
(nach russisch „fric“ = Fritz; Mehrzahl: „frícy“) *eine veraltete russische Nationenschelte für den Deutschen, deutschen Soldaten.*

Frohnatur
(eigentlich eine frohe, heitere Wesensart) *leicht abwertend für einen Menschen mit einer Frohnatur, der einem damit auf die Nerven geht.*
Vgl.: → rheinische Frohnatur.

Frömmler
ein scheinheiliger, Frömmigkeit zur Schau stellender Mensch. 1827 reimte Moritz Doering:

„Wer Gebete plärrt und verstehet sie nicht,
Den Frömmler spielt und scheuet das Licht,
Der erwarte mit Schrecken das jüngste Gericht.“

Der SPIEGEL (Oktober 1995) sprach vom „SPD-Frömmler Johannes Rau“.
Vgl.: Frömmling, → -ler.

Frömmling = Frömmler

Frontschwein
soldatensprachlich salopp, kaum abwertend für einen Frontsoldaten.
Vgl.: → Etappenschwein, → Schwein, → -schwein.

Frosch
(nach der grünen Farbe, der feuchtkalten Haut und der Redensart „sei kein Frosch“ = sei kein Spielverderber) *1. abschätzig für einen Spielverderber, einen unkameradschaftlichen oder furchtsamen Menschen. 2. oft geringschätzig für ein kleines Kind, einen kleinwüchsigen Menschen oder ein junges Mädchen. 3. abfällig für einen kalten, gefühllosen Menschen. 4. selten als spöttisch-abschätzige Bezeichnung für einen Beamten in grüner Uniform.* Wellen geschlagen hatte 1994 der „emotionslose Ochsenfrosch“, den der Schriftsteller Ralph Giordano auf einen Oberstaatsanwalt losgelassen hatte.
Vgl.: → aufgeblasener Frosch, Froschnatur (kaltschnäuzig, leidenschaftslos), kalter Frosch, → Knallfrosch, → Wetterfrosch.

Froschfresser
(bezieht sich auf die Froschschenkel, die in der französischen Küche immer noch als Delikatesse gelten) *eine ethnische Schelte für einen Franzosen.* „Bonjour, Froschfresser! Da sind wir wieder!“ feixte die Satire-Zeitschrift TITANIC (August 1994).
Vgl.: → Fresser, → -fresser.

Frostbeule
(eigentlich eine durch Frost hervorgerufene entzündliche Schwellung) *scherzhaft-spöttisch für jemanden, der leicht friert, kälteempfindlich ist.*

Frostkötel
derber Spott, auch leicht abwertend für einen sehr kälteempfindlichen Menschen.
Vgl.: Frostpeter (harmlose Schelte), → Kötel.

Fröstling
selten für einen übermäßig kälteempfindlichen Menschen.
Vgl.: Fröstler, → -ling.

Frotzler
(Herkunft vielleicht von „Fratzen“) *geringschätzig für jemanden, der seine Mitmenschen gerne neckt, verspottet, foppt.*
Vgl.: → -ler.

Frucht der Liebe = Kind der Liebe

Früchtchen (Früchtlein)
abschätzig, auch ironisch für ein mißratenes, ungezogenes Kind, einen jugendlichen Taugenichts, ein liederliches Mädchen: ein „allerliebstes", loses, böses, frühreifes, „schönes" Früchtchen. Am Nollendorfplatz in Berlin gibt es einen Kinderausstatter mit dem Namen „Früchtchen – Mode für die lieben Kleinen".
Vgl.: → -chen (-lein), „feines Früchtchen", „nettes Früchtchen", → „sauberes Früchtchen".

Früchterl
(oberdeutsche Verkleinerungsform) *in Österreich und Bayern für ein → Früchtchen; oft auch als drohende Anrede.*

Frühstücksdirektor
spöttisch-abschätzig für eine hochgestellte Person ohne Einfluß und Entscheidungsbefugnisse. Der SPD-Chef Rudolf Scharping habe sich zum Frühstücksdirektor gemacht, freute sich die FAZ im Oktober 1995.

Fuchs
(nach dem kleinen, vorsichtigen, als schlau geltenden Raubtier mit rötlich-braunem Fell) *1. oft abschätzig für einen schlauen, gewitzten Menschen. 2. spöttisch oder abfällig für eine rothaarige Person.* Der Ausdruck „geprellter Fuchs" für einen überlisteten Schlauen rührt von einem grausamen Verfahren bei früheren Fuchsjagden her. Man warf die gefangenen Füchse auf einem straff gespannten Netz so lange in die Höhe, bis sie verendeten. Ein Nürnberger Gassenreim lautet auf Hochdeutsch:

„Roter Fuchs, dein Haar brennt an,
schütt' ein Kübelchen Wasser dran!"

Vgl.: → Aktenfuchs, alter Fuchs (kaum abwertend), Fuchsbart (veraltet), geprellter Fuchs (s.o.), Parteifuchs (selten), → Rotfuchs, → schlauer Fuchs, → Schlaufuchs, → Schulfuchs.

Fuchser = Pfennigfuchser

Fuchsgesicht
abschätzig für einen schlauen, durchtriebenen Menschen.
Vgl.: → -gesicht.

Fuchsschwänzer (Fuchsschwänzler)
veraltet abwertend für einen Schmeichler, Heuchler.
Vgl.: Fuchsschwanz (veraltet), → -ler.

Fuchtel
(früher ein Degen mit breiter Klinge; zu „fechten") *Schimpfwort für 1. eine zänkische, herrschsüchtige Frau. 2. eine liederliche, mannstolle weibliche Person; Herumtreiberin.*

Fuddler (Fuddeler)
westdeutsch abfällig für 1. einen Pfuscher. 2. einen Falschspieler, Betrüger.
Vgl.: Fuddelhannes (hessisch), Fuddelpeter, → -ler.

Fudel (Fuddel)
landschaftlich selten für einen schlampigen, unsauberen Menschen.

Fuffziger s. falscher Fuffziger

Fummel, die
ein starkes österreichisches Schimpfwort für eine Frau, besonders für eine dumme, schlampige, ordinäre. „Du saublöde Fummel!" schreit einer in Heimito von Doderers Roman DIE DÄMONEN (1956).

Fummeltante = Fummeltrine

Fummeltrine
(zu „Fummel" = schlechtes Kleid) *salopp abwertend für einen Transvestiten oder einen femininen Homosexuellen.*
Vgl.: Fummeltante, → Trine.

Fummler
abschätzig für 1. einen ungeschickten, fahrigen Menschen; Pfuscher. 2. einen Mann, der jemanden, meist eine junge Frau, (unerwünschterweise) berührt, betastet, liebkost. 3. einen Fußballspieler, der zuviel dribbelt.
Vgl.: Fummelbruder, → -ler.

fünfte Kolonne
(aus dem spanischen „la quinta columna"; nach dem Franco-General Mola, der 1936 im spanischen Bürgerkrieg auf die Frage,

welche seiner vier Kolonnen das kommunistisch besetzte Madrid einnehmen werde, auf eine „fünfte Kolonne" verwies, womit er die Anhänger Francos in der Stadt selbst meinte) *meist abwertend für eine feindliche Gruppe im eigenen Lager, einen Sabotagetrupp, Spione.* In der Zeit nach 1968 wurden die demonstrierenden Studenten oft als „die fünfte Kolonne Moskaus" bezeichnet.

Vgl.: Amors fünfte Kolonne (selten: die Prostituierten).

das fünfte Rad am Wagen
abschätzig für jemanden, der in einer Gruppe, bei einer Unternehmung überflüssig, nur geduldet ist.

Funze (Funzen)
(verwandt mit „Funzel") *ein vorwiegend österreichisches Schimpfwort für eine dummstolze oder liederliche Frau.*

Funzel
(eigentlich eine trübe, schwach brennende Lampe) *ein Schimpfwort für eine langweilige, dümmliche (weibliche) Person.*

Vgl.: → Tranfunzel (Tranfunsel).

... für Arme
eine salopp abwertende oder spöttische Bezeichnung für jemanden, der einer bestimmten berühmten Person gleicht, gleichen möchte, aber nur eine schlechte Kopie, einen Abklatsch darstellt. Der Berliner Schauspieler und Sänger Harald Juhnke sagt von sich selbst, er sei ein „Sinatra für Arme".

Vgl.: Elvis für Arme, Madonna für Arme.

Furchenscheißer
derb abwertend für einen Bauern, Agrarwissenschaftler o.ä.

Vgl.: Furchenkacker, → Scheißer.

Furie
(in der römischen Mythologie eine Furcht und Schrecken verbreitende Rachegöttin) *abfällig für eine wütende, rasende, jähzornige Frau.*

-fürst
spöttisch-abschätzig für eine führende Persönlichkeit eines bestimmten Bereiches, die wie ein Fürst auftritt, agiert. Der italienische Medienunternehmer und Politiker Silvio Berlusconi wird in der deutschen Presse des öfteren als „Medienfürst" betitelt. Desgleichen liest man: „Hermann Kant, ehemals DDR-Fürst" (SPIEGEL, 1994), „Kirchenfürst" über einen Erzbischof, „Fußball-Fürst von Schalke 04" über den zwielichtigen Expräsidenten des Vereins. Die SÜDDEUTSCHE ZEITUNG (Juli 1996) sprach von den „Hamburger Redaktionsfürsten" vom SPIEGEL.

Vgl.: → Bettelfürst, → Duodezfürst, Konzernfürst (selten), Länderfürst (Ministerpräsident eines deutschen Bundeslandes), → Provinzfürst, → schräger Fürst, Verbandsfürst.

Fürstendiener
veraltet abfällig für einen Menschen, der einem Fürsten unterwürfig dient. „Ich kann nicht Fürstendiener sein", heißt es bitter in Friedrich Schillers DON CARLOS.

Vgl.: → -diener, Fürstenknecht.

Fürstenknecht = Fürstendiener

Furz
ein vulgäres Schimpfwort für einen lächerlich unbedeutenden Menschen (der sich aufspielt).

Vgl.: Eselsfurz, Furz mit Fransen (seltene Steigerung), Fürzchen, Fürzepüppel (Ruhrgebiet: klein), → kleiner Furz, lächerlicher Furz, Mückenfürzchen (hessisch).

Furzer
derb abwertend für 1. jemanden, der ungeniert Darmblähungen entweichen läßt. 2. einen gänzlich unbedeutenden Menschen (der sich aufspielt).

Vgl.: Furzkanone, Kissenfurzer (Büromensch), kleiner Furzer, → Sesselfurzer, Zivilfurzer.

Furzklemmer
landschaftlich abfällig für einen geizigen Menschen.

Furzknoten
besonders in Ruhrpott und Rheinland abschätzig für einen kleinen, unbedeutenden

Menschen, den man nicht für voll nimmt; ein vorlautes Kind, einen Jugendlichen, der sich aufspielt.
Vgl.: Furzkruke, → Knote.

Fuschler (Fuscheler)
(wohl schallnachahmenden Ursprungs) *landschaftlich abschätzig für 1. einen Fummler, Tätscheler. 2. einen Pfuscher, schlechten Handwerker.*
Vgl.: → -ler.

Fußabtreter (Fußabstreifer)
(eigentlich eine Matte oder ein Rost vor der Türe zum Säubern der Schuhe; oft in Wendungen wie „ich bin doch nicht dein Fußabtreter") *abwertend für jemanden, an dem man seinen Ärger ausläßt; Sündenbock.*
Vgl.: Fußabstreicher (Variante).

Fußballfanatiker
geringschätzig für einen fanatischen Anhänger des Fußballsports.
Vgl.: → Fanatiker, → -fanatiker, Fußballdepp (oberdeutsch, selten), Fußballenthusiast (kaum abwertend), → Sportfanatiker.

Fußballrowdy
ein randalierender, aggressiver Fußballfan.
Vgl.: → Rowdy.

Fußvolk
(ursprünglich eine Bezeichnung für die Truppe zu Fuß, die Infanterie) *geringschätzig für die bedeutungs- und einflußlose Masse der Mitglieder in einer Gemeinschaft, Organisation, Partei o.ä.*
Vgl.: → Volk, → -volk.

Fut
(vulgär für die Vulva; zu „Fotze"; Pars pro toto) *ein vulgäres Schimpfwort für 1. eine weibliche Person. 2. eine liederliche Frau, Prostituierte.*
Vgl.: Hundsfut (allgemeines Schimpfwort), Nikkelfut (billige, verkommene Hure).

Fuzzi
(nach dem gleichnamigen mickrigen, kauzigen „Helden" einer Serie von amerikanischen Wildwestfilmen der 50er und 60er Jahre; zuerst jugendsprachlich) *scherzhaft-spöttisch, oft abschätzig für einen lächerlichen, nicht recht ernst zu nehmenden, aber nicht unsympathischen Menschen; in Zusammensetzungen wie „-fritze" für einen Repräsentanten oder Protagonisten eines Berufs, einer Sache.* Der Ministerpräsident von Niedersachsen Gerhard Schröder (SPD), der sich des öfteren für Belange der Autoindustrie eingesetzt hat, wurde im deutschen Wahlkampf von 1994 vom Grünen Joschka Fischer als „Motor-Fuzzi" verspottet.
Vgl.: → Biofuzzi, Ökofuzzi, Parteifuzzi, Pressefuzzi, Technikfuzzi (alle drei selten).

G

Affngsicht

Gack
(wohl schallnachahmend zu Lautäußerungen des Betreffenden; verwandt mit „Geck") *ein seltenes Schimpfwort für einen Idioten, Kretin.*

Gackei
(kindersprachlich für das Hühnerei) *landschaftlich für einen dummen, einfältigen Menschen.*
Vgl.: → Ei.

Gackel
ein vorwiegend süddeutsches Schimpfwort für 1. einen hageren, hochaufgeschossenen Menschen. 2. eine eingebildete oder dumme Person.

Gackes
(verwandt mit „Geck") *landschaftlich selten für einen hochmütigen, dummstolzen Menschen.*
Vgl.: Arschgackes (fränkisch).

Gaffer
(von „gaffen", wohl verwandt mit „gähnen") *abfällig für eine Person, die neugierig, sensationslüstern, aber untätig bei etwas zusieht.* Das Wort wird neuerdings oft für störende Schaulustige bei Verkehrsunfällen, für „Katastrophentouristen" o.ä. gebraucht.
Vgl.: Gaffhans (veraltet), Katastrophengaffer (selten).

Gaillard
(aus gleichbedeutend französisch „gaillard", eigentlich = munter; lustig, ausgelassen) *bildungssprachlich veraltet für einen → Bruder Lustig.*

Gake
(schallnachahmend nach dem Schnattern und Quaken von Gänsen, Enten usw.) *ein landschaftlich weitverbreitetes Schimpfwort für eine dumme, alberne, vorlaute weibliche Person.*
Vgl.: Stadtgake (selten: Mädchen aus der Stadt).

Galan
(aus spanisch „galano" = hübsch, elegant; zu „Gala") *spöttisch-ironisch, auch abschätzig für einen Liebhaber, Freund.* In der Weststeiermark gibt es die merkwürdige volksetymologische Umbildung von „Galan" zu „Kaplan", mit der Bedeutung „Liebhaber der Ehefrau".

Galerie
(wahrscheinlich hervorgegangen aus der Bedeutung „abgedeckter, unterirdischer Gang") *in Österreich veraltend für die Unterwelt, Verbrecherwelt der Großstadt; eine Verbrecherbande.*

Galerist
(auch als Selbstbezeichnung) *österreichisch veraltend für einen Verbrecher, Gauner, Unterweltler.*
Vgl.: → -ist.

Galgen-
(stammt aus der Zeit, als der Galgen einen Mittelpunkt des sozialen Lebens bildete) *teils veraltete starke Schimpfwörter für unehrliche, verbrecherische, heruntergekommene Menschen (die man an den Galgen wünscht).* Bekannt ist das Gedicht „Der Zwölf-Elf" von Christian Morgenstern, in dem es heißt:

„Die Galgenbrüder wehn im Wind.
Im fernen Dorfe schreit ein Kind."

Bei dem großen österreichischen Erzähler, Zeichner und Komponisten Johann Beer (1655 – 1700) steht der Satz: „Hah, ihr Galgenschlingel, wer seid ihr und was habt ihr in meinem Edelhof zu tun".

Vgl.: Galgenaas, Galgenbraten, Galgenbruder, Galgenfresse, Galgenfutter (selten), Galgenhund, Galgenjunge, Galgenkerl, Galgenluder, Galgenschelm, Galgenschlingel.

Galgengesicht

ein grobes Schimpfwort für einen zwielichtigen Menschen (mit einer Verbrechervisage). „Der Führer schien ein Kleinbürger zu sein ... Die übrigen waren wüste Galgengesichter" (Ernst Niekisch: GEWAGTES LEBEN, 1958).

Vgl.: Galgenfresse, → -gesicht.

Galgenholz

(dazu die Wendung „falsch wie Galgenholz" = betrügerisch, treulos) *veraltet, noch landschaftlich für einen Gauner, unehrlichen Menschen.*

Galgenschwengel

(vergleicht den am Strick baumelnden Gehenkten mit dem Schwengel einer Glocke) *ein landschaftliches Schimpfwort für einen Taugenichts.*

Vgl.: → Schwengel.

Galgenstrick

1. veraltend abfällig für einen Taugenichts, einen niederträchtigen, gemeinen Kerl. 2. ein mildes Schimpfwort für einen mutwilligen, ausgelassenen Jungen.

Vgl.: → Strick.

Galgenvogel

(meinte ursprünglich den Raben, der als Aasfresser die Richtstätten bevölkerte) *ein grobes Schimpfwort für einen Strolch, Verbrecher, Taugenichts; seltener für einen häßlichen, zwielichtigen Kerl.*

Vgl.: → Vogel, → -vogel.

Galionsfigur

(eigentlich eine geschnitzte Figur am Schiffsbug, meist in Form einer Frauengestalt) *oft geringschätzig für eine bekannte Persönlichkeit an der Spitze einer Partei o.ä., die aber ohne Macht und Einfluß ist und nur als Aushängeschild benutzt wird.*

Vgl.: → Figur.

Gallomane

(zu lateinisch „Gallus" = Gallier, Franzose) *meist abschätzig für eine Person, die alles Französische bewundert, liebt und nachahmt.*

Vgl.: Frankomane, → -omane.

Gamin

(aus gleichbedeutend französisch „gamin") *eine veraltete, meist leicht abwertende Bezeichnung für einen Lausbuben, Gassenjungen.*

Gammel

abfällig für eine schlampige, liederliche weibliche Person.

Gammelbiene

salopp abwertend für eine Gammlerin, eine schlampige Herumtreiberin.

Vgl.: Gammelgirl, Gammelzahn (veraltend), Gammlerin.

Gammelbruder

abfällig für einen ungepflegten (jungen) Herumtreiber, Müßiggänger.

Vgl.: → Bruder, → -bruder, Gammelknabe (jugendlich), Gammelmann, Gammelstudent (veraltend), Gammeltyp, Gammeltype.

Gammelhaufen

salopp abwertend für eine faule Gruppe ohne Zucht und Ordnung, etwa eine Schulklasse oder eine militärische Einheit.

Vgl.: → Haufen, → -haufen.

Gammler

(vor allem in den 60er Jahren ein sehr häufiges Wort, ein beliebter Vorwurf und andererseits die Verkörperung einer Art Ideologie, eine Kultfigur in hunderttausend Exemplaren) *ein veraltendes Schimpfwort für einen ungepflegten, aufsässigen jugendlichen Herumtreiber, Faulenzer.* „Pennbrüder, Gammler und andere ‚zwielichtige Elemente', die sich mit Vorliebe die großen Bahnhöfe als Treffpunkt aussuchen" (MANNHEIMER MORGEN, Januar 1966).

Vgl.: Altgammler, Berufsgammler, Edelgammler, → -ler, Polit-Gammler.

Gandhi
(nach dem indischen Staatsmann und Reformator Mahatma Gandhi, 1869 – 1948, der von kleiner, schmächtiger Gestalt war und u.a. durch Hungerstreiks gewaltfreien, passiven Widerstand leistete) *spöttisch und geringschätzig für einen sehr mageren Menschen.*

Ganeff
(aus dem Jiddischen) *besonders österreichisch für einen Ganoven, Gauner, Dieb; seltener für einen Frauenhelden oder einen Trottel.* In Österreich wird das Wort auch im Scherz als Bezeichnung des Schwiegersohns verwendet.
Vgl.: → Kanuff.

Gang, die
(aus englisch-amerikanisch „gang" = Gruppe, Trupp; Bande) *salopp, meist abschätzig für 1. eine Verbrecherbande. 2. eine Bande gewaltbereiter, krimineller Kinder oder Jugendlicher.* „Sie gehört jetzt ganz der Wermut-Gang an" (SPIEGEL, August 1977). Die TV-Moderatorin Margarethe Schreinemakers, die den Sender Sat 1 verließ, erzählte dem SPIEGEL (Juli 1995), der Programmgeschäftsführer von Sat 1 Fred Kogel herrsche mit einer Clique, die intern nur „Handy-Gang" genannt werde.
Vgl.: Motorrad-Gang, Rockergang (beides kaum abwertend).

Gangster
(englisch-amerikanisch; auch deutsch ausgesprochen) *1. ein Mitglied einer Verbrecherbande, Schwerverbrecher. 2. abfällig für einen Gauner, Strolch, verbrecherischen Menschen.* Wegen der französischen Atomwaffentests von 1995 nannte die prominente Journalistin Peggy Parnass den Präsidenten von Frankreich Jacques Chirac öffentlich einen Gangster.
Vgl.: Edelgangster (selten), Gangster im weißen Kragen, → Geiselgangster, Klingelgangster (überfällt an der Wohnungstüre), Mafia-Gangster, → Politgangster, Rauschgiftgangster, Schreibtischgangster.

Gangsterbande
eine → Bande von → Gangstern.
Vgl.: → -bande, Gangsterquartett, Gangsterring, Gangstersyndikat, Gangstertrio.

Gangsterboß
oft abwertend für den Boß einer Gangsterbande.
Vgl.: Boß (kaum abwertend), Gangsterchef, Gangsterkönig, → Mafiaboß, Unterweltboß.

Gangsterbraut
salopp, oft abschätzig für die Frau, Freundin, Geliebte eines Gangsters.
Vgl.: Gangsterliebchen.

Gankerl, der (das)
(eigentlich ein Name für den Teufel; Herkunft unklar) *in Bayern und Österreich als Tadel oder abschätzig für einen übermütigen Kerl, ein wildes, freches Kind.*

Ganove
(ursprünglich gaunersprachlich, aus jiddisch „gannew") *ein Schimpfwort für einen Verbrecher, Unterweltler, Spitzbuben; auch salopp für einen unredlichen, durchtriebenen Menschen.*
Vgl.: Amateurganove, → Edelganove, Ganovenbande, kleiner Ganove, → Kleinganove, Schmalspurganove, Vorstadt-Ganove (selten).

Gans
ein mehr oder weniger starkes Schimpfwort für 1. ein junges, naives Mädchen. 2. eine einfältige, alberne (und eingebildete) junge weibliche Person: eine alberne, eingebildete, doofe Gans.
Vgl.: Bauerngans, → blöde Gans, → dumme Gans, Elegans (Wortspiel: elegant und dumm), Gänserich (selten), Ganserl (österreichisch: schwächer), → Halgans, junge Gans, Martinigans (Erweiterung), Mastgans (fett), → Schnattergans, → Schneegans, Weihnachtsgans (Erweiterung).

Gänschen (Gänslein)
ein mildes Schimpfwort für ein einfältiges, unreifes junges Mädchen.
Vgl.: → -chen (-lein), Ganserl, junges Gänschen.

ein ganz Schlimmer
leicht abwertend, auch anerkennend für einen Schwerenöter, Schlingel.
Vgl.: → Schlimmer.

Garderobenständer
(eigentlich ein Gestell mit vielen Kleiderhaken) *ein seltenes Spottwort für einen auffallend dürren Menschen.*

Garnichts, der (das)
(Verstärkung von „Nichts") *eine abfällige Bezeichnung für einen völlig bedeutungslosen, für wertlos gehaltenen Menschen.* „... daß er mit all seinen schlimmen Kräften bemüht war, aus dem Häftling ein schreiendes, angstvolles Garnichts zu machen ..." (Hans Fallada: JEDER STIRBT FÜR SICH ALLEIN, 1947).
Vgl.: → Nichts, Nullkommanichts (Steigerung).

Garniemand
(Steigerung von → Niemand) *landschaftlich abfällig für einen unbedeutenden Menschen, dem jeder persönliche Wert abgesprochen wird; auch für jemanden, der in einem bestimmten Bereich nichts zählt.*

Garnitur s. zweite Garnitur

Garst
(aus mittelhochdeutsch „garst" = ranzig, verdorben) *landschaftlich verächtlich für einen schlimmen, „garstigen" Kerl.*
Vgl.: Garsthammel (selten).

Gartenzwerg
spöttisch-abschätzig für einen kleinen, lächerlichen, häßlichen, wichtigtuerischen Menschen: Sie mickriger, eingebildeter, komischer Gartenzwerg. „Dieser uniformierte Gartenzwerg!" heißt es in Hans Helmut Kirsts Romantrilogie 08/15 aus den Jahren 54/55. Und im wirklichen Leben, nämlich im Deutschen Bundestag, hieß es 1990: „Wildgewordener Gartenzwerg!" (Schreiner, SPD, zu Hauser von der CDU).
Vgl.: → abgebrochener Gartenzwerg, abgebröckelter Gartenzwerg, ausgestopfter Gartenzwerg (Angeber, Versager), Bundesgartenzwerg (deutscher Politiker), geistiger Gartenzwerg, → Vorgartenzwerg, → Zwerg.

Gassenbube (Gassenbub)
veraltend, noch oberdeutsch für einen wilden, ungezogenen Jungen, der sich viel auf der Gasse herumtreibt. Jean Paul Wallot, der Architekt des Reichstags in Berlin, beschimpfte seinen schärfsten Kritiker, und zwar Kaiser Wilhelm II., in einem Brief als „kaiserlichen Gassenbuben, Schreier und Schwätzer".
Vgl.: → Bube (Bub).

Gassenengel
(gehört zu der sprichwörtlichen Redensart „Gassenengel – Hausbengel") *landschaftlich abschätzig für einen Menschen, der in der Öffentlichkeit liebenswürdig, zu Hause aber mürrisch und zänkisch ist.*
Vgl.: → Bengel, → „Engel", → Hausteufel, Straßenengel (selten).

Gassenjunge
abschätzig für einen unerzogenen, wilden Jungen, der sich viel auf der Gasse herumtreibt.
Vgl.: Gassenbesen, Gassenhinkel (hessisch), Gassenmädchen, Gassenstreuner, → Junge, → Straßenjunge.

Gassenkinder
(dazu die ungebräuchliche Einzahl „Gassenkind") *eine Pluralbildung zu → Gassenjunge und Gassenmädchen.*

Gassenmensch, das
landschaftlich abfällig für ein Straßenmädchen, eine Prostituierte.
Vgl.: → Mensch.

Gassentreter = Pflastertreter

Gast
(fast immer mit einem abwertenden Attribut) *besonders norddeutsch für einen unangenehmen Menschen, Burschen: ein schlimmer, seltsamer Gast.*
Vgl.: → steinerner Gast, ungebetener Gast.

Gatzer
(postverbal zu „gatzen", von mittelhochdeutsch „gagzen" = stammeln; gackern) *vorwiegend fränkisch und bayrisch abschätzig oder als Spott für einen Stotterer.*

Gauch
(eigentlich eine Bezeichnung für den Kuckuck; schon um das Jahr 1000 in der Bedeutung „Narr"; der Kuckuck gilt als töricht)

ein veraltetes Schimpfwort für einen närrischen, einfältigen Menschen. „Ich Gauch! – ich kam, so ganz mit Leib und Seel' Euch in die Arme mich zu werfen", heißt eine Stelle in Lessings NATHAN DER WEISE (1779).

Gaudibursche
(zu „Gaudi" = Spaß, Vergnügen) *meist geringschätzig für einen Mann, der vor Heiterkeit schier zu bersten scheint und mit derben Späßen unter seinesgleichen für Stimmung sorgt.* „Wir brauchen keine Juristen in der Politik, wir brauchen Gaudiburschen ..." (HÖRZU, November 1972).
Vgl.: → Bursche.

Gaudieb
ein norddeutsches veraltetes Schimpfwort für einen Gauner, raffinierten Dieb.
Vgl.: → Dieb.

Gaukelspieler = Gaukler

Gaukler
(eigentlich jemand, der artistische oder Zauberkunststücke vorführt) *abschätzig für eine Person, die anderen etwas vormacht, sie trickreich beschwindelt und betrügt.* „Gaukler oder Heiler. Was kann die Psychotherapie?" lautete ein SPIEGEL-Titel im Juli 1994.
Vgl.: Gaukelspieler, → -ler.

Gauner
(aus dem älteren rotwelschen „Jauner"; ursprünglich ein Spieler, Falschspieler) *1. Schimpfwort für einen Betrüger, Dieb, Spitzbuben. 2. leicht abwertend oder als gemütliche Schelte für einen gerissenen, gewitzten Menschen.*
Vgl.: → alter Gauner, → Erzgauner, Gauner im Frack (Wirtschaftskrimineller o.ä.), Gauner mit der weißen Weste (ebenso), Gaunergesindel, → Jauner, kleiner Gauner, Oberammergauner (Wortspiel zu „Oberammergau"), → Obergauner, → Weißer-Kragen-Gauner.

Gaunerbande
eine → Bande von → Gaunern.
Vgl.: → -bande, Gaunerpaar, Gaunerpärchen.

Gaunerclique
eine → Clique von → Gaunern.

Gebärmaschine
spöttisch, auch geringschätzig für eine Mutter mit vielen Kindern oder eine Frau, die nur als Gebärerin und Mutter angesehen wird.
Vgl.: → Maschine.

Gebißklempner = Zahnklempner

Geck
(früher ein Scheltwort für einen Schwachsinnigen; wohl lautnachahmenden Ursprungs nach der unverständlichen Sprache eines solchen Menschen; im 14. Jahrhundert auch Bezeichnung für die Hofnarren der Bischöfe) *abfällig für einen eitlen, gefallsüchtigen Mann; ein Modenarr.* Friedrich Heinrich Jacobi konnte Goethe nicht ausstehen und nannte ihn einen „aufgeblasenen Geck". Nach Immanuel Kant ist ein alter Geck „das verächtlichste Geschöpf in der Natur".
Vgl.: → Aprilgeck (Aprilsgeck), Fastnachtsgeck (kaum abwertend), → Jeck, → Modegeck, Salongeck (veraltet).

gefallener Engel
(nach christlicher Überlieferung der Erzengel Luzifer, der sich gegen Gott erhoben hatte, aber von seinem Kollegen Michael und anderen loyalen Engeln besiegt und in den Abgrund gestürzt wurde) *in gehobener Sprache für einen Menschen, der seine Unschuld verloren hat, tief gesunken ist; selten als Spott für eine ledige Mutter.*
Vgl.: → „Engel".

gefallenes Mädchen
veraltet, noch ironisch für eine junge Frau, die plötzlich ihren guten Ruf verloren hat, für unmoralisch gehalten wird.

Gefick
(wohl zu „ficken" = koitieren: eine fleischgewordene Folge des Fickens also) *ein vulgäres Schimpfwort für Pack, Gesindel.*
Vgl.: → krummes Gefick.

Gefreiter Arsch = Schütze Arsch (im letzten/dritten Glied)

Gefrieß
(eigentlich mundartlich für „Gesicht", verwandt mit „Fresse") *in Bayern und Österreich verächtlich für einen Menschen mit einem sehr häßlichen Gesicht.*
Vgl.: Arschgefrieß, Scheißgfrieß.

Geheimbündler
eine veraltende, auch abschätzig verwendete Bezeichnung für jemanden, der Geheimbündelei betreibt, gemeinsam mit anderen konspirativ, im Verborgenen tätig ist.
Vgl.: → -ler.

Geheimniskrämer
jemand, der sich mit angeblichen Geheimnissen wichtig tut.
Vgl.: Geheimnistuer, Geheimtuer, → Heimlichkeitskrämer, → -krämer.

Geheimnistuer = Geheimniskrämer

Geheimtuer = Geheimniskrämer

Gehirnakrobat
scherzhaft-spöttisch für einen Intellektuellen, Gelehrten aus der Sicht der weniger Gescheiten.
Vgl.: Gehirnathlet, Gehirnfatzke (selten), Hirnakrobat.

Gehirnamputierter
spöttisch und/oder verächtlich für einen hirnlosen, blöden Menschen.
Vgl.: Hirnamputierter.

Gehörnter
(eigentlich „mit Hörnern versehen"; zu der Redensart „jemandem Hörner aufsetzen" = den Ehemann betrügen) *spöttisch-abschätzig für einen durch die Frau, Ehefrau betrogenen Mann.*
Vgl.: → Hörnerträger (Hornträger).

Geier
(etymologisch verwandt mit dem Wort Gier; wie andere Aasfresser unbeliebt) *ein kräftiges Schimpfwort für einen habgierigen, rücksichtslosen Menschen; seltener für einen Menschen mit schmalem Gesicht und einer „Geiernase".*
Vgl.: → Aasgeier, Aktengeier (Beamter o.ä.), Arschgeier, Börsengeier, Geierer, → Geldgeier, Jochgeier (bayrisch und österreichisch), Karrieregeier, Konsumgeier, → Kuttengeier, → Pleitegeier, → Profitgeier, Schmutzgeier, Zinsgeier.

Geierwally
(geht zurück auf den Roman von Wilhelmine von Hillern DIE GEIER-WALLY. GESCHICHTE AUS DEN TIROLER BERGEN aus dem Jahr 1875, der 1940 mit Heidemarie Hatheyer und 1956 mit Barbara Rütting in der Titelrolle erfolgreich verfilmt wurde. Der einzige Umgang des Mädchens Wally ist ein halbzahmer Geier) *vorwiegend jugendsprachlich spöttisch-abschätzig für ein (herbes, unschönes) Mädchen.*

Geiferer
(von „geifern" = Speichel aus dem Mund fließen lassen; gehässig keifen; weibliche Form: Geiferin) *verächtlich für 1. einen sabbernden Menschen, jemanden mit einer feuchten Aussprache. 2. einen gehässig redenden, keifenden Menschen.*
Vgl.: Geiferbart (veraltet), Geiferling, Geifermaul, Geifermichel (selten).

Geiferling = Geiferer

Geige
(auch zu vulgär „geigen" = koitieren) *derb abwertend für 1. eine weibliche Person. 2. eine liederliche weibliche Person, Prostituierte. 3. einen Trottel, Versager.*
Vgl.: alte Geige (alte Frau), → Arschgeige, Baßgeige (selten: unangenehme Frau), lange Geige (großer Mensch), Zupfgeige (bayrisch: komische Frau).

Geilchen
salopp abwertend für ein sehr sinnliches, lüsternes Mädchen.
Vgl.: → -chen (-lein), geiler Feger, Geili (jugendsprachlich).

geiler Bock
abschätzig für einen sexgierigen Mann.
Vgl.: → alter Bock, → Bock, geiler Hengst (auch anerkennend), geiler Sack, Geilhuber.

Geiselgangster
abfällig für jemanden, der Geiseln in seine Gewalt bringt.
Vgl.: → Gangster.

Geiß
landschaftlich abfällig für 1. eine dünne, knochige weibliche Person. 2. eine dumme Frau, ein einfältiges Mädchen: eine blöde, eingebildete, rappeldürre, zaundürre Geiß.
Vgl.: dumme Geiß, → dürre Geiß, → Habergeiß, Schmalgeiß (mageres Mädchen).

Geißbock
(oberdeutsch für die männliche Ziege) *ein vorwiegend süddeutsches Schimpfwort für 1. einen hageren, großen Mann. 2. einen starrköpfigen Kerl. 3. einen übelriechenden, stinkenden Mann. 4. einen Schneider.* Nach einer alten Sage soll ein Schneider eine von Feinden umzingelte und ausgehungerte Stadt gerettet haben. Die Belagerer zogen nämlich ab, nachdem sie aus der Ferne den Schneider mit seinem Spitzbart gesehen hatten und nun glaubten, die Bevölkerung der Stadt habe noch genügend Ziegen zu essen.
Vgl.: → Bock, → -bock, Schneiderbock, Schneidergeiß, → Ziegenbock.

Geißel der Menschheit
in gehobener Sprache veraltet für einen Tyrannen oder monströsen Verbrecher.
Vgl.: Geißel des Menschengeschlechts, Gottesgeißel (beides veraltet).

Geist s. kleiner Geist, s. rastloser Geist, s. subalterner Geist, s. unruhiger Geist

(der) Geist, der stets verneint
(Im ersten Teil von Goethes FAUST stellt sich Mephisto mit den Worten vor: „Ich bin der Geist, der stets verneint! / Und das mit Recht; denn alles, was entsteht, / Ist wert, daß es zugrunde geht.") *in gehobener oder poetischer Sprache geringschätzig für einen Menschen, der sich allzu negativ äußert, eine nihilistische Grundhaltung zeigt.*

Geisterfahrer s. politischer Geisterfahrer

Geisterseher
spöttisch oder abschätzig für einen Menschen, der Geister zu sehen glaubt, der Visionen hat. Von Immanuel Kant gibt es eine berühmte Satire mit dem Titel TRÄUME EINES GEISTERSEHERS. Der Anfang von Erich Mühsams Spottgedicht „Psychologen":

„Ach, ihr Seelendreher,
ach ihr Geisterseher,
kluge Psychologen!"

Vgl.: Gespensterseher.

Geistesgestörter
selten als abwertende Bezeichnung für einen Verrückten oder jemanden, dessen Denken und Handeln einem in ärgerlicher Weise wirr, unverständlich erscheinen.
Vgl.: Geisteskranker, Geisteskrüppel (verächtlich), → Gestörter.

geistige Null
abfällig für eine sehr dumme, geistlose Person.
Vgl.: → Null.

geistiger Kleingärtner = geistiger Schrebergärtner

geistiger Kleinrentner
salopp abwertend für einen beschränkten, kleingeistigen Menschen.

geistiger Nichtschwimmer
salopp abwertend für einen dummen, geistlosen Menschen.

geistiger Normalverbraucher
meist geringschätzig für jemanden, der in geistigen Dingen recht genügsam ist, einen Massengeschmack hat.
Vgl.: → Otto Normalverbraucher.

geistiger Schrebergärtner
salopp abwertend für eine kleingeistige, etwas beschränkte, halbgebildete Person. „Das ist ja ein geistiger Kleingärtner, der da redet!" erklärte 1989 der deutsche SPD-Politiker Hans-Jochen Vogel und meinte damit Volker Rühe von der CDU.
Vgl.: geistiger Kleingärtner, Schrebergärtner.

geistiger Tiefflieger
(vielleicht in Entgegensetzung zu „geistigen Höhenflügen" entstanden) *scherzhaft-spöttisch, auch verächtlich für einen Dummkopf.*
Vgl.: geistiger Bodenturner, Tiefflieger.

Geistreichler
eine seltene abschätzige Bezeichnung für jemanden, der geistreichelt, der krampfhaft versucht, geistreich zu sein (und dabei auch vor Kalauern nicht zurückschreckt).
Vgl.: → -ler.

Geizhals
ein Schimpfwort für einen geizigen Menschen.
Vgl.: Erzgeizhals, Geizdrache, Geiziger, Geizkopf (selten), Geizwanst.

Geizhammel
(analog zu Bildungen wie „Neidhammel", „Streithammel") *verächtlich für einen geizigen Menschen.*
Vgl.: → Hammel, → -hammel.

Geiziger = Geizhals

Geizknochen
salopp abwertend für einen sehr geizigen Menschen. „Der Geizknochen wäre lieber verreckt" (Erich Maria Remarque: DER SCHWARZE OBELISK, 1956).
Vgl.: → Knochen.

Geizkragen
(analog zu „Geizhals") *ein altes Schimpfwort für einen geizigen Menschen.* In Nürnberg gibt es dazu den Spottreim: „Geizkragen, Geizkragen, hast deine Mutter im Bett erschlagen!"

Geizteufel
verächtlich für einen sehr geizigen Menschen.
Vgl.: → Teufel, → -teufel.

gekränkte Leberwurst = beleidigte Leberwurst

Gelackmeierter
(wohl zusammengewachsen aus „lackieren" und „meiern", beides in der Bedeutung „betrügen, übervorteilen") *salopp, meist scherzhaft-spöttisch für jemanden, der betrogen, übertölpelt worden ist.*

Gelber
(die erste Bedeutung wegen der Hautfarbe) *1. leicht abwertend für einen mongoliden Asiaten. 2. eine veraltete verächtliche Bezeichnung für ein Mitglied der systemkonformen „gelben" Gewerkschaften vor 1938; aus der Sicht eines aktiven Gewerkschafters ein Arbeiterverräter.* „Sie sind ein Gelber, weiter gar nichts! Man würde in der Arbeiterbewegung vor Ihnen ausspucken, wenn es dies noch gäbe, Herr!" (der SPD-Politiker Herbert Wehner 1979 zu Norbert Blüm von der CDU, dem späteren Bundesminister für Arbeit und Sozialordnung, der damals noch Vorsitzender der Sozialausschüsse war).
Vgl.: gelbe Gefahr (Chinesen, Ostasiaten).

Gelbschnabel
(meint eigentlich den jungen Vogel, dessen Schnabel an den Seiten noch gelb ist) *veraltet abschätzig für einen unreifen, unerfahrenen jungen Menschen.* Goethe schrieb im zweiten Teil des FAUST:

> „Wenn man der Jugend reine Wahrheit sagt,
> Den gelben Schnäbeln keineswegs behagt."

Vgl.: → Grünschnabel, → Schnabel.

Geldadel
(eigentlich der gekaufte Adel bzw. Adelstitel) *oft geringschätzig, auch ironisch für die Gesamtheit der Reichen und vor allem Neureichen eines Landes, einer Stadt.*
Vgl.: Finanzadel, Finanzaristokratie, Geldaristokratie.

Geldaristokratie = Geldadel

Geldgeier
salopp abwertend für einen habgierigen, geizigen Menschen. Zum Thema der allzu geschäftstüchtigen TV-Stars schrieb ein STERN-Leser (September 1996): „Sie sollen Leitfiguren unserer Gesellschaft sein. Tatsächlich sind es Geldgeier der schlimmsten Sorte."
Vgl.: → Geier, Geldhyäne.

Geldhai = Kredithai

Geldprotz
verächtlich für jemanden, der mit seinem Geld, seinem Reichtum prahlt.
Vgl.: Geldfatzke (selten), → Protz (Protzer), → -protz.

Geldsack
(zu der Redensart „auf seinem Geldsack sitzen" = reich, aber geizig sein) *abfällig für einen sehr wohlhabenden (und geizigen) Menschen.* „Schneiden wir den Geldsäcken ein bißchen in den Geldsack", schlug in der Schweiz die WELTWOCHE (September 1993) vor.
Vgl.: → Sack, → -sack.

Geldscheffler
(zu „scheffeln" = in großen Mengen anhäufen) *geringschätzig für eine Person, die Geld scheffelt, Reichtum anhäuft.*
Vgl.: Dollarscheffler (selten), Geldmacher, Geldraffer, → -ler, Scheffler.

Geldschneider
(ursprünglich ein betrügerischer Kaufmann oder Geldwechsler, der sich durch Beschneiden der Münzränder bereicherte) *abfällig für einen allzusehr auf seinen Gewinn bedachten Geschäftsmann; Wucherer.*

geleckter Affe
abfällig für einen eitlen, gezierten Menschen; Geck.
Vgl.: → Affe, geleckter Pinscher (selten), → Lackaffe, → lackierter Affe.

„Geleerter"
(spielt auf die Leere im Kopf des Betreffenden an; ein alter Wortwitz) *spöttisch, oft ironisch für einen Gelehrten oder einen Scheingelehrten, einen unfähigen Wissenschaftler.* Zur endlosen Debatte um die Rechtschreibreform äußerte sich eine Leserin im SPIEGEL (Dezember 1994): „Am Schluss [!] brauchen wir keine Gelehrten mehr zu fürchten – nur noch Geleerte."
Vgl.: Gelehrter mit zwei e, → „Leerer".

Gelegenheitsmacher
eine veraltete Bezeichnung für einen Kuppler.
Vgl.: → -macher.

Gelichter
(von mittelhochdeutsch „gelihter" = Sippe, Art; eigentlich = Geschwister) *verächtlich für Gesindel, heruntergekommene, verbrecherische Menschen.* „Die meisten Literaten sind ja schreckliches Gelichter, denken bei allem nur: schadet's mir? nützt's mir?" So der deutsche Schriftsteller Emil Belzner 1965 in einem Brief an Karlheinz Deschner.
Vgl.: → Diebsgelichter.

Gelse
(eigentlich mundartlich für eine Stechmücke; verwandt mit „gellen") *besonders österreichisch für 1. eine Prostituierte. 2. eine aufdringliche Person. 3. einen dünnen, langbeinigen Menschen.*

Gelumpe (Gelump)
(Kollektivbildung zu „Lump, Lumpen") *abfällig für Gesindel, Menschen, die man verachtet.*
Vgl.: Glumpert.

-gemeinde
selten als spöttisch-ironische Bezeichnung für eine treue, begeisterte Anhängerschaft.
Vgl.: Fan-Gemeinde, Fernsehgemeinde.

Gemeindedepp
besonders süddeutsch abfällig für 1. einen Dorftrottel, einen ortsbekannten Dummkopf. 2. einen besonders dummen Menschen.
Vgl.: → Depp, → Dorfdepp.

Gemeindestier
(eigentlich der beste Stier eines Ortes, einer Gemeinde, dessen Aufgabe die Befruchtung der Kühe ist) *in Bayern und Österreich ein derbes, oft anerkennend verstandenes Spottwort für einen notorischen Weiberhelden, Dorf-Casanova.*
Vgl.: Gemeindebulle, → Stier.

Gemensche
eine seltene abschätzige Bezeichnung für eine Ansammlung von Menschen, Menschenmenge.

gemischte Gesellschaft
geringschätzig für eine unfeine, niveaulose, gewöhnliche Gesellschaft.
Vgl.: gemischtes Publikum, → Gesellschaft.

Gemüse = grünes Gemüse = junges Gemüse = kleines Gemüse

Gemütsathlet
1. oft leicht abwertend für einen Menschen mit unerschütterlicher Ruhe. 2. ironisch für einen taktlosen, herzlosen Menschen.
Vgl.: Gemütsakrobat (auch für einen Heuchler).

Gemütskrüppel
abfällig für einen rohen, gefühllosen Menschen.
Vgl.: Gefühlskrüppel, → Krüppel, → Seelenkrüppel.

Gemütsmensch
1. oft geringschätzig für einen phlegmatischen, gutmütigen Menschen. 2. ironisch für einen egozentrischen Rohling.

„Genie"
ironisch für einen einfältigen Menschen, völligen Versager (der sich für ein Genie hält).
Vgl.: „Finanzgenie", Mansardengenie (karg lebender begabter Künstler), → Pumpgenie, → „Universalgenie", → verbummeltes Genie, → verhindertes Genie, → verkanntes Genie, verkommenes Genie, verkrachtes Genie, versoffenes Genie.

Gent
(aus englisch „gent", einer Kurzform von „gentleman") *abschätzig, auch ironisch für einen überaus modisch gekleideten, piekfeinen Mann.*
Vgl.: Gent Lehmann (scherzhaft-ironisch zu „Gentleman").

Genüßling (Genießling)
veraltend geringschätzig für einen Genußmenschen.
Vgl.: → -ling.

Genußspecht
österreichisch salopp, selten abwertend für einen Genußmenschen, Genießer.
Vgl.: Genußmolch.

Gerät
salopp, oft abschätzig, auch anerkennend für eine junge weibliche Person (aus männlicher Sicht).
Vgl.: geiles Gerät, heißes Gerät, scharfes Gerät (alle für ein attraktives, leichtlebiges Mädchen).

Gerechtigkeitsfanatiker
abschätzig für eine Person mit übertriebener Gerechtigkeitsliebe.
Vgl.: → Fanatiker, → -fanatiker.

Gerippe
meist abschätzig für einen hageren, abgemagerten Menschen.
Vgl.: Beingerippe (selten), dürres Gerippe, → Knochengerippe, langes Gerippe, Schwindsuchtsgerippe (Nürnberg), Totengerippe, → wandelndes Gerippe.

Gernegroß
abschätzig für einen Wichtigmacher, Angeber. Im Sprichwort heiß es: „Gernegroß zieht Stiefeln an, in denen er nicht gehen kann."
Vgl.: → kleiner Gernegroß.

Gerneklug
abschätzig für jemanden, der als klug gelten möchte; Besserwisser.

Gerüchtemacher
abfällig für eine Person, die Gerüchte ausstreut.
Vgl.: Gerüchtekoch, → -macher.

Geschäftemacher
abfällig für jemanden, der aus allem ein Geschäft macht: ein übler, gewissenloser, gerissener Geschäftemacher. „Heute ist Dalí halb gerissener Geschäftemacher, halb verspielter Blagueur" (Klaus Mann: DER WENDEPUNKT, 1952).
Vgl.: → -macher.

Geschaftler (Gschaftler)
bayrisch und österreichisch abschätzig für einen übertrieben geschäftigen, dienstfertigen, wichtigtuerischen Menschen.
Vgl.: → -ler.

Geschaftlhuber (Gschaftlhuber)

(aus mundartlich „Gschaftl" = Geschäftchen sowie dem Familiennamen Huber) *ein besonders oberdeutsches Schimpfwort für einen unerhört betriebsamen, geschäftigen Wichtigtuer.*

Vgl.: Geschaftelberger, → -huber.

gescheiterte Existenz

meist abfällig für einen beruflich, im Leben gescheiterten Menschen.

Vgl.: → Existenz, gestrandete Existenz, → verkrachte Existenz.

Gescherter = Gscherter (Gescherter)

gescherter Rammel = gscherter Rammel (gescherter Rammel)

Geschichtsfälscher

verächtlich für jemanden, der Geschichte absichtlich falsch darstellt, verfälscht.

Vgl.: → Fälscher, Geschichtsklitterer.

geschissenes Fragezeichen

derb abwertend für eine Person in sehr schlechter, krummer Körperhaltung. Von Walter Kempowski stammt die erstaunliche Aussage: „Ich bin der Sonnyboy der deutschen Gegenwartsliteratur. Ein hingeschissenes Fragezeichen."

Vgl.: → Fragezeichen, hingeschissenes Fragezeichen (Variante).

Geschmäckler

eine seltene geringschätzige Bezeichnung für einen anspruchsvollen Menschen mit kleinlich erlesenem Geschmack.

Vgl.: → -ler.

Geschmeiß

(eigentlich ekelerregendes Ungeziefer) *ein verächtliches Schimpfwort für widerliche Menschen, übelstes Gesindel.* Goebbels beschimpfte 1939 die von den Nazis so gehaßten Intellektuellen als „parasitäres Geschmeiß, das die Luxusstraßen unserer großen Städte bevölkert".

Vgl.: Lumpengeschmeiß, Natterngeschmeiß.

... Geschöpf

1. in Genitiv-Fügungen eine meist abwertende Bezeichnung für eine Person, die von anderen gefördert, geprägt und abhängig ist. 2. in Verbindung mit bestimmten negativen Attributen abschätzig für eine (weibliche) Person: ein armes, dummes, eingebildetes, liederliches Geschöpf. 1987 sagte der deutsche Abgeordete Hinsken von der CDU/CSU zu seinem SPD-Kollegen Spöri die häßlichen Worte: „Erbärmliches Geschöpf!"

Vgl.: → albernes Geschöpf, faules Geschöpf, undankbares Geschöpf.

Geschoß

salopp abwertend für ein häßliches, wuchtiges Mädchen oder eine Sexbombe.

Geschwärl (Gschwärl)

(gehört vielleicht zu „Schwarte", vielleicht auch zu mittelhochdeutsch „geswehere" = angeheiratete Verwandtschaft) *eine oberdeutsche Kollektivschelte für lästige, nichtsnutzige Leute, Gesindel.*

Geschwollkopf (Gschwollkopf)

ein vorwiegend süddeutsches Schimpfwort für 1. einen großspurigen, aufgeblasenen Menschen. 2. jemand mit einem dicken, „aufgeschwollenen" Kopf.

Vgl.: Geschwollschädel, → -kopf (-kopp), → Schwellkopf.

Geselle

oft abwertend für einen Burschen, Kerl: ein übermütiger, widerlicher, langweiliger Geselle. Martin Luther nannte sich selbst einmal einen „groben Gesellen". Das Gedicht „Die drei Gesellen" von Erich Mühsam beginnt so:

„Es war einmal ein Zimmergesell,
ein arger Gesell, ein schlimmer Gesell,
der ließ kein Weib in Ruh."

Vgl.: → finsterer Geselle, gottloser Geselle, → Mordgeselle, saurer Geselle (mißgestimmt), Schandgeselle, → Spießgeselle, → vaterlandsloser Geselle, wilder Geselle, → wüster Geselle, Zechgeselle.

Gesellschaft

oft abschätzig für eine unliebsame, kritikwürdige Gruppe von Personen; Bagage; auch in ironischer Verwendung: eine „feine", langweilige, steife, schlechte, üble, „schöne", komische Gesellschaft.

Vgl.: ehrenwerte Gesellschaft (Mafia; mafiose Gruppe), feuchte Gesellschaft (scherzhaft: Zecher), → gemischte Gesellschaft, „saubere Gesellschaft" (ironisch).

Gesellschaftslöwe

(aus dem englischen „social lion" übersetzt; seltene weibliche Form: Gesellschaftslöwin) *abschätzig für einen eleganten, selbstgefälligen Mann, der bei seinen zahlreichen gesellschaftlichen Autritten Eindruck schindet, Frauen betört.*

Vgl.: → -löwe, → Salonlöwe, → Partylöwe.

-gesicht

spöttisch oder emotional abwertend für eine Person mit einem häßlichen oder in anderer Weise Ärger, Ablehnung hervorrufenden Gesicht. 1870 schrieben die AUGSBURGER NACHRICHTEN über katholische Patrioten: „Idiotengesichter, denen die Stupidität durch jedes Knopfloch schaut". Und heutzutage macht der SPIEGEL Komplimente wie das folgende an die Schriftstellerin Annette Kolb (1870 – 1967): „Pferdegesicht mit Eleganz".

Vgl.: Affenarschgesicht, → Affengesicht, → Arschbackengesicht, → Arschgesicht, Babygesicht (selten), → Backpfeifengesicht (Ohrfeigengesicht), Blasengelgesicht, → Blaßgesicht, → Bleichgesicht, Feuermeldergesicht, Fratzengesicht, → Freibiergesicht, → Fuchsgesicht, → Galgengesicht, → Käsegesicht, Ludengesicht (selten), → Milchgesicht, → Mondgesicht, → Mopsgesicht, → Pfannkuchengesicht, Pferdegesicht, → Pickelgesicht, → Pokerface (Pokergesicht), → Puppengesicht, → Schafsgesicht, → Vollmondgesicht, Watschengesicht (besonders bayrisch).

Gesichtsbaracke

eine seltene, verächtliche jugendsprachliche Bezeichnung für einen sehr häßlichen Menschen.

Vgl.: Gesichtseimer (jugendsprachlich).

Gesindel

(ursprünglich eine kleine Gefolgschaft; Verkleinerung von „Gesinde") *eine starke Kollektivschelte für heruntergekommene, verbrecherische Menschen, Pack: elendes, übles, arbeitsscheues Gesindel.* Ein Scherzvers aus dem 19. Jahrhundert:

„Doch was auch schwafelt das Gesindel,
rein war stets ihr Lebenswindel."

Kurt Hiller, der sich in den sechziger Jahren mit der Zeitschrift KONKRET überworfen hatte, sprach in einem Brief an Karlheinz Deschner vom „KONKRETgesindel".

Vgl.: → lichtscheues Gesindel.

-gesindel

verächtlich für → Gesindel einer bestimmten Sorte. Als Gelegenheitsbildungen sind Zusammensetzungen mit Berufsbezeichnungen häufig, z. B. „Vertretergesindel", „Politikergesindel".

Vgl.: → -bagage, → Bettelgesindel, → Bettlergesindel, → Diebsgesindel, Drecksgesindel, Gaunergesindel, Hundsgesindel (selten), Hurengesindel, Lottergesindel, → Lumpengesindel, Nazigesindel, → -pack, → Raubgesindel, → Verbrechergesindel, Zigeunergesindel.

Gesinnungsakrobat

abfällig für jemanden, der stets geschmeidig seine Gesinnung anpaßt, einen Opportunisten.

Vgl.: Gesinnungsathlet.

Gesinnungslump

verächtlich für einen gesinnungslosen oder opportunistischen Menschen.

Vgl.: → Lump.

Gesinnungsschnüffler

abfällig für eine Person, die heimlich die (politische) Gesinnung anderer auskundschaftet, kontrolliert.

Vgl.: → -ler, → Schnüffler.

Gesinnungswächter

abfällig für jemanden, der über die (politische) Gesinnung anderer wacht oder zu wachen versucht.

Vgl.: → Sittenwächter, → Tugendwächter.

Gesocks
(Herkunft unklar; auch die Schreibweise „Gesox" kommt vor) *verächtlich für Gesindel, verkommene Menschen.*
Vgl.: Ausländer-Gesocks (Neonazi-Jargon).

Gespann
(eigentlich zusammengespannte Zugtiere) *meist scherzhaft-spöttisch für zwei in bestimmter Hinsicht zusammengehörende Menschen, die aber schlecht zueinander passen: ein merkwürdiges, komisches Gespann.* In einem Sprichwort heißt es: „Junge Frau und alter Mann sind ein trauriges Gespann."
Vgl.: seltsames Gespann.

Gespenst
abschätzig für eine magere, bleiche, krank aussehende Person.
Vgl.: Ehegespenst (scherzhaft zu „Ehegespons"), langes Gespenst, → Schreckgespenst.

Gestalt
(fast immer in Verbindung mit negativen Attributen) *meist abschätzig für eine (unbekannte) jämmerliche oder zwielichtige Person: eine verdächtige, hohlwangige, seltsame, triste, traurige, dubiose Gestalt.*
Vgl.: armselige Gestalt, → Bassermannsche Gestalten, → Elendsgestalt, → Figur, Greuelgestalt, → Hungergestalt, → Jammergestalt, jämmerliche Gestalt, Leidensgestalt, → Mißgestalt, → Ritter von der traurigen Gestalt, → Schreckgestalt, schwankende Gestalt (Betrunkener), Ungestalt, zwielichtige Gestalt.

Gesteck
(eigentlich ein Blumengebinde oder Hutschmuck; meist mit einem negativen Attribut verbunden) *landschaftlich abschätzig für ein Mädchen, eine Frau: du dürres, närrisches, dummes, langes Gesteck.* In Nürnberg kennt man den Spottreim: „Gestecklein mit deinem kurzen Röcklein".
Vgl.: freches Gesteck.

Gestell
geringschätzig für einen langen, dürren, knochigen oder schiefgewachsenen Menschen: ein krummes, mageres, abgenagtes, schiefes, klappriges Gestell.
Vgl.: → dürres Gestell, → Jammergestell, → Klappergestell, → Knochengestell, langes Gestell, Lattengestell.

Gestörter
(kurz für „Geistesgestörter") *besonders jugendsprachlich für einen halbverrückten, unberechenbaren Menschen.*
Vgl.: → Geistesgestörter.

Gesundbeter
oft abfällig für jemanden, der versucht, Kranke durch Beten u.dergl. zu heilen.

Gesundheitsapostel
spöttisch für einen Menschen, der (in der Öffentlichkeit) leidenschaftlich eine gesunde oder vermeintlich gesunde Lebensweise vertritt. Die WELTWOCHE (September 1996) beschrieb „Sissi, die schöne Kaiserin und Gesundheitsfanatikerin mit Wespentaille".
Vgl.: → Apostel, → -apostel, Gesundheitsfanatiker, Gesundheitsfreak.

Gesundheitsfanatiker = Gesundheitsapostel

Gewächs
(analog zu „Pflanze"; meist mit einem entsprechenden Adjektiv verbunden) *oft geringschätzig für einen merkwürdigen, unangenehmen Menschen: ein sonderbares, seltsames, eigenartiges Gewächs.*
Vgl.: komisches Gewächs, → Nachtschattengewächs, → seltenes Gewächs.

Gewaltherrscher
ein Tyrann, Despot.
Vgl.: Gewalthaber, Gewaltherr (veraltet).

Gewaltmensch
meist abfällig für einen rohen, brutalen Menschen.
Vgl.: Gewaltnatur.

Gewaltnatur = Gewaltmensch

Gewaltverbrecher
ein Verbrecher, der eine Gewalttat verübt hat; ein gewalttätiger Verbrecher.
Vgl.: → Verbrecher, → -verbrecher.

Gewandlaus
bayrisch und österreichisch für einen lästigen, aufdringlichen Menschen.
Vgl.: → Laus.

Gewerkschaftsbonze
abfällig für einen höheren Gewerkschaftsfunktionär (der sich nicht genügend für die Interessen der Arbeiter einsetzt).
Vgl.: → Bonze, → -bonze.

-gewinnler
(dem „Kriegsgewinnler" nachgebildet) *abschätzig für jemanden, der politische Veränderungen, allgemeine Schwierigkeiten für eigene Gewinne nutzt, etwa als Wucherer oder Schieber.* Die Bezeichnungen Wende-, Einheits- und Vereinigungsgewinnler sind neu und beziehen sich auf die deutsche Wiedervereinigung von 1989.
Vgl.: Einheitsgewinnler, Erbgewinnler (selten), → Friedensgewinnler, Inflationsgewinnler, Konjunkturgewinnler, → Kriegsgewinnler, Krisengewinnler, → -ler, Vereinigungsgewinnler, → Wendegewinnler.

Gewitteraas
landschaftlich abschätzig für eine dickköpfige, temperamentvolle weibliche Person; auch anerkennend.
Vgl.: → Aas.

Gewitterhexe
ein Schimpfwort für eine zänkische, böse Frau.
Vgl.: → Hexe, → Wetterhexe.

Gewitterziege
ein starkes Schimpfwort für eine streit- und zanksüchtige, häßliche Frau.
Vgl.: Gewitterzicke (Variante), → Ziege.

Gewohnheitstier
(zu der Redensart „Der Mensch ist ein Gewohnheitstier") *selten als scherzhaft-abschätzige Bezeichnung für einen Menschen, der allzusehr an seinen Gewohnheiten hängt, immer dasselbe tut.*
Vgl.: → Tier, → -tier.

Gewohnheitstrinker
oft abschätzig für einen gewohnheitsmäßigen Alkoholiker.
Vgl.: notorischer Trinker, → Trinker.

Gewohnheitsverbrecher
(auch ein juristischer Begriff) *oft abschätzig für eine Person, die immer wieder Verbrechen begeht, einen durch und durch verbrecherischen Menschen.* In der FACKEL schimpfte Karl Kraus über seinen Kaiser Franz Joseph: „dieser greise Gewohnheitsverbrecher der Weltgeschichte".
Vgl.: notorischer Verbrecher, → Verbrecher, → -verbrecher.

Gewürm
(Kollektivbildung zu „Wurm") *1. verächtlich für Gesindel. 2. leicht abwertend für kleine Kinder.*
Vgl.: → Wurm.

Gezücht
(Kollektivbildung zu „Zucht") *verächtlich für übles Gesindel.*
Vgl.: Höllengezücht, → Natterngezücht, → Otterngezücht, → Schlangengezücht, Teufelsgezücht, Wurmgezücht (veraltet).

Gfrast, das
(meint eigentlich Unrat, Zeug; Fraß) *österreichisch für einen Nichtsnutz, lästigen Kerl.*

Giaur
(aus dem Arabischen) *von Angehörigen des Islam oft abfällig für einen Ungläubigen, Nichtmohammedaner.*

Gickel
(lautmalend; mundartlich für einen Hahn) *landschaftlich für einen närrischen, albernen oder eingebildeten Menschen.*
Vgl.: → Gockel, Hitzgickel (hessisch: jähzornig), närrischer Gickel, verrückter Gickel, Wutgickel, → Zorngickel.

Gierhals
abfällig für einen gierigen Menschen, gierigen Esser.
Vgl.: → -hals.

Gierling
ein seltenes Scheltwort für einen gierigen Menschen.
Vgl.: → -ling.

Gierschlund
ein unersättlicher, gieriger Mensch, besonders beim Essen und Trinken.
Vgl.: Gierschlung (norddeutsch).

Gift s. blondes Gift

Gift-
Bestimmungswort für eine Vielzahl abfälliger Bezeichnungen für boshafte, jähzornige, zänkische Menschen.
Vgl.: Gifthahn, Giftkoch (veraltet: Giftmischer; Unheilstifter), Giftotter, Giftsack, Giftschleuder (selten), Giftspritzer, Giftzahn (veraltend: unleidliches Mädchen), Giftzange.

Gifthäferl (Gifthaferl)
(zu mundartlich „Häferl" = Töpfchen) *oberdeutsch abwertend für einen jähzornigen, leicht aufbrausenden Menschen.*
Vgl.: → Häferl (Haferl).

Giftkröte
(bezieht sich auf das leicht giftige Sekret vieler Kröten) *ein grobes Schimpfwort für einen gehässigen, boshaften Menschen.*
Vgl.: giftige Kröte, → Kröte.

Giftler
1. jemand, der „giftelt", bösartige, gehässige Bemerkungen macht. 2. vor allem in der Schweiz und in Österreich kaum abwertend für einen Drogensüchtigen.
Vgl.: → -ler.

Giftmichel
landschaftlich abschätzig für eine jähzornige, neidische (männliche) Person.
Vgl.: → Michel, → -michel.

Giftmischer
1. abfällig für jemanden, der in mörderischer Absicht mit Gift hantiert. 2. scherzhaft-spöttisch für einen Apotheker, Chemiker o.dergl. 3. verächtlich für einen Intriganten, Ränkeschmied.
Vgl.: Giftkoch (veraltet).

Giftnatter
(eigentlich eine giftige Schlange) *abfällig für eine gehässige, boshafte Person.*
Vgl.: → Natter.

Giftnickel
ein oberdeutsches Schimpfwort für einen jähzornigen, zänkischen Menschen.
Vgl.: → Nickel, → -nickel.

Giftnudel
salopp abwertend für eine gehässige, mißgünstige (weibliche) Person.
Vgl.: → Nudel, → -nudel.

Giftscheißer (Giftschisser)
derb abwertend für einen gehässigen, zornigen Menschen.
Vgl.: → Scheißer, → Schisser.

Giftschlange
(eigentlich eine Schlange mit Giftzähnen) *verächtlich für eine boshafte, niederträchtige Frau.*
Vgl.: → Schlange.

Giftspinne
(eigentlich eine für Menschen giftige Spinne; die Spinne als Ekeltier) *eine zänkische, bösartige Frau.*
Vgl.: → Spinne.

Giftspritze
abfällig für einen boshaften, gehässig redenden Menschen. Der CSU-Generalsekretär Erwin Huber beschimpfte den Kombattanten Heiner Geißler von der schwesterlichen CDU als „politische Giftspritze".
Vgl.: Giftspritzer (männliche Form).

Giftzwerg
(geht auf böse Zwerge in Volksmärchen wie „Rumpelstilzchen" zurück) *ein beliebtes Schimpfwort für einen boshaften, heimtückischen (kleingewachsenen) Menschen.* Der amerikanische Schriftsteller Truman Capote sei „der größte Giftzwerg der amerikanischen Kunst- und Kulturszene", giftete in der ZEIT Katharina Döbler.
Vgl.: → Zwerg.

Gigerl
(eigentlich mundartlich für den Haushahn; 1885 in Wien von Eduard Pötzl in der heutigen Bedeutung eingeführt) *österreichisch und süddeutsch spöttisch-abschätzig für einen eitlen, geckenhaften Mann; Modenarr.* Das Wort war gegen Ende des 19. Jahrhunderts sehr verbreitet und kursierte in zahlreichen Variationen, beispielsweise „Prater-Gigerl". Um 1900 schrieb Oscar Blumenthal ein Gedicht, dessen erste Strophe lautet:

„Gigerl lebt im Modejoch,
Denken ist ihm widrig.
Seine Kragen sind sehr hoch,
Seine Stirn sehr niedrig."

Gigolo
(aus französisch „gigolo" = junger Mann, der in Tanzlokalen verkehrt) *bildungssprachlich veraltend für einen jüngeren (gutaussehenden) Mann, der sich von Frauen aushalten läßt.* Das Wort ist auch bekannt aus dem Refrain eines alten Schlagers: „Schöner Gigolo, armer Gigolo, denke nicht mehr an die Zeiten ..." Hier ist allerdings die Bedeutung „Eintänzer" gemeint.

Gimpel
(eigentlich ein Singvogel, und zwar der Dompfaff, der auf dem Boden ungeschickt umherspringt und leicht zu fangen ist; zu mittelhochdeutsch „gumpen" = hüpfen, springen) *ein Schimpfwort für einen törichten, ungeschickten Menschen.* Ein Sprichwort behauptet: „Junge Gimpel, alte Simpel." Früher sprach Gerhard Schröder einmal vom „Gimpel Kohl".

Gipskopf
abfällig für einen einfältigen, uneinsichtigen Menschen.
Vgl.: Gipsnischel (sächsisch), Gipsschädel (oberdeutsch), → -kopf (-kopp).

Giraffe
(eigentlich ein großes afrikanischen Herdentier mit extrem langem Hals) *selten als Spottwort für eine Person mit einem auffällig langen Hals.*
Vgl.: Gieraffe (Wortspiel: gieriger oder neugieriger Mensch).

Gispel (Gischpel)
(Nebenform von „Gaspel" = Unruhe, Aufregung) *oberdeutsch abschätzig oder als Tadel für einen närrischen, überspannten Menschen, ein zappeliges Kind.*

Gitsche (Gitschen), die
(Herkunft unklar) *österreichisch abfällig für ein Mädchen oder leichtes Mädchen.*

Glanzarsch
(Der Hosenboden ist abgenutzt durch das viele Sitzen und glänzt) *spöttisch, auch geringschätzig für einen Beamten, Büroangestellten.*
Vgl.: → Arsch, → -arsch.

Glatze
(eigentlich eine größere kahle Stelle auf dem Kopf) *salopp, oft abschätzig für 1. einen kahlköpfigen Menschen. 2. einen Skinhead.*

Glatzkopf
meist geringschätzig für einen kahlen oder fast kahlen Menschen. Ein altes Sprichwort sagt: „Ein Kahler schilt den anderen Glatzkopf."
Vgl.: Glatzenheini, Glatzenkönig, Glatzenschorsch (selten), Glatzentoni, → -kopf (-kopp).

Glaubenseiferer
(weibliche Form: Glaubenseiferin) *meist geringschätzig für einen allzu eifrigen, eifernden Verfechter seines Glaubens.*
Vgl.: → Eiferer, Glaubensfanatiker, Glaubensschwärmer (selten), → Gotteseiferer, Religionseiferer.

Gleichmacher
abschätzig für jemanden, der Unterschiede grob vernachlässigt, alles über einen Kamm schert.
Vgl.: → -macher.

Gleisner
(verwandt mit „gleich") *veraltet für einen Heuchler, Blender.*

Gloifel
(Herkunft unklar) *ein oberdeutsches Schimpfwort für einen groben Kerl, ungesitteten Menschen.*

Glotzauge

(eigentlich ein starr blickendes, hervortretendes Auge) *emotional abwertend für einen starrenden, gaffenden Menschen.* In Peter Handkes PUBLIKUMSBESCHIMPFUNG bekommt man zu hören: „Ihr Glotzaugen!"

Vgl.: → -auge.

Glotzer

1. abfällig für einen neugierigen Zuschauer. 2. salopp abwertend für einen Fernsehzuschauer. 3. zumindest in Franken geringschätzig für einen, der beleidigt dreinblickt.

Vgl.: → Brillenglotzer, → Dauerglotzer, Glotzbock (fränkisch: beleidigt).

Glotzkopf

abfällig für einen Menschen mit Glotzaugen, mit starrem Blick.

Vgl.: → -kopf (-kopp).

Glucke

(eigentlich eine Henne, die brütet oder ihre Küken führt) *spöttisch-abschätzig für eine allzu fürsorgliche Frau, Mutter.*

Vgl.: alte Glucke, Gluckhenne.

Glücksjäger

oft abschätzig für einen Menschen, der dem Glück nachjagt.

Vgl.: → -jäger.

Glücksritter

geringschätzig für einen Abenteurer, der sich blind auf sein Glück verläßt.

Vgl.: → Ritter.

Glücksspieler

(eigentlich jemand, der ein Glücksspiel betreibt) *abschätzig für einen Menschen, der (bei einem Spiel) ein unnötiges Risiko eingeht und sich dabei auf sein Glück verläßt.*

Vgl.: → Hasardspieler, → Spieler.

Glücksvogel

(dem „Pechvogel" nachgebildet) *leicht abwertend für eine Person, die vom Glück begünstigt ist, der alles zu gelingen scheint, die unverdientes Glück hat.*

Vgl.: Glückspilz (heute kaum abwertend), → Pechvogel, → Unglücksvogel, → Vogel, → -vogel.

Glupschauge

(eigentlich ein stark hervortretendes Auge) *norddeutsch abschätzig für jemanden, der 1. Glupschaugen hat. 2. Glupschaugen macht, d.h. neugierig, intensiv mit großen Augen guckt, glotzt.*

Vgl.: → -auge.

Gnatz

(aus schallnachahmend „gnatzen") *besonders norddeutsch abfällig für einen mürrischen, verdrießlichen Menschen.*

Gnatzkopf

ein besonders norddeutsches Schimpfwort für einen mürrischen, übellaunigen Menschen; Meckerer.

Vgl.: → -kopf (-kopp).

Gnom

(eigentlich ein Kobold, Zwerg; wohl eine Wortschöpfung des deutschen Arztes und Naturforschers Paracelsus im 16. Jahrhundert) *verächtlich für einen kleinen oder gänzlich unbedeutenden Menschen.* „Lassen Sie mich doch in Ruhe, Sie Gnom!" (Herbert Wehner von der SPD zu Volker Rühe von der CDU, Deutscher Bundestag 1979).

Gockel

(eigentlich süddeutsch für einen Hahn; gekürzt aus „Gockelhahn") *1. abfällig für einen eitlen, hochnäsigen Mann. 2. spöttisch für einen Mann, der auf sexuelle Abenteuer aus ist. 3. aus der Sicht mancher Frauen verächtlich für einen Mann im Hinblick auf seine Geschlechtszugehörigkeit.* Als feministischer Slogan ist geläufig: „Haut die Gockel vom Sockel!" Aus Hans Falladas Roman von 1947 JEDER STIRBT FÜR SICH ALLEIN stammt die schlichte Bemerkung: „Sie will von dem verliebten alten Gockel nichts wissen".

Vgl.: alter Gockel, Ehegockel, Etappengockel (→ Etappenhengst), → Gickel, Gockelhahn, Provinzgockel (selten), → verliebter Gockel.

Gockelhahn = Gockel

„Goebbels"
(der Familienname des nationalsozialistischen Politikers Joseph Goebbels, der „Reichsminister für Volksaufklärung und Propaganda" und später „Generalbevollmächtigter für den totalen Kriegseinsatz" war, als Appellativum) *in politischer Polemik abfällig für jemanden, der hetzt, aufwiegelt, verleumderische Reden führt.* „Sie sind ein ganz übler Verleumder, Herr Bundeskanzler! Goebbels sind Sie, ein übler Verleumder!" (Philipp Jenninger, CDU, 1974). Und ein Abgeordneter Kansy (CDU/CSU) beschimpfte den damals noch Grünen Otto Schily 1983 als „Mini-Goebbels".
Vgl.: → „Brutus", → „Hitler", kleiner Goebbels, → „Nero".

Gof, der (das)
schweizerisch salopp, auch abwertend für ein Kind, ungezogenes Kind.
Vgl.: Gofenpack.

Gogolori (Kokolori)
(Herkunft unklar, vielleicht von althochdeutsch „goukalari" = Zauberer, Gaukler) *1. oberdeutsch für einen dummen, läppischen Menschen. 2. fränkisch spöttisch für einen Liebhaber, intimen Freund einer (verheirateten) Frau.*

Goi
(hebräisch) *eine oft geringschätzige jüdische Bezeichnung für einen Nichtjuden, Christen; mundartlich auch andere abwertende Bedeutungen.*
Vgl.: Gewittergoi (Steigerung).

Goje
1. aus jüdischer Sicht oft geringschätzig für eine Nichtjüdin, Christin. 2. landschaftlich abfällig für eine alte oder schlampige oder dumme Frau.
Vgl.: alte Goje.

Gokler (Kokler)
(von „gokeln" = unvorsichtig mit Feuer umgehen; zu „gaukeln") *mitteldeutsch abwertend oder als Tadel für jemanden, der leichtsinnig mit offenem Feuer spielt, hantiert.*
Vgl.: Gokelfritze (sächsisch), Gokelmann (selten), → -ler.

Goldesel
(nach dem Esel im Grimmschen Märchen „Tischchen, deck dich!", der auf Wunsch Goldstücke ausschied) *meist geringschätzig für eine Person, die nur als Geldquelle gesehen wird.*
Vgl.: Dukatenesel, → Esel.

Goldfasan
(eigentlich ein Hühnervogel, dessen Männchen ein sehr farbenprächtiges Gefieder hat) *1. oft abschätzig für ein reiches Mädchen, eine reiche Verlobte. 2. früher abwertend oder spöttisch für einen hohen nationalsozialistischen Parteifunktionär (in seiner ordensgeschmückten, prächtigen Uniform).*

„Goldjunge"
spöttisch-ironisch für einen verwöhnten Lieblingssohn.
Vgl.: „Goldsohn" („Goldsöhnchen"), → Junge.

Golem
(in der jüdischen Sage ein aus Lehm oder Ton künstlich erschaffenes menschliches Wesen) *landschaftlich selten für einen närrischen Menschen.*

Goliath
(nach dem riesenhaften Krieger der Philister aus der Bibel, 1. Samuel 17, der im Zweikampf von David mit einer einfachen Steinschleuder getötet wurde) *oft spöttisch für einen sehr großen (unbeholfenen) Menschen.*
Vgl.: Gollo (rheinhessisch: große, herbe Frau), Riese Goliath.

Göre (Gör), die (das)
meist abschätzig für ein Kind, ein kleines Mädchen, vor allem, wenn es frech und vorwitzig ist. 1995 plakatierte der Musik-Fernsehsender MTV in einer Werbeaktion eine „konsumgeile Göre" und „verwöhnte Gören".
Vgl.: kesse Göre (auch anerkennend), Lausegöre, → Rotzgöre, Straßengör.

Gori (Gore)
(Kurz- und Koseform von „Gregor") *vorwiegend süddeutsch abschätzig für einen komischen, schrulligen Menschen.*

Gorilla
(eigentlich der größte Menschenaffe, der in Kamerun und im Kongogebiet heimisch ist; übertragen ein Leibwächter) *meist geringschätzig für einen bulligen, brutal aussehenden Mann.*

Gosche
(eigentlich ein mundartliches Wort für den Mund) *ein vorwiegend oberdeutsches Schimpfwort für einen Schwätzer oder lauten, schimpfenden Menschen.*
Vgl.: → Babbelgosche, → Großgosche, Lästergosche, Plappergosche, → Revolvergosche, Schlabbergosche (schwäbisch), Schlappgosche, → Schwertgosche.

„Götter in Weiß" = „Halbgötter in Weiß"

Gotteseiferer
(weibliche Form: Gotteseiferin) *meist geringschätzig für einen glühenden, fanatischen Gottesverehrer (in einer anderen Religion).*
Vgl.: → Eiferer, → Glaubenseiferer.

Gotteslästerer
(weibliche Form: Gotteslästerin) *jemand, der Gott lästert, ihn beleidigt und beschimpft.*
Vgl.: → Lästerer.

Gottesleugner
jemand, der die Existenz Gottes leugnet; Atheist.

Gottloser
oft abschätzig für eine Person, die nicht an Gott glaubt, Gott nicht achtet.
Vgl.: gottloser Geselle.

Gottseibeiuns
(eine fromme verhüllende Bezeichnung für den Teufel in Form eines Satzwortes) *1. veraltet für einen teuflischen Menschen. 2. ironisch für einen Buhmann, einen von anderen für schlecht und bedrohlich gehaltenen Menschen.* Bertolt Brecht sei ein „Gottseibeiuns der Adenauer-Zeit" gewesen, schrieb Willi Winkler in der ZEIT (August 1994).

Götze
(eigentlich ein Wesen, Bild oder Ding, das als Gott verehrt wird) *in gehobener Sprache geringschätzig für einen übermäßig verehrten Menschen; Abgott.*
Vgl.: → Ölgötze.

Götzenanbeter = Götzendiener

Götzendiener
meist abfällig für einen Menschen, der Götzendienst treibt, etwas oder jemanden abgöttisch verehrt.
Vgl.: → -diener, Götzenanbeter.

Gourmand
(aus gleichbedeutend französisch „gourmand") *abschätzig für einen Schlemmer, einen Vielfraß.*

Gouvernante
(früher eine Hauslehrerin, Erzieherin; aus gleichbedeutend französisch „gouvernante") *abschätzig für eine bevormundende, belehrende, altjüngferliche Frau.*

Grabschänder
jemand, der ein Grab beschädigt oder verunstaltet.
Vgl.: → Schänder, → -schänder.

Grabscher = Grapscher (Grabscher)

Graf Koks (von der Gasanstalt)
(weibliche Form: Gräfin Koks) *spöttisch-ironisch, auch abfällig für einen Angeber, Großkotz, einen geckenhaft aufgeputzten, vornehmtuenden Kerl.*
Vgl.: Baron Koks (von der Gasanstalt), Graf Koks vom Gaswerk, Graf Koks von der Gasfabrik (selten).

Graf Rotz (von der Backe)
(weibliche Form: Gräfin Rotz) *salopp abwertend für einen überheblichen, dreisten, großspurig auftretenden Menschen.*
Vgl.: Baron Rotz, Baron Rotz auf Arschlochshausen, Graf Rotz von der Popelsburg, Graf Rotz von der Spuckburg (selten), Graf Rotz von Hohen-

schnoddern (Anspielung auf „Hohenzollern"), Graf Rotz von Popelstein (selten), Gräfin Rotz auf der Gießkanne (schlesisch).

Gralshüter

(in der Dichtung des Mittelalters ein Mitglied einer Schar auserwählter keuscher Ritter und Jungfrauen, die den Gral hüten; fast immer in einer Genitivverbindung) *scherzhaft-spöttisch für anmaßende (selbsternannte) Hüter und Wächter von Werten.* „Diese griesgrämigen Gralshüter des guten Geschmacks" (TIP 12, 1984).

Grammatikaster

(Analogiebildung zu lateinisch „philosophaster" = Scheinphilisoph) *bildungssprachlich abschätzig für einen Lehrer, Schüler, Schriftsteller o.ä., dessen grammatische Kenntnisse unzureichend sind.*

Grammel, die

(eigentlich eine Griebe) *besonders österreichisch für eine verwahrloste Frau; Prostituierte.*

Grammeler

landschaftlich abfällig für einen notorischen Nörgler.

Vgl.: Grammelpeter, → -ler.

Grammophon

(früher ein mit einer Kurbel betriebener Plattenspieler) *eine veraltete abschätzige Bezeichnung für einen Menschen, der viel redet (und dabei immer wieder dasselbe erzählt).*

Grantler

bayrisch und österreichisch abschätzig für einen nörgelnden, schimpfenden Menschen.

Vgl.: → -ler.

Grantlhuber

in Süddeutschland und Österreich ein eher mildes Schimpfwort für einen mürrischen, (ewig) nörgelnden Menschen.

Vgl.: → -huber.

Grantscherben

(zu mundartlich „Scherben" = Topf) *ein oberdeutsches Schimpfwort für einen verdrießlichen, zornigen Menschen.*

Vgl.: Grantnickel, Granttegel, → Scherbe.

Grapscher (Grabscher)

salopp abwertend für einen Mann, der eine (weibliche) Person unsittlich berührt; landschaftlich selten auch für eine gierige, raffgierige Person.

Vgl.: → Busengrapscher (Busengrabscher).

Grasaffe

(Gras = grün = unreif) *veraltend, noch landschaftlich für einen unreifen, vorwitzigen oder eitlen Menschen.* „Der Grasaff, ist er weg?" heißt es in Goethes FAUST.

Vgl.: → Affe.

Grasel

(wohl nach dem berühmten Räuberhauptmann Grasel, der 1818 in Wien gehängt wurde) *österreichisch abfällig für einen Gauner, Spitzbuben.*

Grashüpfer

(eigentlich eine Heuschrecke; grün für unerfahren) *landschaftlich abschätzig für einen unerfahrenen, jungen Menschen.*

Vgl.: → Hüpfer.

Gräte

eine seltene, salopp abwertende Bezeichnung für eine magere weibliche Person.

Gratwandler

geringschätzig für eine Person, die überaus riskant handelt, eine Gratwanderung riskiert.

Vgl.: Gratwanderer, → -ler.

graue Maus

abfällig für eine unscheinbare Person.

Vgl.: graues Mäuschen, → Maus.

grauslicher Uhu

vorwiegend bayrisch für einen häßlichen, unsympathischen Menschen.

Vgl.: schiecher Uhu (bayrisch), → Uhu.

Grazien s. „drei Grazien"

Grebert
landschaftlich abschätzig für einen jähzornigen (kleinen) Menschen.

Greenager
(dem „Teenager" nachgebildet unter Einfluß von englisch „green" = grün) *oft abschätzig für ein Kind zwischen Kleinkind- und Teenageralter.*

Greenhorn, das
(aus englisch „greenhorn", eigentlich = Tier mit „grünem", noch nicht ausgewachsenem Geweih) *meist abschätzig für einen unerfahrenen (und vorwitzigen) Menschen, unbedarften Neuling, Anfänger.* Karl Mays Abenteuerroman WINNETOU I beginnt mit den Worten: „Lieber Leser, weißt du, was das Wort Greenhorn bedeutet? – Eine höchst ärgerliche und geringschätzige Bezeichnung für jeden, auf den sie angewendet wird!"
Vgl.: Grünhorn.

Greifer
(zu „greifen" im Sinne von „festnehmen") *salopp abwertend für einen Polizisten; seltener für einen Dieb.*
Vgl.: Greifenberger (Taschendieb), → Heldengreifer.

Greis
(eigentlich ein sehr alter und alt wirkender Mensch) *abschätzig für einen senilen, vergreisten Menschen.* „Niemand hört es gern, / Daß man ihn Greis nennt", heißt es im zweiten Teil von Goethes FAUST. Ein Leserbrief-Schreiber meinte den Papst, als er im SPIEGEL (Februar 1994) den „komischen Greis in Rom" erwähnte. Über Erich Honecker war „SED-Greis" zu lesen.
Vgl.: Frühgreis, Greise (jugendsprachlich: Eltern), Heldengreis, Jammergreis, → Jubelgreis, Junggreis, Lebegreis, Lottergreis, → Lustgreis, → Mummelgreis (Mümmelgreis), Sabbergreis (selten), seniler Greis, → Tapergreis, Tätschelgreis, → Tattergreis, → Wackelgreis, → Zittergreis.

Greißler
(eigentlich ein kleiner Lebensmittelhändler, Krämer) *österreichisch für einen Pedanten, Kleinigkeitskrämer.*
Vgl.: → -ler.

Griesgram
(rückgebildet aus mittelhochdeutsch „grisgramen" = mit den Zähnen knirschen) *abschätzig für einen mürrischen, unfreundlichen Menschen.*

Griffelspitzer
1. landschaftlich veraltend für einen kleinlichen, pedantischen Menschen. 2. spöttisch-abschätzig für einen Angehörigen eines schreibenden Berufes.

Grillenfänger
(zu der Redensart „Grillen fangen" = trüben Gedanken nachhängen) *abschätzig für einen trübsinnigen, wunderlichen, griesgrämigen Menschen.* Aus der Volkspoesie:

„Wer allzeit hinterm Ofen sitzt
und Grillen fängt und Hölzlein spitzt
und fremde Lande nie geschaut,
der bleibt ein Narr in seiner Haut."

Grimassenschneider
abschätzig für eine Person, die auf lächerliche Weise Grimassen schneidet, das Gesicht verzieht. Die Hamburger Zeitschrift SZENE (1984, Heft 8) warnte davor, den amerikanischen Komiker Jerry Lewis als „infantilen Grimassenschneider" zu verkennen.
Vgl.: Fratzenschneider, Grimassenmacher.

Grindkopf
(zu „Grind" = Hautausschlag am Kopf, hervorgerufen durch Schmutz oder Krankheit) *ein Schimpfwort für 1. einen unsauberen (grindigen) Menschen. 2. einen streitsüchtigen, ständig gereizten Menschen.*
Vgl.: Grindschüppel (österreichisch), → -kopf (-kopp).

Gringo
(aus gleichbedeutend spanisch „gringo", zu „griego" = Grieche; dazu die spanische Redewendung „hablar en griego" = unverständlich sprechen) *in Südamerika abschätzig für einen Fremden nichtromanischer Herkunft.*

Grisette
(ursprünglich eine junge Pariser Näherin, nach ihrem grauen Arbeitskleid; zu franzö-

sisch „gris“ = grau) *bildungssprachlich abschätzig für ein leichtlebiges Mädchen.*

grober Klotz
abfällig für eine grobe, plumpe, unhöfliche (männliche) Person. Dazu das bekannte Sprichwort: „Auf einen groben Klotz gehört ein grober Keil.“
Vgl.: → Klotz, unbehauener Klotz, → ungehobelter Klotz.

Grobian
(scherzhafte Bildung aus „grob“ und der lateinischen Endung, in Anlehnung an Heiligennamen wie Cassian; wahrscheinlich zum erstenmal 1482 in Zeningers VOCABULARIUS TEUTONICUS als deutsche Übersetzung von „rusticus“) *ein grobes Schimpfwort für einen ebenso groben, unfreundlichen Menschen, einen ungehobelten, rücksichtslosen Kerl.* In der ersten Ausgabe des NARRENSCHIFFS (1494) stellt Sebastian Brant einen heiligen Grobianus als Schutzheiligen unflätiger Schlemmer vor. Bei Luther begegnet ein „Hans Grobianus“. Die lateinische Satire GROBIANUS von Friedrich Dedekind aus dem Jahr 1549 führt den Titelhelden als rüpelhaften, faulen und dabei schamlosen Studenten vor. Ein lebendiges Bild des Grobians gibt auch der folgende Grabspruch aus dem 19. Jahrhundert:

„Hier ruht Hans Kaspar Grobian,
Ein Klotz, wie's einen geben kann,
Läg' er nicht ohne Hut im Grab,
Er zög ihn selbst vor Gott nicht ab.“

Vgl.: → Erzgrobian, grober Jan, Grobsack, → -ian (-jan).

Grobsack = Grobian

Grobzeug = Kroppzeug

„Gröfaz“
(Abkürzung von „größter Feldherr aller Zeiten“, eine spöttische oder verächtliche Bezeichnung für Hitler, die schon lange vor Kriegsende als eine Art Spitzname kursierte, ursprünglich jedoch allen Ernstes von Generalfeldmarschall Keitel nach dem Blitzkrieg gegen Frankreich 1940 für Hitler geprägt und über die nationalsozialistische Propaganda verbreitet worden ist. Das Prädikat „größter Feldherr aller Zeiten“ war 1914 nach der Masurenschlacht bereits Hindenburg verliehen worden) *eine seltene abfällige Spottbezeichnung für einen Politiker, Staatsmann, der als überragender militärischer Führer auftritt und von seinen Anhängern dafür gehalten wird.* Im Februar 1991 meinte der SPIEGEL Saddam Hussein, als er schrieb: „Kniefall vorm babylonischen Gröfaz“. Vor allem aber wird das Wort spöttisch-ironisch in zahlreichen Abwandlungen verwendet. So fand der Fraktionsgeschäftsführer der SPD Peter Struck für den Finanzminister Theo Waigel von der CSU 1993 den Titel „Gröschaz“ für „größter Schuldenmacher aller Zeiten“, und Bundeskanzler Helmut Kohl war in der FRANKFURTER RUNDSCHAU 1984 der „Grömaz“, der „größte Maulheld aller Zeiten“.

Gröler
(zu „Gral“; nach einem Zeremoniell der Gralsritter, das später zu einem wüsten, lärmenden Turnierfest herabgesunken ist) *abschätzig für 1. einen schreienden, gräßlich singenden (betrunkenen) Menschen. 2. einen schlechten, übermäßig lauten Sänger.*
Vgl.: Grölmeier (selten).

Groschen
(vom geringen Wert der Münze übertragen; meist in Verbindung mit bedeutungsverschlechternden Adjektiven) *ein landschaftliches Scheltwort für einen geringgeachteten Menschen: ein raffinierter, fieser, scheeler Groschen.*
Vgl.: → schlechter Groschen.

Größenwahnsinniger
abfällig für einen Menschen, der an Größenwahn leidet, krankhaft geltungsbedürftig und selbstgefällig ist.
Vgl.: → Wahnsinniger.

großer Zampano = Zampano

großes Kind
meist leicht abwertend für einen unreifen, naiven Erwachsenen mit einem kindlichen Gemüt.
Vgl.: → Kind.

großes Tier = hohes Tier (großes Tier)

Großfresse
(zu „Fresse" = Mund, Mund des Schwätzers) *derb abwertend für einen prahlenden, geschwätzigen Menschen.*

Großgosche
ein oberdeutsches derbes Schimpfwort für ein Großmaul, einen Prahlhans.
Vgl.: → Gosche.

Großhans
abfällig für jemanden, der angibt, großtut, mit seinem Reichtum prahlt.
Vgl.: → Hans, → -hans.

Großkapitalist
(eigentlich ein Vertreter des Großkapitals, Großunternehmer) *oft geringschätzig für einen Reichen.*
Vgl.: → Kapitalist.

Großkopf
landschaftlich selten für einen Menschen, der mit seinem Besitz prahlt.
Vgl.: → -kopf (-kopp).

Großkopfeter (Großkopferter)
besonders österreichisch und bayrisch abfällig für eine einflußreiche, gesellschaftlich hochgestellte oder reiche Person; auch für einen überheblichen, besitzstolzen Menschen; seltener für einen Akademiker, Intellektuellen aus der Sicht der weniger Gebildeten.

Großkotz
(von jiddisch „großkozen" = sehr reicher Mann; Wichtigtuer; volksetymologischer Anschluß an „kotzen") *salopp abwertend für einen Angeber, widerlichen Protz.*
Vgl.: Kotz (Prahler; Lügner).

Großmaul
ein kräftiges Schimpfwort für einen Angeber, anmaßenden Wichtigtuer. Ein altes Sprichwort lautet: „Großmauls Degen sticht nicht." Für den amerikanischen Boxchampion Cassius Clay alias Muhammad Ali ist die Bezeichnung Großmaul zum Spitznamen geworden. Sein Degen stach allerdings doch. In seiner Schrift ZUR GENEALOGIE DER MORAL von 1887 ließ sich Friedrich Nietzsche über den Philosophen und Nationalökonomen Karl Eugen Dühring aus: „Jener Berliner Rache-Apostel, der im heutigen Deutschland den unanständigsten und widerlichsten Gebrauch vom moralischen Bumbum macht: Dühring, das erste Moral-Großmaul, das es jetzt gibt, selbst noch unter seinesgleichen, den Antisemiten."
Vgl.: → Breitmaul, Dickmaul, Großhals, Großklappe (selten), → -maul.

Großmogul
(eigentlich ein Titel nordindischer Herrscher vom 16. bis 19. Jahrhundert) *abfällig für einen Prahler, Angeber oder Chef, Anführer.*
Vgl.: → Mogul.

Großschnauze
salopp abwertend für einen Großsprecher, Aufschneider.
Vgl.: Dickschnauze, Riesenschnauze, → -schnauze.

Großsprecher
abfällig für einen Angeber, Aufschneider, Prahlhans.
Vgl.: Klassengroßsprecher (schülersprachlich: Klassensprecher).

Großtuer
abfällig für einen Prahler, Wichtigtuer.
Vgl.: → -tuer.

Groupie
(zu englisch „group" = Gruppe, Musikgruppe) *1. kaum abwertend, allenfalls geringschätzig für einen weiblichen Fan von Rockmusikern, der (sexuellen) Kontakt mit ihnen sucht. 2. spöttisch-ironisch für eine weibliche Person, die einem prominenten Mann nachreist, um seine Bekanntschaft zu machen, in seiner Nähe zu sein.* „Ich war die Ahnfrau aller Groupies", bekannte Peggy Guggenheim 1976. In der Illustrierten BUNTE stand im Oktober 1979: „Paul Breitner, der Kicker, ist einem Groupie in die Hände gefallen. Einem Groupie? Ganz recht, so einem Mädel, das mit letztem kör-

perlichen Einsatz Zeit und Gunst Berühmtheiten andient, bevorzugt Pop-Musikern."

Grübler
oft leicht abwertend für einen grüblerischen, versonnenen Menschen: ein ewiger, stiller, düsterer Grübler. „Der Grübler ist wie ein Beschenkter, der die Gabe entwertet, indem er mißtrauisch nach dem geheimen Grund für sie fragt" (Horst Stern: DER MANN AUS APULIEN, 1986).
Vgl.: Grüblernatur, → -ler.

Grummler
(von mundartlich „grummeln") *abschätzig für einen brummenden, nörgelnden oder murmelnden Menschen.*
Vgl.: → -ler.

Grufti
(zu „Gruft", also eigentlich jemand, der schon tot ist) *jugendsprachlich meist abschätzig für 1. einen alten Menschen. 2. einen nicht mehr jungen Erwachsenen, von dem man sich abgrenzen will, weil man ihn beispielsweise als spießig oder altmodisch ansieht.* Im Jargon von Jugendlichen gibt es eine ganze Reihe weiterer Ausdrücke, in denen ältere Erwachsene als Leichen oder Halbtote erscheinen, etwa „Vor-Grufti" oder „Komposti". Über seinen Parteifreund Zehetmaier lästerte 1989 der CSU-Politiker Erich Kiesl: „... ein Verwesi, ein Komposti ..."

Grundstücksspekulant
oft geringschätzig für eine Person, die mit Grund und Boden spekuliert.
Vgl.: Bodenspekulant, → Spekulant, → -spekulant.

grüner Junge
(Grün als Farbe unreifer Früchte) *geringschätzig für einen unerfahrenen (vorwitzigen) jungen Burschen.*
Vgl.: grüner Bengel, → Junge.

grünes Gemüse = junges Gemüse

Grünhorn = Greenhorn

Grünling
abschätzig für einen unreifen, unerfahrenen Menschen; seltener für eine Person in grüner Uniform. „Der Lehrling, der zum Wissen Einlaß begehrende Grünling ...", heißt es in Thomas Manns ZAUBERBERG.
Vgl.: → -ling.

Grünschnabel
(dem „Gelbschnabel" nachgebildet) *abschätzig für ein vorlautes Kind, einen Neuling, Anfänger.*
Vgl.: → Gelbschnabel, Grünnase (selten), → Schnabel.

Grünspecht
(eigentlich ein grün und rot gefärbter, großer Specht) *salopp abwertend für eine Person in grüner Uniform, etwa einen Jäger oder Polizisten; seltener für einen unreifen Menschen.*

Grünzeug
(eigentlich Salate und Gemüse) *abschätzig für unerfahrene, unreife junge Menschen.*
Vgl.: Grünkram.

Grüsel, der
schweizerisch abschätzig für einen unappetitlichen Menschen.

Grüßaugust
salopp abwertend für einen Empfangschef, Hotelportier o.dergl.; seltener für eine Person in hoher Funktion, die nur Repräsentationsaufgaben erfüllt. „Hans Adam will kein Grüßaugust werden", so überschrieb die WELTWOCHE (September 1993) einen Artikel über das Staatsoberhaupt von Liechtenstein Fürst Hans Adam II.
Vgl.: → August, Begrüßaugust, Grußaugust (Variante), Grüß-Gott-August (selten), Grüßheini, Grüßmaxe, Grüßonkel (selten), → Nickaugust.

Grüßheini = Grüßaugust

Grutzen
(Nebenform von „Grotzen"; eigentlich das Kerngehäuse des Apfels) *landschaftlich scherzhaft oder abschätzig für einen kleinen Kerl.*

Grützkopf
(sozusagen ein Kopf voller Grütze) *ein Schimpfwort für einen Dummkopf.*
Vgl.: → -kopf (-kopp).

Gschaftler = Geschaftler (Gschaftler)

Gschaftlhuber = Geschaftlhuber (Gschaftlhuber)

Gscherter (Gescherter)
(zu „scheren"; nach dem früheren Leibeigenen oder Unfreien, der die Haare nicht lang tragen durfte) *in Österreich und Süddeutschland abwertend für einen dummen Menschen ohne Manieren; Provinzler.*
Vgl.: gscherter Hammel, gscherter Lackel.

gscherter Rammel (gescherter Rammel)
eine starke oberdeutsche Schelte für einen Lümmel, unverschämten Kerl.
Vgl.: → Rammel.

Gschwuf (Geschwuf), der
(wohl zu „schweifen, umherschweifen") *österreichisch abschätzig für einen Snob, Angeber oder auch Liebhaber.*

Gspusi, das
(aus lateinisch „sponsa" = Verlobte) *süddeutsch und österreichisch geringschätzig für eine Geliebte, heimliche Geliebte, ein Liebchen.*

Gucker
leicht abwertend für eine Person, die aufdringlich oder neugierig schaut, beobachtet; seltener für einen Voyeur.
Vgl.: → Astlochgucker, → Dibbegucker, Hafengucker, → Häferlgucker (Haferlgucker), → Himmelsgucker, Schlüssellochgucker (neugierig), → Sterngucker, Töpfchengucker, → Topfgucker.

Guckindieluft
(ein Satzwort, bekannt als „Hansguckindieluft" aus dem STRUWWELPETER) *Tadel oder leicht abwertend für einen Menschen, der beim Gehen nicht auf seinen Weg achtet; oft zu Kindern gesagt.* In einer FDP-Wahlkampfbroschüre aus den 80er Jahren steht „Die Geschichte von Hilmar Guck-in-die-Luft". Gemeint war damit der langjährige energische Kulturreferent der Stadt Frankfurt am Main Hilmar Hoffmann.
Vgl.: Guckindentopf (→ Topfgucker), Hans Guckindieluft.

Guckindiewelt
(Satzwort; eigentlich ein munteres, aufgewecktes Kind) *selten als leicht abwertende Bezeichnung für einen naseweisen jungen Menschen.*
Vgl.: Hans Guckindiewelt, → Kiekindiewelt.

Gummilöwe
spöttisch und abschätzig für eine nur scheinbar starke, in Wirklichkeit aber weiche, lasche Person. In den Jahren nach 1960 wurde der CDU-Politiker und spätere (ab 1963) deutsche Bundeskanzler Erhard oft so genannt. „Israels Militärs verglichen ihren zaudernden Premier Levi Eschkol mit Deutschlands Gummilöwen Ludwig Erhard" (SPIEGEL, Juni 1967).
Vgl.: Gummimann, Hartgummilöwe (selten), → -löwe.

Gunstgewerblerin
(nach dem Vorbild von „Kunstgewerblerin") *scherzhaft-spöttisch für eine Prostituierte.*
Vgl.: Miß Gunst.

Günstling
(Lehnübersetzung von französisch „favori"; meist in einer Genitivverbindung) *abfällig für eine Person, die in der Gunst eines einflußreichen Menschen steht und bevorzugt wird.*
Vgl.: → -ling.

Gurgelabschneider = Halsabschneider

Gurke
abwertend für 1. einen Versager. 2. einen einfältigen Menschen. 3. eine komische, drollige Person: eine ulkige, putzige Gurke. Oft zitiert wurde das Urteil „Gurkentruppe", das der Torwart Uli Stein 1986 über das bundesdeutsche WM-Team fällte. H. C. Artmann urteilte über seine österreichische Kollegin Ingeborg Bachmann: „Die Bachmann is a arrogante Gurkn."

Gurre
(eigentlich ein altes, schlechtes Pferd; zu mittelhochdeutsch „gurre, gorre" = Stute) *landschaftlich abfällig für ein altes, schlampiges, liederliches Weib.*
Vgl.: → Bißgurn.

Gurtmuffel
meist geringschätzig für jemanden, der beim Autofahren den Sicherheitsgurt nicht anlegt.
Vgl.: Anschnallmuffel, → Muffel, → -muffel.

Guru
(eigentlich ein geistlicher Lehrer im Hinduismus) *scherzhaft-spöttisch für eine (berühmte) Person, die in einer modischen Richtung, einem Trend, einem Bereich der Esoterik den Ton angibt.* Im MANNHEIMER MORGEN (Juli 1970) wurde Hermann Hesse als „‚Guru' der Hippies und anderer Dropouts" bezeichnet. Rudolf Augstein betitelte im SPIEGEL (Januar 1994) einen Artikel über die Herren im Vatikan mit „Gurus in Rom". Eine schöne Attacke ritt der CDU-Politiker Norbert Blüm 1983 gegen Hessens Ministerpräsidenten Holger Börner von der SPD, der, nachdem er ihnen zuvor in einem vielbeachteten Ausfall Prügel mit der „Dachlatte" in Aussicht gestellt hatte, eine Koalition mit den Grünen einging: „Selbst der Dachlatten-Börner mendelt jetzt zum Petersilien-Guru."
Vgl.: Jet-set-Guru (selten), Psychoguru.

Gutedel
(eigentlich eine Rebsorte, die liebliche, leichte Weine liefert) *zumindest in Schwaben ironisch für einen Taugenichts, ein „sauberes Früchtchen".*

„guter Onkel"
ironisch-abfällig für einen scheinbar freundlichen Mann, der sich Kindern unsittlich nähert, sich an ihnen vergeht.
Vgl.: Bonbononkel, → böser Onkel, falscher Onkel (selten), → Onkel, → -onkel, süßer Onkel.

gutes Tier
geringschätzig für eine Person, die gutmütig und beschränkt ist.
Vgl.: gutes Schaf, → Tier.

Gutmensch
(wohl erst 1995 entstanden, offenbar im Anschluß an die Veröffentlichung der Sammlung WÖRTERBUCH DES GUTMENSCHEN) *ironisch, auch abschätzig für einen Menschen, der ständig (und in aufdringlicher Weise) Gutes, vermeintlich Gutes tut, der in den Bereichen Frieden, Frauen und Öko „echt engagiert" ist.* „... der deutsche Gutmensch, der stereotyp seine schaumige Betroffenheit direkt aus dem Bauch heraus in die wohlfeile Trauerarbeit einbringt" (Leserbrief im SPIEGEL, Oktober 1995).
Vgl.: Gutewicht (selten: Wortspiel zu „Bösewicht").

gutmütiges Schaf
abschätzig für jemanden, der zu geduldig, zu seinem Schaden gutmütig ist. „Ich bin ein sehr gutmütiges Schaf!" sprach der deutsche Fußballbundestrainer Berti Vogts (SÜDDEUTSCHE ZEITUNG, 1994).
Vgl.: gutes Schaf, → Schaf.

H

Brunzkachel

Haareule
abschätzig für eine weibliche Person mit wirren, ungepflegten Haaren.
Vgl.: → Eule.

haariger Esau
(nach der biblischen Gestalt des Esau, der „rauh wie ein Fell" war, 1. Moses 25,25) *scherzhaft-spöttisch für einen stark behaarten Mann.*
Vgl.: behaarter Esau, rauher Esau (beides selten).

Haarklauber
veraltet für einen kleinlichen, pedantischen Menschen.
Vgl.: → Klauber.

Haarspalter
abfällig für einen kleinlichen, spitzfindigen Menschen.
Vgl.: → -spalter.

Habenichts
(Satzwort) *abfällig für einen armen, völlig mittellosen Menschen: ein hergelaufener Habenichts.* In der Presse war seit Mitte der 60er Jahre des öfteren von „atomaren Habenichtsen" die Rede. Damit waren jene Länder gemeint, die keinen Zugang zu Atomwaffen haben. Über einen, der arm ist, aber großtut, spottet der Volksmund: „Es ist der Herr von Habenichts, und Kuhdreck ist sein Wappen."
Vgl.: → Baron von Habenichts, Bruder Habenichts (veraltet), Hanshabenichts (selten), hergelaufener Habenichts, → Herr von Habenichts.

Haberecht
(Satzwort) *veraltet, noch landschaftlich für einen rechthaberischen Besserwisser.*
Vgl.: → Rechthaber.

Haberer
(wohl zu hebräisch „haver" = Gefährte) *österreichisch 1. kaum abwertend für einen Liebhaber, Verehrer. 2. oft ironisch oder geringschätzig für einen Freund, Busenfreund, Kumpan, Zechbruder.* Wolfgang Teuschl übersetzte die Bibel unter dem Titel DER JESUS UND SEINE HAWARA ins Wienerische.

Habergeiß
(eigentlich eine Spukgestalt, ein Nachtgespenst) *besonders süddeutsch abschätzig für eine lange, hagere weibliche Person.* Johannes Nefflen (1789 – 1858) schrieb in seinem VETTER AUS SCHWABEN: „Der will au a Gschtell woa ebbes Floasch dra isch und ka so Habergoaß."
Vgl.: → Geiß.

Hachel = Hechel

Hacho
(in der Zigeunersprache ein Bauer) *selten für einen Trottel, Versager; in der Knastsprache ein unangenehmer Vollzugsbeamter.*

Hack und Mack
(ursprünglich Durcheinander oder Kleingehacktes) *norddeutsch abfällig für Leute verschiedenster Art; Gesindel.*
Vgl.: Hack und Mack und Fegesack (spielerische Erweiterung), Hackmack, → Hans und Franz.

Hackenbieter
(eigentlich ein kleiner, bissiger Hund; wörtlich: Fersenbeißer) *ein norddeutsches Schimpfwort für einen heimtückischen, „bissigen", aber letzten Endes ungefährlichen Menschen.*
Vgl.: → Wadenbeißer (Wadlbeißer).

Hackepack
westdeutsch für Pack, Gesindel.
Vgl.: Hackemack (Variante), → Pack, → -pack.

Hacker
abfällig für einen unfairen, rücksichtslosen Fußballspieler.
Vgl.: → Fleischhacker, → Holzhacker.

Hackklotz
(eigentlich ein Holzklotz, auf dem Holz oder Fleisch zerhackt wird) *landschaftlich abschätzig für einen derben, grobschlächtigen Menschen.*
Vgl.: Hackklötzchen (hessisch), → Hauklotz, → Holzklotz, → Klotz.

Hacksch
(eigentlich ein Eber oder ein männliches Kaninchen) *ostdeutsch abfällig für einen Flegel, unflätigen Kerl, Zotenreißer.* „Der Hacksch macht bloß Gacksch", sagt man in Sachsen.
Vgl.: → Sauhacksch.

Haderer
abschätzig für einen Stänkerer, zänkischen Menschen.

Haderkatze
veraltend für ein zänkisches, streitsüchtiges Weib.
Vgl.: → Katze.

Haderlump
(zu „Hader" = Lappen, Lumpen) *ein oberdeutsches Schimpfwort für einen liederlichen Kerl, Betrüger, Taugenichts.* In Ludwig Thomas Komödie ERSTER KLASSE begrüßt der Landtagsabgeordnete Josef Filser seinen Freund Gsottmaier lachend mit: „Du Haderlump, du ganz miserabliger!"
Vgl.: → Lump.

Haderwachl, der
(zu „Hader" = Lappen, Lumpen) *österreichisch abfällig für einen läppischen, lächerlichen Menschen.* „Die Sozi – das sind die größten Feinde von unsereinem, die's gibt, und überhaupt von jedem, der kein Haderwachl oder Lamperl ist" (Heimito von Doderer: DIE DÄMONEN, 1956).

Hafen (Häfen)
(eigentlich mundartlich für Schüssel, Topf) *besonders bayrisch verächtlich für eine unansehnliche, heruntergekommene Frau.*

Häfenbruder
(zu „Häfen" = Gefängnis) *österreichisch abschätzig für einen Strafgefangenen, Häftling, Vorbestraften.*
Vgl.: → Bruder, → -bruder.

Häferl (Haferl)
(eigentlich ein Töpfchen, eine Tasse; vom Überlaufen, Überkochen des Topfes übertragen) *in Österreich und Bayern abschätzig für einen jähzornigen, cholerischen Menschen.*
Vgl.: → Gifthäferl (Gifthaferl).

Häferlgucker (Haferlgucker)
oberdeutsch leicht abwertend für einen neugierigen Menschen oder einen Topfgucker.
Vgl.: → Gucker, Hafengucker, → Topfgucker.

Hagestolz
(volksetymologisch umgedeutet aus althochdeutsch „hagustalt", eigentlich = Hagbesitzer, und zwar ein Besitzer eines Nebengutes, das zu klein war, um eine Ehefrau mitzuernähren) *veraltet, oft abschätzig oder spöttisch, für einen älteren, eingefleischten Junggesellen: ein alter, unverbesserlicher Hagestolz.* In der Novelle HAGESTOLZ (1844) von Adalbert Stifter ist die Titelfigur ein einsamer, verbitterter alter Junggeselle. In Goethes FAUST heißt es: „Und sich als Hagestolz allein zum Grab zu schleifen, / Das hat noch keinem wohl getan."

Hahn
abschätzig für 1. einen Mann, Ehemann, Liebhaber. 2. einen Schürzenjäger.
Vgl.: → Gickel, Gifthahn, → Gockel, → halber Hahn, → Kampfhahn, → Knurrhahn, Kullerhahn (aufbrausend), scharfer Hahn (Schürzenjäger), → Schnapphahn, → Streithahn, Turmhahn, → Wetterhahn, → Zinshahn.

Hahnebampel (Hahnepampel)
(zu „Hane" = Kurzform von Johannes und „Pampel" = Trottel) *ein landschaftliches,*

weitverbreitetes Schimpfwort für einen einfältigen, schwerfälligen, ungeschickten Menschen. In der alten Frankfurter Literatur (Quilling) findet sich das Gedicht:

„Der Gärtner Schenk, der wor gewese
E braver Mann un aach belese
Un alles konnt er aam erklärn
Nor bei saam Bub wor er an Hambel
Wos mer su sägt en Hannebambel."

Vgl.: → Pampel.

Hahnrei

(eigentlich ein verschnittener Hahn, Kapaun; schon im 13. Jahrhundert übertragen verwendet, zuerst für den Mann, der seinen ehelichen Pflichten nicht nachkommt) *spöttisch-abschätzig für einen betrogenen Ehemann.*

Hai (Haifisch)

abfällig für einen skrupellosen, profitgierigen Geschäftsmann. „Schon sind die kleinen und großen Haie, die Werbeagenten und Ratenzahlungsverführer, kurz, die Schröpfer aus allen Branchen zur Stelle." (ZEIT, November 1979)

Vgl.: Hai-Society (Wortspiel), kleiner Hai.

-hai

abfällig für einen Geschäftsmann, der sich auf einem bestimmten Gebiet rücksichtslos bereichert.

Vgl.: Bankenhai, Bau-Hai, → Börsenhai, → Finanzhai, → Geldhai, Immobilienhai, → Kredithai, → Miethai.

Hakenkreuzler

(nach dem Hakenkreuz als Symbol der Nationalsozialistischen Deutschen Arbeiterpartei) *eine veraltende abwertende Bezeichnung für einen Nazi.* In den ersten Jahren des Nationalsozialismus veröffentlichte die Wiener Zeitschrift DER GÖTZ VON BERLICHINGEN eine Parodie auf „Der Gott der Eisen wachsen ließ":

„Der Gott, der Stumpfsinn wachsen ließ,
wollt Hakenkreuzler haben,
vor großen Nasen ist ihm mies,
er liebt die Großmaulknaben."

Vgl.: → -ler.

Halb-

1. geringschätzig für jemanden, der etwas Wesentliches oder Positives nur zur Hälfte und damit gar nicht oder nur scheinbar darstellt. 2. leicht abgeschwächte abschätzige Bezeichnungen und Schelten. 3. Ironisierung und ironische Verstärkung durch formale, scheinbare Abschwächung. Johann Gottfried Herder (1744 – 1803) schrieb: „Die größten Veränderungen der Welt sind von Halbwahnsinnigen bewirkt worden." Goethe führte 1809 in seinem Roman DIE WAHLVERWANDTSCHAFTEN den Gedanken aus: „Toren und gescheite Leute sind gleich unschädlich. Nur die Halbnarren und Halbweisen, das sind die gefährlichsten." Maurice Barrès schließlich lieferte 1898 in LE JOURNAL eine psychologische Erklärung hierfür: „Nichts ist schlimmer als diese Banden von Halbintellektuellen. Halbbildung zerstört den Instinkt ohne dafür ein Gewissen auszubilden."

Vgl.: Halbalphabet, Halbanalphabet, Halbdackel (schwäbisch: Vollidiot), Halbdubel (südwestdeutsch: Halbdepp), Halbekel, Halbgelehrter, Halbintellektueller, Halbling, Halbmann, Halbmensch, Halbpelzer (Dummkopf), Halbsäckel, Halbschwacher (zu „Halbstarker"), Halbsoldat, Halbtrottel, Halbverrückter, Halbwahnsinniger, Halbwilder, Halbwisser, Halbwüchsiger (heute leicht abwertend).

Halbaffe

(eigentlich ein zu den Primaten gehörendes Säugetier mit affenartigen Gliedmaßen und auffallend großen Augen) *ein Schimpfwort für einen einfältigen, „äffischen" Menschen, dem unterstellt wird, er sei halb Affe, halb Mensch.*

Vgl.: → Affe.

Halbdepp

(keine wirkliche Abschwächung) *ein oberdeutsches Schimpfwort mit der Bedeutung von → Depp.*

Vgl.: → Volldepp.

halbe Portion

scherzhaft-spöttisch oder abschätzig für einen schwächlichen, unscheinbaren Menschen, jemanden, den man nicht ernst nimmt.

Vgl.: halbes Portiönchen, knappe halbe Portion

(scherzhafte Steigerungen), Portiönchen, Viertelportion (Steigerung).

halber Hahn
abfällig für einen schwächlichen, mickrigen Burschen; Versager.
Vgl.: → Hahn.

halbes Hemd
salopp abwertend für 1. einen schmächtigen, schwächlichen Mann. 2. einen jugendlichen Gernegroß.
Vgl.: dünnes Hemd, dürres Hemd, halbes Handtuch, → Hemd, → schmales Hemd.

Halbgebildeter
geringschätzig für jemanden, der halbgebildet ist, dessen Bildung oberflächlich und sehr lückenhaft ist. Kurt Hiller rüffelte 1969 „die geldmachenden Drittelgebildeten".
Vgl.: Halbgelehrter, Halbintellektueller, Halbwisser (veraltet).

Halbgescheiter
landschaftlich abfällig für einen dümmlichen Menschen.

„Halbgott"
(Lehnübersetzung von lateinisch „semideus"; in der Mythologie ein Mensch mit einem göttlichen Elternteil) *ironisch für eine mächtige, einflußreiche oder allgemein für sehr bedeutend gehaltene Person.* „Halbgott Rommel konnte Afrika nicht halten" (Erich Loest: PISTOLE MIT SECHZEHN, 1979).

„Halbgötter in Weiß"
(wegen der weißen Arbeitskleidung) *ironisch, meist abwertend für (selbstherrliche) Ärzte, Krankenhausärzte, insbesondere die Geld scheffelnden Chefärzte.* Deutschlands Ärzte seien keine „Halbgötter in Weiß" mehr, so der SPIEGEL (Oktober 1993) in einem Bericht über finanzielle Einbußen bei den Ärzten.
Vgl.: „Götter in Weiß", „Halbgötter in Schwarz" (Fußballschiedsrichter).

Halbidiot
abfällig für einen dümmlichen Trottel.
Vgl.: → Idiot, stillvergnügter Halbidiot (jugendsprachlich), → Vollidiot.

Halbnarr
abschätzig für einen närrischen, recht einfältigen Menschen. „Jesses Bub, du bist aber so ein Trottel, so ein Halbnarr!" heißt es bei Peter Rosegger.
Vgl.: Dreiviertelsnarr (scherzhafte Steigerung), → Narr, → -narr.

Halbschuhtourist
abschätzig für einen Bergwanderer oder Bergsteiger, der ohne entsprechende Ausrüstung, womöglich in Halbschuhen, schwierige Touren wagt.

Halbseidene
(zu „Halbseide" = seidig glänzendes Mischgewebe aus Seide und Baumwolle) *abschätzig für ein leichtes Mädchen, eine Frau mit liederlichem Lebenswandel.*
Vgl.: Halbseide (Kollektivbildung), halbseidenes Mädchen.

Halbseidener
geringschätzig für 1. eine zwielichtige Person (aus dem halbkriminellen Milieu). 2. einen Homosexuellen. 3. einen schwer einzuschätzenden, zweifelhaft erscheinenden Menschen.

Halbstarker
(schon vor 1900 gebräuchlich, allgemein bekannt geworden durch die Verfilmung der Erzählung DIE HALBSTARKEN von Will Tremper im Jahre 1956 mit Karin Baal und Horst Buchholz, dem „deutschen James Dean") *eine veraltende abschätzige Bezeichnung für einen (randalierenden, provozierenden) Jugendlichen, der sich gegen die Normen der Erwachsenen auflehnt.*
Vgl.: Dreiviertelstarker, Halbschwacher, Viertelstarker.

Halbweltdame
(zu „Halbwelt", einer Lehnübersetzung von französisch „demi-monde") *abschätzig für eine sich mondän gebende weibliche Person von zweifelhaftem Ruf.*
Vgl.: → „Dame", Halbweltlerin.

Halbweltler
abschätzig für einen zwielichtigen, halbkriminellen oder kriminellen Typen mit einer gewissen Eleganz. In Karikaturen wird er gern mit Goldkettchen, Kampfhund und Rüschenhemd dargestellt.
Vgl.: → -ler, → Unterweltler.

Hälfte s. bösere Hälfte

Halgans
(eigentlich eine junge, noch nicht gemästete Gans) *ein landschaftliches Scheltwort für ein albernes, unreifes Mädchen.*
Vgl.: → Gans.

Hallelujabruder
(zu „Halleluja", dem liturgischen Freudengesang) *spöttisch und geringschätzig für einen männlichen Angehörigen der Heilsarmee.*
Vgl.: → Bruder, → -bruder, Hallelujaschwester.

Hallelujamädchen
spöttisch für eine junge Angehörige der Heilsarmee.

Hallodri
(wahrscheinlich zu „Allotria" = Albernheit, Unfug) *abschätzig für einen unzuverlässigen, leichtfertigen, lebenslustigen (jüngeren) Mann.*
Vgl.: Bruder Hallodri (veraltet).

-hals
(der Hals als unmittelbar lebenswichtiger Körperteil stellvertretend für den ganzen Menschen) *eine Reihe alter Schimpfwörter für Personen mit spezifischen negativen Eigenschaften, die jeweils im Bestimmungswort genannt werden.*
Vgl.: Bläkhals, Bölkhals, Dickhals, Erzgeizhals, Freßhals, → Geizhals, → Gierhals, Großhals (prahlerisch), Neidhals, Saufhals, Schluckhals, Schrapphals (geizig), → Schreihals, → Wagehals (Waghals), → Wendehals.

Halsabschneider
(vielleicht ursprünglich eine Übersetzung von Ciceros „sectores collorum") *ein starkes Schimpfwort für einen Betrüger, Wucherer, unredlichen Kaufmann.* Im April 1977 entschied der Bundesgerichtshof in Karlsruhe, daß Halsabschneider ein diffamierendes Wort sei und widersprach damit einem Urteil des Oberlandesgerichtes Köln. 1984 veröffentlichte die NEUE JURISTISCHE WOCHENSCHRIFT die wenig überraschende Auffassung, auch die Notare seien Halsabschneider.
Vgl.: Gurgelabschneider, Kehlabschneider (veraltet).

Halunke
(aus gleichbedeutend tschechisch „holomek"; weibliche Form: Halunkin) *1. ein Schimpfwort für einen Gauner, Betrüger. 2. scherzhaft oder leicht abwertend für einen Schlingel, Lausbuben.* Recht anzüglich gibt sich der volkstümliche Kinderreim:

„Drei Mädchen wollten Wasser holn,
drei Buben wollten pumpen.
Da guckt' der Herr zum Fenster raus
und sagt': Ihr seid Halunken!"

Vgl.: → Erzhalunke.

Hämeken
norddeutsch geringschätzig für einen kleinen, schmächtigen, schüchternen Menschen.

Hammel
(eigentlich der verschnittene Schafbock) *ein derbes Schimpfwort für eine dumme, rohe, unmanierliche (männliche) Person.*
Vgl.: alter Hammel, → blöder Hammel, gscherter Hammel, sturer Hammel.

-hammel
abfällig für einen → Hammel mit bestimmten üblen Eigenschaften.
Vgl.: → Blödhammel, → Dreckhammel, Fetthammel, Garsthammel (selten), → Geizhammel, Haushammel (Mann, der die Hausarbeit besorgt), → Leithammel, → Misthammel, → Neidhammel, Pfingsthammel, → Pfundhammel, Sauhammel, Schmierhammel (schmutzig), → Streithammel.

Hammelherde
salopp abwertend für eine undisziplinierte, ungeordnete Menschengruppe.
Vgl.: → Herde.

Hammer
selten abfällig für einen dummen, „behämmerten" Menschen; gelegentlich auch für einen Schläger.

Hampel
(zu „hampeln" = hin und her hüpfen) *ein oberdeutsches Scheltwort für einen tölpelhaften, einfältigen, willenlosen Menschen.*
Vgl.: Hampelpampel (seltene Streckform).

Hampelmann
(eigentlich ein Kinderspielzeug, eine in den Gelenken bewegliche Gliederpuppe, die durch Ziehen an einer Schnur zum „Hampeln" gebracht werden kann) *verächtlich, auch spöttisch für eine willensschwache, nicht ernst zu nehmende Person, die alles mit sich geschehen läßt.*
Vgl.: → -mann.

Hamsterer (Hamster)
(nach dem Hamster, dem kleinen dicklichen Nagetier, das mit Hilfe seiner geräumigen Backentaschen Nahrungsvorräte für den Winterschlaf zusammenträgt; weibliche Form: Hamsterin) *meist geringschätzig für jemanden, der im Übermaß Vorräte hortet.*
Vgl.: Hamsterliese (selten).

Hanake
(eigentlich ein Angehöriger einer Volksgruppe der in Mähren angesiedelten Slawonen, die bei den deutsch sprechenden Böhmen schlecht angesehen waren) *ein landschaftliches Schimpfwort für 1. einen Lump oder Tölpel. 2. ein freches, wildes Kind; Gassenjunge.*

Händelstifter
veraltend abschätzig für eine Person, die Händel stiftet, Streit vom Zaun bricht, handgreifliche Auseinandersetzungen anfängt.
Vgl.: Händelführer (veraltet).

Handlanger
(eigentlich ein Hilfsarbeiter auf dem Bau, ungelernter Arbeiter) *1. geringschätzig für einen untergeordneten Helfer. 2. verächtlich für einen Helfershelfer, Komplizen; meist in Genitivverbindungen verwendet: ein Handlanger der Unterdrücker, des Kapitals, des Regimes.* Als der deutsche Kaiser Wilhelm II. den Reichskanzler Otto von Bismarck als Handlanger seines Großvaters Wilhelm I. bezeichnet hat, sahen das viele Deutsche als persönliche Beleidigung an. 1994 kritisierte Günter Wallraff die Chefs der Lufthansa als „Handlanger der islamischen Fundamentalisten", nachdem die Fluggesellschaft sich geweigert hatte, den bedrohten Schriftsteller Salman Rushdie zu befördern. Bert Brecht sprach im Exil einmal von „Kopflangern".

Handtuch = schmales Handtuch

Hänfling
(eigentlich ein sehr kleiner Singvogel) *abschätzig für 1. einen schwächlichen, unscheinbaren Menschen. 2. einen leichtgewichtigen, jungen Burschen.*
Vgl.: → -ling.

Hänger
besonders jugendsprachlich für einen energielosen, langweiligen Menschen, mit dem nichts anzufangen ist: der letzte Hänger.
Vgl.: Diskotheken-Rumhänger, → Kopfhänger, Rumhänger (gelangweilt, müßig).

Hannefatzke
norddeutsch abfällig für einen Wichtigtuer, Angeber.
Vgl.: → Fatzke.

Hannemann
(mundartliche Koseform von „Johannes"; bekannt aus der Redensart „Hannemann, geh du voran!"; nach dem Schwank von den Sieben Schwaben) *ein mildes Schimpfwort für einen Einfältigen; in Schleswig-Holstein auch ein Spottname für die dänischen Nachbarn.*
Vgl.: → -mann.

Hannepampel = Hahnebampel (Hahnepampel)

Hannes
(kurz für „Johannes") *landschaftlich abwertend für einen dummen, läppischen oder ausgelassenen Menschen; oft für → Hans.*
Vgl.: Brillenhannes (Brillenträger), Hannes Bloßarsch (hessisch), Lachhannes (selten: albern), Lügenhannes, Lumpenhannes, Meckerhannes, Nörgelhannes, → Schinderhannes, → Stotterhannes, Wühlhannes.

Hans
(als Kurzform von „Johannes" früher der häufigste deutsche Vorname, vor allem bei den einfachen Leuten, und bald zum Gattungsnamen geworden; fast immer in Zusammensetzungen oder Namensformeln) *veraltet oder landschaftlich sehr selten für einen dummen, närrischen Mann; auch eine veraltete Spottbezeichnung für einen Deutschen, deutschen Soldaten in Rußland und anderen Ländern.* In Schlesien etwa galt „Du Hans!" als Beleidigung. Verbindungen nach dem Muster „Hans ..." sind sehr häufig. Das DEUTSCHE SCHIMPFWÖRTERBUCH von 1839 nennt allein 33 Stück. Fast alle sind veraltet oder inzwischen ganz unbekannt. In manchen Mundarten, insbesondere in Norddeutschland, sind manche solcher Schelten noch lebendig. Dort findet man etwa den „Hans ohne Kopf" (dumm, kopflos), den „Hans Wind" (prahlerisch) oder „Hans Einfalt". Bei Goethe lesen wir einen Vers zur Schöpfungsgeschichte: „Hans Adam war ein Erdenkloß, den Gott zum Menschen machte."
Vgl.: dummer Hans, Hans Affenschwanz, Hans Arsch, Hans Arsch von Rippach (veraltet), Hans Dumm, Hans Guckindiewelt, Hans Henne (veraltet: Mann, der sich mit weiblichen Dingen befaßt), Hans Immerdurst, Hans in allen Kassen (scherzhaft: geschäftstüchtig, geldgierig), Hans Langohr (Esel), Hans Narr, Hans Nimmernüchtern (Säufer), Hans Ohnesorge (leichtfertig), Hans Unband (wilder Junge), Hansaff, Hänschen, Hanshabenichts.

-hans
als Scheltwort für einen Mann oder als Tadel für einen Jungen, dessen Verhalten Anstoß erregt.
Vgl.: Alberhans, Babbelhans, Brüllhans, Dummhans, Duselhans, → Fabelhans, → Faselhans, Gaffhans, → Großhans, Kleckerhans, → Knapphans, Lügenhans, Nölhans, → Pimpelhans, → Plapperhans, → Prahlhans, Quackelhans, Schlabberhans, Schlamphans, → Schmalhans, Schmuddelhans, Schwabbelhans, Spielhans, Zappelhans.

Hans Dampf = Hansdampf

Hans Guckindieluft = Guckindieluft

Hans Hagel = Janhagel

Hans Hasenfuß = Hasenfuß

Hans Huckebein
(nach der lustigen Bildergeschichte von Wilhelm Busch HANS HUCKEBEIN, DER UNGLÜCKSRABE aus dem Jahr 1867) *eine seltene Bezeichnung für einen Pechvogel; seltener für einen Hinkenden.*

Hans im Glück
(nach einer Märchengestalt) *oft geringschätzig für einen jungen, etwas einfältigen Menschen, der immer Glück hat; Glückspilz.*

Hans in allen Gassen = Hansdampf in allen Gassen

Hans Liederlich
veraltet abschätzig für einen unzuverlässigen, liederlichen Menschen. Aus Goethes FAUST ist bekannt: „Du sprichst ja wie Hans Liederlich".
Vgl.: → Bruder Liederlich.

Hans Taps = Taps

Hans und Franz
eine seltene abschätzige Bezeichnung für allerlei zusammengewürfelte Leute; Gesindel.
Vgl.: → Hack und Mack, → Hinz und Kunz.

Hans Wurst = Hanswurst

Hansdampf
(Dampf im Sinne von „Nichtigkeit, Schall und Rauch") *Spott- und Schimpfwort für einen überaus geschäftigen, aber oberflächlichen und lächerlichen Menschen.* In Gotha, so wurde behauptet, sei ein Mann mit Namen Hans Dampf eine stadtbekannte Person gewesen, und man berief sich dabei auf

eine 1846 in Gotha anonym erschienene Dichtung mit dem Titel: „Die Wirkung des Dampfes oder das Leben auf der thüringer Eisenbahn in Wahrheit und Lügen geschildert und allen Freunden des Dampfes gewidmet von ...", wo es in der 10. Strophe heißt:

„Nun kommt auch Hans George, genannt der Hans Dampf,
Hat Abschied genommen, überstanden den Kampf,
Er will gern mit fahren in die höllische Fremd'
Mit seinen sieben Sachen, zwei Strümpf und ein Hemd;
Das Entree bezahlet das Mütterchen fein,
Und nun fährt der Schlingel über den Rhein."

Als im Frühjahr 1995 tatsächlich ein Herr namens Hans Dampf für sein Engagement in der Innung Sanitär-Heizung-Klima das Verdienstkreuz 1. Klasse bekam, gab es eine Menge Anfragen irritierter Zeitgenossen (SÜDDEUTSCHE ZEITUNG).

Hansdampf in allen Gassen
(Kontamination von „Hansdampf" und „Hans in allen Gassen"; der Zusatz „Dampf" tauchte erst Anfang des 19. Jahrhunderts auf) *spöttisch und geringschätzig für jemanden, der überall dabei ist, über alles ein wenig Bescheid weiß und vor lauter Betriebsamkeit etwas lächerlich wirkt.* „Hans Dampf in allen Gassen" ist auch der Titel einer Erzählung von Heinrich Zschokke (1771–1848). Der SPIEGEL (Juli 1995) nannte den geldgeilen Tennis-Vater und mutmaßlichen Steuerbetrüger Peter Graf einen „Hansdampf in allen Kassen", und das ZEIT-MAGAZIN (Mai 1994) den vielbeschäftigten TV-Unterhalter Hans Meiser einen „Hans Dampf in allen Rollen".
Vgl.: Hans in allen Ecken (veraltet), Hans in allen Gassen, Hansdampf in allen Kassen (scherzhaft: geschäftstüchtig, geldgierig).

Hansel
(Koseform von „Hans") *oberdeutsch abschätzig für einen einfältigen, ungeschickten Mann oder einen in ganz untergeordneter Funktion.*

-hansel
besonders bayrisch und österreichisch spöttisch oder abfällig für eine (männliche) Person, für die ein bestimmtes kritikwürdiges Verhalten typisch ist. In seiner Tagebuchveröffentlichung TABU I aus dem Jahr 1995 nahm sich Peter Rühmkorf auch den Bestseller-Kritiker Marcel Reich-Ranicki vor. Dieser sei ein „Eitelkeitshansel", der „sein Allerweltswissen immer noch für exklusiv hält".
Vgl.: Disputierhansel (streitsüchtig), Freßhansel, Lehrerhansel (bei Lehrern beliebter Schüler), → Mamahansel, → Mutterhansel, → Prozeßhansel, Raufhansel, → Sekkierhansel, Spielhansel, → Streithansel.

Hanseln
(Plural; meist zusammen mit einer Angabe zur Anzahl) *oft abschätzig für eine geringe, zu geringe, lächerlich geringe Zahl von Menschen: die paar Hanseln.*

Hansguckindieluft = Guckindieluft

Hanskasper
ein süddeutsches Schimpfwort für einen albernen, närrischen Menschen; Possenreißer.
Vgl.: → Kasper, → Narrenkasper.

Hansnarr
ein Narr, einfältiger Mensch.
Vgl.: Hans Narr, → Narr, → -narr.

Hanswurst
(zuerst im 16. Jahrhundert als Bezeichnung eines unförmig dicken Menschen, der einer Wurst gleicht; bald danach als Gestalt des Narren im Lustspiel) *abfällig für eine lächerliche, alberne (männliche) Person, die sich zum Gespött der Leute macht.* In Goethes „mikrokosmischem" Drama HANSWURSTS HOCHZEIT gibt es auch eine „Hanswurstin". Der Komiker Otto Waalkes sei ein „gescheiterter Film-Hanswurst", behauptete der SPIEGEL (Juli 1994).

Harem
(eigentlich die Ehefrauen eines reichen orientalischen Mannes, der mehrere Frauen hat) *abschätzig für die Intimpartnerinnen eines polygamen Mannes.* „Paschas mit heimlichem Harem dürfen sich nicht wundern,

wenn sie eines Tages verlassen werden" (HÖRZU, Oktober 1976).

Häretiker
(zu griechisch „hairetikos" = auswählend; ketzerisch) *bildungssprachlich für einen Ketzer.*

Harlekin
(eigentlich eine Hanswurstfigur der Commedia dell'arte) *eine seltene, oft abschätzige bildungssprachliche Bezeichnung für einen albernen Spaßmacher.*

Harpagon
(nach der Hauptfigur in Molières Lustspiel DER GEIZIGE) *bildungssprachlich veraltet für einen Geizhals.*

Hartgeldlude
besonders im Jargon des „Milieus" abschätzig für einen kleinen Zuhälter, der sich mit „Kleingeld" begnügt.
Vgl.: → Lude.

Hartsäufer
(Schnaps als „hartes" Getränk) *salopp abwertend für einen Schnapstrinker, Trunksüchtigen.*
Vgl.: → Säufer.

Hartschädel = Dickschädel

Hasardeur
(zu französisch „hasard" = Glück, Glücksspiel; selten gebrauchte weibliche Form: Hasardeuse) *abschätzig für einen waghalsigen oder verantwortungslosen Menschen, der zuviel riskiert.* Im Weltkrieg 1914-18 wurde General Ludendorff von seinen Gegnern oft mit dem zweifelhaften Kompliment „genialer Hasardeur" bedacht.
Vgl.: Hasardspieler.

Hasardspieler = Hasardeur

Hascher
(die erste Bedeutung wohl zu „heischen" = betteln) *1. österreichisch meist geringschätzig für einen armen, bedauernswerten, kränklichen Menschen. 2. oft abschätzig für einen Konsumenten von Haschisch.*
Vgl.: Beifallhascher, → Effekthascher, Haschbruder, Haschbubi (Drogenszene: Konsument weicher Drogen), Hasch-Papi (veraltet, scherzhaft zu einem Produktnamen).

Hascherl
(mundartliche Verkleinerung von → Hascher) *süddeutsch und österreichisch oft geringschätzig für ein armes, bemitleidenswertes Wesen; ein schwächliches, kränkliches Kind.* „... die Entwicklung einer jungen Frau, vom Hascherl zur selbständigen Frau" (PLAYGIRL, 5, 1991).
Vgl.: armes Hascherl.

Haschmich
(Satzwort; meist als scherzhafter Ausruf; auch in der Wendung „einen Haschmich haben" = übergeschnappt sein) *selten für einen Dummkopf.*

Hase
(Das Fluchtverhalten des Hasen wird als Feigheit ausgelegt) *abfällig für einen ängstlichen Menschen.*
Vgl.: → Angsthase, Bammelhase, Banghase, → Betthäschen (Betthase), → Bönhase, → Etappenhase, Furchthase, Häschen, → heuriger Hase, Kaninchen, → Kiniglhas (Kinihas), → Osterhase, → Sandhase, → Schißhase, Unglückshase.

Haselant
(wohl zu französisch „harceler" = necken, plagen) *veraltet für einen Possenreißer, Spaßvogel.*

Hasenfuß
abfällig, auch spöttisch für einen Feigling, ängstlichen Menschen.
Vgl.: Hans Hasenfuß, Hasenpeter.

Hasenherz
veraltend für einen → Hasenfuß. In Schillers RÄUBERN heißt es: „... und das schreckt dich, Hasenherz?"

Haspel, der
(wohl zu „haspeln" = überstürzt arbeiten, sprechen) *besonders süddeutsch und österrei-*

chisch abschätzig für einen ungeschickten, aufgeregten, närrischen Menschen.

Vgl.: Haspler.

Hasser

oft abschätzig für eine Person, die haßt, haßerfüllt ist, zu Haßausbrüchen neigt. „Er war ein Hasser", schrieb die ZEIT (Januar 1994) über den SPD-Politiker Herbert Wehner. Ein alter Stammbuchvers macht Hoffnung:

„Laß den Neider neiden,
laß den Hasser hassen:
Was dir Gott bescheren tut,
muß man dir doch lassen."

-hasser

oft abschätzig für eine Person, die jemanden oder etwas Bestimmtes haßt.

Vgl.: Deutschenhasser, → Frauenhasser, → -fresser, Judenhasser, Kommunistenhasser, Männerhasserin, → Menschenhasser, Weiberhasser.

der häßliche Deutsche

(nach der Übersetzung DER HÄSSLICHE AMERIKANER des Buches THE UGLY AMERICAN von Eugene Burdick und William Lederer aus dem Jahr 1959) *eine abfällige bildungssprachliche Bezeichnung für eine Verkörperung des im Ausland wenig geschätzten Deutschen, der oft als anmaßend, protzig, egozentrisch und vulgär empfunden wird.* Im Deutschen Bundestag sagte 1980 der Abgeordente Roth von der SPD über den smarten Kollegen Todenhöfer (CDU/CSU): „Er sieht zwar aus wie ein Dressman, aber in ganz Afrika ist er der häßliche Deutsche!" 1995 erschien ein Buch von Wolf Oschlies mit dem Titel: WLADIMIR SCHIRINOWSKI. DER HÄSSLICHE RUSSE UND DAS POSTKOMMUNISTISCHE OSTEUROPA.

Vgl.: der häßliche Amerikaner (im Ausland rücksichtslos, selbstsüchtig, primitiv).

häßlicher Vogel

salopp abwertend für 1. einen häßlichen, widerwärtigen Menschen. 2. eine niederträchtige, verkommene Person.

Vgl.: Häßling, → Vogel, → -vogel.

häßliches Entlein

(nach dem Märchen „Das häßliche junge Entlein" des dänischen Schriftstellers Hans Christian Andersen, 1805 – 1875, in dem von einem Schwanenküken erzählt wird, das unter Enten aufwächst und zuerst für häßlich gehalten wird) *geringschätzig für ein unschönes, unscheinbares Mädchen (das verborgene, noch nicht erkannte Reize und Qualitäten hat).*

Vgl.: → -chen (-lein), häßliche Ente.

Hatsche

(eigentlich ein Mundartwort für einen Pantoffel, alten Schuh) *ein derbes österreichisches Schimpfwort für ein liederliches Weib, eine Prostituierte; seltener für eine Frau, die „hatscht", also schleppend, schwerfällig geht.*

Hätschelkind

(zu „hätscheln" = liebkosen; verwöhnen) *geringschätzig für 1. ein verwöhntes, bevorzugtes Kind. 2. eine von bestimmten Leuten bevorzugte, verwöhnte Person.* Im Februar 1996 berichtete der Berliner TAGESSPIEGEL, der „Demo-Clown" Christian Specht aus Berlin sei ein „Szene-Hätschelkind" und die TAZ habe dem amtlich anerkannten Analphabeten sogar eine „Schreibecke" eingerichtet.

Vgl.: Hätschel (schlesisch), Hätschelbübchen (hessisch), → Kind.

Hatscher

(von „hatschen" = schleppend, schwerfällig gehen) *oberdeutsch abschätzig für eine hatschende Person.*

Haudegen

(ursprünglich ein zweischneidiger Degen, dann derjenige, der damit umging) *oft abschätzig für einen angriffslustigen, groben, draufgängerischen Menschen.* Daß auch die Bezeichnung selbst zweischneidig ist und durchaus anerkennend gemeint sein kann, zeigt die Überschrift „Der habilitierte Haudegen", unter der die FRANKFURTER RUNDSCHAU im Oktober 1994 einen Nachruf auf den amerikanischen Schauspieler Burt Lancester brachte.

Vgl.: alter Haudegen (kaum abwertend).

Hauderer
(eigentlich ein altes Wort für einen Fuhrmann, Mietkutscher) *veraltet für einen Bummler, Zögerer.*

Haudrauf
(Satzwort) *eine seltene abschätzige Bezeichnung für einen Schläger, einen Menschen, der „draufhaut"; vielleicht auch für einen, auf den man draufhaut.* So schrieb jedenfalls der SPIEGEL (Januar 1994), Herbert Wehner sei „seit Beginn der Bundesrepublik der Haudrauf der Konservativen" gewesen. Die FRANKFURTER ALLGEMEINE ZEITUNG dagegen gebrauchte 1995 das Wort für einen rohen, unsensiblen Boxer, im Gegensatz zu unserem „Gentleman" Henry Maske.
Vgl.: Haudruff (Variante).

Häufchen Elend
oft abschätzig für einen niedergeschlagenen, betrübten oder einen schwächlich, krank, angegriffen wirkenden Menschen.
Vgl.: Bündel Elend, Häufchen Unglück, Häuflein Elend (Variante, z.B. fränkisch), Stück Elend.

Häufchen Unglück = Häufchen Elend

Haufen
oft geringschätzig für eine Personengruppe, Ansammlung von Menschen; meist mit einem entsprechenden Attribut: ein lahmer, müder, vergammelter Haufen. Schopenhauer sprach oft verächtlich vom „großen Haufen". Für den SPIEGEL war 1993 die SPD ein „bunter Haufen".
Vgl.: Haufen Dreck, übler Haufen, → verlorener Haufen.

-haufen
meist abfällig für einen ungeordneten, liederlichen → Haufen. Die Berliner FDP sei ein „Irrenhaufen", bekannte Anfang 1994 ein Parteifreund gegenüber der Presse.
Vgl.: Ameisenhaufen (Gewimmel, Durcheinander), Chaotenhaufen, Deppenhaufen (selten), → Dreckhaufen, → Gammelhaufen, → Hühnerhaufen, Irrenhaufen, Krawallhaufen, Lotterhaufen, → Misthaufen, → Pöbelhaufen, → Sauhaufen, → Scheißhaufen, Volkshaufen.

Hauklotz
(eigentlich ein Hackklotz) *abschätzig für einen grobschlächtigen, unsensiblen Menschen.*
Vgl.: → Hackklotz, → Holzklotz, → Klotz.

Haupt s. bemoostes Haupt

Häuptling
(eigentlich der Führer eines Stammes oder Dorfes bei Naturvölkern; seit den Indianererzählungen von James Fenimore Cooper in der ersten Hälfte des 19. Jahrhunderts; bekannt vor allem als Häuptling nordamerikanischer Indianer) *spöttisch-ironisch für einen Anführer, Leiter, Chef.* Der Schriftsteller Alfred Döblin ließ sich über den „Milchbrei der Phrasen des Kommunistenhäuptlings Becher" aus. Er meinte damit den „Staatsdichter" der DDR Johannes R. Becher. Im Februar 1994 berichtete die ZEIT über einen Aufruf der Karl May City AG aus Radebeul an Bundeskanzler Helmut Kohl: „Winnetous Erben fordern den großen Häuptling in Bonn zum Rücktritt auf!"
Vgl.: Banditenhäuptling, → -ling, Oberhäuptling, Parteihäuptling, → Schmierenhäuptling.

Hauptmacker
salopp abwertend für einen Anführer, Anstifter.
Vgl.: → Macker, → Obermacker.

Hauruckfußballer
abfällig für einen Fußballspieler, der zwar kraftvoll, aber plump und ohne technisches Können und Eleganz spielt.
Vgl.: Hauruckfahrer (Autofahrer, der schlecht, ruckartig fährt).

Haus s. „hochgelehrtes Haus", s. tolles Haus

Hausdrachen (Hausdrache)
(der Vergleich zwischen der Hausfrau und einem Drachen ist uralt und steht schon im Alten Testament: „Mit einem Löwen, einem Drachen wollt ich lieber hausen als mit einem bösen Weibe", Sirach 25,22) *spöttisch-abschätzig für eine zänkische, herrschsüchtige Ehefrau, Haushälterin o.dergl.*
Vgl.: → Drachen (Drache).

Hausehre
spöttisch-ironisch für eine Hausfrau.

Hauskreuz
(eigentlich die Störung des häuslichen Friedens; das Kreuz als christliches Symbol von Leid und Mühsal) *abfällig für eine zänkische, böse Ehefrau.*
Vgl.: → Ehekreuz.

Häuslebauer
(zu „Häusle", einer schwäbischen Verkleinerungsform von „Haus") *oft spöttisch für einen (biederen, besitzstolzen) Eigentümer eines neuen Einfamilienhauses.*

Hausmütterchen
spöttisch-abschätzig für eine Frau, die immer daheim bleibt und mit Leib und Seele Hausfrau ist.
Vgl.: → -chen (-lein), Hauspusselchen.

Hausteufel
abfällig für eine Person, die ihre Mitbewohner, Familienangehörigen tyrannisiert, vor allem eine unverträgliche Ehefrau.
Vgl.: → Teufel, → -teufel.

Haustrampel
eine seltene abfällige Bezeichnung für eine plumpe, ungeschickte Hausfrau oder Hausgehilfin.
Vgl.: → Trampel.

Haustyrann
abfällig für jemanden, meist den Familienvater, der die anderen Hausbewohner tyrannisiert. Der Spielfilm DER HAUSTYRANN mit dem Komiker Heinz Erhardt schildert einen solchen Menschen und sein schlimmes Schicksal.
Vgl.: → Ehetyrann, → Tyrann.

Haut
(im Mittelhochdeutschen ein Scheltwort; fast nur in Verbindung mit Eigenschaftswörtern) *oft leicht spöttisch, ironisch oder geringschätzig für einen Menschen, der kritisiert oder herablassend gelobt, nicht ganz ernst genommen wird; in der Wiener Halbwelt auch für ein leichtes Mädchen.* Ein hübsches Beispiel für die differenzierte Verwendung des Wortes lieferte Marcel Reich-Ranicki 1994 im SPIEGEL in einer Art Abrechnung mit der Schriftstellerin Christa Wolf, deren Stasi-Verstrickungen damals ruchbar geworden waren. Er verpaßte ihr das Prädikat „ehrliche Haut", das in diesem Kontext nur ironisch gemeint sein kann und etwa mit „bieder, blauäugig und ein bißchen beschränkt" übersetzt werden kann.
Vgl.: „brave Haut", faule Haut, „gute Haut", Hauterl (österreichisch: gut; altersschwach), schlechte Haut, wunderliche Haut.

Haute Volaute
(deutsch ausgesprochen; geht zurück auf französisch „haute volée" = gesellschaftliche Oberschicht) *spöttisch-ironisch für die oberen Zehntausend, die tatsächlich oder angeblich vornehmen Leute.*

Häuter
(eigentlich ein abgemagertes Pferd) *bayrisch und österreichisch abschätzig für einen armen Teufel oder dummen Kerl.*

Hautevolée
(zu französisch „des gens de haute volée = Leute von hohem Rang) *meist spöttisch-ironisch für die vornehme Schicht der Gesellschaft, die feine oder „bessere" Gesellschaft.*
Vgl.: Haut voll Flöh (scherzhafte Verballhornung).

Hechel
(eigentlich ein kammartiges Gerät zur Bearbeitung von Flachs- und Hanffasern; vgl. „durchhecheln") *landschaftlich abfällig für eine unverträgliche, zänkische, tratschsüchtige Frau.*
Vgl.: alte Hechel, böse Hechel, Hachel (Variante).

Hecht
(früher mit der Bedeutung „räuberischer Mensch"; meist in Verbindung mit einem Adjektiv) *oft abschätzig für einen jungen Burschen, Kerl; auch anerkennend.*
Vgl.: dünner Hecht, dürrer Hecht, feiner Hecht, flotter Hecht, → junger Hecht, magerer Hecht, toller Hecht (meist anerkennend).

Heckenbankert
(wohl ursprünglich das „hinter der Hecke" gezeugte, uneheliche Kind) *landschaftlich als Tadel oder abschätzig für ein freches, vorlautes Kind; selten für ein uneheliches Kind.*
Vgl.: → Bankert.

Heckenschütze
(zu „Hecke" als Ort des Heimlichen, Verbotenen) *oft geringschätzig für jemanden, der (feige) aus dem Hinterhalt schießt; oft auch übertragen verwendet.*

Hedoniker = Hedonist

Hedonist
(zu griechisch „hedone" = Lust, Vergnügen) *bildungssprachlich oft spöttisch oder abschätzig für jemanden, dem es vorwiegend um Lust, Spaß und Genuß geht.*
Vgl.: Hedoniker, → -ist.

Heer ... (-heer)
eine große, allzu große Anzahl von Menschen, die als einheitliche Menge gesehen und als störend oder bedrohlich erlebt werden: Heer von Urlaubern, Millionenheer.
Vgl.: → Beamtenheer, Bonzenheer.

Hefe
(eigentlich ein Gärungs- und Treibmittel aus Hefepilzen; meist mit einem abhängigen Genitiv) *in gehobener Sprache abfällig für die unterste, verkommene gesellschaftliche Schicht; Abschaum.* „Hier verkehrte und schlief nur das letzte an Hefe und Ausgestoßenen, Kroppzeug" (Adam R. Lynen: KENTAURENFÄHRE, 1963).
Vgl.: Hefe der Gesellschaft, Hefe der Stadt (selten).

Hefe des Volkes
(geht wohl auf das lateinische „faex civitatis" aus Ciceros Verteidigungsrede „Pro Flacco" zurück) *in gehobener Sprache abfällig für die unterste, verkommene Schicht eines Volkes, den Abschaum.*

Hefekloß (Hefeklößchen)
(zu der Redensart „aufgehen wie ein Hefekloß" = schnell zunehmen, dick werden) *landschaftlich spöttisch, auch abschätzig für ein dickes Kind, dickes Mädchen.*
Vgl.: → -chen (-lein), → Kloß.

Hehler
oft abschätzig für jemanden, der Eigentumsdelikte begünstigt, verheimlicht und mit der Beute Handel treibt; auch übertragen verwendet. „Der Hehler ist schlimmer als der Stehler", sagt ein Sprichwort.

Heide, der
(weibliche Form: Heidin) *veraltend abwertend für einen gottlosen, unchristlichen, pietätlosen Menschen.*
Vgl.: Heidenpack, Heidenvolk.

Heiducken
(meist in der Mehrzahl; ursprünglich Angehörige einer ungarischen Söldnertruppe) *landschaftlich scherzhaft oder abschätzig für freche Kinder, die immer irgendetwas anstellen.*

Heiliger s. komischer Heiliger, s. seltsamer Heiliger, s. sonderbarer Heiliger, s. wunderlicher Heiliger

heilloser Mensch
(nach dem 1. Buch Samuel, wo in Vers 25,17 Nabal, der unverschämte Gatte der klugen Abigail, als „heilloser Mann" oder „heilloser Mensch" bezeichnet wird) *veraltend abschätzig für einen nichtswürdigen, gottlosen Menschen.*

Heimatkrieger
veraltend für einen Mann, der gerne vom Krieg erzählt, den er aber nur aus der Heimat, aus sicherer Entfernung kennt.

Heimchen
(eigentlich die wärmeliebende Hausgrille, die in Mitteleuropa im Freien nicht überwintern kann) *geringschätzig für eine unauffällige, unscheinbare Frau.*
Vgl.: → -chen (-lein).

Heimchen am Herd
(Übersetzung des Titels der Weihnachsgeschichte CRICKET ON THE HEARTH von

Charles Dickens aus dem Jahr 1846) *geringschätzig für eine bedürfnislose Ehefrau, die keine anderen Interessen als Familie und Haushalt hat.*

Heimlichkeitskrämer = Heimlichtuer

Heimlichtuer
abschätzig für jemanden, der vieles geheimhält, heimlich tut oder der sich geheimnisvoll gibt.
Vgl.: → Geheimnistuer, → Geheimtuer, Heimlichkeitskrämer, → -tuer.

Heimtücker
abfällig für einen heimtückischen, hinterhältigen Menschen.
Vgl.: Heimtück.

Heini
(Koseform von „Heinrich"; Herkunft unklar, wohl kaum nach dem mittelalterlichen verhüllenden Koboldnamen „Heini" für gefährliche Wesen, die man nicht bei ihren Namen nennen wollte) *ein Schimpfwort für eine etwas lächerliche, beschränkte oder dumme männliche Person (über die man sich geärgert hat); auch ein veraltetes angelsächsisches ethnisches Spottwort für einen deutschen Soldaten, Deutschen: du doofer, dämlicher, aufgeblasener, seltsamer Heini.*
Vgl.: blöder Heini, grüner Heini (selten: unerfahren), Heino (jugendsprachlich, selten), komischer Heini.

-heini
salopp abwertend, seltener spöttisch für eine männliche Person, die sehr allgemein durch das im Bestimmungswort Genannte charakterisiert ist. Mehrere der Wörter betreffen Berufe und Branchen.
Vgl.: Aktenheini, Babbelheini,→ Blödheini, Börsenheini, Bundesheini, Büroheini, Dumpfheini, Faxenheini, → Filmheini, Flatterheini (ängstlich), Glatzenheini (selten), → Grüßheini, → Himbeerheini, Kulturheini, Laberheini, → Pfeifenheini, → Pomadenheini, Quasselheini, Reklameheini (in der Werbebranche tätig), → Saftheini, → Samtheini, → Schmalzheini, Schnüffelheini, Tatterheini, Versicherungsheini, → Waldheini, Wimmerheini (wimmernder Schlagersänger).

Heinrich (Heinerich)
1. selten für einen einfältigen Kerl; Tölpel. 2. salopp, auch abschätzig für eine männliche Person, deren Namen man nicht kennt oder nicht nennen will.
Vgl.: Faxenheinrich, Hein (beides selten), Hinnerk (norddeutsch: Tölpel).

Heinz
vorwiegend jugendsprachlich salopp abwertend für einen einfältigen, lächerlichen Burschen.
Vgl.: fauler Heinz, Faxenheinz, Heinzi.

Heiratsmuffel
oft abschätzig für eine (männliche) Person, die partout nicht heiraten will, der Ehe ablehnend gegenübersteht.
Vgl.: → Ehemuffel, → Muffel, → -muffel.

Heiratsschwindler
jemand, der in betrügerischer Weise Heiratsabsichten vorspiegelt.
Vgl.: → -ler, → Schwindler.

Heißsporn
(Lehnübersetzung des Beinamens „Hotspur" von Henry Percy in Shakespeares KÖNIG HEINRICH IV. durch August Wilhelm Schlegel, das sich schließlich als Appellativum durchgesetzt hat) *meist abschätzig für einen hitzigen, draufgängerischen Menschen.*

Hektiker
(ursprünglich ein medizinischer Terminus für einen Schwindsüchtigen) *geringschätzig für einen allzu betriebsamen, übernervösen Menschen.* Ein „Hektiker in Cordhose" war Woody Allen im Frühjahr 1996 bei seinem Jazzkonzert in der Frankfurter Alten Oper für den Berliner TAGESSPIEGEL.

„Held"
(oft auch in ironischen Wendungen wie: „Ihr Helden!", „Du bist mir vielleicht ein Held!") *spöttisch-ironisch für einen gar nicht heldenhaften Menschen, einen Feigling, Versager, Maulhelden.* „He is en Held in de Bottermelk" (Er ist ein Held in der Buttermilch), sagt man in norddeutschem Platt von einem Feigling. Im GÖTTINGER MU-

SENALMANACH von 1777 steht als spöttische Grabschrift auf einen Offizier und Weiberhelden das folgende Gedicht:

„Hier ruht, von Alters wegen,
Durch Bacchus blind, durch Venus
lahm,
Ein Held, so tapfer wie sein Degen,
Der niemals aus der Scheide kam."

Vgl.: ausrangierter Held (veraltet: Invalide, Kriegsveteran), „Held der Arbeit" (Faulenzer, nach dem Ehrentitel der DDR), „Held der Feder" (veraltet), „trauriger Held".

-held

spöttisch-ironisch, auch abfällig für jemanden, der auf eine bestimmte Weise kein richtiger, gar kein Held oder ein „Antiheld" ist. Ein Beispiel für eine plausible Gelegenheitsbildung lieferte im Januar 1996 Herbert Achternbusch in einem FOCUS-Interview anläßlich der damals bevorstehenden Premiere seines neuen Theaterstückes DER LETZTE GAST: „Früher war ich ja ein trauriger Wirtshausheld. Da war ich oft der letzte Gast, so um zwei, drei Uhr. Wenn alle draußen waren und der Wirt aufwischte, bin ich gern allein dagehockt. Ein schönes Gefühl." In Joachim Perinets Singspiel DIE SCHWESTERN VON PRAG aus dem Jahr 1794 gibt es die Strophe:

„Ich bin der Schneider Kakadu,
Gereist durch alle Welt,
Und kurz vom Kopfe bis zum Schuh
Ein Bügeleisenheld."

Vgl.: Antiheld, Becherheld, Bierheld, → Federheld, → Frauenheld, Kathederheld (veraltet), → Maulheld, → Messerheld, → Pantoffelheld, Phrasenheld, → Pistolenheld, → Revolverheld, → Stammtischheld, Theaterheld, → Tugendheld, → Weiberheld, Westentaschenheld, → Wortheld, Zungenheld.

Heldengreifer

im Militärjargon salopp abwertend für jemanden, dessen Aufgabe es ist, neue Soldaten in der Bevölkerung aufzuspüren und der Rekrutierung zuzuführen.

Vgl.: → Greifer, Heldenklau.

Heldenklau = Heldengreifer

Heldenmutter

abschätzig für eine Frau, die ihren Sohn als künftigen Kriegshelden zur Welt bringt und aufzieht. „Die Nazis haben niemals Mutterschaft gefördert, im Gegenteil wollten sie die ‚reine' Heldenmutter" (SPIEGEL, Juli 1981).

Helfershelfer

(ursprünglich ein Kampfgenosse) *abfällig für einen Mittäter, Komplizen, Spießgesellen.*

Hellseher

(eigentlich jemand, der hellsehen kann bzw. dies vorgibt) *selten 1. ironisch für einen Begriffsstutzigen. 2. abschätzig für einen Besserwisser, Überklugen.*

He-lüggt

(wörtlich: er lügt) *an der Nordsee als scherzhafter Berufsspott für Barkassenkapitäne, die ihren Fahrgästen bei Hafenrundfahrten o.ä. Seemannsgarn erzählen.*

Hemd

salopp abwertend für einen unreifen, schwächlichen oder einfältigen Burschen.

Vgl.: aufgeblasenes Nachthemd (Angeber), dünnes Hemd, dürres Hemd (beides selten), → halbes Hemd, Hemdling (unerfahren; Versager), müdes Hemd, → nervöses Hemd, → schmales Hemd.

Hengst

(schon in der Bibel ist von „unreinen Trieben" der Hengste die Rede, Ezechiel 23,20) *salopp, abschätzig oder auch anerkennend für einen grobsinnlichen, wollüstigen Mann.*

Vgl.: alter Hengst, geiler Hengst, schwuler Hengst.

-hengst

salopp abwertend oder spöttisch für einen Mann, der im Bestimmungswort sehr allgemein charakterisiert ist. Die Mehrzahl der Wörter betrifft berufliche Tätigkeiten. „Versicherungshengste kriegen die Peitsche zu spüren", versprach die WELTWOCHE (Februar 1995).

Vgl.: → Aktenhengst, Barrashengst, Benzinhengst (Kraftfahrer), → Bibelhengst, Brillantinehengst (selten), Brillenhengst, Bücherhengst, → Bürohengst, → Etappenhengst, Federhengst (Schriftsteller o.ä.), Fickhengst, → Hurenhengst, → Karrierehengst, Kathederhengst (Lehrer), → Kommißhengst, Kuttenhengst (Mönch), Ladenhengst (selten), Leithengst, → Militärhengst, Paradehengst, → Paragraphenhengst, Partyhengst, → Pechhengst, Phrasenhengst, → Pomadenhengst, Poussierhengst, Pressehengst, → Schreibstubenhengst, Schreibtischhengst, Schürzenhengst, → Tastenhengst, Weiberhengst.

Henker
vom Scharfrichter übertragen für einen Mörder von Amts wegen, einen „Vollstrecker" einer Schreckensherrschaft. „Handel mit den Henkern", so betitelte die ZEIT (Januar 1994) einen Artikel über die florierenden Geschäfte deutscher Firmen mit dem Iran. In Jakob Haringers Gedicht „macht nichts" (1931) stehen die Zeilen:

„O ihr bürgerlichen und geistigen Henker –
für euch war ich nicht auf der Welt!"

Henkersknecht
(eigentlich der Gehilfe des Henkers bei der Hinrichtung) *selten als abfällige Bezeichnung für einen Büttel, Helfershelfer eines → Henkers; veraltet auch als allgemeines Schimpfwort.*
Vgl.: → Knecht, → -knecht.

Henne
ein Schimpfwort für eine unsympathische oder dümmliche weibliche Person.
Vgl.: blöde Henne, dumme Henne, Fensterhenne (am Fenster sitzend), Gluckhenne, → Huhn, → Krampfhenne, Streithenne (selten), Sumpfhenne, → Suppenhenne.

Hennengreifer (Hennentaster)
(ursprünglich jemand, der Hühner nach ungelegten Eiern abtastet) *landschaftlich selten für 1. einen kleinlichen, geizigen Menschen. 2. einen Schürzenjäger, Frauenhelden.*

Herde
(eigentlich eine größere Anzahl zusammengehörender Tiere) *abfällig für eine größere Gruppe unselbständiger, willenlos erscheinender Menschen, die sich treiben und führen lassen.* „Von hundert, die von ‚Menge', von ‚Herde' reden, gehören neunundneunzig selbst dazu", schrieb Christian Morgenstern 1911.
Vgl.: → Hammelherde.

Herdenmensch
(schon bei Nietzsche) *abschätzig für einen Menschen, der alles so macht wie die anderen, der nicht selbständig entscheidet und handelt.*

Herdentier
(Nietzsche sprach von der „Herdentier-Moral") *verächtlich für einen → Herdenmenschen.*
Vgl.: Herdenvieh, → Tier, → -tier.

Herdenvieh = Herdentier

Hereingeschmeckter
süddeutsch oft abschätzig für eine Person, die neu zugezogen ist und aus einer ganz anderen Gegend stammt; auch allgemein für einen Neuling, Eindringling.
Vgl.: Reingeschmeckter (mundartliche Variante).

Hergelaufener
abfällig für eine Person von zweifelhafter Herkunft, einen (verdächtigen) Fremden.
Vgl.: Dahergelaufener, hergelaufener Habenichts, hergelaufener Kerl.

Hering
spöttisch-abschätzig für einen mageren Menschen: ein dünner, magerer Hering.
Vgl.: ausgenommener Hering (schwächlich, mager), dürrer Hering, Heringseele, schmaler Hering.

Heringsbändiger
eine gutmütige Berufsschelte für 1. jemanden, der Fische verkauft oder fängt. 2. einen Verkäufer oder Lehrling in einem Lebensmittelgeschäft.

Herostrat
(nach dem Griechen Herostratos, der 356 v.Chr. den Artemistempel in Ephesos in Brand steckte, um dadurch berühmt zu werden) *bildungssprachlich für einen Verbrecher aus Ruhmsucht.* Der SPIEGEL, der im November 1993 einen Artikel über den Mord an John F. Kennedy mit „Herostrat in Dallas" betitelte, meinte damit den Attentäter Lee Harvey Oswald.

„Herr"

(oft auch in ironischen Wendungen wie „ein sauberer, feiner Herr") *ironisch für einen Mann mit fragwürdigen Charaktereigenschaften, bei dem der höfliche Zusatz „Herr" eigentlich nicht angebracht erscheint; meist in Fügungen zur Verstärkung oder Verdeutlichung.*

Vgl.: Herr Dingsbums, „Herr Dr. Schlau" (selten), Herr Neunmalgescheit, Herr Neureich, Herr Niemand, Herr Oberlehrer, Herr Ohnemichel (veraltet), Herr Raffke, Herr Saubermann (nach einer OMO-Werbefigur), „Herr und Verbieter" (scherzhaft zu „Herr und Gebieter"), Herr von Dingsbums, Herren in Schwarz (Schiedsrichter).

Herr Neunmalklug

(ein sprechender Eigenname) *spöttisch-ironisch für einen männlichen → Neunmalklugen.*

Vgl.: Frau (Fräulein) Neunmalklug, Herr Neunmalgescheit, Herr Neunmalschlau (selten).

Herr von Habenichts = Baron von Habenichts

„Herr von und zu ..."

(nach der Anredeformel bei Adligen) *besonders österreichisch spöttisch-ironisch für einen Vornehmtuer.*

„Herren der Schöpfung"

(scherzhafte Bildung mit Bezug auf die biblische Schöpfungsgeschichte) *spöttisch-ironisch für bestimmte Männer oder die Männerwelt.*

Vgl.: „Krone der Schöpfung" (selten: die Frauen).

Herrenfahrer

(dem „Herrenreiter" nachgebildet) *ironisch für einen Fahrer eines teuren Autos, der so fährt, als ob ihm die Straße gehöre.*

Herrenmensch

(durch Friedrich Nietzsches ZARATHUSTRA von 1883 ein Modeschlagwort geworden) *bildungssprachlich abfällig für jemanden, der sich anderen überlegen fühlt und Herrschaft für sich beansprucht.*

Vgl.: Herrennatur.

„Herrenrasse"

ironisch und abfällig für die Weißen (die sich den anderen Rassen gegenüber für überlegen halten).

„Herrenvolk"

abfällig, auch ironisch für ein Volk, das sich anderen Völkern überlegen vorkommt und sich entsprechend verhält. „Das einstige weiße Herrenvolk der Buren" (SPIEGEL, April 1994).

Vgl.: → Volk, → -volk.

Herrgott s. hölzerner Herrgott

Herumlungerer = Lungerer

Herumtreiber

1. abschätzig für einen Menschen mit unsolidem Lebenswandel; Müßiggänger. 2. scherzhaft, auch tadelnd für jemanden, der kaum daheim ist, sich oft auswärts vergnügt.

Vgl.: Herumstreicher, Herumstreuner, Rumtreiber, → Treiber.

Herumtreiberin

1. ein weiblicher → Herumtreiber. 2. ein lebenslustiges oder leichtes Mädchen, das sich mit Männern, mit Kerlen herumtreibt.

Herzchen

(auch als herablassende Anrede) *1. abschätzig für eine gutgläubige, naive Person. 2. ironisch und abfällig für eine harmlos erscheinende, aber niederträchtige (weibliche) Person.*

Vgl.: → -chen (-lein).

Herzensbrecher

(zu der Redewendung „einer Frau das Herz brechen" = sie in sich verliebt machen und sie dann verlassen) *geringschätzig, auch anerkennend für einen Mann, der bei Frauen viel Erfolg hat, viele Frauenherzen gebrochen hat.* Nach einer bekannten Volksweisheit bricht er allerdings vor allem solche Herzen, die schon einen Knacks haben.

Herzensdieb

veraltend, noch scherzhaft für einen → Herzensbrecher.

Vgl.: → Dieb.

Hesse s. blinder Hesse

Hetäre
(aus gleichbedeutend griechisch „hetaira", eigentlich = Gefährtin) *bildungssprachlich veraltend, noch spöttisch für eine käufliche Geliebte, eine gehobene Prostituierte.*

Hetzer
verächtlich für einen Aufwiegler, Verleumder, gehässigen Unruhestifter. Zu einer gewissen Berühmtheit gelangt und vielzitiert ist Willy Brandts Bemerkung über den CDU-Politiker Heiner Geißler: „Der größte Hetzer seit Goebbels".
Vgl.: → Aufhetzer, Asyl-Hetzer (selten), Friedenshetzer (ironisch), Hetzbruder (selten), → Kriegshetzer, Rassenhetzer, Revanchehetzer, → Volksverhetzer.

Hetzredner
jemand, der aufhetzende, aufwiegelnde (politische) Reden führt.

Heuchler
abfällig für einen Menschen, der ständig, oft oder in einer wichtigen Angelegenheit heuchelt. Der Stuttgarter Oberbürgermeister Manfred Rommel begab sich auf die Suche nach dem Guten: „Nach meiner etwas pragmatischen Einstellung ist Heuchelei besser als gar keine Moral, der Heuchler weiß wenigstens, wie er sein sollte." (FAZ-MAGAZIN, September 1993). Von Sigmund Freud stammt die Gelegenheitsbildung „Kulturheuchler". 1919 brachte die österreichische satirische Zeitschrift DAS NARRENSCHIFF ein Titelgedicht zur ersten Nummer mit folgender Strophe:
„Tagdiebe seid ihr, Heuchler nur,
wertlos bis in die Knochen
und viel habt ihr an der Natur,
an Menschen schon verbrochen.
Vgl.: → Erzheuchler, → -ler, Oberheuchler, → Tugendheuchler.

Heugeige
(eigentlich eine lange Stange zur Befestigung des Heus auf dem Heuwagen) *oberdeutsch spöttisch-abschätzig für eine große, hagere Person, ein dünnes Mädchen.*
Vgl.: → Geige.

Heuhüpfer
(eigentlich eine Heuschrecke) *landschaftlich abschätzig für eine unstete, sprunghafte Person.*
Vgl.: → Grashüpfer, → Hüpfer.

Heularsch
derb abwertend oder tadelnd für eine weinerliche oder weinende Person, ein heulendes Kind.
Vgl.: → Arsch, → -arsch.

Heulboje
(eigentlich eine Boje mit eingebauter Sirene) *abfällig für 1. einen laut und unschön singenden Sänger, Popsänger. 2. eine weinerliche oder laut weinende Person.* Die Rocksänger der 50er und 60er Jahre, allen voran Elvis Presley, wurden sehr oft so genannt.

heulender Derwisch
(Ein Derwisch ist ein Mitglied eines islamischen Ordens, zu dessen Ritual Musik und Tanz gehören) *spöttisch und abschätzig für einen Schlager- oder Popsänger, der mehr heult als singt.*
Vgl.: Derwisch.

Heuler
abschätzig für 1. einen Schlager- oder Popsänger, der bei seinem Gesangsvortrag kreischt, schluchzt, heult u.dergl. 2. eine laut weinende, schreiende Person.
Vgl.: → der letzte Heuler.

Heulliese = Heulsuse

Heulmeier
abschätzig für eine weinende oder weinerliche Person, als Tadel für ein oft weinendes Kind. Die Bezeichnungen Heuler und Heulmeier wurden 1848 zu charakterisierenden Schimpfwörtern für die deutschen Reaktionäre.
Vgl.: → -meier.

Heulpeter
landschaftlich als Tadel oder abschätzig für einen oft weinenden Jungen.
Vgl.: Heulbruder, Heulfritze, Heulmichel, → Peter, → -peter.

Heulsuse
tadelnd oder abschätzig für eine häufig weinende (weibliche) Person: du kleine, alte, hysterische Heulsuse. Für den Grünen-Sprecher Jürgen Trittin ist Margarethe Schreinemakers die „Heulsuse der Nation".
Vgl.: Flennsuse, Heulliese, Heulmemme (selten), Heultrine, → Suse, → -suse, → Tränensuse.

Heultrine = Heulsuse

Heuochse
(eigentlich ein Heu fressender Ochse; hier als Steigerung) *ein kräftiges Schimpfwort für einen bornierten, begriffsstutzigen Menschen.*
Vgl.: → Ochse (Ochs).

Heupferd
(eigentlich ein volkstümlicher Name der Heuschrecke) *Schimpfwort für einen dummen Menschen.*
Vgl.: → Pferd.

heuriger Hase
(eigentlich ein Hase in seinem ersten Lebensjahr, wenn er noch leichter zu jagen ist; meist in der Negation „kein heuriger Hase") *geringschätzig für einen unerfahrenen Menschen, Neuling.*
Vgl.: → Hase.

Heuschrecke
(eigentlich ein großes, pflanzenfressendes Insekt mit langen Sprungbeinen) *ein Schimpfwort für eine unsympathische ältere Frau.*

Hexe
(im Volksglauben eine weibliche Person, die mit dem Teufel im Bunde steht und sich auf schwarze Magie versteht; im Märchen eine böse, häßliche, alte Zauberin) *ein Schimpfwort für 1. eine bösartige, zänkische (häßliche) Frau. 2. eine niederträchtige, heimtückische und dadurch gefährliche Frau.* „Die Frau Bürgermeister wurde als mannstolle Hexe verschrien" (Ludwig Fels: DIE SÜNDEN DER ARMUT, 1975).
Vgl.: → alte Hexe, → Gewitterhexe, Keifhexe, → kleine Hexe, → Kräuterhexe, rote Hexe (rothaarig), Schlothexe (fränkisch), Schrapphexe (geizig), schwarze Hexe (schwarzhaarig), → Wetterhexe.

Hiesel (Hiasl)
(eigentlich die Koseform des Vornamens Matthias; bekannt auch durch den „bayrischen Hiesel", den Wilderer und Räuber Matthias Klostermayer im 18. Jahrhundert) *in Bayern und Österreich abfällig für einen einfältigen, groben Kerl.*

Highbrow
(aus gleichbedeutend englisch „highbrow", eigentlich = hohe Stirn) *bildungssprachlich spöttisch-abschätzig für einen (arroganten) Intellektuellen.*
Vgl.: Lowbrow (im Deutschen selten: kulturlos).

High-Snobiety
(scherzhafte Analogiebildung zu „High-Society" mit Anlehnung an „Snob"; in englischen Wörterbüchern nicht belegt) *spöttisch-ironisch und abschätzig für eine gesellschaftliche Gruppe snobistischer Leute, die vornehm tun und sich irrtümlicherweise für extraordinär halten.*
Vgl.: Snobiety.

Hilfsbremser
(übernommen von den frühen Eisenbahnen) *scherzhaft-spöttisch für eine Person, die vorübergehend eine Hilfstätigkeit ausübt, etwa als Hilfslehrer, studentische Hilfskraft, Hochschulassistent, Hilfsgeistlicher usw.*
Vgl.: → Bremser.

Hilfsschüler
(die frühere Bezeichnung für einen Sonderschüler) *1. geringschätzig für einen Sonderschüler. 2. spöttisch-abschätzig für eine beschränkte, unwissende Person, der man unterstellt, sie habe nur „Hilfsschulbildung".* „... nachdem das Wort ‚Hilfsschüler' zum Schimpfwort geworden ist" (MANNHEIMER MORGEN, September 1975).
Vgl.: → Baumschüler.

Hillbilly
(aus gleichbedeutend amerikanisch „hillbilly", dies aus „hill" = Hügel und „Billy", der Koseform von „William") *abfällig für einen Hinterwäldler, vor allem einen Weißen ohne Bildung und Besitz aus dem Süden der USA.* „... ‚Hillbillies', Bewohner abgelege-

ner gebirgiger Gebiete Amerikas: trinkfest, primitiv, von religiösem Fanatismus erfüllt" (SPIEGEL, Mai 1949).

Himbeerbubi
(Das Rosa der Himbeere, von Himbeerbonbons steht für Süß- und Weichliches und ist andererseits die Farbe der Homosexuellen) *abfällig für 1. einen verweichlichten, schlaffen Burschen. 2. einen jungen Antialkoholiker. 3. einen jugendlichen Homosexuellen.* In der frühen NS-Zeit wurde Ernst Röhms Stabswachmannschaft als „Himbeerbubis" verspottet.
Vgl.: → Bubi.

Himbeerheini
spöttisch-abschätzig für 1. ein Muttersöhnchen. 2. einen jugendlichen Antialkoholiker.
Vgl.: → Heini, → -heini, Himbeer-Toni.

Himmelhund
(„Himmel-" als Verstärkung wie bei Flüchen) *1. abfällig für einen Schuft, niederträchtigen Kerl. 2. abschätzig, aber oft mit widerstrebender Anerkennung, für einen Draufgänger, Teufelskerl.*
Vgl.: Himmelhöllenhund, → Hund, → -hund.

Himmelsgucker = Sterngucker

Himmelskomiker
scherzhaft-spöttisch und geringschätzig für einen Geistlichen; seltener für einen Frömmler.
Vgl.: Himmelfahrtskomiker, → Komiker.

Himmelskutscher
scherzhaft, leicht spöttisch für einen Flugzeugführer.

Himmelsstürmer (Himmelstürmer)
ein übereifriger (jugendlicher) Idealist.
Vgl.: → Stürmer, Wolkenstürmer.

Himmelsziege
(eigentlich ein Vogel, eine Bekassine; nach einem typischen Fluggeräusch des Vogels, das an das Meckern einer Ziege erinnert) *ein grobes Schimpfwort für eine verschrobene, ältliche Frömmlerin.*
Vgl.: → Ziege.

Hinkebein
(eigentlich das Bein des Hinkenden; Anklang an den Teufel. Im Volksglauben bringt die Begegnung mit einem Hinkenden Unglück) *abschätzig für eine hinkende Person.* „Da kommt das lange Hinkebein vom Nebenhaus. Der ungesellige Krüppel" (Botho Strauß: NIEMAND ANDERS, 1987).
Vgl.: Hinkefuß.

Hinkefuß = Hinkebein

Hinkel, das
(ein Mundartwort für ein Huhn; meist mit einem abwertenden Adjektiv) *ein beliebtes westmitteldeutsches Scheltwort für eine täppische, unaufmerksame, dumme oder schwerhörige (weibliche) Person: ein taubes, dummes, blödes, tolles, närrisches Hinkel.*

Hinterbänkler
(wohl nach dem englischen „backbencher" für einen Abgeordneten, der weder zur Regierung noch zum Schattenkabinett der Opposition gehört; dazu die gängige, aber nicht durchwegs richtige Einschätzung, die wichtigen Abgeordneten seien vorne zu finden) *abschätzig für einen Abgeordneten, der im Parlament wenig hervortritt und kaum Einfluß hat, dessen eigentliche Aufgaben aus Klatschen und Abstimmen bestehen.*
Vgl.: → -ler.

Hinterbringer
oft geringschätzig für jemanden, der etwas zuträgt, heimlich mitteilt, verrät.

Hinterfotz
(zu „Fotze") *eine vorwiegend oberdeutsche derbe Schelte für einen hinterhältigen Menschen.*
Vgl.: → Fotze, Hinterfotziger (selten).

Hinterlader
(eigentlich eine Schußwaffe, die im Gegensatz zum Vorderlader vom hinteren Ende des Laufs geladen wird; hier Anspielung auf den Analverkehr) *salopp abwertend für einen Homosexuellen.* „Hinterlader! kreischten sie auf der Dorfstraße hinter mir her" (Claude Borell: VERDAMMT NOCH MAL –

ICH LIEBE DICH, 1979). Um 1870 nannten die liberalen NEUESTEN NACHRICHTEN den Papst einen „Wunderwirker mit französischen Hinterladern".
Vgl.: Hinterpommer.

Hinterpommer = Hinterlader

Hinterrücksler
vorwiegend schweizerisch für einen heimtükkischen Menschen.
Vgl.: → -ler.

Hintertücker
(zu „hintertückisch", einer Vermischung von „hinterrücks" und „heimtückisch") *landschaftlich für einen hinterlistigen, tückischen Menschen.*

Hinterwäldler
(Lehnübersetzung von englisch „backwoodsman", ursprünglich einer Bezeichnung für Siedler im Osten Nordamerikas jenseits des Alleghenygebirges) *spöttisch-abschätzig für einen weltfremden, rückständigen, bäurischen Menschen.* Friedrich Nietzsche bildete mit „Hinterweltler" eine Art Steigerung.
Vgl.: → -ler.

Hinz und Kunz
(nach den Kurzformen der verbreiteten Vornamen Heinrich und Konrad) *verächtlich für alle möglichen Menschen, jedermann, für nicht standesgemäße Leute.* Von Erich Kästner (1899 – 1974) stammt das Epigramm:

„Der Hinz und der Kunz
Sind rechte Toren:
Lauschen offenen Munds,
Statt mit offenen Ohren."

Vgl.: → Hans und Franz.

Hippe
(eigentlich eine Ziege) *Schimpfwort für eine häßliche, zänkische weibliche Person: du neugierige, aufgetakelte, dünne Hippe.* „ZIEH DICH AUS DU ALTE HIPPE!" heißt ein Kriminalroman des Musikers und Komikers Helge Schneider aus dem Jahr 1994.
Vgl.: alte Hippe, dürre Hippe.

Hippie
(zu englisch „hip" = informiert, modern; unter Drogeneinfluß stehend) *1. eine veraltende, auch abschätzig verwendete Bezeichnung für ein „Blumenkind", einen antibürgerlichen, meist jugendlichen Aussteiger in der Hippie-Bewegung oder ihren Ausläufern. 2. in konservativ-bürgerlichen Kreisen spöttisch oder abfällig für einen irgendwie ausgeflippt erscheinenden Jugendlichen im „Hippie-Look".*
Vgl.: Althippie, Hippie-Veteran, Yippie (radikal).

Hirnfatzke
verächtlich für einen Intellektuellen.
Vgl.: → Fatzke, Gehirnfatzke (Nebenform).

Hirni
besonders jugendsprachlich abfällig für 1. einen dummen, hirnlosen Menschen. 2. einen Intellektuellen oder Intelligenzler. Im Mai 1989 berichtete der SPIEGEL von einer „Fiesta furiosa für Suffkis, Hirnis und Randalos".

Hirnmensch
selten für einen reinen Verstandesmenschen.

Hirnöderl, das
(wohl zu „öde") *in Österreich salopp abwertend für einen einfältigen Menschen.*

Hirnwichser
derb abwertend für einen weltfremden Intellektuellen, reinen Theoretiker.
Vgl.: → Wichser, → -wichser.

Hirsch
salopp, abschätzig oder als Schimpfwort für 1. einen Mann, jungen Burschen. 2. einen Dummkopf. 3. einen betrogenen Ehemann, dem seine Frau „Hörner aufgesetzt" hat. „Es gibt Menschen, es gibt auch Hirsche!" sagt man als Kommentar zu törichten Handlungen.
Vgl.: → flotter Hirsch, Heimathirsch (Lokalpatriot), junger Hirsch, → Platzhirsch.

Hirt (Hirte)
landschaftlich abschätzig für eine männliche Person: du blöder Hirte.

„Hitler"
(der Name des nationalsozialistischen deutschen „Führers" Adolf Hitler als Appellativum) *selten als abfällige Bezeichnung für einen tyrannischen, machtbesessenen (rechtsradikalen) Menschen, der insofern Hitler vergleichbar ist.* Die Boulevardpresse gebrauchte für den rechtsradikalen russischen Politiker Schirinowski den Ausdruck „Russen-Hitler".
Vgl.: → „Brutus", → „Goebbels", kleiner Hitler, → „Nero".

Hitzeblitz
(zu „hitzig" = aufbrausend, ungestüm; „Blitz" als binnenreimende Verstärkung) *ein süddeutsches Scheltwort für einen jähzornigen, hitzköpfigen Menschen.*

Hitzkopf
abfällig für einen leicht aufbrausenden, unbesonnenen Menschen.
Vgl.: → Bruder Hitzig, Hitzgickel (hessisch), → -kopf (-kopp).

Hiwi
(Kurzwort für „Hilfswilliger") *abschätzig für jemanden, der untergeordnete Hilfsdienste leistet.*

Hobby-
1. oft spöttisch oder geringschätzig für eine Person, die eine anspruchsvolle Tätigkeit nur als Hobby und somit unfachmännisch betreibt. 2. spöttisch-abschätzig für jemanden, der von seinem Beruf wenig versteht, ihn wie ein Amateur ausübt.
Vgl.: → Amateur-, Hobby-Archäologe (selten), Hobby-Kapitän, Hobby-Philosoph, Hobby-Politiker, Hobby-Soldat (Offizier auf Zeit).

„hochgelehrtes Haus"
(zu „gelehrtes Haus" bzw. altertümelnd „hochgelahrtes Haus" für einen sehr gelehrten Menschen) *selten als ironische Bezeichnung für eine Person, die mit ihrem Wissen, ihrer Bildung prahlt.*

Hochstapler
(aus gaunersprachlich „hoch" = vornehm und „stapeln" = betteln, tippeln) *abfällig für jemanden, der in betrügerischer Absicht Wohlstand, Bildung oder eine hohe gesellschaftliche Stellung vortäuscht; Aufschneider.* Der Schriftsteller Alfred Döblin über einen Kollegen: „Ich bin dafür, den aufgeblasenen Hermann Broch zu entlarven als literarischen Hochstapler."
Vgl.: → -ler, → Tiefstapler.

Hochverräter
jemand, der ein Verbrechen gegen den inneren Bestand oder die verfassungsmäßige Ordnung eines Staates begeht.
Vgl.: → Verräter, → -verräter.

Hockenbleiber
(analog zu → Sitzenbleiber) *landschaftlich abschätzig für 1. einen Schüler, der die Klasse wiederholen muß. 2. einen Gast, Wirtshausgast, der nicht rechtzeitig geht. 3. eine Person, die nicht geheiratet oder vom Partner verlassen wird.*

Hocker
abschätzig für jemanden, der allzulange irgendwo herumsitzt, der nicht gehen will.

-hocker
geringschätzig für einen Menschen, der zu oft und/oder zu lange in einer bestimmten Örtlichkeit sitzt, verweilt.
Vgl.: Daheimhocker, Dauerhocker, → Kneipenhocker, → Nesthocker, → Ofenhocker, Sesselhokker (schweizerisch: klebt am Amt), → Stubenhocker, → Wirtshaushocker.

hoffnungsloser Fall
(aus dem Wortschatz der Ärzte) *scherzhaft, auch abschätzig für einen Menschen, der in einer bestimmten Hinsicht unverbesserlich erscheint.*

Hofkamarilla
geringschätzig für eine mitregierende, einflußreiche Clique bei Hof.
Vgl.: Hofklüngel, → Kamarilla.

Höfling
(eigentlich ein Mitglied eines Hofes, Hofstaates) *abfällig für einen unterwürfigen, seinem „Herrn" treu ergebenen Menschen.* In der Programmzeitschrift TV-SPIELFILM (November 1995) stand über den Boxwelt-

meister Henry Maske, er „degradiert sich zum beredten Höfling seines Haussenders RTL." Der SPIEGEL (August 1995) schrieb über den deutschen Bundesminister für besondere Aufgaben Friedrich Bohl: „Wenn Kohl in seiner Nähe erscheint, schrumpft der Minister zum Höfling."
Vgl.: → -ling.

Hofnarr
(früher ein Spaßmacher und Unterhalter an einem Hof) *spöttisch-abschätzig für eine clownhafte, alberne Person.* Der Berliner TAGESSPIEGEL berichtete im Februar 1966 von einem Film über den Berliner „Demo-Clown" Christian Specht. Als Überschrift wählte man: „Der Hofnarr legt die Pappnase ab".
Vgl.: Hofzwerg, → Narr, → -narr.

Hofrat
(früher und noch in Österreich ein Ehrentitel für Beamte) *österreichisch abschätzig für einen umständlichen, langsamen Bürokraten.*

Hofschranze, die (der)
verächtlich für einen schmeichlerischen → Höfling. Um 1870 gebrauchte der NÜRNBERGER ANZEIGER für die Heiligen den lästerlichen Ausdruck: „himmlische Hofschranzen".
Vgl.: → Schranze.

Hofschreiber
(früher ein Schreiber bei Hof) *spöttisch-ironisch für einen Journalisten oder Schriftsteller, der stets ganz im Sinne einer Regierung, Partei, Firma o.dergl. schreibt.*
Vgl.: Hofliterat, → Schreiber.

Höhenflieger
(zu „Höhenflug", eigentlich = Flug in großer Höhe) *selten als geringschätzige Bezeichnung für jemanden, der „abhebt", sich Illusionen und Spekulationen hingibt.*
Vgl.: geistiger Höhenflieger.

hohes Tier (großes Tier)
meist leicht abwertend für eine Person von hohem Rang und Ansehen. Otto Ladendorf definierte in seinem HISTORISCHEN SCHLAGWÖRTERBUCH von 1906 das „große Tier" so: „pomphaft auftretender Würdenträger oder sonstiger Wichtigtuer".
Vgl.: berühmtes Tier, großes Vieh, hohes Vieh, → Tier.

Hohler
(zu „hohl" = dumm) *jugendsprachlich abfällig für einen dämlichen oder äußerst unsympathischen Kerl.*

Hohlkopf
Schimpfwort für einen dummen, geistlosen Menschen. Goebbels sprach 1939 von „übergescheiten Hohlköpfen".
Vgl.: hohler Kopf, → -kopf (-kopp).

Holdrio
(eigentlich ein Freudenruf oder Jodler) *eine veraltete, oft geringschätzig verwendete Bezeichnung für einen leichtlebigen Genußmenschen.*

Höllenbraten = Satansbraten

Höllenbrut
ein veraltendes starkes Schimpfwort für übles Gesindel.
Vgl.: → Brut, → -brut, Höllengezücht, Höllenpack (selten), → Satansbrut, → Teufelsbrut.

Höllenhund
(in der Mythologie der Wachhund am Eingang zur Unterwelt) *ein übler, niederträchtiger Kerl; auch widerwillig anerkennend im Sinne von „Teufelskerl".*
Vgl.: → Hund, → -hund.

Holofernes
(der Name des assyrischen Feldhauptmanns aus dem Alten Testament, der von Judith erschlagen wurde) *landschaftlich abfällig für einen plumpen, ungeschickten, einfältigen Mann.*

Holzbock
(nach dem groben Holzgestell) *landschaftlich abwertend für eine langweilige, sture, plumpe Person.*
Vgl.: → Bock, → -bock.

hölzerner Herrgott

(geht auf einfache Holzplastiken des Gekreuzigten zurück) *selten für einen unbeholfenen, ungelenken Mann.*

Holzer

(meint eigentlich den Holzhacker) *abschätzig für einen sehr unfairen und schlechten Fußballspieler.*

Holzhacker

(eigentlich ein Holzfäller oder ein Mensch, der Holz kleinhackt) *abfällig für 1. einen unfair spielenden und schlechten Fußballer. 2. einen gefühllosen Klavierspieler.*

Vgl.: → Hacker.

Holzhammer-

(der Holzhammer als sprichwörtliches Werkzeug für plumpe, rücksichtslose Beeinflussung) *eine geringschätzige Bezeichnung für jemanden, der in seinem Beruf Holzhammermethoden anwendet, der auf plumpe, grobe Weise auf andere einwirkt, etwa, um ihnen etwas beizubringen, einzubleuen.*

Vgl.: Holzhammerkomiker (derbe, schlichte Späße), Holzhammerpädagoge, Holzhammerpolitiker.

Holzklotz

abschätzig für einen plumpen, sturen, ungehobelten Menschen.

Vgl.: → Hackklotz, → Hauklotz, → Klotz.

Holzknecht

(früher ein Holzfäller) *landschaftlich selten für einen groben, ungehobelten Kerl.*

Holzkopf

abfällig für einen geistig unbeweglichen, begriffsstutzigen Menschen.

Vgl.: → -kopf (-kopp).

Holzwurm

(eigentlich eine im Holz lebende Larve) *Berufsschelte für Schreiner, Tischler, Zimmerleute.*

Vgl.: → Wurm.

Honigkuchenpferd

(eigentlich ein lebkuchenartiges Gebäck in Form eines Pferdes; nach der Wendung „grinsen/lachen/strahlen wie ein Honigkuchenpferd" = sich sichtlich freuen) *abschätzig für einen einfältigen, läppischen Menschen.*

Vgl.: → Pferd.

Honigmaul

eine seltene derbe Schelte für einen Schmeichler.

Vgl.: → -maul.

Honigscheißer

derb abwertend für einen Schmeichler, heimtückischen Menschen.

Vgl.: → Scheißer.

Hooligan

(Herkunft unklar, vielleicht der Name einer irischen Familie von notorischen Raufbolden) *abwertend für einen jungen Mann oder Jugendlichen, der meist gemeinsam mit Gleichgesinnten provozierend und gewalttätig auftritt; insbesondere ein Fußballrowdy.*

Vgl.: Fußball-Hooligans, Hools (Kurzform).

Hopfenstange

(eigentlich die lange Stange, an der sich der Hopfen emporrankt) *spöttisch-abschätzig für eine lange, dürre (weibliche) Person.*

Vgl.: → Bohnenstange, → Stange.

Hoppla-jetzt-komm-ich-Typ

(nach dem beschwingten Motto „Hoppla, jetzt komm ich!", das durch den Spielfilm DER SIEGER mit Hans Albers aus dem Jahr 1932 sehr bekannt wurde) *veraltend und meist abschätzig für einen Draufgänger oder einen egozentrischen, aufdringlichen Menschen.*

Vgl.: → Typ, → -typ.

Hopsdohle = Hupfdohle

Hopser

eine seltene abschätzige Bezeichnung für einen wilden oder schlechten Tänzer.

Horcher
jemand, der lauscht, heimlich mithört. Bekannt ist das Sprichwort: „Der Horcher an der Wand hört seine eigne Schand!"
Vgl.: Aushorcher, Horcher an der Wand.

Horde
meist abschätzig für eine lästige, bedrohliche Schar von Kindern, Reportern, Urlaubern, plündernden Landsknechten usf. In Peter Handkes PUBLIKUMSBESCHIMPFUNG werden die Zuschauer mit dem Anwurf „Ihr roten Horden!" kurzfristig erheitert.
Vgl.: braune Horden (Nazis).

-horde
mehr oder weniger abwertend für eine → Horde einer bestimmten Sorte. Das Bestimmungswort selbst muß nicht abwertend sein. Schlimm, was Jean Paul nach einer Begegnung mit Friedrich Wilhelm Joseph Schelling im Jahre 1797 an Ch. Otto schrieb: „Schelling sprach ich im Museum; er gefällt mir so wenig als die ganze verfluchte Philosophen-Horde".
Vgl.: Barbarenhorde, Jungenhorde (kaum abwertend), Menschenhorde, → Räuberhorde.

Horizontalgewerblerin
(zu „horizontales Gewerbe" = Prostitution) *salopp, auch abwertend für eine Prostituierte.*
Vgl.: Horizontale, horizontale Dame, horizontales Mädchen.

Hörnerträger (Hornträger)
(zu der Redensart „jemandem Hörner aufsetzen" = den Ehemann betrügen) *veraltend spöttisch-abschätzig für einen von der Frau betrogenen Mann, Ehemann.* Von Christoph Ludwig Pfeiffer (1730-?) stammt ein „Scherzhaftes Lobgedicht auf den Knastertobak", in dem es heißt:

„Seht jenen alten Hörnerträger,
dem dort sein Weib bei Tag und Nacht
So manches Dutzend junge Schwäger
In seinem frommen Beisein macht!"

Vgl.: → Gehörnter, Hornbock, Hornhans (beides selten).

Hornochse (Hornochs)
ein Schimpfwort für einen dummen, begriffsstutzigen Menschen.
Vgl.: → Ochse (Ochs), Riesenhornochse.

Hornvieh
(analog zu Rindvieh) *ein grobes Schimpfwort für einen sehr dummen Menschen.* Friedrich Nietzsche beklagte sich 1889 in ECCE HOMO: „Gelehrtes Hornvieh hat mich ... des Darwinismus verdächtigt."
Vgl.: Hornviech (Variante), → Vieh.

Hose s. tote Hose

Hosenbrunzer
oberdeutsch derb abwertend für einen Feigling oder unreifen Burschen.
Vgl.: → Brunzer, Hosenpisser.

Hosenkacker = Hosenscheißer (Hosenschisser)

Hosenpauker
veralteter Berufsspott für einen Lehrer.
Vgl.: → Arschpauker, → Pauker, Prügelpauker, Steißpauker.

Hosenscheißer (Hosenschisser)
1. derb abwertend für einen Angsthasen, Feigling. 2. kosende Schelte für einen kleinen Jungen, Säugling.
Vgl.: Hosenkacker, → Scheißer, → Schisser.

Hosenseicher
oberdeutsch derb abwertend für einen Feigling, Angsthasen.
Vgl.: Hosenpisser, → Seicher.

Hosentrompeter
derb abwertend für 1. einen → Hosenscheißer (Hosenschisser). 2. einen laut furzenden Menschen.

Hospes
(aus lateinisch „hospes" = Gastfreund) *besonders süddeutsch abschätzig für einen närrischen, albernen, schusseligen Menschen.*

Hottentotte
(eigentlich ein Angehöriger eines Mischvolkes in Südwestafrika; aus niederländisch „hotentot" = Stotterer, da deren Sprache den Kolonialherren völlig unverständlich war) *ein Schimpfwort für einen dummen, unkultivierten, lächerlichen Menschen.* In

seinem Gedicht „macht nichts" aus dem Jahr 1931 schimpft Jakob Haringer: „Oh ihr falschen Hottentotten".

Vgl.: Hottentottenboy (veraltet: lächerlicher Geck), Hottentottenvenus (selten: dicke Frau).

-huber

(nach dem häufigen Familiennamen Huber) *abwertend für eine männliche Person, die etwas Bestimmtes übertrieben und engstirnig betreibt.*

Vgl.: Bildungshuber, Faktenhuber, Geilhuber, → Geschaftlhuber (Gschaftlhuber), → Grantlhuber, → Krafthuber, → Kunsthuber, Parteihuber (selten), Pulverhuber (veraltet: Militarist), Reformhuber, → Schwindelhuber, → Stoffhuber, → Wühlhuber.

Hübschling = Schönling

Huckebein s. Hans Huckebein

Hudel, der

(eigentlich ein Lappen, Stoffetzen) *landschaftlich weit verbreitet für einen verkommenen, liederlichen Menschen; Schlampe.*

Vgl.: Hudelbube (schweizerisch), Hudelmetz (veraltet).

Hudeler (Hudler)

(zu „hudeln") *landschaftlich abschätzig für jemanden, der übereilt, hastig arbeitet, handelt.*

Vgl.: → -ler, → Lobhudler (Lobhudeler).

Hudelpack

landschaftlich für Gesindel, Lumpenpack.

Vgl.: → Pack, → -pack.

Hudelvolk (Hudelvölkchen)

veraltet für verwahrloste, zerlumpte Leute.

Vgl.: → -chen (-lein), → Volk, → -volk.

Hudriwudri, der

(Wortklangspiel) *österreichisch abschätzig für einen unkonzentrierten, unruhigen, schusseligen Menschen.* „Vergesse ich denn so etwas – bin ich denn ein solcher Hudri-Wudri, ein oberflächlicher" (Hugo von Hofmannsthal: DER UNBESTECHLICHE, 1923, gedr. 1956).

Vgl.: Hudriwusch (Nebenform).

Hüftwackler (Hüftenwackler)

veraltend spöttisch-abschätzig für einen Rock'n'Roll-Sänger, der bei Bühnenauftritten seine weiblichen Fans mit heftigen Hüftbewegungen entzückt.

Vgl.: Hüftenverrenker, → -ler.

Huhn

(fast immer mit einem negativen Attribut) *ein häufiges mildes Schimpfwort für eine sonderbare (weibliche) Person: ein ulkiges, ahnungsloses, armes, junges, total ausgeflipptes Huhn.* „Ihr seid ja nervöse Hühner!" erwiederte 1980 der damalige deutsche Bundeskanzler Helmut Schmidt auf erregte Zurufe aus den Reihen der konservativen Opposition.

Vgl.: albernes Huhn, ausgeflipptes Huhn (jugendsprachlich), blindes Huhn, blödes Huhn, → dummes Huhn, gelehrtes Huhn, → Henne, Hühner (Mädchen, „Weiber"), Junghühner (Mädchen), komisches Huhn, lahmes Huhn, → leichtsinniges Huhn, närrisches Huhn, Schneehuhn (selten: frigide Frau), → Sumpfhuhn, → Suppenhuhn, tolles Huhn, Unglückshuhn, verdrehtes Huhn, vergeßliches Huhn, → verrücktes Huhn, → versoffenes Huhn.

Hühnerdieb

abschätzig für einen kleinen Gauner, Kleinkriminellen.

Vgl.: → Dieb, → Eierdieb, Karnickeldieb.

Hühnerficker

ein vulgäres Schimpfwort für einen äußerst unsympathischen, abscheulichen Kerl.

Vgl.: → Ficker, Hennenvögler (bayrisch).

Hühnerhaufen

(übertragen von der Vorstellung durcheinanderrennender aufgescheuchter Hühner) *abschätzig für eine planlos, konfus agierende Gruppe von Personen.* Im Februar 1995 bezeichnete ihr Präsident die Fußballmannschaft der Frankfurter Eintracht öffentlich als „Hühnerhaufen". Der CSU-Generalsekretär Erwin Huber über die Schwesterpartei CDU im November 1993: „aufgescheuchter Hühnerhaufen".

Vgl.: → Haufen, → -haufen.

Hulda
(nach dem weiblichen Vornamen „Hulda"; zu „hold"; bekannt geworden durch den Schlager „Ist denn kein Stuhl da für meine Hulda?") *salopp abwertend für eine weibliche Person (als Frau, Partnerin, Begleiterin eine Mannes); oft für ein geziertes Mädchen.*

Humanitätsapostel
ironisch für jemanden, der in idealistischer Weise humanitäre Ziele einfordert.
Vgl.: → Apostel, → -apostel.

Hummel
geringschätzig für eine aufgeregte, unruhige Person; ein unstetes, leichtfertiges Mädchen.
Vgl.: närrische Hummel, → wilde Hummel.

Hund
1. ein grobes Schimpfwort für einen niederträchtigen, gemeinen Kerl; Lump; landschaftlich auch mit widerwilliger Anerkennung. 2. in Verbindung mit einem entsprechenden Attribut abschätzig oder verächtlich für eine (männliche) Person: ein hinterhältiger, verrückter, dummer, gottverdammter, damischer, selten dämlicher, eiskalter, elender, verlogener Hund. „Eigentlich ein Hund, dieser Goethe. Er wußte doch, daß er Schwindel trieb ...", urteilte Gottfried Benn. Jean Paul Wallot, der Architekt des Reichstags in Berlin, notierte über Kaiser Wilhelm II., der seine Arbeit bekrittelte und behinderte, wo er nur konnte: „ein gewöhnlicher, niederträchtiger Hund!" Schopenhauer dagegen pflegte seinen Pudel mit einem groben „Mensch!" zu beschimpfen, wenn dieser sich schlecht benahm.
Vgl.: → armer Hund, → blöder Hund, bunter Hund (auffällig), → falscher Hund, → fauler Hund, → feiger Hund, → feiner Hund, fieser Hund, frecher Hund, gemeiner Hund, gerissener Hund, Hund mit Geweih (selten: dumm), → krummer Hund, raffinierter Hund, → räudiger Hund, → scharfer Hund, sturer Hund, toller Hund, → tollwütiger Hund, → Underdog, verfluchter Hund, zäher Hund (auch anerkennend). Vgl.: Bettelhund (selten), → Bluthund, Galgenhund, → Himmelhund, → Höllenhund, Hundehund (norddeutsch), → Jagdhund, → Kettenhund, Küchenhund (kriecherisch), → Lausehund (Laushund), → Lumpenhund, → Misthund, Neidhund, → Sauhund, Scheißhund, → Schweinehund, → Spürhund, → Wachhund, → Windhund.

-hund
Schimpfwort für eine (männliche) Person; oft eine Verstärkung von „Hund". Das Bestimmungswort ist fast immer ein abwertendes oder negativ besetztes Substantiv.

Hund von einem ...
1. Verstärkung eines Schimpfworts im Sinne von „besonders gemeiner ...", etwa „Hund von einem Verräter". 2. Abwertung eines neutralen Wortes, meist einer Berufs- oder Amtsbezeichnung, im Sinne von → Hund, beispielsweise „Hund von einem Verleger".

Hunde-, Hunds-
überwiegend Verstärkungen von Schimpfwörtern für besonders verachtete, nichtswürdige Personen oder Beschimpfungen über Körperteile des Hundes.
Vgl.: Hundehund (norddeutsch), Hundekerl (Hundskerl), Hundekopp (verschlagen), Hundepack, Hundeschnauze (gefühllos), Hundsbagage, Hundsbeutel, Hundsfotze (Hure; Feigling, Verräter), Hundsgesindel, Hundsteufel (bayrisch).

Hundenarr
meist geringschätzig für eine Person mit einer übersteigerten, als närrisch empfundenen Vorliebe für Hunde.
Vgl.: → Narr, → -narr.

Hundertfünfundsiebziger
(nach dem einschlägigen ehemaligen Paragraphen 175 des Strafgesetzbuchs; ursprünglich wohl verhüllend) *veraltend abschätzig für einen Homosexuellen.*

Hundertfünfzigprozentiger
(als scherzhafte Steigerung zu „hundertprozentig" gebildet) *spöttisch-abschätzig für einen übereifrigen, fanatischen Anhänger, Verfechter, Vertreter einer Ideologie, Religion o.ä.* Fast immer sind Nationalsozialisten oder Kommunisten damit gemeint.
Vgl.: Hufu (Abk. aus DDR-Zeiten), Hundertprozentiger (schwächer), Zweihundertprozentiger (stärker).

Hundeseele
verächtlich für einen kriecherischen, würdelos ergebenen Menschen.

Hundesohn
ein derbes Schimpfwort für einen niederträchtigen, gemeinen Mann.
Vgl.: → Sohn einer Hündin.

Hündin s. läufige Hündin, s. Sohn einer Hündin

Hundling
besonders süddeutsch für einen → Hund, oft anerkennend gebraucht.
Vgl.: → -ling.

Hundsbube
ein oberdeutsches grobes Schimpfwort für einen frechen Jungen, einen Jungen, über den man sich ärgert. „Hundsbuam Miserablige" ist der Name einer Rockband (1996).
Vgl.: → Bube (Bub).

Hundsfott
(eigentlich das Geschlechtsteil der Hündin; wohl nach dem Verhalten der läufigen Hündin, das als schamlos empfunden wird) *derb abwertend für einen niederträchtigen, ehrlosen Kerl, Schuft.* Die Mehrzahl „Hundsfötter" kommt auch in Mozarts Briefen vor.
Vgl.: → Fotze, Hundsfotze.

Hundsknochen
derbes Schimpfwort für einen elenden, gemeinen Menschen.
Vgl.: → Knochen.

Hundskrüppel
ein vorwiegend süddeutsches derbes Schimpfwort für einen niederträchtigen Menschen oder einen unfolgsamen, frechen Jungen.
Vgl.: elender Hundskrüppel, → Krüppel.

Hünenweib
(zu „Hüne", eigentlich = Hunne) *scherzhaft, auch abschätzig für eine „hünenhafte", große und starke Frau.*
Vgl.: → Riesenweib, → Weib, → -weib.

Hungergestalt
geringschätzig für einen abgemagerten, dürren Menschen.
Vgl.: → Gestalt.

Hungerleider
abschätzig für 1. einen mittellosen Menschen, der in ärmlichen Verhältnissen lebt. 2. einen Geizkragen. Friedrich Rückert reimte:
„Daß nicht alt und junge Neider
Mich verschrein als Hungerleider."

Hungerturm
(früher ein Gefängnisturm, in den man jemanden warf, um ihn verhungern zu lassen) *scherzhaft-spöttisch für einen dünnen, hochaufgeschossenen Menschen.*

Hunne
(eigentlich ein Angehöriger eines früheren asiatischen Nomadenvolkes, das auf seinen Eroberungszügen Angst und Schrecken verbreitete) *1. abfällig für einen barbarischen, zerstörungswütigen Menschen. 2. ein veraltender Spott- und Schimpfname besonders der Engländer für einen Deutschen, deutschen Soldaten.* Den Anstoß dazu lieferte eine dümmlich-nationalistische Rede von Kaiser Wilhelm II. im Jahre 1900 vor deutschen Soldaten, die zur Niederwerfung des Boxeraufstandes nach China fuhren: „... Wie vor tausend Jahren die Hunnen unter ihrem König Etzel sich einen Namen gemacht, der sie noch jetzt in der Überlieferung gewaltig erscheinen läßt, so möge der Name Deutschland in China in einer solchen Weise bekannt werden, daß niemals wieder ein Chinese es wagt, etwa einen Deutschen auch nur scheel anzusehen."
Vgl.: Asphalthunne (rücksichtsloser Kraftfahrer), Benzinhunne (veraltet), Motorradhunne (selten).

Hupfdohle
scherzhaft-spöttisch für eine Tänzerin, Revuetänzerin, Ballettänzerin. „Die Entwicklung des Revuetanzes zeigt ganz deutlich, daß die Hupfdohlen von 1847 schon mehr zeigten als verhüllten" (MANNHEIMER MORGEN, Oktober 1976).
Vgl.: → Dohle, Hopsdohle (Variante), Hupfjule (selten), Hupftöle (entstellt, angelehnt an „Töle"), Huppdolle.

Hüpfer
1. geringschätzig für einen unternehmungslustigen, unerfahrenen jungen Burschen, den

man nicht ernst nimmt; meist: ein junger Hüpfer. 2. selten spöttisch für einen Hinkenden.

Vgl.: → Grashüpfer, → Heuhüpfer, Hupfer (mundartliche Variante), → junger Hüpfer.

Hürchen

abschätzig für eine junge → Hure.

Vgl.: → -chen (-lein).

Hure

(zu althochdeutsch „huor" = Ehebruch) *1. meist abschätzig für eine Prostituierte. 2. ein derbes Schimpfwort für eine sehr leichtlebige, liederliche oder untreue Frau.*

Vgl.: Amihure (veraltet), → Badhur, Bahnhofshure (heruntergekommen), → Edelhure, Hafenhure, Hure von Babylon (veraltet), Landsknechtshure (veraltet), Luxushure, → Maulhure (Maulhurer), Negerhure (vor allem nach 1945), Pfaffenhure (heimliche Geliebte eine Geistlichen), Soldatenhure, Straßenhure.

Huren-

1. abfällig für eine Person, die in der im Grundwort genannten Weise mit einer Hure, mit Huren zu tun hat, beispielsweise als Freier. 2. Steigerung von Schimpfwörtern ohne direkten Bezug zu Prostituierten.

Vgl.: Hurenbagage, Hurengesindel, Hurenmutter (Bordellwirtin), Hurenpack, Hurensack (schwäbisch), Hurensiech (besonders südwestdeutsch).

Hurenbalg

verächtlich für ein uneheliches Kind. Thaddäus Troll nannte es „Fallobst vom Baum der Erkenntnis".

Vgl.: → Balg.

Hurenbankert

abfällig für 1. ein uneheliches Kind. 2. einen mißliebigen Burschen.

Vgl.: → Bankert, Nuttenbankert (unehelich; Kind einer Prostituierten).

Hurenbeutel

derb abwertend für 1. einen geilen Mann; Freier. 2. einen Zuhälter. 3. einen mißliebigen Menschen.

Vgl.: → Beutel, → -beutel.

Hurenbock

ein derbes Schimpfwort für 1. einen herumhurenden, wollüstigen, sexuell ausschweifenden Mann. 2. einen Zuhälter.

Vgl.: → Bock, → -bock, Hurenkerl.

Hurenhengst

derb abwertend für einen herumhurenden, sexuell ausschweifenden Mann.

Vgl.: → Hengst, → -hengst.

Hurenjäger

abfällig für einen häufigen Besucher von Bordellen.

Vgl.: → -jäger.

Hurenkerl = Hurenbock

Hurenkind

1. eine seltene abfällige Bezeichnung für das Kind einer Prostituierten. 2. verächtlich für ein uneheliches Kind. Uneheliche oder Kinder von Prostituierten galten früher als vom Glück begünstigt. Daher auch das Sprichwort: „Dem Hurenkind den Daumen drücken, ist besser als die Mutter ficken!"

Hurenmensch, das

landschaftlich derb abwertend für 1. ein liederliches Mädchen. 2. eine junge Prostituierte.

Vgl.: → Mensch.

Hurensäckel

ein landschaftliches derbes Schimpfwort für einen verächtlichen Kerl oder einen Mann, über den man sich sehr geärgert hat.

Vgl.: → Säckel.

Hurensohn

(Übersetzung von englisch „son of a bitch"; seit dem 15. Jahrhundert) *ein derbes Schimpfwort für einen gemeinen, niederträchtigen Kerl.*

Hurentreiber = Schnallentreiber

Hurenweib

selten für eine → Hure.

Vgl.: → Weib, → -weib.

Hurenwirt

salopp abwertend für einen Inhaber, Betreiber eines Bordells. Aus den ersten Reformationsjahren stammt der folgende Anfang eines Briefes an die Äbtissin des Klosters Rissau in Sachsen: „Der würdigen Erzhure und Äbtissin zu Rissau, meiner gnädigen Hurenwirtin, zu Händen".

Hurer
veraltet derb abwertend für einen herumhurenden, unzüchtigen Mann.
Vgl.: → Maulhure (Maulhurer).

Hurrapatriot
(zu dem Beifalls- und Begeisterungsruf „hurra!") *abschätzig für einen übereifrigen, glühenden Patrioten.*
Vgl.: Hurra-Europäer (kritikloser, eifriger Verfechter eines geeinten Europas).

Husar
(früher ein Soldat der leichter Reiterei in ungarischer Nationaltracht. Die Husaren galten als verwegen, derb und als stürmische Liebhaber) *1. abschätzig für einen wilden, draufgängerischen Kerl. 2. scherzhaft-spöttisch für ein robustes Frauenzimmer.*
Vgl.: Bibelhusar (Geistlicher, Prediger; Frömmler).

Huschel
(zu „huscheln", einer Intensivbildung zu „huschen") *landschaftlich abfällig für eine schlampige und/oder liederliche weibliche Person.*
Vgl.: Huschelliese, Huschelmetz, Huschelpeter.

Huschelliese = Huschel

Hutsche
(eigentlich eine Schaukel) *ein österreichisches Schimpfwort für eine weibliche Person.* „Kannst net ruhig sein? Was willst denn, blöde Hutschen!" (Elias Canetti: DIE BLENDUNG, 1936).
Vgl.: Hutschpferd (wienerisch: Prostiuierte; Dummkopf).

Hutsimpel
(meint „die Hut", wie noch in dem Wort behüten, nämlich die Bewachung früherer Städte) *ein landschaftliches Schimpfwort für einen einfältigen Menschen.*
Vgl.: → Simpel.

Hutzel
(eigentlich eine gedörrte Frucht, vor allem eine Birne) *salopp, auch abschätzig für ein runzliges altes Weib.* In seinem schwäbischen Schimpfwörterbuch weist Thaddäus Troll darauf hin, daß die Zeit als saftige Birne kürzer ist als die Hutzelzeit. Und er fügt hinzu: „Denk dra, Mädle!"
Vgl.: alte Hutzel, Hutzelweib (Hutzelweiblein).

Hutzelmännchen
(im Märchen ein „Heinzelmännchen", ein hilfreicher Zwerg) *landschaftlich abschätzig für ein kleines, unscheinbares, verschrumpeltes Männchen.*
Vgl.: → -chen (-lein), → Männchen (Männlein).

Hutzelweib (Hutzelweiblein) = Hutzel

Hyäne
(eigentlich ein vorwiegend Aas fressendes, nachtaktives Raubtier; oft in zusammengesetzten Wörtern) *verächtlich für einen habgierigen, skrupellosen Menschen.* Oft zitiert wird aus Friedrich Schillers „Lied von der Glocke":

> „Da werden Weiber zu Hyänen
> Und treiben mit Entsetzen Scherz."

Vgl.: Autogrammhyäne, Bauhyäne, → Finanzhyäne, Geldhyäne, Konjunkturhyäne, Profithyäne.

Hypochonder
(zu griechisch „hypochondria" = der weiche Teil des Leibes unter den Rippen, wo nach antiker Vorstellung die Gemütskrankheiten lokalisiert sind) *meist abschätzig für einen Menschen, der ständig Angst hat, krank zu sein, ein eingebildeter Kranker.*
Vgl.: Ökochonder (Neuwort: hat übertriebene Angst vor Umweltgiften).

Hypokrit
(aus gleichbedeutend griechisch „hypokrites") *bildungssprachlich veraltet für einen Heuchler.*

Hysteriker
(zu griechisch „hystera" = Gebärmutter, die nach antiker Vorstellung Ausgangspunkt solcher Störungen war) *geringschätzig für einen überaus nervösen und leicht erregbaren, überspannten Menschen.*

I

Dittla-Batscher

-ian (-jan)
(Herkunft der Endung umstritten; wahrscheinlich eine Vermischung bzw. ein Wechsel zwischen der Herleitung aus der niederdeutschen Kurzform Jan für „Johann“ einerseits und andererseits der lateinischen Namensendung -ian bzw. -ianus, die aus Heiligennamen allgemein bekannt war) *zahlreiche alte und sehr alte Schimpfwörter für überwiegend männliche Personen.* Die meisten sind veraltet, aber noch landschaftlich in Gebrauch. Neu- oder Gelegenheitsbildungen sind selten geworden.
Vgl.: Alberjan, Ballerjan, Bauerjan, → Blödian, → Blödrian, Bösian, → Bullerjan, Bummeljan, → Damian, Doofian, → Dummerjan (Dummerian, Dummrian), → Dummian (Dummjan), → Erzgrobian, → Fadian, → Grobian, Laberjan, Lästerjan, → Liederjan, → Liedrian, → Lotterjan, → Luderjan, Plumperjan, Plumprian, → Poltrian (Polterjan), Schäbian, Schimpfian, → Schlendrian, → Schludrian (Schluderjan), Schlufian, Schlurian, Schmierian, → Schmutzian, Schuftian, Schundian (geizig), → Sidian, → Stolprian, → Urian, Wildrian.

Ichmensch
meist geringschätzig für einen Egoisten.
Vgl.: Ichsüchtler.

Idealist
oft abschätzig für einen Schwärmer, einen selbstlosen, nach Idealen strebenden, aber wirklichkeitsfremden Menschen: ein blauäugiger, glühender, leidenschaftlicher Idealist. „O ihr verwünschten Idealisten! an euren Theorien ist nichts reell als das Blut, das ihr dafür vergießt!“ (Robert Hamerling: DANTON UND ROBESPIERRE, 1870).
Vgl.: → -ist.

Ideologe
geringschätzig für einen weltfremden Theoretiker. Auf den italienischen Medienzar und Politiker Silvio Berlusconi münzte die ZEIT (Mai 1994) die Wortschöpfung „Videologe“.
Vgl.: → Rassenideologe.

Idi
(kurz aus „Idiot“) *vorwiegend jugendsprachlich für einen etwas einfältigen Menschen.*

Idiot
(aus griechisch „idiotes“ = Privatmann, Laie, im Gegensatz zum Fachmann; bereits im ersten deutschen Fremdwörterbuch von Simon Rot aus dem Jahr 1571) *ein sehr häufiges starkes Schimpfwort für einen in ärgerlicher Weise törichten Menschen: ein totaler, völliger, kompletter, unglaublicher, blutiger Idiot.* Marx und Engels sprachen des öfteren von „gekrönten Idioten“. Der norwegische Autor Jens Bjørneboe, der nach kritischen Veröffentlichungen schlimmen Anfeindungen ausgesetzt war, schrieb 1969 seinem Freund und Kollegen Karlheinz Deschner, dem es in Deutschland nicht viel anders erging: „Einmal von jedem kleinen Zeitungsidioten mit all der Scheiße bekleckst zu werden, die es auf Gottes schöner Erde gibt, durch Jahre hindurch, – das ist gesund und gut.“
Vgl.: → Fachidiot, → Halbidiot, heiliger Idiot (selten), hirnverbrannter Idiot, → Kalenderidiot, → Konsumidiot, → der letzte Idiot, Mordsidiot, → nützlicher Idiot, TV-Idiot (selten), Universalidiot, → Videot, → Vollblutidiot, → Vollidiot.

Idylliker
(zu griechisch „eidyllion“ = Hirtengedicht, eigentlich = Bildchen) *bildungssprachlich oft leicht spöttisch oder geringschätzig für jemanden mit einem Hang zum schlichten, zurückgezogenen, beschaulichen Leben.* In einem Brief an Karlheinz Deschner aus dem Jahre 1964, der sich auf Deschners literaturkritisches Werk TALENTE, DICHTER, DILETTANTEN bezieht, ist die Rede von

„unserem Böll, dem Wurstbuden-Idylliker".

Igel

abfällig für 1. einen widerborstigen, kratzbürstigen Menschen. 2. ein wildes, unartiges Kind. 3. einen Schmutzfink. „Zu Haus ein Igel, draußen ein Schniegel", lautet ein Sprichwort.

Vgl.: Dreckigel, Lausigel, → Sauigel, Schmutzigel, → Schweinigel.

Ignorant

(aus lateinisch „ignorans" = Nichtwissender) *emotional abwertend für einen unwissenden, bornierten, beschränkten Menschen.* Die Tatsache, daß der Bestseller-Kritiker Marcel Reich-Ranicki kein einziges von Rolf Hochhuths Gedichten in seine FRANKFURTER ANTHOLOGIE aufgenommen hat, läßt, wie dpa im August 1995 meldete, nach Auffassung des gekränkten Dichters und Dramatikers „den Schluß zu, daß Sie entweder ein barbarischer Ignorant sind oder ein bösartiger Heuchler!" – Keine leichte Entscheidung!

Illiterat

bildungssprachlich abschätzig für einen ungelehrten, ungebildeten Menschen.

Illusionist

bildungssprachlich geringschätzig für jemanden, der Illusionen hegt, unrealistisch ist. Im Dezember 1993 tappte der frischgekürte Bayrische Ministerpräsident Edmund Stoiber in ein größeres Fettnäpfchen. Entgegen der mehr oder weniger zwingenden diplomatischen Gepflogenheit, den eigenen Regierungschef im Ausland nicht zu kritisieren, schilderte er Helmut Kohl als „Europa-Illusionisten".

Vgl.: → -ist.

Imi

(verkürzt aus „imitiert") *besonders im Rheinland geringschätzig für einen Zugewanderten.*

Imitator

oft geringschätzig für eine Person, die etwas oder jemanden nur imitiert, nachmacht: ein geistloser Imitator.

Immoralist

(im Gegensatz zum Moralisten) *bildungssprachlich für einen Menschen ohne Moral, einen unmoralischen Menschen.*

Vgl.: → -ist, → Moralist.

Imperialist

(zu lateinisch „imperare" = befehlen, beherrschen) *im Politjargon und vor allem in politischer Polemik abwertend für einen Angehörigen oder Anhänger eines imperialistischen Systems, eines Staates, der nach Machterweiterung strebt.* „Imperialist" war eines der Lieblingswörter des NEUEN DEUTSCHLAND, der offiziellen und natürlich größten Zeitung der DDR, meist mit Attributen wie „westdeutsche", „amerikanische Imperialisten". Wladimir Schirinowski, der Führer der russischen extremen Rechten, war für den SPIEGEL (Dezember 1993) ein „Neoimperialist".

Vgl.: Dollar-Imperialist, → -ist, Ultraimperialist, USA-Imperialist.

Impotenzler

eine seltene abfällige Bezeichnung für einen impotenten Mann.

Vgl.: → -ler.

Indianer

salopp abwertend für einen dümmlichen, lächerlichen Mann.

Vgl.: Flachlandindianer, Oberindianer (Anführer, „Häuptling"), → Plattfußindianer, → Rucksackindianer, → Schweißfußindianer.

Individuum

(eigentlich ohne Wertung für den Menschen als Einzelwesen) *abwertend für eine negativ eingeschätzte Person, einen Menschen fragwürdigen Charakters.*

Vgl.: Individibum (scherzhaft entstellt im Hinblick auf eine leichtere Aussprache), → verdächtiges Individuum.

Industrieritter
(nach dem Vorbild von französisch „chevalier d'industrie") *veraltet für einen Hochstapler, betrügerischen Glücksritter.*
Vgl.: → Ritter.

Infiltrant (Infiltrator)
(zu „infiltrieren") *bildungssprachlich oder im Sprachgebrauch der Politik abwertend für einen Eindringling, der einen Staat, eine Organisation unterwandert.*

Injuriant
(aus lateinisch „iniuriare" = unrechtmäßig, gewalttätig handeln) *bildungssprachlich veraltet für einen Ehrabschneider, Beleidiger.*

Inkarnation des Bösen
(auch eine Bezeichnung für den Teufel; zu lateinisch „incarnatio" = Fleischwerdung) *eine seltene scherzhaft-pathetische Bezeichnung für einen Bösewicht, Schlingel.*

Inquisitor
(früher ein Richter der Inquisition) *bildungssprachlich scherzhaft-spöttisch, auch abschätzig für einen lästigen, hartnäckigen Fragesteller, Untersucher, Prüfer.*
Vgl.: Großinquisitor.

Insinuant
(aus lateinisch „insinuare" = einflüstern; hineinstecken) *bildungssprachlich veraltet für einen Einschmeichler oder einen beschuldigenden Zuträger.*

-inski
(nach slawisch „-inski", einer häufigen Endung von Personennamen; meist im Anschluß an den Buchstaben l; aus phonetischen Gründen oft andere Formen) *ein Wortbildungselement zur abwertenden, seltener spöttischen Kennzeichnung von Personen.* Sehr selten oder eine Gelegenheitsbildung ist das Wort Schofelinski, das Günter Grass in seinem Roman EIN WEITES FELD (1995) verwendete.
Vgl.: → Besoffski, Blödianski, → Brutalo (Brutalinski), → Buckelinski, Klimbimski (selten: kleiner Dieb), Liberalinski, Pickelinski (pickelig), → Radikalinski, Schablonski (selten: schablonenhaft denkend, handelnd), Schwulinski, Strubbelinski.

Insurgent
(zu lateinisch „insurgere" = sich erheben) *bildungssprachlich veraltend für einen Aufrührer, Aufwiegler.*

Intellektualist
eine seltene geringschätzige bildungssprachliche Bezeichnung für eine Person, die den Verstand, den Intellekt übermäßig betont.
Vgl.: → -ist.

Intellektueller
(meist neutral oder mit positiver Wertung für einen gebildeten Menschen, der geistig arbeitet, sich geistig mit seiner Welt auseinandersetzt) *oft geringschätzig für einen Menschen, der übermäßig vom Verstand bestimmt ist, wobei der Vorwurf der Besserwisserei und des Theoretisierens mitschwingt.* Dietz Bering hat dem schillernden und immer wieder mißbrauchten Begriff ein vielbeachtetes Buch gewidmet: DIE INTELLEKTUELLEN. GESCHICHTE EINES SCHIMPFWORTES, 1978. Linke wie rechte Diktaturen haben „Intellektueller" als politisches Feindwort verstanden und benutzt. Lenin forderte: „Die Intellektuellen müssen immer mit eiserner Faust angepackt werden." Vor allem aber die Nationalsozialisten entwarfen ein übles Zerrbild des Intellektuellen, an dem sie dann ihre vernichtende Kritik festmachen konnten, die letzten Endes auf die Juden und die politischen Gegner zielte. Goebbels sprach 1931 im ANGRIFF von dem „dekadenten Hornbrillenwesen, das sich ‚Intellektueller' nennt." Im Weltbild der Nazis erschien der Intellektuelle „blutleer", wurzellos, parasitär und ohne Charakter. 1934 stand in der DEUTSCHEN APOTHEKER-ZEITUNG ein Schmähgedicht, das damals die Runde machte:

> „Hinweg mit diesem Wort, dem bösen,
> und seinem jüdisch grellen Schein!
> Wie kann ein Mann von deutschem Wesen
> ein Intellektueller sein!"

Vgl.: Halbintellektueller, Kaffeehausintellektueller, Linksintellektueller (Steigerung), Pseudo-Intellektueller, Überintellektueller.

Intelligenzbestie
1. salopp, oft widerwillig anerkennend für einen ungewöhnlich intelligenten Menschen. 2. geringschätzig für jemanden, der seine Intelligenz aufdringlich zur Schau stellt. 3. ironisch für einen offensichtlichen Dummkopf.
Vgl.: → Bestie, Intellektbestie (auch: kalt berechnender Mensch).

Intelligenzbolzen
salopp, oft geringschätzig für eine Person, die als sehr intelligent gilt.
Vgl.: → Bolzen, → -bolzen.

Intelligenzija
(die russische Version des lateinischen „intelligentia") *oft leicht abwertend für die intellektuelle Elite eines Landes.*

Intelligenzler
meist abschätzig für einen wissenschaftlich gebildeten, intellektuellen Menschen. 1925 notierte Joseph Goebbels in seinem Tagebuch, er habe während eines Ferienaufenthaltes einen Oberlehrer, „einen sogenannten Intelligenzler", getroffen und zu ihm gesagt, er sei ein „elender Schleimer und Spießer". In dem Roman MANNESJAHRE (1964) des DDR-Autors Jurij Brezan finden wir einen „zurückgebliebenen bürgerlichen Intelligenzler".
Vgl.: Intellenzler (scherzhaft-ironische Entstellung im Sinne einer Vereinfachung für weniger Intelligente), → -ler.

Intrigant
abschätzig für jemanden, der intrigiert; Ränkeschmied. „Es gibt geborene Intriganten, vor allem in der Politik", stellte die BERLINER MORGENPOST fest (Januar 1996).
Vgl.: Berufsintrigant.

Invalide
(eigentlich ein durch Unfall, Krankheit, Verwundung o.ä. arbeitsunfähig Gewordener) *gutmütiger Spott für jemanden, der durch einen kleineren Unfall o.ä. vorübergehend arbeitsunfähig geworden ist.*
Vgl.: geistiger Invalide (selten: Dummkopf).

Ironiker
oft geringschätzig für einen Menschen mit ironischer Geisteshaltung, der mit feinem, verdecktem Spott vieles lächerlich macht. Thomas Mann sei ein „ewiger Ironiker" gewesen, schrieb Benjamin Henrichs 1995 in der ZEIT.

irrender Ritter
(nach französisch „chevalier errant", dem Beinamen eines Ritters der Artusrunde) *eine bildungssprachliche Bezeichnung für einen Abenteurer.*
Vgl.: → Ritter.

Irrenhäusler
veraltend abschätzig für einen Insassen einer Irrenanstalt.
Vgl.: → -ler, → Narrenhäusler, → Tollhäusler.

Irrer
1. geringschätzig für einen Geisteskranken. 2. abfällig für einen Menschen, der sich höchst unvernünftig, fast wie ein Wahnsinniger verhält.
Vgl.: → armer Irrer, harmloser Irrer, Irrenhaufen, Irrgeist (veraltet), Irrsinniger.

Irrsinniger = Irrer

Irrwisch
(eigentlich ein Irrlicht) *abschätzig für 1. ein sehr lebhaftes, unruhiges Kind. 2. einen unsteten, wirrköpfigen Menschen.*

Ische
(aus dem Jiddischen) *landschaftlich abfällig für eine schlampige, komische Frau oder ein leichtes Mädchen.*

Isegrimm
(in der Tierfabel Name für den Wolf; aus dem althochdeutschen Männernamen Isangrim, eigentlich = Eisenhelm) *emotional abwertend für einen mürrischen, ungeselligen Menschen: du oller Isegrimm.*

-ist
(meist zu Adjektiven auf die Endung -istisch oder Substantiven auf „-ismus") *Endung zahlloser mehr oder weniger abwer-*

tender Personenbezeichnungen überwiegend für Anhänger einer bekannten Person oder Verfechter, Vertreter einer Idee, Partei, Weltanschauung o.ä. Auffallend sind eine starke Kategorisierungstendenz und der Umstand, daß die Wertung schwankt oder wechselt, ja nachdem, ob ein Freund oder Feind der Weltanschauung, Partei o.dergl. das Wort verwendet. Die vielen nichtabwertenden Wörter auf „-ist" bleiben hier freilich unberücksichtigt. Im Anschluß sind nur einige Beispiele genannt.
Vgl.: → Amoralist, → Anarchist, → Ästhetizist, → Bellizist, → Blasphemist, → Edelkommunist, → Exhibitionist, → Extremist, → Faschist, → Fatalist, → Fetischist, → Großkapitalist, → Immoralist, → Intellektualist, → Kapitalist, → Kathedersozialist, → Klatschkolumnist, → Konformist, → Kopist, → Linksfaschist, → Machiavellist, → Manierist, → Militarist, → Nationalsozialist, → Nazist, → Opportunist, → Pamphletist, → Pietist, → Propagandist, → Renommist, → Revanchist, → Salonbolschewist, → Sexist, → Stalinist, → Utopist, → Zweckoptimist.

Itaker
(zu „Italien"; anfangs nur auf italienische Soldaten bezogen) *abfällig für einen Italiener.*
Vgl.: Italianski (selten).

I-Tüpferl-Reiter
österreichisch abschätzig für einen pedantischen, übergenauen Menschen.
Vgl.: → Tüpfelscheißer.

Itzig
(nach dem männlichen Vornamen Isaak) *1. veraltet abwertend für einen Juden. 2. landschaftlich abfällig für einen schlauen, durchtriebenen Mann.*

Iwan
(nach dem im Russischen sehr häufigen männlichen Vornamen Iwan = Johannes) *scherzhaft, oft abschätzig für einen Russen, russischen Soldaten.* In der DDR war auch die Verkleinerungs- oder Koseform von „Iwan", nämlich „Vanja", als Anrede für russische Soldaten üblich. 1951 herrschte Franz Josef Strauß im Deutschen Bundestag den KPD-Abgeordneten Renner nach einem Zwischenruf an: „Ruhig, Iwan!"
Vgl.: Iwanella (veraltet: Spottwort für ein Mädchen, das sich mit russischen Soldaten einläßt).

J

Dumma Gons

Jabruder = Jasager

Jäckel
(Koseform von „Jakob") *ein mildes Schimpfwort für einen dummen, ungeschickten Menschen.*

Jagdhund
spöttisch-abschätzig für einen Polizisten, Kriminalbeamten.
Vgl.: → Hund, → -hund, → scharfer Hund, scharfer Jagdhund.

Jagdscheinbesitzer
(nach der Wendung „den Jagdschein haben" = vom Gericht für unzurechnungsfähig erklärt worden sein) *eine seltene spöttisch-abschätzige Bezeichnung für einen sehr dummen Menschen, Trottel.*

-jäger
überwiegend geringschätzige Bezeichnungen für Menschen, die nach etwas jagen, etwas unbedingt bekommen wollen.
Vgl.: Almosenjäger (selten), → Ämterjäger, → Autogrammjäger, → Frauenjäger, → Glücksjäger, Hexenjäger (selten), → Hurenjäger, Kommunistenjäger, Mädchenjäger, → Menschenjäger, → Mitgiftjäger, Ordensjäger, Pöstchenjäger, → Postenjäger, → Profitjäger, Quotenjäger (TV-Einschaltquoten), Schnäppchenjäger (kaum abwertend), → Schürzenjäger, Sesseljäger (schweizerisch: Ämterjäger), → Speckjäger, Stellenjäger, → Titeljäger, Zitatenjäger.

Jaherr
(Satzwort) *verächtlich für einen unterwürfigen Menschen, der anderen immer Recht gibt.*
Vgl.: → Jasager.

Jakob s. billiger Jakob

Jakobiner
(ursprünglich ein Mitglied des radikalsten und wichtigsten politischen Klubs während der französischen Revolution) *veraltet für einen radikalen politischen Eiferer; heute nur noch historisch und in der Literatur.*

Jammerbild
meist geringschätzig für einen armen, elenden, bedauernswerten Menschen.
Vgl.: Bild des Jammers.

Jammerer
abschätzig für einen jammernden, wehklagenden Menschen.
Vgl.: Jammerbold (veraltet), Jammerjette (schlesisch), Jammerkloß, Jammermeier, Jammerpott (norddeutsch), Jammersack, Katzenjammerer (selten).

Jammergestalt
1. geringschätzig für eine ärmliche, kränkliche, heruntergekommene Person. 2. abfällig für jemanden, der bei etwas eine jämmerliche Figur macht, nicht überzeugen kann.
Vgl.: → Elendsgestalt, → Gestalt, Jammerfigur, jämmerliche Gestalt.

Jammergestell
abschätzig für einen abgemagerten, hinfällig wirkenden, mitleiderregenden Menschen.
Vgl.: → Gestell.

Jammerlappen
(eigentlich das Tuch zum Abwischen der Tränen) *verächtlich für einen feigen, energielosen, wehleidigen Menschen.*
Vgl.: Jammerfetzen, → Lappen.

Jämmerling
verächtlich für einen Feigling, Schwächling, jämmerlichen Kerl.
Vgl.: → -ling.

Jammerossi
aus der Sicht von Wessis spöttisch-abschätzig für einen Bewohner der neuen deutschen Bundesländer, der über seine soziale Situation, politische und wirtschaftliche Schwierigkeiten nach der Wiedervereinigung jammert.
Vgl.: → Ossi, Zitterossi (selten).

Jammertante
abschätzig für eine jammernde, wehleidige (weibliche) Person.
Vgl.: Jammerjette (schlesisch), → Tante, → -tante.

-jan = -ian (-jan)

Janhagel
(zuerst im 17. Jahrhundert im Niederländischen als Schelte für einen Mann, der ständig flucht: „De hagel sla hem!“ = Der Hagel soll ihn erschlagen!) *besonders norddeutsch veraltet für Gesindel, Pöbel.*
Vgl.: Hans Hagel, Janhagelspack (selten).

Japs
(verkürzt aus „Japanese“) *abschätzig für einen Japaner.*
Vgl.: Japanese (eher scherzhaft).

Jasager
abfällig für jemanden, der zu allem ja sagt, nie widerspricht, vor allem gegenüber Vorgesetzten, Autoritätspersonen. In der DDR war dies auch eine volkstümliche ironische Bezeichnung für Volkskammerabgeordnete. Von Bert Brecht gibt es das Lehrstück DER JASAGER UND DER NEINSAGER.
Vgl.: Jabruder, → Jaherr, Jawollsager, → Jeinsager, → Neinsager.

Jauner
(das alte Wort für „Gauner“) *veraltet, noch landschaftlich für einen Gauner, Betrüger, listigen Kerl.* In Friedrich Schillers FIESCO: „Schafskopf von einem Jauner! Den Galgen hast du verdient“.
Vgl.: → Gauner.

Jean Potage
(die französische Bezeichnung für einen Hanswurst auf der Bühne und im Leben; wörtlich: „Hans Suppe“, da die Franzosen häufig Suppe essen) *in verschiedenen Lautformen und Entstellungen vorwiegend westmitteldeutsch leicht abwertend für einen Hanswurst, komischen Menschen; selten als Regionalspott für französische Nachbarn, etwa die Elsässer.* Der französische Ursprung ist in den verschiedenen mundartlichen Varianten des Wortes oft kaum mehr zu erkennen, etwa bei „Schambedaasch“, „Schambel“, „Schambedissel“ oder „Schambes“.
Vgl.: Schambes.

Jeck
(rheinische Lautvariante von „Geck“) *besonders rheinisch 1. für einen Narren. 2. allenfalls leicht abwertend für einen Fastnachtsnarren, Karnevalisten.* Christian Wernike dichtete 1704:
„Dumm ist er nicht, er ist nur keck,
Er ist kein Narr und nur ein Jeck.“
Vgl.: Allermannsjeck, Fastnachtsjeck (auch: farbentragender Verbindungsstudent), → Geck, Karnevalsjeck (kaum abwertend).

Jeckes
(meist Mehrzahl) *hauptsächlich in Israel geringschätzig für deutschstämmige Israelis.* Die meisten von ihnen sind in den Jahren zwischen 1933 und 1939 von Deutschland und Österreich nach Palästina ausgewandert und gelten als Sonderlinge und arrogante Besserwisser.

Jedermannsfreund
abschätzig für jemanden, der es mit keinem verderben will, der es mit allen hält.
Vgl.: Allermannsfreund, Allerweltsfreund, Allerweltsliebling, → Everybody's Darling, → -freund, jedermanns Liebling.

Jeinsager
(zu „jein“, einer scherzhaften Zusammenziehung von „ja“ und „nein“) *scherzhaft, auch abschätzig für einen Menschen, der sich nicht festlegt, weder ja noch nein sagt.*
Vgl.: → Jasager, → Neinsager.

Jeremias
(nach dem biblischen Propheten Jeremias, dem die Klagelieder zugeschrieben werden, die die Zerstörung Jerusalems durch die

Babylonier im Jahre 587 v.Chr. betrauern) *eine seltene abfällige Bezeichnung für einen wortreich jammernden, klagenden Menschen.*

Jesuit

(eigentlich ein Mitglied des Jesuitenordens; nach dessen Namen „Societas Jesu") *abfällig für einen Menschen, der geschliffen, spitzfindig argumentiert und dabei die Worte verdreht.* Der Ruf des mächtigen Jesuitenordens war allgemein sehr schlecht. So schrieb 1870 der NÜRNBERGER ANZEIGER: „Die Jesuiten sind schlimmer als die Teufel." Im italienischen Teil seiner REISEBILDER (1826 – 1831) wählte Heinrich Heine denselben Vergleich: „Der Teufel, der Adel und die Jesuiten existieren nur so lange, wie man an sie glaubt."

Vgl.: Jesuitenzögling, Jesuiter (veraltet).

Jet-set

(zu englisch „jet" = Düsenflugzeug und „set" = Gruppe) *oft ironisch oder auch geringschätzig für jenen Teil der internationalen Luxusgesellschaft, über deren (angebliche) Extravaganzen und Eskapaden die Skandalpresse laufend berichtet.*

Jet-setter

ein Mitglied des → Jet-set; gelegentlich auch ironisch für eine Person, die beruflich viel mit dem Flugzeug unterwegs ist. 1978 erkannte die Zeitschrift BUNTE: „Der Kampf ums große Geld hat im Gesicht der Jet-Setterin Bianca Jagger seine Spuren hinterlassen."

Vgl.: Jet-set-Guru, Jet-set-Mieze, Jet-set-Tussi.

Jeunesse dorée

(zur Zeit der französischen Revolution ein Propagandawort der Jakobiner für die monarchisch gesinnte, elegante männliche Jugend des Pariser Großbürgertums nach dem Sturz Robespierres; wörtlich: vergoldete Jugend) *bildungssprachlich veraltet und meist geringschätzig für die leichtlebige, vergnügungssüchtige Jugend der reichen Oberschicht.*

Jingo

(nach der Wendung „by Jingo" = bei Gott, Donnerwetter, in einem chauvinistischen englischen Lied: „We don't want to fight, but, by Jingo! if we do, / We've got the ships, we've got the men, we've got the money too!") *eine englische Bezeichnung für einen (britischen) Nationalisten, Hurrapatrioten.*

Jobber

(ursprünglich ein Händler an der Londoner Börse; aus gleichbedeutend englisch „jobber", zu „job" = Arbeit, Arbeitsstelle) *abschätzig für 1. einen Börsenspekulanten. 2. einen skrupellosen Geschäftemacher, Wucherer.* 1873 brachte der KLADDERADATSCH über die grassierende Aktienspekulation im damaligen Preußen das folgende Spottgedicht:

„Es jobbert der Jude, es jobbert der Christ,
Es jobbern die Krämer und Schreiber,
Es jobbert der Gastwirth, der Procurist,
Der Rechtsanwalt und sein Copist,
Es jobbern die Kinder und Weiber."

Vgl.: → Börsenjobber.

Job-hopper

(englisch; wörtlich: Arbeitsstellen-Hüpfer) *oft abschätzig für jemanden, der häufig die Firma oder Arbeitsstelle wechselt, um in höhere Positionen zu gelangen.* Über den ebenso umtriebigen wie umstrittenen Jürgen Möllemann von der FDP schrieb der SPIEGEL (November 1994): „der rücksichtslose Job-hopper Möllemann".

Jockel

(eine Kurzform von „Jakob") *vor allem südwestdeutsch und in der Schweiz abschätzig für einen dummen, einfältigen Menschen.*

Vgl.: → Jäckel.

Joseph s. keuscher Joseph

Journaille

(französierende Bildung zu „Journal" unter Einfluß von „Canaille"; angeblich zu Beginn des 20. Jahrhunderts von Karl Kraus in Umlauf gebracht) *eine veraltende Kollek-*

tivschelte für die Sensationspresse, verantwortungslose, verleumderische Journalisten.

Jubelgreis
oft spöttisch-abschätzig für einen lebenslustigen alten Mann (der jungen Frauen und Mädchen nachsteigt).
Vgl.: → Greis, → Lottergreis, → Lustgreis.

Jubelperser
(oft Plural; nach den bestellten persischen Zujublern bei öffentlichen Auftritten des Schahs, wie 1967 in Berlin) *abfällig für eine Person, die für Beifallsbekundungen u.dergl. zu sorgen hat; Claqueur.* Für Wolf Biermann war der DDR-Politiker Egon Krenz ein „Jubelperser des Politbüros".
Vgl.: Jubeldeutscher (seltene analoge Bildung).

Judas
(nach Judas Ischariot im Neuen Testament, einem der zwölf Apostel Jesu, der für dreißig Silberlinge Jesus an die Obrigkeit verriet) *verächtlich für einen hinterhältigen Menschen, der jemanden verrät, ans Messer liefert.* „Schreib, Judas!" heißt es knapp in Schillers PICCOLOMINI.
Vgl.: Judasbruder (selten), Judasstrick.

Jude (Jud)
(in der Form „Jude" heute meist wertneutral für einen Angehörigen eines semitischen, nach dem Stamm Juda benannten Volkes, das über die ganze Erde verstreut lebt und bei allen Unterschieden einige religiöse und andere Gemeinsamkeiten hat. Die Geringschätzung der Juden ist bereits im Johannesevangelium angelegt, das nach der endgültigen Trennung von Christentum und Judentum entstanden ist und in oft polemischer Weise die Juden mit den Gegnern Jesu gleichsetzt) *1. veraltet und oft geringschätzig für einen (jüdischen) Kaufmann, Händler, Pfandleiher u. dergl., vor allem auf dem Land. 2. veraltet, noch landschaftlich abfällig für einen Geschäftemacher, Wucherer, habgierigen Menschen. 3. besonders im Nationalsozialismus verächtlich für einen Juden.* Zur zweiten Bedeutung: „Willi, die deutschen Bauern – das sind alles Juden" (Edgar Hilsenrath: DER NAZI & DER FRISEUR, 1977). Von den Nazis wurde das Wort Jude auch als brandmarkender Zusatz zum Namen gebraucht, etwa bei „der Jude Einstein", sogar wenn derjenige gar kein Jude war, z.B.: „der Jude Kiepura", ein berühmter polnischer Sänger. Die kurze Ära der nationalsozialistischen Herrschaft prägte oder verbreitete eine Unzahl zusammengesetzter Schimpfwörter für Juden, beispielsweise „Judensau", „Judenhure", „Judenlümmel", „Judenbengel", „Judenknecht", „Jüdlein", „Drecksjude". Kunstschaffende, die Juden waren oder deren Werke den Machthabern irgendwie „jüdisch" vorkamen, beispielsweise die Kompositionen Paul Hindemiths, wurden als „Kulturjuden" klassifiziert. In Peter Handkes PUBLIKUMSBESCHIMPFUNG heißt es: „Ihr Saujuden!" In anonymen Briefen, die ja sehr oft antisemitischen Inhalts sind, scheint dagegen „Judensau" das häufigste Schimpfwort zu sein.
Vgl.: christlicher Jude (geldgieriger Nichtjude), → ewiger Jude, getaufter Jude (geldgieriger Nichtjude), Judenlümmel, Judenschicksel, Saujude, weißer Jude (geldgieriger Nichtjude).

Judenfresser
abschätzig für einen fanatischen Antisemiten.
Vgl.: → -fresser.

Jugend s. die reifere Jugend

Jule
(Kurzform von Julia) *eine seltene geringschätzige Bezeichnung für eine komische ältere Frau.*
Vgl.: schwule Jule (reimend: lesbische Frau).

Junge
einem erwachsenen Mann gegenüber als burschikose Anrede oder oft geringschätzig im Sinne von „unreif, nicht ernst genommen"; meist mit einem wertverschlechternden Attribut.
Vgl.: → Achtgroschenjunge, Betteljunge, → dummer Junge, feuchter Junge (unreif, „noch naß hinter den Ohren"), Galgenjunge, → Gassenjunge, → „Goldjunge", großer Junge, → grüner Junge, → Laufjunge, → Lausejunge, nasser Junge (unreif), → Prügeljunge, → Pupe (Pupenjunge), → Rotzjunge, schlimmer Junge, → schwerer Junge, → Straßenjunge, → Strichjunge, süßer Junge (ho-

mosexuell).

Jüngelchen
abfällig für einen unreifen, nicht ernst genommenen jungen Mann.
Vgl.: → -chen (-lein).

junger Dachs
(nach den vorwitzigen, oft unvorsichtigen Dachsjungen) *meist abschätzig für einen unerfahrenen jungen Mann.*
Vgl.: → Dachs.

junger Hecht
geringschätzig und/oder anerkennend für einen jungen Draufgänger.
Vgl.: → Hecht.

junger Hüpfer
geringschätzig für einen unerfahrenen (vorwitzigen) jungen Menschen.
Vgl.: → Hüpfer.

junger Schnaufer
vorwiegend schweizerisch abschätzig für ein unreifes Bürschchen.
Vgl.: Schnaufer.

junger Springer
geringschätzig für einen unerfahrenen (leichtsinnigen) jungen Mann. „Junger Springer, alter Stelzer!" sagt ein Sprichwort.
Vgl.: junger Springinsfeld (leichtfertig).

junger Spritzer
abschätzig für einen unreifen (übermütigen) jungen Kerl.

junger Spund
(vielleicht zu der Nebenbedeutung „Spund" = Penis) *abschätzig für einen unerfahrenen, unreifen (vorlauten) jungen Burschen.*
Vgl.: Jungspung, → Spund.

Jünger
(eigentlich einer der zwölf Apostel Christi) *meist spöttisch-abschätzig für einen überzeugten Anhänger einer Person oder Sache.* Walter Jens sprach in der ZEIT (1994) von „Lenin-Jüngern", und im geradezu haßerfüllten Text einer Strafanzeige einer „Autofahrer- und Steuerzahlerpartei" (München, Mai 1995) ging es gegen „Marcuse-Jünger".

Jüngerschaft
oft spöttisch-abschätzig für die Gesamtheit der → Jünger einer Person oder Sache.

junges Ding
meist geringschätzig für ein junges Mädchen, eine unreife junge Frau.
Vgl.: → Ding, grünes Ding.

junges Gemüse
scherzhaft-spöttisch, auch abfällig für (unerfahrene, unreife) Jugendliche, Kinder; junge Mädchen.
Vgl.: Frühgemüse, Gemüse, grünes Gemüse, Junggemüse, kleines Gemüse, Kleingemüse.

Jungfer
(früher eine wertfreie Bezeichnung für eine noch nicht verheiratete, meist jüngere Frau) abschätzig für eine unverheiratet gebliebene, verschrobene, prüde ältere Frau. „Sie hat jetzt etwas von einer dünnen, puritanischen, bösen Jungfer" (Erich Maria Remarque: DER SCHWARZE OBELISK, 1956).
Vgl.: abgestandene Jungfer (selten), → alte Jungfer, Jungfer Naseweis (veraltet: naseweises Mädchen), Jungfer Zart (hessisch, veraltet: gefühlsbetontes, zimperliches Mädchen).

Jungfrau s. eiserne Jungfrau

Jüngling
(eigentlich ein junger Mann, der noch nicht ganz erwachsen ist) *oft abschätzig, auch ironisch für einen unreifen jungen Mann, den man nicht recht ernst nimmt.* „Sie ungezogener Jüngling!" sagte 1976 im Deutschen Bundestag der SPD-Abgeordnete Schäfer zu seinem Kollegen Wittmann von der CDU.
Vgl.: → -ling, → Portokassenjüngling, → Tangojüngling.

Junker
(früher ein junger Edelmann, adliger Gutsbesitzer) *veraltet abwertend für einen (ostelbischen) Großgrundbesitzer.* Hochmut und Prasserei unter den Junkern führten zu einer Abwertung des Wortes. Der adlige

deutsche Reichskanzler Otto von Bismarck ist oft als „Junker" verspottet worden. Im „Wahlcampagnelied" des Deutschen Reformvereins zu Breslau von 1881 heißt es:

„Junker, Pfaffen, bellt die Meute,
Müssen 'raus, denn sie sind heute
Uebrig im modernen Staat."

Vgl.: Junker Leichtfuß, Junker Naseweis (beides veraltete sprechende Eigennamen), → Krautjunker, Landjunker, → Schlotjunker.

Junkertum

veraltet für die Gesamtheit der → Junker.

Vgl.: Junkerkaste, Junkerschaft (beides veraltet).

-Junkie

(eigentlich englisch-amerikanisch für einen Rauschgiftsüchtigen, Drogenabhängigen) *besonders jugendsprachlich meist abschätzig für eine Person, die nach etwas süchtig oder „süchtig" ist, das üblicherweise nicht zu den Drogen zählt und im ersten Teil der Wortverbindung genannt ist.* In einer TV-Reportage des Bayerischen Rundfunks (Mai 1996) tauchte der Begriff „Lindenstraßen-Junkie" auf.

Vgl.: Kredit-Junkie (Konsumsüchtiger mit Kreditkarten), Atari-Junkie (computersüchtig), Telefon-Junkie (telefoniert ständig).

Juxbold

(dem „Witzbold" nachgebildet; zu „Jux", einer studentensprachlichen Entstellung von lateinisch „iocus" = Scherz) *oft spöttisch oder geringschätzig für einen Spaßmacher, Witzbold.*

Vgl.: → -bold, Juxbruder, Juxmacher.

K

Gensoarsch

Kabalist
(zu französisch „cabale", eigentlich = jüdische Geheimlehre) *veraltet für einen heimtückischen Gegner, Ränkeschmied.*
Vgl.: → -ist.

Kabänes
(Herkunft unklar) *westdeutsch abschätzig für einen großen, kräftigen, vierschrötigen Kerl.*

Kabrusche
(aus dem Jiddischen) *eine seltene Bezeichnung für eine Diebesbande.*

Kachel
(eigentlich ein Topf, ein irdenes Gefäß und von daher umschreibend für das weibliche Geschlecht im zweifachen Sinn) *landschaftlich abschätzig für eine (alte, zänkische, dikke) weibliche Person.* Martin Luther schrieb: „Abraham, der Sara, die alte Kachel, zum Weibe gehabt."
Vgl.: alte Kachel, → Brunzkachel, Pißkachel (selten), Seichkachel (schwäbisch: alte Schlampe).

Kackademiker (Kakademiker)
derb abwertend für einen (bildungsstolzen) Akademiker.

Kackarsch
(eine Art Steigerung von „Arsch") *eine vulgäre emotionale Schelte für einen widerlichen, sehr unsympathischen Menschen.*
Vgl.: → Arsch, → -arsch.

Kacker
derbes Schimpfwort für einen widerlichen, äußerst unangenehmen Kerl: Sie kleiner, elender Kacker.
Vgl.: → Aktenkacker, alter Kacker (alter Mann), Dukatenkacker (selten: Geldprotz), Furchenkakker (Landwirt), → Hosenkacker, intellektueller Kacker, Kacktyp, → Korinthenkacker, → Krümelkacker, Lord Kacke (eingebildet).

Kackmeier
ein allgemeines derbes Schimpfwort für einen Mann.
Vgl.: → -meier.

Kackstiefel
nord- und westdeutsch derb abwertend für einen sehr schmutzigen oder erbärmlichen Menschen.
Vgl.: → Stiefel.

Kadaver
(eigentlich ein toter Körper, Aas) *abschätzig für einen Menschen im Hinblick auf seine Leiblichkeit.*

Kadett
(eigentlich ein Zögling eines Internats für Offiziersanwärter) *oft abschätzig für einen Burschen, Kerl; in der Mehrzahl auch für ungehorsame Kinder.*

Kaffeehaus-
(nach dem früheren Kaffeehaus, wie es vor allem in Österreich existierte, in dem man spielen, Zeitung lesen und sich mehr oder weniger geistreich unterhalten konnte) *geringschätzig für jemanden, der etwas nur im Kaffeehaus oder unernst, beiläufig und amateurhaft betreibt.* Viele dieser Wörter sind veraltet. „Martin Buber ist ein Kaffeehausanarchist", schrieb 1914 der deutsche Politiker Werner Scholem an seinen Bruder Gershom. Max Weber hetzte 1918 gegen „Tagediebe und Kaffeehausintellektuelle" und verglich sie mit den Arbeitermassen, denen er allerdings mehr demokratische Gesinnung zutraute.
Vgl.: Kaffeehausgeiger, Kaffeehausintellektueller, Kaffeehausmusiker, Kaffeehausschachspieler.

Kaffeehausliterat

(geht auf den österreichischen Politiker Georg Ritter von Schönerer zurück, der den Begriff 1882 im Programm der antisemitischen deutschnationalen Bewegung verwendete) *abschätzig für einen (oberflächlichen, unbedeutenden) Schriftsteller, der oft im Kaffeehaus sitzt und dort seine Werke verfaßt.* Das folgende kleine Gedicht mit dem Titel „Der Café-Literat" hat Christian Morgenstern (1871 – 1914) geschaffen.

„Täglich sitzt er im Café
unter Zeitungspfaffen.
Glaubt ihr, dieser Mann wird je
Etwas Großes schaffen?"

Vgl.: → Literat.

Kaffeehausspieler

meist geringschätzig für eine Person, die häufig im Kaffeehaus spielt; auch für einen amateurhaft schlechten Spieler.

Vgl.: Kaffeehausschachspieler, → Spieler.

Kaffeesachse

(nach dem sprichwörtlichen Lieblingsgetränk der Sachsen) *gutmütiger Regionalspott für einen Sachsen.*

Kaffeesieder

(auch als amtliche Bezeichnung) *österreichisch abschätzig für einen Kaffeehausbesitzer.*

Kaffeetante

1. kaum abwertend für eine Frau, die sehr gerne und viel Kaffee trinkt. 2. abschätzig für eine geschwätzige Teilnehmerin beim Kaffeeklatsch.

Vgl.: Kaffeebase (selten), Kaffeeschwester, → Tante, → -tante.

Kaffer

(aus jiddisch „kapher" = Bauer, volksetymologisch auf den Bantustamm der „Kaffern" bezogen) *ein grobes Schimpfwort für einen dummen, unkultivierten Menschen.*

Vgl.: → Arschkaffer, Bauernkaffer (selten), Knallkaffer, Spitzkaffer, → Zulukaffer.

Kahlkopf

(eine neue Wortbildung Luthers in der Erzählung von den Knaben, die von Bären gefressen wurden, weil sie den Propheten Elischa als „Kahlkopf" verspottet hatten, 2. Buch der Könige 2,23f.) *oft leicht abwertend für einen Mann mit Glatze.* Lenin, der kaum Haare auf dem Kopf hatte, wurde in der Presse als „Radikahlkopf" verspottet.

Vgl.: → Glatzkopf, → -kopf (-kopp).

Kakerlak

(eigentlich eine Küchenschabe) *ein grobes Schimpfwort für einen widerlichen Menschen.*

Kakophoniker

(eigentlich ein Fachausdruck für einen Komponisten, der des öfteren Kokophonien, d.h. Mißklänge, Dissonanzen verwendet) *selten als bildungssprachliche und spöttisch-abschätzige Bezeichnung für einen Musiker, Komponisten von scheußlicher, mißtönender Musik.* Bei Hans Magnus Enzensberger gibt es auch das Wort Kakograph für einen, der Scheußliches schreibt.

Kalb

abfällig für einen albernen, unreifen jungen Menschen. „Was verstehst du denn vom Schach? Scheckertes Kalb!" (Elias Canetti: DIE BLENDUNG, 1936). Im Sprichwort heißt es: „Nur die allerdümmsten Kälber wählen ihre Metzger selber!"

Vgl.: Elefantenkalb (plumpes Mädchen), → Mondkalb, Muhkalb (selten).

Kalb Moses

(bezieht sich auf Aarons goldenes Kalb aus der Bibel, 2. Moses 32,1ff.) *abfällig für einen dummen, einfältigen Menschen.*

Kalbskopf

ein Schimpfwort für einen einfältigen, ungeschickten Menschen.

Vgl.: → -kopf (-kopp).

Kalenderidiot

(eigentlich ein psychologischer Fachausdruck, der wertfrei sein sollte) *bildungssprachlich salopp, auch abschätzig für eine*

Person, die auf einem bestimmten Gebiet außerordentlich viele Fakten und Daten kennt, ohne aber die Zusammenhänge verstehen zu können.
Vgl.: → Idiot.

Kalfakter (Kalfaktor)
(ursprünglich der mit dem Einheizen betraute Schüler oder Hausmeister; zu lateinisch „calfactor" = Warmmacher) *1. geringschätzig für jemanden, der einfache Hilfsdienste verrichtet. 2. meist abschätzig für einen Gefangenen einer Strafanstalt, der dem Personal Hilfsdienste leistet. 3. landschaftlich abfällig für einen Schmeichler, Aushorcher und Denunzianten.*

Kaliban
(nach „Caliban", einer Figur aus Shakespeares Drama TEMPEST) *bildungssprachlich für einen grobschlächtigen, primitiven Menschen.* Für den Philosophen Schopenhauer war sein Kollege Hegel ein „geistiger Kaliban".

Kalkleisten
(meist Plural; Anspielung auf die Arterienverkalkung) *jugendsprachlich salopp abwertend für 1. die Eltern. 2. ältere Menschen.*
Vgl.: Kalkeimer, Kalkhaufen.

Kalle, die
(aus hebräisch „kalla" = Braut) *oft abschätzig für eine Prostituierte.*

Kalmäuser
(Herkunft unklar) *1. veraltet und leicht abwertend für einen Grübler, Stubengelehrten. 2. landschaftlich abfällig für einen Geizhals.*

Kalmücke
(eigentlich ein Angehöriger eines westmongolischen Volkes) *ein Schimpfwort für einen dummen oder hinterhältigen Menschen.*

Kalomcs
(wohl aus dem Jiddischen, weiteres unklar) *ein süddeutsches Schimpfwort für einen Spitzbuben, Gauner.*

kalter Fisch
geringschätzig für einen gefühlskalten, herzlosen Menschen.
Vgl.: → Fisch, kalter Frosch.

kalter Hund
abfällig für einen gefühllosen Mann.
Vgl.: eiskalter Hund, → Hund.

kalter Krieger
(zu „kalter Krieg", einer Lehnübersetzung von englisch „cold war", die seit 1947 in der deutschen Presse auftaucht und ein kriegsähnliches Spannungsverhältnis zwischen zwei Staaten ohne Waffengewalt bezeichnet) *abschätzig für einen Politiker, der den Zustand des kalten Kriegs unterstützt, aufrechterhält.*

Kamarilla
(aus spanisch „camarilla" = Privatkabinett des Königs, eigentlich = Kämmerchen) *abschätzig für eine Hofpartei, Clique in der unmittelbaren Umgebung eines Herrschers, die großen Einfluß ausübt, aber keiner Kontrolle unterliegt.* Nach Otto Ladendorf gehörte das Wort schon im 19. Jahrhundert „zu den unentbehrlichsten Trümpfen der Liberalen und Demokraten". In jüngerer Zeit sprach die Presse von der „Strauß-Kamarilla" oder von Johannes Rau „und seiner Düsseldorfer Kamarilla" (SPIEGEL, Oktober 1995). Etwas merkwürdig gebrauchte der Berliner Satiriker Wiglaf Droste den Begriff, nachdem er von Feministinnen angefeindet und bedroht worden war, über seine Widersacherinnen: „Kiez-Camarilla, die durch die Gegend streift, aufgepeitscht und gierig, auf der Suche nach Tätern."
Vgl.: → Hofkamarilla, Militärkamarilla, Offizierskamarilla.

Kamel
ein beliebtes Schimpfwort für einen Dummkopf, Trottel. Von Arthur Schopenhauer stammt die Weisheit: „Es gibt Kamele mit einem Hocker und welche mit zweien. Aber die größten haben gar keinen." Nietzsche dagegen ließ sich über die „Bildungskamele" aus. Von der in der Schweiz

geborenen Lyrikerin Mascha Kaléko stammt der anspruchslose Spottvers:

„Bedauernswert ist das Kamel!
– Das Tier muß es ertragen,
daß seine Freunde, geht was fehl,
‚Du Mensch' verächtlich sagen."

Vgl.: größtes Kamel auf Gottes Erdboden, → Kamoppel, → Kamuffel, Mordskamel, → Riesenkamel, → Seele von (einem) Kamel.

Kamel mit Locken
vorwiegend jugendsprachlich für einen dummen, trotteligen Menschen.

Kameltreiber
(eigentlich jemand, der Kamele hält und führt) *1. abfällig für einen Araber. 2. spöttisch-abschätzig für einen Ausbilder, Lehrer. 3. seltener für einen Zuhälter.*
Vgl.: Kamelarii (Plural, scherzhafte Latinisierung), → Treiber.

Kamerad Schnürschuh
(nach den Schnürschuhen der Soldaten der k.u.k.-Armee) *soldatensprachlich veraltet und oft geringschätzig für einen österreichischen Soldaten, Österreicher.*
Vgl.: Kamerad Krummstiefel (österreichisch: deutscher Soldat).

Kameradensau
soldatensprachlich derb abwertend für einen unkameradschaftlichen Soldaten.
Vgl.: Kameradenschwein, → Sau, → -sau.

Kamikazefahrer
(zu „Kamikaze" für einen japanischen Flieger des 2. Weltkrieges, der sich mit seinem Bombenflugzeug auf sein Ziel stürzte und dabei sein Leben opferte) *abfällig für einen Kraftfahrer, der unverantwortlich riskant fährt.*
Vgl.: Teufelsfahrer.

Kammerbulle
(zu „Kammer" = Magazin für Ausrüstung und Bekleidung in Kasernen) *salopp, auch abschätzig für einen Soldaten, der die Kammer verwaltet.*
Vgl.: → Bulle.

Kamoppel
(Herkunft unklar, volksetymologisch zu „Kamel") *fränkisch und bayrisch für einen dummen, unachtsamen Menschen.*
Vgl.: → Kamel, → Moppel, → Rindskamoppel.

Kämpe
veraltet, noch scherzhaft-ironisch für einen Kämpfer, Streiter für eine gerechte Sache.
Vgl.: alter Kämpe.

Kampel
(zu „kampeln" = sich zanken, streiten) *oberdeutsch abschätzig für einen rauflustigen, närrischen Kerl.*

Kampfhahn
(eigentlich ein Hahn für Hahnenkämpfe; hier meist in der Mehrzahl) *oft abschätzig für einen Menschen, der sich (oft) streitet, prügelt.*
Vgl.: → Hahn.

Kampftrinker
meist abschätzig für jemanden, der sich bis zur Besinnungslosigkeit betrinkt, insbesondere um damit zu prahlen und Wetten zu gewinnen. Im Januar 1995 berichtete der SPIEGEL von pöbelhaften „sächsischen Kampftrinkern", die in Tschechien einfallen.
Vgl.: → Trinker.

Kamuffel, das
(geht zurück auf spätlateinisch „camuflare" = betrügen, täuschen; wohl beeinflußt von „Kamel" und „Muffel") *ein eher mildes Schimpfwort für einen dummen, tolpatschigen Menschen.*
Vgl.: → Kamel, → Kamoppel, → Muffel, Rindskamuffel (selten).

Kanaille
(aus italienisch „canaglia" = Hundepack, Gesindel; zu „cane" = Hund) *1. verächtlich für eine gemeine, niederträchtige (weibliche) Person. 2. seltener für Gesindel, schurkische Menschen.* Friedrich der Große wird mit dem Satz zitiert: „Geh er mir aus den Augen, Kanaille!" Unter den mehr als 36000 eingesandten Gedichten zum Limerick-

Wettbewerb der Badischen Tabakmanufaktur Roth-Händle Ende der 70er Jahre befand sich auch das folgende, verfaßt von Margret Cijunelis aus Bad Salzuflen:

„Es bekam wegen Busen und Taille
eine Frau eine Schönheitsmedaille.
Doch das schaffte ihr leider
weibliche Neider.
Sie nannten sie nur noch: Kanaille."

Vgl.: Canaille grande (scherzhafte Steigerung mit lautlicher Entsprechung zu „Canal Grande"), Kanali (bayrisch-österreichisch).

Kanake

(eigentlich ein Südseeinsulaner, aus polynesisch „kanaka" = Mensch) *abfällig für 1. einen Ausländer aus einem südlichen Land, Gastarbeiter, besonders einen Türken. 2. einen dummen, einfältigen, ungebildeten Menschen.*

Vgl.: Kanakenschwein (Jargon der extremen politischen Rechten).

Kanaker

(Nebenform) *ein häufiges emotionales Schimpfwort der politisch rechten Szene für → Kanake; seltener als allgemeines Schimpfwort.*

Vgl.: Scheißkanaker.

Kanalarbeiter

(eigentlich ein Arbeiter, der in der Kanalisation arbeitet; in der nachstehenden Bedeutung zuerst in einer Bemerkung des SPD-Ministers Karl Schiller in den 60er oder 70er Jahren) *im Politikjargon oft geringschätzig für jemanden, der Dinge vorbereitet und unterstützt, ohne selbst in Erscheinung zu treten; vorwiegend für bestimmte konservative Hinterbänkler der SPD.*

Kanalratte

(eigentlich eine Ratte, die in der Kanalisation lebt) *verächtlich für einen schmutzigen, ekelhaften oder heimtückischen Menschen.*

Vgl.: Kanalratz (Variante), → Ratte.

Kanalstrotter

österreichisch abschätzig für einen Stadtstreicher (der im Kanalsystem nach Verwertbarem sucht); seltener für einen gemeinen, rohen Kerl.

Vgl.: → Strotter.

Kannegießer

(nach der Figur des dümmlich politisierenden Zinngießers in der Komödie DER POLITISCHE KANNEGIESSER des dänischen Dichters Ludwig Holberg aus dem Jahr 1722) *veraltend spöttisch-abschätzig für einen politischen Schwätzer, Stammtischpolitiker; seltener allgemein für einen unwissenden Dummschwätzer.*

Vgl.: politischer Kannegießer.

Kannibale

(eigentlich ein Menschenfresser; ein Eingeborener, dessen Volk Kannibalismus praktiziert) *verächtlich für einen rohen, brutalen Menschen.*

Kanone

abfällig für eine dicke (weibliche) Person. „Ich wiederhole: die bundesdeutsche Atomkanone Franz Josef Strauß!" (Abgeordneter Mommer von der SPD über Bundesverteidigungsminister Strauß, Deutscher Bundestag 1958).

Vgl.: dicke Kanone, → Stimmungskanone.

Kanonenfutter

(geht wohl auf die englische Wendung „food for powder" aus Shakespeares Königsdrama HEINRICH IV. zurück) *salopp abwertend für Soldaten, die im Krieg sinnlos und ohne Skrupel geopfert werden.* „Die Männer führen sinnlosen Krieg. Die Weiber wollen nicht mehr. Sie haben Kanonenfutter geboren" (Adam R. Lynen: KENTAURENFÄHRE, 1963).

Kanonenkönig

oft ironisch, auch abschätzig für einen Großindustriellen, der durch Herstellung und Verkauf von Kriegswaffen sehr reich geworden ist. Oft ist vom „Kanonenkönig Alfred Krupp" die Rede.

Vgl.: → -könig.

Kanonenstöpsel
landschaftlich geringschätzig für eine kleine, gedrungene Person, einen dicken Knaben.
Vgl.: Kanonenpfropf, Kanonenstopfer (beides selten), → Stöpsel.

Kantonist s. fragwürdiger Kantonist, s. unsicherer Kantonist

Kanuff
(aus jiddisch „ganew“ = Dieb) *besonders westmitteldeutsch für einen heimtückischen Menschen, Gauner.*
Vgl.: → Ganeff.

Kanzelschwalbe
spöttisch-abschätzig für eine sehr eifrige Kirchgängerin.
Vgl.: → Schwalbe.

Kapaun
(eigentlich ein kastrierter und gemästeter Hahn) *ein abfälliges Spottwort für einen schwächlichen, impotenten, schüchternen Mann oder auch einen betrogenen Ehemann.*

Kapitalist
meist abschätzig für einen sehr reichen (unsozialen) Menschen. Nach Ansicht der SÜDDEUTSCHEN ZEITUNG (September 1996) sind die Zigarrenraucher von heute „Kapitalisten oder Subversivlinge“.
Vgl.: → Großkapitalist, → -ist, Kapitalistenklasse (politisches Schlagwort), Kapitalistenknecht (Schlagwort: Arbeitnehmer), Kapitalistenlump (selten), Kleinkapitalist, Manchesterkapitalist (selten), → Monopolkapitalist.

Kapitalistenschwein
besonders im Sprachgebrauch der extremen politischen Linken derb abwertend für einen → Kapitalisten.
Vgl.: Kapitalistensau, → Schwein, → -schwein.

Kapitalverbrecher
eine Person, die ein Kapitalverbrechen, ein besonders schweres Verbrechen wie Mord, begangen hat; eher scherzhaft auch für jemanden, der mit seinem Kapital Verbrechen begeht, etwa ein Finanzhai.
Vgl.: → Verbrecher, → -verbrecher.

Kapitulant
(zu „kapitulieren“ = resignieren, aufgeben) *bildungssprachlich selten und oft abschätzig für jemanden, der bei Schwierigkeiten (allzu leicht) kapituliert.*

Kapo
(kurz für französisch „caporal“ = Anführer, Hauptmann, Korporal) *oft spöttisch oder salopp abwertend für einen Vorgesetzten, Leiter, Wortführer.*

Kappeskopf (Kappeskopp)
(eigentlich ein Kohlkopf, zu „Kappes“ = Weißkohl; Unsinn) *ein westdeutsches Schimpfwort für einen Dummkopf, Dummschwätzer.*
Vgl.: → -kopf (-kopp).

Kaprizenschädel
(zu „Kaprice“ = Eigensinn; Laune) *österreichisch für einen Dickschädel.*
Vgl.: → -schädel.

kaputter Typ (kaputte Type)
abfällig für einen heruntergekommenen, asozialen oder gesundheitlich völlig ruinierten Menschen.
Vgl.: kaputte Existenz, → Typ, → Type.

Kaputtnik
1. in den neuen deutschen Bundesländern abschätzig für einen unsympathischen, eigenbrötlerischen Menschen. 2. im Westen vorwiegend jugendsprachlich salopp für einen Kranken oder Behinderten.

Karbolfeldwebel
(zu „Karbol“, einem Alkohol mit aufdringlichem Geruch, der früher zum Desinfizieren benützt wurde) *veraltet abschätzig für eine herrische, andere herumkommandierende Stations- oder Oberschwester.*
Vgl.: → Feldwebel, Karboldragoner (veraltet).

Karbolmäuschen (Karbolmaus)
ein Neckwort für eine (hübsche) junge Krankenschwester.
Vgl.: → -chen (-lein), → Maus, → Mäuschen.

Karfreitagsratsche
(eigentlich eine Ratsche, ein hölzernes Lärminstrument, mit dem in katholischen ländlichen Gegenden der Beginn der Messe angezeigt wird, wenn die Glocken nicht geläutet werden) *in Süddeutschland und Österreich abfällig für eine schwatzhafte, klatschsüchtige Frau.*
Vgl.: → Ratsche.

Karikatur
abschätzig für eine lächerliche, komisch wirkende Person.

Karline
(verkürzt aus dem weiblichen Vornamen Karoline) *ein veraltendes Schimpfwort für eine weibliche Person, vor allem für eine dumme, unordentliche oder ungeschickte: eine dumme, alte, olle Karline.*
Vgl.: Lauskarline, Saufkarline, Schnapskarline, Schwatzkarline.

Karnickel
(eigentlich landschaftlich und umgangssprachlich für ein Kaninchen) *abfällig für einen dummen, begriffsstutzigen Menschen; auch für einen Sündenbock, Schuldigen.*
Vgl.: Karnickelfamilie, Karnickelstall (beides: kinderreiche Familie), Unschuldskarnickel, → Versuchskaninchen (Versuchskarnickel).

Karniffel (Karnüffel)
(zu „karnüffeln" = plagen, schikanieren) *landschaftlich selten für einen groben, launischen Menschen.*

Karpf (Karpfen)
(wohl nach dem blöde wirkenden Gesicht des Fisches) *österreichisch für einen Dummkopf.*

Karrengaul
abschätzig für 1. einen sturen, geistig unbeweglichen Menschen. 2. eine plumpe, schwergewichtige Frau.

Karrierefrau
(neben der anerkennenden, positiven Wertung) *geringschätzig für eine Frau, die rücksichtslos und unter Vernachlässigung von Privatleben und Familie ihren beruflichen Aufstieg betreibt.*
Vgl.: Karrieremädchen (auch unter Einsatz erotischer Mittel), Karriereschnepfe, Karriereweib.

Karrierehengst
salopp abwertend für einen Mann, der rücksichtslos seine Karriere verfolgt.
Vgl.: → Hengst, → -hengst, Karrieregeier, Karriereritter (veraltet).

Karrieremacher
abschätzig für einen Mann, der rücksichtslos nach beruflichem Erfolg strebt. Geflügelt ist ein Satz aus dem Gedicht „Für meine Söhne" (1854) von Theodor Storm: „Hüte deine Seele vor dem Karriere-Machen."
Vgl.: Karrieremensch (selten), Karrieretyp, → -macher.

Karrieremann
oft geringschätzig für einen überaus karrierebewußten Mann.
Vgl.: → -mann.

Karrierist
abschätzig für einen rücksichtslosen → Karrieremacher. „Ein deutscher Karrierist", so überschrieb der SPIEGEL (Oktober 1995) einen Beitrag über Albert Speer, den Architekten und Rüstungsminister der Nazis.
Vgl.: → -ist, Polit-Karrierist.

Karteileiche
oft geringschätzig für eine Person, die in einer Organisation, einem Verein als Mitglied nicht mehr aktiv ist. Der bekannte Jesuitenpater Leppich übertrug das Wort um 1960 auf Menschen, die nur deswegen Mitglied der Kirche bleiben, um eines Tages ein christliches Begräbnis zu erhalten.
Vgl.: → Leiche.

Kartoffel
süddeutsch für 1. eine dumme Person. 2. ein unschönes Mädchen.
Vgl.: → Couchpotatoe, häßliche Kartoffel.

Kaschperl = Kasperl (Kasperle)

Kaschube
(eigentlich ein Angehöriger eines westslawischen Volksstammes; weibliche Form: Kaschubin) *besonders berlinisch für einen bäurischen, hinterwäldlerischen Menschen.*

Käsegesicht
abschätzig für einen Menschen mit auffallend blassem Gesicht, blasser Haut.
Vgl.: → -gesicht, → Milchgesicht.

Käsekopf
(zu „Käse" im Sinne von „Geschwätz, Unsinn") *abfällig für einen Dummkopf, Dummschwätzer.*
Vgl.: → -kopf (-kopp).

Käsköppe
(fast immer in der Mehrzahl; die Niederlande als Heimat berühmter Käsesorten) *spöttisch-abschätzig für die Niederländer insgesamt oder für bestimmte Niederländer.* Anläßlich des bedrohlichen Hochwassers Anfang 1995 in den Niederlanden alberte die Satire-Zeitschrift TITANIC an die Adresse der nördlichen Nachbarn: „Tja, Käsköppe, jetzt habt Ihr's mit der Angst zu tun gekriegt, wie? Da seid Ihr zu Hunderttausenden aus Euren Poldern gekrochen, was?"
Vgl.: → -kopf (-kopp).

Kasper
(nach einer lustigen männlichen Hauptfigur in Puppenspiel und Volkstheater) *abschätzig für eine alberne, närrische, nicht ernst genommene (männliche) Person.* „Er ist der Kasper vom Dienst hier!" (Abgeordneter Schreiner von der SPD über Scharrenbroich, CDU/CSU, Deutscher Bundestag 1989).
Vgl.: Affenkasper (selten), → Hanskasper, Holzkasper (fränkisch), → Klassenkasper, → Narrenkasper, Rappelkasper, → Suppenkasper.

Kasperl (Kasperle)
(Verkleinerung von „Kasper") *in Österreich und Bayern für einen → Kasper.* „Die Genies haben immer denselben Leidensweg zu durchmessen: vom Kasperl zum Seminar." (Egon Fridell)
Vgl.: Kaschperl (mundartliche Variante), Kasperli (schweizerisch).

Kasperlkopf
oberdeutsch abfällig für einen närrischen, einfältigen oder ständig grinsenden Menschen.
Vgl.: → -kopf (-kopp).

Kassandra
(nach der Seherin Kassandra in der griechischen Mythologie) *oft leicht spöttisch für eine (weibliche) Person, die in pessimistischer Weise vor künftigen Ereignissen warnt.* Nach 1974, als die Arbeitslosenzahlen stark anstiegen, wurde der damalige Präsident der Bundesanstalt für Arbeit in Nürnberg Josef Stingl, der regelmäßig über die ungünstige Entwicklung zu berichten hatte, in den Medien oft „die Kassandra von Nürnberg" genannt.

Kaste
(eigentlich eine Gruppe in der hinduistischen Gesellschaftsordnung) *abschätzig für eine sich gegenüber anderen streng absondernde Schicht oder Gruppe der Gesellschaft mit einem gewissen Standesdünkel.* In Bekennerschreiben machten sich 1996 die rechtsextremistischen österreichischen Bombenattentäter über die „herrschende Tschuschenkaste" lustig.
Vgl.: Beamtenkaste, Herrscherkaste, Junkerkaste (veraltet), Militärkaste.

Kasten
selten als geringschätzige Bezeichnung für eine große, starke, voluminöse (weibliche) Person.
Vgl.: Kastenweib.

Kastrat
(eigentlich eine entmannte männliche Person) *spöttisch-abschätzig für einen impotenten, sexuell gehemmten oder einen mut- und kraftlosen, unmännlich wirkenden Mann.* Schopenhauer sprach von „geistigen Kastraten".

Kasuist
(zu lateinisch „casus" = Fall) *bildungssprachlich abschätzig für einen spitzfindigen, haarspalterischen Menschen.*
Vgl.: → -ist.

Katastrophen-Touristen

(meist Mehrzahl) *ein abschätzig verwendetes Neuwort für Personen, die aus Sensationslust Schauplätze von Katastrophen aufsuchen (und dadurch die Arbeit der Helfer behindern).*

Vgl.: Katastrophengaffer.

Kater

scherzhaft-spöttisch für einen verliebten, liebestollen Burschen.

Vgl.: alter Kater, Brummkater, Märzenkater (österreichisch), → Rußkater, verliebter Kater.

Kathedersozialist

(nach der Schrift DER KATHEDERSOZIALISMUS von Heinrich Bernhard Oppenheim aus dem Jahr 1872) *im politischen Sprachgebrauch eine seltene spöttisch-abschätzige Bezeichnung für einen Verfechter von ausgleichenden Sozialreformen in der Volkswirtschaft.*

Vgl.: → -ist.

Kathole

(entstellt aus „Katholik") *abwertend für einen Katholiken.*

Vgl.: → Evangele, Katholiker (analog zu „Alkoholiker": Angehöriger einer katholischen Studentenverbindung).

katilinarische Existenz

(nach dem Verschwörer Catilina im alten Rom und einer Bemerkung von Bismarck aus dem Jahr 1862: „Im Lande gibt es eine Menge catilinarische Existenzen, die ein großes Interesse an Umwälzungen haben.") *bildungssprachlich veraltend für einen heruntergekommenen, unberechenbar gefährlichen Menschen, der nichts mehr zu verlieren hat.*

Vgl.: → Existenz.

Katonga

(Herkunft unklar) *jugendsprachlich für ein häßliches, molliges Mädchen, eine fette Frau.*

Katzbuckler

abfällig für eine unterwürfige, dienstfertige Person.

Vgl.: Buckler, Krummbuckler, → -ler.

Katze

abschätzig für eine falsche, hinterlistige weibliche Person. „Die kleine Katze mit ihren Schlitzaugen und dem galligen Teint" (Hans Fallada: JUNGER HERR – GANZ GROSS, 1965). In einem alten Volkslied:

„O Weib, o Weib, du böse Katz',
Ich hab' für dir kein sichern Blatz,
Zerkratzt mir oft das Angesicht mein,
Der Teufel soll dein Lohner sein."

Vgl.: → falsche Katze, Geldkatze (geldgierig; Prostituierte), → Haderkatze, → Naschkatze, → Schmeichelkätzchen (Schmeichelkatze), Wildkatze.

Katzelmacher

(ursprünglich eine Bezeichnung für eingewanderte italienische Handwerker, die vor allem Löffel herstellten; zu venezianisch „cazza" = Zinnlöffel) *abfällig für einen Italiener.*

Vgl.: → -macher.

Katzoff (Katzuff)

(aus gleichbedeutend jiddisch „kazowe") *eine alte, noch landschaftliche Handwerkerschelte für den Metzger.*

käufliches Mädchen

früher verhüllend, heute scherzhaft-ironisch für eine junge Prostituierte.

Vgl.: käufliche Dame (ironisch).

Kauz

oft geringschätzig oder spöttisch für einen seltsamen, eigenbrötlerischen Mann: ein gelehrter, drolliger, sonderbarer, kurioser, schnurriger Kauz. Über den voraussichtlich letzten deutschen Postminister, den CSU-Politiker Wolfgang Bötsch, bemerkte der SPIEGEL (Oktober 1995): „Bonner Postminister und Politkauz".

Vgl.: alter Kauz, → komischer Kauz, merkwürdiger Kauz, → närrischer Kauz, philosophischer Kauz (weltfremder Stubengelehrter), → Uhu, → Vogel, wunderlicher Kauz.

Kavenzmann

(bezeichnet ganz allgemein etwas beeindruckend Großes) *westdeutsch meist abschätzig für eine große, schwere (männliche) Person.*

Vgl.: → -mann.

Kebse
veraltet für eine Prostituierte, Konkubine.
Vgl.: Kebsweib.

Kebsweib = Kebse

Kegel
landschaftlich abschätzig für ein uneheliches Kind.

Kehle s. durstige Kehle

Keib
(auch in der Bedeutung „Aas, Leichnam"; oft mit einem treffenden Adjektiv) *ein vorwiegend schweizerisches und schwäbisches grobes Schimpfwort für einen Schuft, gemeinen Kerl.* In einem schweizerdeutschen Gedicht von Niklaus Manuel aus seinem ELSLI TRAGDENKNABEN (um 1528) heißt es:
„Schelm, schelm, keib, keib, böswicht, ketzer,
Mörder, lotter, lügner, schwaetzer!"
Vgl.: Cheib (orthographische Variante), dummer Keib, Erzkeib, Keibenkeib, Saukeib (drei Steigerungen), Spinnkeib (Wirrkopf).

Keife
(seltene männliche Form: Keifer) *landschaftlich abfällig für eine zänkische, laut schimpfende Frau.*
Vgl.: Keifhexe.

Keifzange
besonders bayrisch abfällig für eine → Keife.
Vgl.: → Zange.

Kellerassel
(eigentlich eine Assel, die in Kellern, feuchten Gärten u.dergl. lebt) *verächtlich für einen schmutzigen, widerlichen Menschen.*
Vgl.: → Assel.

Kellerkind
(eigentlich jemand, der als Kind in einer Kellerwohnung aufwächst oder aufgewachsen ist) *1. oft geringschätzig für ein Kind, das in ärmlichen Verhältnissen aufwächst. 2. abschätzig für jemanden, der aus ärmlichen Verhältnissen stammt. 3. im Plural scherzhaft-spöttisch für Sportmannschaften, Sportler, die am Tabellenende stehen.*
Vgl.: Kellerwurm (selten), → Kind.

Keppelweib
österreichisch abfällig für eine unverträgliche, keifende Frau.
Vgl.: Frau Keppelmeier, Keppler (seltene männliche Form), Kepplerin, → Weib, → -weib.

Kepplerin = Keppelweib

Kerl
(meist in Zusammensetzungen oder mit einem negativen Attribut; verwandt mit dem Vornamen Karl) *meist abschätzig für 1. einen Mann, Burschen, unangenehmen Mann. 2. einen Verehrer, Liebhaber, Freund einer Frau: du blöder, mieser, unmöglicher, gemeiner, fieser, langweiliger, dummer, ungehobelter, widerlicher, närrischer, schlechter, total ausgeflippter Kerl.* Beethoven begann 1825 einen Brief an den Kopisten Wolanek mit: „Dummer eingebildeter eselhafter Kerl!"
Vgl.: Aaskerl, armer Kerl, → Arschkerl, → aufgeblasener Kerl, Bankrottskerl (selten), → blöder Kerl, → Bulle von Kerl, Donnerwetterkerl, → Dreckskerl (Dreckkerl), Ferkelskerl, Fetzenkerl, Galgenkerl, hergelaufener Kerl, Hundekerl (Hundskerl), → Hurenkerl, komischer Kerl, → Lausekerl (Lauskerl), → Lumpenkerl, → Malefizkerl, → Mistkerl, → Rotzkerl, → Satanskerl, → Saukerl, → Schandkerl, → Scheißkerl, Schietkerl, → Schißkerl, Schmuddelkerl, → Schweinekerl, spinnerter Kerl, → Teufelskerl, unverschämter Kerl, verfluchter Kerl, versoffener Kerl, → Viechskerl.

ein Kerl wie ein Pfund Wurst
vorwiegend norddeutsch für einen Menschen ohne Rückgrat und Ernsthaftigkeit.

Kerlchen
(auch Kosewort für einen kleinen Jungen) *oft spöttisch-abschätzig für einen kleinen, schmächtigen oder läppischen, nicht ernst genommenen Mann: ein kleines, komisches, mickriges Kerlchen.* In seiner Tagebuchveröffentlichung von 1995 TABU I schildert Peter Rühmkorf seinen feinsinnigen Kollegen Peter Handke so: „verwöhntes Kerlchen, das seine Gereiztheiten als innere Verwerfungen ausstellt."
Vgl.: → -chen (-lein), → freches Kerlchen.

Kerzelschlucker
(eigentlich der arme „Schlucker", der den Kirchgängern Kerzen verkauft) *österrei-*

chisch abfällig für einen Frömmler, bigotten Mann.
Vgl.: → armer Schlucker, → Schlucker.

Kerzelweib
österreichisch für eine Frömmlerin.
Vgl.: → Weib, → -weib.

kesse Motte
vorwiegend berlinisch oft leicht abwertend für ein lebenslustiges (freches, flatterhaftes) Mädchen; auch anerkennend. „Eine kesse Motte, die Lieselotte. Trotzdem Fräulein geblieben" (Manfred Bieler: DER BÄR, 1983).
Vgl.: flotte Motte, kesse Pflanze.

Kesselflicker
(eigentlich ein Handwerker, der Kessel u.ä. repariert. Die von Dorf zu Dorf ziehenden Kesselflicker hatten wie andere Wandergewerbler einen schlechten Ruf; oft in der Mehrzahl gebraucht) *abfällig für einen unzuverlässigen Mann, Gauner; im Plural für Gesindel.*
Vgl.: Kesselflickervolk, Kesselvolk (veraltete Kollektivschelten).

kesser Rabe
selten für einen frechen Burschen.
Vgl.: → Rabe.

kesser Vater
salopp abwertend für eine maskulin wirkende lesbische Frau. 1974 stand im SPIEGEL, die „kessen Väter" verhielten sich Frauen gegenüber „genauso sexistisch wie normale Chauvies".

Kettenhund
(eigentlich ein Wachhund, der an einer Kette gehalten wird) *abfällig für einen Polizisten, Angehörigen der Feldgendarmerie o.ä.*
Vgl.: → Hund, → -hund.

Kettenraucher
(von der Vorstellung eines Rauchers, der sich die Zigaretten an der jeweils zuvor gerauchten anzündet) *oft abschätzig für einen Menschen, der ständig raucht, eine Zigarette nach der anderen raucht.*

Ketzer
(nach dem Namen der Katharer, einer streng asketischen Sekte des Mittelalters) *1. in der katholischen Kirche jemand, der von der offiziellen Lehre der Kirche abweicht. 2. meist emotional abwertend für eine Person, die offen von der herrschenden Meinung abweicht.*

Keule
1. salopp, auch abschätzig für einen Kumpel, Bruder. 2. oft abfällig für ein (häßliches) Mädchen. 3. abschätzig für einen Schläger, rauflustigen Kerl.
Vgl.: Brietzkeule (berlinisch: älterer Bruder), → Loofkeule.

keuscher Joseph
(nach der Weigerung des biblischen Joseph, des Sohnes des Patriarchen Jakob, mit Potiphars Frau zu schlafen, Genesis 39) *eine seltene spöttische Bezeichnung für einen sehr sittsamen, zurückhaltenden Mann.*

Kiberer
(aus der Gaunersprache) *österreichisch abfällig für einen Kriminalbeamten; seltener für einen anderen Polizisten oder einen Detektiv.*
Vgl.: Krimineser (österreichisch).

Kichererbse
(eigentlich eine alte Kulturpflanze, deren Samen als Nahrungsmittel dienen) *geringschätzig für ein albernes junges Mädchen, das oft ohne erkennbaren Grund kichert.*
Vgl.: → Erbse, Kicherliese.

Kicherliese = Kichererbse

Kicker
(zu englisch „to kick" = stoßen) *oft geringschätzig für einen Fußballspieler.*
Vgl.: Hinterhofkicker.

Kids
(fast immer in der Mehrzahl gebraucht; aus englisch-amerikanisch „kid" = Jugendlicher; abwertend fast nur in entsprechenden Zusammensetzungen) *ein auch geringschätzig verwendetes Modewort für Kinder und Jugendliche zwischen etwa 6 und 16 Jahren.*

„Die reichen Kids mit Papas Kohle", schrieb der SPIEGEL (Juli 1980).
Vgl.: Cashmere-Kids (mit teurer Kleidung), Computer-Kids, Fascho-Kids, Nazi-Kids (selten), Prolo-Kids.

Kiebitz
(eigentlich ein Regenpfeifervogel mit einem typischen Warn- und Lockruf; zu gaunersprachlich „kiebitschen" = untersuchen, durchsuchen, mit Anlehnung an den Vogelnamen) *meist abschätzig für 1. einen (lästigen, sich einmischenden) Zuschauer bei Spielen wie Schach oder Skat. 2. einen unerwünschten, lästigen Zuschauer.*
Vgl.: scheeler Kiebitz (hessisch: schlecht sehend oder schielend).

Kiekindiewelt
(Satzwort, zu „kieken" = gucken, neugierig schauen; oft ohne Wertung für ein kleines Kind) *norddeutsch leicht abwertend für einen unreifen, vorwitzigen jungen Menschen.*
Vgl.: → Guckindiewelt.

Kielkropf
ein veraltetes Schimpfwort für einen Wechselbalg, eine Mißgeburt.

Kielschwein
(eigentlich ein Balken zur Verstärkung des Kiels) *ein Spottwort für einen untätigen, überzähligen Mitfahrer in einem Boot (der auf dem „Kielschwein" sitzt).*
Vgl.: → Schwein, → -schwein.

Kiffer
(zu englisch „kef, kif" = Haschisch) *oft abschätzig für einen Haschisch- oder Marihuanakonsumenten.*
Vgl.: Kiffkopp (selten).

Killer
(aus englisch „to kill" = töten) *abschätzig für 1. einen skrupellosen Mörder, bezahlten Mörder: ein kaltblütiger, eiskalter Killer. 2. eine Person, die etwas zunichte macht oder jemanden „abschießt".* „Katzer und Schiller = Handwerkskiller", hieß es 1969 zur deutschen Mittelstandspolitik. Beliebt ist in der Presse das Wort „Kanzler-Killer". Franz Josef Strauß wurde oft so bezeichnet. Neuerdings ist auch von „grünen Jobkkillern" die Rede.
Vgl.: Berufskiller, → Ladykiller, → Pointenkiller.

Kilometerfresser
scherzhaft, oft abwertend für einen viel und/oder schnell fahrenden Kraftfahrer.
Vgl.: → Fresser, → -fresser.

Kinäde
(aus griechisch „kinaidos" = Unzüchtiger; männliche Hetäre) *bildungssprachlich selten für einen Päderasten, Wüstling.*

Kind
(abwertend fast nur in bestimmten Fügungen und Zusammensetzungen) *1. herablassend für einen jungen, nicht ganz ernst genommenen Erwachsenen. 2. oft geringschätzig für einen unreifen, naiven jungen Menschen mit einem kindlichen Gemüt: ein törichtes, unreifes, richtiges, albernes Kind.*
Vgl.: Bänkelkind (veraltet: uneheliches Kind), Bettelkind, → Christkindchen (Christkind), → Gassenkinder, → großes Kind, → Hätschelkind, → Hurenkind, → Kellerkind, Kind goldenes (naiv, einfältig), kluges Kind (ironisch: Besserwisser), → Mamakindchen (Mamakind), Mamikind (Variante), → Protektionskind, → Schmuddelkind, → Schoßkind, → Schürzenkind, Sonntagskind (vom Glück begünstigt), Spielkind, Verlobungskind (vor der Hochzeit geboren), verwöhntes Kind, → Weltkind, → Wickelkind.

Kind der Liebe
verhüllend, auch spöttisch-ironisch für ein uneheliches Kind.
Vgl.: Frucht der Liebe.

Kind der Sünde
eine veraltete pathetische und abwertende Bezeichnung für ein uneheliches Kind.

Kind Gottes in der Hutschachtel
(scherzhafte Erweiterung der Anrede „Kind Gottes" für einen naiven, etwas einfältigen Menschen) *scherzhaft, auch abschätzig für eine einfältige Person.*

Kindchen
oft geringschätzig oder als herablassende Anrede für eine junge, nicht ernst genommene (weibliche) Person.

Vgl.: → -chen (-lein), → Christkindchen (Christkind), → Mamakindchen (Mamakind).

Kinderficker
derb abwertend für einen Kinderschänder.
Vgl.: → Ficker, Kifi (Abkürzung im Knastjargon).

Kindermörder
1. jemand, der einen Kindermord begangen hat. 2. von strengkatholischen und anderen rigorosen Abtreibungsgegner oft verächtlich für einen Arzt, der Abtreibungen vorgenommen hat.

Kinderschänder
oft abfällig für eine Person, die ein Kind sexuell mißbraucht.
Vgl.: „Kinderfreund" (ironisch), → Schänder, → -schänder.

Kinderschreck
1. abschätzig für eine häßliche oder grimmige Person, vor der sich Kinder fürchten. 2. → Kinderschänder.
Vgl.: → -schreck.

Kinderverzahrer
(zu „verzahren" = wegbringen; verführen) *österreichisch für einen Kinderverführer, Kinderschänder.* „kindafazara" ist auch der Titel eines schaurigen Gedichtes von H.C. Artmann.

Kindesmörderin (Kindsmörderin)
1. eine Frau, die ihr Kind (während oder nach der Geburt) getötet hat. 2. von rigorosen Abtreibungsgegnern verächtlich für eine Frau, die abgetrieben hat.
Vgl.: → Mörder.

Kindskopf
abschätzig für einen Menschen, der sich kindisch und albern benimmt. „Mit immer raffinierterer Technik locken die Videospiel-Konzerne Kinder und Kindsköpfe in ihre bunten Spielwelten" (SPIEGEL, Dezember 1994).
Vgl.: → -kopf (-kopp).

Kineser (Chineser)
besonders österreichisch 1. scherzhaft-spöttisch für einen Chinesen. 2. abfällig für einen närrischen, eigenartigen oder dummen Menschen. Beide Bedeutungen finden sich in einem Dialog aus dem Antikriegsdrama DIE LETZTEN TAGE DER MENSCHHEIT (1918/19) von Karl Kraus: „‚Japaner san a no in Wean! Aufhängen sollt ma die Bagasch bei ihnare Zöpf!' Einer: ‚Loßts es gehn! Dös san ja Kineser!' Zweiter: ‚Bist selber a Kineser!'"
Vgl.: → Piefkineser.

King
(von englisch „king" = König) *oft ironisch und geringschätzig für einen Leiter, Boß, Anführer oder jemanden, der so tut, der sich als Anführer aufspielt.* „Die Anstalt wird von Kaplan G. geleitet. Er ist der King, der Alleinherrscher (Alexander Ziegler: GESELLSCHAFTSSPIELE, 1980).

Kiniglhas (Kinihas)
(geht zurück auf lateinisch „cuniculus" = Kaninchen) *in Österreich und Bayern 1. abschätzig für einen ängstlichen, verschreckten Menschen. 2. scherzhaft-spöttisch für eine Person mit vorstehenden Schneidezähnen.*
Vgl.: → Hase, Kaninchen.

Kipfel, das
(eigentlich ein kleines Weißbrotgebäck) *in Österreich und Süddeutschland eine milde Schelte für einen etwas beschränkten, ungeschickten Menschen.*
Vgl.: → Arschkipf, Kipf (Variante).

Kippenquäler
(zu „Kippe" = Zigarettenstummel) *ein seltenes Spottwort für einen gierigen und geizigen Raucher, der an seinen Zigarettenkippen so lange saugt, bis er sich die Finger verbrennt.*
Vgl.: → Quäler.

Kipper
(ursprünglich ein betrügerischer Händler, der von Münzen etwas abschneidet; wohl zu „Kippe" = Goldwaage) *veraltet für einen Betrüger, Falschmünzer.*
Vgl.: Kipper und Wipper (veraltet).

Kirchenlicht
(Lehnübersetzung von lateinisch „lumen ecclesiae" für einen hervorragenden Theologen des Mittelalters; meist in negativ formulierten Wendungen wie „kein großes Kirchenlicht sein" = nicht gerade klug sein) *eine seltene ironische Bezeichnung für einen etwas einfältigen Menschen.* Um 1870 berichtete die Presse über einen unglaublichen Vorfall, und zwar hatte der liberale Bürgermeister Fischer von Augsburg in öffentlicher Versammlung den Hochw. Erzbischof von München als „großes dickes Kirchenlicht" beschimpft.

Kirchenmaus
(nach der Wendung „arm wie eine Kirchenmaus sein") *eine seltene spöttische Bezeichnung für einen völlig mittellosen Menschen.*
Vgl.: → Maus.

Kissenpuper
spöttisch-abschätzig für einen Beamten oder Büroangestellten.
Vgl.: Kissenfurzer, → Puper.

Kiste
abfällig für eine dicke, plumpe Frau.

Kitschier
abschätzig für einen kitschigen, für Kitsch empfänglichen Menschen.

Klachel
(eigentlich etwas Baumelndes, etwa ein Glockenschwengel) *besonders bayrisch und österreichisch für einen ungehobelten Kerl.*

Kläffer
(eigentlich ein laut und häufig bellender Hund) *abfällig für einen bösartigen Schwätzer, Schimpfer, Hetzer.* Der damals glücklose deutsche Fußballbundestrainer Berti Vogts habe sich vom „Wadenbeißer" in einen „zahnlosen Kläffer" verwandelt, ereiferte sich im SPIEGEL (August 1994) ein Leserbriefschreiber.
Vgl.: kleiner Kläffer.

Klafte, die
(zu „kläffen") *abschätzig für 1. eine nörgelnde, zänkische Frau. 2. eine unentschlossene, unangenehme Kundin. 3. ein unsympathisches, häßliches Mädchen.*

Klammeraffe (Klammeräffchen)
(eigentlich ein Affe, der sich mit seinem Greifschwanz und seinen langen, dünnen Gliedmaßen gut festklammern kann) *scherzhaft-spöttisch für jemanden, der sich irgendwo anklammert, insbesondere eine Beifahrerin auf einem Motorrad.* „Kinkel wird jetzt endgültig das Klammeräffchen beim Bundeskanzler machen." (Joschka Fischer von den Grünen im Mai 1995 gegenüber der ZEIT, als der Bundesaußenminister Klaus Kinkel als Parteivorsitzender der FDP zurückgetreten ist).
Vgl.: → Äffchen, → Affe, → -chen (-lein).

Klamüser = Kalmäuser

Klan = Clan

Klapper
(eigentlich ein Gerät zum Klappern) *abfällig für eine schwatzhafte Person.*

Klappergestell
emotional, meist geringschätzig für einen sehr hageren Menschen.
Vgl.: → Gestell, Klappergerüst, klappriges Gestell.

Klapperschlange
(eigentlich eine gefährliche Giftschlange, die mit einer Art Rassel am Schwanzende ein klapperndes Geräusch erzeugt) *1. eine Schwätzerin. 2. eine zänkische, „giftige" Frau. 3. scherzhaft, auch leicht abwertend für eine Stenotypistin.*
Vgl.: → Schlange.

Klapsdoktor
(zu „Klaps" = Verrücktheit, Geistestrübung) *salopp, auch geringschätzig für einen Nervenarzt, Psychiater.*
Vgl.: Klapsmüller (zu „Klapsmühle"), Klapsrat (selten).

Klapsmann
salopp abwertend für 1. einen Patienten einer Nervenheilanstalt. 2. einen Mann, der „einen Klaps hat", nicht recht bei Verstand ist.
Vgl.: Klapsrese, Klapsrieke (beides verrückte Frauen), → -mann.

Klassenclown = Klassenkasper

Klassendepp
oberdeutsch abfällig für den Klassenschlechtesten in der Schule.
Vgl.: → Depp, Klassenbummerl (österreichisch), Klassenheini, Klassenpepi (österreichisch), Klassentrottel.

Klassenfeind
im kommunistischen Sprachgebrauch ein Feind der Arbeiterklasse, aber auch ein beliebiger bedrohlich erscheinender Andersdenkender.
Vgl.: → -feind, Klassengegner.

Klassenkasper
abschätzig für 1. einen Schüler, der in seiner Klasse die Rolle des albernen Spaßmachers spielt, sich zum Clown macht. 2. jemanden, der als Erwachsener in einer Gruppe ständig derbe Späße macht.
Vgl.: → Kasper, Klassenaugust, Klassenclown.

Klassenschreck
abfällig für einen strengen, gefürchteten Lehrer.
Vgl.: → -schreck.

Klater, der
(eigentlich Schmutz oder zerlumpte Kleidung) *eine norddeutsche herbe Schelte für eine schmutzige, verkommene Frau.*
Vgl.: Klater-Jan (Lumpenkerl).

Klatschbase
abfällig für eine (weibliche) Person, die sich häufig über das Privatleben anderer Menschen unterhält; böswillige Schwätzerin.
Vgl.: Klatschliese, Klatschmadam, Klatschschwester, Klatschtante, Klatschtrine, Klatschweib, Tratschbase.

Klatsche
abfällig für 1. eine → Klatschbase. 2. eine Person, die jemanden verrät, verpetzt.
Vgl.: Dorfklatsche, Generalklatsche (Steigerung), → Stadtklatsche.

Klatscher
abwertend für 1. einen verleumderisch schwatzhaften Menschen. 2. einen bezahlten, bestellten Beifallklatscher. 3. einen Schläger, Raufbold.
Vgl.: Vorklatscher (Beifall).

Klatschkolumnist
geringschätzig für einen Journalisten, der regelmäßig für eine bestimmte Zeitung oder Zeitschrift über gesellschaftlichen Klatsch schreibt.

Klatschmaul
salopp abwertend für einen geschwätzigen Menschen, der schlecht über andere redet.
Vgl.: Klatschbruder, → -maul.

Klatschreporter
abschätzig für einen Reporter, der hinter Klatschgeschichten her ist.
Vgl.: Klatschjournalist.

Klatschschwester = Klatschbase

Klatschtante = Klatschbase

Klatschweib = Klatschbase

Klauber = Wortklauber

Klaubruder
salopp abwertend für einen kleinen Dieb.
Vgl.: → Bruder, → -bruder, Klaubock (Ruhrgebiet).

Klaus
(nach dem Vornamen Klaus, einer Kurzform von „Nikolaus") *schweizerisch und norddeutsch für einen Dummkopf.*

Klavierlöwe
milder Spott für einen Pianisten.
Vgl.: → -löwe, Tastenlöwe.

Kleber
abschätzig für 1. einen sitzengebliebenen Schüler. 2. einen Menschen, der nicht rechtzeitig geht.
Vgl.: Klebarsch (will nicht gehen).

Kleckerfritze
abschätzig oder tadelnd für einen Mann, häufiger einen kleinen Jungen, der beim Essen kleckert.
Vgl.: → Fritze, → -fritze, Kleckerhans.

Kleckerliese
abschätzig oder tadelnd für eine weibliche Person, die beim Essen kleckert; meist für ein kleines Mädchen.
Vgl.: → Liese, → -liese.

Kleckser
1. abschätzig für jemanden, der Kleckse macht, unsauber malt, unsauber mit Tinte o.ä. schreibt. 2. verächtlich für einen Kunstmaler, den man für unfähig und dessen Bilder man für wertlos hält. 3. abfällig für einen schlechten oder unseriösen Schriftsteller, Journalisten. In Lessings Sinngedichten heißt ein schlechter Bildnismaler „Simon Klecks".
Vgl.: → Farbenkleckser, Maler Klecksel, → Tintenkleckser.

Kleiderständer
spöttisch-abschätzig für 1. einen dürren, langen Menschen. 2. eine geckenhafte, herausgeputzte Person.

Klein Doofi (mit Plüschohren)
spöttisch-abschätzig für einen gutgläubig-einfältigen Menschen. In seinem umgangssprachlichen Wörterbuch (1987) nennt Heinz Küpper noch weitere scherzhafte Erweiterungen, und zwar: „... mit Blechohren, mit angebrannten Plüschohren, mit Plüschohren und Gummibauch, mit Blechohren und Plüschüberzug, mit Wollnase".
Vgl.: → Doofi, Klein Doofi mit Plüschohren und Samtpfoten.

Kleinbürger
(eigentlich ein Angehöriger des unteren Mittelstandes) *abfällig für einen engstirnigen, sehr konventionellen Menschen; Spießer.* Der Unternehmer Eduard Zwick, Steuerflüchtling und CSU-Gönner, räsonierte einst in einem Brief an seinen Spezi Franz Josef Strauß über „die manipulierte Schicht der Kleinbürger". Nicht selten wird Fußballstars ihre Kleinbürgerlichkeit vorgeworfen. So ist Mario Basler für die TV-SPIELFILM (November 1995) ein „entfesselter Kleinbürger", und Helmut Böttiger lästerte in der FRANKFURTER RUNDSCHAU (Juni 1994) über Lothar Matthäus: „In ihm radikalisiert sich der deutsche Kleinbürger, er darf ab und zu mal über die Stränge schlagen, ein bißchen grölen und Stammtischwitze zum besten geben, aber dann wieder zurücktreten ins Glied."
Vgl.: → Bürger, Kleinbürgerseele.

kleine Hexe
abschätzig, auch widerwillig anerkennend für ein raffiniertes, durchtriebenes (temperamentvolles, verführerisches) junges Mädchen.
Vgl.: → Hexe.

kleine Kröte
abschätzig oder auch nur scherzhaft für ein freches kleines Mädchen.
Vgl.: → Kröte.

der kleine Moritz
(meist in der Wendung „wie sich der kleine Moritz etwas vorstellt"; wohl nach einer Figur des Karikaturisten Adolf Oberländer, 1845 – 1923) *spöttisch-abschätzig für eine Person, die von einer Sache keine Ahnung hat, ihr ganz naiv gegenübersteht.*

kleiner Fisch
geringschätzig für 1. einen unbedeutenden Menschen ohne Einfluß. 2. einen kleinen Gauner, Kleinkriminellen. „Die großen Fische fressen die kleinen", lautet ein Sprichwort, das es praktisch auf der ganzen Welt gibt. Im Volkslied stehen „kleine Fische" oft für junge Mädchen. HAIE UND KLEINE FISCHE ist der Titel eines deutschen U-Boot-Films aus dem Jahr 1957.
Vgl.: → Fisch, kleine Nummer.

kleiner Furz
derb abwertend für einen kleinen, unbedeutenden Menschen ohne jedes Gewicht.
Vgl.: → Furz, Fürzchen.

kleiner Geist
bildungssprachlich abschätzig für einen Menschen mit geringen Geistesgaben. „Die großen Geister sind den kleinen Geistern deshalb einige Schonung schuldig: weil sie eben nur vermöge der Kleinheit Dieser große Geister sind; indem Alles relativ ist." (Arthur Schopenhauer).
Vgl.: → Kleingeist.

kleiner Gernegroß
spöttisch-abschätzig für einen unbedeutenden, aber geltungssüchtigen, wichtigtuerischen Menschen.
Vgl.: → Gernegroß.

kleiner Knopf
1. salopp, auch abschätzig für einen kleingewachsenen (gedrungenen) Menschen. 2. oft leicht abwertend für einen (frechen) kleinen Jungen. 3. abfällig für einen kleinen, unreifen, nicht ernst genommenen (vorwitzigen) Burschen.
Vgl.: → Knopf.

kleiner Schäker
ein gemütliches Scheltwort für einen neckischen, scherzhaften Menschen.
Vgl.: → Schäker.

kleiner Scheißer
1. eine sogenannte kosende Schelte ohne Abwertung für ein Kleinkind. 2. derb abwertend für einen unbedeutenden, geringgeachteten oder verachteten Menschen.
Vgl.: kleiner Pisser, → Scheißer.

kleiner Schelm
oft leicht abwertend für einen Schlingel, schelmischen Menschen.
Vgl.: → Schelm.

kleiner Teufel
eine eher milde Schelte für ein wildes Kind oder einen boshaften Menschen, Quälgeist.
Vgl.: → Teufel, → -teufel, → Teufelchen.

kleines Biest
leicht abwertend mit dem Unterton widerstrebender Anerkennung für 1. ein raffiniertes, freches kleines Mädchen. 2. eine bewußt verführerische, durchtriebene junge Frau.
Vgl.: → Biest, süßes Biest.

kleines Gemüse = junges Gemüse

kleines Licht
abschätzig für eine unbedeutende Person. Zur skandalträchtigen Verleihung des Jean-Paul-Preises 1993 an die 1912 geborene österreichische Schriftstellerin Gertrud Fussenegger kommentierte der SPIEGEL (Oktober 1993): „Frau Fussenegger war im Dritten Reich ein kleines Licht, nachher eine katholische Leuchte."
Vgl.: „großes Licht" (ironisch), → Kirchenlicht, kleines Kirchenlicht (selten), → Leuchte.

kleines Luder
meist leicht abwertend für eine kokette, raffinierte, durchtriebene, junge weibliche Person; oft mit widerstrebender Anerkennung.
Vgl.: → Luder.

Kleinganove
abfällig für einen kleinen, unbedeutenden → Ganoven.
Vgl.: kleiner Ganove.

Kleingärtner s. geistiger Kleingärtner

Kleingeist
abfällig für eine beschränkte, kleinlich denkende Person. Als Antwort auf einen kritischen Leserbrief in der SÜDDEUTSCHEN ZEITUNG (Dezember 1993) stellte ein CSU-Politiker, ebenfalls in einem SZ-Leserbrief, klar: Bayerns Ministerpräsident Edmund Stoiber ist kein „Kleingeist", sondern „eine Persönlichkeit".
Vgl.: → kleiner Geist.

Kleinigkeitskrämer
abschätzig für einen Menschen, der Kleinigkeiten übertrieben wichtig nimmt.
Vgl.: Bagatellenkrämer (selten), Detailkrämer, Kleinkrämer, Kleinlichkeitskrämer, → Krämer, → -krämer.

Kleinkrämer = Kleinigkeitskrämer

Kleinlichkeitskrämer = Kleinigkeitskrämer

Kleinrentner s. geistiger Kleinrentner

Kleinstädter
oft geringschätzig für eine Person, die in einer Kleinstadt lebt oder aus einer Kleinstadt stammt und von ihr geprägt ist.
Vgl.: Kleinstadt-, Kleinstadt-Casanova.

Klemmi
jugendsprachlich abwertend für einen verklemmten, gehemmten Menschen.
Vgl.: Klemmchauvi (verklemmter → Chauvi).

Klempner
(Abwertung durch die Gleichsetzung mit einem einfacheren Beruf von geringem Prestige; Anspielung auf „Blech" in der Bedeutung „Unsinn, Wertloses") *Spott und Schelte für einen (schlechten) Arzt, Zahnarzt; meist in Zusammensetzungen.* In den frühen 90er Jahren lief in der ARD ein kritischer TV-Film über neurochirurgische Experimente unter dem Titel „Klempner am Gehirn". Im FOCUS (März 1996) wurde der Fernsehmoderator Friedrich Küppersbusch (ARD: „ZAK") als „Kalauer-Klempner" kritisiert.
Vgl.: → Gebißklempner, Goschenklempner (selten: Zahnarzt), Knochenklempner (Orthopäde), Maulklempner (Zahnarzt), Rechtsklempner (selten: Anwalt, Jurist), → Seelenklempner, Sozialklempner (Sozialarbeiter o.ä.).

Klepper
(eigentlich ein ausgemergeltes Pferd; verwandt mit „klappern") *geringschätzig für einen alten, gebrechlichen Menschen.*
Vgl.: → Buschklepper, Kleppergaul (alte, magere Frau), Klepperhannes.

Kleptomane
(eigentlich ein psychologischer Fachausdruck; zu griechisch „kleptein" = stehlen; weibliche Form: Kleptomanin) *abschätzig für einen stehlsüchtigen, zwanghaft stehlenden Menschen; Gewohnheitsdieb.* In der ZEIT (August 1994) tauchte der Begriff „Kleptokrat" auf, wohl für ein Mitglied einer Regierung, die dem Bürger zu tief in die Taschen greift oder einen korrupten Politiker.
Vgl.: → Nepptomane, → -omane.

Klesche
(zu „kleschen" = klatschen; ohrfeigen) *österreichisch für ein liederliches Weib oder einen Dummkopf.*

Klette
(eigentlich eine Pflanze bzw. ein kugeliger, mit Widerhaken versehener Blütenkopf dieser Pflanze) *abschätzig für eine in lästiger Weise anhängliche Person.*

Kletze
(eigentlich eine getrocknete Birne) *in Bayern und Österreich abfällig für 1. einen langweiligen Kerl. 2. eine alte, faltige Frau.*
Vgl.: Kletzenbene, Kletzensepp.

Klimperer
(schallnachahmend; weibliche Form: Klimperin) *abfällig für jemanden, der stümperhaft auf dem Klavier spielt.*

Klinkenputzer
abfällig für einen Bettler, Bittsteller oder Hausierer, Vertreter.
Vgl.: Türklinkenputzer.

Klippschüler
(eigentlich ein Grundschüler) *eine seltene geringschätzige norddeutsche Bezeichnung für einen Schüler einer kleinen und schlechten Schule.*

Kloben
(eigentlich ein grober Holzklotz) *abfällig für eine ungehobelte, unhöfliche (männliche) Person.*
Vgl.: Bauernkloben, Saukloben (beides schwäbisch).

Klopffechter
(früher ein umherziehender Ritter, der gegen Bezahlung seine Fechtkünste vorführte) *abschätzig für 1. jemanden, der sich für*

Geld schlägt. 2. einen streitsüchtigen, bissigen Publizisten.
Vgl.: → Fechter.

Klopper (Klopfer)
abwertend für 1. einen Raufbold, Schläger. 2. einen Aufschneider, Lügner, Sprücheklopfer. 3. einen rohen, ruppigen, unfairen Fußballspieler. 4. einen dummen, „bekloppten" Menschen. 5. einen Hausierer, Drücker.
Vgl.: Skatklopfer, → Sprücheklopfer, → Steißklopper (Steißklopfer), Tastenklopfer.

Klops
(eigentlich ein gebratenes Fleischklößchen) *abschätzig für einen dicken, rundlichen Menschen.*
Vgl.: → Fleischklops, Klops mit Beinen (berlinisch).

Kloß
abfällig für einen dicken, plumpen Menschen.
Vgl.: dicker Kloß, → Erdenkloß, → Fettkloß, → Fleischkloß, → Hefekloß (Hefeklößchen), Jammerkloß, Trankloß, → Trauerkloß, trauriger Kloß, Wonnekloß (rundliches Kind).

Klößkopp (Kloßkopp)
landschaftlich abfällig für einen dummen oder eigensinnigen Menschen.
Vgl.: → -kopf (-kopp).

Klotz
salopp abwertend für eine grobe, unbeholfene, unhöfliche Person. „Du ungehobelter Klotz, nimm ein Glas, wenn du trinken willst!" (HÖRZU, Oktober 1976).
Vgl.: Betonklotz, → Bremsklotz, Fleischklotz, → grober Klotz, → Hackklotz, → Hauklotz, → Holzklotz, unbehauener Klotz, → ungehobelter Klotz.

Klotz am Bein
(nach dem Holzklotz, den man dem Vieh oder Gefangenen an die Beine band, um sie am Weglaufen zu hindern) *abschätzig für einen Menschen, der einem hinderlich, lästig ist.*

Klotzkopf
ein Schimpfwort für einen sturen, starrsinnigen Menschen.
Vgl.: → -kopf (-kopp).

Klügler
(zu „klügeln" = grübelnd nachsinnen) *meist geringschätzig für eine grübelnde, spitzfindig nachsinnende Person.*
Vgl.: → -ler, Staatsklügler (selten).

Klügling
(ein Lieblingswort Luthers) *veraltet abschätzig für einen Menschen, der sich besonders klug vorkommt.*
Vgl.: → -ling.

Klugredner = Klugschwätzer

Klugscheißer (Klugschisser)
derb abwertend für einen Besserwisser, vermeintlich Klugen. Über den Grafen Lambsdorff vom Koalitionspartner FDP bemerkte der deutsche Bundesfinanzminister Theo Waigel (CSU): „adeliger Klugscheißer". Wolf Biermann sei ein „intellektueller Klugscheißer", schrieb ein SPIEGEL-Leser im Juli 1994 an das Nachrichtenmagazin, das zuvor zwei recht mißratene Artikel des Schriftstellers veröffentlicht hatte.
Vgl.: Klugarsch, Klugschieter (norddeutsch), → Scheißer, → Schisser.

Klugschnacker
(zu „schnacken" = reden, plaudern) *norddeutsch für einen → Klugschwätzer.*

Klugschwätzer
abfällig für einen aufdringlichen Besserwisser.
Vgl.: Klugredner, Klugschnabel (veraltet), Klugschnute (selten), → Schwätzer.

Klüngel
(eigentlich ein Knäuel) *abschätzig für eine Gruppe, Clique von Personen, die sich gegenseitig Vorteile zuschanzen; seltener, besonders norddeutsch, für einen nachlässigen, schlampigen Menschen.*
Vgl.: Hofklüngel, Klüngelpeter (norddeutsch: umständlich, langsam), Militärklüngel, Parteiklüngel, Politklüngel (selten).

Klüngler
(zu „klüngeln") *westdeutsch abfällig für einen Menschen, der im Sinne eines → Klüngels tätig ist.*
Vgl.: → -ler.

Klunte
besonders norddeutsch abschätzig für ein Mädchen oder eine Prostituierte.

Knabe
selten als abschätzige Bezeichnung für einen unreifen, törichten jungen Mann.
Vgl.: Knäblein, Lustknabe (veraltet), → Musterknabe, → Prügelknabe, „sauberer Knabe" (ironisch: Taugenichts), Schweizerknabe (spöttisch-ironisch: Schweizer).

Knabenschänder
abfällig für jemanden, der männliche Minderjährige sexuell mißbraucht.
Vgl.: → Schänder, → -schänder.

Knackarsch
besonders süddeutsch derb abwertend für einen Dummkopf, Versager.
Vgl.: → Arsch, → -arsch.

Knacker
abfällig für 1. einen alten Mann. 2. einen Geizhals.
Vgl.: → alter Knacker, → Nußknacker.

Knacki
(zu gaunersprachlich „knacken, verknakken" = verhaften, ins Gefängnis bringen) *vorwiegend jugendsprachlich oder im einschlägigen Jargon oft abschätzig für einen Gefängnisinsassen, Gefängnisentlassenen.*
Vgl.: → Knasti.

Knallcharge
(eigentlich eine Bühnenrolle, die durch Übertreibung und derbe Komik bestimmt ist) *1. meist geringschätzig für einen Schauspieler, der immer wieder als Knallcharge auftritt oder einen, der grundsätzlich vergröbert. 2. ein Dummkopf, Trottel.*

Knalldepp
(eine Verstärkung von „Depp"; zu der Wendung „einen Knall haben" = verrückt sein) *ein starkes oberdeutsches Schimpfwort für einen Dummkopf.*
Vgl.: → Depp.

Knaller
eine verrückte. einfältige Person.

Knallfrosch
(eigentlich ein kleiner Feuerwerkskörper) *salopp abwertend für eine verrückte Person, die „einen Knall hat".*
Vgl.: → Frosch.

Knallkopf (Knallkopp)
salopp, mehr oder weniger abfällig für einen dummen, einfältigen, beschränkten Menschen; soldatensprachlich auch für einen normalbegabten Kameraden von der Artillerie. Über seinen Schriftstellerkollegen Adalbert Stifter gab Eckhard Henscheid zu Protokoll: „Er war einfach ein Knallkopf."
Vgl.: Knallerbse, Knallkaffer, Knallkörper (selten), Knalltype, → -kopf (-kopp).

Knallprotz
(verstärkend zu „Protz") *salopp abwertend für einen widerwärtigen Prahlhans, protzigen Emporkömmling.*
Vgl.: → Protz (Protzer), → -protz.

Knallschote
(eigentlich eine Hülse des gelben Blasenstrauches, die knallt, wenn sie zerdrückt wird) *salopp abwertend für 1. einen großmäuligen Dummkopf. 2. eine → Knallcharge.*
Vgl.: → Schote.

Knalltüte
(übertragen von der aufgeblasenen Tüte, die man mit einem Schlag zum Platzen und Knallen bringt) *ein dummer, lächerlicher, „aufgeblasener" Mensch.* „Unbegabte Knalltüten mit der Berufsbezeichnung Jurist" hätten in der „Autofahrerpartei" viele Querelen gestiftet, beklagte der Bilder- und Hitler-Tagebücher-Fälscher Konrad Kujau (FOCUS, Januar 1996).
Vgl.: → Tüte (Tute).

Knapphans
veraltet abfällig für einen Geizhals.
Vgl.: → Hans, → -hans.

Knast = Knaster (Knasterer)

Knastbruder
abschätzig für einen Mann, der im Gefängnis sitzt oder öfters im Gefängnis war.

Vgl.: → Bruder, → -bruder, Kittchenbruder, Knastler, Knastschieber, Knastvogel.

Knaster (Knasterer)
abschätzig für einen verdrießlichen, brummigen (alten) Mann. Die zweite Strophe eines Gedichtes von Wilhelm Busch lautet:

„Doch schmerzlich denkt manch alter Knaster,
der von vergang'nen Zeiten träumt,
an die Gelegenheit zum Laster,
die er versäumt."

Vgl.: alter Knaster, Knast.

Knasterbart
(heute vielfach auf den Geruch des Betreffenden nach übelriechendem Tabak bezogen) *abfällig für 1. einen alten, ungepflegten, bärtigen Mann. 2. einen mürrischen, bärbeißigen Mann.*

Knasti
jugendsprachlich oder im Jargon oft abschätzig für einen Strafgefangenen.
Vgl.: → Knacki.

Knastologe
(scherzhafte Bildung nach dem Muster von Wörtern wie Theologe) *scherzhaft-spöttisch, auch abschätzig für einen erfahrenen Strafgefangenen.*
Vgl.: Knast-Ehrenbürger (Scherzbildung für einen Gefangenen, der sehr lange oder häufig einsitzt), Knastrologe (orthographische Variante).

Knatscher
(zu „knatschen" = nörgeln, quengeln) *westmitteldeutsch für einen wehleidigen, nörgelnden Menschen.*
Vgl.: Knatschkopp, Knatschsack.

Knatterprotz
eine seltene abfällige Bezeichnung für einen jugendlichen Motorrad- oder Mopedfahrer, der laut knatternd durch die Gegend fährt, um auf sich aufmerksam zu machen.
Vgl.: → Protz (Protzer), → -protz.

Knauser
abschätzig für einen übertrieben sparsamen, geizigen Menschen.
Vgl.: alter Knauser, Erzknauser, Knauserer, Knausert, Knausrich (drei mundartliche Varianten).

Knecht
meist abschätzig für eine Person, die zu dienen, zu gehorchen hat; Handlanger; oft in einer Genitivfügung: ein Knecht der Reichen, Knecht seines Ehrgeizes. 1848 verfaßte Franz Grillparzer ein Epigramm gegen die radikale Presse:

„Freiheit wär eben das rechte
Für euch und euer Geschrei.
Ihr seid die geborenen Knechte
Der Dummheit und Schurkerei."

Vor der ersten demokratischen Wahl in Südafrika 1994 prophezeite auch der SPIEGEL einen „Sieg der Knechte".
Vgl.: Knecht des Mammons, Knechtseele.

-knecht
verächtlich für einen → Knecht, Helfershelfer in Bezug auf ein bestimmtes Objekt, bestimmte Personen. Heinrich Heine sprach Klartext: „Daß ich dem Aristokratenknecht Göthe mißfalle, ist natürlich. Sein Tadel ist ehrend, seitdem er alles Schwächliche lobt. Er fürchtet die anwachsenden Titanen." Der Dichter Wolf Biermann bezeichnete die beiden PDSler Gregor Gysi und Stefan Heym Ende 1994 recht pathetisch als „Tyrannen-Knechte".
Vgl.: → Ackerknecht, Bacchusknecht, Bauchknecht (beides veraltet), Eheknecht, → Folterknecht, → Frauenknecht, → Fürstenknecht, → Henkersknecht, Kapitalistenknecht, Mädchenknecht, Mammonsknecht, Mordknecht, → Pfaffenknecht, Satansknecht, → Schalksknecht, → Schinderknecht, Stasi-Knecht (selten), Tyrannenknecht (veraltet), → Weiberknecht.

Kneifer
(zu „kneifen" = sich vor etwas drücken, ursprünglich als schlagender Student bei der Mensur vor Angst den Kopf einziehen) *abfällig für einen Feigling.*

Kneifzange = Beißzange

Kneipbruder
(zu „Kneipe") *oft abschätzig für einen Zechbruder oder Saufkumpan.*
Vgl.: → Bruder, → -bruder, Kneipkumpan, → Saufbruder, → Trinkbruder, → Zechbruder.

Kneipenhocker
leicht abwertend für jemanden, der lange und oft in der Kneipe sitzt.
Vgl.: → Hocker, → -hocker, → Wirtshaushocker.

Kneipier
(Endung französisch ausgesprochen) *heute kaum mehr abwertend für den Wirt einer Kneipe.*

Knicker
abfällig für einen geizigen, allzu sparsamen Menschen: ein elender, alter Knicker.
Vgl.: Erzknicker, Knickerfritze, Knickersack, Knickser (Variante), → Läuseknicker (Lausknikker).

Knickstiebel (Knickstiefel)
(zu „knickern" = geizig sein) *landschaftlich abfällig für einen Geizhals.*
Vgl.: Knackstiefel (Variante), → Stiefel.

Kniebohrer
eine seltene landschaftliche Spottbezeichnung für einen Menschen mit Säbelbeinen.

Kniefiesel
(Herkunft unklar) *süddeutsch abfällig für einen Pedanten oder Geizhals.*
Vgl.: → Fiesel.

Knierutscher
verächtlich für 1. einen Schmeichler, unterwürfigen Menschen. 2. einen Frömmler, übereifrigen Kirchenbesucher. 3. einen Katholiken. Bei Peter Rosegger ist die Figur des „Knierutscher-Johann" ein Frömmler.
Vgl.: Bauchrutscher (unterwürfig).

Knieskopp
nord- und westdeutsch abschätzig für einen geizigen Menschen.
Vgl.: Kniesbock, Kniesel, Kniesohr.

Knilch
salopp abwertend für einen unangenehmen, widerlichen Kerl.
Vgl.: Knülch (Nebenform).

Knirfix
(Herkunft unklar) *selten für einen Knirps, kleinen Menschen oder einen Gernegroß.*
Vgl.: Knirrficker (Nebenform).

Knirps
(ohne Abwertung für einen kleinen Jungen) *geringschätzig für einen kleinen, unscheinbaren oder unbedeutenden Mann.* „Nichtige Knirpse haben es leicht, Freidenker zu sein" (Franz Werfel: DAS LIED VON BERNADETTE, 1941).

Knispel
(ursprünglich ein kleinwüchsiger Junge) *ein Pedant oder ein lästiger Mann.*

Knoblauchfresser
abfällig für einen (südländischen) Menschen, der stark nach Knoblauch riecht.
Vgl.: → Fresser, → -fresser.

Knochen
meist geringschätzig für eine (männliche) Person; Kerl. „Ich war schon immer ein sturer Knochen", bekannte der CDU-Politiker Wolfgang Schäuble; nicht erst der Rollstuhl habe ihn hart gemacht, wie der frühere SPD-Fraktionschef Hans-Jochen Vogel behauptet hatte (SPIEGEL, März 1994).
Vgl.: → Aasknochen, → alter Knochen, Arschknochen, Dösknochen (unaufmerksam), → Eheknochen, elender Knochen, Elendsknochen, → fauler Knochen, fieser Knochen, → Geizknochen, → Hundsknochen, Kommißknochen, Motzknochen, müder Knochen, Ohnmachtsknochen, → Rindsknochen, Satansknochen.

Knochenbrecher
1. abfällig für einen Schläger, Raufbold. 2. meist geringschätzig für einen strengen, rücksichtslosen Ausbilder, Trainer o.ä. 3. scherzhaft-spöttisch für einen Chirurgen, Sanitäter, Orthopäden u.dergl.

Knochengerippe
abschätzig für einen sehr hageren Menschen.
Vgl.: → Gerippe.

Knochengerüst
(eigentlich ein Skelett) *abschätzig für eine sehr dünne, knochige Person.*
Vgl.: Gerüst, Knochengestell.

Knochengestell = Knochengerüst

Knochenschlosser = Knochenschuster

Knochenschuster
spöttisch-abschätzig für einen Arzt, besonders für einen Orthopäden oder Chirurgen.
Vgl.: Knochenklempner, Knochenschlosser, → Schuster.

Knödeltenor
(zu „knödeln" = kehlig, undeutlich singen oder sprechen) *abschätzig für einen Tenor, der knödelt.*
Vgl.: Knödel-Bariton, Knödelsänger.

Knödler
abschätzig für einen Sänger oder Sprecher mit undeutlicher, kehliger, knödelnder Stimme.
Vgl.: → -ler.

Knolle
geringschätzig für eine kleine, untersetzte Person.

Knopf (Knopp)
(meist mit einem negativen Attribut) *oft abwertend für 1. einen kleinen Kerl, Knirps. 2. einen groben, ungesitteten Mann: ein eigensinniger, armer, sonderbarer, „feiner", mieser Knopf.*
Vgl.: alter Knopf, armer Knopf, geiziger Knopf, häßlicher Knopf, → kleiner Knopf, → komischer Knopf, → Kommißknopf, → reicher Knopf, ulkiger Knopf.

Knorren
(eigentlich ein Baumstumpf, Holzklotz) *eine Schelte für einen groben, mürrischen, eigensinnigen Menschen.*

Knorz
(eigentlich ein grobes Stück Holz, Knorren) *abschätzig für einen kleinen, gedrungenen, plumpen Mann.*

Knorzer
schweizerisch für einen übertrieben sparsamen, geizigen Menschen; in Hessen auch für einen Pfuscher, schlechten Arbeiter.

Knösel
abschätzig für einen kleinen Menschen, Knirps.

Knote
(wohl zu „Knoten, Astknoten") *ein Schimpfwort für eine grobe, ungebildete (männliche) Person.*
Vgl.: Ärgerknoten (schlesisch: ungeratenes Kind), → Furzknoten, Knoten (Variante).

Knotteler
westmitteldeutsch abschätzig für einen ungeschickten, langsamen Arbeiter, Pfuscher.
Vgl.: alter Knotteler, Knottelliese, Knottelpeter (beides selten).

Knotterbüchse
(zu „knottern" = nörgeln) *besonders hessisch für eine nörgelnde, vor sich hin schimpfende Frau.*
Vgl.: → Büchse, Knotterliese.

Knotterer
westmitteldeutsch abschätzig für eine brummig nörgelnde Person.
Vgl.: Knotterich, Knotterhannes, Knotterpott.

Knubbel
(eigentlich eine knotige Verdickung) *meist abschätzig für eine kleine, dickliche Person.*
Vgl.: kleiner Knubbel.

Knülch = Knilch

Knüppel
(eigentlich ein derber Stock) *abfällig für einen groben, plumpen Kerl.*
Vgl.: Sündenknüppel (Missetäter).

Knurrhahn
(eigentlich ein Meeresfisch mit großem Kopf, der an der Luft ein knurrendes Geräusch macht) *eine milde Schelte für einen mürrischen, verdrießlichen Menschen.*
Vgl.: → Hahn, Knurrkopf (Knurrkopp), Knurrpott, Knurrsack.

Kober
abschätzig für einen Freier, Prostituiertenkunden oder auch einen Zuhälter.

Koberer
(von mittelhochdeutsch „koberen" = beherbergen) *oft abschätzig für den Wirt einer Spelunke oder eines Bordellbetriebs.*

Kobold
(eigentlich ein gutmütiger kleiner Hausgeist) *oft leicht abwertend für ein lebhaftes, wildes Kind.*
Vgl.: → -bold.

Kodderschnauze
(zu „koddern" = sich übergeben; spucken) *landschaftlich salopp abwertend für eine Person mit einem unbekümmert frechen Mundwerk.*
Vgl.: → -schnauze.

Koffer
abfällig für eine dicke, wuchtige (weibliche) Person; in Wien auch für einen Dummkopf.
Vgl.: lahmer Koffer (langweiliges Mädchen).

Kofferträger
veraltend abschätzig für einen Menschen, der jemandem untergeordnete Hilfsdienste leistet.
Vgl.: Aktenkofferträger, → Aktentaschenträger, Taschenträger (selten), → Wasserträger.

Kohlenbaron
veraltend abwertend für einen Eigentümer von Kohlengruben.
Vgl.: → Baron, → -baron.

Kohlkopf
(zu „Kohl" = ungereimtes Zeug, Unsinn) *abfällig für einen Lügner, Angeber, Dummschwätzer.*
Vgl.: → Kappeskopf (Kappeskopp), → -kopf (-kopp), Krautkopf (selten: Dummkopf).

Kohlrabiapostel
spöttisch für einen Vegetarier, Gesundheitsapostel.
Vgl.: → Apostel, → -apostel, Rohkostapostel.

Kohorte
(eigentlich eine altrömische Truppeneinheit, der 10. Teil einer Legion; zu gleichbedeutend lateinisch „cohors") *bildungssprachlich abschätzig für eine Gruppe, Schar, Meute, Bande.* In Klaus Manns Roman DER WENDEPUNKT (1952) ist von einer „Kohorte böser Gassenjungen, die uns auf dem Spaziergang zu belästigen pflegten", die Rede.

Kojote
(eigentlich ein nordamerikanischer Präriewolf) *Schimpfwort für einen Schuft.*

Kokette
(aus gleichbedeutend französisch „coquette", eigentlich = Hahnenhafte, zu „coq" = Hahn) *bildungssprachlich veraltet für eine kokette Frau, eine Frau, die sehr darauf bedacht ist, auf Männer zu wirken: eine eitle, kleine, selbstsüchtige Kokette.*

Kokolori = Gogolori (Kokolori)

Kokotte
(aus gleichbedeutend französisch „cocotte", eigentlich = Henne, Hühnchen) *bildungssprachlich veraltend und meist geringschätzig für eine „Dame", die sich aushalten läßt.*
Vgl.: Edelkokotte, Rokokokokotte (Zungenbrecher: ältere Halbweltdame).

Kollaborateur
(aus dem Französischen; zu spätlateinisch „collaborare" = mitarbeiten) *oft abwertend für jemanden, der mit dem Feind, der Besatzungsmacht zusammenarbeitet.*
Vgl.: Kollaborationist (veraltet).

Kollege von der anderen Fakultät
(aus dem Sprachgebrauch der Studenten übernommen) *oft abschätzig für 1. einen Homosexuellen. 2. jemanden, der die andere Seite, den Gegner, die andere Konfession, Ideologie o.ä. vertritt.* „Und der Leutnant schüttelte sich ein wenig: dieser Bursche von der anderen Fakultät war ihm reichlich zuwider" (Hans Hellmut Kirst: 08/15, 1954/55).

Kollege-kommt-gleich
(nach einer berufstypischen Redewendung) *scherzhaft-spöttisch für einen Kellner.*

Kollektivist
bildungssprachlich oder im Politjargon eine seltene, meist geringschätzige Bezeichnung für jemanden, der dem Kollektiv den Vorrang vor dem Individuum einräumt oder für staatliche Planwirtschaft eintritt. Das Wort

kommt auch in Peter Handkes PUBLIKUMSBESCHIMPFUNG vor.

Vgl.: → -ist.

Kolonialist

(zu lateinisch „colonia" = Länderei, Ansiedlung) *abschätzig für jemanden, der an Unterdrückung und Ausbeutung unterentwickelter Länder beteiligt ist oder dies gutheißt.* In der Presse taucht gelegentlich der Ausdruck „Kolonialherren" für geschäftstüchtige Westler, die in den neuen deutschen Bundesländern agieren, auf.

Vgl.: → -ist, Neokolonialist.

Kolonne s. fünfte Kolonne

Kolonnenspringer

(zu „Kolonne" im Sinne von „Fahrzeugkolonne") *meist abschätzig für einen Kraftfahrer, der in einer Kolonne öfters durch gewagte Manöver überholt.*

Koloß

(aus griechisch „kolossos" = Riesenstandbild) *scherzhaft, auch abschätzig für einen großen, dicken, schweren Menschen: ein Koloß von einen Mann, ein Koloß von Weib.*

Vgl.: → Fleischkoloß.

Koloß auf tönernen Füßen

(nach der Schilderung eines Traums des Königs Nebukadnezar aus dem Buch Daniel des Alten Testaments, in dem sich der Herrscher als schwere Figur aus Gold, Silber und Eisen, aber mit Füßen aus Ton gesehen hatte, die schließlich durch einen herabstürzenden Stein zerstört wurde) *selten als bildungssprachliche abschätzige Bezeichnung für eine nur scheinbar mächtige, anfällige Person.*

Kolporteur

(früher ein fliegender Händler mit Büchern und Zeitungen; aus französisch „colporteur" = Hausierer) *meist abschätzig für eine Person, die Gerüchte verbreitet.*

Komedo

(zu lateinisch „comedere" = aufessen, verzehren) *bildungssprachlich veraltet für einen Schlemmer, Fresser.*

Komiker

(eigentlich ein Darsteller komischer Rollen, witziger Vortragskünstler) *1. abschätzig für einen wunderlichen, nicht ernst genommenen Mann. 2. barsche Abweisung für einen Mann; Kerl. 3. eine scherzhaft-spöttische Verballhornung von „Chemiker" für einen Chemielehrer, Chemiker.*

Vgl.: Grabsteinkomiker (nicht witzig), Himmelfahrtskomiker, → Himmelskomiker.

komische Kruke

meist leicht abwertend für einen sonderbaren, schrulligen Menschen.

Vgl.: → Kruke, → ulkige Kruke, wunderliche Kruke.

komische Marke

salopp, auch geringschätzig für einen komischen Menschen.

Vgl.: komische Nummer, komische Type, → Marke.

komische Nudel

spöttisch, auch geringschätzig für eine komisch wirkende, seltsame (weibliche) Person.

Vgl.: → Nudel, → -nudel.

komische Tante

abschätzig für eine auf unangenehme Weise komische ältere Frau.

Vgl.: seltsame Tante, → Tante.

komischer Heiliger = sonderbarer Heiliger

komischer Kauz

meist leicht abwertend für einen Sonderling, einen wunderlichen, aber nicht unsympathischen Mann.

Vgl.: → Kauz, komischer Uhu, komisches Huhn, → närrischer Kauz, seltsamer Kauz, → Uhu, → Vogel, wunderlicher Kauz.

komischer Knopf

geringschätzig für einen komischen, kleinen Mann.

Vgl.: → Knopf.

komischer Vogel
abfällig für einen Menschen, der durch seine komische Art unangenehm auffällt; Sonderling.
Vgl.: komischer Uhu, komisches Huhn, → rarer Vogel, → seltener Vogel, seltsamer Vogel, sonderbarer Vogel, → Vogel, → -vogel.

Kommandeuse
(weibliche Form zu „Kommandeur") *abschätzig für eine Frau, die gerne Befehle gibt, andere herumkommandiert.*

Kommißhengst
salopp abwertend für einen Mann, der mit Leib und Seele Soldat ist; ein kleinlicher, barscher Vorgesetzter beim Militär.
Vgl.: Barrashengst, → Hengst, → -hengst, → Militärhengst.

Kommißknopf = Kommißkopf (Kommißkopp)

Kommißkopf (Kommißkopp)
salopp abwertend für einen Mann, der durch und durch Soldat ist, einen barschen Vorgesetzten beim Militär; seltener für einen Zivilisten mit Befehlston. Der ehemalige Ministerpräsident von Baden-Württemberg Lothar Späth bezeichnete 1987 die Kollegen von der CDU/CSU-Fraktion in Bonn als „Kommißköpfe".
Vgl.: Kommißknochen, Kommißknopf, Kommißknüppel, Kommißstiefel, → -kopf (-kopp), → Militärkopf (Militärkopp).

Kommune
(zu vulgärlateinisch „communia" = Gemeinde) *1. veraltet abwertend für die Gesamtheit der Kommunisten. 2. aus bürgerlicher Perspektive oft abschätzig für eine politisch orientierte, bürgerliche Lebensformen ablehnende Wohngemeinschaft.*

Kommunist
oft abwertend für 1. einen Anhänger, Verfechter des Kommunismus; ein Mitglied einer kommunistischen Partei. 2. einen Bürger eines kommunistisch regierten Staates. 3. einen Linken, Linksliberalen. 1846 schrieb der Schriftsteller und liberale Kulturpolitiker Berthold Auerbach: „Der Polizeistaat will nicht sehen, welche gewaltige Umwälzung hereinzubrechen droht; er sucht sich zu helfen, indem er Schweigen auferlegt, und wer ein unangenehmes Wort davon verlauten läßt, für den hat man alsbald das nagelneue Ketzerwort Communist in Bereitschaft und er ist gerichtet." Der Regierende Bürgermeister von Berlin Eberhard Diepgen (CDU) bezeichnete im Mai 1995 die Bündnisgrünen als „Ersatzkommunisten".
Vgl.: Altkommunist, → Edelkommunist, → Erzkommunist, Gulaschkommunist (will Wohlstand anstatt Ideologie), → -ist, → Salonkommunist.

Kommunistenfresser
abschätzig für einen erbitterten Feind des Kommunismus.
Vgl.: → Fresser, → -fresser, Sozialistenfresser.

Kommunistenschwein
derb abwertend für einen → Kommunisten.
Vgl.: Kommunistensau, → Schwein, → -schwein.

Komödiant
1. geringschätzig für einen Schauspieler. 2. abfällig für jemanden, der „schauspielert", anderen etwas vormacht; Heuchler. Um 1870 waren die Jesuiten für die liberale Presse u.a. „schwarze Komödianten". Der NIEDERBAYRISCHE KURIER schmückte dies aus: „breit behutete Komödienhäuptlinge".
Vgl.: → Schmierenkomödiant.

Kompilator
(zu lateinisch „compilare" = ausplündern, berauben) *bildungssprachlich, meist abschätzig für jemanden, der ein Werk ohne eigenen Wert aus anderen zusammenstellt.*

Komplize (Komplice)
abwertend für einen Mittäter bei einer Straftat, Helfershelfer. In der Presse war Anfang der 90er Jahre von „Honecker-Komplizen" die Rede.

Komplotteur
veraltet für einen Teilnehmer an einem Komplott, Verschwörer.

Komposti
(zu „Kompost" = natürliche Abfälle als Dünger) *jugendsprachlich scherzhaft-spöttisch bis verächtlich für einen alten oder für alt gehaltenen Menschen.*

Kompromißkandidat
besonders im Jargon der Politiker meist geringschätzig für einen Kandidaten für eine Wahl, auf den man sich in Ermangelung eines besseren schließlich geeinigt hat.
Vgl.: Verlegenheitskandidat.

Kompromißler
abschätzig für jemanden, der zu Kompromissen neigt.
Vgl.: → -ler.

Konfident
(zu lateinisch „konfidere" = vertrauen) *österreichisch für einen Spitzel, Polizeispitzel.*

Konformist
(aus gleichbedeutend englisch „conformist") *meist abschätzig für eine Person, die sich grundsätzlich nach der herrschenden Meinung richtet.*
Vgl.: → -ist.

Konfusionsrat
(schon 1839 als Schimpfwort gebucht, 1846 als Titel einer Posse von W. Friedrich) *veraltend scherzhaft-spöttisch, auch abschätzig für einen konfusen, zerstreuten, wirrköpfigen Menschen.*
Vgl.: Konfusionarius (veraltet), Konfusius (scherzhaft zu „Konfuzius", dem Namen eines chinesischen Philosophen).

-könig
spöttisch-abschätzig für einen König im Negativen. „Rühe, der Bananenkönig!" juxte Frau Vollmer von den Grünen 1990 im Deutschen Bundestag über Volker Rühe (CDU). Auch ein „Pöbelkönig" taucht in den Protokollen auf. Ein altes Sprichwort lautet: „Der Narrenkönig hat die meisten Untertanen."
Vgl.: Gangsterkönig, Glatzenkönig, → Kanonenkönig, → Nasenkönig, Schnulzenkönig.

Königsmörder
in gehobener Sprache eine seltene abschätzige Bezeichnung für jemanden, der eine mächtige Person, einen Herrscher zu Fall bringt, stürzt. Nach Auffassung der WELTWOCHE (Januar 1994) versuchte Frau Seebacher, die Witwe Willy Brandts, Herbert Wehner als „Königsmörder" darzustellen, ihm die Schuld am Kanzlersturz anzulasten.
Vgl.: → Mörder.

Konjunkturritter
abschätzig für jemanden, der eine günstige Lage rasch zu seinem Vorteil nutzt.
Vgl.: → Ritter.

Konkubine
(aus lateinisch „concubina = Beischläferin) *abschätzig, auch scherzhaft-spöttisch für eine Geliebte.*

Konsorten
(Mehrzahl; zu lateinisch „consors" = Genosse; meist in der Fügung „... und Konsorten") *abfällig für Mitbeteiligte bei unsauberen Geschäften und dergleichen.* „Denn Frontmann David Coverdale ist nicht nur ein gefundenes Fressen für die Groupies, sondern auch für Alice Schwarzer und Konsorten" (MANNHEIMER MORGEN, Mai 1981).
Vgl.: → ... & Co., → ... und Konsorten.

Konspirateur (Konspirant, Konspirator)
(zu lateinisch „conspirare") *bildungssprachlich für einen (politischen) Verschwörer.*

Konsumidiot
salopp abwertend für einen kritiklosen, eifrigen Käufer, Konsumenten.
Vgl.: → Idiot, Konsumfetischist, Konsumgeier, Konsumtrottel (selten).

Konversationslexikon s. wandelndes Konversationslexikon

Koofmich
(zu berlinisch „koofen" = kaufen) *landschaftlicher Berufsspott für einen Kaufmann.*
Vgl.: Koofmichel (Nebenform).

-kopf (-kopp)

(der Kopf steht für den ganzen Menschen) *Wortbildungsmittel für eine Unzahl von überwiegend starken Schimpfwörtern für Personen, deren Wesen oder Verhalten Anstoß erregt.* Die größte Gruppe bilden die Dummen. Nach wie vor entstehen neue oder Gelegenheitsbildungen. So ist der amerikanische Schriftsteller William S. Burroughs (1875 – 1950) für die WELTWOCHE (Februar 1994) ein „legendärer Rauschkopf". Eine weitere seltene Spezies ist der „Plattkopf", z.B. in einem Brief Hegels von 1811 an D. I. Niethammer, und zwar in einer Bemerkung über seinen Kollegen Jakob Friedrich Fries: „Die Paragraphen seiner ‚Logik' sind ... gänzlich seicht, geistlos, kahl, trivial, das saloppeste, unzusammenhängendste Kathedergewäsch, das nur ein Plattkopf in der Verdauungsstunde von sich geben kann."

Vgl.: → Affenkopf, Aktenkopf (fränkisch: Beamter), → Ballerkopp, Ballonkopp (hamburgisch), Baselkopp (zerstreut), → Betonkopf, Blasenkopf (dumm), → Blechkopp (Blechkopf), → Blödkopf, → Blötschkopp, → Blubberkopf (Blubberkopp), → Bollerkopp, Brabbelkopp, → Brausekopf, → Brummkopf, → Bullerkopf, → Bumskopp, Dämelskopp, → Dickkopf, → Doofkopp (Doofkopf), → Döskopp (Döskopf), Drehkopf, → Dummkopf, → Dusselkopf, → Eierkopf (Eierkopp), Eisenkopf, Erzdummkopf, → Eselskopf, Faselkopp, → Feuerkopf, → Fischkopf, → Flachkopf, → Flaschenkopf, Flintkopp (stur), Freßkopp, Gänsekopf, Geizkopf, → Geschwollkopf (Gschwollkopf), → Gipskopf, → Glatzkopf, → Glotzkopf, → Gnatzkopf, → Grindkopf, → Großkopf, → Grützkopf, Hartkopf, → Hitzkopf, → Hohlkopf, → Holzkopf, → Kahlkopf, Kaktuskopf, → Kalbskopf, → Kappeskopf (Kappeskopp), → Käskopf, → Käsköppe, → Kasperlkopf, → Kindskopf, → Klößkopp (Kloßkopp), → Klotzkopf, → Knallkopf (Knallkopp), Knatschkopp, Knäulkopp (stur), Knibbelkopp, → Knieskopp, Knötterkopp, Knurrkopf (Knurrkopp), → Kohlkopf, → Kommißkopf (Kommißkopp), → Krauskopf, → Krautkopf, Kreuzkopf (katholisch), → Krawallkopf, → Kuhkopf, Kürbiskopf, → Laberkopf (Laberkopp), → Mauskopf, → Militärkopf (Militärkopp), → Mostkopf, → Motzkopf, → Muffkopp (Muffkopf), → Murrkopf, Mutzkopf, Narrenkopf, → Neidkopf, -nischel (ostmitteldeutsch), Nölkopp, Nudelkopf, → Ochsenkopp (Ochsenkopf), Ölkopf (Langweiler; Säufer), → Pfeifenkopf, Pieselkopp, Plattkopf, → Pomuchelskopp, Preußenkopf, → Primelkopp (Primelkopf), → Pulverkopf, Quarkkopf, Quarrkopf, → Quasselkopf, → Quaterkopp, → Quatschkopf, → Querkopf, → Quesenkopp, → Rappelkopf, → Rotkopf, Ruschelkopf (oberflächlich), → Sabbelkopf, Sabberkopf, → Saufkopp (Saufkopf), → Saukopf, → -schädel, → Schafskopf (Schafkopf), Schiefkopf (wirrköpfig), → Schlaukopf, → Schlummerkopf, Schlunzkopp, Schmarrkopf, → Schwachkopf, → Schwallkopf, Schwatzkopf, → Schweinskopf, → Schwellkopf, → Schwiemelkopf, Schwollkopf, → Semmelkopp (Semmelkopf), Siffkopf, → Spatzenkopf, Spitzkopf, → Spritkopp (Spritkopf), → Sprudelkopf, → Starrkopf, → Steckkopf, → Strobelkopf, → Strohkopf, → Strubbelkopf, → Strudelkopf, → Struwwelkopf, Sturkopf, Stutzkopf, → Suffkopp (Suffkopf), → Sülzkopp (Sülzkopf), → Tollkopf, → Torfkopp (Torfkopf), Trankopp, → Trotzkopf, Tütenkopp, → Wasserkopf, Wirbelkopf, → Wirrkopf, Wuschelkopp, Zementkopf, → Zottelkopf.

Kopfhänger

(nach Jesaja 58,5, wo es heißt: „... wenn ein Mensch seinen Kopf hängen läßt wie Schilf") *oft abschätzig für einen mutlosen, trübsinnigen Menschen.* Ein Epigramm von Wilhelm Müller aus dem 19. Jahrhundert:

„Wenn die Kopfhänger all' in den Himmel kommen,
Erbarme dich, Gott, der fröhlichen Frommen!
Sie desertiren aus deinem Saal
Vor langer Weil' in die Höllenqual."

Vgl.: → Hänger.

Kopfmensch

oft geringschätzig für einen einseitig vom Verstand bestimmten Menschen.

Kopfnicker

abfällig für eine Person, die zu allem ja sagt, nie widerspricht.

Vgl.: → Nickaugust, → Nicker.

Kopist

(zu „kopieren") *oft abschätzig für einen Nachahmer, Abschreiber.*

Vgl.: → -ist.

Korah s. Rotte Korah

Korinthenkacker
(zu „Korinthe" = kleine, kernlose Rosine, nach dem Namen der Stadt Korinth) *ein derbes Schimpfwort für einen kleinlichen, engstirnigen, pedantischen Menschen.*
Vgl.: → Kacker, → Krümelkacker.

Körnerfresser
spöttisch-abschätzig für eine Person, die sich hauptsächlich von Müsli, Vollkornbrot u. dergl. ernährt.
Vgl.: → Fresser, → -fresser.

Korona
(zu lateinisch „corona" = Kranz, Krone) *oft abschätzig für eine Schar, Horde, Bande.*

Korps
(zu lateinisch „corpus" = Körper) *landschaftlich abschätzig für freches Pack, Gesindel.* Die folgende Strophe stammt aus einem „Hakenkreuzlerlied" und stand 1924 in der österreichischen satirischen Zeitschrift DIE LEUCHTRAKETE:
„Knirpse, kaum drei Käse hoch,
gehn auf die Passanten los;
Buben, naß noch hinterm Ohr,
bilden dieses saubre Korps."
Vgl.: → Chor, Korps der Rache (veraltet).

Kötel
(eigentlich ein Kotklümpchen) *eine norddeutsche Schelte für ein freches kleines Kind.*
Vgl.: Angstkötel, → Frostkötel, Neidkötel, Rotzkötel.

Köter
(eigentlich ein Schimpfwort für einen Hund) *selten als abfällige Bezeichnung für einen wüst schimpfenden, „kläffenden" Menschen.*

Koterie
(aus gleichbedeutend französisch „coterie") *veraltet abschätzig für eine Clique, Sippschaft oder Kaste.*

Kotzbrocken
emotional abwertend für einen widerlichen Menschen. Über den „Metzger, Musiker und Moderator" Stefan Raab schrieb die TV-SPIELFILM (Ende Juli 1996): „Kultfigur oder Kotzbrocken?"
Vgl.: → Brocken.

Krabbe
(eigentlich ein kleiner Krebs) *leicht abwertend für ein wildes, unartiges, streitsüchtiges Kind.*

Kracher
(meist in der Fügung „alter Kracher"; wahrscheinlich auf das Knacken der Gelenke bezogen) *abschätzig für einen alten Mann.*
Vgl.: alter Kracher, → Knacker.

Krachmacher
abschätzig für einen lärmenden oder streitsüchtigen Menschen.
Vgl.: Krachmeier, Krachscheit (zänkisch), Krachschläger (Zänker, Aufwiegler), → -macher.

Kracke, die
(eigentlich ein altes, schwaches Pferd) *geringschätzig für einen alten, gebrechlichen, schwachen Menschen.*
Vgl.: alte Kracke.

Krafthuber
abschätzig für einen starken, aber unintelligenten Mann, der mit seiner Kraft prahlt.
Vgl.: → -huber.

Kraftlackel
in Österreich und Bayern abschätzig für einen dümmlichen Mann, der mit seiner Kraft prahlt.
Vgl.: → Lackel (Lackl).

Kraftmeier
(ein älteres Wort, das aber 1897 durch die Titelfigur des „Kraft-Mayr", des kraftvollen Pianisten Florian Mayr in Frh. v. Wolzogens Liszt-Roman bekannt wurde) *meist abschätzig für einen sehr starken Mann (der mit seiner Körperkraft prahlt).* Markus Lüpertz, gefeierter Künstler und nebenher Rektor der Düsseldorfer Kunstakademie, sei „der Kraftmeier unter den Künstlern", so die SÜDDEUTSCHE ZEITUNG (Juli 1994).
Vgl.: Kraftbolzen, → -meier.

Kraftprotz
abfällig für jemanden, der mit seiner Körperkraft protzt.
Vgl.: Kraftmotz, → Protz (Protzer), → -protz.

Krähe
abfällig für eine unangenehme, häßliche (alte) Frau. 1970 beschimpfte Herbert Wehner (SPD) den Abgeordneten Jürgen Wohlrabe aus dem Lager des politischen Gegners als „Übelkrähe".
Vgl.: alte Krähe, → Nebelkrähe, Saatkrähe.

Krähwinkler
(nach dem fiktiven Ortsnamen „Krähwinkel", der zuerst 1801 in Jean Pauls Satire DAS HEIMLICHE KLAGELIED DER JETZIGEN MÄNNER und 1803 in Kotzebues Lustspiel DIE DEUTSCHEN KLEINSTÄDTER verwendet wurde) *spöttisch-abschätzig für einen spießbürgerlichen Provinzler.* Das folgende Spottlied entstand in den Befreiungskriegen gegen Napoleon (1813 – 1815):
„Immer langsam voran,
immer langsam voran,
daß der Krähwinkler Landsturm
mitkommen kann ..."
Vgl.: → -ler.

Krakeeler
abfällig für eine laut schreiende, schimpfende, sich streitende Person.
Vgl.: → -ler.

Krämer
(eigentlich ein altes Wort für einen kleinen Lebensmittelhändler) *abfällig für einen kleinlichen, engstirnigen, geizigen Menschen: ein kleiner, erbärmlicher, mieser Krämer.* Den schlechten Ruf, in dem das Gewerbe des Krämers schon früh stand, zeigt das Sprichwort: „Betrug ist der Krämer Acker und Pflug."

-krämer
abwertend für eine Person, die sich in kleinlicher, krämerhafter Weise mit etwas befaßt.
Vgl.: Ablaßkrämer (Geistlicher), → Aktenkrämer, Bagatellenkrämer, Bankrottskrämer, → Buchstabenkrämer, Detailkrämer, → Geheimniskrämer, → Heimlichkeitskrämer, → Kleinigkeitskrämer, → Kleinkrämer, → Kleinlichkeitskrämer, Klippkrämer (kleiner Krämer), → Lumpenkrämer, → Mausefallenhändler (Mausefallenkrämer), → Neuigkeitskrämer, Pfennigkrämer, → Prozeßkrämer, → Umstandskrämer, Wortkrämer.

Krämergeist = Krämerseele

Krämerseele
abschätzig für einen engstirnigen, kleinlich gesinnten Menschen.
Vgl.: Krämergeist.

Krämervolk
(in Luthers Bibelübersetzung eine Bezeichnung für die Händler in einem bestimmten Viertel Jerusalems, denen der Untergang geweissagt wird; vor und nach dem 1. Weltkrieg gegen die Engländer verwendet, nach Adam Smith, der 1776 von einer „nation of shopkeepers" sprach) *veraltet abschätzig für eine handeltreibende Nation.*
Vgl.: → Volk, → -volk, Volk von Krämern.

Krampe (Krampen)
landschaftlich abschätzig für 1. einen Versager. 2. ein ungezogenes Kind.
Vgl.: Kramperl (österreichisch: schwächlich).

Krampfadergeschwader
(Anspielung auf Krampfadern bei älteren Frauen) *spöttisch-abschätzig für eine Gruppe zusammengehörender Frauen.*

Krampfbolle
(zu mundartlich „Krampf" = Unsinn, Wertloses) *besonders fränkisch und schwäbisch für einen geschwätzigen Aufschneider oder einen dicken Menschen.*
Vgl.: → Bolle.

Krampfbruder
oberdeutsch abschätzig für einen sprücheklopfenden, närrischen Mann oder einen unseriösen Geschäftemacher.
Vgl.: → Bruder, → -bruder.

Krampfer
schweizerisch oft abschätzig für einen verbissenen Arbeiter, Streber.

Krampfhenne
landschaftlich salopp abwertend für eine überspannte, verstiegene, unseriöse Frau; seltener für einen Menschen, der unter Krämpfen leidet.
Vgl.: → Henne.

Kranker s. eingebildeter Kranker

Krankfeierer
eine seltene abschätzige Bezeichnung für einen Arbeitnehmer, der wegen einer angeblichen Erkrankung seiner Arbeit fernbleibt, ohne wirklich arbeitsunfähig zu sein.
Vgl.: Krankmacher (selten).

Kränkling
veraltend und oft geringschätzig für einen kränklichen Menschen.
Vgl.: Kränkler, → -ling.

Krapüle, die
(aus gleichbedeutend französisch „crapule") *bildungssprachlich selten für Gesindel.* „Die Sorge um Volk und seine Jugend! Mein Gott! Wer noch dran denkt! Diese crapule, ob jung oder alt, einen Dreck geht es mich an!" (Gottfried Benn).

Krat, der (die)
(wahrscheinlich zu „Kröte" zu stellen) *ein seltenes Schimpfwort für einen verkommenen Mann; Primitivling.*

-krat
(zu griechisch „kratein" = herrschen) *ein Wortbildungselement für abwertende und scherzhaft-spöttische Bezeichnungen für Vertreter einer bestimmten Herrschaftsform oder Verhaltensweise.* Gelegenheitsbildungen sind häufig. So war in einem SPIEGEL-Leserbrief (November 1993) von „Bananokraten" die Rede, und die ZEIT (August 1994) nannte „Kleptokrat". Der DUDEN bringt natürlich die Scherzbildung „Grammatokrat".
Vgl.: → Autokrat, Bonzokrat, → Bürokrat, → Eurokrat, → Filzokrat, Geldaristokrat (selten), Gerontokrat, → Phallokrat, → Plutokrat, Pornokrat, → Technokrat.

Krätscher
westmitteldeutsch für einen Nörgler, Besserwisser.

Krattler
(eigentlich ein Händler, der mit einem Handkarren, einer „Kratte", herumzieht) *süddeutsch abfällig für einen Taugenichts, Hungerleider.*
Vgl.: → -ler.

Kratzbürste
(eigentlich eine Drahtbürste) *meist abschätzig für eine zänkische, widerspenstige Person, ein unfreundliches, widerborstiges Mädchen; selten für einen unrasierten Mann.*
Vgl.: → Bürste.

Krauskopf
abfällig für einen wirrköpfigen, eigensinnigen Menschen. Dazu das Sprichwort: „Krauses Haar, krauser Sinn."
Vgl.: → -kopf (-kopp).

Kraut, der
(schon 1841 in dieser Bedeutung; kurz für „Sauerkraut", dem angeblichen Lieblingsgericht der Deutschen) *eine abwertende amerikanische, weniger englische Bezeichnung für einen Deutschen, deutschen Soldaten.* Die 86. Straße in New York, in der viele Deutsche wohnen, heißt im Volksmund „Sauerkraut-Street". Zum Bild des Deutschen in der britischen Karikatur fiel der FRANKFURTER ALLGEMEINEN ZEITUNG (Januar 1994) der Titel ein: „Bei den Krauts ist ein Gen locker".
Vgl.: → Krautfresser, → Sauerkraut, Sauerkrautfresser.

Kräutchen
abschätzig für 1. ein → Kräutchen Rührmichnichtan. 2. einen mißratenen Menschen, Taugenichts.
Vgl.: → -chen (-lein), Kräutchen auf jeder Suppe (mischt sich überall ein, ist immer dabei), Kräutlein (Variante).

Kräutchen Rührmichnichtan
(der Name des Springkrauts, dessen reife Fruchtkapseln bei der geringsten Berührung aufspringen und die Samen heraus-

schleudern) *oft geringschätzig für einen überempfindlichen, leicht beleidigten Menschen.*
Vgl.: Blümchen Rührmichnichtan, → -chen (-lein), Fräulein Rührmichnichtan, Kräutlein Rührmichnichtan (Variante), Nolimetangere (lateinisch), Rührmichnichtan.

Krauter
(früher eine Bezeichnung der Gesellen für ihren Meister, der Ihnen „Kraut", also Kost gab) *salopp abwertend für 1. einen Menschen, der Gemüse anbaut. 2. einen kleinen, unbedeutenden Geschäftsmann, Handwerker o.ä.* „Es waren kleine Krauter aus Deutschland, die am Atomprogramm des Saddam Hussein einen nicht geringen Anteil hatten" (SPIEGEL, August 1994).

Krauterer
(zu „krautern" = langsam und mühsam arbeiten wie beim Ausreißen des Unkrauts) *abschätzig für 1. einen langsamen, nichts zuwege bringenden, alten Mann. 2. einen Pfuscher. 3. einen Gemüsehändler, Gärtner o.dergl.* In einem Lied aus der Operette DER VOGELHÄNDLER heißt es:
„Als mei Ahnerl siebzig Jahr
Und a alter Krautrer war."
Vgl.: alter Krauterer, Gemüsekrauterer (selten).

Kräuterhexe
salopp abwertend für eine alte Kräutersammlerin.
Vgl.: → Hexe.

Krautfresser
1. salopp abwertend für einen → Kraut. 2. abschätzig für einen ärmlich lebenden Menschen. 3. spöttisch-abschätzig für einen Vegetarier. 4. in Österreich salopp abwertend für einen Strafgefangenen.
Vgl.: → Fresser, → -fresser, Sauerkrautfresser.

Krautjunker
eine frühere abschätzige Spottbezeichnung für einen Landadligen, bäuerlichen Landedelmann (der wie ein Bauer auftrat).
Vgl.: Krautbaron, → Junker.

Krautkopf
ein dummer, läppischer Mensch, Trottel.
Vgl.: → -kopf (-kopp).

Krautscheuche
(eigentlich eine Vogelscheuche im Gemüsegarten) *süddeutsch und österreichisch abfällig für eine häßliche, ältere Frau.*
Vgl.: Krautmannl (österreichisch: häßlicher, unscheinbarer Mann), → Scheuche, → Vogelscheuche.

Krawallant
(Neuwort seit 1980) *abschätzig für jemanden, der Krawall macht, sich an Krawallen, Tumulten, gewalttätigen Demonstrationen beteiligt.*

Krawallbruder
abfällig für einen lärmenden oder streitsüchtigen, aufrührerischen Mann.
Vgl.: → Bruder, → -bruder.

Krawaller = Krawallmacher

Krawallkopf
abfällig für einen aufrührerischen, gewalttätigen Menschen.
Vgl.: → -kopf (-kopp).

Krawallmacher
abfällig für einen lärmenden, streitsüchtigen oder sich an Krawallen, Ausschreitungen beteiligenden Menschen.
Vgl.: Krawaller, Krawalljacke, Krawallschani (österreichisch: Stänkerer, Lärmmacher), Krawallschläger, Krawallschuster (selten), Krawalltüte, → -macher.

Krawallo
vorwiegend jugendsprachlich für jemanden, der Streit sucht, lärmt oder sich an öffentlichen Krawallen beteiligt.

Krawallschachtel
salopp abwertend für eine Frau, die Lärm schlägt, laut streitet, schreit.
Vgl.: Krawallkathel (österreichisch), Krawallnudel, → Schachtel.

Krawalltüte = Krawallmacher

Krawat (Krowot)
(eigentlich ein Kroate) *landschaftlich abfällig für 1. einen groben, primitiven, ungestü-*

men Kerl. 2. ein freches, wildes Kind. 3. einen Kroaten.

Krawattenmacher
(zu gaunersprachlich „Krawatte“ = Henkerstrick) *abfällig für einen Wucherer, Halsabschneider, Betrüger.*
Vgl.: → -macher.

Krawattenmuffel
(1964 von der Werbung aufgebracht) *scherzhaft-spöttisch, selten abwertend für einen Mann, der ungern oder nie eine Krawatte trägt.*
Vgl.: → Muffel, → -muffel.

Krawattentenor (Krawatteltenor)
ein abschätziges Spottwort für einen schlechten Tenor mit gepreßter Stimme.

Kraxe (Kraxen)
(eigentlich ein Rückentragekorb) *österreichisch derb abwertend für eine (verkommene) häßliche Frau.*

Kraxler
(zu „kraxeln“ = bergsteigen, mühsam klettern) *oft leicht abwertend für einen Bergsteiger, Kletterer.*
Vgl.: → -ler.

Kreatur
(eigentlich ein Geschöpf, Lebewesen; zu lateinisch „creare“ = erschaffen) *verächtlich für 1. einen armseligen oder niederträchtigen Menschen: eine elende, widerliche, erbärmliche, üble, gemeine, verächtliche Kreatur. 2. ein gehorsames Werkzeug anderer ohne eigenen Willen, einen abhängigen Günstling.* Der Schriftsteller Wolf Biermann gebrauchte im SPIEGEL (Dezember 1993) für die Politiker „Thälmann, Ulbricht & Co.“ den Ausdruck „Stalins Kreaturen“.
Vgl.: armselige Kreatur, willenlose Kreatur.

Kredithai
(wohl eine Lehnübersetzung des englischen „loan shark“) *abfällig für einen wucherischen, betrügerischen Kreditgeber.*
Vgl.: → Hai (Haifisch) → -hai.

Kren
(eigentlich Meerrettich; vielleicht auch zu jiddisch „keren“ = Kapital) *österreichisch salopp, auch abschätzig für einen einfältigen, arglosen Menschen; Betrugsopfer.*
Vgl.: → Mandl mit Kren.

Krepierl, das (der)
(zu „krepieren“ = elend sterben) *in Bayern und Österreich salopp abwertend für eine sehr schwache, krank aussehende, unscheinbare Person.*

Krethi und Plethi
(geht auf die Stelle in 2. Samuel 8,18 in Luthers Bibelübersetzung zurück, wo von Davids Leibwache gesagt wird, sie bestehe aus „Krethern und Plethern“, was wohl für die alten hebräischen Bezeichnungen für Scharfrichter und Eilboten steht; vielleicht auch in der Bedeutung „Kreter und Philister“) *abfällig für alle möglichen Leute, Hinz und Kunz; Gesindel.*

Kretin
(etymologisch verwandt mit dem Wort Christ) *verächtlich für einen dummen, töricht handelnden Menschen.*

Kreuzlschreiber
(zu den drei Kreuzen, die der Analphabet ersatzweise als Unterschrift leistet) *österreichisch spöttisch-abschätzig für einen Schreibunkundigen.*

Kriecher
(vielleicht verkürzt aus „Arschkriecher“) *verächtlich für eine Person, die sich unterwürfig, anbiedernd gegenüber Höhergestellten verhält.*
Vgl.: → Arschkriecher, Hintenreinkriecher.

Kriechling
selten für einen unwürdigen Schmeichler, Kriecher.
Vgl.: → -ling.

Krieger s. kalter Krieger, s. müder Krieger

Kriegsgewinnler
abfällig für jemanden, der am Krieg verdient, z.B. als Waffenhändler.
Vgl.: → -gewinnler, Kriegshabicht (selten), Kriegsprofitler, Kriegsverdiener, → -ler.

Kriegshetzer
abfällig für jemanden, der Hetzreden führt, der den Krieg gutheißt, zum Krieg auffordert.
Vgl.: → Hetzer.

Kriegstreiber
abfällig für jemanden, vor allem einen Politiker, der zum Krieg aufhetzt, eine Politik betreibt, die zum Krieg führt. Der SPIEGEL (Februar 1995) sprach vom „Belgrader Kriegstreiber Milošević".

Kriegsverbrecher
meist abfällig für jemanden, der ein Kriegsverbrechen begangen hat oder an einem Krieg mitschuldig ist. In einem politischen Kommentar zur Lage in Bosnien schrieb die FRANKFURTER RUNDSCHAU (Juli 1995) über den „Zyniker und Kriegsverbrecher Radovan Karadžić.
Vgl.: → Verbrecher, → -verbrecher.

kriminelle Elemente
(meist Mehrzahl) *verächtlich für verbrecherische Menschen, übles Gaunergesindel.*
Vgl.: → Element, kriminelles Subjekt.

Krimineller
oft abschätzig für jemanden, der straffällig geworden ist, einen verbrecherischen Menschen.
Vgl.: Umweltkrimineller, → Wirtschaftskrimineller.

Krippenbeißer
(eigentlich ein Pferd, das in die Krippe beißt) *eine landschaftliche, weitverbreitete Schelte für einen neidischen oder zänkischen, streitsüchtigen Menschen; auch unterschiedliche andere Bedeutungen.*
Vgl.: → Beißer.

Krischer
(verwandt mit „kreischen") *westmitteldeutsch abfällig für einen zänkischen Menschen, Schreihals.* Die Einwohner der Pfalz heißen im Volksmund „Pälzer Krischer".
Vgl.: Großkrischer (Großmaul).

Krispel (Krisperl), das
(Herkunft unklar, vielleicht zu mittelhochdeutsch „kruspel" = Knorpel, Knorren) *in Österreich und Süddeutschland geringschätzig für eine schmächtige, schwächliche (männliche) Person.*

Krispindel (Krispinderl), das (der)
(leitet sich her von „Krispinus", dem Schutzheiligen der Schuster, beeinflußt von „spindeldürr") *vorwiegend österreichisch geringschätzig für einen mageren, schwächlichen Menschen; ein unterentwickeltes, kleines Kind.*

Kritikaster
(Analogiebildung zu „Philosophaster"; zuerst 1767 bei Lessing) *bildungssprachlich abschätzig für einen kleinlichen, nörgelnden Kritiker.* In seinem Gedicht „Ein silbern ABC" (1799) gibt uns Matthias Claudius den Rat: „Vor Kritikastern hüte dich; wer Pech angreift, besudelt sich".

Kritikerpapst
(im Anschluß an die Unfehlbarkeitserklärung des Papstes von 1870) *meist spöttisch-abschätzig für einen Kritiker, der als unumschränkte Autorität gilt (und sein Urteil für unfehlbar hält).*
Vgl.: → -papst.

Kritikus
(aus gleichbedeutend lateinisch „criticus") *veraltet, noch scherzhaft, auch abwertend für einen (kleinlichen) Kritiker.* Von Paul Heyse (1830 – 1914) stammt das Gedicht:

„Willst du beim Publikum was gelten
und dich als Kritikus erproben,
dann rate ich dir: Lobe selten,
denn Tadeln fällt mehr auf als Loben."

Krittler (Kritteler)
abschätzig für eine kleinlich tadelnde, kritisierende Person. In seinem DIVAN bemerkte Goethe selbstbewußt über seine Lieder:

„Die schreib ich immer schöner,
Trotz Krittler und Verhöhner".

Christian Friedrich Daniel Schubart wetterte 1787 gegen die „Kunstkrittler", die „aus Seichtheit an Kenntnis und Ge-

schmack, auch aus Parteisucht meist das Schlechte loben und das Gute tadeln."
Vgl.: Bekrittler, Kritisierer (kaum abwertend), Krittelpitter, Kunstkrittler (beides selten), → -ler.

Kroppzeug
(zu norddeutsch „Krop" = kriechendes Wesen) *verächtlich für Gesindel, Pack.*
Vgl.: Grobzeug (Variante), Zeug.

Krösus
(nach Kroisos, dem letzten und außerordentlich reichen König von Lydien im 6. Jahrhundert v.Chr.) *oft leicht spöttisch oder geringschätzig für einen steinreichen Mann.*

Kröte
abfällig für 1. eine widerwärtige, gemeine, häßliche oder dumme Person: du verdammte, alte, häßliche, unverschämte, widerliche, dumme Kröte. 2. ein freches Kind, ein unverschämtes Mädchen. Erstaunlich aggressiv äußerte sich Erich Kästner in einem Gedicht von 1930 über „Sogenannte Klassefrauen":

„Wenn's doch Mode würde, diesen Kröten
jede Öffnung einzeln zuzulöten!"

Bei Wilhelm Raabe gibt es einen „wüsten Kröterich". Diese unübliche männliche Form des Wortes wurde 1988 in der Monatsschrift der CDU-Sozialausschüsse gegen Franz Josef Strauß verwendet: „Einst ein brüllender, kraftstrotzender Löwe, hatte ihn die unbarmherzige Alters-Fee – auch zuständig für geistigen und körperlichen Verfall –, aber auch der Seelentröster Alkohol in die Gestalt eines nurmehr in ‚öffentlichen Briefen' raunzenden ‚Kröterichs' verwandelt."
Vgl.: Aaskröte, → freche Kröte, giftige Kröte, → Giftkröte, → kleine Kröte, Kröterich, Schietkröte (norddeutsch).

Krott
(ältere Lautform zu „Kröte", noch mundartlich) *landschaftlich abschätzig für ein freches Kind, vor allem ein vorlautes, ungezogenes Mädchen.*
Vgl.: → Arschkrott, kleine Krott, → Lausekrott.

Krowot = Krawat (Krowot)

Krücke
Schimpfwort für einen Versager, Schwächling, unfähigen Menschen.
Vgl.: Arschkrücke, Ehekrücke (selten: Ehefrau), lahme Krücke.

Kruke, die
(eigentlich ein Krug, eine dicke Flasche aus Ton, Steingut o.ä.) *besonders norddeutsch salopp, auch abschätzig für einen komischen, schrulligen Menschen: eine dämliche, komische, putzige, kleine, wunderliche Kruke.*
Vgl.: Essigkruke (mürrisch), Furzkruke (widerlich), → komische Kruke, → ulkige Kruke.

Krümel
(eigentlich eine kleine Krume, etwa von Brot) *oft geringschätzig für ein kleines Kind, eine kleine (vorlaute) Person.* Bekannt ist der angeberische Prolospruch: „Wenn der Kuchen redet, haben die Krümel Pause!"
Vgl.: Arschkrümel.

Krümelkacker
derb abwertend für einen in ärgerlicher Weise kleinlichen Menschen.
Vgl.: → Kacker, → Korinthenkacker.

Krümelsucher
besonders hessisch für einen kleinlichen, pedantischen Menschen.

Krummbuckel
abschätzig für 1. einen Menschen mit einem Buckel, einem krummen Rücken. 2. einen Kriecher, unterwürfigen Menschen.
Vgl.: → Buckelinski, Krummbuckler.

krummer Hund
(seit mittelhochdeutscher Zeit: krumm = unmoralisch, dazu das Sprichwort: „Je krümmer, je schlimmer!") *ein zwielichtiger, heimtückischer Bursche; Betrüger.*
Vgl.: → Hund.

krummes Gefick
derb abwertend für 1. einen Menschen in gekrümmter Haltung. 2. einen Versager.
Vgl.: → Gefick.

Krummnase
abfällig für eine Person mit einer krummen Nase, Hakennase.

Krummstiefel

(zuerst auf den Infanteristen bezogen) *abfällig für einen Menschen mit krummen Beinen oder sehr schlechter Haltung; seltener für einen Versager oder heimtückischen Menschen.*

Vgl.: Kamerad Krummstiefel (österreichisch: deutscher Soldat), Krummstiebel (Variante), → Stiefel.

Krüppel

1. emotional, meist abwertend für einen dauerhaft körperbehinderten Menschen. 2. ein derbes Schimpfwort für einen verächtlichen, niederträchtigen Menschen. 3. landschaftlich abschätzig für ein freches Kind. Böse schimpfte Friedrich Nietzsche über den großen Immanuel Kant. Dieser sei der „verwachsenste Begriffs-Krüppel, den es je gegeben hat" (GÖTZEN-DÄMMERUNG, 1888). Neuerdings hört man in Deutschland vereinzelt wieder Nazisprüche wie „Krüppel ins Gas!"

Vgl.: → Charakterkrüppel, → Ehekrüppel, Ehestandskrüppel (selten), elender Krüppel, Gefühlskrüppel, Geisteskrüppel, geistiger Krüppel, → Gemütskrüppel, Gesinnungskrüppel, Gewissenskrüppel, → Hundskrüppel, Kröpel (Nebenform), Mistkrüppel, Saukrüppel, → Seelenkrüppel, seelischer Krüppel, → Staatskrüppel.

Küchenbulle

besonders soldatensprachlich salopp, auch geringschätzig für einen Koch, Kantinenkoch.

Vgl.: → Bulle.

Küchendragoner

(ursprünglich eine amtliche Bezeichnung für bestimmte Regimenter am preußischen Hof) *scherzhaft-spöttisch, kaum abwertend für eine energische, derbe Köchin, Küchenhilfe.*

Vgl.: → Dragoner, Kucheldragoner (österreichische Variante), Küchenhusar (veraltet).

Küchenkabinett

(Lehnübersetzung von englisch „kitchen cabinet", ursprünglich = Beraterstab des amerikanischen Präsidenten) *bildungssprachlich scherzhaft, auch leicht abwertend für eine Gruppe inoffizieller Berater eines Politikers.* „Kernproblem der Regierung ist der Regierungsstil des Kanzlers. Kohl hält sich gern, allzu gern, an vertraute Gesichter, hält sich an eine Art Küchenkabinett" (RHEINPFALZ, November 1984).

Küchenlateiner

(nach dem italienischen Humanisten L. Valla, 1407 – 1457, der seinem Landsmann G.F. Poggio Bracciolini vorwarf, er habe von einem Koch Latein gelernt und zerbreche die Regeln des Lateins wie jener das Geschirr) *spöttisch-ironisch für einen Menschen, der schlechtes, fehlerhaftes Latein spricht oder schreibt.*

Küchentrampel

abfällig für eine derbe, plumpe Küchenmagd, Köchin.

Vgl.: Küchenpampel (selten), → Trampel.

Kücken = Küken

Kuckuck

veraltet als abschätzige Bezeichnung für ein von der Mutter untergeschobenes Kind eines außerehelichen Vaters; seltener für den dabei betrogenen Ehemann.

Kuckuck unter Nachtigallen

(wohl nach der Fabel von Christian Fürchtegott Gellert, 1715 – 1769, in welcher der Kuckuck sich auf einen Gesangswettstreit mit der Nachtigall einläßt) *scherzhaft-spöttisch für einen Laien unter lauter Fachleuten.*

Kuckucksei

(eigentlich das Ei eines Kuckucks, der seine Eier gelegentlich in fremde Nester legt) *salopp, auch abschätzig für ein Kind einer Familie, das von einem fremden Vater stammt.*

Kugel

selten als abschätzige Bezeichnung für einen dicken Menschen.

Kuh

abfällig für eine dicke, plumpe oder dumme Frau; selten auch für eine Frau mit einem großen Busen: eine alte, faule, dämliche, doofe, romantische, dicke Kuh. Friedrich Nietzsche mochte auch George Sand nicht: „Diese unausstehliche Künstlerin, diese fruchtbare Schreibe-Kuh ..." (STREIFZÜGE EINES UNZEITGEMÄSSEN, 1873).

Vgl.: alte Kuh, → blöde Kuh, Bruchkuh (einfältig, ungeschickt), → bunte Kuh, → dumme Kuh, dusselige Kuh, → Melkkuh, → Milchkuh, Muhkuh (unbeholfen), → Schneekuh.

Kuhbauer
abfällig für 1. einen Bauern. 2. einen ungehobelten, bäurischen Menschen.
Vgl.: → Bauer.

Kuhkopf
ein seltenes Schimpfwort für einen Dummkopf. „Wie je ein Halbgebildeter immer gefährlicher ist als ein Kuhkopf" (Kurt Tucholsky).
Vgl.: → -kopf (-kopp).

Kujon
(aus französisch „couillon" = Schuft, Memme; eigentlich = Entmannter, zu lateinisch „coelus" = Hodensack) *veraltend für einen Schuft, Feigling, Quäler.*

Küken
1. oft geringschätzig für ein unreifes junges Mädchen. 2. scherzhaft, kaum abwertend für das jüngste Mitglied einer Gruppe, Familie.
Vgl.: → Elefantenküken, Kücken (orthographische Variante), Kükenfleisch (junge Mädchen), → Nestküken.

Kuli
(eigentlich ein ostasiatischer Tagelöhner, Lastträger; nach dem Namen eines Volksstammes in Westindien) *salopp, auch abschätzig für einen Untergebenen, insbesondere einen ausgebeuteten Arbeiter.*
Vgl.: Benzinkuli (Fahrer; Tankwart), → Tintenkuli.

Kulissenschieber
(zu „Kulisse" = verschiebbarer Teil der Bühnendekoration im Theater) *1. scherzhaft, auch geringschätzig für einen Bühnenarbeiter. 2. salopp, oft geringschätzig für einen Politiker oder Funktionär, der wirkungsvoll aus dem Hintergrund agiert, andere in Szene setzt.* Er sei „allenfalls Souffleur, Kulissenschieber", rückte der langjährige Kanzlerberater Eduard Ackermann 1994 in seinen Memoiren zurecht.

Kulturbanause
abfällig oder scherzhaft-tadelnd für jemanden ohne Kunstverständnis, ohne Bildung.
Vgl.: → Banause, Kulturbremse, Kulturphilister (veraltet), → Kunstbanause.

Kulturbarbar
abfällig für einen völlig unkultivierten Menschen.
Vgl.: → Barbar, Kulturprolet, Kunstbarbar.

Kulturbolschewist
(zu „Kulturbolschewismus" als dem Versuch, marxistische Kunst zu schaffen und politisch zu nutzen; in der NS-Zeit Schlagwort gegen „entartete" Kunst) *spöttisch-abschätzig für einen Menschen ohne höhere Kultur, einen Banausen.*
Vgl.: → Bolschewist (Bolschewik), → -ist.

Kulturmuffel
abschätzig für einen Menschen ohne Sinn für Kulturelles.
Vgl.: Kulturfeind, → Muffel, → -muffel.

Kulturpapst
(im Anschluß an die Unfehlbarkeitserklärung des Papstes von 1870 aufgekommen) *scherzhaft-spöttisch, auch abschätzig für eine Person, die in kulturellen Fragen als unumschränkte Autorität gilt oder sich diesen Rang anmaßt.*
Vgl.: → -papst.

Kümmelspalter
(Schon in Platons SYMPOSION ist von einem Menschen die Rede, der aus Geiz ein Kümmelkorn spaltet) *abfällig für einen kleinlichen, geizigen oder pedantischen Menschen.*
Vgl.: Kümmelkernspalter (seltene Variante), → -spalter.

Kümmeltürke
(um 1790 eine Bezeichnung für einen Studenten aus dem Umland von Halle, der im Volksmund so genannten „Kümmeltürkei"; seltene weibliche Form: Kümmeltürkin) *1. ein allgemeines Schimpfwort. 2. abfällig für einen Türken, türkischen Gastarbeiter. 3. seltener für einen Säufer, Kümmelschnapstrinker.*

Kümmerer = Kümmerling

Kümmerling
geringschätzig für einen schwächlichen, zurückgebliebenen, verkümmerten Menschen. „Frei von jeglicher Sünde – gut, aber frei von jeglicher Lust, das kann nicht sein. Man würde Jesus sonst zu einem rechten Küm-

merling machen" (Uta Ranke-Heinemann: EUNUCHEN FÜR DAS HIMMELREICH, 1989).
Vgl.: Kümmerer, → -ling.

Kumpan

(ursprünglich = Brotgenosse, zu lateinisch „panis" = Brot) *meist abschätzig für einen Gefährten bei bestimmten Unternehmungen, Mittäter, Spießgesellen.*
Vgl.: Knastkumpan, Kneipkumpan, → Saufkumpan, Trinkkumpan, → Zechkumpan.

Kunde

1. gaunersprachlich für einen Landstreicher.
2. abfällig für einen üblen Burschen, Kerl.
Vgl.: → fauler Kunde, „sauberer Kunde", „schöner Kunde" (beides ironisch), → übler Kunde, unsicherer Kunde.

Kunkel (Kunkeler)

(zu „kunkeln" = plaudern; tratschen; intrigieren) *eine norddeutsche Schelte für eine liederliche Frau oder einen verleumderischen Schwätzer.* Die „Ballade in U-Dur" von Detlev von Liliencron (1844 – 1905) beginnt mit:

„Es lebte Herr Kunz von Karfunkel
Mit seiner verrunzelten Kunkel
Auf seinem Schlosse Punkpunkel
In Stille und Sturm."

Vgl.: Kunkelpott, Kunkelweib, → -ler.

Kunktator

(aus gleichbedeutend lateinisch „cunctator"; Beiname des römischen Diktators Quintus Fabius Maximus, der Hannibal mit einer Verzögerungstaktik und kleinen Gefechten zu bekämpfen suchte) *bildungssprachlich veraltet für einen Zauderer.*

Kunstbanause

abschätzig für eine Person, die der Kunst unverständig und ablehnend gegenübersteht.
Vgl.: → Banause, → Kulturbanause, Kunstbarbar.

Kunsthuber

abschätzig für eine Person, die sich oberflächlich und ohne wirkliches Verständnis mit Kunst beschäftigt.
Vgl.: → -huber.

Kunstmalör, der (das)

(scherzhaft entstellt aus „Kunstmaler" mit Anspielung auf französisch „malheur" = Mißgeschick, Unglück, Pech) *scherzhaft-spöttisch, auch abschätzig für einen Maler, meist einen modernen bildenden Künstler (dessen Bilder einem mißfallen).*
Vgl.: Malör.

Kunz s. Hinz und Kunz

Kuppelmutter

meist abfällig für eine Kupplerin, Bordellwirtin o.dergl.
Vgl.: Kuppelweib, Kupplerin.

Kuppler

oft abschätzig für jemanden, der Kuppelei betreibt, Prostitution vermittelt oder ein Paar „verkuppelt".
Vgl.: → -ler.

Kürassier

(eigentlich ein Soldat der schweren Reiterei) *spöttisch-abschätzig für eine stämmige, robuste Frau.*

Kurpfuscher

abfällig für jemanden, der eine ärztliche Tätigkeit schlecht und/oder ohne die erforderliche Qualifikation ausübt.
Vgl.: Kurschmied, → Pfuscher.

Kurtisane

(früher die Geliebte eines Adligen; zu italienisch „corte" = Hof, Fürstenhof) *oft geringschätzig für eine vornehme Prostituierte, Halbweltdame.*

Kuscher

eine seltene abschätzige Bezeichnung für jemanden, der kuscht, sich fügt, unterwürfig ist.

Kuttenbrunzer

(nach der Kutte, dem langen, weiten Mönchsgewand) *derb abwertend für einen Mönch oder Geistlichen.*
Vgl.: → Brunzer, Kuttenbruder, Kuttenjosef (selten).

Kuttengeier

abfällig für einen Geistlichen oder Mönch.
Vgl.: → Geier, Kuttenhengst, Kuttenmolch.

L

Giaff

Laban
(vielleicht nach dem biblischen Laban, vielleicht auch ein Hehlname zu „Lapps, Lappes") *landschaftlich abschätzig für einen faulen, unbeholfenen oder langen, dünnen Kerl.*
Vgl.: → langer Laban.

Labbe
selten für einen Schwätzer oder Angeber.

Laberarsch
(zu „labern" = schwätzen, dummschwätzen) *derb abwertend für einen wortreich und unsinnig daherredenden Menschen.*
Vgl.: → Arsch, → -arsch.

Laberer
abfällig für einen Schwätzer, Dummschwätzer oder jemanden, der von Berufs wegen öffentlich redet. Eine hübsche Gelegenheitsbildung gebrauchte 1991 im Deutschen Bundestag der Abgeordnete Faltlhauser von den Konservativen gegenüber seinem SPD-Kollegen Habermann: „Herr Habermann, Sie sind ein Labermann!"
Vgl.: Dummlaberer (selten), Laberaffe.

Laberfritze
besonders norddeutsch für einen männlichen → Laberer.
Vgl.: → Fritze, → -fritze, Laberheini, Laberjan (norddeutsch), Labermichel.

Laberkopf (Laberkopp)
salopp abwertend für einen Viel- oder Dummschwätzer.
Vgl.: → -kopf (-kopp).

Laberl, das
(mundartlich für „Laibchen, kleiner Laib") *österreichisch für einen Schwächling, Trottel oder Betrogenen.*

Labersack
derb abwertend für einen → Laberer.
Vgl.: → Sack, → -sack.

Labertasche
abfällig für eine dümmlich und zuviel schwätzende Frau.
Vgl.: Labersuse, Labertante, Labertüte, Laberziege, → Tasche.

die lachenden Erben
(schon in mittelhochdeutscher Zeit) *scherzhaft, auch geringschätzig für Menschen, die sich über eine (zu erwartende) Erbschaft freuen.* Ein Sprichwort sagt: „Der Geizhals hinterläßt lachende Erben." In Friedrich von Logaus Sinngedicht „Lachende Erben" aus dem Jahr 1654 heißt es:

„Wann Erben reicher Leute die Augen wäßrig machen,
Sind solcher Leute Tränen nur Tränen von dem Lachen."

Lachtaube
(eigentlich eine Taube, deren Männchen einen kichernden Ruf ausstößt) *oft geringschätzig für ein häufig lachendes, albernes Mädchen.*

Lackaffe
abfällig für einen herausgeputzten, geckenhaften Mann.
Vgl.: → Affe, lackierter Affe.

Lackel (Lackl)
besonders in Österreich und Süddeutschland abfällig für einen Flegel oder Tölpel. Eines der vielen auf Geistliche gemünzten Schnaderhüpfel geht so:

„Der Pfarrer von Speyer
hat blecherne Eier,

gibt das ein Spektakel,
wenn er vögelt, der Lackel."
Vgl.: Bärenlackel (plump), Bauernlackel, → Kraftlackel, Mordslackel, Quadratlackel.

lackierter Affe = Lackaffe

Laden s. lahmer Laden, s. müder Laden

Ladenhüter
(eigentlich ein kaum verkäuflicher Artikel) *1. scherzhaft-spöttisch für einen Torwart. 2. abschätzig für ein unsympathisches. häßliches Mädchen. 3. geringschätzig für eine ledig gebliebene Person.*

Ladenschwengel
(ursprünglich studentensprachlich; dem „Galgenschwengel" nachgebildet; vielleicht zu „Schwengel" im Sinne von „Penis") *abschätzig für einen jungen Verkäufer in einem Laden.*
Vgl.: Büroschwengel, Ladenhengst, Ladenschwanz, Ladenschwung (schlesisch), → Schwengel.

Ladykiller
(englisch, wörtlich: Damenmörder; im Deutschen in den 60er Jahren als Titel des Films THE LADYKILLERS von M. Balcon bekannt geworden) *scherzhaft, geringschätzig oder auch anerkennend für einen Frauenbetörer, Verführer.* Über den schönen Filmschauspieler Omar Sharif faselte 1969 die Zeitschrift RUNDFUNK UND FERNSEHEN: „... Doch als ich den ‚Ladykiller' treffe, schaut er mich mit seinen samtenen Augen an und lächelt: ‚Ladykiller – dazu bin ich viel zu müde!'"
Vgl.: → Killer.

Laffe
(vielleicht zu frühneuhochdeutsch „laffe" = Hängelippe, demnach einer, der mit offenem Mund gaffend zusieht) *veraltend für einen eitlen, läppischen, einfältigen Mann: ein geschniegelter, geleckter Laffe.* Im URFAUST heißt es:
„Zwar bin ich gescheuter als alle die Laffen,
Docktors, Professors, Schreiber und Pfaffen."
Vgl.: eitler Laffe, Rotzlaffe.

Lahmarsch
ein derbes Schimpfwort für einen trägen, langweiligen Menschen.
Vgl.: → Arsch, → -arsch, lahmer Arsch.

lahme Ente
(die zweite Verwendung als Übersetzung des gleichbedeutenden englisch-amerikanischen „lame duck") *1. abschätzig für einen schwunglosen, schwerfälligen, langsamen Menschen. 2. im Sprachgebrauch der Politik geringschätzig für einen handlungsunfähigen führenden Politiker.* „Wenn der Chef zur ‚lahmen Ente' wird" (Überschrift eines Artikels in der ZEIT, November 1993, über den deutschen Kanzler Helmut Kohl).
Vgl.: → Ente, lame duck, lahmes Huhn.

lahmer Laden
abschätzig für eine militärische Einheit, Schulklasse, Firmenbelegschaft o.ä. ohne Schwung und Aktivität.
Vgl.: → müder Laden, schlapper Laden, trauriger Laden.

lahmer Sack
salopp abwertend für einen energielosen, langsamen, langweiligen Mann.
Vgl.: lahme Krücke, müder Sack, → Sack, schlapper Sack.

lahmer Verein
abschätzig für eine langweilige, schwunglose Gesellschaft, eine Truppe ohne Angriffsgeist o.dergl.
Vgl.: lahmer Haufen, langweiliger Verein, → müder Verein, schlapper Verein.

Laie
(eigentlich ein Nichtfachmann) *oft geringschätzig für eine Person, die zuwenig fachkundig ist, laienhaft vorgeht, keine Ahnung hat: ein totaler, völliger, ziemlicher Laie.*
Vgl.: → blutiger Laie.

Laien-
(meist in Verbindung mit Berufsbezeichnungen) *oft abschätzig für einen Menschen, der etwas Bestimmtes laienhaft, mit unzureichender Sach- und Fachkenntnis betreibt.*
Vgl.: → Amateur-, → Hobby-, Laienpolitiker, Laienpsychologe.

Laienspieler

(kurz für „Laienschauspieler"; eigentlich ein Schauspieler, der die Schauspielerei nicht beruflich betreibt) *vor allem in politischer Polemik spöttisch-ironisch, auch abschätzig für jemanden in einer (politischen) Führungsposition, der in ärgerlicher oder lächerlicher Weise laienhaft agiert.* „Das ist der größte Laienspieler der deutschen Politik", bemerkte 1977 der SPD-Politiker Horst Ehmke über Helmut Kohl, und der Politologe Arnulf Baring sagte dem deutschen Bundesaußenminister Klaus Kinkel (FDP) ins Gesicht, er sei ein „Laienschauspieler, über den das Land zu lachen beginnt" (SPIEGEL, April 1994).

Vgl.: Laienschauspieler, Laienspielgruppe, Laienspielschar (selten), politischer Laienspieler, → Spieler.

Lakai

(früher ein herrschaftlicher Diener) *abfällig für einen unterwürfigen, kriecherischen Menschen.* Für die CDU-Sozialausschüsse war 1988 die schwesterliche CSU eine „Runde intelligenter Lakaien und Vasallen, mißtrauisch untereinander, großgeworden im Nepotismus und wohlgeübt im dienerischen Ja-Sagen."

Lakaienseele

verächtlich für jemanden, der durch und durch ein → Lakai ist.

Vgl.: Bedientenseele.

Lällbeck

westdeutsch für einen Grünschnabel, eine unreife, dumme Person.

Lalli

(zu „lallen") *ein landschaftliches Scheltwort für jemanden, der dummes Zeug redet.*

Vgl.: Lalle (Variante), Laller (fränkisch: dumm, kindisch), → Löli.

Lamentierer

landschaftlich abschätzig für einen ständig jammernden, nörgelnden Menschen.

Lamm

oft geringschätzig, auch ironisch für einen (allzu) sanftmütigen, geduldigen, unschuldigen Menschen.

Vgl.: → Bählamm, frommes Lamm, Opferlamm, → Unschuldslamm.

Lämmchen

eine Verkleinerung und gleichzeitig Verstärkung von → Lamm im Sinne von „besonders sanftmütig usw."

Vgl.: → -chen (-lein), unschuldiges Lämmchen, Unschuldslämmchen (beides oft ironisch).

Lamperl

(mundartliche Verkleinerungsform von „Lamm") *besonders österreichisch und bayrisch abschätzig für einen harmlosen, gutmütigen, naiven Menschen.*

Landei

(eigentlich ein frisches Ei von natürlich gehaltenen Hühnern auf dem Bauernhof) *scherzhaft-spöttisch, auch abwertend für ein (naives, plumpes) Mädchen vom Land.*

Vgl.: → Ei, Provinzei.

Landesverräter

jemand, der Landesverrat begangen hat. „Dieser Lümmel erdreistet sich, uns Landesverräter zu nennen!" (Abgeordneter Renner von der KPD zu von Thadden, fraktionslos, Deutscher Bundestag, 1952).

Vgl.: → Verräter, → -verräter, → Staatsverräter.

Landplage

(eigentlich eine landesweite Plage oder Belästigung; oft auf mehrere Menschen bezogen) *abfällig für einen lästigen, unausstehlichen Menschen.*

Landpomeranze

(zu „Pomeranze" = orangefarbene, runde Zitrusfrucht, wegen der rosigen Gesichtsfarbe vieler Landmädchen; vielleicht auch zu „Pommer") *scherzhaft-spöttisch, auch abschätzig für ein unbeholfen wirkendes Mädchen vom Land.*

Vgl.: Dorfpomeranze, Pomeranze, Stallpomeranze (selten: Viehmagd).

Landratte
(Lehnübersetzung von englisch „land-rat") *aus der Sicht von Seeleuten, Küstenbewohnern o.ä. scherzhaft oder geringschätzig für jemanden, der mit Schiffahrt und Meer nichts zu tun hat.*
Vgl.: → Ratte.

Landstörzer
(zu mittelhochdeutsch „sterzen" = umherziehen) *veraltet für einen → Landstreicher.*

Landstreicher
(eigentlich jemand, der im Land umherstreicht) *meist abschätzig für einen Menschen ohne festen Wohnsitz und Arbeit, der von Ort zu Ort zieht.* Wobei Begleitumstände wie Schmutz, Verwahrlosung, Hang zu Kleinkriminalität, Alkoholismus mitgedacht werden.
Vgl.: Landstreuner.

lange Latte
scherzhaft, auch abschätzig für einen langen, dünnen Menschen.
Vgl.: lange Stange, Latte, → tapezierte Latte, → Zaunlatte.

langer Laban
scherzhaft, auch abschätzig für einen langen, hageren (unbeholfenen, schlaffen) Mann.
Vgl.: → Laban.

langer Lulatsch
(Herkunft unbekannt; vielleicht eine Verballhornung von „Ludwig") *scherzhaft, meist abschätzig für einen langen, dünnen, schlaksigen Menschen.*
Vgl.: → Lulatsch.

langes Elend
(Es fällt auf, daß solche Bezeichnungen für eine lange, dünne Person fast durchwegs dem Muster „lang... L..." folgen, nämlich: langes Leben, langes Leiden, langer Lulatsch, langer Laban, lange Latte, langes Laster. Auch das „lange Elend" paßt dazu) *oft geringschätzig für einen hochgewachsenen, mageren Menschen.*
Vgl.: langes Leben.

langes Laster
scherzhaft, oft abschätzig für einen sehr großen, hageren (faulen, ungeschickten) Menschen.
Vgl.: → Laster.

langes Leiden
scherzhaft, auch geringschätzig für einen großwüchsigen, schmächtigen Menschen.

langes Reff
scherzhaft, auch abschätzig für einen langen, dünnen Menschen.
Vgl.: dürres Reff, → Reff.

langes Register
scherzhaft, auch geringschätzig für einen sehr großen Menschen.

Langfinger
meist abschätzig für einen Dieb, Taschendieb.

Langohr
(eigentlich eine alte poetische Bezeichnung für den Esel) *abfällig für einen dummen, einfältigen Menschen.* Dazu gibt es das Sprichwort: „Ein Esel schimpft den andern Langohr."
Vgl.: → Esel, Hans Langohr (veraltet).

Langschläfer
ein mildes Scheltwort für einen Menschen, der lange schläft, morgens nicht aus dem Bett kommt.
Vgl.: → Schläfer.

Langweiler
emotional abwertend für 1. einen Menschen, der auf andere langweilig wirkt, sie langweilt. 2. eine langsame, zögerliche Person. Der Hamburger Freizeit-Forscher Horst Opaschewski bezeichnete die Deutschen als ein Volk von Langweilern. Nach Marie von Ebner-Eschenbach (1830 – 1916) ist ein Langweiler jemand, der „ein paar alte Gedanken hat, die ihm alle Tage neu einfallen". Der österreichische Publizist Günther Nenning bezeichnete seinen Landsmann, den gefeierten Dichter Peter Handke, als „bedeutenden Langweiler" (Oktober 1995),

und Ulrich Weinzierl von der FRANKFURTER ALLGEMEINEN ZEITUNG wähnte sich beim Ingeborg-Bachmann-Wettbewerb 1995 in Klagenfurt auf der „Jahreshauptversammlung der Langweiler".
Vgl.: Langweil (hessische Variante), Oberlangweiler.

langweiliger Peter
abschätzig für einen langweiligen, langsamen, umständlichen Mann; auch als Tadel für einen herumtrödelnden Jungen.
Vgl.: langweiliger Patron, → Peter.

Lapp
(von mittelhochdeutsch „lappe" = einfältiger Mensch) *besonders österreichisch und süddeutsch abfällig für einen einfältigen, schlappen Menschen.* „Jedem Lapp gefällt seine Kapp", lautet ein Sprichwort.
Vgl.: Lapperl (oberdeutsche Verkleinerung).

Lapparsch
besonders westdeutsch derb abwertend für einen dümmlichen, energielosen Menschen.
Vgl.: → Arsch, → -arsch.

Lappen
landschaftlich abfällig für einen Schwächling, Feigling. „Du wolltest mir beweisen, was für ein Lappen ich bin mit meinen großen Sprüchen" (Thomas Brasch: VOR DEN VÄTERN STERBEN DIE SÖHNE, 1977).
Vgl.: Angstlappen, → Jammerlappen, Lappländer (Wortspiel: närrisch; zerlumpt), nasser Lappen, Putzlappen (Pantoffelheld), → Sauflappen, → Schmachtlappen, Schmalzlappen, → Schmierlappen, → Schmuslappen, → Waschlappen.

Lappi
schweizerisch und südwestdeutsch für einen Dummkopf, beschränkten Menschen.

Lapps (Lappes)
landschaftlich abschätzig für eine flegelhafte, unzuverlässige (männliche) Person.

Lappsack
landschaftlich abfällig für einen dümmlichen, trägen Menschen.
Vgl.: → Sack, → -sack.

Lärmmacher
oft abschätzig für eine Person, die Lärm verursacht, laut schreit.
Vgl.: Lärmer, Lärmsünder, → -macher.

Lärvchen
(Verkleinerung von „Larve") *leicht abwertend für ein hübsches, puppenhaftes Mädchen.*
Vgl.: → -chen (-lein).

lascher Bock
vorwiegend jugendsprachlich abschätzig für einen langweiligen, schlappen, wenig unternehmungslustigen Burschen.
Vgl.: → Bock.

Laschi
jugendsprachlich abschätzig für einen langweiligen, energielosen, weichlichen Mann.

Laster
ein grobes Schimpfwort für eine unsolide, lasterhafte Frau.
Vgl.: → langes Laster, wüstes Laster (liederliche Frau).

Lästerer
(weibliche Form: Lästerin) *meist abschätzig für jemanden, der oft und gerne lästert, andere verunglimpft, boshaft über sie redet.*
Vgl.: → Gotteslästerer.

Lästermaul
(geht ebenso wie „Lästerzunge" auf Luther zurück, der in Sprüche 4,24 übersetzt: „Tu von dir die Falschheit des Mundes und sei kein Lästermaul") *salopp abwertend für jemanden, der boshaften Klatsch verbreitet: ein altes, elendes, rechtes Lästermaul.* Für den SPIEGEL (Januar 1988) war Englands größter Satiriker Jonathan Swift ein „pfiffiges Lästermaul". Auch eine alte Hausinschrift verwendete das Wort:

„Wer sonst nichts kann und weiß
Als andre Leute schmähen,
Ein solches Lästermaul
Soll in mein Haus nicht gehen."

Vgl.: Lästerbalg (veraltet), Lästergosche, Lästerjan (norddeutsch), Lästerzunge, → -maul.

Lästerschwein
(Schüttelreimwort zu „Schwesterlein") *scherzhaft, auch abschätzig für eine (lästernde) Schwester; selten für eine Krankenschwester.*
Vgl.: → Schwein, → -schwein.

Lästerzunge = Lästermaul

Latin Lover
(englisch, wörtlich: lateinischer Liebhaber) *oft leicht spöttisch für einen heißblütigen südländischen Liebhaber; Papagallo.* „Vorbei also die Zeit des ‚Latin Lover', des glutäugig-verruchten Verführers, der die Dame mit Macho-Mimik und loderndem Blick zu schwülen Nächten und wilden Abenteuern zu verlocken gedachte." (SPIEGEL, Mai 1989).

Latsch
(wohl zu „latschen") *abschätzig für eine Person mit nachlässigem, schwerfälligem Gang.*
Vgl.: Hauslatsch (selten: Ehemann), Latscher, Latschi (schweizerisch), Latschmichel, Latschpeter.

Latsche, die
eine liederliche, schlampige weibliche Person.

Latscher = Latsch

Latte = lange Latte

Latte s. tapezierte Latte

Laubenpieper
(eigentlich ein Vogel, der in einer Laube nistet) *besonders berlinisch scherzhaft und oft leicht spöttisch für einen Kleingärtner, Schrebergärtner.*

Laufbursche
(eigentlich eine veraltete Bezeichnung für einen jungen Mann, der in einer Firma Botengänge erledigt) *spöttisch-abschätzig für eine Person, die für andere mindere Hilfsdienste zu leisten hat.* Den Ministerpräsidenten von Niedersachsen Gerhard Schröder (SPD), der sich des öfteren für Belange der Autoindustrie eingesetzt hat, bezeichnete der Grünen-Sprecher Ludger Volmer 1994 als „Laufburschen des VW-Vorstands".
Vgl.: → Bursche, Laufjunge.

laufender Meter
spöttisch-abschätzig für einen kleinwüchsigen Menschen.

läufige Hündin
(eigentlich eine brünstige Hündin) *derb abwertend für eine geile, mannstolle Frau.*
Vgl.: → Hund.

Laufjunge = Laufbursche

Laumalocher
(zu „für lau" = unentgeltlich) *abfällig für einen arbeitsscheuen Menschen; Schmarotzer.*
Vgl.: → Malocher.

Laumann
(zu „lau" = unentschlossen, halbherzig, bzw. „für lau" = unentgeltlich) *abfällig für 1. einen unzuverlässigen, undurchsichtigen Menschen. 2. einen schwachen, temperamentlosen Menschen. 3. jemanden, der auf Kosten anderer lebt; Schnorrer.*
Vgl.: Lauling (unentschlossen), → -mann.

Laus
selten für einen unbedeutenden, aber lästigen Menschen.
Vgl.: → Filzlaus, → Gewandlaus.

Laus-, Lause-
(zuerst für verlauste Menschen verwendet, dann für Personen niedrigen Standes, schließlich als Schimpfwort) *ein abwertendes Kompositionsglied allgemeiner Art, meist als Steigerung althergebrachter Schimpfwörter.*
Vgl.: Lausaffe, Lausbande (Lausebande), Lausbankert, Lausegöre, Lausepriester, Lausewanst, Lausigel, Lauskarline, Lauspeter.

Lausbub (Lausbube)
(durch Ludwig Thomas LAUSBUBENGESCHICHTEN von 1905 sehr bekannt geworden; ungebräuchliche weibliche Form: Lausbübin) *tadelnd oder leicht abwertend für einen frechen, zu Streichen aufgelegten kleinen Jungen; oft mit Wohlwollen gesagt.*
Vgl.: → Bube (Bub).

Lauschepper
(zu „für lau" = unentgeltlich) *westdeutsch abschätzig für einen Schnorrer, Schmarotzer, insbesondere was Rauchen und Trinken angeht.*

Lausebalg (Lausbalg)
eine milde Schelte für ein ungezogenes Kind.
Vgl.: → Balg.

Lausebengel
meist leicht abwertend oder als Tadel für einen frechen, mutwilligen Jungen; gelegentlich auch wohlwollend.
Vgl.: → Bengel, Lausbankert.

Lausehund (Laushund)
Schimpfwort für 1. einen niederträchtigen Kerl. 2. einen Geizhals.
Vgl.: → Hund, → -hund.

Lausejunge
tadelnd oder abschätzig für einen ungezogenen Jungen, einen frechen Burschen; gelegentlich mit Wohlwollen. In dem Gedicht „Vier neue Kinderspiele" empfiehlt Joachim Ringelnatz:

„Steckt eurem Vater frech die Zunge
Heraus. Und ruft: ‚Prost Lausejunge!'
Dann – wenn er vorher auch noch
grollte –
Vergißt er, daß er euch prügeln wollte."

Vgl.: → Junge.

Lausekerl (Lauskerl)
salopp abwertend für einen unverschämten, nichtsnutzigen Kerl.
Vgl.: → Kerl.

Läuseknicker (Lausknicker)
(vom „Knicken", Zerdrücken der Läuse) *abfällig für einen geizigen oder pedantischen Menschen.*
Vgl.: → Knicker.

Lausekrott (Lauskrott)
landschaftlich als milde Schelte für ein ungezogenes Kind, ein freches Mädchen.
Vgl.: → Krott.

Lauselümmel
salopp abwertend für einen unverschämten, flegelhaften jungen Mann.
Vgl.: → Lümmel.

Lausemädchen
tadelnd oder leicht abwertend für ein freches, zu Streichen aufgelegtes kleines Mädchen; oft wohlwollend.
Vgl.: Lausegöre, Lauskarline (selten).

Lausepack
salopp abwertend für Gesindel.
Vgl.: Lausbande (Lausebande), → Pack, → -pack.

Lauser (Lausert)
(im 16. Jahrhundert für einen verlausten Kerl, später für einen Lump) *landschaftlich meist leicht abwertend oder wohlwollend für einen frechen, mutwilligen Jungen.*

Lausewenzel
1. abfällig für einen verlausten, ungepflegten Mann. 2. ein Geizhals. 3. selten für einen → Lausejungen. Bei Friedrich Müller (1749 – 1825) heißt es: „Der? Der Maulaffe? Der Lauswenzel?"
Vgl.: → -wenzel.

Lausmensch (Lausemensch), das (der)
1. ein allgemeines Schimpfwort. 2. landschaftlich für eine liederliche weibliche Person, junge Prostituierte.
Vgl.: → Mensch.

Lausnickel
oberdeutsch für einen frechen, mutwilligen Jungen.
Vgl.: → Nickel, → -nickel.

Lauszipfel
eine landschaftliche derbe Schelte für einen frechen Jungen (der etwas angestellt hat, über den man sich ärgert).
Vgl.: → Zipfel.

Lautsprecher
selten als abfällige Bezeichnung für einen Schwätzer, Vielredner. Das Wort war auch ein Spitzname von Joseph Goebbels.

Law-and-order-Politiker

(aus englisch „law and order" = Gesetz und Ordnung) *im politischen Sprachgebrauch ironisch oder abschätzig für einen Politiker, der (aus populistischen Gründen) harte staatliche Maßnahmen, drastische Gesetze o.ä. zur Aufrechterhaltung von Recht und Ordnung fordert.*

Vgl.: Law-and-order-Typ, → -politiker.

Lebedame

(dem älteren „Lebemann" nachgebildet) *meist abschätzig für eine luxuriös und ausschweifend lebende Frau.*

Vgl.: → „Dame", Lebedämchen (selten), Lebefräulein, Lebemädchen.

Lebemann

(1794 zuerst von dem deutschen Schriftsteller Ernst Langbein anstelle von „Bonvivant" und „viveur" verwendet) *meist abschätzig für einen wohlhabenden, genußfreudigen Mann mit lockerem Lebenswandel.*

Vgl.: Lebegreis, Lebeherr, → -mann.

lebendiger Leichnam (lebender Leichnam)

meist geringschätzig für einen körperlich total verfallenen oder seelisch abgestorbenen Menschen. In Gustav Meyrinks Roman DER GOLEM (1915) gibt es den eindrucksvollen Satz: „Wunschlos, teilnahmslos, ein lebender Leichnam, ging ich langsam hinein in die lichtlosen Häuserreihen."

Vgl.: lebende Leiche, → Leiche, wandelnder Leichnam.

Lebensverächter

oft geringschätzig für einen Verächter des Lebens.

Leberwurst s. beleidigte Leberwurst, s. gekränkte Leberwurst

Lebewelt

meist geringschätzig für Leute, die dem Luxusleben und oberflächlichem Genuß frönen; auch für die Gesamtheit der → Lebemänner und → Lebedamen.

Leckarsch

(imperativische Wortbildung) *ein derbes Schimpfwort allgemeiner Art.*

Vgl.: → Arsch, → -arsch.

Lecker

1. ein Lausbub, Schlingel. 2. abfällig für einen unreifen (vorwitzigen) jungen Mann. 3. abschätzig für einen Schlemmer, eine Naschkatze.

Vgl.: Armlecker (selten: verhüllend für Arschlekker), → Arschlecker, → Fotzenlecker, Lochlecker, → Pottlecker (Pottlicker), Schmecklecker, → Speichellecker, → Stiefellecker, → Tellerlecker.

Leckermaul

scherzhaft, auch abschätzig für einen Feinschmecker oder jemanden, der oft Süßes nascht.

Vgl.: Leckerbeck, Leckerfritze, Leckerliese, → -maul, → Schleckermaul.

Leckermäulchen

scherzhaft oder tadelnd für ein kleines, kindliches → Leckermaul.

Vgl.: → -chen (-lein).

(ein) lederner Mensch

selten als geringschätzige Bezeichnung für einen langweiligen, steifen Menschen.

„Leerer"

(scherzhaft entstellt aus „Lehrer", mit Anspielung auf den „leeren" Kopf) *ein schülersprachliches Scherz- und Spottwort für einen (schlechten, nicht besonders klugen) Lehrer.* Dasselbe Spielchen verwendet die Steigerung „leer – leerer – Oberlehrer".

Vgl.: → „Geleerter", „Leerkörper".

leibhaftiger Teufel

abfällig für einen teuflischen, bösartigen, hinterhältigen Menschen. „Du eingefleischter Teufel!" heißt es bei Johann Carl Wezel.

Vgl.: leibhaftiger Satan, → Teufel.

Leiche

(meist in Zusammensetzungen) *geringschätzig für 1. eine schwächlich, krank, hinfällig erscheinende Person. 2. einen völlig betrunkenen Menschen.*

Vgl.: Alkoholleiche, aufgewärmte Leiche, → Bierleiche, lebende Leiche, → Karteileiche, Leiche in

Zivil, politische Leiche (einflußlos geworden), → Schnapsleiche, → Sozialleiche, → Streberleiche, → wandelnde Leiche.

Leiche auf Urlaub
(aus der Soldatensprache) *scherzhaft-spöttisch für einen bleichen, krank aussehenden Menschen.* „Leichen auf Urlaub", bemerkte im April 1995 der vorübergehend in der Türkei inhaftierte deutsche Demonstrant Klaus Schikora über freigelassene türkische Menschenrechtler. In Nürnberg gibt es dafür die Bezeichnung „Tod von Forchheim".
Vgl.: Tod auf Urlaub.

Leichenbitter
(früher auf dem Land ein Bote, der Todesfälle bekanntgab und „zur Leiche bat", d.h. zur Beerdigung einlud; hier übertragen von der sprichwörtlichen „Leichenbittermiene") *geringschätzig für einen überaus ernsten, düster blickenden Mann.*

Leichenfledderer
abschätzig für jemanden, der Tote, Ohnmächtige oder „Alkoholleichen", ausplündert, bestiehlt; auch übertragen verwendet, etwa für einen Spieler, der Betrunkene oder Anfänger abzockt.
Vgl.: → Fledderer.

Leichenschänder
abschätzig für jemanden, der eine Leiche schändet, etwa indem er sexuelle Handlungen an ihr vornimmt; auch übertragen für einen Sexualpartner eines älteren Menschen.
Vgl.: → Schänder, → -schänder.

Leichenwagenbremser
(ein Bild für eine nutzlose Tätigkeit) *spöttisch-abschätzig für einen trägen, langweiligen, unfähigen Menschen.*
Vgl.: → Bremser.

Leichenzehrer
(Schüttelreimwort zu „Zeichenlehrer") *schülersprachlich mehr scherzhaft als spöttisch für einen Zeichenlehrer.*

Leichnam s. lebendiger Leichnam (lebender Leichnam)

leichter Vogel
geringschätzig für einen leichtlebigen Menschen.
Vgl.: leichtes Vögelchen, → leichtsinniger Vogel, → lockerer Vogel, → Vogel.

leichtes Mädchen
eine verhüllende oder ironische abschätzige Bezeichnung für 1. eine leichtlebige, unsolide junge Frau. 2. eine junge Prostituierte. Bekannt ist der Spruch: „Lieber leichte Mädels als schwere Jungs!"
Vgl.: halbschweres Mädchen, Leichte, leichte Dame, leichtes Mädel (Variante).

leichtes Tuch
(Anspielung auf die im Wind flatternde Fahne) *abschätzig für einen unbekümmerten, leichtsinnigen Menschen, ein „flatterhaftes" Mädchen.*
Vgl.: leichtsinniges Tuch.

Leichtfuß
scherzhaft, oft abschätzig für eine leichtlebige, leichtsinnige junge (männliche) Person.
Vgl.: Bruder Leichtfuß (veraltend), Junker Leichtfuß (veraltet).

Leichtgewicht
(eigentlich eine mittlere Körpergewichtsklasse im Sport; auch scherzhaft für einen leichtgewichtigen Menschen) *meist auf Politiker bezogen spöttisch-abschätzig für eine Person ohne Kompetenz, Einfluß und Gewicht.* So ist der deutsche Bundeswirtschaftsminister Günter Rexrodt (FDP) laut FRANKFURTER ALLGEMEINE ZEITUNG (1995) ein solches „Leichtgewicht".
Vgl.: → Fliegengewicht, Leichtgewichtler (seltene Variante), → politisches Leichtgewicht.

leichtsinniger Vogel
salopp abwertend für einen leichtsinnigen Menschen.
Vgl.: Bruder Leichtsinn (veraltet), → Vogel.

leichtsinniges Huhn
salopp abwertend für eine leichtsinnige (weibliche) Person.
Vgl.: → Huhn.

Leiden s. langes Leiden

Leiden Christi
(meint eigentlich den Leidensweg Christi; dazu die Redensart „aussehen wie das Leiden Christi“) *geringschätzig, auch spöttisch-ironisch für einen wehleidigen, klagenden oder einen bemitleidenswerten, kränklichen Menschen.*
Vgl.: Leidensgestalt.

Leimsieder
(vielleicht von der eintönigen Arbeit des Leimsiedens übertragen) *landschaftlich abschätzig für einen trägen, unbeholfenen, langweiligen Menschen.*
Vgl.: → Seifensieder.

-lein = -chen (-lein)

Leisetreter
abfällig für einen Duckmäuser, Schmeichler, Heimtücker. In einer Werbeanzeige des Jahres 1995 für Sioux-Mokassins spricht ein Indianerhäuptling zum Leser: „Bruder, ich sage Dir, nicht jeder, der auf leisen Sohlen kommt, ist ein Leisetreter.“
Vgl.: Leisefuß, Leisetritt (veraltet).

Leithammel
(eigentlich das Leittier einer Schafherde) *abfällig für eine Person, der andere blind gehorchen und folgen.* Der schweizer Schriftsteller Urs Widmer hat scharf beobachtet: „Die Leithammel unserer Gesellschaft sind dynamisch und braungebrannt, wenn sie sich einen Augenblick nicht ganz wohl fühlen, essen sie schnell ein ‚Mars‘.“
Vgl.: → Hammel, → -hammel, Leitbulle (selten).

Lemminge
(eigentlich Wühlmäuse, die infolge von Überbevölkerung alle 3 bis 4 Jahre in riesigen Scharen ihr angestammtes Gebiet verlassen und sich nach volkstümlicher Auffassung massenweise ins Meer stürzen) *abschätzig für Menschen, die in großer Zahl in ihr offensichtliches Unglück laufen.* „Lemminge auf dem Floß“, überschrieb der SPIEGEL 1994 einen Bericht über Kuba-Flüchtlinge, die unter Lebensgefahr in selbstgebauten Flößen ihre Insel verließen.

Lenz
(Kurzform von „Lorenz“) *abschätzig für einen faulen, trägen Mann.*
Vgl.: fauler Lenz.

-ler
zahllose – neben den vielen neutralen Wörtern mit dieser Endung – mehr oder weniger abwertende Personenbezeichnungen. In der Mehrzahl der Fälle ist die Person durch eine negativ bewertete Tätigkeit charakterisiert, wobei das Wort sehr oft von einem Verb auf „-elen, -eln“ abgeleitet ist. Eine gewisse Häufung besteht im oberdeutschen Gebiet, also in der Schweiz, in Österreich und Süddeutschland. Zumindest seit Luther wird die abwertende Kraft der Endung -ler für Neubildungen genutzt. So prägte Luther beispielsweise „Schriftler“, und bei Goethe findet man Wörter wie „Altertümler“ oder „Mitteläfltler“. Alfons Fridolin Müller, der in seiner Dissertation von 1953 über DIE PEJORATION VON PERSONENBEZEICHNUNGEN DURCH SUFFIXE IM NEUHOCHDEUTSCHEN auch auf die Endung -ler eingeht, weist darauf hin, daß es in oberdeutschen Mundarten zahlreiche solche Wörter gibt, die nicht schriftsprachlich geworden sind. Für das Schweizerdeutsche nennt er u.a. das Spottwort „Veerslibrünzler“ für einen schlechten Dichter. Der Turnvater Jahn schrieb im frühen 19. Jahrhundert, wir Deutschen hätten „durch die Immerzüngler und Näseler unser biederherziges Volk verdorben, unsere sinnigen Weiber verpuppt.“ Heimito von Doderer münzte auf Leute, die sich allzuviel mit ihrer Abstammung beschäftigen, das Wort Herkünftler. In einem SPIEGEL-Leserbrief (November 1986) wurde Helmut Kohl als „Stilblütler aus der Pfalz“ bezeichnet. Rudolf Augstein dagegen ist für DIE WOCHE (Februar 1996) ein „Nationalstaatler“. Bei der nachstehenden Liste wurde auf erklärende Hinweise verzichtet.
Vgl.: → Abstinenzler, → Abweichler, Abwiegler, → Altertümler, Altgammler, → Anzetteler (Anzettler), Armenhäusler, → Arschtrommler, → Aufwiegler, → Babbler (Babbeler), → Barackler, → Bauchpinseler (Bauchpinsler), → Baumfrevler, Bekrittler, Berufsgammler, → Bettler, Bierpritschler, → Biertippler, Blechbabbler, → Börsen-

schwindler, → Bosseler (Boßler), → Brabbeler, → Brodler, → Bruddler, → Brummler, Buchstäbler, Buckler, → Büffler, → Bummler, Dekadenzler, → Deutler, → Deutschtümler, Dolchstößler, Dollarscheffler, → Doppelzüngler, Dörfler, → Drängler, → Drögeler (Drögler), → Dudeler (Dudler), → Dummbabbler, Dünkler, Edelgammler, → Eifersüchtler, → Eigenbrötler, Eigendünkler, Einheitsgewinnler, → Einschmeichler, → Einsiedler, Einzelbrötler, Ellbögler, → Erzheuchler, → Fabler (Fabeler), → Fabrikler, → Fachsimpel (Fachsimpler), → Faseler (Fasler), → Fiedler, → Förschler, → Fortschrittler, Fraktionsabweichler, → Fremdwörtler, → Frevler, → Friedensgewinnler, → Friemler, → Frömmler, Fröstler, → Frotzler, → Fuchsschwänzer (Fuchsschwänzler), → Fuddler (Fuddeler), → Fummler, → Fuschler (Fuscheler), → Gammler, → Gaukler, → Geheimbündler, Geistreichler, → Geldscheffler, → Geschaftler (Gschaftler), → Geschmäckler, → Gesinnungsschnüffler, → -gewinnler, → Giftler, → Gokler (Kokler), → Grammeler, → Grantler, → Gratwandler, → Greißler, → Grübler, → Grummler, → Hakenkreuzler, → Halbweltler, Haspler, → Heiratsschwindler, Herrenhäusler, → Heuchler, → Hinterbänkler, → Hinterrücksler, → Hinterwäldler, → Hochstapler, Hofjubler, → Hudeler (Hudler), → Hüftwackler (Hüftenwackler), Ichsüchtler, → Impotenzler, Inflationsgewinnler, Intellenzler, → Intelligenzler, → Irrenhäusler, → Katzbuckler, → Klügler, → Klüngler, Knastler, → Knödler, → Knotteler, Komplexler, → Kompromißler, Konjunkturgewinnler, → Krähwinkler, → Krakeeler, Kränkler, → Krattler, → Kraxler, → Kriegsgewinnler, Kriegsprofitler, Krisengewinnler, → Krittler (Kritteler), → Kunkel (Kunkeler), Kunstkrittler, → Kuppler, Leichtgewichtler, → Linksabweichler, Linkstatzler, → Lispler, → Lobhudler (Lobhudeler), → Mäkler, → Massler, → Mauler, → Mauschler, → Meuchler, Miet-Rammler, → Milchpritschler, → Mogler, → Nachzügler, → Narrenhäusler, → Nörgler, Oberheuchler, → Ökopaxler, → Ostler, Parteiabweichler, → Pichler (Picheler), → Pinseler (Pinsler), → Plänkler, → Pöbler, Polit-Gammler, Popotätschler, → Prahler, Pritschler, Privatschnüffler, → Profitler → Protestler, → Provinzler, → Prügler, → Quackeler (Quackler), → Quassler (Quasseler), → Quengler (Quengeler), Radler, → Rammler, → Rechtsabweichler, Reimler, Rotfrontler, → Rückschrittler, Rückständler, → Sabbeler (Sabbler), → Säbelraßler, → Sandler, → Scharwenzel (Scharwenzler), → Schaukler, Scheffler, → Scheurepurzler, → Schmähtandler, → Schmeichler, Schmuddler, → Schnäpsler (Schnapsler), → Schnüffler, Schöngeistler, → Schummler, Schwabbeler, → Schwafler (Schwafeler), → Schwaller, → Schwänzler, → Schwefler, → Schweifwedler, → Schwiemel (Schwiemler, Schwiemeler), → Schwindler, → Selbstler, Selbstsüchtler, Sittenschnüffler, → Skribler, Spaltzüngler, Spektakler, Spöttler, Stammtischler, → Steißtrommler, → Stichler, Strampler, → Strudler, → Sudler (Sudeler), → Süffler, → Süßholzraspler, → Tändler (Tändeler), → Tätscheler (Tätschler), → Tiefstapler, → Tippler, → Tollhäusler, → Trendler (Trendel), Trickler, → Tritschler, → Trommler, Tschinggeler, → Tugendheuchler, Überhöckler, → Umstürzler, → Unterschichtler, → Unterweltler, → Unzüchtler, Vereinigungsgewinnler, → Vernünftler, → Versöhnler, Volksaufwiegler, → Volkstümler, → Wafler (Wafer), Waldfrevler, Wandervögler, → Wendegewinnler, Werbetrommler, → Westler, → Winsler, Wirtshäusler, → Witzler, Wohlständler, → Wurstler, → Zappler (Zappeler), → Zuchthäusler, → Zündler, → Zweifler.

Lercherl
(mundartliche Verkleinerung von „Lerche") *österreichisch 1. abschätzig für eine mannstolle Frau; Prostituierte. 2. scherzhaft, auch geringschätzig für einen Ostjuden.*

Lerge (Lärge)
(Herkunft unklar) *landschaftlich für einen Dummkopf, Tölpel; auch Regionalspott für den Schlesier.*

Leseratte
scherzhaft, auch leicht abwertend für eine Person, die sehr viel liest, wahllos alles mögliche liest.
Vgl.: Bücherratte, → Ratte.

Lettfeige
(zu „Lett" = Dreck) *ein grobes oberdeutsches Schimpfwort für einen schwächlichen, feigen, schüchternen Mann.*
Vgl.: → Feige.

der letzte Arsch
(meint als Superlativ den Letzten in einer Reihe der Steigerung) *eine Verstärkung von → Arsch für einen ganz besonders widerlichen oder dummen, unfähigen Menschen.*
Vgl.: der allerletzte Arsch, der hinterletzte Arsch (beides Versuche einer weiteren Steigerung).

der letzte Dreck
salopp abwertend, verächtlich für Abschaum, Gesindel, einen widerlichen, verächtlichen Menschen.

Vgl.: → Dreck.

der letzte Heuler
vorwiegend jugendsprachlich und meist abfällig für einen äußerst unsympathischen, dummen, komischen Menschen.
Vgl.: → Heuler, der letzte Hänger.

der letzte Idiot
eine verächtliche Bezeichnung für einen ganz besonders idiotischen Menschen, jemanden, über dessen idiotisches Verhalten man sich geärgert hat.
Vgl.: → Idiot, der letzte Depp.

der letzte Leo
besonders jugendsprachlich salopp abwertend für einen sehr unsympathischen oder dummen, unfähigen, komischen Kerl.

der letzte Mensch
(oft in der vergleichenden Wendung „wie der letzte Mensch") *salopp abwertend für einen besonders unangenehmen oder unfähigen, dummen usf. Menschen.*
Vgl.: der Letzte, die letzte Frau.

der letzte Mohikaner
(nach dem ausgestorbenen nordamerikanischen Indianerstamm, bekannt geworden durch den vielgelesenen Roman DER LETZTE DER MOHIKANER von James Fenimore Cooper, der 1826 auf deutsch erschien) *scherzhaft, auch spöttisch oder leicht abwertend für den Letzten einer Anzahl oder Gruppe von Personen, einen Übriggebliebenen oder Nachzügler.*
Vgl.: der letzte der Mohikaner (Variante).

Leuchte
(oft in der Negation verwendet: „keine Leuchte", „nicht gerade eine Leuchte"; auch der „Armleuchter" schimmert durch) *spöttisch-ironisch für 1. einen überklugen, besserwisserischen Menschen. 2. einen dummen, begriffsstutzigen Menschen.*
Vgl.: → Kirchenlicht, → kleines Licht, → Schlußleuchte (Schlußlicht).

„Leuchte der Wissenschaft"
(früher ernsthaft für einen hervorragenden Gelehrten. Schon Plinius nannte Cicero „Lux doctrinarum altera" = die zweite Leuchte der Wissenschaft – hinter Homer) *heute nur noch pathetisch verwendet oder spöttisch-ironisch für einen Scheingelehrten, Pseudowissenschaftler, einen populären wissenschaftlichen Scharlatan.*
Vgl.: „Säule der Wissenschaft".

Leuchter
(verkürzt aus „Armleuchter", sozusagen eine Verhüllung der Verhüllung) *ein seltenes derb abwertendes Hüllwort für → Armleuchter, das für → Arschloch steht.*
Vgl.: armer Leuchter, Kronleuchter.

Leutebetrüger
veraltet für einen Betrüger, betrügerischen Menschen.
Vgl.: → Betrüger, Leutebescheißer.

Leuteschinder
abfällig für jemanden, der Untergebene, „Mitarbeiter" schlecht behandelt, rücksichtslos ausnutzt.
Vgl.: Menschenschinder, → Schinder.

Levantiner
(eigentlich ein Bewohner der Mittelmeerländer östlich Italiens) *veraltet abschätzig für einen gerissenen (betrügerischen) Händler, Kaufmann.*

liberaler Scheißer
(als Schlagwort zur Diffamierung gemäßigter und verständigungsbereiter Hochschullehrer und Politiker in Apo-Kreisen gegen Ende der 60er Jahre aufgekommen) *eine veraltende derb abwertende Bezeichnung für eine Person mit einer gemäßigten, nicht-radikalen oder unentschiedenen, wankelmütigen politischen Haltung.*
Vgl.: Liberalinski, → Scheißer.

Libertin
(aus gleichbedeutend französisch „libertin", zu lateinisch „liber" = frei) *1. veraltet und oft geringschätzig für einen Freigeist. 2. in gehobener Sprache veraltet abschätzig für einen ausschweifenden Menschen, Wüstling.*
Vgl.: Libertiner (Variante).

Libidinist
(eigentlich ein psychologisch-medizinischer Fachausdruck für einen sexuell sehr triebhaften Menschen; zu lateinisch „libido“ = Lust, Begierde) *bildungssprachlich selten für einen Lüstling, Wüstling.*
Vgl.: → -ist.

Licht s. kleines Licht

lichtscheues Gesindel
abfällig für übles, verbrecherisches Gesindel.
Vgl.: → Gesindel.

Liebchen
(früher als Anrede oder Bezeichnung für eine geliebte Frau) *abschätzig für eine Geliebte.*
Vgl.: Allermannsliebchen, Allerweltsliebchen, → -chen (-lein), Gangsterliebchen, Jedermannsliebchen, Luxusliebchen, Matrosenliebchen, Pfarrersliebchen, Verbrecherliebchen, versoffenes Liebchen (trunksüchtiger Ehemann, Partner), Vielliebchen (liederliches Mädchen).

Liebediener
abfällig für einen Kriecher, Schmeichler, vor allem Vorgesetzten gegenüber.
Vgl.: → -diener.

Liebling
(meist in Genitivfügungen) *oft geringschätzig für einen Günstling, Schützling.* Im SPIEGEL (April 1994) war vom „Strauß-Liebling Peter Gauweiler“ die Rede.
Vgl.: Liebling des Lehrers, → -ling, → Mamas Liebling, → Muttis Liebling.

Liederjan
(ursprünglich für „liederlicher Jan“) *abschätzig für einen liederlichen Menschen.*
Vgl.: → -ian (-jan), Liederlack (schlesisch), Liederling, Liedrian, Luderjan, Lüderjan, Ludrian, Lüdrian (Nebenformen).

Liedrian = Liederjan

Lieschen
(Kurz- und Koseform von „Elisabeth“, Verkleinerung von „Liese“) *oft abschätzig für ein (einfältiges, ungeschicktes) Mädchen.*
Vgl.: → -chen (-lein) Pimperlieschen.

Lieschen Müller
(bezieht sich auf die Häufigkeit und Durchschnittlichkeit der beiden Namen) *spöttisch-abschätzig für eine durchschnittliche, anspruchslose Frau mit dem allgemein üblichen schlechten, seichten, kitschigen Geschmack.* Die kritische Theologin Uta Ranke-Heinemann sprach in der WELTWOCHE (Januar 1995) von „Lieschen und Otto Müller“.
Vgl.: → Dr. Lieschen Müller, → -chen (-lein), Gottlieb Schulze (selten: männliches Pendant).

Liese
(Kurzform von „Elisabeth“; meist in zusammengesetzten Wörtern) *abschätzig oder als Tadel für eine weibliche Person, besonders für ein Mädchen.*
Vgl.: dumme Liese, liederliche Liese.

-liese
tadelnd oder (leicht) abwertend für eine → Liese einer bestimmten Sorte, meist für ein junges Mädchen, ein weibliches Kind, dessen Verhalten gerügt wird.
Vgl.: → Babbelliese, Bettelliese, Brummliese, → Bummelliese, → Dreckliese, → Faselliese, → Flennliese, Fürchtliese, Hamsterliese, → Heulliese, → Huschelliese, → Kicherliese, Klatschliese, → Kleckerliese, → Mährliese, → Meckerliese, → Nölliese, → Nörgelliese, Nuschelliese, → Pimpelliese, → Pimperliese, → Plapperliese, Plärrliese, → Quackelliese, Quasselliese, → Quatschliese, → Quengelliese, Sabbelliese, Sabberliese, Schlumpliese (schlampig), Schmuddelliese, → Schmutzliese, Schnäbbelliese (geschwätzig), → Schnatterliese, Schrumpelliese, Schwabbelliese (geschwätzig), → Schwatzliese, → Struwwelliese, Trampelliese, Tränenliese, Tranliese, → Tratschliese, → Trödelliese, Traumliese, Zappelliese, → Zimperliese, Zumpellliese, Zwitscherliese (säuft).

Liliputaner
(nach dem fiktiven Land „Liliput“ in Jonathan Swifts GULLIVERS REISEN von 1726) *oft geringschätzig für einen zwergenhaft kleinwüchsigen Menschen.*

Lilith
(in der Überlieferung des Talmud die erste Frau Adams, die nach jüdischem Aberglauben als Dämon sich nachts an Männer und Kinder heranmacht, um ihnen zu schaden)

bildungssprachlich abwertend für eine verführerisch schöne, dämonische Frau.

-ling

(überwiegend aus Adjektiven gebildet. Im Mittelhochdeutschen hatte die Endung kaum wertverschlechternde Wirkung. Doch wurde das Wortbildungsmodell schon vor 1800 rege benutzt, zuerst fast ausschließlich mit einsilbigen Wörtern) *eine abwertende Bezeichnung für eine in der Mehrzahl der Fälle männliche Person, die durch eine bestimmte Eigenschaft oder ein Merkmal negativ charakterisiert ist, und zwar meist im Sinne von schlecht, ungeschickt, arrogant, unbedeutend.* In seiner Dissertation von 1953 weist Alfons Fridolin Müller darauf hin, daß vor allem die Gaunersprache und die Sprachpuristen eine Vorliebe für Ableitungen auf „-ling" hatten. Die SÜDDEUTSCHE ZEITUNG (Mai 1995) belegte den Fußballstar Mario Basler mit der Bezeichnung „Arroganzling", und der SPIEGEL (Juni 1995) schrieb über den Verleger Axel Springer: „Er hat sich ja nicht mal gebückt, wenn ihm ein Zettel auf den Boden fiel. Dafür hatte er seine Bücklinge."

Vgl.: → Absonderling, → Alberling, Andringling, → Ängstling, → Aufdringling, → Auswürfling, Banditenhäuptling, → Bläßling, Bleichling, → Blendling, → Blödling, Brävling, → Dämling, Däumling, Denkschwächling, → Dichterling, Dienstling, Dörfling, → Dummerling, → Dümmling, → Dünkling, → Düsterling, → Ehrgeizling, Eifersüchtling, → Eindringling, → Emporkömmling, → Feigling, → Feistling, Feuilletonschreiberling, → Fiesling, Filmschönling, → Finsterling, → Französling, → Frechling, → Fremdling, Freßling, → Frischling, → Frömmling, → Fröstling, → Geiferling, → Genüßling (Genießling), → Gierling, Grämling, → Grünling, → Günstling, Halbling, → Hänfling, Häßling, → Häuptling, Hemdling, → Höfling, → Hübschling, → Hundling, → Jämmerling, jedermanns Liebling, Jesuitenzögling, → Jüngling, → Klügling, Kon-servativling, → Kränkling, → Kriechling, → Kümmerling, Lauling, → Liebling, Liebling des Lehrers, Liederling, → Lüstling, → Mamas Liebling, → Mickerling, → Miesling, → Mietling, Milchbärtling, Modejüngling, Müdling, → Muttis Liebling, → Naivling, → Neidling, → Neuling, → Oberflächling, Oberhäuptling, Parteihäuptling, Pfäffling, Pimperling, → Portokassenjüngling, → Primitivling, → Quisling, → Reimling (Reimerling), → Rohling, → Römling, → Säugling, → Schädling, Schläuling, → Schleimling, Schlimmling, Schmachtjüngling, Schmächtling, → Schmetterling, → Schmierenhäuptling, Schneiderling, → Schönling, → Schreiberling, → Schwächling, Schwülstling, Seichling, → Seichtling, → Selbstling, Selbstsüchtling, → Sendling, Siechling, → Söldling, → Sonderling, Sozialschädling, → Steuerflüchtling, → Sträfling, Streberling, → Süchtling, → Süffling, → Süßling, → Tangojüngling, Trebling, Trübling, Umweltschädling, Unzüchtling, Verreckling, → Volksschädling, Vornehmling, Weibling, → Weichling, → Widerling, → Wildling, Wimmerling, → Winzling, Wirrling, → Wirtschaftsflüchtling, → Witzling, → Wollüstling, → Wunderling, → Wüstling, → Zärtling, → Zimperling, → Zögerling, → Zögling, Züchtling, Zwergling (selten).

linke Bazille

vorwiegend jugendsprachlich abfällig für 1. einen unehrlichen, zwielichtigen Menschen. 2. einen politisch Linken.

linke Titte

salopp abwertend für 1. eine hinterlistige, gemeine (weibliche) Person. 2. eine politisch links engagierte Frau.

Vgl.: → Titte.

linke Type

(zu „link") *abschätzig für eine niederträchtige, betrügerische Person.*

Vgl.: linker Typ, → Type.

Linker

(die erste Bedeutung ursprünglich nach der Sitzordnung im französischen Parlament; die zweite Bedeutung zu „link") *1. oft abschätzig für eine Person, die den Linksparteien nahesteht oder zugehört; Kommunist, Sozialist. 2. verächtlich für einen unehrlichen, heimtückischen Mann; Verräter; Betrüger. 3. meist abschätzig für einen Homosexuellen.*

Vgl.: Altlinker (politisch), linke Socke, linker Bruder, linker Spinner, Ultralinker (politisch).

linker Typ = linke Type

linker Vogel

(zu „link") *abfällig für einen heimtückischen, verschlagenen Menschen.*

Vgl.: linke Ratte, linker Freier, → Vogel.

Linksabweichler
besonders im kommunistischen Sprachgebrauch abschätzig für eine Person, die links von der Parteilinie abweicht.
Vgl.: → Abweichler, → -ler, linker Abweichler.

Linksanwalt
(scherzhaft als Gegensatz zu „Rechtsanwalt" gebildet) *spöttisch-abschätzig für einen Winkeladvokaten, unfähigen Rechtsanwalt.*

Linksextremist
oft abfällig oder als politisches Feindwort für einen linken → Extremisten.
Vgl.: → -ist, Linksterrorist, → Rechtsextremist.

Linksfaschist
im Jargon der Politik oft abwertend für einen Vertreter eines linksgerichteten Faschismus. „Dann bekam Habermas auf dem hannoverschen Treffen ... Streit mit Dutschke und sprach ... von ‚Linksfaschisten'" (Gerhard Zwerenz: KOPF UND BAUCH, 1971).
Vgl.: → Faschist, → -ist.

Linksradikaler
oft abwertend für einen radikalen Vertreter oder Anhänger der extremen Linken.
Vgl.: → Rechtsradikaler.

Linkssektierer
im politischen Jargon abschätzig für einen linken → Sektierer.

Linkstatsche
(zu „Tatze") *1. spöttisch für einen Linkshänder. 2. abschätzig für einen ungeschickten, „linkischen" Menschen.*
Vgl.: → Dotsch, Linkstapper, Linkstatzler, → Totsch.

Lippel (Lipperl)
(nach dem Vornamen Philipp) *in Österreich und Bayern abfällig für einen dummen, plumpen Kerl.*
Vgl.: → Batzenlippel.

Lispler
oft geringschätzig für einen Menschen, der lispelt, mit der Zunge anstößt oder der mit tonloser Stimme zaghaft spricht.
Vgl.: → -ler, Lispelzunge (veraltet).

Literat
(ursprünglich ein Schriftkundiger, Sprachgelehrter) *oft geringschätzig für einen (unschöpferischen, oberflächlichen) Schriftsteller.* Von Kurt Tucholsky stammt der Satz: „Nichts ist verächtlicher, als wenn Literaten Literaten Literaten nennen."
Vgl.: → Asphaltliterat, Hofliterat, → Kaffeehausliterat, Salonliterat, Schmutzliterat (selten), Schundliterat.

Literaturpapst
spöttisch-ironisch für einen maßgeblichen Literaturkritiker (der sein Urteil für unfehlbar hält).
Vgl.: → -papst.

Litfaßsäule s. wandelnde Litfaßsäule

Lobbyist
(zu „Lobby", der englischen Bezeichnung für die Vorhalle im Parlament, wo sich Abgeordnete und Interessenvertreter treffen) *oft geringschätzig für eine Person, die auf Abgeordnete Einfluß nimmt und sie für ihre Interessen zu gewinnen sucht.* Die Lobbyisten selbst deklarieren ihre Aufgabe als „praktische Politikberatung". Die Methoden gehen jedoch weit über eine Beratung hinaus; auch Erpressung und Bestechung sind nicht selten. Im Oktober 1993 brachte der SPIEGEL die Titelgeschichte „Die heimlichen Herrscher – wie die Lobby den Staat regiert". In der Presse ist von „Atomlobbyisten", „Flick-Lobbyisten" oder einem „Chef-Lobbyisten des Axel-Springer-Verlags" (FAZ über den Sozialdemokraten Volker Hauff) die Rede. Der „Ober-Lobbyist", war laut SPIEGEL (Oktober 1993) Constantin Freiherr von Heeremann, unter dessen Führung der deutsche Bauernverband geradezu abenteuerliche Subventionen durchboxen konnte.
Vgl.: Atomlobbyist, → -ist.

Lobhudler (Lobhudeler)
abfällig für jemanden, der sich durch übertriebenes, oft unberechtigtes Lob bei anderen einzuschmeicheln sucht.
Vgl.: → Hudeler (Hudler), → -ler, Lobredner (schwächer).

Loch
1. ein vulgäres Schimpfwort für eine weibliche Person. 2. kurz für → Arschloch. 3. abfällig für einen verfressenen oder trinkfreudigen Menschen.
Vgl.: → A...loch, → Armloch, → Astloch, besoffenes Loch, Bettelloch, Dreckloch, Kubikarschloch, Leihloch (selten: Prostituierte), das letzte Loch (selten: häßliche Frau), Locherl (österreichisch), Oberarschloch, → Riesenarschloch, → Saufloch, verschissenes Loch, → versoffenes Loch.

Lochschwager
scherzhaft, oft spöttisch oder abschätzig für einen Mann, der mit derselben Frau geschlechtlich verkehrt wie ein anderer.
Vgl.: Bauchschwager (selten), Bettschwager (Liebhaber).

lockerer Vogel
salopp abwertend für einen leichtfertigen, leichtsinnigen Menschen.
Vgl.: → leichter Vogel, → leichtsinniger Vogel, lockerer Bruder, → loser Vogel, → Vogel.

lockerer Zeisig
(nach dem Zeisig, einer Finkenart) *scherzhaft, auch abschätzig für einen leichtsinniger, liederlichen Menschen.* Bei Goethe finden wir: „Ihr saubern Zeisige!"
Vgl.: Zeisig.

Lockspitzel
(als Übersetzung des französischen „agent provocateur" zuerst 1888 im satirischen „Lockspitzellied" von Karl Henckell) *abfällig für einen Agenten, der aufwiegelt, zu strafbaren Handlungen anstiftet.*
Vgl.: Agent provocateur, → Spitzel.

Lockvogel
(schon in der Bibel; eigentlich ein gefangener Vogel, der andere Vögel anlocken soll) *abwertend für jemanden, der andere anlokken, verleiten, in eine Falle locken soll.*
Vgl.: → Vogel, → -vogel.

Loddel
(wohl zu „lottern" = schlampig sein, liederlich leben) *salopp, auch geringschätzig für einen Zuhälter.*

Löffel
landschaftlich für einen Dummkopf, Tölpel.
Vgl.: → Rotzlöffel.

Lögenfatt
(wörtlich: Lügenfaß) *norddeutsch für einen Lügner, Aufschneider.*

Lohndrücker
abwertend für eine billige Arbeitskraft, die dazu beiträgt, daß die Löhne sinken oder niedrig bleiben. Von Heiner und Inge Müller gibt es ein Theaterstück aus dem Jahr 1958 mit dem Titel DER LOHNDRÜCKER.

Lohnsklave
abschätzig für einen Arbeitnehmer, der über die geringe Entlohnung seiner Tätigkeit völlig abhängig ist.
Vgl.: → Sklave (...).

Lokalmatador
(zu spanisch „matador" = Stierkämpfer) *oft spöttisch-ironisch oder geringschätzig für eine Berühmtheit, einen gefeierten Sportler oder dergl., in einem Ort, einer eng begrenzten Region.* Der SPIEGEL (März 1994) schilderte anläßlich eines Besuches des konservativen Fraktionsvorsitzenden Wolfgang Schäuble in der Provinz einen „vor Ergriffenheit bebenden Lokalmatador der Union".

Löli
(Herkunft unklar) *schweizerisch und südwestdeutsch für einen Dummkopf, Trottel; auch Regionalspott in manchen deutschen Gegenden für die Nachbarn in der Schweiz.*
Vgl.: → Lalli, Lohle (schwäbisch).

Lolita
(nach der Heldin des gleichnamigen Romans von Vladimir Nabokov aus dem Jahr 1955) *oft leicht abwertend für eine verführerische, raffinierte, unschuldig wirkende Kindfrau; ein frühreifes Mädchen.* Heinz Küpper nennt in seinen umgangssprachlichen Wörterbüchern auch eine „kniekehlenfreie Spät-Lolita".

Lollofrigida

(zum Namen der kurvenreichen und alerten italienischen Filmschauspielerin Gina Lollobrigida und dem Wort frigid = kühl, geschlechtskalt bei Frauen) *scherzhaft-spöttisch für eine attraktive, aber kalte, temperamentlose junge Frau.*

Loofkeule

(zu berlinisch „loofen" = laufen) *besonders berlinisch scherzhaft-spöttisch für einen Laufburschen, Boten.*

Vgl.: → Keule.

Looser (Loser)

(aus englisch „loser" = Verlierer) *salopp, auch verächtlich für einen Verlierer, Versager, ewigen Verlierer.* Die WELT (November 1976) versuchte den Begriff zu erläutern: „Looser ist englisch und heißt Verlierer. Das Wort hat sich in unseren Sprachgebrauch gedrängt. Als willkommener Fremdling. Ein Schimpfwort ist es noch nicht ganz, aber beinahe. Es hat schon den mitleidig-kühlen, herablassend-geringschätzigen Beigeschmack. Looser, das ist einer, der wird's nie schaffen." Der SPIEGEL (April 1990) zitierte den Münchner CSU-Chef Peter Gauweiler mit den Worten: „Mir san die Looser." Neuerdings begegnet man auch dem „charming loser", dem Typ des sympathischen Verlierers, wie er etwa in den Filmen Woody Allens Gestalt gewinnt.

Vgl.: Loosertyp.

Lorbaß

(aus dem gleichbedeutenden litauischen „liurbis") *vorwiegend nordostdeutsch für einen Lümmel, Nichtsnutz.*

Lorette

(aus gleichbedeutend französisch „lorette", nach dem Namen der Pariser Kirche „Notre-Dame de Lorette", die in einem Prostituiertenviertel liegt) *eine veraltete Bezeichnung für ein leichtes Mädchen, eine Lebedame (im Paris des 19. Jahrhunderts).*

Lork, der (das)

(eine mundartliche Form von „Lurch") *norddeutsches Scheltwort für einen Schuft, Lump, Flegel.*

Loser

(zu „los, lose" = leichtfertig; dreist) *eine gemütliche Schelte für einen Schlingel, frechen Burschen.*

loser Vogel

salopp abwertend für einen leichtsinnigen, liederlichen Menschen.

Vgl.: → lockerer Vogel, loser Strick, → Vogel.

loses Mädchen

veraltet oder spöttisch-ironisch für ein leichtlebiges Mädchen mit lockerem Lebenswandel.

Vgl.: → leichtes Mädchen.

Lottel

(fußt auf mittelhochdeutsch „loter" = lokker, leichtsinnig) *besonders südwestdeutsch abschätzig für einen trägen, nachlässigen, verkommenen Menschen.*

Lotter

(zu mittelhochdeutsch „loter") *abfällig für einen liederlichen, faulen Menschen.*

Vgl.: Lotterer (Verschwender), Lottergesindel, Lottergreis, Lotterhaufen, Lotterweib.

Lotterbube

ein veraltetes Schimpfwort für einen liederlichen, verwahrlosten Kerl, Herumtreiber. „Pack dich, verschissener Lotterbub!" heißt es bei Grimmelshausen.

Vgl.: → Bube (Bub), Lotterfritze, Lotterkerl (selten), Lottermädchen.

Lotterjan

(zusammengewachsen aus „lottern" und „Jan" = Johann) *nord- und westdeutsch für einen Müßiggänger, Nichtsnutz.*

Vgl.: → -ian (-jan).

Louis (Lui)

(das französische Wort für „Ludwig", vielleicht wegen der vielen französischen Könige namens Ludwig, die für ihre zahlreichen Mätressen bekannt waren) *salopp, auch abschätzig für einen Zuhälter.*

Vgl.: Frankfurter Louis (rheinhessisch: auch Homosexueller), → Lucki, → Lude, → Pufflouis, Stehkragenlouis (eleganter Zuhälter), Trottoir-Louis (selten: auch geckenhafter, leichtsinniger Bursche).

Löwe s. zahnloser Löwe

-löwe
(bezieht sich auf den Löwen als mächtigem Raubtier und „König der Tiere" in der Fabel; seltene weibliche Form: -löwin) *spöttisch-ironisch oder abschätzig für eine meist männliche Person, die in der Öffentlichkeit eine irgendwie dominierende Rolle spielt.*
Vgl.: Aktenlöwe (Beamter, Büromensch), Ballöwe, → Baulöwe, Garnisonslöwe, → Gesellschaftslöwe, → Gummilöwe, Hartgummilöwe, → Klavierlöwe, Kongreßlöwe, → Partylöwe, → Salonlöwe, → Stammtischlöwe, → Strandlöwe, Tastenlöwe, Vorzimmerlöwe (Vorzimmerlöwin).

Lückenbüßer
(ursprünglich jemand, der eine Lücke ausbessert, flickt) *abschätzig für einen Menschen, der als schlechter Ersatz für jemanden einspringen muß.*
Vgl.: Lückenfüller, Lückenstopfer (hessisch).

Lückenfüller = Lückenbüßer

Lucki
(Kurz- und Koseform von „Ludwig") *süddeutsch abschätzig für 1. einen Zuhälter. 2. einen geckenhaften, zwielichtigen Burschen (aus der Vorstadt).*
Vgl.: → Louis (Lui).

Lude
(Kurzform von „Ludwig") *salopp abwertend für 1. einen Zuhälter. 2. einen schmutzigen, liederlichen Kerl, Herumtreiber.*
Vgl.: → Hartgeldlude, → Louis (Lui), Luden-Toni (bayrisch), Ludewig, Ludwig, Saulude (schwäbisch).

Luder
salopp abwertend oder als Schimpfwort für 1. einen niederträchtigen, gerissenen, unverschämten Menschen: ein blödes, unverschämtes, verwöhntes, verrücktes, gemeines, falsches, dämliches, gerissenes, saudummes Luder. 2. eine liederliche, unmoralische weibliche Person: du geiles, raffiniertes, verkommenes Luder. Die erste der Bedeutungen in einem Schnaderhüpfel:

„Meine Mutter, das Luder,
macht die Knödel so klein,
mein Vater, der Kater,
frißt sie alle allein."

Vgl.: → armes Luder, Bauernluder, Dreckluder, dummes Luder, faules Luder, feines Luder, freches Luder, Galgenluder, → kleines Luder, Malefizluder, Sauluder, → Schindluder, Zankluder.

Luderchen
oft abschätzig, auch mit widerwilliger Anerkennung, für ein freches, raffiniertes, leichtfertiges Mädchen.
Vgl.: → -chen (-lein).

Luderer (Ludrer)
eine veraltete Schelte für einen liederlichen Menschen; seltener für einen Verschwender. In einem Frankfurter Druck von 1549 (Renner) heißt es:

„Schmeicheler, Luderer, Ohrenbläser,
Seindt des Teufels Stattverweser."

Luderjan = Liederjan

Luftikus
(studentensprachlich latinisierend aus „luftig" gebildet) *abschätzig für eine leichtsinnige, oberflächliche, unzuverlässige (männliche) Person.* „Ich bin kein Luftikus!" gab der deutsche Außenminister Klaus Kinkel bekannt (SPIEGEL, April 1994).

Luftkutscher
scherzhaft-spöttisch für einen Flugzeugpiloten.
Vgl.: Barkassenkutscher (norddeutsch: Barkassenkapitän), → Benzinkutscher.

Lügen-
zusammengesetzte Wörter zur genaueren Bezeichnung von Lügnern. Eine Besonderheit aus dem Bereich der Politik sind Bildungen wie „Lügenminister" oder „Lügenkanzler". Im Deutschen Bundestag wurden zumindest Adenauer und sein „Enkel" Kohl schon als „Lügenkanzler" beschimpft.
Vgl.: Lügenapostel, Lügenbalg, Lügenbande, Lügenfresse (selten), Lügengosche, Lügenhals, Lü-

genhans, Lügenkerl (selten), Lügenmajor, Lügenmensch (Lügnerin), Lügenpack, Lügenzumpel (selten).

Lügenaas
landschaftlich selten und abfällig für einen Lügner.
Vgl.: → Aas.

Lügenbaron
(eigentlich der Übername des Freiherrn von Münchhausen, der oft im Bekanntenkreis frei erfundene und „selbsterlebte" Abenteuer erzählte und unter dessen Namen eine große Anzahl von Lügengeschichten veröffentlicht und berühmt wurde) *scherzhaft-spöttisch, kaum abwertend für einen notorischen Lügner, Schwindler.*
Vgl.: → Baron, → -baron, → Münchhausen.

Lügenbeutel
ein landschaftliches Schimpfwort für einen Lügner.
Vgl.: → Beutel, → -beutel.

Lügenbold
Schimpfwort für einen gewohnheitsmäßigen Lügner.
Vgl.: → -bold.

Lügenbrut
eine veraltete verächtliche Bezeichnung für eine Gruppe verlogener Menschen.
Vgl.: → Brut, → -brut, Lügenbande, Lügenpack.

Lügenmaul
ein derbes Schimpfwort für einen unverschämten Lügner, verlogenen Menschen.
Vgl.: Lügenfresse (selten), Lügengosche, Lügenhals, → -maul.

Lügenpeter
ein Scheltwort für eine lügende oder verlogene männliche Person.
Vgl.: Lügenhans, → Peter, → -peter.

Lügensack
eine vorwiegend norddeutsche herbe Schelte für einen Lügner.
Vgl.: → Sack, → -sack.

Lügenschüppel
österreichisch und süddeutsch für einen verlogenen Menschen.
Vgl.: → Schüppel.

Lügner
abwertend für eine Person, die zum Lügen neigt, häufig lügt oder soeben gelogen hat: ein dreister, frecher, unverschämter, infamer, elender Lügner. „Ich nenne Sie einen gemeinen Lügner" (Johannes Mario Simmel: AFFÄRE NINA B., 1958). Im Sprichwort heißt es: „Der Lügner trägt des Teufels Livree."
Vgl.: → Erzlügner, → notorischer Lügner, Regimentslügner (Steigerung).

Lui = Louis (Lui)

Lukullus
(nach dem altrömischen Feldherrn Lucullus, der ein Leben in Saus und Braus führte) *bildungssprachlich scherzhaft, auch abschätzig für einen Schlemmer.*

Lulatsch
(Herkunft unbekannt; meist in der Fügung „langer Lulatsch") *landschaftlich abschätzig für 1. einen → langen Lulatsch. 2. einen trägen, ungeschickten Kerl.*

Lulle
(wohl zu „lullen" = saugen) *landschaftlich selten für eine dumme, langweilige Person.*
Vgl.: Luller.

Lulli
besonders jugendsprachlich abfällig für einen schlaffen, trägen Typ.

Lumich (Lumig)
(vielleicht zu „lui" = faul, träge) *nord-, ost- und mitteldeutsch für einen Taugenichts, Flegel.*

Lümmel
(verwandt mit „lahm") *ein beliebtes Schimpfwort für einen groben, frechen, flegelhaften jungen Mann.* In Gerhart Hauptmanns BAHNWÄRTER THIEL (1892) wird vom Leder gezogen: „Du erbärmlicher, niederträchtiger, hinterlistiger, hämischer,

feiger, gemeiner Lümmel!" Bei Lana in Südtirol findet oder fand sich der Marterlspruch (Sammlung Hans Roth):

„Von sieben Stichen todtgebohrt
Starb Peter Hofer hier am Ort
Der gerechte Gott im Himmel
Wird strafen einst auch diesen Lümmel."

Vgl.: → Bauernlümmel, → Dorflümmel, → Lauselümmel, Rotzlümmel, → Saulümmel, Steinzeitlümmel (ohne Manieren), Straßenlümmel, unverschämter Lümmel.

Lump
(ursprünglich ein Mensch in zerlumpten Kleidern) *ein grobes Schimpfwort für eine gesinnungslose, betrügerische, heruntergekommene (männliche) Person: ein elender, feiger, gemeiner Lump.* Von Goethe gibt es das Epigramm:

„Freund, wer ein Lump ist, bleibt ein Lump,
Zu Wagen, Pferd' und Fuße;
Drum glaub' an keinen Lumpen je,
An keines Lumpen Buße."

Daran hat sich wohl wenig geändert. „Wir kämpfen gegen die kommunistischen Lumpen", tönte der CSU-Vorsitzende und deutsche Bundesfinanzminister Theo Waigel im Wahlkampf 1994 über das Verhältnis seiner Partei zur Linkspartei PDS. Im folgenden Schnaderhüpfel dagegen ist der „Lump" ein untreuer Mann:

„Mein Schatz ist ein Jäger,
ein Lump, ein verdrehter,
er geht aus mit der Büchs',
aber heim bringt er nix."

Vgl.: → Charakterlump, → Erzlump, Fetzenlump, → Gesinnungslump, → Haderlump, Jesuslump (schwäbische Steigerung), Lumpes (westdeutsch), Malefizlump, Mordslump, → Saulump, Schnapslump, Siebensortenlump (hessisch).

Lumpazius (Lumpazi)
(scherzhafte latinisierende Bildung zu „Lump") *eine veraltende scherzhafte, auch abschätzige Bezeichnung für einen Gauner, Strolch, Vagabund.*
Vgl.: → Bazi.

Lumpazivagabundus
(nach dem Titel und der gleichnamigen Titelgestalt einer Zauberposse von Johann Nepomuk Nestroy aus dem Jahr 1833) *scherzhaft, auch abschätzig für einen Vagabunden, Herumtreiber.*

Lumpen-
(nach der abgetragenen, zerschlissenen Kleidung früherer Besitz- und Ehrloser) *ein häufiges Wortbildungsmittel zur emotionalen Verstärkung von Schimpfwörtern.*
Vgl.: Lumpenaas, Lumpenbube, Lumpendorl (selten, Nürnberg: schlampiges Weib), Lumpenhannes, Lumpenkores (Gesindel), Lumpenlene (selten), Lumpenmatz, Lumpenzipfel, Lumpenzores (Gesindel).

Lumpenbagage = Lumpengesindel

Lumpenbande
emotional abwertend für eine Gruppe niederträchtiger, heruntergekommener oder sehr unsympathischer Menschen.
Vgl.: → Bande, → -bande.

Lumpengesindel
ein verächtliches Schimpfwort für Pack, übles Gesindel.
Vgl.: → Gesindel, → -gesindel, Lumpenbagage, Lumpengeschmeiß, Lumpenkores, Lumpenvolk, Lumpenzores.

Lumpenhund
ein starkes Schimpfwort für eine niederträchtige, gemeine (männliche) Person.
Vgl.: → Hund, → -hund.

Lumpenkerl
Schimpfwort für einen niederträchtigen, gemeinen Kerl.
Vgl.: → Kerl.

Lumpenkrämer
landschaftlich abfällig für 1. einen Altwarenhändler o.dergl. 2. einen Lump oder heruntergekommenen Kerl.
Vgl.: → Krämer, → -krämer.

Lumpenmensch, das
landschaftlich abfällig für eine unzuverlässige, gemeine Person; ein liederliches Mädchen. In einem offenbar volkstümlichen schwäbischen Gedicht heißt es:

„'s gibt Stuttgarter Mädle,

hent weiße Schürz a,
und unte am Zipfel
steht Lompemensch dra."
Vgl.: → Mensch.

Lumpenpack
emotional abwertend für übles Gesindel. Das „Lumpenlied" von Erich Mühsam (1878 – 1934) beginnt so:

„Kein Schlips am Hals, kein Geld im Sack.
Wir sind ein schäbiges Lumpenpack,
auf das der Bürger speit."

Vgl.: → Pack, → -pack.

Lumpenproletariat
(im Marxismus die unterste Gesellschaftsschicht, die angeblich kein Klassenbewußtsein hat) *meist abschätzig für die Gesamtheit der Asozialen (in Großstädten).*

Lumpenproletarier
ein Angehöriger des → Lumpenproletariats.
Vgl.: → Proletarier.

Lumpensack
Schimpfwort für einen Lump oder einen schäbig gekleideten, schmuddeligen Menschen.
Vgl.: → Sack, → -sack.

Lumpensäckel
besonders südwestdeutsch abfällig für einen niederträchtigen, verkommenen Kerl.
Vgl.: → Säckel.

Lumpenvolk = Lumpengesindel

Lumpenzeug
landschaftlich verächtlich für ungepflegte, zerlumpte Leute oder für Gesindel.
Vgl.: Lumpenzores, Zeug.

Lungerer
(ursprünglich = lauern; ungebräuchliche weibliche Form: Lungerin) *eine seltene abschätzige Bezeichnung für jemanden, der irgendwo herumlungert, sich herumtreibt.*
Vgl.: Herumlungerer.

Lusche
(wohl zu ostmitteldeutsch „Lusche" = Hündin, läufige Hündin) *verächtlich für 1. eine liederliche Person, Schlampe, ein leichtes Mädchen. 2. einen Versager, Nichtskönner.*

Lustgreis
spöttisch-abschätzig für einen älteren Mann mit übersteigertem sexuellen Interesse.
Vgl.: → Greis, Lebegreis, → Lottergreis.

lustige Witwe
(nach dem Titel der Operette DIE LUSTIGE WITWE von Franz Lehár) *scherzhaft-spöttisch für eine auffällig gutgelaunte Witwe oder eine Frau, die sich bei längerer Abwesenheit ihres Ehemannes mit einem Ersatzmann tröstet.*

Lüstling
veraltend abschätzig, heute eher scherzhaft, für einen Mann mit übersteigertem Interesse an sexuellen Dingen. Christoph Martin Wieland (1733 – 1813) öffnet uns die Augen:

„Sieh, Lüstling, sieh den grinsenden Schädel hier,
Statt wallender Locken von Maden umkrochen!"

Vgl.: → -ling, → Wollüstling.

Lustmolch
scherzhaft, auch abschätzig oder tadelnd für einen lüsternen, ausschweifenden Mann.
Vgl.: alter Lustmolch, Genußmolch, → Molch.

Lutscher
besonders gauner- und jugendsprachlich für einen laschen, schwachen, feigen Kerl; unter Spielern auch für einen, der ganz vorsichtig nur um kleinste Einsätze spielt: ein langweiliger, dämlicher, kleiner Lutscher.
Vgl.: → Daumenlutscher.

Luxusbiene = Luxuspuppe (Luxuspüppchen)

Luxusgeschöpf
meist abschätzig für eine verwöhnte Frau, die hohe materielle Ansprüche stellt.

Luxusnutte
abfällig für eine attraktive, elegante, teure Prostituierte.
Vgl.: → Edelnutte, Feudalnutte, Luxusfotze (vulgär), Luxushure, → Nutte.

Luxuspuppe (Luxuspüppchen)
salopp abwertend für eine verwöhnte, attraktive junge Frau, die hohe materielle Ansprüche stellt (und sich aushalten läßt).
Vgl.: → -chen (-lein), Luxusbiene, Luxusdämchen, Luxusweib, Luxusweibchen, → Püppchen, → Puppe.

Luxusweibchen = Luxuspuppe (Luxuspüppchen)

M

Zanckeisn

Macher

1. abschätzig für einen Antreiber, Anstifter. 2. oft geringschätzig für einen überaus geschäftigen, wichtigtuerischen Menschen. 3. gaunersprachlich für einen Betrüger, Falschspieler.

Vgl.: kleiner Macher (unbedeutender Geschäftsmann).

-macher

(fast immer mit einem Substantiv gebildet) *ein sehr fruchtbares Wortbildungsmittel zur abschätzigen, seltener spöttischen Bezeichnung von meist männlichen Personen.*

Vgl.: → Angstmacher, → Anmacher, → Bangemacher, → Blaumacher, → Büchsenmacher, → Buckerlmacher, → Courmacher, → Engelmacherin, → Faxenmacher, → Fisimatentenmacher, → Flaumacher, → Flausenmacher, → Fratzenmacher, Geldmacher (geschäftstüchtig), → Gelegenheitsmacher, → Gerüchtemacher, → Geschäftemacher, → Gleichmacher, Grimassenmacher, Groschenmacher (Ausbeuter, kleiner Betrüger), Hofmacher, Juxmacher, → Karrieremacher, → Katzelmacher, Komplimentemacher, → Krachmacher, Krankmacher (selten: Blaumacher), → Krawallmacher, → Krawattenmacher, → Lärmmacher, → Meinungsmacher, → Miesmacher, Minusmacher, → Obermacher, → Panikmacher, → Partitenmacher, Phrasenmacher, → Plänemacher, → Plattmacher, Pleitemacher, → Plusmacher, → Possenmacher, Profitchenmacher, → Profitmacher, → Projektemacher (Projektenmacher), Propagandamacher, → Proselytenmacher, → Quatschmacher, → Rabatzmacher, → Radaumacher, Randalemacher, → Scharfmacher, Schmumacher, → Schuldenmacher, → Spektakelmacher, Sperenzchenmacher (selten), → Sprüchemacher, → Stimmungsmacher, → Streichemacher, → Stunkmacher, → Versemacher, → Weismacher, → Wichtigmacher, → Windmacher, → Witzemacher, → Wortemacher, Zoffmacher.

Machiavelli

(nach dem italienischen Politiker, Geschichtsschreiber und Dichter Niccolo Machiavelli, 1469 – 1527, dessen politische Lehre der Macht den Vorrang vor der Moral gibt; hier als Appellativname) *im politischen Sprachgebrauch spöttisch oder abschätzig für einen ausgeprägten Machtmenschen, Machtpolitiker.* „Ein Machiavelli aus Zelluloid" sei der italienische Medienzar und einstige politische Senkrechtstarter Silvio Berlusconi, schrieb die ZEIT (April 1994). Hamburgs Regierender Bürgermeister, der Sozialdemokrat Henning Voscherau, nannte 1995 den Grünen Joschka Fischer einen „Öko-Machiavelli".

Vgl.: Westentaschen-Machiavelli (selten).

Machiavellist

im politischen Sprachgebrauch meist abschätzig für einen bedenkenlosen Machtpolitiker oder einen Verfechter des Machiavellismus.

Vgl.: → -ist.

Macho

(aus amerikanisch-spanisch „macho" = Männchen, männliches Tier) *1. spöttisch-abschätzig für einen unsensiblen, arroganten Mann, der sich besonders gegenüber Frauen übertrieben männlich gibt. 2. in feministischen Kreisen meist verächtlich für einen normalen, selbstbewußten Mann.* Im Refrain von Rainhard Fendrichs erfolgreichem Schlager „Macho, Macho" (Ende der 80er Jahre) heißt es ironisch mit österreichischem Akzent: „Macho, Macho kannst net lernen. Macho, Macho muß ma sei." Zum Tod des langjährigen Darstellers der Zigarettenreklame für die Marke Marlboro, der an Lungenkrebs starb, schrieb die ZEIT (Dezember 1993): „Der Macho hat ausgeraucht. Camel-man ist abgetreten. Marlboroman will nicht mehr reiten ..."

Vgl.: Kleinstadt-Macho (selten), Machomann, Machotyp, Obermacho.

Machthaber
meist geringschätzig für jemanden, der die Regierungsgewalt ausübt, an der Macht ist; Diktator.
Vgl.: Gewalthaber, NS-Machthaber.

Machtpolitiker
meist geringschätzig für einen Vertreter einer einseitig auf Macht ausgerichteten Politik.
Vgl.: → -politiker.

Macker
(eigentlich ein norddeutsches Wort für einen Arbeitskollegen; auch jugendsprachlich neutral für den festen Freund eines Mädchens) *1. jugendsprachlich distanzierend und meist geringschätzig für einen Mann, Burschen, Kerl (der älter ist als man selbst). 2. besonders jugendsprachlich salopp, oft abschätzig für einen Anführer, Wortführer, Macher. 3. aus der Sicht von Szenefrauen o. dergl. verächtlich für einen („mackerhaften", als frauenfeindlich erkannten) Mann, der sie „anmacht", sich um sie bemüht, jedoch nicht gefällt.* „Aber die Thatcher ist doch noch mehr Macker als mancher Mann" (SPIEGEL, Mai 1986). Eine üppige Weiterentwicklung des Wortes prägte Ralph Königs in seiner Comic-Kroteske DAS KONDOM DES GRAUENS in der Figur des „Luigi Mackeroni", des „Porno-Cops".
Vgl.: → Hauptmacker, Mackerine (seltene weibliche Form, spielt auf „Margarine" an – warum?), Mackertyp, → Obermacker, → Polit-Macker.

Madam
(aus gleichbedeutend französisch „madame") *scherzhaft-spöttisch für eine dickliche, behäbige (vornehmtuerische) ältere Frau.*
Vgl.: dicke Madam, → Dickmadam, Klatschmadam (selten), Schlappmadam.

Mädchen s. altes Mädchen, s. gefallenes Mädchen, s. käufliches Mädchen, s. leichtes Mädchen, s. loses Mädchen, s. spätes Mädchen

„Mädchen für alle"
(nach der festen Fügung „Mädchen für alles" = Person für alle anfallenden Arbeiten) *spöttisch-ironisch, auch abschätzig für eine junge Prostituierte.*

Mädchenhirt
schweizerisch für einen Zuhälter.

Mädchenschmecker
süddeutsch meist abschätzig für einen jungen Mann, der ständig hinter Mädchen her ist.
Vgl.: Mädchenjäger, Mädelfetzer.

Madensack
(meint eigentlich den menschlichen Leib in seiner Vergänglichkeit) *abfällig für einen faulen, trägen Menschen.*
Vgl.: → Sack, → -sack.

Mafia (Maffia)
(eigentlich eine ursprünglich italienische, weltweit tätige Organisation von Verbrechern und Geschäftsleuten; zu italienisch „mafia, maffia", eigentlich = Anmaßung, Überheblichkeit) *abfällig für 1. organisierte Verbrecher, Schwerverbrecher. 2. eine Gruppierung, die ihre Interessen skrupellos durchsetzt.* In der Presse ist von der „rabenschwarzen Bonner Mafia" (Leserbrief, SPIEGEL, November 1994) oder der „heiligen Mafia des Papstes" (SPIEGEL, Februar 1995, über den katholischen Geheimbund Opus Dei) die Rede. Oft wird die „Mafia" regional zugeordnet, etwa 1960 bei der „Irischen Mafia" in den USA als Bezeichnung für die Kennedy-Familie und ihren Clan oder in dem davon abgeleiteten Ausdruck „norddeutsche Mafia" für die Wahlhelfer Willy Brandts.
Vgl.: ehrenwerte Gesellschaft (ironisch), Mafia-Bande, Mafia-Gangster.

-mafia
1. eine Verbrecherorganisation, die auf dem im Bestimmungswort genannten Gebiet tätig ist. 2. abfällig für eine einflußreiche Personengruppe, die ihre Interessen auf dem jeweils genannten Gebiet systematisch und skrupellos durchsetzt. Manchmal ist der erste Teil des Wortes ein Eigenname. Man sprach beispielsweise von der „Strauß-Mafia". In der Schweiz fällt erfolglosen Pilzesammlern bzw. -suchern oft als Erklärung die legendäre „italienische Pilzmafia" ein. Die WELTWOCHE (September 1996) schrieb dazu: „Sie kommen in Scharen und sind mit

Funkgeräten ausgerüstet – und keiner hat sie je gesehen."
Vgl.: → Atommafia, → Baumafia, → Drogenmafia, Kritikermafia, Kulturmafia (selten), Kunstmafia, Müllmafia (selten), Rauschgiftmafia, Russen-Mafia.

Mafiaboß
ein einflußreiches, führendes Mitglied der oder einer → Mafia.
Vgl.: Boß (kaum abwertend), → Gangsterboß, Unterweltboß.

Mafioso (Mafiote)
ein Angehöriger der oder einer → Mafia. Jene Grünen, die bei einer Demonstration ein Transparent mit der Aufschrift „Ja zum Kruzifixurteil" hochgehalten hatten, berichteten, sie seien „Hirnarsch" und „Atheistenmafioso" genannt worden (ZEIT, Oktober 1995).

Mähre
(ursprünglich für eine Stute, dann erweitert zu der Bedeutung „abgemagertes, unbrauchbar gewordenes Pferd") *in den Mundarten ein weitverbreitetes Schimpfwort für eine liederliche (junge) oder eine böse alte Frau.* In Friedrich Schillers KABALE UND LIEBE heißt es: „Wer das Kind eine Mähre schilt, schlägt den Vater ans Ohr".
Vgl.: → Schindmähre.

Mährliese
(zu mundartlich „mähren" = langsam arbeiten, umständlich reden) *besonders ostmitteldeutsch abschätzig oder tadelnd für ein langsames, umständliches Mädchen.*
Vgl.: → Liese, → -liese, Mährsuse.

Mährsack
besonders ostmitteldeutsch abfällig für einen langweiligen, zögerlichen oder auch einfältigen Menschen.
Vgl.: Mährfritze, Mährpeter, → Sack, → -sack.

Maitresse = Mätresse

-major
(wohl aus „-meier" entstellt bzw. volksetymologisch umgedeutet) *ein landschaftliches, seltenes Wortbildungselement zur Bezeichnung eines betrügerischen, unzuverlässigen Mannes.*
Vgl.: Fechtmajor (selten: Bettler), Lügenmajor, → -meier, Schuldenmajor, Schwindelmajor.

Mäkelfritze = Mäkler

Makkaronifresser (Makkaroni)
(nach den langen, röhrenförmigen Nudeln, die als typische italienische Speise bekannt sind) *derb abwertend für einen Italiener.*
Vgl.: → Fresser, → -fresser, Makkaroni-Mann (selten), → Spaghettifresser (Spaghetti).

Mäkler
abschätzig für jemanden, der oft mäkelt, kleinlich tadelt, nörgelt.
Vgl.: → -ler, Mäkelfritze.

Malefikant (Malefikus)
(zu lateinisch „maleficium" = böse Tat, Frevel) *veraltet für einen Übeltäter, Missetäter.*

Malefiz-
besonders süddeutsch emotional verstärkend in Zusammensetzungen mit Schimpfwörtern.
Vgl.: Malefizkrott, Malefizluder, Malefizlump.

Malefizbube = Malefizkerl

Malefizer = Malefizkerl

Malefizkerl
süddeutsch und österreichisch 1. emotional abwertend für einen Mann, über den man sich geärgert hat, der einem zuwider ist. 2. salopp, abschätzig oder anerkennend für einen Draufgänger, Teufelskerl, gewitzten Burschen.
Vgl.: → Kerl, Malefizbube, Malefizer.

Malheur
(aus französisch „malheur" = Mißgeschick, Unglück) *abschätzig oder spöttisch für ein unerwünschtes, vor allem uneheliches Kind.*
Vgl.: → Stück Malheur.

Malocher
(aus jiddisch „melocho" = Arbeit) *salopp, auch geringschätzig für jemanden, der schwere, unangenehme Arbeit verrichten muß.*
Vgl.: → Laumalocher.

Mamahansel = Mutterhansel

Mamakindchen (Mamakind)
abschätzig für ein verwöhntes, verzärteltes Kind, das ängstlich ist und nicht von der Seite der Mutter weicht.
Vgl.: → -chen (-lein), → Kind, → Kindchen, Mamabübchen, Mamikind (Variante), Mutterkind, Mutterkindchen.

Mamas Liebling
spöttisch-abschätzig für einen verwöhnten Jungen, Burschen oder Ehemann.
Vgl.: → Liebling, → -ling, Mamis Liebling (Variante), Mutters Liebling.

Mamasöhnchen = Muttersöhnchen

Mameluck
(früher ein Sklave oder Söldner islamischer Herrscher; zuerst auf Ketzer übertragen) *landschaftlich abfällig für einen heimtückischen, scheinheiligen Menschen.*

Mammonist = Mammonsdiener

Mammonsdiener
(nach Lukas 16,13: „Ihr könnt nicht Gott dienen und dem Mammon"; zu arabisch „mamona" = Besitz, Habe) *veraltet abfällig für einen geldgierigen Menschen.*
Vgl.: → -diener, Knecht des Mammons (poetisch), Mammonist, Mammonsknecht.

Mamsell
(Kurzform von „Mademoiselle") *veraltet, noch scherzhaft-spöttisch für eine (komische, dickliche) Frau; oft als Anrede.*
Vgl.: Dickmamsell (selten), Tippmamsell (veraltet).

Mänade
(in der Antike eine ekstatische Anhängerin des Weingottes Dionysos; eigentlich = die Verzückte, Rasende) *bildungssprachlich abfällig für eine sich wild gebärdende, rasende Frau.*
Vgl.: → Bacchantin.

Mandl (Manderl)
(mundartliche Verkleinerungsform von „Mann") *in Österreich und Bayern meist leicht abwertend für einen kleinen, unscheinbaren, nicht ernst genommenen (alten) Mann.*
Vgl.: → Männchen (Männlein), → Simandl, Stehaufmanderl.

Mandl mit Kren
(wörtlich: Männchen mit Meerrettich) *bayrisch und österreichisch spöttisch-abschätzig für jemanden, der als starker Mann auftritt; Angeber.*
Vgl.: → Kren.

Maniak
(aus gleichbedeutend englisch „maniac") *abschätzig für einen verrückten, von einer Sache besessenen Menschen.* Hitlers Buch MEIN KAMPF sei blutrünstig und „der Ekelbrei eines nach Hose riechenden Maniaks", schrieb die ZEIT (August 1979).
Vgl.: Sex-Maniak, Technik-Maniak.

Manierist
(eigentlich ein Vertreter des Manierismus in Kunst oder Literatur) *bildungssprachlich meist geringschätzig für einen Kunstschaffenden, dessen Werke als unnatürlich, gekünstelt angesehen werden.*
Vgl.: → -ist.

Manipulant (Manipulator, Manipulierer, Manipulateur)
(zu „manipulieren") *oft geringschätzig für eine Person, die andere gegen ihren Willen oder Nutzen gezielt beeinflußt.*

-mann
ein sehr häufiges Wortbildungselement für spöttische oder abschätzige, sehr oft saloppe Bezeichnungen für männliche Personen. Die SÜDDEUTSCHE ZEITUNG (Frühjahr 1995) nannte den Hollywoodstar Clint Eastwood einen „Film-Ballermann", und die Frauenzeitschrift EMMA tat den inzwischen ver-

storbenen Sexualwissenschaftler Ernest Bornemann als „senilen Pornemann“ ab. Eine gewisse Portion Verachtung und Spott liegt auch in der Bezeichnung „Nekkermänner“ für Touristengruppen von Billiganbietern wie Neckermann, deren Anblick noch in der finstersten Pyramidenkammer das Auge des gehobenen oder Bildungs-Reisenden beleidigt.

Vgl.: Ballermann (schießwütig), → Bettelmann, → Biedermann, Birnemann (Ruhrgebiet: dumm), → Blödmann, → Buhmann, → Butzemann, Dollmann (verrückt), → Doofmann, Dudelmann, → Dunkelmann, → Dünnmann, „Ehrenmann“ (ironisch), Flachmann, Flappmann (Narr; Trottel), → Flattermann, → Franzmann, Gammelmann, Gokelmann, Gummimann (zu nachgiebig), → Hampelmann, → Hannemann, → Karrieremann, → Kavenzmann, → Klapsmann, → Laumann, → Lebemann, → Medizinmann, → Minusmann, → Müdmann, Nickemann (Jasager), Pannemann (närrisch), → Saubermann, → Schlappmann, → Strahlemann, → Strohmann, → „Supermann“, → Übelmann, → Watschenmann, Wehmann (wehleidig, schlapp), → Weichmann, → Weihnachtsmann, → Wichtelmännchen (Wichtelmann), Zappelmann.

Mann von der Stange

(nach der Wendung für Textilien „von der Stange“ = nicht nach Maß, sondern als fertige Konfektionsware hergestellt) *eine seltene geringschätzige Bezeichnung für einen durchschnittlichen Mann ohne besondere Eigenschaften oder Fähigkeiten.*

Vgl.: Mädchen von der Stange.

Männchen (Männlein)

meist geringschätzig oder spöttisch für einen kleinen, schwachen, bedauernswerten, nicht ernst genommenen Mann: ein kleines, komisches, mickriges Männchen. Den kleingewachsenen TV-Entertainer Thomas Koschwitz nannte der STERN (November 1995) ein „ulkiges Männlein“.

Vgl.: Backenbirnenmännchen (sächsisch: klein, schwach), bucklig Männlein (Kobold; unberechenbar), → -chen (-lein), HB-Männchen (veraltet: geht in die Luft), → Hutzelmännchen, Jesusmännchen (klein, naiv), Mickermännchen, Nullmännchen, → Putzemännchen, → Stehaufmännchen, → Wichtelmännchen (Wichtelmann), Wurzelmännchen (ernährt sich gesund), → Zwetschgenmännchen.

Männeken

norddeutsch, besonders berlinisch für ein → Männchen (Männlein).

Männerschreck

salopp abwertend für eine häßliche Frau.

Vgl.: → -schreck.

Mannsbild

(meinte ursprünglich die Gestalt eines Mannes) *emotional leicht abwertend oder auch anerkennend, sogar bewundernd für einen Mann: du saudummes, siebengescheites Mannsbild.* Ein Sprichwort lautet: „Ein Mannsbild ist keinen Groschen wert, und wenn's einen Taler im Maul hat.“

Vgl.: Brocken Mannsbild, Mannskerl.

Mannweib

abschätzig für eine kräftige, in Aussehen und Auftreten männlich wirkende Frau.

Vgl.: → Weib, → -weib.

Märchenonkel

(zu „Märchen“ in der Bedeutung „Lüge, erfundene Geschichte“) *oft abschätzig für einen Schwindler, Phantasten.*

Vgl.: → Onkel, → -onkel.

Märchentante

das weibliche Gegenstück zum → Märchenonkel.

Vgl.: → Tante, → -tante.

Marder

(nach dem kleinen Raubtier) *oft emotional abwertend für einen Dieb.*

-marder

(fast durchwegs mit der Bezeichnung des Diebesgutes) *meist emotional abwertend für einen spezialisierten Gewohnheitsdieb.*

Vgl.: Automarder, Briefkastenmarder, Büchermarder, Fahrradmarder, Gepäckmarder, Handtaschenmarder, Ideenmarder, Kleidermarder, Telefonmarder.

Marionette

(das französische Wort für „Mariechen“; eigentlich eine Gliederpuppe, die an Fäden hängt und bewegt wird) *verächtlich für einen unselbständigen, von anderen benützten und gesteuerten Menschen.* Ein Gedicht des schweizer Schriftstellers Heinrich Leuthold (1827 – 1879) beginnt mit den Zeilen:

„Mein Kind, sieh! Jeder Landesvater
besitzt wie du ein Puppentheater;
bald an Fäden, bald an Ketten
baumeln seine Marionetten; ...“

Vgl.: Drahtpuppe, Gliederpuppe.

Marionettenregierung
abschätzig für eine unselbständige, von einem fremden Staat gelenkte Regierung; Scheinregierung.

Marke
salopp, auch leicht abwertend für einen seltsamen, komischen Menschen.
Vgl.: Edelmarke (ironisch: unzuverlässig, charakterlos), „feine Marke“ (ironisch), → komische Marke.

Marktschreier
(eigentlich ein Markthändler, der seine Waren laut anpreist) *abfällig für jemanden, der in grober, aufdringlicher Weise für seine Sache, sein Anliegen wirbt.* Der rechtsextreme russische Politiker Wladimir Schirinowski sei ein „postkommunistischer Marktschreier“, so der SPIEGEL (Dezember 1993).
Vgl.: Jahrmarktschreier, → Schreier.

Marktweib
salopp, leicht abwertend für eine derbe, robuste (laute, schreiende, schimpfende) Marktfrau.
Vgl.: → Fischweib, → Weib, → -weib.

Marmeladebruder
(oft in der Mehrzahl; nach der vermeintlichen Vorliebe der Deutschen für Marmelade) *eine veraltete österreichische Spottbezeichnung für einen Deutschen.*
Vgl.: → Bruder, → -bruder, Marmeladinger.

Marodeur
(aus gleichbedeutend französisch „maraudeur“) *veraltet für einen plündernden Nachzügler einer Truppe.*
Vgl.: Marodebruder (veraltet).

Marxist
oft abschätzig oder als politisches Feindwort für einen Anhänger der von Marx und Engels begründeten sozialistischen Lehre oder ganz allgemein für eine Person, die politisch beängstigend weit links steht. Norbert Blüm, der kleine, lustige Sozialpolitiker der CDU, wird in den Medien gelegentlich als „Herz-Jesu-Marxist“ verunglimpft.
Vgl.: → -ist, Murxist (Wortspiel), Salonmarxist, Vulgärmarxist.

Marxologe
scherzhaft, auch abschätzig für einen reinen Theoretiker des Marxismus.

Märzgefallener
(eigentlich die bei der Revolution im März 1848 Gefallenen) *ironisch für eines derjenigen Mitglieder der NSDAP, die nach dem Wahlsieg im März 1933 aus Opportunismus schleunigst in die Partei eintraten.*

Maschine
abschätzig für 1. eine dicke (weibliche) Person. 2. jemanden, der automatisch, seelenlos funktioniert, arbeitet. „Kohl, die Machtmaschine, zeigt kaum Verschleißerscheinungen“, wunderte sich der SPIEGEL (Oktober 1995).
Vgl.: Abstimmungsmaschine (Abgeordneter, der ohne zu überlegen im Sinne seiner Partei abstimmt), → Arbeitsmaschine, Babbelmaschine (sehr geschwätzig), → Gebärmaschine.

Maschinengewehr Gottes
(in den 50er Jahren oft auf den wortgewaltigen Jesuitenpater Johannes Leppich angewandt) *spöttisch-abschätzig für einen wortgewandten, schnell sprechenden Massenprediger.*
Vgl.: Maschinengewehrschnauze.

Maschinenstürmer
(eigentlich ein Beteiligter an der Maschinenstürmerei zu Beginn der industriellen Revolution, bei der Spinn- und Webmaschinen als Ursachen der Arbeitslosigkeit erkannt und zerstört wurden) *abschätzig für einen Menschen, der sich gegen technische Neuerungen wehrt, sich ihnen verweigert.*
Vgl.: → Stürmer.

Maschores
(fußt auf jiddisch „meschores" = Diener) *landschaftlich abwertend für 1. einen Anführer, Leiter, Aufseher. 2. einen Diener, Knecht. 3. einen unzuverlässigen, närrischen Menschen.*
Vgl.: Obermaschores.

Masochist
(eigentlich jemand, der bei Mißhandlung durch den Partner sexuelle Erregung empfindet) *scherzhaft, auch abschätzig für jemanden, der freiwillig etwas Unangenehmes tut.*
Vgl.: → -ist, Maso (Kurzform).

Masse
oft abschätzig für einen großen Teil der Bevölkerung oder eine große Menschenmenge als Gegensatz zum denkenden, selbständigen Individuum: eine anonyme, gesichtslose, namenlose Masse. Im Anschluß an den Titel eines Schauspiels aus dem Jahr 1921 von Ernst Toller, dem „Dramatiker des deutschen Proletariats", spricht man auch von der „Masse Mensch". Von Sigmund Graff stammt der schlimme Satz: „Das Glück der Masse heißt Zwang."
Vgl.: → die breite Masse, graue Masse, Masse Mensch.

Massenmensch
oft geringschätzig für einen Durchschnittsmenschen ohne wesentliche individuelle Züge.
Vgl.: → Durchschnittsmensch, → Dutzendmensch.

Massenmörder
jemand, der mehrere Morde begangen hat oder daran beteiligt war. Das Wort wird gelegentlich auch emotional abwertend verwendet für Abtreibungsärzte, Soldaten, bestimmte Politiker u. dergl. Für Albert Einstein war Deutschland das „Land der Massenmörder".
Vgl.: → Mörder.

Massik
(eigentlich ein störrisches Pferd; von jiddisch „masik" = Dämon; Unhold) *vorwiegend westdeutsch für einen unsympathischen Menschen, besonders für einen Hitz- oder Dickkopf; auch andere Bedeutungen.*

Massler
in Bayern und Österreich für einen Nörgler.
Vgl.: → -ler.

Mastochse
(eigentlich ein gemästeter oder zur Mast bestimmter Ochse; hier eine Art Verstärkung von „Ochse") *verächtlich für einen völlig uneinsichtigen, dummen Menschen.*
Vgl.: → Ochse (Ochs).

Mastschwein
derb abwertend für einen dicken, gefräßigen Menschen.
Vgl.: Mastsau, → Schwein, → -schwein.

Materialist
geringschätzig für einen Menschen, der nur am eigenen Vorteil und an der Anhäufung von Besitz interessiert ist.
Vgl.: → -ist.

Matratze
(wohl scherzhaft aus „Mätresse" entstellt) *derb abwertend für 1. eine Prostituierte. 2. eine Frau, ein Mädchen als (mögliche) Sexualpartnerin. 3. eine liederliche, sittenlose junge Frau.*
Vgl.: → Amüsiermatratze, → Armeematratze, Ehematratze, Kasernenmatratze (Soldatenhure), Lustmatratze (Scherz zu „Luftmatratze"), → Offiziersmatratze, Regimentsmatratze.

Mätresse
(früher die Geliebte eines Adligen; aus gleichbedeutend französisch „maîtresse", eigentlich = Herrin) *meist abschätzig für die Geliebte eines verheirateten Mannes.*
Vgl.: Maitherese (Scherzbildung im Hinblick auf den „Wonnemonat" Mai), Maitresse (orthographische Variante).

Matrone
(aus lateinisch „matrona" = ehrbare, verheiratete Frau) *abschätzig für eine füllige ältere Frau.* „Frauen um die fünfzig sind keine ‚Omas', keine Matronen" (HÖRZU, März 1975). Die gealterte Filmdiva Anita Ekberg, so der SPIEGEL (November 1987), sei „nun

eine imposante Matrone mit vielen schwer schaukelnden Pfunden".

Matschauge
(eigentlich ein blaues, triefendes oder auf andere Weise lädiertes Auge) *salopp abwertend für einen dümmlichen, „bematschten" Mann.*
Vgl.: → -auge.

Matschpflaume
besonders jugendsprachlich abfällig für einen dummen, einfältigen Menschen.
Vgl.: Matschbirne, → Pflaume.

Matz
(Koseform von „Matthias"; in der zweiten Bedeutung kurz für „Mechthild" und zu oberdeutsch „Matz" = Hündin) *1. ein allgemeines Schimpfwort, meist für eine männliche Person. 2. → Metze.*
Vgl.: → Dreckmatz, Hosenmatz (eher kosewörtlich), Lumpenmatz, → Piepmatz, Saumatz, Schweinematz.

Matzbläke
(zu „bläken" = laut weinen, schreien) *landschaftlich abfällig für einen Dummkopf, Trottel.*

Matzfotz
landschaftlich derb abwertend für einen Schwächling, Weichling, Feigling.
Vgl.: → Fotze.

Mauerblümchen
(Vergleich mit einer Blume, die im Schatten steht und „im Verborgenen blüht") *abschätzig für ein unscheinbares, schüchternes Mädchen, das beispielsweise bei Tanzveranstaltungen keine Beachtung findet.*
Vgl.: → -chen (-lein).

Maul
(nur mit Attribut) *in Verbindung mit einem treffenden Adjektiv verächtlich für einen gehässig, respektlos, unflätig (über andere) redenden Menschen: ein freches, ungewaschenes, gottloses Maul.*
Vgl.: → böses Maul.

-maul
(bezieht sich ausschließlich auf Handlungen, die mit dem Mund erfolgen) *derb abwertend für einen Menschen, der entweder lästert, schmeichelt, verleumdet, angibt, lügt, schwatzt, tratscht oder schlemmt.* Franz Josef Strauß bezeichnete den früheren SPD-Fraktionsvorsitzenden im Bayrischen Landtag Helmut Rothemund gerne als „Rotmaul".
Vgl.: → Babbelmaul, → Batschmaul, → Breimaul, → Breitmaul, Dickmaul (prahlt), → Dreckmaul, Fluchmaul (selten), -fresse, Froschmaul (großmäulig), Geifermaul, -gosche, → Großmaul, → Honigmaul, → Klatschmaul, → Lästermaul, → Leckermaul, → Lügenmaul, → Naschmaul, → Plappermaul, → Plärrmaul, → Quatschmaul, Ratschmaul, → Sabbelmaul, → Sabbermaul, → Schandmaul, → Schiefmaul, → Schlabbermaul, → Schleckermaul, → Schleckmaul, Schmähmaul, → Schnattermaul, → -schnauze, Schreimaul, → Schwatzmaul, → Süßmaul, Schwertmaul (lästert), Tratschmaul, Wettermaul (veraltet).

Maulaffe
(wohl volksetymologisch aus „Maulauf", einer Bezeichnung für einen Kienspanhalter in Form eines Kopfes mit offenem Mund, in dem der Kienspan steckt) *derb abwertend für 1. einen Gaffer. 2. einen dummen, albernen Menschen. 3. einen Schwätzer, Prahler.*
Vgl.: → Affe, Maulaffenfeilhalter, Maulaufreißer (beides selten).

Maulchrist
eine veraltete, derb abwertende Bezeichnung für einen Menschen, der „nur mit dem Maul" ein Christ ist, der ein unchristliches Leben führt.
Vgl.: → Scheinchrist.

Mauler
selten für jemanden, der schmollt, nörgelt, schimpft.

Maulesel
(eigentlich ein aus Pferd und Esel gekreuztes Tier) *abfällig für einen dummen, störrischen Menschen.*
Vgl.: → Esel.

Maulheld
ein starkes Schimpfwort für einen Großsprecher, Prahler. Der Bundesarbeitsminister Norbert Blüm über die deutschen Arbeitgeber: „eine ganze Kompanie von Maulhelden" (ZEIT, Januar 1995). Für die SÜDDEUTSCHE ZEITUNG (Juli 1994) ist der Künstler Markus Lüpertz ein „amüsanter Maulheld".
Vgl.: → „Held", → -held, Maulfechter, Maulpolitiker, Maultrommler, Phrasenheld, → Wortheld, Zungenheld.

Maulhure (Maulhurer)
derb abwertend für eine Person, die mit (angeblichen) sexuellen Erlebnissen prahlt oder überhaupt obszöne Reden führt.
Vgl.: → Hure, → Hurer.

Maulwurf
1. ein Agent o.dergl. im Untergrund. 2. spöttisch für einen Tiefbau-, Erdarbeiter oder Archeologen. 3. selten als abschätzige Bezeichnung für einen täppischen Mann.

Maurer
abschätzig für einen Spieler, insbesondere einen Kartenspieler, der nichts wagt, übertrieben defensiv spielt.
Vgl.: Maurermeister.

Maus
(meist in Zusammensetzungen) *1. geringschätzig für eine kleine, unscheinbare Person. 2. spöttisch-abschätzig für jemanden mit einem spitzen Gesicht und/oder „Mausezähnen".*
Vgl.: → graue Maus, → Karbolmäuschen (Karbolmaus), → Kirchenmaus, Mickymaus, → Spitzmaus, → Wühlmaus.

Mauschel, der
(Weiterbildung aus dem jüdischen Vornamen Moses) *ein veralteter Spottname für einen Juden, jüdischen Händler.*

Mäuschen
selten als geringschätzige Bezeichnung für 1. einen kleinen, unscheinbaren, nicht ernst genommenen Menschen. 2. ein leichtlebiges oder leichtes Mädchen.
Vgl.: Bettmäuschen, → -chen (-lein), graues Mäuschen, → Karbolmäuschen (Karbolmaus).

Mauschler
(zu „Mauschel", eigentlich jemand, der wie ein jüdischer Händler Geschäfte macht) *eine seltene abschätzige Bezeichnung für einen Menschen, einen Geschäftsmann, der heimlich Absprachen trifft, in undurchsichtiger, dubioser Weise Geschäfte aushandelt.*
Vgl.: → -ler.

Mäusedreck (Mausdreck)
spöttisch-abschätzig für einen kleinen, unbedeutenden Menschen (der sich aufspielt).
Vgl.: → aufgestellter Mausdreck, → Dreck.

Mausefallenhändler (Mausefallenkrämer)
(früher ein italienischer Händler, der mit selbstgefertigten Mausefallen in Deutschland hausieren ging) *abfällig für 1. einen Italiener. 2. einen Hausierer. 3. einen mittellosen, zerlumpten Mann.*
Vgl.: → Krämer, → -krämer.

Mäusemelker
(ein Bild für etwas sehr Unsinniges oder auch Kleinliches) *landschaftlich selten für eine pedantische, kleinliche Person.*
Vgl.: → -melker.

Mauser
(„mausen" meint eigentlich das Mäusefangen) *eine seltene geringschätzige Bezeichnung für 1. jemanden, der etwas wenig Wertvolles stiehlt, mitgehen läßt. 2. einen Schürzenjäger.*
Dazu ein Vierzeiler:

„Mein Vater ist ein Mauser,
meine Mutter klaut mit,
ich bin der junge Mauser,
dann klauen wir zu dritt."

Dieses Schnaderhüpfel aus der Sammlung von Holzapfel ähnelt allerdings sehr dem weiter oben beim Stichwort Schieber zitierten. Ein Fall von geistiger Mauserei?

Mauskopf
eine veraltete Schelte für einen Dieb.
Vgl.: → -kopf (-kopp).

Mauvais sujet
(aus gleichbedeutend französisch „mauvais sujet", wörtlich: „schlechter Gegenstand")

bildungssprachlich selten für einen Taugenichts, Gauner.

Maxe s. feiner Maxe (feiner Max)

Mazette
(aus französisch „mazette" = Schindmähre) *veraltet für einen niederträchtigen Menschen oder einen Stümper.*

Meckerer
(weibliche Form: Meckerin) *abfällig für eine Person, die (ständig) meckert, aufdringlich kritisiert und nörgelt.* In der Zeit des Nationalsozialismus war das Wort üblich als Bezeichnung für politisch Unzufriedene, Oppositionelle.
Vgl.: Meckerarsch, Meckerfott (an Rhein und Ruhr), Meckergeiß, Meckerpott (norddeutsch), Meckertüte.

Meckerfritze
salopp abwertend oder als Tadel für eine (ständig) meckernde männliche Person.
Vgl.: → Fritze, → -fritze, Meckerhannes (selten).

Meckerliese
salopp abwertend oder als Tadel für eine (ständig) meckernde weibliche Person.
Vgl.: → Liese, → -liese, Meckerjule (selten).

Meckerziege
salopp abwertend für 1. eine oft meckernde weibliche Person 2. eine weibliche Person, die mit meckernder Stimme aufdringlich lacht.
Vgl.: Meckergeiß, → Ziege.

Medikaster
(nach dem Vorbild von „Kritikaster" gebildet; zu lateinisch „medicus" = Arzt) *veraltend für einen Kurpfuscher, Quacksalber.*

Medizinmann
(eigentlich ein Priesterarzt, heilkundiger Magier bei Naturvölkern) *scherzhaft, auch leicht spöttisch für einen Arzt.*
Vgl.: → -mann.

Megäre
(in der griechischen Mythologie eine der Erinnyen; aus griechisch „Megaira", eigentlich = die Neidische) *in gehobener Sprache für eine wutentbrannte, böse Frau; Furie.*

Mehlsack
landschaftlich abschätzig für einen plumpen, schwerfälligen Menschen.
Vgl.: Mehlsack mit Beinen (selten), → Sack, → -sack.

Mehlwurm
(eigentlich ein Schädling, nämlich die Larve des Mehlkäfers) *eine alte Berufsschelte für den Bäcker oder den Müller.*
Vgl.: → Wurm.

Mehrheit s. schweigende Mehrheit

-meier
(nach dem häufigen Familiennamen) *überwiegend salopp abwertend für eine meist männliche Person.*
Vgl.: → Angstmeier, Babbelmeier, → Biedermeier, Blödmeier, Faselmeier, Gescheitmeier (bayrisch), Grölmeier (selten), → Heulmeier, Jammermeier, → Kackmeier, Krachmeier, Kraftmeier, → -major, Piepmeier (schwach, feig), Quasselmeier, Quatschmeier, → Schlaumeier, Schwabbelmeier, → Schwindelmeier, Umstandsmeier, → Vereinsmeier.

Meinungsmacher
oft geringschätzig für einen Beeinflusser der öffentlichen Meinung.
Vgl.: → Macher, → -macher.

-melker
(die Absicht, ein Tier zu melken, das keine oder praktisch keine Milch gibt, als Bild einer unsinnigen Tätigkeit) *eine Reihe landschaftlicher Spott- und Scheltwörter für eine dumme, eigensinnige oder kleinliche Person.*
Vgl.: → Entenmelker, Gänsemelker (norddeutsch: kleinlich), Hühnermelker (schwäbisch), Katzenmelker, → Mäusemelker, Ochsenmelker (südhessisch: dumm), Rabenmelker (hessisch: dumm, eigensinnig), Taubenmelker (norddeutsch: Taubenliebhaber).

Melkkuh
(eigentlich eine Milchkuh, die täglich gemolken wird) *geringschätzig für einen Menschen, der ausgenutzt, ausgeplündert wird.*

Der Steuerzahler wird oft als „Melkkuh der Nation“ bezeichnet.
Vgl.: → Kuh, Melkkuh der Nation.

Melomane
(zu griechisch „melos“ = Lied) *bildungssprachlich selten für einen musikbesessenen Menschen.*
Vgl.: → -omane.

Memme
(geht zurück auf mittelhochdeutsch „memme, mamme“ = Mutterbrust) *verächtlich für einen furchtsamen, zimperlichen Menschen.* „Nie werdet ihr richtige Männer werden. Ihr Memmen!“ (Günter Grass: DER BUTT, 1977). Uli Hoeneß, Manager beim Fußballverein Bayern München, bezeichnete deutsche Nationalspieler als „ferngesteuerte Memmen“ und meinte damit wohl den großen Einfluß von Frauen der Fußballer (FRANKFURTER ALLGEMEINE ZEITUNG, 1994).

Mensch s. heilloser Mensch, s.(ein) lederner Mensch, s. der letzte Mensch, s. nachgemachter Mensch, s. unmöglicher Mensch

Mensch, das
(bis ins 17. Jahrhundert hinein ohne jede Abwertung für einen weiblichen Dienstboten; Plural: Menscher; in sehr vielen Zusammensetzungen) *eine meist abfällig gebrauchte, landschaftliche Bezeichnung für eine weibliche Person, besonders für ein leichtes Mädchen oder eine Schlampe: ein schlimmes, raffiniertes, verlogenes, nichtsnutziges, wüstes Mensch.* In einem Brief an Karl Marx erging sich Friedrich Engels 1864 über die Beziehung Ferdinand Lassalles zu einer Helene von Dönniges. Lassalle sei „offenbar daran kaputtgegangen, daß er das Mensch nicht sofort in der Pension aufs Bett geworfen und gehörig hergenommen hat“. Und weiter schrieb er: „Sie wollte nicht seinen schönen Geist, sondern seinen jüdischen Riemen ...“ In seinem schwäbischen Schimpfwörterbuch beschrieb Thaddäus Troll das „Menschle“, die Verniedlichung des „Mensches“, als „junges weibliches Wesen, das mit anderen das gerne tut, was man selbst gern mit ihm täte, do dät.“ Frauen- und fremdenfeindlich zugleich gibt sich das folgende ältere Schnadhüpfel:

„’s Mensch is von Böhmen
und lebt vom Betrug.
hat ausgestopfte Duttln
und a blecherne Fud.“

Vgl.: Bauernmensch, → Bettelmensch, → Dreckmensch, Fabriksmensch, Fraumensch, → Gassenmensch, → Hurenmensch, Kruzifixmensch, → Lausmensch (Lausemensch), liederliches Mensch, → Lügenmensch, → Lumpenmensch, Menscherl (oberdeutsche Verkleinerungsform), Rotzmensch, → Saumensch, schlechtes Mensch, → Teufelsmensch, Weibsmensch.

Mensch zweiter Klasse
(meist im Plural oder in der vergleichenden Wendung „wie ein Mensch zweiter Klasse“) *selten als abschätzige Bezeichnung für eine geringgeachtete Person.*
Vgl.: Mensch dritter Klasse (Verstärkung).

Menschenfeind
jemand, der die Menschen verachtet, ein Misanthrop.
Vgl.: → -feind, Menschenhasser, Menschenverächter.

Menschenfresser
(eigentlich jemand, der Menschenfleisch verzehrt) *selten als abwertende Bezeichnung für einen unverträglichen, bösartigen Menschen.*
Vgl.: → Fresser, → -fresser, → Kannibale.

Menschenhändler
meist abschätzig für jemanden, der mit Menschen Handel treibt. Im SPIEGEL (Dezember 1993) bezeichnete der Schriftsteller Wolf Biermann den Unterhändler der DDR in Fragen des Flüchtlings-Freikaufs, den Anwalt Vogel, als „Menschengroßhändler“.
Vgl.: → Sklavenhändler.

Menschenhasser = Menschenfeind

Menschenjäger
abwertend für jemanden, der (unschuldige) Menschen jagt, systematisch verfolgt.
Vgl.: → -jäger.

Menschenmaterial
(wohl dem „Kriegsmaterial" nachgebildet) *geringschätzig für Menschen, für „die Ware Mensch" im Hinblick auf ihre Verwendbarkeit als Soldaten, Arbeitskräfte o.ä.*
Vgl.: Patientenmaterial, Schülermaterial.

Menschenräuber
jemand, der Menschen gewaltsam entführt und festhält.
Vgl.: → Räuber, → -räuber.

Menschenschinder = Leuteschinder

Menschenverächter = Menschenfeind

„Menschheitsbeglücker"
ironisch für eine Person, die behauptet oder den Eindruck erweckt, der Menschheit besondere Dienste zu erweisen.
Vgl.: → „Beglücker".

menschliche Ruine = Ruine

menschliches Strandgut
(zu „Strandgut" = an den Strand gespülte Gegenstände) *abschätzig für heruntergekommene Menschen unterschiedlicher Art; Gesindel.*

menschliches Wrack = Wrack

Mephisto (Mephistopheles)
(nach der gleichnamigen Gestalt in Goethes FAUST) *bildungssprachlich abschätzig für einen teuflisch schlauen, zynischen Menschen.* Joseph Goebbels wurde gelegentlich „Mephistopheles" genannt, auch wegen seines Klumpfußes.

Merkwürden
(Verballhornung von „Hochwürden", einer Anrede für Geistliche) *scherzhaft-spöttisch für einen merkwürdigen, komischen Menschen; seltener für einen Geistlichen.*
Vgl.: Euer/Seine Merkwürden (als Anrede).

Merveilleuse
(französisch, eigentlich = die Wunderbare) *bildungssprachlich oder im Jargon der Mode spöttisch-ironisch für eine Modenärrin, eine allzu modisch gekleidete Dame (aus dem Frankreich des späten 18. Jahrhunderts).*

Messalina
(der Name der Frau des römischen Kaisers Claudius, die wegen ihrer Sittenlosigkeit berüchtigt war) *veraltet für eine ausschweifend lebende, liederliche Frau.*

Messerheld
1. abfällig für einen gefährlichen Raufbold, der schnell zum Messer greift. 2. scherzhaft-spöttisch für einen Chirurgen. 3. spöttisch-abschätzig für jemanden, der bei Tisch mit dem Messer nicht richtig umgeht, damit herumfuchtelt, Bissen damit zum Munde führt o.dergl.
Vgl.: → „Held", → -held.

Messerstecher
abfällig für einen üblen Raufbold, der andere mit dem Messer bedroht oder verletzt.
Vgl.: → Stecher.

Meter s. laufender Meter

Methusalem
(der Name einer biblischen Gestalt aus 1. Moses 5,25ff., die 969 Jahre alt geworden sein soll) *scherzhaft, auch leicht abwertend oder spöttisch für einen alten und in bestimmter Hinsicht zu alten Mann.*

Mette
(eigentlich ein Früh- oder Nachtgottesdienst) *eine seltene Kollektivschelte für eine lärmende, ausgelassene Gesellschaft.*

Metze
(im Mittelhochdeutschen eine Kurzform für die weiblichen Vornamen Mathilde und Mechthild) *veraltet für eine Prostituierte, liederliche Frau.* „Du Buhle, ach, du Metze", heißt es in einem Stück von Peter Hacks.
Vgl.: Hudelmetz (schwäbisch), → Matz.

Metzger
spöttisch-abschätzig für einen Arzt, insbesondere einen Chirurgen. Wie die ZEIT (Dezember 1993) berichtete, brachte die respektlose Titulierung eines Arztes als

„Metzger" einem 55jährigen, sehr eigenwilligen Mann 4 Monate Gefängnis ein. In seiner Nürnberger Schimpfwörtersammlung nennt Herbert Maas die seltene Berufsschelte „Haarmetzger" für den Friseur.
Vgl.: → Fleischhacker.

Meuchelmörder
abfällig für einen Menschen, der einen besonders heimtückischen Mord begangen hat.
Vgl.: Meuchler, → Mörder.

Meuchler = Meuchelmörder

Meute
(in der Sprache der Jäger eine Gruppe abgerichteter Jagdhunde) *abfällig für eine (wilde, zügellose) Horde, Schar, Bande: eine johlende Meute, die Meute der Verfolger.* 1978 schrie Herbert Wehner im Deutschen Bundestag in Richtung CDU/CSU: „Ich frage Sie: Wo und wie sollen Sie das denn verantworten, Sie feixende Meute – ja, das sind Sie!"
Vgl.: Journalistenmeute, Menschenmeute.

Meuterer
(älter: „Meuter"; verwandt mit „Meute"; seltene weibliche Form: Meuterin) *oft abschätzig für jemanden, der sich auflehnt, rebelliert oder aufbegehrt, heftig widerspricht.*

Michel
(fußt auf dem deutschen Nationalheiligen Michael) *1. abschätzig für einen gutmütigen, tölpelhaften, einfältigen Mann. 2. ein Spottname für den Deutschen.*
Vgl.: → deutscher Michel, teutscher Michel.

-michel
abwertend oder tadelnd für eine meist männliche Person, deren Verhalten Anstoß erregt.
Vgl.: Angstmichel, Blaubeermichel (selten: arm; schmutzig), Geifermichel (selten), → Giftmichel, Heulmichel, Koofmichel (Kaufmann o.ä.), Kotzmichel, Labermichel, Linkmichel, → Ohnemichel, Profitmichel, → Quatschmichel, Rotzmichel (schnieft o. dergl.), Sabbermichel, Schlabbermichel, Schlafmichel (langweilig), Schlappenmichel (Pantoffelheld), → Schlunzmichel, Schnapsmichel, Stöhnmichel, Stunkmichel, Zornmichel.

Mickerling
(zu „mickerig" = klein, schwach, kümmerlich) *abfällig für eine mickerige, unscheinbare (männliche) Person.* Über den deutschen Bundesminister für besondere Aufgaben Friedrich Bohl schrieb der SPIEGEL (August 1995): „Daß so ein Mickerling es geschafft hat, sich nach oben zu boxen, ist schwer zu fassen."
Vgl.: → -ling, Mickermännchen, Mickertyp (selten).

Midinette
(eigentlich eine volkstümliche französische Bezeichnung für eine Pariser Näherin, Modistin) *veraltend abschätzig für ein leichtlebiges Mädchen.*

miese Ratte
derb abwertend für einen widerlichen, niederträchtigen Menschen.
Vgl.: miese Type, → Ratte.

Miesepeter
abschätzig für eine ständig verdrießliche, mürrische (männliche) Person.
Vgl.: Mieselpriem (nordostdeutsch), Miesepampel (unsympathisch), Miesepitter (Variante), → Peter, → -peter.

Miesling
verächtlich für einen zutiefst unsympathischen, niederträchtigen Menschen. „Von christlichem Umgang reden und dann hetzen! Schande! Miesling!" (Vogel, SPD, zu Gerster, CDU, Deutscher Bundestag 1989).
Vgl.: → -ling.

Miesmacher
abfällig für einen Menschen, der etwas oder jemanden (oder alles und jeden) schlechtmacht, der trübe Stimmung verbreitet. „Miesmacher" wurde 1934 durch den Propagandaminister Joseph Goebbels zum Schlagwort gegen politische Gegner umfunktioniert. Dazu formulierte man den Anzeigentext: „Meckerer sucht Miesmacher zum Nörgeln."
Vgl.: → -macher, „old miesmaker" (scherzhaft in Sauerkrautenglisch).

Miesnik
(vielleicht aus jiddisch „misnick" = schlecht; unerfahren; bekannt geworden in der von David Kalisch geschaffenen stehenden Figur des „Karlchen Mießnick", des ewigen Quartaners, in der satirischen Zeitschrift DER KLADDERADATSCH ab 1848) *salopp abwertend für einen unfähigen, widerlichen, unsympathischen Kerl.*
Vgl.: Karlchen Miesnik.

Miethai
abfällig für einen Vermieter, der Mieter betrügt und überhöhte Mieten verlangt. „Macht Miethaie zu Fischstäbchen!" stand nach der Wende an ostdeutschen Häusern.
Vgl.: → Hai (Haifisch), → -hai, Mietwucherer.

Mietling
abschätzig für einen Mann, der seine Gesinnung verkauft, korrupt ist; Söldling. In ähnlicher Bedeutung kommt das Wort schon in der Bibel (Johannesevangelium 10, 11-13) vor: „Der gute Hirte läßt sein Leben für seine Schafe. Der Mietling aber sieht den Wolf kommen und verläßt die Schafe und flieht".
Vgl.: → -ling.

Mietwucherer = Miethai

Mieze
(eigentlich ein Kosewort für eine Katze) *salopp, oft geringschätzig für ein Mädchen, eine junge Frau (als mögliche Sexualpartnerin des Mannes).*
Vgl.: Bettmieze, → Disko-Mieze, flotte Mieze.

Mikrologe
(aus gleichbedeutend griechisch „mikrologos") *veraltet für einen Kleinigkeitskrämer.*

Milchbart
(nach den hellen ersten Barthaaren) *spöttisch-abschätzig für einen jungen, unerfahrenen (vorlauten) Mann.*
Vgl.: Milchbärtling.

Milchbubi
spöttisch-abschätzig für 1. einen unreifen, unerfahrenen jungen Mann. 2. einen verwöhnten, wehleidigen Burschen. 3. einen Alkoholgegner im Urteil der Freunde des Alkohols.
Vgl.: → Bubi, Milchbaby, Milchbübchen (Variante), Milchreisbubi.

Milchgesicht
spöttisch-abschätzig für einen unreifen oder blassen, zarten jungen Mann.
Vgl.: → -gesicht, → Käsegesicht, Milchsuppengesicht (selten).

Milchkuh
abschätzig für 1. einen ausgenutzten, ausgebeuteten Menschen. 2. eine üppige, vollbusige Frau. In STREIFZÜGE EINES UNZEITGEMÄSSEN (1873) lästerte Friedrich Nietzsche wieder einmal über die Schriftstellerin George Sand: „... oder ‚lactea ubertas', auf deutsch: die Milchkuh mit ‚schönem Stil'." Im Januar 1994 stellte die WELTWOCHE einen Bericht darüber, daß die Ausländer in der Schweiz überproportional viel zu den Staatsfinanzen beitragen, unter das Motto: „Die Ausländer als Milchkuh".
Vgl.: → Kuh, → Melkkuh.

Milchpanscher
1. abwertend für jemanden, der Milch verwässert und in den Handel bringt. 2. Berufsspott für den Milchhändler.
Vgl.: → Panscher.

Milchpritschler
(zu mundartlich „pritscheln" = mit Wasser spritzen, panschen) *in Bayern und Österreich für einen → Milchpanscher.*
Vgl.: Bierpritschler, → -ler, Pritschler.

Milchreisbubi = Milchbubi

Miles gloriosus
(aus lateinisch „miles gloriosus" = ruhmrediger Soldat, bekannt als Titelheld einer Komödie von Plautus) *bildungssprachlich für einen Aufschneider, Prahlhans.*

Militärclique
abschätzig für eine Clique hoher Offiziere.
Vgl.: → Clique, Militärkamarilla, Militärkaste, Militärklüngel.

Militärhengst

salopp abwertend für einen begeisterten Soldaten.

Vgl.: Barrashengst, → Hengst, → -hengst, → Kommißhengst.

Militarist

abschätzig für jemanden, der das Militärische überbetont, zu sehr in militärischen Kategorien denkt.

Vgl.: → -ist.

Militärkopf (Militärkopp)

salopp abwertend für einen Soldaten, der einseitig und engstirnig auf das Militärische ausgerichtet ist.

Vgl.: → Kommißkopf (Kommißkopp), → -kopf (-kopp).

Mimose

(eigentlich eine Pflanzengattung, die in manchen Arten bei Berührung eine Art Abwehrreaktion zeigt) *abschätzig für einen überempfindlichen, leicht gekränkten Menschen.* „Stiller scheint wirklich der Inbegriff einer männlichen Mimose gewesen zu sein" (Max Frisch: STILLER, 1954).

Vgl.: Mimöschen (selten).

Mini- (Miniatur-)

meist spöttisch oder salopp abwertend für jemanden, der, gemessen an etwas oder jemandem, sehr klein und unbedeutend ist. Die Presse verwendet solche Wörter gerne: „Mini-Mao" (SPIEGEL), „Mini-Kapitalist" (ZEIT), „Mini-Napoleon" (ZEIT-MAGAZIN). 1983 bezeichnete der konservative deutsche Abgeordnete Kansy seinen Kollegen Schily, der damals noch bei den Grünen war, als „Mini-Goebbels". Für den Ministerpräsidenten von Niedersachsen Gerhard Schröder (SPD) war 1995 sein CDU-Konkurrent Wulff ein „Mini-Stoiber", und Oskar Lafontaine sagte zu SPD-Fraktionschef Hans-Ulrich Klose wegen dessen gegensätzlicher Haltung zu möglichen Kampfeinsätzen der Bundeswehr: „Du Mini-Metternich!"

Vgl.: ... en miniature, Miniaturausgabe, Mini-Hirn, Mini-Kapitalist.

Minna

(nach dem früher häufigen weiblichen Vornamen Minna) *1. veraltet, noch scherzhaft-spöttisch für eine Hausangestellte, ein Dienstmädchen. 2. selten abfällig für eine dumme, alberne Frau.*

Vgl.: dolle Minna (eigentlich niederländisch: Frauenrechtlerin).

Minuskavalier

abschätzig für einen Mann, der sich Frauen gegenüber sehr unhöflich benimmt.

Minusmann

geringschätzig für 1. einen Mann mit ausgeprägten negativen Eigenschaften. 2. einen Mann, der Minus macht, schlechte Ergebnisse hat, Verluste beschert. Wegen des deutschen Rekord-Schuldenbergs wurde Bundesfinanzminister Theo Waigel im STERN (März 1996) als „Minus-Mann" kritisiert; wegen der schlechten Einschaltquoten hieß es in der BILD AM SONNTAG (Juni 1995): „RTL-Minusmann Thomas Koschwitz". In dem Roman DER MINUS-MANN (1978) schlug und schlägt der Autor Heinz Sobota aus seiner kriminellen Vergangenheit Kapital.

Vgl.: → -mann, Minusdame (selten), Minusmacher (macht hohe Verluste), Minustyp.

Minustyp = Minusmann

Misanthrop

(aus griechisch „misos" = Haß und „anthropos" = Mensch) *bildungssprachlich abschätzig für einen Menschenfeind, Menschenhasser.* Von Molière gibt es das Lustspiel DER MISANTHROP (1666).

Mischpoke (Mischpoche)

(aus jiddisch „mischpocho" = Familie) *abfällig für 1. die Familie, den verwandtschaftlichen Anhang einer Person. 2. Gesindel, Sippschaft, unangenehme Leute.*

Misogyn

(aus griechisch „misos" = Haß und „gyne" = Frau) *bildungssprachlich selten für einen Weiberfeind, Frauenverächter.*

Missetäter
1. veraltet und meist abschätzig für jemanden, der eine verwerfliche Tat, ein Verbrechen begangen hat. 2. scherzhaft, auch tadelnd oder leicht abwertend für jemanden, der etwas angestellt hat.

Mißgeburt
(eigentlich ein schwer mißgebildetes Neugeborenes) *1. verächtlich für einen höchst unsympathischen, bösartigen Menschen. 2. selten abfällig für eine körperbehinderte Person.* Jean Paul schrieb 1785 über Immanuel Kant: „Kant ist in gewissem Betrachte eine Mißgeburt."

Mißgestalt
meist abschätzig für einen mißgestalteten, häßlichen Menschen.
Vgl.: → Gestalt, Ungestalt (selten).

Missionar
(eigentlich ein christlicher Geistlicher, der Andersgläubige dem Christentum zuführen soll) *selten geringschätzig für eine Person, die mit Eifer bemüht ist, andere zu überzeugen.*

Mist-
ein wertverschlechterndes Wortbildungsmittel zur Steigerung von Schimpfwörtern; selten für Personen aus dem bäuerlichen Bereich.
Vgl.: Mistaas, Mistbankert, Mistbartel, Mistbinkel (österreichisch: freches Kind), Mistbolle, Mistbolzen (Ruhrgebiet), Mistschlampe, Mistvogel.

Mistamsel
derb abwertend für eine schmutzige (weibliche) Person.
Vgl.: → Dreckamsel, → Amsel, Mistvogel.

Mistbauer
1. derb abwertend für einen Landwirt. 2. seltener Berufsspott für einen Arbeiter von der Müllabfuhr.
Vgl.: → Bauer.

Mistbiene
(eigentlich der Name der Schlammfliege) *ein derbes Schimpfwort für eine schmutzige oder niederträchtige weibliche Person.*

Mistbock
derb abwertend für einen schmutzigen, unflätigen oder moralisch verkommenen, gemeinen Mann.
Vgl.: → Bock, → -bock.

Mistbube (Mistbub)
besonders bayrisch und österreichisch emotional abwertend oder als Tadel für einen unfolgsamen Jungen, Taugenichts.
Vgl.: → Bube (Bub), Mistbankert.

Mistfink
ein Schimpfwort für 1. eine schmutzige, schlampige Person. 2. einen unanständigen, obszön redenden Menschen. 3. einen Lump.
Vgl.: → Dreckfink, → Fink (Finke), Optimistfink (Wortspiel: Schönfärber).

Mistgabelbaron
(ursprünglich ein geadelter Großgrundbesitzer) *selten scherzhaft-spöttisch für einen Bauern, Großbauern.* In Ludwig Thomas Komödie ERSTER KLASSE begrüßt der Ökonom Gsottmaier seinen Freund, den Landtagsabgeordneten Josef Filser, mit den Worten: „Bischt do, du plattata Mistgablbaron?"
Vgl.: → Baron, → -baron.

Misthammel
ein derbes oberdeutsches Schimpfwort für einen groben, unmanierlichen, ungepflegten oder niederträchtigen Mann.
Vgl.: → Dreckhammel, → Hammel, → -hammel.

Misthaufen
derbes Schimpfwort für einen oder mehrere Menschen, meist im Sinne von „niederträchtig, charakterlos". Von Valerie Solanas wird gerne zitiert: „Tief in seinem Innern weiß jeder Mann, daß er ein wertloser Misthaufen ist. Er ist geil wie ein Vieh und schämt sich deswegen zutiefst."
Vgl.: → Dreckhaufen, → Haufen, → -haufen.

Misthund
ein grobes Schimpfwort für einen sittenlosen, „hundsgemeinen" Kerl.
Vgl.: → Hund, → -hund.

Mistiker
(scherzhaft aus „Mystiker“ und „Mist“ gebildet) *scherzhaft-spöttisch für einen Studenten der Landwirtschaft oder einen Agrarwissenschaftler.* Gelegentlich spricht man auch von „Ackerdemikern“.
Vgl.: Dr. mist. (scherzhaft: promovierter Landwirtschaftswissenschaftler), Mistologe.

Mistkäfer
(eigentlich ein Käfer, der von Exkrementen lebt) *1. ein allgemeines derbes Schimpfwort. 2. derb abwertend für einen schmutzigen oder unanständigen Menschen.*

Mistkerl
ein derbes Schimpfwort für einen gemeinen, niederträchtigen Kerl.
Vgl.: → Kerl.

Mistsau
ein oberdeutsches derbes Schimpfwort mit der Bedeutung von → Sau.
Vgl.: → -sau.

Miststück
ein derbes Schimpfwort für eine gemeine, verächtliche (weibliche) Person: du altes, elendes, kleines Miststück.
Vgl.: Riesenmiststück, → Stück, Stück Mist.

Mistvieh (Mistviech)
derb abwertend für einen gemeinen, bösartigen, heimtückischen Menschen.
Vgl.: → Viech, → Vieh.

Mistweib
derb abwertend für eine gemeine, hinterhältige, bösartige Frau.
Vgl.: Mistschlampe, → Weib, → -weib.

Mitesser
(eigentlich eine Talgabsonderung in einer Hautpore) *scherzhaft, selten abschätzig für jemanden, der (als Gast) mitißt.*

Mitgiftjäger
(zu „Mitgift“ = Aussteuer, Heiratsgut der Braut) *abfällig für einen Mann, der eine Frau nur wegen ihres Vermögens heiratet oder heiraten will.*
Vgl.: → -jäger.

Mitläufer
1. geringschätzig für eine Person, die bei etwas, das positiv oder neutral gewertet wird, mitmacht, ohne sich stark zu engagieren. 2. abfällig für einen Mitläufer des Faschismus, Mitläufer der Nazis o.ä. In einem Interview gegenüber der Zeitschrift FOCUS (April 1995) urteilte der Choreograph Johann Kresnik sehr milde über Gustaf Gründgens und andere: „... ganz klar ein Mitläufer des Faschismus, in einem Atemzug zu nennen mit Leni Riefenstahl, Arno Breker, Karajan.“
Vgl.: Mitmacher.

Mitwisser
meist abschätzig für jemanden, der von einem verwerflichen, ungesetzlichen Tun weiß: ein lästiger, gefährlicher Mitwisser, ein Mitwisser des Verbrechens.

Mob
(aus gleichbedeutend englisch „mob“, eigentlich = aufgewiegelte Volksmasse, übersetzt und gekürzt aus lateinisch „mobile vulgus“) *abfällig für Pöbel, verbrecherisches Gesindel.*

Mobster
(englisch-amerikanisch; zu „Mob“) *selten für einen Gangster, Verbrecher.*

Möchtegern
spöttisch-abschätzig für jemanden, der sich aufspielt, einen Gernegroß. „Kampf den hochgedienten Möchtegernen“ (FOCUS, November 1995).

Möchtegern-
ein sehr lebendiges Wortbildungselement zur spöttisch-abschätzigen Bezeichnung eines Menschen, der etwas Bestimmtes sein möchte, einer bestimmten Person zu gleichen versucht oder sich wegen einer gewissen Ähnlichkeit dafür hält. 1989 wurden in der ZEIT die Frankfurter Schriftsteller Eckhard Henscheid und Robert Gernhardt als „neidzerfressene Möchtegern-Klassiker“ hingestellt. Der deutsche Bundestagsabgeordnete Eylmann von der CDU/CSU machte dagegen 1990 seinen Kollegen Gansel

(SPD) als „Möchtegern-Schimanski von der Wasserkante mit Thermosflasche und rotem Schlapphut" lächerlich.

Vgl.: Möchtegernaufsteiger, Möchtegerncasanova, Möchtegern-Generaldirektor (selten), Möchtegerngenie, Möchtegernminister, Möchtegernrennfahrer, Möchtegern-Revolutionär, Möchtegernstar.

Möchtegerndichter

spöttisch-abschätzig für jemanden, der schreibt und sehr gerne als Dichter gelten würde, sich zu Unrecht als Dichter fühlt und gibt. Im Januar 1994 brachte die ZEIT eine Besprechung der Neuausgabe des ALLGEMEINEN DEUTSCHEN REIMLEXIKONS von Peregrinus Syntax. Die Rezension von Thomas von Randow war von Anfang bis Ende gereimt. Über Hans Magnus Enzensberger, der das Vorwort beigesteuert hat, hieß es da: „Auch bringt er uns Möchtegerndichtern bei, / wie das Reimlexikon zu handhaben sei."

Möchtegernkanzler

spöttisch für einen führenden Politiker, der gerne Kanzler werden würde, oder dem man solche Ambitionen nachsagt. Dieses Spottwort hat schon viele getroffen, so auch Lothar Späth 1988 aus dem Munde von Rainer Brüderle von der FDP: „baden-württembergischer CDU-Möchtegernkanzler".

Vgl.: Möchtegernminister.

Möchtegernkünstler

spöttisch-abschätzig für jemanden, der gerne als Künstler gelten möchte, sich für einen Künstler hält, obwohl er keiner ist.

Möchtegernschriftsteller

spöttisch-abschätzig für einen Schriftsteller, der kein richtiger Schriftsteller ist, weil seine Texte nicht gut genug sind oder weil sie nicht gedruckt werden.

Vgl.: Möchtegernautor.

Mocke (Muck)

(eigentlich ein Zuchtschwein) *oberdeutsch derb abwertend für eine dicke schlampige Frau.*

Modeaffe

salopp abwertend für einen eitlen, geckenhaften, übertrieben modisch gekleideten Menschen.

Vgl.: → Affe.

Modearzt

meist abschätzig für einen bekannten, beliebten Arzt mit überhöhten Preisen, therapeutischen Extravaganzen und etwas Hokuspokus.

Modedämchen

geringschätzig für eine eitle junge Frau, die sich nach der allerneuesten Mode kleidet.

Vgl.: → -chen (-lein), → Dämchen, Modeherrchen (veraltet).

Modegeck

abschätzig für eine eitle, übertrieben modisch gekleidete (männliche) Person.

Vgl.: → Geck, Modefex (veraltet), Modejüngling.

Modenarr

(weibliche Form: Modenärrin) *abfällig für eine eitle, übertrieben modisch gekleidete Person.*

Vgl.: Kleidernarr, Modefreak, Modetor, → Narr, → -narr.

Modepüppchen

(nach dem Kinderspielzeug) *abschätzig für ein übertrieben modisch gekleidetes, puppenhaft wirkendes Mädchen.*

Vgl.: → -chen (-lein), → Püppchen.

Modepuppe

abschätzig für ein übertrieben modisch gekleidetes (hübsches) Mädchen, eine ebensolche junge Frau.

Vgl.: Modedocke (veraltet), Modetucke, → Puppe.

Modernist

(zu „modern") *oft abschätzig für einen Menschen, der sich übertrieben modern gibt, der unkritisch alles Moderne bejaht.*

Vgl.: → -ist.

Modeschriftsteller

oft geringschätzig für einen vielgelesenen Schriftsteller, dessen Werke in Mode sind oder waren.

Vgl.: Modedichter.

Modezicke
emotional abwertend für eine übertrieben modisch gekleidete weibliche Person.
Vgl.: Modefotze (vulgär), → Zicke.

Mof
(seit dem 16. Jahrhundert; stand ursprünglich für einen mürrischen, ungehobelten Menschen; meist in der Mehrzahl gebraucht: Moffen) *Scheltname der Niederländer für einen Deutschen.*
Vgl.: → Muff.

Mogler
meist leicht abwertend für eine Person, die ein wenig betrügt, schwindelt oder falschspielt.
Vgl.: → -ler, Mogelant, Mogelbruder (selten).

-mogul
(eigentlich ein Herrscher einer mohammedanischen Dynastie mongolischer Abstammung in Indien; aus persisch „mogol", eigentlich = der Mongole) *oft geringschätzig für einen Großunternehmer, der in einem bestimmten Gebiet sehr einflußreich ist.* In einem SPIEGEL-Essay (April 1994) schrieb der SPD-Politiker Peter Glotz über die großen Medienkonzerne: „... die Mogule (Leo Kirch, Berlusconi, Murdoch) sind natürlich konservativ." Überhaupt scheint der SPIEGEL eine besondere Vorliebe für das Wort Mogul zu haben: Der Steuerflüchtling und CSU-Spezi Eduard Zwick ist ein „Bäder-Mogul" und „Heißwasser-Mogul", Silvio Berlusconi ein „Medien-Mogul", und in einem Artikel über Leo Kirch bezeichnet der Autor ihn auf einer halben Seite nacheinander als „Filmmogul", „TV-Mogul" und „Medienmogul".
Vgl.: Baumogul, → Großmogul, Kleinmogul, Medienmogul.

Möhlenperd
(wörtlich: Mühlenpferd) *norddeutsch abfällig für eine derbe, dicke Frau.*
Vgl.: → Pferd.

Moiproter
(wörtlich: Schönplauderer) *norddeutsch abschätzig für einen Schönredner, Schmeichler.*

Molch
(eigentlich ein im Wasser lebender Schwanzlurch; meist in Zusammensetzungen) *besonders jugendsprachlich und meist salopp abwertend für eine (männliche) Person: ein alter, trüber Molch.*
Vgl.: Dreckmolch, Fettmolch, Genußmolch, Kuttenmolch (Mönch), → Lustmolch, Stinkmolch.

Monarch
(eigentlich ein gekrönter Herrscher, ein Kaiser oder König) *landschaftlich für einen Landstreicher oder einen fiesen, unangenehmen Menschen.*

Mondgesicht
abfällig für eine Person mit einem runden, ausdruckslosen Gesicht.
Vgl.: → -gesicht, Vollmondgesicht.

Mondkalb
(eigentlich eine Mißgeburt der Kuh, die man dem schädlichen Einfluß des Mondes zuschrieb) *salopp abwertend für einen dummen, einfältigen Menschen.*
Vgl.: → Kalb.

Mondsüchtiger
(eigentlich jemand, der an Schlafwandel leidet) *oft leicht abwertend für einen Nachtschwärmer, späten Zecher.*

Moneymaker
(englisch, wörtlich: Geldmacher) *abschätzig für einen gerissenen Geschäftsmann, cleveren Großverdiener.* „Adnan Kaschoggi, der entthronte König der Moneymaker ..." (SPIEGEL, 1989). Im Moselfränkischen gibt es auch das Wort „Monneemacher" für einen Geldscheffler, das aber sicherlich auf französisch „monnaie" zurückgeht.
Vgl.: Mr. Moneymaker.

Mongo
(ein Kurzwort zu „Mongolismus" = Form des Schwachsinns mit mongoloiden Gesichtszügen) *1. salopp, kaum abwertend für ein Kind, das an Mongolismus leidet. 2. jugendsprachlich abfällig für einen dummen, halbverrückten oder unsympathischen Menschen.*

Vgl.: Mongi (jugendsprachliche Variante), Mongölchen (kaum abwertend, auch Medizinerjargon).

Monomane
(aus griechisch „monos“ = einzeln, einzig; weibliche Form: Monomanin) *oft abschätzig für eine Person, die von einer einzigen Idee, Vorstellung oder Sache besessen ist.*
Vgl.: → -omane.

Monopolist = Monopolkapitalist

Monopolkapitalist
(zu „Monopol“ = alleiniger Anspruch, Vorherrschaft auf dem Markt; ein häufiges Wort in der DDR-Propaganda) *abschätzig für den Eigentümer oder Vertreter eines marktbeherrschenden Unternehmens.*
Vgl.: → -ist, → Kapitalist, Monopolherr, Monopolist.

Monster
(eigentlich ein furchterregendes Geschöpf oder Fabeltier; geht zurück auf gleichbedeutend lateinisch „monstrum“, eigentlich = Mahnzeichen) *abfällig für eine Person, die grausam, unmenschlich ist oder wirkt; Ungeheuer.*
Vgl.: kleine Monster (freche, wilde Kinder), → Sexmonster.

Monstrum
emotional abwertend für 1. eine große, häßliche, angsteinflößende Person. 2. eine grausame, schreckliche, unmenschliche Person; Ungeheuer.

Möpp = fiese Möpp

Moppel
(mundartliche Verkleinerungsform von „Mops“) *scherzhaft, auch spöttisch-abschätzig für eine kleine, dickliche Person, ein dickes Kind.* Das folgende Schüttelreimgedicht von Harun Dolfs stammt aus dem Jahr 1896:

„Weil die beiden Moppel dort
Gar so gräßlich zwiegesungen,
Hat durch einen Doppelmord
Man zum Schweigen sie gezwungen.“

Vgl.: Dickmoppel, Doppelmoppel (selten: sehr dickes Kind), Fettmoppel, → Kamoppel, Moppelchen, Mopper (süddeutsche Variante), → Rindskamoppel, → Tugendmoppel.

Mops
(eigentlich eine kleine, kurzbeinige, dickliche Hunderasse; seltene weibliche Form: Möpsin) *1. scherzhaft-spöttisch, auch abschätzig für eine kleine, dicke Person. 2. abfällig für einen mürrischen, verdrießlichen Menschen. 3. ein Langweiler, träger Mensch.* „Der Mops aus Mainz“, freute sich der Abgeordnete Kleinert von den Grünen, als 1987 im Deutschen Bundestag der dickliche Kollege Gerster (CDU) vortrat.
Vgl.: dicker Mops, → Dickmops, → Fettmops, Frechmops (selten), → Rollmops, saurer Mops (mürrisch, unsympathisch).

Möpschen
meist scherzhaft-spöttisch für einen kleinen → Mops; auch als Kosewort.
Vgl.: → -chen (-lein).

Mopser
(zu „mopsen“ = kleine Dinge stehlen, mitgehen lassen) *selten und leicht abwertend für jemanden, der etwas mopst, heimlich nimmt.*

Mopsgesicht
(nach dem Gesicht des kleinen Hundes, das einen mürrischen Ausdruck hat) *abfällig für einen Menschen mit einem dümmlichen, mürrischen oder feisten Gesicht.*
Vgl.: → -gesicht.

Moralapostel
abschätzig für jemanden, der sich in aufdringlicher und kleinlicher Weise ein Urteil über die Moral anderer anmaßt. Der Schriftsteller Wolf Biermann sei ein „humorloser Moralapostel“, schrieb 1994 ein SPIEGEL-Leser an die Redaktion.
Vgl.: → Apostel, → -apostel, Sittenapostel.

Moralhüter
meist abschätzig für eine Person, die sich anmaßt, über die Moral anderer zu befinden und zu wachen.
Vgl.: Tugendhüter.

Moralist
abschätzig für einen sittenstrengen, ständig moralisierenden Menschen. Er sei ein „weinfroher Moralist", spottete 1994 der SPIEGEL über den TV-Moderator und Erfolgsautor Ulrich Wickert. Der Deutsche Außenminister Kinkel ist für die Bündnisgrüne Antje Vollmer (1996) sogar ein „Einser-Moralist".
Vgl.: Antimoralist, → Immoralist, → -ist, Moralisierer (selten), Verbalmoralist.

Moralpauker = Moralprediger

Moralprediger
(bereits 1882 in Friedrich Nietzsches Schrift DIE FRÖHLICHE WISSENSCHAFT) *abschätzig für jemanden, der andere in moralischen Fragen aufdringlich belehrt und ermahnt.*
Vgl.: Moralfex (selten), Moralgigant (selten, ironisch), Moralpapst, Moralpauker, Moraltante (selten, eher weiblich), Moral-Wauwau, → Prediger, Sittenprediger, Tugendprediger.

Moraltrompeter
(Friedrich Nietzsche verspottete 1888 Schiller wegen dessen Idealismus als „Moraltrompeter von Säckingen") *spöttisch-abschätzig für einen → Moralprediger.*

Morchel
(eigentlich eine Pilzgattung; hier wohl verkürzt aus „Stinkmorchel") *abfällig für eine schlampige, unangenehme Frau.*
Vgl.: alte Morchel, → Stinkmorchel.

Mordbrenner
emotional abwertend für einen skrupellosen Brandstifter und Mörder. Das Wort ist 1994 durch die „Mordbrenner von Solingen" wiederbelebt worden.

Mordbube
veraltet für einen Mörder.
Vgl.: → Bube (Bub).

Mörder
emotional abwertend für 1. einen Menschen, der einen Mord begangen hat: ein gedungener, kaltblütiger, eiskalter, grausamer Mörder. 2. jemanden, der etwas vernichtet oder der in unverantwortlicher Weise Leben gefährdet. Der berühmte Satz Kurt Tucholskys „Soldaten sind Mörder" wird sicherlich noch lange die Rechtsprechung beschäftigen. Bundespräsident Herzog merkte dazu 1996 an: „Soldaten sind keine Mörder, im Gegenteil." Präzise und sachlich ist dagegen die oft getroffene Feststellung: „Raucher sind potentielle Mörder."
Vgl.: → Brudermörder, Justizmörder, → Kindermörder, → Kindesmörderin (Kindsmörderin), → Königsmörder, → Massenmörder, → Meuchelmörder, Mordbestie, Rufmörder, → Schreibtischmörder, → Selbstmörder.

Mörderbande
emotional abwertend für eine → Bande von → Mördern.
Vgl.: → -bande, Mordbande (Variante).

Mordgeselle
eine veraltende und emotional abwertende Bezeichnung für einen Mörder oder dessen Komplizen.
Vgl.: → Geselle.

Mords-
ein Wortbildungselement mit emotional verstärkender Wirkung bei unterschiedlichen Schimpfwörtern.
Vgl.: Mordsdackel (südwestdeutsch), Mordsfatzke, Mordsidiot, Mordskamel, Mordslackel (oberdeutsch), Mordslump (selten), Mordsrindvieh, Mordssäckel, Mordtrumm, → Riesen-.

Mordsbagage
emotional abwertend für übles Gesindel, Pack.
Vgl.: → Bagage.

Morgenmuffel
scherzhaft, auch leicht abwertend für einen Menschen, der morgens meist mürrisch und wortkarg ist.
Vgl.: Abendmuffel (selten), → Muffel, → -muffel.

Moritz s. der kleine Moritz

Möse
(eigentlich eine saloppe Bezeichnung für das weibliche Geschlechtsteil) *derb abwertend für 1. eine weibliche Person. 2. eine Prostituierte.*

Moses
(nach dem biblischen Moses, dem Stifter der israelitischen Religion, der als Säugling in einem Binsenkorb ausgesetzt worden sein soll) *1. selten abschätzig für einen langweiligen Mann oder Jungen. 2. spöttisch für das jüngste Mitglied einer Schiffsbesatzung.*
Vgl.: → Kalb Moses.

Mostkopf
südwestdeutsch und schweizerisch für einen Dummkopf, Einfaltspinsel.
Vgl.: → -kopf (-kopp), Mostschädel.

Motherfucker
(im Amerikanischen ein vulgäres, sehr beleidigendes Schimpfwort mit der wörtlichen Bedeutung „Mutterficker") *jugendsprachlich, besonders im Szenejargon verächtlich oder als grobe Abweisung für einen äußerst unsympathischen Mann.* Der Jazztrompeter Miles Davis sagte einmal, er werde ein Wörterbuch schreiben, das mit seinem Lieblingswort „motherfucker" beginne. Darauf hingewiesen, daß Wörter mit „m" im Alphabet erst weiter hinten kommen, erwiderte er, dann solle es eben mit „a motherfucker" beginnen.

Motte
(vielleicht nach dem unruhigen, taumeligen Flug des winzigen Schmetterlings, dessen Raupen Löcher in Kleidung fressen möchten) *veraltend abschätzig für 1. ein leichtlebiges, flatterhaftes Mädchen. 2. einen Sonderling oder Spaßvogel.*
Vgl.: flotte Motte, → kesse Motte, → tolle Motte.

Motzer
abschätzig für einen (ständig) nörgelnden, schimpfenden, meckernden Menschen. In der Figur des ewig motzenden „Friedhelm Motzki" aus der ARD-Fernsehserie MOTZKI (um 1990) hat dieser Menschentyp Gestalt angenommen.
Vgl.: Motzbrocken (selten, zu „Kotzbrocken"), Motzke (berlinisch), Motzki (nach der TV-Figur), Motzknochen, Motzkopf.

Motzkopf = Motzer

Muck = Mocke (Muck)

Mücke
geringschätzig für einen kleinen, schwächlichen oder unbedeutenden Menschen.
Vgl.: → Schmeißmücke.

Mucker
(zuerst ein Spitzname der Pietisten um den Jenaer Professor Johann Franz Budde zu Beginn des 18. Jahrhunderts) *1. abfällig für einen Duckmäuser, Heuchler, Frömmler. 2. landschaftlich abschätzig für einen mürrischen, verdrießlichen Menschen.* 1748 erschien die deutsche Übersetzung des TARTUFFE von Molière unter dem Titel: DER MUCKER ODER MOLIÈRENS SCHEINHEILIGER BETRÜGER TARTÜFFE. In einem Schlager von 1925 heißt es: „Und weil ich durchaus kein Mucker, nahm ich meinen Operngucker ..." Dazu der Buchstabe M aus einem Schüttelreim-ABC von Benno Papentrigk:

„Die Maus sich um den Zucker müht.
Ein mürrisch Maul der Mucker zieht."

Vgl.: → Aufmucker.

müder Krieger
spöttisch-abschätzig für einen müden, abgearbeiteten oder überhaupt trägen, schwunglosen Menschen.
Vgl.: müder Knochen, müder Sack.

müder Laden
salopp abwertend für eine langweilige Gesellschaft, faule Belegschaft, langsam arbeitende Behörde, schwunglose Mannschaft o.ä.
Vgl.: → lahmer Laden, müder Haufen, müder Verein, schlapper Laden (selten).

müder Verein = müder Laden

Müdmann
abfällig für einen trägen, energielosen Mann; Faulenzer.
Vgl.: → -mann, Müdling.

Muff
abschätzig für einen mürrischen, schmollenden, finsteren Menschen.

Muffel
(zu „muffeln“ = mürrisch sein) *abschätzig für 1. einen mürrischen, unfreundlichen Menschen. 2. jemanden, der sich (Neuem, Ungewohntem gegenüber) ablehnend, uninteressiert zeigt.* L.H. von Nicolay übersetzte 1819 Molières TARTUFFE unter dem Titel MUFFEL ODER DER SCHEINHEILIGE.
Vgl.: → Kamuffel.

-muffel
(nach der Prägung „Krawattenmuffel“, die 1966 in der Werbung auftauchte; grundsätzlich mit Substantiven gebildet) *meist salopp und leicht abwertend für eine Person, die einer bestimmten Sache gleichgültig oder ablehnend gegenübersteht.* Die große Zeit dieses Wortbildungselements scheint vorüber. Nur noch selten findet man neue „-muffel“. In der FRANKFURTER RUNDSCHAU (Juli 1994) wurden die Deutschen als „geeintes Volk von Impfmuffeln“ getadelt. Neuere Gelegenheitsbildungen sind auch „Technologiemuffel“ und „Karrieremuffel“.
Vgl.: Abendmuffel, Anschnallmuffel, Arbeitsmuffel, Automuffel, Behördenmuffel, Benimm-Muffel, → Bewegungsmuffel, Bildungsmuffel, Büchermuffel, Disko-Muffel, → Ehemuffel, Faschingsmuffel, Fastnachtsmuffel, Ferienmuffel, → Fernsehmuffel, Fußballmuffel, Gesellschaftsmuffel, Gesprächsmuffel, → Gurtmuffel, Haushaltsmuffel, → Heiratsmuffel, Karnevalsmuffel, Kirchenmuffel, Konsummuffel, → Krawattenmuffel, → Kulturmuffel, Lesemuffel, Modemuffel, → Morgenmuffel, Reisemuffel, Schreibmuffel, → Sexmuffel, → Sportmuffel, → Telemuffel, Trinkgeldmuffel, Umweltmuffel, Vereinsmuffel, Weihnachtsmuffel.

Muffkopp (Muffkopf)
abfällig für eine unfreundliche, mürrische, wortkarge Person.
Vgl.: → -kopf (-kopp), Muffer (auch für einen Stinker), Muffsack (selten).

Mufti
(eigentlich ein islamischer Rechtsgelehrter und Gutachter) *vorwiegend jugendsprachlich abschätzig für 1. einen faden, langweiligen Kerl. 2. einen Angeber, Gernegroß. 3. einen unfreundlichen, „muffigen“ Menschen.*
Vgl.: Großmufti, → Obermufti.

Muhagel (Muhackel)
(vielleicht aus mittelhochdeutsch „müe“ = Mühe, Verdruß und „hache“ = Bursche) *ein süddeutsches Schimpfwort für einen groben, ungehobelten Kerl.*

Muli
(eigentlich ein Maulesel, aus lateinisch „mulus“) *1. abfällig für einen dummen, starrköpfigen Menschen. 2. soldatensprachlich scherzhaft-spöttisch für einen Gebirgsjäger.*
Vgl.: Bergmulis (Plural, Gebirgsjäger).

Mulscheister
(verdreht aus „Schulmeister“, Anspielung auf „Maul“ und „scheißt er“) *ein derber, auch abfälliger Schülerscherz für einen Lehrer, schlechten Lehrer.*
Vgl.: → Schulmeister.

Mumie
(eigentlich eine durch Einbalsamieren oder Austrocknen vor der Verwesung geschützte Leiche) *besonders jugendsprachlich salopp abwertend für einen alten oder nicht mehr jungen Menschen; im Plural vor allem für die Eltern.* Die Jury bestehe aus „lauter Mumien, die darum ringen, etwas Wichtiges zu sagen“, fand eine teilnehmende Autorin beim Wettlesen um den Ingeborg-Bachmann-Preis 1995 in Klagenfurt. Eine gelegentlich verwendete neue Steigerung ist „Ötzi“, eigentlich ein Wort für die mumifizierte Leiche, die Anfang der 90er Jahre in den Ötztaler Alpen gefunden wurde. So mußte sich Otto Waalkes, dessen Gealbere und Gehopse mittlerweile etwas altbacken wirken, im SPIEGEL (1995) als „Komiker-Ötzi“ bezeichnen lassen.
Vgl.: Spießer-Mumie.

Mumienschänder
besonders jugendsprachlich scherzhaft-spöttisch, auch abfällig für einen Sexualpartner einer deutlich älteren Frau.
Vgl.: → Schänder, → -schänder.

Mummelgreis (Mümmelgreis)
(zu „mummeln, mümmeln“ = unverständlich murmeln; zahnlos kauen) *geringschät-*

zig für einen gebrechlichen (zahnlosen) alten Mann.
Vgl.: → Greis.

Mumpfel
(Nebenform zu „Muffel") *vorwiegend fränkisch abschätzig für eine mürrische, wortkarge Person.*

Münchhausen
(nach dem Freiherrn von Münchhausen, 1720 – 1797, dessen phantasievolle Lügengeschichten vor allem durch die von Gottfried August Bürger besorgte Buchausgabe außerordentliche Verbreitung fanden) *oft leicht abwertend für einen wortreichen Prahler, Aufschneider.*
Vgl.: → Lügenbaron.

Mündungsschoner
(eigentlich eine Verschlußkappe für die Mündung einer Schußwaffe) *veraltend spöttisch für einen kleinwüchsigen Menschen.*

Murkel
(ursprünglich ein Krümel, kleines Stückchen) *landschaftlich oft abschätzig für ein kleines Kind, einen kleingewachsenen Menschen.*

Murkser
salopp abwertend für einen Pfuscher, Stümper.

Murmeltier
(eigentlich ein kleines Nagetier, das vor allem im Hochgebirge vorkommt und für seinen langen Winterschlaf sprichwörtlich bekannt ist) *leicht abwertend für 1. jemanden, der sehr lange oder sehr fest schläft. 2. einen trägen, langweiligen Menschen. 3. jemanden, der undeutlich spricht, „murmelt".*
Vgl.: → Tier, → -tier.

Murrkopf
eine veraltende abschätzige Bezeichnung für einen mürrischen, oft verdrießlichen Menschen.
Vgl.: → -kopf (-kopp), Murrjan (norddeutsch), Murrkater, Murrpeter.

Musche
(aus spätmittelhochdeutsch „mutze" = Vulva) *landschaftlich salopp abwertend für 1. eine leichtlebige, liederliche weibliche Person. 2. eine Prostituierte.*

Muschkote
(entstellt aus „Musketier") *im Jargon der Soldaten veraltend abschätzig für einen Fußsoldaten, einfachen Soldaten ohne Rang oder übertragen für einen einfachen Menschen.* „Sie sind ja nur Muschkoten, und er ist ein hohes Tier" (Erich Maria Remarque: IM WESTEN NICHTS NEUES, 1929).
Vgl.: Muschko (Kurzform).

Museumsstück
spöttisch-abschätzig für eine ältliche (weibliche) Person.
Vgl.: → Stück.

Muskelprotz
abschätzig für einen Menschen, der mit seinen Muskeln, mit seiner Körperkraft prahlt.
Vgl.: geistiger Muskelprotz, → Kraftprotz, → Protz (Protzer), → -protz.

Müsli
(eigentlich ein Rohkostgericht aus Haferflocken, Milch und Früchten) *scherzhaft-spöttisch für einen Menschen, der sich vorwiegend von Vollwertkost ernährt (und einen Kult daraus macht).*
Vgl.: Müsli-Fresser, Müsli-Typ.

Müßiggänger
abschätzig für einen gelangweilt untätigen Menschen, Faulenzer. Ein Epigramm von Friedrich von Hagedorn (1708 – 1754):

„Langweiliger Besuch macht Zeit und Zimmer enger:
O Himmel schütze mich vor jedem Müßiggänger!"

Muster
oberdeutsch leicht abwertend oder tadelnd für ein freches, faules oder liederliches Mädchen.

Muster an ...
(auch pathetisch verwendet) *ironisch für einen Menschen, der keineswegs ein Vorbild,*

ein Muster an ... ist, sondern eher das Gegenteil: ein Muster an Hingabe, Kollegialität, das Muster eines guten Schülers.

Muster ohne Wert
landschaftlich selten als Schelte für ein dummes, faules, durchtriebenes Mädchen, eine ebensolche Frau.

Musterknabe
abschätzig für eine überaus gehorsame, dienstfertige (männliche) Person (die dadurch für andere ein Ärgernis ist); auch ironisch verwendet.
Vgl.: → Knabe.

„Mutter der Nation"
oft spöttisch oder leicht abwertend für eine berühmte ältere Frau, die zum Inbegriff der Mütterlichkeit geworden ist. Die Schauspielerin Inge Meysel wurde früher oft so genannt, ebenso die „Mutter Beimer" aus Hans W. Geissendörfers endloser Fernsehserie LINDENSTRASSE. Die Sexartikelhändlerin Beate Uhse wurde dagegen zur „Porno-Mutter der Nation" befördert (ZEIT, Juni 1994).

Mutterbübchen = Muttersöhnchen

Mutterhansel
süddeutsch abschätzig für einen verweichlichten, von der Mutter völlig abhängigen Jungen.
Vgl.: → Hansel, → -hansel, Lehrerhansel, Mamahansel.

Muttersöhnchen
abfällig für einen verwöhnten, unselbständigen Jungen oder jungen Mann.
Vgl.: → -chen (-lein), Mamabübchen, Mamasöhnchen, Mutterbübchen, Mutterkind, Mutterknabe (selten), Muttertöchterchen, Vatersöhnchen (selten).

Muttertier
spöttisch-abschätzig für eine Frau, die ganz in ihrer Mutterrolle aufgeht.
Vgl.: → Tier, → -tier.

Mutti
(eigentlich ein familiäres oder Kosewort für die Mutter) *salopp, auch leicht abwertend für eine mütterlich, bieder, treuherzig wirkende Frau.* Über die damalige deutsche Bundesfamilienministerin schrieb die ZEIT (April 1994): „Hannelore Rönsch ist keine Mutti. Schwarze Pumps, schlanke Waden ..."
Vgl.: Katzenmutti, Muttchen.

Muttis Liebling = Mamas Liebling

Mystifikator
selten als geringschätzige bildungssprachliche Bezeichnung für jemanden, der Dinge mystifiziert, ihnen ein geheimnisvolles Gepräge verleiht und sie dadurch überhöht und verschleiert.
Vgl.: Mystifikateur (Variante).

N

Lausia

Nabelficker
derb abwertend für einen egozentrischen, ganz mit sich selbst beschäftigten Menschen.
Vgl.: → Ficker.

Nabob
(von arabisch „nuwwab“ = Stellvertreter, Statthalter) *oft leicht spöttisch für einen steinreichen Mann, der pompös auftritt.*

Nachäffer
eine Person, die etwas oder jemanden auf einfallslose Weise nachahmt und dabei vergröbert und übertreibt.
Vgl.: → Äffer, Nachahmer (schwächer), Nachmacher.

Nachbeter
jemand, der geist- und kritiklos Meinungen anderer zum besten gibt.

nachgemachter Mensch
abfällig für einen belanglosen, läppischen Menschen, das Gegenteil einer Persönlichkeit.

Nachläufer
ein unkritischer, leichtgläubiger Anhänger.

Nachplapperer
(weibliche Form: Nachplapperin) *abwertend für jemanden, der etwas nachspricht, ohne den Inhalt verstanden zu haben.* „Nachplapperer rechter Parolen“ (SPIEGEL, Mai 1994).
Vgl.: Nachschwätzer (selten), → Plapperer (Plapprer).

Nachsitzer
abschätzig für einen Schüler, der zur Strafe länger in der Schule bleiben muß.
Vgl.: Nachbleiber.

Nachsprecher
eine blasse Schelte für jemanden, der Worte anderer gedankenlos wiedergibt.

Nachtbube
(oft Plural) *schweizerisch abschätzig für einen jugendlichen Nachtschwärmer, einen Burschen, der sich nachts herumtreibt.*
Vgl.: → Bube (Bub).

Nachteule
1. Nachtschwärmer, später Zecher. 2. häßliches altes Weib. 3. Spott für eine Person, die Nachtdienst hat.
Vgl.: → Eule.

Nachtfalter = Nachtschwärmer

Nachtlicht
vor allem in Süddeutschland oft abschätzig für jemanden, der die Nacht zum Tage macht.

Nachtmütze = Schlafmütze

Nachtrabe
geringschätzig für jemanden, der sich nachts herumtreibt.
Vgl.: → Rabe.

Nachtschattengewächs
(eigentlich eine Pflanzenfamilie, zu der auch Kartoffel und Tomate gehören) *spöttisch, auch abschätzig für 1. eine nachts tätige Prostituierte. 2. einen Nachtschwärmer.*
Vgl.: → Gewächs.

Nachtschwärmer
(eigentlich ein Nachtfalter, ein Schmetterling, der in der Nacht aktiv ist) *oft abschätzig für einen Menschen, der sich nachts vergnügt, der nicht nach Hause findet und einen lockeren Lebenswandel hat.*
Vgl.: Nachtfalter.

Nachttopfschwenker
harmloser Spott für Zivildienstleistende, Krankenpfleger u.dergl.
Vgl.: → Pißpottschwenker.

Nachtvogel
abfällig für einen Nachtschwärmer oder überhaupt für jemanden, der nachts unterwegs ist.
Vgl.: → Vogel, → -vogel.

Nachtwächter
ein geistesabwesender, schläfriger Mensch ohne Elan; Versager. In diesem Sinne kommentierte DIE WOCHE (November 1994) den äußerst knappen Machterhalt der Bonner Regierungskoalition bei der Bundestagswahl mit dem Wortspiel „Machtwächter". Das ist auch der Name eines Kölner Kabaretts.

Nachzügler
geringschätzig oder tadelnd für jemanden, der verspätet kommt oder bei etwas hinterherhinkt.
Vgl.: → -ler.

Nacktarsch
derb und oft spöttisch-abschätzig für 1. einen Nackten. 2. einen völlig Mittellosen, eine Frau ohne Aussteuer.
Vgl.: → Arsch, → -arsch, → Bloßarsch.

Naderer
(hängt vielleicht mit dem Wort Natter zusammen) *österreichisch für einen Spitzel, Verräter.*

Nagel zum Sarg = Sargnagel

Naivchen
ein treuherziger junger Mensch, naives Mädchen.
Vgl.: → -chen (-lein).

Naivling
ein allzu argloser, gutgläubiger (törichter) Mensch.
Vgl.: → -ling, Naivian (selten, Palindrom).

Namenchrist
jemand, der nur scheinbar, „dem Namen nach", ein Christ ist.
Vgl.: kalter Christ, Kirchensteuerchrist, → Maulchrist, → Scheinchrist, Steuerchrist, → Taufscheinchrist.

Napfkuchen (Nappkuchen)
(eigentlich ein runder, in einem Napf gebackener Kuchen) *dümmlicher, tölpelhafter Mensch.*

Nappsülze
(zu „Napf") *ein energieloser, dummer, unfähiger Mensch.*

Narr
(weibliche Form: Närrin) *ein einfältiger, törichter oder verrückter Mensch; oft auch jemand, der sich albern aufführt, sich „zum Narren macht": ein eitler, aufgeblasener, eingebildeter, alberner, sentimentaler Narr.* Friedrich Rückert beschrieb das Wesen der Narren in einem Epigramm:
„Das sind die Weisen,
Die durch Irrtum zur Wahrheit reisen.
Die bei dem Irrtum verharren,
Das sind die Narren."
Vgl.: alter Narr, gelehrter Narr, gutmütiger Narr, hundertelfprozentiger Narr (hundert plus die Karnevalszahl Elf: Fastnachtsgeck), Narrenkopf, → verliebter Narr.

-narr
1. meist abschätzig für eine Person mit einer übertriebenen und als „närrisch" bewerteten Vorliebe für etwas Bestimmtes. 2. seltener für einen → Narren einer besonderen Art oder Ausprägung.
Vgl.: → Aprilnarr (Aprilsnarr), → Autonarr, Batzennarr (geizig), → Blumennarr, → Büchernarr, Dreiviertelsnarr, → Halbnarr, → Hansnarr, → Hundenarr, Liebesnarr, → Modenarr, Musiknarr, → Pferdenarr, Putznarr, → Schalksnarr, Titelnarr, → Waffennarr, → Weibernarr, Ziernarr.

Narr in Christo
(stammt aus dem Titel des Romans DER NARR IN CHRISTO EMANUEL QUINT von Gerhart Hauptmann aus dem Jahr 1910; nach einer Stelle aus dem Neuen Testament, in der es heißt: „Wir sind Narren um

Christi willen") *bildungssprachlich selten für einen weltfremden christlichen Idealisten.* Auch die Bezeichnung „heiliger Narr" kommt vor, etwa in dem Sachbuchtitel PAPST WOJTYLA. DER HEILIGE NARR (1983) von Horst Herrmann.

Närrchen (Närrlein)
meist neckend oder als gutmütige Schelte für einen kleinen → Narren. Aus dem Gedicht „Raucherweisheit" von Edwin Bormann (1851–1912):

„Wer nicht liebt Wein, Weib und Gesang,
Der bleibt ein Narr sein Leben lang.
Und wer nicht liebt ein Zigärrchen,
Bleibt mindestens ein Närrchen."

Vgl.: → -chen (-lein).

Narrenhäusler
abfällig für einen Insassen einer Anstalt für Geisteskranke.
Vgl.: → Irrenhäusler, → -ler, → Tollhäusler.

Narrenkasper
(nach dem Vornamen Kaspar) *Steigerung von → Narr; närrischer, zappeliger Kerl.*
Vgl.: → Hanskasper, → Kasper.

närrischer Kauz
abschätzig für eine unvernünftige, skurrile (männliche) Person.
Vgl.: → Kauz, → komischer Kauz, närrischer Gikkel, närrisches Huhn, → Uhu, wunderlicher Kauz.

Narziß
(nach Narkissos, dem schönen Jüngling aus der griechischen Sage, der sich in sein Spiegelbild verliebte und schließlich in eine Narzisse verwandelt wurde) *bildungssprachlich für einen egozentrischen, selbstgefälligen Menschen.*

Nascher (Näscher)
jemand, der, meist heimlich und in kleinen Happen, Süßigkeiten oder andere Genußmittel zu sich nimmt.

Naschkatze
Scherz und milder Tadel für einen → Nascher; meist für ein Kind.
Vgl.: → Katze, Naschkater, Naschkätzchen.

Naschmaul
salopp oder derb für einen → Nascher.
Vgl.: → Leckermaul, → -maul, → Schleckermaul, → Süßmaul.

Nasenbär
(eigentlich ein in Süd- und Mittelamerika heimischer Kleinbär mit langer, rüsselförmiger Nase) *allgemeiner Spottname, auch abschätzig, besonders für einen großnasigen oder tolpatschigen Menschen.*
Vgl.: → Bär.

Nasenbohrer
vor allem bayrisch abfällig für 1. einen Menschen, der in Gegenwart anderer in der Nase bohrt. 2. einen langweiligen Menschen; unbedarften Burschen.

Nasenkönig
Spottname für einen Menschen mit auffallend großer Nase.
Vgl.: → -könig.

Nasenpopel
(eigentlich ein Stück fest gewordener Nasenschleim) *emotional abwertend für einen völlig unbedeutenden, unscheinbaren Menschen.*
Vgl.: → Popel.

Naseweis
(Als „nasewis" galt ursprünglich ein scharf witternder Jagdhund, der mit seiner Nase die Spur „weisen" konnte) *vorlauter junger Mensch; vorwitzig fragendes Kind.*
Vgl.: Jungfer Naseweis (veraltet), kleiner Naseweis.

Nassauer
(Scherzbildung zum Ortsnamen Nassau; wohl zu „naß" im Sinne von „mittellos, umsonst") *ungebetener Tischgenosse, Schmarotzer.*
Vgl.: → Sozialnassauer.

nasser Bruder
Säufer, Betrunkener; Zechkumpan.
Vgl.: → Bruder, → -bruder, feuchter Bruder.

nasser Sack
ein plumper Mensch; schlaffer, haltloser Kerl.

Vgl.: → Sack.

Nationalist
ein meist engstirniger, intoleranter Mensch mit übersteigertem Nationalgefühl. Der Frankfurter Kabarettist Matthias Beltz gestand im SPIEGEL (März 1994): „Wenn ich Fußball guck', bin ich Nationalist, da gibt's nichts."
Vgl.: Deutschnationaler, → -ist, Ultranationalist.

Nationalsozialist
als politische Feindbezeichnung oder abschätzig für einen Vertreter oder Anhänger des Nationalsozialismus.
Vgl.: → -ist.

Natschalnik
(das russische Wort für „Chef") *vor allem im Sprachgebrauch der DDR veraltend abwertend oder auch nur scherzhaft für einen Vorgesetzten, Leiter, Chef.*

Natter
(eigentlich eine meist nicht giftige Schlange) *ein gehässiger, falscher Mensch, meist eine Frau.*
Vgl.: → Giftnatter.

Natternbrut
verächtlich für heimtückische, böse Menschen; eine üble Gesellschaft.
Vgl.: → Brut, → -brut, Natterngeschmeiß, Natterngezücht, → Otternbrut, Schlangenbrut.

Natterngezücht = Natternbrut

Naturapostel
spöttisch-ironisch, auch geringschätzig für jemanden, der ein betont einfaches, naturverbundenes Leben führt und dabei etwas wunderlich erscheint.
Vgl.: → Apostel, → -apostel.

Naturbursche
(ursprünglich ein Rollenfach im Theater) *ein einfacher, urwüchsiger (junger) Mann; oft mit dem Vorwurf einer gewissen Unkultiviertheit und eines allzu schlichten Gemüts.* So rüffelte der SPIEGEL (November 1994) den Heimatdichter Hermann Löns als „erzdumpfen Naturburschen".
Vgl.: → Bursche.

Nazi
1. in der Schweiz und Süddeutschland veraltet für einen lächerlichen, einfältigen Mann, einen Tölpel; verkürzt aus dem katholischen männlichen Vornamen Ignatius. 2. Kurzwort für → Nationalsozialist mit Bedeutungsverschlechterung im Sinne von Ultranationalist, Faschist. Dabei entstand die handlich kurze Bezeichnung als parodistische Analogiebildung zum älteren Wort Sozi, wie 1944 Franz H. Mautner in seinem Aufsatz NAZI UND SOZI ausführte. Zuerst bezog sich das Wort 1903 auf die „Nationalsozialen" des Friedrich Naumann. Aber schon 1923 meinte Kurt Tucholsky damit die Nationalsozialisten. Während der Naziherrschaft war das Wort in Deutschland freilich verboten, während es im Ausland, insbesondere im englischen Sprachraum, mehr und mehr zu einem Synonym für den Deutschen wurde. Heutzutage ist die Titulierung als „Nazi" in der politischen Auseinandersetzung recht häufig. „Ihr seid die Nazis von heute!" rief ein Abgeordneter namens Müller von der CDU/CSU-Fraktion 1986 den Grünen zu, während Henryk M. Broder in dem streitbaren Bildhauer Alfred Hrdlicka einen „linken Nazi" zu erkennen glaubte (PROFIL, Ende 1994). In einem Interview der Zeitschrift FOCUS (Januar 1996) drohte der Fälscher der „Hitler-Tagebücher" Konrad Kujau: „Wenn einer Nazi sagt, kriegt er eine geknallt. Da gibt es keine Klage, sondern als Sofortmaßnahme eine Ohrfeige." Auf eine ganz andere Idee verfiel ein österreichischer Politiker von der rechtslastigen FPÖ. Für ihn war „Nazi" die Abkürzung von „neu, attraktiv, zielstrebig, ideenreich".
Vgl.: → alter Nazi, → Altnazi, Erznazi, Jungnazi, → Neonazi, → Sozi.

Nazi-
mehr oder weniger abwertend für einen näher bestimmten → Nazi. 1951 nannte der SPD-Politiker Herbert Wehner im Deutschen Bundestag den Abgeordneten von Thadden einen „Naziflegel". Das Grundwort der Zusammensetzung kann auch neutral sein, etwa eine Berufsbezeichnung wie bei „Nazi-Richter". Von ähnlicher Be-

deutung, aber allgemein kraftloser sind Verbindungen mit „NS-", beispielsweise „NS-Schulungsredner" (wiederum der große Schimpfbold Herbert Wehner, diesmal über Rainer Barzel von der CDU, 1959).

Vgl.: Naziführer, Nazigesindel, Nazigröße, Naziideologe, Nazi-Scherge, Nazischwein.

Nazibonze

verächtlich für einen (engstirnigen, überheblichen) hohen Funktionär bei den → Nationalsozialisten. Diese setzten ihrerseits ebenfalls die Bezeichnung Bonze als politisches Fahnenwort gegen Leute aus dem linken Lager ein.

Vgl.: → Bonze, → -bonze, Nazigröße, NS-Bonze.

Nazisse

(scherzhafte Bildung einer weiblichen Form zu „Nazi" in Anlehnung an den Blumennamen Narzisse) *ein seltenes, oft abschätziges Wort für eine überzeugte Anhängerin oder Vertreterin des Nationalsozialismus.*

Vgl.: Nazistin.

Nazist

eine seltene abwertende Bezeichnung für einen → Nationalsozialisten.

Vgl.: → -ist.

Naziverbrecher

jemand, der als → Nazi Verbrechen begangen hat.

Vgl.: NS-Verbrecher, → Verbrecher, → -verbrecher.

Nebbich

(jiddisch) *ein unbedeutender Mensch; Tölpel.*

Nebelkrähe

(eigentlich ein grauer Krähenvogel) *häßliches Weib; auch jugendsprachlich für ein unattraktives Mädchen.*

Vgl.: → Krähe.

Negativist

jemand, der grundsätzlich alles ablehnt und bekrittelt.

Vgl.: → -ist, Negierungsrat (Wortspiel zu „Regierungsrat").

Neger

(eigentlich ein Angehöriger der negriden Rasse; von lateinisch „niger" = schwarz) *1. veraltend oder salopp für einen Schwarzen; von vielen Schwarzen als beleidigend empfunden.* Der SPRACHDIENST berichtete 1994, daß vor allem im Osten Deutschlands die Frauen und Freundinnen von Farbigen, auch wenn diese anderen Rassen angehören, als „Negerhure", „Negerschlampe" o.ä. beschimpft werden. Dazu ein Beleg aus der „Neuen Frankfurter Schule", und zwar giftet in einer Karikatur von Robert Gernhardt (TITANIC, 1993) eine Frau einen Mann mit den Worten an: „Schon, daß du immer Neger sagst statt Schwarzer, das empfinde ich schlicht als frauenfeindlich!" *2. Spottwort für einen dunkelgebräunten „Sonnenanbeter". 3. landschaftlich, vor allem bayrisch, für einen dummen, unkultivierten Mann. 4. geringschätzig für einen unterbezahlten Arbeitnehmer; für jemanden, der niedrige Arbeiten für andere leisten muß; Lehrling, Rekrut. 5. in Österreich meist scherzhaft-spöttisch für einen Mittellosen, „Abgebrannten", nach der Redensart „neger sein". 6. salopp, oft spottend für einen Ghostwriter, einen unbekannten, verheimlichten Verfasser von Politikerreden, fremden Doktorarbeiten, Fußballer-Biographien oder auch von manchem Erfolgsroman.* Von Alexandre Dumas, dem Älteren, wurde behauptet, er habe zeitweilig über siebzig „Neger" beschäftigt.

Vgl.: Bambusneger (primitiv), Buschneger (Hinterwäldler), Nappneger (einfältig), Negerschickse, → Nigger, → Saftneger, → Topfenneger.

Neider

ein Mensch, der anderen etwas neidet, mißgönnt; gelegentlich wie das stärkere → Neidhammel verwendet. Ein Epigramm von Andreas Tscherning aus dem Jahre 1642:

„Du kannst dir jeden Feind versöhnen
und verbinden,
Nur bei dem Neider wirst du niemals
Gnade finden."

Neidhammel

(vom Futterneid der Hammel gegenüber den Widdern) *ein altes Schimpfwort für ei-*

nen neiderfüllten, mißgünstigen Menschen. Harry Rowohlts Kolumne „Pooh's Corner" in der ZEIT (November 1996) trug den Untertitel „Meinungen eines Neidhammels von hohen Graden".

Vgl.: → Hammel, → -hammel, Neidbold, Neidhals, Neidhund, Neiding, Neidkopf, Neidkötel (selten), Neidling, Neidteufel.

Neidhart

(ein zum Appellativ gewordener männlicher Vorname; schon im 14. Jahrhundert) *Schelte für einen neidischen Menschen; heute nur noch in einigen Mundarten gebräuchlich.*

Neidkopf = Neidhammel

Neidkragen

(dem Wort → Geizkragen nachgebildet) *süddeutsch und österreichisch für 1. einen neidischen, mißgünstigen Menschen. 2. einen Geizhals.*

Neidling = Neidhammel

Neidnickel

bayrisch für einen mißgünstigen Kerl.

Vgl.: → Nickel, → -nickel, → Notnickel.

Neidsack

vor allem süddeutsch derb abwertend für einen → Neidhammel, insbesondere einen Mann.

Vgl.: → Sack, → -sack.

Neinsager

abfällig für jemanden, der grundsätzlich alles ablehnt. Joseph Goebbels sprach des öfteren von berufsmäßigen, gewerbsmäßigen oder ewigen Neinsagern.

Vgl.: → Jasager, → Jeinsager.

Neofaschist

(zu griechisch „neos" = neu, jung) *ein Rechtsradikaler, der eine Wiederbelebung des Faschismus anstrebt; oft als abwertendes politisches Kampfwort.*

Vgl.: → Faschist, → -ist, Neufaschist (selten).

Neonazi

1. den Nachkriegsgenerationen angehörender Anhänger des Nationalsozialismus; junger Nazi. 2. → Neofaschist.

Vgl.: Jungnazi, → Nazi, Neonazist.

Nepper

jemand, der andere durch Wucherei übervorteilt.

Vgl.: Neppbruder.

Nepptomane

(scherzhafte Bildung zu „Kleptomane" und „Nepp") *ein Wirt, der seine Gäste mit Wucherpreisen neppt.*

Vgl.: → -omane.

Nerd

(amerikanisch; im Deutschen ein Mode- oder Szenewort) *miese, reaktionäre Type; Sonderling, Außenseiter.*

„Nero"

(Name eines berüchtigten römischen Kaisers) *bildungssprachlich selten und abfällig für einen despotischen, größenwahnsinnigen Mann.*

Vgl.: → „Brutus", → „Goebbels", → „Hitler", kleiner Nero.

Nervenbinkerl

österreichisch für einen übernervösen Menschen.

Vgl.: → Binkel (Binkerl).

Nervenbündel

hochgradig nervöser, nervlich überlasteter Mensch.

Vgl.: Bündel Nerven (selten).

Nervensäge

ein sehr lästiger Mensch, der einem auf die Nerven geht.

Vgl.: Nervi (jugendsprachlich), → Säge.

Nerverl

(Verkleinerung von „Nerv") *in Österreich und Bayern abschätzig für einen nervösen, zappeligen Menschen.*

nervöses Hemd

ein unruhiger, aufgeregter Kerl.

Vgl.: → Hemd, nervöser Zipfel.

Nervtöter
ein Mensch, der durch sein Verhalten äußerst lästig fällt, einem „den Nerv tötet", z.B. durch Geschwätz oder hektische Betriebsamkeit.
Vgl.: Nerventöter (seltene Variante).

Nestbeschmutzer
abfällig für jemanden, der dem Ansehen der eigenen Familie, Partei o.dergl. schadet, meist dadurch, daß er schlecht über sie spricht; oft für einen Vaterlandsbeschimpfer. In Thomas Murners SCHELMENZUNFT (1512) heißt es: „Der Vogel kann nit sein der best, / Der scheisset in sein eigen nest." Peter Handke wählte in seiner PUBLIKUMSBESCHIMPFUNG die Form: „ihr Beschmutzer des eigenen Nests".

Nesthäkchen
(eigentlich: „kleiner Nesthocker") *scherzhaft, oft neckend für das jüngste und nicht selten verwöhnte Kind einer Familie.*
Vgl.: → -chen (-lein), Nesthökchen (veraltete Form), Nestküken, Nestquack.

Nesthocker
(eigentlich ein Vogeljunges, das verspätet flügge wird) *meist leicht abwertend für 1. ein → Nesthäkchen. 2. ein Kind, das bettlägerig ist oder nicht aufstehen will. 3. eine ledige, „sitzengebliebene" (junge) Frau.*
Vgl.: → Hocker, → -hocker, Nesthöckerl.

Nestküken = Nesthäkchen

Nestscheißerl
eine sogenannte kosende Schelte für das jüngste und von den Eltern verwöhnte Kind.
Vgl.: Nestkack (kack = federlos), Nestkacker, → Scheißerl (Scheißerle, Scheißerchen, Scheißerlein).

Neugieriger
selten für einen neugierigen Menschen.
Vgl.: Neugier (hessisch).

Neuigkeitskrämer
tratschsüchtiger Mensch, der mit Neuigkeiten sozusagen hausieren geht.
Vgl.: → Krämer, → -krämer.

Neuling
oft abschätzig für jemanden, der auf einem bestimmten Gebiet, bei einer bestimmten Tätigkeit noch ohne Erfahrung ist; Anfänger.
Vgl.: → -ling.

Neunmalgescheiter = Neunmalkluger

Neunmalkluger
(hängt vielleicht mit der alten Sitte zusammen, bei manchen Entscheidungen eine Jury von sieben oder neun Schiedsrichtern einzusetzen) *Mensch, der sich zu Unrecht für besonders klug hält; Besserwisser.*
Vgl.: Herr/Frau/Fräulein Neunmalgescheit, Herr/Frau/Fräulein Neunmalklug, Herr/Frau/Fräulein Neunmalschlau, Neungescheiter, Neunmalgescheiter, Neunmalschlauer, → Siebengescheiter, Superkluger.

Neureicher
Emporkömmling; sozialer Aufsteiger, der seinen neuen Reichtum zur Schau stellt und den rechten Stil vermissen läßt.
Vgl.: → Familie Neureich, Herr/Frau/Fräulein Neureich, Neuarmer (Wortspiel: sozialer Absteiger), (die) Neureichs.

Neurotiker
(eigentlich fachsprachlich für jemanden, der an einer Neurose leidet; zu griechisch „neuron" = Nerv) *oft geringschätzig für einen übernervösen, verhaltensgestörten, schwierigen Menschen.*
Vgl.: Neuroserl (Österreich), → Profilneurotiker, → Stadtneurotiker, → Zwangsneurotiker.

Neutöner
eine geringschätzige bildungssprachliche Bezeichnung für einen Vertreter der sogenannten Neuen Musik, insbesondere für einen Komponisten einer „hypermodernen" und von der Allgemeinheit nicht mehr als schön empfundenen Richtung; oft als Kollegenschelte.

Neutrum
(eigentlich: sächliches Geschlecht) *abschätzig für einen Menschen ohne jede erotische Ausstrahlung; selten für jemanden ohne eigene Meinung.*

Nichts
verächtlich für einen unbedeutenden, als minderwertig eingeschätzten Menschen; Versager.
Vgl.: → Garnichts, Nichtser, → Niemand, → Nobody, → Null, Nullkommanichts (selten).

Nichts-
reihenbildend für einige abwertende oder spöttische Bezeichnungen von Personen, die etwas Bestimmtes nicht können oder verweigern; Versager.
Vgl.: Nichtsglauber, Nichtsticker (jugendsprachlich: Begriffsstutziger).

Nichtschwimmer s. geistiger Nichtschwimmer

Nichtskönner
Niete, Stümper; Versager

Nichtsnutz
Taugenichts; ein Mensch, der nur Unsinn treibt; freches oder faules Kind.

Nichtstuer
sehr fauler Mensch, Müßiggänger.

Nichtswisser
ein unwissender, ungebildeter, oft auch dummer Mensch. Schopenhauer wetterte 1820 in seiner Berliner Disputation gegen Hegel: „Da zeigte sich Monsieur Nichtwisser!"

Nickaugust
spöttisch-abschätzig für einen Empfangschef o.ä.; Mann, dessen berufliche Tätigkeit aus Kopfnicken und Verbeugen zu bestehen scheint.
Vgl.: → August, → Grüßaugust, → Kopfnicker, → Nicker.

Nickel
(Kurzform des männlichen Vornamens Nikolaus, auch eine vermummte Schreckgestalt im Brauchtum) *1. eigensinniges, trotziges, schwieriges Kind. 2. boshafter, mutwilliger (kleingewachsener) Mensch, meist ein Mann. 3. liederliches Weib, Prostituierte.*

-nickel
Der „Nickel" tritt in vielen Zusammensetzungen auf und liefert dabei eine Menge sehr alter kräftiger Schimpfnamen für Personen beiderlei Geschlechts mit üblen Charaktereigenschaften. In Österreich heißt es im allgemeinen „-nigel". Marie von Ebner-Eschenbach (1830 – 1916) schrieb: „Fürcht dich, du Bosnickel, du Trotznickel."
Vgl.: → Bosnickel (Bosnigel), Filznickel (geizig), → Giftnickel, Grantnickel (bayrisch: zornig), → Lausnickel, → Neidnickel, → Notnickel, → Pumpernickel, → Rotznickel, → Saufnickel, → Saunickel, Schandnickel, → Schundnickel, Wutnickel, → Zornnickel.

Nicker
abwertend für 1. einen Empfangschef o.ä. 2. jemanden, der zu allem ja sagt; Liebediener.
Vgl.: → Kopfnicker, → Nickaugust, Nickemann, Nickesel (selten), Nickmännchen.

Niemand
(vielleicht aus englisch „nobody") *meist abschätzig für einen völlig unbekannten, unbedeutenden Menschen.* „Er besiegte Lendl und verlor gegen einen Niemand. Boris war im Nebel." (BILD AM SONNTAG, September 1986).
Vgl.: → Garnichts, → Garniemand, Herr Niemand, → Nichts, → Nobody, → Null.

Nieselpriem
ein langweiliger, mürrischer Mensch; mancherorts auch etwas abweichende Bedeutungen.
Vgl.: Mieselpriem (Nebenform).

Niete
(eigentlich ein Los, das nicht gewinnt; aus niederländisch „niet" = nichts) *1. Nichtskönner, Versager, insbesondere im Sport. 2. geringschätzig für jemanden, mit dem nichts anzufangen ist, der nicht mitmacht.*
Vgl.: Mathe-Niete, Sportniete.

Nigger
(aus gleichbedeutend amerikanisch „nigger") *verächtliche Bezeichnung für einen Angehörigen der negriden Rassengruppe, vor allem im Hinblick auf die alte Bedeutung „Negersklave".* 1989 beschimpfte der Kölner

Fußballprofi Paul Steiner seinen farbigen Gegenspieler Souleyman Sane mit: „Scheiß-Nigger, hau ab!"
Vgl.: → Neger.

Nihilist
(zu lateinisch „nihil" = nichts) *bildungssprachlich für einen Menschen, der Normen und Werte grundsätzlich ablehnt.*
Vgl.: → -ist.

Nillenflicker (Nüllenflicker)
(von „Nille" = Penis) *1. derb, selten abschätzig für einen Facharzt für Geschlechtskrankheiten. 2. in der Soldatensprache scherzhaft-spöttisch für einen Sanitäter.*
Vgl.: Büchsenflicker (Frauenarzt).

Nilpferd
abfällig für einen Menschen, der ebenso dick und plump erscheint wie das massige Flußpferd.
Vgl.: → Pferd.

Nimmersatt
ein Vielfraß; unersättlicher Mensch.

Nobody
(aus englisch „nobody" = niemand) *1. eine unbedeutende Person, ein Niemand. 2. eine noch unbekannte, noch unbedeutende Person.* Das Wort findet sich schon bei Goethe und hat es in den letzten Jahren zu erheblicher Popularität gebracht. Das lag offenbar am deutschen Titel des Italo-Western MEIN NAME IST NOBODY (1973). Ein Beleg aus der HÖRZU (Februar 1986): „Arnold Schwarzenegger und Sylvester Stallone haben es geschafft. Aus Nobodys wurden Millionäre ..."
Vgl.: → Garnichts, Mr. Nobody, → Nichts, → Niemand, → Null.

Noch-
reihenbildend für überwiegend ironische Bezeichnungen von Personen, die im Begriff sind, den betreffenden Status, Rang o.ä. zu verlieren.
Vgl.: Nochkanzler, Nochoberligist.

Nocken (Nocke), die
(eigentlich eine beliebte alpenländische Mehlspeise) *in Bayern und Österreich für eine dumme, langweilige, aber trotzdem eingebildete Frau.*
Vgl.: → fade Nocken (fade Nocke).

Nockerl
(Verkleinerung von „Nock" = Kuppe, Hügel; eigentlich ein Suppenklößchen) *bayrisch und österreichisch für ein dümmliches, einfältiges junges Mädchen.*

Nöler
besonders norddeutsch abschätzig für 1. einen sehr langsamen, schwerfälligen Menschen. 2. jemanden, der unangenehm jammert und nörgelt.
Vgl.: → -ler, Nöle, Nölkopp, Nölpott.

Nölliese
besonders norddeutsch für eine saumselige, herumtrödelnde Person; vor allem zu kleinen Mädchen gesagt.
Vgl.: → Liese, → -liese, Nölsuse.

Nölpeter
besonders norddeutsch für einen saumseligen, herumtrödelnden Jungen.
Vgl.: Nölhans, → Peter, → -peter.

Nölsuse = Nölliese

Nonvaleur
(französisch „non-valeur" = nicht-Wert) *bildungssprachlich veraltend für einen unfähigen Menschen, Versager.*

Nordlicht
(eigentlich ein nördliches Polarlicht; als Spottwort wiederbelebt durch Franz Josef Strauß, der 1976 führende norddeutsche CDU-Politiker wegen ihrer schlechten Wahlergebnisse angriff und als „Nordlichter" verhöhnte) *vor allem süddeutsch 1. eine frühere abschätzige Bezeichnung für jene Wissenschaftler und Künstler, die von bayrischen Königen aus dem deutschen Norden und sogar aus Preußen geholt worden waren und deren Aufnahme in Bayern alles andere als herzlich war. 2. als mildes Spottwort für Norddeutsche, norddeutsche Politiker.*

Nörgelfritze
ein Mensch, vor allem ein Mann, der ständig nörgelt, der mit nichts zufrieden ist.
Vgl.: → Fritze, → -fritze, Nörgelhannes, Nörgelpeter, Nörgelsack.

Nörgelliese
abschätzig oder als Tadel für eine nörgelnde weibliche Person, vor allem ein kleines Mädchen.
Vgl.: → Liese, → -liese.

Nörgler
ein griesgrämiger, kleinlicher Tadler.
Vgl.: Berufsnörgler, ewiger Nörgler, → -ler.

Normalo
(mit typisch jugendsprachlicher o-Endung wie bei „Brutalo", „klaro" usw.) *im Jugendjargon meist geringschätzig für einen unauffälligen Durchschnittsmenschen, Normalbürger.*
Vgl.: Nullachtfünfzehn-Normalo, Stinknormalo.

Normalverbraucher s. geistiger Normalverbraucher, s. Otto-Normalverbraucher

Nostalgiker
(aus griechisch „nostos" = Rückkehr und „algos" = Schmerz) *eine bildungssprachliche, meist geringschätzige Bezeichnung für einen Menschen, der sich der Nostalgie überläßt, der eine unbestimmte, verklärende Sehnsucht nach den alten Zeiten hegt.* Auf jene, die dem „realexistierenden Sozialismus" nachtrauern, ist das Wortspiel „Ostalgiker" gemünzt.
Vgl.: DDR-Nostalgiker, Nostalgist (selten).

Notnagel
ein Lückenbüßer; jemand, mit dem man vorlieb nehmen muß, wenn „Not am Mann" ist; auch für einen wenig zufriedenstellenden Ehemann.
Vgl.: Notstopfen.

Notnickel
vor allem süddeutsch für einen armen Schlukker oder einen Geizkragen.
Vgl.: → Neidnickel, → Nickel, → -nickel.

notorischer Lügner
(zu spätlateinisch „notorius" = anzeigend, kundtuend) *ein gewohnheitsmäßiger Lügner; Mensch, der für seine Lügen bekannt, berüchtigt ist.*
Vgl.: → Erzlügner, gerichtsnotorischer Lügner (eher fachsprachlich), → Lügner.

notorischer Säufer
gewohnheitsmäßiger Trinker; ein Trunkenbold, der als solcher bekannt ist.
Vgl.: notorischer Trinker, → Säufer.

Notstopfen = Notnagel

Nudel
(fast immer in Verbindung mit einem Adjektiv) *scherzhaft-spottend für eine (weibliche) Person, die entweder dick, dicklich oder auf unterhaltsame Weise seltsam ist; auch andere Bestimmungen: eine giftige, freche, versoffene, doofe, verrückte Nudel.* Ohne Eigenschaftswort bezeichnet „Nudel" am ehesten ein pummeliges, dralles Mädchen. Nach GRIMMS DEUTSCHEM WÖRTERBUCH wird die Bezeichnung Nudel seit dem 18. Jahrhundert scherzhaft auf Kinder oder Frauen „mit vielem elastisch-weichem Fleisch" übertragen.
Vgl.: → dicke Nudel, gelungene Nudel, kesse Nudel, → komische Nudel, Nudelkopf (einfältig), putzige Nudel, tolle Nudel, → ulkige Nudel.

-nudel
meist spöttisch oder geringschätzig für eine meist weibliche Person, die in näher bestimmter Weise lächerlich oder unangenehm ist. Neu- oder Gelegenheitsbildungen nach diesem Modell sind nicht selten. Ein Beispiel: „Pornonudel Ilona Staller" (WELTWOCHE, 1994).
Vgl.: → Amüsiernudel, → Betriebsnudel, → Dampfnudel, Gefühlsnudel, Gesangsnudel (selten), → Giftnudel, Humornudel, Krawallnudel, Kulturnudel (selten), Provinznudel, Reklamenudel, Schmalznudel (sentimental), → Sexnudel, → Skandalnudel, Temperamentsnudel, → Ulknudel.

Nudeldrücker
(eigentlich ein Küchengerät, mit dem Nudeln hergestellt werden) *besonders bayrisch*

und österreichisch für einen geizigen, pedantischen, kleinlichen Menschen.

Null
(von lateinisch „nullus" = keiner) *unbedeutender oder völlig unfähiger Mensch, Versager: eine glatte, totale, reine, absolute, regelrechte Null.* 1982 urteilte Herbert Wehner über den damaligen Bundestagsvizepräsidenten Wurbs von der FDP: „Der Mann ist eine völlige Null!"
Vgl.: → geistige Null, → Nichts, → Niemand, → Nullerl, Nulli (jugendsprachlich), Nullkommanichts, Nullmännchen, Vollnull (beides jugendsprachlich).

Nullachtfünfzehn- (Nullachtfuffzehn-)
(nach den Jahreszahlen 1908 und 1915, die als 08/15 im Militärjargon das Maschinengewehr des deutschen Heeres bezeichneten; in übertragener Bedeutung das Einerlei der Ausbildung an dieser Waffe) *in entsprechenden Wortverbindungen: langweiliger, mittelmäßiger Mensch.*
Vgl.: Nullachtfünfzehn-Normalo, Nullachtfünfzehn-Typ.

Nullchecker
(zu englisch „to check" = kontrollieren) *jugendsprachlich abfällig für jemanden, der nichts „checkt", der rein gar nichts begreift, kapiert.*
Vgl.: Nullschnaller, Nullspanner.

Nüllenflicker = Nillenflicker (Nüllenflikker)

Nullerl
(eigentlich eine Verkleinerung von Null; geläufig durch das Erfolgsstück 's NULLERL von Karl Morre, 1884, in dem ein solcher Charakter geschildert wird) *österreichisch abschätzig für eine bedeutungslose Person, die gar nicht beachtet wird.*

Nullinger
jugendsprachlich für eine → Null. Er sei „jedenfalls in der Bundesliga noch ein Nullinger" gewesen, als er seine Frau Martina kennengelernt hatte, berichtete der Fußballprofi Stefan Effenberg seinen Fans und dem FOCUS (Januar 1996).
Vgl.: Nulli.

Nulpe
(Weiterbildung von „Null", vielleicht auch herkommend von mitteldeutsch „Nuppel" = Gummisauger, Schnuller) *ein schlapper, unfähiger, unbedeutender Mensch; Dummkopf.* „Narren und Nulpen" überschrieb der SPIEGEL im April 1995 einen Artikel über Generäle.

Nummer
1. ein Mensch, der „nur eine Nummer ist", dessen Persönlichkeit und Schicksal nichts zählen. 2. meist mit einem Adjektiv verbunden spöttisch-abschätzig für eine lächerliche, nicht ernst genommene Person einer bestimmten, näher bezeichneten Eigenart: eine „feine", putzige, „schöne", traurige, üble, wunderliche Nummer.
Vgl.: kleine Nummer, komische Nummer, Lachnummer, ulkige Nummer, verrückte Nummer.

Nuppel
(eigentlich ein Schnuller) *ostmitteldeutsch abschätzig für 1. einen kleinen Menschen, Knirps. 2. ein freches kleines Mädchen.*

Nuschler
(schallnachahmend) *oft abschätzig für einen undeutlich sprechenden, näselnden Menschen.* Der wohl bekannteste Nuschler war der österreichische Volksschauspieler Hans Moser, dessen Nuscheln geradezu sein Markenzeichen geworden ist.
Vgl.: → -ler, Nuschelfritze, Nuschelliese.

Nuß
(meist in Verbindung mit einem Adjektiv) *Schimpfwort für einen dummen oder in anderer Hinsicht wenig tauglichen Menschen: du alberne, blöde, komische, gscherte, elende Nuß.*
Vgl.: → doofe Nuß, → dumme Nuß, harte Nuß (eigensinnig), hohle Nuß, → taube Nuß.

Nußknacker
(eigentlich ein Gerät zum Öffnen von Nüssen, oft als bunt bemalte Holzfigur mit einem grimmig dreinblickenden, zähnefletschenden Gesicht) *auf den Menschen übertragen für einen grämlichen, mürrischen, kauzigen (alten) Mann.*
Vgl.: alter Nußknacker, → Knacker.

Nuttchen (Nüttchen)
abfällig für eine junge → Nutte oder ein flatterhaftes, „nuttiges" junges Mädchen.
Vgl.: → -chen (-lein).

Nutte
(ursprünglich berlinisch; zu „Nut, Nute" = Ritze, Spalt) *1. salopp abwertend für eine Prostituierte. 2. verächtlich für eine liederliche, sittenlose Frau.* In besonders schlechtem Ruf scheinen die billigen, die „Zwanzigmarknutten" zu stehen, wobei die anhaltende Inflation für eine zusätzliche Bedeutungsverschlechterung des Wortes sorgt. In Mecklenburg-Vorpommern gibt es sogar die Schelte „Dremarksdiern", während der SPIEGEL (November 1994) berichtete, daß in Rußland die „Rubelnutten", die es für einen Schluck Wodka machen, heutzutage die große Ausnahme seien.
Vgl.: Abrufnutte (Callgirl), Amateurnutte, Aminutte (veraltet), Autonutte, → Edelnutte, Feudalnutte, → Luxusnutte, politische Nutte (opportunistischer, käuflicher Politiker), Straßennutte, Zwanzigmarknutte.

nützlicher Idiot
ein Mensch, dessen „Idiotie" darin besteht, daß er sich von anderen ausnützen läßt.
Vgl.: → Idiot.

Nutznießer
oft geringschätzig für einen Menschen, der unverdienten Nutzen aus etwas zieht.

Nymphchen
(griechisch „nymphe" = junges Mädchen, Braut) *oft abschätzig für ein raffiniertes, kokettes junges Mädchen, das in seiner vermeintlichen Unschuld erotisch anziehend wirkt.* „... Lolita, das Nymphchen, der Inbegriff der Kindfrau, die sich ihr Verführer unschuldig vorstellt ..." (SPIEGEL, Juni 1977).
Vgl.: → -chen (-lein), → Lolita.

Nymphe
1. bildungssprachlich verhüllend für eine junge Prostituierte, ein leichtes Mädchen. 2. → Nymphchen.
Vgl.: Edelnymphe.

Nymphomanin
(im medizinischen und psychologischen Sprachgebrauch eine an Nymphomanie, d.h. an einem ins Krankhafte gesteigerten Geschlechtstrieb, leidende Frau) *abfällig für eine mannstolle, unzüchtige, treulose Frau.*
Vgl.: → -omane.

O

Maulaff

Ober-
Dieses sehr häufige Wortbildungsmittel zur Steigerung oder emotionalen Verstärkung bezeichnet hier meist einen Superlativ, und zwar für eine Person, die die fraglichen negativen Merkmale in höchstem Maße verkörpert bzw. den höchsten Rang unter all den „Idioten", „Arschlöchern" o.ä. innehat. Wenn also der SPIEGEL Adolf Hitler als „Obernazi" tituliert, so hat man darunter den „obersten" oder schlimmsten aller Nazis zu verstehen. Viele Verbindungen mit „Ober-" drücken nur milden Spott aus, etwa die Bezeichnung „Oberrealo", die immer wieder mal für Spitzenpolitiker der Grünen auftaucht, oder Helmut Kohls „Oberstrippenzieher" an die Adresse des umtriebigen Fraktionsgeschäftsführers der SPD Peter Struck. Eine größere Gruppe dieser Zusammensetzungen zielt auf An- und Wortführer, beispielsweise → Obermacher, → Obermotz oder Udo Lindenbergs „Oberindianer" aus seinem Rocksong „Sonderzug nach Pankow".
Vgl.: Oberabsahner, Ober-Amigo, Oberarschloch, Oberdepp, Oberfilzer (Knastsprache), Oberhäuptling, Oberheuchler, Oberlangweiler, Oberlobbyist, Obermacho, Obermaschores (Angeber), Obermime (Anführer), Obermolli (Boß), Oberolwel (Trottel), Oberrindvieh, Obersäufer (selten), Oberscheich, Oberschieber, Oberschlauer, Obersozi, Oberstreber, Obertrottel.

Oberaffe
despektierlich für einen Höhergestellten, einen Vorarbeiter, Chef o.ä.; auch schülersprachlich für den Schuldirektor.
Vgl.: → Affe.

Oberarsch
Versuch einer Steigerung von → Arsch.
Vgl.: → -arsch, Oberarschloch.

Oberbonze
abwertend für einen hohen Vorgesetzten, leitenden Funktionär, Würdenträger o.ä.
Vgl.: → Bonze.

Oberdoofer
besonders doofer Mensch.
Vgl.: → Doofer.

Oberflächling
oberflächlicher, seichter oder ungenauer Mensch.
Vgl.: → -ling.

Obergauner
Steigerung von → Gauner, oft mit einer gewissen Anerkennung verbunden.
Vgl.: → Erzgauner, Oberammergauner (Wortspiel).

Obergescheiter
spöttisch für einen „ganz Gescheiten", einen vorwitzigen, neunmalklugen Menschen.
Vgl.: → Neunmalgescheiter, Oberschlauer, → Siebengescheiter.

Oberidiot
Steigerung von → Idiot. In Peter Rühmkorfs Anthologie ÜBER DAS VOLKSVERMÖGEN (1967) steht das folgende Elaborat der Schulpoesie:

„Wir sind vom Idiotenclub
Und laden herzlich ein
Bei uns ist jeder gern gesehn
Nur dußlig muß er sein
Bei uns gilt die Parole
Stets doof bis in den Tod
Und wer bei uns der Doofste ist
Ist Oberidiot."

Oberlehrer
(eigentlich der frühere Titel eines Studienrates oder eines älteren, im Amt bewährten Volksschullehrers) *ein kleinlich krittelnder, belehrender, schulmeisterlicher Mensch.* Der ehemalige deutsche Bundeskanzler Hel-

mut Schmidt sah sich gelegentlich dem Vorwurf ausgesetzt, er sei der „Oberlehrer der Nation". Auch der langjährige Fraktionsvorsitzende der SPD Hans-Jochen Vogel wurde immer wieder als „Oberlehrer" verspottet.
Vgl.: Herr Oberlehrer.

Obermacher
salopp, oft abschätzig für einen Anführer, Vorgesetzten, Chef.
Vgl.: → Macher, → -macher.

Obermacker
Steigerung von → Macker; jemand, der das Sagen hat, ein Vorgesetzter o.ä.; auch jugendsprachlich für einen Angeber.
Vgl.: → Hauptmacker, Obermotz, Obermufti (beides jugendsprachlich).

Obermotz = Obermacker

Obermufti = Obermacker

Oberroß
ein sehr törichter Mensch.
Vgl.: → Riesenroß, → Roß.

Oberschwätzer
Steigerung von → Schwätzer.

Oberverdachtschöpfer
gaunersprachliche Scherz- und Spottbezeichnung für einen Oberstaatsanwalt, Staatsanwalt, Untersuchungsrichter o.dergl.

Obskurant
(lateinisch „obscurus" = bedeckt, dunkel; verdächtig) *1. bildungssprachlich veraltend für einen zwielichtigen Menschen, einen Dunkelmann. 2. früher auch für einen Feind von Bildung und Aufklärung.*

Ochse (Ochs)
vor allem in ländlichen Gegenden ein kräftiges Schimpfwort für einen Dummkopf, einen plumpen, sturen, blöden Kerl. Hierzu ein bekannter alter Marterlspruch, der in diversen Lesarten begegnet:

„Hier ruht das junge Öchselein,
Dem alten Ochs sein Söhnelein.
Gott der Herr hat's nicht gewollt,
Daß er ein alter Ochs wer'n sollt."

Der deutsche Bundeskanzler Helmut Kohl soll 1995 gesagt haben: „Ich bin doch der Ochse, der den Karren zieht."
Vgl.: → Aprilochse, Auerochse, blöder Ochse, → Brüllochse, → Brummochse, Büffelochse (selten), → Heuochse, → Hornochse (Hornochs), → Mastochse, Ochse im Porzellanladen (Scherzbildung zu „Elefant im Porzellanladen"), Ochse vorm Tor, → Pfingstochse, Plärrochse, Zuchtochse.

Ochsenkopp (Ochsenkopf)
ein dummer, stumpfsinniger Kerl.
Vgl.: → -kopf (-kopp).

Ochsentreiber
(eigentlich ein Viehtreiber von Ochsen) *1. primitiver, derber Mensch, Rohling. 2. Rekrutenausbilder, Sonderschullehrer o.ä.*
Vgl.: → Sautreiber, → Treiber.

Ofen
jugendsprachlich abschätzig für ein reizloses, unschönes Mädchen; wohl schon veraltet.

Ofenhocker
abschätzig für jemanden, der aus Bequemlichkeit oder anderen Gründen kaum seine Wohnung verläßt und am liebsten, bildlich gesprochen oder tatsächlich, am warmen Ofen hockt.
Vgl.: → Hocker, → -hocker, → Stubenhocker.

Offiziersmatratze
ein veraltetes vulgäres Schimpfwort aus dem Wortschatz der Soldaten für eine Frau, die sich (in anstößiger Weise) mit Offizieren einläßt; eine bessere Soldatenhure.
Vgl.: → Armeematratze, → Matratze, Offiziersfose (selten), Offizierspritsche, Offiziersschlitten.

Ohnemichel
(Scherzbildung zu „ohne mich" und „Michel", dem Sinnbild des biederen und mehr oder minder einfältigen Deutschen) *abschätzig für jemanden, der den „Ohne-mich-Standpunkt" einnimmt, d.h. jegliche soziale Mitverantwortung und politisches Engagement verweigert.*
Vgl.: → deutscher Michel, Herr Ohnemichel, → Michel, → -michel, Ohnemichler (seltene Variante).

Ohrenbläser
ein veraltendes, bildkräftiges Schimpfwort für einen Verleumder, Zuträger, Schmeichler. Ein Sprichwort behauptet: „Schmeichler und Ohrenbläser beißen den, der sie füttert."

Ohrenkriecher = Ohrwurm

Ohrfeigengesicht = Backpfeifengesicht (Ohrfeigengesicht)

Ohrwurm
(eigentlich ein kleines Insekt, von dem man früher annahm, es krieche in die Ohren) *veraltend für einen Schmeichler, Liebediener.*
Vgl.: Ohrenkriecher, → Wurm.

Oimel = Eumel

Okkultist
(lateinisch „occultus" = verborgen, versteckt) *bildungssprachlich für einen Anhänger des Okkultismus; auch allgemein abwertend für einen Abergläubischen oder einen eifrigen (betrügerischen) Anwalt des Übersinnlichen.*
Vgl.: → -ist.

Okkupant
(lateinisch „occupare" = einnehmen, besetzen) *jemand, der als Angehöriger einer Okkupationsmacht fremdes Staatsgebiet besetzt, besetzt hält.*

Öko
jugendsprachliches Kurzwort für einen Anhänger der Ökologiebewegung; abwertend nur, wenn der Vorwurf des Weltfremden oder Sektiererischen anklingt.
Vgl.: Öko-.

Ökofreak
ein eifriger oder übereifriger Verfechter der Ökologiebewegung.
Vgl.: → Freak, → -freak, Ökofritze, Ökofuzzi, Öko-Rigorist.

Ökopaxler
(zu „Ökologie" und lateinisch „pax" = Frieden) *durch die Pejorativendung -ler eine eher geringschätzige oder Spottbezeichnung für Ökopaxe, das sind Menschen, die für Frieden und den Schutz der Umwelt eintreten.*
Vgl.: → -ler.

Oldie
(oft Mehrzahl; aus dem Englischen übernommen; eigentlich ein alter, noch immer beliebter Schlager) *vor allem im Sprachgebrauch der Jugendlichen gutmütiger Spott für einen Angehörigen der älteren oder der alten Generation; mittlerweile auch als Selbstbezeichnung der Alten.*

Oldtimer
(englisch „old-timer" = Altgedienter, Veteran) *ähnlich verwendet wie → Oldie, als Schelte aber noch harmloser und meist für einen Mann gebraucht.*

Ölgötze
(vielleicht gekürzt aus „Ölberggötze", der volkstümlichen Bezeichnung für die oft als Holzfiguren dargestellten schlafenden Jünger auf dem Ölberg nach der Schilderung im Matthäusevangelium; erstmals 1520 von Luther gebraucht) *emotional abwertend für einen starr, teilnahmslos dastehenden Menschen.*
Vgl.: → Götze, Ölberger (schläfrig).

Oligarch
(griechisch „oligos" = wenig, „archein" = herrschen) *seltene bildungssprachliche Bezeichnung für einen Angehörigen einer herrschenden Clique.*

Olle
(mundartlich für „Alte") *hauptsächlich norddeutsch salopp bis abfällig für die Mutter, Freundin, Verlobte und vor allem Ehefrau, auch wenn sie nicht alt sind; oft jugendsprachlich.*
Vgl.: → Alte.

olle Quäke (alte Quäke)
(lautmalend) *ein wehleidig jammernder Mensch.*
Vgl.: Quäke.

Oller

männliche Form von → Olle.

Vgl.: → Alter.

Ölscheich

meist abwertend für einen Scheich, der durch den Ausverkauf der Ölvorkommen seines Landes zu großem Reichtum gelangt ist.

Vgl.: Ölbaron, → Scheich.

Olwel, der

(Herkunft unklar, vielleicht von mittelhochdeutsch „alwaere" = albern) *ein vorwiegend hessisches Schimpfwort für eine alberne, tolpatschige, unhöfliche Person.*

Vgl.: Oberolwel, Olweline (seltene weibliche Form).

Oma

oft scherzhaft oder abschätzig für eine alte oder ältliche Frau; jugendsprachlich oft auch für eine noch junge Erwachsene.

Vgl.: Omi, Omma, → Opa.

-omane

(weibliche Form: -omanin) *meist leicht abwertend für eine Person, die eine übersteigerte Vorliebe für etwas hegt, darauf ganz versessen ist.* Gelegenheitsbildungen auf „-omane" sind nicht selten, beispielsweise „norddeutscher Kryptomane" für den Schriftsteller Arno Schmidt (FRANKFURTER ALLGEMEINE ZEITUNG, Februar 1995), oder Kurt Hillers „Marxomane" für einen engstirnigen Fanatiker des Marxismus.

Vgl.: Anglomane, → Ballettomane, → Bibliomane, → Egomane, → Erotomane, Filmomane, → Frankomane, → Gallomane, Gigantomane, Gräkomane (Liebhaber alles Griechischen), Ikonomane (Bildernarr), → Kleptomane, → Melomane, → Monomane, Musikomane, → Nepptomane, → Nymphomanin, Pornomane.

Onanist

(nach der Gestalt Onan aus dem Alten Testament) *mitunter abschätzig für jemanden, der (häufig) onaniert, sich selbst befriedigt; selten in übertragenem, nichtsexuellem Sinn verwendet.*

Vgl.: → -ist.

Onkel

leicht abwertend oder spottend für einen (unbekannten) Mann, insbesondere für einen komischen oder trotteligen.

Vgl.: → böser Onkel, → „guter Onkel", komischer Onkel, warmer Onkel (homosexuell).

-onkel

Wortverbindungen mit mehr oder weniger abfälliger Bedeutung für Männer. So ist der populäre Fußballheld Rudi Völler ein „Gute-Laune-Onkel" (SÜDDEUTSCHE ZEITUNG), und für den SPIEGEL (März 1995) ist der TV-Entertainer Harald Schmidt ein „quotengeiler Massenonkel".

Vgl.: Anstandsonkel, Grüßonkeel, → Märchenonkel, → Provinzonkel, Reiseonkel.

Opa

manchmal scherzhaft, oft salopp abwertend für einen älteren oder alten Mann; jugendsprachlich auch für einen Mann in mittleren Jahren. Die großen Unterschiede in der Verwendung der Wörter Oma und Opa beleuchtet ein Dialog aus dem Bundestag von 1979: Der Abgeordnete Becker von der CDU/CSU-Fraktion: „In der allgemeinen Deklassierung des Alters zeigt der Sprachgebrauch der Worte Opa und Oma, wohin wir mit der Achtung und dem Respekt vor dem Alter gekommen sind." Antwort von Frau Eilers von der SPD: „Das sind doch keine Schimpfwörter, sondern diese Wörter drücken Liebe und Zuneigung aus!"

Vgl.: → Apo-Opa, → Oma, Opi, Oppa.

Operetten-

Bestandteil seltener Wortverbindungen, die in bezug auf deren Amt und Funktion solche Personen bezeichnen, die mehr Schein als Sein verkörpern, die bei aller oft „operettenhaft" prunkvollen Aufmachung doch belanglos oder gar lächerlich bleiben.

Vgl.: Operettenfürst, Operettenkönig.

Opportunist

(aus gleichbedeutend französisch „opportuniste") *bildungssprachlich abfällig für jemanden, der stets auf seinen Vorteil bedacht ist und sich bedenkenlos anpaßt.* Bei Wilhelm Busch ist das ein „Jenachdemer". Vor

allem im politischen Schlagabtausch hat das Wort einen festen Platz. So schrieb Rudolf Augstein 1994 im SPIEGEL, der niedersächsische Ministerpräsident Gerhard Schröder sei der „Chef-Opportunist" der SPD, und 1986 hörte man im Deutschen Bundestag: „Sie sind weder Fundi noch Realo, Sie sind Opportuno, Herr Kollege!" (Breuer von der CDU/CSU zu Müller von den Grünen).
Vgl.: → -ist, Linksopportunist (selten).

Oppositionsgeist = Widerspruchsgeist

Optimist
(zu lateinisch „optimum" = das Beste) *jemand, der nicht nur zuversichtlich und lebensbejahend ist, sondern leichtfertig Schwierigkeiten und Gefahren unterschätzt.* Für Gustave Flaubert war Optimist „ein anderes Wort für Dummkopf".
Vgl.: → -ist, Optimistfink (Wortspiel: Schönfärber), → Pessimist, → unverbesserlicher Optimist, → Zweckoptimist.

Orgiast
(griechisch „orgiastes" = der Orgien Feiernde) *ein zügelloser Schwärmer.*

Original
(zu lateinisch „originalis" = ursprünglich) *oft geringschätzig für einen eigentümlichen, verschrobenen, aber originellen und manchmal sogar liebenswerten Menschen.*

Ossi
(gebildet nach „Ost" und der Koseform Ossi für Vornamen wie Oskar oder Oswald; ungebräuchliche weibliche Verwendung: die Ossi) *oft leicht spöttisch für einen Ostdeutschen, einen Bewohner der ehemaligen DDR.* Das Wort fand gleich nach der deutschen Wiedervereinigung eine enorme Verbreitung und wird auch für viele Zusammensetzungen hergenommen, z.B. die Gelegenheitsbildung „Nischen-Ossi" (die Medien über Kanzler Kohls Präsidentschaftskandidaten von 1993 Steffen Heitmann) oder das ironische „Hochglanzossi" (ZEIT, Juni 1994) für den glatten PDS-Promi Gregor Gysi.
Vgl.: Alibi-Ossi, Erzossi (selten), → Jammerossi, Scheißossi, → Wessi, Zoni (jugendsprachlich, veraltet).

Ostagent
veraltend für einen Agenten eines sozialistischen oder osteuropäischen Landes.
Vgl.: → Agent, Ostspion (selten).

Osterhase
spöttisch-abschätzig für einen einfältigen, komischen, kindischen Menschen.
Vgl.: → Hase.

Ostler
oft geringschätzig für jemanden, der in Ostdeutschland lebt oder von dort stammt; seltener für einen Menschen aus einem anderen Land des früheren Ostblocks.
Vgl.: → -ler, → Westler.

Otternbrut
(eigentlich die Jungtiere von Vipern) *üble Gesellschaft, Gesindel.* Aus Schillers Drama DIE RÄUBER kennt man: „Ihr Schelmen – giftige Otternbrut, die im Finstern schleicht und im Verborgnen sticht."
Vgl.: → Brut, → -brut, → Natternbrut, → Otterngezücht, → Schlangenbrut.

Otterngezücht = Natterngezücht

Otto Normalverbraucher
(Name der von Gert Fröbe dargestellten Hauptfigur des Spielfilms BERLINER BALLADE aus dem Jahre 1948) *oft leicht abwertend für einen Normalbürger, Durchschnittskonsumenten ohne besondere Ansprüche.* Einen abfälligen Beiklang erhält der Ausdruck als männliches Gegenstück zum → Lieschen Müller im Sinne des Kleinkarierten, Unbedarften und freilich dadurch, daß kaum jemand sich gern zum Durchschnitt zählt.
Vgl.: → geistiger Normalverbraucher, Gottlieb Schulze, Otto Normalverbrecher (Wortspiel).

Outcast
(ursprünglich das englische Wort für einen Inder außerhalb des Kastensystems, einen → Paria) *bildungssprachlich für jemanden, der von der Gesellschaft nicht akzeptiert bzw. ausgestoßen ist.*

Outlaw
(englisch „out" = außerhalb, „law" = Gesetz) *1. veraltet für einen Verfemten, von der Gesellschaft Geächteten. 2. jemand, der sich nicht an die bestehende Rechtsordnung hält, ein Verbrecher.* „Seit zehn Jahren ist die Hafenstraße Symbol für Staats-Ohnmacht. In den neun Häusern leben Outlaws, die Autos aufbrechen, mit Drogen handeln, Molotow-Cocktails werfen." (BUNTE, 1991).

Outsider
(englisch; ursprünglich das auf der ungünstigen Außenseite laufende Rennpferd) *bildungssprachlich für einen Außenseiter, außerhalb Stehenden.*
Vgl.: → Außenseiter.

P

O..sch-Gsicht

Pachulke
(tschechisch „pacholek“ = Bursche, Knecht) *landschaftlich, vor allem ostdeutsch, für einen vierschrötigen, ungehobelten Burschen, Tölpel.* Heinrich Mann schrieb über Adolf Hitler: „Pachulke als Führer kann neben seinem Bett unmöglich andere Bücher haben als die von Karl May.“

Pack
(ursprünglich das beim Heerestroß mitgeführte Gepäck, dann die Troßmannschaft selbst als minderwertig gegenüber der kämpfenden Truppe) *Gesindel, Bande, Pöbel: ein gemeines, schmutziges, freches, elendes, verkommenes, unverschämtes, miserables, rohes Pack.* Vom Sprichwort wissen wir: „Pack schlägt sich, Pack verträgt sich.“
Vgl.: → Bagage, „besseres Pack“ (ironisch: Neureiche), Packvolk (norddeutsch).

-pack
Solche Zusammensetzungen gehen meistens von einem groben Schimpfwort aus, können aber auch neutrale Bezeichnungen abwerten, z.B. bei „Politikerpack“ oder „Westpack“, einer ostdeutschen Schelte für unliebsame Leute aus oder in den alten Bundesländern.
Vgl.: → Bettelpack, Bettlerpack, Bonzenpack, Bullenpack, Bürgerpack, → Diebespack, Gofenpack (freche Kinderschar), → Hackepack, → Hudelpack, Hundepack, Hurenpack, → Lausepack, Lügenpack, → Lumpenpack, → Rattenpack, Saupack, Schieberpack, → Schweinepack, → Verbrecherpack, Zigeunerpack.

Packesel
vom Lastesel auf den Menschen übertragen für einen allzu Gutmütigen, der sich viel aufbürden läßt und daher manch einem dumm wie ein Esel erscheint.
Vgl.: → Esel.

Päderast
(zu griechisch „pais“ = Kind, Knabe; „erastes“ = Liebender) *ein Mann mit homosexuellen Beziehungen zu männlichen Jugendlichen; Knabenschänder.*

Paffer
(lautmalend) *ein Raucher, insbesondere einer, der viel oder gierig raucht und dabei Qualmwolken produziert.*

Paktierer
(lateinisch „pactum“ = Vertrag, Vereinbarung) *meist abwertend für einen Menschen, der einen Pakt schließt, der gemeinsame Sache mit jemandem macht.*

Paladin
(zu lateinisch „palatium“ = Kaiserhof; ursprünglich einer der zwölf heldenhaften Ritter im persönlichen Gefolge Karls des Großen) *bildungssprachlich für einen ergebenen Anhänger, Gefolgsmann; oft leicht abwertend.* Der CDU/CSU-Fraktionschef Wolfgang Schäuble sei „des Kanzlers Paladin“, so der SPIEGEL (März 1994).

Pallawatsch (Ballawatsch)
(vielleicht zu italienisch „balordaggine“ = Tölpelei) *in Österreich für einen Versager, Tölpel.*

Palmesel
(eigentlich die reich geschmückte, aus Holz geschnitzte und mit Rädern versehene Figur des auf einer Eselin reitenden Christus, die früher bei Prozessionen am Palmsonntag mitgeführt wurde) *in Süddeutschland und Österreich 1. jemand, der herausgeputzt ist „wie ein Palmesel“. 2. spöttisch für diejenige Person, die (in der Familie) am Palmsonntag als letzte aufsteht. 3. ein Tölpel.*
Vgl.: → Esel.

Pampel, der
(von „pampeln" = baumeln, schlottern) *landschaftlich für einen unbeholfenen, ungeschickten Kerl; auch eine nachlässige, unentschlossene Person.*
Vgl.: → Hahnebampel (Hahnepampel), Hampelpampel, Hauspampel, Miesepampel, Pampelarsch, → Piesepampel.

Pamperletsch = Bamperletsch (Pamperletsch)

Pamphletist
(wohl entstellt aus dem Titelwort des mittellateinischen Romans PAMPHILUS SEU DE AMORE) *bildungssprachlich abwertend für einen Verfasser von Pamphleten, von Streit- oder Schmähschriften.* Der französische Dichter Céline sei im Laufe seines Lebens „zum antisemitischen Pamphletisten pervertiert", schrieb der deutsche Schriftsteller Peter Hamm.
Vgl.: → -ist.

Panikmacher
jemand, der Panikmache betreibt, der durch seine übersteigerte Angst verbunden mit aufgebauschter Darstellung einer Bedrohung eine panikartige Stimmung und große Unruhe hervorruft.
Vgl.: →-macher.

Panscher
abfällig für jemanden, der heimlich Getränke verfälscht, verwässert. Gepanscht werden allerdings auch Benzin, Parfüms und viele andere Flüssigkeiten.
Vgl.: → Bierpanscher, → Milchpanscher, Mörtelpanscher (fränkisch: Maurer), Pantscher (Nebenform), Schnapspanscher, → Weinpanscher.

Pantoffelheld
ein Ehemann, der sich allzu offensichtlich von seiner Frau beherrschen läßt, der daheim nichts zu melden hat; oft als bissiger Spott. Neben der Vorstellung vom Pantoffel als Waffe einer den Mann prügelnden Frau mag bei der Entstehung des Wortes eine erotische Bedeutung eingewirkt haben: der Pantoffel als Symbol oder verhüllende Bezeichnung des weiblichen Geschlechtsorgans.
Vgl.: → „Held", → -held, Pantoffelritter.

Pantscher = Panscher

Panze, die (der)
(eigentlich der Bauch, verwandt mit dem Wort Pansen; oft in der Mehrzahl verwendet) *landschaftlich für ein kleines, insbesondere ungezogenes, lärmendes Kind.*
Vgl.: → Bams.

Papagallo
(aus gleichbedeutend italienisch „papagallo"; eigentlich = Papagei) *ein (junger) einheimischer Mann aus den Mittelmeerländern, vor allem Italien, der Touristinnen in oft aufdringlicher Weise nachstellt; selten allgemein für einen Schürzenjäger.*

Papagei
jemand, der wie ein Papagei gedankenlos nachspricht, nachplappert; gelegentlich auch für eine bunt und geschmacklos herausgeputzte Frau.
Vgl.: Papageier, Schlagwortpapagei (selten).

Paparazzo
(italienisch; nach dem Beinamen des Fotografen in Federico Fellinis Film LA DOLCE VITA; meist im Plural gebraucht: Paparazzi) *ein (aufdringlicher) Pressefotograf, Skandalreporter.*

Papelard
(aus gleichbedeutend französisch „papelard") *bildungssprachlich veraltet für einen Heuchler, Scheinheiligen.*

Papierschweizer
abfällig für einen in der Schweiz eingebürgerten Ausländer, der aber nicht anerkannt ist und nur auf dem Papier als Schweizer gilt.

Papiertiger
(Lehnübersetzung aus dem Chinesischen, bekannt geworden durch Mao Tse-Tungs Äußerung von 1946: „Alle Reaktionäre sind Papiertiger. Dem Ansehen nach sind sie furchterregend, aber in Wirklichkeit sind sie nicht gar so mächtig.") *jemand, der sich gefährlich gibt, es aber nicht wirklich ist.* Nach der Verbreitung der MAO-BIBEL von

1968 ist das Schlagwort in der Publizistik gang und gäbe geworden.
Vgl.: Papierdrache, → -tiger, → zahnloser Tiger.

Papist
(zu lateinisch „papa“ = Papst) *abwertend für einen Anhänger des Papsttums und eines starren Katholizismus.*
Vgl.: → -ist.

Pappagallo = Papagallo

Pappchinese
(angeblich von einer Zielscheibe mit Chinesenkopf aus der Zeit nach dem Boxeraufstand in China, analog zu → Pappkamerad) *Schimpfwort für einen untauglichen Menschen, Tölpel.*
Vgl.: → Kineser (Chineser).

Pappkamerad
(eigentlich eine Pappfigur für Schießübungen) *einflußlose, unbedeutende Person.* Dazu ein Wortwechsel aus dem Deutschen Bundestag vom Jahre 1970:

> Rainer Barzel (CDU): „Ich habe nicht die Absicht, einen Pappkameraden hier aufzubauen, wie Sie das nannten.“
> Herbert Wehner (SPD): „Sie sind ja selber einer!“
> Vizepräsident Schmitt-Vockenhausen: „Herr Abeordneter Wehner, Sie haben den Abgeordneten Barzel eben als Pappkameraden bezeichnet?“
> Wehner: „Lesen Sie das bitte im Protokoll nach, Herr Präsident!“
> Barzel: „Bleiben wir also bei den Pappkameraden.“
> Wehner: „Schleimer wäre richtiger!“

Pappnase
(eigentlich eine Nase aus Pappe zur Kostümierung) *harmloser Narr, Trottel; Mensch, den niemand ernst nimmt.*

Pappsack
vor allem süddeutsch für einen schmutzigen, schmierigen, zudringlichen Mann; in manchen Mundarten auch Eigenschaften wie feist, weichlich oder charakterlos.
Vgl.: → Sack, → -sack.

Pappsäckel
(eigentlich Verkleinerung von → Pappsack) *südwestdeutsch und schweizerisch für einen einfältigen, energielosen Burschen.*
Vgl.: → Säckel.

-papst
(seltene weibliche Form: -päpstin) *meist spöttisch oder ironisch für jemanden, der auf einem bestimmten Gebiet, das im ersten Teil der Wortverbindung genannt wird, tonangebend ist, als unumschränkte Autorität gilt.* Bekannt ist der „Literaturpapst“ Marcel Reich-Ranicki.
Vgl.: → Kritikerpapst, → Kulturpapst, Kunstpapst, → Literaturpapst, Musikpapst.

Paradiesvogel
(eigentlich ein farbenprächtiger Singvogel, der vor allem in Neuguinea heimisch ist) *exzentrischer Mensch, besonders einer, der durch Kleidung und Aufmachung hervorsticht.*
Vgl.: bunter Vogel, Paradiesvögelchen, → Vogel, → -vogel.

Paragraphenhengst
1. salopp abwertend für einen Juristen, Rechtsgelehrten. 2. ein Paragraphenreiter.
Vgl.: → Hengst, → -hengst.

Paragraphenreiter
jemand, der sich an Vorschriften klammert, der Weisungen und Gesetze kleinlich und pedantisch auslegt. Er reitet gewissermaßen auf den Paragraphen herum.
Vgl.: Paragraphenfuchser, Paragraphenmensch, Paragraphenschinder, Paragraphenschuster.

Paragraphenschuster = Paragraphenreiter

Paranoiker
(zu griechisch „paranoia“ = Torheit, Wahnsinn) *ein Geistesgestörter, der an Wahnvorstellungen leidet; auch verallgemeinernd für einen Menschen mit wahnhaften Wesenszügen.*

Parasit
(griechisch „parasitos“ = Tischgenosse; Schmarotzer) *abfällig für jemanden, der auf Kosten anderer lebt, der andere ausnutzt.*

Der Fernsehplauderer Thomas Gottschalk, der den Sender RTL verließ und zur Konkurrenz ging, sei „ein Parasit, der das Wirtstier wechselt", stellte der RTL-Chef Helmut Thoma im März 1995 fest.
Vgl.: Barrasit (Wortspiel: Militarist).

Paria
(eigentlich ein Inder, der gar keiner oder der niedrigsten Kaste angehört) *bildungssprachlich für einen aus der menschlichen Gesellschaft Ausgestoßenen, Entrechteten.*
Vgl.: → Outcast.

Parksünder
ein motorisierter Verkehrsteilnehmer, dessen „Sünde" darin besteht, daß er das Parkverbot mißachtet.
Vgl.: → Sünder, → -sünder, → Verkehrssünder.

Parleur
(zu französisch „parler" = sprechen) *bildungssprachlich veraltet für einen Schwätzer.*

Parteibonze
verächtlich für einen hohen Parteifunktionär.
Vgl.: → Bonze, → -bonze.

Parteifeind
im kommunistischen Sprachgebrauch ein abtrünniges Mitglied einer marxistisch-leninistischen Partei, das zum politischen Gegner oder vermeintlichen Gegner dieser Partei geworden ist.
Vgl.: → -feind.

Parteigänger
oft geringschätzig für einen loyalen Anhänger einer (gegnerischen) Partei, politischen Richtung oder Persönlichkeit.

Parteisoldat
leicht abwertend, auch ironisch für einen langjährigen, ergebenen Diener einer Partei. „Früh übt sich, wer Parteisoldat der Union werden will." So mokierte sich die FRANKFURTER RUNDSCHAU (November 1994) über die kreuzbrave „Junge Union".

Partikularist
(zu lateinisch „particula" = Teilchen) *bildungssprachliche Vokabel der politischen Diskussion und Polemik für bzw. gegen jemanden, der Anliegen staatlicher Teilgebiete verficht, die Interessen der Allgemeinheit zuwiderlaufen.* Oft geht es dabei um Autonomiebestrebungen.
Vgl.: → -ist.

Partitenmacher
(zu lateinisch „partitus" = geteilt) *veraltet für einen listigen Betrüger, Schelm.*
Vgl.: → -macher.

Partygirl (Partymädchen)
1. Tarnbezeichnung für ein Callgirl. 2. ein (leichtfertiges, oberflächliches) Mädchen, das sich oft auf Partys vergnügt.

Partylöwe
(nach dem älteren Wort → Salonlöwe gebildet; weibliche Form: Partylöwin) *scherzhaft-ironisch bis abfällig für einen Mann, der bei seinen zahlreichen Partybesuchen allzu offensichtlich darum bemüht ist, im Mittelpunkt zu stehen und auf Frauen Eindruck zu machen.*
Vgl.: → Gesellschaftslöwe, → -löwe, Partyhengst, Partytiger (selten).

Parvenü (Parvenue)
(zu französisch „parvenir" = an-, emporkommen) *Emporkömmling, Neureicher mit Halbbildung und schlechten Manieren.* „Der Parvenü aus Altona" (SPIEGEL, Juni 1995, über den Verleger Axel Springer). Zu Kanzler Kohl brachte die KONKRET (August 1996) den Superlativ: „der unbestritten dickste europäische Staatsparvenue".

Pascha
(eigentlich ein früherer Titel hoher orientalischer Offiziere und Beamter) *anmaßender Mann, der Frauen für untergeordnet hält und sich deshalb von ihnen bedienen und verwöhnen läßt.* Die Frauenzeitschrift EMMA kürt regelmäßig einen „Pascha des Monats".
Vgl.: Hauspascha, Pascha mit sieben Roßschweifen (veraltet).

Pascher
(gaunersprachlich, zu „paschen" = mit gestohlener Ware handeln) *Schmuggler.*

Paslack
(wohl aus dem Polnischen) *nordostdeutsch und im Ruhrgebiet abfällig für 1. jemanden, der für andere schuften muß. 2. einen Flegel, Proleten oder Ausländer.*

Pasquillant
(vom gleichbedeutenden italienischen Wort „pasquillo", nach dem Namen einer Skulptur in Rom, an der früher Schmähschriften angebracht wurden) *bildungssprachlich veraltend für einen Verfasser oder Verbreiter eines Pasquills, einer meist anonymen Spott-, Schmähschrift.*

Passagier s. blinder Passagier

Passivist
eine seltene geringschätzige Bezeichnung für eine passive, untätige, duldende Person.
Vgl.: → -ist.

Patentekel
Steigerung von → Ekel für einen besonders widerlichen Menschen.

Patentfatzke
Steigerung von → Fatzke; arroganter Mann, Geck.

Pathetiker
(zu griechisch „pathos" = Leiden, Leidenschaft) *bildungssprachlich für einen Menschen, der pathetisch auftritt, der sich affektiert, übertrieben gefühlvoll oder feierlich gebärdet.*

Patriarch
(zu griechisch „pater" = Vater, „archein" = herrschen; eigentlich einer der biblischen Erzväter Abraham, Isaak und Jakob) *oft abwertend für einen (alten) Mann in einer Familie oder einem Familienverband, der autoritär über die anderen bestimmt.* Patriarch ist ein beliebtes Kampfwort des Feminismus.

Patron
(aus lateinisch „patronus" = Schutzherr) *abfällig für Bursche, Kerl, Schuft; fast immer verbunden mit einem Eigenschaftswort zur näheren Bestimmung: ein frecher, widerlicher, windiger, undankbarer, gemeiner, sonderbarer, unzuverlässiger Patron.*
Vgl.: langweiliger Patron, → „sauberer Patron", Saufpatron, → schlauer Patron, → übler Patron, → unverschämter Patron, windiger Patron.

Patsch
(verkürzt aus → Tolpatsch) *in Bayern und Österreich ein ungeschickter, aber gutmütiger Mensch; Tölpel, Tolpatsch.*

Patschachter
(Herkunft unklar) *bayrisch und österreichisch für einen unbeholfenen, etwas tolpatschigen Menschen.*

Patsche
(schallnachahmend) *süddeutsch für eine Klatschbase; böswillig schwatzhafte (weibliche) Person, Verleumderin.*
Vgl.: → Batschel, → Batschmaul, Patscher, Patschweib.

Patscherl
(Verkleinerung von → Patsch) *österreichisch und süddeutsch für ein ungeschicktes, unbeholfenes Kind.*

Patzer
1. Pfuscher, Stümper; jemand, dem viele Fehler unterlaufen. 2. in Österreich und Bayern auch jemand, der Kleckse und Flecken macht.

Pauker
(verkürzt aus → Arschpauker bzw. → Hosenpauker; eigentlich jemand, der die Pauke schlägt, in übertragener Bedeutung den Hintern des unfolgsamen Schülers) *1. ein (schlechter) Lehrer. 2. seltener für einen angestrengt lernenden, paukenden Schüler.*
Vgl.: → Einpauker, Lateinpauker, Mathepauker (beides kaum abwertend), → Moralpauker, Prügelpauker, Steißpauker.

Pausback, der
ein Mensch mit Pausbacken, mit dicken (roten) Backen, besonders ein kleines Kind.

Pausenclown
(eigentlich ein Zirkusclown, der die Pausen zwischen anderen Darbietungen zu überbrücken hat) *Lückenbüßer (bei öffentlichen Auftritten), der unbedeutend und lächerlich wirkt.* „Journalisten sind die Pausenclowns der Werbung", bemerkte der Kabarettist Dieter Hildebrandt 1994, und der Travestiekünstler Georg Preusse, alias Mary, beteuerte gegenüber der WELTWOCHE (März 1994): „Als Pausenclown hätte ich mich nicht einsetzen lassen!"
Vgl.: → Clown.

Pavian
(eigentlich ein großer, meerkatzenartiger Affe mit langer Schnauze; zufällige Übereinstimmung mit der häufigen Schimpfwort-Endung „-ian") *ein eingebildeter, dummer Mensch.*
Vgl.: → -ian (-jan), Riesenpavian (Steigerung).

Pazifist
(zu lateinisch „pax" = Frieden) *ein Anhänger des Pazifismus, unbedingter Friedensfreund.* Die Bezeichnung findet sich in einigen Schimpfwörterbüchern. Dafür gibt es sogar gute Gründe. Vor allem während der Zeit des Nationalsozialismus, aber auch schon vorher, war das Wort eine geläufige politische Schelte mit verächtlichem Sinn. Im heutigen Sprachgebrauch ist „Pazifist" nur dann abwertend, wenn es wie „Friedensapostel" oder „Friedensschwärmer" verwendet wird.
Vgl.: → -ist.

Pecharsch
1. derber Handwerkerspott für den Schuster, der ja früher mit Schusterpech gearbeitet hat. 2. in Österreich auch ein Schimpfname für einen Hocker, einen, der einfach nicht gehen will, als ob man ihn mit Pech auf den Stuhl festgeklebt hätte.
Vgl.: → Arsch, → -arsch.

Pechhengst
Berufsschelte für den Schuster. Bezeichnungen wie „Pechbaron", „Pechhans" oder „Dr. der Pechologie" sind veraltet bzw. selten.
Vgl.: → Hengst, → -hengst.

Pechmarie
(nach der Märchenfigur gleichen Namens) *Mädchen, das kein Glück hat, weiblicher → Pechvogel.*

Pechvogel
(ursprünglich ein Vogel, der an der Leim- oder Pechrute des Vogelstellers hängenblieb) *ein Unglücksmensch; jemand, der vom Pech verfolgt ist, dem nichts gelingt und der dadurch auch anderen Unglück zu bringen droht.*
Vgl.: → Glücksvogel, Pechrabe (selten), → Vogel, → -vogel.

Pedant
(italienisch „pedante", eigentlich = Lehrer, Schulmeister) *übertrieben genauer Mensch, Kleinigkeits-, Umstandskrämer: ein alter, elender, schrecklicher Pedant.*
Vgl.: Erzpedant, Schulpedant, Tugendpedant.

Peias = Baias (Peias)

Peitsche
(Herkunft unsicher, vielleicht von der früher üblichen Bestrafung durch Auspeitschen) *besonders süddeutsch für ein liederliches Weib, gerissenes Mädchen.*
Vgl.: Gassenpeitsche (oberhessisch: Herumtreiberin), Peitscherlbub (österreichisch: Zuhälter; Strichjunge).

Pennäler
(zu lateinisch „penna" = Feder; im 17. Jahrhundert ein Schimpfwort für Studenten) *veraltend, oft geringschätzig für Gymnasiast, Schüler (einer höheren Schule).*

Pennbruder
(gaunersprachlich „Penne" = schlechte Herberge, behelfsmäßiges Nachtquartier) *1. Tagedieb, Nichtstuer. 2. Landstreicher, Stadtstreicher, Obdachloser. 3. Langschläfer; schläfriger Mann. 4. unachtsamer Kerl.*
Vgl.: → Bruder, → -bruder, Pennschwester, Penntüte (unaufmerksam).

Penne
1. Prostituierte. 2. schwungloser, langweiliger Mensch.

Penner
1. Landstreicher, Stadtstreicher, Obdachloser. 2. allgemein für einen unangenehmen, widerlichen Kerl. 3. Langschläfer, Faulenzer. 4. jemand, der begriffsstutzig ist, nicht aufpaßt, eine Gelegenheit versäumt hat.

Percht
(nach den „Perchten", dämonischen Wesen im Volksglauben der Alpenländer, der Wilden Jagd vergleichbar) *in Österreich und Bayern eine häßliche, schlampige Frau.*

Perfektionist
(lateinisch „perfectus" = vollendet) *abwertend für einen Menschen, der in übertriebenem Maße nach Perfektion strebt.*
Vgl.: → -ist.

Person
(ursprünglich im Lateinischen die Maske oder Rolle des Schauspielers; meist mit einem Adjektiv) *emotional, oft abschätzig für eine Frau, ein Mädchen: eine eingebildete, häßliche, unangenehme, langweilige, alberne, ungeschickte, niederträchtige, schlechte, bösartige, gemeine, ordinäre, gefährliche, verkommene, falsche, leichtfertige Person.*
Vgl.: → Frauensperson, → freche Person, → Weibsperson.

perverses Schwein
derb abwertend für einen besonders „schweinischen", abartig veranlagten Menschen oder für einen üblen Zotenreißer.
Vgl.: → Schwein.

Perversling
(lateinisch „perversus" = verdreht, verkehrt) *Mensch mit abartigem, widernatürlichem (sexuellen) Verhalten.*
Vgl.: → -ling.

Pessimist
(zu lateinisch „pessimus" = schlechtester) *von Hoffnungslosigkeit erfüllter, negativ eingestellter Mensch, Schwarzseher.* „Die glücklichen Pessimisten! Welche Freuden empfinden sie, wenn sie bewiesen haben, daß es keine Freude gibt." (Marie von Ebner-Eschenbach).
Vgl.: Berufspessimist, → -ist, krankhafter Pessimist, → Optimist, → Zweckpessimist.

Pestbeule
(eigentlich ein bei der Beulenpest auftretendes Geschwür) *ein ekelhafter, widerlicher Mensch.*

Pestfetzen
ein seltenes österreichisches Schimpfwort für einen sehr unerfreulichen, widerlichen Menschen.
Vgl.: → Fetzen.

Peter
(Appellativname nach dem Apostel Petrus aus dem Neuen Testament) *in Verbindung mit einem abwertenden Eigenschaftswort eine sehr alte und beliebte Schelte für eine männliche Person: ein langsamer, trockener, dummer, fauler, steifer, alberner, komischer, vergeßlicher Peter.*
Vgl.: → langweiliger Peter, schwarzer Peter (Sündenbock).

-peter
Zusammensetzungen mit „-peter" sind sehr häufig und dienen im allgemeinen dazu, eine Unsitte, ein Fehlverhalten einer männlichen Person zu tadeln oder zu verspotten. Im typischen Fall trifft's den unartigen Knaben. Das bekannteste Beispiel ist der → Struwwelpeter.
Vgl.: Affenpeter, → Angstpeter, Brausepeter (zornig), → Dreckpeter, → Drehpeter, Dummpeter, Dusselpeter (langsam), → Flohpeter, Frostpeter (verfroren), Fuddelpeter, Galgenpeter (Halunke), Grinsepeter, Hasenpeter (ängstlich), → Heulpeter, Huschelpeter, Lauspeter (verlaust), → Lügenpeter, Mährpeter (langweilig), → Miesepeter, Murrpeter, → Nölpeter, Nörgelpeter, Quatschpeter, Quengelpeter, → Rutschepeter, Schmierpeter, Schmuddelpeter, Schmuspeter, Schmutzpeter, Schnarchpeter, Stinkpeter, Umstandspeter, Wakkelpeter, → Zappelpeter, Zottelpeter.

Peterle in / auf allen Suppen
(Peterle ist ein süddeutscher Ausdruck für Petersilie) *in oberdeutschen Mundarten ein Wichtigtuer; Mensch, der glaubt, überall dabeisein zu müssen.*
Vgl.: Kräutchen auf jeder Suppe.

Petit-maître

(französisch, eigentlich = kleiner Herr) *bildungssprachlich veraltet für einen eitlen, gekkenhaften und meist jungen Mann.*

Petze

(hebräisch „pazah" = den Mund aufmachen) *schülersprachlich und familiär für eine Person, die jemanden verrät, denunziert, verpfeift; meistens für ein Kind, das gegenüber Eltern, Lehrern einen Spielkameraden oder Mitschüler verpetzt.* Eine „alte Petze" bekam in Sachsen etwa den folgenden Kinderspott zu hören:

„Petze, Petze ging in'n Laden,
kauft für'n Dreier Käsemaden.
Käsemaden gibt es nicht,
Petze, Petze ärgert sich."

Petzer

1. ein Junge, der petzt. 2. landschaftlich selten für einen Trinker.

Vgl.: Verpetzer.

Pfaffe

verächtlich oder spöttisch für einen Geistlichen. Aus der einst wertneutralen, sogar ehrenvollen Berufsbezeichnung wurde im ausgehenden Mittelalter und vor allem in der Zeit der Reformation ein starkes Schimpfwort. Oft hat man den Plural als Kollektivschelte gegen den Klerus verwendet. Ein „Pfaffe" galt als selbstsüchtig, anmaßend und scheinheilig. Im liberalen NÜRNBERGER ANZEIGER stand um 1870 der Vers: „Pfaffen raffen, / So lang sie schaffen, / Und Dummköpfe gaffen." Die heutige Bedeutung ist weniger konkret und ist abgeschwächt.

Vgl.: → Baalspfaffe, Bettelpfaffe, Pfaff, Pfaffenbankert (Kind eines katholischen Geistlichen), Pfaffenhure, Pfäffin (veraltet: Pfarrersliebchen; Hexe), Saupfaffe (verstärkt), Scheißpfaffe.

Pfaffenknecht

geringschätzig für einen Anhänger oder Vertreter der Geistlichkeit; unterwürfiger Diener der Kirche.

Vgl.: → Knecht, → -knecht, Pfaffendiener, Pfäffling.

Pfaffensack

(eigentlich der Sack, in dem früher die Gaben der Gläubigen eingesammelt wurden) *südwestdeutsch für einen habgierigen Geistlichen; auch allgemein für einen geizigen, gierigen Menschen.* „Paffesack – Raffesack" sagt man in Mainz.

Vgl.: → Sack, → -sack.

Pfäfflein (Pfäffchen)

meist spöttisch für einen kleingewachsenen oder sehr jungen oder unbedeutenden → Pfaffen.

Vgl.: → -chen (-lein).

Pfahlbürger

(eigentlich ein Einwohner einer mittelalterlichen Stadt, der zwar Bürger war, aber zwischen der Stadtmauer und den Vorstadtpfählen wohnte) *engstirniger Mensch, Spießer.*

Vgl.: → Bürger.

Pfanne

landschaftlich salopp bis abfällig für Frau, Mädchen, Freundin.

Vgl.: fiese Pfanne (häßlich), → Rockerpfanne.

Pfannkuchen

1. kleine dicke Person. 2. Mensch mit einem „Pfannkuchengesicht". 3. ein flachbrüstiges Mädchen.

Pfannkuchen auf (zwei) Beinen

berlinisch („Fannkuchen mit Beene"), aber auch anderswo für eine kleine, rundliche Person, deren Gestalt einem Krapfen oder „Berliner Pfannkuchen" gleicht.

Vgl.: rollender Pfannkuchen.

Pfannkuchengesicht

spöttisch-abschätzig für einen Menschen mit einem sogenannten Pfannkuchengesicht, einem runden, flachen, ausdruckslosen Gesicht.

Vgl.: → -gesicht.

Pfau

eine eitle, selbstgefällige, meist männliche Person. „Der prächtigste Pfau auf dem Jahrmarkt literarischer Eitelkeiten" ist für DIE WOCHE (Oktober 1993) der Literaturkitiker

Marcel Reich-Ranicki, und in Bayern sagt man über einen charakterlosen Menschen, der großspurig auftritt: „Außen wie a Pfau, innen wie a Sau!"

Vgl.: eitler Pfau.

Pfeffersack

(ursprünglich ein Sack mit Pfefferkörnern, dann Schelte für Gewürzhändler und andere reich gewordene Kaufleute, insbesondere solche aus Holland und Nürnberg) *ein allzu geschäftstüchtiger, wohlhabender Händler, Großkaufmann.*

Vgl.: Pfefferballen (Nürnberg, veraltet), → Sack, → -sack.

Pfeife

Nichtskönner, Versager; Feigling. 1994 hatte der Fußball-„Kaiser" Franz Beckenbauer den glücklosen Bundestrainer Berti Vogts vor laufenden Fernsehkameras als „Pfeife" beschimpft.

Pfeifendeckel

(eigentlich ein Deckel auf dem Kopf mancher Pfeifen) *dümmlicher, nicht ernst zu nehmender Mensch.*

Pfeifenheini

abfällig für 1. einen unfähigen, ängstlichen Mann, Versager. 2. einen Schiedsrichter, der sich unbeliebt gemacht hat.

Vgl.: → Heini, → -heini, Pfeifenkopf.

Pfeifenkopf = Pfeifenheini

Pfennigfuchser

kleinlicher, geiziger, mit dem Pfennig rechnender Mensch.

Vgl.: Fuchser, Pfennigkrämer, Pfennigspalter (schwäbisch), Pfennigvögler (bayrisch, vulgär).

Pferd

1. plumpe, füllige weibliche Person. 2. dummer Mensch.

Vgl.: Arbeitspferd, Brauereipferd (dicke Frau mit mächtigem Hinterteil), → Heupferd, → Honigkuchenpferd, → Möhlenperd, → Nilpferd, Rennpferd (Straßenmädchen), → Zirkuspferd.

Pferdchen

meist spöttisch oder abschätzig für eine Prostituierte, die für einen Zuhälter arbeitet. Sie gehört nach der Redensart zu den „Pferdchen", die er „laufen hat".

Vgl.: → -chen (-lein), Pferderl (Wien).

Pferdedoktor

(eigentlich ein Tierarzt) *spöttisch-abschätzig für einen Arzt mit groben Behandlungsmethoden, der seinen Patienten „Roßkuren" zumutet.*

Vgl.: → Roßarzt, → Viehdoktor.

Pferdenarr

(weibliche Form: Pferdenärrin) *jemand, der sich leidenschaftlich für Pferde begeistert, der in Pferde „vernarrt" ist.*

Vgl.: → Narr, → -narr.

Pfiffikus

(studentensprachliche Scherzbildung zu „pfiffig" mit lateinischer Endung) *gewitzter, listiger Mensch; Schlauberger.* Die Bezeichnung kann gleichzeitig Mißfallen und Anerkennung ausdrücken. „Ein Pfiffikus wie Möllemann" (SPIEGEL, Oktober 1994, über den umstrittenen FDP-Politiker Jürgen Möllemann).

Pfingstochse

(nach dem alten süddeutschen Brauch, zum Frühjahrsauftrieb an Pfingsten einen der Ochsen festlich zu schmücken) *ein übermäßig und geschmacklos herausgeputzter Mensch.*

Vgl.: Pfingsthammel (schwäbisch), Pfingstkuh (zumindest hessisch), Pfingstlamm, → Ochse (Ochs).

Pflänzchen

abfällig, auch ironisch für einen mißratenen, ungezogenen jungen Menschen. Anders als beim → Früchtchen ist hier eher ein Mädchen gemeint.

Vgl.: → -chen (-lein).

Pflanze

ein eigenartiger, unangenehmer, irgendwie ungeratener Mensch: eine kesse, frühreife, merkwürdige, seltsame, verdorbene Pflanze.

Vgl.: → Asphaltpflanze, → Berliner Pflanze, →

Blüte, Provinzpflanze, Sumpfpflanze (leichtlebig), → Treibhauspflanze, Trottoirpflanze (Straßenmädchen), Zuchthauspflanze.

Pflastertreter

veraltend für einen arbeitsscheuen Menschen, Müßiggänger, vor allem in der Stadt.

Vgl.: Gassentreter (landschaftlich).

Pflaume

Versager; schwacher, dummer oder anderweitig unfähiger Mensch.

Vgl.: alte Pflaume (auch als burschikose Anrede), Backpflaume, → Matschpflaume, weiche Pflaume (schlapp).

Pflaumenaugust

dummer, langweiliger, durch und durch inkompetenter Mann.

Vgl.: → August.

Pflock

ein unbeholfener, grobschlächtiger, unhöflicher Mensch.

Pfundhammel

süddeutsch, vor allem bayrisch für einen rücksichtslosen, ungehobelten, sturen Kerl.

Vgl.: → Hammel, → -hammel.

Pfuscher

(ursprünglich ein Handwerker, der entgegen der Zunftordnung heimlich, also „schwarz" arbeitete, was oft zu minderer Qualität führte) *1. nachlässiger, schlechter Arbeiter, Handwerker; Stümper. 2. in Österreich für einen Schwarzarbeiter. 3. landschaftliche Schelte für einen Betrüger beim Kartenspiel.*

Vgl.: → Kurpfuscher, Kunstpfuscher (selten: schlechter Maler).

Phallokrat

(zu griechisch „phallos" = männliches Glied) *bildungssprachlich abschätzig für einen Mann, der an eine natürliche Überlegenheit des Mannes glaubt und die Unterdrückung der Frau in der Gesellschaft praktiziert oder gutheißt.*

Vgl.: → -krat.

Phantast

(griechisch „phantastes" = Prahler) *wirklichkeitsfremder Träumer, Mensch mit überspannten Einfällen, Schwärmer: ein weltfremder, harmloser Phantast.*

Pharisäer

(ursprünglich ein Angehöriger einer altjüdischen religiös-politischen Partei) *eine veraltete Bezeichnung für einen Heuchler, einen selbstgerechten, hochmütigen, scheinheiligen Menschen.* Diese Bedeutung geht vor allem auf die bekannte Bibelstelle zurück, in der ein Gebet eines Pharisäers mitgeteilt wird: „Ich danke dir, Gott, daß ich nicht bin wie die anderen Leute" (Lukas 18,11).

Philister

(eigentlich ein Angehöriger eines nichtsemitischen kriegerischen Volkes in der Küstenregion Palästinas, das in der Bibel als der schlimmste Feind Israels dargestellt wird) *bildungssprachlich veraltend für einen kleinbürgerlichen, engstirnigen Menschen, Spießbürger.* Im 18. und 19. Jahrhundert pflegten die Studenten alle Nichtakademiker so zu bezeichnen, vor allem jene, die für ihre Sitten und Unsitten kein Verständnis zeigten, etwa die Polizisten. Die alten Wörterbücher zur Schüler- und Studentensprache nennen an die zwanzig Zusammensetzungen mit „-philister", beispielsweise Reim-Philister, Geldphilister, Vereinsphilister. Das Schimpfwort war sehr vielseitig verwendbar und dementsprechend beliebt. Für Schopenhauer war ein Philister „ein Mensch ohne geistige Bedürfnisse", für Goethe gar „ein hohler Darm, / mit Furcht und Hoffnung ausgefüllt, / daß Gott erbarm!" Hoffmann von Fallersleben schrieb „Das Lied vom Deutschen Philister":

> „Solang der Philister regieret das Land,
> Ist jeglicher Fortschritt daraus wie verbannt:
> Denn dieses erbärmliche, feige Geschlecht,
> Das kennet nicht Ehre, nicht Tugend und Recht."

Vgl.: Bierphilister (trinkender Besserwisser), → Bildungsphilister, Erzphilister (Steigerung), Philisterseele, → Stockphilister.

Philosophaster
(spätlateinisch mit gleicher Bedeutung) *bildungssprachlich für einen Scheinphilosophen, philosophischen Schwätzer.*

Phlegmatiker
(nach der Temperamentenlehre des altgriechischen Arztes Hippokrates) *ein träger, schwer erregbarer Mensch.*

Phlegmatikus
(latinisierend) *scherzhaft-spöttisch für einen → Phlegmatiker.*

Phrasendrescher
(wahrscheinlich in Abwandlung der Redensart „leeres Stroh dreschen") *jemand, der nichtssagende, aber großspurige Reden führt.*
Vgl.: → Drescher, Phrasenheld, Phrasenhengst, Phrasenmacher, Phrasenschneider (selten), → Zungendrescher.

Phraseur
(französisch mit gleicher Bedeutung) *bildungssprachlich veraltet für einen → Phrasendrescher.*

Pichelbruder
(„Picheln" gehört zu „Pegel" im Sinne von „Eichstrich") *ein Mann, der (in geselliger Runde) alkoholischen Getränken zuspricht; Zecher.*
Vgl.: → Bruder, → -bruder, Pichelsteiner (scherzhaft nach dem Eintopfgericht).

Pichler (Picheler)
jemand, der (des öfteren) pichelt, zecht, säuft.
Vgl.: → -ler.

Pickelgesicht
salopp abwertend für jemanden, der viele Pickel im Gesicht hat; Pubertierender (mit oder ohne Pickel).
Vgl.: → -gesicht, „John Pickel und seine Mitesser" (Jugendspott), Pickelfresse (derb), Pickelinski (schülersprachlich), Pickelomini (scherzhaft nach den Figuren aus Schillers WALLENSTEIN).

Pickelhaube
(eigentlich ein Uniformhelm mit einer langen Metallspitze, wie er typisch für die preußische Infanterie, aber auch für die deutsche Polizei bis 1919 war) *besonders berlinisch veraltend spöttisch für einen uniformierten Polizisten.*

Pickelhering
(ursprünglich ein gepökelter Hering, übertragen eine komische Figur in alten Lustspielen) *selten für einen lächerlichen, possentreibenden Menschen, Hanswurst.*
Vgl.: → Hering.

Piefke
(Herkunft strittig, vielleicht von einem Familiennamen) *1. landschaftlich, besonders norddeutsch für einen dümmlichen Angeber, Wichtigtuer, Spießbürger. 2. salopp für einen kleinen Jungen, Knirps. 3. in Österreich abfällig für einen Deutschen, insbesondere für einen Norddeutschen.* Das gerade in Wien mit Sorgfalt gepflegte Feindbild gilt nicht nur den hektischen, oft selbstgefälligen und laut schreienden Touristen, sondern grundsätzlich jedem Deutschen. „Haut die Piefkes!" hieß denn auch die Schlagzeile im Wiener Nachrichtenmagazin PROFIL anläßlich der Davis-Cup-Begegnung Österreich gegen Deutschland 1994. Hans-Joachim Schoeps bescheinigte dem Piefke (in der ersten Bedeutung) „Maßlosigkeit der Ansprüche bei bodenloser Dummheit, Unbescheidenheit bei schwacher Leistung", und zwar „vom Hotelportier bis zu dem auf Hochglanz polierten Intellektuellen".
Vgl.: Piefkineser.

Piefkineser = Piefke

Piepel
vorwiegend ostmitteldeutsch für einen kleinen Jungen; kleinen, unscheinbaren Menschen, der nicht ernst genommen wird. Als 1986 der Abgeordnete Mann von den Grünen im Deutschen Bundestag „insbesondere die hier hereinrotierten Kolleginnen und Kollegen" begrüßte, rief Kittelmann von der CDU/CSU dazwischen: „Sie mit Ihren drei Piepeln sollten die Klappe halten!"

Piepmatz
(eigentlich als Kosename oder kindersprachlich für einen Vogel, kleinen Vogel) *schwächlicher Mensch; jemand mit einer schwachen, piepsigen Stimme.*
Vgl.: → Matz.

Piesacker
(wahrscheinlich zu norddeutsch „Ossenpesek" = Ochsenziemer) *jemand, der andere peinigt, drangsaliert, ihnen arg zusetzt.*

Piesel
(norddeutsch „Pesel" = Penis) *schwächlicher, einfältiger Mann.*
Vgl.: Pieselbruder, Pieselkopp (umständlich).

Piesepampel
(vielleicht entstellt aus „mies...") *ein Schimpfwort für einen dummen, kleinlichen, unangenehmen Menschen; Trottel.*
Vgl.: Miesepampel, → Pampel, Piese (verkürzte Form).

Pietist
(zu lateinisch „pietas" = Frömmigkeit) *ein oft abschätzig gebrauchter Ausdruck für einen frommen, biedersinnigen Schwärmer; Frömmler.* 1717 dichtete der Medizinstudent Johann Christian Günther in Leipzig:

„Dort sitzt das Murmelthier, der falsche Pietist,
Der fast vor Heiligkeit die ganze Bibel frißt."

Vgl.: → -ist, Pietkong (Wortspiel in Anlehnung an „Vietkong").

Pietsch (Pietscher)
(von sorbisch „pic" = trinken) *besonders sächsisch für einen Trinker, Zecher, Säufer.*

Pig
(aus gleichbedeutend englisch „pig", eigentlich = Schwein) *eine abschätzige Bezeichnung für einen Polizisten.*

Pilger = Pülcher

Pillendreher
veraltender Berufsspott für den Apotheker. Bei Schopenhauer kommt auch die Bezeichnung „Pillendrechsler" vor.
Vgl.: Kügeleinsdreher (Nürnberg, selten).

Pimmel
(eigentlich derb oder kindersprachlich für „Penis") *Pars pro toto derb abwertend für einen (unliebsamen) Mann, Kerl.*

Pimock
(vielleicht aus dem Polnischen) *landschaftlich, besonders am Rhein, für 1. einen früher von jenseits der Elbe zugewanderten Arbeiter. 2. einen Fremden, Ausländer, Flüchtling. 3. einen unsympathischen Mann.*

Pimpelhans
eine zimperliche, wehleidige männliche Person, meist ein Junge.
Vgl.: → Hans, → -hans, Pimpelfritze (ostdeutsch).

Pimpelliese
zimperliches, wehleidiges Mädchen.
Vgl.: → Liese, → -liese, Pimpelsuse, Pimpeltante, Pimpeltrine (ostdeutsch), → Pimperliese.

Pimperer
(vor allem bayrisch, zu „Pimmel" = Penis) *vulgär für einen Mann, der viel „pimpert", also koitiert; Schürzenjäger.* Reinhold Aman führt in seinem BAYRISCH-ÖSTERREICHISCHEN SCHIMPFWÖRTERBUCH genüßlich aus: „A sechana zammgfeglta Bimpara!" (So ein zusammengevögelter Pimperer!)

Pimperl (Pimperlein)
(eigentlich = „Penislein", Knabenpenis) *besonders bayrisch und fränkisch für 1. ein schlimmes, trotziges kleines Kind. 2. einen kleinen Gernegroß, Wichtigtuer.* Im Gebiet von Nürnberg spricht man auch vom „Pimperlein von Lauf".
Vgl.: → -chen (-lein), Pimperling, Pimperlwichtig.

Pimperliese
1. wehleidiges, überempfindliches Mädchen. 2. Prostituierte; liederliches Mädchen.
Vgl.: → Liese, → -liese, → Pimpelliese, Pimplieschen.

Pimpernellchen (Pimpernelle)

(eigentlich ein aromatisch duftendes Doldengewächs; die zweite Bedeutung zu „pimpern" = koitieren) *landschaftlich abschätzig für 1. ein zimperliches, allzu zartbesaitetes Mädchen. 2. eine Prostituierte oder ein leichtlebiges Mädchen.*

Vgl.: → -chen (-lein).

Pimpf

(von mundartlich „Pumpf" = Furz) *österreichisch und bayrisch geringschätzig für 1. einen kleinen Jungen, Knirps. 2. einen unbedeutenden (kleinen) Menschen; jemanden, der nicht ernst genommen wird.*

Pinguin

(eigentlich ein großer, flugunfähiger Vogel der Antarktis; übertragen vom schwarzweißen Federkleid des Tieres und seinem aufrechten, gravitätisch anmutenden Gang) *scherzhaft-spöttisch für eine Nonne, Ordensschwester.*

Pinkel

(meist mit einem Adjektiv verbunden) *ein unangenehmer, insbesondere arroganter Mann, Großtuer.*

Vgl.: → Binkel (Binkerl), eingebildeter Pinkel, Etepinkel (Vornehmtuer; aus „etepetete" und „Pinkel"), → feiner Pinkel, kleiner Pinkel, → vornehmer Pinkel.

Pinscher

(eigentlich ein kleiner, zierlicher, glatthaariger Hund) *ein gänzlich unbedeutender Mensch; unfähiger, kleinlicher Mann.* Im Wahlkampf des Jahres 1965 hatte der damalige deutsche Bundeskanzler Ludwig Erhard auf kritische Worte des Schriftstellers Rolf Hochhuth über Staat und Regierung mit dem seither oft zitierten Satz geantwortet: „Da hört bei mir der Dichter auf, und es fängt der ganz kleine Pinscher an, der in dümmster Weise kläfft." Geflügelt ist die Wendung „Pinscher und Uhus" geworden, in der zwei verschiedene Entgleisungen Erhards zusammen genannt werden.

Vgl.: → Affenpinscher, kleiner Pinscher.

Pinsel

(anfangs eine Handwerkerschelte für den Schuster, nach den Wortteilen „pin" = Nagel, Stift, Spitze und „sul" = Ahle. Die heutige Verwendung entstand im 18. Jahrhundert in der Studentensprache unter dem Einfluß der Bedeutung „Pinsel" = Penis) *salopp abwertend für einen einfältigen, unangenehmen Mann, Dummkopf; früher auch für einen Geizhals: ein eingebildeter, alter, blöder, feiner, langweiliger, reicher Pinsel.* „So ein arroganter Pinsel!" bekam 1994 der CDU/CSU-Fraktionschef Wolfgang Schäuble von Ingrid Matthäus-Maier (SPD) zu hören.

Vgl.: → alberner Pinsel, einfältiger Pinsel, → Einfaltspinsel, Hochmutspinsel, Hoffartspinsel (beides veraltet), Renommierpinsel, → Tugendpinsel.

Pinseler (Pinsler)

Schelte für einen schlechten Kunstmaler.

Vgl.: → Bauchpinseler (Bauchpinsler), → -ler, Pinselmann (veraltet).

Pinselquäler

Berufsspott für Anstreicher, Maler.

Vgl.: Pinseltraktierer, → Quäler.

Pipicasso

eine seltene abfällig oder spöttisch verwendete Scherzbezeichnung für einen modernen oder für unkünstlerisch gehaltenen Maler. Pablo Picasso, dessen Name für diese Wortbildung herhalten mußte, galt und gilt nach dem Kunstverständnis des Durchschnittsmenschen noch immer als Inbegriff einer als hypermodern empfundenen und daher abgelehnten Kunst. In diesem Sinn verspottet die Bezeichnung „Pflaster-Picasso" einen Pflastermaler, und bei DONALD DUCK heißt ein moderner Künstler „Pissinasso". George Grosz, der nicht viel von Picasso hielt, nannte seinen großen Kollegen „Pablo Piepencasso".

Pipijunge

(nach dem kindersprachlichen „Pipi machen" = urinieren) *unreifer kleiner Junge.*

Pipimädchen

ein unreifes (dummes) junges Mädchen.

Piranha
(eigentlich ein südamerikanischer, kleiner Raubfisch mit messerscharfen Zähnen) *ein geldgieriger Mensch, Ausbeuter.*

Pirat
1. Seeräuber, vor allem früher. 2. Räuber; jemand, der sich auf abenteuerliche Weise etwas aneignet. Schon 1987 bestand die FDP für Heiner Geißler (CDU) aus „politischen Piraten". Der FOCUS sprach 1995 von „Daten-Piraten".
Vgl.: Ätherpirat (Betreiber eines „Piratensenders"), Buchpirat (Raubdrucker), Videopirat.

Pisser
ein derbes Schimpfwort für 1. einen unangenehmen Mann, Taugenichts. 2. einen Feigling. 3. einen Bettnässer.
Vgl.: → Bettpisser, → Brunzer, → Eckenpisser, Essigpisser (Bürokrat), Hosenpisser, kleiner Pisser, → Tintenpisser.

Pißnelke
derbes Schimpfwort für 1. ein prüdes, abweisendes oder langweiliges, unreifes Mädchen. 2. eine heruntergekommene weibliche Person, abgetakelte Frau. Die Beschimpfung als „Pißnelke" führte 1955 zu einer Beleidigungsklage der Filmschauspielerin Christiane Maybach gegen ihren Kollegen Adrian Hoven.

Pißpottschwenker
grober Spott für einen Krankenpfleger, Sanitäter, Zivildienstleistenden.
Vgl.: → Nachttopfschwenker.

Pißrieke
(Rieke ist eine Kurzform des weiblichen Vornamens Friederike) *vulgäres Schimpfwort für ein kleines, (geschlechtlich) unreifes Mädchen.*
Vgl.: → Rieke (Ricke, Rike).

Pistensau (Pistenschwein)
im Jargon der Wintersportler und Skitouristen eine barsche Schelte für einen rücksichtslosen, rasenden Skiläufer, der andere auf der Piste gefährdet.
Vgl.: → Sau, → -sau, → Schwein, → -schwein.

Pistenschreck
draufgängerischer, rücksichtsloser oder auch miserabler Skiläufer; seltener für einen ebensolchen Autofahrer.
Vgl.: Pistenrowdy, → -schreck.

Pistolenheld = Revolverheld

Pistolero
(spanisch, zu „pistola" = Pistole) *Revolverheld; auch übertragen für jemanden, der aggressives Verhalten zur Schau stellt.*

Plagegeist
Quälgeist; jemand, der andere plagt, bedrängt, der lästig fällt, vor allem durch hartnäckiges Fragen oder Bitten; oft für ein Kind.
Vgl.: Plaggeist (schweizerische Variante), Plagteufel.

Plagiar (Plagiarius) = Plagiator

Plagiator
(lateinisch „plagiarius" = Menschenräuber, Seelenverkäufer) *jemand, der ein Plagiat begeht, der geistiges Eigentum stiehlt, insbesondere ein literarischer Freibeuter.*
Vgl.: Plagiar (Plagiarius).

Plänemacher
meist geringschätzig für jemanden, der immer wieder Pläne schmiedet, sie aber nicht verwirklicht.
Vgl.: → -macher, → Projektemacher (Projektenmacher).

Plänkler
(eigentlich ein Beteiligter an einem militärischen Geplänkel) *oft mit leichtem Tadel für jemanden, der gerne plänkelt, sich (scherzhaft) streitet, andere neckt.*
Vgl.: → -ler.

Plapperer (Plappрer)
(lautmalend; weibliche Form: Plapperin) *jemand, der viel, schnell und gedankenlos daherredet; Schwätzer.*
Vgl.: → Nachplapperer, Plapperarsch, Plappersack.

Plapperhans
eine plappernde männliche Person, besonders ein kleiner Junge.

Vgl.: → Hans, → -hans, Plapperfritze.

Plapperliese
plappernde weibliche Person, besonders ein kleines Mädchen.
Vgl.: → Liese, → -liese, Plappersuse.

Plappermaul
ein Mensch, der viel plappert; oft zu einem Kind gesagt.
Vgl.: → -maul, Plappergosche, Plappermund (selten), Plappertasche.

Plappermäulchen
kosende Schelte für ein kleines Kind, das viel plappert.
Vgl.: → -chen (-lein).

Plappertasche = Plappermaul

Plärre
(lautmalend) *eine laut klagende, weinende oder weinerliche, meist weibliche Person; oft ein kleines Mädchen.*
Vgl.: Plärrerin, Plärrliese.

Plärrer
jemand, der (viel) plärrt; Schreihals.
Vgl.: Plärrarsch, Plärremann, Plärrhannes, Plärrochse, Plärrsack.

Plärrmaul
ein grobes Schimpfwort für einen störend laut sprechenden, herumschreienden Menschen; auch für ein plärrendes Kind.
Vgl.: → -maul.

Plärrsuse
landschaftlich abfällig für ein heulendes, schreiendes Mädchen; selten für eine männliche Person verwendet.
Vgl.: Plärrliese, → Suse, → -suse.

Plättbrett (mit zwei Erbsen)
(Plättbrett ist das nord- und mitteldeutsche Wort für „Bügelbrett") *herabsetzender Spottname für ein mageres Mädchen, eine flachbrüstige Frau.* Bei Theodor Fontane heißt eine Romanfigur Karoline Plättbrett.
Vgl.: → Brett, → Bügelbrett, Plattdeutsche (Wortspiel).

Platte
(vielleicht vom jiddischen „p'lat" = Flucht) *österreichisch für eine Verbrecherbande.*

Plattenbruder
österreichisch für ein Mitglied einer → Platte, Gauner; Landstreicher.
Vgl.: → Bruder, → -bruder.

Plattfußindianer
(entstellt aus dem Namen des Stammes der Schwarzfußindianer, der in Abenteuergeschichten vorkommt) *1. männliche Person mit Plattfüßen oder einem vergleichbaren Gehfehler. 2. allgemeines Schimpfwort für eine männliche Person. 3. im Jargon der Soldaten Spottwort für einen Infanteristen.*
Vgl.: → Indianer.

Plattmacher
landschaftlich für jemanden, der sich vor der Arbeit drückt, der blaumacht; Faulenzer.
Vgl.: → -macher.

Platzhirsch
(eigentlich der stärkste Hirsch auf dem Brunftplatz) *bildkräftiges Spottwort für einen in einem bestimmten gesellschaftlichen Umfeld dominierenden, auftrumpfenden Mann.*
Vgl.: → Hirsch.

Plauderer (Plaudrer)
(weibliche Form: Plauderin) *1. leicht abwertend für einen, der viel und oberflächlich redet. 2. jemand, der etwas ausplaudert, verrät.*
Vgl.: → Dampfplauderer.

Plaudertasche
jemand, der zuviel redet, geschwätzig ist, nichts für sich behalten kann. „Die alte Plaudertasche begnügt sich nicht mehr mit dem gesprochenen Wort; es muß jetzt auch das geschriebene sein." (FRANKFURTER ALLGEMEINE ZEITUNG, Mai 1995, anläßlich des Erscheinens der Autobiographie des Boxweltmeisters und Predigers George Foreman). Friedrich Dürrenmatt, der Dramatiker und Schriftsteller aus der Schweiz, sei ein „geniales Plaudertäsch-

chen" gewesen, informierte DIE WOCHENZEITUNG im September 1996.
Vgl.: → Tasche.

Playboy
(englisch-amerikanisch, eigentlich = Spieljunge) *oft abschätzig für einen meist reichen, modischen (jüngeren) Mann, der einen luxuriösen Lebensstil pflegt, sich mit schönen Frauen umgibt und seinen Vergnügungen nachgeht.* 1949 schrieb Ernst Bloch an seinen Freund und Kollegen Georg Lukács: „Mit Ekel las ich die Frechheiten des playboy W. Harich gegen Dich. Dem Lausejungen muß das Handwerk gelegt werden."
Vgl.: Möchtegern-Playboy, Westentaschenplayboy.

Playgirl
(englisch-amerikanisch, eigentlich = Spielmädchen) *1. attraktive, leichtlebige junge Frau, die im Luxus lebt und sich von reichen Männern verwöhnen läßt. 2. Callgirl, „Hosteß".*

Plebejer
(zu gleichbedeutend lateinisch „plebeius"; im antiken Rom ein Angehöriger des gemeinen Volkes) *ein ungebildeter, ungehobelter Mensch.*

Plebs, der (die)
(im alten Rom das einfache Volk) *bildungssprachlich abfällig für die Masse der ungebildeten, primitiven Leute; Pöbel.*
Vgl.: Bildungsplebs (Nietzsche).

Pleitegeier
(eigentlich das Sinnbild einer drohenden Pleite; volksetymologische Umbildung aus „Pleitegeher") *selten als abschätzige Bezeichnung für einen Bankrotteur.*
Vgl.: → Geier.

Pleitier
(Endung französisch ausgesprochen) *jemand, der pleite ist; Bankrotteur.* In der Presse wird gerne über den „Milliarden-Pleitier Jürgen Scheider" berichtet.
Vgl.: Pleitegänger, Pleitemacher.

Plempel
(vor allem in Wien) *selten für einen Trottel, Tolpatsch.*

Plethi s. Krethi und Plethi

Plumpsack
ein schwerfälliger, dicker Mensch.
Vgl.: Plumperjan, Plumprian (beides veraltet), → Sack, → -sack.

Plünderer (Plündrer)
(zu „Plunder"; weibliche Form: Plünderin) *jemand, der plündert, andere ausraubt, ihnen rücksichtslos alles wegnimmt.*

Plunze = Blunze (Blunzen)

Plusmacher
geldgieriger Geschäftsmann, Ausbeuter, Wucherer.
Vgl.: → -macher.

Plutokrat
(zu griechisch „plutos" = Reichtum, „kratein" = herrschen) *bildungssprachlich geringschätzig für einen Vertreter der Geldherrschaft; jemand, der durch seinen Reichtum politische Macht ausübt.* Während des zweiten Weltkriegs wurden insbesondere Engländer und Amerikaner von der deutschen Propaganda als Plutokraten bezeichnet.
Vgl.: → -krat.

Plutzer
(eigentlich ein Kürbis, übertragen auch „großer Kopf") *in Österreich ein Dummkopf; grober Kerl.*

Pöbel
(von lateinisch „populus" = Volk) *1. die ungebildete, rohe, unterste Schicht der Bevölkerung, Abschaum der Gesellschaft; oft auch diskriminierend verwendet. 2. disziplinloser, randalierender Haufen von Menschen; Mob.* Kazimierz Bartoszewicz schrieb: „Pöbel nennen wir eine Ansammlung von Menschen – wenn sie anderer Meinung sind als wir. Teilt dieser Pöbel jedoch unsere Anschauungen, dann sagen wir: Hinter uns

steht der aufgeklärte Teil der öffentlichen Meinung."

Pöbelhaufen
ein pöbelnder Haufen von Menschen, Mob. „Ein nihilistischer Pöbelhaufen ist das!" (Herbert Wehner 1965 über die CDU/CSU-Fraktion im Deutschen Bundestag).
Vgl.: → Haufen, → -haufen, Pöbelhorde, Pöbelvolk (schon bei Luther).

Pöbler
jemand, der durch freche, beleidigende Äußerungen oder Gesten provoziert. Unter deutschen Politikern scheint das Pöbeln recht üblich zu sein. In den Bundestagsprotokollen finden sich auch Bildungen wie Pöbelmensch, Pöbelmeister oder Pöbelkönig. Die TV-SPIELFILM hat den fernsehbekannten Zotenreißer Oliver Kalkofe einen „TV-Pöbler" genannt, ihn aber andererseits mit einer Kolumne in der Zeitschrift bedacht (1996).
Vgl.: → -ler.

Poetaster
(„Poet" und die herabsetzende Endung -aster) *bildungssprachlich abwertend für einen schlechten Poeten, Dichterling.*

Pofel
(eigentlich minderwertige Ware, Schund) *süddeutsch und österreichisch abfällig für Schar, Menschenhaufen; Pöbel.*
Vgl.: Bowel (Variante).

Pofer = Poofer (Pofer)

Pointenkiller
jemand, der eigene oder anderer Leute Witze zugrunde richtet, indem er die Pointe verdirbt oder vorwegnimmt.
Vgl.: → Killer, Pointenmörder.

Pojatz
(ostmitteldeutsche Nebenform zu → Bajazzo) *landschaftlich für einen Hanswurst, Narr, Spaßmacher.*
Vgl.: → Baias (Peias), Pajatz, Pojatzer (beides Varianten).

Pokerface (Pokergesicht)
(englisch „poker" = Pokerspiel, „face" = Gesicht; eigentlich das ausdruckslose Gesicht eines Spielers beim Pokern) *oft mißfällig für einen Menschen mit einem Pokerface, der keine Miene verzieht, emotionslos scheint.*
Vgl.: → -gesicht.

Polacke (Polack)
(aus polnisch „Polak" = Pole; weibliche Form: Polackin) *1. ethnisches Schimpfwort für einen Polen. 2. abschätzig für einen Heimatvertriebenen aus den früheren deutschen Ostgebieten, Polenaussiedler. 3. grober, unkultivierter, dummer Kerl.*
Vgl.: → Wasserpolacke.

Polemiker
(zu griechisch „polemos" = Krieg) *ein Mensch, der zu Polemik neigt, der unsachlich, scharf oder gar feindselig argumentiert.* Marcel Reich-Ranicki sei ein „begnadeter Polemiker", stand im SPIEGEL (Juli 1994).

Polente
(wohl aus jiddisch „paltin" = Burg, Polizeirevier) *salopp, oft abwertend für Polizei, Polizisten.*

Poliquetsch, der
(zusammengesetzt aus „Polizist" und „quetschen, ausquetschen") *österreichisch scherzhaft-spottend, auch abfällig für einen Polizisten, insbesondere für einen Kriminalbeamten beim Verhör.*
Vgl.: → Quetsch.

Politclown
ein Politiker, der nicht ernst genommen wird, über den man lacht.
Vgl.: → Clown.

Politgangster
ein unehrlicher, verbrecherischer Politiker.
Vgl.: → Gangster.

Politikaster
(„Politiker" und die herabsetzende Endung -aster) *jemand, der viel über Politik redet,*

ohne genügend davon zu verstehen; Stammtischpolitiker.

-politiker

Politiker schimpfen nicht nur gerne, sie sind vor allem selbst eine Zielscheibe für Kritik und Spott, für Anwürfe und Schmähungen. Fast ebenso vielfältig wie die Möglichkeiten, schlechte Politik zu machen, sind die mehr oder minder abfälligen Zusammensetzungen nach dem Wortbildungsmuster „-politiker".

Vgl.: Amateurpolitiker, → Bierbankpolitiker, →Biertischpolitiker, Desperadopolitiker (selten: politischer Abenteurer), → Erfüllungspolitiker, Expansionspolitiker, Feierabendpolitiker, Hintertreppenpolitiker (kurzsichtig und aggressiv), Karrierepolitiker, Kirchturmpolitiker (engstirnig, konservativ), → Law-and-order-Politiker, → Machtpolitiker, Maulpolitiker, Provinzpolitiker, Schaukelpolitiker, → Schmalspurpolitiker, Schutzzollpolitiker, → Stammtischpolitiker, → Stehkragenpolitiker, → Verzichtpolitiker, Westentaschenpolitiker.

Politikus

(griechisch „politikos" = Staatsmann) *scherzhaft, oft spöttisch für einen, der sich eifrig, aber laienhaft mit Politik befaßt.*

politischer Geisterfahrer

(Geisterfahrer ist die umgangssprachliche Bezeichnung für einen Falschfahrer, einen Kraftfahrer, der auf der Autobahn gegen die erlaubte Richtung fährt) *abfällig für einen Politiker, der einen falschen und gefährlichen Kurs einschlägt und beibehält.* „Die Geisterfahrer von Pjöngjang" kommentierte die FRANKFURTER ALLGEMEINE ZEITUNG im Januar 1994 die Atompläne Nordkoreas.

politisches Leichtgewicht

(übertragen von den Gewichtsklassen beim Sport) *abschätzig für einen unbedeutenden Politiker mit wenig Einfluß.*

Vgl.: → Fliegengewicht, → Leichtgewicht.

Polit-Macker

jugendsprachlich geringschätzig für einen männlichen Politiker.

Vgl.: → Macker, Polit-Typ.

Polizeispitzel

eine Person, die für die Polizei als Spitzel arbeitet bzw. andere an Polizisten verrät. „Portiers in Frankreich sind alle Polizeispitzel" (Erich Maria Remarque: ARC DE TRIOMPHE, 1946).

Vgl.: → Spitzel, → Stasispitzel.

Polterer

(selten: Poltrer; weibliche Form: Polterin) *leicht aufbrausender, laut schimpfender Mensch, der es aber meist nicht böse meint; Lärmmacher.*

Poltrian (Polterjan)

(wörtlich: polternder Jan, Johann) *besonders norddeutsch für einen lärmenden, polternden Kerl.*

Vgl.: → -ian (-jan), Polterhans.

Poltron

(aus französisch „poltron" = Feigling) *veraltet für einen Maulhelden, Feigling.*

Polygamist

(aus griechisch „polygamos" = oft verheiratet) *oft abschätzig für einen Mann, der in Vielehe lebt.*

Vgl.: → -ist.

Polyp

(zu griechisch „polypous" = vielfüßig; eigentlich ein Nesseltier mit Fangarmen, umgangsprachlich auch eine Krake; übertragen wohl wegen des mitunter krakenhaft vielarmigen Zugriffs der Polizei und natürlich wegen des übereinstimmenden Wortanfangs; seltene weibliche Form: Polypin) *salopp, auch abschätzig für einen Polizisten, Kriminalbeamten.*

Pomadenheini

geschniegelter, modischer Mann mit eingefettetem Haar.

Vgl.: → Heini, → -heini.

Pomadenhengst

1. spöttisch für einen Mann mit auffällig pomadisiertem Haar. 2. seltener Berufsspott für den Friseur.

Vgl.: Brillantinehengst, → Hengst, → -hengst, Pomadenhecht (selten).

Pomeranze = Landpomeranze

Pomuchelskopp
(eigentlich der Kopf eines Dorsches) *nordostdeutsch für einen Dummkopf, Trottel oder einen sturen, hochnäsigen Kerl.* Weniger gebräuchlich ist die kurze Form „Pomuchel". Auch der aus Kinderbüchern und dem Fernsehen bekannte „Pumuckl" gehört hierher. Gestalt gewann das Schimpfwort schon 1863/64 in Fritz Reuters Romanfigur des neureichen, skrupellosen Gutsherrn Samuel Pomuchelskopp aus dem Buch UT MINE STROMTID.
Vgl.: → -kopf (-kopp).

Poofer (Pofer)
besonders jugendsprachlich für einen faulen, verschlafenen Menschen; Schlafmütze.
Vgl.: Poofke (norddeutsch).

Popanz
(ursprünglich eine Schreckgestalt, oft in Form einer ausgestopften Puppe) *willenloser, von anderen völlig abhängiger Mensch.* „Sie sind ein wandelnder Popanz!" (Abgeordneter Schreiner von der SPD über den deutschen Umweltminister Töpfer von der CDU, 1987).

Pope
(eigentlich ein orthodoxer Geistlicher) *geringschätzig für einen Geistlichen.*

Popel
(eigentlich ein Stück fest gewordener Nasenschleim) *landschaftlich für 1. einen unbedeutenden, mickrigen, armseligen Menschen. 2. ein (schmutziges) kleines Kind.* Bekannt ist der Anti-Werbespruch „Jeder Popel fährt 'nen Opel."
Vgl.: feiner Popel (wie → feiner Pinkel), → Nasenpopel.

Popelfresser
ein seltenes derbes Schimpfwort für einen Menschen, dem man zutraut, daß er vor lauter Geiz seine Nasenpopel frißt. Ähnliche Wörter gibt es in Dialekten, etwa den Kölner „Mömmesfresser".
Vgl.: → Fresser, → -fresser.

Popper
(zu „Pop") *veraltend für einen Jugendlichen, der ein betont gepflegtes Outfit mit modischer Kleidung zur Schau stellt und dadurch angepaßt und elitär wirkt.* Für Anhänger anderer Jugendgruppenstile wie Rocker, Skins, Punks usw. ist der Popper ein Spießer und erbärmlicher Angeber. Es kursieren Sprüche wie „Haut die Popper platt wie Whopper!" oder „Hast du fünf Minuten Zeit, hau dir einen Popper breit!"

Populist
(zu lateinisch „populus" = Volk) *Vertreter einer opportunistischen, oft demagogischen Politik, die Stimmungen der Volksmassen aufgreift und durch Vergröberung und dramatische Zuspitzung wirkt.*
Vgl.: → -ist, Rechtspopulist.

Pornograph
(zu griechisch „porne" = Hure, „graphein" = schreiben) *oft emotional abwertend für einen Verfasser, Hersteller pornographischer, obszöner Erzeugnisse (ohne nennenswertes künstlerisches Niveau).* Eine witzig gemeinte Verdrehung des Wortes Pornograph liefert „Graf Porno", eine Filmfigur, die mitsamt „Gespielinnen" durch diverse frühe Softsexfilme geistert. Anaïs Nin dagegen, die Kultautorin vieler Frauen, sei nur „eine halbherzige Pornographin", fand die ZEIT (April 1994).
Vgl.: Porkograph (Wortspiel aus lateinisch „porcus" = Schwein), Pornogräfin (Wortspiel).

Portion s. halbe Portion

Portokassenjüngling
(vielleicht weil sein Lohn so gering ist, daß er aus der Portokasse bezahlt werden kann) *veralteter Spott für einen jungen und unerfahrenen Mann, Lehrling.*
Vgl.: → Jüngling, → -ling, Portokassenbubi.

Posaunenengel
(eigentlich Darstellung eines Engels mit Posaune) *scherzhaft-spöttisch für einen pausbäckigen Menschen, besonders ein Kind.*
Vgl.: → Blasengel, Pusteengel.

Poseur
(französisch) *bildungssprachlich für einen Wichtigtuer, Angeber, Blender.* „Piloten, Prügler, Poseure – ohne schwarze Lederjacke stünden sie im Hemd." (SPIEGEL, März 1994).

Possenmacher = Possenreißer

Possenreißer
leicht abwertend für einen derben Spaßmacher, Witzbold.
Vgl.: Possenmacher, Possentreiber.

Pöstchenschieber (Postenschieber)
jemand, der Schieberei mit guten Posten betreibt. „Alles Filzokraten und Postenschieber", urteilte 1989 der FDP-Abgeordnete Josef Grünbeck über die CSU.
Vgl.: Postenschacherer, → Schieber.

Postenjäger
jemand, der guten Posten nachjagt; ein rücksichtsloser Stellenbewerber.
Vgl.: → Ämterjäger, → -jäger, Pöstchenjäger, Sesseljäger (schweizerisch), Stellenjäger.

Potentat
(aus lateinisch „potentatus" = Macht, Oberherrschaft) *bildungssprachlich abwertend, manchmal spöttisch für einen Machthaber, Herrscher.* „Der mächtige Suhrkamp-Potentat Siegfried Unseld" (ZEIT, März 1995).

Potenzprotz
ein Mann, der mit seiner Potenz prahlt.
Vgl.: → Protz (Protzer), → -protz, → Sexprotz (Sexualprotz).

-pott
(Pott ist das norddeutsche Wort für „Topf") *Im Norden Deutschlands und im Ruhrgebiet gibt es eine ganze Reihe traditioneller Schimpfwörter auf „-pott". Sie bezeichnen meistens einen Mann von unangenehmem Wesen.*
Vgl.: Doofpott, Drögepott (langweilig), Jammerpott, Kneisterpott (mürrischer Kerl), Knotterpott (Nörgler), Knurrpott, Kunkelpott (Klatschmaul), Meckerpott, Muckelpott (griesgrämig), Nölpott, → Quengelpott, → Sauertopf (Sauerpott), Senfpott („gibt seinen Senf dazu"), Stinkpott, → Teepott, → Topf, Tranpott (langweilig).

Pottkieker
(„Pott" = Topf, „kieken" = gucken) *nord- und westdeutsch 1. scherzhaft, oft tadelnd für einen Menschen, der neugierig in die Töpfe guckt, um zu sehen, was es zu essen geben wird. 2. in übertragener Bedeutung Scheltwort für einen neugierigen, indiskreten Menschen.* „Johannes Pottkieker" war das Pseudonym eines sehr populären Kolumnisten, der 30 Jahre lang (bis 1945) Alltagsgeschichten für die ESSENER VOLKSZEITUNG schrieb.
Vgl.: Kiek-in-de-Pott, Pöttenkieker, → Topfgukker, → Topfkieker (Toppkieker).

Pottlecker (Pottlicker)
(wörtlich: Topflecker) *norddeutsch für eine Naschkatze, ein Leckermaul.*
Vgl.: → Lecker, → Tellerlecker.

Pottsau
(meint eigentlich die im Dreck sich suhlende Sau) *derbes Schimpfwort für 1. einen sehr schmutzigen, ungepflegten Menschen. 2. eine Person mit üblem, niederträchtigem Charakter.*
Vgl.: → Sau, → -sau.

Pottschrapper
(von „schrappen" = schaben, kratzen) *jemand, der so geizig ist, daß er die Töpfe auskratzt; auch für einen Habenichts.*
Vgl.: → Schrapper.

Poussage
(zu französisch „pousser" = drücken, stoßen) *meist abwertend für eine Geliebte.*
Vgl.: Poussade (veraltet).

Poussierstengel
(„Stengel" ist hier vielleicht eine Anspielung auf den Penis) *veraltend spöttisch für einen (jungen) Mann, der viel flirtet, mit Mädchen poussiert.*
Vgl.: Poussierhengst, Poussierlappen (selten).

Pracher
norddeutsch für einen zudringlichen Bettler.
Vgl.: Pracherpack.

Prahler
jemand, der viel prahlt, großtut, sich rühmt, wichtig macht; Großsprecher. „Großer Prahler, schlechter Zahler!" heißt es im Sprichwort.
Vgl.: → -ler.

Prahlhans
jemand, der gern prahlt; Angeber, Großtuer; selten für eine weibliche Person. „O du heilloser, erbärmlicher Prahlhans!" hört man in Schillers Drama DIE RÄUBER, und Abraham a Sancta Clara (1644 – 1709) reimte:

„Die Pforte im Himmel ist klein,
Es kann kein Prahlhans hinein."

Vgl.: → Hans, → -hans.

Pranzer
nord- und ostdeutsch für jemanden, der gern prahlt, angibt.

Prasser
(wahrscheinlich lautmalenden Ursprungs im Sinne von „prutzeln, braten") *ein Schlemmer, Verschwender; jemand, der in Saus und Braus lebt.*

Prediger
oft geringschätzig wie die Wörter Tugend- oder Moralprediger verwendet für einen Menschen, der andere in aufdringlicher, belehrender Weise ermahnt o. dergl. In den Redeprotokollen des Deutschen Bundestages findet man auch Varianten wie „Hofprediger" oder „Wanderprediger".
Vgl.: → Moralprediger, → Sittenprediger, → Tugendprediger.

Preistreiber
abfällig für jemanden, der die Preise hochschraubt, Waren verteuert.
Vgl.: → Treiber.

Preller
jemand, der einen anderen prellt, um sein Geld bringt; Betrüger.
Vgl.: → Zechpreller.

Premierentiger
spöttisch für einen Theaternarren, der bei keiner Premiere zu fehlen scheint.
Vgl.: → -tiger.

Presser
eine veraltete, selten gewordene Bezeichnung für einen Menschen, der andere drängt, zu etwas zwingt.

Preuße
(eigentlich ein Einwohner von Preußen; weibliche Form: Preußin) *1. veraltend für jemanden, der betont pflichtbewußt, streng und überkorrekt auftritt, wie es früher für preußische Soldaten und Staatsdiener als typisch angesehen wurde. 2. in Bayern und Österreich eine geringschätzige Bezeichnung oder ein Schimpfwort für einen Menschen, der nördlich der Mainlinie zu Hause ist, im engeren Sinn für einen Norddeutschen mit gewissen ungemütlichen Eigenheiten wie lautes, schnelles, hochdeutsches Sprechen und maßlose Arroganz.* Nach Reinhold Aman, der in seinem BAYRISCH-ÖSTERREICHISCHEN SCHIMPFWÖRTERBUCH den schrecklichen „Braissn" mit großer Leidenschaft beschreibt, trage dieser „leider gerne bayrisch-österreichische Volkstracht" und sei an dem Ausdruck „Na machense schon, Mann!" erkennbar. Historische Gründe für die alten Ressentiments liegen im Dualismus zwischen Österreich und Preußen und in der preußischen Vorherrschaft nach 1866. Auch für die Franzosen war „La Prusse", der „Pickelhauben-Preuße", die Personifizierung des aggressiven und arroganten Deutschen. Ein bekannter Marterlspruch aus Bayern lautet:

„Hier liegen unter Schnee und Eis
ein braver Bayer und a Preiß.
Bet' für den Bayern, Wandersmann,
der Preiß geht dich ein Schmarrn an."

Vgl.: „Preuße mit mildernden Umständen" (scherzhaft: Rheinländer), Preußengesindel, Preußenhammel, Preußenkopf, → Saupreuße (Saupreiß), Stockpreuße.

Primadonna
(italienisch „prima donna" = erste Dame; eigentlich die Darstellerin der weiblichen Hauptrolle in der Oper) *verwöhnter, hochempfindlicher, launischer Mensch, der Allüren hat, wie man sie bei einer Operndiva erwartet.* Die LEIPZIGER VOLKSZEITUNG sprach anläßlich des 65. Geburtstages der

ostdeutschen Erfolgsschriftstellerin Christa Wolf von der „Primadonna dolorosa der DDR-Literatur".

Vgl.: → Donna, Primatonna (Wortspiel: dick, rundlich).

Primel

(eigentlich eine Frühlingsblume) *landschaftlich selten für ein schüchternes junges Mädchen oder eine eingebildete Person.*

Primelkopp (Primelkopf)

jugendsprachlich für einen törichten, dümmlichen Menschen.

Vgl.: → -kopf (-kopp).

Primeltopf

(wohl nach der Redensart „grinsen wie ein Primeltopf") *besonders berlinisch für einen einfältigen Menschen.*

Vgl.: → Topf.

Primitivling

ein primitiver, ungebildeter, ungesitteter Mensch.

Vgl.: → -ling.

Prinzessin auf der Erbse

(eigentlich die Titelfigur eines Märchens von Hans Christian Andersen, in dem eine Prinzessin ihre Feinfühligkeit und adlige Herkunft damit unter Beweis stellt, daß sie durch mehrere Matratzen hindurch eine einzelne Erbse spürt) *Tadel oder gutmütige Verspottung einer übermäßig empfindsamen, zimperlichen Person; vor allem zu jungen Mädchen gesagt.*

Vgl.: Erbsenprinzessin, Prinz auf der Erbse (selten).

Prinzipienreiter

jemand, der kleinlich und stur auf Einhaltung von Prinzipien beharrt; Rechthaber.

Prise (Prislein)

in Süddeutschland für eine fade, empfindliche, hochmütige weibliche Person; auch allgemein für einen komischen, schwierigen Menschen.

Vgl.: -chen (-lein), Prischen.

Pritsche

(eigentlich eine einfache, schmale Liege aus Brettern) *derbes Schimpfwort für 1. eine Prostituierte; ein leichtes Mädchen. 2. eine unangenehme, freche weibliche Person.*

Vgl.: alte Pritsche, Mistpritsche, Offizierspritsche, Zipfelpritsche (vulgär: böses Weib).

„Privatdozentin"

eine ironische Bezeichnung für eine „freischaffende" Prostituierte; Callgirl.

Professor s. zerstreuter Professor

Profilneurotiker

jemand, der an einer Profilneurose leidet, der aus Angst, zu wenig zu gelten, krampfhaft versucht, sich zu profilieren.

Vgl.: → Neurotiker.

Profiteur

(französisch; aus lateinisch „profectus" = Zunahme, Vorteil) *abschätzig für jemanden, der Profit aus etwas zieht; Nutznießer.*

Vgl.: Profitchen (geldgierig), Profitti.

Profitgeier

gewinnsüchtiger, habgieriger Mensch. PROFITGEIER hieß auch die „erste deutsche Rock-Oper" der Gruppe „Floh de Cologne", die im Jahre 1970 in Essen uraufgeführt wurde.

Vgl.: → Geier, Profitgieker (fränkisch), Profithyäne.

Profitjäger

jemand, der auf materiellen Gewinn versessen ist, der dem Profit förmlich nachjagt.

Vgl.: → -jäger.

Profitler

gewinnsüchtiger Mensch, Profiteur. „Der Profitler sagt Heil Hitler!" reimte der Volksmund vor dem Krieg.

Vgl.: Kriegsprofitler, → -ler.

Profitmacher

jemand, der aus allem Profit macht; Profiteur.

Vgl.: → -macher, Profitchenmacher, Profitmichel (beides selten).

Progressist (Progressivist)
(zu lateinisch „progredi" = fortschreiten) *bildungssprachlich abschätzig für einen übertrieben fortschrittlichen, fortschrittsgläubigen Menschen.*
Vgl.: → Fortschrittler, → -ist.

Projektemacher (Projektenmacher)
(zu lateinisch „proicere" = vorwärtswerfen) *geringschätzig für jemanden, der andauernd etwas plant und vorbereitet, aber kaum etwas davon in die Tat umsetzt.*
Vgl.: → -macher, → Plänemacher.

Prolet
(Kurzform von → Proletarier) *ein ungebildeter, ungehobelter Kerl; Mensch ohne Umgangsformen.* Bertholt Brecht deutete diese abfällige Bewertung im folgenden Vers nur an:

„Und weil der Prolet ein Prolet ist,
Drum wird ihn kein andrer befrein."

Vgl.: Konsumprolet, Kulturprolet, Schreibtischprolet (kleiner Büroangestellter), → Stehkragenprolet (Stehkragenproletarier).

Proletarier
(zu lateinisch „proles" = Nachkomme; ursprünglich also jemand, der dem Staat nur mit seiner Nachkommenschaft dient; im marxistischen Sprachgebrauch ein Lohnarbeiter ohne Besitz an Produktionsmitteln) *gelegentlich abfällig verwendet im Sinne von → Prolet.*
Vgl.: → Lumpenproletarier, Provotarier (Neubildung: provozierender Jugendlicher), → Stehkragenprolet (Stehkragenproletarier).

Proli = Prolo (Proll)

Prolo (Proll)
jugendsprachlich für einen ungehobelten, primitiven Menschen; Prolet. Beide Wörter sind oder waren unter → Poppern und → Schickimickis üblich zur Beschimpfung aller jugendlichen Nicht-Popper und Nicht-Schickimickis. Der Kabarettist Tom Gerhardt bezeichnet sich selbst als „Deutschlands Proll-Komiker Nummer eins". „Promi wird sofort bedient, Prolo wartet!" berichtete die schweizer WELTWOCHE über das Münchner Edellokal „Emmeransmühle" (Dezember 1993).
Vgl.: Proli, Prolli, Prollo (Varianten), Prolo-Kids.

Promenadenmischung
(eigentlich ein nicht reinrassiger Hund) *verächtlich für ein uneheliches Kind oder einen Mischling.*

Promillesünder
ein Verkehrsteilnehmer, der die Promillegrenze überschritten hat und unter Alkoholeinfluß fährt.
Vgl.: → Alkoholsünder, → Sünder, → -sünder, → Verkehrssünder.

Propagandist
(zu lateinisch „propagare" = ausbreiten, fortpflanzen) *oft geringschätzig für jemanden, der Propaganda treibt, der agitiert.*
Vgl.: → -ist, Propagandamacher (selten).

Prophet s. falscher Prophet

Proppen
(eigentlich ein Pfropfen) *norddeutsch für einen kleinen Kerl, ein Bürschchen oder einen untersetzten Menschen.*
Vgl.: kleiner Proppen, Pfropfen, → Wonneproppen.

Prosaiker
ein prosaischer, nüchterner, phantasieloser Mensch.

Proselyt
(von griechisch „proselytos" = Hinzugekommener) *geringschätzig für einen Neubekehrten oder einen Überläufer.*

Proselytenmacher
bildungssprachlich für jemanden, der aufdringlich für einen Glauben oder eine Meinung wirbt.
Vgl.: → -macher.

Protegé
(französisch; von „protéger" = schützen, beschützen) *eine bildungssprachliche oft abschätzige Bezeichnung für eine Person, die protegiert, bevorzugt, begünstigt wird.*

Protektionskind
abfällig, auch ironisch für einen → Protegé, Günstling.
Vgl.: → Kind.

Protestler
oft geringschätzig für jemanden, der (öffentlich) protestiert.
Vgl.: → -ler.

Proteus (Proteusnatur)
(nach dem griechischen Meeresgott Proteus, von dem Homer berichtet, daß er sich in alles verwandeln konnte, was auf Erden webt und lebt) *ein wetterwendischer, unsteter Mensch.*

Protz (Protzer)
(ursprünglich eine Kröte; wohl nach der Eigenschaft des Tieres sich aufzublähen) *Wichtigtuer, Angeber, plumper Prahler; jemand, der etwas aufdringlich zur Schau stellt.*
Vgl.: Familie Protz.

-protz
abfällig für eine Person, die mit einer bestimmten Sache oder auf eine bestimmte Weise protzt.
Vgl.: → Bildungsprotz, Energieprotz, → Geldprotz, Großprotz, → Knallprotz, → Knatterprotz, → Kraftprotz, Kulturprotz, Machtprotz, Männlichkeitsprotz, → Muskelprotz, → Potenzprotz, PS-Protz, → Sexprotz (Sexualprotz), Tugendprotz.

Provinz-
produktives Wortbildungselement zur Verspottung von Personen, die für provinziell, für kleingeistig und niveaulos gehalten werden (und vom Land oder aus der Kleinstadt stammen). Fast durchwegs sind Berufsbezeichnungen damit verknüpft oder solche Wörter, die selbst bereits eine Abwertung bedeuten. Für den SPIEGEL ist der bayrische Ministerpräsident Stoiber ein „Provinzpolitiker" und Rudolf Scharping von der SPD ein „steifer Provinzheld" (Oktober 1994).
Vgl.: → Dorf-, Kleinstadt-, Provinzbewohner (kaum abwertend), Provinzcasanova, Provinzei (engstirnig), Provinzgockel, Provinzgröße, Provinzlöwe, Provinznudel, Provinzpflanze, Provinzreporter, Provinzschauspieler, Provinzschnalle, → Vorstadt-.

Provinzfürst
zumindest seit Mitte der 80er Jahre ein häufiges Spottwort der Presse für einen Ministerpräsidenten eines deutschen Bundeslandes. Da ist beispielsweise von „schwarzen Provinzfürsten" die Rede.
Vgl.: → -fürst, Länderfürst.

Provinzialist
Provinzbewohner; jemand von kleinbürgerlicher, engstirniger Haltung.
Vgl.: → -ist, Provinzialer.

Provinzler
abschätzig, mitunter verächtlich für einen Provinzbewohner; kleingeistiger, rückständiger Mensch vom Land. „Sie Provinzler!" (Herbert Wehner zum Abgeordneten Haberl von der CDU/CSU, 1979).
Vgl.: Dörfler (schwächer), → -ler.

Provinzonkel
ein komisch und provinziell wirkender Mann vom Land.
Vgl.: → Onkel, → -onkel.

Provo
(Kurzform von → Provokateur; ursprünglich die Bezeichnung für einen Angehörigen einer 1965 entstandenen, von Amsterdam ausgehenden antibürgerlichen Protestbewegung von Jugendlichen und Studenten) *besonders jugendsprachlich oft abschätzig für einen jugendlichen Provokateur, meist im Rahmen organisierter Randale bei Demonstrationen und anderen Massenveranstaltungen.*
Vgl.: Provotarier (in Anlehnung an das Wort Proletarier).

Provokateur
(zu lateinisch „provocator" = Herausforderer) *bildungssprachlich für einen Aufwiegler, Hetzer.* Der SPIEGEL (Januar 1994) bezeichnete Marcel Reich-Ranicki recht provozierend als „Berufsprovokateur".
Vgl.: Agent provocateur (Lockspitzel), Provokant (veraltet).

Provotariat
(Neubildung; dem Wort → Proletariat nachgebildet) *seltene bildungssprachliche*

Bezeichnung für die Gesamtheit der provozierenden Jugendlichen und Studenten.
Vgl.: Provotarier.

Prozeßhansel
(ursprünglich bayrisch) *jemand, der wegen jeder Kleinigkeit einen Prozeß führt.*
Vgl.: → Hansel, → -hansel, → Streithansel.

Prozeßkrämer
geringschätzig für jemanden, der gern und oft prozessiert.
Vgl.: → Krämer, → -krämer.

Prügeljunge = Prügelknabe

Prügelknabe
(offenbar früher ein Knabe aus dem Volk, der zusammen mit Fürstensöhnen erzogen wurde und bei Bedarf die Prügel abbekam, die diesen zugedacht waren) *jemand, der für Fehler und Verschulden anderer getadelt, bestraft wird; Sündenbock.* „Ich war immer der Prügelknabe der Nation!" jammerte Herbert Wehner 1980, und der SPIEGEL verriet im November 1994, daß die meisten Gegner der neuen deutschen Boxchampions „schlecht bezahlte Prügelknaben" sind. Hier erhält das Wort allerdings eine neue Nuance.
Vgl.: → Knabe, Prügeljunge.

Prügler
abschätzig für einen Schläger; prügelnden Erzieher.
Vgl.: → -ler, Prügelpauker (veraltend), Prügelvater.

Pseudo
(zu griechisch „pseudein" = belügen, täuschen) *vorwiegend jugendsprachlich für jemanden, der etwas vorgibt, vortäuscht, einen Hochstapler.*

Pseudo-
abschätzig für einen Menschen, der etwas Bestimmtes vortäuscht, etwas nur zu sein scheint. „Sie Pseudohistoriker!" rief der deutsche Abgeordnete Stratmann von den Grünen 1984 Bundeskanzler Kohl zu, und Briefs von der PDS/Linke Liste versetzte dem Grafen Lambsdorff von der FDP: „Pseudoliberaler!"
Vgl.: Pseudochrist, Pseudodemokrat, Pseudo-Intellektueller, Pseudophilosoph, Pseudowissenschaftler, → Schein-.

Pseudograph
(zu griechisch „graphein" = schreiben) *veraltet für einen Schriftfälscher.*

Psycho
(wohl eine Kurzform von Psychopath; zu griechisch „psyche" = Lebenshauch, Seele) *jugendsprachlich abschätzig für einen närrischen, exaltierten oder verrückten Menschen.*
Vgl.: Psycho-Freak (verrückt oder psychologisierend).

Psychopath
(zu griechisch „pathos" = Leiden; eigentlich ein psychologischer Fachausdruck) *bildungssprachlich oft als Schimpfwort für einen seelisch gestörten Menschen mit abnormen Verhaltensweisen.*
Vgl.: → Soziopath.

Psychotiker
(Fachterminus für einen Menschen, der an einer Psychose leidet) *gelegentlich wie → Psychopath verwendet.*
Vgl.: Psychot (jugendsprachlich).

Pudding
von der schwabbligen kalten Süßspeise auf den Menschen übertragen für eine fette und schlaffe Person.
Vgl.: Schwabbelpudding, Wackelpudding.

Pudel
(eigentlich eine Hunderasse mit krausem Haar) *1. studenten- und schülersprachlich scherzhaft-spottend für einen Hausmeister o.dergl., beeinflußt von „Pedell". 2. Mensch mit gekräuselten oder schlecht frisierten Haaren. 3. liederliche weibliche Person.*
Vgl.: → begossener Pudel.

Pufflouis
(zu umgangssprachlich „Puff" = Bordell und dem französischen Vornamen Louis = Ludwig) *derb, meist abschätzig für einen Zuhälter, Schlepper, Angestellten eines Bordells.*
Vgl.: → Louis (Lui).

Puffmutter
salopp abwertend für die Besitzerin oder Leiterin eines Bordells; übertragen auch für eine geschmacklos herausgeputzte ältere Frau.
Vgl.: Hurenmutter, Hurenwirtin.

Pülcher
österreichisch für einen Landstreicher, Strolch, Taugenichts.
Vgl.: Pilger (Nebenform).

Pulcinell (Pulcinella), der
(eigentlich die Figur des komischen Dieners in der Commedia dell'arte) *norddeutsch für einen närrischen Menschen; Hanswurst.*

Pulverkopf
ein leicht aufbrausender, jähzorniger Mensch.
Vgl.: → -kopf (-kopp), Pulverköppe (Militärjargon: Artilleristen).

Pummel (Pummelchen)
gutmütiger Spott für eine dicke, dralle, rundliche Person, meist ein Kind oder junges Mädchen.
Vgl.: → -chen (-lein).

Pumpel
dicklicher, plumper Mensch.

Pumpernickel
(von landschaftlich „Pumper" = Furz; heute auch eine dunkle, süßlich schmeckende Brotsorte) *ein altes Schimpfwort für 1. einen ungehobelten (furzenden) Menschen; Flegel. 2. eine kleine, dicke Person, ein pummeliges Kind.* In Andreas Tharaeus WEIBERSPIEGEL von 1628 liest man:

„Ach hett ich doch zu dieser Zeit,
Als mich mein Pumpernikel freit,
Genommen einen Bettelmann ..."

Vgl.: → Nickel, → -nickel.

Pumpgenie
ironisch und meist abschätzig für jemanden, der es hervorragend versteht, andere Menschen anzupumpen. Eine Musikerbiographie von Hanjo Kesting (Frankfurt 1993) hat den Titel DAS PUMPGENIE. RICHARD WAGNER UND DAS GELD.
Vgl.: → „Genie".

Pumpier
(mit französischer Endung wie bei „Bankier") *ein Mensch, der sich ständig Geld pumpt; Schuldenmacher.*

Pumuckl = Pomuchelskopp

Punker (Punk)
(aus gleichbedeutend englisch-amerikanisch „punk", eigentlich = Abfall, Mist) *eine veraltende, oft abwertende Bezeichnung für einen Vertreter einer antibürgerlichen Protest- oder Modebewegung von Jugendlichen mit rüdem, provozierendem Auftreten und Outfit (grellgefärbte Haare, zerrissene Kleidung, Sicherheitsnadeln im Ohr oder sonstwo), die Ende der 70er Jahre aufkam.* Von Normalbürgern und Anhängern anderer Jugendstile wird die Bezeichnung „Punker" abfällig verwendet. In der Jugendszene kursierten verschiedene Sprüche wie: „Das Haar ist bunt, das Hirn ist krank – was kann das sein? Ein Punk!"

Punktelieferant
spöttische Vokabel aus dem Jargon der Sportfreunde für eine Mannschaft, die immer wieder verliert und viele viele Punkte abgibt; auch für einen einzelnen Sportler.

Pupe (Pupenjunge)
abwertend für einen Homosexuellen, besonders für einen Strichjungen.

Puper
(zu vulgär „pupen" = laut furzen) *1. wie → Pupe für einen Homosexuellen. 2. unfähiger oder auch prahlerischer Mensch.*
Vgl.: → Kissenpuper (Beamter, Büromensch), Pupser, → Sesselpuper (Sesselpupser).

Püppchen
(eigentlich eine kleine Puppe; auch Kosewort für Mädchen) *geringschätzig für ein niedliches, herausgeputztes Mädchen; eine hübsche, aber oberflächliche junge Frau, die viel Wert auf Äußerlichkeiten legt.* Ludwig

Börne (1786 – 1837) gebrauchte das Wort so: „... ein Püppchen von achtzehn Jahren will mir etwas abgewöhnen, einem Mann von gesetztem Charakter!"
Vgl.: → -chen (-lein), → Luxuspuppe (Luxuspüppchen), → Modepüppchen, Porzellanpüppchen (selten: empfindlich, etepetete), Puppchen (orthographische Variante), Zierpüppchen, → Zuckerpuppe (Zuckerpüppchen).

Puppe
1. *unselbständige, von anderen abhängende Person; von der Marionette übertragen.* 2. *oft abschätzig für ein geziertes hübsches Mädchen, eine puppenhaft wirkende Frau.*
Vgl.: Barbie-Puppe (selten), → Luxuspuppe (Luxuspüppchen), → Modepuppe, → Zierpuppe, → Zuckerpuppe (Zuckerpüppchen).

Puppengesicht
eine (weibliche) Person mit einem Puppengesicht: hübsch, aber ausdruckslos.
Vgl.: → -gesicht.

Puppet, das
(englisch; eigentlich eine Marionette, Drahtpuppe) *Handlanger, unselbständiger Mensch, Marionette.*

Pupser = Puper

Purist
(zu lateinisch „purus" = rein) *Verfechter eines oft übertriebenen Strebens, die Muttersprache von fremdsprachlichen Einflüssen freizuhalten; Fremdwörterfeind; auch übertragen verwendet.*
Vgl.: → -ist, Sprachpurist.

Puritaner
(ursprünglich ein Vertreter einer protestantischen Erneuerungsbewegung im England des 16. und 17. Jahrhunderts) *ein äußerst sittenstrenger, moralistischer und betont einfach lebender Mensch.*

Pussierstengel = Poussierstengel

Pute
(eigentlich eine Truthenne) *dumme, eingebildete, lächerliche weibliche Person: du dumme, alberne, dämliche, aufgeblasene, eingebildete Pute.*

Puttchen
(Verkleinerung von „Putte" = Figur eines nackten kleinen Kindes, besonders im Barock) *unselbständige, hilflos erscheinende weibliche Person, vor allem ein kleines Mädchen.*
Vgl.: → -chen (-lein).

Püttjer
(eigentlich ein Töpfer) *norddeutsch für einen übergenauen, umständlichen Menschen; Kleinigkeitskrämer.*
Vgl.: Püttjerhannes (selten).

Putz = Butz (Butze)

Putzemännchen
(Verkleinerung des Namens des Hauskobolds Butzemann, wobei auf das Putzen angespielt wird) *spöttisch für einen Mann, der Hausarbeit verrichtet, der putzen muß.*
Vgl.: → Butzemann, → -chen (-lein), → Männchen (Männlein).

Putzlumpen
1. *schlapper, unselbständiger Mensch; Waschlappen.* 2. *selten für ein liederliches Weib.*
Vgl.: Putzlappen.

Putzteufel
eine Frau, die vom sprichwörtlichen Putzteufel besessen, die putzsüchtig ist.
Vgl.: Putzaffe, Putzdrachen, Putzgretel, Putzliese, Putznarr, Scheuerteufel, → Teufel, → -teufel.

Pygmäe
(eigentlich ein Angehöriger einer zwergwüchsigen afrikanischen Menschenrasse; nach griechisch „Pygmaios" = Mensch eines Volks in Homers ILIAS) *seltene Spottbezeichnung für einen sehr kleinen, gänzlich unbedeutenden Menschen.* Steffen Heitmann, Kanzler Kohls Wunschkandidat für das Amt des Bundespräsidenten, sei ein „politischer Pygmäe", schrieb 1994 ein SPIEGEL-Leser. Auch Strauß und Ex-Bundeskanzler Helmut Schmidt pflegten politische Widersacher gerne als „Zwerge" oder „Pygmäen" zu verunglimpfen.

Q

Ochsastoffel

Quack
(Herkunft vielleicht von „kack“ = federlos bei Vogeljungen) *landschaftlich abfällig für eine sehr junge oder sehr kleine Person.*
Vgl.: kleiner Quack, Nestquack, Quackelchen (Nesthäkchen).

Quackeler (Quackler)
(zu „quaken“) *besonders norddeutsch für einen Quatschkopf; Nörgler.*
Vgl.: → -ler, Quackbüdel (Jammerlappen), Quakke, Quackel, Quackelkopp.

Quackelfritze
ein seltenes norddeutsches Scheltwort für eine quackelnde, also quatschende oder nörgelnde männliche Person.
Vgl.: → Fritze, → -fritze, Quackelhans.

Quackelliese
ein seltenes norddeutsches Scheltwort für eine quackelnde weibliche Person.
Vgl.: → Liese, → -liese, Quackelsuse.

Quacksalber
(zu „kwacken“ = schwatzen, prahlen; demnach eigentlich ein marktschreierischer Salbenkrämer) *verächtliche Berufsschelte für einen unfähigen Arzt, einen Kurpfuscher.*

Quadrat-
Das Grundwort ist in fast allen Fällen selbst ein Schimpfwort und wird in der Zusammensetzung verstärkt. Eine plausible Spontanbildung fiel 1986 dem deutschen SPD-Abgeordneten Reuter ein. Er bezeichnete nämlich Walter Wallmann von der CDU als „Quadratschlitzohr“.
Vgl.: Kubik-, Quadratdepp, Quadratlackel, Quadratochse, Quadratsäckel (schwäbisch), Quadratsau, Quadrattratsche (selten).

Quadratarsch
1. Steigerung des Schimpfworts Arsch. 2. ein Mensch mit sehr breitem Hinterteil.
Vgl.: → Arsch, → -arsch.

Quadratdackel
Steigerung des schwäbischen Lieblingsschimpfworts → Dackel für einen dummen, tolpatschigen Menschen.

Quadratesel
Verstärkung von „Esel“ für einen besonders blöden Menschen oder einen, der gerade eine große Dummheit begangen hat.
Vgl.: → Esel, Kubikesel.

Quadratratsche
eine vorwiegend bayrische Steigerung des Schimpfworts → Ratsche für eine schwatzhafte, klatschsüchtige Person; meistens zu Frauen gesagt.

Quadratschädel
(eigentlich eine scherzhafte Bezeichnung für einen massiven, eckigen Kopf) *starrsinniger Mensch, Dickkopf; seltener für eine Person mit einem Quadratschädel.*
Vgl.: → -schädel.

Quadratschnauze
(eigentlich das Mundwerk des Viel- und Großsprechers) *abfällig für einen Schwätzer, ein Großmaul.*
Vgl.: → -schnauze.

Quadratsimpel
besonders südwestdeutsch als Steigerung von → Simpel für einen dämlichen, törichten Menschen.

Quadutter, der
(vielleicht vom lateinischen „coadiutor“ = Amtsgehilfe) *vorwiegend hessisch für 1. einen kleinen, dicklichen Mann, Jungen: ein kleiner Quadutter. 2. einen Nörgler; frechen Jun-*

gen. Nach Friedrich Stoltze ist der Quadutter ein „putzig-patziger Kerl".

Quäke = olle Quäke (alte Quäke)

Quaksack
(vom Quaken der Frösche; lautmalend) *landschaftlich für einen unangenehm sprechenden, klagenden oder einfach nur dumm daherredenden Menschen; auch für ein quengelndes Kind.*
Vgl.: → Sack, → -sack.

Quäler
jemand, der andere quält, peinigt, mißhandelt. Nikolaus Lenau dichtete 1880:

„Thut man Kindern was zu leide,
Fliehn zur Mutter sie voll Schrecken,
Sich in ihrem Faltenkleide
Vor dem Quäler zu verstecken."

Vgl.: → Kippenquäler, Menschenquäler, → Pinselquäler, → Tierquäler.

Quälgeist
(ursprünglich der „Aufhocker", der die Alpträume des Schlafenden verursacht) *jemand, der andere durch eindringliches Bitten oder Fragen belästigt, der keine Ruhe gibt; meist tadelnd zu einem Kind gesagt.*
Vgl.: → Plagegeist, Quälarsch (selten).

Qualle
(eigentlich ein gallertartiges Meerestier, eine Meduse) *1. ein widerlich weichlicher Mensch. 2. ein charakterloser Schleimer.*
Vgl.: Z-Qualle (Soldatenjargon: Zeitsoldat).

Qualmtute
1. langweiliger Schwätzer; Angeber. 2. ein störender, starker Raucher.
Vgl.: → Tüte (Tute).

Quant
(eigentlich eine kleine Menge; zu lateinisch „quantum" = Menge) *nord- und westdeutsch für einen kleinen Jungen, Pfiffikus, Schelm.*

Quarre
(von „quarren" = quengeln, schnarren; lautmalend) *besonders norddeutsch für 1. ein weinerliches, heulendes Kind. 2. ein zänkisches, nörgelndes Weib.* „Erst die Pfarre, dann die Quarre!" mahnt das Sprichwort und meint damit: Erst einen guten Job und dann den kleinen Schreihals.

Quartalssäufer (Quartalsäufer)
(zu „Quartal" = Vierteljahr) *ein von periodischer Trunksucht Befallener; Gelegenheitssäufer.*
Vgl.: Quartalfresser (selten), → Säufer.

Quartett
(von lateinisch „quartus" = der vierte) *leicht abschätzig oder auch ironisch für eine Gruppe von vier Personen, die gemeinsam etwas (Kriminelles) tun.*
Vgl.: Dealer-Quartett, Diebesquartett, Duo, Quintett (beides seltener in dieser Verwendung), → Trio.

Quasselfritze
landschaftlich für eine männliche Person, die viel dummes Zeug redet.
Vgl.: → Fritze. → -fritze, Quasselhans, Quasselheini, Quasselpeter.

Quasselkopf
quasselnder Mensch; Viel- und Dummschwätzer.
Vgl.: → -kopf (-kopp), Quasselmeier, Quasseltüte.

Quasselstrippe
jemand, der unaufhörlich redet; häufiger zu Frauen gesagt.

Quasseltante
eine quasselnde, geschwätzige Frau.
Vgl.: Quasselbüchse, Quasselliese, → Tante, → -tante.

Quassler (Quasseler)
jemand, der viel quasselt; Dummschwätzer.
Vgl.: → -ler.

Quaterkopp
(von „quatern" = reden, schwätzen) *besonders norddeutsch für einen Schwätzer, Quatschkopf.*
Vgl.: → -kopf (-kopp).

Quatsch-
abfällige Bezeichnungen für einen quatschenden, dummes Zeug redenden Menschen.

Vgl.: Quatschbacke, Quatschkasten (selten), Quatschmeier, Quatschsuse, Quatschtante, Quatschweib.

Quatscher
ein Mensch, der dummes Zeug redet; seltener für jemanden, der etwas ausgeplaudert, verpetzt hat.
Vgl.: Dußligquatscher (beschwatzt und belabert andere).

Quatschkopf
jemand, der immer wieder quatscht; törichter Schwätzer. „... wenn ich Alexanderplatz meine, sage ich Alexanderplatz, und wenn ich Quatschkopf meine, sage ich Becher." So polemisierte Alfred Döblin, der Autor des berühmten Romans BERLIN ALEXANDERPLATZ (1929), über seinen Kollegen Johannes R. Becher. Aus der „Quatschbude", wie das Parlament im Volksmund auch genannt wird, ist dagegen der folgende Streitfall beizutragen. Nachdem der deutsche Abgeordnete Feilcke von der CDU/CSU-Fraktion 1987 im Bundestag seinem Opponenten Schreiner von der SPD ein fröhliches „Herr Kollege Schreier!" zugerufen hatte, gab der empört zurück: „Sie sind ein Kollege Quatschkopf! Aber wirklich, das ist unglaublich!"
Vgl.: → -kopf (-kopp).

Quatschliese
geschwätzige weibliche Person.
Vgl.: → Liese, → -liese, Quatsche (selten), Quatschsuse, Quatschtante, Quatschweib.

Quatschmacher
jemand, der Unfug treibt; Witzbold.
Vgl.: → -macher.

Quatschmaul
landschaftlich derb abwertend für einen → Quatschkopf.
Vgl.: → -maul.

Quatschmichel
landschaftlich für eine quatschende, schwatzhafte männliche Person.
Vgl.: → Michel, → -michel, Quatschpeter.

Quatschtüte
Schwätzer; Spaßvogel, Witzbold.
Vgl.: → Tüte (Tute).

Quecksilber
(Übersetzung des lateinischen „argentum vivum = lebendiges Silber; eigentlich ein flüssiges Schwermetall) *unruhiger, allzu lebhafter Mensch, besonders ein Kind, das nicht stillsitzen kann.*

Quengelarsch
(von „quengeln" = weinerlich bitten, nörgeln) *ein mißmutiger Mensch, ewiger Nörgler.*
Vgl.: → Arsch, → -arsch.

Quengelfritze
vor allem ostdeutsch für eine quengelnde, ständig nörgelnde männliche Person, besonders ein kleiner Junge.
Vgl.: → Fritze, → -fritze, Quengelheini, Quengelpeter (beides selten).

Quengelliese
landschaftlich selten für eine quengelnde, ständig nörgelnde weibliche Person, insbesondere ein kleines Mädchen.
Vgl.: → Liese, → -liese, Quengeltrine.

Quengelpott
norddeutsch für eine nörgelnde, mißmutige Person.
Vgl.: → -pott.

Quengler (Quengeler)
ein wehleidig klagender, nörgelnder Mensch.
Vgl.: → -ler, Quengel, Quengelkopp.

Querkopf
ein eigensinniger, halsstarriger Mensch, der sich nicht einordnet. „Der Querkopf mit den zwei Gesichtern", schrieb die SÜDDEUTSCHE ZEITUNG im November 1993 über Boris Jelzin.
Vgl.: → -kopf (-kopp).

Querschädel
landschaftlich selten für einen → Querkopf.
Vgl.: → -schädel.

Querschläger
(eigentlich ein Geschoß, das abprallt und dabei seine Flugrichtung ändert) *jemand, der sich hartnäckig widersetzt; auch für einen → Quertreiber.* „Heiner Geißler hat sich von einem Vor- und Querdenker zu einem Querschläger entwickelt." So sah das jedenfalls der Chef der bayrischen Staatskanzlei Erwin Huber im März 1995.

Quertreiber
(ursprünglich ein Schiffer, der sein Schiff schlecht steuert und anderen in die Quere kommt) *abschätzig für jemanden, der „sich querlegt", der Pläne und Aktionen anderer hintertreibt.*

Querulant
(zu mittellateinisch „querulare" = klagen, beklagen) *jemand, der an allem etwas auszusetzen hat und dabei kleinlich auf einem oft nur eingebildeten Recht beharrt.*

Quesenkopp
(zu „quesen" = quengeln, nörgeln) *norddeutsch für einen mißmutigen Menschen, Nörgler.*
Vgl.: → -kopf (-kopp).

Queser
norddeutsch für einen Quengler.

Quetsch
(von „quetschen" im Sinne von ausquetschen, verhören) *vor allem in Österreich ein Spottname für einen fragenden, vernehmenden Polizisten, Kriminalbeamten.*
Vgl.: → Poliquetsch, Quetscher.

Quetsche = Zwetsche (Zwetschge)

Quiddje
(fußt auf mittelhochdeutsch „quitteln" = schwatzen) *Spottwort der norddeutschen Küstenbewohner und der Seeleute für einen Binnenländer oder einen Zugereisten. Man unterstellt ihm Redseligkeit und eine gewisse Naivität.*

Quirl
(eigentlich ein Küchengerät zum Rühren) *sehr lebhafter, rastloser Mensch; unruhiges Kind.*
Vgl.: Quirlefanz, Quirlfix (beides selten).

Quisling
(nach dem norwegischen Faschistenführer V. Quisling, der 1945 wegen seiner Zusammenarbeit mit den deutschen Besetzern hingerichtet wurde) *Vaterlandsverräter, Kollaborateur.* 1948 schrieb die TAT in einer „Allslawischen Hymne":

„Lieber Joseph, bitte bringe
Uns die Quis- und Silberlinge,
Denn der Allmacht Deiner Rubel
Unterwirft sich jeder Dubel ..."

Im Februar 1995 betitelte die SÜDDEUTSCHE ZEITUNG einen politischen Kommentar zu den Bestrebungen Moskaus, in Tschetschenien eine Marionettenregierung zu installieren, so: „Gesucht: Quislinge für Tschetschenien".
Vgl.: → -ling, Swissling (seltenes Wortspiel: analoge schweizer Bildung aus dem Jahre 1945).

Quissel (Quisel)
(von niederländisch „kwezelen" = frömmeln) *vor allem rheinisch abfällig für eine scheinheilige ältere Frau; Betschwester.*
Vgl.: Betquissel.

Quotenfrau
oft mißfällig oder spöttisch für eine Frau, die auf Grund der Quotenregelung eine bestimmte Position oder Funktion innehat. Die aus Ostdeutschland stammende Bundesministerin Angela Merkel wurde in der Presse als „Doppel-Quotenfrau" bezeichnet (Ossi + Frau) und die TV-Frau Margarethe Schreinemakers wegen ihrer Orientierung am Massengeschmack als „Einschaltquotenfrau".
Vgl.: Quotenmann, Quoterich (beides Gelegenheitsbildungen).

Quotilde
(Scherzbildung aus „Quote" und „Hilde") *Spott für eine → Quotenfrau.*

R

Woonst

Rabatzmacher
(wahrscheinlich zu polnisch „rabac“ = hauen, schlagen) *jemand, der viel Lärm, Krawall macht; aber auch ein Mensch, der Streit sucht, Stunk macht.*
Vgl.: → Krawallmacher, → -macher.

Rabauke (Rabau)
(zu altfranzösisch „ribaud“ = ausschweifender Mensch) *rüpelhafter, laut und gewalttätig auftretender junger Mann.* In der Form Rabauke ist „Rabau“ um die typisch berlinische Endung (→ Piefke, → Raffke) erweitert. Der russische Nationalist Wladimir Schirinowski ist für die ZEIT (Januar 1994) ein „Rechtsrabauke“, während die FRANKFURTER RUNDSCHAU (November 1993) für den altgedienten Punk-Rocker Iggy Pop den Stabreim „Rabauke der Rockmusik“ findet.

Rabautz (Rabauz)
(seltenere Nebenform von Rabau) *Rüpel, Flegel, roher Kerl.*

Räbchen
(eigentlich ein kleiner Rabe) *landschaftlich für ein wildes, freches, stets zu Streichen aufgelegtes Kind.*
Vgl.: → -chen (-lein).

Rabe
1. frecher kleiner Junge, Tunichtgut. 2. junger Verbrecher, Dieb; wohl nach der Redensart „stehlen wie die Raben“.
Vgl.: → kesser Rabe, → Nachtrabe, Rabenbrut, Rabenjunge, → Unglücksrabe.

Rabenaas
(der bildhafte Vergleich meint zuerst die Leichen der Gehenkten, die den Raben zum Fraß dienen) *grobes Schimpfwort für eine gemeine, hinterhältige Person; landschaftlich auch für ein resolutes, zänkisches Weib.* Bei Goethe als sprechender Eigenname: „Jungfer Rabenas“. Ein bekanntes Kuriosum unter den alten Kirchenliedern ist die sogenannte „Rabenaas-Strophe“, wahrscheinlich eine Parodie aus dem Barock. Thomas Mann hat sie in seinen BUDDENBROOKS verwendet:

„Ich bin ein rechtes Rabenaas,
Ein wahrer Sündenkrüppel,
Der seine Sünden in sich fraß,
Als wie der Rost den Zwippel.
Ach Herr, so nimm mich Hund beim Ohr,
Wirf mir den Gnadenknochen vor
Und nimm mich Sündenlümmel
In deinen Gnadenhimmel.“

Vgl.: → Aas.

Rabeneltern
(Im alten Volksglauben, der sich auch in der Bibel wiederfindet, gelten die Raben als schlechte Eltern. Das Gegenteil ist jedoch richtig; sie sind sehr fürsorglich mit ihrer Brut) *lieblose, hartherzige Eltern, die sich zuwenig um ihre Kinder kümmern.*

Rabenmutter
eine lieblose Mutter, die ihre Kinder vernachlässigt oder schlecht behandelt.
Vgl.: Rabensohn, Rabentochter (beide selten).

Rabenvater
ein liebloser Vater, der sich nicht um seine Kinder kümmert oder sie schlecht behandelt. „Blick hieher, hieher, du Rabenvater – ich soll diesen Engel würgen?“ heißt es in Schillers KABALE UND LIEBE.

Rabenvieh (Rabenviech)
böser, verschlagener, verbrecherischer Mensch.
Vgl.: → Viech, → Vieh.

Rabulist

(zu lateinisch „rabere" = toben) *bildungssprachlich für einen Haarspalter, kleinlichen Wortverdreher.*

Vgl.: → -ist.

„Rächer der Enterbten"

ironisch oder spöttisch für eine Person, die sich als Rächer und Anwalt von Benachteiligten aufspielt. Die seltene umgangssprachliche Wendung stammt wohl aus dem Wortschatz der Abenteuerromane.

Rachsau

vorwiegend in Franken für einen habgierigen oder rachsüchtigen Menschen. Im Mittelfränkischen gibt es auch das gleichbedeutende sonderbare Wort „Rachsuppe".

Vgl.: → Sau, → -sau.

Racker

(ursprünglich norddeutsch = Schinder, Abdecker) *1. Tadel oder gutmütiges Scheltwort für ein lebhaftes Kind, das gern Schabernack, Unfug treibt; Schlingel; auch als „kleiner Racker". 2. veraltet für einen Bösewicht, Taugenichts. 3. im Bayrischen selten auch für einen Mann, der sich (aus Habsucht und Geldgier) „abrackert".* In Christian Dietrich Grabbes Literaturkomödie SCHERZ, SATIRE, IRONIE UND TIEFERE BEDEUTUNG von 1827 wird geschimpft: „Du hämischer, neidischer, kaltlütiger, heimtückischer Rakker!"

Racket, das

(englisch-amerikanisch; eigentlich = Lärm, Radau; Schwindel) *eine Bande von Gangstern, Erpressern, besonders in den USA.*

Racketeer, der

(aus gleichbedeutend englisch-amerikanisch „racketeer"; zu → Racket) *Gangster, Schutzgelderpresser, besonders in den USA.*

Radaubruder

ein Mann, der oft Radau macht, randaliert, Streit sucht.

Vgl.: → Bruder, → -bruder.

Radauflöte

(eigentlich der Name eines lauten flötenförmigen Kinderspielzeugs) *jugendlicher Krawallmacher, laut schimpfender Mensch.*

Vgl.: → Flöte.

Radaumacher

jemand, der viel lärmt oder Streit sucht.

Vgl.: Radaubesen, Radaumütze, Radauschläger (alle selten).

Radautüte

vorwiegend berlinisch für einen → Radaumacher.

Vgl.: → Tüte (Tute).

Rädchen im Getriebe

geringschätzige Bezeichnung für jemanden, der nach der umgangssprachlichen Wendung „nur ein Rädchen im Getriebe ist", der ohne Einfluß und eigene Verantwortung an etwas teilhat.

Vgl.: → -chen (-lein), Rad im Getriebe (selten).

Rädelsführer

(ursprünglich „Rädleinsführer" = Anführer einer Schar von Landsknechten) *Anstifter, Anführer eines Aufruhrs, einer Verschwörung, Meuterei oder dergleichen.*

Radfahrer

verächtlich, auch spöttisch für einen Menschen, der Vorgesetzten gegenüber unterwürfig ist, während er seine Untergebenen schikaniert. Wie der eigentliche Radfahrer duckt er sich nach oben und tritt nach unten. Die beliebte Metapher des subalternen „Radfahrers" hat insbesondere im älteren Jugendjargon einige Ausgestaltung erfahren. Der aggressive Spott zielt dabei meist auf den Streber in der Schule: „Ritter von den goldenen Pedalen", „Mann mit dem goldenen Lenker", „Anwärter auf den goldenen Lenker", „Mann mit der Klingel", „Mann mit dem breiten Daumen" usw.

Vgl.: Fahrradfahrer, Radfahrernatur, Radler (selten), Radlfahrer (in Bayern und Österreich).

Radieschen

1. kleiner, „knolliger" Mensch. 2. scherzhaft-spöttisch für einen Menschen, der nur schein-

bar politisch links steht. Er ist nur außen „rot".
Vgl.: → -chen (-lein).

Radikalinski
(von „radikal", zu lateinisch „radix" = Wurzel) *abfällig für einen politisch Radikalen, einen wirrköpfigen Radikalisten.* Die slawische Endung wird dabei von den Benutzern des Schimpfworts als besonders passend für einen Kommunisten oder Sozialisten erachtet.
Vgl.: → -inski.

Radikalist
jemand, der besonders in politischer und religiöser Hinsicht zu Extremen neigt, hierin unnachgiebig und rücksichtslos ist.
Vgl.: → -ist, Radikaler (schwächer).

Radoteur
(französisch, zu „radoter" = schwatzen, faseln) *bildungssprachlich veraltet für einen albernen Schwätzer.*

Raffel
(eigentlich ein kammartiges Werkzeug zum Abstreifen von Beeren oder auch ein Reibeisen; übertragen ein gehässiger Ausdruck für den Mund) *in Süddeutschland und Österreich ein altes Schimpfwort für ein geschwätziges, böses, häßliches (altes) Weib.*
Vgl.: Maulraffel, Raffelscheit (beide selten), → Zahnraffel.

Raffer
raffgieriger Mensch, Geizkragen.
Vgl.: Geldraffer, Raffteufel.

Raffke
(zu „raffen" = gierig an sich reißen; angelehnt an Familiennamen mit der Endung „-ke", wie sie in Berlin häufig sind) *hab- und raffgieriger Mensch; ungebildeter Neureicher, Emporkömmling.* Das Wort tauchte bereits im 19. Jahrhundert auf, gelangte aber erst nach dem ersten Weltkrieg zu allgemeiner Verbreitung, als das gebildete und plötzlich verarmte Bürgertum im „Raffke" ein zeitgemäßes Spott- und Feindbild gefunden hatte. 1993 schrieb der SPIEGEL zur sogenannten Gehälteraffäre in Sachsen-Anhalt: „Die Raffkes aus dem Westen haben die Regierungsbank in Magdeburg verlassen."
Vgl.: → Familie Raffke, Frau Raffke, Herr Raffke.

Raffzahn
(eigentlich ein unter der Oberlippe herausragender Eckzahn) *ein raffgieriger Mensch.*

Räkel = Rekel (Räkel)

Rambo
(nach dem von Sylvester Stallone verkörperten Helden des gleichnamigen amerikanischen Actionfilms) *brutaler Kraftprotz, oft von Rachedurst und einer gewissen Einfalt geprägt.* Das Wort hat sich in der Publizistik rasch durchgesetzt. So wurde Ronald Reagan in seiner Amtszeit als US-Präsident des öfteren als „Rambo" gescholten, einerseits wegen der stabreimenden R's in seinem Namen, andererseits wegen seiner umstrittenen Politik der Stärke. Auch die Headliner der SÜDDEUTSCHEN ZEITUNG lassen die R's rollen: „Radl-Rambos auf Raubtour" (Juli 1994); und für die ZEIT (April 1995) war Gesundheitsminister Horst Seehofer ein „Rambo mit freundlicher Fassade". In dem Buch DIE AGGRESSIVE FRAU (1993) von Elke Müller-Mees taucht sogar der analoge Begriff „Ramba" auf.
Vgl.: Rambo-Typ.

Rammel
(ursprünglich = Widder, Schafbock) *besonders oberdeutsch abfällig für eine grobe, unbeholfene, sture oder schmutzige (männliche) Person.* Im Schwäbischen und Alemannischen ist die (!) Rammel jedoch ein mannstolles Weib.
Vgl.: → Bauernrammel, Dreckrammel (Schmutzfink), → gscherter Rammel (gescherter Rammel).

Rammler
(eigentlich das männliche Tier bei Hasen und Kaninchen; zu „rammeln" = decken, begatten; koitieren) *1. geiler Kerl, Schürzenjäger. 2. abschätzig für einen männli-*

chen Sexualpartner, Liebhaber. 3. rauflustiger Bursche.
Vgl.: → -ler, Miet-Rammler (Callboy), Rammelbock (sexbesessener Mann).

Ramscher
(weibliche Formen: Ramscherin, Ramsche) *1. jemand, der Ramsch, Plunder, Billigware zusammenkauft und hortet; Habgieriger. 2. → Ramschhändler.*

Ramschhändler
jemand, der mit Ramsch handelt, der minderwertige Ware anbietet.

Randalierer
(zu landschaftlich „Rand" = Auflauf, Unfug; unter Einwirkung von „Skandal") *jemand, der mutwillig und zügellos lärmt, Unfug treibt.* „Ich bin doch nicht so dumm, wie sie mich einschätzen, diese Berufsrandalierer!" antwortete Herbert Wehner 1981 im Bundestag auf Zwischenrufe aus der CDU/CSU.
Vgl.: Randalemacher, Randaleur (veraltet).

Range, die
(landschaftlich auch: der Range; ursprünglich eine läufige Sau) *übermütiges Kind, Wildfang, Schlingel; auch als „wilde Range".* Das Wort war früher eine „saugrobe" Schelte allgemeiner Art, wie in dem alten Volkslied:

„Du hast dich lassen fangen
Von teuflischen calvinischen Rangen".

Ränkeschmied (Ränkespinner)
hinterlistiger Mensch, Intrigant.

Rappelkopf
1. jemand, der einen „Rappel" hat, sich aufgeregt und verrückt gebärdet. 2. Starrkopf. 3. aufbrausender, jähzorniger Mensch. Einem Rappelkopf namens „Rappelkopf" begegnen wir in Ferdinand Raimunds Märchenstück DER ALPENKÖNIG UND DER MENSCHENFEIND.
Vgl.: → -kopf (-kopp), Rappelfott, Rappelkasper, Rappeltrine (rappeliges Mädchen).

Rappenspalter
(nach dem „Rappen", der kleinsten Münze in der Schweiz, die ihren Namen von dem eingeprägten Adler hat, der im Volksmund als „Rappe" = Rabe verspottet wurde) *Pfennigfuchser, Geizhals.*
Vgl.: Pfennigspalter (schwäbisch), → -spalter.

rarer Vogel = seltener Vogel

Rasauner
landschaftlich selten für einen Menschen, der oft rasaunt, also lärmt und poltert.

Rasender
veraltet, auch altertümelnd für einen leidenschaftlich Erregten, Tobsüchtigen.

Raser
jemand, der (mit einem Auto oder Motorrad) übermäßig schnell fährt.
Vgl.: Autoraser.

Räsoneur
(zu französisch „raisonner" = vernünftig denken, argumentieren) *1. Klugschwätzer. 2. Nörgler, Schimpfer.*
Vgl.: Räsonierer.

Rasse
merkwürdige, anrüchige Gesellschaft, Gesindel; in Wendungen wie „eine seltsame, eigenartige Rasse sein" für eine Gruppe oder Spezies Mensch, die einem nicht ganz geheuer ist.

Rassel
(eigentlich ein Gerät zur Erzeugung rasselnder, klappernder Geräusche) *landschaftlich für eine schnell, viel und laut sprechende Person; oft ist eine Frau gemeint.*

Rasselbande
lärmende, übermütige Schar von Kindern.
Vgl.: → Bande, → -bande.

Rasselbock
(„Rasselböcke" sind eigentlich Fabeltiere, die nach einem alten Neckspiel ein Einfältiger nachts einfangen soll) *landschaftlich, besonders hessisch für einen ungeschickten*

oder dummen Menschen; regional auch andere Bedeutungen.
Vgl.: → Bock, → -bock.

Rassenfanatiker = Rassist

Rassenideologe
Urheber oder Verfechter einer Ideologie, die eine Unterdrückung von Rassen oder ethnischen Gruppen unterstützt.
Vgl.: → Ideologe.

Rassist
Anhänger des Rassismus; jemand, der zur Unterdrückung anderer Rassen beiträgt.
Vgl: → -ist, Rassenfanatiker, Rassenhetzer.

rastloser Geist
oft abwertend für einen ruhelosen, unentwegt tätigen Menschen.
Vgl.: → unruhiger Geist.

Ratero
(spanisch, zu „rata" = Ratte) *im Deutschen selten für einen kleinen Gauner, Taschendieb.*

Ratsche
(eigentlich ein Lärminstrument) *oberdeutsch für eine klatschsüchtige Frau.* Die seltenere männliche Form Ratscher bezeichnet in manchen Gegenden auch einen leidenschaftlichen Kartenspieler.
Vgl.: → Karfreitagsratsche, → Quadratratsche, Rätsche (in Schwaben und der Schweiz).

Ratschkathl
(vorwiegend bayrisch; Kathl ist die Kurz- und Koseform des weiblichen Vornamens Katharina) *tratschende, redselige Frau; manchmal auch zu einem Mann gesagt.*
Vgl.: Ratschkatharina, Ratschkatt, Ratschkatzel (selten), → Tratschkathl.

Ratschtante
landschaftlich selten für eine tratschende, redselige Frau.
Vgl.: → Tante, → -tante, → Tratschtante.

Ratschweib
oberdeutsch für eine klatschsüchtige, meist weibliche Person.
Vgl.: → Tratschweib, → Weib, → -weib.

Ratte
(vom gefräßigen, als gefährlich und ekelhaft empfundenen Nagetier auf den Menschen übertragen) *1. derbes Schimpfwort für eine widerliche Person; gewissenloser, niederträchtiger Kerl; Feigling. 2. im Plural für Gesindel, Asoziale, Unterwelt. Man verdeutlicht oder verstärkt das Wort zu: du alte, elende, widerliche, erbärmliche, schmierige, kleine, fiese, linke Ratte.* „Du miese, dreckige Ratte! Dir werd' ich's noch besorgen ..." (Jerry Cotton SILVER-JET INS JENSEITS, 1971).
Vgl.: → Ballettratte, Beutelratte, Bücherratte, → Kanalratte, Kellerratte (Unterweltler), → Landratte, → Leseratte, → miese Ratte, → Sackratte, → Schlafratte (Schlafratz), → Spielratte (Spielratz), → Wasserratte (Wasserratz).

Rattenfänger
(nach dem „Rattenfänger von Hameln", einer Sagengestalt aus dem Mittelalter, von dem es heißt, er habe die Stadt Hameln von einer Rattenplage befreit, aber schließlich, nachdem man ihn um seinen Lohn betrogen hatte, die Kinder der Stadt auf dieselbe Weise weggelockt und für immer verschwinden lassen) *Demagoge, Volksverführer; seltener allgemein für einen Lügner und Betrüger.* 1941 schrieb Erich Weinert im Moskauer Exil „Hitlers Nachtlied", das so beginnt:

„Was tu ich alter Rattenfänger?
Der Blitzkrieg dauert immer länger;
Ich finde keine Ratten mehr.
Wo krieg ich neue Ratten her?"

Rattenpack
1. Gesindel. 2. selten auch für eine Schar frecher, lästiger Kinder.
Vgl.: → Pack, → -pack.

Ratz, der
(das oberdeutsche Wort für eine Ratte) *sehr allgemeines Spott- oder Schimpfwort.* Die Mundarten kennen die unterschiedlichsten Bedeutungen: aufsässiges Kind, heruntergekommener Mensch, leidenschaftlicher Kartenspieler, kleine Person, unzuverlässiger Bursche usw.
Vgl.: → Bachratz, Kanalratz, Kartelratz (Nürnberg), → Schlafratte (Schlafratz), → Spielratte (Spielratz), Stehlratz, → Wasserratte (Wasserratz).

Raubautz = Rauhbauz (Raubautz)

Räuber
1. jemand, der etwas raubt, geraubt hat. 2. veraltet für einen Mann, der vom Raub lebt. 3. gutmütige Schelte oder Neckwort für ein wildes, ausgelassenes Kind, meist einen Jungen.

-räuber
Das Bestimmungswort bei solchen Zusammensetzungen gibt das jeweils geraubte oder ausgeraubte Gut an. Neubildungen sind nicht selten. So behauptet Günter Ogger in seinem Bestseller NIETEN IN NADELSTREIFEN, die Banker seien „Kontenräuber“.
Vgl.: Ehrenräuber (veraltet), Landräuber, → Menschenräuber, → Seeräuber, → Strandräuber, → Straßenräuber, → Thronräuber.

Räuberbande
1. veraltet für eine Bande von Räubern. 2. eine Schar ausgelassener, lärmender, frecher Kinder. 3. Gesindel, schlechte Menschen.
Vgl.: → Bande, → -bande, Räuberhorde.

Räuberbraut
(nur noch in Räubergeschichten, alten Liedern usw. oder ironisch) *Geliebte, Partnerin eines Räubers, eines Verbrechers.*

Räuberbrut
verächtlich für ein Kollektiv, eine Bande von Räubern. Anfang der 50er Jahre veröffentlichte die Zeitschrift SUDETENDEUTSCHER HEIMATDIENST ein Gedicht, in dem es heißt:

„So sei verflucht die Räuberbrut der Tschechen,
die mit Gewalt uns Haus und Heimat nahm.
Es soll die Pest in ihre Reihen brechen,
und würgen soll sie Todesangst und Scham.“

Vgl.: → Brut, → -brut.

Räuberhauptmann
(früher für den Anführer einer Räuberbande) *gelegentlich scherzhaft-tadelnd für den Haupttäter bei Kinderstreichen; ansonsten heute nur noch in übertragener Bedeutung oder ironisch.* „Du Höllenkind! Du Räuberhauptmann und Flibustier!“ (Jean Paul: SIEBENKÄS). Im Dezember 1993 nannte der SPIEGEL den somalischen Clan-Chef Aidid einen Räuberhauptmann.

Räuberhorde = Räuberbande

Raubgesindel
veraltetes Schimpfwort für Gesindel, das auf Raub aus ist.
Vgl.: → Gesindel, → -gesindel, Räubergesindel.

Raubritter
(ursprünglich ein verarmter Ritter des späten Mittelalters, der vom Straßenraub lebte) *abfällig, oft ironisch für jemanden, der sich bereichert, einen unverfrorenen Dieb oder Abzocker; gelegentlich auch für einen Finanzbeamten.* „Der Raubritter kommt jetzt!“ rief Joschka Fischer von den Grünen, als im Bundestag der Bundesarbeitsminister Norbert Blüm zum Rednerpult ging (1983). Die FRANKFURTER RUNDSCHAU stellte im Februar 1994 einen Bericht über die Geschäftspraktiken der Versicherungsbranche unter den Titel: „Kein Pardon für Raubritter“.
Vgl.: → Ritter.

Rauchschwalbe
(eigentlich eine Schwalbenart, die gerne in Kaminen nistet) *1. schmutzige, unordentliche weibliche Person. 2. alter Spottname für den Schornsteinfeger.*
Vgl.: → Schwalbe.

Raudi = Rowdy

räudiger Hund
(eigentlich ein von der Räude, einer Hautkrankheit, befallener Hund) *elender, widerwärtiger, gemeiner Mensch.*
Vgl.: → Hund.

räudiges Schaf
vom kranken Schaf, das die ganze Herde anstecken kann, auf den Menschen übertragen für eine charakterlose Person, einen Taugenichts, insbesondere für jemanden, der einen schlechten Einfluß auf andere ausübt.
Vgl.: → Schaf.

Raufbold

jemand, der oft rauft, sich gerne prügelt, streitet. Nicht ohne eine gewisse Bewunderung schilderte der SPIEGEL (Mai 1995) den Grünen-Politiker Joschka Fischer als einen „politischen Raufbold". Von Goethe stammen die Zeilen:

„Doch seh ich ragend unter diesen
Hans Raufbold, den behenden Riesen."

Vgl.: → -bold, Raufbolzen (selten), Raufdegen (veraltet), Raufer, Raufhansel (bayrisch).

Raufer = Raufbold

Rauhbauz (Raubautz)

(lautmalend) *besonders süddeutsch für einen groben, polternden Menschen, ungehobelten Kerl.*

Vgl.: Raubauzer, Rauhbausch, Rauhwatz (seltene Nebenformen).

Rauhbein

(aus „rauhbeinig", einer volksetymologischen Übersetzung des englischen „rawboned" = dürr, knochig) *1. rauher, grob auftretender Mensch, der aber selten als unangenehm empfunden wird. 2. harter oder unfairer Spieler bei Fußball, Eishockey o.ä.*

Vgl.: Raubacke, Rauhbart (norddeutsch), Rauhbichel.

Raunze (Raunzen)

in Österreich und Bayern für eine weinerlich klagende oder nörgelnde Frau.

Raunzer

in Österreich und Bayern ein nörgelnder, schimpfender oder ein wehleidig jammernder Mann. „Eine Nation von Raunzern" sind die Österreicher für die schweizer WELTWOCHE (Juni 1995).

Rauschkugel

oberdeutsch für einen besoffenen Menschen.

Reaktionär

(aus französisch „réactionnaire" = fortschrittsfeindlich) *jemand, der an überholten politischen Vorstellungen festhält; Feind des Fortschritts.* Der Kommentar von Friedrich Wilhelm IV., nachdem ihm Bismarck als Minister vorgeschlagen worden war, lautete: „Roter Reaktionär, riecht nach Blut, später zu gebrauchen." Während der Studentenunruhen und der Apo wurde „Reaktionär" im linken Lager zu einem äußerst beliebten Fahnenwort mit sehr abfälliger Bedeutung. Im April 1971 klagte das OFFENBURGER TAGEBLATT: „Reaktionär – kaum schlimmer kann jemand beschimpft werden in unserer progressiven Gegenwart."

Vgl.: → Erzreaktionär, reaktionäre Elemente, Stockreaktionär, Ultrareaktionär.

Rebell

(zu lateinisch „bellum" = Krieg) *1. Teilnehmer an einer Rebellion, Aufständischer. 2. jemand, der sich auflehnt, widersetzt.* Allgemein bekannt ist der „Kirchenrebell Drewermann", während Alfred Paul Schmidt das Wort in die Nähe des Idealisten rückte: „Rebellen sind Leute, die glauben, daß noch etwas zu holen ist."

Vgl.: Erzrebell, Rebeller.

Rechter

seitens der politischen Linken oft als abfällige Bezeichnung verwendet für einen Konservativen, einen Vertreter oder Anhänger von Rechtsparteien.

Vgl.: → Linker, Rechts- (Zusammensetzungen wie Rechtspopulist), Ultrarechter.

Rechthaber

rechthaberischer Mensch. „Sie wollen lieber Recht- als Machthaber sein." So urteilte der SPIEGEL über die sogenannten 68er.

Vgl.: → Haberecht.

Rechtsabweichler

abwertend vor allem im marxistischen Sprachgebrauch für einen zu weit rechts orientierten Parteigenossen.

Vgl.: → Abweichler, → -ler, → Linksabweichler, rechter Abweichler.

Rechtsausleger

(eigentlich ein linkshändiger Boxer, der die Rechte als Führhand benutzt) *vor allem in der Presse eine gängige Negativbezeichnung für eine politisch weit rechts stehende Person (des öffentlichen Lebens).* „Der Rechtsausleger Herbert Fleissner" (SPIEGEL, Dezember 1993, über den Geschäftsführer des Ullstein Verlages).

Rechtsaußen (der/des ...)
(eigentlich im Fußballjargon der rechte Flügelstürmer) *meist abwertend für eine Person (des öffentlichen Lebens), die in einer Partei oder anderen Organisation eine extrem rechte politische Position einnimmt: ein Rechtsaußen der Partei, der Rechtsaußen des Kabinetts.* Als „Rechtsaußen des deutschen Klerus" gilt in der Presse der umstrittene Erzbischof von Fulda Johannes Dyba, von seinen Kritikern gelegentlich auch als „Glöckner von Fulda" verunglimpft.
Vgl.: Linksaußen (seltener).

Rechtsextremist
oft abfällig für jemanden, der politisch extrem rechts steht, der nationalistisch und illiberal gesinnt ist.
Vgl.: → Extremist, → -ist, → Linksextremist.

Rechtsradikaler
jemand, der politisch eine extrem rechte Position vertritt, die insbesondere durch Haß auf Ausländer gekennzeichnet ist.
Vgl.: → Linksradikaler.

Rechtsverdreher
(geht auf die Bibel zurück. Im 5. Buch Mose, 27, 19, heißt es: „maledictus, qui pervertit iudicium" = verflucht, wer das Recht verdreht) *1. ein unfähiger oder unehrlicher und dabei spitzfindiger Rechtsanwalt, Jurist. 2. harmloser Berufsspott für Juristen, vor allem für Anwälte.*
Vgl.: → Verdreher.

Reff
(vielleicht von norddeutsch „rif" = Aas, Kadaver) *ein dürres, auch böses altes Weib.*
Vgl.: → altes Reff, dürres Reff, → langes Reff.

Reformist
im kommunistischen Sprachgebrauch eine politische Schelte für einen Anhänger der als bürgerlich eingeschätzten Bestrebungen innerhalb der Arbeiterklasse, gesellschaftliche Verbesserungen durch Reformen anstatt über eine Revolution erreichen zu wollen.
Vgl.: → -ist.

Regierung
1. jugendsprachlich für die Eltern. 2. seltener für eine den Mann beherrschende Ehefrau, Partnerin. Beide Bedeutungen treten meistens in der Form „meine Regierung" auf.

Regiments-
Dieses Wortbildungsmittel bewirkt eine Steigerung von Schimpfwörtern durch den Bezug auf eine große Anzahl von Menschen. Ein „Regimentslump" ist demnach der größte Lump im ganzen Regiment oder könnte es jedenfalls sein.
Vgl.: Regimentsdepp, Regimentsesel, Regimentshure, Regimentslügner.

Register s. altes Register, s. langes Register

Reibeisen
vom harten, rauhen Küchengerät auf den Menschen übertragen für ein unverträgliches, widerborstiges Weib.
Vgl.: → Raffel.

reicher Knopf
geringschätzig für einen wohlhabenden Mann.
Vgl.: → Knopf (Knopp).

die reifere Jugend
oft ironisch für ältere oder Menschen in mittleren Jahren. Auch die herabsetzend gemeinte Steigerung „überreife Jugend" kommt vor. Von Hans Brennert stammt die folgende scherzhafte Gedichtstrophe:

„Familien baden – das ist Leben!
Wie man sich auch ereifere!
Man sieht viel Jugend und daneben
Auch reifere! Auch reifere!"

Reimbold
veraltet für einen begeisterten, aber schlechten Dichter. Von Johann Heinrich Voss stammen die Zeilen:

„Drum jage Vers und Reim zum Satan,
Und hör', o Reimbold, statt des Rats
Der falschen Muse, meinen Rat an."

Vgl.: → -bold.

Reimer
abschätzig für einen unbegabten, unschöpferischen Dichter. Deutlicher ist die Abwertung bei den alten Formen „Reimerich" und „Reimler". Der Struwwelpeter-Autor Heinrich Hoffmann wählte tiefstapelnd das Pseudonym „Reimerich Kinderlieb".

Reimling (Reimerling)
jemand, der schlechte Reime fabriziert; Dichterling. Benno Papentrigk rang mit der schwierigen Kunst des Schüttelreims:

„Wie Dichter- gibt es Schüttelreimerlinge;
Willst Meister werden, sei nicht Leimer,
– ringe!"

Vgl.: → -ling.

Reimschmied (Reimeschmied)
jemand, der beim Dichten grob wie ein Schmied zu Werke geht.

reiner Tor
bildungssprachlich für einen weltfremden, gutgläubigen Menschen. Der Ausdruck stammt aus Richard Wagners PARSIFAL.
Vgl.: gutmütiger Tor, → Tor.

Reingeschmeckter = Hereingeschmeckter

Reißteufel
jemand, der seine Kleidung und Schuhe schnell abnutzt und zerreißt; besonders als Tadel gegenüber Kindern.
Vgl.: → Teufel, → -teufel.

Rekel (Räkel)
(ursprünglich ein großer Bauernhund) *norddeutsch für einen groben Menschen, Flegel; ein langer, fauler Bursche.*

Reklameschönheit
mehr oder weniger abwertend für eine zwar schöne und sorgfältig zurechtgemachte, aber ausdruckslose und kaum anziehend wirkende junge Frau.

Rekrutenschreck
im Jargon der Soldaten für einen rücksichtslosen Ausbilder, Vorgesetzten beim Militär, der die Rekruten schikaniert.
Vgl.: → -schreck.

Renegat
(zu lateinisch „re-" = wieder, „negare" = verneinen, leugnen) *bildungssprachlich für einen Abtrünnigen hinsichtlich religiöser oder auch politischer Überzeugungen.*

Renitenter
(zu lateinisch „renitens" = sich entgegenstemmend) *bildungssprachlich abwertend für jemanden, der sich widersetzt, auflehnt.*

Rennsau
(vorwiegend bayrisch; ursprünglich wohl eines jener Schweine, die auf Futtersuche im Dorf herumliefen und, wie Reinhold Aman schreibt, z.T. die heutige Müllabfuhr ersetzten) *umtriebige, rastlose Person, die stets unterwegs ist.*
Vgl.: → Sau, → -sau.

Renommist
(zu französisch „renommer" = wieder nennen, rühmen) *bildungssprachlich für einen Angeber, Aufschneider.*
Vgl.: → -ist, Renommierbeutel (süddeutsch), Renommierbruder, Renommierer, Renommierpinsel, Renommierstengel, Renommiersüchtiger.

Reptil
(eigentlich ein Kriechtier) *selten für ein kaltes, hartherziges und falsches Weib.*

Reservechristus
1. Spottname für einen Mann mit langem Haar und Vollbart. 2. spöttisch für einen Geistlichen. 3. verächtlich für einen Scheinheiligen, Frömmler. In Bayern sagt man auch „Reservechristus von Oberammergau" mit Bezug auf die berühmten Passionsspiele des Ortes. Der Architekt Hans Hollein höhnte im Juni 1995 über die „Reserve-Christos", nämlich bestimmte Leute, die sein „Museum für Moderne Kunst" in Frankfurt mit Werbung verhängen wollten. Er spielte dabei sehr hübsch mit dem Namen des Künstlers und Reichstags-Verhüllers Christo.
Vgl.: Reserve-, Reservetarzan.

Revanchist
(zu französisch „revanche" = Vergeltung) *im politischen, vor allem kommunistischen Sprachgebrauch eine abwertende Bezeichnung für einen Vertreter des Revanchismus, einer auf Rückeroberung ausgerichteten Politik.*
Vgl.: → -ist, Revanchehetzer.

Revisionist
(zu lateinisch „revidere" = wieder hinsehen) *vor allem in der marxistischen Terminologie ein politisches Feindwort zur Bezeichnung eines Verfechters des Revisionismus, der anstelle einer Revolution soziale Reformen anstrebt.*
Vgl.: → -ist.

Revolutionäre in Schlafrock und Pantoffeln
ein veraltender bildungssprachlicher Ausdruck für einflußreiche Personen, die einen politischen Umsturz aus dem Hintergrund betreiben können; andererseits für Politiker, die sich einen revolutionären Anschein geben. Die Wendung geht auf eine Stelle in Ludwig Börnes BRIEFEN AUS PARIS von 1831 zurück.

Revoluzzer
(Verballhornung von „Revolutionär") *spöttisch, auch herablassend für jemanden, der sich betont revolutionär gibt und dabei eher lächerlich wirkt.* Von Erich Mühsam gibt es ein Gedicht mit dem Titel Der „Revoluzzer". Es beginnt so: „War einmal ein Revoluzzer, / im Zivilstand Lampenputzer".

Revolvergosche = Revolverschnauze

Revolverheld
großsprecherischer und streitsüchtiger Kerl, insbesondere einer, der leicht zum Revolver greift. Das Wort dient oft zur Typisierung von Figuren in einschlägigen Filmen.
Vgl.: → „Held", → -held, Pistolenheld.

Revolverjournalist
mieser Journalist; Journalist der Enthüllungs- und Skandalpresse, die marktschreierisch und unter Verwendung von Halbwahrheiten bevorzugt über Prominenz und Verbrechen schreibt. Aus jeder solcher Zeilen höre „ein einigermaßen geübtes Ohr deutlich das Knacken des Revolvers", schrieb Paul Lindau schon 1888. Der Schriftsteller Rudolf Borchardt urteilte über seinen großen Kollegen Karl Kraus: „Was soll ich von ihm halten? Ein Revolverjournalist!"
Vgl.: Enthüllungsjournalist, Revolverautor, Sensationsjournalist.

Revolverschnauze
eine Person mit einer sogenannten Revolverschnauze, die viel, schnell und frech daherredet.
Vgl.: Maschinengewehrschnauze (noch schneller), Revolvergosche (oberdeutsch), Revolverschnute (selten), → -schnauze.

rheinische Frohnatur
manchmal abwertend, auch ironisch, für einen immer gutgelaunten, leichtlebigen Menschen aus dem Rheinland, der in all seinem Frohsinn mitunter nervt.
Vgl.: → Frohnatur.

Rhino
(gekürzt aus dem Wort Rhinozeros) *besonders jugendsprachlich für einen Dummkopf, Trottel.*

Rhinozeros
(eigentlich ein Nashorn; Anklang des Wortes an „Rind" und „Roß") *dummer, dabei ungeschickter und oft sturer Mensch.* Eine beliebte Steigerung und Ausschmückung ist: „größtes Rhinozeros auf Gottes Erdboden". Der Schriftsteller Harry Rowohlt habe in seinem Leben nur ein einziges Gedicht geschrieben, behauptet er. Und das sei sehr kurz. Der Titel lautet: „Gebet des Nashorns":

„Lieber Gott, Du bist der Boß.
Amen. Dein Rhinozeros."

Rialo, das
(Abkürzung von → Riesenarschloch) *jugendsprachliches vulgäres Schimpfwort.*

Rieke (Ricke, Rike)
(Abkürzung des altmodisch gewordenen weiblichen Vornamens Friederike; „Ricke"

ist auch das weibliche Reh) *eingebildete, dümmliche weibliche Person.*
Vgl.: Klapsrieke (verrückt, dumm), → Pißrieke.

Riese s. abgebrochener Riese

Riesen-
zur emotionalen Verstärkung einer ganzen Reihe vorwiegend „tierischer" Schimpfwörter.
Vgl.: → Mords-, Riesendepp (oberdeutsch), Riesenhornochse, Riesenmiststück, Riesenpavian, Riesenpferd, Riesenschwein, Riesentrottel.

Riesenarschloch
vulgäres Schimpfwort für einen besonders unsympathischen oder total unfähigen Menschen.
Vgl.: → Arschloch, Oberarschloch, → Rialo.

Riesenbaby
1. Kind oder Jugendlicher von dicklicher, plumper Gestalt. 2. einfältiger, tolpatschiger Mensch.
Vgl.: → Baby, → Elefantenbaby.

Riesenkamel
sehr dummer Mensch, Trottel. Als Superlativ kennt man: „das größte Kamel auf Gottes Erdboden".
Vgl.: → Kamel, Mordskamel.

Riesenrindvieh
sehr dummer, ungeschickter Mensch.
Vgl.: Generalrindvieh, größtes Rindvieh auf Gottes Erdboden (scherzhafter Superlativ), Herrgottsrindvieh (schwäbisch), Kanonenrindvieh (seltene Steigerung), Mordsrindvieh, Oberrindvieh, → Rindvieh (Rindviech), → Rindvieh von Gottes Gnaden, Staatsrindvieh (seltene Steigerung), → Vieh.

Riesenroß
sehr dummer, ungeschickter Mensch.
Vgl.: → Oberroß, Riesenpferd (selten), → Roß.

Riesenweib
abfällig für eine sehr große, kräftige und männlich wirkende Frau.
Vgl.: → Hünenweib, → Weib, → -weib.

Rigorist
(aus lateinisch „rigor" = Härte, Unbeugsamkeit) *bildungssprachlich für einen übertrieben strengen, starren, in moralischer Hinsicht kompromißlosen Menschen.*
Vgl.: → -ist, moralischer Rigorist, Öko-Rigorist (seltene Neubildung).

Rindskamoppel
Verstärkung von → Kamoppel für eine ausgesprochen dämliche Person.

Rindsknochen
(eigentlich ein Knochen eines Rindes) *dummer Mensch.* Der Knochen steht für das ganze → Rindvieh.
Vgl.: → Knochen.

Rindvieh (Rindviech)
(eigentlich die Sammelbezeichnung für Rinder) *häufiges derbes Schimpfwort für einen dummen, ungeschickten Menschen, über den man sich ärgert.* Hierzu ein Schnaderhüpfel:

„Das Rindfleisch ist teuer,
ich weiß nicht warum,
es laufen in der Welt
genug Rindviecher rum."

Eine Anzeige des „Bund für Umwelt und Naturschutz Deutschland (BUND) aus dem Jahre 1996 zum Thema Massentierhaltung steht unter dem Motto: „Mensch, Du Rindvieh!"
Vgl.: Allmachtsrindvieh (schwäbisch), ausgewachsenes Rindvieh (bayrisch), Generalrindvieh, Herrgottsrindvieh (schwäbisch), kaiserliches Rindvieh (früher), Kanonenrindvieh (selten), Mordsrindvieh, Oberrindvieh, → Riesenrindvieh, Rind, staatlich geprüftes Rindvieh (jugendsprachlich), Staatsrindvieh (selten), → Viech, → Vieh.

Rindvieh von Gottes Gnaden
(zugrundegelegt ist hier die Formel des Gottesgnadentums abendländischer Herrscher) *Steigerung von → Rindvieh.*

Rippe
(Die erste Bedeutung fußt auf der Schöpfungsgeschichte, nach der Eva aus einer Rippe Adams erschaffen wurde) *oberdeutsch 1. für eine zänkische, böse Frau. 2. seltener für einen sehr mageren Menschen.*

Ripper
(englisch, zu „to rip" = aufreißen, aufschlitzen; vom volkstümlichen Namen des Londoner Prostituiertenmörders „Jack the Ripper") *abfällig für einen besonders blutrünstigen Mörder, Frauenmörder.*

Ritter
(eigentlich ein Edelmann und Krieger des Mittelalters oder später ein Träger eines hohen Ordens) *Die Bezeichnung kommt in vielen teilweise veralteten Zusammensetzungen und Wendungen vor. Gemeint ist in meist spöttischem oder ironischem Sinn ein ziemlich lächerlicher, oft auf etwas Bestimmtes versessener Mann, selten eine Frau.*
Vgl.: Börsenritter, damischer Ritter (bayrisch: seltsam, leicht verrückt), Ellenritter (Schneider), fahrender Ritter (selten: Auto-Casanova), → Glücksritter, → Industrieritter, → irrender Ritter, → Konjunkturritter, → Raubritter, Ritter Ohneland (selten), Ritter vom öligen Scheitel (stark pomadisierter Mann; Südländer), Ritter von den goldenen Pedalen, Ritter von der Elle (Schneider), Ritter von der Feder (Schriftsteller), Ritter von der Landstraße (Landstreicher), Ritter von der Nadel (Schneider), → Spesenritter, → Strauchritter.

Ritter Blaubart = Blaubart (Ritter Blaubart)

„Ritter ohne Furcht und Tadel"
(nach dem Beinamen „chevalier sans peur et sans reproche" des heldenhaften Ritters Bayard, der von 1476 bis 1524 lebte) *heute meist ironisch für einen Mann, der sich den Anschein von Mut und Ritterlichkeit gibt.*

Ritter von der traurigen Gestalt
(nach „el caballero de la triste figura", dem Beinamen des Titelhelden DON QUICHOTTE des spanischen Dichters Cervantes) *bildungssprachlich spöttisch oder auch abfällig für einen langen, hageren Mann mit gekrümmter Körperhaltung, der heruntergekommen wirkt und dabei jämmerlich oder komisch erscheint.* Heinrich Heine schrieb 1823 in einem Brief: „Ich Ritter von der traurigen Gestalt werde nie eines solchen (Weibes) teilhaftig werden können, und, wie die Weiber im Koran, muß ich mich mit dem Anblick des Paradieses begnügen".

Rittmeister
(früher ein Hauptmann bei der Kavallerie; nach dem häufigen bildhaften Vergleich des Geschlechtsaktes mit dem Reiten) *ein Schürzenjäger, Frauenheld.*

Rocker
(in den 60er Jahren aus dem Englisch-Amerikanischen übernommen) *meist geringschätzig verwendete Bezeichnung für eine im allgemeinen männliche junge Person in schwarzer Lederkluft mit schwerem Motorrad.* Der Rocker tritt fast immer im Verein mit Gleichgesinnten auf und neigt zu Provokation und Gewalttätigkeit. „Jetzt kommt der Nadelstreifenrocker!" rief der Abgeordnete Feilcke von der CDU/CSU 1984 im Bundestag, als der Kollege Fischer von den Grünen ans Pult trat. Ein modernes „Ansingelied" geht so:

„Ich bin ein kleiner Rocker,
Hab 'ne Schraube locker.
Wenn Sie mir nichts geben.
Dann wer'n Se was erleben!"

Vgl.: Politrocker, Sandkastenrocker (jugendlicher Angeber).

Rockerbande
eine → Bande von Rockern.
Vgl.: → -bande, Rockergang (kaum abwertend).

Rockerbraut
Freundin, Begleiterin eines Rockers.

Rockerpfanne
salopp bis vulgär für die weibliche Variante des Rockers.
Vgl.: → Pfanne.

Rohling
roher, rücksichtsloser, grausamer Mensch.
Vgl.: → -ling.

Rohr s. schwankendes Rohr

Rohrkrepierer
(eigentlich ein Geschoß, das beim Abschuß vorzeitig innerhalb des Rohrs der Waffe „krepiert", also explodiert) *Versager, insbesondere einer, der übereilt und unüberlegt gehandelt hat.*

Rollkommando
(ursprünglich in der Sprache des Militärs eine lose Zusammenrottung von meist älteren Soldaten, die nachts frisch eingezogene Rekruten „verrollten", d.h. verprügelten) *überfallartig, meist gewalttätig agierende Personengruppe; oft im politischen Bereich.*

Rollmops
(ursprünglich berlinisch für einen gerollten sauren Hering) *gedrungener, zu kurz geratener Mensch; dickliches Kind.*
Vgl.: → Mops, Rollmops auf Beinen.

Romantiker
(eigentlich ein Vertreter, vor allem ein Dichter oder Künstler der Romantik) *allzu gefühlsbetonter, schwärmerischer Mensch; Phantast.*
Vgl.: Polit-Romantiker, → Sozialromantiker.

Romeo
(nach der Titelfigur von Shakespeares Drama ROMEO UND JULIA) *bildungssprachlicher Spott für einen sentimentalen (jugendlichen) Liebhaber.*

Römling
veraltet für einen Vertreter eines vordergründig politischen Katholizismus; ein beliebtes Schlagwort der liberalen Presse des späten 19. Jahrhunderts.
Vgl.: → -ling.

Roß
(vielleicht als Verkürzung von → Rhinozeros) *starkes Schimpfwort für einen Dummkopf, Tölpel.* „Nennen Sie Roß und Reiter!" rief der CDU/CSU-Abgeordnete Kunz 1979 im Deutschen Bundestag Herbert Wehner (SPD) zu, und er bekam zur Antwort: „Das Roß sind Sie!"
Vgl.: altes Roß (auch als burschikose Anrede), gelehrtes Roß (weltfremder Intellektueller), → Oberroß, → Riesenroß, → Walroß.

Roß Gottes
(eigentlich eine metaphorische Wendung für den Esel, auf dem Jesus in Jerusalem einzog) *Esel, törichter Mensch.*

Roßarzt
(früher für einen Tierarzt des Heeres) *scherzhaft, oft auch geringschätzig für einen Arzt, der rigorose, derbe Methoden anwendet.*
Vgl.: → Pferdedoktor.

Roßkamm
(vielleicht zu italienisch „cambio" = Tausch) *veraltete Berufsschelte für den Pferdehändler.*

Roßtäuscher
(von mittelhochdeutsch „rostiuscher" = „Roß-Tauscher", Pferdehändler) *1. veraltet für einen (betrügerischen) Pferdehändler. 2. jemand, der „Roßtäuschertricks" anwendet, der etwas vortäuscht; listiger Betrüger.*
Vgl.: → Täuscher.

Rotarsch
(wohl im Hinblick auf das Wundlaufen bei langen Märschen) *im Jargon der Bundeswehr Spottwort für einen Rekruten.*
Vgl.: → Arsch, → -arsch.

rote Socke
vor allem in Politik und Publizistik eine spöttische und meist abfällig verwendete Bezeichnung für einen eifrigen Anhänger und besonders für einen Funktionär der SED. Die Vokabel aus dem umgangssprachlichen Wortschatz der DDR gelangte nach der deutschen Vereinigung von 1989 zu großer Popularität, insbesondere in der Polemik gegen die politischen Erfolge der SED-Erben in der PDS. Das Namenskürzel der neuen Linkspartei wurde scherzhaft umgedeutet zu „Partei der roten Socken", und Redakteuren der ZEIT stieg nach der Kommunalwahl 1993 in Brandenburg, bei der die PDS auf stattliche 21,2 % kam, „ein Hauch von roten Socken" in die Nase.
Vgl.: linke Socke, → Socken (Socke).

Roter
(nach der roten Jakobinermütze in der französischen Revolution von 1789 und später der roten Fahne; weibliche Form: Rote) *abfällige Bezeichnung oder politisches*

Kampfwort für einen Linken, auch für Sozialdemokraten.

Rotfront
polemische, oft gehässige Bezeichnung für eine (vermeintliche) parteienübergreifende Allianz der politischen Linken bzw. für deren Vertreter.
Vgl.: Rotfrontkämpfer, Rotfrontler (beides selten).

Rotfuchs
(eigentlich eine in nördlichen Waldgebieten lebende Fuchsart) *oft abwertend für einen rothaarigen Menschen.* Mißtrauen und Ablehnung gegenüber den eher seltenen Rothaarigen sind sehr alt und weitverbreitet. „Unter rotem Bart steckt ke gute Art", sagt man in Tirol. Das schmale ERSTE DEUTSCHE SCHIMPFWÖRTER-LEXIKON nennt neun verschiedene Schelten für Rothaarige, neben „Fuchs" und „Rothfuchs" auch „rother Hallunke" und „rother Hund von Madagaskar".
Vgl.: → Fuchs.

Rothaut
(Lehnübersetzung des englischen „redskin" = Rothaut; nach der roten Körperbemalung und nicht nach der Hautfarbe) *als ethnische Schelte veraltet für einen nordamerikanischen Indianer, heute nur noch scherzhaft.* Das Wort ist durch die Abenteuerliteratur allgemein bekannt geworden.

Rotkopf
landschaftlich noch abwertend oder spöttisch für einen rothaarigen Menschen.
Vgl.: → -kopf (-kopp).

Rotlichtsünder (Rotsünder)
scherzhaft, oft mit mildem Tadel für einen Verkehrsteilnehmer, der eine rote Ampel mißachtet hat. Neuerdings kann mit „Rotsünder" auch ein Fußballspieler, der die rote Karte erhalten hat, gemeint sein.
Vgl.: Ampelsünder (selten), → Sünder, → -sünder, → Verkehrssünder.

Rotte
abfällig für eine lose Gruppe von Personen; Bande, Haufen. Man spricht von einer wilden, lärmenden, brandschatzenden, plündernden Rotte. Der Abgeordnete Haase aus Kassel (CDU/CSU) meinte 1979 die Vietnam-Demonstranten, als er von „Wehners roten Rotten" sprach.

Rotte Korah
(nach dem Namen des Levitenführers Korah aus dem Alten Testament, der sich gegen Moses und Aaron auflehnte) *bildungssprachlich veraltet für eine wilde, zügellose, lärmende Horde.*

Rotürier
(vom französischen „roture" = gepflügtes, daher zinspflichtiges Land) *veraltete abfällige Bezeichnung für einen Nichtadligen, Bürgerlichen.*

Rotz-
Solche Verbindungen mit dem Wort für Nasenschleim sind im Bereich der Schimpfwörter sehr häufig. Sie stammen vor allem aus Österreich und dem süddeutschen Raum und bezeichnen in den meisten Fällen einen jungen, unreifen, frechen, seltener einen schmutzigen Menschen.
Vgl.: Rotzbinkel (österreichisch), Rotzfink, Rotzig (westdeutsch), Rotzkäfer, Rotzkübel (südwestdeutsch), Rotzlaffe, Rotzlappen (südwestdeutsch), Rotzlümmel, Rotzmensch (österreichisch: freches Mädchen), Rotzmichel (unappetitlich schniefend und spuckend).

Rotzaffe
vorwiegend südwestdeutsch für eine „rotzfreche" junge Person.
Vgl.: → Affe.

Rotzbankert
zumindest in Bayern als derbe Verstärkung von → Bankert für ein ungezogenes Kind.

Rotzbengel
grobes Schimpfwort für einen frechen, vorlauten oder schmutzigen Jungen.
Vgl.: → Bengel.

Rotzbube (Rotzbub)
in Süddeutschland und Österreich für einen unverschämten, seltener für einen schmutzigen Jungen. „Die Rotzbuben, die Gröler

und die schrecklichen Alten", so beschrieb der SPIEGEL 1994 den rechtsradikalen Mob.

Vgl.: → Bube (Bub).

Rotzer

landschaftlich derb für einen frechen kleinen Jungen, vorlauten Jugendlichen. Wie bei den anderen Verknüpfungen mit „Rotz-" wird ein Vergleich mit einem im doppelten Sinne „rotznäsigen" kleinen Kind hergestellt. Auch die Form „Rotzert" kommt vor.

Rotzglocke

oberdeutsch derb für ein freches oder sehr ungepflegtes Kind.

Rotzgöre

besonders norddeutsch für ein freches, schnippisches Mädchen.

Vgl.: → Göre (Gör), Rotzmensch (österreichisch).

Rotzjunge

1. frecher, vorlauter, unreifer Junge. 2. schmutziger, ungepflegter Junge. 3. allgemeines Schimpfwort für einen Jungen.

Vgl.: → Junge.

Rotzkerl

grobes Schimpfwort für einen Mann.

Vgl.: → Kerl.

Rotzlöffel

derb für einen frechen, insbesondere gegenüber Erwachsenen dreist auftretenden jungen Burschen. Martin Luther nannte seinen erbitterten Gegner Johannes Cochläus „Doctor Rotzleffel".

Vgl.: → Löffel.

Rotznase

(eigentlich eine „laufene" Nase) *1. derb für ein freches Kind; unverschämter Bursche. 2. unreifer junger Mensch, kleines Kind. 3. seltener als Tadel für ein Kind, das seine Nase putzen sollte.* Ein bekannter Spruch lautet: „Früher hatten die Kinder Rotznasen, heute haben die Rotznasen Kinder!"

Rotznickel

in Österreich ein derbes Schimpfwort für einen ungezogenen, unreifen oder einen schmutzigen Jungen.

Vgl.: → Nickel, → -nickel.

Rotzpippe (Rotzpipe), die

(Eine Pipe ist in Österreich ein Faß- oder Wasserhahn) *in Bayern und Österreich Schimpfname für einen → Rotzbengel, auch zu „Pippe" oder „Pippn" verkürzt.*

Roué

(französisch) *bildungssprachlich veraltet für einen gemeinen Menschen, auch Wüstling, Lebemann.*

Rowdy

(englisch-amerikanisch) *flegelhafter, lärmender, gewalttätiger jüngerer Mann.*

Vgl.: Asphaltrowdy (selten), Autorowdy, → Fußballrowdy, Luftrowdy, Pistenrowdy, Raudi (seltene eingedeutschte Schreibweise), → Verkehrsrowdy.

Rübe

salopp bis abfällig für einen frechen, spitzbübischen Kerl; auch als allgemeines Schimpfwort für einen unliebsamen oder nicht ernst genommenen Menschen.

Vgl.: → freche Rübe, gelbe Rübe (landschaftlich mit verschiedenen Bedeutungen), gscherte Rübe (bayrisch), Rübchen (freches Kerlchen).

Rübensau = Rübenschwein

Rübenschwein

(eigentlich ein mit Rüben gefüttertes Mastschwein) *1. soldatensprachlich veraltet für Frontsoldat. 2. derbes Schimpfwort für einen gemeinen, widerlichen oder schmutzigen Menschen.*

Vgl.: altes Rübenschwein (auch als burschikose Anrede unter Freunden), Rübensau, Rübenvieh (selten), → Schwein, → -schwein.

Rübezahl

(eigentlich ein Berggeist des Riesengebirges) *veraltet abschätzig für einen verwilderten, vollbärtigen (alten) Mann.*

Ruch (Ruach)
(geht zurück auf mittelhochdeutsch „ruochen“ = begehren, raffen) *oberdeutsch für 1. einen habgierigen, nimmersatten Menschen. 2. einen Rüpel, Flegel. 3. einen Hehler in der Gaunersprache.*

Rucksackindianer
spöttisch oder abfällig für einen Wanderer mit Rucksack oder für einen jener in den Urlaubsländern so ungeliebten sparsamen Rucksacktouristen.
Vgl.: → Indianer, Rucksackzigeuner.

Rückschrittler
ein rückschrittlicher Mensch, Reaktionär.
Vgl.: → -ler, Rückständler.

Rudi Ratlos
(vielleicht zuerst in einem Liedtext von Udo Lindenberg) *ein seltener stabreimender Ausdruck für eine hilflos erscheinende, zögerliche männliche Person.* Die Fügung dient auch als spöttischer oder neckender Beiname für bestimmte Menschen namens Rudolf, beispielsweise im Sommer 1995 in der Presse für den Kanzlerkandidaten der SPD Rudolf Scharping.

Ruhestörer
jemand, der lärmt und die Ruhe stört.
Vgl.: → Störer.

Rührmichnichtan = Kräutchen Rührmichnichtan

Ruine
(eigentlich Überreste eines verfallenen oder zerstörten Bauwerkes) *ein hinfälliger, total entkräfteter Mensch; auch in der Form „menschliche Ruine“.* Altbekannt ist die scherzhafte anagrammatische Verballhornung zu „Urine“ mit Anspielung auf „Urin“. Im Jargon des Theaters wird oder wurde die „Ruine“ als sprachliche Entstellung von „Heroine“ gebraucht und bezeichnet eine gealterte Bühnenkünstlerin, die schon wesentlich bessere Zeiten gesehen hat.

Rülps
(vom schallnachahmenden Wort rülpsen) *Rüpel, flegelhafter (junger) Kerl.*
Vgl.: Baubudenrülps (seltene Erweiterungsform).

Rülpser
1. jemand, der ständig oder lautstark rülpst. 2.→Rülps. Der in Danzig geborene Schriftsteller Günter Grass wurde in den 60er Jahren von der rechten Presse als „kaschubischer Rülpser“ beschimpft.

Rummelboxer
spöttisch-abschätzig für einen rohen, stillosen Boxkämpfer von der Art, wie sie früher auf Rummelplätzen aufgetreten sind.
Vgl.: Kirmesboxer.

Rumpelstilzchen
(eigentlich ein Kobold aus dem deutschen Volksmärchen, dessen magische Macht von der Geheimhaltung seines Namens abhängt) *1. Versager. 2. aufbrausender Mensch, Choleriker.* Rumäniens Super-Fußballer Hagi sei ein „Rumpelstilz und Wühler“ schrieb die SÜDDEUTSCHE ZEITUNG im Juli 1994.
Vgl.: → -chen (-lein).

Rumtreiber = Herumtreiber

Runks
(ursprünglich ein großes Stück Brot; zu lateinisch „truncus“ = Baumstamm, Klotz) *ein altes Schimpfwort für einen ungeschliffenen Menschen, groben Kerl.*

Runkunkel
(gleichklingende spielerische Bildung; vielleicht in Anlehnung an „Runkelrübe“) *selten gewordener volkssprachlicher Scherz- und Spottname für ein (häßliches, unsympathisches) altes Weib.*

Rüpel
(eigentlich eine alte Kurz- und Koseform des männlichen Vornamens Ruprecht; hängt vielleicht mit der oft groben, rutenschwingenden Brauchtumsgestalt des Knecht Ruprecht zusammen) *Flegel, Grobian.* Fraktionsspott aus der CDU/CSU

für den mitunter barschen deutschen Bundesverteidigungsminister Volker Rühe sei, so liest man, „Volker Rüpel", und die FRANKFURTER RUNDSCHAU fand im November 1993 für den Rockmusiker Iggy Pop, den „Paten des Punk", den Stabreim „Rock-Rüpel".

Vgl.: Autorüpel, Bauernrüpel, → Feuerrüpel, Verkehrsrüpel.

Ruppsack

vorwiegend norddeutsch für einen ruppigen, ungeschliffenen Menschen.

Vgl.: → Sack, → -sack.

Ruschel

(von „ruscheln" = hastig, unordentlich sein) *besonders fränkisch für eine schlampige, unbesonnene, liederliche Person.*

Vgl.: Ruschelkopf.

Russe

(von den Einwohnern Rußlands, die früher als grobschlächtig und unkultiviert galten) *abschätzig für einen wüsten, tölpelhaften Menschen; seltener für ein wildes Kind.*

Rußkater

bayrisch für einen sehr schmutzigen Mann.

Vgl.: → Kater.

Rußki

geringschätzig für einen Russen; früher besonders für einen russischen Soldaten.

Vgl.: → -inski.

Rustikus

(aus lateinisch „rusticus" = ländlich, bäurisch) *veraltet für einen plumpen, derben Menschen.*

Rutsche

(eigentlich eine Vorrichtung zum Rutschen, eine Fußbank oder auch ein Schlitten; nach dem volkssprachlichen derben Verb „rutschen" = koitieren) *besonders im Bayrischen ein vulgäres Schimpfwort für eine liederliche oder alte Frau.*

Rutschepeter

in Österreich geringschätzig für 1. einen hastigen, voreiligen Menschen. 2. ein Kind, das nicht ruhig sitzen kann, das hin- und herrutscht.

Vgl.: → Peter, → -peter.

S

Wöidier

Sabbeler (Sabbler)
(von „sabbeln", einer Nebenform von „sabbern") *landschaftlich, besonders norddeutsch, für einen lästigen Dummschwätzer.*
Vgl.: → -ler.

Sabbelkopf
norddeutsch für einen Quatschkopf.
Vgl.: → -kopf (-kopp), Sabberkopf.

Sabbelmaul
norddeutsch für einen unangenehmen Schwätzer.
Vgl.: → -maul, Sabbelhannes, Sabbeljochen (beide selten).

Sabbeltante
jemand, der sehr viel und oberflächlich redet, vor allem eine Frau.
Vgl.: Sabbelliese, Sabbeltasche, Sabbeltrine (beide selten), → Tante, → -tante.

Sabbermaul
(von „sabbern" = Speichel aus dem Mund fließen lassen) *1. Schwätzer. 2. jemand, der unangenehm, sabbernd redet. 3. selten für eine Person, die beim Essen und Trinken schlürft, schmatzt und kleckert.*
Vgl.: → -maul, Sabberer, Sabberfritze, Sabbergosche (selten), Sabbergreis, Sabberhannes, Sabberkopf, Sabberliese, Sabbermichel (beide für sabbernde Kinder).

Säbelraßler
(nach der Redensart „mit dem Säbel rasseln"; seit Mitte des 19. Jahrhunderts) *jemand, der sich kriegerisch, aggressiv gebärdet.*
Vgl.: → -ler.

Saboteur
(zu französisch „saboter" = pfuschen, schlampig arbeiten) *jemand, der etwas stört, hintertreibt, vereitelt; meist durch Beschädigung oder Zerstörung.*

Sack
(vom vielseitigen Behältnis, insbesondere Pars pro toto vom Hodensack) *auf den Menschen übertragen als kräftiger Schimpfname für einen irgendwie unliebsamen, lästigen Kerl.* Selten ist eine Frau damit gemeint. Das äußerst beliebte Schimpfwort ist meist von einem Adjektiv begleitet: ein müder, vollgefressener, dummer, geiler, trauriger, schlapper, armer, doofer, feiger, fetter, sturer Sack. Schon bei Luther steht das Wort Sack für den Menschen.
Vgl.: → alter Sack, → blöder Sack, dicker Sack, → fauler Sack, → lahmer Sack, → nasser Sack.

-sack
Derartige Verknüpfungen sind sehr häufig und gelten meistens einem Mann mit näher bezeichneten üblen Eigenschaften. Neu- oder Gelegenheitsbildungen nach diesem Muster begegnen immer wieder. So findet der Schriftsteller Reinald Goetz in seinem Buch KRIEG/HIRN für Heinrich Böll den Ausdruck „Peinsack", während der Frankfurter Autor Matthias Altenburg gewisse Kollegen als „anämische Tränensäcke" titulierte.
Vgl.: → Bettelsack, → Dämelsack, → Dicksack, → Drecksack, → Faulsack, → Fettsack, → Freßsack, → Geldsack, Giftsack, → Grobsack, Hurensack, Knatschsack, Knurrsack, → Lappsack, → Lügensack, → Lumpensack, → Madensack, → Mährsack, → Mehlsack, → Neidsack, Nörgelsack, → Pappsack, → Pfaffensack, → Pfeffersack, → Plumpsack, → Quaksack, → Ruppsack, → Saftsack, → Sausack, → Saufsack, → Schlafsack, → Schlappsack, → Schnarchsack, Seifensack (Versager), Tränensack, Zumpelsack.

Säckel
(eigentlich ein kleiner Sack, Beutel; landschaftlich auch für den Hodensack) *gängige oberdeutsche Schelte für eine meist männliche Person.* Die Bedeutung schwankt, je nach

Landschaft, Kontext und Kombination mit anderen Wörtern, zwischen einer eher freundschaftlichen saloppen Anrede und einem sozusagen sackgroben Schimpfwort. Besonders im Schwäbischen ist der „Säkkel" mit all seinen Varianten wohl das häufigste Schimpfwort überhaupt. Allerdings stelle der Ausdruck dort, so jedenfalls die Urteilsbegründung eines Reutlinger Sozialrichters, „allenfalls eine milde Form der Kritik an der Person oder am Verhalten einer Person" dar (AZ 6 Ar 2130/84). Der Richter fand auch, daß Zugereiste an den Landesgrenzen ihre in Norddeutschland erworbene Empfindlichkeit gegenüber einer so bilderreichen Sprache abzulegen hätten. Das gilt freilich nicht für Steigerungsformen wie „Allmachts-", „Huren-" oder „Granatensäckel".

Vgl.: alter Säckel, Bauernsäckel, Granatensäckel (dumm), Halbsäckel (stärker als „Säckel"), → Hurensäckel, Krautsäckel, → Lumpensäckel, Mordssäckel, → Pappsäckel, → Schafsäckel, Stiersäckel.

Sackerlöter = Sakramenter

Sackermenter = Sakramenter

Sackratte

(ursprünglich ein derber soldatensprachlicher Ausdruck für eine Filzlaus) *vulgäres Schimpfwort für einen ekelhaften, lästigen Menschen.*

Vgl.: → Filzlaus, → Ratte.

Sadist

(nach dem Namen des französischen Schriftstellers Marquis de Sade, 1740 – 1814, der in teils pornographischen Romanen und Erzählungen die sexuelle Lust an Grausamkeiten geschildert hatte) *1. im geschlechtlichen Sinne sadistisch veranlagter Mensch. 2. brutaler, gemeiner Mensch, der offensichtlich Freude daran hat, andere oder Tiere zu quälen.*

Vgl.: → -ist.

Saftarsch

vulgäres Schimpfwort für einen blöden Kerl oder einen Versager, Feigling. Zum „Unesco-Jahr der Toleranz" 1995 gab es ein Plakat, das zwei Jugendliche zeigte. Der Text dazu: „Es waren einmal ein Wichser und ein Saftarsch. Die drehten sich ganz langsam um. Auf einmal waren sie nur noch Bernie und Drago."

Vgl.: → Arsch, → -arsch.

Saftheini

ein Versager, Schlappschwanz.

Vgl.: → Heini, → -heini, Saftheiner (selten).

Saftneger

abfällig für einen unsympathischen, eigenbrötlerischen Kerl; auch für einen, der Saft trinkt, anstatt mitzuzechen.

Vgl.: → Neger.

Saftsack

grobes Schimpfwort vorwiegend unter jungen Leuten für einen gemeinen, unfähigen Kerl (über den man sich geärgert hat).

Vgl.: alter Saftsack, → Sack, → -sack.

Säge

(kurz für → Nervensäge) *unangenehmer, unbeliebter Mensch; oft auf Mädchen bezogen.*

Sakra

(eigentlich ein Fluch, verkürzt aus „Sakrament"; zu lateinisch „sacer" = heilig) *in Süddeutschland für einen Menschen, über den man sich geärgert hat; verfluchter Kerl.*

Sakramenter

vorwiegend süddeutsch für 1. jemand, über den man sich ärgert. 2. einen Teufelskerl, wobei Anerkennung mitschwingt. 3. ein unartiges Kind. Bei Martin Luther war das Wort eine Schelte auf die Gegner seiner Sakramentslehre. Bemerkenswert sind die Steigerungsformen, die sich des bekannten religiösen Vokabulars der Flüche bedienen, etwa „Heilandssakramenter". Ein derbes altes Schnaderhüpfel verwendet die Wortform Sakerment:

„Du altes verrumpeltes Futterfaß,
du haariges Instrument,
i will dich net, i mag dich net,
du alte Sakerment."

Vgl.: Heidensakramenter, Heilandssakramenter,

Herrgottssakramenter, Himmelherrgottssakramenter, Himmelssakramenter, Kreuzdonnerwettersakramenter, Sackerlöter, Sackermenter, Sakramentskerl, → Sapperloter (Sapperlot), → Sappermenter.

Sakramentierer

in der Reformationszeit ein Schimpfwort für einen Gegner und Verächter der Sakramente, z.B. für die Wiedertäufer.

Salatschnecke

vorwiegend südwestdeutsch für ein unsympathisches, langweiliges Frauenzimmer, ein reizloses Mädchen.

Vgl.: → Schnecke.

Salbader

(Herkunft unklar; vielleicht beeinflußt von → Bader) *jemand, der langatmig und salbungsvoll daherredet; auch für einen aufdringlichen Moralprediger.* Goethe ließ sich in einem Brief über Friedrich Leopold Graf von Stolberg aus: „Hier schicke ich Ihnen sogleich die neueste Sudelei des gräflichen Salbaders."

Salon-

ironische oder abfällige Wortverbindungen zur Bezeichnung von Personen, die etwas nur vorgeben, die etwas auf eine zwar gefällige, aber künstlich und unecht wirkende Art, wie man sie früher in großbürgerlichen Salons erwarten konnte, betreiben. Auch Menschen mit einer übertriebenen Vorliebe für gesellschaftliche Ereignisse können gemeint sein. Bert Brecht hielt seinen Kollegen Heinrich Eduard Jacob für einen „preziösen Salonphilosophen", während Heinrich Heine von Kritikern als „Salonrevolutionär" und „Salondemagoge" verunglimpft wurde. Harry Graf Kessler, der als kultivierter Snob und „roter Graf" in den 20er und 30er Jahren die biederen Gemüter in Wallung zu bringen verstand, wurde in den Feuilletons als „ewig frühstückender Salonpolitiker" beschrieben.

Vgl.: Salongeck, Salonliterat, Salonmarxist, Salonschlange (selten), Salonschriftsteller, Salonschwätzer, Salontiger.

Salonbolschewist

veraltende abfällige Bezeichnung für einen Pseudokommunisten, einen Menschen, der seine kommunistischen Ideen in seinem eigenen Leben nicht verwirklicht. Im Wahlkampf 1994 urteilte der Finanzminister Theo Waigel von der CSU über die PDS: „Salonbolschewisten!"

Vgl.: → Bolschewist (Bolschewik), → -ist.

Salonkommunist

meist ironisch gebraucht für einen Menschen, dessen Kommunismus durch Lippenbekenntnisse bestimmt ist. „Peter Hacks, Salonkommunist und Vorzeigedichter der DDR", schrieb der SPIEGEL im Januar 1995.

Vgl.: → -ist, → Kommunist.

Salonlöwe

(dem älteren Ausdruck → Gesellschaftslöwe nachgebildet; weibliche Form: Salonlöwin) *ironisch oder abfällig für einen eleganten, umworbenen Mann, der gerne im Mittelpunkt vornehmer Gesellschaft steht, andererseits aber blasiert und oberflächlich ist.* Die Bezeichnung entstand in einer Zeit, deren Kultur sich an Paris orientierte, in der es als chic galt, französisch zu sprechen. Daher auch das gleichbedeutende, mittlerweile veraltete „Pariser Löwe".

Vgl.: Kongreßlöwe (selten), → -löwe, → Partylöwe, Salontiger.

Salonrevolutionär

ironisch für einen Menschen, dessen revolutionäres Gehabe sich in Worten und Gesten erschöpft.

Salontiroler

spöttisch für einen Urlauber oder Zugereisten in den Alpen, der sich in lächerlicher Weise den Habitus, insbesondere die Tracht der Einheimischen zulegt. Defregger hatte 1882 den „Salontiroler" in einem Gemälde verewigt.

Vgl.: → Flachlandtiroler.

Samtheini

selten für einen weichlichen, weibischen, auch tuntenhaften jungen Mann.

Vgl.: → Heini, → -heini.

Sandhase
veraltendes soldatensprachliches mildes Spottwort für einen Infanteristen.
Vgl.: → Hase.

Sandler
(Herkunft unklar; vielleicht zu rotwelsch „Sand" = Ungeziefer, Flöhe; Geld) *vorwiegend österreichisch für 1. einen Vagabunden, Stadtstreicher, Landstreicher. 2. einen Nichtsnutz, Arbeitsscheuen, Penner.* Als „Sandlerin" bezeichnet man in Österreich auch eine Frau, die arglose Kunden in Nepplokale lockt.
Vgl.: → -ler.

Sänger
gaunersprachlich für einen Mann, der „singt", der vor Gericht oder Polizei gesteht, „auspackt", und damit seine Komplizen belastet; Verräter.

Sänger vom finstren Walde
(meist in der Mehrzahl gebraucht) *scherzhaft, auch spöttisch oder geringschätzig für eine Gruppe schlecht singender Männer.* Die Wendung leitet sich her von Soldaten aus der brandenburgischen Kleinstadt Finsterwalde, die während des Krieges von 1870/71 in Reims mit laienhaften Gesangsnummern auftraten. 1899 wurde in Berlin das Lustspiel DIE SÄNGER VON FINSTERWALDE von Wilhelm Wolff (Musik: Robert Bachhofer) uraufgeführt.

Sansculotte
(französisch; eigentlich „sans culotte" = ohne Kniehose; meist im Plural: Sansculotten) *historisches Spott- und Schimpfwort auf die proletarischen Aktivisten der Französischen Revolution, die anstatt der für die Aristokraten üblichen Kniehosen (culottes) lange Hosen (pantalons) trugen.*

Sapperloter (Sapperlot)
(substantiviert aus dem Unmuts- und Verwunderungsausruf „sapperlot!") *1. Schwerenöter, Teufelskerl; auch anerkennend. 2. heimtückischer Bursche, Schlaumeier, Schlingel. 3. unartiger Junge.*
Vgl.: Heilandssappermenter, Himmelherrgottssappermenter (beide südwestdeutsch), → Sackerlöter, → Sakramenter, Sapperlöter (orthographische Variante), Sapperlotskerl (Teufelskerl; unartiger Junge), Sappermenter, Tausendsappermenter.

Sappermenter = Sapperloter (Sapperlot)

Sara
(vom jüdischen weiblichen Vornamen Sarah) *landschaftlich selten für ein altes (böses) Weib.*
Vgl.: Bettelsara (fränkisch).

Sargnagel
Mensch, der einem das Leben schwermacht, auf die Nerven geht; Sorgenkind.
Vgl.: Nagel zum Sarg.

Satan
(eigentlich der Teufel als Widersacher Gottes) *boshafter, teuflischer Mensch; oft zu Frauen gesagt.*
Vgl.: leibhaftiger Satan, Satanas (bildungssprachlich veraltet).

Satan in Menschengestalt = Teufel in Menschengestalt

Satansbraten
(sozusagen der fromme Wunsch, der Betreffende möge in der Hölle gebraten werden) *1. durchtriebener Kerl, Schlingel. 2. widerwärtiger, schlechter Mensch. 3. gemütliche Schelte.*
Vgl.: Höllenbraten, Rabenbraten, Satansknochen (beide selten), → Teufelsbraten.

Satansbrut
starkes Schimpfwort für übles Gesindel.
Vgl.: → Brut, → -brut, → Höllenbrut, → Teufelsbrut.

Satanskerl
1. böser, teuflischer Mensch. 2. Draufgänger, Teufelskerl.
Vgl.: → Kerl, Satansknecht (selten), → Teufelskerl.

Satansweib
1. böse, teuflische Frau. 2. seltener für eine besonders energische Frau.
Vgl.: → Teufelsweib, → Weib, → -weib.

Satellit
(eigentlich ein Himmels- oder Flugkörper auf einer Umlaufbahn) *abfällig für einen willfährigen Gefolgsmann, abhängigen Mitläufer; meist in der Politik verwendet.*

Satrap
(eigentlich ein Statthalter einer Provinz im alten Persien) *bildungssprachliche, selten gebrauchte Bezeichnung für einen Günstling und Nutznießer eines Regimes.*

Satyr
(im griechischen Mythos ein lüsterner Naturdämon im Gefolge des Dionysos mit Schwanz und Bocksbeinen, verwandt mit → Silen) *bildungssprachlich selten für einen geilen, grobsinnlichen Kerl; ein geiler Bock.*

Sau
(eigentlich das weibliche Hausschwein, Mutterschwein; Schweine gelten als triebhaft und schmutzig) *sehr beliebtes, vielseitig verwendbares derbes Schimpfwort für 1. einen schmutzigen, ungepflegten Menschen. 2. eine Person, die etwas beschmutzt, bekleckert. 3. jemand, der Zoten reißt, sich unflätig, „schweinisch" aufführt. 4. ein liederliches, laszives Weib. 5. einen Menschen, den man haßt oder verachtet.* Meistens wird das Wort mit einem treffenden Adjektiv kombiniert: geile, gemeine, alte, fette, elende, feige, dikke, besengte, linke, vollgefressene, blöde Sau. Ein altes Kinderlied aus Nassau:

„Napoleon, Napoleon,
Was macht denn deine Frau?
Sie wäscht sich nicht, sie kämmt sich nicht,
Was ist das für 'ne Sau!"

Vgl.: → arme Sau, barmherzige Sau (Hure, die es umsonst macht), → dumme Sau, → faule Sau.

Sau-
Als erster Bestandteil in Wortverbindungen mit Personenbezeichnungen wirkt „Sau-" emotional verstärkend und findet sich in einer fast beliebig vermehrbaren Menge kräftiger Schimpfwörter. Das Grundwort stellt in fast allen Fällen bereits ein Schimpfwort dar. Ausnahmen sind ethnische und Regionalschelten wie „Saupreuße", „Saubayer", „Sauschwabe" usw. In einer Vorlesung schimpfte der Professor Martin Luther: „O Sautheologen!" Sehr volksnah ist auch der folgende Zweizeiler des expressionistischen Dichters Jakob Haringer (1898 – 1948), der des öfteren mit dem Gesetz in Konflikt geraten ist:

„Wer zu blöd fürn ärgsten Mist,
Wird ein teutscher Sau-Jurist."

Vgl.: Saubagage, Saubazi (bayrisch), Saubehle (südwestdeutsch: Schlampe), Saubesen, Saubetz (fränkisch), Sauding (selten: schmutziges Kind), Saujude, Saujunge (schmutzig; frech), Saukrüppel, Saupack, → Saupelz (selten), Saurüssel (süddeutsch), Saustück (schmutzig), Sauwatz, Sauwenzel.

-sau
Solche Zusammensetzungen zielen auf eine „Sau" besonderer Sorte oder dienen der emotionalen Verstärkung eines Schimpfwortes, etwa bei „Machosau".

Vgl.: → Bauernsau, Blutsau (bayrisch: hundsgemein), Bullensau, → Charaktersau, → Drecksau, Etappensau (selten: → Etappenschwein), Faschistensau, → Fettsau, → Kameradensau, Kapitalistensau, Mastsau, → Mistsau, → Pistensau (Pistenschwein), → Pottsau, Quadratsau, → Rachsau, → Rennsau, → Rübensau, → Schlappsau, → Toppsau, → Wildsau, Wurzelsau, → Z-Sau.

Saubalg
landschaftlich, besonders süddeutsch, für ein ungezogenes Kind.

Vgl.: → Balg.

Saubande
Gruppe von Menschen, über die man sich ärgert, vor allem Kinder oder Jugendliche aus der Sicht von Erwachsenen.

Vgl.: → Bande, → -bande.

Saubankert
süddeutsch für ein freches Kind, einen ungezogenen, vorlauten Jungen.

Vgl.: → Bankert.

Saubär
(eigentlich eine Mundartbezeichnung für den Eber) *in Süddeutschland für einen 1. schmutzigen, widerlichen Menschen. 2. Wüstling, Zotenreißer.*

Vgl.: → Bär.

Saubartel
landschaftlich, besonders oberdeutsch, für 1. einen schmutzigen, ungepflegten Menschen. 2. eine Person, die sich beschmutzt, beim Essen bekleckert. 3. eine unflätige, obszön redende Person. Ein anonymer Schmähbrief an die linke Postille KONKRET beginnt mit den Worten „Ihre elende, schmierige Zeitschrift gehört nur auf den Misthaufen ..." und schließt mit: „Saubartl!!!"
Vgl.: → Bartel (Barthel), → -bartel (-barthel), Schweinebartel.

Saubauer
vor allem in Süddeutschland und Österreich ein grobes Schimpfwort für einen Landwirt, übertragen auch für einen rüpelhaften, „bäurisch" auftretenden Menschen.
Vgl.: → Bauer.

Saubayer
Schimpfwort für einen Bayern; von Schwaben und anderen Nachbarn gebraucht, aber auch von Norddeutschen als Reaktion auf das geläufige → Saupreuße (Saupreiß). Das Wort taucht schon bei Hans Sachs auf.

Saubengel
Verstärkung von → Bengel für einen ungezogenen Jungen.

„sauberer Patron"
ironisch und abfällig für einen liederlichen, unzuverlässigen Kerl.
Vgl.: → Patron.

„sauberes Früchtchen"
ironische Schelte für ein mißratenes Kind, einen jugendlichen Taugenichts.
Vgl.: → -chen (-lein), „feines Früchtchen", → Früchtchen (Früchtlein), loses Früchtchen, „nettes Früchtchen", „sauberer Knabe" (selten), „sauberes Bürschchen".

Saubermann
spöttisch-ironisch für einen Sittenwächter, Moralisten. In der Presse ist von „Saubermännern der Nation" oder beispielsweise von „SED-Saubermännern" die Rede.
Vgl.: Familie Saubermann, Frau Saubermann, Herr Saubermann, → -mann.

Saubeutel
landschaftlich derb für einen schmutzigen, dummen oder ansonsten unerfreulichen Kerl.
Vgl.: → Beutel, → -beutel.

Saubub
oberdeutsches Schimpfwort für einen Lausbuben, ungezogenen Burschen.
Vgl.: → Bube (Bub).

Saudackel
vor allem in Schwaben ein starkes Schimpfwort für einen dummen, widerlichen Kerl.
Vgl.: → Dackel.

Sauerkraut
(eigentlich fein geschnittenes, gewürztes und durch Gärung konserviertes Weißkraut) *veraltender, vorwiegend angelsächsischer Nationenspott für die Deutschen nach deren (früherer) Leibspeise Bratwurst mit Sauerkraut.* Die FRANKFURTER RUNDSCHAU zitierte und übersetzte den DAILY MIRROR nach der Niederlage des deutschen Tenniscracks Stich 1994 in Wimbledon: „Sauerkraut Michael Stich hat sich erneut selbst ein Wimbledongrab geschaufelt – und wurde vom Platz gebuht."
Vgl.: → Kraut, Sauerkrautfresser.

Sauertopf (Sauerpott)
(ursprünglich zur Aufbewahrung von saurer Milch oder sauer gewordenem Wein) *griesgrämiger, finster dreinblickender, humorloser Mensch.* „Junge Spaßmacher, alte Sauertöpfe!" prophezeit das Sprichwort.
Vgl.: → -pott, → Topf.

Sauf-
Bestandteil zahlreicher kräftiger Schimpfwörter für eine trunksüchtige oder betrunkene Person. Als Grundwörter der Zusammensetzungen überwiegen Tiernamen oder Bezeichnungen von Körperteilen.
Vgl.: Saufbeutel, Saufdrossel, Saufgenosse, Saufhals, Saufhaus, Saufigel, Saufjule (selten), Saufkamerad, Saufkarline, Saufkerl, Saufkübel (alle drei selten), Saufochse, Saufpatron, Saufunke.

Saufaus
eine alte Schelte in Form eines Satzwortes für einen Trunkenbold.

Vgl.: Bruder Saufaus (veraltet), Saufhaus (volksetymologische Umbildung).

Saufbold
gewohnheitsmäßiger Trinker, Säufer.
Vgl.: → -bold, → Trunkenbold.

Saufbruder
1. Säufer; Betrunkener. 2. Saufkumpan.
Vgl.: → Bruder, → -bruder, → Bruder Saufaus, → Kneipbruder, → Pichelbruder, → Schluckbruder, Trinkbruder, → Zechbruder.

Säufer
Trinker, Trunksüchtiger.
Vgl.: → Biersäufer, Erzsäufer, → Hartsäufer, Kardinalsäufer (selten), → notorischer Säufer, Obersäufer, → Quartalssäufer (Quartalsäufer), Schnapssäufer, Weinsäufer.

Saufeule
landschaftlich, besonders am Rhein und in Hessen, für eine trunksüchtige Person.
Vgl.: Branntweineule (selten), → Eule, Schnapseule, → Volleule.

Saufgurgel
ein seltener, in einigen Mundarten noch lebendiger Ausdruck für einen Trunkenbold.
Vgl.: Saufhals, Schnapsgurgel (selten).

Saufkopp (Saufkopf)
Trunkenbold, Säufer. „Teurer Saufkopf", so nannte die ZEIT in einer Überschrift den trunksüchtigen Kapitän des 1989 havarierten Öltankers „Exxon Valdez", der seinen Arbeitgeber voraussichtlich Milliarden kosten wird.
Vgl.: → -kopf (-kopp), → Suffkopp (Suffkopf).

Saufkumpan
abfällig für einen Trinkgenossen, Mitzecher.
Vgl.: Kneipkumpan, → Kumpan, Saufgenosse, Saufkamerad, Saufkumpel (selten), Trinkkumpan (schwächer), → Zechkumpan.

Sauflappen
landschaftlich verächtlich für einen notorischen Säufer.
Vgl.: → Lappen.

Saufloch
(wohl nach der Redensart „saufen wie ein Loch") *veraltendes grobes Schimpfwort für einen Säufer.*
Vgl.: → Loch, → versoffenes Loch.

Saufnase
(nach der dicken, roten Nase mancher Säufer) *Trunkenbold, Säufer.*
Vgl.: → Schnapsnase.

Saufnickel
Trunkenbold, Säufer.
Vgl.: → Nickel, → -nickel.

Saufsack
landschaftlich derb für einen Säufer.
Vgl.: → Sack, → -sack.

Säugling
vom Baby, das noch gesäugt werden muß, auf den erwachsenen oder jugendlichen Menschen übertragen für eine unerfahrene, unreife Person, einen blutigen Anfänger. Auch (lästige) jüngere Geschwister, Rekruten oder Schulanfänger werden so tituliert.
Vgl.: → Baby, → -ling.

Sauhacksch
ostdeutsch für einen unsittlichen Kerl, Zotenreißer, Freund von „Herrenwitzen" u.ä.
Vgl.: → Hacksch.

Sauhaufen
(im Jargon der Soldaten aufgekommen) *derbe Kollektivschelte für eine disziplinlose, liederliche Gruppe von Menschen.* „Wenn die Leute sagen, das ist ein charakterloser Sauhaufen, dann stimmt das."So äußerte sich im Mai 1996 Peter Hermann, Fußballtrainer von Bayer Leverkusen, über seine Mannschaft.
Vgl.: → Haufen, → -haufen.

Sauhund
(eigentlich ein Hund zur Jagd auf Wildschweine; auch als Verstärkung des Schimpfwortes Hund zu verstehen) *1. starkes Schimpfwort für einen gemeinen, niederträchtigen Mann. 2. besonders in Bayern ein ambivalenter Ausdruck für einen durchtriebenen, gerissenen, ausgefuchsten Kerl.* Max

Merkel, der erfolgreiche österreichische Fußballtrainer, wird mit der Erkenntnis zitiert, man müsse in diesem Beruf ein „Sauhund“ sein. Er wird es wohl eher positiv gemeint haben. Ausgesprochen gehässig war dagegen die Verwendung des Wortes durch den früheren Generalsekretär der CSU Otto Wiesheu, der seinen Parteifreund Ekkehard Voigt in aller Öffentlichkeit mit den Worten belegte: „Du Lump, du verlogener, du Sauhund, du schlechter!“
Vgl.: → Hund, → -hund, → Schweinehund.

Sauigel
(eine alte volkstümliche Bezeichnung des Igels nach seiner Schnauze, die einem Schweinerüssel ähnelt) *1. Schmutzfink. 2. Zotenreißer, unflätiger Mensch. 3. Lüstling, Perverser.*
Vgl.: → Igel, → Schweinigel.

Saukerl
1. schlechter, gemeiner Kerl. 2. Schmutzfink.
Vgl.: → Kerl.

Saukopf
vom breiten, halslosen Kopf des Schweines auf den Menschen übertragen für einen Dickschädel, eine starrköpfige Person; selten auch für einen Menschen mit einem dicken Kopf oder als allgemeines Schimpfwort.
Vgl.: → -kopf (-kopp), → Schweinskopf.

Säulenheiliger
(im Altertum und Mittelalter ein christlicher Einsiedler, der aus religiösen Motiven auf der Plattform einer Säule lebte) *leicht spöttisch oder auch geringschätzig für eine Person, die als unantastbar gilt, ein Idol.* Ebenso wie Adorno ein „Säulenheiliger der 68er“ sei oder Franz Josef Strauß der „Säulenheilige der CSU“ (beides im SPIEGEL), so gilt der WELTWOCHE (März 1994) der TV-Unterhalter Kurt Felix als „eine Art Säulenheiliger des Fernsehens“.

Sauluder
(Verstärkung von → Luder) *grobes, vor allem im Süden des Sprachgebietes verwendetes Schimpfwort für ein besonders schlimmes Weib.* In Thomas Manns Roman BUDDENBROOKS beendet der Münchner Permaneder seine Ehe, indem er seiner Gattin Tony an den Kopf wirft: „Geh zum Deifi, Saulud’r drekkats!“

Saulümmel
(Verstärkung von → Lümmel) *derb für einen arg frechen Kerl.*

Saulump
(Verstärkung von → Lump) *starkes Schimpfwort für einen schlimmen, betrügerischen Menschen.*

Saumagen
(eigentlich der Magen des Schweins; auch eine Pfälzer Spezialität, Leibgericht von Bundeskanzler Helmut Kohl) *landschaftlich, vor allem oberdeutsch, für 1. eine schmutzige oder unflätige Person. 2. jemanden, der einen sprichwörtlichen „Saumagen“ hat, der Sachen und Mengen in sich hineinfrißt, bei denen anderen schon vom Zusehen schlecht wird.*

Saumensch, das
landschaftlich, besonders oberdeutsch, für eine verkommene, gemeine Frauensperson; liederliches Mädchen.
Vgl.: → Mensch.

Saunickel
1. schmutziger, verwahrloster Mann. 2. vulgärer, lüsterner Kerl, Zotenreißer.
Vgl.: → Nickel, → -nickel, → Schweinigel.

Saupelz
landschaftlich selten für einen schmutzigen oder „schweinischen“ Menschen; auch als allgemeines Schimpfwort.

Saupreuße (Saupreiß)
(Verstärkung von → Preuße) *abfällig oder in scherzhaftem Spott für einen Nord- oder Westdeutschen; meistens von Bayern gebraucht.* Nach der WELTWOCHE (Dezember 1993) seien die ersten Anschaffungen des zugezogenen „Saupreißn“ in München Lodenjanker, Haferlschuhe und ein Rauhhaardackel.

Saurier = Dinosaurier

Sausack
derbe Beschimpfung unbestimmten Inhalts für einen Mann; meist im Sinne von schmutzig oder gemein.
Vgl.: → Sack, → -sack.

Sauschwab (Sauschwabe)
(weibliche Form: Sauschwäbin) *schweizerdeutsches ethnisches Schimpfwort für einen Deutschen.* Den Schweizern erscheinen die nördlichen Nachbarn oft als hochnäsig und arrogant. Andreas Lötscher vermutet in seinem Schimpfwörterbuch LAPPI, LÖÖLI, BLÖÖDE SIECH! höflicherweise, das sei vielleicht nur deswegen so, weil diese besser Hochdeutsch können.
Vgl.: → Schwab (Schwabe).

Sauschwanz
(Verstärkung von → Schwanz) *veraltetes vulgärsprachliches Schimpfwort für einen unangenehmen oder auch raffinierten Mann.* In einer Traunsteiner Chronik ist eine barokke Predigt aufgezeichnet, die sich gegen die unflätige Ausdrucksweise des Volkes richtet: „Ihr unwissenden Stockseelen, daß man euch die ungewaschenen Fotzen mit Fäusten recht abtröschete, und alle Zähn in den Hals hinab schlage, oder man solt euch die weite Goschen mit schwarzem Bern-Koth [Bärenkot] anfüllen, damit ihr doch nicht mehr Sauschwantz sagen möchtet." Einen Brief an seine Base Marie Anna Thekla schloß Mozart mit „... ich küsse sie 10000mahl und bin wie allzeit der alte junge Sauschwanz – Wolfgang Amadé Rosenkranz."

Sausewind
(eigentlich kindersprachlich für starken Wind) *mildes Scheltwort für einen quirligen, unruhigen Menschen, besonders ein Kind.* In einem alten Kindergedicht heißt es:

„Fleißig sind die Kinder hier,
lernen alle mit Begier;
nur der kleine Sausewind
weiß nicht wofür Bücher sind."

Vgl.: Brausewind, Sausebraus.

Sauspieler (Sauschpieler)
(Wortspiel durch Buchstabentausch) *schlechter Schauspieler.*

Sautreiber
(eigentlich der Schweinehirt, der einen sehr gering geachteten Beruf ausübt) *vorwiegend süddeutsch für 1. einen schmutzigen Kerl ohne Manieren und Bildung. 2. einen Zuhälter.*
Vgl.: → Treiber.

Sauvieh (Sauviech)
oberdeutsches grobes Schimpfwort für einen schmutzigen, gemeinen oder einfach nur unangenehmen Menschen.
Vgl.: → Viech, → Vieh.

Sauzahn
(eigentlich ein Eberzahn, wie er früher auch als Schmuck getragen wurde) *seltenes, südlich der Donau noch geläufiges Schimpfwort für 1. einen schlechten, gemeinen Kerl. 2. einen, der sich in obszönen Äußerungen ergeht.*

Schabernack
(eigentlich ein übermütiger Streich, eine Neckerei) *landschaftlich für ein ausgelassenes Kind, das gerne andere neckt.*

Schablonenmensch
blasse seltene Schelte für einen geistlos nachahmenden Menschen, der schablonenhaft vorgeht.
Vgl.: Schablonski (mit russischer Endung; selten).

Schabracke
(ursprünglich eine Satteldecke, danach ein altes, abgerittenes Pferd) *derbes Schimpfwort für eine alte (unansehnliche) Frau; mit Anspielung auf den mit dem Reiten verglichenen Geschlechtsverkehr; oft als „alte Schabracke".*

Schächer
(In der Bibel werden die beiden mit Christus gekreuzigten Übeltäter so bezeichnet; zu mittelhochdeutsch „schach" = Raub) *1. armseliger Kerl, jämmerlicher Mensch; oft in der Form „armer Schächer". 2. manchmal*

ironisch für einen (reumütigen) Missetäter. 3. selten für einen Räuber oder Mörder. In Düsseldorf gibt es auch die Wendung „Schächer am Kreuz" für einen klapperdürren Menschen.

Schacherer

(aus der Gaunersprache; weibliche Form: Schacherin) *verächtlich für jemanden, der kleinlich und hartnäckig um etwas feilscht.*

Vgl.: Postenschacherer.

Schachfigur

(nach der Redensart „nur eine Schachfigur sein") *von der Figur des Schachspiels auf den Menschen übertragen für eine Person, die von anderen als willenloses Werkzeug benutzt wird, die ohne eigene Kenntnis Teil eines Plans geworden ist; oft in der Sprache der Politik.* Dazu ein Epigramm von Wolfgang Fienhold mit dem Titel „Volkstümlich": „Wir sind doch alle / nur Schachfiguren / sagte der König / zum Bauern".

Vgl.: → Figur.

Schachtel

(wie andere Behälterbezeichnungen auf die Vagina der Frau und dann auf diese selbst übertragen) *abfällig für eine alte, ältliche (unangenehme, häßliche) Frau; meist in der Form „alte Schachtel" verwendet.*

Vgl.: → alte Schachtel, → Krawallschachtel.

Schadchen

(ursprünglich ein Heiratsvermittler bei den Juden) *landschaftlich selten für einen Kuppler, eine Kupplerin.*

-schädel

Solche Wortverbindungen richten sich gegen einen dummen und vor allem sturen Menschen.

Vgl.: → Bauernschädel, Betonschädel, Blechschädel, → Dickschädel, → Fetzenschädel, Geeschwollschädel, Gipsschädel, → Hartschädel, → Kaprizenschädel, → -kopf (-kopp), Mostschädel (österreichisch), -nischel, → Quadratschädel, Rammschädel, Stierschädel (oberdeutsch), Sturschädel, → Tappschädel, Trotzschädel, Wasserschädel.

Schädling

(eigentlich eine Tier- oder Pflanzenart, die dem Menschen Schaden zufügt) *abwertend für jemanden, der den anderen, der menschlichen Gemeinschaft schadet, etwa ein Verbrecher.*

Vgl.: → -ling, Schädling der Gesellschaft, sozialer Schädling, Sozialschädling, Umweltschädling, → Volksschädling.

Schaf

dummer oder einfältig-gutmütiger, auch hilfloser Mensch. Das Schaf galt schon im Mittelalter als dumm und schwach. Im Sprichwort heißt es: „Wer sich zum Schaf macht, den fressen die Wölfe!"

Vgl.: Badschaf (sächsisch), dummes Schaf, ehrliches Schaf, geduldiges Schaf (selten), gutes Schaf, → gutmütiges Schaf, → räudiges Schaf, → schwarzes Schaf, → verirrtes Schaf, → verlorenes Schaf, zweibeiniges Schaf.

Schafbeutel

(eigentlich der Hodensack des Schafbocks) *oberdeutsch für einen läppischen, dümmlichen Mann.*

Vgl.: → Beutel, → -beutel.

Schäfchen (Schäflein)

geringschätzig oder in gutmütigem Spott für einen einfältigen Menschen; auch wie „Dummerchen" als kosende Schelte.

Vgl.: → -chen (-lein).

Schafsäckel

(eigentlich der Hodensack des Schafbocks) *in Südwestdeutschland und der Schweiz ein grobes Schimpfwort für einen dummen, ungeschickten Kerl.*

Vgl.: → Säckel, Schafsack (selten).

Schafsgesicht

jemand mit einem Schafsgesicht, einem dümmlichen und gutmütigen Gesichtsausdruck.

Vgl.: → -gesicht.

Schafskopf (Schafkopf)

Dummkopf, einfältige Person. Das Wort findet schon in Schillers TURANDOT Verwendung.

Vgl.: → -kopf (-kopp).

Schafsnase
(eigentlich eine auswärtsgebogene Nase bei Pferden, die diesen einen blöden Gesichtsausdruck verleiht) *einfältiger Mensch.*

Schakal
vom hundeartigen Raubtier auf den Menschen übertragen als selten gebrauchte Bezeichnung für eine hinterhältige, gefährliche Person. Das war auch der Beiname des Terroristen „Carlos".

Schäker
(wohl zu jiddisch „chek" = Busen, weiblicher Schoß) *1. scherzhaft, mitunter leicht tadelnd für einen, der (mit Mädchen) schäkert, also neckend und scherzend flirtet. 2. gemütliches Scheltwort für einen Spaßvogel, Scherzbold; oft als „kleiner Schäker".*

Schalk
(ursprünglich in der Bedeutung „Knecht, Sklave", dann „Schuft, gemeiner Mensch"; heute abgeschwächt) *listiger, spitzbübischer Kerl; Schelm.*
Vgl.: → Erzschalk.

Schalksknecht
veraltet für einen hinterlistigen, bösen Menschen.
Vgl.: → Knecht, → -knecht.

Schalksnarr
(eine frühere Bezeichnung für den Hofnarren; weibliche Form: Schalksnärrin) *schalkhafter Mensch.*
Vgl.: → Narr, → -narr.

Schaluppe
(eigentlich ein kleines Schiff oder Boot) *abfällig für eine (aufgetakelte) alte Frau; oft: alte Schaluppe.*

Schandbube
(weibliche Form: Schandbübin) *veraltet für einen schändlichen, hundsgemeinen Kerl.* „Ha Schandbube! Daß ich nicht all mein Gift in diesem Schaum auf dein Angesicht geifern kann!" heißt es in Schillers DIE RÄUBER.
Vgl.: → Bube (Bub).

Schänder
(zu „Schande") *ein Mensch, der etwas oder jemanden geschändet, also mißbraucht, entehrt, entweiht hat.*

-schänder
Der „Schänder" wird meistens in Zusammensetzungen näher bestimmt und bezieht sich fast stets auf eine sexuelle Verirrung oder ein Sakrileg.
Vgl.: → Blutschänder, Denkmalschänder (meist übertragene Bedeutung), Eheschänder (veraltet), → Ehrenschänder, → Friedhofsschänder, → Grabschänder, Jungfernschänder (veraltet), → Kinderschänder, → Leichenschänder, → Mumienschänder, Rassenschänder (vor allem Nazijargon), Sprachschänder (veraltet), Tempelschänder (auch übertragen verwendet).

Schandfleck
stark emotional abwertend für einen nichtswürdigen, ehrlosen Menschen. „Du Schandfleck auf der Ehre des deutschen Soldaten!" liest man in Erich Maria Remarques Roman DER SCHWARZE OBELISK von 1963.

Schandkerl
veraltet für einen üblen Burschen, Schuft.
Vgl.: → Kerl, Schandgeselle (veraltet).

Schandmaul
jemand, der ein Schandmaul, ein freches Mundwerk hat, der unverschämt und böse daherredet.
Vgl.: → -maul, Schandfresse (selten), Schandgosche (in Bayern und Österreich), Schandschnauze.

Schandschnauze = Schandmaul

Schandweib
selten gewordenes Schimpfwort für ein übles, liederliches Frauenzimmer.
Vgl.: → Weib, → -weib.

Schani
(eigentlich die österreichische Verkleinerungsform des französischen Vornamens Jean = Johann, eines häufigen Rufnamens für Kellner und Diener) *in Österreich 1. geringschätzig für einen Handlanger, einen, der für andere „den Schani macht". 2. veraltet für einen (Wiener) Zuhälter.*

Vgl.: Bierschani (wienerisch veraltet: Kellner), Krawallschani (Polterer, Stänkerer).

scharfer Hund

(eigentlich ein Hund, der darauf dressiert ist, auf Befehl Menschen oder Tiere anzugreifen) *ein überaus strenger Vorgesetzter, Richter, Polizist, Kritiker o.ä.*

Vgl.: → Hund, → Jagdhund, scharfer Jagdhund.

Scharfmacher

(aus der Sprache der Hundezüchter, die das Tier auf den Mann abrichten) *Aufwiegler, Aufhetzer; jemand, der in der politischen Auseinandersetzung die Konfrontation sucht.* Die Verwendung des Wortes als sozialpolitisches Schlagwort soll auf Karl Ferdinand Freiherr von Stumm zurückgehen, der 1895 dem Delegierten der evangelischen Arbeitervereine erklärte, er werde den Kaiser „scharfzumachen suchen zur Anwendung rückhaltloser Gewalt, zum Kampf auf Leben und Tod".

Vgl.: → -macher.

Scharlatan

(aus dem gleichbedeutenden italienischen „ciarlatano") *verächtlich für 1. Aufschneider, Schwätzer, Schwindler; jemanden, der bestimmte Fähigkeiten vortäuscht. 2. Kurpfuscher, Quacksalber.* Im 18. Jahrhundert reimte Johann Jakob Dusch: „Ein böser Scharlatan / Macht erst Gesunde krank, damit er heilen kann!" Schopenhauer, der seinen Kollegen Hegel nicht ausstehen konnte, bezeichnete ihn einmal als einen platten, geistlosen, ekelhaft widrigen, unwissenden Scharlatan, der mit beispielloser Frechheit Aberwitz und Unsinn zusammenschmiere. Thomas Bernhard schrieb: „Goethe ist im Grunde nichts anderes, als der Heilpraktiker der Deutschen, der erste deutsche Geisteshomöopath. Das ganze deutsche Volk nimmt Goethe ein und fühlt sich gesund. Aber Goethe ist ein Scharlatan, wie die Heilpraktiker Scharlatane sind ..."

Scharteke = alte Scharteke

Scharwenzel (Scharwenzler)

(Herkunft umstritten; vielleicht vom tschechischen „schervenek" = Herzbube) *1. veraltend für einen dienstbeflissenen, schmeichlerischen Menschen; Liebediener. 2. landschaftlich auch für einen Mann, der um Frauen „herumscharwenzelt", ihnen geziert schöntut.*

Vgl.: → -ler, Scherwenzel (orthographische Variante), → -wenzel.

Schattenboxer

seltene abfällige Bezeichnung für jemanden, der die Bekämpfung eines Gegners, den es aber in Wirklichkeit gar nicht gibt, vortäuscht.

Schatulle

(eigentlich ein Kästchen für Geld oder Wertgegenstände) *landschaftlicher Ausdruck für eine alte (unangenehme, eigenartige) Frau, analog zu → Schachtel; oft: alte Schatulle.*

Schaukler

seltene abschätzige Bezeichnung für jemanden, der eine Schaukelpolitik betreibt, eine wetterwendische Politik ohne feste Standpunkte.

Vgl.: → -ler, Schaukelpolitiker.

Schaumschläger

Angeber, Prahler, Blender.

Vgl.: → Schläger.

Schauspieler

von der Berufsbezeichnung des Darstellers auf der Bühne oder im Film übertragen verwendet für einen Heuchler, jemanden, der sich gut verstellen kann. In seinen GEDANKEN ÜBER LEBEN UND KUNST aus dem Jahre 1885 schrieb Johann Jakob Mohr: „Die meisten unserer Schauspieler sind überall Schauspieler, ausgenommen auf der Bühne." Unter Politikern scheint der Vorwurf „Staatsschauspieler!" des öfteren vorzukommen. Beispielsweise nannte der Konservative Alfred Dregger 1980 Bundeskanzler Schmidt so.

Vgl.: Laienschauspieler, → Laienspieler, Provinzschauspieler, Rollenspieler, schlechter Schauspieler, → Schmierenschauspieler, → Spieler.

Schaute = Schote

Scheich
(eigentlich ein hoher arabischer Titel) *1. unangenehmer, widerlicher Kerl. 2. im Jargon der Jugendlichen oft abwertend für den festen intimen Freund, Verlobten eines Mädchens. 3. seltener für einen Geldprotz.*
Vgl.: Oberscheich, → Ölscheich.

Schein-
jemand, der etwas Bestimmtes zu sein scheint, aber nicht wirklich ist. Kurt Hiller schrieb 1968 in einem Brief an seinen Freund und Schriftstellerkollegen Karlheinz Deschner: „... mir sind Scheinlinke weit verhaßter als redlich Rechte."
Vgl.: → Pseudo-, Scheingelehrter, Scheinherrscher, Scheinphilosoph, Scheinwisser (selten).

Scheinasylant
in der Stammtischpolitik eine stark emotional gefärbte, abfällig gebrauchte Vokabel für einen Menschen, der das Asylrecht in Anspruch nimmt, ohne die rechtlichen Voraussetzungen dafür zu erfüllen.
Vgl.: → Asylant, Wirtschaftsasylant.

Scheinchrist
jemand, der nur scheinbar ein Christ ist.
Vgl.: Karfreitagschrist (Protestant, der nur am Karfreitag zur Kirche geht), Kirchensteuerchrist, → Maulchrist, → Namenchrist, Paradechrist (veraltet), Pseudochrist, Scheinfrommer, → Taufscheinchrist.

Scheinfreund
jemand, der nur scheinbar ein Freund ist.
Vgl.: → falscher Freund.

Scheinheiliger
ein Heuchler, Frömmler.

Scheiß-
Zusammensetzungen dieser Art bilden eine sehr große Gruppe von derben Schelten, die fast beliebig vermehrbar ist. Der „Scheiß"-Anfang kann dabei Schimpfwörter verstärken oder in Verbindungen mit neutralen Wörtern diese abwerten. Verschiedene Wissenschaftler, u.a. der Amerikaner Alan Dundes in seinem Werk SIE MICH AUCH! DAS HINTER-GRÜNDIGE IN DER DEUTSCHEN PSYCHE (1985), glauben die relative Häufigkeit solcher Wörter in unserer Sprache mit einer analen Fixierung des deutschen Nationalcharakters erklären zu können. Wie dem auch sei, in den späten 60er Jahren erlebte das Wortbildungsmittel „Scheiß-" besonders unter Studenten einen enormen Aufschwung und wurde gewissermaßen zu einer Duftmarke des Etablierten, Bürgerlichen.
Vgl.: Scheißausländer, Scheißbesen, Scheißgfrieß (allgemeines Schimpfwort in Bayern und Österreich), Scheißhund (Angsthase), Scheißkanaker (Sprachgebrauch der Neonazis), Scheißlehrer (schülersprachlich), Scheißossi, Scheißpfaffe, Scheißtrommel (österreichisch: altes Weib), Scheißwessi, Scheißzivilist (Soldatenjargon).

Scheißbulle
vor allem in der Sprache der Heranwachsenden und im Jargon der „Szene" eine emotional abwertende Bezeichnung für einen Polizisten.
Vgl.: → Bulle, Drecksbulle, Scheißpolyp.

Scheiße s. Stück Scheiße

Scheißer
derb abwertend für 1. einen widerlichen Menschen, erbärmlichen Kerl. 2. einen Feigling. 3. einen völlig unbedeutenden Menschen, eine Null. Schon bei Hans Sachs lesen wir: „Du alter wunderlicher Scheißer!" Das Wort existiert in vielen Zusammensetzungen, wobei das Bestimmungwort oft ein sinnbildliches Produkt des natürlichen Vorganges benennt.
Vgl.: Angstscheißer, autoritärer Scheißer, → Bettscheißer, → Blackscheißer (Blackschieter), → Dukatenscheißer, → Furchenscheißer, → Giftscheißer (Giftschisser), Heckenscheißer (Wanderer), → Honigscheißer, → Hosenscheißer (Hosenschisser), → kleiner Scheißer, → Klugscheißer, → liberaler Scheißer, Notenscheißer (Lehrer), → Schieter, Schisser, → Schleimscheißer, Tintenscheißer (Journalist, Autor, Bürokrat), → Tüpfelscheißer.

Scheißerl (Scheißerle, Scheißerchen, Scheißerlein)
besonders oberdeutsch eine sogenannte kosende Schelte für ein Kleinkind, einen Säugling.

1971 ergab eine Umfrage des WDR, daß unter den Kosewörtern das „Scheißerle" sogar das häufigste ist. Eine schwäbische Abart eines bekannten Kinderverses:

„Schlaf, Mädele, schlaf,
dei Vadder isch a Graf,
dei Muadder isch a Kaiserle,
ond du a kloines Scheißerle."

Vgl.: Hosenscheißerl, → Nestscheißerl, Waagscheißerle (schwäbisch: Zünglein an der Waage).

Scheißhaufen
vom Kothaufen als sehr derbes Schimpfwort auf Menschen übertragen 1. für eine widerwärtige, als nichtswürdig empfundene Person. 2. soldatensprachlich für eine disziplinlose, heruntergekommene militärische Einheit.
Vgl.: → Haufen, → -haufen.

Scheißhaus
(eigentlich eine Vulgärbezeichnung für den Abort) *oberdeutsch derb für einen niederträchtigen Menschen; als „langes Scheißhaus" auch für einen großen, dürren Mann.*

Scheißkerl
derb für einen erbärmlichen Kerl; Feigling; Versager. Bei Goethe heißt es:

„Mußt all die garstigen Wörter lindern,
Aus Scheißkerl Schurk', aus Arsch mach
Hintern."

Vgl.: → Kerl, Schietkerl, Schißkerl (beides orthographische Varianten).

Scheißliberaler
veraltendes derbes Schimpf- und Feindwort aus der Studentenbewegung um 1970 für einen liberal gesinnten (und dadurch den reaktionären Kräften dienlichen) Menschen.
Vgl.: → liberaler Scheißer.

Scheißtyp
vor allem jugendsprachlich derb für einen widerwärtigen Kerl.
Vgl.: Kacktyp, Scheißtype, → Typ, → -typ.

Scheks (Scheeks)
(von jiddisch „schekez" = Abscheu vor dem Unreinen) *landschaftlich selten für einen flegelhaften jungen Burschen; auch für einen Liebhaber.*

Schelm
(ursprünglich in der Bedeutung „Aas, Kadaver", aber schon mittelhochdeutsch als Schimpfwort für einen Betrüger, ehrlosen Menschen; später Bedeutungsverbesserung) *mildes Scheltwort für einen Spaßvogel, Schalk; Frechdachs.* In der schweizerischen Bedeutung „Dieb" wirkt noch die ältere stark abwertende Verwendung nach.

Vgl.: → Erzschelm, Galgenschelm, → kleiner Schelm.

Schelmuffsky
(eigentlich der sprichwörtlich gewordene Held mehrerer Romane und Komödien von Christian Reuter, 1656 – 1712) *veraltet für einen tollen Aufschneider und Prahlhans.* Reuters „Schelmuffsky", der Sohn der „Schlampampe", war ein hemmungsloser Angeber. Die ZEIT (September 1996) überschrieb eine Glosse mit: „Dreihundert Jahre Schelmuffsky / Held unserer Zeit".

Scherbe
(eigentlich eine oberdeutsche Bezeichnung für einen irdenen Topf) *vorwiegend bayrisch und fränkisch für eine (unangenehme) alte Frau.*

Vgl.: → Grantscherben, Scherbel (orthographische Variante).

Scherenschleifer
(eigentlich ein Handwerker, der Scheren und Messer schleift) *landschaftlich für einen charakterlosen Menschen, Nichtsnutz; Versager.* Als Angehörige des fahrenden Volks waren auch die Scherenschleifer soziale Außenseiter.

Scherge
(früher ein Gerichtsdiener, Büttel, Henkersknecht) *Handlanger, Häscher eines gewalttätigen Regimes.*

Vgl.: KGB-Scherge, Nazi-Scherge, NS-Scherge, SS-Scherge.

Scherwenzel = Scharwenzel (Scharwenzler)

Scherzbold
alberner Spaßmacher; unterhaltsamer Mitmensch, den man aber nicht so recht ernst nimmt.
Vgl.: → -bold, → Witzbold.

Scherzkeks
oft geringschätzig für jemanden, der den dummen August macht, der sich für witzig hält und Unsinn redet.

Schese (Schäse)
(von französisch „chaise" = Kutsche) *landschaftlich, vorwiegend oberdeutsch, für eine (unsympathische) alte Frau; oft verstärkt zu → alte Schese (alte Schäse).*

Scheuche
(kurz für eine Vogelscheuche; dasselbe Wort wie „scheu") *eine zerlumpte oder häßliche Person.*
Vgl.: Feldscheuche (selten), → Krautscheuche, → Vogelscheuche.

Scheuerlappengeschwader
scherzhaft-spöttisch für eine Putzkolonne.
Vgl.: Putzlappengeschwader.

Scheune s. alte Scheune

Scheurepurzler
(eigentlich Komödianten, die auf dem Scheunenboden Purzelbäume schlugen) *südwestdeutsch, vor allem schwäbisch, für einen unbeholfenen Menschen oder einen Taugenichts.*
Vgl.: → -ler.

Scheusal
(zu „scheuen") *1. roher, brutaler Mensch; verabscheuungswerter Verbrecher. 2. widerliche, häßliche Person.* In Johann Babtist Alxingers Rittergedicht DOOLIN VON MAYNZ (1812) schreit Jason Medea an: „Ha! Scheusal! Ha Würgerin der Kinder!"

Schickeria
(nach italienisch „sciccheria" = Schick, Eleganz) *übertrieben modische, sich extravagant gebärdende (reiche) Gesellschaftsschicht oder Clique.*
Vgl.: Kulturschickeria.

Schicki
(Kurzform von → Schickimicki) *oft abschätzig für einen betont modebewußten Menschen, der mitunter eitel und geckenhaft wirken kann.* Der Schicki habe „die Herrenkosmetik aus dem Getto der Schwulität herausgeführt", amüsiert sich Achim Schwarze in seinem Buch 256 MÄNNER-TYPEN (1990).

Schickimicki
(sprachspielerische Erweiterung von „schick") *spöttisch oder abfällig für einen oberflächlich und eitel wirkenden Modefreak.* Ganz anders definierte der selbst recht äffisch auftretende Münchner Schickimicki-Ausstatter Rudolph Moshammer einmal den Begriff gegenüber der WELTWOCHE. „Schickimicki" sei für ihn „wahrscheinlich die Wortschöpfung eines neidischen Münchner Journalisten, der genausogern an der Lebensfreude teilnehmen würde, wenn er die Mittel dazu hätte".

Schickse (Schicksel)
(Im Jiddischen wurde das Wort zuerst für Christenmädchen gebraucht, in den deutschen Mundarten dann für Judenmädchen) *1. dumme, unsympathische, lästige weibliche Person. 2. Prostituierte, leichtes Mädchen.*
Vgl.: Amischickse (veraltet), Büroschickse, Edelschickse, Judenschicksel (ursprünglich nicht abfällig), Negerschickse (veraltet), → Tippelschickse.

Schieber
jemand, der, insbesondere in Zeiten der Not, unerlaubte, unsaubere Geschäfte betreibt; Schleich- oder Schwarzhändler. Ein alter Vierzeiler aus der Sammlung des Frankfurter Dichters Julius Jacob Strauß:

„Mei Vadder is Schiewer
Mei Mudder schiebt mit
Unn wann ich aus der Schul komm
Dann schiewe merr zu dritt."

Vgl.: Autoschieber, Börsenschieber, → Devisenschieber, Giftmüllschieber (selten), Oberschieber, → Pöstchenschieber (Postenschieber), Remisschieber (im Schach), Schieberbande, Schieberpack, → Waffenschieber.

Schiefmaul
1. jemand, der „schiefmäulig", also mißgünstig und verlogen ist. 2. selten für einen Menschen mit einem schiefen Mund.
Vgl.: → -maul.

Schielauge
abfällig für einen schielenden Menschen, seltener für einen Brillenträger.
Vgl.: → -auge, Scheelauge (mundartliche Variante), Schielbock (selten).

Schießbudenfigur
(eigentlich eine Figur, die in einer Schießbude als Ziel dient) *jemand, der komisch und lächerlich aussieht.*
Vgl.: → Figur, Schießbudenmamsell (veraltet).

Schieter
norddeutsch für → Scheißer, nur etwas milder.
Vgl.: Bangschieter, → Blackscheißer (Blackschieter), Dukatenschieter, Klugschieter.

Schiffschaukelbremser
(eigentlich ein Handlanger, der auf Jahrmärkten und Volksfesten die Schiffschaukel, eine einfache Schaukel in Form eines hängenden Schiffchens, bedient) *ein kräftiger, aber dummer Kerl.* Von der anspruchslosen Tätigkeit wird auf die Geistesgaben geschlossen.
Vgl.: → Bremser, Reitschulbremser (oberdeutsch veraltet; eine Reitschule ist ein Karussell).

Schikaneur
(zu französisch „chicaner" = das Recht verdrehen) *jemand, der andere ärgert und quält, ihnen böswillig Schwierigkeiten bereitet.*
Vgl.: Schikanierer.

Schildbürger
(meinte wohl ursprünglich den mit einem Schild bewaffneten Bürger und wurde später auf die Einwohner des Städtchens Schilda in Sachsen bezogen, die in einem vielgelesenen Schwankbuch von 1598 als Helden besonders einfältiger und lächerlicher Abenteuer gerühmt wurden) *jemand, der etwas Törichtes tut; Spießbürger.*
Vgl.: → Bürger, → Spießbürger.

Schimpfbold
selten gebrauchtes Schimpfwort für einen, der übermäßig viel schimpft. 1950 machte Kurt Schumacher von der SPD im Bundestag dem Abgeordneten Erhard (CDU) das Kompliment: „Sie sind der größte Schimpfbold!"
Vgl.: → -bold, Schimpfian, Schimpfierer (beides selten).

Schindaas
(eigentlich ein verbrauchtes, für den Schinder reifes Stück Vieh) *ein in den Mundarten weit verbreitetes Schimpfwort für einen gemeinen, heimtückischen Menschen; auch für ein raffiniertes, durchtriebenes Weib.*
Vgl.: → Aas, Schinnoos (süddeutsche Variante).

Schinder
(ursprünglich der Abdecker) *jemand, der andere quält, grausam behandelt, übermäßig hart arbeiten läßt; auch für einen Tierquäler.*
Vgl.: Bauernschinder, Katzenschinder (selten), → Leuteschinder, → Menschenschinder, Paragraphenschinder, → Tierschinder, → Zeilenschinder.

Schinderhannes
(eigentlich der berühmte Räuberhauptmann Johann Bückler, 1783 – 1803, der vom Volk als „edler Räuber" bewundert wurde) *landschaftlich für einen üblen Kerl und Menschenschinder.* „Theo Waigel ist zum ‚Schinderhannes' der kleinen Leute geworden!" (der Münchner SPD-Politiker Georg Kronawitter über den Bundesfinanzminister, März 1996).
Vgl.: → Hannes.

Schinderknecht
(eigentlich der Gehilfe von Schinder und Henker) *mundartlich noch für jemanden, der Menschen oder Tiere quält, schikaniert.*
Vgl.: → Knecht, → -knecht.

Schindluder
(eigentlich wie „Schindaas" das gefallene oder todkranke Vieh, das für den Schinder bestimmt war) *grobes Schimpfwort für einen gemeinen Menschen, aber auch mit einer gewissen Anerkennung für eine raffinierte, aufgeweckte Person.*
Vgl.: → Luder.

Schindmähre
vom alten, verbrauchten Pferd auf den Menschen übertragen für ein (bösartiges) altes Frauenzimmer.
Vgl.: → Mähre.

Schismatiker
(vom gleichbedeutenden kirchenlateinischen „schismaticus“) *1. im Sprachgebrauch der Theologen jemand, der ein Schisma, eine Spaltung der kirchlichen Einheit, verursacht. 2. bildungssprachlich allgemein für einen Spalter oder Abtrünnigen.*

Schisser
(Nebenform zu „Scheißer“) *derb für einen Feigling, Angsthasen, einen, der „die Hosen voll hat“.*
Vgl.: → Angstschisser, → Giftscheißer (Giftschisser), → Hosenscheißer (Hosenschisser), → Klugscheißer (Klugschisser), Scheißer.

Schißhase = Angsthase

Schißkerl = Scheißkerl

Schizo
(Kurzform von „Schizophrener“; zu griechisch „schizein“ = spalten) *jugendsprachlich für 1. einen Schizophrenen, Geisteskranken. 2. einen unangenehmen Spinner, verrückten Typ.*

Schlabbermaul
(schallnachahmend) *landschaftlich für einen Schwatzkopf; seltener für jemanden, der beim Essen oder Trinken „schlabbert“, also kleckert und sabbert.*
Vgl.: → -maul, Schlabbergosche, Schlabberhans, Schlabberliese, Schlabbermichel, Schlabberschnauze, Schlabberschnute.

Schlächter
(eigentlich ein norddeutsches Wort für den Fleischer) *1. Massenmörder. 2. im Jargon der Soldaten ein Militärarzt, Chirurg.*
Vgl.: Menschenschlächter, Schlachter (Nebenform).

Schlachtschiff
analog zu → Fregatte in übertragener herabsetzender Bedeutung verwendet für eine große, dicke (und aufgetakelte) Frau.

Schlacks = Schlaks

Schläfer
selten für einen verschlafenen, faulen Menschen.
Vgl.: → Langschläfer.

Schlaffi
(ursprünglich jugendsprachlich) *schlaffe, träge, energielose Person.* Auch jene Ethnologen, die sich nicht „wie Indiana Jones durch den Urwald hangeln“, seien keine „verzärtelten Schlaffis“, stellte im April 1994 in der ZEIT ein Leserbriefschreiber klar.

Schlafhaube = Schlafmütze

Schlafmittel
langweiliger Zeitgenosse ohne jegliches Temperament.
Vgl.: Schlafpille (selten), Schlaftablette.

Schlafmütze
(in früheren Zeiten eine im Bett getragene Mütze) *1. träger, unaufmerksamer Mensch. 2. Langschläfer.*
Vgl.: Nachtmütze, Schlafeule (hessisch), Schlafhaube, Schlafkappe (veraltet), Schlafmichel (selten).

Schlafratte (Schlafratz)
Langschläfer; verschlafene, träge Person.
Vgl.: → Ratte, → Ratz.

Schlafsack
(eigentlich eine sackförmige Hülle für Übernachtungen) *Schelte für einen Langschläfer.*
Vgl.: → Sack, → -sack.

Schlaftablette = Schlafmittel

Schlaftier
(eigentlich ein Stofftier, das kleine Kinder mit ins Bett nehmen) *tadelnd für einen Viel- und Langschläfer.*
Vgl.: → Tier, → -tier.

Schläger
gewalttätiger, roher Mensch, der brutal zuschlägt: ein übler, wüster Schläger. Ein Sprichwort lautet: „Schläger und alte Strümpfe haben immer Löcher."
Vgl.: → Schaumschläger, → Totschläger.

Schlägerbande
eine → Bande von Schlägern.
Vgl.: → -bande, Schlägertrupp (Schlägertruppe).

Schlägertrupp (Schlägertruppe) = Schlägerbande

Schlägertyp
1. → Schläger. 2. jemand, der brutal, wie ein Schläger aussieht oder auftritt.
Vgl.: Schlägertype, → Typ, → -typ.

Schlagetot
(Satzwort zu „schlage tot") *veraltet für einen Raufbold, brutalen Schläger, gefährlichen Draufgänger.*

Schlaks
(zu norddeutsch „slak" = schlaff, schwach) *großer, schlaksiger, ungelenker junger Bursche.*

Schlamp
schlampiger Kerl.

Schlampampe (Schlampampel)
(als Streckform weitergebildet aus „Schlampe"; „Frau Schlampampe" ist die Heldin zweier satirischer Lustspiele von Christian Reuter von 1695 und 1696; vorher bekannt war das Wort schlampampen = schlemmen) *schlampige, unordentliche, nachlässig gekleidete Frau.* Überliefert ist dazu ein Gedicht aus Lauingen:

„Du alte Schlampampel,
Zünd' an dein Oellampel,
Zünd' an dein Lateren
Deam König zu Ehren,
'm König zu Eahra
Und andra zum Trutz,
Du alte Schlampampel,
Hast dein Oellampel
Nett butzt."

Vgl.: Schlampamper (Schlemmer, Müßiggänger).

Schlampe
(zu spätmittelhochdeutsch „slampen" = schlaff herabhängen) *1. unordentliche, ungepflegte, nachlässig gekleidete Frau. 2. liederliche Frau, leichtes Mädchen; Hure. 3. jugendsprachlich kaum abwertend für ein Mädchen.* Wohl von dieser zuletzt genannten Verwendung leitet sich die Mode- oder Trendbezeichnung „neue Schlampen" ab. Darunter sei ein zeitgemäßer Frauentyp der „Post-Emanzipation" zu verstehen, der sich durch vielfältige Unordnung auszeichne, verkünden die einschlägigen Journale. Ein Fall von postumer Verunglimpfung widerfuhr Marlene Dietrich. „Pelzschlampe", malten Unbekannte mit roter Farbe auf ihren Grabstein in Berlin. Daß Beschimpfungen auch unter Gegenständen vorkommen, zeigt ein Gedicht von Joachim Ringelnatz, das so beginnt:

„‚Sie faule verbummelte Schlampe',
Sagte der Spiegel zur Lampe."

Vgl.: → Dreckschlampe, Erzschlampe, Geschlampe (oberdeutsch: Gesindel), Mistschlampe, Schlamperin (selten), → Schlumpe (Schlumpel).

Schlampen, der
(oberdeutsche Nebenform zu „Schlampe") *in Süddeutschland und Österreich für eine unordentliche, liederliche weibliche Person; Hure.*

Schlamper
landschaftlich für eine männliche Person, die schlampig herumläuft oder schlecht, unordentlich arbeitet, „schlampt".

Schlamperl
(oberdeutsche Verkleinerungsform von „Schlampe") *in Bayern und Österreich 1. salopp bis geringschätzig für eine intime Freundin, Geliebte. 2. leichtfertiges Mädchen.*

Schlampertatsch
in Österreich für einen schlampigen Menschen.
Vgl.: Tatsch (oberdeutsch: linkischer, tölpelhafter Mensch), → Totsch.

Schlange
vom länglichen Kriechtier auf den Menschen übertragen für ein falsches, hinterhältiges Weib. 1989 fuhr im deutschen Parlament der CDU-Abgeordnete Gerster aus Mainz seine Kollegin Wieczorek-Zeul von der SPD an: „Nein, Sie sind verlogen! Sie sind eine scheinheilige Schlange! Ihre Rede war unanständig!"
Vgl.: → falsche Schlange, → Giftschlange, → Natter, → Reptil.

Schlangenbrut = Natternbrut

Schlangengezücht = Natterngezücht

Schlankel (Schlankerl)
vorwiegend österreichisch für einen Schlingel, jugendlichen Schelm.
Vgl.: Schlankerlein (fränkisch: unsolider Bursche).

Schlapfen, der
(eigentlich ein Schlappen, Pantoffel) *in Österreich und Bayern für ein liederliches Weib, leichtes Mädchen.*

Schlapp-
Die norddeutsche Lautform zu „schlaff" ist Bestimmungswort in einer Reihe von schimpfenden Wortverbindungen.
Vgl.: Schlappgrete, Schlapphannes (beide selten), Schlappheinz, Schlappmadam, Schlappscheißer (Schlappschisser).

Schlapparsch
energieloser, schlaffer, feiger Mensch.
Vgl.: → Arsch, → -arsch.

Schlappekicker
besonders in Hessen ein (stümperhafter) Fußballspieler. Auch die Profis von der Frankfurter Eintracht werden oft so tituliert.

Schlappenflicker
in südwestdeutschen Mundarten 1. alter Spottname für den Schuster. 2. Schimpfwort für einen unzuverlässigen Kerl, Taugenichts. 3. Uzname für die Einwohner von Pirmasens, dem Sitz vieler Schuhfabriken.

Schlappi
jugendsprachlich für einen schlaffen, trägen, kraftlosen Menschen.

Schlappier
(um die französische Endung erweitertes „schlapp") *veraltet für einen trägen, schlaffen Menschen.* „Wir sind durch die Bank Schlappiers." Das gesteht in Gerhart Hauptmanns Stück EINSAME MENSCHEN der Maler Braun ein.

Schlappmann
energieloser Kerl; Versager.
Vgl.: → -mann.

Schlappmaul
(schallnachahmend) *landschaftlich, vor allem südwestdeutsch, für Schwätzer, Großmaul.* Gutmütiger Spott ist dagegen die traditionelle Anrede für einen Mainzer: „Määnzer Schlabbmaul".
Vgl.: → -maul, → Schlabbermaul, Schlappgosche.

Schlappohr
(eigentlich ein herunterhängendes Ohr bei bestimmten Tierarten) *schwacher, mutloser Mensch, der „die Ohren hängenläßt".*

Schlapps
träger, schwächlicher oder derber, ungesitteter Mensch.

Schlappsack
steht in vielen Mundarten für eine unordentliche oder träge, energielose Person.
Vgl.: → Sack, → -sack.

Schlappsau
1. schlampiger, schmutziger Mensch. 2. jemand, der schlapp und träge ist.
Vgl.: → Sau, → -sau.

Schlappschwanz
(wohl vom herunterhängenden Schwanz des ängstlichen Hundes, wobei sicherlich auch die Vorstellung eines zur falschen Zeit erschlafften männlichen Gliedes einwirkt) *verächtliches Schimpfwort 1. für einen willensschwachen, weichlichen, energielosen, auch feigen Menschen; Schwächling. 2. selte-*

ner für einen impotenten Mann, temperamentlosen Liebhaber.
Vgl.: → Schwanz.

Schlaraffe
(vom mittelhochdeutschen „sluraffe" = Faulpelz; bekannt vom „Schlaraffenland", dem sagenhaften Land der Faulenzer und Schlemmer) *ein Müßiggänger, der nur dem Genuß lebt.* „Der erste Verbrecher, der erste Mörder Kain, der die Schuld und durch sie erst in der Reue die Tugend und somit die Bedeutung des Lebens erkannt hat," schrieb Schopenhauer, „ist eine tragische Figur, bedeutender und fast ehrwürdiger als alle die unschuldigen Schlaraffen."
Vgl.: → Affe.

Schlattenschammes
(geht zurück auf jiddisch „schliach" = Geschickter, „schammesch" = Diener) *seltenes spöttisches oder geringschätzig verwendetes Wort für einen Laufburschen oder ein Faktotum, insbesondere in der Theatersprache für einen Regieassistenten o.ä.*

Schlauberger
(scherzhafte Bildung zu dem fiktiven Ortsnamen „Schlauberg") *oft abschätzig für einen schlauen, gewitzten, auch hinterlistigen Menschen.*
Vgl.: → -berger, Oberschlauberger, Schlaukopf, Schlaule (schwäbisch), Schläuling, Schlaumeier, Schlaumichel, Schlaupeter (beide selten).

Schlauch
1. heimtückischer Mensch, übler Bursche. 2. veraltet für einen Säufer.
Vgl.: → Weinschlauch.

Schlaucherl, das
(zu „schlau", in Anlehnung an „Schlauch") *in Bayern und Österreich für einen schlauen, verschlagenen Menschen.*

schlauer Fuchs
oft abschätzig gesagt für einen schlauen, aber auch hinterlistigen Menschen.
Vgl.: → Fuchs, Schlaufuchs.

schlauer Patron
abfällig für einen → Schlauberger.
Vgl.: → Patron.

Schlaufuchs = schlauer Fuchs

Schlaukopf = Schlauberger

Schlaumeier = Schlauberger

Schlawak
(geht auf „Slowake" zurück. Im 19. Jahrhundert gab es in Deutschland und Österreich viele Arbeiter und Bettler aus der Slowakei) *unordentlicher Mensch, Taugenichts; gerissener Gauner.*

Schlawiner
(nach den früheren slowenischen Hausierern, die als besonders geschäftstüchtig und gerissen galten) *listiger, verschlagener Mensch, Schlitzohr; kleiner Gauner.* Sein Vater, der von 1979 bis 1988 Kirchenstaatssekretär der DDR war, sei „natürlich auch ein Opportunist und ein Schlawiner" gewesen, räumte dessen Sohn, der PDS-Star Gregor Gysi, ein (SPIEGEL, Juli 1994).
Vgl.: Schlawuzi (bayrisch, verniedlichend).

schlechter Groschen
im Westen des Sprachgebietes selten 1. für einen unangenehmen Menschen. 2. als gemütliche Schelte unter Bekannten.
Vgl.: fieser Groschen, → Groschen.

schlechter Mensch
gelegentlich als scheltende Anrede für eine gemeine, hinterhältige Person.

schlechter Verlierer
mißfällige Bezeichnung für einen Menschen, der auf Niederlagen nachtragend verstimmt oder aggressiv reagiert.
Vgl.: → Verlierer.

Schlecker
jemand, der gerne (Süßes) nascht; Feinschmecker; selten für einen Speichellecker, Schmeichler.
Vgl.: → Lecker, Tellerschlecker.

Schleckermaul
als Tadel oder leicht abwertend für jemanden, der gerne (Süßes) nascht; Feinschmecker.
Vgl.: → Leckermaul, → -maul, Schleckergosche

(schwäbisch), Schleckermäulchen (für Kinder), Schleckmaul (schweizerisch).

Schleckmaul = Schleckermaul

Schleiche
(zu „schleichen") *1. scheinheilige, heuchlerische Person; Leisetreter. 2. träger, langsamer Mensch.*
Vgl.: → Blindschleiche, Erbschleiche (Wortspiel: Erbschleicherin).

Schleicher
1. ein heuchlerischer, kriecherischer Mensch, der teils unauffällig, teils anbiedernd seinen Vorteil sucht. 2. ein allzu langsamer Verkehrsteilnehmer. „Darum rate ich euch, hütet euch vor den frommen Schleichern, denn die meisten von ihnen sinnen nur auf Lug und Trug." (Joseph Freiherr von Eichendorff).
Vgl.: → Erbschleicher, Schlieker (norddeutsch).

Schleiereule
(eigentlich eine einheimische Eule, deren Federn im Gesicht wie ein Schleier aussehen) *ein beliebtes, sehr vielseitiges Schimpfwort. Die wichtigsten Bedeutungen sind: 1. langsame, verschlafen wirkende Frau. 2. häßlicher Mensch. 3. Kurzsichtiger, Träger einer starken Brille.*
Vgl.: → Eule.

Schleifer
1. besonders soldatensprachlich für einen militärischen Ausbilder, Vorgesetzten, der seine Untergebenen überaus hart drillt, schikaniert. 2. als Verkürzung von → Scherenschleifer für einen Menschen, dem nicht zu trauen ist.
Vgl.: Rekrutenschleifer.

Schleimer
Heuchler, Schmeichler, Anpasser.
Vgl.: Schleimlecker, Schleimling.

Schleimi
jugendsprachlich für einen widerlichen Schmeichler, der sich bei Lehrern, Eltern, Vorgesetzten anbiedert und einschmeichelt.

Schleimling = Schleimer

Schleimscheißer
derb abwertend für 1. einen kriecherischen, heuchlerischen Menschen, Liebediener. 2. einen ängstlichen Mann, Feigling.
Vgl.: → Scheißer.

Schlemihl
(Herkunft unsicher; vielleicht zu hebräisch „she-lo-mo-il" = der nichts taugt) *1. bildungssprachlich für einen Menschen, dem nichts gelingt, der alles falsch anpackt; Pechvogel. 2. landschaftlich auch für einen Schlingel, Taugenichts.* Der Begriff ist bekannt geworden durch „Peter Schlemihl", einer literarischen Figur in einer Erzählung von Adalbert von Chamisso aus dem Jahre 1814, die aus Gewinnsucht dem Teufel ihren Schatten verkauft.

Schlemmer
jemand, der besonders üppig und gut zu essen und trinken pflegt. „Junger Schlemmer, alter Bettler!" warnt das Sprichwort.

Schlendrian
(meistens abstrakt verwendet im Sinne von Trägheit, Nachlässigkeit) *Müßiggänger, Arbeitsscheuer; fauler, nachlässiger Arbeiter.* Zuerst tauchte das Wort in Sebastian Brants NARRENSCHIFF als „Schlenttrianus" auf.
Vgl.: → -ian (-jan).

Schlenkel = Schlankel (Schlankerl)

Schlenkerich (Schlenkrich)
(zu „schlenkern" = hin und her schwingen) *landschaftlich selten für 1. einen leichtlebigen Menschen. 2. einen nachlässig Gehenden.*
Vgl.: → -erich (-rich).

Schleppenträger
(eigentlich der Träger einer Schleppe bei einer Braut oder Königin) *abfällig für einen bedingungslosen Anhänger, willfährigen Diener, unterwürfigen Schmeichler.*

Schlepper
jemand, der einem fragwürdigen Unternehmen oder „Etablissement" in oft aufdringlicher Art und Weise Kunden zuführt,

insbesondere als Zutreiber für Bordelle, einschlägige Bars oder Spielklubs.

Schleuderer (Schleudrer)
selten für 1. einen Geschäftsmann, der zu Schleuderpreisen verkauft (und dadurch der Konkurrenz schadet). 2. einen Onanisten, Unzüchtler.

Schlickefänger
zumindest an Rhein und Ruhr für einen, vor dem man sich in acht nehmen muß, ein zwielichtiger Bursche.

Schlieferl, das
(zu „schliefen" = schlüpfen, kriechen) *in Österreich und Bayern für einen Schmeichler, Kriecher; selten auch für einen nichtsnutzigen jungen Burschen.* Psychoanalytiker galten Karl Kraus als „Seelenschlieferl".

Schliffel = Schlüffel (Schliffel)

Schlimmer
(weibliche Form: Schlimme) *neckisch-tadelnde Anrede für einen Mann, der Frauen anmacht, ihnen schöntut.*
Vgl.: → ein ganz Schlimmer, Schlimmling (selten: schlimmer Mensch).

schlimmer Finger
(eigentlich ein kranker, entzündeter Finger) *ein böser, gefährlicher Mensch.*
Vgl.: böser Finger (selten).

Schlingel
(zu „schlingen" in der Bedeutung „schleichen, schlendern", daher ursprünglich = Müßiggänger) *1. Lausbub, frecher Kerl, kleiner Schelm. 2. heute selten für einen durchtriebenen jungen Burschen, Tunichtgut.* Eine Gedichtstrophe von Wilhelm Busch:

„Nenn den Schlingel liederlich,
leicht wird er's verdauen.
Nenn ihn dumm, so wird er dich,
wenn er kann, verhauen."

Ein Beispiel für die harmlos-neckische Verwendung des Wortes bietet dagegen eine Anzeige aus der BERLINER MORGENPOST vom Mai 1996: „Geliebtes Hexlein, Dank für unvergeßliche 10 Jahre, Dein Schlingel".

Schlitten
vom bekannten Schneefahrzeug als derbes Schimpfwort auf den Menschen übertragen für 1. eine Hure, eine liederliche Frau. 2. ein heruntergekommenes, ordinäres Weib. 3. eine (alte) Frau: alter Schlitten. Der Ursprung dieses Schimpfworts ist sicherlich obszön und bezieht sich auf die Normalstellung des Geschlechtsverkehrs, der hier mit einer Schlittenfahrt verglichen wird.
Vgl.: Fabrikschlitten (zumindest in Mittelfranken abfällig für eine Fabrikarbeiterin), Offiziersschlitten.

Schlitzauge
(eigentlich ein Auge mit schmaler Lidspalte, wie es vor allem für Angehörige der mongoliden Rasse typisch ist) *abfällig für einen Menschen mit Schlitzaugen, insbesondere als ethnische Schelte gegenüber Japanern und Chinesen.*
Vgl.: → -auge.

Schlitzohr
(Betrüger wurden früher durch Einschlitzen der Ohren bestraft und gekennzeichnet) *durchtriebener, listiger Kerl; Betrüger.* „Ein ausgebufftes Schlitzohr wie Gysi", schrieb Wolf Biermann in einem SPIEGEL-Artikel (Oktober 1995).

Schlot
1. unangenehmer, leichtsinniger Kerl; Nichtsnutz. 2. starker Raucher, einer, der „raucht wie ein Schlot". 3. großgewachsener (unangenehmer) Bursche: langer Schlot.

Schlotbaron
veraltend abfällig für einen Großindustriellen, schwerreichen Gruben- oder Zecheneigner; seit Ende des 19. Jahrhunderts ein Schmähwort der Sozialdemokratie. Manche der „finanzgewaltigen ‚Herren der Welt', dieser Schlot- und Krautbarone", wie sie in Oskar Maria Grafs BOLWIESER heißen, wurden kraft ihres Reichtums und Einflusses in den Adelsstand erhoben.
Vgl.: → Baron, → -baron, Schlotjunker (veraltet).

Schlotjunker = Schlotbaron

Schluckbruder
jemand, der gerne trinkt; Säufer.
Vgl.: → Bruder, → -bruder, → Saufbruder, Schluckhals.

Schlucker
1. mitleidig oder geringschätzig für jemanden, der mittellos, bedürftig ist, der sich etwas nicht leisten kann; meist in der Fügung → armer Schlucker. 2. jemand, der gerne trinkt; Alkoholiker.
Vgl.: Kaldaunenschlucker, → Kerzelschlucker.

Schluckspecht
spöttisch oder abfällig für einen Alkoholiker, Säufer. Für den STERN war im Frühjahr 1995 der Schauspieler Harald Juhnke, dessen Kampf gegen König Alkohol ein dauerhaftes Medienereignis darstellt, der „Christus aller Schluckspechte".

Schluderer = Schludrian (Schluderjan)

Schludrian (Schluderjan)
(geht zurück auf mittelhochdeutsch „sludern" = schlendern, schlenkern) *nachlässiger, unordentlicher, oberflächlicher Mensch, besonders bei der Arbeit.*
Vgl.: → -ian (-jan), Schluderer.

Schlüffel (Schliffel)
(vielleicht zu „schleifen") *landschaftlich, vor allem süddeutsch, für einen ungeschliffenen, groben Menschen. In einem alten Schnaderhüpfel:*

„Du Schliffl, du Schlankl,
wer hat denn das g'sacht,
daß d' alleweil zum Dirndl
sollst gehn bei der Nacht."

Schlufi
schweizerisch für einen liederlichen Menschen, schlampigen Arbeiter.
Vgl.: Schlufian (selten).

Schlummerkopf
träger, schläfriger, dümmlicher Mensch.
Vgl.: → -kopf (-kopp).

Schlumpe (Schlumpel)
(Nebenform zu „Schlampe") *landschaftlich für eine unordentliche, nachlässig gekleidete, auch schmutzige Frau.*
Vgl.: Schlumpumpel (Streckform, fränkisch).

Schlumpf
(geht vielleicht auf die gleichnamige Comicfigur zurück) *1. einfältiger Mensch. 2. kleinwüchsige, zwergenhafte Person. 3. allgemeines mildes Schimpfwort.*

Schlumps (Schlump)
(zu „schlampig", beeinflußt von „Lump") *landschaftliches Schimpfwort für einen unsympathischen, insbesondere flegelhaften oder unordentlichen Menschen.*

Schlumpschütze
(geht zurück auf norddeutsch „slumpen" = zufällig treffen) *unter Jägern und Soldaten, seltener unter Fußballfreunden, für einen erbärmlich schlechten Schützen.*
Vgl.: Schlumpsoldat (schlechter Soldat).

Schlunze
(zu „schlunzen" = nachlässig sein) *schlampige Frau.*
Vgl.: Schlunz (seltene männliche Form), Schlunzkopp.

Schlunzmichel
landschaftlich selten für einen schlampigen Kerl.
Vgl.: → Michel, → -michel.

Schlurf
(zu „schlurfen") *vorwiegend österreichisch für einen Müßiggänger, jugendlichen Nichtsnutz; in den 60er und 70er Jahren auch für einen Halbstarken, der auf seiner „Schlurfrakete", dem Moped, dahergebraust kam.*

Schluri
(zu „schluren" = nachlässig arbeiten) *in sehr vielen Mundarten für 1. einen trägen, unzuverlässigen Menschen. 2. ein Schlitzohr, einen gewitzten Kerl.* „Zwar haben es mittlerweile einige Schluris geschafft, fast ohne ein Werk Karriere zu machen, Yves Klein etwa." (Robert Gernhardt in einem Interview

der SÜDDEUTSCHEN ZEITUNG, November 1995).
Vgl.: Schlurian (vorwiegend hessisch).

Schluse
vor allem norddeutsch selten für ein schlampiges Weib.

Schlußleuchte (Schlußlicht)
(eigentlich das rote Warnlicht am Ende eines Fahrzeugs) *spöttische, auch abwertend verwendete Bezeichnung für den Schlechtesten, Letzten, vor allem in der Schule oder bei Wettbewerben.*
Vgl.: → Leuchte.

Schlutte (Schlutt)
vorwiegend schwäbisch-alemannisch für eine unsaubere, liederliche Person.

Schmachtfetzen = Schmachtlappen

Schmachtlappen
(meint eigentlich das Hungertuch, mit dem früher während der Fastenzeit der Altar verhängt wurde) *1. gefühlsseliger, schmachtender Liebhaber. 2. Schwächling, weichlicher Mann. 3. Hungerleider, Habenichts.*
Vgl.: → Lappen, Schmachfetzen, Schmachthahn (selten), Schmachtjüngling, Schmächtling, Schmalzlappen (sentimental).

Schmafu
(fußt auf französisch „je m'en fous" = ich mache mir nichts daraus) *besonders in Österreich und Bayern für einen Schuft, unangenehmen Kerl.*
Vgl.: Schmafubruder, Schmafukerl, Schmafutier (in Rheinhessen; mit französischer Endung: unbekümmert).

Schmähredner
ein Mensch, der mit Reden jemanden oder etwas verächtlich macht, beleidigt. Thomas Bernhard sei ein „Salzburger Korinthen kackender Schmähsabberer", zeterte Hervé Guibert.
Vgl.: Schmähbold (veraltet), Schmähdichter, Schmähmaul, Schmähschreiber, Schmähvogel (selten).

Schmähtandler
(Schmäh ist in Österrreich ein beliebtes Wort für einen Trick, Witz, eine Übertreibung oder Lüge) *österreichisch für jemanden, der billige Witze reißt, der mit allerlei Tricks und Lügengeschichten Eindruck zu schinden versucht.*
Vgl.: → -ler, → Tandler (Tändeler).

schmales Handtuch
in scherzhaftem Spott oder geringschätzig für eine schlanke oder dünne, schmächtige Person.
Vgl.: halbes Handtuch, Handtuch, schmaler Hering.

schmales Hemd = halbes Hemd

Schmalhans
(meist in der Wendung „bei ... ist Schmalhans Küchenmeister" = ... müssen/muß am Essen sparen) *in Norddeutschland für einen Hungerleider oder arg dürren Menschen.*
Vgl.: → Hans, → -hans.

Schmalspur-
(das Wort bezeichnet eigentlich eine geringe Spurweite von Eisenbahnschienen) *in Zusammensetzungen spöttisch oder geringschätzig für jemanden, der etwas nur nebenher, nicht mit vollem Einsatz oder mit unzureichender Qualifikation betreibt.* Das Grundwort ist meistens eine Berufsbezeichnung.
Vgl.: Schmalspurabiturient (jemand mit Fachabitur, Abendgymnasium o.ä.), Schmalspur-Casanova, Schmalspurganove, Schmalspurgermanist (selten), Schmalspurjurist (ohne zweites Staatsexamen), Schmalspurlateiner (nur mit „kleinem Latinum"), Schmalspuroffizier (veraltet), Schmalspurpsychologe (selten), Schmalspurstudent (etwa an einer Fachhochschule), Schmalspurwissenschaftler.

Schmalspurakademiker
abschätzig für jemanden, der im Unterschied zum Vollakademiker etwa an einer Fachhochschule ausgebildet wurde.

Schmalspurfahrer
jemand, der „schmalspurig" vorgeht, halbe Sachen macht, unbedeutend ist.

Schmalspuringenieur
jemand, der im Gegensatz zum Diplomingenieur „nur" eine Fachhochschule absolviert hat.

Schmalspurmediziner
geringschätzig für einen minder qualifizierten Mediziner, etwa einen Arzt ohne Promotion.

Schmalspurpolitiker
schlechter, unbedeutender Politiker.
Vgl.: → -politiker.

Schmalzamor
selten für einen dicken (und verliebten) Mann.

Schmalzheini
abfällig für einen Schnulzensänger.
Vgl.: → Heini, → -heini, Schmalzbruder (bayrisch: auch Schmeichler).

Schmarotzer
(von mittelhochdeutsch „smorotzer" = Bettler) *jemand, der auf Kosten anderer lebt, sie ausnutzt.* „Schmarotzer kommen nie zu spät", heißt es im Sprichwort. Für den Abgeordneten Friedmann von der CDU/CSU-Fraktion waren 1984 die Grünen „Staatsschmarotzer".
Vgl.: → Sozialschmarotzer.

Schmarrer
(von oberdeutsch „Schmarren" = eine süße Mehlspeise; Unsinn, Belangloses) *süddeutsch und österreichisch für einen Menschen, der dummes Zeug redet.*
Vgl.: Oberschmarrer, Schmarrarsch (fränkisch), Schmarrbeutel, Schmarrkopf, Schmarrnbene (bayrisch).

Schmeichelkätzchen (Schmeichelkatze)
zärtliches, sich einschmeichelndes Mädchen, Kind (das damit etwas erreichen will).
Vgl.: → -chen (-lein), → Katze.

Schmeichler
jemand, der andere übertrieben lobt, ihnen schöntut, um ihre Gunst zu gewinnen. Im Sprichwort: „Schmeichler sind wie Katzen, die vorne lecken, hinten kratzen." In Paul Scheerbarts Gedicht „Der große Mann und der Schlaukopf oder Der gegenseitige Kultus" heißt es:

„Der Schmeichler ist ein Bösewicht –
Oh, kluger Mensch, vergiß das nicht!"

Vgl.: → Einschmeichler, → -ler, Schmeichelzunge (veraltet).

Schmeißfliege
von der großen, stahlblauen Fliege auf den Menschen übertragen als grobes Schimpfwort für eine widerliche, lästige Person. Bekannt geworden ist der Ausfall von Franz Josef Strauß gegen deutsche Schriftsteller aus dem Jahre 1978: „Mit Ratten und Schmeißfliegen führt man keine Prozesse!" Die Wortwahl der Beschimpfung war nicht neu. Schon Eberhard Taubert, unter Goebbels zuständig für das Ressort „Aktivpropaganda gegen die Juden", hatte die „Ratten und Schmeißfliegen" verwendet. Da jener Taubert nach dem Krieg bei Strauß im Verteidigungsministerium unterkam, ist wohl auch die spätere, gegen Bernd Engelmann und andere kritische Autoren gerichtete Äußerung auf seinem Mist gewachsen.
Vgl.: → Geschmeiß.

Schmeißmücke
(in manchen Dialekten steht „Mücke" für „Fliege"; gemeint ist also eigentlich die Schmeißfliege) *landschaftlich, vor allem in Hessen und mittelrheinisch, für eine aufdringliche, lästige Person.*
Vgl.: → Mücke.

Schmerbauch
vom dicken, fetten Bauch auf seinen Träger übertragen: fettbäuchiger Mensch, besonders ein Mann.
Vgl.: Schmerwanst.

Schmetterling
leichtlebiger, flatterhafter, treuloser Mensch. Er oder sie „flattert wie ein Schmetterling von einer Blume zur andern". Von Friedrich Wilhelm Gotter (1746 – 1797) stammt der Vers: „Welch Mädchen ist kein Schmetterling, kein Schalk?"
Vgl.: → -ling.

Schmiere (Schmier), die (der)
(aus der Gaunersprache, von jiddisch „schmiro" = Wächter) *vorwiegend österreichisch despektierlich für einen Polizisten, eine Polizeistreife oder die Polizei überhaupt.*

Schmierenhäuptling
(zu „Schmiere" = niveauloses, provinzielles Theater) *abfällig für den Direktor einer Schmiere, eines Wandertheaters.*
Vgl.: → Häuptling, Schmierendirektor (schwächer).

Schmierenkomödiant
abwertend 1. veraltet für einen Schauspieler an einer Schmiere, einen mehr oder weniger schlechten Schauspieler. 2. für jemanden, der auf plumpe, theatralische Weise Eindruck und Wirkung erzielen möchte.
Vgl.: → Komödiant, Schmierant (selten), Schmierenschauspieler, Schmierist.

Schmierenschauspieler = Schmierenkomödiant

Schmierer
1. jemand, der nachlässig, unschön schreibt oder malt. 2. jemand, der Wände o.ä. beschmiert. 3. ein mieser, unredlicher Zeitungsschreiber oder Schriftsteller. 4. ein Schmeichler, Liebediener. Goethe sprach vom „Lumpenbrei der Pfuscher und der Schmierer", und in Nürnberg, der Heimatstadt Albrecht Dürers, gab es das Spottwort „Albrecht Schmierer" für einen schlecht oder zuviel schreibenden Mitmenschen.
Vgl.: Aktenschmierer, Zeitungsschmierer.

Schmierfink
1. ein schmutziger, sich oder etwas beschmutzender Mensch, besonders ein Kind. 2. jemand mit einer sehr schlechten, unleserlichen Handschrift. 3. jemand, der Wände, Denkmäler o.ä. mit Hetzparolen oder pornographischen Bildchen verunziert. 4. ein gewissenloser, sudelnder Vertreter der schreibenden Zunft; ein Verfasser verleumderischer, diffamierender Schriften. 5. ein ärgerlich schlechter Kunstmaler. Eine typische Stelle aus dem anonymen Brief eines Schmierfinken an den österreichisch-amerikanischen Schriftsteller Hans Habe aus dem Jahre 1967 lautet: „... müssen wir uns von Schmierfinken unsere Uniform besudeln lassen. Glauben Sie ja nicht, daß Sie sich in Ascona verstecken können. Wir ..." Heiner Geißler ging Johannes Mario Simmel grob an: „Schmierfink!" (DIE WOCHE 1996).
Vgl.: → Fink (Finke), Schmierakel, Schmierhammel, Schmierian, Schmierpeter.

Schmierlappen
(eigentlich der Putzlappen) *1. Schmutzfink. 2. jemand, der unsauber schreibt. 3. Liebediener, Kriecher, Schmeichler; aufdringlicher Kerl.*
Vgl.: → Lappen.

Schmock
(bekannt geworden durch den Winkeljournalisten Schmock in Gustav Freytags Lustspiel DIE JOURNALISTEN von 1853. Das Wort ist jedoch älter und bezeichnete unter Prager Juden einen verschrobenen Phantasten) *gesinnungsloser, unredlicher Zeitungsschreiber, Schriftsteller.* In seiner Satire von 1889 SCHMOCK ODER DIE LITERARISCHE KARRIERE DER GEGENWART beleuchtete Fritz Mauthner das Wesen eines solchen Menschen – leider ohne Namen zu nennen.

Schmückebold
veraltet abfällig für einen, der sich gerne schmückt, einen Gecken.
Vgl.: → -bold, Zierbold (selten).

Schmuddel
(zu „Schmutz") *1. schmutzige Person. 2. liederliches Weib.*
Vgl.: Schmuddelfink (selten), Schmuddelhans, Schmuddelkerl, Schmuddelliese, Schmuddelpeter, Schmuddeltrine, Schmuddeltyp, Schmuddler.

Schmuddelkind
schmutziges Straßenkind; weitverbreitet durch die Liedersammlung SPIEL NICHT MIT DEN SCHMUDDELKINDERN (1967) des Schriftstellers und Liedermachers Franz Josef Degenhardt. Mit „die Schmuddelkinder von einst" meinte der SPIEGEL im Juni 1995 die Grünen und deren linke Tradition.
Vgl.: → Kind.

Schmuggler
jemand, der Waren unter Umgehung des Zolls illegal aus- oder einführt.
Vgl.: → -ler.

Schmugglerbande
eine Bande von → Schmugglern.
Vgl.: → Bande, → -bande.

Schmuser
(geht zurück auf jiddisch „schmuo" = Gehörtes, Gerücht) *1. jemand, der gerne schmust, zärtlich ist (kaum abwertend). 2. Schmeichler, Süßholzraspler.*
Vgl.: Schmusbacke (Schmeichler), Schmusbeutel (selten), Schmusebold (veraltet), Schmuspeter (zärtlichkeitsbedürftig).

Schmuslappen
1. überaus schmusefreudiger Mensch. 2. Schmeichler, Schöntuer.
Vgl.: → Lappen.

Schmutzfink
(nach dem Vogel Fink, der oft im Mist nach Nahrung pickt) *1. ein schmutziger oder etwas beschmutzender Mensch, besonders ein Kind. 2. unmoralischer, obszöner Mensch.*
Vgl.: → Fink (Finke), Schmuddelfink, Schmutzhammel, Schmutzigel (beide selten).

Schmutzian
(ursprünglich „schmutziger Ian, Johann") *1. unreinlicher oder charakterlich „schmutziger" Mensch. 2. in Österreich für eine geizige Person.* Albert Wickenburg bedichtete „Frau Sopherl", die typische redselige Händlerin auf dem Wiener Naschmarkt:

„‚Kaufen's, kaufen's! alles billig!',
lockt sie dich zu ihrem Stand,
und sie sagt dir, kaufst du willig,
‚Euer Gnaden, küß die Hand!'
Doch gib acht, sie ist geladen!
Fängst du nur zu feilschen an,
degradiert sie ‚seine Gnaden'
auch sofort zum ‚Schmutzian'."

Vgl.: → -ian (-jan).

Schmutzliese
als Tadel oder Schelte für ein unreinliches Mädchen oder eines, das sich schmutzig gemacht hat.
Vgl.: → Liese, → -liese, Schmutzpeter.

Schnabel
vom schnatternden oder zwitschernden „Mundwerk" des Vogels in manchen Dialekten auf den Menschen übertragen für eine geschwätzige Person, ein vorlautes Kind.
Vgl.: Bleichschnabel, Dreckschnabel, → Gelbschnabel, → Grünschnabel.

Schnäker
(zu „schnäken" = naschen) *landschaftlich, vor allem westmitteldeutsch für jemanden, der „schnäkig", heikel und wählerisch beim Essen ist.*

Schnalle
(das Wort ist auch eine derbe Bezeichnung für das weibliche Geschlechtsteil, ausgehend von der Jägersprache) *Pars pro toto derb abwertend für eine Hure, ein liederliches Weib oder eine Frau überhaupt: eine alte, vergammelte Schnalle.*
Vgl.: Provinzschnalle.

Schnallentreiber
oberdeutsch, besonders bayrisch, vulgärsprachlich für 1. einen Zuhälter. 2. einen Schürzenjäger, Hurenbock.
Vgl.: → Bärentreiber, Hurentreiber, → Treiber.

Schnapper (Schnäpper)
(vom Auf- und Zuschnappen des Mundes) *selten für eine schwatzhafte Person.*

Schnapphahn
(vielleicht verkürzt aus „schnapp den Hahn!") *frühere Bezeichnung für einen Wegelagerer, Strauchdieb.* Der deutsche Schriftsteller und Publizist Georg Weerth (1822 – 1856) wurde wegen seiner Satire auf das preußische Junkertum mit dem Titel LEBEN UND THATEN DES BERÜHMTEN RITTERS SCHNAPPHAHNSKI zu drei Monaten Gefängnis verurteilt.

Schnaps-
Bestimmungswort einer Vielzahl von Wortverknüpfungen zur Schmähung trunksüchtiger oder besoffener Personen, vor allem solcher, die Hochprozentigem zuzusprechen pflegen. Das alte Nürnberger Schimpfwort „Schnapsgermania" für eine Alkoholikerin

geht auf ein Nürnberger Original, eine stadtbekannte Säuferin zurück, die sich das Geld für ihren Schnaps mit Holzhacken verdiente.
Vgl.: Schnapsdergel (schwäbisch: Schnapskind), Schnapseule (hessisch), Schnapsgermania (Nürnberg, veraltet: Säuferin), Schnapsgurgel (veraltet), Schnapskadett (selten), Schnapskarline (Säuferin), Schnapskind (im Rausch gezeugt), Schnapslump, Schnapsmichel (österreichisch), Schnapssäufer.

Schnapsbacke
westmitteldeutsch abfällig für einen Säufer, Schnapstrinker oder als gutmütige Schelte unter Bekannten.
Vgl.: Spritbacke.

Schnapsbruder
verächtlich für einen Alkoholiker, Schnapstrinker.
Vgl.: Branntweinbruder, → Bruder, → -bruder, → Saufbruder.

Schnapsdrossel
(vielleicht von der „Wacholderdrossel" im Hinblick auf den „Wacholderschnaps") *abfälliges Scherzwort zur Bezeichnung einer trunksüchtigen, dem Schnaps ergebenen Person; vor allem zu Frauen gesagt.*
Vgl.: Drossel, Saufdrossel.

Schnapsleiche
salopp oder abfällig für einen (von Schnaps) besinnungslos Betrunkenen.
Vgl.: Alkoholleiche, → Bierleiche, → Leiche.

Schnäpsler (Schnapsler)
selten für einen → Schnapsbruder.
Vgl.: → -ler.

Schnapsnase
von der oft roten Nase des Säufers, des gewohnheitsmäßigen Schnapstrinkers auf die ganze Person übertragen.
Vgl.: → Saufnase.

Schnarcher
1. veraltet für einen Müßiggänger, Tunichtgut.
2. ein träger, verschlafen wirkender Mensch.
Vgl.: Schnarchnase (träge, langweilig), Schnarchpeter (spöttisch für einen, der schnarcht), Schnarchzapfen (fränkisch: laut Schnarchender).

Schnarchsack
Schimpfwort für einen langweiligen, „verschnarchten" Menschen.
Vgl.: → Sack, → -sack.

Schnatter
(vom Schnattern der Enten und Gänse) *eine geschwätzige Person; Klatschmaul.*

Schnatterbüchse
oberdeutsch für eine unentwegt sprechende, schwatzhafte (weibliche) Person.
Vgl.: → Büchse.

Schnatterente = Schnattergans

Schnatterer
(weibliche Form: Schnatterin) *jemand, der andauernd schnattert, schwatzt, plappert; selten auch für einen Menschen, der vor Angst oder Kälte „schnattert", also zittert, schlottert.*
Vgl.: Schnatterich (selten).

Schnattergans
(eigentlich eine schnatternde Gans) *abfällig für eine (weibliche) Person, die schnell, viel und albern daherredet; oft zu jungen Mädchen gesagt.*
Vgl.: → Gans, Schnatterente.

Schnatterliese
schnatterndes Mädchen, schwatzhafte Frau.
Vgl.: → Liese, → -liese, Schnattergrete, Schnatterhexe (beide selten), Schnattertasche.

Schnattermaul
abfällig für einen schnatternden, plappernden Menschen.
Vgl.: → -maul, Schnattergosche.

Schnaufer = junger Schnaufer

-schnauze
Grundwort vieler kräftiger Schimpfwörter für einen Schwätzer oder ein Großmaul. Eine Ausnahme ist das seltene Schimpfwort „Hundeschnauze". Damit ist ein Mensch gemeint, der gefühllos, „kalt wie eine Hundeschnauze" ist. Bekannt ist immer noch der Spitzname des SPD-Politikers und Ex-Bundeskanzlers Helmut Schmidt. Wegen seiner scharfen Zunge

wurde er vor allem zu Beginn seiner politischen Laufbahn „Schmidt-Schnauze" genannt.
Vgl.: Dickschnauze (selten: Großmaul), -fresse, -gosche, → Großschnauze, → Kodderschnauze, Maschinengewehrschnauze, → -maul, Preußenschnauze, → Quadratschnauze, → Revolverschnauze, Riesenschnauze, → Schandschnauze, Schlabberschnauze (selten), Schnodderschnauze.

Schnecke
1. jugendsprachlich salopp, oft geringschätzig für ein Mädchen, eine Frau. 2. ein langsamer, langweiliger Mensch. 3. ein Langsamfahrer, über den man sich ärgert.
Vgl.: → Salatschnecke.

Schneebrunzer
(Herkunft unklar) *weitverbreitetes oberdeutsches Schimpfwort mit regional unterschiedlicher Bedeutung: 1. lächerlicher Bursche; Geck. 2. alter Mann. 3. allgemeines Schimpfwort.*
Vgl.: → Brunzer.

Schneeflittchen
(spielerische Erweiterung von „Flittchen" mit Angleichung an „Schneewittchen") *jugendsprachlich selten für ein liederliches Mädchen, Flittchen.*
Vgl.: → -chen (-lein), → Flittchen.

Schneegans
(eigentlich eine arktische Wildgans) *dumme, alberne weibliche Person; überhebliches, dummstolzes Mädchen.*
Vgl.: → Gans.

Schneekuh
(fiktive Wortbildung als Ausschmückung von → Kuh) *einfältige, langweilige Frau.*

Schneewittchen
(eigentlich eine Gestalt aus dem Volksmärchen) *1. rückständige, naive Frau (die in einer Märchenwelt zu leben glaubt). 2. derber jugendsprachlicher Spott für eine magere Frau ohne Busen oder ein junges Mädchen, das noch keine weiblichen Formen aufweist; eine Anspielung auf den Spottvers: „Schneewittchen, Schneewittchen, kein Arsch und kein Tittchen!" 3. in der Form „Schneewittchen und die dreißig (o.ä.) Zwerge" als saloper Scherz für eine Lehrerin mit ihren Schülern.*
Vgl.: → -chen (-lein).

Schneider
(der Spott auf den Schneider ist uralt und hängt damit zusammen, daß zur Ausübung dieses Handwerks weder Kraft noch Mut erforderlich sind. Das „Tapfere Schneiderlein" erschien als rühmliche Ausnahme) *1. geringschätzig oder verächtlich für einen schmächtigen, schwächlichen, furchtsamen Mann. 2. Spottwort für einen Jäger, Angler oder auch Spieler ohne Beute, Erfolg.*
Vgl.: → Flickschneider, Schneiderbock, Schneiderling.

Schneiderseele
veraltet für eine schwächliche, ängstliche Person.

Schnellmerker
(eigentlich ein Mensch, der schnell begreift) *ironisch für eine begriffsstutzige Person, jemand mit einer „langen Leitung"; auch für einen Besserwisser.*
Vgl.: Altmerker, → Blitzmerker, Merker, Schnellspanner, Spätmerker.

Schnepfe
(eigentlich ein langbeiniger Vogel, der in Wäldern und Sümpfen lebt. Wesentlich für die Bedeutungsübertragung ist das auffällige Balzverhalten des Männchens, das in der Dämmerung eine bestimmte Strecke, den „Schnepfenstrich" befliegt) *derb abwertend 1. für Prostituierte, Straßenmädchen. 2. besonders jugendsprachlich für ein (häßliches, unsympathisches) Mädchen.*
Vgl.: Asphaltschnepfe, Karriereschnepfe (selten), Schneppe (häufige Dialektform).

Schneppe = Schnepfe

Schniegel
(von „geschniegelt" = geckenhaft zurechtgemacht; zu „Schnecke") *allzu adrett herausgeputzter junger Mann, Geck.* Er ist „geschniegelt und gebügelt", wie es in der Redensart heißt. Im MILITÄR-STRUWWELPETER von 1877 lesen wir: „Seht einmal hier steht er / Der feine Schniegelpeter."

Vgl.: Schniegel-Poppie (jugendsprachlich: Schniegel mit Haartolle).

Schniepel
(kindersprachlich für den Penis; zu norddeutsch „snip" = Zipfel) *veraltet für einen geckenhaften jungen Mann.*

Schnipfer
(zu mundartlich „schnipfen" = stehlen, listig entwenden) *in Österreich für einen Dieb, Spitzbuben.*

Schnoferl, das
(zu „schnofeln", einer Nebenform von „schnüffeln") *österreichisch für einen Schnüffler, Spion.* So heißt auch der Agent in Nestroys MÄDL AUS DER VORSTADT.

Schnorrant = Schnurrant (Schnorrant)

Schnorrer
(von „schnurren" = früher als Bettelmusikant mit der Schnurrpfeife umherziehen) *ein Mensch, der andere um Kleinigkeiten angeht, der bettelt, nassauert.*
Vgl.: Berufsschnorrer, Edelschnorrer, Schnorrbruder (selten), Schnurrer (Nebenform).

Schnösel
(hängt zusammen mit norddeutsch „snot" = Nasenschleim) *dummdreister, arroganter junger Mann.*
Vgl.: Geschnösel (vorlaute junge Leute), junger Schnösel.

Schnuddel
(eigentlich ein Mundartwort für Rotz) *im Rheinland und in Hessen für ein unordentliches Mädchen, eine nachlässige Frau.*

Schnuderbube
in der Schweiz ein derbes Schimpfwort für einen Rotzbuben, vorlauten Burschen.
Vgl.: → Bube (Bub).

Schnüffel
(zu „schnüffeln" = herumsuchen; schnauben, die Nase hochziehen) *norddeutsch für 1. einen Schnüffler, Schlüssellochgucker, Neugierigen. 2. einen naseweisen, unreifen Burschen: He is 'n Snüffel van Keerl.*

Schnüffelnase = Schnüffler

Schnüffler
1. jemand, der andere ausspioniert, sich um Dinge kümmert, die ihn nichts angehen. 2. eine Person, die beruflich ermittelt, nachfragt, sich Informationen beschafft, also ein Reporter, Kriminalpolizist, Detektiv o.ä. Mit dem Buchtitel DIE SEELENSCHNÜFFLER von Claus P. Müller-Thurau (Hamburg 1993) sind Psychiater und Psychologen gemeint. Tilman Jens, der Sohn des bekannten Rhetorikprofessors Walter Jens, habe sich als „leichenfleddernder Schnüffler" einen Namen gemacht, gab der erboste Wolf Biermann in einer üblen Polemik im SPIEGEL (Juni 1994) von sich.
Vgl.: → Gesinnungsschnüffler, → -ler, Privatschnüffler (Privatdetektiv, vor allem in Fernsehkrimis), Schnüffelheini (Spion, Neugieriger), Schnüffelnase, Sittenschnüffler.

Schnulzensänger
abwertend für einen Sänger kitschiger, rührseliger Schlagerliedchen.
Vgl.: Schnulzen-Troubadour (selten).

Schnulzerich
abfällig für einen Sänger, Musiker, der Schnulzen zum besten gibt oder Musik schnulzig vorträgt.
Vgl.: → -erich (-rich).

Schnulzier
(mit französischer Endung) *ein Interpret, vor allem ein Sänger schnulziger Lieder, Musikstücke; gelegentlich auch für „Künstler" außerhalb der Musik, etwa in Film oder Theater.*
Vgl.: Schnulzengeiger, Schnulzenheini, Schnulzenkönig, Schnulzist, Schnulzör.

Schnurrant (Schnorrant)
(mit latinisierender Endung zu „schnurren" bzw. „schnorren") *veraltet abwertend für einen umherziehenden Bettelmusikanten.*

Schnurrer = Schnorrer

Schocker
(zu „schocken" = einen Schock versetzen, schockieren; von englisch „to shock" mit gleicher Bedeutung) *selten für eine schockie-*

rende, provozierende, Anstoß erregende Person. „Er ist und bleibt ein Schocker, dieser Frank Zander." (FREIZEIT-MAGAZIN FÜR JUNGE LEUTE 12).

Schofel
(aus der Gaunersprache, zu jiddisch „schophol" = niedrig, gemein) *schäbige, niederträchtige, kleinliche Person.* In dem Wälzer EIN WEITES FELD (1995) von Günter Grass liest man die seltene, aber plausible Wortbildung „Schofelinski".
Vgl.: Schofelant.

Scholastiker
(zu lateinisch „scholasticus" = zur Schule gehörend) *vom Verfechter der scholastischen Philosophie und Wissenschaft übertragen für einen Haarspalter, Buchstabengelehrten, einen kalten Verstandesmenschen.*

„Schöne"
eine oft ironisch oder spöttisch verwendete Bezeichnung für eine Frau, die „schön, aber ..." ist, deren Schönsein einen kleinen Schönheitsfehler aufweist, die vielleicht etwas ordinär, dümmlich oder provinziell wirkt.
Vgl.: → Dorfschöne (Dorfschönheit), Schönchen.

Schöne der Nacht
(oft im Plural gebraucht; Lehnübersetzung des französischen „belles-de-nuit" mit gleicher Bedeutung) *oft ironisch, auch geringschätzig für eine Frau, die im Rotlichtmilieu als Prostituierte, Bardame, Stripperin o.ä. arbeitet.*

Schönfärber
(ursprünglich ein Färber, der im Gegensatz zum Schwarzfärber mit hellen Farben arbeitete) *jemand, der beschönigt, verharmlost, etwas allzu günstig darstellt.*

Schöngeist
(Lehnübersetzung des französischen „bel esprit") *oft abschätzig für einen weltfremden, vergeistigten Menschen, der vorwiegend ästhetischen Genüssen zugetan ist und in Kunst und schöner Literatur schwelgt.* Sehr selten oder neu ist die analoge Bildung „Feingeist", die die schweizer WELTWOCHE 1994 mit leisem Spott auf den recht kultiviert wirkenden Medienliebling und Boxweltmeister („Gentleman") Henry Maske gemünzt hat. Einen „ästhetischen Ratschlag", so der Titel, gibt das folgende Epigramm von Friedrich Theodor von Vischer (1807–1887):

„Freue dich an Formen, Tönen,
Lausche, wenn ein Dichter spricht,
Labe deinen Geist am Schönen,
Aber Schöngeist werde nicht!"

Vgl.: → Belesprit, Schöngeistler.

Schönling
meist abwertend für einen gutaussehenden (jüngeren) Mann, der übermäßig gepflegt und adrett ist.
Vgl.: Filmschönling, Hübschling, → -ling.

Schönrechner
vor allem im Jargon der Politiker oft leicht abwertend für jemanden, der Daten, Zahlenmaterial in beschönigender Weise darstellt oder interpretiert, beispielsweise die Arbeitslosenstatistik.

Schönredner
jemand, der etwas beschönigt; Schmeichler.

Schöntuer
abfällig für einen Menschen, der anderen schmeichelt, sie heuchlerisch umwirbt.
Vgl.: Süßtuer (selten), → -tuer.

Schönwetterdemokrat
im Sprachgebrauch der Politik geringschätzig für jemanden, der in schwierigen Zeiten von demokratischen Prinzipien abrückt.
Vgl.: Schönwetterpolitiker, Schönwetterredner.

Schoppenschwenker
(zu oberdeutsch „Schoppen" = meist ein viertel Liter Wein) *scherzhaft, auch spöttisch für einen eifrigen Weintrinker; Zecher.*

Schoppenstecher
(„Schoppen stechen" meint eigentlich das Ziehen des Weins aus dem Faß mit Hilfe eines Stechhebers) *in deutschen Weinbaugebieten für einen regelmäßigen und vielleicht auch mäßigen Weintrinker.*

Vgl.: Schoppenbläser (Hessen), Schoppenfetzer (Unterfranken), Schoppenpitscher (Rheinhessen).

Schöps
(eigentlich der verschnittene Schafbock oder Hammel) *landschaftlich, besonders in Österreich und Bayern, für einen einfältigen Menschen, Trottel; selten auch für einen älteren, verliebten Mann.* Sprichwörtlich ist: „Ein Leithammel führt eine ganze Herde Schöpse an."
Vgl.: Aprilschöps.

Schoßkind
meist abwertend für ein verwöhntes, verhätscheltes (kleines) Kind; übertragen auch für einen Günstling.
Vgl.: → Kind, Schoßkind des Glücks (vom Glück begünstigt).

Schote
(über die Gaunersprache aus dem jiddischen „schote, schaute" = Narr) *lächerlicher Narr, Einfaltspinsel; regional auch abweichende Bedeutungen.* Ein wohl älterer schülersprachlicher Scherz mit der Wortform „Schaute" ist „Schaute mit vergnügten Sinnen" für einen lächerlichen, dümmlichen, aber gutgelaunten Menschen. Die Wendung stammt aus Schillers Ballade „Der Ring des Polykrates". Weit verbreitet ist das Schimpfwort in Hessen. Dazu ein altfrankfurter Gedicht aus der Sammlung des Dichters Julius Jacob Strauß (1867 – 1942):

„Sauf nor, du Schode
Was leidst de dann Not
Wie korz is des Lewe
Un wie lang bist de dot."

Vgl.: → Knallschote, Schaute (Nebenform).

Schotte
(die Schotten gelten als sparsam, knickrig) *selten für einen Geizhals, einen übertrieben sparsamen Menschen.*

schräger Fürst
1. übler, nicht vertrauenswürdiger Kerl. 2. Unterweltgröße.
Vgl.: → -fürst, krummer Fürst (selten).

schräger Vogel
zwielichtiger, unseriös wirkender Mensch; Ganove.
Vgl.: krummer Vogel (selten), schräge Type, schräger Bursche, schräger Typ, Schrägvogel (selten).

Schramme
jugendsprachlich veraltend für ein häßliches, uninteressantes Mädchen.

Schranze, die (der)
(zu oberdeutsch „Schranz" = Riß, geschlitztes Gewand; ursprünglich also die Bezeichnung für einen Narren, Gecken, der ein solches geschlitztes Kleid trug) *verächtlich für einen liebedienernden Höfling; schmeichlerischer, kritikloser Anhänger.* Näheres in einem Vierzeiler von Friedrich Leopold Graf zu Stolberg (1750 – 1819):

„Verbuhlt und beißig, naschend, schmeichelnd, feig
Und frostig beide, trennt ein Unterschied
Den Affen von der Schranze, jener beißt
In seine Kette, dieser küsset sie."

Vgl.: → Hofschranze, Parteischranze.

Schrapnell
(eigentlich ein Artilleriegeschoß, das kurz vor dem Ziel explodiert; nach dem Erfinder, dem englischen General Henry Shrapnel) *abfällig für eine nicht (mehr) attraktive, energische, ältere Frau.*

Schrapper
(zu vorwiegend norddeutsch „schrappen" = schaben, kratzen; Geld scheffeln) *landschaftlich für einen geizigen, raffgierigen Menschen.*
Vgl.: → Pottschrapper, Schrape (Nebenform), Schrapphals (im Ruhrgebiet).

Schrat (Schratt)
(eigentlich ein zottiger Waldgeist im alten Volksglauben) *in Bayern und Österreich selten für einen kleinen, lächerlichen oder unheimlichen Menschen.*
Vgl.: → Waldschrat (Waldschratt).

Schrätel (Schrättel), der
Verkleinerung von → Schrat (Schratt).

Schratz, der
(geht zurück auf jiddisch „scherez" = Wurm) *seltenes oberdeutsches Wort für ein (ungezogenes) Kind, einen kleinen, komischen Mann.*

Schraube
Schimpfwort für eine unangenehme, überspannt wirkende (ältere) Frau; oft als „alte Schraube".
Vgl.: → alte Schraube, → Schreckschraube, → verdrehte Schraube.

Schraubendampfer
(eigentlich ein mit Schiffsschrauben angetriebener Dampfer) *abfällig für eine ältliche oder wuchtige, fette Frauensperson.*
Vgl.: Dampfer.

Schrebergärtner = geistiger Schrebergärtner

-schreck
in entsprechenden Wortverbindungen abwertend für eine Person, die Erschrecken, Ablehnung bei anderen hervorruft bzw. diese abschreckt. Das Bestimmungswort benennt im allgemeinen die jeweils „in Schrecken versetzte" Personengruppe. Das Wortbildungsmittel „-schreck" ist sehr produktiv und eignet sich auch bestens zur Kommentierung des politischen Tagesgeschehens. Für die Presse war Margaret Thatcher ein „Sozialisten-Schreck" (1994), Helmut Kohl ein „Börsenschreck" (Oktober 1994), das PDS-Zugpferd Gregor Gysi ein „Parteienschreck" (Juli 1994), Gesundheitsminister Horst Seehofer angesichts des Widerstandes der Ärzte gegen seine Gesundheitsreform ein „Ärzteschreck" (Ende 1993) und der PDS-Bewerber um den Potsdamer Oberbürgermeisterposten von 1993 Rolf Kutzmutz nach eigenem Bekunden „kein Investorenschreck".
Vgl.: → Automatenschreck, → Beamtenschreck, Behördenschreck, → Bürgerschreck, Elternschreck (selten), → Frauenschreck, → Kinderschreck, → Klassenschreck (schlimmer Lehrer), Lehrerschreck (schlimmer Schüler), → Männerschreck, Paukerschreck, → Pistenschreck, → Rekrutenschreck, → Spatzenschreck, Spießerschreck (selten).

Schrecken der/des ...
emotional abwertend für einen äußerst unangenehmen Menschen, sozusagen die Personifizierung des Schreckens für eine bestimmte Personengruppe: der Schrecken der Kompanie, der Schrecken der ganzen Nachbarschaft.

Schreckensherrscher
emotional abwertend für einen Herrscher, der ein Schreckensregiment ausübt, der durch Gewalt und Willkür Schrecken verbreitet.

Schreckgespenst
(eigentlich ein Gespenst, das Schrecken auslöst) *selten für jemanden, der als schrecklich, bedrohlich empfunden wird.*
Vgl.: → Gespenst.

Schreckgestalt
ein Mensch, der Schrecken hervorruft, ein entsetzlicher oder entsetzlich aussehender Mensch.
Vgl.: → Gestalt, Greuelgestalt, Schauergestalt (selten), Schreckensgestalt (Nebenform).

Schreckschraube
hartes Schimpfwort für eine unangenehme, unbeliebte, häßliche Frau.
Vgl.: alte Schreckschraube, → Schraube.

Schreiber
(eigentlich eine neutrale Bezeichnung für einen Menschen, der schreibt, der das Schreiben zu seinem Beruf gemacht hat. In früheren Zeiten, als die Beherrschung der Schrift eine seltene Kunst war, galt „Schreiber" sogar als eine Art Ehrenname) *spottend, oft geringschätzig für einen Verfasser literarischer, journalistischer oder anderer Werke; meistens in Wortverbindungen, oft als Kollegenschelte.* Heinrich Heine etwa zog über die „Lohnschreiber der Aristokratie" her.
Vgl.: → Abschreiber, Artikelschreiber, Bestsellerschreiber, → Feuilletonist (Feuilletonschreiber), → Hofschreiber, Lohnschreiber, Romanschreiber, Schmähschreiber, Stückeschreiber, Tagblattschreiber (veraltet), Theaterschreiber, → Vielschreiber, → Winkelschreiber, Zeitgeistschreiber (selten), → Zeitungsschreiber.

Schreiberling
verächtlich für jemanden, vor allem einen Schriftsteller oder Journalisten, der schlecht (und viel) schreibt: ein armseliger, elender, mieser Schreiberling. Das Wort wurde schon von Luther gebraucht. Im August 1993 beklagte der SPIEGEL das Aufkommen einer „neuen Riege von Schreiberlingen mit dem Gemüt von Fleischerhunden".
Vgl.: → -ling, Reklame-Schreiberling, Zeitungsschreiberling (beide selten).

Schreiberseele
(die früheren Behördenschreiber galten als pedantisch) *engstirniger, kleinlicher, bürokratischer Mensch.*
Vgl.: → Beamtenseele, Buchhalterseele (selten), Bürokratenseele.

Schreibstubenhengst
soldatensprachlich abfällig oder spöttisch für einen Soldaten, der in der Schreibstube Dienst tut.
Vgl.: → Bürohengst, → Hengst, → -hengst, Schreibtischhengst (zivil).

Schreibtischmörder
(das Wort kam in den 50er Jahren im Zuge der Gerichtsverhandlungen gegen Naziverbrecher auf) *jemand, der, vor allem als Politiker oder als Vorgesetzter, einen Mord veranlaßt hat oder dafür (mit)verantwortlich ist; auch für einen Kriegstreiber.*
Vgl.: → Mörder.

Schreibtischtäter
(ursprünglich für Naziverbrecher) *jemand, der, vor allem als Politiker oder als Vorgesetzter, Verbrechen veranlaßt hat oder dafür (mit)verantwortlich ist; auch für einen unredlichen, hetzenden Publizisten.* Gelegentlich wird das Wort eher scherzhaft auf einen Bürokraten oder einen etwas abgehobenen Theoretiker angewendet.
Vgl.: Schreibtischgangster, Schreibtischverbrecher.

Schreibtischverbrecher = Schreibtischtäter

Schreier
1. Schreihals, sehr laut sprechender Mensch; schreiendes Kind. 2. schimpfender, zänkischer Mensch; Unruhestifter. Schon Tucholsky fand, daß es „besonders widerlich wirkte, wie die größten Schreier still wurden, wenn man sie beförderte".
Vgl.: Blutschreier (selten: Aufwiegler), Hurraschreier, Jahrmarktschreier.

Schreifritz
(Wortwitz durch Buchstabenumstellung aus DER FREISCHÜTZ, Oper von Carl Maria von Weber) *seltenes Spottwort aus dem Theaterjargon für einen Sänger, der recht laut, aber nicht gut singt.*
Vgl.: → Fritz.

Schreihals
1. viel schreiendes, weinendes Kleinkind. 2. jemand, der laut spricht, schimpft, schreit, viel Geschrei macht. In einem SPIEGEL-Artikel (Oktober 1995) sprach Wolf Biermann selbstironisch vom „Schreihals Biermann".
Vgl.: → -hals, kleiner Schreihals (oft schreiendes Baby), Schreiteufel (selten: fürchterlich schreiendes Baby).

Schriftstehler
(scherzhaft entstellt aus „Schriftsteller") *spöttisch abwertend für einen Schriftsteller, der ein literarisches Plagiat begangen hat, der abschreibt.*
Vgl.: Abschriftsteller (veraltetes Wortspiel), → Stehler.

Schrippe
(eigentlich vorwiegend berlinisch für ein längliches, eingekerbtes Brötchen; wegen dieser Einkerbung auch übertragen für die Vulva und von daher auf das folgende) *abschätzige derbe Bezeichnung besonders in Berlin für eine (alte) Frau; Prostituierte; meist als olle bzw. → alte Schrippe.*
Vgl.: scharfe Schrippe (selten: mannstolle ältere Frau).

Schrippenarchitekt
milder, seltener, insbesondere berlinischer Berufsspott für den Bäcker.

Schröpfer
(hergenommen vom „Schröpfen" im Sinne von Blut abnehmen, zur Ader lassen) *ein*

Mensch, der anderen viel Geld abnimmt, sie finanziell ausbeutet.

Schrubber
vom borstigen Werkzeug der Hausfrau als Steigerung und Vergröberung von → Besen auf eine häßliche (ältere) Frau übertragen; oft: alter Schrubber.

Schrulle
(zu norddeutsch „Schrullen" = verrückte Einfälle) *Schimpfwort für eine wunderliche, launische, altjüngferliche Frau.*
Vgl.: alte Schrulle, Schreckschrulle (jugendsprachlich).

Schrumpel
(eigentlich ein Dialektwort für eine Falte, Runzel) *abschätzig für eine alte, eingefallene, runzlige Frau.*
Vgl.: alte Schrumpel, Schrumpelliese.

Schrumpfgermane
(nach dem „Schrumpfkopf", der makabren Trophäe von Kopfjägern; wahrscheinlich 1926 als Hohnbezeichnung für Joseph Goebbels aufgekommen, der ja gar nicht dem germanischen Ideal der Nazis entsprach) *bissiger Spott für einen kleingewachsenen Deutschen.* Geradezu gemein war die Formulierung des österreichischen Publizisten Günther Nenning, der unseren über hundertjährigen Ernst Jünger als „Weltbürger und Schrumpfgermanen" beschrieb (WELTWOCHE, Oktober 1995).

Schubiack (Schubbejack)
(zusammengesetzt aus „schubben" = kratzen und „Jack" = Jakob) *ein Lump, Schuft, Gauner, niederträchtiger Kerl.*

Schuft
ehrloser, gemeiner Mensch, Betrüger, Schurke: ein gemeiner, elender, erbärmlicher, hinterhältiger Schuft. Schiller gab einem seiner RÄUBER den sprechenden Namen „Schufterle". Eine hübsche Strophe aus der KÜCHENMORITAT von Ernst Klotz (1894 – 1970):

„Und während sie Kartoffel pufft,
erstach von hinten sie der Schuft
per Gabel. Mit dem Messer
ging's höchstwahrscheinlich besser."

Vgl.: Schuftian, Schuftikus (beide selten).

Schugger (Tschugger)
(wohl von jiddisch „chokar" = spähen, forschen) *in der Schweiz abfällig für einen Polizisten.*

Schuldenmacher
jemand, der dauernd Schulden macht, hochverschuldet ist. „Einem Schuldenmacher ist nichts zu teuer", heißt es im Sprichwort und ebenso: „Schuldenmacher sind Lügner!" Aus der politischen Polemik sind analoge Bildungen wie „Schulden-Kanzler" oder „Schulden-Minister" geläufig.
Vgl.: → -macher, Schuldenbuckel (hessisch), Schuldenmajor (zumindest in Schlesien).

Schulfuchs
veraltend für einen kleinlichen, pedantischen Menschen, insbesondere einen Lehrer, Schulmeister.
Vgl.: → Fuchs, Schulfuchser (seltene Nebenform).

Schulmeister
(früher eine wertfreie Bezeichnung für den Schullehrer) *jemand, der andere pedantisch belehrt, bekrittelt; Besserwisser; auch für einen kleinlichen, pingeligen Lehrer.* Eine Art Steigerung ist der „Dorfschulmeister". Schon 1912 hatte ein Landschullehrer Beleidigungsklage deswegen erhoben. Bei Karl Leberecht Immermann (1796 – 1840) kommt gar ein „Dorfschulmeisterlein" vor. Ein „arroganter Schulmeister" ist der Ex-Bundeskanzler Helmut Schmidt für den SPIEGEL (April 1994), und die WELTWOCHE (Juli 1995) rüffelte den „Weltschulmeister USA".
Vgl.: Dorfschulmeister, → Mulscheister, Schulmeisterlein (selten), Schulpedant.

Schulschwänzer
meist tadelnd für einen Schüler, der die Schule schwänzt, also absichtlich den Unterricht versäumt.
Vgl.: → Schwänzer.

Schummel
selten für eine nachlässige Person, Schlampe; seltener für einen, der beschummelt, betrügt.

Schummler
jemand, der nicht ganz ehrlich handelt, der mogelt, besonders beim Spiel oder als Schüler, etwa durch „unerlaubte Hilfsmittel".
Vgl.: → -ler.

Schundnickel
in Bayern und Österreich für einen knausrigen, geizigen Menschen.
Vgl.: → Nickel, → -nickel.

Schüppel
(eigentlich ein Haarschopf, Büschel) *oberdeutsch für einen unangenehmen Menschen, unleidlichen Kerl.*
Vgl.: alter Schüppel (bayrisch und österreichisch: alter Mann), Grindschüppel, → Lügenschüppel.

Schürer
(zu „schüren" = Feuer anfachen) *jemand, der andere zu etwas anstachelt; Hetzer, Agitator.*
Vgl.: Unruheschürer.

Schurke
(vielleicht verwandt mit „schüren"; weibliche Form: Schurkin) *ein gemeiner, niederträchtiger Mensch, Verräter: ein elender, abgefeimter, durchtriebener, verdammter Schurke.* „Den Schurken und Narren gehört die Welt", lehrt das Sprichwort, und Franz Grillparzer, der große österreichische Dichter, warnt seine Leser:

„Ein Dummkopf bleibt ein Dummkopf nur
für sich, in Feld und Haus,
doch wie du ihn zu Einfluß bringst,
so wird ein Schurke draus."

Vgl.: → Erzschurke.

Schurl
(eigentlich eine österreichische Kurz- und Koseform von „Georg") *in Österreich für einen unhobelten, dummen Burschen; Versager.*

Schürzenjäger
(„Schürze" wird übertragen für „Frau" verwendet) *meist abschätzig für einen Mann, der den Frauen nachstellt, der ständig auf erotische Abenteuer aus ist.* Eine sehr erfolgreiche österreichische Trachten-Rockband nennt sich „Zillertaler Schürzenjäger".
Vgl.: → Frauenjäger, → -jäger, Mädchenjäger, Schürzenhengst (selten).

Schürzenkind
selten für ein unselbständiges, furchtsames Kind; Schoßkind.
Vgl.: → Kind.

Schußbartel
(zu „schießen" in der Bedeutung „hastig gehen") *vorwiegend oberdeutsch für einen schusseligen, unbesonnenen Menschen.*
Vgl.: → -bartel (-barthel).

Schussel
(zu „schießen") *hastiger, fahriger, konfuser Mensch.*
Vgl.: Schuß, Schusselbock (beide selten), Schusselfritze, Schußler.

Schußler = Schussel

Schuster
(früher eine Schelte für den schlechten, ungelernten Schuhmacher) *Pfuscher, Stümper, Nichtskönner; zumindest in Franken auch für einen schlechten Kartenspieler.*
Vgl.: → Bildungsschuster, Blechschuster (Klempner), Büchsenschuster (Frauenarzt), → Flickschuster, → Knochenschuster, Maulschuster (selten: Zahnarzt), → Paragrapenschuster, Schlappenschuster (selten: Nichtskönner), Teigschuster (wienerisch: Bäcker), Zahnschuster.

Schütze Arsch (im letzten/dritten Glied)
(Der Schütze ist der unterste Mannschaftsdienstgrad beim Heer. Ins dritte und letzte Glied der Aufstellung stellt man gewöhnlich diejenigen Soldaten, die eher einen schlechten Eindruck machen) *im Jargon der Soldaten derb veraltend für den einfachen Soldaten ohne jeden Rang.* Daneben gibt oder gab es eine ganze Reihe ähnlich gebrauchter Wendungen wie „Schütze Nieselpriem", „Schütze Piesepampel" usw.
Vgl.: → Arsch, Gefreiter Arsch, Matrose Arsch, Schütze Arsch mit der Ölkanne (Schütze bei der Technischen Truppe).

Schütze Hülsensack
soldatensprachlich veraltet für einen schlechten Schützen, einen tölpelhaften einfachen Soldaten. Er taugt nur zum Aufsammeln der Patronenhülsen.

Schwab (Schwabe)
schweizerisch leicht abwertend für einen Deutschen. Im FREIBEUTER Nr. 55 erklärte der Schweizer Schriftsteller Urs Widmer: „So schimpfen wir Schweizer (wir Deutschschweizer, um genau zu sein) die Deutschen (und zwar alle zwischen Lörrach und Kiel) seit Urzeiten ‚Schwaben'... Wir meinen es abwertend, aber nicht sehr. Erst der ‚Sauschwabe' ist ein Ausdruck wirklicher Abneigung ..."
Vgl.: → Sauschwab (Sauschwabe).

Schwabbel
(zu landschaftlich „schwabbeln" = schwatzen, Unsinn reden; die 2. Bedeutung zu „schwabbeln" = gallertig wackeln) *selten für 1. einen Schwätzer. 2. eine dicke Person mit weichem, wackelndem Fett.* Beide Bedeutungen kommen öfter in Wortverbindungen vor. „Wagners kunstphilosophische und politische Aufsätze verweise ich in das Gebiet, wo Schwabbelhänschen König ist", schrieb 1865 ein H. Dorn über den berühmten Komponisten.
Vgl.: Schwabbeler, Schwabbelfritze, Schwabbelhans, Schwabbeljochen, Schwabbelliese, Schwabbelmeier (alle geschwätzig), Schwabbelpudding (feist).

Schwachkopf
sehr dummer Mensch. „Von General Schwachkopf lernen heißt siegen lernen." (Peter Rühmkorf in seinen Tagebüchern TABU I von 1995 über den amerikanischen General Schwartzkopf, der im Golfkrieg den Oberbefehl über die Alliierten hatte.)
Vgl.: -kopf (-kopp).

Schwächling
schwächlicher, kraftloser, auch willensschwacher Mensch. „Ein Schwächling zu Hause, der Stärke heuchelt als Schriftsteller ...", so Gerhart Hauptmann über seinen schwedischen Kollegen August Strindberg. Eine neue Gelegenheitsbildung ist das zynische „Immunschwächling".
Vgl.: Denkschwächling (selten), → -ling.

Schwachmatiker
(aus „schwach" und „Mathematiker") *begriffsstutziger, unbegabter Mensch, vor allem auf dem Gebiet der Mathematik.*

Schwachmatikus
(scherzhafte pseudolateinische Substantivbildung zu „schwach" von Studenten im 18. Jahrhundert nach dem Muster von Wörtern wie „Rheumatikus") *veraltend spöttisch für einen Schwächling oder unbegabten Menschen.*

Schwade
(zu „schwadern" = schwatzen; auch eingedeutschte Schreibweise zu „Suade" = Redeschwall) *Schwätzer, Großmaul; redselige Frau.*
Vgl.: Schwader, Schwaderer (Nebenformen).

Schwadroneur (Schwadronierer)
(zu „schwadronieren", eigentlich = beim Fechten wild und planlos um sich hauen) *jemand, der schwadroniert, der wortreich prahlt, schwatzt.*

Schwafler (Schwafeler)
jemand, der unsinnig, töricht, ohne ausreichende Sachkenntnis daherredet.
Vgl.: → -ler, Schwefler (Nebenform).

Schwalbe
selten für eine Straßenprostituierte.
Vgl.: → Asphaltschwalbe, Bordschwalbe (selten), → Bordsteinschwalbe, → Dreckschwalbe, → Kanzelschwalbe, → Rauchschwalbe, → Trottoirschwalbe.

Schwaller
(zu „Wortschwall", „Redeschwall") *jugendsprachlich abfällig für jemanden, der schnell und dabei viel Unsinn redet.*
Vgl.: → -ler, Schwalli (selten), Schwallkopf.

Schwallkopf = Schwaller

Schwammerl, der (das)
(eigentlich in Bayern und Österreich die Bezeichnung für einen Pilz) *vorwiegend*

bayrisch für eine dumme Person; einen kleinen, nicht ernst genommenen Mann.

Schwan s. sterbender Schwan

schwankendes Rohr
(nach der Redensart „ein schwankendes Rohr im Wind sein/schwanken wie ein Rohr im Wind", die auf eine Bibelstelle aus Luk. 7,24 bzw. Matth. 11,7 zurückgeht: „Wolltet ihr ein Rohr sehen, das der Wind hin und her weht?") *bildungssprachlich veraltet für einen wankelmütigen, charakterschwachen, unschlüssigen Menschen.*
Vgl.: Rohr im Wind, Schilfrohr im Wind (beides selten und eher poetisch).

Schwanz
von der derben Bezeichnung für den Penis abschätzig oder verächtlich, vor allem aus der Sicht von Frauen, auf den ganzen Mann übertragen. „Die Macht der Schwänze hat ihre Grenze!" lautet ein vulgärfeministischer Kampfreim.
Vgl.: → Affenschwanz, Eheschwanz (selten: Ehemann), → Sauschwanz, → Schlappschwanz.

Schwänzer
(von rotwelsch „schwentzen" = herumschlendern) *jemand, der ohne triftigen Grund eine Pflicht, den Dienst, die Arbeit, insbesondere aber als Schüler den Unterricht versäumt.*
Vgl.: Arbeitsschwänzer (selten), Kirchenschwänzer, → Schulschwänzer.

Schwänzler
(zu mittelhochdeutsch „swenzeln" = schwenken; zieren) *selten für jemanden, der geziert, tänzelnd geht.*
Vgl.: → -ler.

Schwärmer
(in der Reformationszeit ein aufdringlicher Sektierer) *mildes Schimpfwort für einen unrealistischen, leicht begeisterten Menschen, glühenden Verehrer, religiösen Eiferer: ein romantischer, eifernder, sentimentaler, lebensfremder, religiöser Schwärmer.* 1793 schrieb Christoph Martin Wieland im TEUTSCHEN MERKUR über die „fanatischen Freyheits- und Gleichheitsschwärmer in Paris".
Vgl.: Friedensschwärmer, Glaubensschwärmer, Naturschwärmer, sonderbarer Schwärmer (Phantast, Idealist).

Schwarmgeist
(Der Ausdruck geht auf Luther zurück) *ein religiöser oder politischer Eiferer, (junger) Phantast, Schwärmer.*

Schwarte
landschaftlich derb für ein unangenehmes (altes) Weib; da und dort auch abweichende Bedeutungen.
Vgl.: → alte Schwarte.

schwarze Seele
meist scherzhaft-neckend für einen Menschen mit einer „schwarzen Seele", einen Schlingel.

Schwarzer
(weibliche Form: Schwarze) *1. geringschätzig für einen Katholiken, katholischen Geistlichen, frommen Menschen. 2. im Jargon der Politik leicht abwertend für einen Anhänger einer konservativen, christdemokratischen Partei.* Die Kennzeichnung „schwarz" für das christlich-konservative politische Lager besteht seit dem frühen 19. Jahrhundert. Das LIBERALE SCHIMPFLEXIKON von 1870 nennt, besonders für katholische Geistliche: „schwarze Bande, schwarze Brüder, schwarze Brut, schwarze Rotte, schwarze Kamarilla" usw. Ein neues Scherz- und Spottwort ist „Kohl-Schwarze" für besondere Anhänger des deutschen Bundeskanzlers Helmut Kohl von der CDU.

Schwärzer
vorwiegend österreichisch für einen Schmuggler, Schwarzhändler, Hehler.

schwarzes Schaf
(Die Wolle von schwarzen oder gefleckten Schafen ist weniger geschätzt. Der Ausdruck geht vielleicht auf eine Bibelstelle in 1. Mos. 30,32 zurück) *jemand, der in einer Gemeinschaft unangenehm auffällt, eine absolute Außenseiterposition einnimmt, der Gemeinschaft schadet.*
Vgl.: → Schaf, schwarzes Familienschaf (selten), schwarzes Schaf (in) der Familie.

Schwarzfahrer
oft abwertend oder tadelnd für eine Person, die 1. ohne Fahrschein, ohne zu bezahlen, ein öffentliches Verkehrsmittel benützt. 2. ohne Führerschein ein Kraftfahrzeug fährt.
Vgl.: Graufahrer (schweizerisch).

Schwarzhörer
jemand, der Radio hört, ohne sein Gerät angemeldet und Gebühren bezahlt zu haben.

Schwarzkittel
(wegen der schwarzen Amtstracht) *1. abfällig für einen (katholischen) Geistlichen. 2. salopp für einen Schiedsrichter.*
Vgl.: Schwarzrock, → Weißkittel.

Schwarzkünstler
1. scherzhafte alte Handwerkerschelte für den Buchdrucker. 2. oft abfällig für einen Magier, Scharlatan; seltener für einen Priester.

Schwarzmaler
jemand, der die Dinge allzu pessimistisch darstellt, die Zukunft in düsteren Farben schildert.
Vgl.: Schwarzfärber.

Schwarzrock = Schwarzkittel

Schwarzseher
1. eine Person, die alles ungünstig einschätzt, die Zukunft allzu pessimistisch beurteilt. 2. jemand, der fällige Fernsehgebühren nicht bezahlt.

Schwatzbase (Schwätzbase)
eine Frau, die gerne und zuviel redet.

Schwätzer
1. jemand, der viel schwatzt, belanglos und töricht daherredet. 2. ein Mensch, der nur redet, schwatzt, anstatt zu handeln. 3. jemand, der etwas ausplaudert, es nicht für sich behalten kann. Man spricht von einem albernen, hohlen, kindischen, langweiligen, unerträglichen, dummen, sentimentalen Schwätzer. Das Wort kommt in vielen auch unüblichen Zusammensetzungen vor. So sprach Heinrich Mann während des ersten Weltkriegs von seinem Bruder Thomas als einem „Tiefschwätzer". Thomas Bernhard dagegen wurde vom SPIEGEL (August 1985) als „ungebremster Theaterschwätzer" hingestellt. „Dem Schwätzer und dem Frosche wackelt gern die Gosche", reimt der Volksmund. Die folgenden Zeilen aus einem Gedicht über Mussolini standen 1926 in der Wiener Zeit-, bzw. „Streitschrift" mit dem Titel DER GÖTZ VON BERLICHINGEN:

„Ein tödlich starker Schwätzer steht,
vom blinden Volk zum Gott erhöht,
weil er – dem tapfern Wilhelm ähnlich –
höchst heldisch tut und unversöhnlich."

Vgl.: Biertischschwätzer, → Blechschwätzer, Dauerschwätzer, → Dummschwätzer, → Klugschwätzer, → Oberschwätzer, Patentschwätzer (dümmlich), Salonschwätzer (drischt Phrasen, schmeichelt), Schlechtschwätzer (hessisch: tratscht), Schönschwätzer (selten: Schönredner), Stußschwätzer (unsinnig), Tugendschwätzer, Unsinnschwätzer, Vielschwätzer.

Schwatzliese
geschwätzige Frau, schwatzendes Mädchen.
Vgl.: → Liese, → -liese, Schwatzkarline (selten).

Schwatzmaul
derb für einen ärgerlichen Schwätzer.
Vgl.: → -maul, Schwatzkopf.

Schwatztante
abfällig für eine schwatzhafte Frau; gelegentlich auch für einen Mann.
Vgl.: → Faseltante, Labertante, → Quasseltante, → Sabbeltante, Schwatztasche (selten), → Tante, → -tante.

Schwefelbande
(wohl vom gleichlautenden Spitznamen einer verrufenen Studentenverbindung in Jena namens „Sulphuria"; zu lateinisch „sulphur" = Schwefel) *1. üble Gesellschaft, Gesindel. 2. gemütliche Schelte für eine mutwillige, ausgelassene Schar von Kindern oder Jugendlichen.*
Vgl.: → Bande, → -bande.

Schwefler = Schwafler (Schwafeler)

Schweifwedler
(vom Hund, der freudig erregt mit dem Schwanz wedelt) *veraltet für einen Kriecher, Liebediener.*
Vgl.: → -ler.

schweigende Mehrheit
(Lehnübersetzung von englisch „silent majority") *eine oft abwertend verwendete Bezeichnung für die große Masse der Menschen, die ihre Meinung zu einer bestimmten Frage nicht äußern können oder wollen.*

Schwein
(Schweine galten von jeher als schmutzig, gefräßig und triebhaft) *derbes Schimpfwort für 1. einen schmutzigen oder schmutzenden Menschen. 2. eine verachtenswerte, gemeine Person; Lump. 3. einen unsittlichen Menschen; einen, der „schweinisch" redet.* Man sagt: ein dickes, schwules, vollgefressenes, selten blödes, autoritäres, altes, feiges, besoffenes, dreckiges Schwein. Angeblich wurde 1881 ein Bauer zu einer Geldstrafe verurteilt, weil er einen Nachbarn, der ihm auf der Straße mit einem Schwein entgegenkam, mit den Worten „Guten Tag miteinander!" begrüßt hatte. Der Dramatiker und Hörspielautor Leopold Ahlsen bekam 1962 in einem anonymen Brief folgendes zu lesen: „Man fragt sich unwillkürlich, wer die eigentlich sind, die das Andenken unserer gefallenen Väter und Brüder in den Schmutz zerren dürfen, und man findet nur eine Antwort: Schweine, wie sie die Natur nur alle Jahrtausende einmal wirft." Dezent nimmt sich dagegen die Beschimpfung „intrigantes Schwein" aus, die die FDP-Politikerin Schwaetzer öffentlich an ihren Parteifreund Möllemann richtete.
Vgl.: → armes Schwein, dummes Schwein, faules Schwein, → fettes Schwein, → perverses Schwein, → Sau.

-schwein
Solche Zusammensetzungen sind derb abwertend und bezeichnen oft einen Menschen, der in einer bestimmten Art und Weise gemein, charakterlich „schmutzig" ist. Manchmal ist das „-schwein" mit einer Berufsbezeichnung verquickt. So kommentierte, nachdem Oskar Lafontaine im Saarland das Presserecht verschärft hatte, Rudolf Augstein in seinem SPIEGEL (Juni 1994): „... der Schweinehirt gegen alle Journalistenschweine. Wohl bekomm's."
Vgl.: Agentenschwein, Bonzenschwein, → Bullenschwein, Charakterschwein, → Dreckschwein, Egoistenschwein, → Etappenschwein, → Fettschwein, → Frontschwein, Kameradenschwein (soldatensprachlich: unkameradschaftlich), Kanakenschwein (Neonazijargon), → Kapitalistenschwein, → Kielschwein, → Kommunistenschwein, → Lästerschwein, Marzipanschwein (Marzipanschweinchen) (dick, rosig), → Mastschwein, → Pistensau (Pistenschwein), Rampenschwein (Schauspieler), Riesenschwein, → Rübenschwein, → Stachelschwein, → Warzenschwein, → Wildschwein, Z-Schwein.

Schwein, schwarzes
(eigentlich das Wildschwein) *eine seltene gemütliche Schelte ohne bestimmte Bedeutung oder im Sinne von Schlingel, Bursche.*

Schweinchen
mildes scherzhaftes Schimpfwort für ein kleines → Schwein; auch als Tadel für ein schmutziges Kind. Zur oberdeutschen Form „Schweindel" gibt es einen alten bayrischen Grabspruch:

„Hier liegt der Johann Weindl.
Er lebte wie ein Schweindl,
gsoffn hat er wia a Kuah,
o Herr, gib ihm die ewige Ruah!"

Vgl.: → -chen (-lein).

Schweinchen Schlau
(ursprünglich eine Comicfigur aus den „Micky-Maus"-Heften) *dicklicher, schlauer Kerl.*
Vgl.: → -chen (-lein), Schweinchen Dick.

Schweine- (Schwein-, Schweins-)
derb emotional abwertend für einen sehr schlechten, gemeinen oder schmutzigen Menschen.
Vgl.: → Sau-, Schweinebär (selten), Schweinebartel, Schweinematz (schmutzig), Schweinepeter, Schweinestück (ehrlos).

Schweinebacke
selten für einen unangenehmen, unverschämten Menschen.

Schweinebande
Gesindel, üble Gesellschaft.
Vgl.: → Bande, → -bande, → Saubande.

Schweinehund
(ursprünglich ein Hund für die Wildschweinjagd) *niederträchtiger, unanständiger Kerl, Lump.* In Erich Mühsams Gedicht „Disput" stehen die Zeilen:
„Der fromme Christ führt Gott im Mund,
der Atheist den Schweinehund."
Vgl.: → Hund, → -hund, → Sauhund, Schweinhund (orthographische Variante).

Schweinekerl
grobes Schimpfwort für einen unflätigen, schmutzigen, verkommenen Mann.
Vgl.: → Kerl, → Saukerl.

Schweinepack
derb für Gesindel, üble Gesellschaft.
Vgl.: → Pack, → -pack, Saupack.

Schweinepriester
(So nannte man früher den Schweinehirten eines Klosters) *1. schmutziger, verkommener Mann. 2. mieser, gemeiner Kerl.*

Schweinigel
(frühere volkstümliche Bezeichnung für den Igel nach seiner rüsselartigen Schnauze; Einwirkung von → Nickel) *derbes, aber eher mildes Schimpfwort für 1. einen zotigen, obszöne Witze erzählenden Menschen. 2. einen schmutzigen oder etwas beschmutzenden Menschen. 3. eine unanständige, sittenlose Person.*
Vgl.: → Igel, → Sauigel, Schweineigel, Schweinnickel (beides Nebenformen).

Schweinskopf
seltenes vorwiegend bayrisches Schimpfwort für einen groben, eigensinnigen Menschen oder einen mit einem dicken Kopf.
Vgl.: → -kopf (-kopp), → Saukopf.

Schweißfußindianer
(der Bezeichnung „Schwarzfußindianer" nachgebildet) *scherzhaft-spottend oder tadelnd für einen Menschen mit übelriechenden Schweißfüßen.*
Vgl.: → Indianer.

Schwelger
(von mittelhochdeutsch „swelher" = Schlukker, Säufer) *jemand, der schlemmt und praßt oder sich an geistigen Genüssen, Stimmungen, Gefühlen berauscht.* „Junger Schwelger, alter Bettler", behauptet ein Sprichwort.
Vgl.: Weinschwelg (veraltet: Weinliebhaber).

Schwellkopf
(auch ein großer nachgebildeter Kopf für Karnevalsumzüge) *landschaftlich für eine dickköpfige Person; auch Dummkopf.*
Vgl.: → Geschwollkopf (Gschwollkopf), → -kopf (-kopp), Schwellschädel (oberdeutsch), Schwollkopf (rheinhessisch).

Schwengel
(eigentlich ein Klöppel oder ein Pumpenschwengel; übertragen auch derb für den Penis) *landschaftliches Scheltwort für einen groben, dummen Burschen; Herumtreiber.*
Vgl.: Bauernschwengel, Büroschwengel, → Galgenschwengel, → Ladenschwengel.

Schwerenöter
(ursprünglich einer, dem man die „schwere Not", d.h. die Epilepsie, wünscht) *meist abwertend für einen charmanten, gerissenen Frauenschmeichler; nicht ohne eine gewisse Anerkennung.* Früher war das Wort ein übler Schimpfname und hatte den Charakter einer Verwünschung. Man gebrauchte Steigerungen wie „Tausendschwerenöter", „Schockschwerenöter" oder gar „Himmeltausendschockschwerenöter".

schwerer Junge
(„schwer" im Sinne von „schweres Verbrechen", „schwere Schuld") *gefährlicher Verbrecher, Gewaltverbrecher.*
Vgl.: → Junge, Schwerer (seltene Verkürzung).

Schwertgosche
zumindest schwäbisch und fränkisch für eine unverschämte, verleumderische Schwätzerin, die „ein Maul hat wie ein Schwert".
Vgl.: → Gosche.

Schwerverbrecher
jemand, der schwere Verbrechen begangen hat.
Vgl.: → Verbrecher, → -verbrecher.

Schwiemel (Schwiemler, Schwiemeler)
(zu mittelhochdeutsch „sweimen" = schweben) *nord- und mitteldeutsch für einen liederlichen Menschen, Betrüger; Trunkenbold.*
Vgl.: → -ler, Schwiemelant, Schwiemelfritze (beide selten), Schwiemelkopf.

Schwiemelkopf = Schwiemel (Schwiemler, Schwiemeler)

Schwindelhuber
(nach dem häufigen Familiennamen Huber) *landschaftlich selten für einen Menschen, der öfters schwindelt, lügt oder übertreibt.*
Vgl.: → -huber.

Schwindelmajor = Schwindelmeier

Schwindelmeier
(nach dem sehr häufigen Familiennamen Meier) *notorischer Schwindler, lügnerischer Mann.*
Vgl.: → -meier, Schwindelmajor.

Schwindler
1. jemand, der nicht ganz die Wahrheit sagt; Lügner. 2. ein Mensch, der andere täuscht, betrügt.
Vgl.: → Börsenschwindler, → Heiratsschwindler, → -ler, Schwindlerbande.

Schwindsüchtiger
(eigentlich das alte Wort für einen an Lungentuberkulose erkrankten Menschen) *selten, besonders bayrisch, für einen schwächlichen, mageren, krank aussehenden Mann.*
Vgl.: Schwindsuchtsgerippe.

Schwinger
(„schwingen" im Sinne von „große Reden schwingen") *selten für einen Angeber, Prahler.*

Schwittjeh = Suitier

Schwuchtel
(wohl zu landschaftlich „schwuchteln" = tanzen, tänzeln) *meist abfällig für einen (feminin wirkenden) Homosexuellen; in Schlesien auch für eine Schwätzerin.*

Schwuler
(schwul ist ein älteres Wort für „schwül") *salopp für einen Homosexuellen.* Das Wort findet sich in vielen deutschen Schimpfwörterbüchern, wird aber kaum mehr abwertend verwendet.

schwuler Bruder
abfällig für einen Homosexuellen.
Vgl.: → Bruder, → -bruder, schwul Paketche (hessisch), schwule Sau, schwuler Hengst, süßer Bruder, → warmer Bruder.

Schwuli
(kosewortähnliche Kurzform) *jugendsprachlich auch spöttisch oder abschätzig für einen Homosexuellen.*
Vgl.: Schwulibert, Schwulinski (schon um 1920), Schwuschi (selten).

Sechter
(eigentlich ein Hohlmaß oder ein Gefäß entsprechender Größe) *vorwiegend österreichisch für einen dicken Menschen; seltener für einen Säufer.*

Seckel = Säckel

Seelchen
leicht abwertend für 1. einen überaus empfindsamen Menschen. 2. ein sentimentales, naives (und raffiniertes) Mädchen. „Seelchen" heißt auch die Hauptfigur in dem außerordentlich erfolgreichen Roman DIE HEILIGE UND IHR NARR von Agnes Günther aus dem Jahr 1913.
Vgl.: → -chen (-lein), Seelchen mit Plüsch und Troddeln (veraltet: altmodisches, sentimentales Mädchen).

Seele s. durstige Seele, s. schwarze Seele

Seele von (einem) Kamel
(nach der Redensart „eine Seele von Mensch/von einem Menschen sein") *ein allzu gutmütiger, (und insofern) dämlicher Mensch.*
Vgl.: → Kamel.

Seelenfänger
jemand, der leichtgläubige Menschen mit allen Mitteln für (fragwürdige) Anschauungen, eine Sekte o.ä. zu gewinnen sucht; Prediger.

Seelenklempner
salopp, auch abfällig für einen Psychotherapeuten, Psychiater.
Vgl.: → Klempner, Seelenmasseur (selten).

Seelenkrüppel
verächtlich für einen charakterlosen Menschen. In seiner AUSWAHL AUS DES TEUFELS PAPIEREN von 1789 schrieb Jean Paul: „Ein lasterhafter Mensch ist ein ausgemachter Seelenkrüppel."
Vgl.: → Gemütskrüppel, → Krüppel, seelischer Krüppel.

Seelenverkäufer
1. früher für einen Anwerber von Soldaten, Matrosen zum Dienst in Kolonien oder für einen Sklavenhändler. 2. jemand, der Menschen an andere verkauft, ausliefert, verrät. 3. ein dubioser Vermittler von Arbeitskräften.

Seeräuber
vom früheren Piraten, der Schiffe ausraubte, übertragen verwendet für 1. einen ungepflegten, wüst aussehenden Mann. 2. einen frechen, wilden kleinen Jungen.
Vgl.: → Räuber, → -räuber.

Seftel (Säftel)
(vielleicht zu „Joseph, Sepp") *besonders süddeutsch als mildes Schimpfwort für eine männliche Person, über deren Dummheit und Ungeschicklichkeit man sich geärgert hat.*

Seger
(Nebenform zu „Seicher" = Urinierender) *zumindest im Ruhrgebiet für einen Proleten, Flegel oder überhaupt abfällig für einen Mann.*

Sehleute
(selten verwendete Einzahl: Sehmann) *abwertend für neugierige, passive Zuschauer; für Kunden in Geschäften, auf Versteigerungen, Jahrmärkten, in Bordellen, die nur sehen, aber nicht kaufen wollen.*
Vgl.: Orientale (selten: er „orientiert" sich nur), Warschauer (will die Ware nur anschauen).

Seichbeutel
(zu landschaftlich „seichen" = harnen; Unsinn äußern) *vor allem in süddeutschen Mundarten ein derbes Schimpfwort für einen langweiligen Schwätzer.* Der „Urtyp eines Seichbeutels" war für Karl Marx der Philosoph und Sozialwissenschaftler Friedrich Albert Lange, ein scharfer Kritiker des Materialismus (1870 in einem Brief an L. Kugelmann).
Vgl.: → Beutel, → -beutel.

Seichbock
(Ziegen- und Schafböcke harnen, wenn sie erschreckt werden) *besonders bayrisch für 1. einen Dummschwätzer. 2. einen ängstlichen Mann.*
Vgl.: → Bock, → -bock.

Seicher
(eigentlich ein Urinierender) *derb abwertend für einen 1. dummen Schwätzer. 2. Feigling; Schwächling, Versager. 3. Bettnässer.*
Vgl.: → Bettseicher, Hagseicher (südwestdeutsch: Lehrer), Hochseicher (hessisch: Angeber), → Hosenseicher, Nestseicher (selten: Bettnässer), Seichling (veraltet: Schwätzer).

Seicherl
(„seicherln" steht in Österreich für schmeichlerisches Reden) *österreichisch für einen ängstlichen, verzagten Mann; seltener für einen Schmeichler.*

Seichtling
(zu „seicht" = nicht tief, flach; oberflächlich) *selten für einen seichten, banalen, nur oberflächlich gebildeten Menschen.*
Vgl.: → -ling.

Seife
(Herkunft unklar, vielleicht verkürzt aus „Schmierseife") *zumindest bayrisch für eine Clique; Bagage.*

Seifensieder
(früher ein Handwerker, der Seife herstellt. Die übertragene Bedeutung geht vielleicht zurück auf Schillers Drama WALLENSTEINS LAGER, wo es heißt: „Schad um die Leut! Sind sonst wackre Brüder ... Aber das denkt wie ein Seifensieder.“) *abfällig für eine langweilige, träge Person.*
Vgl.: → Leimsieder.

Seilschaft
(eigentlich eine durch ein Kletterseil verbundene Gruppe von Bergsteigern) *abwertend für eine Gruppe von Personen, die, vor allem im politischen Bereich, heimlich zusammenarbeitet, Einfluß nimmt (und unsaubere Geschäfte betreibt).* Das Wort ist nach der deutschen Vereinigung von 1989 weitverbreitet und wird meistens auf noch bestehende politische Kontakte und Cliquen von ehemaligen DDR-Funktionären bezogen.
Vgl.: alte Seilschaft, rote Seilschaft, SED-Seilschaft, Stasi-Seilschaft.

Seiltänzer
(eigentlich ein Seilartist) *seltene, leicht abwertende Bezeichnung für einen lebensfremden, unrealistischen Menschen, der nicht mit beiden Beinen auf dem Boden steht.*

Seitenspringer
selten für einen Ehebrecher, eine Person, die fremdgeht, „einen Seitensprung macht“.

Sekkierhansel
(zu „sekkieren“ = drangsalieren, belästigen) *besonders in Österreich für einen Menschen, der andere schikaniert, ärgert, bedrängt.*
Vgl.: → Hansel, → -hansel, Sekkierer.

Sekte
(aus lateinisch „secta“ = Lehre; Anhängerschaft. Luther sprach von falschen Lehrern, „die einführen verderbliche Secten“) *1. oft geringschätzig für eine kleinere Glaubensgemeinschaft, die sich von einer größeren abgespalten hat. 2. abwertend für eine Gruppe, die politisch oder weltanschaulich sehr einseitig ausgerichtet ist.*

Sektenbruder
abwertend für ein männliches Mitglied einer Sekte.
Vgl.: → Bruder, → -bruder.

Sektierer
1. realitätsferner, dogmatischer (politischer) Eigenbrötler. 2. Anhänger, besonders Wortführer einer Sekte. 3. im poltischen Jargon der DDR für einen Linksabweichler.
Vgl.: → Linkssektierer.

Seladon
(nach dem Helden Céladon in dem Schäferroman L'ASTRÉE des französischen Dichters H. d'Urfé, 1568–1625) *veraltet für einen schmachtenden Liebhaber.*

Selbstbediener
(wohl nach dem älteren „Selbstbedienungsladen“ als bissigem Spottwort für das Parlament) *abfällig für jemanden, insbesondere für einen Politiker, der seine Stellung, seine Befugnisse ungeniert nutzt, um sich persönliche (finanzielle) Vorteile zu verschaffen.* „Regierung der Selbstbediener“, so nannte der SPIEGEL im Dezember 1993 die konservativ-liberale Regierung von Sachsen-Anhalt, die wegen der sogenannten „Gehälter-Affäre“ zurücktreten mußte. Im STERN (Mai 1996) wurden die Politiker als „Kartell der Selbstbediener“ bezeichnet.
Vgl.: Selbstversorger (Parlamentarier).

Selbstdarsteller
jemand, der sich in Szene setzt, Eindruck zu machen versucht; Angeber. „Ghaddafi, der begnadete Selbstdarsteller“, schrieb die ZEIT 1994.
Vgl.: → -Darsteller, Selbstinszenierer, Selbstprofilierer (beide selten).

Selbstler
(zum kaum gebräuchlichen Verb „selbsteln“) *Egoist, selbstsüchtiger Mensch.*
Vgl.: → -ler, Selbstsüchtler (selten: Egozentriker, Egoist).

Selbstling
selten für einen Egoisten, selbstsüchtigen Menschen.

Vgl.: → -ling, Selbstsüchtling (Egozentriker, Egoist).

Selbstmörder

(eigentlich ein Mensch, der Selbstmord begeht) *jemand, der sich „selbstmörderisch", riskant, (lebens)gefährlich verhält.* Er sei ein „passionierter Selbstmörder", schrieb Karl Kraus über Kaiser Franz Joseph in der FAKKEL.

Vgl.: → Mörder, potentieller Selbstmörder.

Selbstmordkandidat

(eigentlich jemand, der akut selbstmordgefährdet ist) *eine Person, die sich durch (andauerndes) unvernünftiges, riskantes Verhalten, etwa als Drogenabhängiger, in Lebensgefahr bringt.*

seltener Vogel

(Übersetzung von lateinisch „rara avis", das schon bei altrömischen Schriftstellern vorkommt) *ein seltsamer, sonderbarer Mensch mit wunderlichen Einfällen und Eigenheiten.*

Vgl.: → Kauz, → komischer Vogel, rarer Vogel, seltsamer Vogel, sonderbarer Vogel, → Uhu, → Vogel.

seltenes Gewächs

(eigentlich = selten vorkommende Pflanze) *ein sonderbarer, zwielichtiger Mensch.*

Vgl.: eigenartiges Gewächs, → Gewächs, komisches Gewächs, seltene Pflanze, seltenes Exemplar, seltsames Gewächs, sonderbares Gewächs.

seltsame Type

oft leicht abwertend für einen auffallenden, eigenartigen, schrulligen Menschen.

Vgl.: komische Type, seltsame Pflanze, seltsamer Vogel, → Type.

seltsamer Heiliger = sonderbarer Heiliger

seltsames Völkchen

oft abschätzig für eine Gruppe oder Gemeinschaft seltsamer, befremdlich erscheinender Menschen.

Vgl.: → -chen (-lein), seltsamer Verein, → Volk.

Semmelkopp (Semmelkopf)

landschaftlich für einen auffällig hellblonden („semmelblonden") oder weißhaarigen Menschen.

Vgl.: → -kopf (-kopp).

Semperer

(zu österreichisch „sempern" = nörgeln, klagen) *in Österreich und Bayern für einen lästigen Nörgler, wehklagenen Bettler.*

Sendling

(in der Schweiz noch für einen Sendboten) *veraltete abschätzige Bezeichnung für einen Boten, politischen Abgesandten.* 1950 schrieb die TAT über eine Uno-Versammlung: „Prompt erheben die Sendlinge Rußlands Protest und verlassen ostentativ den Saal."

Vgl.: → -ling.

Sense s. alte Sense

Sensibelchen

ein allzu sensibler, hochempfindlicher, unsicherer Mensch.

Vgl.: → -chen (-lein).

Separatist

(ursprünglich für einen religiösen Sektierer; zu lateinisch „separare" = trennen) *oft abwertend für jemanden, der in politischer, religiöser oder weltanschaulicher Hinsicht nach Abspaltung, Selbständigkeit strebt.*

Vgl.: → -ist.

Seppel (Seppl)

(eigentlich eine besonders in Bayern beliebte Kurz- und Koseform des männlichen Vornamens Josef) *vor allem in Österreich und Bayern für 1. einen einfältigen Kerl. 2. einen Bauernburschen. 3. jemanden, der erkennbar aus Bayern stammt.* „So sieht der kleine Seppl die Weltgeschichte!" blaffte 1952 der fraktionslose Abgeordnete Loritz den damals noch jungen Franz Josef Strauß an.

Vgl.: Finessensepperl (bayrisch selten: Faxenmacher), Kletzensepp (langweilig), Sepperl (orthographische Variante), → Wurzelsepp.

Serviettenschwenker

Berufsspott für den Kellner.

Sesselfurzer
abfällig für einen (kleinen) Beamten oder Angestellten einer Behörde; auch allgemeiner für einen Menschen, der im Büro, am Schreibtisch arbeitet. „Habermas, ja, das ist auch einer dieser Sesselfurzer, die die Welt mit der Macht des Gedankens verändern wollen ...", schrieb 1982 Hans Peter Duerr in einem Brief an Paul Feyerabend über den gemeinsamen Philosophie-Kollegen Jürgen Habermas. Hans Magnus Enzensberger ließ sich im Oktober 1996 über die Rechtschreibreform aus: „Wer ist überhaupt dieser Herr Konrad Duden? Irgendein Sesselfurzer! Ich halte mich lieber an Lessing, Lichtenberg, Kleist und Kafka."
Vgl.: → Furzer, Sesselbumser, Sesselrutscher.

Sesselkleber
(In der Schweiz ist „Sessel" die Bezeichnung für ein Amt oder Mandat) *schweizerisch für eine Person, die an ihrem Amt o.ä. „klebt", ungerechtfertigt festhält.*
Vgl.: → Kleber, Sesselhocker, Sesselreiter (schweizerisch selten).

Sesselpuper (Sesselpupser)
abfällig für jemanden, der als Beamter oder Angestellter in einem Büro „arbeitet".
Vgl.: → Kissenpuper, → Puper, → Pupser.

Sexbiene
oft abschätzig für eine junge Frau, die ihre sexuellen Reize herausstellt, etwa als Filmschauspielerin oder im Showgewerbe.
Vgl.: Sexbombe (kaum abwertend), Sexkätzchen (selten).

Sexist
(aus englisch-amerikanisch „sexism" = Sexismus) *1. abwertend für jemanden, der Diskriminierung, Benachteiligung, Unterdrückung anderer aufgrund ihrer Geschlechtszugehörigkeit betreibt oder vertritt. 2. aus feministischer Sicht verächtlich für einen Mann, der der traditionellen Rollenverteilung der Geschlechter anhängt.*
Vgl.: → -ist.

Sexmonster
sehr abfällig für einen Menschen mit ausufernder Geschlechtsgier, abartigem Sexualverhalten; eine Lieblingsvokabel der Sensationspresse.
Vgl.: → Monster, Sexbestie (auch gewalttätig), Sex-Maniak (krankhaft besessen), Sexualtier (selten).

Sexmuffel
(nach der Erfindung des „Krawattenmuffels" 1965 aufgekommen) *ein Mensch, dessen sexuelles Desinteresse Anstoß erregt oder Wünsche offenläßt.* „Weder Sexmuffel noch Potenzprotze oder Moralprediger sind in unserer Gesellschaftsordnung gefragt", behauptete die HÖRZU 1975.
Vgl.: → Muffel, → -muffel.

Sexnudel
eine jüngere Frau, die ihre üppigen Körperformen aufdringlich zur Schau stellt.
Vgl.: → Nudel, → -nudel.

Sexprotz (Sexualprotz)
ein Mensch, der mit (angeblichen) sexuellen Aktivitäten prahlt.
Vgl.: → Potenzprotz, → Protz (Protzer), → -protz.

Sexproviant
veraltete saloppe oder abschätzige Bezeichnung für die Reisebegleiterin eines Mannes.

Sheriff
(eigentlich der höchste Vollzugsbeamte einer amerikanischen Stadt, bekannt vor allem durch Wildwestfilme) *leicht abwertend für Polizisten oder andere Ordnungshüter; ironisch auch für eine Person, die in aufdringlicher Weise Recht und Ordnung einfordert.* „Der unlustige Welt-Sheriff" war der amerikanische Präsident Bill Clinton für den SPIEGEL (Dezember 1993), und die FRANKFURTER RUNDSCHAU machte den als Law-and-Order-Politiker bekannten Bundesinnenminister Manfred Kanther zum „schwarzen Sheriff im Bonner Kabinett".
Vgl.: Hilfssheriff.

Shopaholic
(zusammengezogen aus englisch „shop" = Laden und „alcoholic" = Alkoholiker, analoge Bildung zu → Workaholic) *jemand, der zwanghaft einkauft, dem Kaufrausch erliegt.*

Vgl.: Buyaholic (selten).

Showman
(englisch; eigentlich jemand, der im Showgeschäft tätig ist) *oft abschätzig für einen Mann, der „eine Schau abzieht"; Schaumschläger.*

Shylock
(nach der Figur des jüdischen Geldverleihers aus dem Schauspiel DER KAUFMANN VON VENEDIG von William Shakespeare) *mitleidloser Gläubiger, hartherziger Geldverleiher.* Shakespeares Shylock forderte von seinem säumigen Schuldner ein Pfund Fleisch aus dessen Leib.

Siach = Siech

Sibylle
(der zum Appellativum gewordene Name weissagender Frauen in der Antike) *gelegentlicher leiser Spott für eine (weibliche) Person, die wahrsagt oder gewagte Prognosen abgibt.*

Sidian
(wahrscheinlich von französisch „citoyen" = Bürger) *in der Schweiz und im Schwäbischen für einen elenden Kerl oder eitlen, rechthaberischen Menschen.*
Vgl.: → -ian (-jan).

Sieben s. böse Sieben

Siebengescheiter
(bezieht sich wahrscheinlich auf die „Septem artes liberales", die „Sieben freien Künste", nämlich Grammatik, Rhetorik, Dialektik, Arithmetik, Geometrie, Musik und Astronomie) *meist spöttisch für einen neunmalklugen, vorwitzigen Menschen; Besserwisser.*
Vgl.: Ganzgescheiter (selten), → Neunmalgescheiter, → Neunmalkluger, → Obergescheiter.

Siebenschläfer
(nach der Legende von den sieben Jünglingen in Ephesos, die während der Christenverfolgung im Jahr 251 in einer Höhle eingemauert wurden, einschliefen und 200 Jahre später wieder erwachten) *veraltend für einen Langschläfer.* Ein altes Wiegenlied, das ähnlich auch bei Goethe vorkommt:

„Es war ein fauler Schäfer,
Ein rechter Siebenschläfer,
Den kümmerte kein Schaf.
Da ist der Wolf gekommen
Und hat ihm weggenommen
Die Schaf und auch den Schlaf."

Siebensortenflegel
(wohl eine Art Steigerung: ein Mensch, der gleich sieben Sorten von Flegeln in sich vereinigt) *offenbar nur noch in Hessen für einen sehr groben, unmanierlichen Menschen.*
Vgl.: → Flegel, Siebensortenlump, Sortenflegel (beides veraltet).

Siebzehner s. falscher Siebzehner

Siech, der
(in der Schweiz auch: die Siech; zu „siech" = krank, schwach) *von der Schweiz bis Baden für einen elenden Kerl, vor allem in Verbindung mit Adjektiven: ein blöder, elender, krummer, dummer, fauler, verfluchter, armer, falscher Siech.*
Vgl.: Bauernsiach, Hurensiech (verstärkt), Siach (orthographische Variante).

Sieger s. zweiter Sieger

Silbenklauber
veraltet für einen pedantischen Menschen, der kleinlich am Wortlaut festhält.
Vgl.: → Klauber, Silbenzähler (veraltet), → Wortklauber.

Silbenstecher
veraltend für 1. einen Wortklauber. 2. einen Literaten, Schriftsteller. In einer SPIEGEL-Polemik (November 1994) wird der „Pornograph und PDS-Parlamentarier" Gerhard Zwerenz obendrein als „Silbenstecher" bezeichnet.

Silen
(in der griechischen Mythologie ein dicker, glatzköpfiger Dämon aus dem Gefolge des

Dionysos) *bildungssprachlich selten für einen dicken, alten Lüstling.*
Vgl.: → Satyr.

Simandl, das (der)
(eigentlich ein „Mandl“ = Männlein, das durch eine „Sie“ beherrscht wird; auch eine beliebte Figur im österreichischen Volkstheater) *in Österreich und Bayern für einen Pantoffelhelden, Ehekrüppel.* Im 18. Jahrhundert bildeten sich besonders in Wien sogenannte „Simandl-Bruderschaften“ von Ehemännern, die vorgaben, unter dem Joch der Ehe zu leiden. In Krems gibt es einen Brunnen, der eine Frau mit ihrem Simandl darstellt.
Vgl.: → Mandl (Manderl), Siemann.

Simmerl, der
(bayrisch-österreichische Verkleinerung des männlichen Vornamens Simon) *vorwiegend bayrisch für 1. einen dümmlichen, unbeholfenen Menschen. 2. das Opfer einer Betrügerei; einen Narren.*
Vgl.: Plattensimmerl (bayrisch: Glatzkopf).

Simpel
(zu lateinisch „simplex“ = einfach) *häufiges Schimpfwort für einen dummen, beschränkten Menschen; Einfaltspinsel.* „Du Simpel, du Gimpel, du Gelbschnabel!“ heißt es bei Friedrich Rückert.
Vgl.: → Bachsimpel, Bohnensimpel (Hessen, Pfalz), → Fachsimpel (Fachsimpler), → Hutsimpel, → Quadratsimpel, Simplex (veraltet).

Simulant
(aus lateinisch „simulare“ = nachbilden, nachahmen; etwas vortäuschen) *jemand, der sich verstellt, eine Krankheit vortäuscht.*

Sippe
1. oft leicht abwertend für die Gesamtheit der Familie, Verwandtschaft. 2. abfällig im Sinne von → Sippschaft.

Sippschaft
1. abfällig für Sippe, Verwandtschaft. 2. Gesindel, Bagage, Klüngel. 1802 ließ sich der Philosoph und Schriftsteller Friedrich Heinrich Jacobi in einem Brief über seine werten Kollegen „Schelling, Fichte & Co“ aus: „Diese ganze Sippschaft ist rein toll; man muß sie unter einander sich die Hälse brechen und toben laßen, bis sie umfallen.“

Sirene
(In der griechischen Mythologie waren die Sirenen grausame weibliche Fabelwesen, die mit betörendem Gesang vorüberfahrende Seeleute in den Tod lockten) *bildungssprachlich abwertend für eine (schöne), verführerische, gefährliche Frau.*
Vgl.: Barsirene (selten).

Sittenapostel = Moralapostel

Sittenprediger = Moralprediger

Sittenrichter
jemand, der sich ein moralisches Urteil über andere Menschen anmaßt: ein selbsternannter Sittenrichter.
Vgl.: Sittenwächter, Tugendrichter.

Sittenstrolch
verächtlich für einen Mann, der Frauen oder Kinder sexuell belästigt; Sittlichkeitsverbrecher.
Vgl.: → Strolch.

Sittenwächter = Sittenrichter

Sittlichkeitsverbrecher
jemand, der ein Sittlichkeitsverbrechen, eine schwere Sexualstraftat, begangen hat; gelegentlich auch verallgemeinernd verwendet, wie der folgende Beleg zeigt. „Sittlichkeitsverbrecherinnen wie Sie müssen aus der Schule mit Schimpf und Schande ausgestoßen werden!“ So geiferte in den 60er Jahren ein selbsternannter Sittenrichter in einem anonymen Brief an eine jugendliche Redakteurin einer Frankfurter Schülerzeitung, deren Umfrage zu sexuellen Gewohnheiten über die BILD-Zeitung bekannt geworden war.
Vgl.: Sittich (Knastsprache), → Triebverbrecher, → Verbrecher, → -verbrecher.

Sitzenbleiber
1. abwertend oder spöttisch für einen Schüler, der nicht in die nächsthöhere Klasse versetzt wurde. 2. selten für einen Wirtshausgast, der zur Polizeistunde nicht gehen will. 3. in der weiblichen Form „Sitzenbleiberin" auch für eine alte Jungfer, eine Frau, die keinen Mann fürs Heiraten gefunden hat.
Vgl.: Hängenbleiber (selten), → Hockenbleiber.

Sitzriese
(weibliche Form: Sitzriesin) *scherzhaft-spöttisch für einen kurzbeinigen Menschen mit langem Rumpf, der im Sitzen vergleichsweise groß wirkt.*
Vgl.: → abgebrochener Riese, Sitzgröße (selten), Sitzzwerg (das Gegenstück).

Skandal-
(von griechisch „skandalon" = Fallstrick) *Bestimmungswort zur abwertenden Bezeichnung von Personen, die Skandale verursacht, Anstoß und Aufsehen erregt haben; oft mit einer Amts- oder Berufsbezeichnung verbunden.* 1994 geisterte ein Mannheimer „Skandal-Richter" Orlet durch die Presse, der in einem allgemein als Ärgernis empfundenen Urteil einen bekannten Nazi gelobt hatte.
Vgl.: Skandalminister.

Skandalnudel
(um 1960 angeblich durch einen Klatschkolumnisten der Münchner ABENDZEITUNG aufgekommen) *abfällig für eine (weibliche) Person, die immer wieder durch Affären und Skandale öffentliches Aufsehen erregt.* Der amerikanische Schriftsteller Truman Capote (1924 – 1984) sei „seit langem nur noch als Skandalnudel in den Schlagzeilen", fand der SPIEGEL 1982 heraus.
Vgl.: → Nudel, → -nudel.

Skandalreporter
abschätzig für einen Reporter der Skandalpresse, der in reißerischer Aufmachung über Skandale u. dergl. berichtet.

Skelett
vom Knochengerüst auf den Menschen übertragen für eine klapperdürre, hinfällig wirkende Person.
Vgl.: lebendes Skelett, Skelett in Uniform, Skeletti (jugendsprachlich: älterer Mensch), wandelndes Skelett.

Sklave (...)
(ursprünglich = Slawe. Im Mittelalter waren die Sklaven orientalischer Länder meist Slawen; weibliche Form: Sklavin) *übertragen verwendet für jemanden, der von anderen Personen völlig abhängig oder innerlich unfrei ist: ein Sklave der Gewohnheit, seiner Lüste, des Alkohols, seiner Leidenschaft, seines Berufs, seiner Eitelkeit.* „Was willst du, feiler Sklav der Tyrannei?" steht in Goedekes REICH DER SCHATTEN (1801).
Vgl.: → Arbeitssklave, → Lohnsklave.

Sklavenhalter
(eigentlich jemand, der Sklaven hält, besitzt) *abfällig für 1. einen Unternehmer, der seine Arbeiter und Angestellten entrechtet und ausbeutet. 2. jemanden, der als Chef, Lehrer, Ausbilder o.ä. andere unterdrückt.* Einen Kommandeur der Bundeswehr als „Wehrsklavenhalter" zu verunglimpfen, wurde 1989 vom Landgericht Kaiserslautern als Beleidigung gewertet.

Sklavenhändler
abfällig für einen Künstler- oder Theateragenten, Vermittler von Leiharbeitern o.ä.
Vgl.: → Menschenhändler.

Sklavenseele
bildungssprachlich veraltend für einen unterwürfigen, kriecherischen Menschen. Im ALLGEMEINEN DEUTSCHEN KOMMERSBUCH von 1887 ist zu lesen: „Sklavenseele, lache nur!"
Vgl.: Knechtseele (selten), Untertanenseele.

Sklaventreiber
jemand, der Untergebene schikaniert; ein Mensch, der als Vorgesetzter, Lehrer, Trainer, Rekrutenausbilder o.ä. allzu hart und streng vorgeht.
Vgl.: → Treiber.

Skribent
(zu lateinisch „scribere" = schreiben) *bildungssprachlich veraltend für einen Vielschreiber, Schreiberling: ein elender, drittklassiger Skribent.* „Unsere modischen Skribenten

wissen gar zu gut, was sie dem gegenwärtigen Geschmack auftischen müssen, um Entrée zu bekommen", schimpfte schon Schiller.

Skribifax

(scherzhafte Neubildung im 17. Jahrhundert zu lateinisch „scribere" = schreiben und „facere" = machen) *bildungssprachlich veraltet für einen eifrigen, aber unfähigen Schriftsteller.* Der Verleger und langjährige Leiter des Insel-Verlags Anton Kippenberg hat unter dem Decknamen Benno Papentrigk Schüttelreime wie den folgenden gebastelt:

„Zufrieden schaukelt sich in seiner Hängematte
Herr Skribifax, weil er die Gunst der Menge hatte."

Vgl.: Skribler.

Skribler = Skribifax

Smartie

(zu englisch „smart" = clever; schick) *seltene Neubildung für einen Zeitgenossen, der auf unangenehme Weise smart ist, also sehr geschäftstüchtig, modisch und sozusagen „stromlinienförmig".* Ein „frecher Smartie" ist Guido Westerwelle, der relativ junge Generalsekretär der FDP, für den SPIEGEL (Januar 1995).

Snob

(aus gleichbedeutend englisch „snob"; Herkunft unklar, vielleicht ursprünglich ein Kurzwort aus dem lateinischen „sine nobilitate" = ohne Adel. Für die Verbreitung des Wortes sorgte eine Artikelserie des englischen Satirikers William Makepeace Thackeray aus den Jahren 1846 – 1849 unter dem Titel THE BOOK OF SNOBS) *ein überheblicher, sich extravagant gebender (vornehm tuender) Mensch mit einem gewissen Anspruch auf Exklusivität: ein literarischer, intellektueller Snob.*

Vgl.: Kunstsnob.

Snobiety = High-Snobiety

Snoblesse

(zusammengewachsen aus „Snob" und „Noblesse" = Adel, vornehme Gesellschaft) *seltenes Spottwort für die Gesamtheit der vornehm tuenden Neureichen.*

Socken (Socke), der (die)

ein in den Mundarten weit verbreitetes Schimpfwort für 1. ein liederliches, schlechtes Frauenzimmer. 2. einen dummen Kerl.

Vgl.: alter Socken, blöder Socken, geiler Socken, linke Socke, → rote Socke.

Sofa-Sportler

spöttisch für einen eifrigen Zuschauer bei Sportsendungen im Fernsehen, der aber selbst nicht Sport treibt.

Söffel = Süffel (Söffel)

Softie (Softi)

(zu englisch „soft" = weich) *vorwiegend jugendsprachlich meist abwertend für einen (allzu) sanften, empfindsamen jüngeren Mann.* In seinem LEXIKON DER JUGENDSPRACHE von 1985 schrieb Claus Peter Müller-Thurau: „Der Softi ist aus der Sicht der Szene-Frauen lieb, weich und zärtlich. Er gibt seine Schwächen und Ängste gern offen zu und akzeptiert im Gegensatz zum Chauvi oder Macker die Frauenemanzipation ..." Für den Sänger Rainhard Fendrich ist er dagegen „ein Macho, der mit den Waffen der Frau arbeitet", und für Achim Schwarze (256 MÄNNER-TYPEN, 1990) ist der Softie gar „eine Frau mit männlichen Geschlechtsmerkmalen". Bundesfinanzminister Theo Waigel von der CSU tönte im „Superwahljahr" 1994: „Das ist kein Jahr für politische Softies!"

Sohn s. verlorener Sohn

Sohn einer Hündin

(wohl aus den Abenteuerromanen von Karl May) *derb abwertend für einen elenden Kerl; auch als salopp-scherzhafte Anrede.*

Vgl.: → Hundesohn.

Soldateska, die
(aus gleichbedeutend italienisch „soldatesca". Das Wort wurde schon 1792 von Schiller abwertend gebraucht) *verächtlich für einen roh und rücksichtslos vorgehenden Soldatenhaufen: eine zügellose, entmenschte, entfesselte, wüste Soldateska.* Im Juli 1995 nannte die FRANKFURTER RUNDSCHAU die Truppen der bosnischen Serben eine Soldateska.

Söldling
(zu „Sold" = Lohn des Soldaten) *abwertend für jemanden, der gegen Bezahlung im Auftrag anderer etwas (Verwerfliches) tut.*
Vgl.: → -ling, → Mietling.

sonderbarer Heiliger
ironisch, auch abwertend, für einen eigenartigen Menschen, Sonderling.
Vgl.: komischer Heiliger, seltsamer Heiliger, spaßiger Heiliger (selten), → wunderlicher Heiliger.

Sonderling
leicht abwertend für einen sonderbaren, merkwürdigen Menschen; jemand, der sich von anderen „absondert", Eigenbrötler: ein eigenartiger, menschenscheuer, weltfremder Sonderling. Schon Grimmelshausen schrieb über Modemuffel seiner Zeit: „sönderlinge so sich mit ihrem natürlichen haar behelfen ..."
Vgl.: → Absonderling, → -ling.

Sonnenanbeter
(eigentlich jemand, der die Sonne als göttlich verehrt) *milder Spott für einen Menschen, der 1. sich intensiver Sonnenbestrahlung aussetzt, um braun zu werden. 2. der Freikörperkultur huldigt.*
Vgl.: → Anbeter.

Sonnenblume
besonders hessisch für ein einfältiges und fröhliches Mädchen.

Sonnenbruder
landschaftlich für einen Müßiggänger, Landstreicher.
Vgl.: → Bruder, → -bruder.

Sonntags-
oft spöttisch oder abwertend für jemanden, der etwas nur manchmal, etwa am Sonntag, ausübt und daher amateurhaft, mit wenig Geschick vorgeht. Das darauffolgende Grundwort der Zusammensetzung bezeichnet fast immer den Träger einer Handlung.
Vgl.: → Amateur-, → Feierabend-, Freizeit-, → Hobby-, Sonntagschrist (selten), Sonntagsdichter, Sonntagsgärtner, Sonntagskapitän, Sonntagspapa.

Sonntagsfahrer
1. abschätzig für jemanden, der nur sonntags mit seinem Auto fährt und deshalb ungeübt ist. 2. abfällig für einen erkennbar schlechten, unsicheren Fahrer.
Vgl.: Herrgottsfahrer (selten: schlechter Fahrer).

Sonntagsjäger
spöttisch für einen schlechten, unerfahrenen Jäger, der nur selten auf die Jagd geht.

Sonntagsmaler
jemand, der nur gelegentlich und dementsprechend laienhaft malt.

Sonntagsredner
seltene abschätzige Bezeichnung für einen Menschen, meist einen Politiker, der Sonntagsreden hält, der in nichtssagenden, wohlklingenden Worten spricht.

Sonntagsreiter
oft abwertend für einen ungeübten, schlechten Reiter.

Sonntagsvater
meist abwertend für einen Vater, der selten, nur am Sonntag, Zeit für seine Kinder hat.
Vgl.: Sonntagspapa.

Sonnyboy
(englisch, zu „sonny", Koseform zu „son" = Sohn; wohl beeinflußt von „sonnig" bzw. englisch „sunny". Das Wort ist bekannt geworden durch den gleichnamigen, von Al Jolson gesungenen und ungemein erfolgreichen Schlager aus dem ersten Tonfilm THE JAZZ-SINGER aus dem Jahr 1927) *oft ironisch oder leicht spöttisch für einen charmanten, sympathischen, (allseits) beliebten jungen Mann, der reichlich Frohsinn und Optimismus ausstrahlt.*

Sophist

(in der Antike ursprünglich ein Denker, Weiser; zu griechisch „sophos" = klug, geschickt; seit Sokrates in der heutigen Bedeutung) *bildungssprachlich abfällig für einen Haarspalter, Wortverdreher, Scheingelehrten.* „Wie läßt sich das unwissende Deutschland von dem alten Sophisten betrügen", schimpfte 1799 C. Herder in einem Brief über Immanuel Kant.

Vgl.: → -ist.

Sorte (Sorte Mensch)

(verkürzt aus Redensarten wie „das ist vielleicht eine Sorte" oder „eine merkwürdige Sorte von Mensch") *geringschätzig für einen eigenartigen, auch zwielichtigen Menschen, für Leute, über die man nur den Kopf schütteln kann: eine merkwürdige, seltsame, komische Sorte (Sorte Mensch).* Der Einzelne, die Gruppe wird als Vertreter eines Typs oder Menschenschlages beurteilt wie bei → Marke oder → Nummer.

Sozi

(Kurzwort aus „Sozialdemokrat". Das Wort ist jedoch älter und taucht als „grober Sozi" schon in Schmellers BAYERISCHEM WÖRTERBUCH von 1852 auf) *früher abfällig, heute eher salopp oder spöttisch für einen Sozialdemokraten, Sozialisten, insbesonders für ein Mitglied einer sozialdemokratischen Partei.* Der SPIEGEL zitierte den Fraktionsvorsitzenden der CDU/CSU Wolfgang Schäuble mit den Worten: „Nichts ist schlimmer als Frieden mit den Sozis!" (März 1994).

Vgl.: Altsozi, → Nazi, Obersozi.

Sozialleiche

saloppe, auch abschätzige Bezeichnung für einen völlig mittellosen, gescheiterten Menschen am äußersten Rand der Gesellschaft. Der SPRACHDIENST definierte 1994 das Wort als „zynische Umschreibung derjenigen, die endgültig durch das soziale Netz gefallen sind ..."

Vgl.: → Leiche.

Sozialnassauer

abfällig für einen faulen oder betrügerischen Nutznießer des Sozialstaates.

Vgl.: → Nassauer, Sozialbetrüger.

Sozialromantiker

oft ironisch für jemanden, der von sozialer Gerechtigkeit schwärmt oder sie gar anstrebt.

Vgl.: → Romantiker, Sozialträumer (selten).

Sozialschmarotzer

eine grobe Schelte für eine Person, die ungerechtfertigt Sozialleistungen in Anspruch nimmt, es sich auf Kosten der Allgemeinheit im „kollektiven Freizeitpark" (Bundeskanzler Helmut Kohl) gutgehen läßt. „Das süße Leben der Sozial-Schmarotzer", nannte der FOCUS im Oktober 1995 eine umstrittene Titelgeschichte.

Vgl.: → Schmarotzer.

Soziopath

(eigentlich ein psychologischer Terminus zur Bezeichnung eines Menschen mit gestörtem Sozialverhalten) *bildungssprachlich selten für einen kontaktscheuen oder eigenbrötlerischen Menschen.*

Vgl.: → Psychopath.

Spadifankerl (Sparifankerl)

(auch ein Mundartwort für den Teufel; Herkunft unklar) *vor allem bayrisch und österreichisch für einen wilden, närrischen Menschen, ein lebhaftes Kind, einen „kleinen Teufel".*

Vgl.: Fankerl (bayrisch).

Spagatprofessor

(zu „Spagat" = Turn- oder Ballettfigur mit völlig gespreizten Beinen) *scherzhaft, auch abwertend für einen Professor, der an zwei (weit auseinanderliegenden) Hochschulen tätig und daher oft abwesend ist.*

Spaghettifresser (Spaghetti)

derb abwertend für einen Italiener. Wie oft bei ethnischen Schelten wird der Name eines Nationalgerichtes auf die Bevölkerung übertragen.

Vgl.: → Fresser, → -fresser, → Makkaronifresser (Makkaroni), Polentafresser (selten).

Spalter
1. vor allem im Sprachgebrauch der DDR abwertend für jemanden, der eine Partei, Gewerkschaft o.ä. zu spalten versucht oder gespalten hat. 2. allgemeiner für einen Schismatiker, Unruhestifter.

-spalter
landschaftlich für eine kleinliche, knausrige, auch spitzfindige Person. Sie möchte etwas, das ohnehin schon klein und unbedeutend ist, vor lauter Geiz oder Beckmesserei teilen, spalten.
Vgl.: Erbsenspalter (selten), Furzspalter (fränkisch), → Haarspalter, Kümmelkernspalter (schlesisch), → Kümmelspalter, Linsenspalter, Nebelspalter (hessisch), Pfennigspalter, → Rappenspalter, Wortspalter (veraltet: Sophist).

Spaltpilz
(eigentlich eine veraltete Bezeichnung für ein Bakterium) *jemand, der Zwietracht stiftet.*

Spanner
abfällig für einen Voyeur, einen (heimlichen) Beobachter sexueller Handlungen; selten auch für einen Falschspieler. Der Proll-Kabarettist Tom Gerhardt beschimpfte in seinem Programm „Voll pervers" (1995) sein Publikum regelmäßig als „Spannerbande".
Vgl.: Elitespanner (selten: sucht krampfhaft die Nähe von Prominenz).

Sparbrötchen (Sparbrot)
vorwiegend hessisch für einen Geizkragen, äußerst bescheiden lebenden Menschen, der sogar am Brot spart.
Vgl.: → -chen (-lein).

Spargeltarzan
jugendsprachlicher Spott für ein schmächtiges Bürschchen (das Stärke mimt).
Vgl.: → Tarzan.

Sparifankerl = Spadifankerl (Sparifankerl)

Spaßverderber
jemand, der bei einem Spaß nicht mitmacht (und dadurch den anderen die Freude daran verdirbt).
Vgl.: → Spielverderber, → Verderber, → -verderber.

Spaßvogel
(im 18. Jahrhundert nach dem Muster von → Spottvogel gebildet) *manchmal abwertend für einen Menschen, der gerne (auf Kosten anderer) Späße macht.*
Vgl.: Ulkvogel, → Uzvogel, → Vogel, → -vogel.

Spasti
(Kurzwort zu „Spastiker") *jugendsprachlich derb abwertend 1. für einen Dummkopf. 2. für einen unangenehmen Kerl. 3. selten für einen Spastiker, Behinderten.*

Spastiker
(eigentlich jemand, der an einer spastischen Krankheit leidet; zu „Spasmus" = Krampf) *jugendsprachlich verächtlich für einen außerordentlich dummen oder einfach nur unsympatischen Menschen.*

Spätentwickler
vom Kind, der sich verzögert entwickelt, übertragen auf einen rückständigen, geistig unbeweglichen Menschen.

spätes Mädchen
leicht abwertend, auch ironisch für eine nicht mehr junge, ledige Frau; alte Jungfer.
Vgl.: älteres Mädchen (selten), altes Mädchen, Mädchen zwischen dreißig und höchste Zeit, später Teenager.

Spätlese
(eigentlich eine spät vorgenommene Weinlese) *spöttisch für eine ältliche ledige Frau; heiratswillige, kontaktsuchende ältere Dame, verstärkt als „reife Spätlese".*
Vgl.: → Teenager-Spätlese.

Spatz
vom kleinen, oft als frech empfundenen Sperling auf den Menschen übertragen für ein kleines, schmächtiges, schlecht essendes Kind, einen mageren, schwächlichen Menschen – mehr mitleidig als abwertend.
Vgl.: → Dreckspatz, frecher Spatz, Rohrspatz (frech; schmächtig).

Spatzenhirn (Spatzengehirn)
abfällig für einen Menschen mit sehr geringen Geistesgaben, insbesondere einem schlechten Gedächtnis.

Spatzenkopf
selten für einen Dummkopf; vergeßlichen Menschen.
Vgl.: → -kopf (-kopp).

Spatzenschreck
(das österreichische Wort für eine Vogelscheuche) *besonders in Österreich für einen häßlichen, zerlumpt oder geschmacklos gekleideten Menschen.*
Vgl.: → -schreck, Spatzenschrecker (Variante).

Spätzünder
(eigentlich eine Sprengladung mit einem Verzögerungszünder) *abschätzig für 1. einen langsam denkenden, begriffsstutzigen Menschen. 2. jemand, der sich verspätet entwickelt oder entschieden hat.*
Vgl.: Spätmerker, → Zeitzünder.

Speckbauch
abwertend für eine Person mit einem dicken, fetten Bauch.
Vgl.: → Dickbauch, → Fettbauch, → Schmerbauch, Specki (jugendsprachlich).

Speckjäger
veraltend für einen Landstreicher, Bettler, Schnorrer; Schmarotzer.

Speckwanst
abfällig für einen Menschen mit einem dikken, fetten Bauch.
Vgl.: → Dickwanst, → Fettwanst, Speckwampe, → Wanst.

Speichellecker
derb abwertend für einen unterwürfigen Kriecher, einen Menschen, der sich auf widerliche Weise einschmeichelt, um Vorteile zu erlangen. In seinem Buch über Richard Wagner, der mit König Ludwig II. befreundet war, beschrieb H. Dorn den Komponisten als „königlich bayrischen Speichellecker". In einem Interview berichtete der deutsche TV-Bösewicht Claude-Oliver Rudolph der Zeitschrift TV-SPIELFILM (Oktober 1996), in der Filmbranche lerne man „unheimlich viele Schulterklopfer und Speichellecker" kennen.
Vgl.: → Lecker, Stiefellecker.

Spektakelmacher
(zu „Spektakel" = Krawall, Aufsehen) *selten für einen Radaubruder; Streithammel.*
Vgl.: → -macher, Spektakler.

Spekulant
(aus lateinisch „speculari" = beobachten, spähen) *abschätzig für jemanden, der sich aus Gewinnsucht auf riskante Geschäfte einläßt.*

-spekulant
jemand, der mit etwas Bestimmtem spekuliert und auf hohe Gewinne aus ist.
Vgl.: Aktienspekulant, Bauspekulant, Bodenspekulant, → Börsenspekulant, Devisenspekulant, → Grundstücksspekulant, Häuserspekulant, Kunstspekulant (selten), Währungsspekulant.

Spesenadel
spöttisch für Geschäftsleute, die großzügig und großspurig auftreten können, weil sie auch private Kosten ungeniert als Spesen abrechnen.
Vgl.: Spesenkavalier (selten).

Spesenritter
abwertend für jemanden, besonders einen Geschäftsmann, der sich durch überhöhte oder fingierte Spesenrechnungen Vorteile verschafft.
Vgl.: → Ritter, Spesenreiter (orthographische Variante).

Spezi
(Kurzform von oberdeutsch „Spezial" = vertrauter Freund) *besonders süddeutsch und österreichisch oft leicht abwertend für einen Vertrauten, Busenfreund, Kumpan, Stammtischbruder.* „Spezi von Thomas M. Daher der Nobelpreis ...", kommentierte Gottfried Benn bissig die Beziehung Thomas Manns zu Hermann Hesse, der 1946 den Nobelpreis für Literatur erhielt. Oft wird das Wort mit einem Familiennamen verknüpft, etwa bei „Strauß-Spezi".
Vgl.: Spezerl, Spezl (Verkleinerungsformen).

Spicker
(fußt vielleicht auf lateinisch „spicere" = sehen) *schülersprachlich auch abwertend für einen Schüler, der unerlaubterweise von ei-*

nem Nachbarn oder einem sogenannten Spickzettel abschreibt, abliest.

Spiegeläffchen
(Affen, die ihr Spiegelbild nicht für einen fremden Affen halten, kluge Affen also, scheinen vor dem Spiegel eine Art Eitelkeit, großes Interesse am eigenen Aussehen zu entwickeln) *selten für einen geckenhaften, eitlen Menschen.*
Vgl.: → Äffchen, → -chen (-lein), Spiegelaffe.

Spiegelfechter
(wohl vom Fechten vor dem Spiegel, ohne Gegner) *jemand, der eine Auseinandersetzung nur zum Schein führt; Gaukler, Blender.*

Spieler
abwertende Bezeichnung für 1. jemanden, der dem Glücksspiel verfallen ist, vom Spiel nicht lassen kann. 2. einen leichtfertigen, verantwortungslosen Menschen. In Sebastian Brants NARRENSCHIFF (1494) steht der Vers:

„Ein spieler ist nit gottes fründ;
Die spieler sint des tüfels kind."

Vgl.: Berufsspieler, Börsenspieler, → Falschspieler, → Gaukelspieler, Gewohnheitsspieler, → Glücksspieler, → Hasardspieler, → Laienspieler, Linkspieler, Lotteriespieler, → Schauspieler, → Schmierenschauspieler, → Taschenspieler, → Vabanquespieler.

Spielernatur
abschätzig für jemanden, der seinem ganzen Wesen und seiner Veranlagung nach ein Spieler, Glücksspieler ist. „Jetzt kommt eine echte Spielernatur!" bemerkte 1987 im Deutschen Bundestag der Abgeordnete Conradi von der SPD, als der FDP-Kollege Grünbeck ans Pult trat.

Spielratte (Spielratz), die (der)
verspieltes Kind; leidenschaftlicher Spieler.
Vgl.: → Ratte, → Ratz, Spielbold (veraltet), Spielhans, Spielhansel, Spielkatze, Spielkind.

Spielteufel
landschaftlich selten für einen leidenschaftlichen Spieler, spielsüchtigen Menschen.
Vgl.: → Teufel, → -teufel.

Spielverderber
jemand, der durch sein Verhalten oder seine schlechte Laune anderen die Freude an etwas nimmt; unter Kindern ein schwerer Vorwurf.
Vgl.: → Spaßverderber, → Verderber, → -verderber.

Spießbürger
(ursprünglich der mit einem Spieß bewaffnete Bürger. Später, nach der Einführung der Feuerwaffen, wurde der kleinstädtische Wehrbürger mit seinem Spieß zur Zielscheibe des Spotts) *Schimpfwort für einen engstirnigen, kleinlich denkenden, rückständigen Menschen: ein kleinkarierter, mieser, kleiner, selbstzufriedener Spießbürger.* „Im Schweizer Kabarett dreht sich alles um den Spießbürger, weil das die Spießbürger am liebsten sehen." (WELTWOCHE, April 1994).
Vgl.: → Bürger.

Spießer
1. Spießbürger. 2. jugendsprachlich salopp oder abschätzig für Eltern, Erwachsene. Tucholsky schrieb über Ludwig Thoma: „Welch ein Spießer!"
Vgl.: Erzspießer (selten), Spießerseele.

Spießgeselle
(ursprünglich = Waffengefährte) *abfällig für einen Komplizen, Helfershelfer, Kumpan.* In einem Kirchenlied aus dem 17. Jahrhundert:

„Das Sündenmeer stürm' und verheer,
Und werf hinab zur Höllen
Den Satan gar und seine Schar
Und ihre Spießgesellen."

Vgl.: → Geselle.

Spinatwachtel
(Herkunft unklar, vielleicht von süddeutsch „spinnete Wachtel") *derb abwertend für eine schrullige, unangenehme, komisch aussehende ältere Frau.* Je nach Region werden auch Eigenschaften wie hager, ledig, aufgetakelt oder dumm genannt.
Vgl.: alte Spinatwachtel, → Wachtel.

Spinatwächter (Spinatwachter)
(wegen der grünen Uniform) *österreichisches Spottwort für einen Polizisten oder son-*

stigen uniformierten Ordnungshüter; übertragen auch für einen Wichtigtuer.

Spinnbruder

veraltend für einen Spinner, verrückten Kerl.

Vgl.: → Bruder, → -bruder.

Spinne

Schimpfwort für 1. eine boshafte, häßliche (dürre) Frau. 2. einen Menschen mit dünnen Beinen.

Vgl.: → Giftspinne, Kreuzspinne (selten: böse Frau).

Spinner

(wohl zu „Gedanken spinnen") *mehr oder weniger abfällig für 1. einen verrückten, geisteskranken Menschen. 2. einen unrealistischen, sonderbaren Menschen, der verrückte Einfälle hat: ein liebenswerter, alter, linker, grüner, alternativer, intellektueller Spinner.* An den Autor und Kirchenkritiker Karlheinz Deschner schrieb 1989 ein Katholik: „Man muß doch etwas dagegen unternehmen können, daß noch einmal sechzig Generationen in die Hände dieser zölibatären Spinner fallen."

Vgl.: → Ränkeschmied (Ränkespinner), Spinnefanter (Spinnefix) (selten).

Spintisierer

(wohl zu „spinnen") *abschätzig für jemanden, der seltsamen, abwegigen Gedanken nachgeht, grübelt, phantasiert.*

Spion

(aus gleichbedeutend italienisch „spione") *1. jemand, der Spionage treibt, militärische, politische oder wirtschaftliche Geheimnisse auskundschaftet. 2. abfällig für einen heimlichen Aufpasser oder Beobachter.*

Vgl.: Stasi-Spion.

Spirkel, der

(mundartlich für eine Griebe, ein Stückchen Speck) *nordostdeutsch geringschätzig für eine kleine, schmächtige Person.*

Spitalwachtel

(der „Spinatwachtel" nachgebildet) *besonders soldatensprachlich für eine Krankenschwester, Pflegerin.*

Vgl.: → Wachtel.

Spitzbube

(zu „spitz" in der alten Bedeutung „scharfsinnig"; weibliche Form: Spitzbübin) *1. Schimpfwort für einen Gauner, Betrüger, gerissenen Dieb. 2. Tadel oder neckische Schelte für einen Frechdachs, Schlingel.* Übrigens, daß Marcel Reich-Ranicki den Schriftsteller Stephan Hermlin in seiner FAZ einmal als „Spitzbuben" tituliert hatte, tut ihm, nach einem ZEIT-Interview von 1994, inzwischen leid. Ein ins Hochdeutsche übertragenes Schnaderhüpfel:

„Mein Vater ist ein Spitzbub,
meine Mutter hat gestohlen,
mein Bruder sitzt im Zuchthaus,
und mich wer'n se bald holen."

Vgl.: → Bube (Bub), → Erzspitzbube.

Spitzel

(wohl zu „Spitz", dem wachsamen kleinen Hund) *abfällig für eine Person, die im Auftrag anderer jemanden aushorcht, überwacht, bespitzelt.*

Vgl.: → Lockspitzel, → Polizeispitzel, → Stasispitzel.

Spitzmaus

(eigentlich ein mausartiges Tier mit spitzer Schnauze) *leicht abwertend für eine meist weibliche Person mit schmalem Gesicht und spitzer Nase.* Das Mißtrauen und die Ablehnung gegenüber Menschen mit einem „spitzen" Gesicht sind alt und weitverbreitet. Der Volksmund sagt: „Lange Nas' und spitzes Kinn, da sitzt der Satan leibhaft drin!"

Vgl.: → Maus.

Splitterrichter

(nach Matthäus 7,3: „Was siehest du aber den Splitter in deines Bruders Auge und wirst nicht gewahr des Balkens in deinem Auge?"; eine Wortschöpfung Luthers) *bildungssprachlich veraltet für einen selbstge-*

rechten, kleinlichen Kritiker. Bei Johann Christian Günther heißt es:

„Flieh auf ewig die Gesichter
Aller finstern Splitterrichter."

Spökenkieker

(zu norddeutsch „Spök" = Spuk und „kieken" = gucken, sehen) *ein norddeutsches Spottwort für 1. einen Geisterseher, jemand, der das „zweite Gesicht" hat. 2. einen pessimistischen Grübler.* „Dr. Spökenkieker" ist der deutsche Name einer Nebenfigur bei DONALD DUCK. Johannes Freiherr von Buttlar, ein sehr erfolgreicher Autor von phantastischer oder Zukunftsliteratur, sei „der Simmel der Spökenkieker", so der STERN (November 1995).

Sponti

(zu „spontan") *1. im jugendsprachlichen Polit-Jargon ein Angehöriger einer meist linksgerichteten, spontan handelnden Gruppe. 2. ein randalierender, gewaltbereiter Jugendlicher ohne bestimmte Ideologie.* Bekannt ist der Spruch: „Die Scheibe klirrt, der Sponti kichert – hoffentlich Allianz-versichert!" 1985 prägte die konservative FAZ für den damals noch jungen Grünen-Politiker Joschka Fischer das Wortspiel „Spontifex Maximus".

Sportfanatiker

jemand, der sich übermäßig für Sport begeistert.

Vgl.: → Fanatiker, → -fanatiker, → Fußballfanatiker.

Sportmuffel

meist abschätzige, seltene Bezeichnung für einen Menschen, der am Sport nicht das geringste Interesse hat; Sportgegner.

Vgl.: Fußballmuffel (selten), → Muffel, → -muffel.

Spottbild (deiner selbst, seiner selbst o.ä.)

(eigentlich ein altes Wort für eine Karikatur) *eine selten gewordene Bezeichnung für eine heruntergekommene oder sehr lächerlich wirkende Person.*

Spottdrossel

(eigentlich ein bestimmter Vogel, der gut Stimmen und Geräusche imitieren kann) *ein Spötter, vor allem einer, der andere durch Nachahmen verspottet.* Heinrich Heine wurde des öfteren „die Spottdrossel im deutschen Dichterwald" genannt.

Spötter

jemand, der (oft) spöttisch redet, sich über andere lustig macht: ein arger, elender, böser Spötter. Von Georg Christoph Lichtenberg stammt der Satz: „Viele Spötter meinen, reich an Geist zu sein, und sind doch nur arm an Takt."

Vgl.: Spöttler (Nebenform).

Spottgeburt

(bezieht sich auf das geflügelte Wort aus Goethes FAUST „Du Spottgeburt von Dreck und Feuer!", das sich gegen Mephisto richtet) *in gehobener Sprache abwertend für einen verächtlichen Menschen, heute eher scherzhaft.*

Spottvogel

(ursprünglich eine Bezeichnung für solche Vögel, die Laute anderer Arten gut nachahmen können, wie Häher oder Würger; die erste Übertragung auf den Menschen schon 1494 in Sebastian Brants NARRENSCHIFF) *leicht abwertend für jemanden, der viel und gerne spottet, sich über andere lustig macht.* „Spottvogel hat selbst krumme Beine", lautet ein Sprichwort.

Vgl.: → Uzvogel, → Vogel, → -vogel.

Springer s. junger Springer

Springginkerl, das (der)

(Herkunft unklar; sicherlich zu „springen") *vorwiegend oberdeutsch für ein sehr lebhaftes Kind oder einen unruhigen, leichtfertigen, auch eitlen Burschen.*

Vgl.: Prinzginkerl (bayrische Nebenform).

Springinsfeld

(ein Satzname, ursprünglich für Landsknechte, Handwerksburschen o.ä.; nach dem Titel DER SELTSAME SPRINGINSFELD einer Erzählung aus dem Jahre 1670 von

Hans Jakob Christoffel von Grimmelshausen) *veraltend für einen unreifen, unbekümmerten jungen Menschen: ein junger Springinsfeld.*

Spritkopp (Spritkopf)

landschaftlich für einen Säufer.

Vgl.: → -kopf (-kopp), Spritbacke (selten).

Spritzbüchse

(wohl Anspielung auf das Harnen) *seltenes Schimpfwort für eine (liederliche) Frau.*

Vgl.: → Büchse.

Spritze

ein oberdeutsches derbes Schimpfwort für eine weibliche Person, besonders eine Prostituierte.

Spritzensportler

(dem „Spitzensportler" nachgebildet; spielt auf die Injektionsspritze für Dopingmittel an) *spöttisch oder abschätzig für einen Sportler, der verbotene Substanzen zur Leistungssteigerung einnimmt.*

Spritzer s. junger Spritzer

Spruchbeutel

in süddeutschen Mundarten für einen → Sprücheklopfer.

Vgl.: → Beutel, → -beutel.

Sprücheklopfer

jemand, der Sprüche klopft, große Worte macht oder mehr verspricht, als er halten kann.

Vgl.: → Klopper (Klopfer).

Sprüchemacher

wie → Sprücheklopfer, nur weniger salopp. „Jetzt kommt der flotte Sprüchemacher!" So kündigte 1983 im Deutschen Bundestag der Abgeordnete Weiskirchen von den harten Bänken der Opposition aus den Bundesminister für Arbeit und Sozialordnung Norbert Blüm an.

Vgl.: → -macher.

Sprudelkopf

leicht abwertend für einen sehr lebhaft redenden, hitzigen Menschen: ein jugendlicher Sprudelkopf.

Vgl.: → Brausekopf, → -kopf (-kopp).

Spucht

vorwiegend norddeutsch für einen jungen, schmächtigen Menschen, ein mageres Kerlchen; Schwächling.

Spund

(eigentlich ein Pfropfen, Zapfen zum Verschließen des Spundlochs, von daher derb für den Penis) *abschätzig für einen jungen, unerfahrenen Mann.*

Vgl.: → junger Spund.

Spürhund

(eigentlich ein Hund für die Fährtensuche oder das Aufspüren von Dingen) *salopp, auch abfällig für einen findigen Menschen, Spitzel, Kriminalbeamten, Detektiv.*

Vgl.: → Hund, → -hund.

Staatsdichter

spöttisch für einen Schriftsteller, der von seinem Staat als Aushängeschild, als Vorzeigedichter benutzt wird (und sich den Regierenden andient). Der SPIEGEL bezeichnete den Autor Hermann Kant, der lange Jahre Präsident des Schriftstellerverbandes der DDR und Stasi-Zuträger war, als „Staatsdichter a.D.", und Marcel Reich-Ranicki nannte 1994 Christa Wolf, die ebenfalls der Stasi zugearbeitet hatte, eine Staatsdichterin.

Vgl.: Hofdichter.

Staatskrüppel

derber Spott, auch verächtlich, für einen jungen Mann, der für den Wehrdienst untauglich ist.

Vgl.: → Krüppel.

Staatsverräter

jemand, der Hochverrat, Landesverrat begeht.

Vgl.: → Verräter, → -verräter.

Stachelschwein
vom stachligen Tier auf den Menschen übertragen für einen unrasierten Mann; in Norddeutschland selten auch für ein unnahbares Mädchen.
Vgl.: → Schwein, → -schwein, Stachelsau (fränkisch).

Staches
(Kurzform von „Eustachius“) *vorwiegend hessisch für einen ungeschickten, groben oder dummen Menschen.*

Stadtfrack
(bezieht sich auf den Frack als Alltagskleidung des Bürgers früherer Zeit) *besonders in Österreich und Bayern abwertend für den Städter, vor allem aus der Sicht des Landbewohners.*
Vgl.: Stadtfatzke, Stadtfritze (beides nordostdeutsch).

Stadtklatsche
Schimpfwort für eine meist weibliche geschwätzige Person, die in einer Kleinstadt für Tratsch sorgt.
Vgl.: Dorfklatsche, → Klatsche.

Stadtneurotiker
(bekannt geworden durch den Kinofilm DER STADTNEUROTIKER von Woody Allen aus dem Jahre 1977) *manchmal spöttisch verwendet für einen streßgeplagten, labilen, psychisch gestörten Großstadtmenschen von heute.*
Vgl.: → Neurotiker.

Staks
(zu „staksen“ = ungelenk, mit steifen Beinen gehen) *selten für einen großen, ungelenken Menschen: ein langer Staks.*

Stalinist
meist abfällig für einen Verfechter, Anhänger der von J. W. Stalin vertretenen marxistischen Ideologie (und des mit deren Umsetzung verbundenen Staatsterrors).
Vgl.: Altstalinist, → -ist.

Stammtisch-
eine Reihe spöttischer oder abfälliger Wörter zur Bezeichnung großsprecherischer Menschen, die unsachlich und unqualifiziert über das Weltgeschehen und mit besonderer Vorliebe über Kriegsereignisse urteilen. „Faschistoide Stammtischdeppen“ sind nach Meinung eines SPIEGEL-Leserbriefschreibers jene Leute, die Hiroshima mit Auschwitz gleichsetzen (August 1995). Der Berliner TAGESSPIEGEL bot im Oktober 1995 die Schlagzeile „Stammtischkönig im Sturzflug“, die sich auf den sehr volkstümlichen, aber politisch stark angeschlagenen Finanzminister von Baden-Württemberg, den CDU-Politiker Mayer-Vorfelder, bezog.
Vgl.: Stammtischfeldherr, Stammtischler, Stammtischschwätzer.

Stammtischbruder
(meist in der Mehrzahl) *oft abwertend für einen eifrigen Wirtshausgast, auch für einen Trinker oder Trinkkumpan.*
Vgl.: → Bruder, → -bruder.

Stammtischheld
ironisch, auch abfällig für einen Mann, der am Stammtisch mit angeblichen Heldentaten prahlt.
Vgl.: → „Held“, → -held, Stammtischlöwe.

Stammtischlöwe = Stammtischheld

Stammtischpolitiker
abfällig für einen Menschen, der (am Stammtisch) unsachlich, naiv und ohne das nötige Wissen politisiert. „Stammtischpolitiker“, so lautete auch das Urteil von Franz Josef Strauß über Martin Bangemann von der ungeliebten FDP.
Vgl.: Bierbankpolitiker, Biertischpolitiker, → -politiker.

Stammtischstratege
spöttisch für einen Mann, der (am Stammtisch) besserwisserisch vor allem Kriegsereignisse und Fußballspiele beredet und bekrittelt.
Vgl.: → Biertischstratege.

Stange
(verkürzt aus Wörtern wie Bohnenstange, Hopfenstange) *salopp, auch abschätzig für einen hageren, großen Menschen.*
Vgl.: → Bohnenstange, Fahnenstange, Gardinenstange (selten), → Hopfenstange, lange Stange.

Stänkerbock
(wegen des sprichwörtlichen Gestanks von Ziegenböcken) *abfällig für einen Menschen, der 1. stänkert, Unfrieden stiftet. 2. die Luft mit Gestank verpestet.*
Vgl.: → Bock, → -bock.

Stänkerer (Stänker)
(zu „stinken") *jemand, der (immer wieder) Streit vom Zaun bricht, Unfrieden stiftet, intrigiert.*
Vgl.: Stänkerfritze (nordostdeutsch).

Stänkerich
vorwiegend ostdeutsch für einen → Stänkerer (Stänker).
Vgl.: → -erich (-rich).

Starlet (Starlett)
(aus gleichbedeutend englisch „starlet", eigentlich = Sternchen; abwertend durch die Entgegensetzung zu „Star") *geringschätzig oder spöttisch für eine Nachwuchsschauspielerin mit Ambitionen und Allüren eines Stars.* Auf einen ganz anderen Aspekt versteifte sich Ernest Bornemann in der Definition von „Starlet" aus seinem Wörterbuch SEX IM VOLKSMUND von 1971: „Filmsternchen: Mädchen, das sich nackt fotografieren läßt und mit Filmproduzenten schläft, um im Film Karriere zu machen."
Vgl.: → Filmsternchen, → Sternchen.

Starrkopf
ein starrsinniger und sturer Mensch.
Vgl.: → -kopf (-kopp).

Stasi, der
(Kurzwort für „Staatssicherheitsdienst") *oft abwertend gebraucht für einen Mitarbeiter der Stasi in der DDR.* In der weiblichen Form ist das Wort sehr häufig und vor allem nach der deutschen Vereinigung von 1989 immer wieder in abfälligen, oft polemisch verwendeten Zusammensetzungen wie „Stasi-Knechte" oder „Stasi-Vasallen" anzutreffen. Abgeordnete der PDS/Linke Liste bekamen im Deutschen Bundestag Wörter zu hören wie „Stasi-Bruder" (von Gerster, CDU) oder „Stasi-Bonze" (von Blank, CDU).

Stasispitzel
abfällig für jemanden, der in der DDR als Spitzel für die Stasi tätig war. Seit 1989 sind in Deutschland die Gerichte dabei, zu klären, zu wem man das böse Wort sagen darf und zu wem nicht. So meldete Ende 1994 die Nachrichtenagentur AFP, die frühere DDR-Bürgerrechtlerin Bärbel Bohley habe den PDS-Politiker Gysi trotz eines Verbotes des Hamburger Oberlandesgerichts erneut als Stasispitzel bezeichnet, während nach einer Entscheidung des Berliner Landgerichts die Bürgerrechtlerin Freya Klier denselben so nennen darf.
Vgl.: Gestapospitzel, → Polizeispitzel, → Spitzel, Stasi-Spion, Stasi-Zuträger.

Statist
(eigentlich jemand, der als stumme Figur bei Theater oder Film mitwirkt; zu lateinisch „stare" = stehen) *leicht abwertend für eine unbedeutende, unwichtige Person; Randfigur.*
Vgl.: → -ist.

staubiger Bruder
(meint eigentlich den früheren Handwerksburschen oder Landstreicher, der auf den Landstraßen staubig geworden ist) *ein zwielichtiger, verschlagener Mann; Herumtreiber.*
Vgl.: → Bruder, → -bruder.

Stecher
1. besonders jugendsprachlich meist abfällig für einen Mann, der bei Frauen „immer nur das eine will", nämlich schnellen (und möglichst unverbindlichen) Geschlechtsverkehr. 2. von der ersten Bedeutung ausgehend vor allem im Jargon Jugendlicher salopp oder abschätzig für den festen intimen Freund eines Mädchens, einer Frau. 3. kurz für → Messerstecher.

Steckkopf
schweizerisch für einen sturen, starrsinnigen Menschen.
Vgl.: → -kopf (-kopp).

Stehaufmännchen

(eigentlich eine Spielzeugfigur mit einer schweren Halbkugel als Grundfläche, so daß sie sich immer wieder aufrichtet) *1. auch abwertend für einen Menschen, der Niederlagen schnell überwindet, immer wieder auf die Beine kommt. 2. landschaftlich selten als Tadel für einen unruhigen Menschen, ein Kind, das nicht still sitzt.* Der „Stuttgarter Stehaufmann" war für die ZEIT im Oktober 1995 der Finanzminister von Baden-Württemberg Gerhard Mayer-Vorfelder (CDU), der schon eine ganze Reihe von politischen „Affären" überstanden hat.

Vgl.: → -chen (-lein), → Männchen (Männlein), Stehaufchen (selten), Stehaufmanderl, Stehaufmännlein (beides mundartliche Varianten).

Stehkragenpolitiker

veraltet geringschätzig für einen gutsituierten, gebildeten Politiker aus dem Bürgertum, der, sobald er die Interessen der Arbeiter vertritt, auf deren Vorbehalte stößt. Das alte Mißtrauen gegen „akademische Stehkragenpolitiker" solle verschwinden, forderte schon 1919 Edwin Hörnle in der INTERNATIONALEN. Die „Politik der schwieligen Faust" sei fehl am Platz.

Vgl.: → -politiker.

Stehkragenprolet (Stehkragenproletarier)

(Arbeiter trugen früher gewöhnlich Hemden ohne Kragen) *veraltend abwertend für einen kleinen Angestellten oder Beamten, der sich wie ein Bürgerlicher kleidete und fühlte, aber auf Grund seines niedrigen Einkommens und seiner Herkunft eher dem Proletariat zuzurechnen war.*

Vgl.: → Prolet, → Proletarier, Stehkragenproletariat.

Stehler

in manchen Mundarten abwertend verwendet für jemanden, der stiehlt; Dieb.

Vgl.: → Schriftstehler, Stehlratz.

steifer Bock

ein ungelenker, ungeschickter Mann.

Vgl.: → Bock, → -bock.

Steigbügelhalter

abfällig für jemanden, der einem anderen bei dessen Aufstieg behilflich ist, oft im politischen Bereich.

Stein des Anstoßes

(eine Wendung aus der Bibel) *abwertende Bezeichnung in gehobener Sprache für eine Person, die ein Ärgernis darstellt.*

steinerner Gast

(aus dem Volksaberglauben) *selten für einen stumm dasitzenden, unfreundlichen Menschen.* In Schillers PICCOLOMINI schilt Isolani den vor sich hinbrütenden Max einen „steinernen Gast, der uns den ganzen Abend nichts getaugt".

Vgl.: → Gast.

Steißklopper (Steißklopfer)

(zu „Steiß" im Sinne von „Gesäß") *veraltet für einen (prügelnden) Lehrer.*

Vgl.: → Klopper (Klopfer).

Steißtrommler

veraltendes Schimpfwort für einen (strengen) Lehrer, besonders einen, der die Prügelstrafe praktiziert.

Vgl.: → Arschtrommler, Steißbeintrommler (selten), Steißpauker.

Stelzfuß (Stelzbein)

(eigentlich eine einfache Beinprothese oder ein Holzbein) *1. abschätzig für eine Person mit einer Beinprothese. 2. spöttisch für jemanden, der geziert, gestelzt geht.*

Stempelbruder

(von der früher üblichen Kontrolle der Auszahlung des Arbeitslosengeldes über eine Stempelkarte) *veraltend abfällig für einen Arbeitslosen, einen Empfänger von Arbeitslosenunterstützung.* In den KOBLENZER HEIMATKLÄNGEN (1939) von Peter Ferges gibt ein Schüler seinen Berufswunsch an: „Herr Lehrer, ich well Stembeler wiere!"

Vgl.: → Bruder, → -bruder, Stempelmaxe (berlinisch), Stempler.

Stempler = Stempelbruder

Stenz
(zu landschaftlich „stenzen" = bummeln, umherstolzieren) *1. ein eingebildeter, gekkenhafter junger Kerl. 2. ein Schürzenjäger. 3. seltener für einen Zuhälter.* „Der ewige Stenz" war der Beiname des „Monaco Franze", des Helden einer Fernsehserie, die in der Münchner Edel-Bohème um 1980 angesiedelt war. „Veronika, der Stenz ist da!" nach dem alten Schlagertext „Veronika, der Lenz ist da", war ein beliebter Spruch, wenn die Tochter oder Schwester von ihrem Freund abgeholt wurde.
Vgl.: Stenz von Rio (selten), Zwickelstenz (selten: kleiner Zuhälter, Hartgeldlude).

Steppke
(Verkleinerungsform von „Stopfen") *besonders berlinisch salopp, manchmal abschätzig für einen kleinen Jungen, kleinen Mann, Knirps.*

sterbender Schwan
(leitet sich her von dem Solotanz DER STERBENDE SCHWAN, den M. Fokine 1905 für die russische Primaballerina assoluta Anna Pawlowa geschaffen hatte) *spöttisch für einen Fußballspieler, der „eine Schwalbe macht", sich effektvoll zu Boden wirft, um auf diese Weise einen Strafstoß herauszuschinden.* Der sarkastische Kommentar „Marke sterbender Schwan" gilt dagegen einer ältlichen Dame auf Partnersuche.

Sternchen
spöttisch oder geringschätzig für ein weibliches Nachwuchs- oder Möchtegerntalent, besonders beim Film.
Vgl.: → -chen (-lein), → Filmsternchen, Schlagersternchen, → Starlet (Starlett).

Sterngucker
milder Berufsspott für einen Astronomen.
Vgl.: → Gucker, Himmelsgucker.

Steuerflüchtling
oft abwertend für jemanden, der die Steuerpflicht umgeht, indem er Firma, Wohnsitz oder Vermögen ins Ausland schafft.
Vgl.: → -ling.

Steuersünder
oft abwertend für eine Person, die ihrer Steuerpflicht nicht (in vollem Umfang) nachkommt.
Vgl.: Steuerbetrüger, Steuerkrimineller (selten), → Sünder, → -sünder.

Stichler
(zu „sticheln", eigentlich = mit kleinen Stichen nähen) *leicht abwertend für einen Menschen, der spitze Bemerkungen, boshafte Anspielungen macht.* „Einst warst Du Stachel im Fleisch der österreichischen Sozialdemokratie – jetzt bist Du ein freischwebender Stichler." So die bayrische SPD-Chefin Renate Schmidt 1995 zu dem Wiener Publizisten Günther Nenning anläßlich der Verleihung des „Sozialistenhutes" an ihn.
Vgl.: → -ler.

Stichwortgeber
(eigentlich Theatersprache) *eine beliebte abschätzige Vokabel der politischen Polemik für einen unterlegenen Gesprächspartner, der in jedem Punkt widerlegt wird.*

Stiefel
seltenes Schimpfwort für einen unmanierlichen, groben Menschen.
Vgl.: alter Stiefel, → Kackstiefel, → Knickstiebel (Knickstiefel), → Krummstiefel, → Stinkstiefel (Stinkstiebel).

Stiefellecker = Speichellecker

Stiefkind der Natur
seltene abschätzige Bezeichnung in gehobener oder poetischer Sprache für einen häßlichen Menschen ohne irgendwelche Vorzüge.

Stier
oberdeutsch für einen plumpen, groben, sturen oder auch sexuell ausschweifenden Mann.
Vgl.: Bauernstier, → Gemeindestier.

Stierbeutel
kräftiges oberdeutsches Schimpfwort für einen groben, sturen, einfältigen Kerl.
Vgl.: → Beutel, → -beutel.

Stierengrind
(eigentlich der Kopf eines Stiers; zu schweizerisch derb „Grind" = Kopf) *in der Schweiz für einen sturen, äußerst eigensinnigen Menschen.*
Vgl.: Stierschädel.

Stiesel (Stießel)
(wohl umgebildet aus „Stößel") *abfällig für einen flegelhaften, unhöflichen, langweiligen Mann: ein alter, fauler Stiesel.*

Stift
(vielleicht eine sexuelle Pars-pro-toto-Bezeichnung aus „Stift" = Knabenpenis) *salopp, auch abschätzig für 1. einen kleinen Jungen; Knirps. 2. einen (jungen) Lehrling.*

stilles Wasser
(nach der Redensart „stille Wasser sind tief") *manchmal leicht abwertend für einen (allzu) ruhigen, zurückhaltenden und schwer zu durchschauenden Menschen.*

Stimmenfänger
abwertend für jemanden, vor allem einen Politiker, der durch Lügen, plumpe Versprechungen o.ä. versucht, Wählerstimmen zu gewinnen.

Stimmungskanone
scherzhaft, auch abschätzig für einen Menschen, der in Gesellschaft (durch Witzelei und Klamauk) für Stimmung sorgt. Nach Achim Schwarze (256 MÄNNER-TYPEN) habe diese Sorte Humor den Film- und TV-Witzbold Mike Krüger (Nase!) so reich gemacht, daß er sich eine Frau leisten konnte.
Vgl.: → Kanone.

Stimmungsmacher
abfallig für jemanden, der Stimmungsmache betreibt, der versucht, durch allerlei Tricks und Manipulation die (öffentliche) Meinung zu beeinflussen.
Vgl.: → -macher.

Stimmvieh
(um 1860 aus dem gleichbedeutenden englisch-amerikanischen „voting cattle" übernommen) *verächtlich für Personen, die nur als Wähler gesehen werden; kritik- und gesichtslose Wählermassen.* In den USA wurden im 19. Jahrhundert die eingewanderten Iren und Deutschen so genannt.
Vgl.: → Vieh, Wahlvieh.

Stina (Stine)
(Kurzform von Vornamen wie Christine oder Augustine) *Spott- oder Schimpfwort für eine einfältige, ungeschickte Frau.*

Stingel (Stingl)
(Nebenform von „Stengel") *süddeutsch selten für einen langen, ungelenken Burschen: ein langer Stingel.*

Stinkadores
(zu „stinken"; nach dem Muster von spanisch „fumadores" = Raucher) *zumindest in Hessen und am Mittelrhein als Schimpfwort für einen schmutzigen, übelriechenden Menschen.*

Stinkbock
(Böcke verbreiten bekanntlich einen strengen Geruch) *landschaftlich derb abwertend für einen stinkenden Mann.*
Vgl.: → Bock, → -bock.

Stinker
1. derb abwertend für einen stinkenden, schmutzigen Menschen. 2. jemand, der einem „stinkt", unsympathisch ist. 3. als kosende Schelte wie → Scheißer für ein kleines Kind. 4. selten für einen mürrischen, unfreundlichen Mann (zu „Stank").
Vgl.: alter Stinker (mürrisch), Benzinstinker (Kraftfahrer), fauler Stinker (fränkisch), Stinkaas, Stinkfisch (beide selten).

Stinkfritz
derb für eine stinkende männliche Person.
Vgl.: → Fritz, Stinkpeter.

Stinki
jugendsprachlich selten für eine stinkende oder ansonsten unangenehme Person.

Stinkmorchel
(eigentlich ein übelriechender Pilz) *Schimpfwort für einen stinkenden oder unangenehmen, „stinkigen" Zeitgenossen.*
Vgl.: → Morchel.

Stinkstiefel (Stinkstiebel)
derbes Schimpfwort für 1. einen übellaunigen, unhöflichen Mann. 2. einen Mann, über den man sich ärgert. 3. einen stinkenden, unsauberen Menschen. 4. einen, der Stunk macht.
Vgl.: alter Stinkstiefel (auch burschikose Anrede), → Stiefel.

Stinktier
(eigentlich ein Marder, der bei Gefahr ein übelriechendes Sekret verspritzt) *grobes Schimpfwort für eine sehr unsympathische, als widerlich empfundene Person.* „Das ist ein Stinktier!" (Solms von der FDP über den SPD-Politiker Gansel, 1989).
Vgl.: Stinkmolch, Stinkotter (selten), → Tier, → -tier.

Stinos
(Mehrzahl; Kurzwort aus „stinknormal") *1. im Sprachgebrauch von Homosexuellen oft verächtlich für Heterosexuelle. 2. vorwiegend ostdeutsch für Durchschnittsbürger, Spießer.*
Vgl.: → Normalo, Stinknormalo.

Stint
(eigentlich ein kleiner, lachsartiger Fisch) *norddeutsch für 1. einen jungen Menschen, Bengel; Gernegroß. 2. einen dummen Kerl.*

Stock
(hier im Sinne von „Baumstumpf") *besonders oberdeutsch für einen sturen, rücksichtslosen Menschen.*

Stock-
ein emotional verstärkendes Wortbildungsmittel zur abwertenden Bezeichnung einer Person, die etwas, besonders ein Landsmann oder Angehöriger einer Konfession, durch und durch ist.
Vgl.: → Erz-, Stockbayer, Stockbesoffener, Stockengländer, Stockgelehrter (veraltet), Stockkatholik, Stockkonservativer, Stockpreuße, Stockprotestant, Stockreaktionär.

Stockfisch
(eigentlich auf Stöcken getrockneter Fisch, meist Kabeljau) *abfällig für einen wortkargen, steifen, langweiligen, geistig trägen Menschen.*
Vgl.: → Fisch.

Stockphilister
veraltet für einen sehr kleinlichen, unbelehrbaren Menschen.
Vgl.: Erzphilister, → Philister.

Stoffel
(Kurz- und Koseform des Vornamens Christoph; wohl unter Einfluß der Legende vom ungeschlachten Riesen Christophorus, einem der 14 Nothelfer) *häufiges Schimpfwort für einen unhöflichen, plumpen, tölpelhaften Mann.* Bei Goethe:

„Daß Glück ihm günstig sei,
was hilft's dem Stöffel?
Denn regnet's Brei,
fehlt ihm der Löffel."

Vgl.: → Toffel (Töffel).

Stoffhuber
geringschätzig für einen Menschen, der Stoffhuberei betreibt, dem es allzusehr um die bloße Anhäufung von Grundlagen und Material geht, der insofern mehr Masse als Klasse bietet.
Vgl.: → -huber.

Stolprian
(zu „stolpern" = beim Gehen straucheln, fast fallen) *landschaftlich leicht abwertend oder als Tadel für eine oft stolpernde, ungeschickt laufende Person; meist zu Kindern gesagt.*
Vgl.: -ian (-jan), Stolperer (kaum abwertend), Stolpergrete (selten), Stolperhannes, Stolperjan (orthographische Variante), Stolperjochen (selten), Stolterjan (norddeutsche Variante).

Stoppel = Stöpsel

Stoppelhopser
spöttisch 1. soldatensprachlich für einen Infanteristen. 2. landschaftlich für einen kurzgewachsenen Menschen. 3. selten für einen Bauern, Landbewohner.

Stöpsel

(eigentlich ein Flaschenverschluß) *1. geringschätzig oder spöttisch für einen kleinen, untersetzten Menschen, kleinen dicken Jungen. 2. oberdeutsch auch für einen Tölpel.*

Vgl.: → Kanonenstöpsel, kleiner Stöpsel, Stopfen (Nebenform), Stoppel.

Storax

(eigentlich eine Nutzpflanze) *seltenes oberdeutsches Schimpfwort für einen störrischen Menschen oder Dummkopf.*

Storch im Salat

spöttisch für einen ungelenken, steifbeinigen, langen Menschen.

Störenfried

(eigentlich ein Satzwort zu „Störe den Frieden") *Schimpfwort für einen, der immer wieder Ruhe und Eintracht stört: ein ewiger Störenfried.*

Störer

abfällig für eine Person, die andere oder etwas hemmt, beeinträchtigt, unterbricht, jemanden belästigt.

Vgl.: → Friedensstörer (Friedenstörer), → Ruhestörer.

Storger

in manchen Mundarten für einen Landstreicher, Hausierer.

Stotterer

(zu norddeutsch „stoten" = stoßen; weibliche Form: Stotterin) *1. leicht abwertend für einen Menschen, der aus Verlegenheit, Unsicherheit oder Hast stottert, stammelt, stokkend spricht. 2. spöttisch oder bei Kindern tadelnd auch für eine Person, die auf Grund eines Sprachfehlers stottert.*

Vgl.: Stotterbock, Stotterliese.

Stotterhannes

landschaftlich für einen männlichen → Stotterer.

Vgl.: → Hannes, Stotterhans.

Strabanzer (Strawanzer)

(Streckform zu landschaftlich „stranzen" = schlendern, herumstreunen) *vorwiegend bayrisch und österreichisch für einen Müßiggänger, Tagedieb.*

Sträfling

meist emotional abwertend für einen Strafgefangenen.

Vgl.: → -ling.

Strahlemann

meist spöttisch für einen Mann, der immer ein strahlendes Lächeln zeigt, der „auf Strahlemann und Söhne macht". Beim früheren Ministerpräsidenten von Niedersachsen Ernst Albrecht (CDU) ist das Wort zum Spitznamen geworden. Einen „angeschlagenen Strahlemann" sah die ZEIT (Januar 1994) im TV-Plauderer Thomas Gottschalk.

Vgl.: → -mann.

Strandgut s. menschliches Strandgut

Strandlöwe

ironisch für einen geckenhaften Mann, der am Strand auf Bewunderung und Liebesabenteuer hofft.

Vgl.: → -löwe.

Strandräuber

ein Räuber von Strandgut.

Vgl.: → Räuber, → -räuber.

Stranze = Strunze (Strunzel)

Straßendirne

oft abfällig für eine Frau, die der Prostitution auf der Straße nachgeht.

Vgl.: → Dirne, Straßenhure, Straßennutte.

Straßenjunge = Gassenjunge

Straßenmädchen

oft abwertend für eine junge Frau, die der (im Milieu geringgeachteten) Straßenprostitution nachgeht.

Vgl.: Mädchen von der Straße.

Straßenräuber
jemand, der einen Raub auf offener Straße begeht; auch übertragen für einen gemeinen Betrüger, räuberischen Menschen.
Vgl.: → Räuber, → -räuber, Straßendieb.

Straubinger = Bruder Straubinger

Strauchdieb
(ursprünglich ein Straßenräuber, der sich im Gebüsch versteckt hielt) *abfällig, auch scherzhaft für einen Gauner, unehrenhaften Menschen.* Im Dezember 1994 bezeichnete Peter Handke den Großkritiker Marcel Reich-Ranicki als „Oberstrauchdieb".
Vgl.: → Dieb.

Strauchritter
(früher ein verarmter Ritter, der zum Straßenräuber geworden ist) *Schimpfwort für einen unehrlichen, betrügerischen Menschen.*
Vgl.: → Ritter.

Strawanzer = Strabanzer (Strawanzer)

Streber
abschätzig für eine Person, die in Schule und Beruf ehrgeizig und egoistisch ihr Fortkommen betreibt: ein unsympathischer, widerlicher, unangenehmer, ekelhafter Streber. Eine Notiz von Bismarck aus dem Jahr 1855: „Schweinitz empfehle ich Ihnen als einen brauchbaren Menschen, etwas Streber, aber das ist natürlich, wenn man mit grauen Haaren noch Lieutenant ist."
Vgl.: Oberstreber, Streberer, Streberling (schülersprachliche Erweiterungsbildungen).

Streberleiche
schülersprachlich verächtlich für einen überaus strebsamen, ehrgeizigen und dabei unkameradschaftlichen Mitschüler.
Vgl.: → Leiche, Streberjonny, Streberratte, Strebersau (drei seltene schülersprachliche Schimpfnamen).

Strebernatur
jemand, der seinem ganzen Wesen nach ein → Streber ist.
Vgl.: Streberseele.

Streberseele = Strebernatur

Streichemacher
leicht abwertend für einen übermütigen, stets zu Streichen aufgelegten Menschen.
Vgl.: → -macher.

Streitbold = Streithammel

Streithahn
meist abwertend für jemanden, besonders einen Mann, der sich gerne streitet. Die weibliche Form „Streithenne" (SÜDDEUTSCHE ZEITUNG) ist unüblich.
Vgl.: → Hahn, Streithenne.

Streithammel
Schimpfwort für einen unverträglichen, streitsüchtigen Menschen. Der westliche Publizist ist meistens kein Erzähler, sondern Polemiker, also Streithammel." (Christoph Diekmann in der ZEIT, August 1996).
Vgl.: → Hammel, → -hammel, Streitbold.

Streithansel
Schimpfwort in Österreich und Süddeutschland für eine unverträgliche, streitsüchtige, meist männliche Person. Wolf Biermann, Alfred Hrdlicka und andere, die 1994 eine recht wüste gegenseitige Beschimpfung zum Entzücken der Feuilletonleser öffentlich austrugen, seien „Streithanseln, die sich gern reden hören", schaltete sich Ende 1994 Georg Stefan Troller ein (Interview der Zeitschrift TANGO).
Vgl.: → Hansel, → -hansel.

Streuner
meist abwertend für einen Herumtreiber, Vagabunden, Landstreicher; auch für einen Menschen, der nachts lange ausbleibt.
Vgl.: Gassenstreuner (veraltet), Herumstreuner, Landstreuner (Landstreicher).

Strich (in der Landschaft)
auch abwertend für einen sehr dünnen, abgemagerten Menschen.
Vgl.: Beistrich (klein), gespaltener Strich (sächsisch).

Stricher = Strichjunge

Stricherin = Strichmädchen

Strichjunge
oft abfällig für einen jungen Mann oder Jungen, der auf der Straße der Prostitution mit Männern nachgeht.
Vgl.: → Junge, → Pupe (Pupenjunge), Strichbub (österreichisch: auch Zuhälter), Stricher.

Strichmädchen
meist abfällig für eine jüngere Straßenprostituierte.
Vgl.: → Straßenmädchen, Stricherin.

Strichvogel
(eigentlich ein Vogel, der sein Brutgebiet von Zeit zu Zeit umherstreifend verläßt) *abfällig für eine Prostituierte auf dem Straßenstrich; seltener für einen Strichjungen.*
Vgl.: Strichbiene, → Vogel, → -vogel.

Strick
(verkürzt aus „Galgenstrick") *abschätzig, auch wohlwollend scherzhaft für einen durchtriebenen Burschen, Taugenichts oder ein spitzbübisches Kind: ein durchtriebener, gerissener, liederlicher Strick.* In Hannover ist das (!) Strick ein Lausemädchen.
Vgl.: → fauler Strick, → Galgenstrick, Judasstrick (schwäbisch), loser Strick.

Striezel
landschaftlich leicht abwertend für einen Lausbuben, Schlingel.

Strippenzieher
(zu „Strippe" = Schnur, Kabel) *1. scherzhaft, auch abschätzig für einen → Drahtzieher. 2. Handwerkerspott für den Elektriker.*

Strizzi
(vielleicht zu italienisch „strizzare" = pressen, ausbeuten) *oberdeutsch für 1. einen Zuhälter. 2. einen leichtsinnigen, durchtriebenen Kerl, Strolch.*

Strobelkopf = Struwwelkopf

Strohkopf
Dummkopf, „strohdummer" Mensch; selten salopp für eine blonde Person.
Vgl.: → -kopf (-kopp).

Strohmann
(nach dem gleichbedeutenden französischen „homme de paille"; bezieht sich auf die Stellvertreterfunktion von Strohpuppen in vielen Bräuchen) *1. im Geschäftsleben oft abschätzig für eine vorgeschobene Person, die nur nach außen hin als Rechtsträger erscheint. 2. abwertend für einen Menschen, der schwach ist, unselbständig handelt, von anderen ausgenutzt wird.*
Vgl.: → -mann, Strohfrau (selten; zu 1.), Strohpuppe.

Strolch
(geht zurück auf italienisch „astrologo" = Astrologe, Scharlatan) *1. ein Herumtreiber, Lump, Gauner. 2. als „kosende Schelte" für einen wilden, kleinen Jungen, Schlingel.* Bitter heißt es bei Christoph Martin Wieland: „Ha! meine Tochter! Mir von einem solchen Strolch! Von einem Schuft mir Enkelchen zu geben!"
Vgl.: → Sittenstrolch.

Strolchenfahrer
schweizerisch für jemanden, der mit einem gestohlenen Auto fährt.

Stromer
1. Landstreicher, Strolch; Herumtreiber. 2. gutmütige Schelte für ein ausgelassenes Kind, einen Schlingel.

Ströper
(wörtlich: „Streifer") *norddeutsch für einen Landstreicher, Müßiggänger, Strolch.*

Stropp
(eigentlich eine Schlinge) *westdeutsch als gutmütige Schelte für einen Lausbuben.*

Strotter
(von mittelhochdeutsch „struten" = rauben, plündern) *österreichisch abschätzig für 1. jemanden, der Abfälle nach Brauchbarem durchwühlt. 2. Landstreicher, Stadtstreicher.*
Vgl.: → Kanalstrotter.

Strubbelkopf = Struwwelkopf

Strubbelpeter = Struwwelpeter

Strudelkopf
veraltet für einen nervösen, wirrköpfigen Menschen.
Vgl.: → -kopf (-kopp).

Strudler
landschaftlich abschätzig für einen Menschen, der hastig, unordentlich arbeitet oder spricht.
Vgl.: → -ler.

Strumpf
ein seltenes Schimpfwort für einen Mann; Versager; Dummkopf: ein fauler, vollgefressener Strumpf.

Strunk
(eigentlich ein Baumstumpf oder dicker Pflanzenstengel) *landschaftlich abfällig für einen ungehobelten, frechen Kerl.*

Strunze (Strunzel)
(zu landschaftlich „strunzen" = prahlen) *ein weitverbreitetes veraltendes Dialektwort für eine Schlampe, Herumtreiberin.*
Vgl.: Stranze, Strunz (Nebenformen).

Strunzer
landschaftlich für einen Prahler, Angeber; selten auch für einen Landstreicher, Herumtreiber.
Vgl.: Gassenstrunzer (Herumtreiber), Strunzbeutel, Teppichstrunzer (rheinhessisch).

Struwwelkopf
meist abwertend für eine Person mit zerzausten, wirren Haaren.
Vgl.: → -kopf (-kopp), Strobelkopf, Strubbelinski, Strubbelkopf (orthographische Variante).

Struwwelliese
landschaftlich für eine Frau, ein kleines Mädchen mit wirren, ungekämmten Haaren.
Vgl.: → Liese, → -liese.

Struwwelpeter
(allgemein bekannt geworden als Titelgestalt des gleichnamigen Kinderbuches des Frankfurter Arztes Heinrich Hoffmann aus dem Jahr 1844) *als Tadel für ein Kind, vor allem einen Jungen, mit strubbeligem, wirrem Haar.* Das Wort stammt aus dem 18. Jahrhundert. Als der junge Goethe in Leipzig studierte, nannte man ihn „den Frankfurter Strubbelpeter", und er mußte sich frisieren lassen. 1994 feierte die Stadt Frankfurt nicht nur ihr 1200jähriges Bestehen, sondern auch den 150. Geburtstag des Struwwelpeter sowie den 100. Todestag seines Schöpfers Heinrich Hoffmann. Über den ungepflegten Struwwelpeter heißt es in dem berühmten Buch:

„An den Händen beiden
Ließ er sich nicht schneiden
Seine Nägel fast ein Jahr;
Kämmen ließ er nicht sein Haar."

Die einprägsame Geschichte wurde auch Gegenstand zahlreicher Parodien, beispielsweise ein Buch von 1941 mit dem Titel STRUWWELHITLER. A NAZI STORY BOOK BY DOKTOR SCHRECKLICHKEIT.
Vgl.: → Peter, → -peter, Struwwelpetra (selten).

Stubben
(eigentlich ein Baumstumpf) *norddeutsch abschätzig für einen grobschlächtigen Mann, Tolpatsch.*
Vgl.: Tanzstubben (schlesisch: schlechter Tänzer).

Stubengelehrter
veraltend abwertend für einen lebens- und praxisfremden Wissenschaftler.
Vgl.: → Buchgelehrter, Schreibtischgelehrter.

Stubenhocker
leicht abwertend für eine Person, die sehr selten ausgeht, fast immer zuhause bleibt. Ein volkstümlicher Zweizeiler dazu:

„Sofie, mach dei Bruchband logger,
mir Pälzer sin kää Stuwwehogger."

Vgl.: Daheimhocker, → Hocker, → -hocker, → Ofenhocker, Stubenstinker (selten).

Stück
mehr oder weniger abfällig für einen unangenehmen Menschen, meist eine Frau. Das Wort wird fast immer mit einem Adjektiv zusammen verwendet: ein blödes, mieses, dreistes, raffiniertes, verfressenes Stück.
Vgl.: → Aasstück, → Dreckstück, → dummes Stück, → faules Stück, → freches Stück, gemeines Stück, → Miststück, → Museumsstück, „Prachtstück" (ironisch), Saustück, Schandstück, schlechtes

Stück, Schweinestück, Stück Elend, Stück Mensch, Stück Mist, Stück Modder (norddeutsch), Stück Vieh, verkommenes Stück, → Weibsstück.

Stück Dreck
derbes Schimpfwort für einen niederträchtigen Menschen.
Vgl.: → Dreck, Haufen Dreck, Stück Modder.

Stück Malheur
(zu französisch „malheur" = Unglück, Pech, Mißgeschick) *bildungssprachlich verächtlich für einen unmoralischen, verwahrlosten Menschen; Versager.*
Vgl.: → Malheur.

Stück Scheiße
vulgäre Schelte für einen verachteten, als nichtswürdig empfundenen Menschen.
Vgl.: → Scheiß-, Stück Mist, Stück Schit (norddeutsch), Stückchen Scheiße.

Student s. ewiger Student, s. verbummelter Student, s. verkrachter Student

Stummerl, der (das)
(Verkleinerung zu „Stummer") *in Österreich und Bayern abschätzig für 1. einen stummen, taubstummen Menschen. 2. einen wortkargen, maulfaulen Menschen, etwa einen Schüler, der im Unterricht keinen Mucks herausbringt.*
Vgl.: Stummerlein (fränkisch).

Stumpen
(Nebenform zu „Stumpf") *landschaftlich geringschätzig für einen klein geratenen Menschen oder einen kleinen Jungen.*

Stümper
(ursprünglich ein Handwerker mit „stumpfem", also schlechtem Werkzeug) *Schimpfwort für einen Pfuscher, Nichtskönner, Versager: ein elender, erbärmlicher, jämmerlicher Stümper.* Das Sprichwort meint dazu: „Ein Stümper findet kein gutes Werkzeug." Von Franz Grillparzer stammt das folgende Epigramm aus dem Jahre 1854:

„Der Dilettant freut sich zu Haus
An seinem eignen Geklimper,
Doch geht seine Kunst in die Welt
hinaus,
Verklärt er sich zum Stümper."

Vgl.: Stümpler (oberdeutsche Nebenform).

Stunkmacher
(zu „Stunk" = Streit, Ärger) *jemand, der (immer wieder) Stunk macht, stänkert.*
Vgl.: → -macher, Stunkmichel (selten).

Stupidienrat
(Verballhornung aus „Studienrat", auf „stupide" anspielend) *schülersprachlicher Spottname für einen (irgendwie „bescheuerten") Studienrat, seltener für einen Sonderschullehrer.*
Vgl.: Oberstupidienrat.

sturer Bock
abfällig für einen eigensinnigen, starrköpfigen Menschen.
Vgl.: → Bock, → -bock, sturer Hund, sturer Knochen, sturer Sack, Sturkopf, Sturschädel (selten).

Stürmer
ein Draufgänger, ungestümer Mensch.
Vgl.: Barrikadenstürmer, → Bilderstürmer, → Himmelsstürmer (Himmelstürmer), → Maschinenstürmer, Wolkenstürmer (veraltet: Himmelsstürmer).

Stürmer und Dränger
(in der Literaturwissenschaft ein Dichter der Periode des Sturm und Drangs zwischen 1760 und 1785) *scherzhaft, auch spöttisch für einen ungeduldigen, ungestümen Menschen.*

Stürmi
schweizerisch für einen Hitz- und Wirrkopf.

Stute
(eigentlich ein weibliches Tier bei Pferd, Esel & Co.) *selten für eine träge, trampelige Frauensperson.*

„Stützen der Gesellschaft"
(nach dem gleichnamigen kritischen Gesellschaftsstück von Henrik Ibsen, 1828 – 1906) *ironische bildungssprachliche Bezeichnung für die führenden Persönlichkeiten einer Gesellschaft, an deren Integrität und Glaubwürdigkeit zu zweifeln ist.*

Stutzer
(vielleicht vom gestutzten Bart früherer Modenarren) *abfällig für ein eitles, übertrieben modisches Mannsbild.*

Stutzkopf
(zu „stützig" = widerspenstig) *vor allem oberdeutsch für einen eigensinnigen, starrköpfigen Menschen.*
Vgl.: → -kopf (-kopp).

subalterner Geist
(zu spätlateinisch „subalternus" = untergeordnet) *bildungssprachlich selten für einen unterwürfigen, kleingeistigen Menschen.*
Vgl.: subalterne Natur.

Subjekt
verächtlich für einen gemeinen, schlechten Menschen, meist mit einem Eigenschaftswort gekoppelt: ein betrügerisches, bezahltes, zweifelhaftes, widerwärtiges, gemeines, niederträchtiges, elendes, verwerfliches, erbärmliches, gekauftes Subjekt.
Vgl.: käufliches Subjekt, kriminelles Subjekt, übles Subjekt, verdächtiges Subjekt, → verkommenes Subjekt.

Subjektivist
(zu „subjektiv" = persönlich, nicht sachlich) *bildungssprachlich selten für einen allzu ichbezogenen Menschen.*
Vgl.: → -ist.

subversive Elemente
(meist Mehrzahl; zu lateinisch „subvertere" = umstürzen) *im politischen Sprachgebrauch für Aufrührer, Umstürzler.*
Vgl.: → Element, subversive Kräfte (schwächer).

Süchtling
abschätzig oder spöttisch für eine süchtige oder im übertragenen Sinne süchtige Person.
Vgl.: Eifersüchtling, → -ling, Selbstsüchtling.

Suckel
(eigentlich ein Ferkel; zu „suckeln", einer Intensivbildung zu „saugen") *oberdeutsches Schimpfwort für eine unreinliche Person, ein schmutziges Kind.*

Sudelkoch
(zu „sudeln" = pfuschen; etwas beschmutzen, bekleckern; weibliche Form: Sudelköchin) *landschaftlich abwertend für einen schlechten, unsauberen Koch.* Paracelsus nannte die Apotheker so.

Sudler (Sudeler)
abfällig für jemanden, der 1. pfuscht, schlechte Arbeit leistet. 2. Dinge beschmutzt, kleckert. 3. unsauber schreibt, schmiert.
Vgl.: → -ler, Sudel (selten).

Süffel (Söffel)
(zu „süffeln" = genüßlich, langsam trinken) *leicht abwertend für einen Trinker, Säufer.*
Vgl.: Söffer, Söffler (selten), Süffler, Süffling.

Suffkopp (Suffkopf)
landschaftlich für einen Säufer.
Vgl.: → -kopf (-kopp), → Saufkopp (Saufkopf).

Süffler = Süffel (Söffel)

Süffling = Süffel (Söffel)

Suffragette
(ursprünglich die Bezeichnung für die radikalen Frauenrechtlerinnen in Großbritannien zu Beginn des 20. Jahrhunderts; zu lateinisch „suffragium" = Stimmrecht) *veraltend abwertend für eine Frauenrechtlerin; Emanze.* Hartmut Geerken erlaubte sich gegenüber seiner Schriftstellerkollegin Ginka Steinwachs, die in ihrer Poesie sehr oft Buchstabenvertauschungen einsetzt, das Spielchen: „Die Steinwachs ist eine Suffregatte."

Suitier
(französierende Bildung zu „Suite" in der alten Bedeutung „lustiger Streich") *landschaftlich veraltend für einen Luftikus, Possenreißer; Schürzenjäger.* Ein Gedicht von Adolf Stoltze in Frankfurter Mundart aus dem Jahr 1902:

„Un wann merr hie en Schwiddjeh sah
Der nix gemacht wie Schulde
So schickt mern nach Amerika
Un gab em hunnert Gulde."

Vgl.: Schwittjeh (übliche mundartliche Lautform).

Sülfmeister

(zu norddeutsch „sülf" = selbst; also ein Geselle, der sich selbst zum Meister ernannt hat) *norddeutsch veraltend für einen Pfuscher, nachlässigen Arbeiter.*

Sulle (Sulln)

(eigentlich eine Muttersau; zu „suhlen" = sich im Schlamm wälzen) *landschaftlich, besonders fränkisch und hessisch, für eine sehr schmutzige, meist weibliche Person.*

Sultan

(eigentlich ein islamischer Herrschertitel) *jugendsprachlich salopp, auch abschätzig für 1. den festen Freund eines Mädchens. 2. einen Geldprotz.*

Sülzer

(zu „Sülze" als etwas Schwabbeligem, Haltlosem) *vorwiegend jugendsprachlich für jemanden, der substanzlos und läppisch daherredet.*

Vgl.: Alka-Sülzer (Wortspiel zu „Alka-Selzer"-Tabletten), → Dummsülzer.

Sülzkopp (Sülzkopf)

vorwiegend jugendsprachlich für einen Quatschkopf, Dummschwätzer.

Vgl.: → -kopf (-kopp), Sülzheini, Sülznase.

Sumper

(zu mundartlich „sumpern" = langsam arbeiten) *österreichisch für einen Spießer, Banausen.*

Vgl.: Bachsumper (Dummkopf), Sumperer (auch: Bettler).

Sumpfblüte

(bezieht sich auf den sprichwörtlichen Sumpf der Großstadt) *eine sittlich verkommene Person; Prostituierte.* „Sie sind eine Sumpfblüte!" warf Herbert Wehner dem CDU-Abgeordneten Wohlrabe 1976 an den Kopf. Der SPIEGEL umschrieb 1994 die extreme politische Rechte Deutschlands als ein „Biotop der braunen Sumpfblüten".

Vgl.: → Blüte, Sumpfpflanze.

Sumpfhuhn

(eigentlich eine sumpfbewohnende Ralle) *scherzhaft, auch abwertend für einen Menschen, der ein liederliches Leben führt, die Nächte durchzecht.* 1899 stellte Germanicus in DER SOZIALISMUS UND DIE FRAU den „soliden und gesunden" Frauen „die Sumpfhühner" gegenüber, die ihren Kindern nicht selten die sittlichen Schwächen vererben.

Vgl.: → Huhn, Sumpfhenne.

Sumpfralle

(Zu den Rallen, einer Familie der kranichartigen Vögel, gehört auch das Sumpfhuhn) *jugendsprachlich abfällig für ein unschönes, unangenehmes Mädchen.*

Sumser

(zu „sumsen" = summen, brummen; nörgeln) *österreichisch abschätzig für einen brummigen, nörgelnden Menschen.*

Sündenbock

(ursprünglich ein Bock, der nach altjüdischem Ritus in einer symbolischen Handlung mit den Sünden des Volkes beladen und danach „in die Wüste geschickt" wurde) *ein Mensch, dem man die Schuld zuschiebt, der für die Sünden anderer büßen muß; früher auch für einen schlimmen Sünder.*

Vgl.: → Bock, → -bock.

Sünder

mehr oder weniger abwertend für einen Menschen, der eine oder viele Sünden begangen hat; der ein Gesetz übertritt, eine Vorschrift nicht befolgt; Missetäter: ein verstockter, reuiger Sünder.

Vgl.: → alter Sünder, armer Sünder, hartgesottener Sünder, Sündenaas (veraltet).

-sünder

eine ganze Reihe relativ junger Wörter und Neubildungen, mit denen jeweils ein Mensch gerügt oder gescholten wird, der gegen Gesetze, Vorschriften oder moralische Gebote verstoßen hat. Die Wörter entstammen fast ausschließlich den Bereichen Straßenverkehr und Umweltschutz.

Vgl.: Abfallsünder, Abstandsünder (fährt dicht auf), → Alkoholsünder, Ampelsünder, → Armesünder (Armsünder), → Auffahrsünder, Autosünder, → Dopingsünder, Embargosünder (selten), Energiesünder, Klimasünder, Lärmsünder, Ökosünder, → Parksünder, → Promillesünder, → Rotlichtsünder (Rotsünder), → Steuersünder, → Temposünder, → Umweltsünder, → Verkehrssünder.

Sünderin
die weibliche Form von → Sünder, aber auch eine veraltete Bezeichnung für eine leichtlebige Frau oder eine Prostituierte. Aufsehen erregte 1951 der Spielfilm DIE SÜNDERIN mit Hildegard Knef.

Super-
(aus lateinisch „super" = oben, über) *die wahrscheinlich produktivste Abwertungsvorsilbe der deutschen Sprache.* Die Möglichkeiten zu Gelegenheitsbildungen sind schier unbegrenzt. Erreicht wird eine emotionale Verstärkung des Grundwortes bei meist spöttisch-ironischer Verwendung.
Vgl.: Superarsch, Superdemokrat (selten), Superidiot, Superkluger (Besserwisser).

„Supermann"
(ins Deutsche übersetzt nach dem Titelhelden einer amerikanischen Serie von Bildergeschichten, die auch verfilmt wurden) *ironisch für einen besonders tollen bzw. hochgelobten Mann, einen Alleskönner.* „PDS-Supermann Gregor Gysi" (FRANKFURTER RUNDSCHAU).
Vgl.: → -mann.

Suppenhenne
abfällig für eine (ältere) Frau, oft als „alte Suppenhenne".
Vgl.: → Henne.

Suppenhuhn
(eigentlich ein großes, älteres Huhn, das gekocht wird) *abfällig für 1. eine (unangenehme) Frau. 2. eine einfältige, dumme Person.*
Vgl.: → Huhn.

Suppenkasper
(nach der Gestalt des „Suppenkaspar" aus Heinrich Hoffmanns Kinderbuch STRUWWELPETER) *scherzhafter Tadel für einen Menschen, der Suppe verschmäht oder überhaupt (zu)wenig ißt.* Meist ist ein Kind damit gemeint. Daß man das Wort auch als allgemeines Schimpfwort verwenden kann, zeigte das deutsche Tennis-As Michael Stich. Bei den US-Open von 1993 titulierte er seinen Gegner, den Schweden Hendrik Holm, als „Suppenkasper". Er hatte nämlich in der ersten Runde gegen ihn verloren.
Vgl.: → Kasper.

Surm, der
österreichisch für einen Dummkopf oder Flegel.
Vgl.: Surminger (wienerisch).

Suse
(wohl verkürzt aus Wörtern wie „Heulsuse") *abfällig für eine träge, weinerliche, unachtsame (weibliche) Person.*

-suse
Grundwort vieler alter Schimpf- und Tadelwörter für ein (kleines) Mädchen, das sich falsch oder unerwünscht verhält; selten zu Erwachsenen gesagt.
Vgl.: Babbelsuse, → Brummsuse, Flennsuse, → Heulsuse, Labersuse, Mährsuse, → Nölsuse, → Plärrsuse, Quackelsuse, Schlafsuse (selten), → Tränensuse, → Transuse, Tratschsuse, → Traumsuse, Trödelsuse, Zappelsuse.

Süßer
spöttisch für 1. einen Schmeichler, Schöntuer. 2. einen Homosexuellen.
Vgl.: süßer Junge (Homosexueller).

Süßholzraspler
(eigentlich einer, der die süß schmeckenden Wurzeln eines Süßholzstrauches raspelt) *abschätzig für jemanden, der schmeichlerisch redet, anderen, vor allem Frauen, schöntut, ihnen Komplimente macht.*
Vgl.: → -ler.

Süßling
veraltet für einen süßlichen, überfreundlichen Menschen; Schmeichler.
Vgl.: → -ling, Süßtuer.

Süßmaul
salopp, auch leicht abwertend für jemanden, der gerne Süßes ißt.
Vgl.: → -maul, Süßenberger (selten).

Süßwassermatrose
scherzhaft, auch spöttisch für einen Binnenschiffer.

Sybarit
(eigentlich ein Einwohner der antiken Stadt Sybaris. Die wohlhabenden Sybariten waren als Schwelger und Schlemmer verrufen) *bildungssprachlich veraltet für einen Schlemmer.*

Sykophant
(von griechisch „sykophantes" = Feigenanzeiger, nämlich ein Aufpasser, der das Ausfuhrverbot für Feigen aus Attika zu überwachen hatte) *bildungssprachlich veraltet für einen Verräter, Verleumder.*

Sympathisant
(zu „sympathisieren") *oft abwertend für jemanden, der mit einer (extremen) politischen Gruppe oder Idee sympathisiert, sie gutheißt oder unterstützt; Terroristenfreund.* Der diffuse Terminus nahm in der Zeit des Linksterrorismus in Deutschland den Charakter eines abqualifizierenden Feindwortes an und war fast immer gegen linke oder für links gehaltene Intellektuelle gerichtet. Heinrich Böll etwa war immer wieder dem Vorwurf ausgesetzt, er sei Sympathisant der RAF. Als 1994 der Schriftsteller Stefan Heym für die PDS in den Deutschen Bundestag einzog, war er für die DDR-Bürgerrechtlerin Bärbel Bohley ein „SED-Sympathisant".
Vgl.: RAF-Sympathisant.

Sympi
verniedlichende jugendsprachliche Verkürzung von → Sympathisant.

Syndikat = Verbrechersyndikat

Systemveränderer
(„System" im Sinne von „Regierungsform, Gesellschaftssystem"; weibliche Form: Systemveränderin) *meist abwertend für jemanden, der das System (gewaltsam) verändern will.*

T

Porz Arsch

Tachinierer
in Bayern und Österreich für einen Faulpelz, Drückeberger.

Tageblatt (Tagblatt)
(eigentlich ein veraltetes Wort für eine Tageszeitung) *landschaftlich abfällig für eine klatschsüchtige (weibliche) Person.*
Vgl.: Ortsblättchen (hessisch), Tagblättchen, Zeitungsblättchen.

Tagedieb (Tagdieb)
(eigentlich jemand, der „dem lieben Gott den Tag stiehlt") *Faulenzer, Müßiggänger, Nichtstuer.* Über die Mühen des Tagediebes berichtet ein Epigramm von Oscar Blumenthal (1852 – 1917):

„Kein Tagedieb wird überdrüssig,
Sich abzuhasten um ein Nichts:
Sie gehn ein ganzes Leben müßig –
Im Schweiße ihres Angesichts."

Vgl.: → Dieb.

Tagelöhner
oft geringschätzig für einen Arbeiter, der im Tagelohn arbeitet; jemand, der keinen ordentlichen Beruf hat.

Tagträumer
meist spöttisch für jemanden, der Wunschträumen nachhängt (anstatt zu handeln).
Vgl.: → Träumer, Wachträumer.

Tändler (Tändeler)
(zu „tändeln" = spielen, scherzen; flirten) *landschaftlich leicht abwertend für einen Menschen, der 1. langsam, umständlich arbeitet. 2. gerne schäkert, flirtet.*
Vgl.: → -ler, → Schmähtandler, Tandler (Nebenform).

Tangojüngling
Spottwort für einen modisch-geckenhaften, adretten, weichlichen jungen Mann.
Vgl.: → Jüngling, → -ling, Tangobubi.

Tante
(wohl ausgehend von der kindlichen Anrede für auch unbekannte Frauen) *1. besonders jugendsprachlich geringschätzig, distanziert für eine nicht mehr junge, wenig sympathische Frau: eine seltsame, altmodische Tante. 2. abwertend für eine Tunte, einen Homosexuellen mit femininem Auftreten.*
Vgl.: alte Tante, → komische Tante, → Onkel, → Tunte.

-tante
Zusammensetzungen dieser Art sind leicht abwertend oder spöttisch. Etwa die Hälfte betrifft den Bereich „Schwatzen, Tratschen".
Vgl.: Emanzipationstante, → Faseltante, Flenntante (selten), → Fummeltante, Gibbeltante (kichert), → Jammertante, → Kaffeetante, → Klatschtante, Klimpertante (spielt Klavier), Labertante, → Märchentante, → -onkel, → Quasseltante, Quatschtante, → Ratschtante, Reisetante, → Sabbeltante, → Schwatztante, Sozialtante (selten), → Tratschtante, Wackeltante (Straßenmädchen).

Tanzbär
(eigentlich ein dressierter Bär, der auf Jahrmärkten o.ä. tanzähnliche Bewegungen ausführt) *spöttisch für einen ungeschickten, tolpatschigen Menschen.*
Vgl.: → Bär.

Tapergreis = Tattergreis

tapezierte Latte
spöttisch für einen herausgeputzten, auffällig gekleideten, langen, dünnen Menschen.
Vgl.: → lange Latte, → Latte.

Tappe, der (die)
(zu „tappen“ = schwerfällig gehen) *ein unbeholfener, „täppischer“ Mensch; Tölpel.*

Tappschädel
landschaftlich für einen ungeschickten, dummen Menschen.
Vgl.: → -schädel.

Taps
(zu mittelhochdeutsch „tape“ = Tatze, Pfote) *abwertend für einen ungeschickten, plumpen Menschen, ein tolpatschiges Kind.*
Vgl.: Dabbes (häufige mundartliche Lautform), Hans Taps, Tappel (Verkleinerungsform), Tapper (männliche Nebenform), Taps ins Mus.

Tartüff
(nach der Hauptfigur eines Lustspiels des französischen Dichters J.-B. Molière) *bildungssprachlich für einen scheinheiligen Menschen, Heuchler.* In THE PICTURE OF DORIAN GRAY (1890) bezeichnete Oscar Wilde provokativ England als Tartüffs Lieblingsland: „... Tartuffe has emigrated to England and opened a shop.“

Tarzan
(nach dem Helden der Abenteuerromane des amerikanischen Schriftstellers E.R. Burroughs, 1875 – 1950, einem unter den Tieren des Dschungels aufgewachsenen Weißen mit außergewöhnlichen Körperkräften) *leicht spöttisch oder abschätzig für einen muskelbepackten Kerl (mit Macho-Allüren).*
Vgl.: Reservetarzan (abfällig), Schmalspurtarzan, → Spargeltarzan.

Tasche
(aus der Jägersprache übernommen, wo das Wort das Geschlechtsorgan des weiblichen Tieres bezeichnet) *abfällig für eine geschwätzige oder liederliche Frau.*
Vgl.: alte Tasche, → Labertasche, Maultasche (Schwätzerin), → Plappertasche, → Plaudertasche, Sabbeltasche, Schnattertasche.

... im Taschenformat
(eigentlich klein, handlich bei Büchern, Telefonen o.ä.) *spöttisch-ironische Bezeichnung für eine Person, die jemandem ein wenig ähnlich ist, die jemanden nachahmt, aber nur einen Abklatsch, sozusagen eine verkleinerte Ausgabe darstellt.*
Vgl.: Casanova im Taschenformat, Napoleon im Taschenformat, → Westentaschenformat- (... im Westentaschenformat).

Taschenspieler
(eigentlich ein fingerfertiger Zauberkünstler) *abschätzig für einen Gaukler, einen Menschen, der etwas vorspiegelt, andere täuscht.* „Sie halten George für einen großen Dichter. Ich für einen großen Taschenspieler.“ (Joseph Roth). Herbert Wehner fuhr 1982 den Abgeordneten Abelein von der CDU/CSU-Fraktion an: „Nehmen Sie wenigstens die Hand aus der Tasche! Sie Taschenspieler!“
Vgl.: → Spieler.

Tasse s. trübe Tasse

Tastenhengst
scherzhaft-spöttisch für einen Klavierspieler, Pianisten.
Vgl.: → Hengst, → -hengst, Tastenkitzler (selten), Tastenklopfer, Tastenlöwe (schwächer).

Tater
(eigentlich ein Tatar oder ein Zigeuner) *norddeutsch für 1. einen Landstreicher, Herumtreiber. 2. einen Schwätzer.*

Tätscheler (Tätschler)
(schallnachahmend zu klatschenden Geräuschen) *abschätzig für einen Mann, der (plump und zudringlich) Mitmenschen, vor allem Mädchen und junge Frauen, anfaßt.* In der Presse ist des öfteren von „Busengrapschern und Popotätschlern“ die Rede.
Vgl.: → -ler, Tätschelgreis (selten).

Tattedl = Thaddädl

Tatterer = Tattergreis

Tattergreis
(zu „tattern“ = zittern) *abschätzig für einen zittrigen, senilen alten Mann.*
Vgl.: alter Tattergreis, → Greis, Tapergreis, Tatter (Nebenformen), Tatterer, Tattermann (fränkisch), → Wackelgreis, → Zittergreis.

Tatterich
(ursprünglich studentensprachlich für das Zittern der Hände nach einem Besäufnis) *alter, gebrechlicher, zittriger Mensch, besonders ein Mann.*
Vgl.: Datterich (häufigste Lautform), → -erich (-rich), Tatterheini (selten).

taube Nuß
(eigentlich eine hohle Nuß) *abfällig für 1. einen dummen, langweiligen Menschen. 2. einen Versager; einen, mit dem nichts anzufangen ist. 3. einen Schwerhörigen.*
Vgl.: hohle Nuß, → Nuß, taubes Ei.

Taufscheinchrist
(Wortspiel mit „Taufschein" und „Scheinchrist") *leicht abwertend für eine Person, die zwar getauft ist, im übrigen aber dem kirchlichen Leben fernsteht*
Vgl.: → Namenchrist, → Scheinchrist.

Taugenichts
(Zusammenrückung aus „Ich tauge nichts") *ein leichtsinniger, liederlicher (junger) Mensch, Nichtsnutz.* Viel taugt auch der folgende Stammbuchvers nicht:

„Was eine Nessel wird, brennt bald.
O die Erfahrung sprichts:
Wer jung nichts tauget, der ist alt
gewiss ein Taugenichts."

Täuscher
jemand, der andere täuscht, irreführt; Betrüger.
Vgl.: → Roßtäuscher.

Tausendkünstler
(eigentlich jemand, der tausend Künste beherrscht; ursprünglich auch eine der vielen verhüllenden Bezeichnungen für den Teufel) *scherzhaft, oft abschätzig für jemanden, der geschickt ist, vieles kann und sich immer zu helfen weiß.*

Tausendsassa
(„tausend" als häufige Verstärkung in Flüchen und Ausrufen sowie „sa sa", ein alter Hetzruf für Hunde) *oft abwertend für einen tüchtigen, vielseitig begabten, auch leichtsinnigen Menschen; Teufelskerl, Draufgänger.* In Schillers KABALE UND LIEBE aus dem Jahr 1784: „So ein vertrackter Tausendsasa!"

Technokrat
(aus englisch-amerikanisch „technocrat", zu griechisch „kratein" = herrschen) *abwertend für jemanden, der die Vorherrschaft der Technik vertritt oder nur die technischen Abläufe, das Funktionieren sieht.*
Vgl.: → -krat, Machttechnokrat (selten).

Teekessel
veraltet für eine dumme, tölpelhafte Person.

Teenager-Spätlese
(von den vollreifen Trauben einer späten Weinlese übertragen) *spöttisch 1. vor allem aus der Sicht von Jugendlichen für ältere (sich jugendlich gebärdende) Menschen. 2. für eine junge Frau.*
Vgl.: Barockteenager, später Teenager, → Spätlese, Teenager-Spätausgabe, verspäteter Teenager (selten).

Teenie-Bopper
(zu „Teenager" und „Bebop" = Jazz- und Tanzstil der 40er Jahre) *jugendsprachlich geringschätzig für einen (weiblichen) Teenager, der zu einem Bestandteil der Discomode geworden ist.*

Teepott
(eigentlich norddeutsch für einen Teekessel, Teetopf) *in Norddeutschland selten für einen tapsigen, dummen Menschen.*
Vgl.: → -pott.

Teigaffe
(Herkunft unklar; vielleicht zuerst ein Backwerk in Form eines Affen) *landschaftlich weit verbreitet 1. für einen eingebildeten, läppischen Menschen. 2. als Berufsspott für den Bäcker.*
Vgl.: → Affe, Teigbrunzer (fränkisch: Bäcker), Teigschuster (wienerisch: Bäcker).

Telemuffel = Fernsehmuffel

Tellerlecker
mehr oder weniger abwertend für einen Feinschmecker; Schmarotzer. Schon Luther galt

das Ablecken des Tellers als Eigenart des Bettlers, der damit seine Dankbarkeit beweisen möchte. Bei Johann Carl Wezel (1747 – 1819) heißt es recht drastisch: „... so ein geputzter grinsender Tellerlecker, der um die Vornehmen herumkriecht und ihnen den Dreck von den Händen küßt", und Franz Grillparzer schrieb 1837 den Vierzeiler:

„Halt dich entfernt, teil dich nicht
Jedem mit,
Und flieh die Schwätzer, Lungrer,
Schmecker,
Sieh nur, es ist ein kleiner Schritt
Vom Teller- bis zum Speichellecker."

Vgl.: → Lecker, → Pottlecker (Pottlicker), Tellerschlecker.

Temperamentsbolzen
oft spöttisch oder geringschätzig für einen (übertrieben) temperamentvollen Menschen; ironisch auch für das krasse Gegenteil.
Vgl.: → Bolzen, → -bolzen, Energiebolzen.

Temposünder
kaum abwertend für einen Verkehrsteilnehmer, der schneller als erlaubt fährt.
Vgl.: → Sünder, → -sünder, → Verkehrssünder.

Tepp = Depp

Terrible simplificateur, der
(aus gleichbedeutend französisch; wörtlich: „schrecklicher Vereinfacher") *bildungssprachlich selten für jemanden, der auf unzulässige Weise vereinfacht.*

Terrorbande (Terroristenbande)
eine Bande, die Terrorakte verübt; auch für Leute, denen man so etwas zutraut, deren Taten dem gleichkommen.
Vgl.: → Bande, → -bande.

Terrorist
jemand, der Terror ausübt (um bestimmte, vor allem politische Ziele zu erreichen); auch als politisches Feindwort oder allgemein für einen Menschen, der Schrecken hervorruft. Die Grünen wurden im Deutschen Bundestag nicht selten als Terroristen beschimpft. In einem ZEIT-Interview (Januar 1995) sagte Hans Magnus Enzensberger über seine Schulzeit: „Die Lehrer an meiner Schule waren Terroristen gewesen."
Vgl.: Errorist (Wortspiel: einer, der schreckliche Fehler macht), → -ist, Konsumterrorist (selten), Linksterrorist, Staatsterrorist.

Teufel
von der Verkörperung des Bösen, dem Widersacher Gottes, auf den Menschen übertragen für einen höchst bösartigen, grausamen, heimtückischen Menschen; oft aber harmloser für ein wildes Kind, einen tollkühnen oder einen raffinierten, durchtriebenen Kerl. Der Zukunftsforscher Robert Jungk sagte über die Atomexperten (ZEIT, März 1978): „Wir glauben diesen Experten nicht mehr. Da sitzen sie mit ihren korrekten Hemden und Anzügen im Hilton und diskutieren. In Wahrheit sind sie die Teufel von heute." Der österreichische Publizist Günther Nenning hat dagegen in dem stramm konservativen Politiker Jörg Haider einen „rechten Gottseibeiuns" ausgemacht (SONNTAGSBLATT, Oktober 1995).
Vgl.: → armer Teufel, Deibel, Deiwel, Deixel (mundartliche Entstellungen des Teufelsnamens), → Deubel, Diable (Bösewicht), → Diabolus (Diabolos), → Düwel, Jan-Düwel (norddeutsch), → kleiner Teufel, → leibhaftiger Teufel, närrischer Teufel (verrückter Kerl), → Satan.

-teufel
abfällige Bezeichnungen für Personen, die in einer bestimmten Hinsicht schlimm sind. Von den etwa 40 verschiedenen „-teufeln", die als Personifizierungen negativer Eigenschaften des Menschen durch Martin Luthers Schriften geistern, werden viele als Schimpfwörter verwendet.
Vgl.: → Eheteufel, Erzteufel, → Feuerteufel, → Geizteufel, → Hausteufel, Hochmutsteufel, Hundsteufel, Modeteufel, Neidteufel, → Putzteufel, Raffteufel, → Reißteufel, Rußteufel (schmutzig), Schreiteufel (schreiendes Kind), → Spielteufel, Sprühteufel (selten), → Weibsteufel, Wühlteufel, → Zankteufel, Zornteufel (selten).

Teufel in Menschengestalt
ein äußerst gemeiner, niederträchtiger Mensch.
Vgl.: Satan in Menschengestalt.

Teufelchen

ein → kleiner Teufel, ein boshaft-übermütiges Kind.

Vgl.: → -chen (-lein).

Teufelin

1. ein sehr bösartiges, grausames Weib. 2. selten und kaum abwertend für eine besonders temperamentvolle Frau.

Teufelsanbeter

vor allem früher verächtlich für jemanden, der den Teufel anstelle von Gott anbetet. Ein solcher Vorwurf kam in der Zeit der Inquisition fast schon einem Todesurteil gleich.

Vgl.: → Anbeter, Teufelsbeschwörer, Teufelsbündner, Teufelsdiener (beides veraltet), Teufelsverehrer.

Teufelsbraten

1. ein boshafter, heimtückischer Mensch. 2. auch anerkennend für einen Draufgänger, tollkühnen Kerl. 3. landschaftlich auch anerkennend für ein temperamentvolles, raffiniertes, auch leichtsinniges Mädchen.

Vgl.: → Höllenbraten, → Satansbraten.

Teufelsbrut

veraltendes Schimpfwort für übles Pack, Gesindel.

Vgl.: → Brut, → -brut, → Höllenbrut, → Satansbrut, Teufelsgezücht (veraltet).

Teufelskerl

(Die Wertung ist ambivalent, die Anerkennung oft widerwillig. Wie alle Könner und vom Glück begünstigten Menschen stand der „Teufelskerl" stets im Verdacht, mit dem Teufel zu paktieren) *1. Draufgänger, waghalsiger Kerl. 2. raffinierter, gerissener Mensch. 3. veraltet für einen Bösewicht, der „des Teufels ist".*

Vgl.: → Kerl, → Satanskerl.

Teufelsmensch, das

eine unverträgliche oder aber gewandte, raffinierte weibliche Person, oft ein Mädchen.

Vgl.: → Mensch.

Teufelsweib

1. eine bitterböse, hundsgemeine Frau. 2. halb anerkennend für ein „verteufelt" geschicktes, tüchtiges Weib.

Vgl.: → Satansweib, Teufelsmädel, → Weib, → -weib.

Teutone

(von lateinisch „Teutoni" = Germanen; weibliche Form: Teutonin) *ein typischer, für typisch gehaltener Deutscher.* Im SPIEGEL (Dezember 1976) erkennen wir „das herkömmliche Bild, das sich viele Briten vom monokelbewehrten, dickbäuchigen, schmißverzierten Teutonen machen".

Thaddädl

(eigentlich eine mundartliche Verkleinerungsform des Vornamens Thaddäus; nach einer Hanswurst-Figur des alten wienerischen Theaters) *österreichisch und bayrisch für einen einfältigen, läppischen Menschen.*

Vgl.: Dädl, → Dödel, Tattedl (orthographische Variante).

Theatraliker

(zu „Theater") *bildungssprachlich abschätzig für einen Menschen mit gespreiztem, pathetischem Gehabe.*

Thomas s. ungläubiger Thomas

Thronräuber

jemand, der widerrechtlich und gewaltsam den Thron an sich reißt, die Macht ergreift.

Vgl.: → Räuber, → -räuber, → Usurpator.

Thusnelda

(nach Thusnelda, der Gattin des Cheruskerfürsten Arminius, die im Jahr 15 n.Chr. den Römern ausgeliefert und schließlich eine Hure der gehobenen Gesellschaft Roms wurde) *vorwiegend jugendsprachlich salopp abwertend für 1. eine Ehefrau, Freundin. 2. eine komische, unbedarfte Frau.*

Vgl.: → Tussi.

Tiefflieger = geistiger Tiefflieger

Tiefkühltruhe
vom Gefrierschrank auf den Menschen übertragen für einen gefühlskalten Menschen, besonders eine frigide Frau.
Vgl.: Eisschrank, Kühlschrank, Tiefkühl-Blondine (beides selten).

Tiefstapler
(zu „tiefstapeln", das als Gegenbegriff zu „hochstapeln" um 1920 aufkam) *oft leicht abwertend für jemanden, der eigene Fähigkeiten und Leistungen herunterspielt, der diesbezüglich untertreibt.* Meist ist eine bestimmte Absicht damit verknüpft, wie in dem Beispiel, das 1932 die BERLINER ZEITUNG AM MORGEN wählte: „Ein Tiefstapler, was sehr Modernes, ist z.B. ein Graf, der sich um Mammons Willen für einen Pseudo-Grafen ausgibt."
Vgl.: → Hochstapler, → -ler.

Tier
abfällig für einen rohen, gewalttätigen, triebhaften Menschen; oft in Verbindung mit einem Adjektiv: ein armes, blödes, faules, reißendes Tier.
Vgl.: dummes Tier, → gutes Tier, → hohes Tier (großes Tier), → Viech, → Vieh, → wildes Tier.

-tier
mehr oder weniger abwertende oder spöttische Bezeichnungen für Personen mit bestimmten „tierischen" Eigenschaften oder Eigenarten.
Vgl.: → Arbeitstier, Beuteltier (selten: Mann), → Borstentier, → Dusseltier, → Faultier, → Gewohnheitstier, → Herdentier, → Murmeltier, → Muttertier, Raubtier, → Schlaftier, → Stinktier, → Trampeltier, → Tränentier, → Untier, → Wundertier.

Tierquäler
ein roher Mensch, der Tiere mißhandelt oder verkommen läßt.
Vgl.: Menschenquäler (selten), → Quäler, Tierschinder (verstärkt).

Tierschinder = Tierquäler

-tiger
(wohl zu „tigern", nach dem rastlosen Hin- und Herlaufen des Tigers im Käfig) *spöttische Bezeichnungen vorwiegend für Personen, die in der Öffentlichkeit, bei Gesellschaften zugegen und zugange sind, „herumtigern".*
Vgl.: Besichtigungstiger, Kaffeehaustiger, Kaffeetiger (selten), → -löwe, Mehlspeistiger (österreichisch: liebt Mehlspeisen), → Papiertiger, Partytiger, → Premierentiger, Salontiger, Schlappentiger (rheinhessisch: Schlampe), → zahnloser Tiger.

Tille (Tilla)
(kurz für Vornamen wie Mathilde; vielleicht auch zu „Tülle" = Röhre, Öffnung mit Anspielung auf das weibliche Geschlechtsorgan) *abfällig für 1. eine Frau, ein Mädchen. 2. eine Prostituierte, liederliche Frau.*
Vgl.: Tülle (Nebenform).

Tintenkleckser
abfällig für einen schlechten Schriftsteller, Journalisten; seltener für jemanden, der in einem Büro arbeitet. „... jeder Tintenklexer hält sich berufen, die Sprache zu verbessern. Am unverschämtesten treiben es die Zeitungsschreiber ..." (Arthur Schopenhauer).
Vgl.: → Kleckser.

Tintenkuli
(vor der Erfindung des Kugelschreibers; soll 1891 von Maximilian Harden geprägt worden sein) *verächtlich für Schriftsteller, Journalisten oder Büromenschen, vor allem für Lohnschreiber.* In Karl Bleibtreus VERROHUNG DER LITERATUR von 1903 ist ironisch von „des Verlegers gehorsamem Tintenkuli" die Rede.
Vgl.: → Kuli.

Tintenpisser
derb abwertend für einen Büroangestellten, Beamten oder einen Literaten.
Vgl.: → Pisser, Tintenbrunzer (oberdeutsch), Tintenscheißer.

Tippelbruder
(zu „tippeln" = gehen, wandern) *Landstreicher, Penner.*
Vgl.: → Bruder, → -bruder, Tippelschwester.

Tippelschickse
(früher eine allgemeine Bezeichnung für ein Mädchen auf Wanderschaft, Vagabundin) *1. ein Straßenmädchen, liederliches Mädchen. 2. selten für eine Landstreicherin, Pennerin.*
Vgl.: → Schickse (Schicksel), Tippelmädchen, Tippelmieze, Tippelschwester (Landstreicherin).

Tippler
besonders wienerisch für einen Herumtreiber, Bettler oder Spieler.
Vgl.: → Biertippler, → -ler, Weintippler.

Tippse
(zu „tippen" = maschineschreiben) *meist geringschätzig für eine Schreibkraft, Sekretärin.*
Vgl.: Tippfräulein (kaum abwertend), Tippmamsell, Tippmieze (selten).

Titeljäger
seltene abschätzige Bezeichnung für jemanden, der übertriebenen Wert auf Titel legt, hinter Titeln her ist.
Vgl.: → -jäger, Titelnarr, Titelsüchtiger (selten).

Titte
(eigentlich derb für die weibliche Brust) *1. derb abwertend für eine Frau, ein Mädchen. 2. ein Versager, lascher Kerl.* Der „Schleifer Fajfr", so die ZEIT (Oktober 1995) über den Stuttgarter Eislauftrainer Karel Fajfr, soll „fette Sau" und „Titte" nach der Nachwuchsläuferin Nadine P. gerufen haben, als das zarte Mädchen begann, weibliche Formen zu entwickeln.
Vgl.: → linke Titte.

Tobsüchtiger
selten für einen tobsüchtigen, ungezügelt wütenden Menschen.

Tochter Evas = Evastochter

Tod auf Urlaub = Leiche auf Urlaub

Toffel (Töffel)
(kurz für „Christoph" oder „Christoffel") *besonders norddeutsch leicht abwertend für einen einfältigen, unbeholfenen Menschen.* „Hansen gilt's, Töffeln trifft's!" lautet eine Weisheit aus Norddeutschland.
Vgl: → Stoffel.

Toilettentieftaucher
jugendsprachlich für einen besonders dummen Menschen.

Töle, die
(eigentlich ein norddeutsches Schimpfwort für einen Hund) *verächtlich für 1. eine Frau, ein Mädchen. 2. eine Prostituierte, liederliche Frau.*

tolle Motte
salopp, auch geringschätzig für eine muntere (leichtlebige) junge Frau.
Vgl.: → kesse Motte, → Motte.

tolles Haus
oft abwertend für einen verrückten, überspannten Menschen.
Vgl.: tolles Huhn, Tollhaus (selten), verrücktes Haus.

Tollhäusler
(früher ein Insasse eines Tollhauses, Irrenhauses) *veraltet für einen Verrückten.* In der FACKEL bezeichnete Karl Kraus seinen Kaiser Franz Josef als „gekrönten Tollhäusler".
Vgl.: → Irrenhäusler, → -ler, → Narrenhäusler.

Tollkopf
ein Wirrkopf, einer mit närrischen Einfällen.
Vgl.: Dullkopp (norddeutsch), → -kopf (-kopp).

tollwütiger Hund
(eigentlich ein von Tollwut befallener Hund) *selten für einen niederträchtigen Kerl, völlig verrückten Menschen.*
Vgl.: → Hund, → -hund, toller Hund.

Tolpatsch
(von „Tolbatz", einem Spottnamen der ungarischen Infanteristen, die anstatt Schuhe nur mit Schnüren befestigte Sohlen trugen; zu ungarisch „talpas" = breitfüßig, unter Einfluß von „toll") *Schimpfwort für einen sehr ungeschickten, täppischen Menschen.*
Vgl.: → Patsch.

Tölpel
(aus mittelhochdeutsch „dörper, dörpel“ = Bauer, Dörfler) *Schimpfwort für einen unbeholfenen, plumpen, einfältigen Menschen.* „Wer leichtfertig Streiche verübt, der heißet ein Wildfang, / Wem sie mißlingen, der wird schicklicher ‚Tölpel‘ genannt“, unterschied August Wilhelm Schlegel.
Vgl.: → Bauerntölpel, Dorftölpel.

Tomate s. treulose Tomate

Tönnchen
scherzhaft, auch abschätzig für eine kleine dicke Person.
Vgl.: → -chen (-lein).

Tonne
abwertend für eine dicke (weibliche) Person. Über den gewichtigen Bündnisgrünen Joschka Fischer lästerte Guido Westerwelle (FDP): „Ökotonne“.
Vgl.: Dranktonne (Freßsack, Dicker), wandelnde Tonne.

Topf
jugendsprachlich veraltend für ein unschönes, plumpes Mädchen.
Vgl.: Nachttopf, → -pott, → Primeltopf, → Sauertopf (Sauerpott), Tüpfi (schweizerisch: Trampel).

Topfenneger
(zu österreichisch „Topfen“ = Quark) *in Österreich und Bayern scherzhaft-spöttisch für einen bleichen, nicht sonnen- oder solariengebräunten Menschen.*
Vgl.: → Neger.

Topfgucker
leicht abwertend für jemanden, der 1. neugierig in Kochtöpfe schaut, um zu sehen, was es zu essen gibt. 2. sich um Angelegenheiten kümmert, die ihn nichts angehen; Neugieriger.
Vgl.: → Dibbegucker, → Gucker, Guckindentopf (Satzwort), Hafengucker, → Häferlgucker (Haferlgucker), Pöttenkieker (norddeutsch), → Pottkieker, Töpfchengucker.

Topfkieker (Toppkieker)
(zu norddeutsch „kieken“ = schauen) *eine norddeutsche Entsprechung zum → Topfgucker.*
Vgl.: → Pottkieker.

Toppsau
(eigentlich eine sich suhlende Sau) *abfällig für 1. einen verwahrlosten, sittlich verkommenen Menschen. 2. eine Hure; nach Ernest Bornemann im Jargon der Zuhälter „die erfolgreichste Nutte im Stall“.*
Vgl.: → Sau, → -sau.

Tor, der
(weibliche Form: Törin) *in gehobener Sprache ein Narr, einfältiger, auch weltfremder Mensch: ein gutmütiger, armer, alter Tor.* „Wer eine Törin nimmt, der hat eine!“, lautet eine lapidare Erkenntnis, und aus Goethes FAUST I wird oft zitiert:

„Da steh ich nun, ich armer Tor!
Und bin so klug als wie zuvor.“

Johann Peter Uz (1720 – 1796) schrieb die Zeilen:

„Der Mensch, der aufgeblasne Thor,
Schreibt seinem Schöpfer Weisheit vor.“

Vgl.: Modetor, → reiner Tor, → tumber Tor.

Torfkopp (Torfkopf)
besonders norddeutsch für einen blöden Kerl, Dummkopf.
Vgl.: → -kopf (-kopp).

Torkel
(zu „torkeln“ = schwanken, taumeln) *landschaftlich, vor allem süddeutsch für einen dummen, ungeschickten Menschen.*
Vgl.: → Dergel.

Törtchen
jugendsprachlich abschätzig für 1. ein junges Mädchen. 2. ein flatterhaftes junges Mädchen.
Vgl.: → -chen (-lein), Nußtörtchen (hessisch: auch geziert).

Torte
ein oft abwertend gebrauchtes, veraltendes jugendsprachliches Wort für ein Mädchen oder eine junge Frau.
Vgl.: → Disko-Torte.

Toskana-Fraktion
(nach der „Toskana", einer mittelitalienischen, hügeligen Fremdenverkehrsregion und andererseits der Vorliebe deutscher Linksintellektueller um 1980 für diese Landschaft) *1. eine veraltete spöttisch-ironische Bezeichnung für manche frühere SPD-Linke oder -Halblinke der „Enkel"-Generation, allen voran Lafontaine, Schröder, Engholm. 2. im Sportjargon (veraltet?) für die deutschen Fußball-„Legionäre" beim AC Florenz.* In der ZEIT (Juli 1995) wurde als Neuauflage der (politischen) Toskana-Fraktion mit „linkem Hang zum leichten Lifestyle" eine „Mallorca-Fraktion" entdeckt bzw. erfunden. Der FOCUS präsentierte die scherzhafte Alternative „Toscaninis".

Totalitarist
(zu lateinisch „totalis" = gänzlich) *selten für einen Vertreter des Totalitarismus, Repräsentanten eines totalitären Regimes, einen Diktator.*
Vgl.: → -ist.

tote Hose
(meist abstrakt verwendet für „Langeweile, Mangel an Schwung, Betriebsamkeit"; wohl ursprünglich auf das Geschlechtsleben bezogen) *abfällig oder spöttisch für einen Versager, langweiligen Menschen; impotenten Mann.*

Totengräber der/des ...
(eigentlich jemand, der auf dem Friedhof Gräber aushebt) *abwertende, meist polemisch verwendete Bezeichnung für einen Vernichter, Zerstörer von Werten, Kulturgütern o.ä.* Mit Vorliebe wird die Floskel im politischen Hickhack eingesetzt. So war 1987 Heiner Geißler (CDU) für Franz Josef Strauß (CSU) ein oder gar der „Totengräber der CDU", und der deutsche Bundesgesundheitsminister Horst Seehofer wurde nach der „kostendämpfenden" Gesundheitsreform von 1993 aus den Reihen des Medizin-Establishments als „Totengräber der Ärzteschaft" verschrieen. In Peter Handkes PUBLIKUMSBESCHIMPFUNG dagegen sitzen lauter „Totengräber der abendländischen Kultur".
Vgl.: Totengräber der Demokratie, Totengräber der Kultur.

Totsch
(Nebenform zu „Tatze" im Sinne von „große, schwere Hand") *landschaftlich für einen plumpen, einfältigen Menschen.*
Vgl.: Dotsch (andere Lautform), → Linkstatsche, → Schlampertatsch, Tatsch (Nebenform).

Totschläger
jemand, der einen Totschlag begangen hat; äußerst brutaler, gewalttätiger Mensch.
Vgl.: → Schläger.

Trabant
(wohl aus tschechisch „drabant" = Leibwächter, Gefolge) *1. abwertend für einen völlig abhängigen, unselbständigen Begleiter einer einflußreichen Person. 2. scherzhaft, auch leicht abwertend für lebhafte Kinder, Rangen (meist in der Mehrzahl).* Peter Rühmkorf gab als Bedeutung des Wortes „Mitzügler" an.

Tramp
(aus gleichbedeutend englisch „tramp") *oft abschätzig für einen umherziehenden Taglöhner; Landstreicher.*

Trampel, der (das)
(rückgebildet aus „trampeln" = plump gehen, irgendwohin treten) *grobes Schimpfwort für eine plumpe, schwerfällige (weibliche) Person.* Im Jahr 1832, anläßlich der Geburt von Kronprinz Karl, so schreibt Thaddäus Troll in seinem schwäbischen Schimpfwörterbuch, habe eine Stuttgarter Bürgerin ein Transparent mit dem folgenden Vers ausgehängt:

„Ich alte Trampel
Henk au naus mei Ampel
Dem Kronprinz zu Ehren
Wer will es mir wehren?"

Vgl.: → Bauerntrampel, → Haustrampel, → Küchentrampel, Putztrampel, Trampelgunde, Trampelliese (beides selten).

Trampeltier
(eigentlich das zweihöckerige Kamel) *Schimpfwort für eine unbeholfene, unge-*

schickte Person. Eines der bekanntesten Wiegenlieder:

„Schlaf Kindlein schlaf
Deine Mutter ist ein Schaf
Dein Vater ist ein Trampeltier
Was kann das arme Kind dafür
Schlaf Kindlein schlaf."

Vgl.: → Tier, → -tier, Trampelvieh (selten).

Träne
ein langweiliger, wehleidiger, weichlicher Mensch: eine müde, trübe, die hinterletzte Träne.

Tränensuse
landschaftliche milde Schelte für ein heulendes (kleines) Mädchen, eine weinerliche Frau.
Vgl.: Flennsuse, → Heulsuse, → Suse, → -suse, Tränenliese.

Tränentier
1. weinerlicher Mensch. 2. jemand, der langweilig, träge, unaufmerksam ist.
Vgl.: → Tier, → -tier.

Tränentüte
eine langsame, energielose oder leicht weinende Person.
Vgl.: Tränensack, → Tüte (Tute).

Tranfunzel (Tranfunsel)
(eigentlich eine Lampe, bei der Tran als Brennstoff dient; übertragen auch eine trübe, schwache Lampe) *langweilig-schläfriger, geistig schwerfälliger, „traniger" Mensch.*
Vgl.: → Funzel, Tranflöte, Trankännchen (selten), Trankloß, Trankopp (norddeutsch), Tranlampe, Tranpott (nord- und westdeutsch).

Tranlampe = Tranfunzel (Tranfunsel)

Transuse
eine langweilige, langsame, geistig schwerfällige (weibliche) Person.
Vgl.: → Suse, → -suse, Tranliese.

Trantüte (Trantute)
(vielleicht ursprünglich eine Kindertrompete) *1. schlaffer, langweiliger Mensch. 2. eine wehleidige weibliche Person.*
Vgl.: → Tüte (Tute).

Tratsche
(schallnachahmend wie „klatschen") *Schimpfwort für jemanden, der Klatsch verbreitet, gehässig über andere redet; oft zu einer Frau gesagt.*
Vgl.: alte Tratsche, Quadrattratsche, Tratscher (männlich), Tratscherin (seltene weibliche Nebenform), Tratschmaul.

Tratschkathl
(zu „Katharina") *vorwiegend bayrisch für ein tratschsüchtiges Weib.*
Vgl.: → Ratschkathl, Tratschmirl (selten, bayrisch-österreichisch).

Tratschliese
landschaftlich abschätzig für eine tratschende, tratschsüchtige weibliche Person.
Vgl.: → Liese, → -liese, Tratschsuse.

Tratschtante
landschaftlich selten für eine tratschende, tratschsüchtige (ältere) Frau.
Vgl.: → Klatschtante, → Ratschtante, → Tante, → -tante, Tratschbase.

Tratschweib
abfällig für eine tratschende, tratschsüchtige Frau.
Vgl.: altes Tratschweib, → Klatschweib, → Ratschweib, → Weib, → -weib.

Trauerkloß
(ursprünglich aus der Soldatensprache) *scherzhaft, auch abschätzig für einen langweiligen, mißmutigen, wehleidigen Menschen.* „Team der Trauerklöße rehabilitiert sich", lobte die SÜDDEUTSCHE ZEITUNG (März 1994) in einer Schlagzeile, als der Fußballverein 1860 München einmal gewonnen hatte.
Vgl.: → Kloß, trauriger Kloß (selten).

Trauerweide
(eigentlich eine Weide mit herabhängenden Zweigen) *wehleidiger, oft mißgestimmter Mensch.*

Träumer
oft geringschätzig für jemanden, der seinen Gedanken nachhängt, die Wirklichkeit vergißt; Idealist.

Vgl.: Sozialträumer (idealistisch), → Tagträumer, Traumbold (veraltet), Traumflöte (langsam), Traumkloß, Traumtute (unaufmerksam), Wachträumer.

Trauminet
(Satzname zu „Ich traue mich nicht") *österreichisch für einen Feigling, verzagten Menschen.*
Vgl.: Trau-mich-nicht.

Traumsuse
eine verträumte, schwärmerische, unaufmerksame (weibliche) Person.
Vgl.: → Suse, → -suse, Traumliese.

Traumtänzer
spöttisch, auch abwertend für einen wirklichkeitsfremden, schwärmerischen Menschen, der Hirngespinste hegt. „Jetzt kommt der oberste Traumtänzer!" rief der Abgeordnete Mann von den Grünen 1986 im Deutschen Bundestag, als Kanzler Helmut Kohl als nächster Redner angekündigt wurde.

Travnicek
(tschechisch; nach einer Kabarettfigur) *österreichisch für einen absoluten Banausen, engstirnigen Kleinbürger.* „Es sind gerade die Travniceks, die Travnicek am liebsten zitieren." (DIE PRESSE, Januar 1979).

Trebegänger
(vermutlich aus dem Jiddischen) *auch abwertend für einen Jugendlichen, der aus einem Heim oder dem Elternhaus entwichen ist und sich (in Großstädten) herumtreibt; minderjähriger Stadtstreicher.*
Vgl.: Treber, Trebling (selten).

Treber = Trebegänger

Treiber
meist für einen → Antreiber; in manchen Mundarten auch abweichende Bedeutungen wie „Strolch, Zuhälter, Ausbeuter".
Vgl.: → Antreiber, → Bärentreiber, → Herumtreiber, → Hurentreiber, → Kameltreiber, → Ochsentreiber, → Preistreiber, → Rumtreiber, → Sautreiber, → Schnallentreiber, → Sklaventreiber.

Treibhauspflanze
(eigentlich eine Pflanze, die im Treibhaus gezüchtet oder gezogen wurde) *eine empfindliche, zartbesaitete (weibliche) Person.*
Vgl.: → Pflanze.

Trendler (Trendel)
(aus mittelhochdeutsch „trendelen" = wirbeln, sich drehen) *jemand, der langsam ist, herumtrödelt.*
Vgl.: → -ler.

Treppenterrier
scherzhaft-spöttisch für jemanden, der beruflich von Haus zu Haus, von Tür zu Tür laufen muß; Hausierer.

Treter
im Sportjargon abfällig für einen besonders unfairen Fußballspieler: ein übler Treter.
Vgl.: Balltreter.

treulose Tomate
(seit 1920; Herkunft unklar, vielleicht von den Tomaten anbauenden Italienern, die im 1. Weltkrieg als unzuverlässige Verbündete Deutschlands galten) *leicht abwertend für einen guten Bekannten oder Freund, der unzuverlässig ist, Zusagen oder Verabredungen nicht eingehalten hat oder sich lange nicht mehr hat blicken lassen.*
Vgl.: treulose Zwiebel (spielerische Abwandlung).

Treuloser
(weibliche Form: Treulose) *seltene pathetische Schelte für einen treulosen Mann.*

Trickser
abschätzig für jemanden, der mit allerlei (unfairen) Tricks arbeitet. „Theo, du bist der Obertrickser der Nation!" so 1990 der Abgeordnete Walther von der SPD zum deutschen Bundesfinanzminister Theo Waigel. Auf der anderen Seite steht das Millionenheer der „Steuertrickser".
Vgl.: Trickler (selten: Falschspieler).

Triebmensch
oft abwertend für einen Menschen, der nur seinen Trieben folgt, unbeherrscht ist.

Triefauge

spöttisch oder abschätzig für 1. eine Person mit triefenden Augen. 2. einen Langweiler, unsympathischen Menschen.

Vgl.: → -auge.

Triefel

(zu landschaftlich „triefeln" = dumm reden) *nord- und mitteldeutsch für eine langweilige, dümmliche Person.*

Triefnase

abschätzig für einen Menschen mit triefender Nase.

Trieler

(zu oberdeutsch „trielen" = geifern) *vorwiegend süddeutsch für 1. einen sabbernden Menschen. 2. eine schlaffe, unentschlossene Person.*

Trine

(Kurzform von „Katharina") *1. Schimpfwort für eine weibliche Person: eine blöde, alberne, liederliche, langweilige Trine. 2. abschätzig für einen Homosexuellen mit femininem Auftreten, eine Tunte. 3. veraltet für eine billige Hure.*

Vgl.: Bauerntrine, Betteltrine, dumme Trine, → faule Trine, → Fummeltrine, → Heultrine, Klatschtrine, olle Trine (berlinisch), Pimpeltrine, Quengeltrine, Rappeltrine (zappelig), Schmuddeltrine, Trödeltrine, Zappeltrine, Zimpertrine (selten).

Trinkbruder = Saufbruder

Trinker

auch abwertend für einen Menschen, der regelmäßig zuviel Alkohol zu sich nimmt; Trunksüchtiger: ein chronischer, starker, heimlicher Trinker. Schon Hans Sachs (1494 – 1576) zeigte sich angewidert:

> „O Trincker, wer dich nur thut sehen ...
> Stinckent, unlüstig, gröltzend und
> speyend".

Vgl.: → Gewohnheitstrinker, → Kampftrinker, notorischer Trinker, → Säufer, → Trinkbruder.

Trio

oft ironisch oder abschätzig für drei Personen, die gemeinsam in Erscheinung treten (und Straftaten begehen).

Vgl.: Gangstertrio, Gaunertrio, → Quartett, Quintett.

Tripstrill

(oft als fiktiver Ortsname; viele Nebenformen) *landschaftlich für einen langsamen, unbeholfenen, einfältigen Menschen.*

Tritschler

(zu „tritscheln" = tratschen; herumtrödeln) *besonders bayrisch für 1. jemanden, der tratscht. 2. einen langsamen, trödelnden Menschen.*

Vgl.: → -ler.

Trittbrettfahrer

(ursprünglich jemand, der auf dem Trittbrett von öffentlichen Verkehrsmitteln mitfährt, ohne zu bezahlen) *abfällig für jemanden, der von der Arbeit anderer profitiert, ohne selbst seinen Beitrag dafür zu leisten; gelegentlich auch für Arbeitnehmer, die nicht Mitglied einer Gewerkschaft, aber ebenfalls deren Nutznießer sind.* In einem Leserbrief an den SPIEGEL (Januar 1994) schimpfte ein katholischer Pfarrer über einen „Trittbrettfahrer des Evangeliums", nämlich den bekannten Kirchenkritiker Eugen Drewermann. Die Berliner TAZ dagegen klagte bitter über die vielen „Trittbrettleser", seit eine Reichweitenanalyse der Zeitung gezeigt hatte, daß 410 000 Lesern ganze 60 000 Käufer gegenüberstehen (ZEIT, Oktober 1995).

Trivialautor

geringschätzig für einen Verfasser anspruchsloser, meist minderwertiger und vorwiegend zur Unterhaltung bestimmter Literatur. Eine hübsche Kollegenschelte findet sich in Peter Handkes HORVÁTH UND BRECHT (1968): „Brecht ist, verglichen mit Autoren seiner Zeit, etwa William Faulkner und Samuel Beckett, sicherlich ein Trivialautor. Ich konnte ihn nie leiden ..."

Vgl.: Trivialschriftsteller.

Trivialschriftsteller = Trivialautor

Trödelfritze
Schelte oder Tadel für einen Mann, einen kleinen Jungen, der ständig trödelt; selten für einen Trödler, Trödelhändler.
Vgl.: → Fritze, → -fritze, Trödelhannes (selten), Trödelphilipp.

Trödelliese
langsame, ständig trödelnde weibliche Person.
Vgl.: → Liese, → -liese, Trödelsuse, Trödeltrine.

Trödler
jemand, der (ständig) trödelt, zu langsam ist.
Vgl.: → -ler.

Troglodyt
(aus griechisch „Troglodytai" = Höhlenbewohner) *bildungssprachlich veraltet für einen Menschen auf sehr niederer Kulturstufe, einen „primitiven Wilden".*

Tröler
(zu „trölen" = trödeln, verzögern) *schweizerisch oft abwertend für eine Person, die Prozesse o.ä. verzögert, verschleppt, in die Länge zieht.*

Troll
(eigentlich besonders in der nordischen Mythologie ein dämonisches Wesen, Unhold) *landschaftlich für einen groben, plumpen Menschen; Tölpel.*
Vgl.: → Trulla (Trulle).

Trollo
ein Trottel, Dummkopf.

Trommler
abschätzig für einen Menschen, der lautstark für etwas wirbt, Propaganda treibt.
Vgl.: Werbetrommler.

Tropf
(zu „Tropfen", also eigentlich jemand, der unbedeutend wie ein Tropfen ist) *abfällig für einen einfältigen, unbedeutenden (und damit bedauernswerten) Menschen: ein armseliger, heilloser, scheinheiliger, aufgeblasener, wehleidiger Tropf.* Das Schimpfwort ist sehr alt und begegnet schon in Sebastian Brants NARRENSCHIFF von 1494:

„Du nasenweiser Tropf, sieh doch
Ob du dich nicht im kurzen noch
Must deiner eignen Narrheit schämen."

Vgl.: → armer Tropf, armseliger Tropf, elender Tropf.

Trottel
(zu „trotten" = schwerfällig gehen) *grobes Schimpfwort für einen einfältigen, ungeschickten, rundum inkompetenten Menschen; auch für einen, der dumm genug ist, sich ausnutzen zu lassen.* Die Bemerkung „Trottel in Uniform" gegenüber deutschen Polizisten kostete 1994 3000 DM (ADAC MOTORWELT, Oktober 1994). Aus dem selben Jahr stammt Alfred Hrdlickas markante Entgleisung gegenüber Wolf Biermann: „Ich wünsche Dir die Nürnberger Rassegesetze auf den Hals, Du angepaßter Trottel!"
Vgl.: alter Trottel, gutmütiger Trottel, harmloser Trottel.

-trottel
Zusammensetzungen dieser Art bezeichnen meistens den Wirkungsbereich des Trottels oder auch das Ausmaß seiner Trottelhaftigkeit.
Vgl.: Apriltrottel, Batterietrottel (selten), → Bezirkstrottel, Bürotrottel, Divisionstrottel, → Dorftrottel, Ehetrottel, Halbtrottel, Klassentrottel, Kompanietrottel, Konsumtrottel, Obertrottel, Regimentstrottel, → Volltrottel.

Trottoirschwalbe
landschaftlich, besonders am Mittelrhein, abschätzig für ein Straßenmädchen.
Vgl.: → Asphaltschwalbe, → Bordsteinschwalbe, Gehsteigschwalbe (selten), → Schwalbe, Trottoirpflanze.

Trotzkopf
meist abwertend für eine trotzige Person, ein trotziges, eigensinniges Kind: du kleiner Trotzkopf!
Vgl.: → -kopf (-kopp), Trotzköpfchen (Kind, Mädchen), Trotzschädel (selten).

trübe Tasse
eine langweilige Person ohne Schwung und Temperament.
Vgl.: müde Tasse (selten), trüber Eimer.

Trübetümpel
(kommt wahrscheinlich tatsächlich vom „trüben Tümpel") *noch landschaftlich für einen trübseligen, arg stillen Menschen.*

Trübsalbläser
(nach der Redensart „Trübsal blasen" = mißgestimmt, bekümmert sein) *selten für einen Menschen, der Trübsal bläst, ständig mißgelaunt ist.* Der Schriftsteller Karl Gutzkow (1811 – 1878) schilderte „arme Einsamkeitsschlucker und Trübsalbläser".

Trud, die
(eigentlich ein weiblicher Alp, ein hexenartiger Nachtgeist) *landschaftlich, vor allem in Bayern, eine sehr abfällige Bezeichnung für eine (häßliche, böse) alte Frau; eine alte Hexe.*
Vgl.: Drud, Trude (Nebenformen).

Trudchen
spöttisch oder abschätzig für eine hausbackene, kleine, dicke Frauensperson.
Vgl.: → -chen (-lein).

Trulla (Trulle)
(wohl zu „Troll" bzw. „trollen" = schwerfällig gehen) *in den Mundarten ein weitverbreitetes Schimpfwort für eine schlampige, plumpe weibliche Person.* In Gerhart Hauptmanns VERSUNKENER GLOCKE (1896) sagt Rautendelein zu ihrem Spiegelbild: „Du dumme Trulle!"
Vgl.: → Troll.

Trumm
(eigentlich ein großes Stück, Klotz; Exemplar von etwas) *oberdeutsch meist abfällig für einen großen, starken, dicken Menschen, oft mit Zusätzen: ein faules, blödes, liederliches, langes Trumm, ein Trumm Mannsbild, ein Trumm von einem Weib.*
Vgl.: Mordstrumm.

Trunkenbold
ein Säufer, Alkoholiker. „Da drüben sitzen doch Trunkenbolde!" ließ sich der Abgeordnete Todenhöfer von der CDU/CSU-Fraktion 1976 im Deutschen Bundestag vernehmen und wies nach der SPD.
Vgl.: → -bold, → Saufbold.

Trutschel (Trutsche), die (das)
(Koseform von „Gertrud" oder zu „trotten") *ober- und mitteldeutsches Schimpfwort für eine dickliche, schwerfällige, langweilige, einfältige Frau; auch für eine alte Jungfer.* Von Ludwig Heinrich Christoph Hölty (1748 – 1776) stammt die Strophe:

„Wenn mit leisen Hutfilzsöckchen
Meine braune Trutschel geht,
Und ihr rothes Büffelröckchen
Um die dicken Schinken weht ..."

Vgl.: Trutschelchen, Trutschka (Ruhrgebiet).

Trutscherl, das
(oberdeutsche Verkleinerungsform) *in Bayern und Österreich für ein unbeholfenes, naives (plumpes) Mädchen.*

Tschapperl
(oberdeutsche Verkleinerungsform) *österreichisch und bayrisch leicht abwertend für ein unbeholfenes Kind, einen hilflosen, tapsigen (jungen) Menschen.*

Tschingg, der
(Herkunft umstritten, vielleicht zu italienisch „cinque" = fünf oder zu mundartlich „tschingelen" = zündeln) *vor allem in der Schweiz verächtlich für einen Italiener.*
Vgl.: Tschingge, Tschinggeler (Nebenformen).

Tschugger = Schugger (Tschugger)

Tschumpel, der
(wohl zu „tschumple" = schwerfällig, plump gehen) *vorwiegend schweizerisch für einen Trottel, dummen Menschen.*

Tschusch
(seit etwa 1950; Herkunft unklar, vielleicht aus dem Slawischen) *in Österreich ein verächtliches Wort für einen Ausländer aus Südosteuropa oder dem Vorderen Orient.* Im November 1996 sorgte ein T-Shirt mit rassistischem Aufdruck, das von österreichischen IFOR-Soldaten getragen wurde, für helle Aufregung in der Alpenrepublik. Der Spruch stammt aus einer Karikatur von Manfred Deix aus dem Wiener Wochenblatt NEWS und lautet: „IFOR – Alle

Tschuschen schweigen still, wenn unser starker Arm es will."

Tuch s. leichtes Tuch

Tucke, die
(vielleicht zu „Tücke") *abfällig für 1. einen femininen Homosexuellen, eine Schwuchtel. 2. eine lästige, unangenehme weibliche Person: eine alte, dumme, eingebildete Tucke.*
Vgl.: Modetucke.

Tückebold
veraltet für einen tückischen, hinterhältigen Menschen.
Vgl.: → -bold.

-tuer
abfällig für einen Menschen, der etwas vorgibt, der „nur so tut". Nichts damit zu tun hat der „Nichtstuer".
Vgl.: → Dicktuer (Dicketuer), → Geheimnistuer, → Geheimtuer, → Großtuer, → Heimlichtuer, → Schöntuer, Süßtuer, → Vornehmtuer, → Wichtigtuer.

Tüftler
(zu „tüfteln" = genau, ausdauernd und erfindungsreich an einer Sache arbeiten) *landschaftlich oft abschätzig für einen Menschen, der bei seiner Arbeit übergenau, pedantisch und langwierig zu Werke geht.*
Vgl.: → -ler, Tüftelhannes.

Tugendbold
spöttisch-ironisch für einen Menschen, der als besonders tugendhaft gilt oder gelten möchte. Die Schriftstellerin Luise Rinser, die in ihren Werken immer wieder Themen der Moral und des christlichen Glaubens aufgreift, sei eine „gefühlsstarke Tugendboldin", spottete der SPIEGEL (Juli 1994).
Vgl.: → Ausbund an/von Tugend, → -bold, Tugendbeule (jugendsprachlich, selten), Tugendheld, Tugendprotz.

Tugendheld = Tugendbold

Tugendheuchler
abfällig für einen Menschen, der Tugend heuchelt.
Vgl.: → Heuchler, → -ler, Tugendschwätzer.

Tugendmoppel
vorwiegend jugendsprachlich für einen tugendsamen Menschen, insbesondere für einen Musterschüler, Streber.
Vgl.: → Moppel.

Tugendpinsel
abfälliges Spottwort für einen allzu sittsamen, braven Menschen.
Vgl.: → Pinsel.

Tugendprediger = Moralprediger

Tugendrichter = Sittenrichter

Tugendwächter
abwertend für jemanden, der über die Tugend anderer zu wachen hat oder sich anmaßt, darüber zu wachen. „Die Tugendwächter waren unerbittlich: Die unverhüllte Liebesszene ... mußte gekürzt werden", jammerte die HÖRZU (Juli 1988). „Tugendwächter" nannte der Volksmund im übrigen auch einen ausgestopften Unterrock, den sittsame Frauen in früherer Zeit trugen. Wurden sie schwanger, so brauchten sie die Polsterung nur Schicht für Schicht abzubauen, und niemand konnte ihren Zustand erkennen.
Vgl.: → Gesinnungswächter, selbsternannter Tugendwächter, → Sittenwächter, Tugenddrache (selten: Anstandsdame), Tugendhirt, Tugendhüter, Tugendpedant (selten).

Tülle = Tille (Tilla)

Tulpe
(entstellt aus „Tölpel") *ein sonderbarer, dämlicher Mensch; Versager: eine seltsame, trübe Tulpe.*

tumber Tor
(zu althochdeutsch „tumb" = stumm, taub, töricht) *bildungssprachlich spöttisch oder leicht abschätzig für einen naiven, in seiner Unbekümmertheit einfältigen Menschen.* Bekannt ist der „tumbe Tor" schon als „Held" in Wolfram von Eschenbachs (um 1170–1220) mittelalterlichem Versepos PARZIVAL.
Vgl.: → Tor.

Tumultuant

(zu lateinisch „tumultuari" = lärmen) *bildungssprachlich selten für einen Unruhestifter, Aufrührer.*

Vgl.: Tumultbruder (selten).

Tunichtgut

(ein Satz, der zu einem Substantiv zusammengerückt ist) *Schimpfwort für einen liederlichen (jungen) Menschen, der Unfug treibt, die Arbeit scheut, Gaunereien begeht.* „Hans Tunichtgut ist überall daheim!" lautet ein altes Sprichwort, und in Albert Lortzings UNDINE von 1846 lesen wir:

„Ich war in meinen jungen Jahren
Ein feuriges, verliebtes Blut,
Die Frauen haben's oft erfahren,
Ich war ein echter Tunichtgut."

Tunix

(ein Satzwort aus „Tu nichts" oder „Ich tu nichts"; Anlehnung der alten Form „Tunichts" an die gallischen Namen aus den Asterix-Bildergeschichten, die in den 70er Jahren bei jungen Leuten sehr beliebt waren) *1. jugendsprachlich veraltend für einen jungen Menschen, der sich für eine gewisse Zeit dem „Establishment" und seinem spießigen Profitstreben entzieht, indem er nichts arbeitet, lernt o.ä. 2. die erste Bedeutung aufgreifend spöttisch-abschätzig für eine Person, die nichts tut, nicht arbeitet oder nicht handelt.* Für Roth von der SPD war 1983 Deutschlands Kanzler Kohl ein „Tu-nix-Kanzler".

Tünnes

(rheinische Kurzform von „Antonius", bekannt als Name einer Kölner Witzfigur) *vor allem im Rheinland oft abwertend für einen Spaßmacher; Hanswurst.*

Tunte

(vielleicht eine Variante von „Tante") *abfällig für 1. eine unangenehme, langweilige Frau. 2. einen feminin wirkenden Homosexuellen oder einen in Frauenkleidern. 3. eine zimperliche, verwöhnte Person.*

Vgl.: → Tante.

Tüpfelscheißer

(zu „Tüpfel" = kleiner Tupfen, Punkt) *derbe Schelte für einen pedantischen, kleinlichen Menschen.*

Vgl.: Dibbelschisser (hessisch), → I-Tüpferl-Reiter, → Scheißer.

Turbator

(zu lateinisch „turbare" = beunruhigen, stören) *veraltet für einen Unruhestifter, Aufwiegler.*

Türklinkenputzer = Klinkenputzer

Turteltäubchen (Turteltauben)

(eigentlich einheimische, zierliche Tauben) *oft neckisch oder gutmütig spottend für ein verliebtes Paar, das in der Öffentlichkeit Zärtlichkeiten austauscht.*

Vgl.: → -chen (-lein).

Tuschkasten

(eigentlich ein Malkasten oder eine Schminkdose) *abschätzig für eine (zu) stark geschminkte Frau.*

Vgl.: → Farbkasten, Malkasten (selten), Tuschkasten auf zwei Beinen.

Tussi

(Kurz- und Koseform von „Thusnelda"; seit 1975 üblich) *jugendsprachlich auch abschätzig für 1. die feste Freundin eines Jungen oder jungen Mannes. 2. ein (häßliches, unsympathisches) Mädchen.*

Vgl.: blöde Tussi, Disko-Tussi, → Thusnelda.

Tüte (Tute)

(wohl von der Vorstellung einer aufgeblasenen Tüte, die nur Luft enthält) *ein wunderlicher, langweiliger oder begriffsstutziger Mensch.* Peter Rühmkorf urteilte über seinen Schriftstellerkollegen Martin Walser: „gesamtdeutsche Dröhntüte" (TABU I, 1995).

Vgl.: blöde Tute, → Knalltüte, → Krawalltüte, Labertüte, Meckertüte, Penntüte, → Qualmtute, Quasseltüte, → Quatschtüte, → Radautüte, → Tränentüte, → Trantüte (Trantute), Traumtute (unaufmerksam), Tütenkopp (Ruhrgebiet), → Winseltüte, → Wundertüte.

Tütenkleber
(meint das Zusammenkleben von Tüten, eine früher übliche Gefängnisarbeit) *salopp abwertend für einen Strafgefangenen, Zuchthäusler.*

Tutterer
(zu „Dutte" = weibliche Brust, Zitze; demnach eigentlich einer, der noch an der Mutterbrust gesäugt wird) *vorwiegend bayrisch und fränkisch für einen läppischen, unerfahrenen (jungen) Kerl.*
Vgl.: Dutterer (Dutter), junger Tutterer.

Twiggy
(nach dem „Künstlernamen" des 1966 zu weltweiter Berühmtheit gelangten 17jährigen magersüchtigen englischen Mannequins Leslie Hornby) *oft abschätzig für ein mageres, flachbrüstiges Mädchen.* 1976 enthüllte die HÖRZU ihren Leserinnen und Lesern, daß „Twiggy" mittlerweile keine Bohnenstange mehr sei.

Typ
(seltene scherzhafte weibliche Form: Typin) *1. jugendsprachlich nur in Ausnahmefällen abwertend gebraucht für einen (jungen) Mann, Freund. 2. allgemein oft abschätzig für eine meist eigenartige (jüngere) männliche Person.* Das Wort wird meistens in Verbindung mit einem Adjektiv angetroffen: ein beschissener, geschaffter, schriller, ausgeflippter, unechter, abgerissener, lahmer, merkwürdiger, mieser Typ.
Vgl.: abgefuckter Typ (heruntergekommen), → beknackter Typ, fieser Typ, → kaputter Typ (kaputte Type), → linker Typ, schmieriger Typ.

-typ
erheblich abwertende Zusammensetzungen zur Bezeichnung von Männern. Die „Typenlehre" ist unübersichtlich und umfaßt sehr unterschiedliche Wortbildungsarten. Zum einen finden sich Personen, für die etwas Bestimmtes typisch ist, zum anderen solche, die typisch für etwas sind. Aber es gibt auch andere Sorten.
Vgl.: Al-Bundy-Typ (nach einem armen Irren aus einer amerikanischen TV-Serie), Allerweltstyp, → Antityp, → Ätztyp (Ätztype), Aufreißertyp, Aufsteigertyp, Disko-Typ, → Dutzendtyp, Funktionärstyp, Gammeltyp, → Hoppla-jetzt-komm-ich-Typ, Horrortyp, Kacktyp, Karrieretyp, Latzhosen-Typ (veraltend), Law-and-order-Typ, Loosertyp, Machotyp, Mackertyp, Märtyrertyp (selten), Mikkertyp, → Minustyp, Müsli-Typ, Nullachtfünfzehn-Typ, Null-Bock-Typ, Polit-Typ (selten), Rambo-Typ, → Scheißtyp, → Schlägertyp, Schmuddeltyp, Untyp, Verbrechertyp, → Verlierertyp.

Type
(rückgebildet aus dem Plural „Typen") *meist abschätzig für einen auffälligen, oft komischen, ulkigen Menschen.* In der Regel ist das Wort mit einem Adjektiv verbunden: eine lahme, ulkige, komische, wunderliche, merkwürdige, abgefuckte, fiese, vergammelte Type. „Wer hier eine Type ist, Herr Wehner, darüber brauchen wir uns nicht zu streiten. Wer *die* Type dieses Hauses ist, das ist weit über dieses Haus hinaus bekannt." (Prof. Abelein von der CDU/CSU-Fraktion 1978 im Deutschen Bundestag).
Vgl.: → Ätztyp (Ätztype), fiese Type, Gammeltype, → kaputter Typ (kaputte Type), Knalltype, → linke Type, miese Type, Schlägertype, schräge Type, → seltsame Type, Unterwelttype, Verbrechertype, wunderliche Type.

Tyrann
(von griechisch „tyrannos" = Gewaltherrscher, Alleinherrscher) *abwertend für 1. einen Gewaltherrscher, Despoten. 2. jemanden, der überaus streng und herrschsüchtig ist, der andere peinigt und unterdrückt.* In Daniel Stoppes PARNASS von 1735 steht:

„Da haut der weibliche Tyranne
Die Männerherrschaft in die Pfanne."

Vgl.: → Ehetyrann, Erztyrann, → Haustyrann, Schultyrann.

U

Sprazl

Übelmann

landschaftlich selten für einen Gauner, einen gerissenen Kerl.

Vgl.: → -mann.

Übeltäter

1. veraltet für einen Verbrecher, Missetäter. 2. scherzhaft, auch leicht abwertend für jemanden, der etwas angestellt hat.

Über-

seltene leicht abwertende, auch ironische Bezeichnungen von Personen, die durch ein Zuviel des Guten gekennzeichnet sind. Dabei scheint sich alles um den Kopf zu drehen.

Vgl.: Übereifriger, Übergelehrter, Überintellektueller, Überschlauer.

Übergescheiter

landschaftlich abwertend oder ironisch für einen Menschen, der außergewöhnlich gescheit, gebildet ist oder – der weitaus häufigere Fall – sich dafür hält. Bei Wilhelm Hauff (1802 – 1827) gibt es den sprechenden Eigennamen „Mamsell Übergescheit".

Vgl.: Übergelehrter, Überschlauer.

Überkandidelter

(zu lateinisch „candidus" = heiter) *besonders in Hessen und der Pfalz für einen exaltierten, halbverrückten oder kleinlichen, pedantischen Menschen.*

Überkluger

entweder ironisch für einen Menschen, der sich für besonders klug hält oder eher abschätzig für einen, der überaus klug, aber weltfremd ist. In Luthers TISCHREDEN kommt der Appellativname „Meister Überklug" vor. 1930 sprach der politische Schriftsteller Edgar Jung ganz im Sinne von Goebbels und anderen Nazis von den Intellektuellen als „Schicht der Überklugen".

Vgl.: Superkluger.

Überläufer

ein Fahnenflüchtiger oder jemand, der zur Gegenpartei übergewechselt ist.

Übermensch

(rückgebildet aus „übermenschlich"; ursprünglich das Ideal eines vollkommenen Menschen, der sich zu Höherem berufen fühlt, vor allem durch Friedrich Nietzsches ALSO SPRACH ZARATHUSTRA, 1883 – 1891, zu einem Schlagwort geworden; vergleichbare Begriffe bereits im Altertum) *meist ironisch für jemanden, der sich für einen besseren Menschen, für unfehlbar hält.* Karl Kraus schrieb: „Der Übermensch ist ein verfrühtes Ideal, das den Menschen voraussetzt."

Vgl.: → Untermensch.

Übertreiber

selten für jemanden, der übertreibt, der etwas aufbauschend darstellt oder etwas im Übermaß tut.

Überzwercher

(zu mittelhochdeutsch „twerch" = quer, schräg, verkehrt) *oberdeutsch für einen verschrobenen, mürrischen, unangenehmen Menschen.*

übler Kunde

abfällig für einen unzuverlässigen, unangenehmen Menschen, Kerl.

Vgl.: → Kunde, übler Vertreter, übles Subjekt.

übler Patron

ein gemeiner, niederträchtiger oder zwielichtiger Bursche, Kerl.

Vgl.: → Patron.

U-Boot (U-Boot-Fahrer)
(1933 aufgekommen; bezieht sich auf das „Untertauchen") *auch abwertend für einen untergetauchten, im Untergrund lebenden Agenten, Staatsfeind.*
Vgl.: Unterseeboot (Nebenform).

Udel
(Herkunft unklar) *landschaftlich abschätzig für einen Polizisten.*

Uhu
(wohl parallel zu „Kauz") *1. leicht abwertend für einen wunderlichen, unangenehmen Menschen: ein blöder, alter, närrischer, spinnerter Uhu. 2. vorwiegend in Bayern und Österreich abfällig für eine häßliche Frau: ein schiecher Uhu. 3. ein jugendsprachliches, vielleicht auch spöttisch verwendetes Neuwort für einen nicht mehr jungen Menschen; Initialwort aus „unterhundertjährig".* Das Kauzige und eine gewisse äußere Ähnlichkeit hatte die SPIEGEL-Redaktion vor Augen, als sie vom „verschmitzten Fernseh-Uhu Alfred Biolek" schrieb (Dezember 1993). In der Wendung „Pinscher und Uhus" wird das Wort gelegentlich auch gegen (brillentragende) Intellektuelle eingesetzt. Der frühere deutsche Bundeskanzler Ludwig Erhard, der als Schöpfer dieser tierischen Schelte gilt, hatte allerdings die „Uhus" 1966 im nordrhein-westfälischen Landtagswahlkampf gegen deutsche Arbeiter gehetzt.
Vgl.: → grauslicher Uhu, → Kauz, komischer Uhu.

ulkige Kruke
leicht abwertend oder als gemütliche Schelte für einen Sonderling, schrulligen Menschen.
Vgl.: → komische Kruke, → Kruke, wunderliche Kruke.

ulkige Nudel
oft geringschätzig oder leicht spöttisch für eine merkwürdige, unterhaltsame, spaßige (weibliche) Person.
Vgl.: → Nudel, → -nudel.

Ulknudel
1. → ulkige Nudel. 2. jemand, der (beruflich) Klamauk, billige Späße zum besten gibt.
Vgl.: → Nudel, → -nudel.

Ultra
(aus lateinisch „ultra" = jenseits, über etwas hinaus) *im politischen Jargon abwertend für einen Extremisten, Vertreter des äußersten (rechten) Flügels einer Partei.* „Die päpstlichen Ultras von Opus Dei" (SPIEGEL, April 1995).
Vgl.: linker Ultra, rechter Ultra.

Ultra-
Bestandteil zusammengesetzter Wörter aus dem politischen Sprachgebrauch zur mißfälligen Bezeichnung eines Verfechters eines extremen (rechtsgerichteten) politischen Kurses.
Vgl.: Ultraimperialist (kommunistischer Sprachgebrauch), Ultrakonservativer, Ultralinker (selten), Ultranationalist, Ultrareaktionär, Ultrarechter.

Umfaller
abfällig für jemanden, der plötzlich seine Gesinnung, Meinung ändert, nicht zu seinem Wort steht; oft in politischem Zusammenhang. Die FDP wurde/wird nicht selten als „Partei der Umfaller" kritisiert.

Umstandskasten = Umstandskrämer

Umstandskrämer
Schelte für einen pedantischen, unpraktischen, sich in Kleinigkeiten verlierenden Menschen.
Vgl.: → Krämer, → -krämer, Umstandsbruder, Umstandskater (beides selten), Umstandskasten, Umstandskommissar (veraltet), Umstandsmeier, Umstandspeter.

Umstürzler
oft abwertend für jemanden, der einen Umsturz herbeiführen will, radikale Änderungen anstrebt; Revolutionär.
Vgl.: → -ler.

Umweltsünder
auch abwertend gebraucht für eine Person, die den Umweltschutz mißachtet, die natürliche Umwelt verschmutzt, schädigt.
Vgl.: Abfallsünder, Klimasünder, Ökosünder, → Sünder, → -sünder, Umweltkrimineller, Umweltmuffel, Umweltschädling, Umweltstinker (selten), Umweltverschmutzer.

Un-
pejorative Vorsilbe zur abfälligen Bezeichnung von Personen, die etwas nicht sind oder geradezu dessen Gegenteil verkörpern.
Vgl.: Unchrist, Ungebildeter (selten), Ungestalt, Unkavalier, Unkumpel, Unkünstler, Untyp.

Unart, der
veraltet für ein ungezogenes Kind.

Unband, der
(rückgebildet aus „unbändig", eigentlich = nicht durch ein Band gehalten) *veraltet, noch landschaftlich für ein wildes, ausgelassenes Kind.* Bei Nikolaus Lenau: „Unband! Wie lange noch soll dein Unfug dauern?"
Vgl.: Hans Unband (veraltet).

... und Konsorten
abfällig für Personen, die als typisch angesehen und stellvertretend genannt werden für zwielichtige Leute, Gesindel. „Sie und Konsorten sind die ständige Beleidigung unserer Netzhaut, der ständige Brechreiz. Heiliger Karl Kraus steh auf und peitsche sie hinaus ...", heißt es in einem anonymen Schreiben an die beiden Autoren E. Kuby und von Loewenstern, das vermutlich aus den 60er Jahren stammt und in der für anonyme Briefe so bezeichnenden überladenen und fehlerhaften Sprache verfaßt ist.
Vgl.: → ... & Co., → Konsorten.

Underdog
(englisch; eigentlich „unterhalb des Hundes") *auch abschätzig für eine Person, die unterprivilegiert, sozial benachteiligt ist; Asozialer.*
Vgl.: → Hund.

Unflat
(aus mittelhochdeutsch „unvlat" = Schmutz, Unsauberkeit) *landschaftlich grob für einen verkommenen, schmutzigen, widerwärtigen oder maßlosen Menschen.* Schon der Nürnberger Schuhmacher und Meistersinger Hans Sachs (1494 – 1576) gebrauchte das Wort in dem Ausruf: „Schelm! Unflat! Laß zufrieden mich!" Und Luther liest uns die Leviten: „Wir sind solche Unfläther, daß wir nur, was unfläthig ist und stinkt, herfürsuchen und darin wühlen wie die Säue."

Ungeheuer
ein brutaler, häßlicher, verbrecherischer Mensch; Scheusal. Die erste Strophe des Gedichts „Frau Justitia in Verlegenheit" von Wilhelm Busch:

„Seht, da steht das Ungeheuer
Namens Jakob Niedermaier!
Der, nachdem er anfangs Schreiber,
Später Mörder ward und Räuber."

In LEBEN GEGEN DIE ZEIT schrieb Kurt Hiller 1969 über Hitler: „... ein Un-mensch, eine Art Raubtier, ein nichtmal halbgebildetes Macht-Ungeheuer".

ungehobelter Klotz
(eigentlich ein unbearbeiteter, roher Holzklotz) *abfällig für einen unhöflichen, groben Menschen.*
Vgl.: → grober Klotz, → Klotz, unbehauener Klotz, ungehobelter Bursche, ungehobelter Kerl.

ungeleckter Bär
(stammt aus dem alten Volksglauben, der Bär komme als gestaltloses Stück Fleisch auf die Welt und müsse erst durch das Muttertier beleckt werden, um zu einem richtigen Bären zu werden) *abwertend für einen plumpen Menschen ohne Manieren; ein grober Bursche.*
Vgl.: → Bär.

Ungetüm
eine ungeschlachte, durch ihr Äußeres furchteinflößende Person; Monster.

Ungeziefer
(eigentlich kleine Tiere, die der Mensch gemeinhin als schädlich ansieht) *selten für nichtsnutzige, verabscheuungswürdige Menschen; freche, böse Kinder.* Aus dem Gedicht „Der Rattenfänger von Hameln" (1921) von Walter Mehring:

„Kommt heraus aus Kalk und Schiefer,
Kommt aus Hütte und Palais,
Allerliebstes Ungeziefer,
Daß ich Euch bei Licht beseh!"

Vgl.: Ziefer.

Ungläubiger
abschätzig für einen Menschen, der weder an Gott noch an die kirchlichen Lehren glaubt.

ungläubiger Thomas
(geht auf Johannes 20,24ff. aus dem Neuen Testament zurück, wo über den Apostel Thomas berichtet wird, der an die Auferstehung Christi erst dann glauben konnte, als er die Wundmale berührt hatte) *ein hartnäckiger Zweifler, Skeptiker, der nur das glaubt, wovon er sich selbst überzeugt hat.*

Unglücksrabe
(der Rabe als Orakeltier und Bote des Todes bei vielen Völkern) *auch abwertend für jemanden, der oft Unglück hat, der (auf Grund seiner Ungeschicklichkeit) vom Pech verfolgt scheint.* Bekannt ist die Bezeichnung auch aus dem Titel der Bildergeschichte HANS HUCKEBEIN, DER UNGLÜCKSRABE (1867) von Wilhelm Busch.
Vgl.: → Rabe, Unglückshase, Unglückshuhn, Unglücksvogel.

Unglücksvogel = Unglücksrabe

Unglückswurm, der (das)
oft geringschätzig für einen unglücklichen oder glücklosen Menschen; auch für ein bedauernswertes Kind.
Vgl.: → Wurm.

Ungustl
(zu „ungustiös" = unappetitlich, mit Angleichung an eine oberdeutsche Verkleinerungsform des männlichen Vornamens Gustav) *österreichisch für einen unsympathischen, widerlichen Menschen.* In dem „Kauderwelsch"-Band WIENERISCH – DAS ANDERE DEUTSCH von Beyerl, Hirtner und Jatzek ist das Wort folgendermaßen erklärt: „Jeder, dem es an Verständnis für den Wiener und seiner jeweiligen Stimmung mangelt."

Unheilstifter
in gehobener Sprache auch abwertend gebraucht für einen Menschen, der Unheil stiftet, anrichtet, heraufbeschwört.

Unhold
(von mittelhochdeutsch „unholde" = der Teufel, der Böse; seltene weibliche Form: Unholdin) *1. veraltet für eine bösartige, verbrecherische (männliche) Person. 2. ein Sittlichkeitsverbrecher.* Zur ersten Bedeutung Johann Friedrich Kind (1768 – 1843):

„Nun kommt die liebe, stille Nacht,
Wo Käuzchen nur und Unhold wacht."

Uniformist
(zu lateinisch „uniformis" = gleichförmig, einheitlich) *bildungssprachlich oft abwertend für jemanden, der wesentliche Unterschiede leugnet oder unterdrücken will.*
Vgl.: → -ist.

Unikum
(zu lateinisch „unicus" = der einzige, einzigartig) *oft leicht abwertend für einen merkwürdigen, kauzigen Menschen; Spaßmacher.*

„Universalgenie"
(eigentlich jemand, der auf vielen Gebieten zu genialen Leistungen fähig ist) *ironisch für 1. einen Menschen, der sich für außerordentlich fähig und klug hält. 2. einen Totalversager.*
Vgl.: → „Genie", Universalidiot.

Unkamerad
selten für einen unkameradschaftlichen Menschen.
Vgl.: Unkumpel.

Unke
(im Volksaberglauben eine Prophetin des Unheils) *von der Kröte meist spottend auf den Menschen übertragen für einen Schwarzseher, Pessimisten; für jemanden, der Schlimmes voraussagt.*
Vgl.: → alte Unke, Saufunke, Unker (seltene männliche Form).

Unmensch
(rückgebildet aus „unmenschlich") *geringschätzig oder verächtlich für einen grausamen Menschen, Rohling; einen Menschen ohne Mitgefühl.* Für Arno Schmidt war Adalbert Stifter ein „sanfter Unmensch", und Rudolf Augstein erklärte 1993 in einem Interview über den früheren deutschen Bundeskanzler Willy Brandt: „Brandt war ja ein Unmensch". Mittlerweile ein Klassiker ist das Werk AUS DEM WÖRTERBUCH DES UNMENSCHEN (1957) von Sternberger, Storz und Süskind.

unmöglicher Mensch
seltene abschätzige Bezeichnung für jemanden, der sich „unmöglich benimmt", unakzeptabel aufführt.

unnützer Fresser
derb abwertend für jemanden, den man verköstigen, durchfüttern muß, ohne irgendeinen Nutzen davon zu haben.
Vgl.: → Fresser, unnützer Esser (milder).

Unperson
(Lehnübersetzung des englischen „unperson", von George Orwell, 1903 – 1950, geprägt) *bildungssprachlich, besonders im politischen Sprachgebrauch für eine Person des öffentlichen Lebens, die in Ungnade gefallen ist und offiziell totgeschwiegen wird.*

Unrast, der
veraltet für einen ruhelosen, nervösen Menschen.

Unruhestifter (Unruhstifter)
abwertend für eine Person, die Unruhe stiftet, die Frieden und Ruhe stört.
Vgl.: Unruheschürer.

unruhiger Geist
als Tadel oder leicht abwertend für einen zappeligen, ungeduldigen, nervösen Menschen.
Vgl.: → rastloser Geist, Unruhegeist (selten).

Unschuld
geringschätzig für einen naiven, etwas einfältigen Menschen, insbesondere ein Mädchen.
Vgl.: gußeiserne Unschuld (veraltet: unnahbares Mädchen), reine Unschuld (naiver Mensch).

Unschuld vom Lande
(ähnlich schon bei Goethe und Wieland; allgemein bekannt geworden durch die kleine Arie „Spiel ich die Unschuld vom Lande" des Kammermädchens Adele aus der Operette DIE FLEDERMAUS von Johann Strauß) *1. meist spöttisch für ein naives, unerfahrenes, unsicher auftretendes junges Mädchen aus der Provinz; gelegentlich auch für einen jungen Mann. 2. ironisch für eine (weibliche) jüngere Person, die „die Unschuld vom Lande spielt", aber eher das Gegenteil ist.*

Unschuldsengel = Unschuldslamm

Unschuldslamm
(von der christlichen Vorstellung des Opferlamms) *spöttisch-ironisch für jemanden, der vorgibt, unschuldig, unbeteiligt an etwas zu sein.*
Vgl.: → Lamm, unschuldiges Lämmchen, Unschuldsengel, Unschuldskarnickel, Unschuldslämmchen.

unsicherer Kantonist
(nach der alten Einteilung Preußens in Kantone unter dem Soldatenkönig Friedrich Wilhelm I. ursprünglich ein Dienstverpflichteter, der sich dem Militärdienst zu entziehen versuchte) *ein unzuverlässiger, wankelmütiger Mensch.*
Vgl.: fragwürdiger Kantonist, → -ist.

Unsympath
(rückgebildet aus „unsympathisch", in Anlehnung an Wörter wie Psychopath) *abfällig für einen unsympathischen Menschen.*

Unterdrücker
abwertend für eine Person, die andere unterdrückt, knechtet, behindert, nicht hochkommen läßt.
Vgl.: Bedrücker (veraltet).

Untermensch
1. eine veraltete verächtliche Bezeichnung für einen brutalen, verkommenen, verbrecherischen Menschen. 2. im Sprachgebrauch des Nationalsozialismus eine diffamierende Bezeichnung für politische oder Kriegsgegner und vor allem für Angehörige von Rassen, denen Minderwertigkeit unterstellt wurde, besonders Juden, Zigeuner und später auch Slawen. In einem Gedicht von 1900 stellte Ludwig Fulda, der sich 1939 wegen der Verfolgung und Verfemung als Jude umgebracht hat, die rhetorische Frage:

„Könnt es dem Übermenschen verlohnen,
Über Untermenschen zu thronen?"

Vgl.: → Übermensch.

Unterschichtler
oft abschätzig für einen Angehörigen der Unterschicht, einen Menschen, der Armut und mangelhafte Bildung erkennen läßt.
Vgl.: → -ler.

Unterseeboot = U-Boot (U-Boot-Fahrer)

Untertan
(früher wertfrei) *spöttisch oder abschätzig für einen unmündigen, untertänigen Bürger.* Der satirische, zeitkritische Roman DER UNTERTAN (1914) von Heinrich Mann beleuchtet das Wesen des Untertanengeistes.
Vgl.: Untertanenseele.

Unterweltler
abwertend für einen (großstädtischen) Berufsverbrecher.
Vgl.: → Halbweltler, → -ler, Unterweltboß (selten), Unterwelttype.

Untier
(eigentlich ein wildes, gefährliches, häßliches Tier) *ein roher, widerwärtiger Mensch; Ungeheuer.* Im November 1985 schrieb der SPIEGEL: „Die Untiere mit Aids bedrohen die Hollywood-Society."
Vgl.: → Tier, → -tier.

unverbesserlicher Optimist
scherzhaft-spöttisch, auch abschätzig für einen Menschen, der immer wieder allzu optimistisch ist.
Vgl.: → -ist, → Optimist.

unverschämter Patron
grobe Schelte für eine dreiste, respektlose (männliche) Person.
Vgl.: frecher Patron, → Patron.

Unzahn
jugendsprachlich veraltend für ein (aus männlicher Sicht) unsympathisches, uninteressantes Mädchen.

Urian
(auch als „Hans Urian" oder „Musche Urian" eine alte volkstümliche Bezeichnung für den Teufel) *veraltet abwertend für einen unliebsamen Menschen, unwillkommenen Gast.*
Vgl.: → -ian (-jan).

Urschel
(Koseform des weiblichen Vornamens Ursula) *ober- und mitteldeutsches mildes Schimpfwort für eine wunderliche, unbeholfene, etwas beschränkte Frau: eine blöde, dumme, kleine, täppische Urschel.*
Vgl.: alte Urschel, Dreckurschel, taube Urschel (schwerhörig oder dumm).

Urviech (Urvieh)
oft geringschätzig für einen drolligen, etwas naiven Menschen; Original; Naturbursche.
Vgl.: → Viech, → Vieh.

Usurpator
(zu lateinisch „usurpare" = durch Gebrauch rauben) *bildungssprachlich für eine Person, die widerrechtlich die Macht, die Staatsgewalt an sich reißt.*
Vgl.: → Thronräuber.

Utilitarist
(zu lateinisch „utilis" = nützlich; eigentlich ein philosophischer Terminus) *bildungssprachlich selten und oft geringschätzig für einen Menschen, der nur den Nutzen im Sinn hat; Zweckmensch.*
Vgl.: → -ist.

Utopist
(zu griechisch „ou" = nicht und „topos" = Ort, Land; nach dem Roman UTOPIA des englischen Humanisten Thomas More, 1478 – 1535, in dem das Bild eines Idealstaates entworfen wird) *oft abwertend für einen Menschen, der utopische Vorstellungen hat; weltfremder Schwärmer, Phantast.* Anläßlich seines hundertsten Geburtstages schilderte die ZEIT (Ende 1993) den „großen Vorsitzenden" Mao als „naiven Utopisten".
Vgl.: → -ist, naiver Utopist.

Uzbruder
(zu „Uz", einer südwestdeutschen Koseform des männlichen Vornamens Ulrich, auch Spottwort) *als Tadel oder leicht abwertend für eine (männliche) Person, die andere foppt, sich gerne mit ihnen einen Scherz erlaubt.*
Vgl.: → Bruder, → -bruder, Uz (veraltet: Säufer, Narr), Uzer.

Uzer = Uzbruder

Uzvogel
(als Variante zu „Spaßvogel" aufgekommen) *meist abschätzig für jemanden, der seine Mitmenschen gerne foppt, neckt, hereinlegt.*
Vgl.: → Spaßvogel, → Spottvogel, Ulkvogel, → Vogel, → -vogel.

V

Tollpatsch

Vabanquespieler
(zu „va banque spielen“ = beim Glücksspiel um den gesamten Einsatz der Bank spielen) *abwertend für einen Menschen, der zuviel riskiert, der alles auf eine Karte setzt.*
Vgl.: → Spieler.

Vagabund
(zu lateinisch „vagari“ = umherschweifen) *1. veraltet für einen Landstreicher. 2. meist abschätzig für einen unsteten, rastlosen Menschen. 3. ein Herumtreiber, Taugenichts.*
Vgl.: Fahrebund (selten: Landstreicher), Vagabündel (schlesisch), Vagierer (zumindest bayrisch).

Vagant
(im Mittelalter ein Spielmann oder umherziehender Student, Mönch o.ä.) *veraltet für einen → Vagabunden.*

Vamp, der
(englisch-amerikanisch; zu „Vampir“; nach dem 1915 gedrehten französischen Spielfilm LES VAMPYRES von Louis Feuillades; ein häufiger Frauentyp im Kino vor allem der 20er Jahre) *auch abfällig für eine verführerische, aber herzlose, berechnende Frau: ein männermordender Vamp.*

Vampir
(eigentlich ein Toter bzw. „Untoter“ nach altem Volksglauben, der des Nachts seinem Sarg entsteigt, die langen Eckzähne seinen lebenden Opfern, bevorzugt jungen Mädchen, in den Hals schlägt und ihnen das Blut aussaugt) *ein skrupelloser Ausbeuter, Wucherer, Blutsauger.* 1821 schrieb Jean Paul an seinen Sohn Max: „Hegel ... bleibt aber doch ein dialektischer Vampir des inneren Menschen.“

Vandale = Wandale

Vasall
(im Mittelalter ein Lehnsmann, Gefolgsmann) *eine abschätzige, besonders auf politische Zusammenhänge bezogene Bezeichnung für einen bedingungslos loyalen, abhängigen Gefolgsmann.* „Wenn es nach Ihnen ginge, wären wir Vasallen der Sowjetunion!“ so der CSU-Politiker Theo Waigel 1985 im Deutschen Bundestag zur Opposition.

Vater s. kesser Vater

vaterlandsloser Geselle
(stammt aus dem wilhelminischen Kaiserreich und bezieht sich wohl auf eine Stelle aus dem 1848 erschienenen MANIFEST DER KOMMUNISTISCHEN PARTEI von Karl Marx und Friedrich Engels, in der es heißt: „Die Arbeiter haben kein Vaterland“) *in politischer Polemik abfällig für einen Menschen, der sein Vaterland nicht ehrt oder es gar verrät; meist aber eher für jemanden, dem man solches unterstellt, weil er aus der Sicht des Sprechers/Schimpfers zuwenig Patriotismus erkennen läßt.* Traditionsgemäß, auch heute noch, gilt die Schelte den Sozialdemokraten.
Vgl.: → Geselle.

Vaterlandsverräter
abwertend, auch verächtlich für jemanden, der sein Vaterland verrät. „Ich komme zurück als Held oder als Vaterlandsverräter“, soll der deutsche Fußballbundestrainer Berti Vogts vor dem Abflug zur Fußballweltmeisterschaft 1994 gesagt haben.
Vgl.: → Verräter, → -verräter.

Venus von Kilo
(scherzhaft abgewandelt aus „Venus von Milo“) *spöttisch für eine fette Frau.*

Verbalerotiker
(eigentlich ein Terminus der Sexualkunde) *abschätzig oder spöttisch für 1. einen Menschen, dem sexuelle Anzüglichkeiten und obszöne Äußerungen sexuelle Befriedigung verschaffen. 2. jemanden, der Sexuelles scheut, aber viel darüber redet.*

Verbalist
(von lateinisch „verbum“ = Wort) *bildungssprachlich abwertend für jemanden, der viele Worte macht, sich zu sehr an Worte klammert.*
Vgl.: → -ist, Verbalakrobat, Verbalmoralist (beides selten).

Verbrecher
abwertend oder als Schimpfwort für 1. einen Menschen, der ein Verbrechen begangen hat. 2. jemanden, der vom Verbrechen lebt; Gauner, Krimineller. 3. jemanden, der verwerflich, verantwortungslos gehandelt hat: ein elender, kaltblütiger, ganz gemeiner, gefährlicher Verbrecher. „Biermann nennt Gysi einen Verbrecher“, freute sich die FAZ im November 1994.
Vgl.: notorischer Verbrecher, Verbrecher an der Menschheit, Verbrecherliebchen.

-verbrecher
mehr oder weniger abwertende Bezeichnungen für verbrecherische Menschen und Schwerkriminelle. Vergleichbare Gelegenheitsbildungen sind nicht selten. So beklagte sich der ehemalige Führer der rechtsgerichteten Partei der „Republikaner“ Franz Schönhuber in einem SPIEGEL-Interview (Oktober 1994) über die „Gentleman-Politverbrecher in Lackschuhen, wie sie in Bonn rumlaufen“.
Vgl.: → Berufsverbrecher, → Gewaltverbrecher, → Gewohnheitsverbrecher, → Kapitalverbrecher, → Kriegsverbrecher, Majestätsverbrecher (veraltet), → Naziverbrecher, NS-Verbrecher, Otto Normalverbrecher (Verballhornung von „Otto Normalverbraucher“), → Schreibtischverbrecher, → Schwerverbrecher, → Sittlichkeitsverbrecher, Wirtschaftsverbrecher.

Verbrecher mit der weißen Weste
ein gutgekleideter, auf den ersten Blick seriös wirkender Verbrecher.

Verbrecherbande
ein organisierter Zusammenschluß von Verbrechern.
Vgl.: → Bande, → -bande, → Gangsterbande.

Verbrechergesindel
verächtlich für verbrecherische, liederliche Menschen; notorische Verbrecher.
Vgl.: Gaunergesindel, → Gesindel, → -gesindel, Verbrecherpack.

Verbrechernatur
abfällig für jemanden, der wie ein Verbrecher aussieht, wirkt oder für einen, der eine verbrecherische Natur hat, seinem ganzen Wesen nach ein Verbrecher ist.
Vgl.: Verbrechertyp, Verbrechertype (beides mehr auf das Äußere bezogen).

Verbrecherpack = Verbrechergesindel

Verbrechersyndikat
auch abwertend für einen Zusammenschluß von Verbrechern, der als Geschäftsunternehmen getarnt ist.
Vgl.: Gangstersyndikat, Syndikat.

verbummelter Student
(zu „bummeln“ = faulenzen, leichtsinnig leben) *abschätzig für einen Studenten (mit hoher Semesterzahl), der sein Studium vernachlässigt, sich herumtreibt.*
Vgl.: → Bummelstudent, → ewiger Student, Verbummelter (selten), → verkrachter Student.

verbummeltes Genie
1. leicht abwertend oder spöttisch für einen hochbegabten Menschen, der durch Faulheit, Suff o.ä. seine Möglichkeiten vertut oder vertan hat. 2. ironisch für einen Versager, der sich für genial hält.
Vgl.: → „Genie“.

verdächtiges Individuum
abwertend für einen Menschen, der Verdacht erregt, zweifelhaft erscheint.
Vgl.: fragwürdiges Individuum, → Individuum, verdächtiges Subjekt.

verdammte Zucht
seltene derbe Schelte für eine gemeine, niederträchtige Bande. „So ein Sauvolk, solche

verdammte Zucht", heißt es in Hans Falladas Roman JEDER STIRBT FÜR SICH ALLEIN (1947).

Vgl.: → Zucht.

Verderber

selten für jemanden, der Verderben bringt, anderen zum Verhängnis wird.

-verderber

abfällig für Personen, die etwas zunichte machen, schädigen oder in sittlicher Hinsicht negativ beeinflussen. Sein philosophischer Widersacher Hegel war für Arthur Schopenhauer ein „Papier-, Zeit- und Kopfverderber". Ein anonymes Entrüstungs-Schreiben an die jugendliche Redakteurin einer Frankfurter Schülerzeitung, die in den 60er Jahren eine Sex-Umfrage wagte, schließt mit den Worten: „Schämen Sie sich zutiefst und verschwinden Sie von der Bildfläche, solch einer Person gehört eine ordentliche Tracht Prügel, damit Sie von Ihren Perversitäten befreit werden, Sie Kinderverderberin!"

Vgl.: Jugendverderber, Kinderverderber, → Spaßverderber, → Spielverderber.

Verdreher

abwertend für einen Menschen, der immer wieder Dinge falsch darstellt, unrichtig wiedergibt, verdreht.

Vgl.: → Rechtsverdreher, Tatsachenverdreher, → Wortverdreher.

verdrehte Schraube

(dazu die drehende Handbewegung vor der Stirn) *abschätzig für eine wunderliche, leicht verrückte (weibliche) Person.*

Vgl.: → Schraube, verdrehtes Huhn.

Verein

spöttisch-ironisch für eine Gruppe seltsamer, langweiliger oder unfähiger Leute.

Vgl.: komischer Verein, → lahmer Verein, langweiliger Verein, → müder Verein, schlapper Verein, „schöner Verein" (ironisch), Verein der Einarmigen (Theatersprache: Publikum, das nicht applaudiert).

Vereinsmeier

(zu „Meier", dem häufigen deutschen Familiennamen) *spöttisch, auch abwertend für einen Menschen, der ganz im Vereinsleben aufgeht, in vielen Vereinen ist.*

Vgl.: → -meier.

Verführer

abwertend für einen Menschen, der 1. jemanden dazu bringt, etwas gegen seine eigentliche Absicht zu tun. 2. jemanden, vor allem ein junges Mädchen, zum Geschlechtsverkehr verleitet: ein skrupelloser Verführer, ein Verführer des Volks, der Jugend. „Nur Weibergeck und Verführer!" heißt es bei Gottfried August Bürger.

Vgl.: → Volksverführer.

Verharmloser

seltene, leicht abwertende Bezeichnung für eine Person, die etwas Gefährliches als harmlos hinstellt, bagatellisiert.

verhindertes Genie

ironisch für einen unbegabten, dummen Menschen.

Vgl.: → „Genie".

verirrtes Schaf

(biblisch, z.B. Matthäus 18,12-13) *in religiösem Sprachgebrauch leicht abwertend, sonst ironisch für einen sündigen, vom rechten Weg abgekommenen Menschen.*

Vgl.: → Schaf, → verlorenes Schaf.

verkanntes Genie

(eigentlich ein hochbegabter Mensch, der nicht zur Geltung kommt) *oft ironisch für jemanden, der sich für genial hält.* Als Ende 1993 der TV-Sender VOX in einer Dokumentation Konrad Adenauer als „verkanntes Genie" verkaufte, war das wahrscheinlich ernst gemeint.

Vgl.: → „Genie".

Verkehrsrowdy

abfällig für einen rücksichtslosen, die Vorschriften mißachtenden Verkehrsteilnehmer.

Vgl.: Asphaltrowdy (selten), Autorowdy, → Rowdy, Verkehrsrüpel.

Verkehrssünder
1. selten abwertend für jemanden, der (zumindest) eine Verkehrsvorschrift übertreten hat. 2. in Anspielung auf „Geschlechtsverkehr" spöttisch oder abfällig für einen Heiratsschwindler, Sittenstrolch o.ä.
Vgl.: Abstandsünder (selten), → Alkoholsünder, → Auffahrsünder, Autosünder, → Parksünder, → Promillesünder, → Rotlichtsünder (Rotsünder), → Sünder, → -sünder, → Temposünder.

verkommenes Subjekt
sehr abfällig für einen heruntergekommenen, verachtenswerten Menschen.
Vgl.: → Subjekt, verkommenes Stück.

verkrachte Existenz
(zu „verkrachen" = geschäftlich zusammenbrechen, bankrott gehen) *ein beruflich und privat gescheiterter Mensch; jemand, der einen zwielichtigen, unseriösen Eindruck macht.*
Vgl.: → Existenz, → gescheiterte Existenz, verkrachter Jurist (o.ä.), verkrachtes Genie.

verkrachter Student
abschätzig für jemanden, der am Studium gescheitert ist; Student mit sehr hoher Semesterzahl, aber ohne Abschluß.
Vgl.: → ewiger Student, → verbummelter Student.

Verleumder
abwertend für einen Menschen, der andere falsch verdächtigt, böswillig Unwahres über sie verbreitet. Das böse Wort kommt in den Protokollen des Deutschen Bundestages außerordentlich oft vor, meist mit Zusätzen wie elender, übler, schäbiger, dreckiger.

verliebter Gockel
spöttisch für einen Mann, der sich mit auffälliger Hingabe um eine Frau bemüht und dabei lächerlich wirkt.
Vgl.: alter Gockel, → Gockel, verliebter Tor (veraltet).

verliebter Narr
spöttisch oder abwertend für einen verliebten Mann, der sich zum Narren macht.
Vgl.: → Narr, → -narr.

Verlierer = Verlierertyp

Verlierertyp
geringschätzig für einen Menschen, der immer wieder verliert, der zum Verlierer bestimmt scheint (und sich entsprechend falsch verhält).
Vgl.: → ewiger Verlierer, geborener Verlierer, → Looser (Loser), → Typ, → -typ, Verlierer, Verlierernatur.

verlorener Haufen
(eigentlich ein Truppenteil, der in aussichtsloser Lage allmählich aufgerieben wird) *geringschätzig für eine Gruppe, die keine Erfolgsaussichten hat, „auf verlorenem Posten steht".*
Vgl.: → Haufen, → -haufen.

verlorener Sohn
(geht auf ein biblisches Gleichnis in Lukas 15,11ff. zurück) *1. abwertend für einen Sohn, der auf Abwege geraten ist, die Eltern enttäuscht hat. 2. oft scherzhaft-spöttisch für ein (männliches) Mitglied einer Gemeinschaft, das wieder da ist, zurückgefunden hat.* „Mir war der verlorne Sohn immer verächtlich, aber nicht deswegen, weil er ein Schweinehirt war, sondern weil er wieder nach Haus gekommen ist." (Johann Nestroy).

verlorenes Schaf
(aus der Bibel) *besonders im christlichen Sprachgebrauch für einen Abtrünnigen oder einen Menschen, der vom Pfad der Tugend abgekommen ist; auch ironisch verwendet.*
Vgl.: → Schaf, → verirrtes Schaf.

Vernünftler
abschätzig für einen Menschen, der vernünftelt, der vordergründig und scheinbar vernünftig urteilt, aber letztlich den Sinn nicht erfaßt. „O kalte Vernünftler ...!" liest man bei Gottfried August Bürger, und auch Immanuel Kant beklagt sich: „Der Pöbel der Vernünftler schreit, wie gewöhnlich, über Ungereimtheit und Widersprüche".
Vgl.: → -ler.

Verräter
abfällig für jemanden, der die Treue gebrochen, Geheimnisse preisgegeben, etwas ausgeplaudert hat. „Geborener Verräter!" rief der Fraktionsvorsitzende der CDU/CSU Wolfgang Schäuble bei der Bundestagsdebatte (Juni 1995) um das militärische Engagement der Bundeswehr in Bosnien Günter Verheugen (SPD) dazwischen. Die gehässige Bemerkung spielt auf den Wechsel Verheugens von der FDP zur SPD im Jahre 1982 an.
Vgl.: Verräterseele.

-verräter
meist verächtlich für eine Person, die Verrat begangen hat.
Vgl.: → Arbeiterverräter, → Hochverräter, → Landesverräter, → Staatsverräter, → Vaterlandsverräter, → Volksverräter.

Verrecker
(zu „verrecken" = elend umkommen) *landschaftlich derb abwertend für einen gemeinen, niederträchtigen Menschen (dem man damit eigentlich den Tod wünscht).*
Vgl.: Fregger (bayrische und fränkische Lautform), Verreckerl (bayrisch und österreichisch: kleiner, schmächtiger Mensch).

Verrückter
mehr oder weniger abwertend für einen geistesgestörten oder närrischen, überspannten Menschen. „Einem Verrückten soll man keinen Degen geben", lautet ein Sprichwort.
Vgl.: Halbverrückter.

verrücktes Huhn
leicht abwertend für eine närrische, schrullige (weibliche) Person.
Vgl.: → Huhn, närrisches Huhn, tolles Huhn, verdrehtes Huhn, verrückte Nummer (selten), verrücktes Haus.

Versager
verächtlich für einen Menschen, der (immer wieder) versagt, in ihn gesetzte Erwartungen enttäuscht: ein glatter, totaler Versager.
Vgl.: Lebensversager (selten), Schulversager, Totalversager.

-Verschnitt
(eigentlich die Materialreste, die beim Zuschneiden anfallen) *spöttisch-abfällig für jemanden, der einem berühmten Vorbild nacheifert, es nachahmt, aber nur einen Abklatsch, eine schlechte Kopie darstellt.* Beispiele sind: James-Bond-Verschnitt, Monroe-Verschnitt, Presley-Verschnitt. Der SPIEGEL bezeichnete den FDP-Rechten von Stahl als „Haider-Verschnitt" (Januar 1995). Dazu eine Posse aus dem Deutschen Bundestag: 1976 rief Herbert Wehner (SPD) dem damaligen Fraktionsvorsitzenden der CDU/CSU und späteren Bundespräsienten Karl Carstens zu: „Papen-Verschnitt! Papen-Verschnitt!" worauf Philipp Jenninger (CDU) flugs Partei ergriff, aber in der Eile nichts besseres fand als: „Sie sind ein Sowjet-Verschnitt!"

Verschwender
als Tadel oder abfällig für einen Menschen, der Gut und Geld verschwendet.

„Der Verschwender wirft mit vollen
Händen,
Ohne Sinn sein Gut Betrügern aus,
Und die Ernte von den Narrenspenden
Ist Verachtung in das leere Haus."
(Johann Gottfried Seume, 1826).

Vgl.: Energieverschwender, Geldverschwender, Zeitverschwender.

Verschwörer
auch abwertend gebraucht für einen Teilnehmer an einer Verschwörung.

Versemacher = Verseschmied

Verseschmied
jemand, der mit Müh und Mut schlechte Verse machen tut.
Vgl.: Versedrechsler, Versemacher.

Versifex
(zu „Vers" und lateinisch „facere" = machen) *veraltet für jemanden, der zwar gerne, aber nicht gut dichtet.*
Vgl.: → Fex, Versifikator (veraltet).

versoffenes Huhn
salopp abwertend für eine trunksüchtige (weibliche) Person.
Vgl.: → Huhn.

versoffenes Loch
(nach der Redensart „saufen wie ein Loch") *derb abwertend für einen trunksüchtigen Menschen.*
Vgl.: → Loch, → Saufloch, versoffenes Genie.

Versöhnler
abwertend 1. im kommunistischen Sprachgebrauch für jemanden, der mit dem Klassengegner Kompromisse schließt. 2. für einen Politiker, der sich allzu kompromißbereit zeigt.
Vgl.: → Kompromißler, → -ler.

Versuchskaninchen (Versuchskarnickel)
(eigentlich ein Kaninchen, das als wissenschaftliches Versuchstier dient) *abwertend für eine Versuchsperson, einen Menschen, der für eine Erprobung mißbraucht wird.*
Vgl.: → Karnickel.

Vertreter
abschätzig für einen Mann, meist mit Zusätzen: ein komischer, müder, „netter" Vertreter.
Vgl.: „sauberer Vertreter" (ironisch), übler Vertreter.

Verwahrloster
selten für einen verkommenen, ungepflegten Menschen.

Verwandtschaft s. bucklige Verwandtschaft

Verzichtpolitiker
seltene abfällige Vokabel für einen Politiker, der für den Verzicht auf nationale Rechte und Ansprüche eintritt.
Vgl.: → -politiker.

Verzug
(zu „verziehen" = allzu nachsichtig erziehen) *landschaftlich veraltend für ein verwöhntes, bevorzugtes, zu nachsichtig erzogenes Kind.*

Vettel
(aus lateinisch „vetula" = altes Weib) *Schimpfwort für eine liederliche, schlampige ältere Frau.*
Vgl.: → alte Vettel, Erzvettel, Schandvettel (selten).

Videot
(Kontamination aus „Video" und „Idiot"; zu lateinisch „video" = ich sehe) *veraltend spöttisch oder abschätzig für einen leidenschaftlichen, unkritischen Benutzer von TV- und Videotechnik.*
Vgl.: → Idiot, TV-Idiot, Videofreak (kaum abwertend).

Viech
(eigentlich eine saloppe, oft abfällige Bezeichnung für ein Tier) *1. derb abwertend für einen rohen, brutalen Menschen. 2. oberdeutsch eher anerkennend für einen urigen, derb-lustigen Menschen.*
Vgl.: Erzviech, Hornviech (oberdeutsch), → Mistvieh (Mistviech), → Rabenvieh (Rabenviech), → Rindvieh (Rindviech), → Sauvieh (Sauviech), → Urviech (Urvieh), Viech mit Haxen (bayrisch und österreichisch: dumm; originell).

Viechskerl
oberdeutsch 1. derb abwertend für einen gemeinen, brutalen Kerl. 2. seltener, auch anerkennend für einen groben, kraftstrotzenden Burschen.
Vgl.: → Kerl.

Vieh
grobes Schimpfwort für einen ebenso groben, brutalen Menschen.
Vgl.: Arbeitsvieh, → Federvieh, Generalrindvieh, → Herdenvieh, hohes Vieh (salopp: hohes Tier), → Hornvieh, Kleinvieh (kleine Schüler, Kinder), → Mistvieh (Mistviech), Mordsrindvieh, Oberrindvieh, → Rabenvieh (Rabenviech), → Riesenrindvieh, → Rindvieh (Rindviech), → Sauvieh (Sauviech), → Stimmvieh, Trampelvieh, → Urviech (Urvieh), Vieh mit zwei Haxen, Wahlvieh (selten: → Stimmvieh).

Viehdoktor
1. scherzhaft-spöttisch für einen Tierarzt. 2. Schelte für einen groben Arzt.
Vgl.: → Pferdedoktor.

Vielfraß
(volksetymologisch aus norwegisch „fjeldfross“ = Bergkater) *Schimpfwort für einen unmäßig essenden Menschen.*
Vgl.: Vielfresser.

Vielfresser = Vielfraß

Vielredner
abschätzig für eine Person, die zuviel redet.
Vgl.: Vielschwätzer.

Vielschreiber
leicht abwertend oder als gehässige Kollegenschelte für einen überaus produktiven Schriftsteller oder Journalisten, der mehr Masse als Klasse hervorbringt. Gottfried Benn ließ sich über die Vielschreiber so aus: „Immer gleich achthundert Seiten, welche Produktivität, welcher Andrang von Gesichten, man sollte ihnen Kiepen umhängen, Kabeljau 'reinschmeißen, dann könnten sie zu den Fischweibern gehn.“ Sehr streng ging auch Oscar Blumenthal (1852 – 1910) mit „Einem Vielschreiber“, so der Titel des folgenden Epigramms, ins Gericht:

„Wozu der stets erneute Schund?
Soll nie dein Drang erkalten?
Die Schwätzer können nicht den Mund,
Du kannst die Hand nicht halten.“

Vgl.: Schnellschreiber, → Schreiber.

Vielwisser
ironisch für jemanden, der viel zu wissen vorgibt oder glaubt.
Vgl.: → Alleswisser.

Viererbande
(ursprünglich eine Gruppe von vier radikalen Politikern in der Führung der Kommunistischen Partei Chinas, unter ihnen die Witwe Mao Tse-tungs) *scherzhafte, auch abwertende Bezeichnung für eine Gruppe von vier Personen, die (im politischen Bereich) vom offiziellen Kurs abweicht.* „Viererbande gegen Bonn“, so lautete der Titel eines SPIEGEL-Artikels im September 1993. Gemeint waren die Ministerpräsidenten der vier südlichen CDU/CSU-regierten deutschen Bundesländer, die sich in einer wichtigen Frage gegen ihre Parteifreunde in Bonn gestellt hatten.
Vgl.: → Bande, → -bande.

Vigilant
(aus lateinisch „vigilans“ = wachsam) *veraltet für einen Polizeispitzel.*

Viper
(eigentlich eine gefährliche Giftschlange) *bildungssprachlich selten für einen heimtükkischen, gefährlichen Menschen.* „O Schelme, Vipern, rettungslos verdammt“, heißt es in Shakespeares RICHARD II.

Vogel
spöttisch bis abfällig für 1. jemanden, der seltsam, absonderlich wirkt. 2. eine zwielichtige Figur; Gauner, Verbrecher. 3. ein leichtes, flatterhaftes Mädchen. Das Wort wird meistens mit einem Adjektiv zusammen verwendet: ein lahmer, krummer, seltsamer, mieser, „sauberer“, toller, rarer Vogel.
Vgl.: bunter Vogel, → häßlicher Vogel, → Kauz, → komischer Vogel, → leichter Vogel, → leichtsinniger Vogel, → linker Vogel, → lockerer Vogel, → loser Vogel, nasser Vogel (veraltet: Taugenichts), → rarer Vogel, → schräger Vogel, → seltener Vogel, seltsamer Vogel, sonderbarer Vogel, → Uhu, ulkiger Vogel.

-vogel
meist salopp abwertend für eine zwielichtige oder komische Person. Eine der nicht seltenen Gelegenheitsbildungen auf „-vogel“ ist „Szenevögel“. Damit meinte die WELTWOCHE (Februar 1994) Bianca und Mick Jagger.
Vgl.: Aasvogel, Diebesvogel, Dreckvogel, → Galgenvogel, → Glücksvogel, Knastvogel (selten), → Lockvogel, Mistvogel, → Nachtvogel, → Paradiesvogel, → Pechvogel, Schmähvogel, Schrägvogel (selten: → schräger Vogel), → Spaßvogel, → Spottvogel, → Strichvogel, Ulkvogel, → Unglücksvogel, → Uzvogel, → Wandervogel, → Zugvogel.

Vögelchen
abwertend für ein flatterhaftes, leichtes Mädchen oder eine Prostituierte. GESTATTEN, VÖGLEIN IM DIENST, heißt ein deutscher Erotikfilm von 1970.
Vgl.: → -chen (-lein), leichtes Vögelchen.

Vogelscheuche
abfällig für eine lange, dürre, häßliche, schlechtgekleidete (weibliche) Person.
Vgl.: Feldscheuche (selten), → Krautscheuche, → Scheuche.

Vokativus
(zu lateinisch „vocare" = rufen, anreden) *noch landschaftlich für jemanden, dem nicht recht zu trauen ist; Schlauberger.* Schon Grimmelshausen schrieb 1672 in DAS WUNDERBARLICHE VOGEL-NEST: „Der Apotheker, welcher gar ein arger Vocativus ist".

Volk
oft geringschätzig oder gar abfällig für eine Gruppe oder eine Sorte von Menschen: freches, dummes, liederliches Volk.
Vgl.: → blödes Volk, → fahrendes Volk, gemeines Volk (veraltet), Volkshaufen (veraltet).

-volk
mehr oder weniger abwertend für → Volk einer näher bezeichneten Art.
Vgl.: → Bettelvolk, Chaotenvolk, → Diebsvolk (Diebesvolk), Dummvolk, Fernsehvolk (kaum abwertend), → Fußvolk, → „Herrenvolk", → Hudelvolk (Hudelvölkchen), Kesselflickervolk, → Krämervolk, → Lumpenvolk, Mannsvolk (oft geringschätzig), Narrenvolk, Pöbelvolk, → Weibervolk (Weibsvolk).

Völkchen s. seltsames Völkchen

Volksfeind
emotional abwertende Bezeichnung für eine Person, die den Interessen des Volkes schadet.
Vgl.: → -feind, Landesfeind.

Volksredner
(nach der Redensart „halte keine Volksreden" = fasse dich kurz) *selten für einen Menschen, der sich gerne reden hört; Schwätzer.*

Volksschädling
vor allem in der Sprache des Nationalsozialismus verächtlich für einen Menschen, der schädlich für das Volk ist; Verbrecher.
Vgl.: → -ling, → Schädling.

Volkstümler
abwertend für einen Menschen, der 1. das Volkstum überbewertet 2. sich in übertriebenem Maße volkstümlich gibt.
Vgl.: → -ler.

Volksverdummer
seltene abfällige Bezeichnung für jemanden, vor allem einen Politiker, der die Bevölkerung irreführt, sie „für dumm verkauft".

Volksverführer
abfällig für einen Menschen, der die Bevölkerung irreführen, zum Schlechten verleiten will; Demagoge. „Du Verführer des Volks, besonders der Weiber!" schrieb Gottfried August Bürger (1747 – 1794).
Vgl.: → Verführer.

Volksverhetzer
abfällig für eine Person, die das Volk durch demagogische Reden aufhetzt, aufzuhetzen versucht. „Sie sind ein bezahlter Volksverhetzer, Herr Hirsch!" sprach 1986 der Abgeordnete Schmidt von den Grünen im Deutschen Bundestag.
Vgl.: → Hetzer, Volksaufwiegler.

Volksverräter
verächtlich für einen Menschen, der Verrat an seinem Volk begangen hat.
Vgl.: → Verräter, → -verräter.

Voll-
besonders jugendsprachlich salopp abwertend für Personen, die den jeweils genannten schimpflichen Zustand voll und ganz erreicht haben. „Ich bin ein Vollspießer!" gestand im Oktober 1995 der TV-Moderator Friedrich Küppersbusch („ZAK").
Vgl.: Volldackel (schwäbisch), Vollgestörter (selten), Vollnull (Versager), Vollrind (dumm).

Vollblutidiot
ironische Steigerung von „Vollidiot", also ein Mensch, der mit Leib und Seele, mit Haut und Haaren ein Idiot ist.
Vgl.: → Idiot, → Vollidiot.

Volldepp
saloppe Steigerung von → Depp.
Vgl.: → Halbdepp.

Völler
selten für einen Menschen, der maßlos ißt und trinkt.

Volleule
(zu salopp „voll" = betrunken) *landschaftlich, vor allem hessisch und rheinisch für einen Trunkenbold oder einen Betrunkenen.*
Vgl.: → Eule, → Saufeule.

Vollidiot
Schimpfwort für einen vollkommenen Idioten, Trottel.
Vgl.: → Halbidiot, → Idiot, Universalidiot (völliger Versager), → Vollblutidiot.

Vollmond
scherzhaft-spöttisch für einen Glatzköpfigen.

Vollmondgesicht = Mondgesicht

Volltrottel
Steigerung von → Trottel.
Vgl.: Halbtrottel.

Vorgartenzwerg
ein vorwiegend jugendsprachliches Schimpfwort für 1. einen dummen, unfähigen, nicht ernst genommenen Menschen. 2. einen kleinen Menschen.
Vgl.: → Gartenzwerg, häßlicher Vorgartenzwerg, → Zwerg.

vornehmer Pinkel
ein Vornehmtuer, Geck.
Vgl.: → feiner Pinkel, → Pinkel.

Vornehmtuer
abfällig für eine Person, die sich affektiert benimmt, um vornehm zu wirken.
Vgl.: → -tuer, Vornehmling (veraltet).

Vorsager
selten gebraucht als Tadel oder geringschätzig für einen Menschen, insbesondere einen Schüler, der unerlaubterweise einem anderen durch Zuflüstern hilft.
Vgl.: Einsager.

Vorstadt-
spöttisch für jemanden, der nur eine provinzielle, verkleinerte, unechte Ausgabe, einen Abklatsch von etwas oder einer berühmten Person darstellt.
Vgl.: Kleinstadt-, → Provinz-, Vorstadt-Casanova, Vorstadt-Django, Vorstadt-Fittipaldi (selten: Autoraser), Vorstadt-Ganove, Vorstadt-Lolita, Vorstadt-Orchidee (Mädchen).

Vorzimmerdrache
abfällig für eine unleidliche und energische Vorzimmerdame.
Vgl.: → Drachen (Drache), Vorzimmerhyäne, Vorzimmerlöwe (Vorzimmerlöwin), Vorzimmerschlange.

Votze = Fotze

Voyeur
(französisch, zu „voir" = sehen) *abwertend für einen Menschen, der andere beim Sex beobachtet (und dabei sexuelle Befriedigung erfährt); auch spöttisch verallgemeinernd für jemanden, der sich aufs Zuschauen beschränkt.*

W

Rabeater

Wachhund

salopp abwertend für eine Person, die eine aufpassende, bewachende Tätigkeit ausübt, etwa ein Portier oder ein Wachsoldat.

Vgl.: → Hund, → -hund.

Wachtel

(eigentlich ein kleiner, unscheinbarer Hühnervogel) *1. abfällig für eine (häßliche, unangenehme) ältere Frau. 2. abwertend für einen Justizvollzugsbeamten, Wachmann u.dergl. 3. veraltet für eine Hure.*

Vgl.: → alte Wachtel, → Spinatwachtel, → Spitalwachtel.

Wackelarsch

derbe, abschätzige Bezeichnung für eine (weibliche) Person, die sich beim Gehen in den Hüften wiegt, mit dem Hintern wackelt.

Vgl.: → Arsch, → -arsch, Miß Wackelarsch (selten).

Wackelente

(vom wackelnden Gang der Enten) *landschaftlich spöttisch für eine schwerfällige (weibliche) Person, die beim Gehen wie eine Ente hin und her wackelt.*

Vgl.: → Ente, → Watschelente.

Wackelgreis = Tattergreis

Wackelpudding = Pudding

Wackes

(von lateinisch „vagus" = umherstreifend) *1. Herumtreiber, Tagedieb. 2. ein grober, plumper Kerl. 3. südwestdeutsch und in der Gegend von Basel für einen Franzosen aus den angrenzenden Gebieten.* In Basel gibt es auch die Fastnachtsfigur des „Waggis", wie dort der Elsässer genannt wird, nämlich eine grobschlächtige, bäurische Gestalt mit wirren Haaren und einem Knüppel in der Hand.

Wadenbeißer (Wadlbeißer)

(vom kleinen, bissigen Hund) *meist spöttisch für einen lästigen, kleinen Angreifer, der ähnlich kläfft und beißt wie ein wütender Pinscher.* „Wahn-witziger Wadlbeißer", stabreimte die FRANKFURTER RUNDSCHAU (Dezember 1993) über den Arzt und Musikkabarettisten Georg Ringsgwandl. Auf ganz ähnliche Weise witzelte DIE WOCHE (September 1996) über Werner Stumpfe, den Chef des Arbeitgeberverbandes Gesamtmetall: „Wadenbeißer wider Willen".

Vgl.: → Beißer, → Hackenbieter, Wadlzwicker (bayrisch, selten).

Waffel

(zu oberdeutsch derb „Waffel" = Mund) *vorwiegend bayrisch und fränkisch selten für ein Großmaul.*

Waffennarr

abschätzig für einen leidenschaftlichen Liebhaber, Sammler von Waffen.

Vgl.: → Narr, → -narr, Waffenfreak (kaum abwertend).

Waffenschieber

abwertend für eine Person, die illegal mit Waffen handelt.

Vgl.: → Schieber.

Wafler (Wafer)

(zu oberdeutsch „waffeln" = schwatzen, dumm reden) *vorwiegend fränkisch für einen dummen Schwätzer.*

Vgl.: → -ler, Waffeler (Nebenform).

Wagehals (Waghals)
(zusammengezogen aus „wage den Hals" = ich wage das Leben) *oft abwertend für einen tollkühnen, wagemutigen Menschen.*
Vgl.: → -hals.

Wahnsinniger
mehr oder weniger abwertend für 1. einen Geisteskranken. 2. jemanden, der töricht, sehr unvernünftig ist; sein Leben riskiert.
Vgl.: → Größenwahnsinniger, Halbwahnsinniger, → Irrsinniger, Wahnwitziger (selten).

des Wahnsinns fette Beute
vorwiegend jugendsprachlich für jemanden, der nicht recht bei Verstand oder tatsächlich anderer Meinung als man selbst ist.
Vgl.: des Wahnsinns kesse Beute.

Wahrheitsfanatiker
abfällig für einen Menschen mit übersteigerter Wahrheitsliebe.
Vgl.: → Fanatiker, → -fanatiker.

Waldesel
(eigentlich der Wildesel; hier eine verstärkende Ausschmückung von „Esel") *Schimpfwort für einen Dummkopf.*
Vgl.: → Esel.

Waldheini
mildes Schimpfwort für 1. einen ungeschickten, etwas einfältigen Kerl. 2. einen Hinterwäldler, naiven Naturburschen.
Vgl.: → Heini, → -heini.

Waldschrat (Waldschratt)
(eigentlich ein zottiger Waldgeist im Volksaberglauben) *abfällig für einen komischen, kleinen, häßlichen Menschen.*
Vgl.: → Schrat (Schratt).

Wald-und-Wiesen- = Feld-Wald-und-Wiesen- (Wald-und-Wiesen-)

Walküre
(eigentlich eine Frauengestalt aus der nordischen Mythologie, bekannt auch aus Richard Wagners DER RING DES NIBELUNGEN) *scherzhaft-spöttisch für eine große, kräftige (blonde) Frau.* Eine „abgehalfterte Klamauk-Walküre auf Stellungssuche" sei die dicke TV-Entertainerin Hella von Sinnen, schrieb der FOCUS (Dezember 1995).
Vgl.: Willküre (selten: Wortspiel zu „Willkür").

Wallach
(eigentlich ein kastrierter Hengst) *1. spöttisch für einen impotenten oder zeugungsunfähigen Mann. 2. gaunersprachlich für einen Priester (zu jiddisch „gallach" = Mensch mit einer Tonsur, Geschorener; anspielend auf den Zölibat).*

Walroß
(eigentlich eine große Robbe mit langen Hauern) *abfällig für einen schwerfälligen Menschen (mit schlichtem Gemüt).*
Vgl.: → Roß.

Walzbruder
(zu „Walz" = Wanderschaft der Handwerksburschen) *vor allem gaunersprachlich veraltet für einen Landstreicher, Vagabunden.*
Vgl.: → Bruder, → -bruder.

Walze = Dampfwalze

Wampe
(eigentlich ein dicker Bauch, Wanst) *besonders süddeutsch abschätzig für einen Menschen mit einem dicken Bauch.*
Vgl.: Wampenhannes (hessisch), Wamprich (schlesisch), Wamperter (bayrisch).

Wandale
(eigentlich ein Angehöriger des ostgermanischen Volksstammes der Wandalen, die 455 Rom plünderten und deshalb in der christlichen Tradition als Inbegriff sinnloser Zerstörungswut gelten; weibliche Form: Wandalin) *Schimpfwort für einen zerstörungswütigen Menschen.*

wandelnde Leiche
ein kränklicher, erschreckend blasser Mensch.
Vgl.: lebende Leiche, → lebendiger Leichnam (lebender Leichnam), → Leiche, → Leiche auf Urlaub, wandelnder Leichnam.

wandelnde Litfaßsäule
(zu den runden Plakatsäulen, die der Buchdrucker Ernst Litfaß 1855 in Berlin zuerst

aufgestellt hatte; dazu die Berliner Redensart „er ist verschwiegen wie ne Litfaßsäule" = er plaudert alles aus) *ein geschwätziger Mensch, der nichts für sich behalten kann.*

wandelndes Gerippe
oft abschätzig für einen abgemagerten, krank aussehenden Menschen.
Vgl.: dürres Gerippe, → Gerippe.

wandelndes Konversationslexikon
(geht in der Form „ein lebendiges Conversations-Lexikon" auf E.T.A. Hoffmann zurück) *geringschätzig für einen Menschen mit großem Faktenwissen und vielseitiger, aber eher oberflächlicher Bildung.*
Vgl.: lebendes (lebendiges) Konversationslexikon.

Wanderpokal
(eigentlich ein Pokal, der bei Sportveranstaltungen Jahr für Jahr an die neuen Sieger weitergegeben wird) *vorwiegend jugendsprachlich abschätzig für ein Mädchen, das ihre intimen Freunde oft wechselt.*

Wandervogel
(eigentlich ein veraltetes Wort für einen Zugvogel; auch der Name eines früheren deutschen Jugendbundes) *abwertend für einen Herumtreiber, einen Menschen mit unstetem Lebenswandel.*
Vgl.: → Vogel, → -vogel.

Wanst, der (das)
(eigentlich ein dicker Bauch) *1. abwertend für einen beleibten Menschen, einen dicken Mann. 2. (das Wanst) landschaftlich, besonders ostdeutsch für ein ungezogenes Kind.*
Vgl.: → Dickwanst, → Fettwanst, → Freßwanst, Geizwanst, Lausewanst, → Speckwanst.

Wanze
(nach dem blutsaugenden Ungeziefer) *starkes Schimpfwort für einen widerlichen oder lästigen, aufdringlichen Menschen.* In einem Brief an Karlheinz Deschner aus dem Jahre 1960 lästerte der Schriftsteller Ernst Kreuder über „die impotente Äußerung der christwütigen Rundfunk-Wanze Krämer-Makkaroni in der gestrigen FAZ". Er meinte wohl den Kollegen Rudolf Krämer-Badoni.
Vgl.: Asphaltwanze (Straßenprostituierte), → Bettwanze, Bürowanze, Fettwanze, freche Wanze, Hotelwanze (Hoteldieb), Sakristeiwanze (selten: frömmelnd).

Warlord
(englisch; wörtlich: Kriegsfürst; schon im 1. Weltkrieg eine Bezeichnung der Propaganda Londons für die deutschen Armeeführer) *seltene abfällige Bezeichnung für eine Person, die als militärischer Führer (irregulärer Truppen) die Gewalt über eine Region innehat.* Im Oktober 1995 gebrauchte der SPIEGEL das Wort für Serbenführer Karadžić nebst Armeechef Mladić.

Warmer = warmer Bruder

warmer Bruder
salopp abwertend für einen Homosexuellen.
Vgl.: → Bruder, → schwuler Bruder, süßer Bruder (selten), warme Schwester (lesbisch), Warmer, warmer Onkel (selten).

Warzenschwein
(eigentlich ein Wildschwein mit warzenförmigen Erhebungen am Kopf; hier eine Art von Steigerung des Schimpfwortes Schwein) *derbes Schimpfwort für einen ekelhaften, äußerst unangenehmen Menschen.*
Vgl.: → Schwein, → -schwein.

Waschel
(wohl zu „waschen") *in Bayern und Österreich abfällig für einen groben, plumpen, rohen Menschen.*
Vgl.: → Baderwaschel (Badwaschel).

Wäscher
selten für einen Schwätzer.

Waschlappen
ein Feigling, Schwächling; ein Mann, der sich nicht durchsetzen kann. Dem „Waschlappen" nachempfunden ist die Figur des „Waschlapski" aus Heinrich Heines ROMANCERO:

„Crapülinski und Waschlapski,
Polen aus der Polackei."

Vgl.: → Lapp, → Lappen.

Waschweib
(ein altes Wort für eine Wäscherin; von der regen Unterhaltung der Frauen, die sich zum Nachspülen der Wäsche an Bächen und Flüssen trafen) *Schimpfwort für einen geschwätzigen, klatschsüchtigen Menschen.*
Vgl.: altes Waschweib, Waschfrau, → Weib, → -weib.

Waserl, das
(mundartliche Verkleinerungsform von „Waise") *in Österreich und Bayern abschätzig für einen unbeholfenen, naiven Menschen.* „Hat er dich naß gemacht? Armes Waserl!" (Ödön von Horváth: GESCHICHTEN AUS DEM WIENERWALD, 1931).

Wasser s. stilles Wasser

Wasserkopf
(eigentlich eine krankhafte Vergrößerung des Schädels durch abnorme Vermehrung der Gehirn-Rückenmarkflüssigkeit, die meist mit Schwachsinn verbunden ist) *salopp abwertend für 1. einen Dummkopf. 2. jemanden mit einem dicken Kopf.*
Vgl.: → -kopf (-kopp).

Wasserpolacke
(meinte ursprünglich einen aus dem oberschlesischen Polen stammenden Oderflößer) *alter Spottname für die polnischen Schlesier, Oberschlesier.*
Vgl.: → Polacke (Polack).

Wasserratte (Wasserratz)
(eigentlich eine am Wasser lebende Wühlmaus) *gemütliche Schelte, oft auch anerkennend, für eine Person, die gerne schwimmt, segelt, rudert usw.; auch für Seeleute oder Küstenbewohner.*
Vgl.: → Ratte, → Ratz.

Wasserstoffbombe
(eigentlich eine Atombombe auf der Basis von Kernverschmelzung; zu „wasserstoffblond" unter Einwirkung von „Sexbombe") *vorwiegend jugendsprachlich geringschätzig für eine Frau, die ihre Haare (mit Wasserstoffperoxyd) blondiert hat.*
Vgl.: → Bombe.

Wasserträger
(übernommen von der Bezeichnung im Sportjargon für einen Radrennfahrer, der in seinem Team den Spitzenfahrer unterstützen muß) *vor allem im Sprachgebrauch der Politik abwertend für einen abhängigen Politiker, der anderen zuarbeiten muß.* Die PDS bestehe aus „Wasserträgern eines verblichenen Polizeistaates", so ein Leserbriefschreiber an den SPIEGEL (Februar 1994).
Vgl.: → Kofferträger, Wasserschlepper (selten).

Wastel
(mundartliche Koseform des männlichen Vornamens Sebastian) *bayrisch und österreichisch abfällig für 1. einen dicken Menschen: dicker Wastel. 2. einen Polizisten, Gefängnisaufseher (vielleicht, weil Hunde oft so genannt werden).*

Watschel
(zu „watscheln" = schwerfällig, hin und her schwankend laufen) *oberdeutsch abwertend für einen plumpen, „watschelnden" Menschen.*

Watschelente
meist spöttisch für eine Person, die beim Gehen watschelt wie eine Ente.
Vgl.: → Ente, → Wackelente.

Watschenmann
(eigentlich eine dem Menschen nachgebildete Figur auf Rummelplätzen o.ä., die man gegen Bezahlung ohrfeigen kann; bekannt vom Wiener Prater; zu oberdeutsch „Watsche" = Ohrfeige) *salopp abwertend für einen Prügelknaben; oft in politischer Polemik.* „Die etablierten Parteien", so schrieb Antje Vollmer von den Grünen, seien mittlerweile „everybody's Watschenmann" (ZEIT, Januar 1994), und im Oktober 1995 hatte Ärztechef Thomas große Angst, daß die Ärzte als „Watschenheinis der Nation" herhalten müssen (TAGESSPIEGEL).
Vgl.: → -mann, Watschenbube (bayrisch), Watschenfrau (seltene weibliche Form).

Watz = Wutz (Watz)

Wauwau
(eigentlich ein kindersprachliches Schallwort zur Nachahmung von Hundegebell und zur Bezeichnung eines Hundes) *spöttisch für einen Aufpasser, einen strengen, „bissigen", mürrischen Menschen.*
Vgl.: → Anstandswauwau, Moral-Wauwau.

Wechselbalg, der
(nach altem Volksglauben ein mißgestaltetes Kind, oft mit dickem Hals und blödem Gesichtsausdruck, das von Zwergen, bösen Geistern oder dem Teufel einer Wöchnerin untergeschoben wurde) *Schimpfwort für 1. ein ungezogenes Kind. 2. einen häßlichen, verwachsenen Menschen.*
Vgl.: → Balg.

Wechselreiter
jemand, der in betrügerischer Absicht Wechsel verkauft oder austauscht.

Wedel
bayrisch und österreichisch für einen ungeschliffenen Kerl, Lümmel.

Wegelagerer
(weibliche Form: Wegelagerin) *abwertend für jemanden, der anderen am Wege auflauert, um sie zu berauben; übertragen auch für einen betrügerischen Menschen.* Als Beleidigung gegenüber einem Hilfspolizisten war 1994 das Wort mit 900 DM Strafe verhältnismäßig billig (ADAC MOTORWELT, Oktober 1994).

Weh, der (das)
bayrisch und österreichisch 1. für einen Dummkopf; Versager. 2. gaunersprachlich für ein naives Betrugsopfer.

Weib
(ursprünglich eine wertneutrale Bezeichnung für eine erwachsene Frau, später abfällig oder in poetischer Verwendung; heute vor allem im Plural in abwertender Bedeutung) *1. oft abschätzig für eine (unangenehme) weibliche Person: ein blödes, unverschämtes, versoffenes, aufgedonnertes, hysterisches, häßliches, böses, falsches, zänkisches, tratschsüchtiges, gehässiges Weib. 2. verächtlich für einen feigen, wehleidigen Mann.* Schon Schopenhauer stellte fest: „Die Weiber wollen nicht mehr Weiber heißen." Heinrich Heine urteilte über seinen gräflichen Schriftstellerkollegen August von Platen („Das Grab am Busento"): „Er ist ein Weib." In Gotthold Ephraim Lessings DER FREYGEIST (1749 entstanden) wird das Wort ähnlich verwendet: „Das Maul ist groß genug an ihm; aber wenn es dazu kömmt, daß er das, was er glaubt, mit Taten beweisen soll, so zittert das alte Weib!"
Vgl.: altes Weib (Feigling), Weibling (weibischer Mann), Weibsmensch.

-weib
überwiegend verächtliche Bezeichnungen für eine weibliche Person, die in näher bestimmter Weise unangenehm ist.
Vgl.: → Bettelweib, Bullenweib (Polizistin), Dragonerweib, → Fischweib, → Flintenweib, → Hünenweib, → Hurenweib, → Hutzelweib (Hutzelweiblein), → Kebsweib, → Keppelweib, → Kerzelweib, → Klatschweib, Kuppelweib, Luxusweib, → Mannweib, → Marktweib, → Mistweib, Patschweib, Quatschweib, → Ratschweib, → Riesenweib, → Satansweib, → Schandweib, → Teufelsweib, → Tratschweib, → Waschweib.

Weibchen
meist abschätzig für eine etwas einfältige, anschmiegsame Frau, die sich betont weiblich gibt.
Vgl.: → -chen (-lein), → Luxusweibchen.

Weiberfeind
salopp, auch abwertend für einen Mann, der den Frauen feindlich gesinnt ist.
Vgl.: → -feind, Frauenfeind (kaum abwertend).

Weiberheld
oft abschätzig für einen Mann, der ständig neue Liebesabenteuer sucht; Schürzenjäger.
Vgl.: → „Held", → -held, Frauenheld.

Weiberknecht
verächtlich für einen Mann, der sich einer Frau oder Frauen völlig unterordnet, von ihnen abhängig ist.
Vgl.: Eheknecht, Frauenknecht, → Knecht, → -knecht, Mädchenknecht.

Weibernarr
abfällig für einen Mann, der in Frauen vernarrt ist, der nichts anderes im Sinn hat.
Vgl.: → Narr, → -narr.

Weibervolk (Weibsvolk)
veraltende, meist abwertende Bezeichnung für bestimmte Frauen oder die Frauen insgesamt.
Vgl.: → Volk, → -volk, Weiberleute.

Weibsbild
(ursprünglich soviel wie „Erscheinung, Gestalt eines Weibes") *salopp abwertend für eine (schlechte) Frau; oft mit Eigenschaftswörtern verknüpft: ein blödes, verfluchtes, unmögliches, elendes, böses Weibsbild.*

Weibsen
(Plural) *scherzhaft, auch leicht abwertend für weibliche Personen.*

Weibsleute
veraltend leicht abwertend für Frauen und Mädchen.
Vgl.: Weiberleute.

Weibsperson
meist abwertend für eine (unangenehme) weibliche Person.
Vgl.: → Frauensperson, → Person.

Weibsstück
salopp abwertend für ein liederliches oder böses Weib.
Vgl.: → Stück.

Weibsteufel
Schimpfwort für eine unverträgliche, böse Frau. Der Österreicher Karl Schönherr schrieb 1914 das Drama DER WEIBSTEUFEL.
Vgl.: → Teufel, → -teufel.

Weibsvolk = Weibervolk (Weibsvolk)

Weichei
(wohl zu der Redensart „weich im Kopf sein") *vorwiegend jugendsprachlich für 1. einen laschen, energielosen Menschen. 2. einen Dummkopf.* Seine deutschen Fußballkollegen seien „verwöhnte Laumänner und Weicheier", gab der Torwart Uli Stein zu Protokoll. Im Oktober 1995 gestand in einem Brief an den SPIEGEL der frühere Spitzenpolitiker der DDR Egon Krenz vorsichtig ein, er sei „vielleicht das Weichei", für das ihn manche hielten.
Vgl.: → Ei, weiches Ei (energielos).

Weichling
Schimpfwort für ein weichliches, schwächliches Mannsbild.
Vgl.: → -ling.

Weichmann
verächtlich für einen weichlichen, willensschwachen Mann; Feigling.
Vgl.: → -mann.

Weihnachtsmann
(um 1920 als Schelte auf vollbärtige Männer aufgekommen) *Schimpfwort für einen einfältigen, trotteligen Menschen.*
Vgl.: → -mann, Nikolaus.

Weinfaß
seltene, meist spöttische Bezeichnung für einen dicken Menschen, besonders einen dicken Weintrinker.
Vgl.: → Bierfaß, → Faß.

Weinpanscher
abwertend für eine Person, die Wein verfälscht, vor allem verwässert.
Vgl.: → Bierpanscher, → Panscher, Weinfälscher (selten).

Weinschlauch
(eigentlich ein lederner Schlauch als Behälter für Wein) *oft spöttisch-abschätzig für einen leidenschaftlichen Weintrinker; Weinsäufer.*
Vgl.: → Schlauch.

Weismacher
(von mittelhochdeutsch „wis machen" = klug machen, informieren) *vorwiegend norddeutsch für jemanden, der anderen etwas weismacht, mit Worten vortäuscht.*
Vgl.: → -macher.

Weißer-Kragen-Gauner

(aus englisch-amerikanisch „white collar criminal" übersetzt, einem Terminus, den der amerikanische Soziologe E.H. Sutherland um 1950 eingeführt hatte) *abfällig für einen Wirtschaftsverbrecher, Steuerhinterzieher, korrupten Politiker o.ä.*

Vgl.: Gangster im weißen Kragen, → Gauner, Gauner im Frack, Verbrecher im weißen Kragen.

Weißkittel

(wegen der weißen Arbeitskleidung) *spöttisch, auch geringschätzig für eine Person im weißen Arbeitskittel, besonders einen Arzt.* „Wenn ein Irrenarzt und ein Patient über den Kosmos debattieren, hat erwartungsgemäß der Blöde recht und der Weißkittel die Macht." (BASLER ZEITUNG, Oktober 1985).

Vgl.: → Schwarzkittel.

Wellenreiter

(zu „wellenreiten" = surfen) *seltene abschätzige Bezeichnung für jemanden, der auf einer Modewelle „reitet", konsequent einem Trend folgt.* „Ein Wellenreiter in seinem braunen Element", überschrieb die FRANKFURTER RUNDSCHAU im April 1994 einen Artikel über den rechtspopulistischen Politiker Franz Schönhuber.

Weltkind

dichterisch veraltend und oft geringschätzig für einen weltbejahenden, diesseitigen Genüssen sehr zugetanen (oberflächlichen) Menschen.

Vgl.: → Kind.

Weltverächter

leicht abwertend für jemanden, der die Welt und den Menschen verachtet.

Vgl.: → Menschenverächter.

Weltverbesserer

(weibliche Form: Weltverbesserin) *spöttisch-ironisch für jemanden, der glaubt, die Welt nach seinen Vorstellungen verbessern zu müssen.*

Wendegewinnler

(zu „Wende" = gesellschaftlicher und politischer Umbruch des Jahres 1989 in der DDR bzw. ehemaligen DDR) *abwertend für einen Menschen, der von der Wende direkt profitiert hat.* Aus dem Hamburger Arbeiterkind Wolf Biermann, so Willi Winkler in der SÜDDEUTSCHEN ZEITUNG (September 1996), wurde der „handelsübliche rechtsgewirkte Vereinigungsgewinnler".

Vgl.: Einheitsgewinnler (selten), → Gewinnler, → -ler, Vereinigungsgewinnler.

Wendehals

(eigentlich ein kleiner Specht, der seinen Kopf um 180 Grad drehen kann und 1988 zum „Vogel des Jahres erklärt wurde") *abwertend für einen Menschen, der sich in kürzester Zeit an eine neue politische Richtung anpaßt; Opportunist.* Wenn Ernst Jünger um 1990 in seinen Tagebüchern notierte: „So wurde dieser Tage ‚Wendehals' als neues Wort geboren für schräge Vögel, die sich wie Wetterfahnen nach jedem Winde drehen", so irrte er. Das Wort wurde schon im 19. Jahrhundert in diesem Sinne verwendet, hat allerdings seit der Wende von 1989 einen außerordentlichen Bekanntheitsgrad erlangt als Bezeichnung für ehemalige Machthaber und Mitläufer des SED-Regimes, die sich flott und geschmeidig dem Wandel angepaßt haben. Beispielsweise wurde der frühere SED-Chef Egon Krenz oft so genannt. Nach der deutschen Wiedervereinigung hörte man öfters den Slogan: „Kein Artenschutz für Wendehälse!"

Vgl.: → -hals.

-wenzel

(nach dem besonders in Böhmen häufigen Personennamen Wenzel, der über die vielen früher in Deutschland beschäftigten slawischen Landarbeiter im Deutschen geläufig und zu einer abfälligen Bezeichnung wurde) *seltenes Grundwort für einige, teils veraltete Schimpfwörter.*

Vgl.: → Lausewenzel, Sauwenzel, → Scharwenzel (Scharwenzler).

Wepse
(schon im Mittelalter als parallele Form zu „Wespe") *landschaftlich als Tadel oder leicht abwertend für eine unruhige, zappelige (junge) weibliche Person.*

Werkzeug = willenloses Werkzeug

Wermutbruder
(nach dem relativ billigen und kurzfristig wärmenden Wermutwein, einem einst häufigen Getränk unter Land- und Stadtstreichern) *abschätzig für einen (alkoholisierten, alkoholsüchtigen) Stadtstreicher, Obdachlosen.*
Vgl.: → Bruder, → -bruder, Wermutschwester (weibliches Pendant).

Werwolf
(im alten Volksglauben eine Person, die sich zeitweise in einen Wolf verwandelt und dann Menschen und Tiere anfällt) *selten für einen rohen, unheimlichen Menschen; auch für einen mit schlechten Manieren bei Tisch.*
Vgl.: → Wolf.

Wessi
(Kurzwort zu „Westdeutscher"; weiblich auch: die Wessi) *aus ostdeutscher Sicht manchmal leicht abwertend für eine Person aus den alten Bundesländern; Westdeutscher.* Dazu eine ostdeutsche Volksweisheit:
„Der Fuchs ist schlau und stellt sich dumm,
beim Wessi ist es andersrum."
Vgl.: → Besserwessi, Dünkelwessi, Ekelwessi (beides selten), → Ossi, Westgote, → Westler.

Westentaschen- (... im Westentaschenformat)
(eigentlich von bestimmten Gebrauchsgegenständen: klein und handlich, so daß sie bequem in der Westentasche Platz hätten) *spöttische Bezeichnung für eine Person, die etwas oder jemanden nachahmt, jemandem ähnelt, ohne allerdings dessen Format zu haben: ein Politiker im Westentaschenformat, Westentaschenpolitiker.* Über den SPD-Politiker und Publizisten Peter Glotz, der im böhmischen Eger geboren ist, spottete Gerhard Zwerenz: „sudetendeutscher Westentaschen-Adorno".
Vgl.: → ... im Taschenformat, Westentaschenheld, Westentaschen-Machiavelli, Westentaschenplayboy, Westentaschenrevolutionär.

Westler
(im 19. Jahrhundert eine Bezeichnung für jene russischen Intellektuellen, die im Gegensatz zu den „Slawophilen" für eine Orientierung am Westen eintraten; vor allem in der Weimarer Republik auch ein diffamierendes Schlagwort gegen Antidemokraten, denen ein Mangel an Nationalbewußtsein zum Vorwurf gemacht wurde) *veraltend oft abwertend für Westdeutsche, Bewohner der alten Bundesländer (aus der Sicht von Ostdeutschen).*
Vgl.: → -ler, → Ostler.

Wetterfahne
(eigentlich eine bewegliche Blechfahne auf dem Dach, die die Windrichtung anzeigt) *abfällig für einen wankelmütigen, „wetterwendischen" Menschen, der seine Meinung beliebig ändert; politischer Opportunist.*
Vgl.: Wetterfähnchen, Windfahne.

Wetterfrosch
(früher ein Laubfrosch, der in ein Glas gesperrt war und angeblich gutes Wetter voraussagte, wenn er ein Leiterchen hochstieg) *scherzhaft, auch als gutmütiger Spott für einen Meteorologen.*
Vgl.: → Frosch.

Wetterhahn
(eigentlich eine Wetterfahne in Form eines Hahns) *abfällig für einen unsteten, vor allem in politischer Hinsicht wankelmütigen Menschen.* 1539 schrieb Martin Luther: „Ich befürchte aber, daß leider unter uns viel Wetterhanen, falsche Brüder und dergleichen Unkraut seyn werden."
Vgl.: → Hahn, Turmhahn.

Wetterhexe
(wahrscheinlich „Wetter" im Sinne von „Gewitter") *oberdeutsches Schimpfwort für 1. eine böse (alte) Frau. 2. eine ungepflegte Frau mit zerzausten Haaren.*
Vgl.: → Gewitterhexe, → Hexe.

Wetze

(zu „wetzen“ = hin und her reiben; eilig laufen) *in Österreich und Bayern für 1. einen unruhigen Menschen. 2. eine Straßenprostituierte.*

Wibbelsterz = Wippsterz (Wibbelsterz)

Wichser

(zu derb „wichsen“ = onanieren) *vulgäres Schimpfwort 1. für jemanden, der onaniert. 2. vorwiegend jugendsprachlich für einen unangenehmen, miesen Kerl: ein alter, bürgerlicher, linker, intellektueller Wichser.* In Eckhard Henscheids DOLCE MADONNA BIONDA (1983): „Wenn Sie keine Frau oder Freundin haben, ist das der klare Beweis, daß Sie ein Wichser sind.“ Die Comic-Reihe TANK GIRL, ein Kultheft der „Girlies“, bietet dagegen Sätze wie: „Du stinkst aus'm Maul wie der Hausmeister aus der Hose, du bekiffter Wichser!“

Vgl.: Wichsbruder, Wixer (häufige Fehlschreibung).

-wichser

vorwiegend jugendsprachliche verächtliche Vulgärbezeichnungen hauptsächlich für Personen, die mit ekelerregendem Ernst und Eifer etwas Bestimmtes betreiben. 1994 fand der Dramatiker Franz Xaver Kroetz für seine großen Schriftstellerkollegen Strauß, Walser und Enzensberger die markigen Worte: „alldeutsche Dichterwichser“.

Vgl.: Betroffenheits-Wichser (selten), Disko-Wichser, → Flachwichser, → Hirnwichser, Multikulti-Wichser (rechter Jargon), Ökowichser, Sozialwichser.

Wicht

(von alt- und mittelhochdeutsch „wiht“ = Ding, Sache; auch Tabuwort für einen Kobold) *1. Schimpfwort für eine verachtete männliche Person: ein feiger, elender, erbärmlicher, armseliger, jämmerlicher Wicht. 2. abschätzig für einen kleinen Kerl; unbedeutenden Menschen: ein armer, kleiner Wicht.* „Der Wicht scheut's Licht!“ weiß das Sprichwort, und Franz Grillparzer reimte 1868 „Auf einen Opponenten“:

„Mein Freund Sie sind ein Bösewicht!
Zwar gar so böse sind sie nicht.
Drum bleiben einfach wir beim Wicht.“

Vgl.: böser Wicht, → Bösewicht, → Erzbösewicht.

Wichtelmännchen (Wichtelmann)

(eigentlich ein Zwerg, Kobold; Heinzelmännchen) *seltenes Spottwort für einen äußerlich oder innerlich kleinen, unbedeutenden Mann.* „Die jungen Wichtelmänner“ schimpfte die österreichische Schriftstellerin Elfriede Jelinek über die Leitung der Zeitschrift PROFIL, die es 1994 gewagt hatte, die TV-berühmte Journalistin Sigrid Löffler zu entlassen.

Vgl.: → -chen (-lein), → -mann, → Männchen (Männlein), Wichtel.

Wichtigmacher

(zu „sich wichtig machen“ = sich aufspielen) *in Österreich und Süddeutschland für einen → Wichtigtuer.*

Vgl.: → -macher.

Wichtigtuer

Schimpfwort für eine Person, die sich wichtig tut, sich aufspielt, in den Mittelpunkt drängt. Der Schriftsteller Peter Rühmkorf bezeichnete in seinen 1995 veröffentlichten Tagebüchern gewisse Kollegen als „Wichtigheimer“.

Vgl.: → -tuer.

Wichtikus

(latinisierende Endung) *noch in norddeutschen Mundarten für einen Angeber, Wichtigtuer.*

Wickelkind

(eigentlich ein kleines Kind, das noch gewickelt wird) *spöttisch, auch abwertend für einen unselbständigen, schwachen, hilflosen Menschen.*

Vgl.: → Kind.

Widerborst

(aus „widerborstig“ = kratzbürstig, widerspenstig) *selten für einen widerborstigen Menschen, ein widerborstiges Kind.* DER WIDERBORST ist auch der deutsche Titel eines vielgelobten Romans von A.F.T. van der Hejden aus dem Jahr 1993.

Widerling
Schimpfwort für einen widerlichen, unausstehlichen Menschen.
Vgl.: → -ling.

Widerspruchsgeist
oft leicht abwertend für eine Person, die gern und oft widerspricht.
Vgl.: Oppositionsgeist.

Widerwart
(von „widerwärtig" = sehr unangenehm, abstoßend) *selten für eine widerwärtige Person.*

Wiederholungstäter
(eigentlich eine Person, die eine strafbare Handlung zum wiederholten Male begangen hat) *seltener Spott für einen Menschen, der etwas (als falsch oder dumm Erachtetes) wieder tut, z.B. zum zweiten Mal (denselben Partner) heiratet.*

Wiederkäuer
(eigentlich ein Tier, beispielsweise ein Rind, das seine Nahrung wiederkäut) *abschätzig für einen Menschen, der Meinungen, Worte anderer nachbetet oder etwas sattsam Bekanntes immer wieder vorbringt.*

Wiesel
(eigentlich ein kleiner, flinker Marder) *eine oft geringschätzige Bezeichnung für einen flinken, gewandten, überaus geschäftigen Menschen.*

wilde Hummel
leicht abwertend für ein sehr lebhaftes, ausgelassenes Mädchen.
Vgl.: → Hummel.

Wilder
seltene abwertende Bezeichnung für einen wilden, ungezügelten, lärmenden Menschen.
Vgl.: Halbwilder.

wildes Tier
(meint eigentlich meist ein großes Raubtier) *abfällig für einen rohen, brutalen, triebhaften Menschen.*
Vgl.: reißendes Tier, → Tier, → -tier.

Wildfang
(ursprünglich ein eingefangenes wildes Tier) *ein wildes, ausgelassenes Kind oder junges Mädchen.* In der folgenden Strophe eines Flugblattes aus dem 19. Jahrhundert mit dem Titel DER MÄNNERZANK schilt er sie:

„O du Schwerdtmaul, o du Zanga,
o du Wildfang, o du Schlanga;
o du Gans, du alter Bär
leck mich wacker bis daher."

Wildling
ein ungestümer junger Mensch; lebhaftes Kind.
Vgl.: → -ling, Wildrian (selten).

Wildsau
(eigentlich ein weibliches Wildschwein) *derbes Schimpfwort für 1. einen wilden, heftigen Menschen. 2. eine schmutzige, verwahrloste oder moralisch verkommene Person. 3. einen rücksichtslosen Kraftfahrer, der „fährt wie eine Wildsau".* Die bespitzelte Ost-Schriftstellerin Monika Maron wurde in den Akten der Stasi unter dem Decknamen „Wildsau" geführt.
Vgl.: achtmotorige Wildsau (jugendsprachlich veraltet), → Sau, → -sau.

Wildschwein
selten und weniger derb für → Wildsau.
Vgl.: musikalisches Wildschwein (selten: unmusikalischer, aber musizierender Mensch), → Schwein, → -schwein.

willenloses Werkzeug
abfällig für jemanden, der von anderen benutzt, manipuliert wird. Im Grimmschen DEUTSCHEN WÖRTERBUCH werden als synonyme, aber weniger geläufige Möglichkeiten genannt: ein folgsames, gefügiges, ergebenes, gehorsames, willfähriges, blindes Werkzeug. „Ihr willenlosen Werkzeuge!" bekommt man in Peter Handkes PUBLIKUMSBESCHIMPFUNG zu hören.
Vgl.: Werkzeug, willenlose Kreatur.

Wimmerer
(zu „wimmern" = leise jammern, kläglich weinen) *1. verächtlich für einen verzagt jammernden oder weinerlich bettelnden Men-*

schen. 2. spöttisch für einen Schlager- oder Popsänger, der hohe, zittrige, schluchzende Laute von sich gibt.
Vgl.: Wimmerheini, Wimmerling.

Windbeutel
(eigentlich ein mit Luft gefüllter Beutel) *Schimpfwort für 1. einen oberflächlichen, leichtlebigen, unzuverlässigen Menschen. 2. einen Angeber, Großsprecher.* Bitter beklagte sich Schopenhauer 1851, die Fakultätsphilosophen würden skandalöserweise „den Windbeutel Fichte" als ebenbürtig neben Immanuel Kant setzen. Im Oktober 1994 schrieb Rudolf Augstein im SPIEGEL über den FDP-Politiker Jürgen Möllemann, er sei „nichts weiter als ein Luftikus und Windikus".
Vgl.: → Beutel, → -beutel, Windikus, Windsack (beides veraltet).

Windei
(eigentlich ein unbefruchtetes oder ein Ei ohne Schale) *ein Versager, unbrauchbarer Mensch.*
Vgl.: → Ei.

Windhund
(wohl zu „wendisch" = slawisch; also eigentlich = „wendischer Hund") *Schimpfwort für einen oberflächlichen, unzuverlässigen, leichtfertigen Mann; auch für einen, der immer wieder fremdgeht.*
Vgl.: → Hund, → -hund.

windiger Bursche
abschätzig für einen unzuverlässigen, zweifelhaften, verschlagenen Burschen.
Vgl.: → Bursche, windiger Bruder, windiger Patron.

Windmacher
(„Wind" als Sinnbild des Flüchtigen, Substanzlosen) *ein Prahler, Wichtigtuer; einer, der maßlos übertreibt.* Im GÖTTINGER MUSENALMANACH von 1795 findet sich eine „Grabschrift auf einen Windmacher":

„Still, Winde, hier!
Ein Größerer als ihr,
Der schlummert hier:
Fürwahr, er war weit mehr,
Denn, was ihr seid, das machte er."

Vgl.: → -macher.

Winkeladvokat
(eigentlich der „im Winkel" und damit heimlich, unbefugt tätige Advokat) *abfällig für einen unbedeutenden, schlechten, mit fragwürdigen Mitteln arbeitenden Rechtsanwalt oder Rechtsberater.* Die Auflagenmillionärin Hera Lind („Superweib"!) nannte eine ihrer Romanfiguren, einen Advokaten, kurzerhand „Winkel".
Vgl.: Winkelschreiber (vorwiegend österreichisch).

Winkelschreiber = Winkeladvokat

Winseltüte
(zu „winseln" = kläglich flehen, jammern) *vorwiegend ostdeutscher Jugendjargon für einen Jammerlappen, eine Heulsuse.*
Vgl.: → Tüte (Tute).

Winsler
abfällig für einen weinerlich klagenden, bettelnden, jammernden Menschen.
Vgl.: Winseläffchen, → -ler.

Winzling
salopp, auch geringschätzig für eine sehr kleine, unscheinbare Person.
Vgl.: → -ling.

Wippsterz (Wibbelsterz)
(eigentlich eine Bachstelze; vom wippenden Schwanz des Vogels) *landschaftlich, vor allem norddeutsch für einen nervösen, unruhig sitzenden Menschen, ein zappeliges Kind; im Moselfränkischen auch derb für einen weibstollen Mann.*

Wirbelwind
leicht abwertend, auch anerkennend für eine sehr temperamentvolle, stürmische Person.
Vgl.: Brausewind, → Sausewind, Wirbelkopf.

Wirrkopf
Schimpfwort für einen Menschen, dessen Denken und Sprechen unklar und verworren erscheinen. Im Juni 1993 schrieb der Philosoph Jürgen Habermas („Frankfurter Schule") einen Leserbrief an die FAZ, in dem er den Schriftsteller Eckhard Henscheid („Neue Frankfurter Schule") recht grob als „Wirr-

kopf" mit einem „unglücklichen Hang zur Satire" anging.
Vgl.: → -kopf (-kopp), politischer Wirrkopf.

Wirtschaftsflüchtling
in konservativen Kreisen oft abfällig für einen Flüchtling, der seine Heimat nicht aus politischen, sondern „nur" aus wirtschaftlichen Gründen verlassen hat.
Vgl.: → -ling, Wirtschaftsasylant.

Wirtschaftskrimineller
ein Krimineller im Wirtschaftsleben, der in gehobener Stellung Straftaten wie Steuerhinterziehung, Subventionsschwindel oder Bestechung von Politikern begeht.
Vgl.: → Krimineller, Wirtschaftsverbrecher.

Wirtshaushocker
landschaftlich als Tadel oder leicht abwertend für einen Menschen, der oft und lange im Wirtshaus sitzt.
Vgl.: → Hocker, → -hocker, → Kneipenhocker, Wirtshausbruder, Wirtshäusler (selten).

Witwe s. lustige Witwe

Witwentröster
scherzhaft-spöttisch für einen Mann, der (sexuelle) Kontakte zu einer oder zu verschiedenen grünen und sonstigen Witwen sucht oder hat.

Witzblattfigur
abfällig für eine sehr lächerlich wirkende Person, die einem Witzblatt entstammen könnte.
Vgl.: → Figur.

Witzbold
1. abschätzig für einen Menschen, der etwas Dummes oder Ärgerliches tut, andere zum besten hält. 2. oft geringschätzig für jemanden, der Witze reißt. „Junge Witzbolde werden Kalbsköpf oder leben nicht lang", lautet eine alte Weisheit.
Vgl.: → -bold, Witzemacher, Witzereißer.

Witzfigur
(eigentlich eine Figur, die in Witzen vorkommt) *verächtlich für eine lächerliche, nicht ernst zu nehmende Person.* „Geht heute ein Mann zwischen sechzig und siebzig noch einmal eine Ehe ein, gilt er schon fast als Witzfigur." (HÖRZU, September 1980).
Vgl.: → Figur.

Witzler = Witzling

Witzling
(zu „witzeln" = spötteln, alberne Witze machen) *abschätzig für einen Menschen, der öfters geistlose Witze macht, durch Witzelei lästig fällt.*
Vgl.: → -ling, Witzler.

Wohlstandsbürger
abwertend für einen Bürger, der im Wohlstand lebt und darin die Erfüllung seines Lebens sieht.
Vgl.: → Bürger, Wohlständler, Wohlstandskinder (beides selten).

Wolf
selten für einen wilden, brutalen Menschen. Herbert Wehner sei 1937 im Moskauer Exil ein „Wolf unter Wölfen" gewesen, schrieb der SPIEGEL (Januar 1994).
Vgl.: → einsamer Wolf, reißender Wolf, → Werwolf, zahnloser Wolf.

Wolf im Schafspelz
(nach einem Jesuswort aus MATTHÄUS 7,15: „Hütet euch vor den falschen Propheten, die in Schafskleidern zu euch kommen, inwendig aber sind sie reißende Wölfe.") *abwertend für einen scheinheiligen, sich freundlich gebenden Menschen, der aber sehr gefährlich ist und Böses im Schilde führt.* Das Sprichwort meint dazu: „Der Wolf ändert das Haar, sonst bleibt er als er war." Johannes Willms bemerkte 1994 in der SÜDDEUTSCHEN ZEITUNG über die rechtsextreme Wochenzeitung JUNGE FREIHEIT: „Schafe im Schafspelz". DAS SCHAF IM WOLFSPELZ heißt dagegen ein Stück, das Franz Xaver Kroetz unter dem Pseudonym Franz Landau veröffentlicht hat.
Vgl.: Wolf im Schafsfell (selten), Wolf im Schafskleid, Wolf in Schafskleidern.

Wolkenschieber
scherzhaft, auch abwertend für einen Müßiggänger, Herumtreiber; Traumtänzer.

Wollüstling

(zu „Wollust" = sexuelle Lust, Wonne) *ein wollüstiger, von sinnlicher Begierde erfüllter Mann.* Christoph Martin Wieland beschrieb ihn 1853: „Er war, was man einen ausgemachten Wollüstling nennt, ein Mensch, der keinen anderen Zweck seines Daseins kannte, als zu essen, zu trinken, sich mit seinen Weibern zu ergötzen." Der CDU-Politiker Alfred Dregger nannte 1987 im Deutschen Bundestag die Grünen „Wollüstlinge des Wohlstandes".

Vgl.: → -ling, → Lüstling.

Wonneproppen

scherzhaft-spöttisch für ein molliges Mädchen, eine üppige Frau.

Vgl.: → Proppen, Wonnekloß.

Workaholic

(englisch; zusammengezogen aus „work" = Arbeit und „alcoholic" = Alkoholiker) *geringschätzig für jemanden, der süchtig nach Arbeit ist, der immerzu arbeiten möchte.* Die FAZ (August 1993) nannte den französischen Schriftsteller Georges Simenon, der über 200, teils sehr erfolgreiche Romane geschrieben hat, einen „Writeaholic".

Wortemacher

jemand, der viele Worte macht, Sprüche klopft, ohne dann auch zu handeln.

Vgl.: → -macher.

Wortheld

eine Person, die große Reden führt, prahlt.

Vgl.: → „Held", → -held, → Maulheld.

Wortklauber

Schimpfwort für einen Menschen, der in sprachlichen Dingen pedantisch und übergenau ist, der sich kleinlich an die wörtliche Bedeutung klammert (und damit oft den Sinn verfehlt). In Theodor Fontanes ironischem Gedicht „Neueste Väterweisheit" heißt es:

„Werde kein gelehrter Klauber,
Wissenschaft ist fauler Zauber."

Vgl.: Klauber, → Silbenklauber, Wortspalter (selten).

Wortverdreher

abfällig für jemanden, der Worte bewußt falsch auslegt, entstellt wiedergibt.

Vgl.: Tatsachenverdreher, → Verdreher.

Wrack

auch abwertend für einen körperlich völlig heruntergekommenen, ausgezehrten Menschen, der mit seinen Kräften am Ende ist.

Vgl.: menschliches Wrack, seelisches Wrack.

Wucherer

(weibliche Form: Wucherin) *verächtlich für eine Person, die übertrieben hohe Gewinne erzielt, zu hohe Zinsen verlangt o.ä.* Aus dem alten Berlin stammt die Strophe von David Kalisch, dem Gründer des satirischen Blattes KLADDERADATSCH:

„Oben gibt ein Wuchrer Feste,
Unten steht in Wut
Einer, dem er einst abpreßte
All sein Hab und Gut."

Vgl.: → Mietwucherer.

Wuchtbrumme

(in älterer Jugendsprache eigentlich ein reizvolles Mädchen; zu berlinisch „Brumme" = Biene) *jugendsprachlich spöttisch-abschätzig für ein dickes Mädchen.*

Vgl.: → Brumme.

Wühler

1. oft geringschätzig für einen Menschen, der unermüdlich, verbissen arbeitet. 2. ein Hetzer, heimlicher Aufwiegler.

Vgl.: Wühlhannes, Wühlteufel.

Wühlhuber

(kam durch die satirische Zeitschrift FLIEGENDE BLÄTTER 1849 auf) *veraltetes Schimpfwort aus der politischen Polemik für einen Hetzer und Aufwiegler; Anfang des 20. Jahrhunderts auch für Sozialdemokraten.*

Vgl.: → -huber.

Wühlmaus

(eigentlich eine Maus, die unterirdische Gänge anlegt) *scherzhaft-spöttisch für einen → Wühlhuber oder → Wühler (2).*

Vgl.: → Maus.

Wunderdoktor
spöttisch, auch abwertend für jemanden, der angeblich durch Wunder Menschen heilt; ein medizinischer Scharlatan.

wunderlicher Heiliger
(geht auf Psalm 4,4 im Alten Testament zurück, der in der Übersetzung von Luther lautet: „Erkennet doch, daß der Herr seine Heiligen wunderlich führet", wobei „wunderlich" die Bedeutung von „wunderbar" hatte) *spöttisch, auch leicht abwertend für einen sonderbaren, schrulligen Menschen.*
Vgl.: → komischer Heiliger, → seltsamer Heiliger, → sonderbarer Heiliger, wunderliche Type (selten), wunderlicher Kauz.

Wunderling
ein seltenes abschätziges Wort für einen wunderlichen Menschen.
Vgl.: → -ling.

Wundertier
(eigentlich ein seltsames, unbekanntes Tier) *meist spöttisch für einen Menschen, der bestaunt wird, eine komische Berühmtheit.*
Vgl.: → Tier, → -tier.

Wundertüte
(eigentlich eine kleine Tüte mit einem Überraschungsgeschenk für Kinder) *ein wunderlicher Mensch; Dummkopf.*
Vgl.: → Tüte (Tute).

Würgel, das
vorwiegend sächsisch für ein (lästiges, freches) kleines Kind.

Würger
(zu „würgen" = die Kehle zudrücken) *veraltet für einen Unterdrücker.* Über Napoleon I. schrieb August von Platen 1829 die wohlklingenden Worte: „Freude färbt des großen Würgers Wangen."
Vgl.: Menschenwürger (veraltet).

Wurm, der (das)
1. emphatisch voller Verachtung für einen nichtswürdigen, völlig unbedeutenden Menschen. 2. (das Wurm) ein bemitleidenswertes, kleines, hilfloses Kind: ein elendes, armes Wurm.
Vgl.: Aktenwurm, armes Wurm, → Bücherwurm, → Erdenwurm, → Gewürm, → Holzwurm, → Mehlwurm, → Ohrwurm, → Unglückswurm, Wurmgezücht.

Würmchen
1. verächtlich für einen kleinen → Wurm. 2. oft abschätzig für ein kleines → Wurm.
Vgl.: → armes Würmchen, → -chen (-lein), Würmlein.

Würstchen
Schimpfwort für einen unbedeutenden, unfähigen Menschen: ein armseliges, ahnungsloses, trauriges, elendes Würstchen. In Nino Ernés KELLERKNEIPE UND ELFENBEINTURM (1979) steht der Satz: „Es gibt nichts Trübseligeres als diese liberalen Würstchen."
Vgl.: → armes Würstchen, armseliges Würstchen, → -chen (-lein), kleines Würstchen, Leberwürstchen (hessisch: schmächtig).

Wurstel (Wurschtl), der
(eine oberdeutsche Verkleinerungsform zu „Wurst") *in Bayern und Österrreich für einen → Hanswurst.*

Wurstler
(zu „wursteln", einer Intensivbildung zu „wursten" = Wurst herstellen) *landschaftlich abschätzig für einen Menschen, der langsam und ungeschickt vor sich hin arbeitet, ohne einen rechten Plan zu haben.*
Vgl.: → -ler.

Wurzelbürste
(eigentlich eine Bürste mit harten Borsten) *vorwiegend hessisch für eine kratzbürstige, grobe Frau.*
Vgl.: → Bürste, → Kratzbürste.

Wurzelsepp
(eigentlich ein alpenländischer Wurzel- und Kräutersammler; bekannt auch als Figur in einem Volksstück von Ludwig Anzengruber aus dem Jahr 1871) *in Bayern und Österreich 1. spöttisch oder abschätzig für ein urwüchsiges, derbes Mannsbild; Naturbursche. 2. spöttisch und geringschätzig für einen alten, bärtigen Mann. 3. milder Berufsspott für einen Apotheker oder Händler von Heilkräutern.* „Radikal denken, heißt, wie ein

Wurzelsepp denken." Peter Rühmkorf hat mit dieser Sentenz aus seiner Tagebuchveröffentlichung TABU I (1995) sicherlich die 1. Bedeutung gemeint. „Wurzelsepp im Wunderland", spottete der SPIEGEL (April 1996) über den österreichischen Komponisten Herbert Will, der sich in schöpferischen Phasen in die Berge zurückzieht.
Vgl.: → Seppel (Seppl), Wurzelmännchen.

Wurzen
(meint eigentlich die Wurzel) *in Österreich und Bayern geringschätzig für 1. einen Ausgenutzten, ein naives Betrugsopfer. 2. einen kleinen, gedrungenen Menschen.*
Vgl.: → Zwiderwurzen.

wüster Geselle
abfällig für einen wilden, ungezügelten, häßlichen Kerl.
Vgl.: → Geselle.

Wüstling
Schimpfwort für einen lüsternen, ausschweifenden Menschen. Gustav Freytag (1816 – 1895) schilderte „das widerliche Bild bejahrter Wüstlinge". Von Johann Gottfried Seume stammt der folgende Vierzeiler aus dem Jahr 1826:

„Ein Wesen, das durch Paradiese führt,
Ganz göttlich heut' an Seel' und Leibe,
Wird morgen zum gemeinen Weibe,
Wenn sie des Wüstlings Hauch
berührt."

Vgl.: → -ling.

Wüterich
(zu „Wut"; seit dem 12. Jahrhundert) *Schimpfwort für 1. einen vor Wut tobenden Menschen. 2. jemanden, der zu Wutausbrüchen neigt, grausam und zerstörerisch ist.* Aus Heinrich Hoffmanns STRUWWELPETER von 1844 kennt man: „Der Friederich, der Friederich, / Das war ein arger Wüterich / ... / und höre nur, wie bös er war: / Er peitschte seine Gretchen gar."
Vgl.: → -erich (-rich), Wutgickel, Wutnickel.

Wutz (Watz)
(wohl schallnachahmend zum Grunzen der Schweine) *ein landschaftliches, besonders westmitteldeutsches grobes Schimpfwort für 1. einen dicken Menschen. 2. einen schmutzigen oder etwas beschmutzenden Menschen. 3. jemanden, der sich unflätig, unzüchtig aufführt.*
Vgl.: Dickwatz, Dreckwatz, Dreckwutz, Sauwatz (alle landschaftlich).

Wuzerl
(eine mundartliche Verkleinerungsform von „Butzen" = Kerngehäuse des Apfels; auch Bezeichnung für ein Ferkel) *besonders in Österreich oft abschätzig für einen dicken Menschen, ein dralles Mädchen oder ein rundliches kleines Kind.*

X Y

Wechsbolig

Xanthippe
(eigentlich die Gattin des griechischen Philosophen Sokrates, 470 – 399 v.Chr., die in der griechischen Literatur, insbesondere in Xenophons GASTMAHL, wahrscheinlich zu Unrecht als besonders zänkisch beschrieben wird) *ein streitsüchtiges, böses Weib.* In einem Gedicht aus einem Bilderbogen des 19. Jahrhunderts werden die Mädchen gewarnt:

„Die Jungfrau, die ist übel d'ran,
Die der Xanthippe gleicht,
Vor ihr scheut sich ein jeder Mann,
Es nimmt sie Keiner leicht."

Vgl.: → Zanktippe.

Yankee
(englisch-amerikanisch; ursprünglich Spitzname für niederländische und andere Bewohner der amerikanischen Nordstaaten; wohl eine Verkleinerungsform des niederländischen Vornamens Jan) *abschätzig für einen US-Amerikaner.*

Youngster
(englisch; zu „young" = jung) *oft geringschätzig für 1. einen Jugendlichen. 2. einen Neuling, Grünschnabel.*

Yuppie
(englisch; Verkleinerungsform zu den Anfangsbuchstaben aus „young urban professional" = junger, weltgewandter Fachmann; wahrscheinlich zuerst 1983 in der CHICAGO TRIBUNE erwähnt) *oft geringschätzig oder spöttisch für einen jungen, schicken, karrieregeilen Aufsteiger (in der Großstadt).* Im einschlägigen Jargon entstanden sehr viele analoge Bildungen zu dem mittlerweile etablierten Modewort, z.B. die „puppies" = parents of young urban professionals. Der „smarte Armani-gekleidete Yuppie" sei in den USA „das Wappentier der achtziger Jahre" gewesen, so der SPIEGEL 1994. „Noch heute gilt der Yuppie als Schimpfwort, analog zu ‚Geldsack'", behauptete im selben Jahr Matthias Horx in einem typischen Yuppie-Buch.

Z

Wambata-Kouh

Zahnklempner
scherzhaft, auch abfällig für einen Zahnarzt.
Vgl.: Gebißklempner, Goschenklempner (sächsisch), → Klempner, Maulklempner (schwäbisch), Zahnschlosser, Zahnschuster (selten).

zahnloser Löwe
spöttisch, auch abfällig für einen Menschen, der trotz seiner Stärke ohne Angriffsgeist, ohne Biß ist.
Vgl.: zahnloser Tiger, zahnloser Wolf.

zahnloser Tiger = zahnloser Löwe

Zahnraffel
landschaftliches Schimpfwort für eine (weibliche) Person mit schlechten oder hervorstehenden Zähnen.
Vgl.: → Raffel.

Zampano
(nach einer Figur aus Federico Fellinis Film LA STRADA aus dem Jahr 1954, einem großmäuligen Jahrmarktsartisten namens Zampano, der vor seinem Publikum als „der große Zampano" auftritt) *abfällig für einen lautstark prahlenden, wichtigtuerischen Mann, der sogar Unmögliches verspricht.* Der SPIEGEL (Januar 1994) sprach vom „italienischen Medien-Zampano" Berlusconi, und der WIENER KURIER brachte 1976 zum Anlaß des 65. Geburtstages von Bruno Kreisky ein Bild mit der Unterschrift „Zwei Stars unter sich: Opern-Zampano Leonard Bernstein und Polit-Zampano Bruno Kreisky." Bissig spottend war dagegen die Verwendung des Wortes bei dem Schriftsteller Eckhard Henscheid. In einem sehr polemisch gehaltenen, später veröffentlichten Brief an den Philosophen Jürgen Habermas (Juni 1993) wählte er die respektlose Anrede: „Großer Zampano Germaniae".
Vgl.: großer Zampano.

Zange
Schimpfwort für ein böses, streitsüchtiges Weib. Die zweite Strophe einer Flugblatt-Dichtung aus dem 19. Jahrhundert mit dem Titel „Weiberzank":

„Viel von solchen bösen Zangen,
sind oft ärger als die Schlangen;
beissen um sich wie ein Pferd,
haben Mäuler wie ein Schwerdt."

Vgl.: → Beißzange, Giftzange, → Keifzange, → Kneifzange.

Zankeisen
landschaftlich abfällig für eine zanksüchtige (weibliche) Person.
Vgl.: Zankluder.

Zänker
abfällig für einen zänkischen Menschen. „Zänker sind Stänker", sagt das Sprichwort.

Zankteufel
Schimpfwort für eine zanksüchtige (weibliche) Person.
Vgl.: → Teufel, → -teufel.

Zanktippe
(volkstümliche Umformung von → Xanthippe) *scherzhaft, auch abwertend für eine zänkische, unverträgliche Frau.*

Zapfen
(eigentlich ein Spundlochverschluß) *bayrisch und österreichisch für 1. einen vierschrötigen, blöden Menschen. 2. einen frechen Burschen. 3. eine unangenehme Frau.*
Vgl.: → Zipf.

Zappelbaias
vorwiegend rheinfränkisch für ein unruhiges Kind, das nicht stillsitzen will.
Vgl.: → Baias (Peias).

Zappelpeter
landschaftlich tadelnd oder abwertend für eine zappelige (männliche) Person, vor allem ein Kind.
Vgl.: → Peter, → -peter.

Zappelphilipp
(stammt aus Heinrich Hoffmanns Kinderbuch DER STRUWWELPETER) *als Tadel oder leicht abwertend für einen unruhigen, zappeligen Menschen, ein Kind, das nicht stillsitzen will.* Im STRUWWELPETER heißt es vom Zappelphilipp:

„Ob der Philipp heute still,
Wohl bei Tische sitzen will."

Das kann schlimm enden. In Mark Twains amerikanischer Übersetzung des Buches muß der Zappelphilipp seine Zappeligkeit sogar mit dem Leben bezahlen.
Vgl.: Zappelfritze, Zappelhans, Zappelliese, Zappelsuse, Zappeltrine.

Zappler (Zappeler)
Tadel und Schelte für einen nervösen, zappeligen Menschen.
Vgl.: → -ler, Zappelarsch (selten), Zappelbüchse (weiblich), Zappelmann.

Zärtling
veraltend für einen verzärtelten, verweichlichten Mann. Von Karl Leberecht Immermann (1796 – 1840) stammen die Zeilen:

„Vieles Schlimme kann ich dulden,
aber eins ist mir zum Ekel,
Wenn der nervenschwache Zärtling
spielt den genialen Rekel."

Vgl.: → -ling, Zärtler (veraltet).

Zauche
(Nebenform zu südwestdeutsch „Zohe" = Hündin) *veraltet, noch landschaftlich verächtlich für eine liederliche, verwahrloste Frau.*
Vgl.: Zauk, Zaupe (Nebenformen).

Zauchtel = Zuchtel

Zauderer (Zaudrer)
(weibliche Form: Zauderin) *abschätzig für einen Menschen, der aus Furcht unschlüssig ist, zögert.* Bill Clinton sei nicht mehr der „waffelweiche Zauderer" vom Herbst 1993, stabreimte der STERN im Dezember 1995 unter der Überschrift „Ein Zauderer zeigt die Zähne" zur amerikanischen Friedensinitiative im Bosnienkrieg.

Zaungast
oft geringschätzig für einen nicht eingeladenen, nicht zahlenden Zuschauer, der sich außerhalb des Zauns, der Absperrung befindet: ein ungebetener Zaungast.

Zaunlatte
spöttisch, auch geringschätzig für einen großen, hageren Menschen.
Vgl.: → lange Latte, → Latte.

Zaupe = Zauche

Zausel
(eigentlich wohl eine Person mit zerzaustem Haar) *landschaftlich oft abwertend für einen (alten) Mann.*
Vgl.: alter Zausel.

Zechbruder
abwertend für 1. einen Trinker. 2. einen Trinkkumpan, Zechgenossen.
Vgl.: → Bruder, → -bruder, → Kneipbruder, → Saufbruder, → Trinkbruder.

Zechkumpan
leicht abwertend für einen Zechgenossen.
Vgl.: Kneipkumpan, → Kumpan, → Saufkumpan, Trinkkumpan, Zechgeselle (kaum abwertend).

Zechpreller
oft abwertend für eine Person, die in einer Gaststätte nicht bezahlt. Im Roman DER TRINKER (1959) von Hans Fallada schimpft einer: „Sie Lump, Sie verdammter Zechpreller, Sie!"
Vgl.: → Preller.

Zecke
(eigentlich eine blutsaugende Milbe) *Schimpfwort für 1. eine aufdringliche, lästige*

Person. 3. einen Schmarotzer. 3. eine zänkische Frau.

Zeilenschinder
(geht wohl auf das englische „penny-a-liner" zurück; zu „schinden" im Sinne von „herausschinden") *abfällig für einen Menschen, besonders einen Journalisten, der nach der Anzahl der Zeilen honoriert wird und daher möglichst lange Texte verfaßt.*
Vgl.: → Schinder.

Zeisig = lockerer Zeisig

Zeitgenosse
ironisch, auch abfällig für einen Menschen, der auf andere unangenehm oder seltsam wirkt; fast immer mit einem Adjektiv verbunden: ein sturer, unangenehmer, seltsamer, komischer, eigenartiger, rücksichtsloser, sonderbarer Zeitgenosse.
Vgl.: schwieriger Zeitgenosse.

Zeitungsfritze
salopp abwertend für einen Zeitungsjournalisten, Zeitungshändler oder -verkäufer.
Vgl.: → Fritze, → -fritze.

Zeitungsschreiber
oft geringschätzig für einen (schlechten) Zeitungsjournalisten. Wie Fritz Mauthner 1889 schrieb, wird „der Literat ins Gesicht ein ‚Schriftsteller', hinter seinem Rücken wohl auch ‚Zeitungsschreiber' genannt." Das geflügelte Wort „Ein Zeitungsschreiber ist ein Mensch, der seinen Beruf verfehlt hat", geht auf eine Äußerung Bismarcks aus dem Jahre 1862 zurück.
Vgl.: → Schreiber, Tagblattschreiber (veraltet).

Zeitzünder
(eigentlich ein Zünder, der die Detonation einer Sprengladung verzögert auslöst) *selten für einen begriffsstutzigen Menschen.*
Vgl.: → Spätzünder.

Zelot
(ursprünglich ein Angehöriger einer antirömischen jüdischen Partei zur Zeit Christi; zu griechisch „zelos" = Neid, Eifer, Eifersucht) *bildungssprachlich für einen religiösen oder moralischen Eiferer.*

Zelten (Zeltn)
(eigentlich ein flacher Kuchen) *besonders bayrisch für einen läppischen, langweiligen Kerl.*

Zerberus
(nach griechisch „Kerberos", dem Namen des dreiköpfigen Höllenhundes in der griechischen Mythologie, der den Eingang zur Unterwelt bewacht) *scherzhaft, auch abschätzig für einen strengen, grimmigen Wächter, Pförtner o.ä.; eine unfreundliche Vorzimmerdame.*

zerstreuter Professor
Tadel oder gutmütiger Spott für einen (häufig) geistesabwesenden, sehr vergeßlichen, unaufmerksamen Menschen.

Zibbe
(meint eigentlich das Muttertier bei Ziege, Kaninchen u.a.) *nord- und mitteldeutsch für eine unsympathische, insbesondere launische weibliche Person: eine dumme, blöde, alte Zibbe.*

Zibebe
(eigentlich eine große Rosine) *ein vorwiegend schwäbisches Schimpfwort für eine langweilige Frau, alte Jungfer.*

Zicke
(eigentlich eine weibliche Ziege) *ein Schimpfwort für eine verschrobene, launische, widerborstige, unangenehme weibliche Person: eine alberne, blöde, olle, eingebildete Zicke.* „Verpiß dich, du alte Zicke!" Mit diesen barschen Worten soll die bekannte Berliner Obdachlose „Tüten-Paula" die Schriftstellerin Leonie Ossowski abgewiesen haben, als diese das Geheimnis der vielen blauen Tüten erkunden wollte, die die alte Paula stets um sich herum aufgetürmt hat (SPIEGEL, Februar 1994). Elke Heidenreich, Autorin und Medienfrau, hat einmal die Filmschauspielerin Uschi Glas, die sich öffentlich für die Politik der bayerischen Konservativen stark macht, als „CSU-Zik-

ke" bezeichnet, die „reaktionäre Kacke" redet (SPRACHDIENST).

Vgl.: blöde Zicke, Gewitterzicke, → Modezicke, → Zimtzicke (Zimtziege).

Zickendraht

(Herkunft unklar, vielleicht zu gaunersprachlich „Draht" = Geld, Lohn) *abschätzig für einen altmodischen Menschen, vor allem im Jargon der Musiker einer, der nicht modern spielt.*

Ziege

grobes Schimpfwort für eine dumme, alberne oder unangenehme weibliche Person: eine alte, blöde, sentimentale, dumme, hysterische, dürre Ziege.

Vgl.: Bergziege (selten), → Geiß, → Gewitterziege, → Himmelsziege, Laberziege, → Meckerziege, → Zimtzicke (Zimtziege), Zippelziege (geziert).

Ziegenbock

1. alte Handwerkerschelte für den Schneider. 2. abfällig für einen nörglerischen, „meckernden" Mann. In MAX UND MORITZ von Wilhelm Busch heißt es:

„He heraus! Du Ziegenböck!
Schneider, Schneider, meck, meck, meck!"

Vgl.: alter Ziegenbock (→ alter Bock), → Bock, → -bock, → Geißbock, Schneiderbock.

Zieraffe

veraltende abfällige Bezeichnung für eine eitle, herausgeputzte (und affektierte) Person. Immanuel Kant sprach von „läppischen Zieraffen".

Vgl.: → Affe, Zierbold (veraltet), Ziernarr.

Zierbengel

veraltend abwertend für einen eitlen, herausgeputzten, sich affektiert benehmenden jungen Mann. Von Friedrich Ludwig Jahn (1778 – 1852), dem deutschen „Turnvater", stammen die warnenden Worte: „Aus der Zierpuppe wird ein Zieräffchen, Zierbengel und zuletzt ein entmannter Zierhammel."

Vgl.: → Bengel.

Zierpuppe

1. ein eitles Mädchen, eine junge Frau, die übertriebenen Wert auf ihr Äußeres legt. 2. eine weibliche Person, die sich geziert, unnatürlich benimmt.

Vgl.: → Puppe, Zierpüppchen.

Zigarettenbürschchen

veraltet, noch bayrisch für einen unreifen, frechen, vorlauten jungen Burschen oder einen (Zigaretten rauchenden) jugendlichen Müßiggänger.

Vgl.: → Bürschchen (Bürschlein), → -chen (-lein).

Zigeuner

1. oft abschätzig für einen Angehörigen eines nichtseßhaften Volkes, meist Sinti oder Roma. 2. verächtlich für einen unzuverlässigen, verkommenen Menschen; Gauner. 3. abwertend für einen unstet lebenden Menschen oder Herumtreiber. In einem SPIEGEL-Leserbrief (1994?) brachte eine Ethnologin den merkwürdigen Hinweis, daß das Wort Zigeuner etymologisch nichts mit „Ziehgauner" zu tun habe.

Vgl.: Berufszigeuner (selten: beruflich viel unterwegs), Rucksackzigeuner, Zigeunerbande, Zigeunergesindel, Zigeunerpack.

Zimperliese

Schimpfwort für eine übertrieben empfindliche, wehleidige (weibliche) Person; oft zu einem Kind gesagt.

Vgl.: → Liese, → -liese, Zimperlieschen, Zimperliesl (beides Nebenformen für Kinder), Zimpertrine (selten).

Zimperling

selten für einen zimperlichen Menschen.

Vgl.: → -ling, Zimper (selten).

Zimtzicke (Zimtziege)

(zu „Zimt" = Unsinniges, Wertloses) *Schimpfwort für eine zickige, verschrobene oder auf andere Weise unerfreuliche weibliche Person.*

Vgl.: → Zicke, → Ziege.

Zinker

(zu gaunersprachlich „Zinken" = geheimes Zeichen von Landstreichern o.ä. an Türen) *abwertend für einen Spitzel, Verräter; seltener für einen Falschspieler.*

Zinshahn

(ursprünglich ein als Zins abzuliefernder Hahn, den der Bauer zuvor in Erregung versetzt hatte, damit er einen gutdurchbluteten, roten Kamm bekam und somit gesund aussah) *landschaftlich selten für einen erregten, nervösen Menschen: ein aufgeregter Zinshahn.*

Vgl.: → Hahn.

Zipf

(ein Mundartwort für den Penis; verwandt mit „Zapfen") *bayrisch und österreichisch für einen langweiligen Kerl.*

Vgl.: fader Zipf, → Zapfen.

Zipfel

(eigentlich eine Ecke eines Tuches, Kleidungsstückes; von daher oberdeutsch für den Penis) *weitverbreitetes oberdeutsches Schimpfwort für eine einfältige, freche, unfähige (männliche) Person.* In der folgenden Strophe aus einer Flugblatt-Dichtung des 19. Jahrhunderts mit dem Titel WEIBERZANK beschimpft sie ihn mit den Worten:

„O du Filser, du Knicklauser!
o du Fuchser, du Duckmauser!
o du Zipfel, o du Schwanz!
du Windmacher, du Prahlhans."

Vgl.: → Affenzippel, Bauernzipfel (schwäbisch), dummer Zipfel, → Lauszipfel, Lumpenzipfel, nervöser Zipfel (süddeutsch), Zippel (norddeutsch).

Zippelgusse

(Herkunft unklar, vielleicht von derb „Zipfelgosse" = Urinal in Lokalen) *jugendsprachliches Schimpfwort für ein häßliches Mädchen.*

Zirkuspferd

abfällig für 1. eine geschmacklos gekleidete, „aufgedonnerte" Frau. 2. eine Straßenprostituierte.

Vgl.: → Pferd.

Zitaterich

spöttisch oder abschätzig für einen Menschen, der durch unermüdliches Zitieren den Eindruck von Bildung erwecken möchte.

Vgl.: → -erich (-rich), Zitatenfriedhof (selten), Zitatenjäger.

Zittergreis

oft abschätzig für einen sehr alten, zitterigen Menschen.

Vgl.: → Greis.

Zivilist

soldatensprachlich oft geringschätzig für einen Nichtsoldaten, eine Zivilperson; auch für einen Soldaten, der sich „unmilitärisch" benimmt. Seit wilhelminischer Zeit gilt in gewissen Kreisen der Zivilist als Staatsbürger zweiter Klasse. Da fallen Sprüche wie: „Zivilist gesehen – ganzer Tag versaut!"

Vgl.: → -ist, Scheißzivilist, Siffilist (Wortwitz zu „Syphilis" und „Zivilist"), verkleideter Zivilist (unmilitärischer, nachlässiger Soldat), Zivilfurzer (selten).

Zocker

(jiddisch; in Berlin aufgekommen) *meist abschätzig für einen Glücksspieler, jemanden, der um Geld spielt.*

Vgl.: → Abzocker, Automatenzocker, Berufszokker, Börsenzocker (selten), Hartgeldzocker (spielt um wenig).

Zögerling

abwertend für einen zögerlichen Menschen. In bezug auf den kurzfristigen Kanzlerkandidaten der SPD Björn Engholm („Wat mutt, dat mutt") tauchte in den frühen 90er Jahren des öfteren in der Presse die Bezeichnung Zögerling auf.

Vgl.: → -ling, Zögerer (schwächer).

Zögling

(eigentlich jemand, der in einem Internat o.ä. erzogen wird; Lehnübersetzung von französisch „élève") *leicht spöttisch, auch abschätzig für eine Person, die von einer bestimmten anderen oder einer Institution ausgebildet und geprägt ist.* Im SPIEGEL beispielsweise: „KGB-Zögling Schirinowski" (Dezember 1993) oder „Kinkel, der Genscher-Zögling" (1994).

Vgl.: Jesuitenzögling, → -ling.

Zombie
(ein aus dem Englischen übernommenes westafrikanisches Wort; ursprünglich ein durch Drogen willenlos gemachter Mensch bzw. im Wodukult ein wieder zum Leben erweckter Toter) *vorwiegend jugendsprachlich salopp abwertend für 1. einen unselbständigen, willenlosen Menschen. 2. jemanden, der wiedererweckt, gewissermaßen von den Toten auferstanden ist, nach langer Zeit wieder da ist. 3. einen älteren Menschen, Normalbürger aus der Sicht von Jugendlichen.* Die Brüsseler Bürokratie bestehe nicht aus „wildgewordenen Zombies", versicherte im März 1994 ein Leserbriefschreiber der SÜDDEUTSCHEN ZEITUNG, und der SPIEGEL schilderte im Dezember 1993 sehr hübsch eine „Geisterstunde in der Unionsfraktion. Ein politischer Zombie hatte seinen Auftritt. Gerhard Stoltenberg, einer aus Helmut Kohls Schattenreich ..."

Zonendödel
(vor allem durch die Fernsehserie MOTZKI bekannt geworden) *spöttisch, auch leicht abwertend für einen (ungeschickten) Menschen aus der DDR bzw. den neuen deutschen Bundesländern.*
Vgl.: → Dödel.

Zores
(aus jiddisch „zores" = Sorgen) *landschaftlich für Gesindel, Pack.*
Vgl.: Lumpenzores.

Zornbinkel
besonders in Österreich für einen jähzornigen Menschen, ein jähzorniges Kind.
Vgl.: → Binkel (Binkerl).

Zorngickel
landschaftlich für eine leicht aufbrausende, jähzornige Person.
Vgl.: → Gickel, Hitzgickel, Wutgickel (beides zumindest hessisch).

Zornnickel
ein weitverbreitetes landschaftlich gebrauchtes Schimpfwort für einen jähzornigen, oft wütenden Menschen.
Vgl.: → Nickel, → -nickel, Wutnickel, Zornbeutel, Zornmichel, Zornteufel.

Zosse
(eigentlich ein altes oder schlechtes Pferd) *selten verächtlich für eine heruntergekommene (weibliche) Person.*

Zotenreißer
abfällig für jemanden, der derbe, obszöne, geschmacklose Witze erzählt.
Vgl.: Zoterich, Zotist (selten).

Zotte
(meint in der Mehrzahl eigentlich die langen Tierhaare oder auch die Schambehaarung) *eine schlampige, liederliche Frau; Prostituierte: eine alte Zotte.*

Zottel
(im Plural eigentlich wirre, unordentliche, strähnige Haare) *Schimpfwort für ein schlampiges, auch liederliches Frauenzimmer.*
Vgl.: Zottelbesen, Zottelgrete, Zotteltier (alle selten).

Zottelbär
(in der Kindersprache ein zottiger Bär) *abwertend für eine ungepflegte (männliche) Person mit langen Haaren.*
Vgl.: → Bär, Zottelaffe.

Zottelbock
landschaftlich für einen unordentlichen, zerzausten Kerl.
Vgl.: → Bock, → -bock, Zottelbart, Zottelfritze, Zottelpeter.

Zottelkopf
abwertend für jemanden, der wirre, zottelige Haare hat.
Vgl.: → -kopf (-kopp).

Z-Sau
(zu „Z-Soldat" = Kurzwort für „Zeitsoldat") *soldatensprachlich salopp abwertend für einen Zeitsoldaten.*
Vgl.: → Sau, → -sau, Zeit-Sau (selten), Zeit-Schwein, Z-Qualle, Z-Schwein.

Zucht
(hier im Sinne von „Brut") *Schimpfwort für Gesindel, üble Gesellschaft; eine Horde frecher Kinder.*

Vgl.: Blagenzucht (freche Kinder), → Gezücht, → verdammte Zucht.

Zuchtel
(eigentlich ein Zuchtschwein) *derb für ein liederliches Weib.* Bei Goethe: „Eva, du lose Zuchtel, / Du machst ein schlimme Sach'!"
Vgl.: Zauchtel (Nebenform).

Zuchthäusler
veraltet, noch schweizerisch für einen Menschen, der im Zuchthaus, Gefängnis ist oder gewesen ist.
Vgl.: → -ler, Zuchthausbruder, Zuchthauspflanze, Züchtling (beides veraltet).

Zuchtmeister
(früher ein Aufseher im Zuchthaus) *veraltet, noch scherzhaft-spöttisch für einen überaus strengen Erzieher, Chef.* 1834 schrieb der Publizist Jakob Venedy: „Neunundzwanzig Millionen Sklaven und eine Million Herren und Zuchtmeister! O Deutschland! Armes Deutschland!" Zur heutigen Verwendung des Wortes stößt man immer wieder auf den langjährigen Fraktionsvorsitzenden der SPD Herbert Wehner (1906 – 1990). Für ihn ist „Zuchtmeister" geradezu ein Übername geworden. Er ist der „Zuchtmeister der deutschen Sozialdemokratie" (WELTWOCHE, Januar 1994) oder der „Zuchtmeister mit den Samthandschuhen", so 1973 Walter Althammer von den bundesdeutschen Konservativen.

Zuchtsau
oberdeutsches derbes Schimpfwort für eine unsittliche, ordinäre (weibliche) Person; seltener vulgär für eine kinderreiche Mutter.
Vgl.: → Sau, → -sau.

Zuckerpuppe (Zuckerpüppchen)
(meist als Kosewort verwendet) *selten leicht abwertend für eine zimperliche, überempfindliche (weibliche) Person.*
Vgl.: → -chen (-lein), → Püppchen, → Puppe.

Zugereister
(weibliche Form: Zugereiste) *besonders in süddeutschen Mundarten aus der Sicht der Alteingesessenen oft geringschätzig für jemanden, der neu zugezogen ist und als (noch) nicht zugehörig betrachtet wird.*

Zugvogel
(eigentlich ein Vogel, der die kalte Jahreszeit im Süden verbringt) *abschätzig für einen Menschen, der ein unstetes Leben führt; auch für ein liederliches Mädchen.*
Vgl.: → Vogel, → -vogel, → Wandervogel.

Zulukaffer
(eigentlich ein Angehöriger eines Bantustammes in Natal; unter Einwirkung von → Kaffer) *verächtlich für 1. einen dummen, unkultivierten Menschen. 2. einen Farbigen.* 1936 vergriff sich Kurt Hiller, als er die Darstellungskraft des großen Publizisten Theodor Wolff mit den Worten pries: „... wer hier nicht bewundert, ist ein Zulu".

Zumpel
(eigentlich ein Lumpen, Lappen) *landschaftlich für eine unordentliche, schmutzige, nichtsnutzige Frau; Schlampe.* Das Wort taucht schon bei Martin Luther für „eine unsaubere Weibsperson" auf.
Vgl.: Lügenzumpel (selten: Lügnerin), Zumpelliese, Zumpelsack.

Zündler
(zu „zündeln" = mit Feuer spielen, Feuer legen) *als Tadel und abwertend für 1. jemanden, der zündelt, ein Kind, das mit dem Feuer spielt. 2. jemanden, der „mit dem Feuer spielt", der in gefährlicher Lage leichtfertig handelt.* „Die Zündler kriegen Zunder", schrieb im Dezember 1995 der STERN über die Streiks in Frankreich, aber wahrscheinlich nur, weil eindrucksvolle Fotos von brennenden Autos vorlagen.
Vgl.: → -ler, Zündelfrieder.

Zungen s. böse Zungen

Zungendrescher
(vor 1500 bei der Einführung des Römischen Rechts aufgekommen) *Schelte für 1. einen böswillen Schwätzer oder einen redegewandten Vielschwätzer. 2. einen Rechtsanwalt oder Staatsanwalt.* Ein empörter Arzt schickte dem Satiren-Dichter Johann Da-

niel Falk (1768 – 1826), der behauptet hatte, in den Krankenhäusern würden die Patienten wie Hunde behandelt, ein Gedicht:

„Darum Herr Zungen-Drescher Falk,
Mit einem Hirn wie ungebrannter Kalk
In Zukunft bleiben Sie, mit Ihrem faden Witze
Zu Haus, und seyn Sie nicht der Narren stete Stütze!"

Vgl.: → Drescher, → Phrasendrescher, Zungenheld.

Zunzel
landschaftlich selten für ein zänkisches, bösartiges Weib.

Zusel
(eigentlich ein süddeutsches Wort für das weibliche Geschlechtsteil, besonders bei Rindern) *vorwiegend süddeutsch verächtlich für eine liederliche Frau, Prostituierte.*

Zussel
(wohl zu „zausen", „zerzausen") *landschaftlich selten für eine zerzauste, unordentliche Person.*
Vgl.: Zusselhexe (selten).

Zuträger
abfällig für jemanden, der anderen heimlich Nachrichten, Gerüchte o.ä. übermittelt; Denunziant. Der deutsche Bundeskanzler Helmut Kohl unterhalte ein „Netz von Zuträgern", schrieb der SPIEGEL (August 1994).
Vgl.: Stasi-Zuträger, Zubringer, → Zwischenträger.

Zuttel
(wohl eine Nebenform von → Zottel) *vorwiegend schwäbisch für eine Schlampe, liederliche Frau.*

Zwangsneurotiker
(eigentlich ein psychiatrischer Terminus für jemanden, der unter einer Zwangsneurose leidet) *abschätzig verwendet für einen Menschen, der fixe Ideen oder Zeichen zwanghaften Verhaltens zeigt.*
Vgl.. → Neurotiker.

Zweckoptimist
meist geringschätzig für einen Menschen, vor allem einen Politiker, der etwas übertrieben optimistisch darstellt, um andere zu täuschen.
Vgl.: → -ist, → Optimist.

Zweckpessimist
(um 1914 im deutschen Generalstab aufgekommen) *meist geringschätzig für einen Menschen, der sich demonstrativ pessimistisch gibt, um einen bestimmten Eindruck zu erwecken, eine bestimmte Wirkung zu erzielen.*
Vgl.: → -ist, → Pessimist.

Zweibeiner
(von der Bezeichnung „Vierbeiner" für ein vierbeiniges Tier abgeleitet) *scherzhaft-spöttisch für einen Menschen (in bezug auf ein Tier).*

zweibeiniger Esel
abfällig für einen dummen, einfältigen, sturen Menschen. In Sebastian Francks Sammlung SPRICHWÖRTER von 1541 findet sich: „Es sind vil Esel auff zweyen füßen."
Vgl.: → Esel, zweibeiniges Schaf.

Zweifler
leicht abwertend für jemanden, der ständig zweifelt, unsicher ist; Skeptiker.
Vgl.: ewiger Zweifler, → -ler.

Zweihundertprozentiger = Hundertfünfzigprozentiger

zweite Garnitur
(aus der Theatersprache für jene Schauspieler, die nur als Vertretung vorgesehen sind) *meist abschätzig für jemanden, der nicht oder beileibe nicht zu den besten Vertretern einer bestimmten Bezugsgruppe zählt.*
Vgl.: dritte Garnitur.

Zweiter s. ewiger Zweiter

zweiter Sieger
spöttisch-ironisch für eine Person, die in einem (sportlichen) Zweikampf unterlegen ist.
Vgl.: → Erster von hinten, letzter Sieger.

Zwerg
(in Märchen und Sagen ein kleines menschenähnliches Wesen, meist als altes Männchen mit Bart und Zipfelmütze dargestellt) *geringschätzig für eine kleinwüchsige Person; auch übertragen für einen gänzlich unbedeutenden, unfähigen Menschen.* In einem Brief an seinen Freund Karlheinz Deschner schrieb 1969 der norwegische Schriftsteller Jens Bjørneboe: „Neben einem Manne wie Céline ist Brecht nicht nur menschlich und dichterisch ein Zwerg, sondern auch intellektuell."
Vgl.: → abgebrochener Gartenzwerg, → Gartenzwerg, Geisteszwerg, → Giftzwerg, Hofzwerg, Natozwerg (Bundeswehr-Jargon), Riesenzwerg (selten, ironisch), → Vorgartenzwerg, Wurzelzwerg, Zwerglein, Zwergling (selten).

Zwetsche (Zwetschge)
(parallel zu „Pflaume") *abfällig für 1. eine (dumme, häßliche, unsympathische) weibliche Person. 2. einen Versager, Nichtskönner.*
Vgl.: alte Zwetsche (alte Frau), Quetsche (mundartliche Nebenform).

Zwetschgenmännchen
(eigentlich eine Figur aus gedörrten Zwetschen) *besonders bayrisch für einen unscheinbaren, kleinen, nicht ernst genommenen Mann.*
Vgl.: → -chen (-lein), → Männchen (Männlein), Zwetschgenkrampus (österreichisch).

Zwickel
(eigentlich ein keilförmiges Stück) *landschaftlich leicht abwertend für einen eigenartigen, schrulligen Menschen; Sonderling: ein eigenartiger, närrischer, böser, komischer Zwickel.*

Zwiderwurzen, die
(gehört zu „zuwider" = verdrießlich) *oberdeutsches Schimpfwort für einen schlechtgelaunten, unausstehlichen Menschen.*
Vgl.: → Wurzen, Zuwiderwurzen (orthographische Variante).

Zwiebel
abschätzig für eine komische weibliche Person.
Vgl.: alte Zwiebel, treulose Zwiebel (→ treulose Tomate).

Zwingherr
frühere abwertende Bezeichnung für einen despotischen, mit Strenge und Gewalt auftretenden Herrscher, Grundherrn. Hoffmann von Fallersleben (1798 – 1874), der Dichter des „Deutschland, Deutschland über alles", schrieb auch die folgenden Zeilen:

„Fluch sing ich allen Zwingherrn,
Fluch aller Dienstbarkeit!
Die Freiheit ist mein Leben
Und bleibt es allezeit."

Zwischenträger
abfällig für jemanden, der tratscht, etwas verrät oder kolportiert.
Vgl.: → Zuträger.

Zwockel
(Herkunft unklar) *vorwiegend süddeutsch spöttisch oder geringschätzig für 1. einen Österreicher, österreichischen Soldaten. 2. einen kleinen Menschen, ein kleines Kind: du kleiner Zwockel.* In Gustav Meyrinks grotestker Geschichte SCHÖPSOGLOBIN von 1907 steht der Vers:

„Mit Knöpfen das Gesäß geziert, ist stolz
der Zwockel sehr,
und daß er nichts zu denken braucht,
macht ihn noch stolzerer."

Zyniker
(zu griechisch „kynikos" = hündisch) *abfällig für einen bissigen, hämischen, ehrverletzenden Spötter.* Bei Nietzsche gibt es das Wort „Medizyniker".

Kurze Liste abwertend verwendeter Adjektive

aalglatt
abartig
abenteuersüchtig
abergläubisch
aberwitzig
abgefeimt
abgefuckt
abgeblüht
abgebrannt
abgebrüht
abgehalftert
abgehärmt
abgelebt
abgerissen
abgeschlafft
abgeschmackt
abgestumpft
abgetakelt
abgewichst
abgewirtschaftet
abgewrackt
abgrundhäßlich
abnorm
abnormal
abscheuerregend
abscheulich
abschreckend
absonderlich
abstoßend
abstrus
abtrünnig
affektiert
affenähnlich
affenartig
affig
äffisch
ahnungslos
albern
alt
altbacken
altersschwach
altersstarrsinnig
altmodisch
altjüngferlich
ältlich
altklug
ambitiös
amoralisch
amusisch
anarchistisch
angeberisch
angegilbt
angejahrt
angeknackst
angepaßt
angestaubt
angstbebend
ängstlich
angstschlotternd
animalisch
anlehnungsbedürftig
anmaßend
anödend
anormal
anrüchig
anstößig
antidemokratisch
antiquiert
apolitisch
arbeitssüchtig
arbeitsunwillig
arbeitswütig
arg
ärgerlich
arglistig
arm
ärmlich
armselig
arrogant
arriviert
arschgesichtig
arschkriecherisch
asozial
ätzend
aufbrausend
auffällig
aufdringlich
aufgeblasen
aufgedonnert
aufgedunsen
aufgemotzt
aufmüpfig
aufgeplustert
aufgeputscht
aufgeputzt
aufsässig
aufschneiderisch
aufgetakelt
aufwieglerisch
ausbeuterisch
ausdruckslos
ausgeflippt
ausgekocht
ausgelaugt
ausgeleiert
ausgemergelt
ausgepufft
ausgeschamt
ausrangiert
ausschweifend
autoritär
autoritätsgläubig

bacchantisch
backfischhaft
bamstig
banal
banausisch
bangbüxig
bankrott
barbarisch
bärbeißig
barsch
bauernschlau
bäurisch
beckmesserisch

bedeutungslos
bedürftig
beduselt
beflissen
befremdlich
begriffsstutzig
behäbig
behämmert
bejammernswert
bekackt
bekifft
bekloppt
beknackt
bekotzt
belächelt
belämmert
belanglos
belehrend
beleidigend
bematscht
bemoost
bengelhaft
bequem
berechnend
berserkerhaft
berüchtigt
besäuselt
bescheuert
beschissen
beschränkt
beschwiemelt
besengt
besessen
besinnungslos
besoffen
besserwisserisch
bestechlich
bestialisch
betört
betriebsblind
betrügerisch
bettelarm
bettlerhaft
betulich
betütert
beutelüstern
bezecht
bibliomanisch
bieder
biedermännisch
biedersinnig

bierernst
bierselig
biestig
bigamistisch
bigott
bilderstürmerisch
bildungsfeindlich
bildungsstolz
billig
bissig
bitterböse
blasiert
blasphemisch
bläßlich
blauäugig
bleichgesichtig
blindgläubig
blindwütend
blitzdumm
blöde
blödsinnig
blutarm
blutgierig
blutrünstig
bockbeinig
bockig
bocksteif
bolschewistisch
borniert
bösartig
böse
boshaft
böswillig
bräsig
bourgeoise
breitmäulig
breitwandfüllend
brotlos
brummig
brunzdumm
brünstig
brüsk
brutal
bübisch
buchstabengläubig
bucklig
buhlerisch
bullerig
bummelig
bürokratisch

cäsarisch
chaotisch
charakterlos
charakterschwach
chauvinistisch
cholerisch

dahergelaufen
dalberig
dalkert
damisch
dämlich
dämonisch
dandyhaft
dasig
debil
defätistisch
deformiert
degeneriert
dekadent
demagogisch
demütig
denkfaul
denunziatorisch
deppert
derangiert
derb
desinteressiert
desorientiert
despotisch
destruktiv
detailversessen
deutschtümelnd
devot
diabolisch
dick
dickbäuchig
dickfellig
dickköpfig
dicklich
dickschädlig
dickwanstig
diebisch
dienstgeil
diktatorisch
dilettantenhaft
dilettantisch
disloyal
distanzlos
disziplinlos
dogmatisch

doktrinär
domestiziert
doof
doppelzüngig
dösig
drall
draufgängerisch
dreckig
dreckstarrend
dreist
dressiert
drittklassig
dröge
drückebergerisch
dubios
duckmäuserisch
dumm
dummdreist
dummfrech
dummköpfig
dümmlich
dummstolz
dumpf
dünkelhaft
dünnblütig
dünnhäutig
durchgeknallt
durchschnittlich
durchtrieben
dürftig
dürr
dußlig
düster

effekthaschend
effeminiert
egoistisch
egozentrisch
ehebrecherisch
ehrlos
ehrpusselig
ehrsüchtig
ehrvergessen
eifernd
eifersüchtig
eigen
eigenbrötlerisch
eigenmächtig
eigennutzig
eigensinnig
eigensüchtig
eilfertig
einfallslos
einfältig
einflußlos
eingebildet
eingeschnappt
eingeschüchtert
einseitig
eintönig
eisig
eiskalt
eitel
ekelerregend
ekelhaft
eklig
eklektisch
elend
elendig
elitär
empfindlich
empfindungslos
engherzig
engstirnig
entartet
enthumanisiert
entmachtet
entmenscht
entmutigt
entseelt
entsetzenerregend
entsetzlich
enttäuschend
entwurzelt
epigonal
epigonenhaft
erbärmlich
erbarmungslos
erbittert
ermüdend
eroberungssüchtig
erpresserisch
erschreckend
erzböse
erzdumm
erzfaul
erzfrech
erzkatholisch
erzkonservativ
erzprotestantisch
erzreaktionär
eselhaft
eselig
eskapistisch
eßgierig
etabliert
etepetete
eunuchenhaft
ewiggestrig
exaltiert
exhibitionistisch
extravagant
extremistisch
exzentrisch

fachidiotisch
fad
fahrig
fahrlässig
falsch
fanatisch
fanatisiert
farblos
faschistisch
faschistoid
faselig
fatalistisch
faul
feig
feigherzig
feil
feindselig
feist
feixend
fernsehsüchtig
fetischistisch
fett
fettarschig
fettbäuchig
fickrig
fies
filzig
filzokratisch
finster
fipsig
fischäugig
fischblütig
flachbrüstig
flachköpfig
flapsig
flatterhaft
flatterig
flau

fläzig
flegelhaft
flegelig
fleischlich
formalistisch
förmlich
fortschrittsfeindlich
fortschrittsgläubig
foul
fragwürdig
frauenfeindlich
frech
freibeuterisch
freßgierig
freßsüchtig
freudlos
frevelhaft
frevlerisch
friedlos
frigid
frivol
frömmlerisch
froschmäulig
frostig
frühreif
fuchsig
fuchtig
fügsam
fühllos
furchtbar
fürchterbar
fürchterlich
furchterregend
furchtsam
fürnehm
fürwitzig
furztrocken
futterneidisch

gaga
gallig
gammelig
garstig
gaukelhaft
gauklerhaft
gauklerisch
gaunerhaft
gaunerisch
gebrechlich
geckenhaft
gedankenarm
gedankenleer
gedankenlos
gefährlich
gefallsüchtig
gefräßig
gefügig
gefühlig
gefühllos
gefühlsarm
gefühlsduselig
gefühlskalt
gegenwartsfremd
gehässig
geheimnistuerisch
gehemmt
gehirnamputiert
geifernd
geil
geistergläubig
geistesarm
geistesgestört
geisteskrank
geistesschwach
geistfeindlich
geistlos
geizig
gekünstelt
geldgeil
geldgierig
geleckt
geltungsbedürftig
geltungssüchtig
gemein
gemeingefährlich
gemütsarm
genant
genäschig
genierlich
genußsüchtig
gerichtsbekannt
geschäftstüchtig
geschamig
geschert
geschichtslos
geschlechtslos
geschmäcklerisch
geschmacklos
geschniegelt
geschwätzig
gesetzlos
gesichtslos
gesinnungslos
gespenstisch
gespreizt
gestelzt
gestört
gestriegelt
gestrig
gewalttätig
gewinnsüchtig
gewissenlos
gewöhnlich
geziert
gierig
giftig
gigantomanisch
gigerlhaft
glanzlos
glattzüngig
glatzköpfig
gleichgültig
gleisnerisch
glotzäugig
glupschäugig
gnadenlos
gnatzig
gönnerhaft
gotteslästerlich
gottlos
gotterbärmlich
gottsjämmerlich
gottverdammt
gottverflucht
gottvergessen
gottverlassen
gouvernantenhaft
grämlich
grantig
gräßlich
grauenerregend
grauenhaft
grauenvoll
grausam
grauslich
greisenhaft
greulich
griesgrämig
grillenfängerisch
grillenhaft
grimmig
grindig
grob

grobianisch
grobklotzig
grobschlächtig
großarschig
größenwahnsinnig
großkopfert
großkotzig
großmannssüchtig
großmäulig
großprotzig
großschnäuzig
großsprecherisch
großspurig
großtönend
großtuerisch
grundhäßlich
grundschlecht
grundverdorben
grün
güggelhaft
gutgläubig

haarspalterisch
habgierig
habsüchtig
haderig
halbblind
halbgar
halbgebildet
halbherzig
halbseiden
halbstark
halbtot
halsabschneiderisch
halsstarrig
haltlos
hämisch
händelsüchtig
hantig
hartgesotten
hartherzig
hartköpfig
hartleibig
hartnäckig
hartschädelig
hasenfüßig
hasenherzig
hasplig
haßerfüllt
hässig
häßlich
hastig
hausbacken
hedonistisch
heillos
heimtückisch
heiratswütig
heißblütig
heißspornig
hektisch
hemdsärmelig
hemmungslos
herablassend
herb
hergelaufen
herrisch
herrschbegierig
herrschsüchtig
herumlungernd
heruntergekommen
herzlos
hetzerisch
heuchlerisch
hexenhaft
hilflos
hinfällig
hinterfotzig
hinterhältig
hinterlistig
hinterrücks
hintertückisch
hinterwäldlerisch
hirnlos
hirnrissig
hirnverbrannt
hitzig
hitzköpfig
hochfahrend
hochgejubelt
hochgestochen
hochmögend
hochmütig
hochnäsig
hochstaplerisch
hochtönend
hochtrabend
hochverräterisch
hoffärtig
hohl
hohläugig
hohlköpfig
hohlwangig
höhnisch
höllisch
hölzern
hörig
hudelig
hühnerbrüstig
humorlos
hundertfünfzigprozentig
hündisch
hundsdumm
hundserbärmlich
hundsföttisch
hundsgemein
hurrapatriotisch
huschelig
hutzelig
hybrid
hyperaktiv
hyperkritisch
hypermodern
hypernervös
hypersensibel
hypochondrisch
hysterisch

ichsüchtig
idealistisch
ideenlos
idiotenhaft
idiotisch
ignorant
illiberal
illoyal
immoralisch
imperialistisch
impertinent
impotent
inakzeptabel
indiskret
indiskutabel
indolent
infam
infantil
inferior
infernalisch
inflexibel
ingrimmig
inhuman
inkompetent
inkonsequent
inquisitorisch

insolvent
instinktlos
interesselos
intolerant
intrigant
inzestuös
irrational
irre
irregeleitet
irrenhausreif
irrgläubig
irrsinnig
irrwitzig

jähzornig
jakobinerhaft
jämmerlich
jammervoll
jeck
jesuitisch
junkerhaft
junkerlich

kackfrech
kalt
kaltblütig
kaltherzig
kaltschnäuzig
kannibalisch
kapitalistisch
kapriziös
kaputt
kärglich
karrieregeil
karrieristisch
käseweiß
käsig
katastrophal
katzbuckelnd
käuflich
kaufwütig
kauzig
keck
keifisch
kenntnislos
keß
ketzerisch
kinderfeindlich
kindisch
kindsköpfig
kitischig

kläglich
klapperdürr
klapperig
klaterig
klatschhaft
klatschsüchtig
kleinbürgerlich
kleindenkend
kleingeistig
kleingläubig
kleinherzig
kleinkariert
kleinkrämerisch
kleinlaut
kleinlich
kleinmütig
kleinstädtisch
kleptomanisch
klerikalistisch
klobig
klotzig
knallhart
knatschig
knauserig
knechtisch
knickerig
kniefällig
knirpsig
knittrig
knochendürr
knochentrocken
knochig
knorzig
knurrig
knüselig
koboldhaft
kodderig
kokett
komisch
kommunistisch
komplexbeladen
kompliziert
kompromißlerisch
konfliktscheu
konformistisch
konfus
konsumgeil
kontaktunfähig
konturenlos
konzeptionslos
kopfgesteuert

kopfhängerisch
kopflastig
kopflos
kopfscheu
korrumpierbar
korrumpiert
korrupt
kotig
kotzengrob
kotzjämmerlich
kotzlangweilig
kraftlos
kraftmeierisch
krähwinklig
krämerhaft
krämerisch
krampfig
krangelig
krank
kränklich
kratzbürstig
kratzig
krätzig
kreuzbrav
kreuzdämlich
kreuzdumm
kreuzlahm
kriecherisch
kriegerisch
kriegslüstern
kriminell
kritiklos
kritikunfähig
krittelig
krumm
krummbeinig
krummbucklig
krummnasig
krüppelhaft
krüppelig
kuhäugig
kühl
kulturfeindlich
kulturlos
kümmerlich
kupplerisch
kurzatmig
kurzsichtig

labberig
labil

lächerlich
lachhaft
lahm
lahmarschig
laienhaft
lakaienhaft
lammfromm
langatmig
langfingerig
langsam
langweilig
lappig
läppisch
larmoyant
lasch
lasterhaft
lästerlich
lästig
lasziv
lau
läufig
launenhaft
launisch
lausbubenhaft
lausbübisch
lausig
lax
lebemännisch
lebensfremd
lebensgierig
lebensmüde
lebensunfähig
lebensuntüchtig
lebensunwert
lebensverneinend
ledern
leer
lehrerhaft
leibfeindlich
leicht
leichtfertig
leichtgläubig
leichtlebig
leichtsinnig
leisetreterisch
lemurenhaft
lendenlahm
lethargisch
letschert
leutselig
libidinistisch

lichtscheu
liebedienerisch
liebestoll
liebestrunken
lieblos
liederlich
linientreu
link
linkisch
linksextremistisch
linkslastig
linksradikal
lobgierig
locker
logizistisch
lose
lotterhaft
lotterig
luderhaft
luftig
lügenhaft
lügnerisch
lümmelhaft
lumpig
luschig
lüstern
lustlos
luziferisch

machiavellistisch
machtbesessen
machtgierig
machthungrig
mager
mäkelig
mäkelsüchtig
maliziös
manieriert
manisch
männerfeindlich
männermordend
mannstoll
marionettenhaft
marklos
marktschreierisch
marode
martialisch
maskenhaft
masochistisch
maßlos
materialistisch

matronenhaft
mau
maulfaul
mausgrau
mediengeil
medioker
memmenhaft
menschenfeindlich
menschenverachtend
meschant
meschugge
meuchlerisch
mickerig
mies
miesepetrig
milchgesichtig
militant
militaristisch
mimosenhaft
minderbemittelt
minderwertig
misanthropisch
miserabel
misogyn
mißgebildet
mißgestaltet
mißgünstig
mißlaunig
mißliebig
mißraten
mistig
mitleidlos
mittelmäßig
mittelprächtig
modernistisch
mondgesichtig
monomanisch
monströs
mopsig
moralinsauer
moralisierend
moralistisch
morbid
mörderisch
mordgierig
mordlustig
mordsdumm
moros
morsch
motzig
muckerisch

mucksch
müde
muffelig
muffig
mumienhaft
mundfaul
murkelig
mürrisch
murrköpfig
museumsreif
müßiggängerisch
mutlos

nachlässig
nachtragend
nachträgerisch
naiv
namenlos
narrenhaft
närrisch
narzißtisch
naschhaft
naschsüchtig
naseweis
naßforsch
nationalistisch
nazistisch
neiderfüllt
neidig
neidisch
neidvoll
neidzerfressen
nepotistisch
nervenschwach
nervig
nervtötend
neuerungssüchtig
neuerungswütig
neugierig
neunmalgescheit
neunmalklug
neureich
neurerisch
neurotisch
nichtsnutzig
nichtswürdig
nickelig
niederträchtig
nihilistisch
nimmersatt
niveaulos

nölig
nörgelig
nörglerisch
nudeldick
nuttenhaft
nuttig
nymphomanisch

oberdoof
oberfaul
oberflächlich
oberlehrerhaft
obermies
oberschlau
obrigkeitshörig
obskur
obstinat
obszön
ochsig
öde
ölig
oll
ominös
onkelhaft
operettenhaft
opportunistisch
ordinär
orientierungslos

pampig
papageienhaft
papistisch
paranoid
parasitär
parasitisch
parteiisch
pastoral
pathetisch
pathologisch
patriarchalisch
patschert
patzig
pausbäckig
pedantisch
peinlich
penetrant
penibel
pennälerhaft
perfektionistisch
perfid
pervers

pervertiert
pfäffisch
pflaumenweich
pflichtvergessen
pfuscherhaft
phallokratisch
phantasielos
pharisäerhaft
philisterhaft
philiströs
phlegmatisch
pickelig
piepsig
pietätlos
pimpelig
pingelig
planlos
plapperhaft
plattfüßig
plattnasig
plebejisch
plump
plump-vertraulich
pöbelhaft
poesielos
polemisch
polterig
polternd
polygam
pomadig
pomphaft
pompös
popelig
populistisch
pornophil
positivistisch
possenhaft
potthäßlich
prahlerisch
prahlsüchtig
präpotent
prätentiös
praxisfremd
pressegeil
prestigegeil
primadonnenhaft
primanerhaft
primitiv
prinzipienlos
profaschistisch
professoral

profillos
profitgierig
profitlich
proletenhaft
promiskuitiv
prosaisch
protzenhaft
protzig
provinziell
provinzlerisch
provokant
prüde
prunksüchtig
pseudodemokratisch
pseudowissenschaftlich
psychopathisch
psychotisch
pubertär
publicitysüchtig
pueril
pummelig
puppenhaft
puppig
puristisch
puritanisch
pusselig
putzsüchtig
pygmäenhaft

quabbelig
quacksalberisch
quäkig
quallig
quarrig
quecksilbrig
quengelig
querköpfig
querulatorisch
quesig

rabiat
rabulistisch
rachedurstig
rachgierig
rachsüchtig
radikalistisch
raffgierig
raffig
raffsüchtig
rammdösig
ränkesüchtig
rappeldürr
rappelig
rappelköpfisch
rasend
raß
rassistisch
rastlos
ratlos
räuberisch
raubgierig
rauflustig
rauhbauzig
rauhbeinig
rauhborstig
raunzig
reaktionär
rebellisch
rechthaberisch
rechtsextremistisch
rechtslastig
rechtsradikal
redselig
reformistisch
reizlos
renitent
renommiersüchtig
repressiv
respektlos
revanchistisch
richtungslos
ridikül
rigide
roboterhaft
roh
rotzfrech
rotzig
rotznäsig
rowdyhaft
ruchlos
rückgratlos
rückschrittlich
rücksichtslos
rückständig
rüde
ruhelos
ruhmbegierig
ruhmredig
ruhmsüchtig
rührselig
runzelig
rüpelhaft
rüpelig
ruppig
ruschelig

säbelbeinig
säbelrasselnd
sackgrob
sadistisch
saftlos
salbungsvoll
sammelwütig
sarkastisch
satanisch
saturiert
saublöd
saudämlich
saudumm
säuerlich
sauertöpfisch
saufrech
saugrob
säuisch
saumselig
schäbig
schadenfroh
schamlos
schändlich
schaudererregend
schauderhaft
schauderös
schauerlich
schaulustig
schaurig
scheel
scheeläugig
scheelblickend
scheelsüchtig
scheinfromm
scheinheilig
scheinrevolutionär
scheintot
scheißfaul
scheißfreundlich
scheißhöflich
scheißliberal
scheißvornehm
scheußlich
schicksalsgläubig
schiech
schiefmäulig
schieläugig

schießwütig
schikanös
schizophren
schlabberig
schlachtreif
schlaff
schlafmützig
schläfrig
schlaksig
schlampert
schlampig
schlangenzüngig
schlapp
schlappig
schlappschwänzig
schlecht
schleckerhaft
schleckig
schleimig
schlemmerhaft
schlimm
schlitzäugig
schlitzohrig
schlotterig
schluderig
schlumpig
schlunzig
schlüpfrig
schmachtend
schmächtig
schmafu
schmähsüchtig
schmalbrüstig
schmallippig
schmalzig
schmarotzerhaft
schmarotzerisch
schmeichlerisch
schmerbäuchig
schmierig
schmuddelig
schmutzig
schnäkig
schnatterig
schnippisch
schnodderig
schnöde
schnöselig
schnulzig
schofel
schofelig
scholastisch
schönfärberisch
schönrednerisch
schöntuerisch
schräg
schranzenhaft
schreckenerregend
schrecklich
schreibfaul
schreibwütig
schrill
schroff
schroh
schrullenhaft
schrullig
schrumplig
schuftig
schülerhaft
schulmeisterhaft
schulmeisterlich
schurkisch
schusselig
schwabbelig
schwach
schwachköpfig
schwächlich
schwachsinnig
schwammig
schwärmerisch
schwarzseherisch
schwätzerisch
schwatzhaft
schweinisch
schwelgerisch
schwerfällig
schwerhörig
schwindlerisch
schwindsüchtig
schwülstig
schwunglos
seelenlos
seicht
sekkant
sektiererisch
selbstgefällig
selbstgerecht
selbstherrlich
selbstisch
selbstmörderisch
selbstquälerisch
selbstsüchtig
selbstverliebt
selbstzerstörerisch
selbstzufrieden
seltsam
senil
sensationsgeil
sensationslüstern
sensationssüchtig
sentimental
servil
sexistisch
sexbesessen
siebengescheit
simpel
simpelhaft
sirenenhaft
sittenlos
skandalsüchtig
skandalträchtig
skandalumwittert
sklavisch
skrupellos
skrupulös
skurril
snobistisch
sonderlich
sophistisch
sorglos
spack
spalterisch
spastisch
speckbäuchig
speckig
specknackig
speichelleckerisch
spießbürgerlich
spießerisch
spießig
spillerig
spindeldürr
spinnert
spinnig
spitzfindig
spitznasig
spitzzüngig
spleenig
spottsüchtig
sprechfaul
spröde
sprunghaft
spuchtig

staksig
stänkerig
starr
starrköpfig
starrsinnig
steif
steifbeinig
stelzfüßig
sterbenslangweilig
stiernackig
stieläugig
stieselig
stillos
stinkbesoffen
stinkbürgerlich
stinkfaul
stinkfein
stinkig
stinklangweilig
stinkreich
stinkvornehm
stockbesoffen
stockbürgerlich
stockdumm
stockig
stockkatholisch
stockkonservativ
stockreaktionär
stocksteif
stocktaub
stoffelig
storchbeinig
störrisch
strapaziös
streberhaft
streberisch
streitlustig
streitsüchtig
strobelig
strohdumm
strubbelig
stümperhaft
stumpf
stumpfsinnig
stupide
stur
sturzbesoffen
stutzerhaft
stützig
subaltern
subjektivistisch
subversiv
süchtig
süffisant
suggestibel
sündig
superklug
superschlau
suspekt
süßlich
sybaritisch

tadelsüchtig
talentlos
tantenhaft
tanzwütig
taperig
tappig
täppisch
tapsig
tatterig
taub
technokratisch
temperamentlos
tendenziös
terroristisch
teuflisch
teutonisch
theatralisch
tiefgekühlt
tierisch
tippelig
titelsüchtig
tobsüchtig
todlangweilig
toll
tolldreist
tollwütig
tolpatschig
tölpelhaft
tölpisch
töricht
torkelig
tot
totalitär
totalitaristisch
träge
tranig
tränenselig
traumtänzerisch
traurig
treubrüchig
treudeutsch
treudoof
treuherzig
treulos
triebhaft
triefäugig
trist
trivial
trocken
trostlos
trottelhaft
trottelig
trotzig
trotzköpfig
trübe
trübetümpelig
trübselig
trügerisch
tückisch
tüdelig
tüftelig
tugendlos
tumb
tuntenhaft
tuntig
tüttelig
tyrannisch

übel
übelbeleumdet
übelgesinnt
übellaunig
übelnehmerisch
überängstlich
überdreht
übereifrig
überempfindlich
überfordert
übergenau
übergeschnappt
überheblich
überkanditelt
überklug
überkorrekt
übermütig
übernervös
überreif
überschätzt
überschwenglich
überspannt
übervorsichtig

überzüchtet
überzwerch
ultrakonservativ
umnachtet
umnebelt
umständlich
umstürzlerisch
unachtsam
unangenehm
unanständig
unappetitlich
unästhetisch
unaufmerksam
unaufrichtig
unausstehlich
unbändig
unbarmherzig
unbedarft
unbedeutend
unbefriedigend
unbegabt
unbehaust
unbeherrscht
unbeholfen
unbeleckt
unbelehrbar
unberechenbar
unbescheiden
unbesonnen
unbeweglich
unchristlich
undankbar
undiplomatisch
undiszipliniert
unduldsam
undurchsichtig
unehrenhaft
unehrlich
uneinsichtig
unerfreulich
unerotisch
unerquicklich
unersättlich
unerträglich
unerzogen
unfähig
unfair
unfein
unflätig
unförmig
unfraulich
unfreundlich
ungalant
ungebildet
ungeduldig
ungefällig
ungefüge
ungeheuerlich
ungehobelt
ungehörig
ungehorsam
ungelenk
ungeliebt
ungemütlich
ungenießbar
ungeraden
ungerecht
ungeschlacht
ungeschliffen
ungesellig
ungesittet
ungestalt
ungestüm
ungetreu
ungezogen
ungezügelt
ungläubig
ungraziös
ungustiös
unheimlich
unhöflich
uninteressant
unkameradschaftlich
unkeusch
unklug
unkollegial
unkorrekt
unkritisch
unkultiviert
unkünstlerisch
unlauter
unleidlich
unliebenswürdig
unlogisch
unmanierlich
unmännlich
unmäßig
unmenschlich
unmöglich
unmoralisch
unmündig
unnahbar
unnatürlich
unnütz
unordentlich
unpraktisch
unproportioniert
unpünktlich
unqualifiziert
unrealistisch
unredlich
unreell
unreif
unreinlich
unruhig
unsachlich
unsäglich
unscheinbar
unschön
unschöpferisch
unselbständig
unseriös
unsittlich
unsolidarisch
unsolide
unsozial
unsportlich
unstet
unsympathisch
untalentiert
untauglich
unterbelichtet
unterdrückerisch
unterentwickelt
unterkühlt
untertänig
unterwürfig
untragbar
untüchtig
unverbesserlich
unverfroren
unvernünftig
unverschämt
unversöhnlich
unverträglich
unweiblich
unwichtig
unwirsch
unwissend
unwürdig
unzivilisiert
unzüchtig
unzurechnungsfähig

unzuverlässig

vaterlandslos
verabscheuungswert
verabscheuungswürdig
verachtenswert
verächtlich
verantwortungslos
verbiestert
verbildet
verblendet
verblödet
verblüht
verbohrt
verbrecherisch
verbummelt
verbürgerlicht
verdächtigt
verdammenswert
verdammt
verdammungswürdig
verderbt
verdorben
verdreckt
verdreht
verdummt
verfault
verfettet
verflixt
verflucht
verfressen
vergammelt
vergeuderisch
vergnügungssüchtig
verhascht
verhaßt
verhätschelt
verhaut
verhurt
verhuscht
verhutzelt
verkalkt
verklemmt
verknöchert
verknorzt
verkommen
verkopft
verkorkst
verkracht
verkrampft
verkümmert
verlaust
verlebt
verleumderisch
verlogen
verlottert
verludert
verlumpt
vermaledeit
vermessen
vermickert
vernagelt
vernarrt
verquast
verräterisch
verroht
verrottet
verrucht
verrückt
verrufen
verschissen
verschlafen
verschlagen
verschnarcht
verschrieen
verschroben
verschrumpelt
verschwenderisch
verschwendungssüchtig
verschwörerisch
versifft
versnobt
versoffen
versöhnlerisch
verspielt
verspießert
versponnen
verstockt
vertiert
vertrauensselig
vertrocknet
vertrottelt
verweiblicht
verwelkt
verweltlicht
verwerflich
verwildert
verwirrt
verwöhnt
verworfen
verzagt
verzärtelt
vettelhaft
viehisch
vierschrötig
vollgefressen
voluptuös
voreilig
vorgestrig
vorlaut
vorsintflutlich
vorwitzig
voyeuristisch
vulgär
vulgärmarxistisch

wabbelig
wachsweich
waghalsig
wahnhaft
wahnsinnig
wahnwitzig
wampert
wandalisch
wankelmütig
wasserscheu
wehleidig
weibisch
weichlich
weinerlich
weinselig
welk
welsch
weltfremd
wertlos
wetterwendisch
wibbelig
wichtigtuerisch
widerborstig
widerlich
widerspenstig
widerwärtig
wild
wildgeworden
willenlos
willensschwach
willfährig
windelweich
windig
wirklichkeitsfremd
wirr
wirrköpfig
wissenschaftsgläubig

witzlos
wollüstig
wortbrüchig
wortklauberisch
wucherisch
wühlerisch
wundergläubig
wunderlich
würdelos
wurstig
wurzellos
wüst
wutschäumend

x-beliebig

zach
zaghaft
zähnefletschend
zahnlos
zänkisch
zanksüchtig
zappelig
zartbesaitet
zaundürr
zausig
zerfahren
zerknittert
zerlumpt
zerstörerisch
zickig
zigeunerhaft
zimperlich
zitterig
zögerlich
zombig
zornschnaubend
zotenhaft
zotig
zottelig
zottig
zuchtlos
zudringlich
zügellos
zukunftsgläubig
zurückgeblieben
zwanghaft
zwatzelig
zweckpessimistisch
zweifelhaft
zweitklassig
zweitrangig
zwergenhaft
zwielichtig
zynisch

Nachwort
von Wilfried Seibicke

Was heißt „Schimpfen"?

„Das soll ein aufgeräumtes Lager sein? Ein Saustall ist das!" Wenn jemand sich auf diese Weise äußert, dann schimpft er. Etwas anders gesagt und allgemeiner formuliert: Wer schimpft, gibt einer negativen Gefühlsregung oder Empfindung – Mißfallen, Unmut, Verärgerung, Verstimmung, Gereiztheit, Haß – mit deutlich abwertenden Worten Ausdruck. Bei Verallgemeinerungen, und dazu gehören auch Begriffsbestimmungen, lassen sich solche abstrakten, ein wenig geschraubt wirkenden Formulierungen meist nicht vermeiden. Es soll ja deutlich werden, daß Schimpfen etwas anderes ist als z.B. Kritik-Üben, Tadeln; das könnte man nämlich auch auf andere Weise tun. Wichtig ist dabei auch, daß die Schimpfrede deutlich abwertende Ausdrücke enthält *(Saustall)*; denn wenn jemand statt der eingangs zitierten Formulierung die folgende gewählt hätte: „Na, hier herrscht ja eine prachtvolle Ordnung!", dann wäre das ein Tadel in Form einer Lobrede, also eine ironische Äußerung gewesen. Das Wort *schimpfen* bezeichnet also ein bestimmtes sprachliches Verhalten oder Handeln im Affekt. Ich habe vorhin ganz bewußt das Wort *Schimpfrede* gebraucht, denn nur in den wenigsten Fällen besteht das Schimpfen aus dem Ausruf eines einzigen Wortes; meist vollzieht es sich in längeren Äußerungen, in Texten, und deren Inhalt wird auch noch durch Mimik und Gestik sichtbar unterstrichen.

Die beabsichtigte oder auch unbeabsichtigte Folge einer Schimpfrede kann sein, daß man über das bloße Tadeln und Kritisieren hinaus jemanden beleidigt (verletzt, herunterputzt, abkanzelt, ihm eine Zigarre verpaßt), jemanden provoziert (herausfordert, anstachelt) oder herabsetzt (lächerlich, zum Gespött macht). Gelingt es nicht, bei der beschimpften Person die jeweils intendierte Wirkung zu erreichen, so ist die Sprechhandlung nicht geglückt, und es kann sein, daß man stattdessen selbst nur Gelächter erntet.

Beim Vor-sich-hin-Schimpfen, beim Beschimpfen lebloser Dinge und beim Schimpfen in Gedanken kommt es dem Schimpfenden vor allem darauf an, seinen Ärger (Affektstau) abzubauen; es genügt ihm, sich vorzustellen, er beleidige, verspotte, provoziere den anderen mit seiner Beschimpfung. Vielleicht spielen aber auch der Wunsch und der Glaube mit, die Rede „treffe", d.h. erreiche, verletze und schädige das beschimpfte Objekt letztlich doch auf magische Weise.

Das Wort „schimpfen" und Verwandtes

Das Zeit- oder Tätigkeitswort *schimpfen* ist in der Gestalt *skimpfen* schon in den Anfängen des Deutschen, also im 9. – 11. Jahrhundert bezeugt. Damals bedeutete es „Scherz treiben, spielen, verspotten". Die Vorgeschichte des Wortes ist unklar. Zum Verb gehörte das Substantiv *skimpf* mit der Bedeutung „Scherz, Spaß, Kurzweil, Kampfspiel", und später kam noch das Eigenschaftswort *schimpf(e)lich*, „scherzhaft, kurzweilig, spöttisch", hinzu. Heute denken wir bei schimpfen, Schimpf und schimpflich nicht mehr an Scherz und Spaß. Aus der bevorzugten Verwendung der drei Wörter für spöttische Äußerungen entwickelte sich etwa im 16. Jahrhundert ihre heutige Bedeutung, die mit Ärger, Zorn und Haß, mit Beleidigen und Ehrabschneiden, mit Schande zu tun hat. Die stabreimende Formel *mit Schimpf und Schande* führt uns das deutlich vor Augen.

Die Wendung *jemand schimpft sich X* kam im 19. Jahrhundert auf und ist eine hämische oder untertreibende Redeweise für *jemand nennt sich X.* Bezogen auf einen Beruf, eine Tätigkeit oder eine Stellung im öffentlichen Leben wird sie aber auch gebraucht, wenn man zu verstehen geben möchte, daß sich jemand unzutreffend X nennt. Auch damit wird also Kritik geübt. Neben *schimpfen* gibt es als nahezu gleichbedeutenden Ausdruck das Verb *schelten.* Die beiden Wörter unterscheiden sich vor allem darin, daß *schelten* öfter in Norddeutschland zu hören ist und stilistisch als der gehobene, gewähltere Ausdruck gilt. Außerdem ist im Westmitteldeutschen das Mundartwort *schennen* für „schimpfen" verbreitet und im Ostmitteldeutschen *(aus)zanken.*

Was sind Schimpfwörter?

Schimpfwörter sind Substantive, mit denen Personen anstatt mit ihrem Namen oder Titel in abfälliger Weise angeredet oder benannt werden, z.B.: „Affe!" – „Mistkerl!" – „Du Drecksau!" – „Ich Trottel!" – „Und dann kam dieser Schweinehund ..." Man könnte deshalb statt von Schimpfwörtern auch von Schimpfnamen sprechen. Sie bilden den Kern einer Beschimpfung, die gewöhnlich durch Zusätze wie *alt, dreckig, verdammt, Scheiß-* „angereichert" wird und weitere sprachliche Elemente wie etwa das Anredepronomen enthält. Das übliche Anredepronomen ist in diesem Falle das *Du*, denn „Du Esel" sagt sich einfach leichter als „Sie Esel", weil das *Du* die Anredeform der verminderten Distanz oder gar Distanzlosigkeit – im positiven wie im negativen Sinne – ist. Aus dieser Definition des Schimpfwortes ergibt sich, daß man eine andere Person auch beschimpfen kann, ohne solche Schimpfwörter zu gebrauchen, also z. B. durch Äußerungen wie „Leck mich doch am Arsch!" – „Du hast ja 'ne Meise/Macke!" – „Mach dir bloß nicht die Hosen voll!" oder „Nimm deine verdammten Quadratlatschen vom Tisch!" Das Schimpfwort ist also nur ein spezielles Mittel für Beschimpfen mit einem einzigen Wort.

Allerdings wird es meist in Verbindung mit einem Anredefürwort gebraucht und, wie gesagt, durch Zusätze wie *verdammt, verflucht, beschissen* verstärkt. Hier zeigt sich übrigens, wie eng (be)schimpfen und (ver)fluchen zusammenhängen. Zu erwähnen ist auch noch, daß man Schimpfwörter nicht nur an Personen, sondern auch an Gegenstände und Sachverhalte aller Art richten kann, indem man diese Objekte wie Personen behandelt und anspricht, z.B. einem Gerät einen Fußtritt gibt und dazu „Du altes Mistvieh!" ausruft. Andere abwertende und vulgäre Bezeichnungen für Gegenstände, wie *Blechkiste* für das Auto, *Drahtesel* für das Fahrrad, *Quadratlatschen* für die Füße, *Zinken* für die Nase, *Visage* für das Gesicht, *Klimperkasten* für das Klavier, gehören streng genommen nicht in die Kategorie „Schimpfwort", sondern sind stilistische Varianten, obwohl ich damit sehr wohl jemanden beschimpfen und beleidigen kann.

Gewöhnlich unterscheidet man Schimpfwörter, die auf einzelne Personen gemünzt sind, von solchen, die sich auf Personengruppen beziehen. Als Sonderformen kennt man: a) Berufsschelten (*Zahnklempner, Pillendreher, Sesselfurzer*), b) Ortsschelten, mit denen sich Bewohner verfeindeter Orte gegenseitig „aufziehen" (*Mannheimer Blomäuler, Karlsruher Briganten*), und c) ethnische Schelten (*Itaker, Spaghetti, Japse, Nigger, Kümmeltürke,(Sauer)kraut*). Für die ersten zwei Bereiche stellen die Mundarten ein reichhaltiges Repertoire zur Verfügung. Im Affekt geht man ja aus sich heraus, sprengt die Fesseln der Zurückhaltung und des Anstands. Da liegt das Reden im Dialekt näher als gedrechselte Hochsprache. Deshalb bieten Mundartwörterbücher viel einschlägiges Material für Schimpfwörtersammlungen, und umgekehrt basieren Schimpfwörterbücher meist auf der Sprache eines begrenzten Mundartgebietes oder eines einzigen Ortes.

Wieviele Schimpfwörter gibt es – und wofür?

Das Wörterbuch, das Sie gerade in den Händen halten, führt als eigene Stichwörter rund 6000 Ausdrücke auf, mit denen man schimpfen und spotten kann, und es gibt gewiß noch einige mundartliche oder selbstgebastelte Schimpfwörterwendungen mehr. Es entstehen ja auch immer wieder neue Schimpfwörter – der Phantasie sind bei der Neubildung beschimpfender Bezeichnungen, Zusammensetzungen oder Redewendungen keine Grenzen gesetzt –, so daß keine Sammlung jemals vollständig sein wird. Im Grunde kann man mit fast jedem Substantiv schimpfen: „Du Krebs!" – „Du Fliege!" – „Du Sofa!" – „Du Bettkiste!", oder auch, je nach Wertvorstellung: „Du Beamter!" – „Du Lehrer!" – „Du Politiker!" – „Du Soldat!" – „Du Linker!" – „Du Grüner!" Aber auch wenn man diese Wörter zur Beschimpfung benutzt, sind sie keine Schimpfwörter im sprachwissenschaftlichen Sinne; denn für sich genommen drücken sie keine derartige Wertung aus, die entsteht erst in der Gesprächssituation. Es gibt da die hübsche Geschichte von einem Studenten in Bonn, der gewettet hat, er könne noch ausdauernder schimpfen als eine wegen ihrer Schimpfgewalt berüchtigte Marktfrau. (Marktfrauen gelten überall als besonders schimpfbegabt, so wie man Kutschern nachzusagen pflegt, daß sie besonders oft und gern fluchen.) Nachdem die beiden Kontrahenten ihren Vorrat an gewöhnlichen Schimpfwörtern aufgebraucht hatten, begann der Student: „Du Alpha, du Beta, du Gamma ...!" und sagte so das ganze griechische Alphabet auf. Da mußte die Marktfrau passen!

Aus dem Inhalt der Schimpfreden ließe sich ein Katalog alles dessen zusammenstellen, was die Schimpfenden für verächtlich und verabscheuenswert halten. Das können körperliche Merkmale sein, geistige und moralische Defekte, barsches oder unsoziales Verhalten, Charaktereigenschaften wie Feigheit oder Hitzköpfigkeit, Verhaltensweisen wie Hochmut, Aufgeblasenheit oder geckenhaftes Auftreten, Unsauberkeit im wörtlichen und im übertragenen Sinne u.a.m. Insgesamt bilden sie einen negativen Tugendspiegel. Wieviele abwertende Bezeichnungen gibt es allein für die dumme, faule, träge, schwatzhafte, zänkische, geizige oder verschwenderische, flatterhafte, liederliche oder unordentliche, dicke oder dürre usw. Frau![1] Kann man von den Männern das Gleiche sagen? Es sieht so aus, als seien sie auch auf diesem Gebiet (noch) sprachbeherrschend.

Wo wird am meisten geschimpft?

Exakte Untersuchungen über das „Schimpfverhalten" bestimmter Personen und Personengruppen gibt es meines Wissens nicht. Nach eigenen Erfahrungen scheint mir das Auto der Ort zu sein, wo heute am häufigsten geschimpft wird, und zwar aus folgenden Gründen: 1. ist man im Auto meist allein und kann „sich gehen lassen", 2. steht man als Fahrer im gesundheits-, ja lebensbedrohenden Verkehr unter starkem psychischen Druck, der sich oft in verbalen „Ausbrüchen" entlädt, und 3. hat man keine Möglichkeit, sich mit den anderen Verkehrsteilnehmern zu verständigen. Neuerdings macht aber womöglich der Personalcomputer dem Auto Konkurrenz, weil seine komplizierte Technik ihn nicht selten anders reagieren läßt, als der Benutzer erwartet. Zum Schimpfen oder Beschimpfen provoziert außerdem jede Gruppenbildung, die gewöhnlich mit dem Aufbau von „Feindbildern" einhergeht. Deshalb ist das gegenseitige Beschimpfen im politischen Leben gang und gäbe, wenn auch nicht in der grobschlächtigen Weise, wie ich sie eingangs vorgeführt habe. Je nach ideologischem Standpunkt kommen aber Ausdrücke wie *rechts, links, liberal (scheißliberal!)* o.ä. durchaus einer Beschimpfung gleich, und es gibt da noch sehr viel feinere Abstufungen.

Warum wird geschimpft?

Schimpfen ist die verbale Reaktion auf eine Frustration oder Versagung (wie es Freud genannt hat) und insofern auch ein Abreagieren aufgestauten Ärgers, der vielfältige Ursachen haben kann wie z.B. Mißgeschick, Enttäuschung, Unterlegenheitsgefühle.

Diese „Dampfkessel-Theorie", die besagt, daß Schimpfen die Folge eines psychischen „Überdrucks" ist, wird vielleicht nicht allen Beweggründen gerecht, aber sie trifft sicherlich auf die Mehrzahl der Anlässe zum Schimpfen zu. Man kann natürlich auch jemanden beschimpfen, ohne verärgert zu sein – einfach deshalb, weil man der Stärkere, Überlegene ist und Lust verspürt, den anderen zu verletzen oder zu demütigen. Schimpfen dient in diesem Falle der Herabsetzung eines anderen Menschen und ist weniger Ausdruck eines bestimmten Erregungszustandes. Das Beispiel zeigt zugleich, daß das Schimpfverhalten auch von sozialen Bedingungen abhängt. Es gibt Gesellschaften/Kulturen, in denen regelrechte Schimpfrituale zwischen verfeindeten bzw. konkurrierenden Personen oder Gruppen ablaufen, ohne daß ein besonderer psychischer Druck dahintersteht. Es geschieht gleichsam mechanisch; man handelt so, um nicht „das Gesicht zu verlieren" und die soziale

1. Siehe etwa Frei 1981 (1935).

Position nach außen und innen zu bestätigen und zu bestärken. Dies ist ein erster Hinweis darauf, daß das Schimpfen kulturspezifisch ist, also von Kultur zu Kultur variiert.

Schimpfen als Normverletzung

Mit jeder Beschimpfung verstößt man gegen die Regeln des „guten Benehmens"; es ist ein Akt verbaler Aggression, mit dem man in den Intimbereich einer anderen Person mehr oder weniger gewaltsam eingreift. Um diese Wirkung zu erreichen, benutzt man Ausdrücke, die die Würde des anderen verletzen, und eben deshalb greift man zu Vergleichen aus der Tierwelt oder zu Wörtern aus tabuisierten Bereichen wie der Religion (*Kruzifixus!*), des Sexuallebens (*Arschficker*) oder des Fäkalischen (*Verpiß dich, du Scheißkerl!*). Man handelt beim Schimpfen also respektlos und unhöflich. Daher ist es verständlich, daß das Schimpfen gesellschaftlich verpönt ist und unter Umständen Sanktionen nach sich zieht. Die soziale Einschätzung des Schimpfverhaltens zeigt sich z.B. darin, daß das Schimpfen als „proletarisch", als „Gassen- und Gossensprache" galt und noch gilt, daß man in sozial höherstehenden, sogenannten gebildeten Kreisen das polternde Drauflosschimpfen meidet, und daß Mädchen eher dazu erzogen werden, Schimpfwörter und Flüche zu unterdrücken. Es ist überdies ganz und gar nicht gleichgültig, wer mit wem schimpft und schimpfen darf. Der Meister kann wohl zum Lehrling (Azubi), der Lehrer zum Schüler, der Vater zum Kind ungestraft „Du alter Esel!" oder „Du Faultier!" sagen, in umgekehrter Richtung dürfte eine solche Äußerung schlimme Folgen haben. Daraus läßt sich ableiten: Wer jemanden beschimpft, erhebt sich über ihn oder stellt sich ihm zumindest gleich.

Die Sanktionen für ungebührliches Verhalten wie das Schimpfen können sehr unterschiedlich ausfallen, je nachdem, in welchem sozialen Verhältnis schimpfende und beschimpfte Person zueinander stehen: Verwarnung, Prügel, Entlassung, Liebesentzug u.a.m., und es gibt sogar schon Kataloge dafür, wie hoch das Bußgeld für den Gebrauch von *Bulle, Rindvieh, Hornochse,* oder einer beleidigenden Geste (Vogel-Zeigen, Stinkefinger) vor Gericht ausfällt.

Vom Schimpfwort zum Kosewort

Herbert Pfeiffer hat bereits im Vorwort zu diesem Buch auf eine psychologisch und sprachwissenschaftlich interessante Erscheinung aufmerksam gemacht: die „kosende Schelte". Es ist in der Tat auf den ersten Blick verblüffend, wie nahe Schimpfen und Kosen beieinanderliegen. *Fratze* beispielsweise ist zweifellos eine beleidigende, abwertende Bezeichnung für ein Gesicht und die Person, zu der es gehört, aber sobald man eine Verkleinerungsendung wie z.B. *-chen* oder *-le(in)* anhängt *(Frätzchen, Frätzle;* vgl. auch *Scheißer: Scheißerchen, Scheißerle* oder deutschschweizerisch *Hexe: Hexli)*, drückt das Wort zärtliche Gefühle aus. Ja, es genügt ein „streichelndes" Beiwort *(süße, niedliche Fratze),* und schon verliert die Aussage ihren Schimpfcharakter. In der österreichischen Form *(der) Fratz* ist das Wort bei uns sogar zu einem richtigen Kosewort geworden *(süßer, niedlicher Fratz, mein*

Herzensfratz). Nach dieser Feststellung überrascht es nun vielleicht nicht mehr, daß Bezeichnungen für Tiere, die im allgemeinen nicht besonders geschätzt werden, wie etwa Ratte, Maus, Schnecke, Frosch, Affe, sowohl zur Beschimpfung wie auch zum Kosen gebraucht werden. In gewissem Sinne haben wir es hier mit einer Umkehrung der ironischen Rede, nämlich mit Lob durch Tadel statt Tadel durch Lob zu tun, indem stark untertrieben wird, also aus den zur Verfügung stehenden Ausdrücken ein stilistisch niederer oder gar der niederste ausgewählt wird. Gemeinsam ist dem Schimpfen wie dem Kosen die heftige Gemütsbewegung, die psychische Angespanntheit, und das macht die Ausdrücke so ambivalent, d.h. in gegensätzlichem Sinne anwendbar. Wir wissen ja auch, wie schnell Liebe in Haß umschlagen kann und wie bei Haßliebe positive und negative Gefühle ineinander übergehen. Vielleicht spielt bei diesen Kosewörtern letzten Endes auch eine gewisse besitzergreifende Aggressivität mit.

Der Schimpfname als Ehrentitel

Auch das ist eine Möglichkeit, auf eine Beschimpfung zu reagieren: Man nimmt das Wort an, indem man die mit ihm verbundene Wertung umkehrt und sich zu dem bekennt, was mit dem Wort eigentlich kritisiert, angeprangert werden soll. Man nimmt dem Schimpf- oder Spottwort damit gleichsam die Spitze und biegt sie um zum Aufhänger für die eigenen Ideale. So hat z.B. der bekannte Altphilologe, Rhetoriker und Schriftsteller Walter Jens vor Jahren einmal in der Wochenzeitung DIE ZEIT ausdrücklich erklärt: „Ja, ich bin ein Scheißliberaler!" Auch das Wort *Dissident* kann in diktatorischen Systemen durchaus als Auszeichnung verstanden werden. Nun sind freilich nicht *Dissident* und erst recht nicht *Scheißliberaler* damit schon zu „normalen", stilistisch neutralen Bezeichnungen geworden. In anderen Fällen ist dies jedoch geschehen, z.B. bei den Wörtern *Pietist, Purist, Impressionist, Barock* und – *Christ.* Ursprünglich waren dies Wörter der Ausgrenzung. Wie mit dem Finger zeigte man mit ihnen auf Verachtenswertes, zu Verabscheuendes, bis das Selbstbewußtsein der so Bezeichneten und gewandelte Wertvorstellungen/Einschätzungen in der Gesellschaft die negativen Konnotationen der Wörter verblassen ließen.

Schimpfen hier und anderswo

Das Schimpfen gehört ganz gewiß zur „Grundausstattung" des animal loquens, des sprechenden Wesens. Es ist zutiefst verbunden mit unserer Existenz, mit Angriff und Verteidigung nach außen und der stets gefährdeten Positionierung des einzelnen in der sozialen Ordnung und bricht deshalb in extremen Situationen selbst bei abgeklärtesten Geistern durch. Wenn wir von jemandem sagen, er schimpfe *wie ein Rohrspatz,* dann ist diese Interpretation der Tierlaute sicherlich falsch, zumindest zu summarisch, aber daß auch Tiere „zetern" können, ist unbestreitbar, weil die Ursache – der Affekt – und der Zweck im Kern identisch sind. Wir Menschen haben nur die zusätzliche Möglichkeit, unseren Gefühlen sprachlichen Ausdruck zu verleihen. So aber wie menschliche Gesellschaften, Kulturen und Sprachen verschieden sind, so ist auch das sprachliche Schimpfen nicht überall gleich. In einer Gesellschaft, in der das Kamel oder das Rind hochgeschätzt oder verehrt werden – in der arabischen Wüste bzw. in Indien –, wird man die entsprechenden Tierbezeichnungen kaum als Schimpfwörter benutzen. Es ist deshalb eigentlich sehr merkwürdig und müßte noch geklärt werden, wieso *Hund* im Deutschen zu einem starken Schimpfwort werden konnte, obwohl der Hund als der Deutschen liebstes Haustier gilt.[1] Wofür die jeweilige Tierbezeichnung steht – für Dummheit, Trägheit, Unsauberkeit, Verschlagenheit usw. – , auch das ist wahrscheinlich kulturabhängig und von Sprache zu Sprache ein wenig anders. Erst recht gilt dies für Bezeichnungen von Tieren, die im Lebensraum eines Volkes gar nicht vorkommen. Kamel und Trampeltier (Dromedar) trifft man bei uns zwar nur in Zoos und Zirkussen an, doch sie sind immerhin seit langem bekannt. Wenn man aber im Deutschen jemand mit *Coyote* beschimpft, ist das eigentlich eher ein Bildungszitat aus der Literatur (Karl May).

Ein anderer kulturspezifischer Unterschied besteht in der Bevorzugung von Schimpfwörtern aus dem religiösen oder andererseits dem sexuellen und dem fäkalischen Bereich. Nach Franz Kieners Beobachtungen (Kiener 1971, 1983) neigt man z.B. in katholischen Gebieten Bayerns eher zur ersten Gruppe, im Protestantisch-Fränkischen dagegen eher zur zweiten. Inwieweit diese Feststellungen verallgemeinert werden und über Deutschland hinaus Gültigkeit beanspruchen können, wäre noch zu prüfen.

Schließlich möchte ich noch daran erinnern, daß es Unterschiede gibt, je nachdem, ob man jemanden als individuelles Wesen beschimpft oder als Teil der Familie oder der Sippe *(„Du Hurensohn!“ – „Du Tochter eines/einer ...!“)*. In indianischen Sprachen und im Türkischen ist letzteres verbreitet und kann weitreichende Folgen haben, weil damit der ganze Familienverband und nicht nur die einzelne Person beleidigt wird.

Ausblick

Die Übersicht hat hoffentlich deutlich gemacht, wieviele Aspekte und Facetten das Schimpfen einem aufmerksamen Beobachter zu bieten hat. Psychologie, Soziologie, Ethnologie, Geistes- und Kulturgeschichte sowie Sprachwissenschaft finden hier einen reich gedeckten Tisch! Aus sprachwissenschaftlicher Sicht fehlt es meiner Meinung nach noch an detaillierten Untersuchungen zur Systematik der sprachlichen Mittel, die für Schimpfwörter und andere Formen der Schimpfrede – in oftmals höchst kreativer Weise – eingesetzt werden, und ihrer Verwendungsmöglichkeiten (Onomasiologie) sowie zur Geschichte einzelner Ausdrücke (ich erinnere an das weiter oben erwähnte Beispiel *Hund*) oder größerer (Schimpf)wortgruppen oder -felder. Auch zur Frage, wie Kinder Schimpfwörter lernen und gebrauchen oder wieweit man im Fremdsprachenunterricht auch das „richtige“ Schimpfen in der

1. Es gibt einen Versuch, den Gebrauch von Tierschimpfwörtern psychoanalytisch zu deuten (Leach 1964); er erscheint mir jedoch als wenig überzeugend, und deshalb gehe ich hier nicht darauf ein.

Fremdsprache behandeln sollte, gibt es kaum wissenschaftliche Arbeiten.[1] Zwar liegen viele Schimpfwörtersammlungen vor, aber sie stellen meist keine höheren Ansprüche an die sprachwissenschaftliche Darstellung und dienen überwiegend der Unterhaltung. Auch Wörterbücher wie das hier vorliegende können die wissenschaftliche Analyse nicht ersetzen; doch sie stellen das Material bereit und können vielfältige Anregungen geben.

Wilfried Seibicke, Heidelberg

---

1. Ein Forum für die Erörterung solcher Fragen ist die von Reinhold Aman in den USA herausgegebene Zeitschrift MALEDICTA (s. das Literaturverzeichnis).

Bibliographie

Ausgangspunkt des folgenden dreiteiligen Literaturverzeichnisses war eine Liste von Wilfried Seibicke, der auch das Nachwort zu diesem Buch beigesteuert hat. Vollständigkeit war nur hinsichtlich der deutschsprachigen Schimpfwörterbücher angestrebt. Sicherlich gibt es weitere einschlägige Quellen und weitere Forschungsliteratur, etwa zu einzelnen Schimpfwörtern, zu juristischen, linguistischen oder psychologischen Aspekten des Schimpfwortgebrauchs.

Fremdsprachliche Schimpfwörterbücher sind nur durch ein paar Beispiele vertreten. Vor allem für die Belege wurden einige Zeitungen und Zeitschriften unsystematisch ausgewertet, und zwar hauptsächlich FRANKFURTER RUNDSCHAU, SÜDDEUTSCHE ZEITUNG, FRANKFURTER ALLGEMEINE ZEITUNG, TAGESSPIEGEL, WELTWOCHE, ZEIT und SPIEGEL in den Jahren 1991 bis 96. Die hier aufgeführten deutschen Schimpfwörterbücher sind von sehr unterschiedlicher Qualität. Es wird viel abgeschrieben. Ausgezeichnet sind die Arbeiten von Maas (Nürnberg), Lötscher (Schweiz), Aman (Bayern, Österreich), Koch (Rheinhessen).

Deutsche Schimpfwörterbücher und -kalender

Ahn, Heinz: Kenne hät sech selvs jemaht. Schimpf- und Scheltworte, Neck-, Spitz-, Spott- und Scherznamen, Worte des Bedauerns und des Mitleids sowie Kosenamen / gehört, gelesen, gesammelt und auf Düsseldorfer Platt erläutert von Heinz Ahn. Düsseldorf: Grupello, 1994.

Altenkirch, Gunter: Moselfränkisches Schimpfwörter-Lexikon für Saarländer. Schimpf-, Spott- und Necknamen im Saarland unter der besonderen Berücksichtigung der moselfränkischen Wörter und deren Ausbreitung im rheinfränkischen Sprachraum. Dillingen u.a.: Queisser, 1981.

Aman, Reinhold: Bayrisch-österreichisches Schimpfwörterbuch. München: Süddeutscher Verlag, 1973.

Ders.: Dr. Aman's Insult Calendar. Waukesha, USA: Maledicta Press, 1973, 1974.

Bauer, Karl Werner: Trierische Schimpfwörter. Aufgelesen und illustriert von Karl Werner Bauer. Trier: Günther, 1982.

Binder, Brigitte: Saggradi! (Die originellsten bayerischen Schimpfwörter von A-Z.) München: Compact, 1992.

Brenneisen, Wolfgang: So schimpft dr Schwôb. München: Tomus, 1995.

Bungert, Gerhard: Graad selääds. Schimpfwörter auf „pälzisch" von Affearsch bis Zoddelbock. Kaiserslautern: Gondrom, 1985.

Ders.: Graad selääds. Schimpfwörter auf saarländisch von Affezibbel bis Zewegriwwler. (Lebach): Queisser, 1983 (5. Aufl.).

Burk, Brigitte: Schwäbisch gschimpft. Dreckete Wörter ond Sprüch von A bis Z. Frankfurt a.M.: Eichborn, 1993.
Conrath, Karl: Spitznamen wie Maulschellen. Über 600 moselfränkische Schimpfnamen. Gießen: Schmitz, 1978.
Constantin, Theodor: Das neue Berliner Schimpfwörter-Buch. Berlin: Haude & Spener, 1988.
Ders.: Sachsen – wie es schimpft. Berlin: Haude & Spener, 1992.
Creutz, Gottfried: Aachener Schimpfwörter, Schmusenamen und Redensarten. Aachen: Helios, 1995.
Dengl, D.: Niederbayerische Schimpfnamen. Malching, 1964 (Typoskript).
Deutsches Schimpfwörterbuch oder die Schimpfwörter der Deutschen. Zum allgemeinen Nutzen gesammelt und alphabetisch geordnet, nebst einer Vorvor-, Vor- und Nachrede, von Mir. Selbst. (d.i. Lorenz von Pansner). Arnstadt: F. Meinhardt, 1839.
Drews, Gerald: Das Bayerische Schimpfwörterbuch. Bloß g'scherte Wörter. Nidderau: Naumann, 1991.
Ebel/Meininger (d.s. Andreas Ebel u. Herbert Meininger): 1000 Worte Pälzisch. Mit pälzischem Schimpfwörterlexikon. 5. Auflage, völlig neu bearbeitet von Gerd Runck. Neustadt a. d. Weinstraße: D. Meininger, 1983.
Ehrlitzer, Klemens: Das Fränkische Schimpfwörterbuch. Allerhand garschtiche Wörter. Nidderau: Naumann, 1991.
Eigenschafts- und Schimpfnamen aus dem Homburger Land. (Text: Otto Kaufmann). Nümbrecht: Raiffeisenbank Nümbrecht, 1980.
Erle, Jens-Peter: Das Sachsen-Anhaltische Schimpfwörterbuch. Lauter jemeene Ausdricke. Nidderau: Naumann, 1993.
Erstes deutsches Schimpfwörter-Lexikon ... Schön geordnet und zusammengestellt, sowie mit einem Vorworte versehen von W.S.F.A.M. Offenbach: J.P. Strauß, o.J.
Färver, Jupp: Kölner Schimpfwörter. Köln: Hayit, 1988.
Franke, Kurt Gerhard: So ä Diggnischl. Sächsische Schimpfwörter und andere Liebkosungen. Leipzig: Sachsenbuch, 1995.
Fuchs, Günther u. Hans-Ulrich Lüdemann: Das Mecklenburgisch-Vorpommersche Schimpfwörterbuch. Bannich deftige Wörter. Nidderau: Naumann, 1993.
Gabler, A(mbrosius): Die Nürnberger Schimpfwörter, bildlich dargestellt von A. Gabler. Neudruck aus den Originalplatten. Nürnberg: Edelmann, 1964.
Goltz, Reinhard: Von Blubberbüxen, Landhaien und Troonbüdels. Das Schimpfwörterbuch für Hamburger. Leer: Schuster, 1995.
Grimme, Franz: Schimpf mit Sachs! Nürnberg: Selbstverlag, 1977 (2. Aufl.).
Härtling, Alfred: Drecksäcke, Schlunzen und sonstiges Kroppzeug. TIERfreundliche Schimpfwörter. Frankfurt a.M.: R. G. Fischer, 1994.
Jontes, Günther: Das große österreichische Schimpfwörterbuch. Fohnsdorf: Podmenik, 1987.
Ders.: Dreihundertfünfundsechzig steirische Kosenamen. Schimpfwortkalender für Einheimische und Fremde 1987. Fohnsdorf: Podmenik, 1986.
Ders.: Österreichischer Schimpfwortkalender 1988. Fohnsdorf: Podmenik, 1987.
Ders.: Steirisches Schimpfwörterlexikon. Schimpf und Spott in Vergangenheit und Gegenwart. Fohnsdorf: Podmenik, 1986.
Jung, Anton: Lauder biese Wäd(e)r. Ein kleines mundartliches Wörterbuch mit Schimpf-, Spott- und Uznamen unserer Heimat. Limburg-Eschhofen: Ortsbeirat, 1982 (3. Aufl.).
Kapeller, Ludwig: Das Schimpfbuch. Von Amtsschimmel bis Zimtziege. Herrenalb: Horst Erdmann, 1962.
Kiegeland, Burkhardt: 365 wirklich praktische Beschimpfungen für nette Mitmenschen. Mit Wut im Bauch herausgegeben von Burkhardt Kiegeland. Wien, München: Meyster, 1978.

Kleeberg, Dieter: Das Autofahrer Schimpfwörterbuch. Verbaler Crashkurs – ab vier Räder aufwärts. Nidderau: Naumann, 1994.
Ders.: Das sächsische Schimpfwörterbuch. Nur gemeene Wörter. Nidderau: Naumann, 1991.
Klenz, Heinrich: Schelten-Wörterbuch. Die Berufs-, besonders Handwerkerschelten und Verwandtes. Straßburg: Karl J. Trübner, 1910.
Koch, Hans-Jörg: Wenn Schambes schennt. Ein rheinhessisch-mainzer Schimpf-Lexikon mit fast 2000 Spott-, Uz- und Gassenwörtern. 6., nochmals erweiterte Auflage. Alzey: Verlag der Rheinhessischen Druckwerkstätte, 1975.
Koenn, Fritz u. Liesel Kalka: Eifeler Schimpfwörter, Neck-, Spott- und Spitznamen. Aachen: Helios, 1995.
Köhler, Peter K.: Das Schwäbische Schimpfwörterbuch. Lauter ausgschämte Wörter. Nidderau: Naumann, 1992.
Krewerth, Rainer A.: Jovel, Schofel, Apenköster! Etc. Münsterländisches Schimpfwörterbuch. Münster: Coppenrath, 1986.
Küpper, Heinz: Wörterbuch der deutschen Umgangssprache. Bd. 4. Berufsschelten und Verwandtes. Hamburg: Claassen, 1966.
Lengenfelder, Werner G.: Das Szene Schimpfwörterbuch. Nidderau: Naumann, 1992.
Lewis, Ingrid u. Bernhard Naumann: Das hessische Schimpfwörterbuch. Lauter beese Wörter. Nidderau: Naumann, 1990.
Lexikon der Beleidigungen. Herrsching: Pawlak, (1992).
Lötscher, Andreas: Lappi, Lööli, blööde Siech! Schimpfen und Fluchen im Schweizerdeutschen. Frauenfeld: Huber, 1980.
Maas, Herbert: Das Nürnberger Scheltwort. In: Mitteilungen des Vereins für Geschichte der Stadt Nürnberg 43 (1952), S. 361-483.
Meier, Klaus: Klaus Meiers Alemannischer Schimpfkalender 1990. Stuttgart: Silberburg.
Meister, Anja-Maria: Grischberla & Mädlesschmecker. (Fränkische Schimpfwörter von A-Z.) München: Compact, 1993.
Michaelis, Matthias: Das Niedersächsische Schimpfwörterbuch. Över 555 verquere Schnacks. Nidderau: Naumann, 1993.
Mohn, Christian: Leckertung und Dröhnbütel. (Kleines plattdeutsches Schimpfwörterlexikon.) München: Compact, 1994.
Müller, A.: Wörterbuch der Beleidigungen. Chicago, 1952 (weitere Angaben unbekannt; nicht auffindbar).
Müller, Heinz P.: Frankforter Kalenner für Uzer un Schenner. Frankfurt a.M.: H. P. Müller, 1994.
Müller, Jörg: Das Hamburger Schimpfwörterbuch. Viele verdüvelte Wörter. Nidderau: Naumann, 1991.
Ders.: Das Schüler Schimpfwörterbuch. Die total abgefahrene Ansage. Nidderau: Naumann, 1993.
Nolden-Thommen, Annette: Dusseldier und Schnäbbelliese. (Die originellsten Schimpfwörter aus dem Ruhrgebiet.) München: Compact, 1995.
Nürnberger Schimpfwörter. 13 Motive Altnürnberger Originale / Schimpf- und Neckwörter. Nürnberg: Edelmann, (ca. 1980).
Osterloh, Albert Leo: Hallesches Schimpfwörterbuch. Halle: fliegenkopf verlag, 1992.
Pfeiffer, Herbert: Ei du Labbeduddel. (So schimpfen die Hessen.) München: Compact, 1996.
Pursch, Günter (Hg.): Das große Parlamentarische Schimpfbuch. Stilblüten und Geistesblitze unserer Volksvertreter. München: Langen-Müller, 1989 (2. Aufl.).
Ders. (Hg.): Das Parlamentarische Schimpf- & Schmunzellexikon. Von „Abbruchunternehmen“ bis „Zynismus“ 1949-1991. München: Langen-Müller, 1992.
Ders. (Hg.): Parlamentarisches Schimpfbuch. Frankfurt a.M., Berlin, Wien: Ullstein, 1980.

Ders. (Hg.): Parlamentarisches Schimpfbuch 2. 1980-1986. Frankfurt a.M., Berlin: Ullstein, 1986.
Riddering, Klaus J.: Das Friesische Schimpfwörterbuch. Allerhand utverschaamtes Gesnater. Nidderau: Naumann, 1992.
Rink, Thomas u. Christian Riemann: Das Ruhrgebiet Schimpfwörterbuch. Massig schäbbige Wörter. Nidderau: Naumann, 1992.
Rother, Ima: Holzkopf, Knucklehead & Co. Die originellsten Schimpfwörter der Welt. München: Compact, 1996.
Sauer, Walter: Das Pfälzische Schimpfwörterbuch. Allerhand uumegliche Wörter. Nidderau: Naumann, 1992.
Der saufreche Schimpfkalender. Frankfurt a.M.: Eichborn, 1992.
Schäfer, Harald: Als druff. Schimpfwörter auf hessisch von Affearsch bis Zorngickel. Darmstadt: Eduard Roether, 1987.
Schäfer, Irmgard: De Hannes leßd Damb ab. Biebesheim: Siegfried Englert, 1982.
Schepper, Rainer: Plattdeutsches Schimpfwörterbuch für Westfalen. Leer: Schuster, 1992.
Schielke, Volker: Das Märkische Schimpfwörterbuch. Janz scheen jemeene Wörter. Nidderau: Naumann, 1992.
Schimpflexikon, liberales / enthält ein ganzes Tausend „fortschrittlicher" Schmähworte gegen Alles, was katholisch ist, und darum auch gegen die patriotischen Bayern und das bayerische Landvolk. Zusammengestellt von R. von der Donau ... München: (Exped. d. „Bayer. Vaterland"), 1870 (2. Aufl.).
Schimpfwörter / Hans Lexa. (Linolschnitte: Axel Hertenstein). Pforzheim: Hertenstein, 1984.
Schimpfwörterbuch, neues. Von Mir Selbst. Mit einer Vorrede. München: (Stahl's kleine Bibliothek, Bd. 19), o.J. (1920).
Schimpfwortlexikon. Garantiert unzensiert: Von A... bis ...loch. München: Heyne, 1989.
Schimpfwortlexikon, das neue. Von A... bis ...leuchter. München: Heyne, 1992.
Schmitz, Jean: Das Rheinische Schimpfwörterbuch. Alles fiese Wörter. Nidderau: Naumann, 1992.
Schneider, Herbert: Bairisch gschimpft. München: W. Ludwig Buchverlag, 1991.
Ders.: Herbert Schneiders Bayerischer Schimpfkalender. Ebenhausen: Langewiesche-Brandt, 1972-88 (1989 im W. Ludwig Verlag, Pfaffenhofen).
Schnitzler, Sonja u. Werner Hirte: Verflucht und zugenäht. Schimpfwörter aus unserer lieben Muttersprache nebst einem Anhange. Berlin: Eulenspiegel, 1990.
Schönlaub, Jörg: Das Saarländische Schimpfwörterbuch. Alles deiwelische Wörter. Nidderau: Naumann, 1992.
Schubart, Gertrud: Gasseengeli – Hausteifeli. 360 fränkische Schimpf- und Spottnamen in Rothenburger Mundart. Uffenheim: Seehars, 1991.
Schulze, Walter: Hunsrücker Schimpfwörter. Trier: Günther, o.J. (1983).
Schuster, Theo (Hg.): Plattdeutsches Schimpfwörterbuch für Ostfriesen und andere Niederdeutsche. Leer: Schuster, 1991.
Schwäbisch g'schimpft und bruddelt. Schwäbisch wie es sonst nicht im Wörterbuch steht. Göppingen: Herwig, o.J.
Schwarze, Achim: 256 Männer-Typen. Frankfurt a.M.: Eichborn, 1990.
Steinhauer, Jupp: Öcher Schelt- än Spetzname. Aachen: Verlag der Mayerschen Buchhandlung, (1986).
Steinke, Alwin (Hg.): Kohls Maulhelden. Wie die Koalition sich zankt. Ein aktueller Schimpfwörterkatalog von Kettenhund bis Kröterich. Frankfurt a.M.: Eichborn, 1988.
Stoltze, Friedrich: Altfrankfurter Spitz- und Schimpfnamen aus dem Altfrankfurter Stadt- und Landkalender auf das Jahr 1891. Hg. von Hans Ludwig Rauh. Frankfurt a.M.: August Hase, 1941.

Strasser, Erwin: Tausend Worte Hohenlohisch. Mit Schimpfnamen-Sammlung. Bergatreute: Verlag Wilfried Eppe, 1988.
Strittmatter, Roland: Das Badische Schimpfwörterbuch. Lutter gmeini Wörter. Nidderau: Naumann, 1995.
Thal, Hella (Hg.): Schmutzige Wörter Deutsch/Wienerisch – Französisch – Englisch/Amerikanisch – Italienisch – Portugiesisch – Spanisch – Türkisch. Internationale Verbal-Injurien. Eichborns achtsprachiges Wörterbuch der Schimpfwörter, Vulgärausdrücke und Flüche. Frankfurt a.M.: Eichborn, 1996 (erw. 4. Aufl.).
Tousch, Pol: Luxemburger Schimpfwörterbuch. Luxembourgh: (Selbstverlag), 1982.
Troll, Thaddäus: Thaddäus Trolls schwäbische Schimpfwörterei. Stuttgart: Silberburg, 1987.
Ders.: Thaddäus Trolls schwäbischer Schimpfkalender 1994. Tübingen, Stuttgart: Silberburg, 1994.
Unterfränkische Schimpfwörter und Redensarten. Karlstadt: Verlag Kralik, 1990.
Waschiczek, Heinrich: Iglauer Schimpfnamen. Hg. vom Deutschen Stadtbildungsausschusse in Iglau. Prag: Calve in Komm., 1938.
Weinmaier-Binder, Brigitte: Von Armleuchter bis Zwiderwurzn. (Das kleine Schimpfwörterlexikon.) München: Compact, 1991.
Wer wie über wen in der Koalition herzieht. Ein aktueller Schimpfwörterkatalog von A bis Z. Zusammengestellt von der Pressestelle der SPD-Bundestagsfraktion. 1989.
Winter, Emil: D'm Owwerhess off's Maul geguckt. (Schimpfkalender.) Heuchelheim: Winter, 1989, 1990.
Ders.: „Du Huläbber" ... und weitere 913 Schimpf-, Spott- und Uznamen. Heuchelheim: Winter, 1991 (5., erweiterte Aufl.).
Zacker, Christina / Jörg Müller / Gerald Drews: Von Aas bis Zimtzicke. 2000 Schimpfwörter für das Jahr 2000. Augsburg: Praesent Verlag, 1994.
Zäldner, Claus: Gwasselgobb & Doddelfritze. (So schimpfen die Sachsen.) München: Compact, 1995.

Sekundärliteratur

Adamzik, Kirsten: Sprachliches Handeln und sozialer Kontakt. Zur Integration der Kategorie ‚Beziehungsaspekt' in einer sprechakttheoretischen Beschreibung des Deutschen. Tübingen: Narr, 1984.
Ahrens, Rudolf: Scheltnamen und Spottreden im Plattdeutschen. In: Niedersachsen (Bremen) 7 (1901/2), S. 85f.
Akkan, Serpil: Schimpfen im Alltag. Überlegungen zu einem vernachlässigten Sprechakt. Tübingen, 1984 (Magisterarbeit).
Allen, Irving Lewis: Unkind Words. Ethnic Labeling from Redskin to Wasp. New York: Bergin & Garvey, 1990.
Alford, Richard D. u. William J. O'Donnell: Linguistic Scale: Cussing and Euphemisms. In: Maledicta 7 (1983), S. 155-63.
Aman, Reinhold: Bavarian Terms of Abuse Derived from Common Names. In: Maledicta 7 (1983), S. 212-17.
Ders.: Bibliography. In: Maledicta 8 (1984/85), S. 293-317.
Andrjuschichina, Maria: Bummelfritze – Bummelliese. Ein produktives Wortbildungsmodell der deutschen Gegenwartssprache. In: Sprachpflege 1967, H. 2, S. 33-36.
Dies.: Die deutschen Substantive auf -macher. Ein Beitrag zur konfrontativen Wortbildungslehre. In: Deutsch als Fremdsprache 5 (1968), S. 204-13.

Androulakis, Nikolaos: Die Sammelbeleidigung. Neuwied, Berlin: Luchterhand, 1970.
Baldinger, Kurt: Die Völker im Zerrspiegel der Sprache. In: Überlieferung und Auftrag. Festschrift für Michael de Ferdinandy. Hg. von Josef Gerhard Farkas. Wiesbaden: Pressler, 1972, S. 158-78.
Bauer, Gerhard: Sprache und Sprachlosigkeit im „Dritten Reich". Köln: Bund-Verlag, 1988, S. 174-78.
Baum, Hubert: Alemannisches Taschenwörterbuch für Baden. Freiburg i.Br.: Karl Schillinger, 1978, S. 243f.
Beaumont, Werner: Kleines Bestiarium der Beleidigungsrechtsprechung. In: Anwaltsblatt 37 (1987), S. 296.
Bebermeyer, Gustav: Schmähschrift (Streitschrift). In: Reallexikon der deutschen Literaturgeschichte. Bd. 3. Berlin, New York: de Gruyter, 1977 (2. Aufl.), S. 665-78.
Behaghel, Otto: Deutsche Scheltwörter. In: Sonntagsblatt der Basler Nachrichten, 24.2. 1924.
Ders.: Die deutschen Scheltwörter. Eine sprachwissenschaftliche Plauderei. In: Münchener Neueste Nachrichten, Nr. 50, 20.2. 1929.
Bering, Dietz: Die Intellektuellen. Geschichte eines Schimpfwortes. Stuttgart: Klett-Cotta, 1978.
Ders.: „Intellektueller" – in Deutschland ein Schimpfwort? In: Sprache und Literatur in Wissenschaft und Unterricht 15 (1984), H. 2, S. 57-72.
Binz, Gustav: Basler Schimpfwörter aus dem fünfzehnten Jahrhundert. In: Zeitschrift für deutsche Wortforschung 8 (1906), S. 161-64.
Brandstätter, H. u. B. Rüttinger: Verbale Aggression als Mittel der Beeinflussung in Gruppendiskussionen. In: Zeitschrift für Sozialpsychologie 1974/5, S. 48-54.
Brandstetter, Renward: Blasphemiae accusatae 1381-1420. In: Zeitschrift für deutsches Altertum 30 (1886), S. 399-414.
Braun, Peter: Personenbezeichnungen – der Mensch in der deutschen Sprache. In: Muttersprache 100 (1990), H. 2-3, S. 167-91.
Ders.: Personenbezeichnungen – mehr oder weniger tierisch ernst. In: Muttersprache 102 (1992), H. 2, S. 143-52.
Brecht, Martin: Der „Schimpfer" Martin Luther. In: Luther (Zeitschrift der Luther-Gesellschaft) 52 (1981), H. 3, S. 97-113.
Büchle, Karin: Schimpfwörter im DaF-Unterricht – Tabuthema, Randerscheinung oder doch mehr? In: Beiträge zur Fremdsprachenvermittlung 1994, H. 27, S. 18-36.
Carr, C.T.: Die englischen Bezeichnungen für Deutschland und die Deutschen. In: Muttersprache 72 (1962), S. 202-5.
Carstensen, B.: „Polli" und andere neue Spitznamen für den deutschen Polizisten. In: Der Sprachdienst 16 (1972), H. 8, S. 145-47.
Cavalli, Rolf: „Affenarsch!" In: Schweizer Woche, Nr. 47, 20. November 1996, S. 10-14.
Clason, Synnöve: Von Schlagwörtern zu Schimpfwörtern ... In: Impulse. Dank an Gustav Korlén zu seinem 60. Geburtstag ... Stockholm, 1975, S. 339-76.
Cohn, Hugo: Tiernamen als Schimpfwörter. Berlin: Weidmannsche Buchhandlung, 1910 (= Wissenschaftliche Beilage zum Jahresbericht der Dreizehnten Städtischen Realschule zu Berlin).
Daiber, Hans: Dumme Kuh, boshafte Kuh. Zur Wissenschaft vom Schimpfen. In: Stuttgarter Zeitung, Nr. 197, 27.8. 1983, S. 50.
Ders.: Fluchen in aller Welt. In: Die Zeit, 23.11. 1984, S. 58.
Dundes, Alan: Sie mich auch! Das Hinter-Gründige in der deutschen Psyche. Weinheim, Basel: Beltz, 1985.
Dürr, Thomas: Du Kümmeltürke, du! Zur Bedeutung von Schimpf- und Tabuwörtern in der fremdkulturellen Sprachvermittlung. In: Präludien. Kanadisch-deutsche Dialoge.

Vorträge ... München: Iudicum Verlag, 1992, S. 121-32.
Edouard, Robert: Nouveau dictionnaire des injures. (Paris): Sand & Tchou, 1983 (Neuausgabe).
Englert, Anton: Zu den Spottnamen der Völker. In: Zeitschrift des Vereins für Volkskunde 29 (1919), S. 42.
Faust, Manfred: Metaphorische Schimpfwörter. In: Indogermanische Forschungen 74 (1969), S. 54-125.
Fierz, Jürgen: Die pejorative Verbildlichung menschlicher Körperbautypen im Schweizerdeutschen. Zürich: Ernst Lang, 1943 (Diss.).
Fink, Gerhard: Schimpf und Schande. Eine vergnügliche Schimpfwortkunde des Lateinischen. Zürich, München: Artemis, 1991 (2. Aufl.).
Frei, Luise: Die Frau. Scherz-, Schimpf- und Spottnamen. Stuttgart, Frauenfeld: Huber, 1981 (= Diss. Zürich 1935).
Frein-Plischke, Marie-Luise: Wortschatz Bundesrepublik – DDR. Semantische Untersuchungen anhand von Personalkollektiva. Düsseldorf: Pädagogischer Verlag Schwann-Bagel, 1987 (= Diss. Bonn 1984).
Gollor, G.: Oberschlesische Schimpfwörter. In: Oberschlesische Zeitung 1923, Nr. 175.
Ders.: Schimpfwörter aus dem Beuthener Lande. Beitrag zu einem oberschlesischen Wörterbuch. In: Mitteilungen des Beuthener Geschichts- und Museumsvereins 1924, S. 40-54.
Graebisch, Fr.: Mundartlicher Fragekasten. In: Glatzer Heimatblätter 23 (1937), S. 106f., S. 141f.; 24 (1938), S. 66f.
Grimm, Jacob: Deutsche Rechtsaltertümer. Leipzig: Mayer & Müller, 1922 (4. vermehrte Ausg.), S. 204-10.
Grober-Glück, Gerda: Motivation und Verbreitung der Spottbezeichnungen des Gerichtsvollziehers im Vergleich mit anderen Berufen (nach Sammlung des ADV). In: Sprache und Brauchtum. Bernhard Martin zum 90. Geburtstag ... Marburg: Elwert, 1980, S. 338-58.
Dies.: Motivation und Verbreitung der Spottbezeichnungen des Polizisten. In: Sprache und Recht (Berlin), 1986, S. 134-57.
Gruber, Karl: Schelten und Drohungen aus dem Mittelhochdeutschen. Köln, 1928 (Diss.).
Gücklhorn, Adolf: Schimpf im südlichen Egerland. In: Sudetendeutsche Zeitschrift für Volkskunde 3 (1930), S. 170-73.
Guiraud, Pierre: Les gros mots. O.O.: Presses Universitaires de France, 1975.
Günther, Louis: Von Wörtern und Namen. Fünfzehn sprachwissenschaftliche Aufsätze. Berlin: Dümmler, 1926.
Hahn, Anna: „... und zeigte mir den Effe!“ In: ADAC motorwelt 1994, H. 10, S. 56-61.
Hardenberg, Hans: Die Fachsprache der bergischen Eisen- und Stahlwarenindustrie. Bonn 1940 (= Deutsches Volkstum am Rhein 4), S. 70ff.
Heestermans, Hans: Luilebol. Het Nederlands scheldwoordenboek. Amsterdam: Rap, 1989.
Heinemann, Friedrich Karl: Das Scheltwort bei Hans Sachs. Gießen, 1927 (Diss.).
Henschel, Gerhard: Scheiße mit Reiße. Schimpfkultur wohin? In: Titanic 17 (1995), H. 184, S. 48-50.
Hermand, Jost: Stänker und Weismacher. Zur Dialektik eines Affekts. Stuttgart: Metzler, 1971.
Hermanns, Fritz: Emotion im Wörterbuch. Zur Lexikographie von affektiver Lexik. In: Wörterbücher in der Diskussion II (= Lexicographica, Series Major, Bd. 70). Tübingen, 1996, S. 256-78.
Herrmann, Wolfgang: Schimpf und Schande. Eine pragmalinguistische Grammatik der aggressiven Interaktion. In: Die Schulwarte 26 (1973), H. 7, S. 17-43.
Hoffmann, G.: Schimpfwörter der Griechen und Römer. Berlin, 1892 (= Wissenschaftliche Beilage zum Programm des Friedrichs-Realgymnasium, Ostern 1892).

Hofmann, Josef: Egerländer Namen. In: Unser Egerland (Wunsiedel) 25 (1921), S. 19f.
Holly, Werner u. Michael Schwander: Spielen im Deutschunterricht II. Sprachliches Handeln und Kommunizieren. Heinsberg: Agentur Dieck, 1987, S. 22ff.
Holzinger, Herbert: Beschimpfung im heutigen Französisch. Pragmatische, syntaktische und semantische Aspekte. Salzburg, 1984 (Diss.).
Horak, Kurt: Makkaronifresser, Tschuschen, Katzelmacher. In: Elternblatt (Wien) 53 (1975), H. 11/12, S. 12-14.
Huber, Andreas: Melediktologie. Die hohe Schule des richtigen Schimpfens. In: Psychologie heute 23 (1996), November, S. 28-35.
Hübscher, Arthur: Schopenhauer und die Kunst des Schimpfens. In: Schopenhauer-Jahrbuch 62 (1981), S. 179-89.
Ilgner, Rainer: Scheltstrophen in der mittelhochdeutschen „Spruchdichtung" nach Walther. Bonn, 1975 (Diss., bes. S. 219ff.).
Imme, Th(eodor): Scheltwörter, Spottnamen u.ä. aus der alten Essener Volkssprache. In: Korrespondenzblatt des Vereins für niederdeutsche Sprachforschung 1919/20, H. 37, S. 57-60; 1922/23, H. 38, S. 31f.
Johann, Ernst: Deutsch wie es nicht im Wörterbuch steht. Frankfurt a.M.: Fischer Taschenbuch Verlag, 1981 (bes. S. 164-66).
Kaden, E.-F.: Sind Spitznamen Spottnamen. In: Sprachpflege 1972, H. 1, S. 11-15.
Kaiser, Michael: Wie schlimm ist das Wort Mistsau? Ein Lehrer untersucht 192 Schimpfwörter seiner Schüler. In: Eltern 3 (1971), S. 39f.
Kany, Werner: Inoffizielle Personennamen. Bildung, Bedeutung und Funktion. Tübingen: Niemeyer, 1992.
Kärn, Konrad: ‚Destroyer' als Imageangriffe. Zur Pragmatik, Poetik und kommunikativen Ethik der Sprache menschlicher Aggression. Pfaffenweiler: Centaurus-Verlagsgesellschaft, 1985.
Katz, David u. Rosa: Die Schimpfworte des Kindes. In: Zeitschrift für angewandte Psychologie 18 (1931), Beih. 59 (Festschrift für William Stern), S. 120-31.
Keller, Albrecht: Die Handwerker im Volkshumor. Leipzig: Heims, 1912.
Kiener, Elisabeth I. M.: Verbale Aggression – Schimpfen in der Schule. Salzburg, 1973 (Diss.).
Kiener, Franz: Das Wort als Waffe. Zur Psychologie der verbalen Aggression. Göttingen: Vandenhoeck & Ruprecht, 1983.
Ders.: Über die Aggressivität der Baiern und Franken. Stereotyp und Wirklichkeit. In: Psychologische Beiträge 13 (1971), S. 161-220.
Knobloch, Johann: Der „große Zampano", wer kennt ihn noch? In: Muttersprache 104 (1994), S. 338.
Ders.: Kraftwörter werden salonfähig. In: Incontri linguistici 3/1, Firenze, 1976/77, S. 19f.
Ders.: Schimpfwörter der Schulkinder einst und jetzt. In: Der Sprachdienst 23 (1979), H. 1, S. 5.
Koens, A. J.: De psychologie van het schelden. In: Mens en maatschappij (Amsterdam) 13 (1937), S. 256-72.
Kramer, Karl-S.: Hohnsprake, Wrakworte, Nachschnack und Ungebühr. Ehrenhändel in Holsteinischen Quellen. In: Kieler Blätter zur Volkskunde 16 (1984), S. 49-85.
K(raus), F. S.: Schimpfwörter (eine Umfrage). In: Am Urquell, Monatshefte für Volkskunde 2 (1891), S. 110f., S. 139-41, S. 157-59, S. 172f., S. 195, S. 208f.; 3 (1892), S. 19-21, S. 109, S. 169, S. 207, S. 226f., S. 250, S. 298f.; 4 (1893), S. 54, S. 214f.; 6 (1896), S. 107f.
Kretzenbacher, Leopold: Barockbayrische Predigtexempel gegen Geizige und Flucher als „Hundsköpfe". Zur bayrischen Sittengeschichte des späten 17. Jahrhunderts. In: Zeitschrift für bayerische Landesgeschichte 45 (1982), S. 23-35.

Ders.: Schimpfwörter aus nationaler und aus religiös-konfessioneller Gegnerschaft. In: Stereotypvorstellungen im Alltagsleben. Beiträge zum Themenkreis Fremdbilder – Selbstbilder – Identität. Festschrift für Georg R. Schroubek ... München, 1988 (= Münchener Beiträge zur Volkskunde, Bd. 8), S. 67-82.
Krug, Paul-Eberhard: Ehre und Beleidigungsfähigkeit von Verbänden. Berlin: Duncker & Humblot, 1965.
Krüger, M.: „Die dumme Gans ist keine blöde Kuh" – Schimpfwörter im Deutschunterricht? Lehrwerkergänzung durch Wortschatzerweiterung. In: Fremdsprache Deutsch 3 (1990), S. 40-44.
Küpper, Heinz: Berufsschelte und Sozialsymbol. In: Der Sprachwart 1962, H. 9, S. 163-66.
Leach, Edmund: Anthropologische Aspekte der Sprache: Tierkategorien und Schimpfwörter. In: Neue Perspektiven in der Erforschung der Sprache, hg. von Eric H. Lenneberg. Frankfurt a.M.: Suhrkamp, 1972, S. 32-73.
Leonhardt, Rudolf Walter: Neger, Juden, Zigeuner. In: Die Zeit, 24.3. 1989, S. 70.
Ljung, Magnus: Om svordomar i svenskan, engelskan och arton andra sprak. Stockholm: Akademilitteratur, 1984.
Lorenzen-Schmidt, Klaus-J.: Beleidigungen in schleswig-holsteinischen Städten im 16. Jahrhundert. Soziale Norm und soziale Kontrolle in Städtegesellschaften. In: Kieler Blätter zur Volkskunde 10 (1978), S. 5-27.
Lötscher, Andreas: Zur Grammatik und Pragmatik von Beschimpfungen im Schweizerdeutschen. In: Robert Hinderling u. Viktor Weibel (Hg.): Fimfchustim. Festschrift für Stefan Sonderegger. Bayreuth, 1978 (= Bayreuther Beiträge zur Sprachwissenschaft, Bd. 1), S. 117-36.
Ders.: Zur Sprachgeschichte des Fluchens und Beschimpfens im Schweizerdeutschen. In: Zeitschrift für Dialektologie und Linguistik 48 (1981), H. 2, S. 145-160.
Maas, Herbert: Wou die Hasen Hoosn und die Hosen Huusn haaßn. Ein Nürnberger Wörterbuch. Nürnberg: Nürnberger Presse, 1987 (5. Aufl., bes. S. 33-36).
Majut, Rudolf: Himmelsziege und Verwandtes. In: Zeitschrift für deutsche Wortforschung 19 (1963), S. 1-38.
Ders.: Nazi, Bazi und Konsorten. In: Zeitschrift für deutsche Philologie 77 (1958), S. 291-316.
Mak, W.: Slavische Schimpfwörter im Schönwäldischen. In: Der Oberschlesier (Oppeln) 8 (1926), S. 772-74.
Maledicta. The International Journal of Verbal Aggression. Ed. by Reinhold Aman. Waukesha, USA, 1975ff.
Mally, Anton Karl: „Piefke". Herkunft und Rolle eines österreichischen Spitznamens für den Preußen, den Nord- und den Reichsdeutschen. In: Muttersprache 84 (1974), S. 257-86.
Ders.: „Piefke". Nachträge. In: Muttersprache 94 (1983/84), S. 313-27.
Markert, Ludwig: Struktur und Bezeichnung des Scheltworts. Eine gattungskritische Studie anhand des Amosbuches. Berlin, New York: de Gruyter, 1977.
Marten-Cleef, Susanne: Gefühle ausdrücken. Die expressiven Sprechakte. Göppingen: Kümmerle, 1991 (= Göppinger Arbeiten zur Germanistik, Nr. 559), S. 309-19.
Mayser, Erich: Sprache als Munition. Eine kleine deutsch-französische Wortgeschichte. In: Stuttgarter Zeitung, 9.1. 1990, S. 29.
Meisinger, Othmar: Hinz und Kunz. Deutsche Vornamen in erweiterter Bedeutung. Dortmund: Verlag von Friedrich Wilhelm Ruhfus, o.J.
Müller, Albert: Die Schimpfwörter in der griechischen Komödie. In: Philologus 72 (1913), S. 321-37.
Ders.: Die Schimpfwörter in der römischen Komödie. In: Philologus 72 (1913), S. 492-502.
Müller, Alfons Fridolin: Die Pejoration von Personenbezeichnungen durch Suffixe im Neuhochdeutschen. Altdorf: Papeterie Willy Huber, 1953 (Diss.).

Müller, Karl-Ludwig: Übertragener Gebrauch von Ethnika in der Romania. Eine vergleichende Untersuchung unter besonderer Berücksichtigung der englischen und der deutschen Sprache. Meisenheim/Glan: Hain, 1973.
Müller-Vollbehr, Otto: „Brettelrutscher" und andere Hersbrucker Schimpfworte (Feldpostbrief). In: Heimat (Hersbruck), 1942, Nr. 7.
Mummenhoff, Wilhelm: Schelt- und Scherznamen aus Recklinghausen. In: Alt-Recklinghausen, Beilage zur Recklinghäuser Volkszeitung, 3 (1921/22), Sp. 57-61, Sp. 71-75.
Objartel, Georg: Die Kunst des Beleidigens. Materialien und Überlegungen zu einem historischen Interaktionsmuster. In: Gespräche zwischen Alltag und Literatur, hg. von Dieter Cherubim u.a. Tübingen: Niemeyer, 1984, S. 94-122.
Opelt, Ilona: Die lateinischen Schimpfwörter und verwandte sprachliche Erscheinungen. Eine Typologie. Heidelberg: Carl Winter, 1965.
Dies.: Die Polemik in der christlichen lateinischen Literatur von Tertullian bis Augustin. Heidelberg: Carl Winter, 1980.
Pfau, Clemens: Zur Geschichte der Schimpfwörter in der Rochlitzer Gegend. In: Mitteilungen des Vereins für sächsische Volkskunde 2 (1902), S. 347-51.
Picard, Rudolf: Solinger Sprachschatz. Duisburg: Walter Braun, 1981 (2. Aufl.), S. 400-409.
Pieper, Ursula: +ANIM, -HUMAN, ... = ‚MENSCH': Tierische Metaphern. In: Studia Linguistica et Synchronica. Festschrift für Werner Winter, hg. von Ursula Pieper und Gerhard Stickel. Berlin, New York, Amsterdam: Mouton de Gruyter, 1985, S. 635-56.
Pisani, Vittore: Die italienischen Bezeichnungen für Deutschland und die Deutschen. In: Muttersprache 72 (1962), S. 194-201.
Rawson, Hugh: A Dictionary of Invective. A Treasury of Curses, Insults, Put-Downs, and Other Formerly Unprintable Terms from Anglo-Saxon Times to the Present. London: Robert Hale, 1991.
Rebay, Wilhelm von: Lalle – Lälli – Löll als Scheltwort, Neckname und Bezeichnung für eine Fasnachtsfigur im alemannisch-fränkischen Raum. In: Bayerisches Jahrbuch für Volkskunde 1961, S. 76-80.
Reh, H.: Verbalinjurien als Gegenstand einer soziolinguistischen Untersuchung. Germersheim, 1975 (Diplomarbeit am Dolmetscher-Institut Germersheim, Anglistik).
Reichert, Maria: 700 Mark für einen „Vogel". In: ADAC motorwelt 1983, H. 11, S. 61-66.
Reimers, Friedrich-Heinz: Der plautinische Schimpfwörterkatalog. Kiel, 1957 (Diss.).
Reiß, Hans: Das Danziger Schimpfwort und seine Herkunft. In: Weichselland (Mitteilungen des Westpreußischen Geschichtsvereins) 37 (1938), S. 1-4.
Reumann, Kurt: Das Jahr der Ratte oder Die Kultur der Schmähung. In: Frankfurter Allgemeine Zeitung, 15.3. 1980, S. 12.
Riegel, Hermann: „Grobian, Dummrian u.s.w.". In: Zeitschrift des allgemeinen deutschen Sprachvereins 5 (1890), Sp. 36f.
Ringseis, Franz: Neues Bayerisches Wörterbuch. O.O.: W. Ludwig Buchverlag, 1985 (2. Aufl.), S. 295-97.
Rizzo-Baur, Hildegard: Die Besonderheiten der deutschen Schriftsprache in Österreich und in Südtirol. Mannheim: Bibliographisches Institut, 1962, S. 47.
Roback, Abraham A.: A Dictionary of International Slurs (Ethnophaulisms) with a supplementary essay on aspects of ethnic prejudices. Waukesha, USA: Maledicta Press, 1979 (Nachdruck der 1. Aufl. 1944).
Sartori, Paul: schelten, schimpfen. In: Handwörterbuch des deutschen Aberglaubens, Bd. 7. Berlin, New York: de Gruyter, 1987 (Nachdruck der 1. Aufl. 1936), Sp. 1033-40.
Schaible, Karl Heinrich: Deutsche Stich- und Hieb-Worte. Eine Abhandlung über deutsche Schelt-, Spott- und Schimpfwörter, altdeutsche Verfluchungen und Flüche. Straßburg: Karl J. Trübner, 1885 (2. Aufl.).

Schenn-Kalenner für Fraue und Männer in liebe- und gemütvoller Hessen-Nassauer Mundart zwölfmal erschienen. In: Rhein-Lahn-Freund, Bote vom Taunus und Westerwald, Nassauer Landeskalender 29 (1984), S. 6-11.

Schlappinger, Hans: „Schimpfa, schimpfa tuat nöt weh'; wer mi schimpft, hat Läus' und Fleh'!" In: Monatsschrift für die ostbayerischen Grenzmarken 13 (1924), S. 28-31.

Schmidt, Rudolf: Der Mensch im Spiegel der deutschen Sprache. Ein unterhaltsamer Beitrag zur deutschen Sprachkunde. Gerabronn: Hohenloher Druck- und Verlagshaus, 1974.

Schmitt, Ch.: Unterengadinische Einwohnernamen, Neck- und Schimpfnamen. In: Raetia antiqua et moderna. W. Theodor Elwert zum 80. Geburtstag, hg. von G. Holtus u. K. Ringger. Tübingen: Niemeyer, 1986.

Schneider, Herbert: Aus dem bayerischen Schimpfwörter-Lexikon. In: Münchner Merkur, 8.4. 1987, S. 17.

Ders.: Ehrfurcht vor dem Laddirl und dem Gloiffe. In Bayern ist das Schimpfen schön. In: Münchner Merkur, 13.10. 1971, S. 17.

Schroeter, Sabina: Wörter und Redewendungen als Ausdruck des sozialistischen Feindbildes. In: Die Sprache der DDR im Spiegel ihrer Literatur. Studien zum DDR-typischen Wortschatz. Berlin, New York: de Gruyter, 1994, S. 154-67.

Schuller, Johann Carl: Zur Kunde siebenbürgisch-sächsischer Spottnamen und Schelten. Sylvestergabe für Gönner und Freunde siebenbürgischer Landeskunde. Hermannstadt: Steinhaussen's Buchhandlung, 1862.

Schulte, Albert: Die „gute alte Zeit" (1893 bis etwa 1914). Dargestellt an Hand von Schiedmannsprotokollen. In: Rheinisch-westfälische Zeitschrift für Volkskunde 12 (1965), H. 3/4, S. 231-36.

Schultz, Amelia Susman: Swiss Swearwords. Epithets in the Alps. In: Maledicta 3 (1979), S. 261-74.

Schumann, Hanna Brigitte: Sprecherabsicht: Beschimpfung. In: Zeitschrift für Phonetik, Sprachwissenschaft und Kommunikationsforschung 43 (1990), H. 2, S. 259-81.

Seebach, Helmut: Für die Bachstelze. Die Necknamen, Neckverse und Neckerzählungen der pfälzischen Dörfer, Städte und Landschaften. Ein Beitrag zur Volks- und Landeskunde der Pfalz. Annweiler-Queichhambach: Bachstelz-Verlag, 1983.

Seibicke, Wilfried: Das Schimpfwörterbuch. In: Wörterbücher, Dictionaries, Dictionnaires. Ein internationales Handbuch zur Lexikographie ... Berlin, New York: de Gruyter, 1990, S. 1190-93.

Ders.: Deutsche Schimpfwörterbücher. In: Lexicographica 1 (1985), S. 125-33.

Shibles, Warren: Verbal Abuse: An Analysis. In: Papiere zur Linguistik 46 (1992), H. 1, S. 29-48.

Skala, Emil: Die tschechischen und slowakischen Bezeichnungen für Deutschland und die Deutschen. In: Muttersprache 74 (1964), S. 289-95.

Sommer, P.: Schimpf- und Spottnamen der Völker im Weltkrieg. In: Zeitschrift des Allgemeinen Deutschen Sprachvereins 30 (1915), Nr. 12, Sp. 380f.

Sornig, Karl: Beschimpfungen. In: Grazer Linguistische Studien 1 (1975), S. 150-70.

Ders.: Soziosemantische Allergien. In: Klagenfurter Beiträge zur Sprachwissenschaft 9 (1983), S. 242-61.

Sorokoletow, F. P. u. E. S. Schubin: Die russischen Bezeichnungen für Deutschland und die Deutschen. In: Muttersprache 73 (1963), S. 65-73.

Stave, Joachim: Raffke – Piefke – Boofke. Ein Sprachbeitrag zum Bilde des häßlichen Deutschen. In: Wirkendes Wort 15 (1965), S. 127-37.

Ders.: Snob, Dandy, Playboy. In: Muttersprache 72 (1962), S. 307-15.

Stubner, Georg: Egerländer Spott-, Schimpf- und Kosenamen. In: Unser Egerland (Eger) 27 (1923), S. 106.

Thiel, Kasimir: Iniuria und Beleidigung. Eine Vorarbeit zur Bestimmung des Begriffes der Beleidigung. Breslau: Schletter, 1905.
Trost, Paul: Schimpfwörter als Kosenamen. In: Indogermanische Forschungen 51 (1933), S. 101-12.
Vondrak, W.: Über die persönlichen Schimpfwörter im Böhmischen. In: Archiv für Slavische Philologie 12 (1890), S. 47-78.
Wacha, Georg: Nationale Eigenheiten der europäischen Völker: die Einschätzung der anderen in Berichten, Spott- und Schimpfnamen. In: Transactions of the Sixth International Congress on the Enlightenment ... Brussels July 1983 ... Oxford: University of Oxford, 1983 (= Studies on Voltaire and the Eighteenth Century, Nr. 216), S. 409-12.
Wagenfeld, Karl: Ick will di maol wat seggen. Sprichwörter und Redensarten, Kinderreime und Lieder, Glauben und Aberglauben, Namen und Begriffe, der „Allerwerteste" im Volksmund des Münsterlandes, Hausinschriften und anderes mehr aus seinen volkskundlichen Schriften, hg. von Hannes Demming. Gesammelte Werke, Bd. 3. Münster: Aschendorff, 1983.
Walters, Ludwig: Schimpf- und Spottnamen in der Borkener Mundart. In: Münsterländer Heimatkalender 1941, S. 142f.
Weinacht, Helmut: Zwischen proprium und appellativum: Ethnonym – Schimpfwort – Koseform. In: Der Eigenname in Sprache und Gesellschaft. Leipzig, 1985, Teil II, S. 191-204.
Wellmann, Hans: Deutsche Wortbildung. Typen und Tendenzen in der Gegenwartssprache. Zweiter Hauptteil: Das Substantiv. Düsseldorf: Pädagogischer Verlag Schwann, 1975.
Willberg, Max: Abgewertete Vornamen. Vom erhabenen Augustus zum dummen August. – Vom Erzengel Michael zum teutschen Michel. – Von der kampfesmächtigen Mechthild zur Metze. In: Muttersprache 75 (1965), S. 330-42.
Winkler, Andreas: Ethnische Schimpfwörter und übertragener Gebrauch von Ethnika. In: Muttersprache 104 (1994), S. 320-37.
Wippermann, Ferdinand: Spott- und Scheltnamen aus dem Paderborner Lande, besonders aus dem Dorfe Etteln. In: Korrespondenzblatt des Vereins für niederdeutsche Sprachforschung 60 (1953), S. 8-10, S. 28-30; 62 (1955), S. 12-23.
Wissemann, Michael: Schimpfworte in der Bibelübersetzung des Hieronymus. Heidelberg: Carl Winter, 1992.
Woeste, F.: Südwestfälische Schelten. In: Jahrbuch des Vereins für niederdeutsche Sprachforschung, 1878, S. 110.

Weitere verwendete Wörterbücher und Quellen (in Auswahl)

Ahrends, Martin: Klirrende Wörter. Kleiner Sprachführer in ein dahingehendes Deutsch. Frankfurt a.M.: Zweitausendeins, 1990.
Ders.: Trabbi, Telespargel und Tränenpavillon. Das Wörterbuch der DDR-Sprache. München: Heyne, 1968.
Anonym. Schmäh- und Drohbriefe an Prominente. München, Bern, Wien: Scherz, 1968.
Askenasy, Alexander: Die Frankfurter Mundart und ihre Literatur. Frankfurt a.M.: Gebrüder Knauer, 1904, S. 140-55.
Avgerinos, Gerassimos: Musiker-Jargon / ein umgangssprachliches Lexikon. Berlin: Verlag Gerassimos Avgerinos, 1974.
Becker, Elke u. Ute Nestler: DDR-Slang, das andere Deutsch. Bielefeld: Peter Rump, 1990 (= Kauderwelsch, Bd. 50).

Bertsche, Karl: Der große Möhringer Schimpfwortrodel. In: Alemannische Heimat, Heimatgeschichtliche Beilage zur „Tagespost", Freiburg, 4 (1937), Nr. 8.
Bibliothek zur historischen deutschen Studenten- und Schülersprache. 6 Bde. Berlin, New York: de Gruyter, 1984.
Bornemann, Ernest: Sex im Volksmund. Der obszöne Wortschatz der Deutschen. 2 Bde. Reinbek: Rowohlt, 1976.
Brackmann, Karl-Heinz u. Renate Birkenhauer: NS-Deutsch. „Selbstverständliche" Begriffe und Schlagwörter aus der Zeit des Nationalsozialismus. Straelen: Straelener Manuskripte Verlag, 1988.
Büchmann, Georg: Geflügelte Worte. Der Zitatenschatz des deutschen Volkes. Berlin: Ullstein, 1993 (39. Aufl.).
Burnadz, J. M.: Die Gaunersprache der Wiener Galerie. Lübeck: Verlag für Polizeiliches Fachschrifttum Georg Schmidt-Römhild, 1966.
Carstensen, Broder: Anglizismen-Wörterbuch. Der Einfluß des Englischen auf den deutschen Wortschatz nach 1945. 3 Bde. Berlin, New York: de Gruyter, 1993-96.
Deutsche beschimpfen Deutsche. Vierhundert Jahre Schelt- und Schmähreden. Hg. von Jürgen Moeller. Hamburg, Düsseldorf: Claassen, 1968.
Dichter beschimpfen Dichter. Ein Alphabet harter Urteile. Zusammengesucht von Jörg Drews & Co. Zürich: Haffmans, 1990.
Dichter beschimpfen Dichter II. Ein zweites Alphabet harter Urteile. Zusammengesucht von Jörg Drews & Co. Zürich: Haffmans, 1992.
Dornseiff, Franz: Der deutsche Wortschatz nach Sachgruppen. Berlin, New York: de Gruyter, 1970 (7. Aufl.).
Drews, Jörg (Hg.): Das endgültige zynische Lexikon. Ein Alphabet harter Wahrheiten. Zugemutet von Jörg Drews & Co. Zürich: Haffmans, 1989.
Duden „Das große Fremdwörterbuch". Mannheim, Leipzig, Wien, Zürich: Dudenverlag, 1994.
Duden „Das große Wörterbuch der deutschen Sprache" in acht Bänden. Mannheim, Leipzig, Wien, Zürich: Dudenverlag, 1993-95 (2. Aufl.).
Ebner, Jakob: Duden „Wie sagt man in Österreich?" Wörterbuch der österreichischen Besonderheiten. Mannheim, Wien, Zürich: Bibliographisches Institut, 1980 (2. Aufl.).
Ehmann, Hermann: affengeil. Ein Lexikon der Jugendsprache. München: Beck, 1992.
Ders.: oberaffengeil. Neues Lexikon der Jugendsprache. München: Beck, 1996.
Etymologisches Wörterbuch des Deutschen. 3. Bde. Berlin, DDR: Akademie-Verlag, 1989.
Fendl, Josef: Weiß-blaues schwarz auf weiß. Ein heiterer Sprachführer durch das Bairische. O.O.: W. Ludwig, 1990.
Fetzer, Arthur: Schmutzige Wörter bayerisch-deutsch. Frankfurt a.M.: Eichborn, 1992.
Ders.: Schmutzige Wörter hessisch-deutsch. Frankfurt a.M.: Eichborn, 1993.
Ders.: Schmutzige Wörter pfälzisch-deutsch. Frankfurt a.M.: Eichborn, 1993.
Ders.: Schmutzige Wörter plattdeutsch. Frankfurt a.M.: Eichborn, 1992.
Ders.: Schmutzige Wörter Ruhrpott-deutsch. Frankfurt a.M.: Eichborn 1992.
Ders.: Schmutzige Wörter sächsisch-deutsch. Frankfurt a.M.: Eichborn, 1992.
Ders.: Schmutzige Wörter schwyzertütsch-deutsch. Frankfurt a.M.: Eichborn, 1995.
Ders.: Schmutzige Wörter wienerisch-deutsch. Frankfurt a.M.: Eichborn, 1993.
Frankfurter Wörterbuch. 6 Bde. Frankfurt a.M.: Waldemar Kramer, 1971-84.
Freibeuter 55: Krauts, Boches, Moffen, Jeckes. Berlin: Wagenbach, 1993.
Genthe, Arnold: Deutsches Slang. Eine Sammlung familiärer Ausdrücke und Redensarten. Straßburg: Karl J. Trübner, 1892.
Glück, Helmut u. Wolfgang Werner Sauer: Gegenwartsdeutsch. Stuttgart: Metzler, 1990.
Goethe, Johann Wolfgang von: Hans Wursts Hochzeit, oder der Lauf der Welt, ein mikrokosmisches Drama. In: Werke. Weimar: Böhlau, 1887-1919, Bd. 23.

Grimm, Jacob u. Wilhelm: Deutsches Wörterbuch. 16 Bde. Leipzig: S. Hirzel, 1854-1954.
Haider, Friedrich: Innsbrucker Karpfen, Bozener Seligkeiten. Eine vergnügliche Lesereise durch die Orte und Gegenden Nord-, Süd- und Osttirols mit ihren Über-, Spitz-, Spott- und Necknamen. Innsbruck u.a.: Tyrolia, 1988.
Handke, Peter: Publikumsbeschimpfung und andere Sprechstücke. Frankfurt a.M.: Suhrkamp, 1968.
Hannoversches Wörterbuch. Zusammengestellt von Hans J. Toll. Hannover: Heinrich Feesche, 1989.
Harfst, Gerold u. Holger: Die internationale Drogenszene. Der Geheimcode. Würzburg: Harfst, 1988.
Hauser, Wilhelm (Hg.): So spricht der Stuttgarter! Die originellsten Stuttgarter Kraftausdrücke, Schlagwörter und Redensarten. Stuttgart: Robert Lutz, 1903.
Heinemann, Margot: Kleines Wörterbuch der Jugendsprache. Leipzig: Bibliographisches Institut, 1989.
Henne, Helmut: Historische deutsche Studenten- und Schülersprache ... Berlin, New York: de Gruyter, 1984.
Herdi, Fritz: Limmatblüten. Vo abblettere bis Zwibackfräsi. Aus dem Wortschatz der fünften Landessprache. Zürich: Sanssouci, 1955.
Hoffmann von Fallersleben, Heinrich: Volkswörter. Aus der deutschen Scherz-, Spott- und Gleichnissprache. 1. Gabe. Wien: Kubasta & Voigt, 1873.
Holzapfel, Otto: Vierzeiler-Lexikon. Schnaderhüpfel, Gesätzle, Gestanzeln, Rappeditzle, Neck-, Spott-, Tanzverse ... 5 Bde. Bern, Frankfurt a.M.: Lang, 1991-94.
Hoppe, Ulrich: Von Anmache bis Zoff. Ein Wörterbuch der Szene-Sprache. München: Heyne, 1984.
Humann, Klaus: Englisch schimpfen. Beleidigungen, Flüche, Sauereien. Frankfurt a.M.: Eichborn, 1991.
Ders.: Französisch schimpfen. Beleidigungen, Flüche, Sauereien. Frankfurt a.M.: Eichborn, 1991.
Ders.: Italienisch schimpfen. Beleidigungen, Flüche, Sauereien. Frankfurt a.M.: Eichborn, 1991.
Ders.: Spanisch schimpfen. Beleidigungen, Flüche, Sauereien. Frankfurt a.M.: Eichborn, 1991.
Hunold, Günther: Sexualität in der Sprache. Lexikon des obszönen Wortschatzes. München: Heyne, 1978.
Jogschies, Rainer (Hg.): Aus dem neuen Wörterbuch des Unmenschen. Frankfurt a.M.: Eichborn, 1987.
Ders.: Das neue Lexikon der Vorurteile. Frankfurt a.M.: Eichborn, 1987.
Kainz, Walter: Weststeirisches Wörterbuch: Grammatik und Wortschatz nach Sachgruppen. Wien u.a.: Böhlau, 1987, S. 155-71.
Klappenbach, Ruth u. Wolfgang Steinitz: Wörterbuch der deutschen Gegenwartssprache. 6 Bde. Berlin, DDR: Akademie-Verlag, 1961-64.
Kluge, Friedrich: Etymologisches Wörterbuch der deutschen Sprache. Berlin, New York: de Gruyter, 1995 (23. erweiterte Aufl.).
Knöpfle, Babette: Schwätz koin Bäpp! Schwäbischer Dolmetscher. Stuttgart: Silberburg, 1991.
Kölsche Schängerei-Maschin. Köln: Bachem, 1992.
Kron, R(ichard): Alltagsdeutsch. Ein kleines Handbuch der geläufigeren familiären und Slang-Ausdrücke in der zwanglosen Umgangssprache. Freiburg i.Br.: J. Bielefeld, 1916.
Kühn, Peter: Deutsche Wörterbücher. Eine systematische Bibliographie. Tübingen: Niemeyer, 1978.
Küpper, Heinz: ABC-Komiker bis Zwitschergemüse. Das Bundessoldatendeutsch. Wiesbaden: Verlag für deutsche Sprache, 1978.

Ders.: Am A... der Welt. Landserdeutsch 1939-1945. Hamburg, Düsseldorf: Claassen, 1970.
Ders.: Pons-Wörterbuch der deutschen Umgangssprache. Stuttgart: Klett, 1987.
Ders.: Wörterbuch der deutschen Umgangssprache. 6 Bde. Hamburg: Claassen, 1955-70.
Küpper, Marianne u. Heinz: Schülerdeutsch. Hamburg, Düsseldorf: Claassen, 1972.
Ladendorf, Otto: Historisches Schlagwörterbuch. Hildesheim: Olms, 1968 (Nachdruck der 1. Aufl. 1906).
Limmes, Fritjof u. Erica: Lexikon der Gemeinheiten. Frankfurt a.M.: Eichborn, 1988.
Matschoss, Alexander: Scherz, Spott und Hohn in der lebenden Sprache. Ein Wörterbuch. Berlin, Leipzig: de Gruyter, 1931.
Meng, Heinrich: Mundartwörterbuch der Landschaft Baden im Aargau nach Sachgruppen. Baden: Baden Verlag, 1986.
Merz, Carl u. Helmut Qualtinger: Fahrschimpfschule. In: An der lauen Donau. Szenen und Spiele. München, Wien: Langen-Müller, 1965, S. 127-30.
Meyer, Kurt: Duden „Wie sagt man in der Schweiz?" Wörterbuch der schweizerischen Besonderheiten. Mannheim, Wien, Zürich: Dudenverlag, 1989.
Mitzka, Walther: Schlesisches Wörterbuch. 3 Bde. Berlin: de Gruyter, 1962-63.
Moser, Leo: Schmutzige Redensarten: deutsch – englisch – französisch – italienisch – spanisch – türkisch. Frankfurt a.M.: Eichborn, 1992.
Müller-Jabusch, Maximilian: Götzens grober Gruß. Zu seinem und seiner guten Freunde Vergnügen an den Tag gegeben. Berlin: Reclam, 1941.
Müller-Thurau, Claus Peter: Laß uns mal 'ne Schnecke angraben. Sprache und Sprüche der Jugendszene. Düsseldorf, Wien: Econ, 1983 (8. Aufl.).
Ders.: Lexikon der Jugendsprache. Düsseldorf, Wien: Econ, 1985.
Nunn, A. David: Politische Schlagwörter in Deutschland seit 1945. Ein lexikographischer und kritischer Beitrag zur Politik. Gießen: Focus-Verlag, 1974.
Ostwald, Hans: Rinnsteinsprache. Lexikon der Gauner- Dirnen- und Landstreichersprache. Berlin: „Harmonie" Verlagsgesellschaft für Literatur und Kunst, (1906).
Petrikovits, Albert: Die Wiener Gauner-, Zuhälter- und Dirnensprache. Wien u.a.: Böhlau, 1986 (Neuaufl. nach 2. Aufl. 1922).
Philosophen beschimpfen Philosophen. Die kategorische Impertinenz seit Kant. Leipzig: Reclam, 1995.
Queri, Georg: Kraftbayrisch. Ein Wörterbuch der erotischen und skatologischen Redensarten der Altbayern. Mit Belegen aus dem Volkslied, der bäuerlichen Erzählung und dem Volkswitz. München: Piper, 1970 (Nachdruck der 1. Aufl. 1912).
Reck-Malleczewen, Fritz: Der grobe Brief. Von Martin Luther bis Ludwig Thoma. Frankfurt a.M.: Lutzeyer, 1950.
Röhrich, Lutz: Das große Lexikon der sprichwörtlichen Redensarten. 3 Bde. Freiburg i.Br.: Herder, 1991-92.
Sanders, Daniel: Deutscher Sprachschatz. Tübingen: Niemeyer, 1985 (Nachdruck der 1. Aufl. 1873-77).
Schemann, Hans: Deutsche Idiomatik. Die deutschen Redewendungen im Kontext. Stuttgart, Dresden: Klett Verlag für Wissen und Bildung, 1993.
Schmalbrock, Gerd: Schlag- und Schimpfwörterbuch. Vorurteile von heute kommentiert – glossiert. Gladbeck: IKC Presse, 1974.
Schmeller, Johann Andreas: Bayerisches Wörterbuch. 2 Bde. München, 1872-77 (2. Aufl.).
Schönfeld, Eike: Abgefahren – eingefahren. Ein Wörterbuch der Jugend- und Knastsprache. Straelen: Straelener Manuskripte Verlag, 1986.
Schubart, Gertrud: Untern Rätlestuere. Rothenburger Wörterbuch mit Redensarten und Schimpfnamen. Kirchberg/Jagst: Wettin, 1973.

Seyboth, Hermann: Hohe Schule des Schimpfens. Für Anfänger, Fortgeschrittene und Geübte in der angenehmen Kunst sich Unangenehmes vom Halse zu schaffen! München: Ehrenwirth, 1958.
Sprick, Claus: Hömma! Sprache im Ruhrgebiet. Straelen: Straelener Manuskripte Verlag, 1989.
Strauß, Gerhard / Ulrike Haß / Gisela Harras: Brisante Wörter von Agitation bis Zeitgeist. Ein Lexikon zum öffentlichen Sprachgebrauch. Berlin, New York: de Gruyter, 1989.
Tappert, Wilhelm: Richard Wagner im Spiegel der Kritik. Wörterbuch der Unhöflichkeit. Leipzig: Verlag von C. F. W. Siegel's Musikalienhandlung, 1915 (3. Aufl.).
Theissen, S. u.a.: Rückläufiges Wörterbuch des Deutschen. Liège: C.I.P.L., 1992.
Trübner, Karl / Alfred Götze / Walther Mitzka: Deutsches Wörterbuch. 8 Bde. Berlin: de Gruyter & Co., 1939-57.
Wahrig, Gerhard: Deutsches Wörterbuch. Neu herausgegeben von Dr. Renate Wahrig-Burgfeind. Gütersloh: Bertelsmann Lexikon Verlag, 1994.
Wehle, Peter: Die Wiener Gaunersprache. Eine stark aufgelockerte Dissertation. Wien, München: Jugend und Volk Verlagsgesellschaft, 1977.
Wehrle, Hugo u. Hans Eggers: Deutscher Wortschatz. Ein Wegweiser zum treffenden Ausdruck. Stuttgart, Dresden: Ernst Klett Verlag für Wissen und Bildung, 1993 (Nachdruck der Aufl. 1961).
Wendling, Peter: Slang Register. Hochdeutsch – Umgangsdeutsch. Würzwörter vom Feinsten. München: Helix, 1994.
Wiener, Oswald: Beiträge zur Ädöologie des Wienerischen. In: Josefine Mutzenbacher. München: Rogner & Bernhard, 1969.
Wolfe, Peter: Schimpflexikon. Bern, München: Scherz, 1968 (2. Aufl.).
Wurzbach, Constant von: Glimpf und Schimpf in Spruch und Wort. Sprach- und sittengeschichtliche Aphorismen. Wien: Verlag von Rudolf Lechner's k.k. Universitäts-Buchhandlung, 1864.

Personenregister

A

Abelein, Manfred 424, 439
Abraham a Sancta Clara 66, 84, 322
Abraham, Manfred 306
Abron 11
Achternbusch, Herbert 172
Ackermann, Eduard 235
Adenauer, Konrad 254, 448
Adorno, Theodor W. 357
Ahlsen, Leopold 389
Albers, Hans 181
Albrecht, Ernst 414
Ali, Muhammad 154
Allen, Woody 171, 253, 408
Altenburg, Matthias 350
Althammer, Walter 477
Alxinger, Johann Babtist 364
Aman, Reinhold 64, 313, 322, 341
Amling, Max 74
Andersen, Hans Christian 167, 323
Anzengruber, Ludwig 468
Artmann, H. C. 156
Äsop 105
Auerbach, Berthold 224
Augstein, Rudolf 72, 157, 246, 300, 389, 443, 465

B

Baal, Karin 161
Bachmann, Ingeborg 156
Bahr, Egon 24
Balcon, M. 238
Bangemann, Martin 80, 408
Baring, Arnulf 239
Barrès, Maurice 160
Bartoszewicz, Kazimierz 317
Barzel, Rainer 288, 304
Basler, Mario 84, 214, 250
Bassermann, Friedrich Daniel 38
Baum, Gerhart-Rudolf 22
Beaumarchais, P. A. C. de 117
Becher, Johannes R. 168, 331
Beckenbauer, Franz 310
Becker, Alois 299
Becker, Boris 83, 291
Beckett, Samuel 434
Beer, Johann 132
Beethoven, Ludwig van 208
Beltz, Matthias 287
Belzner, Emil 140
Benn, Gottfried 106, 107, 184, 229, 403, 452
Bering, Dietz 190
Berlusconi, Silvio 130, 188, 259, 277, 471
Bernhard, Thomas 85, 361, 373, 388
Bernstein, Leonard 471
Biedenkopf, Kurt 69
Bieler, Manfred 121, 209
Bierce, Ambrose 47, 96, 114
Biermann, Wolf 72, 75, 80, 114, 196, 217, 219, 231, 269, 278, 371, 379, 383, 415, 435, 447, 459
Biolek, Alfred 441
Bismarck, Otto von 9, 53, 113, 163, 197, 207, 339, 415, 473
Bittner, Wolfgang 77
Bjørneboe, Jens 188, 479
Blank, Theodor 408
Bleibtreu, Karl 428
Bloch, Ernst 317
Blüm, Norbert 57, 74, 77, 103, 139, 157, 264, 267, 338, 407
Blumenthal, Oscar 147, 423, 452
Bohl, Friedrich 180, 271
Bohley, Bärbel 409, 422
Böll, Heinrich 189, 350, 422
Boller, Ralph 20
Borchardt, Rudolf 342
Borell, Claude 177
Bormann, Edwin 286
Börne, Ludwig 323, 342

Bornemann, Ernest 263, 409
Börner, Holger 72, 157
Bötsch, Wolfgang 207
Böttiger, Helmut 214
Boycott, Ch. C. 60
Brandt, Willy 103, 175, 225, 260, 443
Brant, Sebastian 153, 370, 404, 406, 435
Brasch, Thomas 241
Brecht, Bertolt 49, 150, 163, 194, 324, 352, 434, 479
Breitner, Paul 154
Breker, Arno 275
Brennert, Hans 27, 340
Brezan, Jurij 191
Broch, Hermann 179
Broder, Henryk M. 287
Brüderle, Rainer 14, 62, 276
Brutus, Marcus Junius 64
Buber, Martin 199
Bubis, Ignaz 60
Buchholz, Horst 161
Bückler, Johann 365
Budde, Johann Franz 280
Bukowski, Charles 83
Buñuel, Luis 28
Burdick, Eugene 167
Bürger, Gottfried August 63, 69, 122, 282, 448, 449, 453
Burgess, Anthony 72
Burroughs, E. R. 424
Burroughs, William S. 226
Busch, Wilhelm 35, 59, 118, 164, 219, 300, 371, 442, 443, 474
Buttlar, Johannes Freiherr von 406

C

Caesar 64
Canetti, Elias 187, 200
Capote, Truman 146, 398
Carstens, Karl 450
Carstensen, Broder 110
Casanova, Giovanni Giacomo 71
Castro, Fidel 71
Catilina, Lucius Sergius 207
Céline, Louis-Ferdinand 303, 479
Cervantes Saavedra, Miguel de 85, 91, 344
Chamisso, Adalbert von 370
Chiavacci, Vinzenz 12
Chirac, Jacques 71, 134
Chomeini, R. M. 14
Christo 341
Churchill, Winston S. 19
Cicero 170, 248
Cijunclis, Margret 202
Claudius, Matthias 232
Clinton, Bill 395, 472
Cochläus, Johannes 347
Cogniard, Charles Théodore und Jean Hippolyte 72
Cohn-Bendit, Daniel 22
Conradi, Peter 404
Cooper, James Fenimore 168, 248
Corbucci, Sergio 84
Coverdale, David 225

D

Dalí, Salvador 141
Dampf, Hans 165
Danella, Utta 125
Darwin, Charles 12
Davis, Miles 101, 280
Dedekind, Friedrich 153
Defregger, Franz von 352
Degener, Volker W. 105
Degenhardt, Franz Josef 375
Dehmel, Richard 42
Deix, Manfred 436
Deschner, Karlheinz 140, 188, 362, 405, 457, 479
Dickens, Charles 171
Diepgen, Eberhard 224
Dietrich, Christian 334
Dietrich, Marlene 52, 367
Döbler, Katharina 146
Döblin, Alfred 168, 179, 331
Doderer, Heimito von 129, 159, 246
Doering, Moritz 128
Dolfs, Harun 278
Dönniges, Helene von 269
Dorn, H. 386, 403
Dorst, Tankred 82
Dregger, Alfred 83, 84, 361, 467
Drewermann, Eugen 339, 434
Droste, Wiglaf 201
Duden, Konrad 395
Duerr, Hans Peter 395

Dühring, Karl Eugen 154
Dumas, Alexandre 78, 288
Dundes, Alan 362
Dürer, Albrecht 375
Dürrenmatt, Friedrich 316
Dusch, Johann Jakob 361
Dutschke, Rudi 251
Dyba, Johannes 340

E

Eastwood, Clint 262
Ebner-Eschenbach, Marie von 240, 291, 308
Effenberg, Stefan 294
Ehmke, Horst 57, 90, 239
Eichel, Hans 54
Eichendorff, Joseph Freiherr von 117, 370
Eilers, Elfriede 299
Einstein, Albert 99, 265
Eisenbarth, Johann A. 84
Eisenhauer, Gregor 109
Ekberg, Anita 265
Engelmann, Bernd 374
Engels, Friedrich 60, 188, 269, 446
Engholm, Björn 431, 475
Enzensberger, Hans Magnus 28, 80, 200, 276, 395, 426, 463
Epikur 102
Erhard, Ludwig 156, 314, 365, 441
Erhardt, Heinz 169
Erné, Nino 468
Eschkol, Levi 156
Eulenspiegel, Till 106
Eylmann, Horst 275

F

Fajfr, Karel 429
Falk, Johann Daniel 478
Fallada, Hans 45, 58, 135, 148, 207, 448, 472
Faulkner, William 434
Feilcke, Jochen 331, 344
Felix, Kurt 357
Fellini, Federico 303, 471
Fels, Ludwig 176
Fendrich, Rainhard 84, 259, 399
Ferges, Peter 410
Feuillades, Louis 446
Feyerabend, Paul 49, 395
Fichte, Johann Gottlieb 117, 397, 465
Fienhold, Wolfgang 359
Fischer, Joschka 22, 57, 75, 96, 131, 212, 259, 338, 339, 344, 406, 430
Flaubert, Gustave 300
Fleissner, Herbert 340
Fokine, M. 411
Fontane, Theodor 316, 467
Foreman, George 316
Forst, Willi 42
Franck, Sebastian 478
Franco, Francisco 129
Franz Joseph I. 77, 109, 145, 394, 429
Freud, Sigmund 175
Freytag, Gustav 375, 469
Fridell, Egon 206
Friedmann, Michel 374
Friedrich II. 202
Friedrich Wilhelm IV. 339
Friedrich, Caspar David 102
Friedrich, W. 225
Fries, Jakob Friedrich 226
Frisch, Max 48, 68, 122, 273
Fröbe, Gert 300
Fulda, Ludwig 444
Fussenegger, Gertrud 215

G

Gandhi, Mahatma 134
Gansel, Norbert 275, 413
Gauweiler, Peter 97, 249, 253
Geerken, Hartmut 419
Geibel, Emanuel 52
Geissendörfer, Hans W. 283
Geißler, Heiner 72, 96, 104, 146, 175, 315, 332, 375, 431
Gellert, Christian Fürchtegott 234
Genscher, Hans Friedrich 475
George, Stefan 424
Gerhardt, Tom 324, 402
Gerhardt, Wolfgang 51
Germanikus 420
Gernhardt, Robert 275, 288, 372
Gerster, Johannes 118, 271, 278, 368, 408
Ghaddafi, Mohammed 393

Gide, André 107
Giordano, Ralph 128
Glas, Uschi 43, 473
Glotz, Peter 277, 462
Goebbels, Joseph 19, 27, 49, 56, 142, 149, 180, 190, 191, 243, 270, 271, 289, 374, 384, 440
Goedeke, Karl Ludwig 398
Goethe, Johann Wolfgang von 14, 26, 31, 36, 37, 64, 72, 82, 94, 96, 101, 106, 120, 136, 138, 139, 151, 152, 159, 160, 164, 165, 184, 219, 232, 246, 252, 256, 270, 292, 311, 333, 339, 352, 361, 363, 375, 396, 406, 413, 417, 430, 444, 477
Goetz, Reinald 122, 350
Goldt, Max 101
Gorbatschow, Michail 23
Gotter, Friedrich Wilhelm 374
Gottschalk, Thomas 304, 414
Grabbe, Christian Dietrich 334
Graf, Oskar Maria 371
Graf, Peter 165
Graf, Steffi 72
Graff, Sigmund 265
Grasel 151
Grass, Günter 16, 18, 80, 190, 269, 348, 380
Gregor-Dellin, Martin 36
Grillparzer, Franz 11, 65, 74, 219, 385, 418, 426, 463
Grimm, Jacob und Wilhelm 62, 91
Grimmelshausen, Hans Jakob Christoffel von 62, 103, 253, 400, 407, 453
Grob, Burkhard 19
Grosz, George 314
Grünbeck, Josef 321, 404
Grünbein, Durs 106
Gründgens, Gustaf 275
Grzimek, Bernhard 13
Guggenheim, Peggy 154
Guibert, Hervé 85, 373
Gulbransson, Olaf 106
Günther, Agnes 391
Günther, Johann Christian 313, 406
Gutzkow, Karl 436
Gysi, Gregor 219, 300, 369, 371, 382, 409, 421, 447

H

Habe, Hans 375
Habermann 237
Habermas, Jürgen 78, 251, 395, 465, 471
Hackethal, Julius 101
Hacks, Peter 270, 352
Hagedorn, Friedrich von 282
Haider, Jörg 78, 426, 450
Hamerling, Robert 188
Hamm, Peter 303
Handke, Peter 22, 29, 31, 45, 83, 95, 100, 123, 148, 182, 196, 208, 223, 240, 290, 415, 431, 434, 464
Hanks, Tom 54
Hans Adam II. 155
Harden, Maximilian 428
Hardy, Oliver 80
Harich, Wolfgang 317
Haringer, Jakob 26, 173, 183, 354
Härtling, Alfred 67
Hauff, Volker 251
Hauff, Wilhelm 440
Haug, Friedrich 97
Hauptmann, Gerhart 37, 53, 255, 285, 368, 386, 436
Hauser, Karlheinz 90, 135
Haußmann, Leander 64
Hecker, Klaus 69
Heeremann, Constantin Freiherr von 251
Hegel, Friedrich Wilhelm 201, 226, 291, 361, 446, 448
Heidenreich, Elke 473
Heine, Heinrich 78, 101, 195, 219, 344, 352, 382, 406, 457, 459
Heinrich, Leuthold 263
Heitmann, Steffen 15, 300, 328
Henckell, Karl 252
Henscheid, Eckhard 78, 218, 275, 463, 465, 471
Herder, C. 401
Herder, Johann Gottfried 160
Hermann, Peter 356
Hermlin, Stephan 405
Hermsdorf, Hans 89
Herostratos 173
Herrmann, Horst 286
Herwegh, Georg 79
Herzog, Roman 279
Hesse, Hermann 157, 403
Heym, Stefan 81, 114, 219, 422

Heyse, Paul von 13, 82, 232
Hielscher, Martin 98
Hildebrandt, Dieter 307
Hiller, Kurt 14, 143, 161, 299, 362, 442, 477
Hillern, Wilhelmine von 137
Hilsenrath, Edgar 196
Hindemith, Paul 196
Hinsken, Ernst 142
Hippokrates 73, 312
Hirsch, Burkhard 22, 453
Hitler, Adolf 20, 24, 63, 102, 153, 179, 262, 296, 302, 337, 442
Hochhuth, Rolf 189, 314
Hoeneß, Uli 269
Hoffmann, E. T. A. 457
Hoffmann, Heinrich 77, 341, 417, 421, 469, 472
Hoffmann, Hilmar 156
Hoffmann von Fallersleben, Heinrich 78, 91, 311, 479
Hofmannsthal, Hugo von 183
Hohmann, Joachim S. 92
Holberg, Ludwig 203
Hölderlin, Friedrich 72
Hollein, Hans 341
Holm, Hendrik 421
Holstein, Friedrich August von 53
Holtei, Karl von 96
Hölty, Ludwig Heinrich Christoph 436
Homer 74, 325, 328
Honecker, Erich 152
Hornby, Leslie 439
Hörnle, Edwin 410
Horváth, Ödön von 34, 458
Horx, Matthias 20, 470
Hoven, Adrian 315
Hrdlicka, Alfred 80, 287, 415, 435
Huber, Erwin 146, 183, 332
Hussein, Saddam 153

I

Ibsen, Henrik 418
Imhof, Isabelle 125
Immermann, Karl Leberecht 53, 102, 384, 472
Ivanisevic, Goran 59

J

Jacob, Heinrich Eduard 352
Jacobi, Friedrich Heinrich 136, 397
Jagger, Bianca 195, 452
Jagger, Mick 452
Jahn, Friedrich Ludwig 246, 474
Jahnn, Hans Henny 97
Jannings, Emil 52
Jelinek, Elfriede 463
Jelzin, Boris 23, 331
Jenninger, Philipp 149, 450
Jens, Tilman 379
Jens, Walter 197, 379
Jesus Christus 14, 22, 109, 126, 286, 302, 358, 371, 443, 473
Jewtuschenko, Jewgenij 84
Johnson, Uwe 80
Jolson, Al 400
Juhnke, Harald 130, 372
Jung, Edgar 440
Jünger, Ernst 384, 461
Jungk, Robert 426

K

Kaiser, Georg 127
Kaléko, Mascha 202
Kalisch, David 272, 467
Kalkofe, Oliver 318
Kansy, Dietmar 149, 273
Kant, Hermann 130, 407
Kant, Immanuel 116, 136, 138, 234, 274, 401, 449, 465, 474
Kanther, Manfred 395
Kantorowicz, Alfred 89, 91
Karadžić, Radovan 18, 31, 232, 457
Karajan, Herbert von 275
Karasholi, Adel 107
Kaschoggi, Adnan 277
Kästner, Erich 178, 233
Keitel, Wilhelm 153
Keller, Gottfried 68
Kelly, Petra Karin 15, 31
Kempowski, Walter 10, 18, 127, 142
Kennedy, John F. 173
Kessler, Harry Graf 352
Kesting, Hanjo 327
Kiesl, Erich 155

Kilb, Andreas 83
Kind, Johann Friedrich 59, 443
Kinkel, Klaus 29, 102, 212, 239, 254, 279, 475
Kippenberg, Anton 399
Kirch, Leo 277
Kirst, Hans Hellmut 31, 67, 135, 222
Kittelmann, Peter 312
Klein, Yves 372
Kleinert, Detlef 87, 278
Klerk, Frederic Willem de 100
Klier, Freya 409
Klose, Hans-Ulrich 273
Klotz, Ernst 384
Knef, Hildegard 421
Kogel, Fred 134
Kohl, Helmut 20, 23, 50, 65, 81, 85, 104, 147, 153, 168, 189, 234, 238, 239, 246, 254, 264, 296, 297, 300, 305, 326, 328, 357, 382, 387, 401, 433, 438, 476, 478
Kolb, Annette 143
Kolle, Oswalt 33
Königs, Ralph 260
Koschwitz, Thomas 263, 273
Kotzebue, August von 60, 228
Krämer-Badoni, Rudolf 457
Kraus, Karl 14, 36, 47, 50, 77, 88, 93, 109, 145, 195, 211, 342, 371, 394, 429, 440, 442
Kreisky, Bruno 471
Krenz, Egon 196, 460, 461
Kresnik, Johann 275
Kreuder, Ernst 457
Kroetz, Franz Xaver 98, 463, 466
Kronawitter, Georg 365
Krüger, Mike 412
Krupp, Alfred 203
Kubrick, Stanley 84
Kuby, Erich 442
Kugelmann, L. 392
Kujau, Konrad 218, 287
Küpper, Heinz 214, 252
Küppersbusch, Friedrich 216, 453
Kutzmutz, Rolf 382

L

Ladendorf, Otto 22, 36, 180, 201
Lafontaine, Oskar 14, 103, 273, 389, 431
Lambsdorff, Otto Graf 31, 217, 326
Lancester, Burt 167
Landau, Franz 466
Langbein, Ernst 244
Lange, Friedrich Albert 392
Lanner, Josef 109
Lasker, Eduard 9
Lassalle, Ferdinand 269
Laurel, Stan 80
Lederer, William 167
Lehár, Franz 257
Lenau, Nikolaus 330, 442
Lendl, Ivan 291
Lenin, Wladimir I. 190, 200
Leppich, Johannes 205, 264
Lessing, Gotthold Ephraim 11, 20, 30, 45, 136, 214, 232, 459
Lettau, Reinhard 116
Leuthold, Heinrich 264
Lewis, Jerry 152
Lewis, Sinclair 33
Lichtenberg, Georg Christoph 13, 28, 406
Liessmann, Paul 107
Liliencron, Detlev von 236
Lind, Hera 465
Lindau, Paul 342
Lindenberg, Udo 20, 27, 33, 296
Litfaß, Ernst 456
Loest, Erich 161
Löffler, Sigrid 463
Logau, Friedrich von 237
Lollobrigida, Gina 253
Löns, Hermann 72, 287
Lortzing, Albert 438
Lötscher, Andreas 358
Lucullus 255
Ludendorff, Erich 166
Ludwig II. 403
Lukács, Georg 317
Lüpertz, Markus 227, 267
Luther, Martin 39, 79, 103, 142, 153, 199, 200, 241, 246, 298, 347, 350, 351, 354, 383, 392, 405, 424, 426, 440, 442, 462, 468, 477
Lynen, Adam R. 170, 203

M

Maas, Herbert 271
Machiavelli, Niccolo 259

Mackeben, Theo 42
Mann, Heinrich 52, 302, 388, 445
Mann, Klaus 141, 222
Mann, Thomas 49, 56, 103, 155, 191, 333, 357, 388, 403
Manuel, Niklaus 208
Mao Tse-Tung 303, 445
Maron, Monika 464
Marr, Wilhelm 22
Marx, Karl 108, 188, 269, 392, 446
Maske, Henry 21, 168, 180, 380
Matthäus, Lothar 214
Matthäus-Maier, Ingrid 314
Maupassant, Guy de 42
Mauthner, Fritz 375, 473
Mautner, Franz H. 287
May, Karl 152, 302, 399
Maybach, Christiane 315
Mayer-Vorfelder, Gerhard 408, 410
Means, Russell 68
Mehring, Walter 80, 91, 442
Meiser, Hans 165
Meisl, Karl 109
Memmel, Linus 89
Merkel, Angela 332
Merkel, Max 357
Meyrink, Gustav 244, 479
Meysel, Inge 283
Mielke, Erich 60, 64
Miller, Johann Martin 45
Milošević, Slobodan 232
Mitscherlich, Alexander 28
Mladić, Ratko 457
Mohr, Johann Jakob 361
Mola Vidal, Emilio 129
Molière, Jean-Baptiste 99, 102, 166, 273, 280, 281, 424
Möllemann, Jürgen 51, 72, 195, 310, 389, 465
Mommer, Karl 203
More, Thomas 445
Morgenstern, Christian 72, 132, 173, 200
Morre, Karl 294
Moser, Hans 294
Moses 279
Moshammer, Rudolph 364
Mozart, Wolfgang Amadeus 116, 117, 185, 358
Mühsam, Erich 103, 138, 142, 257, 342, 390
Müller, Alfons Fridolin 246, 250
Müller, Friedrich 243
Müller, Heiner 252
Müller, Inge 252
Müller, Ludwig 24, 226
Müller-Mees, Elke 335
Müller-Thurau, Claus Peter 379, 399
Münchhausen, Freiherr von 255, 282
Murdoch, Rupert Keith 277
Murner, Thomas 100, 290
Musil, Robert 94, 103
Mussolini, Benito 388

N

Nabokov, Vladimir 252
Napoleon I. 468
Naumann, Bernd 95
Naumann, Friedrich 287
Nefflen, Johannes 158
Nenning, Günther 240, 384, 411, 426
Nero 289
Nero, Franco 84
Nestroy, Johann Nepomuk 256, 379, 449
Neumaier, Eduard 99
Newton, Helmut 28
Nicolai, Otto 110
Nicolay, L. H. von 281
Niebergall, Ernst Elias 92
Niekisch, Ernst 116, 133
Niethammer, D. I. 226
Nietzsche, Friedrich 49, 54, 116, 154, 173, 174, 178, 182, 201, 234, 272, 279, 440, 479
Nin, Anaïs 320
Noack, Paul 95
Noll, Ingrid 20

O

Oberländer, Adolf 214
Ogger, Günter 338
Opaschewski, Horst 240
Oppenheim, Heinrich Bernhard 207
Orwell, George 444
Oschlies, Wolf 167
Ossietzky, Carl von 94
Ossowski, Leonie 37, 473
Oswald, Lee Harvey 173

P

Papentrigk, Benno 280, 341, 399
Paracelsus 419
Paradis, Vanessa 49
Parnass, Peggy 134
Paul, Jean 61, 182, 228, 274, 338, 392, 446
Paulus 11, 30, 109
Pawlowa, Anna 411
Perinet, Joachim 172
Perrin, Elula 83
Petrus 308
Pfau, Ludwig 48
Pfeffel, Gottlieb Conrad 105
Pfeiffer, Christoph Ludwig 182
Phaedrus 29
Picasso, Pablo 314
Pilgrim, Volker Elis 34
Pius IV. 59
Platen, August von 459, 468
Platon 235
Plautus 272
Plinius 248
Poggio Bracciolini, G. F. 234
Pohrt, Wolfgang 12
Pop, Iggy 333, 349
Pötzl, Eduard 147
Presley, Elvis 175
Preusse, Georg 307
Proust, Marcel 92

Q

Quisling, V. 332

R

Raab, Stefan 227
Raabe, Wilhelm 233
Raddatz, Fritz J. 106
Raimund, Ferdinand 336
Randow, Thomas von 276
Ranke-Heinemann, Uta 236, 249
Rathenau, Walther 103
Rau, Johannes 128, 201
Reagan, Ronald 21, 75, 335
Rebmann, Georg Friedrich 30
Reich-Ranicki, Marcel 18, 35, 43, 45, 165, 169, 189, 304, 310, 318, 325, 405, 407, 415
Remarque, Erich Maria 42, 139, 197, 282, 319, 360
Renner, Heinz 192, 239
Reuter, Christian 329, 363, 367
Reuter, Fritz 320
Rexrodt, Günter 245
Richter, Hans Werner 74
Riedl, Erich 119
Riefenstahl, Leni 275
Ringelnatz, Joachim 243, 367
Ringsgwandl, Georg 455
Rinser, Luise 437
Rocchigiani, Graciano 21, 34
Röhm, Ernst 177
Rommel, Erwin 161
Rommel, Manfred 175
Rönsch, Hannelore 283
Rosegger, Peter 161, 220
Roth, Joseph 424
Roth, Wolfgang 72, 167, 438
Rothemund, Helmut 266
Rowohlt, Harry 289, 342
Rückert, Friedrich 185, 285, 396
Rudolph, Claude-Oliver 403
Ruge, Arnold 82
Rühe, Volker 72, 138, 148, 225, 349
Rühmkorf, Peter 165, 208, 296, 386, 431, 438, 463, 468
Rushdie, Salman 163
Rüttgers, Jürgen 110

S

Sachs, Hans 37, 355, 362, 434, 442
Sade, Marquis de 351
Sand, George 234, 272
Sane, Souleyman 292
Schäfer 48, 197
Scharping, Rudolf 85, 106, 110, 112, 129, 325, 348
Scharrenbroich, Heribert 206
Schäuble, Wolfgang 65, 220, 252, 302, 314, 401, 450
Scheerbart, Paul 17, 374
Schelling, Friedrich Wilhelm Joseph 82, 182, 397
Scheuch, Erwin K. 71

Schiller, Friedrich 64, 90, 93, 100, 107, 125, 130, 187, 194, 196, 261, 279, 300, 322, 333, 359, 360, 381, 384, 393, 399, 410, 425
Schiller, Karl 203
Schily, Otto 149, 273
Schirinowski, Wladimir 167, 179, 189, 264, 333, 475
Schlegel, August Wilhelm 171, 430
Schlesinger, John 27
Schmalbrock, Gerd 110
Schmidt, Alfred Paul 339
Schmidt, Arno 64, 299, 443
Schmidt, Harald 25, 299
Schmidt, Helmut 29, 114, 183, 297, 328, 361, 377, 384
Schmidt, Renate 411
Schmitt-Vockenhausen, Hermann 304
Schneider, Helge 178
Schneider, Jürgen 29, 40, 317
Schneider, Peter 22
Schneider, Rolf 85
Schnurre, Wolfdietrich 112
Schoeps, Hans-Joachim 312
Scholem, Gershom 199
Scholem, Werner 199
Schönbohm, Wulf 77
Schönerer, Georg Ritter von 200
Schönfeld, Eike 12
Schönherr, Karl 460
Schönhuber, Franz 60, 111, 447, 461
Schopenhauer, Arthur 116, 168, 184, 201, 206, 215, 291, 311, 361, 369, 428, 448, 459, 465
Schrader, Julie 71
Schreinemakers, Margarethe 121, 134, 176, 332
Schreiner, Ottmar 72, 135, 206, 320, 331
Schröder, Gerhard 72, 112, 131, 147, 242, 273, 300, 431
Schubart, Christian Friedrich Daniel 232
Schumacher, Kurt 111, 365
Schwaetzer, Irmgard 72, 102, 389
Schwartzkopf, Norman 386
Schwarze, Achim 364, 399, 412
Schwarzenegger, Arnold 292
Schwarzer, Alice 28, 225
Schwarz-Schilling, Christian 125
Schweinitz, Hans Lothar von 415
Seebacher, Brigitte 225
Seehofer, Horst 335, 382, 431
Seizinger, Katja 92
Senakowsky, Wladimir 39
Sergel, Albert 82
Seume, Johann Gottfried 450, 469
Shakespeare, William 171, 201, 203, 345, 396, 452
Sharif, Omar 238
Shelley, Mary W. 123
Shrapnel, Henry 381
Simenon, Georges 467
Simmel, Johannes Mario 255, 375, 406
Sinatra, Frank 130
Sinnen, Hella von 456
Smith, Adam 228
Sobota, Heinz 273
Sokrates 470
Solanas, Valerie 274
Solms, Hermann Otto 413
Sommer, Theo 64
Spangenberg, Cyriacus 58
Späth, Lothar 224, 276
Specht, Christian 167, 180
Speer, Albert 205
Spielberg, Steven 83
Spöri, Dieter 142
Springer, Axel 250, 305
Stahl, Alexander von 450
Stalin, Josef W. 75, 231, 408
Staller, Ilona 293
Stallone, Sylvester 292, 335
Stein, Uli 156, 460
Steiner, Paul 292
Steinwachs, Ginka 419
Stern, Horst 155
Sternberger, Dolf 443
Stich, Michael 355, 421
Stifter, Adalbert 159, 218, 443
Stiller, Michael 89
Stingl, Josef 206
Stoiber, Edmund 19, 21, 22, 111, 189, 215, 325
Stolberg, Friedrich Leopold Graf zu 381, 352
Stoltenberg, Gerhard 17, 33, 476
Stoltze, Adolf 419
Stoltze, Friedrich 330
Stoppe, Daniel 439
Storm, Theodor 205
Storz, Gerhard 443
Strauß, Botho 177, 463
Strauß, Franz Josef 26, 62, 69, 72, 79, 106, 192, 203, 210, 214, 233, 266, 292, 328, 357, 374, 394, 408, 431

Strauß, Johann 444
Strauß, Julius Jacob 364, 381
Streibl, Max 19, 26, 89
Strindberg, August 52, 386
Struck, Peter 153, 296
Stumm, Karl Ferdinand Freiherr von 361
Stumpfe, Werner 455
Süskind, Wilhelm Emanuel 443
Sutherland, E.H. 461
Swift, Jonathan 241, 249

T

Tacitus 37
Tandler, Gerold 11
Taubert, Eberhard 374
Teufel, Erwin 48
Teufel, Fritz 20, 74
Teuschl, Wolfgang 158
Thackeray, William Makepeace 399
Thadden, Adolf von 239, 287
Thälmann, Ernst 75, 231
Tharaeus, Andreas 327
Thatcher, Margaret 260, 382
Thoma, Helmut 305
Thoma, Ludwig 93, 159, 242, 274, 404
Todenhöfer, Jürgen 167, 436
Toller, Ernst 265
Töpfer, Klaus 320
Tremper, Will 161
Trittin, Jürgen 176
Trojan, Johannes 87
Troll, Thaddäus 30, 102, 186, 187, 269, 431
Troller, Georg Stefan 415
Tscherning, Andreas 288
Tucholsky, Kurt 26, 105, 235, 251, 279, 287, 383, 404
Twain, Mark 472

U

Uhse, Beate 283
Ulbricht, Walter 75, 231
Unseld, Siegfried 98, 321
Urfé, Honoré d' 393
Uz, Johann Peter 430

V

Valla, L. 234
van der Hejden, A.F.T. 463
Venedy, Jakob 477
Verheugen, Günter 450
Vischer, Friedrich Theodor von 56, 380
Vitali, Christoph 102
Vogel, Hans-Jochen 138, 220, 271, 297
Vogts, Berti 110, 157, 212, 310, 446
Voigt, Ekkehard 357
Voigt, Karsten 80
Völler, Rudi 299
Vollmer, Antje 225, 279, 458
Volmer, Ludger 242
Voscherau, Henning 259
Voss, Johann Heinrich 340
Vranitzky, Franz 126

W

Waalkes, Otto 165, 281
Wagner, Richard 21, 41, 327, 386, 403, 456
Waigel, Theo 19, 153, 217, 256, 273, 352, 365, 399, 433, 446
Wallmann, Walter 329
Wallot, Jean Paul 135, 184
Wallraff, Günter 163
Walser, Martin 35, 111, 438, 463
Walser, Robert 87
Walther, Rudi 433
Weber, Carl Maria von 59, 383
Weber, Max 199
Weerth, Georg 376
Wehner, Herbert 16, 20, 43, 74, 85, 99, 119, 139, 148, 167, 168, 225, 228, 271, 288, 294, 304, 318, 325, 326, 336, 345, 420, 424, 439, 450, 466, 477
Weinert, Erich 337
Weinheber, Josef 49
Weinzierl, Ulrich 241
Weiskirchen 407
Weiss, Peter 28
Wenger, Ekkehard 45
Werfel, Franz 220
Wernike, Christian 194
Westerwelle, Guido 399, 430
Wezel, Johann Carl 9, 105, 244, 426
Wickenburg, Albert 376

Wickert, Ulrich 22, 58, 113, 279
Widmer, Urs 246, 386
Wieczorek-Zeul, Heide-Marie 368
Wieland, Christoph Martin 10, 13, 40, 74, 118, 257, 387, 416, 444, 467
Wienand, Karl 24, 71
Wiesheu, Otto 357
Wilde, Oscar 424
Wilhelm I. 163
Wilhelm II. 135, 163, 184, 185
Will, Herbert 469
Williams, Ron 112
Willms, Johannes 466
Winkler, Willi 150, 459
Wittmann, Simon 197
Wohlrabe, Jürgen 228, 420
Wojtyla, Karol 286
Wolf, Christa 86, 97, 169, 323, 407
Wolff, Theodor 477
Wolff, Wilhelm 353
Wolfram von Eschenbach 437
Wolzogen, Ernst Freiherr von 227
Wühr, Paul 84
Wulff, Christian 273
Wurbs, Richard 294

X

Xenophon 470
Xerxes 14

Z

Zander, Frank 380
Zappa, Frank 124
Zehetmair, Johannes B. 155
Zeller, Carl 68
Zerndt 36
Ziegler, Alexander 211
Zola, Émile 37
Zschokke, Heinrich 165
Zweig, Stefan 31
Zwerenz, Gerhard 396, 462
Zwick, Eduard 214, 241, 277
Zwick, Johannes 19

Register zusätzlicher Stichwörter

A

Aas auf der Geige 9
Aaskerl 9, 208
Aaskröte 9, 233
Aasvogel 9, 452
Aaszeug 9
Abendmuffel 279, 281
Abfallsünder 421, 441
abgebröckelter Gartenzwerg 10, 135
abgefuckter Typ 439
abgehackter Riese 10
abgesägter Riese 10
abgestandene Jungfer 16, 197
Abgottel 10
Abgötter 10
Ablaßkrämer 228
Abrufnutte 295
Abschaum der Gesellschaft 11
Abschriftsteller 11, 383
Abstandsünder 29, 421, 449
Abstiegskandidat 11
Abstimmungsmaschine 264
Abwiegler 30, 246
Abziehbildchen 12, 72
achtmotorige Wildsau 464
Affenarschgesicht 13, 25, 143
Affenkasper 206
Affenpeter 13, 308
Afterjäger 9
Afterkritiker 14
Afterkünstler 14
Agent provocateur 14, 252, 325
Agentenschwein 14, 389
Ahasverus 14
akademischer Armleuchter 25
Aktengeier 14, 137
Aktenheini 14, 171
Aktenkofferträger 15, 222
Aktenkopf 14, 226
Aktenlöwe 14, 254
Aktenmensch 14
Aktenschmierer 14, 375
Aktenseele 14
Aktenwurm 14, 468
Alberhans 15, 164
Alberich 15, 103
Alberjan 15, 188
alberne Pute 15
albernes Huhn 15, 183
Albrian 15
Al-Bundy-Typ 15, 439
Alibi-Ossi 15, 300
Alka-Sülzer 420
Alkoholleiche 49, 244, 377
Allermannsfreund 106, 126, 194
Allermannsjeck 194
Allermannsliebchen 249
Allerweltsfreund 15, 106, 126, 194
Allerweltsliebchen 15, 72, 249
Allerweltsliebling 15, 106, 194
Allerweltsmann 15
Allerweltstyp 15, 439
Allmachtsbachel 34
Allmachtsdackel 76
Allmachtsrindvieh 343
Allwisser 16
Almosenfresser 16
Almosenjäger 16, 193
Almosensammler 16
Altachtundsechziger 16
alte Fregatte 10, 125
alte Geige 137
alte Glucke 148
alte Hechel 169
alte Hippe 178
alte Hutzel 187
alte Pflaume 311
alte Pritsche 323
alte Schreckschraube 382
alte Schrulle 384
alte Schrumpel 384
alte Seilschaft 393
alte Spinatwachtel 17, 404
alte Tante 423
alte Tratsche 432
alte Urschel 445
alte Zwetsche 479
alte Zwiebel 479
alter Angeber 20
alter Beutel 47
alter Brummbär 63
alter Drachen 87
alter Fuchs 129
alter Gockel 17, 148, 449
alter Hammel 162
alter Haudegen 167
alter Hengst 172
alter Kacker 199
alter Kater 207
alter Kauz 207
alter Knaster 219
alter Knauser 219
alter Knopf 221
alter Kracher 227
alter Krauterer 230
alter Lustmolch 257
alter Narr 17, 285
alter Nußknacker 294
alter Säckel 18, 351
alter Saftsack 351
alter Schüppel 385
alter Socken 399
alter Stiefel 411

alter Stinker 412
alter Stinkstiefel 413
alter Tattergreis 424
alter Trottel 435
alter Zausel 472
alter Ziegenbock 17, 474
älteres Mädchen 402
altes Arschloch 26
altes Ekel 100
altes Ferkel 115
altes Roß 345
altes Rübenschwein 347
altes Tratschweib 432
altes Waschweib 458
altes Weib 459
Altgammler 16, 133, 246
Althippie 16, 178
Altkommunist 16, 224
Altlinker 16, 250
Altmaterial 16
Altmerker 53, 378
Altrocker 16
Altsozi 16, 401
Altstalinist 16, 408
Amateurflittchen 18, 72, 121
Amateurfotze 18, 122
Amateurganove 18, 134
Amateurnutte 18, 295
Amateurpolitiker 18, 319
Amateuse 18
Ameisenhaufen 168
Ami-Fräulein 124
Amihure 19, 186
Aminutte 19, 295
Amischickse 19, 364
Amors fünfte Kolonne 130
Ampelsünder 346, 421
Amüsierfleisch 19
Anarch 20
Andringling 29, 250
Anglomane 299
Angstbüxe 20, 36
Angstkötel 20, 227
Angstlappen 20, 241
Angstmichel 20, 21, 271
Angstscheißer 20, 21, 362
Anschnallmuffel 157, 281
Anstandsonkel 21, 299
Antifußballer 21
Antiheld 21, 172
Antike 16
Antiker 17
Anti-Kerl 21
Anti-Kumpel 21
Anti-Künstler 21
Antimoralist 21, 279
Antimutter 21
Antiquitätenfritze 128
Antisänger 21
Antischauspieler 21
Apo-Veteran 22
Aprilaffe 13, 23
Aprilschöps 23, 381
Apriltrottel 23, 435
Arbeiterstandbild 23
Arbeitsbestie 23, 45
Arbeitsmuffel 23, 281
Arbeitspferd 23, 310
Arbeitsschwänzer 387
Arbeitsvieh 23, 451
Ärgerknoten 221
Armenhäusler 246
armer Kerl 208
armer Knopf 221
armer Leuchter 25, 248
armer Sünder 24, 420
armes Wurm 24, 468
Armlecker 26, 244
armselige Kreatur 231
armseliger Tropf 24, 435
armseliges Würstchen 24, 468
Arsch mit Beinen 25
Arschbackentoni 25
Arscheimer 25, 98
Arscheologe 25
Arschgackes 132
Arschgefrieß 25, 137
Arschgeier 25, 137
Arschheimer 25
Arschinger 26
Arschkanone 25
Arschknochen 25, 220
Arschkrücke 25, 233
Arschkrümel 25, 233
Arschloch im Quadrat 26
Arschpatscher 26
Arschpuderer 25
Arschtrompeter 25
Arschwisch 25
Artikelschreiber 383
Ascheimer 98
Asi 27
asoziales Pack 27
Asphaltbiene 27
Asphaltblume 27
Asphaltblüte 27, 55
Asphaltdame 27, 76
Asphalthunne 27, 185
Asphaltjournalist 27
Asphaltmensch 27
Asphaltrowdy 247, 447
Asphaltschnepfe 27, 378
Asphaltspucker 27
Asphaltwanze 27, 457
Asylbetrüger 28, 45
Atari-Junkie 198
Ätherpirat 315
Atomdiva 84
Atomlobbyist 251
Ätz-Usche 28
Auchdichter 28
Auchkünstler 28
Auerochse 297
aufgeblasener Affe 29
aufgeblasenes Nachthemd 29, 172
aufgerichteter Mausdreck 29
aufgestellter Mauseknittel 29
aufgewärmte Leiche 244
Aufreißertyp 29, 439
Aufsteigertyp 29, 439
Ausbund der Tugend 30
Ausgeburt von Dummheit 31
ausgeflipptes Huhn 31, 183
ausgekochter Knochen 18
ausgekochtes Bürschchen 68
ausgenommener Hering 173

ausgestopfter Gartenzwerg 135
ausgewachsenes Rindvieh 343
Aushorcher 182
Ausländer-Gesocks 144
ausrangierter Held 172
Aussauger 55
Autofreak 124
Autofritze 128
Autogrammhyäne 32, 187
Automarder 263
Automatenzocker 475
Automuffel 281
Autonutte 295
Autoraser 336
autoritärer Scheißer 362
Autorowdy 347, 448
Autorüpel 349
Autoschieber 364
Autosünder 421, 449

B

Baalsdiener 33, 82
Baalspriester 33
Babbelfotze 33, 122
Babbelfritze 33, 128
Babbelgrete 33
Babbelhans 33, 164
Babbelheini 33, 171
Babbelmaschine 33, 264
Babbelmeier 33, 268
Babbelsuse 33, 421
Babygesicht 33, 143
Bacchusdiener 34, 82
Bacchusfreund 34
Bacchusknecht 34, 219
Bachsumper 420
Backenbirnenmännchen 72, 263
Backpflaume 311
Baderzipfel 34
Badschaf 359
Bagatellenkrämer 215, 228
Bähaffe 13
Bahnhofshure 186
Baldowerer 35
Ballerjan 35, 188
Ballermann 263
Ballonkopp 226
Ballöwe 254
Balltreter 35, 433
Bamberl 36
Bambusneger 288
Bammelhase 20, 166
Bananengradebieger 36
Banditenführer 36
Banditenhäuptling 168, 250
Banghase 20, 36, 166
Bangschieter 36, 365
Bankbaron 38
Bänkelkind 37, 210
Bankenhai 160
Bankrottier 37
Bankrottierer 37
Bankrottskerl 37, 208
Bankrottskrämer 37, 228
Bär auf Socken 37
Barbarenhorde 37, 182
Barbie-Puppe 328
Bärenlackel 238
Bärenlina 43
Barkassenkutscher 254
barmherzige Sau 38, 354
Barockteenager 425
Baron Rotz auf Arschlochshausen 150
Barrashengst 172, 224, 273
Barrasit 305
Barrikadenstürmer 418
Barsirene 397
Bartkräusler 38
Bartputzer 38
Bartschaber 38
Bartschinder 38
Bartschrapper 38
Bas-bleu 52
Baselkopp 226
Baßgeige 137
Batterietrottel 435
Batzennarr 285
Baubudenrülps 348
Bauchknecht 39, 219
Bauchrutscher 220
Bauchschwager 252
Bauer vom Land 39
Bauerjan 39, 188
Bauernarsch 25, 39
Bauernbub 39, 64
Bauernbüffel 39, 66
Bauernbummerl 39, 67
Bauerndirne 39, 83
Bauerngans 39, 134
Bauernkaffer 39, 200
Bauernkloben 39, 216
Bauernlackel 39, 238
Bauernluder 39, 254
Bauernmensch 39, 269
Bauernpack 39, 302
Bauernrüpel 39, 349
Bauernsäckel 351
Bauernschinder 365
Bauernschwengel 39, 390
Bauernsiach 39, 396
Bauernspitz 39
Bauernstier 39, 411
Bauerntrine 39, 434
Bauerntrottel 39
Bauernzipfel 39, 475
Bau-Hai 40, 160
Bauhyäne 40, 187
Baumaffe 13
Baumogul 40, 277
Bauspekulant 403
Beamtenkaste 206
Becherheld 172
Bedientenseele 239
Bedrücker 444
Begrüßaugust 30, 155
behaarter Esau 158
Behämmerter 42
Behördenmuffel 281
Behördenschreck 41, 382
Beifallhascher 166
Beingerippe 141
Beistrich 415
Beknackter 42
Bekrittler 233, 246

Bemooster 42
bemooster Bursche 42, 69
Bengelchen 42, 72
Bengelschaft 42
Benimm-Muffel 281
Benzinhengst 43, 172
Benzinhunne 185
Benzinkuli 43, 335
Benzinritter 43
Benzinstinker 43, 412
Bergmulis 281
Bergziege 474
Berufscasanova 43, 71
Berufsflittchen 43, 72, 121
Berufsgammler 43, 133, 246
Berufsintrigant 43, 191
Berufskiller 43, 210
Berufsnörgler 43, 293
Berufspessimist 43, 308
Berufsschnorrer 43, 379
Berufssohn 43
Berufsspieler 43, 404
Berufszigeuner 43, 474
Berufszocker 43, 475
berühmtes Tier 180
Beschisser 44
Beschwichtigungsapostel 22, 44
Besenstange 44
Beserl 44
Besichtigungstiger 428
besoffenes Loch 252
besoffenes Schwein 44
besseres Pack 302
Bester von hinten 103
Bestsellerschreiber 383
Besuffski 44
Betonriege 45
Betonschädel 45, 359
Betriebsekel 100
Betroffenheits-Wichser 463
Bettblümchen 46, 72
Bettelbagage 35, 46, 47
Bettelchores 46, 47, 73
Bettelhund 184
Betteljunge 46, 196
Bettelkind 210
Bettelkönig 46
Bettelliese 46, 249
Bettelloch 45, 252
Bettelpfaffe 46, 309
Bettelsara 46, 353
Betteltrine 46, 434
Betthupfer 47
Bettlerpack 46, 47, 302
Bettlervolk 46
Bettmäuschen 46, 72, 267
Bettmieze 46, 272
Bettschwager 252
Bettschwester 45, 46
Bettwärmer mit Ohren 46
Beutelaffe 13
Beutelfeger 47
Beutelmarder 47
Beutelratte 337
Beuteltier 47, 428
bevölkerungspolitischer Blindgänger 53
Bezirksbeschäler 44
Bibelhusar 48, 187
Biederleute 48
Bierbankstratege 49
Bieresel 105
Bierheld 49, 172
Bierkrieger 49
Bierphilister 49, 311
Bierpritschler 246, 272
Bierschani 361
Bierstratege 49
Biertischschwätzer 49, 388
Biertischsieger 49
Bild des Jammers 193
Bild-Leser 50
Bildungsfex 50, 116
Bildungshuber 50, 183
Bildungsmuffel 281
Bildungsplebs 317
Bildungsproletariat 14
Birnemann 50, 263
Blagenzucht 51, 477
Bläkhals 51, 162
Bläksau 51
Blasengelgesicht 51, 143
Blasenkopf 226
Blaßarsch 25, 51
Blaßschnabel 51
Blaubeermichel 271
Blaustrümpflerin 52
Blecharsch 25, 52
Blechbabbler 33, 52, 92, 246
Blecher 52
Blechschädel 52, 359
Blechschuster 52, 385
Bleichling 52, 250
Bleichschnabel 52, 376
Bleihintern 52
Bleistiftstemmer 113
blindes Huhn 183
Blitzspanner 53
Blödauge 30
blöde Henne 173
blöde Tussi 438
blöder Affe 13, 54
blöder Heini 54, 171
blöder Ochse 297
blöder Socken 399
blödes Huhn 93, 183
blödes Stück 93
Blödianski 54, 190
Blödist 54
Blödmanns Egon 54
Blödmeier 54, 268
Blöhu 54
Blondchen 72
blonde Bestie 45
Blümchen Rührmichnichtan 72, 230
Blümchen-rühr-mich-nicht-an 72
Blutsau 354
Blutschreier 383
Bodenspekulant 155, 403
Bohnensimpel 397
Bohnenstecken 56
Bölkhals 57, 162
Bonbononkel 59, 157
Bonzenheer 58, 170
Bonzenpack 58, 302
Bonzenschwein 58, 389
Bonzokrat 58, 229
Bordschwalbe 58, 386
Bordsteinbiene 58

Börsengeier 58, 137
Börsenheini 171
Börsenritter 58, 344
Börsenschieber 58, 364
Börsenspieler 58, 404
Börsenzocker 58, 475
böse Hechel 169
böse Mäuler 59
böser Finger 60, 371
böser Wicht 60, 463
Bösian 60, 188
Bostnickel 60
Brabbelarsch 25, 60
Brabbelkopp 60, 226
Branntweinbruder 62, 377
Branntweineule 105, 356
Bratarsch 25
Bratbär 37
Brauereipferd 310
braune Kameraden 60
Brausepeter 308
Brausewind 358, 465
Brävling 250
Brett mit Warzen 61
Briefkastenmarder 263
Brietzkeule 209
Brillaffe 61, 63
Brillantinehengst 172, 319
Brillenhannes 61, 164
Brillenhengst 61, 172
Brillenmensch 61
Brocken Mannsbild 61, 263
Bruchkuh 234
Bruder Habenichts 62, 158
Bruder Hallodri 62, 162
Bruder Leichtsinn 62, 245
Brüllhans 63, 164
Brummbaß 63
Brummelbär 63
Brummkater 63, 207
Brummliese 63, 249
Brunzkathl 64
Büchergelehrter 65
Bücherhengst 65, 172
Büchermarder 263
Büchermensch 65
Büchermuffel 281
Bücherratte 65, 247, 337
Buchhalterseele 41, 383
Buchpirat 315
Büchsenflicker 292
Büchsenschmied 65
Büchsenschuster 385
Buchstabengelehrter 65
Buchstäbler 65, 247
Buckerlreißer 65
Buckler 65, 207, 247
bucklig Männlein 72, 263
bucklige Bagage 35, 66
Büffelochse 66, 297
Buhfrau 66
Buhlerin 66
Buhlschwester 66
Bullenpack 67, 302
Bullensau 67, 354
Bullenweib 67, 459
Bummeljan 67, 188
Bündel Elend 168
Bündel Nerven 289
Bundesdoofi 86
Bundesgartenzwerg 135
Bundesheini 171
bunter Hund 184
bunter Vogel 304, 452
Bureaukrat 68
Bürgerpack 68, 302
Bürgersohn 68
Bürofritze 68,128
Büroheini 68, 171
Bürokratenseele 41, 68, 383
Büroschickse 68, 364
Büroschwengel 68, 238, 390
Bürostute 68
Bürotrottel 68, 435
Bürowanze 68, 457
Bürschelchen 68, 72
Buschneger 288
Buschreiter 69
Butscher 69
Buyaholic 395

C

Canaille grande 203
Casanova im Taschenformat 71, 424
Casanoverer 71
Cashmere-Kids 210
Chaotenhaufen 71, 168
Chaotenvolk 453
Charakterschwein 71, 389
Chauvischwein 72
Christenfeind 114
Christkindlein 73
christlicher Jude 196
Computer-Kids 210

D

Daheimhocker 179, 417
Dame auf Abruf 76
Dame fürs Geld 76
Dame vom ambulanten Gewerbe 76
Dämeljochen 76
Dämelskopp 76, 226
damischer Ritter 344
Dampfredner 77
das letzte Loch 252
Dauerhocker 179
Dauerschwätzer 77, 388
Daumendreher 77
Däumling 250
Dealer-Quartett 330
Dekadenzler 247
Demagogerich 78, 103
Denkmalschänder 360
Denkschwächling 250, 386
Deppenhaufen 168
der Letzte 248
der letzte Depp 79
der letzte Hänger 248
der letzte Idiot 188
Derglich 79
Detailkrämer 215, 228
Deutschenhasser 167
Devisenjongleur 80, 118

Devisenspekulant 403
Diable 80, 426
Dibbelschisser 438
dicke Kanone 203
dicke Madam 81, 260
dicker Bomber 57
dicker Mops 81, 278
dicker Sack 81, 350
Dickerl 81
Dickhals 162
Dickmamsell 81, 262
Dickmaul 154, 266
Dickmoppel 81, 278
Dickschnauze 154, 378
Dickwams 81
Dickwatz 469
Diebespaar 82
Diebesquartett 82, 330
Diebesvogel 81, 452
Diebszunft 82
Dienstbesen 44, 82
Dienstling 82, 250
DiMiDo-Professor 82
Dimpfel 48
Dingsda 83
Dino 83
Dirnchen 72, 83
Disko-Muffel 281
Diskotheken-Rumhänger 163
Disko-Tussi 83, 438
Disko-Typ 439
Disko-Wichser 463
Disputierhansel 83, 165
Divisionstrottel 435
Döbel 91
Dolack 85
Dolchstößler 247
Dollarscheffler 140, 247
dolle Minna 273
Dollmann 85, 263
Dollo 85
Donna Luzia 85
Donnerkiel 85
Donnerlittchen 72, 85
Donnerwetter 85
Donnerwetterkerl 208
doofe Gans 53
doofer Sack 54
Dooferlein 72, 86
Doofian 86, 188
Doofiline 86
Doofpott 321
Doppelmoppel 278
Dorfblättchen 86
Dorfbulle 67, 86
Dorf-Casanova 71, 86
Dorfklatsche 213, 408
Dörfler 86, 247, 325
Dörfling 86, 250
Dorfpomeranze 86, 239
Dorfschulmeister 86, 384
Dorfschulmeisterlein 86
Dorftölpel 40, 86, 430
Dormeltier 87, 428
Dösknochen 87, 220
Dötzchen 87
Dr. mist. 275
Drachenzahn 87
Drachscheit 87
Dragonerweib 87, 459
Drahtbesen 44
Drähtleinszieher 88
Drallaffe 13
Dranktonne 430
Dreckaffe 13, 88
Dreckammer 88
Dreckbalg 35, 88
Dreckbankert 37, 88
Dreckbehle 42, 88
Dreckbolle 57, 88
Dreckbüttel 69
Dreckfotze 88, 122
Dreckigel 88, 189
Dreckloch 88, 252
Dreckluder 88, 254
Dreckmolch 88, 277
Dreckpippe 88
Dreckrammel 88, 335
Drecksbulle 67, 88, 362
Dreckschnabel 88, 376
Drecksgesindel 88, 143
Dreckstößel 88
Drecktier 88, 428
Dreckurschel 88, 445
Dreckvogel 88, 452
Dreckwatz 88, 469
Dreckwutz 88, 469
Drehkopf 226
Dreiender 101
Dreihandkäsehoch 90
Dreiviertelsnarr 161, 285
Dreiviertelstarker 161
Dreschflegel 90, 120
dritte Garnitur 478
Drogenbaron 38
Drogen-Freak 90, 124
Drögepott 321
Drossel 377
Drud 436
Dubeli 91
Dudelmann 91, 263
Dukatenesel 91, 105, 149
Dukatenkacker 91, 199
Dukatenschieter 91, 365
Dummbatz 92
Dummbolzen 57, 92
dumme Else 101
dumme Henne 173
dumme Liese 249
dumme Pute 92
dumme Trine 434
dummer Bauer 39
dummer Hans 164
dummer Jan 92
dummer Keib 208
dummer Kerl 54
dummer Sack 54
dummes Aas 9, 93
dummes Ei 86, 97
dummes Luder 254
dummes Schaf 359
dummes Schwein 92, 389
Dummhans 92, 93, 164
Dummlaberer 92, 93, 237
Dummlack 92
Dummlaller 93
Dummpeter 92, 308
Dummschnute 92
Dummvolk 92, 453
Dumpfbeutel 47, 93
Dumpfheini 93, 171
Dünkelwessi 462
Dünkerich 103

dunkle Existenzen 107
Dünkler 94, 247
dünner Hecht 169
dünnes Hemd 161, 172
Dunselchen 72, 94
dürre Hippe 178
dürrer Hecht 169
dürrer Hering 173
dürres Gerippe 95, 141, 457
dürres Hemd 161, 172
dürres Reff 240, 340
Dusel 95
Duselhans 164
Dusselchen 72, 95
dusselige Kuh 92, 234
Dusselpeter 95, 308
Dußligquatscher 331
Duttenpatscher 69
Dutzenderscheinung 95

E

Eckenbrunzer 64, 96
Edelanarchist 96
Edelfreier 96, 125
Edelgammler 96, 133, 247
Edelgangster 96, 134
Edelkokotte 96, 222
Edelmarke 96, 264
Edelnymphe 96, 295
Edelschickse 96, 364
Edelschnorrer 96, 379
Ego 96
Egoistenschwein 96, 389
Ehebolzen 57, 97
Ehegespenst 144
Ehegockel 149
Eheknecht 97, 219, 459
Ehekrücke 233
Ehematratze 265
Eheschänder 360
Eheschwanz 97, 387
Ehestandskrüppel 97, 234
Ehetrottel 97, 435
Ehrenmann 94, 263
Ehrenräuber 97, 338
ehrenwerte Gesellschaft 143, 260
ehrliches Schaf 359
Eifersüchtling 98, 250, 419
Eigendünkler 247
Einfältiger 99
einfältiger Pinsel 99, 314
eingebildeter Pinkel 314
Einheitsgewinnler 145, 247, 461
Einsiedlernatur 99
Einzelbrötler 98, 247
Eisbär 37, 99
Eisenkopf 226
eiskalter Hund 201
Eisschrank 428
eitler Pfau 310
Ekelmensch 100
Ekelwessi 100, 462
Elefantenarsch 25
Elefantenkalb 100, 200
Elegans 134
elender Hundskrüppel 185
elender Knochen 101, 220
elender Krüppel 101, 234
elender Tropf 101, 435
Elendsknochen 220
Elitespanner 402
Ellbögler 101, 247
Ellenritter 344
Elternschreck 382
Elvis für Arme 130
Emanzipationstante 101, 423
Embargosünder 421
Embryo 33
Emma 101
Emmerich 103
... en miniature 273
Energiebolzen 57, 426
Energieprotz 325
Energiesünder 421
Energieverschwender 450
Engelmacher 102
Entenarschloch 26, 102
Enterich 102, 103
Enthüllungsjournalist 342
Erbgewinnler 145
Erbschleiche 102, 370
Erbsenspalter 103, 402
Erfüllungsjournaille 103
Errorist 426
Erster von hinten 478
Erzbanause 36, 104
Erzbetrüger 45, 104
Erzbube 64, 104, 105
Erzchauvi 72, 104
Erzchauvinist 72, 104
Erzdummkopf 63, 93, 104, 226
Erzfaulenzer 104, 112
Erzgeizhals 104, 139, 162
Erzkeib 208
Erzknauser 104, 219
Erzknicker 104, 220
Erzkonservativer 104
Erznazi 104, 287
Erzossi 104, 300
Erzpedant 104, 307
Erzphilister 104, 311, 413
Erzprotestant 104
Erzrebell 104, 339
Erzsäufer 104, 356
Erzschlampe 104, 367
Erzschlamper 104
Erzsozialist 104
Erzspießer 104, 404
Erzteufel 104, 426
Erztyrann 104, 439
Erzverschwender 104
Erzvettel 104, 451
Erzviech 104, 451
Esel im Wolfspelz 105
Eselchen 72, 105
Eselsfurz 105, 130
Essigkruke 233
Essigpisser 315
Etappengockel 105, 148
Etappensau 105, 354
Etepinkel 105, 314
Euer/Seine Merkwürden 270
ewig Vorgestriger 107
ewiger Nörgler 293
ewiger Zweifler 478
ewiges Talent 107

F

Fabrikschlitten 108, 371
Fabriksmensch 108, 269
Fachegoist 96, 108
fader Zipf 108, 475
Fadinger 108
Fadist 108
Fahnenstange 408
Fahrebund 108, 446
fahrender Ritter 344
Fahrradmarder 263
Faktenhuber 183
falscher Onkel 59, 157
Familie Protz 325
Familie Saubermann 355
Fan-Gemeinde 110, 140
Fankerl 401
Farbkübel 111
Faschingsmuffel 281
Faschistensau 111, 354
Fascho-Kids 210
Faselarsch 25, 111
Faselhannes 111
Faselkopp 111, 226
Faselmeier 111, 268
Faselstrippe 111
Faß ohne Boden 111
Fäßchen 72, 111
Fastfoodfresser 126
Fastnachtsgeck 136
Fastnachtsjeck 194
Fastnachtsmuffel 281
Faularsch 25
faule Haut 169
fauler Arsch 25
fauler Heinz 171
fauler Lenz 246
fauler Stinker 112, 412
faules Geschöpf 112, 142
faules Luder 112, 254
faules Möbel 112
faules Schwein 112, 389
Faustficker 117
Faxenheini 112, 171
Faxenheinrich 112, 171
Faxenheinz 112, 171
Fechtmajor 112, 261
Federhalterakrobat 113
Federhengst 172
Fegbesen 44, 113
Fegbeutel 47
Feierabenddichter 113
Feierabendkapitän 113
Feierabendkicker 113
Feierabendlyriker 113
Feierabendpolitiker 113, 319
Feierabendterrorist 113
Feigherz 114
feiner Hecht 169
feiner Popel 114, 320
feines Früchtchen 73, 129, 355
feines Luder 114, 254
Feldscheuche 364, 453
Feld-Wald-und-Wiesen-Anwalt 114
Feld-Wald-und-Wiesen-Arzt 114
Feld-Wald-und-Wiesen-Maler 114
Feld-Wald-und-Wiesen-Wissenschaftler 114
Fensterhenne 173
Ferienmuffel 281
Ferkelskerl 155, 208
Fernsehgemeinde 140
Fernsehvolk 453
Fetischdiener 82, 115
Fettauge 115
Fettbacke 115
Fettbolzen 57, 115
fette Sau 115, 116
fetter Sack 115
Fetthammel 115, 162
Fettmolch 115, 277
Fettmoppel 115, 278
Fettwampe 115, 116
Fettwanze 115, 457
Fetzenkerl 116, 208
Fetzenlump 116, 256
feuchte Gesellschaft 143
feuchter Bruder 62, 162, 286
feuchter Junge 196
Feudalnutte 96, 258, 295
Feuerfresser 100, 126
Feuermeldergesicht 116, 143
Feuilletonschreiberling 116, 250
Fickding 117
Fickhengst 117, 173
fiese Fent 115
fiese Pfanne 309
fiese Type 117, 439
fieser Groschen 369
fieser Hund 117, 184
fieser Kerl 117
fieser Knochen 220
fieser Möpp 117
fieser Typ 117, 439
Filmbonze 58
Filmhäschen 73, 118
Filmomane 299
Filmschönling 250, 380
Filznickel 291
Finanzadel 139
Finessensepperl 394
finsterer Bruder 62, 118
finsterer Bursche 118
Firl 119
Firlefex 116, 119
Fisimatenterich 103, 119
Flachlandindianer 119, 189
Flachmann 263
Flappmann 119, 263
Flappohr 119
Flaschenspieler 119
Flatterheini 119, 171
Flatterich 103, 119
Flatterwisch 119, 120
Fleischklotz 120, 217
Flenne 120
Flennelse 101, 120
Flennjule 120
Flennsuse 120, 176, 421, 432
Flenntante 120, 423
Flintkopp 226
flotte Motte 209, 280
flotter Feger 113
flotter Hecht 169

Fluchmaul 266
Fortschrittsfeind 114
Fortschrittsgläubiger 122
Foserich 103, 122
Fossi 122
Fossilien 122
Fotofritze 128
Fotzendieb 81
Fotzenleckerin 122
Fraktionsabweichler 12, 247
Frankensteins Gesellenstück 123
Frankfurter Louis 254
Franzosenfreund 123, 126
Fratzenaugust 30
Fratzengesicht 123, 143
Fratzenschneider 123, 152
Frau Dingsbums 83
Frau Dingsda 83
Frau Keppelmeier 208
Frau Neureich 110, 290
Frau Raffke 110, 335
Frau Sauberman 355
Frauenfeind 459
Frauenfresser 123, 126
Fräulein Dingsbums 83
Fraumensch 269
freche Wanze 124, 457
frecher Hund 184
frecher Spatz 402
freches Aas 9, 125
freches Ding 83
freches Gesteck 144
freches Luder 125, 254
Frechmops 124, 278
Fregattin 125
Freiheitsapostel 22
Fremdenfresser 126
Fremdgeher 125
Freßbruder 62, 126
-fresse 266, 378
Freßhals 126, 162
Freßhansel 126, 165
Freßkopp 126, 226
Freßling 126, 250
Freßmaschine 126
Freunderl 126
Freveltäter 127
Friedenshetzer 127, 175
Friedensschwärmer 127, 387
Frischluftfanatiker 110
frommes Lamm 239
Froschauge 30
Froschmaul 266
Froschnatur 128
Fröstler 128, 247
Frostpeter 128, 308
Frühgemüse 197
Frühgreis 152
Fuchsbart 129
Fuchsschwanz 129
Fuddelhannes 129
Fuddelpeter 129, 308
Fummelbruder 129
Fummelchen 73
Fünfgroschenjunge 12
Funktionärstyp 439
Furchenkacker 130, 199
Furchthase 20, 166
Fürchtliese 249
Furz mit Fransen 130
Fürzchen 130, 215
Fürzepüppel 130
Furzkanone 130
Furzkruke 130, 233
Furzspalter 402
Fußabstreicher 131
Fußballdepp 131
Fußballenthusiast 102, 131
Fußball-Hooligans 181
Fußballmuffel 281, 406

G

Gaffhans 132, 164
Gähnaffe 13
Galgenaas 9, 133
Galgenbraten 133
Galgenbruder 62, 133
Galgenfresse 133
Galgenfutter 133
Galgenhund 133, 184
Galgenjunge 133, 196
Galgenkerl 133, 208
Galgenluder 133, 254
Galgenpeter 308
Galgenschelm 133, 363
Galgenschlingel 133
Gammelgirl 133
Gammelknabe 133
Gammelmann 133, 263
Gammelstudent 67, 133
Gammeltyp 133, 439
Gammeltype 133, 439
Gammelzahn 133
Gammlerin 133
Gangster im weißen Kragen 134, 461
Gangsterchef 134
Gangsterkönig 134, 225
Gangsterliebchen 73, 134, 249
Gangstersyndikat 134, 447
Gangstertrio 434
Ganovenbande 36, 134
Gänsefüßchendame 76
Gänsekopf 226
Gänsemelker 268
Gänserich 134
Ganserl 134
Ganzgescheiter 396
Gardinenstange 408
Garnisonslöwe 254
Garsthammel 135, 162
Gassenbesen 44, 135
Gassenhinkel 135
Gassenmädchen 135
Gassenpeitsche 307
Gassenstreuner 135, 415
Gassenstrunzer 417
Gatterich 41, 103
Gauner im Frack 136, 461
Gauner mit der weißen Weste 136
Gaunergesindel 136, 143, 447
Gaunerpaar 136
Gaunerpärchen 73, 136
Gaunertrio 434
geborener Verlierer 106, 449

geduldiges Schaf 359
gefallenes Mädchen 260
Gefühlsbolzen 57
Gefühlskrüppel 141, 234
Gefühlsnudel 293
Geheimbulle 67
Gehirnathlet 137
Gehirnfatzke 112, 137, 178
Gehsteigschwalbe 58, 435
Geierer 137
Geiferbart 137
Geifermaul 137, 266
Geifermichel 137, 271
geiler Feger 113, 137
geiler Hengst 137, 172
geiler Sack 137
geiler Socken 399
geiles Gerät 141
Geilhuber 137, 183
Geili 137
Geißel des Menschengeschlechts 138
Geisteskranker 138
Geisteskrüppel 138, 234
Geisteszwerg 479
geistiger Bodenturner 138
geistiger Brandstifter 60
geistiger Drahtzieher 88
geistiger Gartenzwerg 135
geistiger Höhenflieger 180
geistiger Invalide 191
geistiger Krüppel 234
geistiges Fliegengewicht 121
Geistreichler 247
Geizdrache 139
geiziger Knopf 221
Geizkopf 139, 226
Geizwanst 139, 457
gelbe Gefahr 139
gelbe Rübe 347
Geldaristokrat 229
Geldfatzke 112, 140
Geldhyäne 118, 139, 187
Geldjongleur 118
Geldkatze 207
Geldmacher 140, 259
Geldraffer 140, 335
Geldverschwender 450
Gelehrter mit zwei e 140
gelehrter Narr 285
gelehrtes Huhn 183
gelehrtes Roß 345
gelungene Nudel 293
Gemeindebulle 140
gemeiner Hund 184
gemeines Stück 417
gemeines Volk 453
gemischtes Publikum 141
Gemüsefritze 128
Gemütsakrobat 141
Generalklatsche 213
Generalrindvieh 343, 451
Genosse Filz 118
Gent Lehmann 141
Genußmolch 141, 257, 277
Gepäckmarder 263
geprellter Fuchs 129
gerichtsnotorischer Lügner 293
gerissener Hund 184
Gerontokrat 229
Gerüchtekoch 141
Gesangsnudel 293
Geschaftelberger 43, 142
Gescheitmeier 268
Geschichtsklitterer 142
Geschlampe 367
Geschnösel 379
Geschwollschädel 142, 359
Gesellschaftsmuffel 281
Gesichtseimer 98, 143
Gesinnungsathlet 143
Gesinnungskrüppel 234
Gespensterseher 138
Gesprächsmuffel 281
gestopfter Freier 125
gestrandete Existenz 107, 142
Gestriger 107
Gesundheitsfreak 124, 144
getaufter Jude 196
Gewalthaber 144, 260
Gewaltherr 144
Gewissenskrüppel 234
Gewittergoi 149
Gewitterzicke 145, 474
Gewohnheitsdieb 81
Gewohnheitsspieler 404
Gibbeltante 423
Gieraffe 13, 147
Gierschlung 146
giftige Kröte 146, 233
Gifthahn 146, 159
Giftkoch 146
Giftmüllschieber 364
Giftotter 146
Giftsack 146, 350
Giftschisser 362
Giftschleuder 146
Giftspritzer 146
Giftzahn 146
Giftzange 146, 471
Gigantomane 299
Gipfelfresser 126
Gipsnischel 147
Gipsschädel 147, 359
glatter Ausfall 30
Glatzenheini 147, 171
Glatzenkönig 147, 225
Glatzenschorsch 147
Glatzentoni 147
Glaubensfanatiker 110, 147
Glaubensfeind 114
Glaubensschwärmer 147, 387
Gliederpuppe 264
Glotzbock 147
Gluckhenne 147, 173
Glückspilz 148
Glumpert 140
Gofenpack 149, 302
Gokelfritze 128, 149
Gokelmann 149, 263
Goldsohn 149
Gollo 149
-gosche 266, 378
Goschenklempner 216, 471
Gottesgeißel 138
Gottlieb Schulze 249, 300
gottloser Geselle 142, 150
Grabsteinkomiker 223
Graf Koks von der Gasfabrik 150

Graf Koks vom Gaswerk 150
Graf Rotz von der Popelsburg 150
Graf Rotz von Hohenschnoddern 150
Grämling 250
Grammelpeter 151
Granatenfetz 116
Granatensäckel 351
Grantnickel 151, 291
Granttegel 151
Grasdackel 76
Grasfresser 126
Gratwanderer 151
graue Masse 61, 265
graues Mäuschen 151, 267
Graufahrer 388
Graupenzähler 103
Greifenberger 43, 152
Greinelse 101
Greise 152
Grenzbulle 67
Greuelgestalt 144, 382
Grimassenmacher 123, 152, 259
Grindschüppel 152, 385
Grinsepeter 308
grober Jan 153
Grölmeier 153, 268
Großbourgeois 60
großer Junge 196
großes Vieh 180
Großhals 154, 162
Großinquisitor 190
Großklappe 154
Großkrischer 232
Großmufti 281
Großprotz 325
größtes Kamel auf Gottes Erdboden 202
größtes Rindvieh auf Gottes Erdboden 343
grüner Bengel 155
grüner Heini 171
grünes Ding 93, 197
Grünkram 155
Grußaugust 155
Grüß-Gott-August 155
Grüßmaxe 155
Grüßonkel 155, 299
gscherte Rübe 347
gscherter Hammel 156, 162
Guckindentopf 156, 430
Gulaschkommunist 224
Gummimann 156, 263
gußeiserne Unschuld 444
gutes Schaf 157, 359
Gutewicht 60, 157
gutmütiger Narr 285
gutmütiger Tor 341

H

Hack und Mack und Fegesack 158
Hackemack 158
Hackklötzchen 73, 159
Hafengucker 156, 159, 430
Hafenhure 186
Hagseicher 392
Hai-Society 160
Halbalphabet 20, 160
Halbanalphabet 20, 160
Halbdackel 76, 160
Halbdubel 91, 160
Halbekel 100, 160
halbes Handtuch 161, 373
halbes Portiönchen 160
Halbgelehrter 160, 161
Halbgötter in Schwarz 161
Halbintellektueller 160, 161, 190
Halbling 160, 250
Halbmann 160
Halbmensch 160
Halbpelzer 160
Halbsäckel 160, 351
Halbschwacher 160, 161
halbschweres Mädchen 245
Halbseide 161
halbseidenes Mädchen 161
Halbsoldat 160
Halbtrottel 160, 435
Halbverrückter 160, 450
Halbwahnsinniger 160, 456
Halbweltlerin 161
Halbwilder 160, 464
Halbwisser 160, 161
Halbwüchsiger 160
Hallelujaschwester 162
Hammelbande 36
Hampelpampel 163, 303
Hamsterliese 163, 249
Händelführer 163
Handfeger 113
Handkäsestemmer 113
Handtaschenmarder 263
Hängearsch 25
Hängenbleiber 398
Hannes Bloßarsch 164
Hans Affenschwanz 164
Hans Arsch 25, 164
Hans Arsch von Rippach 164
Hans Dumm 164
Hans Guckindiewelt 156, 164
Hans Henne 164
Hans Immerdurst 164
Hans in allen Ecken 165
Hans in allen Kassen 164
Hans Langohr 105, 164, 240
Hans Narr 164, 165
Hans Nimmernüchtern 164
Hans Ohnesorge 164
Hans Unband 164, 442
Hansaff 13, 164
Hänschen 73, 164
Hanshabenichts 158, 164
harmloser Irrer 191
harte Nuß 294
Hartgeldzocker 475
hartgesottener Sünder 420
Hartgummilöwe 156, 254
Hartkopf 226
Haschbruder 62, 166
Häschen 46, 73, 166
Hasenpeter 166, 308
Haspler 167, 247

häßliche Ente 167
häßliche Kartoffel 205
häßlicher Knopf 221
häßlicher Vorgartenzwerg 454
Häßling 167, 250
Hätschel 167
Hätschelbübchen 167
Haudruff 168
Haufen Dreck 88, 89, 168, 417
Häuflein Elend 168
Hauruckfahrer 168
Hausbengel 42
Hausbesen 44
Hausdepp 79
Häuserspekulant 403
Haushaltsmuffel 281
Haushammel 162
Hauslatsch 242
Hauspampel 303
Hauspascha 305
Hauspusselchen 73, 169
Haut voll Flöh 169
Hauterl 169
HB-Männchen 263
Heckenscheißer 362
Heidenpack 170
Heidensakramenter 351
Heidenvolk 170
Heilandssakramenter 351
Heilandssappermenter 353
heiliger Idiot 188
Heilsapostel 22
Heimathirsch 178
Heimtück 171
Hein 171
Heinzi 171
heißer Feger 113
heißes Gerät 141
Held der Arbeit 172
Held der Feder 113, 172
Heldengreis 152
Hemdling 172, 250
Hennenarsch 25
Hennenvögler 183
hergelaufener Habenichts 158, 173
hergelaufener Kerl 173, 208
Heringseele 173
Herr Dingsbums 83, 174
Herr Dingsda 83
Herr Dr. Schlau 174
Herr Neunmalgescheit 174
Herr Neunmalschlau 174
Herr Neureich 110, 174, 290
Herr Niemand 174, 291
Herr Oberlehrer 174, 297
Herr Ohnemichel 174, 298
Herr Raffke 110, 174, 335
Herr Saubermann 174, 355
Herr und Verbieter 174
Herr von Dingsbums 83, 174
Herr/Frau/Fräulein Neunmalgescheit 174, 290
Herr/Frau/Fräulein Neunmalklug 174, 290
Herr/Frau/Fräulein Neunmalschlau 290
Herren in Schwarz 174
Herrenhäusler 247
Herrennatur 174
Herrgottsdichter 80
Herrgottsfahrer 400
Herrgottsrindvieh 343
Herrgottssakramenter 352
Herrscherkaste 206
Herumstreicher 174
Herumstreuner 174, 415
Heulbruder 62, 175
Heulfritze 128, 175
Heulmemme 176
Heulmichel 175, 271
Hexenbesen 44
Hexerich 103
Hi-Fi-Fanatiker 110
Hilfsbeschäler 44
Hilfssheriff 395
Himbeer-Toni 177
Himmelfahrtskomiker 177, 223
Himmelherrgottssakramenter 352
Himmelherrgottssappermenter 353
Himmelhöllenhund 177
Himmelssakramenter 352
hingeschissenes Fragezeichen 142
Hinnerk 171
Hintenreinkriecher 26, 231
Hinterfotziger 177
Hinterhof-Casanova 71
Hinterhofkicker 209
Hippie-Veteran 178
Hirnakrobat 137
Hirnamputierter 137
hirnverbrannter Idiot 188
Hitlerfaschist 111
Hitzgickel 145, 179, 476
Hobby-Kapitän 179
Hobby-Philosoph 179
Hobby-Politiker 179
Hobby-Soldat 179
Hochmutspinsel 314
Hochmutsteufel 426
Hochseicher 392
Hofdemagoge 78
Hofdichter 407
Hoffartspinsel 314
Hofjubler 247
Hofklüngel 179, 217
Hofliterat 180, 251
Hofmacher 75, 259
Hofzwerg 180, 479
hohes Vieh 180, 451
hohle Nuß 294, 425
hohler Kopf 180
Höllenbesen 44
Höllengezücht 145, 180
Holzhammerkomiker 181
Holzhammerpädagoge 181
Holzhammerpolitiker 181
Holzkasper 206
Hools 181
Hopfenbruder 48, 62
Horcher an der Wand 182
horizontale Dame 76, 182
horizontales Mädchen 182
Hornbock 56, 182
Hornhans 182
Hornviech 182, 451
Horrortyp 439

Hosenmatz 266
Hosenpisser 182 , 315
Hosenscheißerl 363
Hotelwanze 457
Hottentottenboy 183
Hudelbube 64, 183
Hudelmetz 183, 270
Hudriwusch 183
Hufu 184
Hühner 183
Hühnerarsch 25
Hühnermelker 268
Humornudel 293
Hund mit Geweih 184
Hundehund 184
Hundekerl 184, 208
Hundekopp 184
Hundepack 184, 302
hundertelfprozentiger Narr 285
Hundertprozentiger 184
Hundeschnauze 184
Hundsbagage 35, 184
Hundsbazi 40
Hundsbeutel 47, 184
Hundsfotze 122, 184, 185
Hundsfut 131
Hundsgesindel 143, 184
Hundsteufel 184, 426
Hupfer 186
Huppdolle 185
Hure von Babylon 186
Hurenbagage 35, 186
Hurenbube 64
Hurengesindel 143, 186
Hurenmutter 186, 327
Hurenpack 186, 302
Hurensack 186, 350
Hurensiech 186, 396
Hurenwirtin 327
Hurra-Europäer 187
Hurraschreier 383
Huschelmetz 187, 270
Huschelpeter 187, 308
Hutschpferd 187

I

Ichsüchtler 188, 247
Ideenmarder 263
Ikonomane 299
Immobilienfritze 128
Immobilienhai 160
... im Taschenformat 462
Individibum 189
Industriebaron 38
Industriebonze 58
Inflationsgewinnler 145, 247
Intellektbestie 191
intellektueller Kacker 199
Intellenzler 191, 247
Irrenhaufen 168, 191
Irrgeist 191
Italianski 192
Iwanella 192

J

Jahrmarktschreier 264, 383
Jammerbold 56, 193
Jammerfigur 117, 193
Jammergreis 152
Jammerkloß 193, 217
jämmerliche Gestalt 144, 193
Jammermeier 193, 268
Jammerpott 193, 321
Jammersack 193
Jan Bangbüx 36
Jan Dumm 93
Jan-Düwel 426
Jan-Flegel 120
Janhagelspack 194
Japanese 194
Jawollsager 194
Jazzbubi 65
jedermanns Liebling 106, 194, 250
Jedermannsliebchen 249
Jesuitenzögling 195, 250, 475
Jesuiter 195
Jesuslump 256
Jesusmännchen 73, 263
Jet-set-Guru 157, 195
Jet-set-Mieze 195
Jet-set-Tussi 195
Jochgeier 137
John Pickel und seine Mitesser 312
Journalistenmeute 271
Jubeldeutscher 196
Judasstrick 416
Judenfreund 126
Judenhasser 167
Judenlümmel 196
Judenschicksel 196, 364
Jugendverderber 448
junge Gans 134
Jungenhorde 182
junger Hirsch 178
junger Schnösel 379
junger Springinsfeld 197
junger Tutterer 439
junges Gänschen 134
Jungfer Naseweis 197, 286
Jungfer Zart 197
Jungfernschänder 360
Junggemüse 197
Junggreis 152
Junghühner 183
Jungnazi 287, 289
Jungspund 197
Junker Leichtfuß 198, 245
Junker Naseweis 198
Junkerkaste 198, 206
Junkerschaft 198
Justizmörder 279
Juxbruder 62, 198
Juxmacher 198, 259

K

Kacktyp 199, 363, 439
Kaffeebase 200
Kaffeehausgeiger 199
Kaffeehausintellektueller 190, 199

Kaffeehausmusiker 199
Kaffeehausschachspieler 199, 200
Kaffeehaustiger 428
Kaffeeschwester 200
Kaffeetiger 428
Kainsbrut 64
kaiserliches Rindvieh 343
Kaktuskopf 226
Kaldaunenschlucker 24, 372
Kalkeimer 98, 201
Kalkhaufen 201
kalter Christ 285
kalter Frosch 128, 201
kalter Rechner 100
Kamelarii 202
Kamerad Krummstiefel 202, 234
Kameradenschwein 202, 389
Kamillebeutel 47
Kanakenfreund 126
Kanakenschwein 203, 389
Kanalarschloch 26
Kanali 203
Kanalratz 203, 337
Kaninchen 20, 73, 166, 211
Kanonenpfropf 204
Kanonenrindvieh 343
Kanonenstopfer 204
Kapitalistenklasse 204
Kapitalistenknecht 204, 219
Kapitalistenlump 204
Kapitalistensau 204, 354
kaputte Existenz 204
Karboldragoner 204
Kardinalsäufer 356
Karlchen Miesnik 73, 272
Karnevalsmuffel 281
Karnickeldieb 81, 98, 183
Karnickelfamilie 205
Karnickelstall 205
Karrieregeier 137, 205
Karrieremädchen 205
Karrieremensch 205
Karrierepolitiker 319
Karriereritter 205
Karriereschnepfe 205, 378
Karrieretyp 205, 439
Karriereweib 205
Kartelratz 337
Kasernenfetzen 116
Kasernenmatratze 24, 265
Kasperli 206
Kastenweib 206
Kathederheld 172
Kathederhengst 173
Katholiker 207
Katzenjammer 193
Katzenmelker 268
Katzenmutti 283
Katzenschinder 365
käufliche Dame 207
käufliches Subjekt 419
Kehlabschneider 162
Keibenkeib 208
Keifhexe 176, 208
Kellerratte 337
Kellerwurm 208
Keppler 208
kesse Nudel 293
kesse Pflanze 209
Kesselflickervolk 209, 453
Kesselvolk 209
KGB-Scherge 363
Kiek-in-de-Pott 321
Kiffkopp 210
Kifi 211
Kind goldenes 210
Kinderbande 36
Kinderverderber 448
Kipf 211
Kipper und Wipper 211
Kircheneiferer 98
Kirchenmuffel 281
Kirchenschwänzer 387
Kirchensteuerchrist 285
Kirchhofsgemüse 127
Kirmesboxer 348
Kissenfurzer 130, 212
Kittchenbruder 62, 219
Klagebold 56
Klamaukbruder 62
Klappergerüst 212
klappriges Gestell 95, 212
Klapsmüller 212
Klapsrat 212
Klapsrese 213
Klapsrieke 213, 343
Klassenaugust 30, 213
Klassenbummerl 67, 213
Klassengroßsprecher 154
Klassenheini 213
Klassentrottel 213, 435
Klater-Jan 213
Klatschbruder 62, 213
Klatschliese 213, 249
Klatschmadam 213, 260
Klatschtrine 213, 434
Klaubock 56, 213
Klebarsch 214
Kleckerhans 164, 214
Kleidermarder 263
Kleidernarr 276
Klein Doofi mit Plüschohren und Samtpfoten 214
Kleinbürgerseele 214
kleine Nummer 214, 294
kleiner Angeber 20
kleiner Frechdachs 124
kleiner Furzer 130
kleiner Ganove 134, 215
kleiner Gauner 136
kleiner Kläffer 212
kleiner Macher 259
kleiner Naseweis 286
kleiner Pinkel 314
kleiner Pinscher 314
kleiner Pisser 215, 315
kleiner Proppen 324
kleiner Quack 329
kleiner Schreihals 383
kleiner Stöpsel 414
kleines Kirchenlicht 215
kleines Würstchen 73, 468
Kleingemüse 197
Kleinkapitalist 204
Kleinmogul 277
Kleinstadt- 216, 325, 454
Kleinstadt-Casanova 71, 216

Kleinstadt-Macho 259
Kleinvieh 451
Klemmchauvi 72, 216
Kleppergaul 216
Klepperhannes 216
Kletzensepp 216, 394
Klimasünder 421, 441
Klimbimski 190
Klimpertante 423
Klingelgangster 134
Klippkrämer 228
Klönbartel 38
Klops mit Beinen 217
Klugarsch 25, 217
kluges Kind 210
Klugschieter 217, 365
Klugschnabel 217
Klugschnute 217
Klüngelpeter 217
Knäblein 73, 218
Knackstiefel 220
Knallerbse 102, 218
Knallkaffer 200, 218
Knallkörper 218
Knalltype 218, 439
Knast-Ehrenbürger 219
Knastkumpan 236
Knastler 219, 247
Knastrologe 219
Knastschieber 219
Knastvogel 219, 452
Knatschkopp 219, 226
Knatschsack 219, 350
Knäulkopp 226
Knauserer 219
Knausert 219
Knausrich 103, 219
Knecht des Mammons 219, 262
Knechtseele 219, 398
Kneipkumpan 219, 236, 356, 472
Kneisterpott 321
Knibbelkopp 226
Knickerfritze 128, 220
Knickersack 220
Knickser 220
Kniesbock 220
Kniesel 220
Knirrficker 220
Knochenklempner 216, 221
Knödel-Bariton 221
Knödelsänger 221
Knoten 221
Knottelliese 221
Knottelpeter 221
Knotterich 103, 221
Knotterliese 221
Knotterpott 221, 321
Knurrkopf 221, 226
Knurrpott 221, 321
Knurrsack 221, 350
Kochbolzen 57, 82
Kollaborationist 222
komische Alte 16
komische Nummer 223, 294
komische Type 223, 394
komischer Heini 171
komischer Kerl 208
komischer Onkel 299
komischer Uhu 224, 441
komischer Verein 448
komisches Gewächs 144, 394
komisches Huhn 183, 223, 224
Kommißknochen 220, 224
Kommißknüppel 224
Kommißstiefel 224
Kommunistenfreund 126
Kommunistenhasser 167
Kommunistenjäger 193
Kompanietrottel 435
Komplexler 247
Komplimentemacher 259
Konfusionarius 225
Konfusius 225
Kongreßlöwe 254, 352
Konjunkturgewinnler 145, 247
Konjunkturhyäne 187
Konservativling 250
Konsumfetischist 225
Konsumgeier 137, 225
Konsummuffel 281
Konsumprolet 324
Konsumterrorist 426
Konsumtrottel 225, 435
Koofmichel 225, 271
Kordeldepp 79
Korps der Rache 227
Kotz 154
Kotzmichel 271
Krachmeier 227, 268
Krachscheit 227
Krachschläger 227
Kraftbolzen 57, 227
Kraftmeier 268
Kraftmotz 228
Kramperl 228
krankhafter Pessimist 308
Krankmacher 52, 229, 259
Kränkler 229, 247
Kräutchen auf jeder Suppe 229, 308
Krautkopf 222, 226
Kräutlein 229
Kräutlein Rührmichnichtan 230
Krautmannl 73, 230
Krautsäckel 351
Krawallhaufen 168
Krawalljacke 230
Krawallkathel 230
Krawallnudel 230, 293
Krawallschani 230, 361
Krawallschläger 230
Kredit-Junkie 198
Kreuzdonnerwettersakramenter 352
Kreuzkopf 226
Kreuzspinne 405
Kriegsbrandstifter 60
Kriegshabicht 232
Kriegsprofitler 232, 247, 323
kriminelles Subjekt 232, 419
Krimineser 209
Krisengewinnler 145, 247
Kritikermafia 261
Krittelpitter 233
Krone der Schöpfung 174

Kronleuchter 25, 248
Kröpel 234
Kröterich 103, 233
Krummbuckler 207, 233
krummbucklige Verwandtschaft 66
krummer Fürst 381
Kruzifixmensch 269
Kubikarschloch 26, 252
Kubikdepp 329
Kubikesel 105, 329
Küchenhund 184
Küchenhusar 234
Küchenpampel 234
Kügeleinsdreher 313
Kuhauge 30
kühler Rechner 100
Kühlschrank 428
Kullerhahn 159
Kulturbremse 235
Kulturfeind 114, 235
Kulturheini 171
Kulturmafia 261
Kulturnudel 293
Kulturphilister 50, 235
Kulturprolet 235, 324
Kulturprotz 50, 325
Kulturschickeria 364
Kümmelkernspalter 235, 402
Kunkelpott 236, 321
Kunkelweib 236
Kunstbarbar 37, 235, 236
Kunstkrittler 233, 247
Kunstmafia 261
Kunstpapst 304
Kunstpfuscher 311
Kunstsnob 399
Kunstspekulant 403
Kuppelweib 236, 459
Kupplerin 236
Kürbiskopf 226
Kurschmied 236
Kurzbold 56
Kuttenbruder 236
Kuttenhengst 173
Kuttenjosef 236
Kuttenmolch 236, 277

L

Laberaffe 13, 237
Laberheini 171, 237
Laberjan 188, 237
Labermichel 237, 271
Labersuse 237, 421
Labertante 237, 388, 423
Labertüte 237, 438
Laberziege 237, 474
lächerlicher Furz 130
Lachhannes 164
Lachnummer 294
Ladenhengst 173, 238
Ladenschwanz 238
Ladenschwung 238
lahme Krücke 233, 238
lahmer Arsch 25, 238
lahmer Haufen 238
lahmes Huhn 183, 238
Laienpolitiker 239
Laienschauspieler 239, 361
Laienspielgruppe 239
Laienspielschar 239
Lalle 239
Laller 239
lame duck 238
Länderfürst 130, 325
Landesfeind 453
Landjunker 198
Landräuber 338
Landsknechtshure 186
Landstreuner 240, 415
lange Bohnenstange 56
lange Geige 137
lange Stange 240, 408
langes Gerippe 141
langes Gespenst 144
langes Gestell 95, 144
langes Leben 240
Langweil 241
langweiliger Patron 241, 306
langweiliger Verein 238, 448
Lapperl 241
Lärmer 241
Lärmsünder 241, 421

Lasterbalg 35
Lästerbalg 241
Lästergosche 150, 241
Lästerjan 188, 241
Latschi 242
Latschmichel 242
Latschpeter 242
Lattengestell 95, 144
Latzhosentyp 439
Lauling 242, 250
Lausaffe 13, 242
Lausbande 36, 242, 243
Lausbankert 242, 243
Lausegöre 149, 242, 243
Lausepriester 242
Lausewanst 242
Lausigel 188, 242
Lauskarline 205, 242, 243
Lauspeter 224, 308
Law-and-order-Typ 244, 439
Lebedämchen 73, 76, 244
Lebefräulein 73, 244
Lebegreis 152, 244, 257
Lebeherr 244
Lebemädchen 244
lebende Leiche 244, 456
lebendes Andenken 20
lebendes Fragezeichen 123
lebendes (lebendiges) Konversationslexikon 457
lebendes Skelett 398
lebenslängliches Fräulein 124
Lebensversager 450
Leberwürstchen 468
Leckerbeck 244
Leerkörper 244
Lehnerich 103
Lehrerhansel 165, 283
Lehrerschreck 382
leibhaftiger Satan 244, 353
Leiche in Zivil 244
leichte Dame 76, 245
leichte Fliege 121
leichtes Mädel 245
leichtes Vögelchen 245, 452
Leichtgewichtler 245, 247

leichtsinniges Tuch 245
Leidensgestalt 144, 246
Leihloch 252
Leisefuß 246
Leisetritt 246
Leitbulle 246
Leithengst 173
Lesemuffel 281
letzter Sieger 103, 478
Leutebescheißer 44, 248
Leutfresser 126
Liberalinski 190, 248
Liebesnarr 285
Liebling des Lehrers 249, 250
Liederlack 249
liederliche Liese 249
liederliches Mensch 269
Liederling 62, 249, 250
linke Ratte 250
linke Socke 250, 345, 399
linker Abweichler 12, 251
linker Bruder 62, 250
linker Freier 125, 250
linker Spinner 250
linker Ultra 441
Linkmichel 271
Linksaußen 340
Linksgeher 125
Linksintellektueller 190
Linksopportunist 300
Linkspieler 109, 404
Linkstapper 251
Linkstatzler 247, 251
Linksterrorist 251, 426
Linsenspalter 402
Linsenzähler 103
Lispelzunge 251
Locherl 26, 252
Lochlecker 26, 244
Lohle 252
Lohnschreiber 383
Loosertyp 253, 439
Lord Kacke 199
loser Strick 253, 416
loses Früchtchen 355
Lotterer 253
Lotterfritze 128, 253
Lottergesindel 143, 253
Lottergreis 152, 253
Lotterhaufen 168, 253
Lotteriespieler 404
Lotterkerl 253
Lottermädchen 253
Lotterweib 253
Lowbrow 176
Lückenstopfer 254
Ludengesicht 143
Luden-Toni 254
Lüderjan 249
Ludewig 254
Ludrian 249
Ludwig 254
Lügenapostel 22, 254
Lügenbalg 254
Lügenbande 36, 254, 255
Lügenfresse 254, 255
Lügengosche 254, 255
Lügenhals 254, 255
Lügenhannes 164
Lügenhans 164, 254, 255
Lügenkerl 255
Lügenmajor 255, 261
Lügenmensch 255
Lügenpack 255, 302
Lügenzumpel 255, 477
Luller 255
Lumpenaas 9, 256
Lumpenbube 256
Lumpendorl 256
Lumpengeschmeiß 142, 256
Lumpenhannes 164, 256
Lumpenkores 73, 256
Lumpenlene 256
Lumpenmatz 256, 266
Lumpenzipfel 256, 475
Lumpenzores 256, 257, 476
Lumpes 256
Lustknabe 218
Lustmatratze 19, 265
Luxusdämchen 73, 76, 258
Luxusfotze 122, 258
Luxushure 186, 258
Luxusliebchen 249
Luxusweib 258, 459

M

Machomann 259
Machotyp 259, 439
Machtbolzen 57
Machtprotz 325
Machttechnokrat 425
Mackerine 260
Mackertyp 260, 439
Mädchen mit Vergangenheit 123
Mädchen von der Stange 263
Mädchen von der Straße 414
Mädchen zwischen dreißig und höchste Zeit 402
Mädchenaufreißer 29
Mädchenjäger 123, 193, 260, 385
Mädchenknecht 219, 459
Mädelfetzer 260
Madonna für Arme 130
Mafia-Bande 36, 260
Mafia-Gangster 134, 260
magerer Hecht 169
Mährfritze 128, 261
Mährpeter 261, 308
Mährsuse 261, 421
Maikalb 23
Maitherese 265
Majestätsverbrecher 447
Makkaroni-Mann 261
Malefizbankert 37
Malefizkrott 261
Malefizluder 254, 261
Malefizlump 256, 261
Maler Klecksel 214
Malkasten 111, 438
Malör 236
Mamabübchen 64, 73, 262, 283
Mamas Liebling 250
Mamikind 210, 262
Mamis Liebling 262
Mammonsknecht 219, 262
Manchesterkapitalist 204
Männerhasserin 167

männliche Fotze 122
Männlichkeitsprotz 325
Mannskerl 263
Mannsvolk 453
Mansardengenie 141
Manschettenbaron 38
Mantelträger 12
Maot 71
Marmeladinger 264
Marodebruder 62, 264
Martinigans 134
Märtyrertyp 439
Märzenkater 207
Marzipanschwein 73, 389
Maschinengewehrschnauze 264, 342, 378
Masse Mensch 61, 265
Mastgans 134
Mastsau 116, 265, 354
Mathe-Niete 291
Matrose Arsch 25, 386
Matrosenliebchen 73, 249
Matschbirne 50, 266
Maulaffenfeilhalter 266
Maulaufreißer 266
Maulfechter 267
Maulklempner 216, 471
Maulpolitiker 267, 319
Maulraffel 335
Maultasche 424
Maultrommler 267
Maurermeister 267
Meckerarsch 268
Meckerfott 268
Meckergeiß 268
Meckerhannes 164, 268
Meckerjule 268
Meckerpott 268, 321
Meckertüte 268, 438
Medien-Fritze 128
Medienmogul 277
Mehlsack mit Beinen 268
Mehlspeistiger 428
Melkkuh der Nation 269
Mensch dritter Klasse 269
Menschenbrut 64
Menschenhorde 182
Menschenmeute 271
Menschenquäler 330, 428
Menschenschlächter 366
Menschenwürger 468
Menscherl 269
Merker 53, 378
merkwürdiger Kauz 207
Mickermännchen 73, 263, 271
Mickertyp 271, 439
Mickymaus 267
miese Type 271, 439
Mieselpriem 271, 291
Miesepampel 271, 303, 313
Miesepitter 271
Miet-Rammler 247, 336
Milchbaby 33, 272
Milchbärtling 250, 272
Milchbübchen 272
Milchsuppengesicht 272
Militärkamarilla 201, 272
Militärkaste 206, 272
Militärklüngel 217, 272
Mimöschen 273
Miniaturausgabe 273
Mini-Hirn 273
Mini-Kapitalist 273
Minusdame 273
Minusmacher 259, 273
Miß Gunst 156
Miß Wackelarsch 455
Mistaas 9, 274
Mistbankert 37, 274
Mistbartel 38, 274
Mistbinkel 50, 274
Mistbolle 57, 274
Mistbolzen 57, 274
Mistkrüppel 234
Mistologe 275
Mistpritsche 323
Mistschlampe 274, 275, 367
Mistvogel 274, 452
Mitmacher 275
Möchtegernaufsteiger 276
Möchtegerncasanova 71, 276
Möchtegernminister 276
Möchtegern-Playboy 317
Möchtegernstar 276
Modedichter 276
Modedocke 84, 276
Modefan 110
Modefex 116, 276
Modefreak 124, 276
Modefritze 128
Modeherrchen 73, 276
Modejüngling 250, 276
Modemuffel 281
Modeteufel 426
Modetor 276, 430
Modetucke 276, 437
Mogelant 277
Mogelbruder 277
Mongi 278
Mongölchen 73, 278
Monopolherr 278
Mooshaupt 42
Moppelchen 73, 278
Mopper 278
Moralfex 279
Moralgigant 279
moralischer Rigorist 343
Moralpapst 279
Moraltante 279
Moral-Wauwau 21, 279, 459
Mordbande 36, 279
Mordbestie 45, 279
Mordknecht 219
Mordsdackel 76, 279
Mordsfatzke 112, 279
Mordsidiot 188, 279
Mordskamel 202,279, 343
Mordslackel 238, 279
Mordslump 256, 279
Mordsrindvieh 279, 343, 451
Mordssäckel 279, 351
Mordstrumm 279, 436
Mörtelpanscher 303
Mostschädel 280, 359
Motorrad-Gang 134
Motorradhunne 185
Motzbrocken 280
Motzke 280
Motzki 280
Motzknochen 220, 280
Mr. Moneymaker 277

Mr. Nobody 292
Muckelpott 321
Mückenfürzchen 73, 130
müde Tasse 435
müder Haufen 280
müder Knochen 220, 280
müder Sack 112, 238, 280
müdes Hemd 172
Müdling 250, 280
Muffer 281
Muffsack 281
Muhkalb 200
Muhkuh 234
Müllmafia 261
Multikulti-Wichser 463
Murrjan 282
Murrkater 282
Murrpeter 282, 308
Murxist 264
musikalisches Wildschwein 464
Musikbanause 36
Musiknarr 285
Musikomane 299
Musikpapst 304
Müsli-Fresser 126, 282
Müsli-Typ 282, 439
Muster an Tugend 30
Muttchen 73, 283
Mutterkind 262, 283
Mutterkindchen 262
Mutterknabe 283
Mutters Liebling 262
Muttertöchterchen 73, 283
Mutzkopf 226
Mystifikateur 283

N

Nachbleiber 284
Nachmacher 284
Nachteimer 98
Nachttopf 430
naiver Utopist 445
Napoleon im Taschenformat 424
Nappneger 288
Narrenkopf 226, 285
Narrenvolk 453
närrischer Gickel 145, 286
närrischer Teufel 426
närrisches Huhn 183, 286, 450
Naschkater 286
Naschkätzchen 73, 286
nasser Bube 64
nasser Junge 196
nasser Lappen 241
nasser Vogel 452
Natozwerg 479
Natterngeschmeiß 142, 287
Naturschwärmer 387
Nazigesindel 143, 288
Nazigröße 288
Naziideologe 288
Nazi-Kids 210
Nazi-Scherge 288, 363
Nazischwein 288
Nazistin 288
Nebelspalter 402
Negerfotze 122
Negerschickse 288, 364
Negierungsrat 288
Neidbold 56, 289
Neidhals 162, 289
Neidhund 184, 289
Neiding 289
Neidkötel 227, 289
Neidteufel 289, 426
Neonazist 289
Neppbruder 289
Nervi 289
nervöser Zipfel 289, 475
Nesthöckerl 290
Nesthökchen 290
Nestkack 290
Nestkacker 290
Nestquack 290, 329
Nestseicher 392
nettes Früchtchen 73, 129, 355
Neuarmer 290
Neufaschist 289
Neugier 290
neugieriger Fritze 127
Neungescheiter 290
Neunmalschlauer 290
Neureichs 110, 290
Neuroserl 290
Nichtser 291
Nichtsticker 291
Nickelaas 9
Nickelfut 131
Nickemann 263, 291
Nickesel 105, 291
Nickmännchen 73, 291
Nikolaus 460
-nischel 226, 359
Nochkanzler 292
Nochoberligist 292
Nölhans 164, 292
Nolimetangere 230
Nölkopp 226, 292
Nölpott 292, 321
Nörgelhannes 164, 293
Nörgelpeter 293, 308
Nörgelsack 293, 350
Nostalgist 293
Notenfetischist 115
Notenscheißer 362
notorischer Trinker 145, 293, 434
notorischer Verbrecher 145, 447
NS-Bonze 288
NS-Machthaber 260
NS-Scherge 363
NS-Verbrecher 288, 447
Nudelkopf 226, 293
Nullachtfünfzehn-Normalo 293, 294
Nullachtfünfzehn-Typ 294, 439
Null-Bock-Typ 439
Nulli 294
Nullkommanichts 135, 291, 294
Nullmännchen 73, 263, 294
Nullschnaller 294
Nullspanner 294
Nuschelfritze 128, 294

Nuschelliese 249, 294
Nußtörtchen 73, 430
Nuttenbankert 186

O

Oberabsahner 11, 296
Ober-Amigo 296
Oberammergauner 136, 296
Oberarschloch 26, 252, 296, 343
Oberdepp 79, 296
Oberdippel 83
Oberfilzer 296
Oberhäuptling 168, 250, 296
Oberheuchler 104, 175, 247, 296
Oberindianer 189
Oberlangweiler 241, 296
Oberlobbyist 296
Obermacho 259, 296
Obermaschores 265, 296
Obermime 296
Obermolli 296
Oberolwel 296, 299
Oberrindvieh 296, 343, 451
Obersäufer 296, 356
Oberscheich 296, 362
Oberschieber 296, 364
Oberschlauberger 369
Oberschlauer 296
Oberschmarrer 374
Obersozi 296, 401
Oberstreber 296, 415
Oberstupidienrat 418
Obertrottel 296, 435
Ochse im Porzellanladen 100, 297
Ochse vorm Tor 297
Ochsenfiesel 117
Ochsenmelker 268
Ochser 66
Offiziersfose 122, 297
Offizierskamarilla 201
Offizierspritsche 297, 323
Offiziersschlitten 297, 371
Ohnemichler 298
Ohnmachtsknochen 220
Öko- 298
Ökochonder 187
Ökofaschist 111
Ökofritze 298
Ökofuzzi 50, 131, 298
Öko-Rigorist 298, 343
Ökosünder 421, 441
Ökowichser 463
Ölbaron 38, 299
Ölberger 43, 298
old miesmaker 271
Ölkopf 226
olle Bisse 51
olle Schrippe 17
olle Trine 434
Olweline 299
Omi 299
Omma 299
Operettenfürst 299
Operettenkönig 299
Opferlamm 239
Opi 299
Oppa 299
Optimistfink 274, 300
Ordensjäger 193
Ordnungsfanatiker 110
Orientale 392
Ortsblättchen 423
Ostspion 300
Otto Normalverbrecher 300, 447

P

Packvolk 302
pädagogischer Blindgänger 53
Pajatz 318
Pampelarsch 303
Pamper 36
Pannemann 263
Pantoffelritter 303
Papageier 303
Papierdrache 304
Paradehengst 173
Paradiesvögelchen 73, 304
Paragraphenfuchser 304
Paragraphenmensch 304
Paragraphenschinder 304, 365
Parteiabweichler 12, 247
Parteifritze 128
Parteifuchs 129
Parteifuzzi 131
Parteihäuptling 168, 250
Parteihuber 183
Parteiklüngel 217
Parteischranze 381
Partyhengst 172, 305
Partytiger 305, 428
Pascha mit sieben Roßschweifen 305
Patentschwätzer 388
Patientenmaterial 270
Patscher 306
Patschweib 306, 459
Paukerschreck 382
Pechrabe 307
Peitscherlbub 307
Pennschwester 307
Penntüte 307, 438
Pfaff 309
Pfaffenbankert 37, 309
Pfaffendiener 82, 309
Pfaffenhure 186, 309
Pfäffin 309
Pfäffling 250, 309
Pfarrersliebchen 249
Pfennigkrämer 228, 310
Pfennigspalter 310, 336, 402
Pfennigvögler 310
Pferdegesicht 143
Pferderl 310
Pfingsthammel 162, 310
Pfingstkuh 310
Pfingstlamm 310
Pfropfen 324
Philisterseele 311
philosophischer Kauz 207

Phrasenheld 172, 267, 312
Phrasenhengst 173, 312
Phrasenmacher 259, 312
Phrasenschneider 312
Pichelsteiner 312
Pickelfresse 312
Pickelinski 190, 312
Pickelomini 312
Piepmeier 268
Piese 313
Pieselbruder 313
Pieselkopp 226, 313
Pietkong 313
Pimpelchen 73
Pimpelfritze 313
Pimpellieschen 313
Pimpelsuse 313
Pimpeltante 313
Pimpeltrine 313, 434
Pimperlieschen 73, 249, 313
Pimperling 250, 313
Pimperlwichtig 313
Pinseltraktierer 314
Pistenrowdy 315, 347
Pißkachel 64, 199
Plagteufel 315
Plapperarsch 315
Plapperfritze 128, 315
Plappergosche 150, 316
Plappermund 316
Plappersack 315
Plappersuse 316
Plärrarsch 316
Plärremann 316
Plärrerin 316
Plärrhannes 316
Plärrliese 249, 316
Plärrochse 297, 316
Plärrsack 316
Plattdeutsche 316
Plattenberger 43
Plattensimmerl 397
Plattkopf 119, 226
Pleitegänger 317
Pleitemacher 259, 317
Plumperjan 188, 317
Plumprian 188, 317
Pöbelhorde 318
Pöbelvolk 318, 453
Pointenmörder 318
Pojatzer 318
Polentafresser 401
Polit-Gammler 133, 247
politische Leiche 245
politische Nutte 295
politischer Abenteurer 10
politischer Analphabet 20
politischer Kannegießer 203
politischer Laienspieler 239
Polit-Karrierist 205
Politrocker 344
Polit-Romantiker 345
Polit-Typ 319, 439
Polizeiagent 14
Polizeibulle 67
Polizeibüttel 69
Polterhans 319
Pomadenhecht 319
Poofke 320
Porkograph 320
Pornogräfin 320
Pornokrat 229
Pornomane 299
Portokassenbubi 65, 320
Porzellanpüppchen 328
Possentreiber 321
Pöstchenjäger 73, 193, 321
Postenschacherer 321, 359
potentieller Selbstmörder 394
Pottekel 100
Pöttenkieker 321, 430
Poussade 321
Poussierhengst 173, 321
Poussierlappen 321
Pracherpack 321
Prachtstück 417
Pressefuzzi 131
Pressehengst 173
Preuße mit mildernden Umständen 322
Preußengesindel 322
Preußenhammel 322
Preußenkopf 226, 322
Preußenschnauze 378
Primatonna 323
Prinz auf der Erbse 323
Prinzginkerl 406
Prischen 323
Pritschler 247
Privatschnüffler 247, 379
Profitchen 73, 323
Profitchenmacher 259, 323
Profitgieker 323
Profithyäne 187, 323
Profitmichel 271, 323
Profitti 323
Prolli 324
Prollo 324
Prolo-Kids 210, 324
Propagandamacher 259, 324
Provinzcasanova 325
Provinzei 98, 239, 325
Provinzgockel 148, 325
Provinzgröße 325
Provinzlöwe 325
Provinznudel 293, 325
Provinzpflanze 311, 325
Provinzpolitiker 319
Provinzschauspieler 325, 361, 376
Provinzschnalle 325
Provokant 325
Provotarier 324, 325, 326
Prügelpauker 26, 182, 306, 326
Prügelvater 326
Pseudochrist 326
Pseudodemokrat 326
Pseudo-Intellektueller 190, 326
Pseudophilosoph 326
Pseudowissenschaftler 326
PS-Protz 325
Psycho-Freak 124, 326
Psychoguru 157
Psychot 326
Pulverhuber 183
Pulverköppe 327
Pünktlichkeitsfanatiker 110
Pusteengel 51, 320
Püttjerhannes 328

Putzaffe 13, 328
Putzdocke 84
Putzdrachen 87, 328
Putzgretel 328
putzige Nudel 293
Putzlappen 241, 328
Putzlappengeschwader 364
Putzliese 328
Putznarr 285, 328
Putztrampel 431

Q

Quackbüdel 329
Quacke 329
Quackel 329
Quackelchen 329
Quackelhans 164, 329
Quackelkopp 329
Quackelsuse 329, 421
Quadratdepp 329
Quadratlackel 238, 329
Quadratochse 329
Quadratsäckel 329
Quadratsau 329, 354
Quadrattratsche 329, 432
Quälarsch 25, 330
Quarkkopf 226
Quarrkopf 226
Quasselbüchse 65, 330
Quasselhans 330
Quasselheini 171, 330
Quasselliese 249, 330
Quasselmeier 268, 330
Quasselpeter 330
Quasseltüte 330, 438
Quatschbacke 331
Quatsche 331
Quatschkasten 331
Quatschmeier 268, 331
Quatschpeter 308, 331
Quatschsuse 331
Quatschtante 331, 423
Quatschweib 331, 459
Quengel 331
Quengelheini 331
Quengelkopp 331
Quengelpeter 308, 331
Quengeltrine 331, 434
Quetscher 332
Quirlefanz 332
Quirlfix 332
Quotenfetischist 115
Quotenjäger 193
Quotenmann 332
Quoterich 332

R

Rabenbraten 353
Rabenbrut 64, 333
Rabenjunge 333
Rabenmelker 268
Rabensohn 333
Rabentochter 333
Rad im Getriebe 334
Radaubesen 334
Radikaler 335
Radler 247, 334
raffinierter Hund 184
raffiniertes Aas 9
Raffteufel 335, 426
RAF-Sympathisant 422
Rambo-Typ 335, 439
Rammelbock 56, 336
Rammschädel 359
Rampenschwein 389
Randalemacher 259, 336
Randaleur 336
Randfigur 117
Rappelfott 336
Rappelkasper 206, 336
Rappeltrine 336, 434
Räsonierer 336
Rassenhetzer 175, 337
Rassenschänder 360
Rätsche 337
Ratschkatharina 337
Ratschkatt 337
Ratschkatzel 337
Ratschmaul 266
Raubacke 339
Raubauzer 339
Räubergesindel 338
Raubtier 428
Rauchelse 101
Raufbolzen 57, 339
Raufdegen 339
Raufhansel 339
Rauhbart 339
Rauhbausch 339
Rauhbichel 339
Rauhwatz 339
Rauschgiftgangster 134
Rauschgiftmafia 90, 261
reaktionäre Elemente 100, 339
Rebeller 339
rechter Ultra 441
Rechts- 339
Rechtsklempner 216
Rechtspopulist 320, 339
Reformhuber 183
Regimentsdepp 79, 340
Regimentsesel 105, 340
Regimentshure 340
Regimentslügner 255, 340
Regimentsmatratze 24, 265
Regimentstrottel 435
Reimerich 103
Reimler 247
reine Unschuld 444
Reinlichkeitsfanatiker 110
Reisemuffel 281
Reiseonkel 299
Reisetante 423
reißender Wolf 466
reißendes Tier 464
Reitschulbremser 61, 365
Reklameheini 171
Reklamenudel 293
Reklame-Schreiberling 383
Rekrutenschleifer 370
Religionseiferer 98, 147
Remisschieber 364
Rennpferd 310
Renommierbeutel 47, 341
Renommierbruder 341
Renommierer 341
Renommierpinsel 314, 341

Renommierstengel 341
Renommiersüchtiger 341
Reserve- 341
Reservetarzan 341, 424
Revanchehetzer 175, 342
Revolverautor 342
Revolverschnute 342
Riese Goliath 149
Riesendepp 343
Riesenhornochse 182, 343
Riesenmiststück 275, 343
Riesenpavian 307, 343
Riesenpferd 343
Riesenschnauze 154, 378
Riesenschwein 343, 389
Riesentrottel 343
Riesenzwerg 479
Rieurs 74
Rind 343
Rindsbeutel 47
Rindskamuffel 202
Ritter Ohneland 344
Ritter vom öligen Scheitel 344
Ritter von den goldenen Pedalen 344
Ritter von der Elle 344
Ritter von der Feder 344
Ritter von der Landstraße 344
Ritter von der Nadel 344
Rockergang 134, 344
Rockfossil 122
Rohkostapostel 22, 222
Rohr im Wind 387
Rohrspatz 402
Rokokokokotte 222
rollender Pfannkuchen 309
Rollenspieler 361
Rollmops auf Beinen 345
Roßdieb 81
rote Büchse 65
rote Hexe 176
rote Seilschaft 393
Rotfrontkämpfer 346
Rotfrontler 247, 346
Rotzbinkel 50, 346
Rotzfink 118, 346
Rotzig 346
Rotzkäfer 346
Rotzkötel 227
Rotzkübel 346
Rotzlaffe 238, 346
Rotzlappen 346
Rotzlümmel 256, 346
Rotzmensch 269, 346, 347
Rotzmichel 271, 346
Rübchen 347
Rübenvieh 347
Rucksackzigeuner 348, 474
Rückständler 247, 348
Rudelbumser 68
Rufmörder 279
Rumhänger 163
Ruschelkopf 226, 349
Russen-Mafia 261
Rußteufel 426

S

Saatkrähe 228
Sabbelhannes 350
Sabbeljochen 350
Sabbelliese 249, 350
Sabbeltasche 350, 424
Sabbeltrine 350
Sabberer 350
Sabberfritze 350
Sabbergreis 152, 350
Sabberkopf 226, 350
Sabberliese 249, 350
Sabbermichel 271, 350
Saftheiner 351
Sakramentskerl 352
Sakristeiwanze 457
Salongeck 136, 352
Salonliterat 251, 352
Salonmarxist 264, 352
Salonschwätzer 352, 388
Salontiger 352, 428
Samtbubi 65
Sandkastenfreier 125
Sandkastenrocker 344
Sapperlotskerl 353
Satanas 353
Satansknecht 219, 353
Satansknochen 220, 353
Saubagage 35, 354
Saubazi 40, 354
Saubehle 42, 354
sauberer Bruder 62
sauberer Knabe 218, 355
sauberes Bürschchen 73, 355
Sauberkeitsfanatiker 110
Saubesen 44, 354
Saubetz 354
Saubulle 67
Sauding 354
Sauerkrautfresser 126, 229, 230, 355
Saufbeutel 355
Saufdrossel 355, 377
Saufetz 116
Saufgenosse 355, 356
Saufhals 162, 355
Saufhaus 355, 356
Saufigel 355
Saufjule 355
Saufkamerad 355, 356
Saufkarline 205, 355
Saufkerl 355
Saufkübel 355
Saufkumpel 356
Saufochse 355
Saufpatron 306, 355
Saufunke 355, 443
Sauhammel 162
Saujude 196, 354
Saujunge 354
Saukeib 208
Saukloben 216
Saukrüppel 234, 354
Saulude 254
Saumatz 266
Saupack 302, 354, 390
Saupfaffe 309
saurer Drops 91
saurer Geselle 142
saurer Mops 278
Saurüssel 354
Sausebraus 358

Saustück 354, 417
Sauwatz 354, 469
Sauwenzel 354, 461
Schäbian 188
Schablonski 190, 358
Schädling der Gesellschaft 359
Schafsack 359
Schafsdussel 95
Schambes 194
Schandbalg 35
Schandbesen 44
Schandfresse 360
Schandgeselle 142, 360
Schandgosche 360
Schandnickel 291
Schandstück 417
Schandvettel 451
scharfe Schrippe 383
scharfer Hahn 159
scharfer Jagdhund 193, 361
scharfes Gerät 141
Schauergestalt 382
Schaukelpolitiker 319, 361
Scheelauge 30, 365
scheeler Kiebitz 210
Scheffler 247
Scheingelehrter 362
Scheinherrscher 362
Scheinphilosoph 362
Scheinwisser 362
Scheißausländer 362
Scheißbesen 44, 362
Scheißerich 103
Scheißgfrieß 137, 362
Scheißhund 184, 362
Scheißkanaker 203, 362
Scheißlehrer 362
Scheißossi 300, 362
Scheißpfaffe 309, 362
Scheißpolyp 362
Scheißtrommel 362
Scheißtype 363
Scheißwessi 362
Scheißzivilist 362, 475
Scheltebold 56
Scherbel 363
Scheuerteufel 328
Schieberbande 36, 364
Schieberpack 302, 364
schiecher Uhu 151
Schiefkopf 226
Schielbock 365
Schießbudenmamsell 365
Schietkerl 208, 363
Schietkröte 233
Schikanierer 365
Schilfrohr im Wind 387
schillernde Figur 117
Schimpfian 188, 365
Schimpfierer 365
Schinnoos 365
Schlabbergosche 150, 366
Schlabberhans 164, 366
Schlabberliese 366
Schlabbermichel 271, 366
Schlabberschnauze 366, 378
Schlabberschnute 366
Schlachter 366
Schlafeule 105, 366
Schlafkappe 366
Schlafmichel 271, 366
Schlafpille 366
Schlafsuse 421
Schlagersternchen 411
Schlägertype 367, 439
Schlagwortpapagei 303
Schlampamper 367
Schlamphans 164
Schlappenmichel 271
Schlappenschuster 385
Schlappentiger 428
schlapper Laden 238, 280
schlapper Sack 238
schlapper Verein 238, 448
Schlappgosche 150, 368
Schlappgrete 368
Schlapphannes 368
Schlappheinz 368
Schlappmadam 260, 368
Schlappscheißer 368
Schlaule 73, 74, 369
Schläuling 250, 369
Schlaumichel 369
Schlaupeter 369
Schlawuzi 369
schlechte Haut 169
schlechter Schauspieler 361
schlechtes Mensch 269
schlechtes Stück 417
Schlechtschwätzer 388
Schleckergosche 369
Schleckermäulchen 73, 370
Schleimlecker 370
Schlieker 370
Schlimmling 250, 371
Schlothexe 176
Schluckhals 162, 372
Schlufian 188, 372
Schlumpliese 249
Schlumpsoldat 372
Schlumpumpel 372
Schlunz 372
Schlunzkopp 226, 372
Schlurian 188, 373
Schlußbremser 61
Schlüssellochgucker 28, 156
Schmachthahn 373
Schmachtjüngling 250, 373
Schmächtling 250, 373
Schmafubruder 373
Schmafukerl 373
Schmafutier 373
Schmähbold 56, 373
Schmähdichter 373
Schmähmaul 266, 373
Schmähschreiber 373, 383
Schmähvogel 373, 452
schmaler Hering 173, 373
Schmalgeiß 138
Schmalspurabiturient 373
Schmalspur-Casanova 71, 373
Schmalspurganove 134, 373
Schmalspurgermanist 373
Schmalspurjurist 373
Schmalspurlateiner 373
Schmalspuroffizier 373
Schmalspurstudent 373
Schmalspurtarzan 424
Schmalspurwissenschaftler 373
Schmalzbruder 62, 374

Schmalzlappen 241, 373
Schmalznudel 293
Schmarrarsch 25, 374
Schmarrbeutel 47, 374
Schmarrkopf 226, 374
Schmecklecker 244
Schmeichelzunge 374
Schmerwanst 116, 374
Schmierakel 375
Schmierant 375
Schmierendirektor 375
Schmierhammel 162, 375
Schmierian 188, 375
schmieriger Typ 439
Schmierist 375
Schmierpeter 308, 375
Schmuddelfink 118, 375, 376
Schmuddelhans 164, 375
Schmuddelkerl 208, 375
Schmuddelliese 249, 375
Schmuddelpeter 308, 375
Schmuddeltrine 375, 434
Schmuddeltyp 375, 439
Schmuddler 247, 375
Schmumacher 259
Schmusbacke 376
Schmusbeutel 47, 376
Schmusebold 56, 376
Schmuspeter 308, 376
Schmutzbartel 38
Schmutzgeier 137
Schmutzhammel 376
Schmutzigel 198, 376
Schmutzliterat 251
Schmutzpeter 89, 308, 376
Schnäbbelliese 249
Schnäppchenjäger 193
Schnapsdergel 79, 377
Schnapseule 105, 356, 377
Schnapsgermania 377
Schnapsgurgel 356, 377
Schnapskadett 377
Schnapskarline 205, 377
Schnapskind 377
Schnapslump 256, 377
Schnapsmichel 271, 377
Schnapspanscher 303
Schnapssäufer 49, 356, 377
Schnarchnase 377
Schnarchpeter 308, 377
Schnarchzapfen 377
Schnattergosche 377
Schnatterich 103, 377
Schnattertasche 377, 424
Schneehuhn 183
Schneiderbock 56, 138, 378, 474
Schneidergeiß 138
Schneiderling 250, 378
Schnellschreiber 452
Schnellspanner 378
Schniegel-Poppie 379
Schnodderschnauze 378
Schnorrbruder 62, 379
Schnüffelheini 171, 379
Schnulzengeiger 379
Schnulzenheini 379
Schnulzenkönig 225, 379
Schnulzen-Troubadour 379
Schnulzist 379
Schnulzör 379
Schockfreier 125
Schofelant 380
Schönchen 73, 380
schöner Verein 448
Schöngeistler 247, 380
Schönschwätzer 388
Schönwetterpolitiker 380
Schönwetterredner 380
Schoppenbläser 381
Schoppenfetzer 381
Schoppenpitscher 381
Schoßkind des Glücks 381
Schowi 72
schräge Figur 117
schräge Type 381, 439
Schrägvogel 381, 452
Schrape 381
Schrapphals 162, 381
Schrapphexe 176
Schreckensgestalt 382
Schreckschrulle 384
Schreibmuffel 281
Schreibtischgangster 134, 383
Schreibtischgelehrter 65, 417
Schreibtischhengst 68, 173, 383
Schreibtischprolet 324
Schreimaul 266
Schreiteufel 383, 426
Schrumpelliese 249, 384
Schuftian 188, 384
Schuftikus 384
Schuldenbuckel 384
Schuldenmajor 261, 384
Schülermaterial 270
Schulfuchser 384
Schulmeisterlein 73, 384
Schulpedant 307, 384
Schultyrann 439
Schulversager 450
Schundian 188
Schürzenhengst 173, 385
Schuß 385
Schusselbock 56, 385
Schusselfritze 128, 385
Schütze Arsch mit der Ölkanne 386
Schwabbeler 247, 386
Schwabbelfritze 128, 386
Schwabbelhans 164, 386
Schwabbeljochen 386
Schwabbelliese 249, 386
Schwabbelmeier 268, 386
Schwabbelpudding 326, 386
Schwader 386
Schwaderer 386
schwarze Hexe 176
schwarzer Peter 308
schwarzes Familienschaf 388
schwarzes Schaf (in) der Familie 388
Schwarzfärber 388
Schwatzkarline 205, 388
Schwatzkopf 226, 388
Schwatztasche 388
Schweinchen Dick 73, 389
Schweinebär 37, 389
Schweinebartel 38, 355, 389

Schweineigel 390
Schweinematz 266, 389
Schweinepeter 389
Schweinestück 389, 418
Schweinhund 390
Schweinnickel 390
Schweizerknabe 218
Schwellschädel 390
Schwerer 390
schwerer Brocken 61, 81
Schwertmaul 266
Schwiemelant 391
Schwiemelfritze 128, 391
schwieriger Zeitgenosse 473
Schwindlerbande 36, 391
Schwindsuchtsgerippe 141, 391
Schwollkopf 226, 390
schwul Paketche 391
schwule Jule 196
schwule Sau 391
schwuler Hengst 172, 391
Schwulibert 391
Schwulinski 190, 391
Schwülstling 250
Schwuschi 391
Seelchen mit Plüsch und Troddeln 391
Seelenmasseur 392
seelischer Krüppel 234, 392
seelisches Wrack 467
Seibelfreier 125
Seichkachel 64, 199
Seichling 250, 392
Seifensack 350
Sekkierer 393
selbsternannter Tugendwächter 437
Selbstinszenierer 393
Selbstprofilierer 393
Selbstsüchtler 247, 393
Selbstsüchtling 250, 394, 419
Selbstversorger 393
selten blöde Kuh 54
seltene Pflanze 311, 394
seltenes Exemplar 394
seltsame Pflanze 394
seltsamer Kauz 223
seltsamer Verein 394
seltsamer Vogel 224, 394, 452
seltsames Gespann 144
seltsames Gewächs 394
seniler Greis 152
Sensationsjournalist 342
Sepperl 394
Sesselbumser 68, 395
Sesselhocker 179, 395
Sesseljäger 19, 193, 321
Sesselreiter 395
Sesselrutscher 395
Sexbestie 45, 395
Sexbombe 57, 395
Sexbulle 67
Sexkätzchen 395
Sex-Maniak 262, 395
Sexualtier 395
Sicherheitsfanatiker 110
Siebensortenlump 256, 396
Siechling 250
Siemann 397
Siffilist 475
Siffkopf 226
Silbenzähler 396
Simplex 397
Sittenschnüffler 247, 379
Sittich 397
Skandalminister 398
Skatdrescher 90
Skelett in Uniform 398
Skeletti 398
Söffer 418
Söffler 419
sonderbarer Schwärmer 387
sonderbarer Vogel 224, 394, 452
sonderbares Gewächs 394
Sonntagschrist 400
Sonntagsdichter 400
Sonntagsgärtner 400
Sonntagskapitän 400
Sonntagspapa 400
Sortenflegel 120, 396
Sozialbetrüger 45, 401
Sozialbimbo 50
sozialer Absteiger 11
sozialer Aufsteiger 30
sozialer Schädling 359
Sozialistenfresser 126, 224
sozialpolitischer Blindgänger 53
Sozialschädling 250, 359
Sozialtante 423
Sozialträumer 401, 433
Sozialwichser 463
Spaltzüngler 86, 247
Sparsamkeitsfanatiker 110
spaßiger Heiliger 400
später Teenager 402, 425
Spätmerker 53, 378, 403
Spatzenschrecker 403
Specki 403
Speckwampe 403
Spektakler 247, 403
Sperenzchenmacher 259
Spesenkavalier 403
Spesenreiter 403
Spezerl 403
Spielbold 56, 404
Spielhans 164, 404
Spielhansel 165, 404
Spielkind 210, 404
Spießer-Mumie 281
Spießerschreck 68, 382
Spießerseele 404
Spinnefanter 405
spinnerter Kerl 208
Spinnkeib 208
Spitzkaffer 200
Spitzkopf 226
Spontifex 116
Sportniete 291
Spöttler 247, 406
Sprachpurist 328
Sprachschänder 360
Spritbacke 377, 407
Sprühteufel 426
SS-Scherge 363
staatlich geprüftes Rindvieh 343
Staatsklügler 217
Staatsrindvieh 343

Staatsterrorist 426
Stachelsau 408
Stadtfatzke 112, 408
Stadtfritze 128, 408
Stadtgake 132
Stahlbaron 38
Stallpomeranze 239
Stammtischfeldherr 408
Stammtischler 247, 408
Stammtischschwätzer 408
Stänkerfritze 128, 409
Stasi-Knecht 219
Stasi-Spion 405, 409
Stasi-Zuträger 409, 478
Stehaufchen 73, 410
Stehaufmanderl 262, 410
Stehaufmännlein 410
Stehkragenlouis 254
Stehkragenproletariat 410
Stehlratz 410
Steinzeitlümmel 256
Steißbeintrommler 410
Steißpauker 26, 306, 410
Stellenjäger 19, 193, 321
Stempelmaxe 410
Stenz von Rio 411
Steuerbetrüger 45, 411
Steuerchrist 285
Steuerkrimineller 411
Stielauge 30
Stiersäckel 351
Stierschädel 359, 412
stillvergnügter Halbidiot 161
Stinkaas 9, 412
Stinkarsch 25
Stinkbesoffener 44
stinkfaule Sau 112
Stinkfisch 412
Stinkmolch 277, 413
Stinknormalo 293, 413
Stinkotter 413
Stinkpeter 308, 412
Stinkpott 321
Stockbayer 413
Stockbesoffener 44, 413
Stockdummrian 93
Stockengländer 413
Stockgelehrter 413
Stockkatholik 104, 413
Stockkonservativer 413
Stockpreuße 322, 413
Stockprotestant 413
Stockreaktionär 104, 339, 413
Stöhnmichel 271
Stolperer 413
Stolpergrete 413
Stolperhannes 413
Stolperjan 413
Stolperjochen 413
Stolterjan 413
Stopfen 414
Stotterbock 414
Stotterhans 414
Stotterliese 414
Strampler 247
Straßendieb 81, 415
Straßenengel 135
Straßengör 149
Straßenhure 186, 414
Straßenlümmel 256
Straßennutte 295, 414
Streberer 415
Streberjonny 415
Streberling 250, 415
Streberratte 415
Strebersau 415
Streithenne 173, 415
Strichbiene 416
Strichbub 416
Strohfrau 416
Strohpuppe 416
Strubbelinski 190, 417
Strunz 417
Strunzbeutel 417
Struwwelpetra 417
Stubenstinker 417
Stück Elend 168, 418
Stück Mensch 418
Stück Mist 275, 418
Stück Modder 418
Stück Schit 418
Stück Vieh 418
Stückchen Scheiße 418
Stückeschreiber 383
Stullenverhältnis 60
Stummerlein 418
Stumpfbock 56
Stümpler 418
Stunkmichel 271, 418
sturer Hund 184, 418
sturer Knochen 418
sturer Sack 418
Sturkopf 226, 418
Sturschädel 359, 418
Stußschwätzer 388
Stutzkopf 226
subalterne Natur 419
subversive Kräfte 419
Sudel 419
Südtirol-Bumser 68
Sülzheini 420
Sülznase 420
Sumperer 420
Sumpfhenne 173, 420
Sumpfpflanze 311, 420
Sündenaas 9, 420
Sündenknüppel 221
Superarsch 421
Superdemokrat 421
Superidiot 421
Superkluger 290, 421, 440
Surminger 421
Susannenbruder 62
Süßenberger 43, 422
süßer Bruder 62, 391, 457
süßer Junge 196, 421
Süßtuer 380, 421, 437
Swissling 332

T

Tagblättchen 73, 423
Tagblattschreiber 383, 473
Tangobubi 65, 423
Tanzstubben 417
Tappel 424
Tapper 424
Taps ins Mus 424
Taschenträger 15, 222
Tastenkitzler 424

Tastenklopfer 217, 424
Tastenlöwe 213, 254, 424
Tatsachenverdreher 448, 467
Tatsch 367, 431
Tätschelgreis 152, 424
Tatter 424
Tatterheini 171, 425
Tattermann 424
Tatzbär 37
taube Urschel 445
Taubenmelker 268
taubes Ei 98, 425
Tausendsappermenter 353
Technikfuzzi 131
Technik-Maniak 262
Teenager-Spätausgabe 425
Teigbrunzer 64, 425
Teigschuster 385, 425
Telefon-Junkie 198
Telefonmarder 263
Tellerschlecker 369, 426
Tempelschänder 360
Temperamentsnudel 293
Teppichstrunzer 417
Teufelsbalg 35
Teufelsbeschwörer 427
Teufelsbündner 427
Teufelsdiener 82, 427
Teufelsfahrer 202
Teufelsgezücht 145, 427
Teufelsmädel 427
Teufelsverehrer 427
teutscher Michel 80, 271
Theaterfex 116
Theaterheld 172
Tiefkühl-Blondine 428
Tintenbrunzer 64, 428
Tintenfresser 126
Tintenscheißer 51, 362, 428
Tippelmädchen 429
Tippelmieze 429
Tippelschwester 428, 429
Tippfräulein 429
Tippmamsell 262, 429
Tippmieze 429
Titelnarr 285, 429
Titelsüchtiger 429
tolle Nudel 293
toller Hund 184, 429
tolles Huhn 183, 429, 450
Tollhaus 429
Töpfchengucker 156, 430
Tortenarsch 25
Totalausfall 30
Totalversager 450
Totengerippe 141
Totengräber der Kultur 431
Trampelgunde 431
Trampelliese 249, 431
Trampelvieh 432, 451
Tränenliese 249, 432
Tränensack 350, 432
Tranflöte 121, 432
Trankännchen 432
Trankloß 217, 432
Trankopp 226, 432
Tranliese 249, 432
Tranpott 321, 432
Tratschbase 213, 432
Tratscher 432
Tratscherin 432
Tratschmaul 266, 432
Tratschmirl 432
Tratschsuse 421, 432
Traumbold 56, 433
Traumflöte 433
Trau-mich-nicht 433
Traumkloß 433
Traumliese 249, 433
Traumtute 433, 438
trauriger Kloß 217, 432
Trebling 250, 433
treulose Zwiebel 433, 479
Trickler 247, 433
Trinkgeldmuffel 281
Trinkkumpan 236, 356, 472
Trödelhannes 435
Trödelphilipp 435
Trödelsuse 421, 435
Trödeltrine 434, 435
trojanischer Esel 105
Trottoir-Louis 254
Trottoirpflanze 311, 435
Trotzköpfchen 73, 435
Trotzschädel 359, 435
trüber Eimer 98, 435
Trübling 250
Trude 436
Trutschelchen 436
Trutschka 436
Trutzbock 56
Tschingge 436
Tschinggeler 247, 436
Tüftelhannes 437
Tugendbeule 437
Tugenddrache 87, 437
Tugendhirt 437
Tugendhüter 278, 437
Tugendpedant 307, 437
Tugendprotz 325, 437
Tugendschwätzer 388, 437
Tumultbruder 438
Tüpfi 430
Turmhahn 159, 462
Tuschkasten auf zwei Beinen 438
Tütenkopp 226, 438
TV-Idiot 188, 451
Tyrannenknecht 219

U

Übereifriger 440
Übergelehrter 440
Überhöckler 247
Überintellektueller 190, 440
Überschlauer 440
übler Haufen 168
übler Vertreter 440, 451
übles Subjekt 419, 440
ulkige Nummer 294
ulkiger Drops 91
ulkiger Knopf 221
ulkiger Vogel 452
Ulkvogel 402, 445, 452
Ultraimperialist 189, 441
Ultrakonservativer 441
Ultralinker 250, 441
Ultranationalist 287, 441

Ultrareaktionär 104, 339, 441
Ultrarechter 339, 441
Umstandsbruder 441
Umstandskater 441
Umstandskommissar 441
Umstandsmeier 268, 441
Umstandspeter 308, 441
Umweltkrimineller 232, 441
Umweltmuffel 281, 441
Umweltschädling 250, 359, 441
Umweltstinker 441
unbehauener Klotz 153, 217, 442
Unchrist 442
undankbares Geschöpf 142
ungebetener Gast 135
ungehobelter Bursche 442
ungehobelter Kerl 442
Ungestalt 144, 274, 442
ungezogener Fratz 123
Unglückshase 166, 443
Unglückshuhn 183, 443
Universalidiot 188, 443, 454
Unkavalier 442
Unker 443
Unkumpel 442
Unkünstler 442
unnützer Esser 444
Unruhegeist 444
Unruheschürer 385, 444
unschuldiges Lämmchen 73, 239, 444
Unschuldskarnickel 205, 444
Unschuldslämmchen 239, 444
Unsinnschwätzer 388
Untertanenseele 398, 445
Unterweltboß 134, 261, 445
Unterwelttype 439, 445
Untyp 22, 439, 442
unverschämte Kröte 124
unverschämter Kerl 208
unverschämter Lümmel 256
Unzüchtling 250
Uralt- 16
Uz 445

V

Vagabündel 446
Vagierer 446
Verbalmoralist 279, 447
Verbandsfürst 130
Verbrecher an der Menschheit 447
Verbrecher im weißen Kragen 461
Verbrecherliebchen 73, 249, 447
Verbrechertyp 439, 447
Verbrechertype 439, 447
Verbummelter 67, 447
verdächtiges Subjekt 419, 447
verdrehtes Huhn 183, 448, 450
Verein der Einarmigen 448
Vereinigungsgewinnler 145, 247, 461
Vereinsmuffel 281
Verfälscher 109
Verfassungsfeind 114
verfluchter Hund 184
vergeßliches Huhn 183
Verkehrsrüpel 349, 448
verkleideter Zivilist 475
verklemmte Fotze 122
verkommenes Genie 141
verkommenes Stück 417, 449
verkrachtes Genie 141, 449
Verlagsbonze 58
Verlegenheitskandidat 225
verliebter Kater 207
verliebter Tor 449
Verlierernatur 106, 449
Verlobungskind 210
Verpetzer 309
Verräterseele 450
Verreckerl 450
Verreckling 250
verrückte Nummer 294, 450
verrücktes Haus 429, 450
verschissenes Loch 252
Versedrechsler 450
Versicherungsfritze 128
Versicherungsheini 171
Versifikator 450
versoffenes Genie 141, 451
versoffenes Liebchen 249
verspäteter Teenager 425
Videofreak 124, 451
Videopirat 315
Viech mit Haxen 451
Vieh mit zwei Haxen 451
Vielliebchen 73, 249
Vielschwätzer 388, 452
Viertelportion 161
Viertelstarker 161
Volksaufwiegler 30, 247, 453
Volksbetrüger 45
Volkshaufen 168, 453
Volldackel 76, 453
Vollgestörter 453
Volljesoffski 44
Vollnull 294, 453
Vollrind 453
Vorklatscher 213
vornehmes Aas 9, 114
Vornehmling 250, 454
Vorstadt-Casanova 71, 454
Vorstadt-Django 84, 454
Vorstadt-Ganove 134, 454
Vorstadt-Lolita 454
Vorstadt-Orchidee 454
Vorzimmerhyäne 454
Vorzimmerlöwe 254, 454
Vorzimmerschlange 454
Vulgärmarxist 264

W

Waagscheißerle 363
Wachsfigur 117

Wachstumsfanatiker 110
Wachstumsfetischist 115
Wachträumer 423, 432
Wackelpeter 308
Wackeltante 423
Wadlzwicker 455
Waffeler 455
Waffenfreak 124, 455
Wahlbetrüger 45
Wahlvieh 412, 451
Wahnwitziger 456
Waldfrevler 40, 127, 247
Wald-und-Wiesen-Arzt 114
Wald-und-Wiesen-Dichter 114
Wald-und-Wiesen-Doktor 114
Wampenhannes 456
Wamperter 456
Wamprich 103, 456
wandelnde Tonne 430
wandelnder Leichnam 244, 456
wandelndes Bierfaß 48
wandelndes Faß 111
wandelndes Fragezeichen 123
wandelndes Gerippe 141
wandelndes Skelett 398
Wandervögler 247
Warenfetischist 115
warme Schwester 457
warmer Onkel 299, 457
Warschauer 392
Waschfrau 458
Wasserschädel 359
Wasserschlepper 458
Watschenbube 458
Watschenfrau 458
Watschengesicht 34, 143
Wehmann 263
Weiberhasser 123, 167
Weiberhengst 173
Weiberleute 460
Weiberschreck 124
Weibling 250, 459
Weibsmensch 269, 459
weiche Pflaume 311
weiches Ei 98, 460
Weihnachtsgans 134
Weihnachtsmuffel 281
Weinfälscher 109, 460
Weinsäufer 49, 356
Weinschwelg 390
Weintippler 429
weißer Jude 196
Werbefritze 128
Werbetrommler 247, 435
Wermutschwester 462
Westentaschenheld 172, 462
Westentaschen-Machiavelli 259, 462
Westentaschenplayboy 317, 462
Westentaschenrevolutionär 462
Westgote 462
Wetterfähnchen 462
Wettermaul 266
Wichsbruder 62, 463
Wichtel 463
wilder Geselle 142
wildgewordener Handfeger 113
Wildkatze 207
Wildrian 188, 464
willenlose Kreatur 231, 464
Wimmerheini 171, 465
Wimmerling 250, 465
Windfahne 462
windiger Bruder 62, 465
windiger Patron 306, 465
Windikus 465
Windsack 465
Winseläffchen 13, 465
Wirbelkopf 226, 465
Wirrling 250
Wirtschaftsasylant 28, 362, 466
Wirtschaftsverbrecher 447, 466
Wirtshausbruder 62, 466
Wirtshäusler 247, 466
Witzemacher 466
Witzereißer 466
Wixer 463
Wohlständler 247, 466
Wohlstandskinder 466
Wolf im Schafsfell 466
Wolf im Schafskleid 466
Wolf in Schafskleidern 466
Wolkenstürmer 177, 418
Wonnebrunzer 64
Wonnekloß 217, 467
Wortkrämer 65, 228
Wortspalter 402, 467
Wühlhannes 164, 467
Wühlteufel 426, 467
wunderliche Haut 169
wunderliche Kruke 223, 441
wunderliche Type 439, 468
wunderlicher Kauz 207, 223, 286, 468
Wurmgezücht 145, 468
Würmlein 73, 468
Wurzelmännchen 73, 263, 469
Wurzelsau 354
Wurzelzwerg 479
Wuschelkopp 226
wüstes Laster 241
Wutgickel 145, 469, 476
Wutnickel 291, 469, 476

Y

Yippie 178

Z

zäher Brocken 61
zäher Hund 184
Zahlenfetischist 115
zahnloser Wolf 466, 471
Zahnschlosser 471
Zahnschuster 385, 471
Zankluder 254, 471
Zappelarsch 25, 472
Zappelbüchse 65, 472

Zappelfritze 128, 472
Zappelhans 164, 472
Zappelliese 249, 472
Zappelmann 263, 472
Zappelsuse 421, 472
Zappeltrine 434, 472
Zärtler 472
Zauk 472
Zechgeselle 142, 472
Zehnender 101
Zeitgeistschreiber 383
Zeit-Sau 476
Zeit-Schwein 476
Zeitungsblättchen 73, 423
Zeitungsschmierer 375
Zeitungsschreiberling 383
Zeitverschwender 450
Zementkopf 45, 226
Zeug 257
Ziefer 442
Ziegenficker 117
Zierbold 56, 375, 474
Ziernarr 285, 474
Zierpüppchen 73, 328, 474
Zigeunerbande 36, 474
Zigeunergesindel 143, 474
Zigeunerpack 302, 474
Zimper 474
Zimperlieschen 73, 474
Zimperliesl 474
Zimpertrine 434, 474
Zinsgeier 137
Zipfelpritsche 323
Zippel 475
Zippelziege 474
Zitatenfriedhof 475
Zitatenjäger 193, 475
Zitterarsch 25
Zitterossi 194
Zivilfurzer 130, 475
Zoffmacher 259
Zoni 300
Zornbeutel 47, 476
Zornmichel 271, 476
Zornteufel 426, 476
Zoterich 103, 476
Zotist 476
Zottelaffe 13, 476
Zottelbart 476
Zottelbesen 44, 476
Zottelfritze 128, 476
Zottelgrete 476
Zottelpeter 308, 476
Zotteltier 476
Z-Qualle 330, 476
Z-Schwein 389, 476
Zubringer 478
Zuchthausbruder 62, 477
Zuchthauspflanze 311, 477
Züchtling 250, 477
Zuchtochse 297
Zuckerbubi 65
Zumpelliese 249, 477
Zumpelsack 350, 477
Zündelfrieder 477
Zungenheld 172, 267, 478
Zupfgeige 137
Zusselhexe 478
Zuwiderwurzen 479
Zwanzigmarknutte 295
zweibeiniges Schaf 359, 478
zweifelhafte Existenz 107
Zwerglein 73, 479
Zwergling 250, 479
Zwetschgenkrampus 479
Zwickelstenz 411
zwielichtige Figur 117
Zwitscherliese 249
Zwölfender 101